Warehouse Management mit SAP® EWM

SAP PRESS ist eine gemeinschaftliche Initiative von SAP SE und der Rheinwerk Verlag GmbH. Ziel ist es, Anwendern qualifiziertes SAP-Wissen zur Verfügung zu stellen. SAP PRESS vereint das fachliche Know-how der SAP und die verlegerische Kompetenz von Rheinwerk. Die Bücher bieten Expertenwissen zu technischen wie auch zu betriebswirtschaftlichen SAP-Themen.

Yvonne Lorenz
Qualitätsmanagement mit SAP. Das umfassende Handbuch
762 Seiten, 2., aktualisierte und erweiterte Auflage 2015, gebunden
ISBN 978-3-8362-3786-4

Peter Zoellner, Robert Halm, Daniela Schapler, Karen Schulze
SAP EWM – Technische Grundlagen und Programmierung
528 Seiten, 2012, gebunden
ISBN 978-3-8362-1812-2

André Käber
Warehouse Management mit SAP ERP – Effektive Lagerverwaltung mit WM
686 Seiten, 3., aktualisierte Auflage 2013, gebunden
ISBN 978-3-8362-2293-8

Ulf Koglin
SAP S/4HANA. Voraussetzungen – Nutzen – Erfolgsfaktoren
375 Seiten, 2016, gebunden
ISBN 978-3-8362-3891-5

Aktuelle Angaben zum gesamten SAP PRESS-Programm finden Sie unter *www.sap-press.de.*

Lange, Bauer, Persich, Dalm, Sanchez, Adler

Warehouse Management mit SAP® EWM

Rheinwerk
Publishing

Liebe Leserin, lieber Leser,

vielen Dank, dass Sie sich für ein Buch von SAP PRESS entschieden haben.

Sie halten gerade ein »Schwergewicht« aus unserem Programm in den Händen, dass Ihnen auf über 1100 Seiten alles Wissenswerte rund um das Warehouse Management mit SAP EWM präsentiert.

Ob Sie sich nun für die grundlegenden Prozesse in EWM wie Stammdatendefinition, Warenein- und Warenausgang im Lager interessieren, EWM in die Produktion integrieren möchten oder wissen wollen, wie Sie EWM auf SAP S/4HANA betreiben – in diesem Buch werden Sie fündig.

Um Ihnen die Prozesse und das Customizing in EWM nahezubringen, haben wir ein ganzes Team von Autoren aufgeboten: Jörg Lange, Frank-Peter Bauer, Christoph Persich, Tim Dalm, Gunter Sanchez, Tobias Adler und M. Brian Carter arbeiten alle seit vielen Jahren im EWM-Umfeld. Diese Erfahrung aus der Entwicklung und der Projektpraxis merken Sie auf jeder Seite dieses Buchs. So bleiben bestimmt keine Fragen zu EWM mehr offen!

Wir freuen uns stets über Lob, aber auch über kritische Anmerkungen, die uns helfen, unsere Bücher zu verbessern. Scheuen Sie nicht, mich zu kontaktieren. Ihre Fragen und Anmerkungen sind jederzeit willkommen.

Ihre Kerstin Billen
Lektorat SAP PRESS

Rheinwerk Verlag
Rheinwerkallee 4
53227 Bonn

kerstin.billen@rheinwerk-verlag.de
www.sap-press.de

Auf einen Blick

Lektorat Kerstin Billen, Patricia Sprenger
Korrektorat Alexandra Müller, Olfen; Monika Klarl, Köln
Herstellung Sebastian Gerber
Typografie und Layout Vera Brauner
Einbandgestaltung Daniel Kratzke, Naomi Geller
Coverbilder iStockphoto: 31042804 © Olivier Lantzendorffer
Satz Typographie & Computer, Krefeld
Druck und Bindung Beltz Bad Langensalza GmbH, Bad Langensalza

Gerne stehen wir Ihnen mit Rat und Tat zur Seite:
kerstin.billen@rheinwerk-verlag.de bei Fragen und Anmerkungen zum Inhalt des Buches
service@rheinwerk-verlag.de für versandkostenfreie Bestellungen und Reklamationen
hauke.drefke@rheinwerk-verlag.de für Rezensionsexemplare

Bibliografische Information der Deutschen Nationalbibliothek
Die Deutsche Nationalbibliothek verzeichnet diese Publikation in der Deutschen National-
bibliografie; detaillierte bibliografische Daten sind im Internet über *http://dnb.d-nb.de*
abrufbar.

ISBN 978-3-8362-3968-4

© Rheinwerk Verlag GmbH, Bonn 2017
3., aktualisierte und erweiterte Auflage, 2017

Inhalt

5 Bestandsverwaltung 171

6 Lieferabwicklung 263

7 Objekte und Elemente der Prozesssteuerung 297

8   Wareneingangsprozess 343

12   Bereichsübergreifende Prozesse und Funktionen 717

16   Produktionsintegration 1025

Vorwort zur 3. Auflage

Im Vorwort zur letzten Auflage dieses Buches erläuterte Franz Hero (Senior Vice President von SAP SE), dass sich SAP EWM in allen logistikrelevanten Branchen durchsetzt und hohe Wachstumsraten verzeichnet. Ich bin stolz zu sagen, dass wir diesen Trend in den letzten Jahren fortsetzen konnten und dass sich kontinuierlich Kunden für den Einsatz von EWM entscheiden, um damit ihre Intralogistikprozesse zu betreiben und zu optimieren.

Nach dem heutigen Stand verzeichnen wir mehr als 1.300 Kunden, die mit EWM ihre Versandläger, Produktionsläger und Cross-Docking-Läger betreiben. EWM wurde bereits in mehr als 3.500 Kundenstandorten ausgerollt. Diese Kunden verteilen sich auf 24 unterschiedliche Industrien und betreiben Logistikstandorte in mehr als 40 Ländern. Neben den klassischen Industrienationen wie Westeuropa und Nordamerika gibt es auch zunehmend Implementierungen in aufstrebenden Regionen wie China, Südamerika, Indien und im asiatischen Raum. Gründe für den Erfolg sehen wir in der Produktarchitektur, die eine stetige Erweiterung und Anpassung an die Anforderungen im Projekt erlaubt, im umfangreichen Ecosystem mit hoch spezialisierten Implementierungspartnern, in der kontinuierlichen Weiterentwicklung durch SAP und in der engen Zusammenarbeit mit den Kunden.

Die Supply Chain muss sich heute den neuen Realitäten anpassen. Neue Technologien erreichen uns mit einer immer höheren Geschwindigkeit. Wir alle sind stets online und in der Lage, uns jederzeit und überall über Produkte und Dienstleistungen zu informieren. Traditionelle Lieferketten verändern sich, neue Logistikpartner treten in den Markt ein. Märkte wie China und Indien tragen erheblich zum Wachstum bei und verändern jahrelang gültige Spielregeln. Die Kunden erwarten immer kürzere Lieferzeiten und Lieferung an den Ort, für den es für sie am komfortabelsten ist. Klassische Konsumgüterprodukte können heute bereits nach individuellen Kundenbedürfnissen konfiguriert werden. Vielerlei Produkte existieren bereits in unterschiedlichen Varianten, um Ernährungsgewohnheiten und -wünschen zu entsprechen.

All dieses wirkt sich massiv auf die Intralogistik aus. Durch zunehmenden Wohlstand wird mit weiter ansteigenden Auftragsvolumen bei gleichzeitig kleineren Aufträgen gerechnet, mit denen geringe Mengen in kürzeren Zyklen bestellt werden. Auf die hohe und weiter zunehmende Artikelvielfalt muss die Unternehmenslogistik reagieren. Erste Unternehmen bieten Lieferzeiten in Ballungszentren innerhalb weniger Stunden an. Kunden erwarten erstklassige Qualität von Produkt und Service. Kurzfristige Änderungen bis hin zu Stornierungen müssen im Rahmen der Kundeninteraktion unterstützt werden. Die Kombination von Vertriebskanälen ist heute eine Selbstverständlichkeit. Das klassische Einkaufserlebnis im Laden, der Versand an die Haustür bzw. an die Firmenadresse sowie die Abholung im Laden nach erfolgter Online-Bestellung werden heute von Kunden und Geschäftspartnern erwartet. Dies muss durch die Logistik perfekt orchestriert, synchronisiert und effizient abgewickelt werden.

SAP ist überzeugt davon, den Kunden mit SAP EWM ein leistungsstarkes Werkzeug zu bieten, mit dem sie auf die aktuellen und zukünftigen Anforderungen reagieren können. Durch weitere Investitionen und die enge Zusammenarbeit mit unseren Kunden planen wir, EWM kontinuierlich zu erweitern. Die Supply Chain ist auch weiterhin ein strategischer Investitionsbereich von SAP.

Im Rahmen eines EWM-Performancetests auf der SAP-HANA-Datenbank haben wir nicht nur bewiesen, dass die aktuellen Auftragsvolumen unserer Kunden prozessiert werden können, sondern auch, dass das System die künftigen Wachstumsraten performant abdeckt. Inzwischen haben sich viele Kunden für SAP HANA als unterliegende Datenbank für EWM entschieden und berichten von deutlichen Performancegewinnen, speziell im Bereich Reporting.

Mit Release SAP EWM 9.1 und SAP Transportation Management (SAP TM) 9.1 haben wir die Möglichkeit geschaffen, die Transportplanungsprozesse direkt mit der Lagerausführung zu verzahnen. Dieses schafft eine komplett integrierte Abwicklung, die jederzeit Transparenz in die logistischen Prozesse ermöglicht. Neben der logistischen Integration ist es ein Ziel unserer Investitionen, das User-Erlebnis zu verbessern, um Einarbeitungszeiten zu reduzieren und die Qualität zu erhöhen. Mit dem Versandcockpit steht dem Versandmitarbeiter eine komplette Übersicht über den Abarbeitungsstatus der von SAP TM geplanten Transporte von der Kommissionierung bis zum Verlassen des Standorts zur Verfügung. Mit SAP HANA geben wir dem Schichtleiter einen Überblick über die erwartete Arbeitslast in der Kommissionierung. Dabei werden vergleichbare historische Arbeitslastsätze als Basis genommen, um die geplante Dauer ausstehender Aufträge zu berechnen, ohne im Vorfeld ein komplexes Regelwerk für die Bestimmung der Aufwände zu definieren.

Benutzererlebnis und Beschleunigung der Implementierung standen auch bei SAP EWM 9.2 im Mittelpunkt. Die Bereitstellungsplanung, die Verbrauchsbuchung für die Produktion und der Wareneingang aus der Produktion wurden mit rollenspezifischen Transaktionen unterstützt. Die Integration in SAP ERP wurde erheblich vereinfacht, und die Integration in ERP-QM für Wareneingangs- und Produktionsprozesse wurde komplettiert. Um Implementierungsprojekte zu beschleunigen, wurde das EWM-Materialflusssystem (MFS) um die Funktion der mehrfachtiefen Lagerung ergänzt. Ebenso wurden die Kommunikations- und Monitoring-Funktionen des Materialflusses erweitert.

Die Optimierung der Logistikkette endet nicht am Tor des Versandlagers, sondern muss auch die Transportprozesse und Umschlagsläger von Frachtführern und Logistikdienstleistern umfassen. Mit SAP EWM 9.3 und SAP TM 9.3 erweitern wir unser Angebot zur lückenlosen Abwicklung in Transitlägern bzw. Umschlagslägern, in denen vorwiegend Packstücke anstelle von Produktmengen verwaltet werden. Mit der EWM-Lagerabrechnung geben wir den Kunden die Möglichkeit, erbrachte Lagerleistungen abzurechnen bzw. sie dem Dienstleister gutzuschreiben.

Die zunehmende Zahl von komplett- und teilautomatisierten Lägern unterstützen wir seit Release SAP EWM 9.4 noch einfacher, indem wir die direkte technische Kopplung von EWM mit SPS ohne zusätzlichen Konverter anbieten. Die Integration an SAP TM wurde weiter ausgebaut. Auf der Basis von Kunden- und Projektfeedback sind zahlreiche Innovationen ausgeliefert worden, die zukünftige Einführungsprojekte nochmals beschleunigen.

Ein wesentlicher Teil unserer Produktstrategie ist es, die Kunden nicht nur beim Betrieb ihrer großen und komplexen Standorte zu unterstützen, sondern auch eine einheitliche Lagerlösung für die kleinen und einfachen Läger anzubieten. Mit SAP Fiori haben wir erstmals eine neue Technologie in Release EWM 9.4 adaptiert, die es den Benutzern erlaubt, ohne lange Einarbeitung den Wareneingang vorzubereiten und geplante Versandaktivitäten zu überwachen bzw. einzulasten. Die Bearbeitung kann dabei sowohl klassisch am Arbeitsplatz als auch mobil auf einem Tablet direkt im Lager erfolgen.

Kleine und weniger komplexe Läger müssen nicht in jedem Umfeld dauf einem dedizierten Server betrieben werden. Standorte mit geringeren Volumen benötigen eine solide Basis für Logistikprozesse mit dem Vertrauen, dass sich die Lösung in Zukunft schnell an sich ändernde Rahmenbedingungen anpassen kann. Mit der Möglichkeit, EWM zukünftig direkt als Teil von SAP S/4HANA Enterprise Management zu betreiben, bieten wir eine Best-of-Breed-Lagerlösung an, die als integraler Bestandteil der Unternehmensprozesse genutzt werden kann. In diesem Buch erfahren Sie weitere Details zu diesem Ansatz.

Wir werden diesen Weg weiterverfolgen und haben auch für die Zukunft eine solide Strategie und Produkt-Roadmap. Die Möglichkeiten, die uns die vielfältigen SAP Technologien bieten, versprechen auch in Zukunft innovative Funktionalitäten, mit denen wir die Intralogistik nachhaltig verändern können.

Dieses Buch gibt Ihnen einen umfassenden Überblick über die vielfältigen Funktionen von EWM. Die Autoren haben ihre jahrelange praktische Erfahrung einfließen lassen und geben Ihnen viele Tipps als Input für Ihre Implementierungsprojekte. Ich bin überzeugt davon, dass Sie auch in dieser 3. Auflage wertvolle Anregungen finden, die Ihrem Einführungsprojekt zugutekommen und zum Gelingen des Projekts beitragen.

Jörg Michaelis
Chief Product Owner – SAP Extended Warehouse Management, SAP SE

1 Einleitung

SAP bietet mit SAP EWM eine Lagerverwaltungssoftware, die durch ihre große Flexibilität den Anforderungen an eine moderne Lagerlogistik gerecht wird. In diesem Buch möchten wir unsere Erfahrungen, die wir als Teil des Entwicklungsteams von SAP EWM oder in Implementierungsprojekten von SAP Consulting gesammelt haben, an Sie weitergeben. Wir hoffen, dass dieses Buch Ihnen als treuer Begleiter dienen kann und Ihnen dabei hilft, die Prozesse und Funktionalitäten von SAP EWM in Ihrem Projekt erfolgreich einzuführen und anschließend gewinnbringend zu nutzen. Unsere Motivation beim Schreiben dieses Buches war es, Ihnen einen umfassenden und ganzheitlichen Einblick in die Prozesse und das Customizing von SAP EWM zu geben. Es soll für Sie einen Leitfaden darstellen, um Ihre Lagerprozesse mit SAP EWM abzubilden.

1.1 An wen richtet sich dieses Buch?

Das Buch richtet sich grundsätzlich an alle Leser, die sich inhaltlich und technisch mit SAP EWM beschäftigen wollen und nach verständlichen und fundierten Informationen suchen. Logistiker und Lagerleiter gehören ebenso zur Zielgruppe wie ambitionierte Anwender und SAP-Berater, die im Rahmen ihres Implementierungsprojekts ein Nachschlagewerk suchen. In den einzelnen Kapiteln dieses Buches beschreiben wir ausführlich, welche Vorteile der Einsatz von SAP EWM bietet, mit welchen Funktionalitäten SAP EWM die verschiedenen Lagerprozesse unterstützt und welche wesentlichen Customizing-Schritte Sie durchführen müssen, um diese Prozesse in SAP EWM einzustellen. Nicht zuletzt wenden wir uns auch an Führungskräfte und IT-Entscheider, die vor der wichtigen Frage stehen, welche Software die Lagerprozesse ihres Unternehmens am besten unterstützt, und die sich in diesem Zusammenhang einen Überblick über die Funktionsweise und die logistischen Prozesse von SAP EWM verschaffen möchten.

Kenntnisse der SAP-ERP-Komponente Warehouse Management (WM) sind hilfreich, für die Lektüre dieses Buches aber nicht zwingend erforderlich.

SAP EWM ist aufgrund der vielen Funktionalitäten, die es als modernes Warehouse-Management-System bieten muss, äußerst umfangreich. Je nachdem, welches Spezialgebiet Sie in SAP EWM besonders interessiert, hätten Sie sich vielleicht an der einen oder anderen Stelle im Buch etwas mehr Informationen gewünscht. Um den Rahmen dieses Buches nicht zu sprengen, können wir jedoch leider nicht auf alle Fragestellungen erschöpfend eingehen.

1.2 Orientierungshilfen in diesem Buch

In diesem Buch finden Sie die folgenden Orientierungshilfen, die Ihnen das Arbeiten mit dem Buch erleichtern sollen:

▶ Besondere Hinweise werden in einem Infokasten dargestellt. Hier finden Sie zusätzliche Informationen zu weiterführen Themen oder wichtige Erläuterungen für ein besseres Verständnis des zugrunde liegenden Themas.

▶ Anhand von Schaubildern verdeutlichen wir im Text dargestellte Prozesse und Inhalte. Zusätzlich illustrieren zahlreiche Screenshots die Einstellungen im SAP-System.

▶ Am Schluss des Buches finden Sie ein Stichwortverzeichnis (Index), anhand dessen Sie schnell Informationen zu bestimmten EWM-Themen finden können. Abkürzungen aus der EWM-Fachterminologie können Sie im Abkürzungsverzeichnis nachschlagen.

Wir hoffen, dass Sie in unserem Buch die Informationen zum Thema EWM finden, die Sie suchen, und dass wir Ihnen ein Verständnis des komplexen EWM-Systems vermitteln können.

1.3 Der Inhalt dieses Buches

In **Kapitel 2**, »Einführung in SAP Extended Warehouse Management«, geben wir Ihnen Informationen über die Entstehungsgeschichte des EWM-Systems. Wir zeigen Ihnen, wie das System die Marktanforderungen abdeckt, welche Unterschiede zwischen WM und SAP EWM bestehen und welche Auslieferungs- und Architekturvarianten zur Verfügung stehen.

Kapitel 3, »Organisationsstruktur in SAP EWM und SAP ERP«, gibt Ihnen einen Überblick über die Organisationseinheiten, die eine Rolle spielen, wenn Sie ein neues Lager im ERP- und EWM-System anlegen.

Detaillierte Informationen über Stammdaten geben wir Ihnen im gleichnamigen **Kapitel 4**.

In **Kapitel 5**, »Bestandsverwaltung«, gehen wir ausführlich auf die mächtigen Möglichkeiten der Bestandsverwaltung ein, beispielsweise auf die bestandsspezifischen Mengeneinheiten, die Bestandsarten, auf die Thematik Eigentümer/Verfügungsberechtigter, auf das Handling Unit Management, die Serialnummernverwaltung, das Catch Weight Management etc.

Kapitel 6, »Lieferabwicklung«, gibt Ihnen zahlreiche grundlegende Informationen über die Arbeit mit Lieferungen und Lieferbelegen in SAP EWM und SAP ERP sowie über die Schnittstelle zwischen diesen beiden Systemen.

Informationen zu Wellen, Lageraufgaben und zu deren Bündelung in Lageraufträgen erhalten Sie in **Kapitel 7**, »Objekte und Elemente der Prozesssteuerung«.

Kapitel 8, »Wareneingangsprozess«, geht ausführlich auf die Prozesse im Wareneingang ein, die von SAP EWM unterstützt werden. Wir beschreiben in diesem Kapitel detailliert die Stärken von SAP EWM: Zunächst beschreiben wir die automatische Pflege der Materialstämme durch Slotting, widmen uns anschließend dem administrativen Wareneingang, dem operativen Wareneingang und Spezialprozessen im Wareneingang und befassen uns zu guter Letzt mit der Integration von SAP EWM in das Transportmanagement von SAP ERP.

Im **Kapitel 9**, »Warenausgangsprozess«, stellen wir die Funktionen von SAP EWM für den Warenausgangsprozess dar, insbesondere hinsichtlich der Auftragssteuerung, Verpackungsplanung, Routenfindung, Wellen, Auslagerwegbestimmung, Lagerauftragserstellung, Kommissionierung und Verpackung, Transportintegration, Bereitstellung und Verladung sowie zu weiteren Sonderfällen.

Informationen über lagerinterne Prozesse wie Ad-hoc-Bewegungen, Umbuchungen, Nachschub, Verschrottung und Inventur geben wir Ihnen in **Kapitel 10**, »Lagerinterne Prozesse«.

In **Kapitel 11**, »Optimierung der Lagerprozessdurchführung«, zeigen wir Ihnen die Möglichkeiten des EWM-Ressourcenmanagements und befassen uns außerdem mit der Anbindung des SAP-Systems an mobile Endgeräte über Datenfunk, der Pick-by-Voice-Integration, der Waagenanbindung sowie der integrierten Ausnahmebehandlung.

Kapitel 12, »Bereichsübergreifende Prozesse und Funktionen«, gibt Ihnen Informationen über logistische Zusatzleistungen, Kit-Bildung, Arbeitsmanagement, Yard Management, die erweiterte Retourenintegration, Integration mit SAP Transportation Management, SAP Fiori für EWM, Formulardruck, Archivierung, Berechtigungswesen und Lagerleistungsabrechnung.

Die ausführlichen Möglichkeiten zur Planung und Überwachung von SAP EWM über den zentralen Lagermonitor, das Lagercockpit, das grafische Lagerlayout, die Demodatenfunktionalität sowie über die Anbindung an SAP Business Warehouse (SAP BW) schildert Ihnen **Kapitel 13**, »Monitoring und Reporting«.

Kapitel 14, »Anbindung einer Materialflusssteuerung«, zeigt Ihnen, wie Sie Ihren Materialfluss direkt mithilfe von SAP EWM steuern können, ohne dass es eines separaten Lagersteuerrechners bedarf. Auch beinhaltet SAP EWM eine Variante zur Ansteuerung des Materialflusses von Behälterförderstrecken. Daneben unterstützt SAP EWM jedoch auch die Anbindung von Lagersteuerrechnern über eine IDoc-Schnittstelle.

Kapitel 15, »Cross-Docking«, gibt Informationen über die verschiedenen Cross-Docking-Methoden, die SAP EWM unterstützt.

In **Kapitel 16**, »Produktionsintegration«, wird die erweiterte Produktionsintegration mit den Teilschritten *Bereitstellung*, *Verbrauch* und *Eingang aus der Produktion* im Detail beleuchtet.

In **Kapitel 17**, »Werkzeuge zur effizienten Implementierung von SAP EWM«, beschreiben wir die zahlreichen Möglichkeiten zur Beschleunigung der EWM-Einführung.

Schließlich zeigt **Kapitel 18**, »Integration mit SAP S/4HANA«, die Verzahnung von EWM mit der SAP Business Suite der nächsten Generation. Hier zeigen wir Ihnen auch die Nutzung zentraler Objekte, reduzierte Datenredundanz und Vereinfachungen mit SAP S/4HANA.

Im **Anhang** finden Sie ein Abkürzungsverzeichnis sowie ein Literaturverzeichnis mit weiterführender Literatur.

Eine Übersicht aller EWM-Erweiterungen, die im Rahmen von SAP Customer Connect allen Kunden zur Verfügung gestellt wurden, finden Sie als Downloadangebot auf der Bonusseite zum Buch unter *www.sap-press.de/4017*.

1.4 Danksagung

Wir möchten uns bei den Kollegen aus der EWM-Entwicklung, aus dem Solution Management und von SAP Consulting für das viele Feedback, die wertvollen Informationen und Tipps sowie Reviews bedanken. Besonderer Dank gilt dem Entwicklungsteam um Franz Hero, Jörg Michaelis, Bernd Ernesti und Thomas Griesser.

Darüber hinaus möchten wir uns sehr bei Eva Tripp von SAP PRESS für die professionelle Zusammenarbeit und gute Unterstützung während der Erstellung der 3. Auflage bedanken.

Jörg Lange
Ich möchte mich sehr herzlich bei Martin Wilhelm, Christine Gerdt und Michael Habermüller aus der Beratungsabteilung von Dr. Andreas Beyer in Ratingen für die Unterstützung und die zahlreichen fachlichen Hinweise bedanken.

Ganz besonders danke ich meiner Frau Rebecca und meinen beiden Kindern Jonas und Judith. Auch sie haben mich immer ermutigt und unterstützt; meine Familie hatte viel Verständnis für die Zeit, in der ich an diesem Buch gearbeitet habe.

Frank-Peter Bauer
Zunächst möchte ich meiner Frau für ihr Verständnis dafür danken, dass ich an zahlreichen Wochenenden und Urlaubstagen mit dem Schreiben dieses Buches beschäftigt war. Darüber hinaus möchte ich allen SAP-Kollegen, insbesondere Andreas Daum, Stefan Grabowski, Tobias Adler und Steffen Weissbach, ganz herzlich für ihre wertvollen Hinweise und den wichtigen Input danken.

Christoph Persich
Ich möchte mich ganz herzlich für die Unterstützung seitens SAP bedanken. Auch geht ein Dank an alle Arbeitskollegen, aber vor allem an Freunde und Familie, die Opfer bringen mussten.

Hervorheben möchte ich namentlich Matthias Schilka, Mischa Keil sowie Jennifer Massucci, die mich beim Schreiben einzelner Abschnitte sowie bei der Korrektur einzelner Themen unterstützt haben.

Tim Dalm
Vielen Dank meiner Lebensgefährting Kasia und an meine Kinder Lara, Mila und Ryan, die mich während des Schreibens entbehren mussten, für ihr Verständnis, durch das sie es mir ermöglicht haben, an diesem Buch zu arbeiten.

Ein ganz herzliches Dankeschön möchte ich Steffen Weissbach, Jan Kappallo, Harald Breitling, Mischa Keil, Andreas Rupp und Wolfgang Schuster für ihren wertvollen Input und das Feedback für diese und vorige Auflagen des Buches aussprechen.

Mein besonderer Dank gebührt schließlich Wolfgang Treuberg, ohne dessen Wissen, Empfehlungen und Unterlagen ich das Kapitel zur EWM-Materialflusssteuerung nicht hätte schreiben können.

Gunther Sanchez

Ich möchte meinen Kollegen aus der SAP-Beratung Christian Reinhardt, Matthias Schilka, Jürgen Müller, Andreas Rupp und Christian Neumann für ihre Unterstützung danken. Zudem möchte ich meinen Kollegen Karsten Priesett, Matthias Pelz, Tobias Adler, Jan Kappallo, Reiner Seyler und Andreas Wolf für die Reviews und Anmerkungen zur 3. Auflage danken. Mein besonderer Dank geht an meine Frau Christina und an meine kleine Tochter Victoria für ihre Unterstützung und Geduld.

M. Brian Carter

Ich möchte mich bei meinen Freunden und Kollegen von SAP bedanken. Mein Dank gilt außerdem denjenigen, die mich in diesem Buchprojekt bestärkt haben, u. a. meinen Co-Autoren sowie Richard Kirker und Madhu Madhavan für ihre Erkenntnisse, die sie in dieses Buch eingebracht haben. Außerdem möchte ich mich bei meinem SAP-Management-Team bedanken, insbesondere bei Bryan Charnock und Kerstin Geiger, die dieses Buchprojekt unterstützt haben.

Schließlich danke ich meiner Familie und meinen Freunden für deren Verständnis und Hilfe – insbesondere meiner Frau Teresa und meinen beiden Kindern Evan und Meredith, die meine Abwesenheit während der vielen Stunden ertragen mussten, die ich mit dem Schreiben dieses Buches zugebracht habe.

Tobias Adler

Vielen Dank an meine Kollegen aus der SAP-Entwicklung, die mir mit Rat und Tat bei den Kapiteln für die 3. Auflage zur Seite standen. Namentlich möchte ich mich bei meinen Kollegen Jan Kappallo, Steffen Weissbach, Bernd Ernesti und Jörg Michaelis bedanken. Ein besonderer Dank geht an meine Familie für ihre Unterstützung und ihr Verständnis.

SAP EWM bietet Unterstützung für die gesamte Lagerlogistik. Erfahren Sie in diesem Kapitel, warum SAP EWM entwickelt wurde, welchen Mehrwert SAP EWM bietet und wie sich diese SAP-Lösung von anderen Lagerverwaltungssystemen unterscheidet. Darüber hinaus lernen Sie die Auslieferungs- und Architekturvarianten von SAP EWM kennen.

2 Einführung in SAP Extended Warehouse Management

In den letzten Jahren sind die Anforderungen an die Logistikbranche enorm gewachsen: Das reicht von der Globalisierung über die wachsende Informationsvernetzung zwischen Kunden und Lieferanten und die zunehmende Zahl von Unternehmen, die an der Lieferkette beteiligt sind, bis hin zu Outsourcing und steigender Prozesskomplexität. In der Konsequenz müssen die IT-Systeme für die Logistik aufgrund des höheren Durchsatzes leistungsfähiger, aber gleichzeitig auch flexibler und sicherer werden. Das *Warehouse Management* gewinnt als wesentlicher Bestandteil der globalen Lieferkette zunehmend an strategischer Bedeutung.

In komplexen Lager- und Distributionszentren müssen die Warehouse-Management-Systeme als Weiterentwicklung der klassischen Lagerverwaltungssysteme (LVS) nicht nur Basisprozesse wie Wareneingang, Nachschub und Warenausgang unterstützen und dabei ein möglichst genaues Bestandsmanagement ermöglichen, sondern die Unternehmen benötigen auch erweiterte Funktionen zur Steuerung und Durchführung komplexer Prozesse, wie z. B. geplante und ungeplante Cross-Docking-Prozesse, Retourenprozesse hinsichtlich der Lieferanten und Kunden sowie Prozesse für logistische Zusatzleistungen (LZL) im Rahmen des Outsourcings. Auch, was die Anbindung von automatisierten Lagerbereichen anbelangt, müssen Warehouse-Management-Systeme heute eine vollständige Integration der Materialflusssteuerung als Direktanbindung an speicherprogrammierbare Steuerungssysteme (SPS) aufweisen. Um dem steigenden Kosten- und Liefertermindruck zu begegnen, sind Komponenten wie Ressourcen- und Arbeitsmanagement wichtige Bestandteile von Warehouse-Management-Systemen.

Aus diesem Grunde brachte SAP im Jahr 2006 die Softwarelösung *SAP Extended Warehouse Management* (EWM) auf den Markt. EWM bietet u. a. die folgenden Möglichkeiten:

- Durchführung automatischer Entscheidungsprozesse für Läger mit hohen Volumina
- Überwachung von Logistikkettenobjekten und Prozessen, fortlaufend und in Echtzeit zur Unterstützung von Kooperationsprozessen
- Steigerung der Flexibilität in verteilten Umgebungen

EWM bietet darüber hinaus Funktionen für komplexe Prozesse, wie geplante und ungeplante Cross-Docking-Szenarien, das Yard Management und die Abwicklung logistischer Zusatzleistungen. EWM unterstützt die Flexibilität und Effizienz des Lagers – vom Wareneingang bis hin zur ressourcenoptimierten Bündelung von Lageraufgaben.

EWM ist vollständig in die Bestandsführung und Lieferabwicklung von SAP ERP integriert. Geschäftsvorgänge, die in anderen Anwendungskomponenten angestoßen werden, führen zu physischen Warenbewegungen im Lager. Mit EWM können diese Warenbewegungen organisiert, gesteuert und überwacht werden.

In diesem Kapitel möchten wir:

- die Entstehungsgeschichte von EWM skizzieren
- einen Überblick über die Prozesse und Funktionalitäten in EWM geben
- die verschiedenen Architektur- und Auslieferungsvarianten beschreiben
- auf die Unterschiede zwischen EWM und der SAP-ERP-Komponente WM eingehen

2.1   Die Entstehung von SAP EWM

SAP beschäftigt sich seit Langem mit dem Thema *Lagerlogistik*. Abbildung 2.1 zeigt die Entwicklung der SAP-Software für Lagerlogistik – von der Verwaltung von Lagereinheiten bis hin zum aktuellen EWM-Release 9.4 und EWM in SAP S/4HANA.

Seit SAP-R/3-Release 2.0 bietet SAP Funktionen für die Lagerverwaltung. In jedem Hauptrelease des SAP-R/3-Systems wurde die Lagerverwaltung erweitert. 1998 wurde die SAP-ERP-Komponente WM als dezentrales System auf den Markt gebracht. So konnte WM zum einen *zentral*, also zusammen mit anderen Komponenten in einem gemeinsamen SAP-ERP-System genutzt und zum anderen auch entkoppelt in einem eigenständigen SAP-ERP-System *dezentral* betrieben werden.

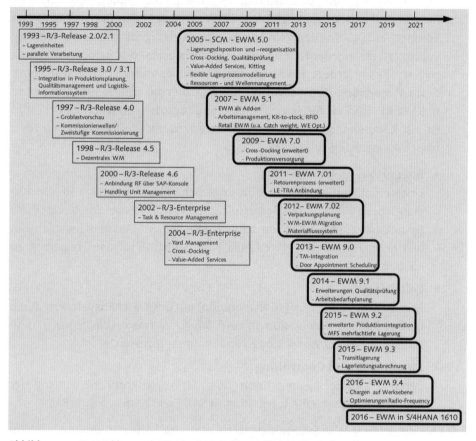

Abbildung 2.1 Entwicklungsschritte der SAP-Software für Lagerlogistik

2004 stellte SAP mit dem Release 4.7 Extension Set 2.0 von SAP ERP mehrere Erweiterungen zur Lagerverwaltung zur Verfügung, die zusammengefasst *SAP ERP Extended Warehouse Management* genannt wurden. Diese Erweiterungen bestehen aus Zusatzfunktionen zum Lagerverwaltungssystem und umfassen die folgenden Funktionen: Yard Management, Cross-Docking und LZL.

SAP ERP Extended Warehouse Management

Die Erweiterungen in SAP ERP Extended Warehouse Management stehen in keinem Zusammenhang mit dem 2006 von SAP eingeführten System SAP Extended Warehouse Management.

Die Entwicklung von EWM begann 2002 im Rahmen eines mehrjährigen Entwicklungsprojekts für die neue SAP-Lösung *Service Parts Management* (SAP SPM) für das Ersatzteilmanagement. Das Projekt wurde in enger Zusammenarbeit mit dem Automobilkonzern Ford Motor Company und Caterpillar Logistics durchgeführt. EWM ist integraler Bestandteil dieser Lösung; dennoch wurde EWM von Beginn an als eigenständige Anwendung konzipiert, die in jeder Lagerumgebung einsetzbar ist und keine Verbindung zu SAP SPM erfordert. EWM ist eine Komponente der Lösung *SAP Supply Chain Management* (SAP SCM). Wichtig ist dabei die umfassende Integration in SAP ERP, da diese für Stamm- und Bewegungsdaten erforderlich ist. EWM ist mit Komponenten von SAP SCM integriert, um die folgenden Prozesse besser unterstützen zu können:

▶ **Integration**
Bessere Integration der Ausführungsebene (Lagerprozesse) in die Planungsebene (Absatz- und Bedarfsplanung) von *SAP Advanced Planning and Optimization* (SAP APO), um schnellstmöglich auf Bedarfsschwankungen und Ereignisse in den erweiterten Supply-Chain-Prozessen reagieren zu können.

▶ **Collaboration**
Bessere Zusammenarbeit (Collaboration) mit den Geschäftspartnern durch internetbasierte Integration in *SAP Supply Network Collaboration* (SAP SNC), z. B. bei der Abwicklung von Retourenprozessen.

▶ **Monitoring und Controlling**
Besseres Monitoring und Controlling der Logistikprozesse entlang der Supply Chain durch die Integration in *SAP Event Management* (EM).

Als dezentrales WM-System bewahrt EWM einerseits die nötige Unabhängigkeit und Flexibilität, ist jedoch andererseits durch seine integrierte Organisationsstruktur und Warenbewegungen vollständig in die Logik der SAP-ERP-Prozesse eingebunden. Die wesentlichen Gründe für die Konzeption von EWM als dezentrales WM-System sind:

▶ **Hohe Performance**
Besonders in Lägern mit hohem Durchsatz muss das WM-System jederzeit kurze Antwortzeiten garantieren.

▶ **Gute Skalierbarkeit**
Das WM-System muss sich unterschiedlichem Wachstum und geänderten Anforderungen gut anpassen können.

▶ **Hohe Verfügbarkeit**
Ein WM-System muss 24 Stunden pro Tag – unabhängig von anderen Systemen – mit automatisierter Synchronisation zum SAP-ERP-System – verfügbar sein.

Bei der Kommunikation zwischen SAP-ERP- und EWM-System muss zwischen Stamm- und Bewegungsdaten unterschieden werden:

Hinsichtlich der Bewegungsdaten stellen die An- und Auslieferungen die zentralen Kommunikationsobjekte zwischen SAP ERP und EWM dar. Der Datenaustausch erfolgt über die sogenannten queued Remote Function Calls (qRFC), was bedeutet, dass die Bewegungsdaten asynchron und unter Berücksichtigung der Reihenfolge übertragen und verarbeitet werden, um ein hohes Maß an Stabilität der Kommunikation zwischen beiden Systemen zu gewährleisten. Unter asynchroner Kommunikation versteht man einen Modus der Kommunikation, bei dem das Senden und Empfangen von Daten zeitlich versetzt und ohne Blockieren des Prozesses, beispielsweise durch Warten auf die Antwort des Empfängersystems (wie es etwa bei synchroner Kommunikation der Fall ist), stattfindet.

Da EWM als dezentrales WM-System konzipiert ist, hat nur jeweils ein System zu einem bestimmten Zeitpunkt die alleinige Kontrolle über einen Prozess und somit die Möglichkeit, einen Beleg in diesem System zu bearbeiten. Normalerweise obliegt die Prozesskontrolle dem EWM-System, da es als ausführendes System eng mit den physischen Systemabläufen verbunden ist. Nachdem ein Lieferbeleg in SAP ERP angelegt worden ist, wird dieser zur weiteren Verarbeitung an EWM gesendet. Sobald die Lageraktivitäten begonnen haben (z. B. durch Anlegen einer Lageraufgabe oder Wareneingangsbuchung), ist der korrespondierende Lieferbeleg in SAP ERP nicht mehr änderbar. Von nun an initiiert EWM Änderungen in der Lieferung und kommuniziert diese an SAP ERP. Wenn SAP ERP eine Änderung initiiert, z. B. bevor im Wareneingangsprozess mit den Lageraktivitäten begonnen wurde, sendet es einen entsprechenden Änderungsauftrag an das EWM-System. Die gewünschte Änderung in SAP ERP wird erst durchgeführt, nachdem das EWM-System die Änderung genehmigt und ausgeführt hat. Weiterführende Informationen zur Lieferabwicklung zwischen SAP ERP und EWM finden Sie in Kapitel 6, »Lieferabwicklung«. Abbildung 2.2 zeigt die Kommunikation zwischen SAP ERP und EWM hinsichtlich der Bewegungsdaten.

Bezüglich der Stammdaten ist SAP ERP das führende System. Die Verteilung der Stammdaten ins SCM-System, auf deren Basis die entsprechenden EWM-Stammdaten erstellt werden, erfolgt über das *Core Interface* (CIF).

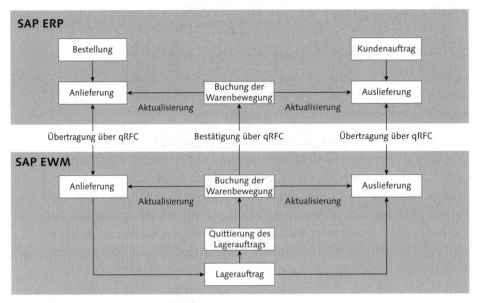

Abbildung 2.2 Kommunikation zwischen SAP ERP und SAP EWM bezüglich der Bewegungsdaten (Lieferungen)

Diese Komponente sorgt u. a. dafür, dass die Stammdaten im SCM-System aktuell bleiben, d. h., Änderungen können anhand verschiedener Regeln ins SCM-System repliziert werden. Abbildung 2.3 zeigt die Übertragung von SAP-ERP-Stammdaten ins SCM-System.

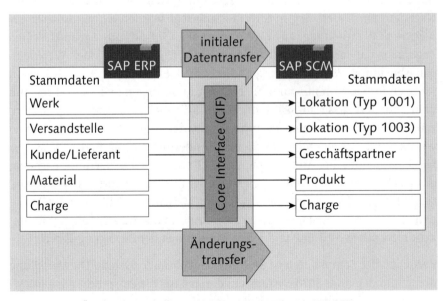

Abbildung 2.3 Übertragung von Stammdaten von SAP ERP nach SAP SCM

Detaillierte Informationen zu den Themen *CIF* und *Stammdaten in SAP EWM* erhalten Sie in Kapitel 4, »Stammdaten«.

Die beschriebenen Kommunikationslogiken haben den entscheidenden Vorteil, dass EWM nahezu unabhängig von der Verfügbarkeit des SAP-ERP-Systems arbeiten kann. Die automatisierte Synchronisation garantiert konsistente Informationsstände in beiden Systemen. Im nächsten Abschnitt stellen wir die Marktanforderungen, die heute an ein WM-System gestellt werden, den Funktionalitäten in EWM gegenüber.

2.2 Die Abdeckung der Marktanforderungen in SAP EWM

EWM wurde seit der Markteinführung kontinuierlich erweitert und ergänzt. Auf Basis der Marktanforderungen verschiedener Branchen wurden bei der Entwicklung die folgenden Schwerpunkte gesetzt:

▸ Supply Chain Networking und Intralogistikprozesse
▸ effiziente Lagerraumnutzung und zentrales Monitoring
▸ Optimierung von Ressourcen und der Planung von Mitarbeitern
▸ flexible Prozessmodellierung und Bestandstransparenz
▸ Multi-Customer Warehousing (Mehrkundenfähigkeit)
▸ Skalierbarkeit, für alle Lagerarten geeignet
▸ direkte Steuerbarkeit der automatischen Fördertechnik
▸ Unterstützung logistischer Dienstleistungen im Lager

Damit wird sichergestellt, dass EWM auch zukünftige Geschäftsanforderungen optimal abdecken kann, und es wird der Grundstein für die Weiterentwicklung gelegt.

Im Folgenden beschreiben wir exemplarisch einige zentrale Anforderungen, die von EWM abgedeckt werden. Diese Themen werden in den einzelnen Kapiteln dieses Buches vertieft.

2.2.1 Supply Chain Networking und Intralogistikprozesse

Ein gutes Beispiel für das Supply Chain Networking ist das Cross-Docking. Denn dieser Prozess trägt aufgrund der reduzierten Lagerungsdauer wesentlich zur Optimierung der Logistikkosten bei. EWM bietet verschiedene Möglichkeiten, um Cross-Docking-Prozesse durchzuführen, also Produkte direkt aus dem Wareneingangs- in den Versandbereich zu transportieren. Dieses kann zum einen geplant geschehen (z. B. beim Transport-Cross-Docking), sodass schon vor der Ankunft des Lkws festgelegt wird, dass Ware aus bestimmten Anlieferungen sofort weiterverladen wird. Zum anderen kann die Entscheidung über den Cross-Docking-Prozess auch dann getroffen werden, wenn die Ware bereits im Lager eingetroffen ist, also ungeplant. Ein Szenario für ungeplantes Cross-Docking ist die Kommissionierung der Ware bereits in der Wareneingangszone im Falle rückständiger Kundenaufträge. Detaillierte Informationen zu den verschiedenen Cross-Docking-Varianten finden Sie in Kapitel 15, »Cross-Docking«.

2.2.2 Effiziente Lagerraumnutzung und zentrales Monitoring

Eine große Produktvielfalt und ein sich ständig veränderndes Produktportfolio erschweren häufig die optimale Lagerung von Ware und somit die effiziente Lagerraumnutzung. Um dieser Marktanforderung gerecht zu werden, wurden in EWM die Funktionalitäten der *Lagerungsdisposition* entwickelt. Die Lagerungsdisposition ermittelt den optimalen Lagerplatz unter der Berücksichtigung von Produkt-, Bedarfs- und Packdaten. Diese Parameter beschreiben, in welchem Lagerbereich das Produkt gelagert wird, welche Eigenschaften der Lagerplatz hat und welche Einlagerungsstrategie verwendet werden soll.

Ändern sich die Parameter oder Anforderungen, kommt die Funktion der *Lager-Reorganisation* zum Tragen. Dabei wird analysiert, wie gut sich die aktuellen Werte (Lagertyp, Lagerbereich und Lagerplatztyp) für das jeweilige Produkt eignen. Sind diese Werte nicht optimal, schlägt das System einen optimalen Lagerplatz vor. Dabei kann dem betreffenden Mitarbeiter über ein Punktesystem angezeigt werden, wie suboptimal der momentane Platz im Vergleich zu den Daten der Lagerungsdisposition ist. Auf der Basis dieser Information können Umlagerungsprozesse sofort durchgeführt oder in die Ausführung durch die Funktionalitäten des Wellenmanagements eingeplant werden. Der Vorteil der Lager-Reorganisation liegt auf der Hand: Durch die möglichst optimale Lagerung der Produkte können die Wegezeiten reduziert werden, die ein entscheidender Faktor im Rahmen der Bewertung der Lagerlogistikkosten sind. Detailliertere Informationen finden Sie in Kapitel 8, »Wareneingangsprozess«.

Nicht nur die optimale Lagerung, sondern auch ein aktueller Überblick über die Situation im Lager ist die Basis für die Optimierung der Lagerlogistikkosten. Mit dem *Lagerverwaltungsmonitor* (kurz: *Lagermonitor*) haben die Lagermitarbeiter alle Aufgaben und Belege zentral im Blick, angefangen bei den Lieferungen über die Bestandssituation und Arbeitspakete bis hin zur Effektivität der Mitarbeiter. Der Lagermonitor ist nicht nur Anzeigeinstrument, sondern bietet auch die Möglichkeit, in die Prozesse aktiv einzugreifen, um so schnellstmöglich auf ungeplante Ereignisse zu reagieren. Welche Funktionalitäten der Lagermonitor beinhaltet und wie er Ihren prozessspezifischen Anforderungen angepasst werden kann, erfahren Sie in Kapitel 13, »Monitoring und Reporting«.

2.2.3 Optimierung von Ressourcen und Planung von Mitarbeitern

Mit zunehmender Lagergröße und Prozesskomplexität werden die Optimierung von Ressourcen und ein effizientes Planen von Mitarbeitern immer wichtiger. Mithilfe der Funktionen des *Ressourcenmanagements* in EWM können Sie die Auswahl von Aufgaben nach Auslastungsgesichtspunkten und nach Ressourceneignung optimieren, um so die Effizienz Ihrer Lagerprozesse zu steigern. Die Zuordnung von Ressourcen und Arbeitspaketen zu *Queues* ermöglicht eine gezielte Verwaltung und Verteilung von Aufgaben im Lager. Aufgaben können einer Ressource entweder automatisch oder manuell zugeordnet werden; dies gilt in Umgebungen mit oder ohne Datenfunkanbindung. Wie das Ressourcenmanagement die Abarbeitung von Lageraufgaben steuert, wird in Kapitel 11, »Optimierung der Lagerprozessdurchführung«, gezeigt.

Ein weiterer Bestandteil zur Ressourcenoptimierung ist das *Arbeitsmanagement* in EWM mit Funktionen für die Planung und Steuerung der Arbeitseinsätze Ihrer Mitarbeiter und der Messung deren Leistungen anhand standardisierter Vorgaben und Leistungskennzahlen. Die Anwendung bietet zudem effektive Werkzeuge, um Mitarbeiteraktivitäten zu planen, zu simulieren und zu messen. Auf der Basis der Definition von Vorgabezeiten für verschiedene Aufgaben können die Arbeitsschritte identifiziert werden, bei denen Produktivitätssteigerungen und Optimierungen im logistischen Prozess möglich sind. Eine detaillierte Beschreibung dieser EWM-Komponente finden Sie in Kapitel 12, »Bereichsübergreifende Prozesse und Funktionen«.

2.2.4 Flexible Prozessmodellierung und Bestandstransparenz

Oft sind Prozesse, ob im Wareneingang, lagerintern oder im Warenausgang, von einer hohen Anzahl an Prozessschrittvarianten geprägt. Kommen dann noch lagerlayoutspezifische Anforderungen hinzu, wird die Steuerung der verschiedenen Prozessvarianten umso komplexer. Genau das ist die zentrale Aufgabe der Lagerungssteuerung in EWM: Durch die *prozess- und layoutorientierte Lagerungssteuerung* in EWM können komplexe Ein- und Auslagerungsprozesse sowie lagerinterne Bewegungen unter Berücksichtigung des Lagerlayouts flexibel definiert und gesteuert werden. Dabei ermittelt EWM automatisch den nächsten Prozessschritt und kann die entsprechende Lageraufgabe automatisch erstellen. Durch die automatisierte Steuerung der Lagerprozesse wird die Prozessdauer deutlich reduziert, sodass die Ware schneller eingelagert wird und somit für die Zuteilung von Kundenaufträgen früher zur Verfügung steht. Warenausgangsseitig können durch die automatisierte Lagerungssteuerung die Lieferzeiten zum Kunden entsprechend reduziert werden. Wie EWM auf der Basis welcher Parameter die verschiedenen Prozessschritte im Lager bestimmt und steuert, ist Bestandteil von Kapitel 7, »Objekte und Elemente der Prozesssteuerung«.

Zu wissen, wo und in welchem Prozessschritt sich welcher Bestand befindet, ist eine weitere wichtige Anforderung an die moderne Lagerlogistik. EWM ermöglicht die Sichtbarkeit der Bestände über sämtliche Schritte des Gesamtprozesses – im Wareneingang von der Registrierung des Lkws im Yard bis hin zur Einlagerung der Ware auf dem finalen Lagerplatz und im Warenausgang von der Kommissionierung der Ware und dem gleichzeitigen Verbuchen der Ware auf die Ressource bis hin zum Verlassen des Lkws am Kontrollpunkt im Yard.

2.2.5 Multi-Customer Warehousing

Insbesondere für Logistikdienstleister sind die Verwaltung und die logistische Abwicklung von Beständen verschiedener Kunden (Mehrkundenfähigkeit) im Lager Tagesgeschäft. Mit EWM ist dies problemlos möglich. Erfahren Sie in Kapitel 5, »Bestandsverwaltung«, wie in EWM das Multi-Customer Warehousing auf der Basis der Bestandsmerkmale *Eigentümer*, *Besitzer* und *Verfügungsberechtigter* abgebildet und gesteuert wird.

2.2.6 Eignung für alle Läger

EWM ist für alle Arten von Lägern geeignet (zentrale, regionale und lokale Ersatzteilläger, Logistikdienstleisterläger, Fertigwarendistributionszentren, Produktionsversorgungsläger, Hubs oder Umschlagspunkte etc.) – mit großen Vorteilen bei höhervolumigen und komplexeren Lägern. Durch verschiedene Architekturszenarien (siehe Abschnitt 2.4, »Auslieferungsvarianten von SAP

EWM«) kann EWM sowohl von mittelständischen Unternehmen als auch von Großkonzernen zur Abwicklung ihrer Lagerlogistik eingesetzt werden.

2.2.7 Direkte Steuerbarkeit der automatischen Fördertechnik

Was der Markt seit Langem fordert, ist mit EWM umgesetzt worden: Mit EWM lässt sich die automatische Fördertechnik im Lager direkt steuern; es ist kein weiteres Lagersteuersystem zwischen dem SAP-System und den speicherprogrammierbaren Steuerungen erforderlich. EWM kommuniziert direkt mit der Steuerungsebene. Dies hat neben dem Wegfall eines zusätzlichen Softwaresystems den Vorteil der engen Verzahnung des Materialflusses mit der Lagerverwaltung. So kann nun einerseits in den Strategien des LVS leichter auf Zustand und Auslastung der Fördertechnik Rücksicht genommen werden, und andererseits stehen dem Materialflusssystem (MFS) Funktionen und Daten des LVS zur Verfügung, z. B. für Zielanfragen. Die Systemabbildung folgt somit vermehrt den physischen Bewegungen im Lager. Die Materialflusssysteme von heute sind oftmals sogenannte *Black Boxes*, d. h., dass Änderungen im Materialfluss jedes Mal zusätzlich entwickelt werden müssen. Die MFS-Komponente in EWM ist hingegen als Framework zu verstehen und flexibel konfigurier- und erweiterbar. Durch Customizing und Verwendung zahlreicher Business Add-Ins (BAdIs) als vordefinierte Absprungstellen im Programmablauf bietet EWM-MFS die Möglichkeit, auf die unterschiedlichen Kundenanforderungen im Hinblick auf die Logistikprozesse und Anlagenlayouts entsprechend flexibel zu reagieren.

Kernstück der MFS-Komponente ist die layoutorientierte Lagerungssteuerung. Hier haben Sie die Möglichkeit, Materialflusswege und Alternativstrecken (wenn z. B. ein Meldepunkt auf der Regelstrecke nicht betriebsbereit ist) zu definieren. Um eine stabile und sichere Kommunikation zwischen EWM-MFS und SPS zu gewährleisten, wurden in EWM-MFS Funktionalitäten der automatischen Verbindungsüberwachung und eine sowohl grafische als auch belegorientierte Statusübersicht der Kommunikationsschnittstellen entwickelt. Die Absicherung der Kommunikation erfolgt über Laufnummern und Telegrammbestätigungen in EWM-MFS. Im Unterschied zum Vorgängerprodukt *SAP Task and Resource Management* (SAP TRM) können nun beide Kommunikationspartner, EWM und SPS, einen Kommunikationsablauf initiieren – entweder nach dem Pull-Prinzip (SPS fragt bei EWM-MFS an, und EWM-MFS antwortet) oder nach dem Push-Prinzip (EWM-MFS führt eine Aktion aus, und SPS führt aus und antwortet). Weitere Informationen zur Materialflusskomponente in EWM erhalten Sie in Kapitel 14, »Anbindung einer Materialflusssteuerung«.

2.2.8 Unterstützung logistischer Dienstleistungen im Lager

In der heutigen Lagerlogistik erlangen *logistische Zusatzleistungen*, wie z. B. die Zusammenstellung von Bausätzen (Kitting), die Etikettierung oder die kundenindividuelle Verpackung, einen zunehmend höheren Stellenwert. Um LZLs möglichst effizient und kostengünstig durchführen zu können, ist es notwendig, diese vollständig in die Lagerprozesse zu integrieren. Aus diesem Grund unterstützt EWM die Abwicklung von LZLs und ermöglicht deren Bearbeitung in Verbindung mit An- und Auslieferungen. LZL-Aufträge informieren den Mitarbeiter darüber, was er wie und in welcher Menge zu bearbeiten hat. Die LZL-Bearbeitung ist in das Arbeitsmanagement integriert, sodass genau festgehalten werden kann, wie viel Zeit jeweils für die Durchführung der verschiedenen Leistungen benötigt wurde. Diese Zeiten stellen die Grundlage für eine mögliche Fakturierung von LZL-Aufträgen dar. Eine vorhandene Integration zur Übertragung dieser Daten in SAP BW bietet Ihnen die Möglichkeit, Auswertungen vorzunehmen, z. B. dazu, welche Leistung für welchen Kunden in welchem Zeitraum erbracht worden ist. Darüber hinaus kann der Verbrauch notwendiger Hilfsprodukte bestandsmäßig geführt und dokumentiert werden. Die Integration der LZLs in die Lagerprozesse erfolgt durch die Funktionalität der Lagerungssteuerung. Über die Lagerungssteuerung können die Findung der jeweiligen Arbeitsstation und die Anlage von Transportaufträgen zwischen den Stationen zur Durchführung der LZL-Aufträge gänzlich automatisiert werden. Weiterführende Informationen zu logistischen Zusatzleistungen und wie sie in EWM abgebildet werden, erhalten Sie in Kapitel 12, »Bereichsübergreifende Prozesse und Funktionen«.

Die Frage, welche Unterschiede zwischen der Komponente WM in SAP ERP und SAP EWM bestehen, wird häufig gestellt. Daher werden wir im folgenden Abschnitt näher darauf eingehen.

2.3 Wesentliche Unterschiede zwischen WM und SAP EWM

SAP EWM baut auf die Funktionen der WM-Komponente in SAP ERP auf und bietet zahlreiche neue und erweiterte Funktionen, die wir im Folgenden näher erläutern:

Der wesentliche Unterschied zwischen WM und EWM besteht in der unterschiedlichen Plattform. WM kann sowohl in SAP ERP integriert als auch als dezentrale Lösung in einem separaten SAP-ERP-System eingesetzt werden und ist auf die internen Unternehmensabläufe fokussiert. Bei EWM steht hingegen das unternehmensübergreifende Supply Chain Networking im Vordergrund. EWM ist als eigenständige Komponente Bestandteil von SAP SCM. Abbildung 2.4 zeigt einen Überblick über die Unterschiede zwischen EWM und WM.

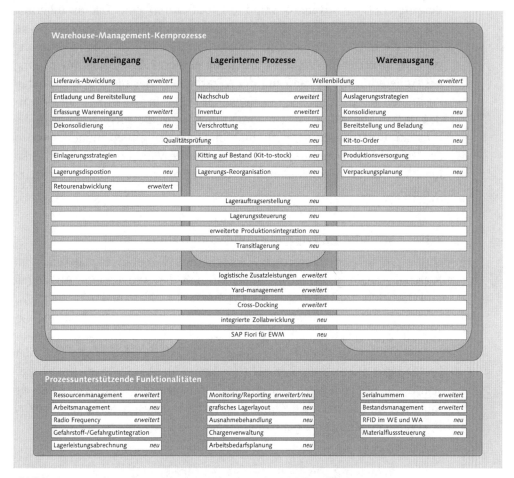

Abbildung 2.4 Funktionaler Vergleich zwischen WM (SAP ERP) und SAP EWM

Die wichtigsten Funktionalitäten der verschiedenen Kernprozesse werden wir im Folgenden näher beschreiben. In den Überschriften der Abschnitte ist nochmals angemerkt, ob es sich um eine gegenüber WM erweiterte oder neue Funktionalität handelt.

2.3.1 Lieferavis-Abwicklung (erweitert)

Auf der Basis einstellbarer automatischer Unvollständigkeits- und Konsistenzprüfungen können in EWM die Anlieferungsbenachrichtigungen automatisch validiert werden, um so die notwendige Datenqualität für die Prozessabwicklung im Wareneingang sicherzustellen. Auch in SAP ERP gibt es ja bereits eine Unvollständigkeitssteuerung. So kann in SAP ERP beim ASN-Eingang (ASN = Advanced Shipping Notification) eine Datenvalidierung erfolgen und die Anlieferung mit dem entsprechenden Validierungsstatus an EWM übertragen werden. Die Anlieferpositionen, die nicht in Ordnung sind, werden für die Weiterverarbeitung gesperrt. Unter der Anwendung des Anlieferungssplits kann mit der Verarbeitung der nicht beanstandeten Positionen gestartet werden. Nachdem der Fehler in SAP ERP behoben worden ist (z. B. die Daten ergänzt worden sind), wird die entsprechende Änderung an EWM kommuniziert, und die fehlerhaften Positionen werden ersetzt und können verarbeitet werden. Welche Validierungsmöglichkeiten im EWM-Standard vorhanden sind, erfahren Sie in Kapitel 8, »Wareneingangsprozess«.

2.3.2 Entladung, Beladung und Bereitstellung (neu)

Durch die Bereitstellungszone – sowohl im Wareneingang als auch im Warenausgang – als neues Stammdatum und die systemseitige Abbildung und Durchführung des Prozessschritts *Entladen* oder *Beladen* als Lieferstatus oder im Rahmen der Lagerungssteuerung kann die Ent- oder Beladung des Lkws in EWM geplant und ausgeführt werden, und es kann darüber hinaus auf Ausnahmesituationen (z. B. fehlende Behälter, falsche Mengen oder beschädigte Ware) schnellstmöglich reagiert werden. Wie diese Prozessschritte in die jeweiligen Kernprozesse *Wareneingang* und *Warenausgang* integriert sind, können Sie Kapitel 8, »Wareneingangsprozess«, bzw. Kapitel 9, »Warenausgangsprozess«, entnehmen.

2.3.3 Erfassung des Wareneingangs (erweitert)

EWM bietet im Vergleich zum dezentralen WM-System aus SAP ERP die Möglichkeit, Teilwareneingänge zu erfassen. Falls beim Entladen festgestellt wird, dass Produkte (Anlieferpositionen) nicht geliefert worden sind, besteht in EWM, als dezentrales Warehouse-Management-System, im Gegensatz zu WM die Möglichkeit, Lieferpositionen zu splitten oder diese auch zu löschen. In solchen Fällen wird automatisch eine neue Anlieferung für die noch offene Menge bzw. für die fehlende Lieferposition erstellt.

Für Fälle, in denen der Lieferant nicht in der Lage dazu ist, Anlieferdaten zu avisieren, wurden in EWM neue Belege wie die *Benachrichtigung über den erwarteten Wareneingang* und den *erwarteten Wareneingang* auf der Basis von Bestellinformationen und Transaktionen entwickelt, um auch in solchen Fällen die systemseitige Erfassung der Anlieferdaten zu beschleunigen, damit die angelieferte Ware so schnell wie möglich zur Durchführung des Wareneingangsprozesses zur Verfügung steht.

Mittels EWM können während des gesamten Einlagerungsprozesses Korrekturbuchungen zulasten der Anlieferung gebucht werden; die gebuchte Wareneingangsmenge wird entsprechend angepasst. In einem Umlagerungsszenario können hierdurch auch Korrekturbuchungen an das sendende Lager angestoßen werden.

2.3.4   Dekonsolidierung (neu)

EWM erkennt im Gegensatz zu WM automatisch, ob im Falle von angelieferten Mischbehältern deren Inhalt dekonsolidiert werden muss, da z. B. nur produktrein eingelagert werden darf. Darüber hinaus kann der notwendige Arbeitsplatz (Dekonsolidierungsstation) automatisch ermittelt und die Lageraufgabe zum Transport der Ware zur Dekonsolidierungsstation ebenfalls automatisch erstellt werden, um so den Wareneingangsprozess deutlich zu beschleunigen.

2.3.5   Qualitätsprüfung (neu)

Durch die Integration von EWM in die *Quality Inspection Engine* (QIE) erkennt EWM automatisch, ob die angelieferte Ware qualitätsgeprüft werden muss, und sorgt auf der Basis einer ebenfalls automatischen Prüfplatzermittlung dafür, dass die Qualitätsprüfung nahtlos in den Wareneingangsprozess und in die lagerinterne Prozessabwicklung integriert wird. Durch die flexible Definition von Folgeaktionen können, je nach Prüfergebnis, die logistischen Folgeprozesse, wie z. B. die Verschrottung, ebenfalls automatisiert erfolgen. Die QIE entspricht einem Qualitätsmanagementsystem, das insbesondere für einfache Prüfungen inklusive Zählung entwickelt wurde, wie sie in vielen Lägern häufig vorkommen. Somit wird das Customizing vereinfacht und der Implementierungsaufwand reduziert. Für Fälle, in denen die Prüffunktionalitäten dennoch nicht ausreichend sind, existiert eine Schnittstelle ins SAP-ERP-Qualitätsmanagement (QM), um dort die Prüfung durchzuführen. Das Prüfergebnis wird aus QM nach EWM übertragen, um die Vorteile der dort festgelegten Folgeaktionen zu nutzen.

Mit EWM-Release 9.1 wurden Erweiterungen dieser Integration umgesetzt, die es ermöglichen, auch Teilmengen in QM zu prüfen und über sie zu entscheiden oder in (SAP ERP) QM berechnete prüfrelevante Mengen in den prüf- und logistikrelevanten Folgeprozessen in EWM zu berücksichtigen.

2.3.6 Lagerungsdisposition und Lager-Reorganisation (neu)

Die Funktionalitäten für die Lagerungsdisposition und die Lager-Reorganisation wurden vollständig neu in EWM entwickelt. Bei der Lagerungsdisposition (oft auch *Slotting* genannt) wird der optimale Lagerplatz anhand von Produkt-, Bedarfs- und Packdaten ermittelt. Die Lager-Reorganisation bestimmt wiederum auf der Basis der Lagerungsdispositionsdaten, ob der Bestand optimal auf dem aktuellen Lagerplatz gelagert ist, und optimiert so die Anordnung der Produkte im Lager.

Die Lagerdisposition sorgt in Kombination mit der Lager-Reorganisation dafür, dass sich das richtige Produkt in der richtigen Menge am richtigen Lagerplatz befindet. Dies ist die Grundlage für eine wegeoptimierte Kommissionierung und eine wesentliche Effizienzsteigerung des Kommissionierungsprozesses. Vorteile der Kombination aus Lagerdisposition und Lager-Reorganisation sind die Maximierung der Lagerkapazität und die Minimierung von Nachschubvorgängen.

2.3.7 Retourenabwicklung (erweitert)

Für eine reibungslose Abwicklung von Kundenretouren wurde in EWM im Zusammenspiel mit SAP ERP ein Genehmigungsprozess implementiert: In SAP ERP wird eine *Retourengenehmigung* (Return Material Authorization, RMA) angelegt, die auf einer Retourenanforderung des Kunden basiert. Dabei wird jede Retourenposition durch eine separate RMA-Nummer gekennzeichnet.

Durch die Übertragung der Retourenlieferung inklusive der betreffenden RMA-Nummern besteht nun die Möglichkeit, die Positionen über alle Prozessschritte im Lager hinweg zu verfolgen, die Aktivierung der RMA-basierten Qualitätsprüfung in EWM zu initiieren sowie in EWM Folgeaktivitäten, wie z. B. die Warenverschrottung oder Rücklieferung zum Kunden, anzustoßen. Zusätzlich ist eine erweiterte Retourenabwicklung für ein werksübergreifendes Umlagerungsszenario zwischen zwei EWM-verwalteten Lägern möglich.

2.3.8 Wellenbildung (erweitert)

Durch zusätzliche Funktionalitäten im Bereich der Wellenbildung kann die Arbeit im Lager noch flexibler organisiert werden. Mit EWM haben Sie die Möglichkeit, den Wellen nicht nur – wie in WM – Lieferungen, sondern auch Lieferpositionen zuzuordnen, was insbesondere bei Lieferungen mit hoher Positionsanzahl von Vorteil ist, um so den Materialfluss noch besser steuern und entzerren zu können. Basierend auf der groben Kommissionierplatzermittlung ist bei der Wellenbildung ein mengenmäßiger Split von Lieferpositionen möglich. Dies hat den Vorteil, dass die Kommissionierung von mehreren Plätzen aus möglich ist (z. B. Ganzpaletten aus der Reserve und Anbruchmengen aus dem Kommissionierbereich). Darüber hinaus können über Wellenvorlagen, die u. a. Termine und Kapazitätsgrenzen berücksichtigen, automatisch Wellen erstellt werden.

2.3.9 Lagerauftragserstellung (neu)

Die Lagerauftragserstellung ist im Vergleich zu WM eine neue Funktionalität in EWM und dient der Bildung von optimalen Arbeitspaketen für die Ressourcen im Lager. Auf der Basis eines flexiblen Regelwerks werden Lageraufgaben in entsprechender Reihenfolge zu Lageraufträgen gebündelt, um so z. B. die Wegezeit zu optimieren, schwere Produkte vor leichten Produkten zu kommissionieren oder das maximale Gewicht eines Lagerauftrags zu berücksichtigen. Darüber hinaus können die notwendigen Kommissionierbehälter berechnet und automatisch angelegt werden.

2.3.10 Lagerungssteuerung (neu)

Die Lagerungssteuerung ist ebenfalls nicht in WM vorhanden und wurde in EWM neu entwickelt. Wie bereits in Abschnitt 2.2.4, »Flexible Prozessmodellierung und Bestandstransparenz«, beschrieben, können mit dieser Funktionalität die Lagerprozesse flexibel definiert, gesteuert und überwacht werden.

2.3.11 Nachschubstrategien (erweitert)

Mit dem direkten Nachschub wurde in EWM ein Nachschubszenario entwickelt, das es dem Kommissionierer ermöglicht, durch die Eingabe eines bestimmten Ausnahmecodes auf dem Radio-Frequency-Gerät (RF-Gerät) automatisch eine Lageraufgabe für den Nachschub zu erzeugen. Diese wird ihm als nächste zu bearbeitende Position auf dem RF-Gerät angezeigt, um so die korrekte Menge der Lieferposition zu kommissionieren und den Kundenauftrag termingerecht abzuarbeiten.

2.3.12 Inventur (erweitert)

In EWM sind neben den lagerplatzbezogenen Inventurverfahren (wie z.B. Niederbestandskontrolle, Nullkontrolle und Einlagerungsinventur als permanente Inventurverfahren) auch neue produktbezogene Inventurverfahren möglich, etwa das Cycle Counting sowie – ebenfalls neu – die Kombination aus lagerplatz- und produktbezogenen Inventurverfahren, wie z. B. die Stichtags- oder Ad-hoc-Inventur. Der wesentliche Vorteil des Einsatzes von produktbezogenen Inventurverfahren ist, dass z. B. Schnelldreher häufiger gezählt werden können als Langsamdreher. Dabei ist die Verwendung von Handling Units (HUs) – im Gegensatz zu WM – vollständig in die Inventurabwicklung integriert. Ein weiterer Vorteil der Inventurabwicklung in EWM ist, dass die Durchführung der Inventur auch während des laufenden Betriebs möglich ist. Sowohl die Durchführung der Inventurzählung als auch das Ausbuchen von Differenzen kann anhand von Berechtigungen auf Mengen- und Werttoleranzen erfolgen. Darüber hinaus wurde in EWM mit dem *Difference Analyzer* ein Tool entwickelt, das je nach Berechtigung das Ausbuchen von Differenzen ins SAP-ERP-System ermöglicht – entweder kumulativ oder auf Einzelpositionsbasis.

2.3.13 Verschrottung (neu)

Zur Steigerung der Lagerkapazität und Lagereffizienz wurden in EWM zwei Szenarien implementiert – die *geplante und die ungeplante Verschrottung*. Bei der geplanten Verschrottung wird auf der Basis der ermittelten Prognose in SAP APO der Verschrottungsprozess für eine geplante Reduzierung von Überbeständen im Lager initiiert und in EWM ausgeführt. Bei der ungeplanten Verschrottung werden beschädigte oder unbrauchbar gewordene Produkte erkannt und daraufhin der Verschrottungsprozess in EWM angestoßen. Hier ist ein Autorisierungsprozess hinterlegt, d. h., dass nur bestimmte Personen dazu berechtigt sind, eine solche Verschrottung durchzuführen.

2.3.14 Kitting (neu)

Kitting ist ein Begriff aus den Bereichen der Beschaffungs- und Produktionslogistik, der die Zusammenstellung der Einzelkomponenten ihrer Baugruppe zu einem *Kit* umfasst. Durch die Verlagerung dieses Prozesses aus der Produktion ins Lager und somit in Richtung Endverbraucher können Sie flexibler auf Bedarfsschwankungen reagieren und die Erstellung von Kits bedarfsgerecht der jeweiligen Nachfragesituation anpassen. EWM unterstützt zwei Kitting-Prozesse: Der Prozess *Kit-to-Stock* ist ein Verfahren, bei dem Bausätze auf Vorrat gefertigt und eingelagert werden; beim *Kit-to-Order-Prozess* erfolgt hingegen die Zusammenstellung der Ware auftragsbezogen.

2.3.15   Konsolidierung (neu)

EWM ermittelt in der *Konsolidierung* automatisch, welche Lieferpositionen zusammen in einem Pick-Behälter kommissioniert und am Packtisch verpackt werden können. Integriert in die Lagerungssteuerung, kann EWM automatisch den optimalen Packarbeitsplatz ermitteln, um so den Warenausgangsprozess zu beschleunigen.

2.3.16   Logistische Zusatzleistungen (erweitert)

Im Vergleich zu WM ist EWM durch die Integration in die Lagerungssteuerung der Prozess der LZL besser in Wareneingang und Warenausgang integriert. Zusätzlich können in EWM notwendige Hilfsprodukte (z. B. Verpackungsmaterial) bestandsgeführt werden.

2.3.17   Yard Management (erweitert)

Durch die neuen Objekte *Transporteinheit* (z. B. Container), *Fahrzeug* (z. B. Lkw mit Anhänger) und *Lagertor* können im Vergleich zu WM die Yard-Prozesse in EWM besser in die Lagerprozesse integriert und somit die Effizienz im Yard durch die Reduktion von Standzeiten erhöht werden. Dabei sind bereits mit der Ankunft des Lkws am Kontrollpunkt die angelieferten Bestände im Lager sichtbar, um so eine Priorisierung der Entladung vorzunehmen.

2.3.18   Cross-Docking (erweitert)

EWM bietet – im Vergleich zu WM – deutlich mehr Möglichkeiten, um Cross-Docking-Prozesse durchzuführen. In EWM werden das *Transport-Cross-Docking* (TCD) und die *Warenverteilung* als geplante Cross-Docking-Szenarien unterstützt. Während in WM der TCD-Prozess manuell durch die Zuweisung von Anlieferpositionen zu den passenden Auslieferpositionen angestoßen wird, erfolgt der TCD-Prozess in EWM auf Basis der Routenplanung. Dies hat zur Folge, dass die Cross-Docking-Relevanz feststeht, bevor die Ware im Lager eintrifft.

Zur Minimierung von Lieferverzögerungen kennt ausschließlich EWM die *Kommissionierung vom Wareneingang* (Picks from Goods Receipt, PFGR) und das *Push Deployment* (PD) als ungeplante oder opportunistische CD-Szenarien. Mithilfe der WE-Buchung in EWM bestimmt SAP APO die Cross-Docking-Relevanz auf der Basis der rückständigen Kundenaufträge. Dabei legt SAP APO fest, ob Waren unmittelbar nach deren Eingang zu einem Kunden (PFGR) oder in ein anderes Lager (PD) gebracht werden sollen.

> **Cross-Docking für Kundenaufträge aus dem Vertrieb**
>
> Für Kundenaufträge, die in der SAP-Komponente für den Vertrieb (SD) erstellt worden sind, wird die Cross-Docking-Variante PFGR nicht unterstützt. Sie müssen hierzu die CRM-Kundenauftragsbearbeitung im Zusammenspiel mit SAP APO einsetzen.

Des Weiteren gibt es ein opportunistisches CD-Szenario, das EWM anstößt. Dieser Prozess läuft vollständig in EWM ab. Dabei kann EWM bei der Erstellung der Einlager- bzw. Pick-Lageraufgabe automatisch prüfen, ob es für diesen Bestand eine geeignete Aus- bzw. Anlieferung gibt. Im Gegensatz zu EWM wird beim opportunistischen Cross-Docking in WM der Transportauftrag (TA) zur Einlagerung von Ware storniert, wenn vor der Quittierung des Einlagerungstransportauftrags ein passender TA zur Kommissionierung erstellt worden ist. Aber zum einen ist die Wahrscheinlichkeit, dass diese Situation im Lager auftritt, relativ gering, und zum anderen ist diese Logik im papierbetriebenen Lager als kritisch zu betrachten.

2.3.19 Integrierte Zollabwicklung (neu)

Durch die Integration zwischen EWM und *SAP Global Trade Services* (SAP GTS) können Zollprozesse nahtlos in die Lageraktivitäten integriert und somit beschleunigt werden. So prüft EWM z. B. im Rahmen des Versandverfahrens im Vorfeld der Ent- oder Beladung des Lkws, ob eine Ent- bzw. Beladeerlaubnis vom Zoll über SAP GTS an EWM übertragen worden ist. Darüber hinaus verwendet EWM die Compliance- und Akkreditivprüfung von SAP GTS, um zu prüfen, ob eine Auslieferung an einen bestimmten Warenempfänger erfolgen darf. Weitere Zollprozesse, die durch die EWM-GTS-Integration unterstützt werden, sind die vorübergehende Verwahrung und das Zolllagerverfahren.

2.3.20 Monitoring und Reporting (erweitert/neu)

Der *Lagerverwaltungsmonitor* (kurz: Lagermonitor) zeichnet sich mit einer Vielzahl vordefinierter Reports für verschiedene Prozesse und Belege als zentrales Steuer- und Kontrollinstrument aus und ermöglicht darüber hinaus die Zuordnung, Initiierung und Steuerung von Arbeitsabläufen. Der Lagermonitor entspricht einem Framework mit einer Vielzahl an prozessspezifischen Reports im Standard, das es ermöglicht, den Lagermonitor schnell und flexibel Ihren Prozessanforderungen anzupassen. Hier haben Sie die Möglichkeit, eigene Reports einfach in den Monitor zu integrieren oder sogar eigene Monitore vollständig zu definieren. Zusätzlich bietet ausschließlich EWM mit dem *Lagercockpit* die Möglichkeit, Objekte (z. B. Lagerkennzahlen wie Füllgrad von bestimmten Lagerbereichen oder offene Lageraufgaben pro Arbeitsbereich) anhand verschiedener Chart-Typen (z. B. Ampeln, Balken-, Säulendiagramme oder Tachometer) grafisch anzeigen zu lassen. Das Lagercockpit basiert auf dem *Easy Graphics Framework* (EGF). Das EGF ist ein generisches Werkzeug, um auf einfache Weise Cockpits für Anwendungen, die nicht nur EWM-spezifisch sein müssen, zu konfigurieren und Ihre Daten grafisch anzeigen zu lassen. In Kapitel 13, »Monitoring und Reporting«, wird beschrieben, wie Sie Objekte für das Lagercockpit erstellen und dort einfügen können.

Zur Optimierung Ihrer Lageraktivitäten und zur längerfristigen Planung Ihres Lagerpersonals ist sowohl eine aggregierte Sicht als auch eine Detailsicht auf verschiedene Belege und Lagerkennzahlen wichtig. Zu diesem Zweck besteht durch die standardmäßige Integration zwischen EWM und SAP BW sowie die Bereitstellung von BW-Content die Möglichkeit, aktuelle und bereits ausgeführte Daten (z. B. quittierte Lageraufträge, abgeschlossene LZL-Aufträge) an SAP BW zu übertragen, um diese Daten entsprechend den umfangreichen Möglichkeiten, die BW bietet, zu analysieren.

Seit EWM 9.0 bietet SAP das Warehouse Performance Dashboard, um einen schnellen und guten Überblick über Leistungen in verschiedenen Lagerstandorten zu erhalten. Dabei werden im Standard wichtige vordefinierte Kennzahlen angeboten, wie z. B. termingerecht gelieferte Auslieferungen in Prozent, Anzahl von Auslieferpositionen mit Fehlern oder Auslastungsgrad pro Lagerstandort (belegte Lagerplätze in Prozent). Dabei stehen Funktionalitäten wie Drill-down und verschiedene grafische Darstellungsvarianten, z. B. Balkendiagramme zur Verfügung, um die Kennzahlen anwenderfreundlich auswerten zu können. Das Warehouse Performance Dashboard ist auf einem BW-System installiert und mittels Internet-Browser dargestellt.

2.3.21 Grafisches Lagerlayout (neu)

Das *grafische Lagerlayout* (GLL) von EWM, das das Lagerinnere als zweidimensionale Grafik darstellt, ist ein weiteres Alleinstellungsmerkmal im Vergleich zu WM. Mit dem GLL können Sie sich grafische Informationen über die Bestandssituation, die Platzauslastung, die im Lager arbeitenden Ressourcen sowie über den Zustand von Fördertechniksegmenten anzeigen lassen.

2.3.22 Ausnahmebehandlung (neu)

Ausnahmesituationen im Lager sind oft mit längerer Bearbeitungszeit und höherem Aufwand verbunden. Im Gegensatz zu WM bietet EWM die Komponente *Ausnahmebehandlung*, um Ausnahmen unmittelbar während der Prozessdurchführung systemseitig zu erfassen und schnellstmöglich darauf zu reagieren. Dabei können Sie Folgeaktionen flexibel definieren. So können Sie durch die Nutzung von SAP-Workflow-Funktionalitäten durch die Eingabe eines Ausnahmecodes z. B. automatisch eine vordefinierte SAP-Mail an den Bereichsverantwortlichen senden, damit er schnellstmöglich Aktionen zur Beseitigung der Ausnahme einleiten kann. Für den Fall, dass in einem Lagerfach beschädigte Ware liegt, haben Sie durch die Verbindung der Ausnahmebehandlung zum SAP-Statusmanagement die Möglichkeit, z. B. das Lagerfach zu sperren, damit daraus keine Ware mehr entnommen werden kann. Analog dem Lagermonitor ist die Ausnahmebehandlung in EWM als Framework mit vordefiniertem Inhalt zu verstehen, das die Eingabe von Ausnahmecodes und das Starten von Folgeaktionen im Rahmen jeder Warenbewegung und in nahezu jedem Prozessschritt ermöglicht und sich entsprechend Ihren Prozessanforderungen flexibel erweitern lässt.

2.3.23 Serialnummern (erweitert)

Besonders in Lägern mit hochwertigen Produkten, die den Endkundenbereich bedienen, soll häufig jedes Produkt mit einer eindeutigen Nummer versehen werden, um das Einzelstück gegenüber allen anderen Produkten eindeutig identifizieren und verfolgen zu können. In EWM können Sie die Serialnummernpflicht auf der Belegebene (Erfassung von Serialnummern für An- bzw. Auslieferungen), auf der Lagernummernebene (Erfassung von Serialnummern vor Wareneingangs bzw. Warenausgangsbuchung) und auf der Lagerplatzebene/Bestandsebene vornehmen. Im Gegensatz zu WM ist die Verwaltung von Serialnummern auf der Platzebene auch ohne HUs möglich. Neu ist auch die Möglichkeit in EWM, Präfixe zu verwenden, die im Rahmen der automatischen Nummernvergabe vorangestellt werden, um so z. B. die Selektion von Serialnummern zu erleichtern.

2.3.24 Bestandsmanagement (erweitert)

Um den heutigen Anforderungen an die Lagerlogistik gerecht zu werden, wurde in EWM das *Bestandsmanagement* um die folgenden Funktionalitäten erweitert:

- **Unterteilung der Bestandsarten**
  In EWM können Sie, analog zu WM, Bestände in verschiedene Arten unterteilen: in frei verfügbaren Bestand, gesperrten Bestand, Qualitäts-prüfbestand und Retourensperrbestand. In EWM haben Sie aber zusätz-lich die Möglichkeit, die Bestandsarten lokationsabhängig zu definieren, also zu bestimmen, welchem SAP-ERP-Lagerort der Bestand zugeordnet werden soll. Mit den SAP-ERP-Lagerorten *Ware in Einlagerung* (Received on Dock, ROD) und *Ware voll verfügbar* (Available for Sales, AFS) und den korrespondierenden Verfügbarkeitsgruppen in EWM können Sie in einem EWM-verwalteten Lager zwischen Beständen unterscheiden, die zwar frei verfügbar sind, aber noch nicht für die Kommissionierung verwendet wer-den sollen, da sie sich noch in der Einlagerung befinden. Diese Unterschei-dung bringt den entscheidenden Vorteil, dass ein Bestand im Lager bereits mit der Ankunft des Lkws im Wareneingang gebucht werden kann, aber für den Warenausgangsprozess noch nicht zur Verfügung steht.

- **Umbuchung des Bestandes auf die Ressourcen**
  Falls Sie in EWM mit mobilen Geräten arbeiten, können Sie, im Gegensatz zu WM, den Bestand bei der Quittierung der Lageraufgabe auf die jewei-lige Ressource umbuchen. Aber nicht nur auf Ressourcen, sondern auch auf Transporteinheiten und Arbeitsplätzen können Sie Bestände buchen und führen. Dies hat den Vorteil, dass Sie zu jedem Zeitpunkt sehen kön-nen, wo sich der Bestand gerade im Lager befindet.

- **Mehrkundenfähigkeit**
  Mit der Einführung von neuen Bestandsattributen wie *Besitzer*, *Eigentümer* und *Verfügungsberechtigter* haben Sie nur in EWM die Möglichkeit, die Bestände verschiedener Kunden (*Mehrkundenfähigkeit*) logistisch abzuwi-ckeln.

Mit EWM-Release 9.0 besteht die Möglichkeit, bestandsspezifische Mengen-einheiten in die Lagerprozesse zu integrieren, vorausgesetzt, EWM ist an ERP 6.0 EHP 6 angebunden. So kann zur Erhöhung der Bestandstransparenz und zur besseren Ein- und Auslagersteuerung eine bestandsspezifische Mengeneinheit anstelle der Basismengeneinheit verwendet werden. Die bestandsspezifische Mengeneinheit ist allerdings kein bestandstrennendes Merkmal.

2.3.25 Arbeitsmanagement (neu)

Das *Arbeitsmanagement* ist in WM nicht vorhanden und wurde daher für EWM neu entwickelt. Es enthält Funktionen für die Planung und Steuerung der Arbeitseinsätze von Mitarbeitern und die Messung ihrer Leistungen anhand standardisierter Vorgaben und Leistungskennzahlen. Anhand von Berechtigungsprofilen wird sichergestellt, dass vertrauliche Informationen geschützt sind und die Anonymität der Mitarbeiter gewahrt bleibt. Im Standard verfügbare Reports geben Ihnen einen sofortigen Überblick über die Leistung von einzelnen Mitarbeitern oder Mitarbeitergruppen. Nach der Ausführung der geplanten Arbeiten können Sie die geplanten mit den tatsächlichen Zeiten vergleichen und Leistungsanreize wie etwa Bonuszahlungen über ein angeschlossenes HR-System veranlassen.

Darüber hinaus haben Sie die Möglichkeit, *Key Performance Indicators* (KPIs) in Form von Kennzahlen zu definieren und Warnmeldungen zu konfigurieren, wenn die KPIs nicht erfüllt werden. Die Definition von Kennzahlen ist aber nicht ausschließlich für das Arbeitsmanagement von Bedeutung. So können Sie z. B. Kennzahlen und Warnmeldungen für eingegebene Ausnahmecodes definieren, um so im Sinne der stetigen Optimierung Prozessschwächen zu identifizieren und Verbesserungsmaßnahmen zu ergreifen.

2.3.26 Arbeitsbedarfsplanung (neu)

Die *Arbeitsbedarfsplanung* (ABP) ermöglicht es, die auf Kommissionier- und Packprozessen basierenden geplanten Arbeitslastdatensätze grafisch anzuzeigen und hierdurch sowohl die Arbeitslast als auch die Ressourcen effizienter zu planen. Die geplanten Ausführungszeiten für die vorgenannten Arbeitslastdatensätze können dabei anhand von historischen Daten prognostiziert werden. Ebenso ist es möglich, die zukünftige Arbeitslast mittels historischer Daten zu antizipieren.

2.3.27 Radio Frequency (erweitert)

In EWM wurde ein *Radio-Frequency-Framework* (RF-Framework) entwickelt, das für die Nutzung von RF-Transaktionen entscheidende Vorteile bietet:

- flexible Erweiterungsmöglichkeiten von RF-Transaktionen durch Entkopplung der Geschäftslogik von der physischen Darstellung der Anwendungsdaten auf dem Endgerät

- Unterstützung einer großen Anzahl von Gerätegrößen, Gerätearten und Datenerfassungsarten, z. B. Pick-by-Voice

- individuelle Gestaltung des Menüaufbaus und von RF-Oberflächen

- flexible Definition von Verifikationsfeldern, je nach Prozess und Arbeitsbereich

2.3.28 Radio Frequency Identification (neu)

Die Verwendung von *Radio Frequency Identification* (RFID) setzt sich in der Logistik zunehmend durch, da die Kosten der Etiketten (RFID-Tags) sinken und sich die RFID-Hardware stets weiterverbessert. Entscheidende Vorteile von RFID, im Vergleich zum normalen Barcode, stellen wir Ihnen im Folgenden vor:

Im Gegensatz zum RFID-Tag muss der Barcode immer sichtbar gelesen werden. Der Abstand zwischen Lesegerät und Barcode hängt dabei vom entsprechenden System ab, variiert aber normalerweise zwischen 30 Zentimetern und zwei Metern. Bei der RFID-Technik reagieren hingegen Transponder auf ein Funksignal und senden erst dann ihre Daten an ein Lesegerät – und das über teilweise große Distanzen.

Ein weiterer wesentlicher Unterschied besteht darin, dass die Tags nicht nur lesbar, sondern auch beschreibbar sind und somit wichtige Daten entlang der Supply Chain erfasst werden können.

Im Gegensatz zu WM unterstützt EWM in Kombination mit der SAP Auto-ID Infrastructure (SAP AII) RFID für die folgenden Lagerprozesse: Entladen, Beladen, Quittieren von Lageraufgaben und Verpacken. SAP AII dient dabei der Kommunikation zwischen EWM und der RFID-Hardware.

2.3.29 Materialflusssteuerung (neu)

Wie bereits in Abschnitt 2.2.7, »Direkte Steuerbarkeit der automatischen Fördertechnik«, erwähnt, bietet EWM im Gegensatz zu WM die Möglichkeit, direkt mit den speicherprogrammierbaren Steuerungssystemen zu kommunizieren. Hierdurch entfällt der Materialflussrechner als Applikationsschicht, was letztlich eine Reduktion von Schnittstellen, eine einfachere Wartung und somit die Reduzierung der Betriebskosten zur Folge hat.

Seit EWM-Release 7.02 besteht die Möglichkeit der direkten Anbindung von automatisierten Behälterförderanlagen. Diese Anlagen zeichnen sich aufgrund ihrer hohen Fördergeschwindigkeit insbesondere dadurch aus, dass schnelle Antwortzeiten bei der Verarbeitung von SPS-Telegrammen in EWM erforderlich sind. Um den hohen Anforderungen an die Antwortzeiten gerecht zu werden, wurden ein vereinfachter Prozessablauf für die Routenermittlung sowie neue Meldepunktaktionsbausteine mit performanceoptimiertem Ablauf entwickelt.

2.3.30 Verpackungsplanung (neu)

Auf der Basis von verschiedenen Informationen wie Auslieferungsaufträgen, Wellen, Lageraufträgen und Produktstammdaten besteht in EWM die Möglichkeit, die voraussichtliche Anzahl an geplanten Versand-HUs zu verschiedenen Zeitpunkten im Warenausgangsprozess zu berechnen. So besteht bereits zu einem frühen Zeitpunkt im Warenausgangsprozess mit der Erstellung von Auslieferungsaufträgen die Möglichkeit, geplante Versand-HUs zu ermitteln, um den Einsatz von Mitarbeitern, Ressourcen und Transportmitteln besser planen zu können. Im weiteren Verlauf des WA-Prozesses stehen mit Wellen- und Lagerauftragserstellung zusätzliche Informationen zur Verfügung, die bei der Berechnung von geplanten Versand-HUs verwendet werden, um somit die Planung weiter zu verfeinern. Darüber hinaus besteht bei der Durchführung der Kommissionierung die Möglichkeit, basierend auf den vorgeplanten Versand-Hus, »echte« Pick-HUs zu erstellen. Nähere Informationen zur Verpackungsplanung finden Sie in Abschnitt 9.3.22, »Optimierungen der Auslieferungsauftragsbearbeitung«.

2.3.31 Integration mit dem SAP Transportation Management (neu)

SAP hat SAP EWM 9.0 und SAP TM 9.0 auf einer gemeinsamen Systemplattform »Supply Chain Execution« vereint, mit dem wesentlichen Vorteil, die Transportplanung in die lagerinternen Abläufe noch besser integrieren zu können. Dabei werden die Integrationsszenarien, sowohl der auslieferungs- als auch der kundenauftragsbezogenen Transportplanung, in den EWM-gesteuerten Warenausgangsprozessen unterstützt.

Zusätzlich wird ab EWM 9.3 die *Transitlagerung* als vereinfachte Lagerung für Transitläger angeboten. Diese Lagerungsart kommt zum Tragen, wenn eine Fracht als Teil einer längeren Transportkette in einem Lager empfangen und anschließend weiterversendet wird. Dabei sind die Inhalte der Fracht nebensächlich und werden nicht als Bestand eingelagert, sondern als Handling Units abgewickelt. Der Prozess konzentriert sich also vielmehr auf das Entgegennehmen, Konsolideren und Zwischenlagern – bis die Fracht zum nächsten Zwischenstopp der Lieferkette oder zum Empfänger transportiert wird.

2.3.32 Erweiterte Produktionsintegration (neu)

Die erweiterte Produktionsintegration ab EWM 9.2 fokussiert sich auf den Produktionsprozess mit den Teilschritten *Bereitstellung*, *Verbrauch* und *Eingang aus der Produktion*. Zur Optimierung der Prozessabbildung wird der Beleg *Produktionsmaterialanforderung* verwendet. Im Gegensatz zu WM bietet EWM auch Application Programming Interfaces (APIs) zur Anbindung externer Produktionssysteme.

2.3.33 Lagerleistungsabrechnung (neu)

Im Gegensatz zu WM bietet EWM ab Release 9.3 Funktionen zur Lagerleistungsabrechnung, um dem Trend Rechnung zu tragen, dass Läger häufiger von Logistikdienstleistern betrieben werden. Mit der Lagerleistungsabrechnung ist es dabei sowohl möglich, als Logistikdienstleister Lagerleistungen an Kunden zu verkaufen und sie periodisch in Rechnung zu stellen, als auch Lagerleistungen von einem externen Dienstleister einzukaufen und regelmäßig automatische Gutschriften gemäß den erbrachten Leistung zu erstellen.

2.3.34 SAP Fiori für EWM (neu)

Mit EWM 9.4 bietet SAP für EWM einfach konsumierbare Apps, die auf der Basis von SAP Fiori entstanden sind. Ziel ist es, mit den angebotenen Apps einen Großteil des täglichen Arbeitsablaufs eines Laageristen in einfachen Lägern abzudecken und mit ihnen einen einfachen Einstieg in die Nutzung von EWM zu liefern. Es werden spezielle Apps für Wareneingangs- und Warenausgangsprozesse sowie für E-Commerce-Retouren angeboten.

2.3.35 Zusammenfassung

Im Folgenden fassen wir die Möglichkeiten von EWM kurz zusammen:

▶ **Steigerung der Effizienz**

– effektive Kommissionierung auf der Basis von Lagerungsdisposition und Reorganisation

– optimale Arbeitspakete auf der Basis der regelbasierten Lagerauftragserstellung

- Effizienzgewinn durch die Integration moderner Technologien, wie etwa RFID und Pick-by-Voice
- Arbeits- und Ressourcenmanagement in Kombination mit umfangreichen Monitoring-Tools für eine effektive Planung und Steuerung von Mitarbeitern

▶ **Steigerung des Servicegrads**

- konsistente und aktuelle Auftragsdaten im Lager durch Online-Integration ins Auftragserfassungssystem (SAP ERP)
- flexible Wellensteuerung für eine garantiert pünktliche Auslieferung
- schnelle Behandlung von Ausnahmesituationen zur Minimierung von deren Auswirkungen auf die Leistung

▶ **Reduktion von Kosten**

- Reduktion von Schnittstellen durch den Einsatz von EWM-MFS
- kürzere Lagerungsdauer und Kostenersparnis durch die Vermeidung von Umschlagkosten infolge von Cross-Docking

▶ **Steigerung der Prozessqualität**

- Modellierung des Lagers näher an der Lagerphysik in EWM
- flexible Prozessmodellierung und -steuerung durch Lagerungssteuerung

Im nächsten Abschnitt widmen wir uns den Auslieferungs- und Architekturvarianten von EWM.

2.4 Auslieferungsvarianten von SAP EWM

Bei seiner Einführung im Jahr 2006 war EWM eine Anwendung auf einem separaten SCM-Server, da EWM, wie bereits erwähnt, Bestandteil der SCM-Suite ist. Die Vorteile haben wir bereits in Abschnitt 2.1, »Die Entstehung von SAP EWM«, aufgelistet. Der Nachteil des separaten SCM-Servers ist allerdings, dass die Systemlandschaft beim Kunden komplexer wird, insbesondere dann, wenn von einer dreistufigen (Entwicklungs-, Qualitäts- und Produktivsystem-)Systemlandschaft ausgegangen wird.

Aus diesem Grund hat sich SAP bereits 2007 mit EWM-Release 5.1 entschieden, EWM so zu konzipieren, dass es als Add-on auf dem SAP-ERP-Server installiert werden und somit zentral betrieben werden kann. Systemseitig betrachtet, ist EWM als Add-on ein SCM-System inklusive der SCM-Basis, aber ohne die SCM-Komponenten SAP APO, SAP EM und SAP SNC. Demzufolge kommuniziert EWM als Add-on mit SAP ERP für den Austausch von Stamm- und Bewegungsdaten über die gleichen Schnittstellen wie ein EWM-System, das auf einem separaten SCM-Server installiert ist. Neben diesen Varianten bietet sich mit *SAP EWM in SAP S/4HANA* eine weitere attraktive Variante, die in Kapitel 18, »Integration mit SAP S/4HANA«, auführlich beschrieben wird.

Besonderheiten der Auslieferungsvarianten

Die Auslieferungsvariante als Add-on, das sowohl mit einem lokalen SAP-ERP-System als auch mit einem fremden SAP-ERP-System kommuniziert, wird nicht unterstützt. Zur Auslieferungsvariante, bei der EWM auf einem separaten SCM-Server installiert ist, empfiehlt SAP, die APO-Komponente aus Performancegründen nicht auf dem gleichen SCM-Server zu betreiben.

Abbildung 2.5 zeigt die Auslieferungsvarianten von EWM in einer Übersicht.

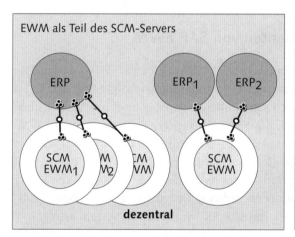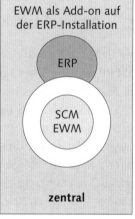

Abbildung 2.5 Auslieferungsvarianten von SAP EWM

Wir können Ihnen keine allgemeingültigen Empfehlungen für die Implementierung von EWM als Teil des SCM-Servers oder als Add-on auf einer SAP-ERP-Installation geben. Vielmehr muss diese Entscheidung in jedem Implementierungsprojekt separat getroffen und abhängig von der Logistikstrategie des jeweiligen Unternehmens festgelegt werden.

Um Ihnen jedoch die Entscheidungsfindung ein wenig zu erleichtern, haben wir die wichtigsten Vorteile (+) und Nachteile (–) der verschiedenen Auslieferungsvarianten in Tabelle 2.1 gegenübergestellt.

SAP EWM auf dem SCM-Server	SAP EWM als Add-on auf dem SAP-ERP-Server
(+) bessere Systemperformance bei hohem Datenvolumen	(+) keine weitere Systeminstallation
(+) bessere Skalierbarkeit bei sich änderndem Wachstum und neuen Anforderungen	(+) direkter Zugriff auf SAP-ERP-Daten, da sich die SAP-ERP- und EWM-Daten in einem System befinden
(+) Anschluss von mehreren EWM-Systemen an ein SAP-ERP-System möglich	(–) keine Deinstallation von EWM möglich
(+) relative Unabhängigkeit beider Systeme, z. B. bei Releasewechseln	(–) abhängig von der Verfügbarkeit des SAP-ERP-Systems
(–) komplexere Systemlandschaft	(–) Installationsfreigabe nur auf SAP ERP 6.0 (inklusive aller Erweiterungspakete)
(–) Anwender müssen eventuell in zwei Systemen arbeiten	

Tabelle 2.1 Vor- und Nachteile der verschiedenen Auslieferungsvarianten

2.5 Architekturvarianten von SAP EWM

Grundlage für die Entwicklung des ersten EWM-Releases 5.0 war das Release SAP ERP 6.0. Die Übertragung der Bewegungsdaten erfolgte über qRFC. Da eine Reihe von Kunden noch einen älteren Releasestand nutzt, entschloss sich SAP im Jahr 2006 dazu, die Kommunikation der Systeme, von EWM-Releases bis hin zu SAP R/3 4.6C, zu unterstützen. Die Übertragung der Bewegungsdaten mit diesen Releaseständen erfolgt aber nicht über qRFC, sondern über die *Intermediate-Documents-Technologie* (IDoc). Tabelle 2.2 zeigt, auf welcher technologischen Basis die Übertragung der Bewegungsdaten in verschiedenen Releases von SAP ERP in das EWM-System erfolgt.

SAP-ERP-Release	Schnittstellentechnologie
SAP R/3 4.6C	IDoc
SAP R/3 Enterprise 4.70	IDoc
SAP ERP 5.0 (ECC 5.0)	IDoc
SAP ERP 6.0 (ECC 5.0)	qRFC

Tabelle 2.2 Schnittstellentechnologie für die Datenübertragung zwischen SAP ERP und SAP EWM

Mit der Standard-IDoc-Technologie werden bestimmte EWM-Funktionen nicht unterstützt, wie z. B.:

- Splitten von Anlieferungen

- Buchung von Teilwareneingängen mit sofortiger Rückmeldung an SAP ERP

- lokales Erzeugen bzw. Löschen von Anlieferungen und Anlieferpositionen in EWM

- Stornierung der Warenausgangsbuchung in EWM

Daher ist es wichtig, im EWM-Customizing über den Pfad SCHNITTSTELLEN • ERP-INTEGRATION • ALLGEMEINE EINSTELLUNGEN • STEUERUNGSPARAMETER FÜR ERP-VERSIONSKONTROLLE EINSTELLEN einzustellen, welche Funktionen entweder ganz unterbunden oder in ihrem Verhalten so geändert werden sollen, dass ihre Rückmeldungen mit der angeschlossenen R/3- oder SAP-ERP-Version konform sind. In der Customizing-Dokumentation für die Steuerungsparameter der SAP-ERP-Versionskontrolle finden Sie eine genaue Übersicht darüber, welche Funktion Sie mit welchem Release von SAP R/3 oder SAP ERP für Anlieferungen und Auslieferungen aktivieren können.

Voraussetzungen für den Einsatz von SAP EWM

Eine volle Nutzung der in SAP EWM vorhandenen Funktionalitäten ist abhängig von der verwendeten SAP-ERP-Version bzw. vom eingesetzten Erweiterungspaket. Welche EWM-Prozesse mit welchem SAP-ERP-Erweiterungspaket unterstützt werden, entnehmen Sie dem Master Guide Ihrer EWM-Version. Abweichende Lösungsarchitekturen sind grundsätzlich möglich, erfordern aber eine Validierung vor dem Hintergrund der konkreten Kundensituation im Hinblick auf Systemlandschaft, Geschäftsprozesse, Erweiterungen/Modifikationen etc.

2.6   Reduzierung der Total Cost of Implementation

Seit EWM-Release 7.01 wurden verschiedene Tools entwickelt, um die Total Cost of Implementation zu reduzieren:

- **Toolbasierte SAP-ERP-Integration**
  Mithilfe dieses Tools kann auf einfache Weise die Schnittstellen- sowie die Lagerintegration zwischen SAP ERP und EWM hergestellt werden.

- **Vorkonfigurierte Standardlager**
  SAP bietet im Rahmen der toolbasierten SAP-ERP-Integration vorkonfigu-

rierte Lagerprozesse an, die es ermöglichen, Standardprozesse einfach zu implementieren und somit schnell nutzbar zu machen.

► **Tools zur Migration aus WM**
Anhand dieser Tools ist es seit EWM-Release 7.02 möglich, Lagerstammdaten und Bestände von WM nach EWM zu migrieren.

Diese Werkzeuge können eine EWM-Einführung deutlich beschleunigen und somit die Implementierungskosten reduzieren. Mehr Informationen finden Sie in Kapitel 17, »Werkzeuge zur effizienten Implementierung von SAP EWM«.

2.7 Zusammenfassung

In diesem Kapitel haben Sie die Entstehungsgeschichte von SAP EWM kennengelernt. Wir sind auf die Gründe für die Entwicklung von EWM eingegangen und haben gezeigt, wie EWM Marktanforderungen von heute abdeckt. Außerdem haben wir Ihnen einen Überblick darüber gegeben, wie Sie EWM bei der Optimierung Ihrer Lagerlogistik unterstützt. Darüber hinaus haben wir die verschiedenen Auslieferungsvarianten mit den entsprechenden Vor- und Nachteilen erläutert und zudem beschrieben, welche SAP-ERP-Versionen wie mit EWM kommunizieren können.

Ein gutes Verständnis der Organisationsstrukturen des SAP-Systems ist Grundvoraussetzung für das optimale Aufsetzen eines Lagers und damit für das Gelingen eines EWM-Projekts. In diesem Kapitel vermitteln wir Ihnen das notwendige Wissen dazu.

3 Organisationsstruktur in SAP EWM und SAP ERP

Die einzelnen organisatorischen Elemente sowohl eines Unternehmens als auch eines Lagers werden im SAP-System in der sogenannten *Organisationsstruktur* abgebildet. Diese Organisationsstruktur ist hierarchisch gegliedert und verzweigt sich nach unten hin. Da ein SAP-EWM-System im Allgemeinen mit einem oder mehreren SAP-ERP-Systemen verbunden ist, müssen Organisationselemente sowohl in SAP ERP als auch in SAP EWM angelegt werden. In diesem Kapitel stellen wir Ihnen die wichtigsten Organisationselemente in diesen Systemen vor, zeigen Ihnen, was sie bedeuten und was Sie bei der Konfiguration beachten müssen.

3.1 Grundlagen

Die wesentlichen Organisationselemente im SAP-ERP-System sind *Mandant*, *Buchungskreis*, *Werk*, *Lagerort* und *Lagernummer*. Über die Lagernummer ergibt sich die Beziehung der Organisationselemente von SAP ERP zum EWM-System: Über eine SAP-ERP-Lagernummer wird ein Lager als ein im EWM-System verwaltetes Lager definiert, was bewirkt, dass alle logistischen Belege wie An- und Auslieferungen im EWM-System repliziert werden.

Alle Organisationselemente, die sich in der Hierarchie der Organisationsstruktur unterhalb der Lagernummer befinden (z. B. der Lagertyp), werden dann ausschließlich im EWM-System angelegt. In EWM ist die Lagernummer also das höchststehende Element in der Hierarchie der Organisationsstruktur. Ein EWM-System kann Bestände mehrerer Lagernummern verwalten, Sie arbeiten jedoch immer nur in einer Lagernummer und sehen auch nur deren Bestände. Sie können aber jederzeit die Lagernummer wechseln, in der Sie arbeiten – sofern Sie dazu die Berechtigung haben. Eine Übersicht über Bestände in mehreren Lägern kann dagegen nur das SAP-ERP-System liefern.

> **Bestandsübersicht**
>
> Die Bestandsübersicht können Sie weiterhin mit den üblichen Transaktionen der Bestandsführung in SAP ERP (MM-IM) ausführen, etwa mit der Transaktion MMBE.

Eine typische Organisationsstruktur gleicht einer Pyramide. Die Pyramide im SAP-ERP-System beginnt (nach dem Mandanten) mit dem Buchungskreis auf der obersten Ebene, den Werken auf der zweiten, den Lagerorten auf der dritten Ebene und den Lägern (Lagernummern) auf der untersten Ebene.

Abbildung 3.1 zeigt dies anhand eines Beispiels: Jedes Werk ist genau einem Buchungskreis zugeordnet, jedem Buchungskreis können aber mehrere Werke zugewiesen sein. Zu Buchungskreis 001 gehören z. B. die Werke WK01 und WK02.

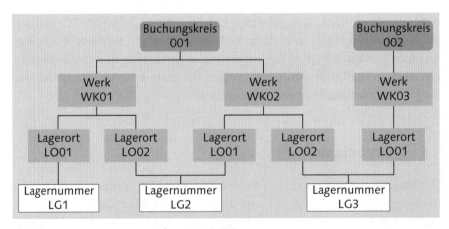

Abbildung 3.1 Organisationsstruktur in SAP ERP

Jedes Werk wiederum führt Bestände, die in sogenannte *Lagerorte* eingeteilt sind. Der Begriff Lagerort ist insofern ein wenig irreführend, weil ein Lagerort im SAP-System nicht zwangsläufig beschreibt, *wo* die Bestände physisch gelagert sind. Vielmehr sind SAP-Lagerorte häufig Elemente zur *logischen* Trennung von Beständen. Im Werk WK01 könnte z. B. einerseits Lagerort LO01 verortet sein, der den für Kundenaufträge verfügbaren Bestand im Lager enthält, und andererseits Lagerort LO02, der den Bestand enthält, der sich in Einlagerung oder Qualitätsprüfung befindet und daher noch nicht verfügbar ist.

Lagerorte sind zudem nur in Kombination mit dem ihnen zugewiesenen Werk eindeutig. Lagerort LO01 kommt in Abbildung 3.1 z. B. gleich dreimal vor und ist nur in Kombination mit dem jeweiligen Werk (WK01, WK02 oder WK03) eindeutig.

Die *Lagernummern* wiederum entsprechen den physisch existierenden Lägern. Jede Lagernummer kann Bestände aus einem oder mehreren Lagerorten verwalten. Insbesondere ist es auch möglich, Bestände aus verschiedenen Werken in einer Lagernummer zu verwalten (siehe Kapitel 5, »Bestandsverwaltung«). Ein bestimmter Lagerort eines Werkes ist jedoch immer genau einer Lagernummer zugewiesen. Lagerort LG01 von Werk WK01 ist genau der einen Lagernummer LG01 zugewiesen und kann daher nicht noch zusätzlich der Lagernummer LG02 zugewiesen werden.

Die Organisationselemente unterhalb der Lagernummer sind insbesondere Lagertyp, Lagerbereich und Lagerplatz. Diese werden ausschließlich im EWM-System verwaltet und sind dem SAP-ERP-System unbekannt. Neben Lagertyp, Lagerbereich und Lagerplatz gibt es weitere wichtige Organisationselemente in EWM, z. B. Bereitstellzonen, Arbeitsplätze und Tore.

In den folgenden beiden Abschnitten gehen wir auf die Organisationselemente im SAP-ERP- und im EWM-System im Detail ein und vermitteln Ihnen das notwendige Wissen, um Ihr Lager optimal im SAP-System einzurichten. Wir beginnen mit den Organisationselementen im SAP-ERP-System.

3.2 Organisationsstruktur in SAP ERP

In diesem Abschnitt beschreiben wir die Organisationselemente Buchungskreis, Werk, Lagerort, Lagernummer und Versandstelle. Alle diese Elemente werden im SAP-ERP-System angelegt.

3.2.1 Buchungskreis

Auf der höchsten Ebene der Pyramide der SAP-ERP-Organisationsstruktur steht der *Buchungskreis*. Der Buchungskreis ist eine organisatorische Einheit des externen Rechnungswesens, für die eine vollständige, in sich abgeschlossene Buchhaltung abgebildet werden kann. In der Praxis wird ein Buchungskreis für einen kompletten, abgeschlossenen Bereich oder für eine Region eines Unternehmens erstellt (z. B. ein Buchungskreis für *Deutschland*).

Jeder Buchungskreis beinhaltet ein oder mehrere Werke. Typische Gründe, mehrere Buchungskreise anzulegen, sind u. a.:

▶ Das Unternehmen hat Niederlassungen in verschiedenen Ländern.

▶ Das Unternehmen hat Bereiche mit unterschiedlichen Produkten oder Fachgeschäften.

▶ Es liegen andere auf das Rechnungswesen bezogene Gründe vor, die getrennte Buchhaltung für bestimmte Produkte oder Bereiche erfordern.

Im Beispiel von Abbildung 3.1 zeigen wir die beiden Buchungskreise 001 und 002. Eine Lagernummer (und damit ein EWM-Lager) kann Bestände von unterschiedlichen Werken verwalten – sogar dann, wenn die Werke verschiedenen Buchungskreisen zugeordnet sind.

Um einen neuen Buchungskreis im SAP-ERP-System zu erstellen, wählen Sie im Customizing den Pfad UNTERNEHMENSSTRUKTUR • DEFINITION • FINANZWESEN • BUCHUNGSKREIS BEARBEITEN, KOPIEREN, LÖSCHEN, PRÜFEN • BUCHUNGSKREISDATEN BEARBEITEN.

In den vielen Fällen, in denen es im Customizing möglich ist, Objekte zu kopieren, ist es auch sinnvoll, diese Kopierfunktion zu nutzen. Nur durch die Kopierfunktion werden alle abhängigen Customizing-Einstellungen automatisch übernommen – was Ihnen viel Arbeit ersparen kann. Zum Kopieren eines Buchungskreises wählen Sie den Pfad UNTERNEHMENSSTRUKTUR • DEFINITION • FINANZWESEN • BUCHUNGSKREIS BEARBEITEN, KOPIEREN, LÖSCHEN, PRÜFEN • BUCHUNGSKREIS KOPIEREN, LÖSCHEN, PRÜFEN UND KOPIEREN.

In SAP-Projekten werden Buchungskreise normalerweise von FI/CO-Spezialisten (Finanzwesen und Controlling) oder der Gruppe im Implementierungsteam angelegt, die für FI/CO verantwortlich ist. Wir empfehlen Ihnen, sich beim Anlegen und Ändern von Buchungskreisen mit diesen Personen abzustimmen, da die Konsequenzen falscher Entscheidungen gravierend sein können.

3.2.2 Werk

Die zweite Ebene der Pyramide der Organisationsstruktur sind die *Werke*. Jedes Werk wird einem Buchungskreis zugewiesen, aber jeder Buchungskreis kann mehrere Werke umfassen. Ein Werk beinhaltet einen oder mehrere Lagerorte.

Werke werden normalerweise für Bestände einer geografischen Niederlassung eines Unternehmens (z. B. für ein physisches Lager) gebildet, seltener auch für eine logische Gruppierung von Beständen. Die Bestände eines jeden Werkes werden in diesen *bewertet*, und der Gesamtwert der Bestände wird für jeden Buchungskreis zusammengerechnet.

Ein Grund für das Anlegen eines eigenen Werkes für eine logische Gruppierung von Beständen kann sein, dass Bestände separat bewertet werden sollen, ohne allerdings die finanzielle Konsolidierung auf Buchungskreisebene zu beeinflussen. Dass die Bestände für eine bestimmte Gruppe von Kunden verwaltet werden, könnte ein weiterer Grund für eine logische Gruppierung von Beständen unter einem speziellen Werk sein.

Um ein Werk im SAP-ERP-System anzulegen, wählen Sie im Customizing den Pfad Unternehmensstruktur • Definition • Logistik Allgemein • Werk definieren, kopieren, löschen, prüfen. Auch hier können Sie ein bereits existierendes Werk kopieren und so alle vom Werk abhängigen Einstellungen automatisch mitkopieren lassen.

Das neue Werk weisen Sie einem Buchungskreis zu, indem Sie die Customizing-Aktivität Unternehmensstruktur • Zuordnung • Logistik Allgemein • Werk – Buchungskreis zuordnen wählen.

Es gibt noch eine Reihe weiterer Einstellungen, die vorgenommen werden müssen, damit Transaktionen in einem neuen Werk und einem neuen Buchungskreis durchgeführt werden können. Informationen dazu finden Sie im Customizing sowie in der SAP-Onlinedokumentation. Wir wollen Ihnen hier lediglich einen Überblick über die wichtigsten Aktivitäten sowie Anhaltspunkte geben, wie Sie Ihre Organisationsstruktur im SAP-System modellieren.

3.2.3 Lagerort

Die nächste Ebene der Organisationsstruktur, unterhalb der Werke, bilden die *Lagerorte*. Jedes Werk kann einen oder mehrere Lagerorte haben, und jeder Lagerort wird eindeutig einem Werk zugewiesen. Es ist möglich, die Lagerorte verschiedener Werke gleich zu benennen. Die Werke WK01 und WK02 aus Abbildung 3.1 haben wie erwähnt beide einen Lagerort LO1 – aber Achtung: Es handelt sich um unterschiedliche Lagerorte! Jeder Lagerort ist nur eindeutig in Verbindung mit seinem Werk.

Lagerorte können, ähnlich wie Werke, verwendet werden, um eine logische oder eine physische Trennung von Beständen abzubilden. So kann es sinnvoll sein, eigene Lagerorte anzulegen, etwa wenn Bestände im gleichen

Gebäudekomplex, aber in unterschiedlichen Hallen oder Gebäuden liegen. In der SAP-Logistik hat dies zur Folge, dass Sie Bestände im System durch eine Umlagerung vergleichsweise einfach von einer Halle in die andere bewegen können – dafür verzichten Sie aber z. B. auf die Möglichkeit, mit Transportplanung oder mit Lieferscheinen zu arbeiten. Spätestens, wenn die Gebäude durch eine öffentliche Straße voneinander getrennt sind, müssen Sie (normalerweise) Lieferscheine verwenden und die Hallen als verschiedene Werke abbilden. Unterschiedliche Lagerorte reichen dann nicht mehr.

Auch wenn der Lagerort den Begriff *Ort* als Namensbestandteil führt, ist der Hauptgrund, Lagerorte zu verwenden, die *logische Trennung* von Beständen. In Verbindung mit EWM werden Ihnen häufig zwei Lagerorte begegnen: ROD und AFS. ROD steht für *Received on Dock* und AFS für *Available for Sale*. Ein Bestand, der das Lager erreicht, wird zunächst in den Lagerort ROD eingebucht. Dort verbleibt er, bis der komplette Wareneingangsprozess abgeschlossen ist (dieser Prozess besteht z. B. aus den Schritten Wareneingang buchen, Entladen des Transportmittels, Qualitätsprüfung, Umpacken und Einlagern). Erst mit dem Abschließen der Einlagerung wird der Bestand (automatisch) in den AFS-Lagerort umgebucht. Nun »weiß« das SAP-ERP-System, dass der Bestand verfügbar ist – und die Verfügbarkeitsprüfung von Kundenaufträgen bietet diesen Bestand zur Auswahl an.

Insbesondere bei lang dauernden Wareneingangsprozessen, die z. B. mehrere Tage dauern, ist die Trennung von ROD- und AFS-Beständen ein entscheidender Vorteil, denn nur so kann das ERP-System dem Kunden einen korrekten Liefertermin nennen. Abbildung 3.2 zeigt die Organisationsstruktur eines Lagers mit den Lagerorten ROD und AFS.

Lagerorte erstellen Sie im Customizing unter dem Pfad UNTERNEHMENS-STRUKTUR • DEFINITION • MATERIALWIRTSCHAFT • LAGERORT PFLEGEN. Im selben Schritt pflegen Sie auch die Zuweisung zum Werk.

Die Datenbanktabelle im SAP-ERP-System, in der die Lagerorte gespeichert werden (Tabelle T001L), beinhaltet als Schlüssel sowohl das Werk als auch den Lagerort. Dadurch können Sie für jedes Werk gleichnamige Lagerorte anlegen, also z. B. die Lagerorte ROD und AFS sowohl für Werk WK01 als auch für WK02. Ein Lagerort ist, wie schon erwähnt, nur eindeutig in Zusammenhang mit seinem Werk.

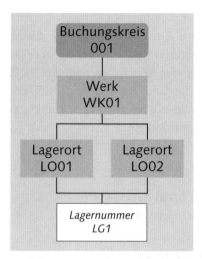

Abbildung 3.2 Eine typische SAP-ERP-Organisationsstruktur

Natürlich ist auch eine einfachere Organisationsstruktur möglich als diejenige, die wir in Abbildung 3.1 gezeigt haben. Im einfachsten Fall verwenden Sie nur einen Buchungskreis, nur ein Werk, einen Lagerort und eine Lagernummer. Abbildung 3.3 zeigt diesen Fall.

In diesem Fall können Sie im SAP-ERP-System nicht unterscheiden zwischen Bestand, der sich in der Einlagerung befindet, und Bestand, der bereits final eingelagert wurde. Dazu sind mindestens zwei Lagerorte erforderlich.

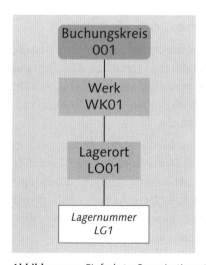

Abbildung 3.3 Einfachste Organisationsstruktur für eine Lagernummer

Im EWM-System werden Lagerorte auf der Benutzeroberfläche übrigens durch sogenannte *Bestandsarten* identifiziert. Ein Lagerort wird in EWM zunächst einer Verfügbarkeitsgruppe zugewiesen und die Verfügbarkeitsgruppe wiederum einer Bestandsart. Verfügbarer Bestand im Lagerort ROD hat die Bestandsart F1 und verfügbarer Bestand im Lagerort AFS die Bestandsart F2. Mehr Informationen zu Bestandsarten und Verfügbarkeitsgruppen finden Sie in Kapitel 5, »Bestandsverwaltung«.

3.2.4 Lagernummer

Nachdem die Werke und Lagerorte angelegt und zugewiesen sind, ist der letzte Schritt in der SAP-ERP-Organisationsstruktur das Anlegen der *Lagernummer*.

Die *Lagernummer* ist ein alphanumerischer Schlüssel, der ein komplexes Lagersystem definiert, das aus unterschiedlichen organisatorischen und technischen Einheiten (Lagertypen) besteht. Eine Lagernummer repräsentiert ein physisches Lager.

Bevor Sie Lagernummern anlegen und zuweisen, müssen Sie ein paar Hintergrundinformationen beachten, insbesondere die folgenden Punkte:

► Zum einen ist es möglich, mehrere Lagerorte ein und derselben Lagernummer zuzuweisen. Dies ist z. B. notwendig, wenn die beiden Lagerorte ROD und AFS in einer Lagernummer verwaltet werden sollen, wie wir schon angedeutet haben. Die Lagerorte erlauben so eine logische Bestandstrennung von Materialien in derselben Lagernummer.

► Zum anderen müssen die Lagerorte, die Sie einer Lagernummer zuweisen, nicht zwingend zum selben Werk gehören. Die Tatsache, dass Bestand mehrerer Werke in einer Lagernummer verwaltet werden kann, erhöht die Flexibilität: So können Sie Bestände im selben physischen Bereich lagern und sie trotzdem buchhalterisch trennen.

► Außerdem ist es möglich, dass Werke unterschiedlicher Buchungskreise in derselben Lagernummer verwaltet werden. Dadurch können Sie Bestände unterschiedlicher Geschäftsbereiche (die als unterschiedliche Buchungskreise verwaltet werden können) in derselben Lagernummer lagern und folglich ein Produkt, das zu zwei Geschäftsbereichen gehört, im selben Lagertyp oder sogar auf demselben Lagerplatz lagern.

In Abbildung 3.4 sehen Sie eine weitere Organisationsstruktur aus SAP ERP mit drei Lagernummern. Sie beinhaltet alle Möglichkeiten, die wir bis hierhin besprochen haben. Lagernummer LG3 verwaltet z. B. den Bestand der beiden Werke WK02 und WK03, die wiederum zwei verschiedenen Buchungskreisen zugeordnet sind.

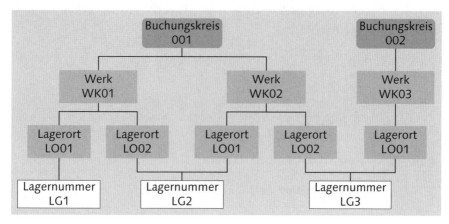

Abbildung 3.4 Beispiel für eine Organisationsstruktur in SAP ERP mit drei physischen Lägern

Wenn in Ihrem Projekt klar ist, welche und wie viele Lagernummern angelegt und welchen Werken und Lagerorten sie zugewiesen werden sollen, können Sie mit dem Customizing im SAP-ERP-System beginnen.

Im SAP-System gibt es eine SAP-ERP- und eine EWM-Lagernummer. Dies erklären wir im folgenden Abschnitt.

SAP-ERP-Lagernummer und SAP-EWM-Lagernummer

In der SAP-Systemlandschaft gibt es eine SAP-ERP- und eine SAP-EWM-bezogene Lagernummer (siehe Abbildung 3.5). Die SAP-ERP-Lagernummer wird im SAP-ERP-System angelegt und der Kombination aus Werk und Lagerort zugewiesen – so wie oben beschrieben. Die SAP-ERP-Lagernummer besteht aus drei alphanumerischen Zeichen, z. B. LG1 oder LG2.

Daneben gibt es eine zweite Lagernummer: die EWM-Lagernummer. Sie wird einer SAP-ERP-Lagernummer zugewiesen (1:1-Zuweisung) und besteht aus vier alphanumerischen Zeichen. Die zur SAP-ERP-Lagernummer LG1 gehörende EWM-Lagernummer können Sie z. B. LG01 nennen. Im EWM-System arbeiten Sie immer nur mit der EWM-Lagernummer, im SAP-ERP-System mit der SAP-ERP-Lagernummer (siehe Abbildung 3.5).

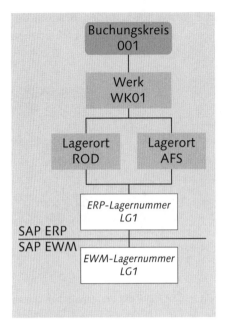

Abbildung 3.5 SAP-ERP-Lagernummer und SAP-EWM-Lagernummer

SAP-ERP-Lagernummer definieren

Die SAP-ERP-Lagernummer wird im Customizing angelegt. Wählen Sie den Pfad Unternehmensstruktur • Definition • Logistics Execution • Lagernummer definieren, kopieren, löschen, prüfen • Lagernummer definieren. Dort können Sie eine neue Lagernummer anlegen und bestehende Lagernummern kopieren. In Abbildung 3.6 sehen Sie den entsprechenden Customizing-Bildschirm mit der SAP-ERP-Lagernummer, die drei Zeichen lang ist.

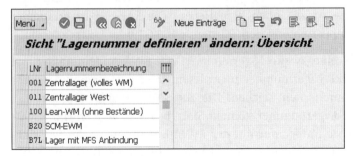

Abbildung 3.6 SAP-ERP-Lagernummer definieren

Sie können auch bestehende Lagernummern kopieren, wenn Sie dem Customizing-Pfad Unternehmensstruktur • Definition • Logistics Execution • Lagernummer definieren, kopieren, löschen, prüfen • Lagernummer kopieren, löschen, prüfen folgen. Bei der Kombination von SAP ERP und EWM ist das allerdings *nicht* von Vorteil, da alle abhängigen Tabelleneinträge eines SAP-ERP-WM-Lagers mitkopiert werden, Sie aber diese SAP-ERP-WM-Einstellungen gar nicht benötigen. Abhängige Objekte wie Lagertypen, Lagerbereiche etc. stellen Sie im EWM-System ein, nicht im SAP-ERP-System.

Nachdem Sie die SAP-ERP-Lagernummer angelegt haben, müssen Sie diese einem Werk und einem Lagerort (Werk-Lagerort-Kombination) zuweisen. Dafür wählen Sie den Customizing-Pfad Unternehmensstruktur • Zuordnung • Logistics Execution • Lagernummer zu Werk/Lagerort zuordnen. Klicken Sie auf die Schaltfläche Neue Einträge, und geben Sie Werk, Lagerort und Lagernummer ein (siehe Abbildung 3.7).

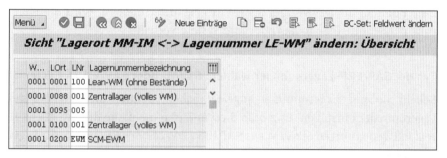

Abbildung 3.7 SAP-ERP-Lagernummer zu Werk und Lagerort zuweisen

> **ROD und AFS: Hinweis zur weiteren Darstellung in diesem Kapitel**
>
> In diesem und allen weiteren Kapiteln in diesem Buch nehmen wir an, dass Sie zwei Lagerorte verwenden, ROD und AFS, um zwischen sich in Einlagerung befindlichem und verfügbarem Bestand zu unterscheiden. Außerdem nehmen wir für den Rest des Buches an, dass Sie eine »einfache« Organisationsstruktur mit nur einem Buchungskreis und nur einem Werk haben. Nur wenn wir von dieser Regel abweichen, werden wir Sie explizit darauf hinweisen.

Integration von SAP-EWM- und dezentralem WM-System

Nachdem Sie eine Lagernummer in SAP ERP angelegt und die Zuweisung zu Werk und Lagerort durchgeführt haben, kann das SAP-ERP-System die Lagernummer für Belege ermitteln. Jeder Materialbeleg, der im SAP-ERP-System erstellt wird, beinhaltet in jeder Position ein Werk und einen Lagerort (Tabelle MSEG). Wenn die Materialbelegposition für eine bestimmte Werk-Lagerort-Kombination angelegt wird, der eine SAP-ERP-Lagernummer zugewiesen worden ist, wird diese Lagernummer ebenfalls der Materialbelegposition zugewiesen.

Wenn diese Lagernummer als *Dezentrales WM* (DWM) oder als EWM eingestellt ist – siehe dazu auch den nächsten Abschnitt –, werden MM-IM-Transaktionen mit dieser Lagernummer über eine Schnittstelle in das jeweils relevante System verteilt und müssen *dort* ausgeführt werden. Wenn Sie z. B. eine Umbuchung mit den SAP-ERP-Transaktionen MB1B oder MIGO anlegen, wird eine Lieferung angelegt und verteilt.

Dasselbe gilt, wenn Sie An- und Auslieferungen direkt anlegen, z. B. Auslieferungen mit Referenz zu Kundenaufträgen oder Anlieferungen mit Referenz zu einem Produktionsauftrag oder zu einer Bestellung. Sobald Werk und Lagerort der Belegposition einer Lagernummer zugewiesen sind und diese Lagernummer als DWM oder als EWM gekennzeichnet ist, wird die Lieferung per Schnittstelle in das relevante System verteilt.

Typ der SAP-ERP-Lagernummer wählen: DWM- oder SAP-EWM-System?

Sobald Sie eine Lagernummer angelegt haben, können Sie den Typ der Lagernummer einstellen. Es gibt in diesem Zusammenhang drei Möglichkeiten: Entweder nutzen Sie WM aus SAP ERP, DWM oder EWM, um Ihr Lager zu verwalten.

Wenn Sie WM verwenden, müssen Sie nichts weiter tun, denn das ist die Standardeinstellung.

Wenn Sie hingegen DWM oder EWM einsetzen, müssen Sie den Typ umstellen. Das zugehörige Customizing finden Sie unter dem Pfad LOGISTICS EXECUTION • SAP EWM-INTEGRATION • GRUNDKONFIGURATION DER ANBINDUNG • SAP-EWM-SPEZIFISCHE PARAMETER BEARBEITEN. Wie Sie in Abbildung 3.8 sehen, wird nicht jede Lagernummer in dieser Tabelle aufgeführt. Konfigurieren Sie Ihr Lager gegebenenfalls über die Schaltfläche NEUE EINTRÄGE.

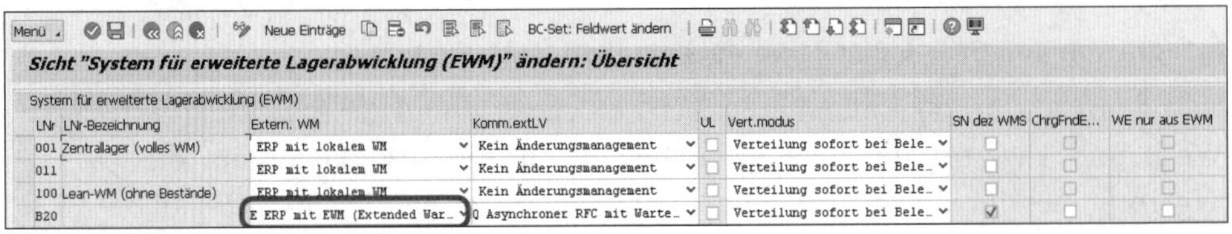

LNr	LNr-Bezeichnung	Extern. WM	Komm.extLV	UL	Vert.modus	SN dez WMS	ChrgFndE...	WE nur aus EWM
001	Zentrallager (volles WM)	ERP mit lokalem WM	Kein Änderungsmanagement	☐	Verteilung sofort bei Bele...	☐	☐	☐
011		ERP mit lokalem WM	Kein Änderungsmanagement	☐	Verteilung sofort bei Bele...	☐	☐	☐
100	Lean-WM (ohne Bestände)	ERP mit lokalem WM	Kein Änderungsmanagement	☐	Verteilung sofort bei Bele...	☐	☐	☐
B20		E ERP mit EWM (Extended War...	Q Asynchroner RFC mit Warte...	☐	Verteilung sofort bei Bele...	☑	☐	☐

Abbildung 3.8 Typ einer SAP-ERP-Lagernummer einstellen

Wenn Sie eine neue Lagernummer eintragen, müssen Sie die Spalten dieser Tabelle pflegen, u. a. die folgenden Felder:

▶ **Externes WM (Feld »Extern. WM«)**
Das Feld REFERENZ ZU EXTERNER LAGERVERWALTUNG muss auf den Wert E ERP MIT EWM (EXTENDED WAREHOUSE MANAGEMENT) gesetzt werden.

▶ **Ungeprüfte Lieferungen (Feld »UL«)**
Das Feld UNGEPRÜFTE LIEFERUNGEN ANS LAGER VERTEILEN steuert, ob auch ungeprüfte Lieferungen aus dem SAP-ERP-System an EWM verteilt werden sollen.

Dieses Szenario ist relevant, wenn Sie Verkaufsbelege in SAP Customer Relationship Management (CRM) und das sogenannte *Direct Delivery Scenario* einsetzen. In diesem Fall werden Verkaufsbelege in SAP CRM als spezielle Lieferbelege ins SAP-ERP-System übertragen, die sogenannten *ungeprüften Lieferungen*. Eine ungeprüfte Lieferung muss zunächst in eine geprüfte Lieferung umgesetzt werden, damit sie für das Lager zur Kommissionierung und für Warenbewegungen verwendet werden kann. Der Vorteil der Vorgehensweise, auch ungeprüfte Lieferungen an EWM zu verteilen, besteht darin, dass das Lager sie für eine Lastvorschau für erwartete Lieferungen in der Zukunft verwenden kann. Mehr Informationen zu geprüften und ungeprüften Lieferungen finden Sie in Kapitel 9, »Warenausgangsprozess«.

▶ **Verteilungsmodus (Feld »Vert.modus«)**
Der Verteilungsmodus der Lieferung steuert, ob eine Lieferung direkt beim Anlegen ins dezentrale System verteilt werden soll. Dies ist die Standardeinstellung und wird in den meisten Fällen passend sein. Sie können jedoch auch einstellen, dass die Lieferungen nur als verteilungsrelevant markiert werden und manuell mit dem Liefermonitor verteilt werden müssen. Dies ist dann sinnvoll, wenn Sie z. B. noch Werte in Lieferfeldern ändern wollen, bevor die Lieferung verteilt wird. Sie können diese Einstellung für jede Lieferart separat übersteuern.

▶ **Chargenfindung EWM (Feld »ChrgFndE...«)**
Wenn Sie mit chargenverwalteten Materialien arbeiten, können Sie das Feld CHARGENFINDUNG IN EWM ÜBER CHARGENATTRIBUTREPLIKATION verwenden, um die automatische Chargenfindung bei Anlage einer Auslieferung ohne spezifische Chargenauswahl auszuführen, sodass das System nur die Chargenauswahlkriterien in EWM repliziert. Dort wird dann die Chargensuche ausgeführt.

SAP-EWM-Lagernummer der SAP-ERP-Lagernummer im SAP-ERP-System zuweisen

Wenn Sie einer SAP-ERP-Lagernummer den Typ E ERP MIT EWM (EXTENDED WAREHOUSE MANAGEMENT) zugewiesen haben, weisen Sie der SAP-ERP-Lagernummer die EWM-Lagernummer zu. Dazu folgen Sie im Customizing dem Pfad INTEGRATION MIT ANDEREN SAP KOMPONENTEN • EXTENDED WAREHOUSE MANAGEMENT • LAGERNUMMER DER LAGERNUMMER DES DEZENTRALEN SCM-SYSTEMS ZUORDNEN und geben die EWM-Lagernummer ein (siehe Abbildung 3.9).

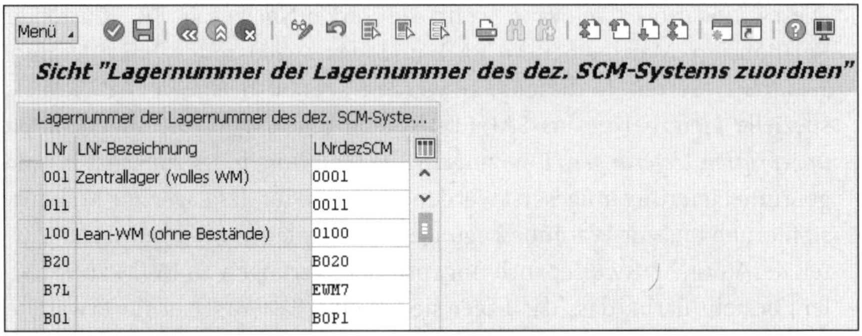

Abbildung 3.9 SAP-EWM-Lagernummer der SAP-ERP-Lagernummer zuweisen

Beachten Sie, dass bei der Eingabe der EWM-Lagernummer keine Feldvalidierung mit der Lagernummerndefinition im EWM-System durchgeführt wird. Sie müssen also selbst sicherstellen, dass Sie den richtigen Wert eingegeben haben. Jede SAP-ERP-Lagernummer ist in dieser Tabelle sichtbar, pflegen Sie also nur EWM-Lagernummern für die SAP-ERP-Läger, die in einem EWM-System verwaltet werden sollen.

Liefersplits nach Lagernummer einstellen

Um sicherzustellen, dass eine im SAP-ERP-System angelegte Lieferung korrekt ins EWM-System verteilt wird, müssen Sie den *Liefersplit* für jede mit EWM verwaltete Lagernummer und für jede verwendete Lieferart erlauben. Wenn Sie diese Einstellungen nicht vornehmen, kann es sein, dass eine Lieferung nicht verteilt wird.

Zunächst erlauben Sie im Customizing den Liefersplit pro Lagernummer. Folgen Sie dafür dem Pfad LOGISTICS EXECUTION • VERSAND • LIEFERUNGEN • SPLITKRITERIEN FÜR LIEFERUNGEN DEFINIEREN • LIEFERUNGSSPLIT NACH LAGERNUMMERN • LIEFERUNGSSPLIT PRO LAGERNUMMER FESTLEGEN, und markieren

Sie das Feld LIEF.SPLIT NACH LAGERNUMMER für jede mit EWM verwaltete Lagernummer (siehe Abbildung 3.10).

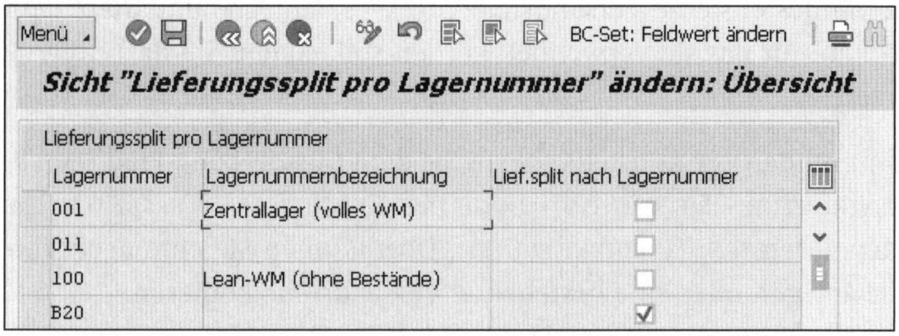

Abbildung 3.10 Liefersplits für SAP-EWM-verwaltete Lagernummern erlauben

Ebenso verfahren Sie mit dem Liefersplit für die Lieferarten. Unter dem Customizing-Pfad LOGISTICS EXECUTION • VERSAND • LIEFERUNGEN • SPLITKRITERIEN FÜR LIEFERUNGEN DEFINIEREN • LIEFERUNGSSPLIT NACH LAGERNUMMERN • LIEFERUNGSSPLIT PRO LIEFERART FESTLEGEN setzen Sie das Kennzeichen LIEFERSPLIT LAGERNR. (siehe Abbildung 3.11). Mit dieser Einstellung ist der Lieferungssplit für diese Lieferart erlaubt.

Abbildung 3.11 Liefersplits für jede Lieferart erlauben

3.2.5 Versandstelle

Die *Versandstelle* ist eine weitere organisatorische Logistikeinheit. Versandstellen sind verantwortlich für die Abwicklung des Versands und gliedern die Verantwortlichkeiten im Unternehmen nach der Art des Versands, den notwendigen Versandhilfsmitteln und Transportmitteln.

Sie müssen mindestens eine Versandstelle pro Werk anlegen und diese dem Werk zuordnen, für das sie verwendet werden soll. Gehen Sie dazu folgendermaßen vor:

1. Zur Definition der Versandstelle folgen Sie dem Customizing-Pfad UNTERNEHMENSSTRUKTUR • DEFINITION • LOGISTICS EXECUTION • VERSANDSTELLE DEFINIEREN, KOPIEREN, LÖSCHEN, PRÜFEN. Dort können Sie eine neue Versandstelle anlegen oder eine bestehende Versandstelle kopieren.

2. Als nächsten Schritt erlauben Sie die Nutzung dieser Versandstelle in den Werken. Folgen Sie im Customizing dem Pfad UNTERNEHMENSSTRUKTUR • ZUORDNUNG • LOGISTICS EXECUTION • VERSANDSTELLE – WERK ZUORDNEN.

3. Zum Schluss müssen Sie noch die Versandstellenfindung überprüfen. Die Versandstelle erreichen Sie im Customizing unter LOGISTICS EXECUTION • VERSAND • GRUNDLAGEN • VERSAND-/WARENANNAHMESTELLENFINDUNG.

Wichtig ist, dass Sie auch eine *Warenannahmestelle* definieren. Wählen Sie dazu die Aktivität WARENANNAHMESTELLEN FÜR ANLIEFERUNG ZUORDNEN unter demselben Customizing-Pfad. Eine Warenannahmestelle ist notwendig, damit das System Anlieferungen anlegen kann – was die Grundlage für die Kommunikation mit einem EWM-System ist.

Die Versandstellen und Warenannahmestellen können in EWM übertragen werden und dort als sogenanntes *Versandbüro* bzw. *Wareneingangsbüro* verwendet werden (mehr dazu erfahren Sie in Abschnitt 3.3.8, »Wareneingangsbüro und Versandbüro«).

Nun kennen Sie die wesentlichen Elemente der SAP-ERP-Organisationsstruktur. Sie haben erfahren, was ein Buchungskreis ist, ein Werk und ein Lagerort, dass es eine SAP-ERP- und eine EWM-Lagernummer gibt und wie man eine Versandstelle anlegt und zuweist. Im folgenden Abschnitt zeigen wir Ihnen die Organisationselemente im EWM-System.

3.3   Organisationsstruktur in SAP EWM

In diesem Abschnitt gehen wir nun ausschließlich auf die Elemente der Organisationsstruktur im EWM-System ein. Dies beginnt mit der Definition der EWM-Lagernummer und wird fortgesetzt mit den Elementen Lagertyp, Lagerbereich und Lagerplatz bis hin zu den Elementen Aktivitätsbereich,

Arbeitsplatz, Bereitstellzone und Tor sowie Versandbüro und Wareneingangsbüro. Einige dieser Elemente, z. B. Lagertyp, Lagerbereich und Lagerplatz, sind Ihnen möglicherweise schon aus WM bekannt.

Beginnen wir mit der Beschreibung der EWM-Lagernummer.

3.3.1 SAP-EWM-Lagernummer

Es gibt im EWM-System für Ihr Lager eine eigene, aus vier Zeichen bestehende *EWM-Lagernummer*, die nicht mit der SAP-ERP-Lagernummer identisch ist, die aus drei Zeichen besteht (siehe Abschnitt 3.2.4, »Lagernummer«). Das zusätzliche Zeichen in EWM ist hinzugefügt worden, um mehr Flexibilität zu erreichen, z. B. für den Fall, dass eine EWM-Instanz mehrere Läger aus verschiedenen SAP-ERP-Systemen verwaltet.

Tipp zur Namensgebung
In der Praxis empfiehlt es sich, die beiden Lagernummern ähnlich zu benennen, sodass deren Beziehung aus dem Namen abgeleitet werden kann. Dies vereinfacht die Bedienung der beiden Systeme, und Sie müssen nicht im Customizing nachschlagen, um die Beziehung herzuleiten. In dem in diesem Kapitel verwendeten Beispiel haben wir die SAP-ERP-Lagernummer LG1 und die EWM-Lagernummer LG01 genannt.

Definition der SAP-EWM-Lagernummer

Um die Lagernummer in EWM anzulegen, öffnen Sie das Customizing und folgen dem Pfad EXTENDED WAREHOUSE MANAGEMENT • STAMMDATEN • LAGERNUMMERN DEFINIEREN (siehe Abbildung 3.12). Sie vergeben einen vierstelligen alphanumerischen Namen sowie eine Bezeichnung für die Lagernummer.

Abbildung 3.12 SAP-EWM-Lagernummer definieren

SAP-EWM-Lagernummer zur SAP-ERP-Lagernummer zuweisen

Ähnlich wie im SAP-ERP-System muss auch im EWM-System die EWM-Lagernummer der SAP-ERP-Lagernummer zugewiesen werden. Diese Zuweisung können Sie unter dem Customizing-Pfad EXTENDED WAREHOUSE MANAGEMENT • SCHNITTSTELLEN • ERP-INTEGRATION • ALLGEMEINE EINSTELLUNGEN • LAGERNUMMERN AUS DEM ERP-SYSTEM IN EWM ABBILDEN vornehmen.

Abbildung 3.13 zeigt diese Zuweisung. Die erste Spalte beinhaltet das Business-System des zugehörigen SAP-ERP-Systems, das während der technischen Installation des EWM-Systems angelegt wurde.

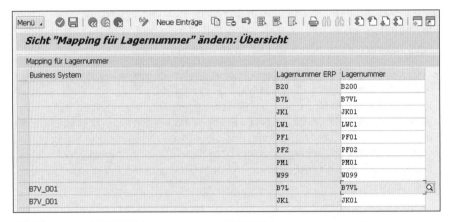

Abbildung 3.13 SAP-EWM-Lagernummer zur SAP-ERP-Lagernummer zuweisen

Supply Chain Unit, Besitzer und Verfügungsberechtigten zur Lagernummer zuweisen

Nachdem die grundlegende Konfiguration der Lagernummer abgeschlossen ist, müssen noch wichtige Stammdatenattribute zugewiesen werden, u. a. die zur Lagernummer gehörende *Supply Chain Unit* und die Geschäftspartner *Besitzer* und *Verfügungsberechtigter*.

Um diese Zuweisung durchzuführen, folgen Sie im SAP-Easy-Access-Menü (also nicht im Customizing) dem Pfad EXTENDED WAREHOUSE MANAGEMENT • EINSTELLUNGEN • ZUORDNUNGEN: LAGERNUMMERN/GESCHÄFTSPARTNER oder verwenden den zugehörigen Transaktionscode /SCWM/LGNBP. Abbildung 3.14 zeigt die Zuweisung der Supply Chain Unit, des Besitzers und des Standardverfügungsberechtigten (Feld DFLTVERFBER.).

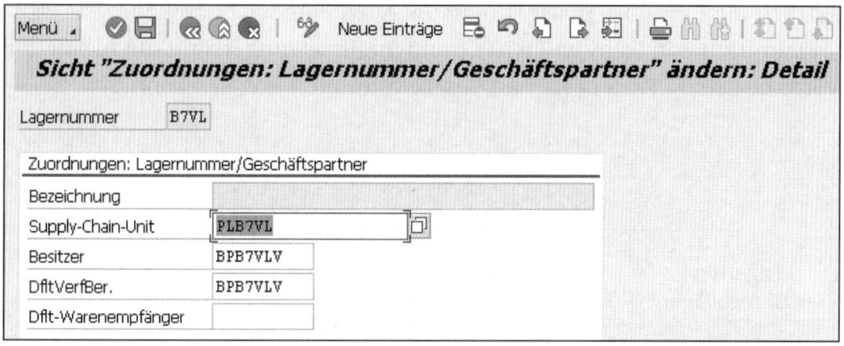

Abbildung 3.14 Zuordnungen zur SAP-EWM-Lagernummer

Lagernummern zuordnen – Customizing oder nicht?

Sie erreichen dieselbe Tabelle auch über das Customizing, über den Pfad EXTENDED WAREHOUSE MANAGEMENT • STAMMDATEN • LAGERNUMMERN ZUORDNEN. Es handelt sich jedoch nicht um ein klassisches Customizing, denn als Voraussetzung zum Pflegen dieser Tabelle müssen die Stammdaten zur Supply Chain Unit und die Geschäftspartner bereits existieren, was z. B. nicht der Fall ist, wenn Sie einen eigenen Mandanten zum Customizing verwenden. Die Einträge dieser Tabelle lassen sich auch nicht transportieren. Wir empfehlen daher, diese Einstellungen für jedes System direkt über das SAP-Easy-Access-Menü vorzunehmen.

Mehr Informationen über die Bedeutung der Supply Chain Unit und über die Geschäftspartner Besitzer und Verfügungsberechtigter finden Sie in Kapitel 5, »Bestandsverwaltung«.

3.3.2 Lagertyp

Lagertypen bilden die höchste Ebene der Organisationsstruktur unterhalb der Lagernummer. Ein Lagertyp bezeichnet eine Gruppe von Lagerplätzen mit ähnlichen Eigenschaften. Ein Lagerplatz ist ein getrennter Bereich im Lager, wo ein oder mehrere Produkte gelagert werden können. Jeder Lagerplatz hat einen Namen, normalerweise bestehend aus einer Gruppe von Zahlen oder Buchstaben, die in einer bestimmten Reihenfolge angeordnet sind, was es dem Lagerangestellten ermöglicht, den Platz schnell zu finden.

Normalerweise liegen alle Lagerplätze eines Lagertyps im selben physischen Bereich des Lagers. Sie können die Größe und Kapazität der Lagerplätze eines Lagertyps einzeln einstellen. Oftmals werden Lagertypen so angelegt, dass Sie Bereiche mit verschiedener Lagermethodik oder verschiedenen Arten von gelagerten Materialien unterscheiden können. In der Praxis spielen jedoch zusätzlich die Ein- und Auslagerungsstrategien eine wichtige Rolle. Die richtige Definition von Lagertypen ist Grundvoraussetzung, damit die Arbeit der Lagermitarbeiter effizient ist und flexibel optimiert werden kann.

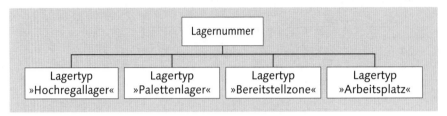

Abbildung 3.15 Beziehung zwischen Lagernummer und Lagertyp

Beispiele für häufig genutzte Lagertypen sind:

- Lagerbereiche mit Fixplätzen, z. B. Kommissionierbereiche
- Hochregalläger
- Blockläger
- Freiflächenläger
- Spezialläger, z. B. für Gefahrstoffe
- automatisierte Lagerbereiche

Zusätzlich werden Lagertypen in EWM für Bestände auf sogenannten *Schnittstellenlagertypen* genutzt. Das sind Lagertypen, in die nicht final eingelagert wird, u. a.:

- Tore im Wareneingang und Warenausgang
- Bereitstellzonen im Wareneingang und Warenausgang
- Identifikationspunkte und Kommissionierpunkte vor automatischen Lägern, z. B. vor einem Hochregallager
- Übergabepunkte, z. B. zwischen Hallen oder vor bestimmten finalen Lagertypen
- Arbeitsplätze, z. B. Packplätze oder Plätze zur Durchführung von Qualitätsprüfungen (QM) oder von logistischen Zusatzleistungen (LZL)
- Plätze zur Hofsteuerung (Yard Management)
- Überlauflagertypen, z. B. für den Wareneingangsprozess

Die meisten dieser Lagertyparten und die mit ihnen verbundenen Konfigurationsmöglichkeiten werden wir im weiteren Verlauf dieses Buches besprechen.

Die Konfiguration eines Lagertyps in EWM beinhaltet eine große Anzahl von Parametern, die Sie pflegen können – u. a. für die Einstellung von Einlagerungs- und Auslagerungsstrategien, dazu die Festlegung, ob Handling Units (HU) erlaubt sind, wie der verfügbare Bestand ermittelt wird, dazu ob Kapazitätsprüfungen durchgeführt werden und inwiefern Mischbestand (z. B. mehrere Produkte auf einem Lagerplatz) erlaubt ist.

Zur Definition eines Lagertyps im EWM-Customizing wählen Sie den Pfad EXTENDED WAREHOUSE MANAGEMENT • STAMMDATEN • LAGERTYP DEFINIEREN. In Abbildung 3.16 zeigen wir Ihnen den oberen Bereich des Customizing-Bildes zur Definition der Lagertypen, in diesem Fall ein Hochregallager.

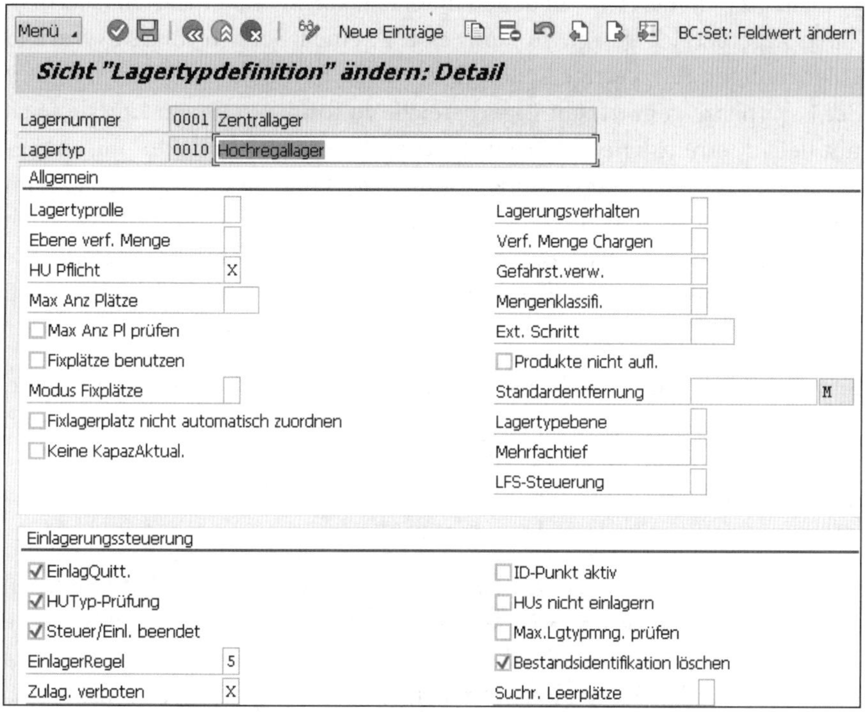

Abbildung 3.16 Lagertyp definieren

3.3.3 Lagerbereich

Nach den Lagertypen ermöglichen die *Lagerbereiche* eine weitere Unterteilung des Lagers. Eine Reihe von Lagerplätzen mit gleichen Eigenschaften kann zu einem Lagerbereich zusammengefasst werden (siehe Abbildung 3.17).

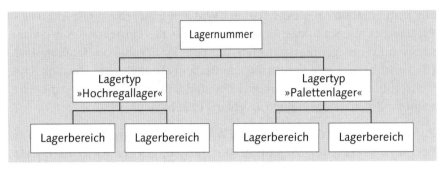

Abbildung 3.17 Beziehung zwischen Lagertypen und Lagerbereichen

Oftmals werden Bereiche, in denen unterschiedliche Materialarten lagern, in einen Lagerbereich gelegt, so kann es z. B. einen Bereich für schwere und einen anderen für sperrige Teile geben. Auch wird häufig die *Erreichbarkeit* der Lagerplätze genutzt, um Lagerbereiche zu formen, z. B. ein Lagerbereich mit leicht erreichbaren Plätzen (gut geeignet für Produkte mit hoher Umschlagshäufigkeit, sogenannte *Schnelldreher*) und einen Lagerbereich mit schwerer erreichbaren Plätzen (für *Langsamdreher*). Lagerbereiche werden für die Einlagerung verwendet, es gibt dort eine sogenannte *Lagerbereichsfindung*, die basierend auf bestimmten Kriterien den optimalen Lagerbereich für ein Produkt findet.

Seit EWM 5.1 sind Lagerbereiche kein Pflicht-Organisationselement mehr. Sie können nun auch Lagerplätze anlegen, ohne diese einem Lagerbereich zuzuweisen. Sie können Lagertypen anlegen, die nicht in Lagerbereiche gegliedert sind. Für einfache Lagertypen oder Schnittstellenlagertypen kann es sinnvoll sein, keine Lagerbereiche anzulegen.

Lagerbereiche legen Sie an, indem Sie im Customizing dem Pfad EXTENDED WAREHOUSE MANAGEMENT • STAMMDATEN • LAGERBEREICH DEFINIEREN folgen. Wie Sie in Abbildung 3.18 sehen, wird ein Lagerbereich einem Lagertyp zugewiesen und bekommt einen Namen. Es müssen, ganz im Gegensatz zum Lagertyp, keine weiteren Felder gepflegt werden.

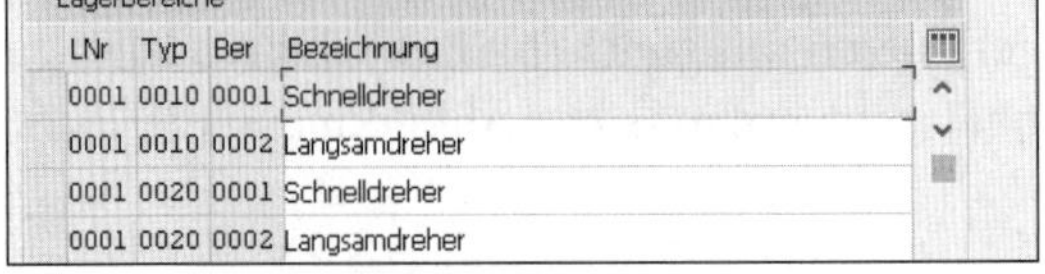

Abbildung 3.18 Lagerbereiche definieren

In Kapitel 8, »Wareneingangsprozess«, erfahren Sie, wie Lagerbereiche für die Einlagerung verwendet werden können.

3.3.4 Lagerplatz

Ein *Lagerplatz* repräsentiert eine Stelle im Lager, in der Materialien gelagert werden können. Wie Abbildung 3.19 zeigt, gehört jeder Lagerplatz zu einem Lagerbereich (sofern Lagerbereiche benutzt werden) und einem Lagertyp innerhalb der Lagernummer. Der Name eines Lagerplatzes in EWM muss innerhalb der Lagernummer eindeutig sein. In der WM-Komponente in ERP ist das anders – Lagerplätze müssen nur für jeden Lagertyp eindeutig sein.

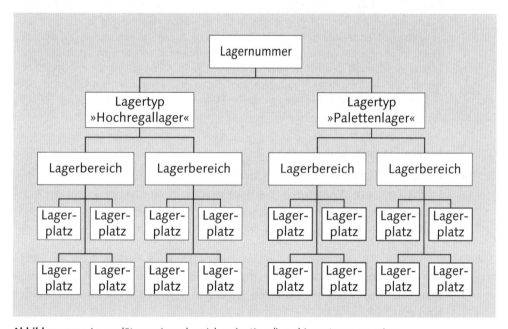

Abbildung 3.19 Lagerplätze zu Lagerbereichen (optional) und Lagertypen zuweisen

Lagerplätze werden häufig nach den Koordinaten eines Rasters benannt, sodass die Plätze für die Lagerangestellten schnell zu finden sind. Oftmals werden für die Definition des Rasters Eigenschaften der Plätze wie Gang, Regalnummer, Säule, Bereich oder Ebene verwendet. Ein Platz, der im zweiten Gang liegt, in der dritten Säule und auf der fünften Ebene, kann z. B. 02-03-05 heißen.

Die Benennung von Lagerplätzen ist eine Wissenschaft für sich. Die Entscheidung, wie die Bereiche des Lagers benannt werden, wird oftmals von Spezialisten, erfahrenen Lagermitarbeitern und Lagermanagern getroffen, die oft auch ihre eigenen Vorstellungen davon haben, was unter den jeweiligen Rahmenbedingungen am besten ist.

Lagerplätze können in EWM bis zu 18 Zeichen lang sein (im Gegensatz zu WM, wo die maximale Länge zehn Zeichen beträgt), sodass Sie entsprechend flexibel in der Namensgebung sind. So können Sie z. B. die Lagerkoordinaten mit Bindestrichen, Punkten oder sogar Leerzeichen unterteilen, damit der Platz besser lesbar ist. Denken Sie aber daran, dass Lagerplätze gelegentlich auch manuell ins System eingegeben werden müssen. Je länger der Name ist, desto länger dauert eine manuelle Eingabe.

> **Lagerplätze sind Stammdaten in SAP EWM**
>
> Lagerplätze sind nicht Teil des Customizings, denn sie sind Stammdaten. Dies erlaubt den Endanwendern, im laufenden Betrieb Lagerplätze anzulegen und zu ändern, ohne jedes Mal ein Customizing durchführen zu müssen, was den administrativen Aufwand deutlich reduziert. Die Kontrolle, wer Lagerplätze anlegen darf, wird über das SAP-Berechtigungskonzept gesteuert, das ausführlich in Kapitel 12, »Bereichsübergreifende Prozesse und Funktionen«, besprochen wird.

Lagerplätze manuell anlegen

Um einen Lagerplatz anzulegen, wählen Sie im SAP-Easy-Access-Menü den Pfad EXTENDED WAREHOUSE MANAGEMENT • STAMMDATEN • LAGERPLATZ • LAGERPLATZ ANLEGEN oder verwenden den Transaktionscode /SCWM/LS01. In Abbildung 3.20 sehen Sie die Registerkarten zum Anlegen von Lagerplätzen.

Um einen Lagerplatz anzulegen, müssen Sie mindestens den Lagerplatznamen, die Lagernummer und den Lagertyp eingeben. Alle anderen Felder sind optional:

- **Lagerbereich**
  Wie schon in Abschnitt 3.3.3, »Lagerbereich«, beschrieben, sind Lagerbereiche seit EWM 5.1 optional. Sie werden zur Einlagerung benutzt.

- **Platzzugriffstyp (Feld »Plazugriffst.«)**
  Der Lagerplatzzugriffstyp wird vom EWM-Ressourcenmanagement genutzt, um die Ausführungsprioritäten von Lageraufgaben zu steuern. Um die Ausführungsprioritäten einzustellen, folgen Sie im SAP-Easy-Access-Menü dem Pfad EXTENDED WAREHOUSE MANAGEMENT • STAMMDATEN • RESSOURCENMANAGEMENT • AUSFÜHRUNGSPRIORITÄTEN PFLEGEN.

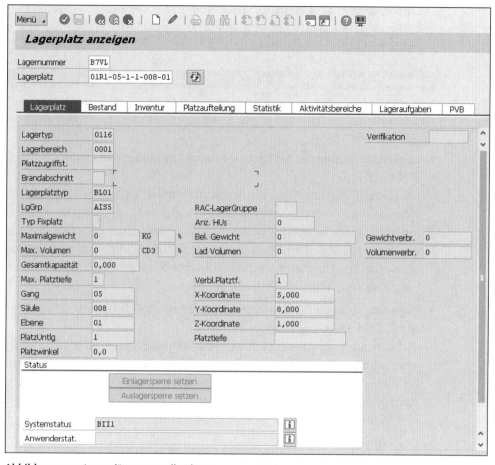

Abbildung 3.20 Lagerplätze manuell anlegen

▶ **Brandabschnitt**

Jeder Lagerplatz kann einem bestimmten Brandabschnitt zugeordnet werden. Das Feld erscheint in den Auswertungen (z. B. der Feuerwehrliste), in denen Gefahrstoffe pro Brandabschnitt ausgewiesen werden.

▶ **Lagerplatztyp**

Der Lagerplatztyp kann genutzt werden, um gleichartige Lagerplätze (bezogen auf Gewicht, Volumen und Dimensionen) zu gruppieren. Lagerplatztypen werden außerdem genutzt, um die erlaubten Handling-Unit-Typen (HU-Typen) für den jeweiligen Lagerplatz zu ermitteln. Sie legen Lagerplatztypen im Customizing unter dem Pfad EXTENDED WAREHOUSE MANAGEMENT • STAMMDATEN • LAGERPLÄTZE • LAGERPLATZTYPEN DEFINIEREN an. Die Zuweisung zu den erlaubten HU-Typen finden Sie, wenn Sie dem

Customizing-Pfad EXTENDED WAREHOUSE MANAGEMENT • WARENEIN-
GANGSPROZESS • STRATEGIEN • LAGERPLATZFINDUNG • HU-TYPEN • HU-TYPEN
JE LAGERPLATZTYP DEFINIEREN folgen.

Lagerplatztyp ist Muss-Feld

Wenn in einem Lagertyp die HU-Typ-Prüfung aktiv ist, ist der Lagerplatztyp ein
Muss-Feld.

► **Lagerungsgruppe für layoutorientierte Lagerungssteuerung
(Feld »LgGrp«)**
Die Lagerungsgruppe für die layoutorientierte Lagerungssteuerung ist
eine logische oder physische Unterteilung eines Lagertyps. Sie können
innerhalb eines Lagertyps, basierend auf den physischen Gegebenheiten
des Lagertyps, eine Reihe von Lagerplätzen zusammenfassen. Das System
verwendet die Lagerungsgruppe für die layoutorientierte Lagerungssteuerung zum Ermitteln des Zwischenlagertyps.

► **Lagerungsgruppe für Ressourcenausführungs-Constraint
(RAC, Feld »RAC-LagerGruppe«)**
Mit Ressourcenausführungs-Constraints steuern Sie, wie viele Ressourcen
in den unterschiedlichen Lagerungsgruppen des Lagers arbeiten dürfen.
Sie nutzen diese Gruppe folglich, um die Auslastung und Effizienz Ihrer
Ressourcen zu steuern, und vermeiden Leerlaufzeiten, die entstehen kön-
nen, wenn eine Ressource warten muss, bis eine andere fertig ist.

► **Gesamtkapazität**
Sie können für jeden Lagerplatz das maximale Lagerungsgewicht, Volumen, die (einheitenlose) Gesamtkapazität des Lagerplatzes und die Dimensionen des Platzes einstellen. Wenn Sie Lagerplatztypen benutzen, werden
diese Daten aus dem Typ übernommen, den Sie im Customizing eingestellt haben.

► **Lagerkoordinaten (Felder »X-Koordinate«, »Y-Koordinate« und
»Z-Koordinate«)**
Die X-, Y- und Z-Koordinaten des Lagerplatzes bestimmen dessen genaue
Lage innerhalb des Lagers und können zur Wegstreckenberechnung des
Labor Managements benutzt werden. Sie können diese Koordinaten
bestimmen, wenn Sie Ihr Lagerlayout über eine Karte legen und die Posi-
tionen der Plätze aus den X-, Y- und Z-Koordinaten der Karte entnehmen.

▸ **Informationen über die Rasterposition und Visualisierung des Lagerplatzes (Felder »Gang«, »Säule«, »Ebene«, »PlatzUntlg«, »Max. Platztiefe« und »Platzwinkel)**

Diese Informationen werden vom grafischen Lagerlayout verwendet, um eine visuelle Darstellung Ihres Lagers zu erreichen. Sie können auch verwendet werden, um den Lagerangestellten zusätzliche Informationen über die genaue Lage des Platzes zu geben.

▸ **Verifikation**

Dieses Feld wird genutzt, um den Lagerplatz in mobilen Transaktionen durch Scannen eines Barcodes verifizieren zu können. Der Inhalt des Verifikationsfeldes muss dem Inhalt des Barcodes entsprechen. Sie können im einfachsten Fall das Verifikationsfeld mit dem Namen des Lagerplatzes füllen. Alternativ können Sie Prüfziffern am Ende des Lagerplatznamens verwenden, um sicherzustellen, dass der Anwender den Platz korrekt eingegeben hat, oder Sie können auch Zufallszahlen benutzen, sodass der Lagerangestellte den Barcode am Platz scannen muss. Sie können die Verifikationen manuell eingeben oder eine Transaktion zur Massenpflege dieses Feldes benutzen, die wir weiter unten in diesem Abschnitt vorstellen werden.

▸ **Systemstatus**

Der Systemstatus eines Lagerplatzes beinhaltet die Einlagersperre und die Auslagersperre. Sie können Lagerplätze zur Ein- und Auslagerung sperren, indem Sie die entsprechenden Schaltflächen in der Transaktion zur Lagerplatzänderung verwenden. Alternativ können Sie mehrere Plätze gleichzeitig sperren, wenn Sie den Pfad BESTAND UND PLATZ • LAGERPLATZ im Lagerverwaltungsmonitor (kurz: Lagermonitor) wählen.

▸ **Anwenderstatus (Feld »Anwenderstat.«)**

Das Feld ANWENDERSTAT. zeigt Informationen über die Anwenderstatus an, die momentan dem Lagerplatz zugewiesen sind. Sie können einem Anwenderstatus den aktuellen Platz hinzufügen oder ihn löschen, indem Sie rechts neben dem Anwenderstatus-Feld auf die Schaltfläche ANWENDERSTATUS ÄNDERN klicken.

Um Anwenderstatus zu benutzen, müssen Sie ein eigenes Anwenderstatusschema und eigene Anwenderstatus unter dem Pfad EXTENDED WAREHOUSE MANAGEMENT • STAMMDATEN • LAGERPLÄTZE • ANWENDERSTATUSSCHEMA DEFINIEREN im Customizing definieren. Das definierte Anwenderstatusschema müssen Sie zudem der Lagernummer zuweisen, dies erfolgt im Customizing unter EXTENDED WAREHOUSE MANAGEMENT • STAMMDATEN • LAGERNUMMERNSTEUERUNG DEFINIEREN.

Wenn Sie bereits Lagerplätze angelegt und erst im Nachhinein ein Anwenderstatusschema erzeugt haben, können Sie diesen Lagerplätzen noch im Nachhinein ein Anwenderstatusobjekt zuweisen, das auf dem neuen Schema basiert. Folgen Sie dazu im SAP-Easy-Access-Menü dem Pfad EXTENDED WAREHOUSE MANAGEMENT • STAMMDATEN • LAGERPLATZ • ANWENDERSTATUS FÜR LAGERPLÄTZE HINZUFÜGEN, oder nutzen Sie die Transaktion /SCWM/BINSTAT.

Bestehende Lagerplätze können Sie ändern, indem Sie im SAP-Easy-Access-Menü dem Pfad EXTENDED WAREHOUSE MANAGEMENT • STAMMDATEN • LAGERPLATZ • LAGERPLATZ ÄNDERN folgen oder den Transaktionscode /SCWM/LS02 benutzen. Mit dem Transaktionscode /SCWM/LS03 können Sie sich Lagerplätze anzeigen lassen.

Lagerplätze mithilfe einer Struktur generieren

Mithilfe einer *Lagerplatzstruktur* können Sie eine große Anzahl von Lagerplätzen schnell anlegen. Das Anlegen von Lagerplätzen erfolgt in zwei Schritten: Zunächst definieren Sie eine Lagerplatzstruktur im Customizing. Anschließend generieren Sie für jede erstellte Struktur die Lagerplätze. Dies findet nicht mehr im Customizing statt, sondern auf Anwendungsebene mithilfe des SAP-Easy-Access-Menüs. So können Sie Lagerplätze mithilfe von Strukturen auch in Ihrem Qualitätssystem oder im Produktivsystem anlegen, ohne eine Berechtigung für das Customizing haben zu müssen.

Die Lagerplatzstruktur wird im Customizing unter dem Pfad EXTENDED WAREHOUSE MANAGEMENT • STAMMDATEN • LAGERPLÄTZE • LAGERPLATZSTRUKTUR DEFINIEREN angelegt.

Bevor Sie eine neue Struktur erstellen, sollten Sie sich die *Lagerplatzbezeichner* anschauen. Die Lagerplatzbezeichner werden verwendet, um bei der Definition der Lagerplatzstrukturen die Bestandteile des Lagerplatzes eindeutig zu identifizieren und so Aktivitätsbereiche unabhängig vom Lagertyp definieren zu können (basierend auf Gang, Säule und Ebene).

Im Customizing finden Sie die Aktivität EXTENDED WAREHOUSE MANAGEMENT • STAMMDATEN • LAGERPLÄTZE • LAGERPLATZBEZEICHNER FÜR LAGERPLATZSTRUKTUREN DEFINIEREN. Für jeden Lagerplatzbestandteil können Sie einen Buchstaben als Lagerplatzbezeichner definieren. Im Standard sind die Bezeichner A für den Gang (englisch *Aisle*), S für die Säule (englisch *Stack*) und L für die Ebene (englisch *Level*) angelegt. Es gibt noch zwei weitere Bezeichner für die Platzunterteilung (B) und für die Platztiefe (D).

Das Anlegen einer neuen Lagerplatzstruktur ist weitestgehend selbsterklärend. Wir empfehlen Ihnen, sich die Beispiele aus der SAP-Standardlagernummer 0001 anzuschauen. Das Prinzip der Struktur ist wie folgt: Sie geben den Namen des Start-Lagerplatzes und des Ende-Lagerplatzes ein (Startwert und Endwert). Dazu definieren Sie die sogenannten *Inkrements*, mit denen Sie einstellen, um welchen Betrag die jeweiligen Stellen des Lagerplatznamens hochgezählt werden sollen. In der Lagerplatzschablone definieren Sie, welche Stellen numerische (0–9) oder alphabetische Zeichen (A–Z) beinhalten und welche Stellen Konstanten sind (z. B. Trennstriche zwischen den Gruppen).

Beispiel zu Lagerplatzschablonen

Um Lagerplätze von A01A bis A99D zu erstellen, wählen Sie die Schablone CNNACCCCCCCCCCCCCC. Beachten Sie, dass die leeren Zeichen der Schablone am Ende auch mit C gefüllt werden sollten. Diese Struktur gibt an, dass das erste Zeichen des Lagerplatznamens eine Konstante ist (in diesem Fall das führende A von A01A). Das zweite und dritte Zeichen sind numerisch, und das vierte Zeichen ist ein Buchstabe.

Wenn Sie zwei oder mehr Zeichen nutzen, die gemeinsam hochgezählt werden sollen (z. B. 0001 bis 9999 oder AA bis FF), müssen diese direkt nebeneinanderstehen.

Weitere Felder, die Sie für die Lagerplatzstruktur pflegen können, sind z. B. die Struktur, die angibt, an welcher Stelle die Lagerplatzbezeichner stehen, die X-, Y- und Z-Koordinaten, der Lagerbereich, in dem die Plätze angelegt werden sollen, sowie Lagerplatztyp, Lagerplatz-Zugriffstyp, maximales Gewicht und Volumen, die (dimensionslose) Gesamtkapazität sowie der Brandabschnitt und die Lagerungsgruppe für die layoutorientierte Lagerungssteuerung. Natürlich müssen Sie auch den Lagertyp pflegen, ansonsten lassen sich die Plätze nicht anlegen.

Wenn die Lagerplatzstruktur angelegt ist, können Sie die Lagerplätze für diese Struktur anlegen. Wählen Sie im SAP-Easy-Access-Menü den Pfad Extended Warehouse Management • Stammdaten • Lagerplatz • Lagerplätze generieren, oder geben Sie den Transaktionscode /SCWM/LS10 ein. Dort wählen Sie Ihre neue Struktur aus und klicken auf die Schaltfläche Plätze anlegen.

Nun interpretiert das System Ihre Eingaben in der Lagerplatzstruktur und zeigt Ihnen eine Liste mit den Lagerplätzen an, die es generieren würde. Sie haben nun die Möglichkeit, diese Liste zu kontrollieren. Die Lagerplätze können Sie anlegen, wenn Sie auf die Schaltfläche ANLEGEN klicken. Sollten die Lagerplätze bereits angelegt sein, können Sie auf die Schaltfläche ÄNDERN klicken, um sie mit eventuell neuen Daten aus der Struktur anzupassen.

Massenänderung und Massenlöschung von Lagerplätzen

Die meisten Lagerplatzattribute lassen sich in einer Massenpflegetransaktion ändern. Wenn Sie viele Lagerplätze auf einmal ändern wollen, wählen Sie im SAP-Easy-Access-Menü die Transaktion unter dem Pfad EXTENDED WAREHOUSE MANAGEMENT • STAMMDATEN • LAGERPLATZ • MASSENÄNDERUNG LAGERPLÄTZE, oder geben Sie den Transaktionscode /SCWM/LS11 ein.

Wenn Sie die Transaktion starten, gelangen Sie zunächst zu einem Selektionsbild. Wählen Sie dort die gewünschten Lagerplätze aus, und klicken Sie auf die Schaltfläche AUSFÜHREN. Das darauffolgende Bild sehen Sie in Abbildung 3.21. Hier können Sie Lagerplätze markieren und auf die Schaltfläche LAGERPLÄTZE ÄNDERN (Lagerplätze) klicken. Es öffnet sich ein neues Fenster, in dem Sie die meisten Attribute des Lagerplatzes ändern können.

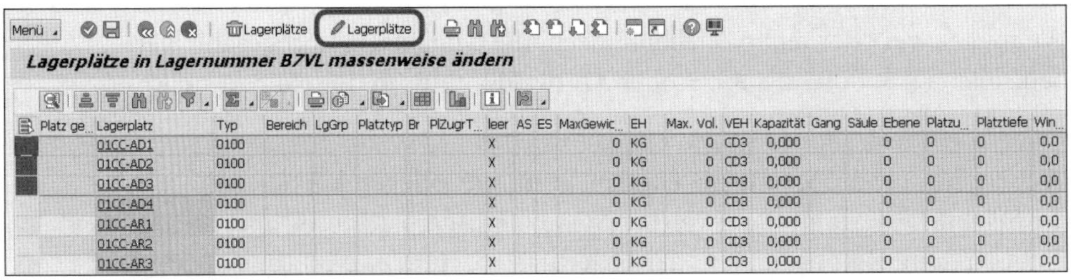
Menü
Lagerplätze
Lagerplätze
Lagerplätze in Lagernummer B7VL massenweise ändern
Platz ge... Lagerplatz Typ Bereich LgGrp Platztyp Br PlZugrT... leer AS ES MaxGewic... EH Max. Vol. VEH Kapazität Gang Säule Ebene Platzu... Platztiefe Win...
01CC-AD1 0100 X 0 KG 0 CD3 0,000 0 0 0 0,0
01CC-AD2 0100 X 0 KG 0 CD3 0,000 0 0 0 0,0
01CC-AD3 0100 X 0 KG 0 CD3 0,000 0 0 0 0,0
01CC-AD4 0100 X 0 KG 0 CD3 0,000 0 0 0 0,0
01CC-AR1 0100 X 0 KG 0 CD3 0,000 0 0 0 0,0
01CC-AR2 0100 X 0 KG 0 CD3 0,000 0 0 0 0,0
01CC-AR3 0100 X 0 KG 0 CD3 0,000 0 0 0 0,0

Abbildung 3.21 Massenänderung von Lagerplätzen

Mit der Schaltfläche LAGERPLÄTZE LÖSCHEN (Lagerplätze) können Sie massenweise Lagerplätze löschen, etwa wenn Sie sich beim Anlegen geirrt haben.

Gesperrte Lagerplätze entsperren

Wenn Sie Lagerplätze mit einer Ein- oder Auslagersperre versehen haben und diese nun wieder entsperren wollen, müssen Sie dafür den Lagermonitor benutzen. Das Sperren/Entsperren ist nur dort möglich, nicht in der Massenänderungstransaktion. Um den Lagermonitor zu starten, wählen Sie im SAP-Easy-Access-Menü den Knoten EXTENDED WAREHOUSE MANAGEMENT • MONITORING • LAGERVERWALTUNGSMONITOR. Im Monitor rufen Sie den Knoten BESTAND UND PLATZ • LAGERPLATZ auf und wählen Ihre Lagerplätze aus. Mit der Schaltfläche WEITERE METHODEN können Sie auf die Sperren zugreifen.

Lagerplätze sortieren

Damit Lageraufgaben nach Ihren Vorgaben sortiert werden (z. B. zur Ausnutzung eines optimalen Kommissionierwegs), müssen Sie die Lagerplätze nach dem Anlegen *sortieren*.

Das Sortieren in EWM umfasst zwei Schritte: Zuerst legen Sie einen Platz oder eine Anzahl von Plätzen an. Danach stellen Sie im Customizing Sortierregeln ein, mit denen Sie dann die Sortierung manuell durchführen. Wählen Sie dafür im SAP-Easy-Access-Menü den Pfad EXTENDED WAREHOUSE MANAGEMENT • STAMMDATEN • LAGERPLATZ • LAGERPLÄTZE SORTIEREN, oder geben Sie den Transaktionscode /SCWM/SBST ein. Geben Sie im Selektionsbild Ihre Lagernummer ein und optional auch einen Aktivitätsbereich und eine Aktivität. Wenn Sie diese Felder leer lassen, werden alle zugeordneten Aktivitätsbereiche und Aktivitäten benutzt. Führen Sie die Selektion aus. Sie gelangen in das in Abbildung 3.22 dargestellte Bild. Hier müssen Sie noch auf das Icon AUSFÜHREN (⊕) klicken, um die Sortierung auf der Datenbank zu speichern.

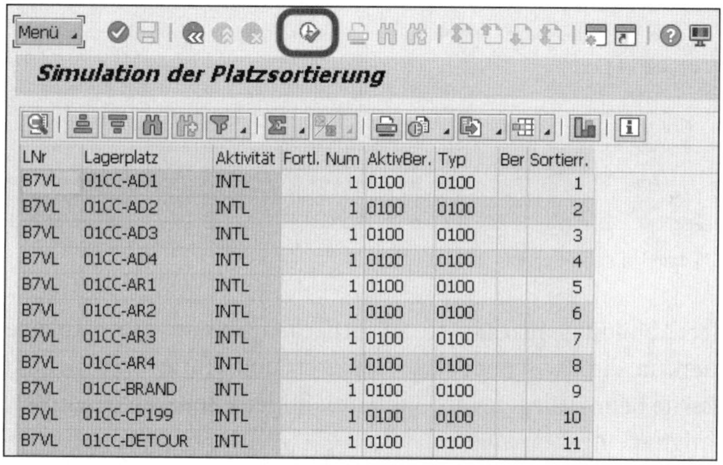

LNr	Lagerplatz	Aktivität	Fortl. Num	AktivBer.	Typ	Ber	Sortierr.
B7VL	01CC-AD1	INTL	1	0100	0100		1
B7VL	01CC-AD2	INTL	1	0100	0100		2
B7VL	01CC-AD3	INTL	1	0100	0100		3
B7VL	01CC-AD4	INTL	1	0100	0100		4
B7VL	01CC-AR1	INTL	1	0100	0100		5
B7VL	01CC-AR2	INTL	1	0100	0100		6
B7VL	01CC-AR3	INTL	1	0100	0100		7
B7VL	01CC-AR4	INTL	1	0100	0100		8
B7VL	01CC-BRAND	INTL	1	0100	0100		9
B7VL	01CC-CP199	INTL	1	0100	0100		10
B7VL	01CC-DETOUR	INTL	1	0100	0100		11

Abbildung 3.22 Platzsortierung für jede Aktivität durchführen

> **Lagerplätze regelmäßig neu sortieren**
>
> Machen Sie es sich zur Angewohnheit, nach jeder Neuanlage von Lagerplätzen oder nach dem Löschen von Lagerplätzen die Lagerplätze neu zu sortieren. Wenn die Sortierung nicht durchgeführt wird, kann es sein, dass das System diese nicht benutzt, wenn es nach Von-Lagerplätzen sucht!

Mehr Informationen über Aktivitäten und Aktivitätsbereiche finden Sie in Abschnitt 3.3.5, »Aktivitätsbereich«.

Fixlagerplätze zuweisen

Wenn Sie einen Lagertyp mit festen Lagerplätzen pro Material (Fixlagerplätze) haben, müssen Sie dem System mitteilen, welches Material auf welchem Fixplatz gelagert ist. EWM bietet dazu zwei verschiedene Möglichkeiten. Zum einen können Sie die Tabelle, in der Fixplätze eingetragen sind, manuell bearbeiten. Sie können dort neue Fixplätze manuell anlegen und bestehende Fixplätze löschen. Zum anderen können Sie Fixplätze auch vom System automatisch vergeben lassen.

Zur manuellen Pflege starten Sie im SAP-Easy-Access-Menü die Transaktion unter dem Pfad Extended Warehouse Management • Stammdaten • Lagerplatz • Fixlagerplatz pflegen oder geben den Transaktionscode /SCWM/BINMAT ein. Nach einem Selektionsbild gelangen Sie zu dem in Abbildung 3.23 gezeigten Bild.

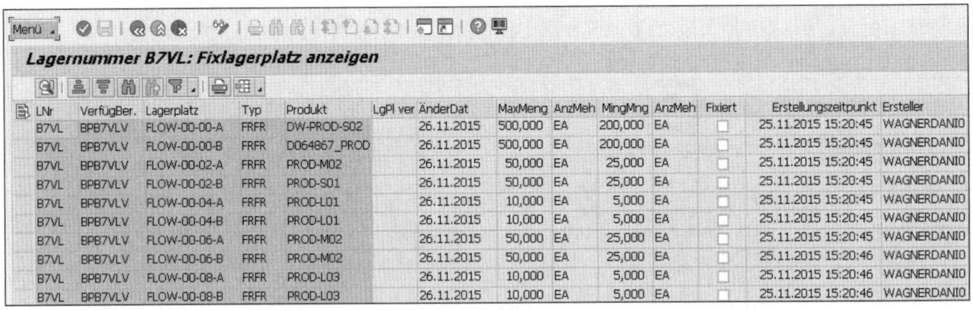

LNr	VerfügBer.	Lagerplatz	Typ	Produkt	LgPl ver	ÄnderDat	MaxMeng	AnzMeh	MingMng	AnzMeh	Fixiert	Erstellungszeitpunkt	Ersteller
B7VL	BPB7VLV	FLOW-00-00-A	FRFR	DW-PROD-S02		26.11.2015	500,000	EA	200,000	EA	☐	25.11.2015 15:20:45	WAGNERDANI0
B7VL	BPB7VLV	FLOW-00-00-B	FRFR	D064867_PROD		26.11.2015	500,000	EA	200,000	EA	☐	25.11.2015 15:20:45	WAGNERDANI0
B7VL	BPB7VLV	FLOW-00-02-A	FRFR	PROD-M02		26.11.2015	50,000	EA	25,000	EA	☐	25.11.2015 15:20:45	WAGNERDANI0
B7VL	BPB7VLV	FLOW-00-02-B	FRFR	PROD-S01		26.11.2015	50,000	EA	25,000	EA	☐	25.11.2015 15:20:45	WAGNERDANI0
B7VL	BPB7VLV	FLOW-00-04-A	FRFR	PROD-L01		26.11.2015	10,000	EA	5,000	EA	☐	25.11.2015 15:20:45	WAGNERDANI0
B7VL	BPB7VLV	FLOW-00-04-B	FRFR	PROD-L01		26.11.2015	10,000	EA	5,000	EA	☐	25.11.2015 15:20:45	WAGNERDANI0
B7VL	BPB7VLV	FLOW-00-06-A	FRFR	PROD-M02		26.11.2015	50,000	EA	25,000	EA	☐	25.11.2015 15:20:45	WAGNERDANI0
B7VL	BPB7VLV	FLOW-00-06-B	FRFR	PROD-M02		26.11.2015	50,000	EA	25,000	EA	☐	25.11.2015 15:20:46	WAGNERDANI0
B7VL	BPB7VLV	FLOW-00-08-A	FRFR	PROD-L03		26.11.2015	10,000	EA	5,000	EA	☐	25.11.2015 15:20:46	WAGNERDANI0
B7VL	BPB7VLV	FLOW-00-08-B	FRFR	PROD-L03		26.11.2015	10,000	EA	5,000	EA	☐	25.11.2015 15:20:46	WAGNERDANI0

Abbildung 3.23 Fixlagerplätze pflegen

Mit den in der Abbildung markierten Schaltflächen können Sie Fixplätze anlegen, löschen, in die Zwischenablage kopieren und einfügen. Beachten Sie jedoch, dass Sie beim Anlegen von Fixplätzen für jede Zeile auch den Verfügungsberechtigten eingeben müssen.

Damit das System automatisch freie Lagerplätze sucht und Ihren Produkten als Fixlagerplatz zuweist, verwenden Sie im SAP-Easy-Access-Menü die Transaktion Extended Warehouse Management • Stammdaten • Lagerplatz • Fixlagerplätze zu Produkten zuordnen, oder benutzen Sie den Transaktionscode /SCWM/FBINASN (siehe Abbildung 3.24). Hier können Sie ein oder mehrere Produkte und Kriterien zur Suche nach freien Lagerplätzen eingeben, z. B. Lagertyp, Lagerbereich und Lagerplatztyp. Wenn Sie die Selektion ausführen, sucht das System automatisch die gewünschte Anzahl von passenden freien Plätzen und weist sie Ihren Materialien zu.

Abbildung 3.24 Transaktion zur Zuweisung von Fixlagerplätzen

Wenn Sie bestehende Fixplatzzuweisungen löschen möchten, können Sie dies am schnellsten mit der Transaktion EXTENDED WAREHOUSE MANAGEMENT • STAMMDATEN • LAGERPLATZ • FIXLAGERPLATZ-ZUORDNUNGEN LÖSCHEN tun. Alternativ benutzen Sie den Transaktionscode /SCWM/FBINDEL. Hier können Sie nach Produkten und Lagerplätzen selektieren und dann die Löschung durchführen.

Massenpflege von Lagerplatzverifikationsfeldern

Zusätzlich zur bereits beschriebenen Möglichkeit, die Verifikationsfelder im EWM-Lagerplatz manuell zu pflegen, gibt es eine Möglichkeit zur Massenpflege. Der Inhalt der Verifikationsfelder muss dafür einem bestimmten Muster folgen, das wir in diesem Abschnitt beschreiben.

Um Verifikationsfelder zu pflegen, folgen Sie im SAP-Easy-Access-Menü dem Pfad EXTENDED WAREHOUSE MANAGEMENT • STAMMDATEN • LAGERPLATZ • VERIFIKATIONSFELD PFLEGEN oder benutzen den Transaktionscode /SCWM/ LX45. Sie gelangen zu dem Bild aus Abbildung 3.25.

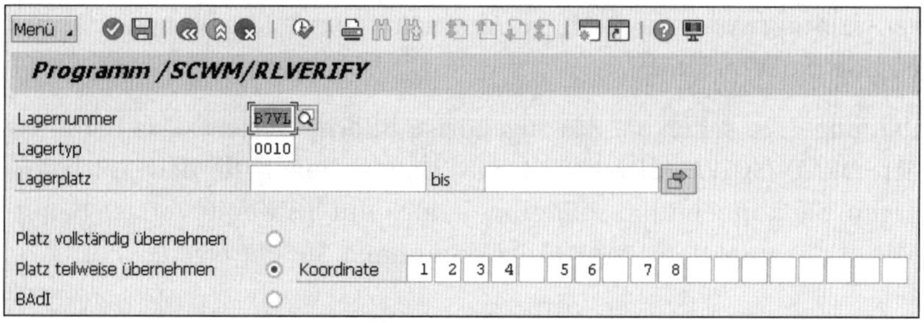

Abbildung 3.25 Massenpflege der Verifikationsfelder

In diesem Bild können Sie Lagernummer, Lagertyp und Lagerplatz eingeben. Zudem bestimmen Sie, wie das Verifikationsfeld gefüllt werden soll. Es gibt drei verschiedene Möglichkeiten:

▸ **Platz vollständig übernehmen**
Wenn Sie diesen Radio-Button wählen, wird das Verifikationsfeld mit dem Namen des Lagerplatzes gefüllt.

▸ **Platz teilweise übernehmen**
Wenn Sie diesen Radio-Button wählen, werden nur Teile des Namens des Lagerplatzes in das Verifikationsfeld übernommen. In diesem Fall geben Sie für jedes Zeichen des Lagerplatznamens ein, an welche Stelle des Verifikationsfeldes es übernommen werden soll. Im oben genannten Beispiel werden die ersten vier Zeichen direkt an dieselben Stellen (1–4) im Verifikationsfeld übernommen, das fünfte Zeichen wird nicht übernommen, das sechste Zeichen an Stelle 5 des Verifikationsfeldes etc. Der Lagerplatz 0010-02-03 würde somit zum Verifikationsfeld 00100203 führen.

▸ **BAdI**
Wenn Sie eine komplexere Logik zur Bildung des Verifikationsfeldes benötigen, dann können Sie die Option BAdI benutzen. Dies setzt allerdings voraus, dass Sie zuvor das entsprechende BAdI (Business Add-In) implementiert haben.

Lagerplatzetiketten drucken

EWM unterstützt Sie beim Ausdruck von *Lagerplatzetiketten* (oft auch *Lagerplatzlabel* genannt). Etiketten an den Lagerplätzen sind notwendig, damit der Lagerangestellte den Platz finden und verifizieren kann. Das Etikett sollte mindestens den Namen des Lagerplatzes sowie den Inhalt des Verifikationsfeldes als Barcode beinhalten.

Sie können Lagerplatzetiketten drucken, indem Sie im SAP-Easy-Access-Menü den Pfad EXTENDED WAREHOUSE MANAGEMENT • STAMMDATEN • LAGERPLATZ • LAGERPLATZETIKETT DRUCKEN wählen. Alternativ nutzen Sie direkt den Transaktionscode /SCWM/PRBIN.

In Abbildung 3.26 sehen Sie das zugehörige Bild im System. Das Formular (SMARTFORM) /SCWM/BIN_LABEL wird standardmäßig für den Druck vorgeschlagen, Sie können (und sollten) es jedoch nur als Kopiervorlage benutzen. Mit der Transaktion SMARTFORMS können Sie ein eigenes Formular erstellen.

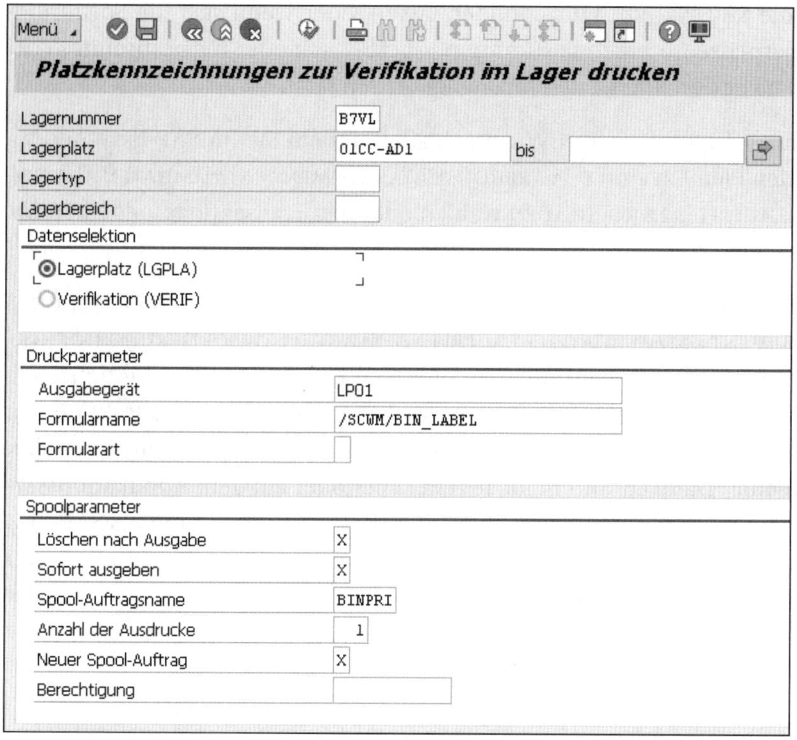

Abbildung 3.26 Lagerplatzetikett drucken

Wenn Sie Lagerplatzetiketten für Fixlagerplätze drucken möchten, kann es sinnvoll sein, zusätzlich auch die Produktnummer auf dem Platzetikett auszudrucken. EWM bietet eine spezielle Transaktion zum Drucken von *Fixlagerplatzetiketten* an. Sie erreichen diese im SAP-Easy-Access-Menü über den Pfad EXTENDED WAREHOUSE MANAGEMENT • STAMMDATEN • LAGERPLATZ • FIXPLATZETIKETT DRUCKEN. Der Transaktionscode lautet /SCWM /PRFIXBIN.

Im Falle von Fixlagerplatzetiketten wird das Standardformular /SCWM/ FIXBIN_LABEL verwendet. Auch in diesem Fall handelt es sich um ein Smart-Forms-Formular, das Sie als Kopiervorlage benutzen können, um sich ein eigenes Formular zu erstellen.

Lagerplätze und Lagerplatzsortierungen in SAP EWM hochladen

EWM bietet zwei Transaktionen an, um Lagerplätze und Lagerplatzsortierungen aus einer Datei auf Ihrem lokalen Rechner ins System hochzuladen. Dies ist sinnvoll, wenn Sie z. B. Lagerplatznamen benutzen, die sich nicht durch die SAP-Platzstruktur abbilden lassen, oder wenn sich die Sortierung der Lagerplätze für einen bestimmten Lagerbereich oder für bestimmte Aktivitäten nicht durch das Customizing darstellen lässt.

Sie können Lagerplätze in EWM hochladen, indem Sie im SAP-Easy-Access-Menü den Pfad EXTENDED WAREHOUSE MANAGEMENT • STAMMDATEN • LAGERPLATZ • LAGERPLÄTZE HOCHLADEN wählen oder den Transaktionscode /SCWM/SBUP benutzen.

Lagerplatzsortierungen laden Sie hoch über den Pfad EXTENDED WAREHOUSE MANAGEMENT • STAMMDATEN • LAGERPLATZ • LAGERPLATZSORTIERUNG HOCHLADEN im SAP-Easy-Access-Menü oder über den zugehörigen Transaktionscode /SCWM/SRTUP. In Abbildung 3.27 sehen Sie das Bild dieser Transaktion. Sie geben einen Dateinamen in das entsprechende Feld ein – entweder den Namen einer Datei auf Ihrem lokalen Rechner oder auf dem Applikationsserver. Wenn Sie den Button UPLOAD anklicken, werden die Daten ins SAP-System hochgeladen und überprüft. Sie können sich das Ergebnis auf den drei Registerkarten ansehen. Wenn Sie auf die Schaltfläche SORTIERUNG ANLEGEN oben links auf dem Bildschirm klicken, wird die Sortierung ins System in die Datenbank übernommen.

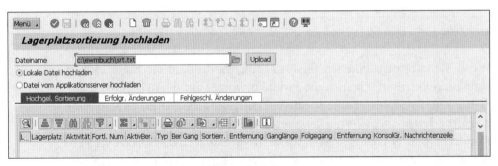

Abbildung 3.27 Lagerplatzsortierungen hochladen

3.3.5 Aktivitätsbereich

Ein *Aktivitätsbereich* ist eine logische Gruppierung von Lagerplätzen für eine bestimmte *Aktivität* (z. B. Kommissionierung, Einlagerung oder Inventur). Aktivitätsbereiche werden u. a. für die Bildung von *Lageraufträgen*, für die Sortierung von Lagerplätzen und für die Queue-Findung benutzt. Die Verwendung von Aktivitätsbereichen für die Lagerplatzsortierung haben wir bereits im vorangegangenen Abschnitt beschrieben.

Abbildung 3.28 zeigt beispielhaft die Bildung von zwei Aktivitätsbereichen im Palettenlager. Eine Anzahl von Lagerplätzen wird zu Aktivitätsbereichen zusammengefasst. Dabei spielt es keine Rolle, ob die Lagerplätze im selben Lagerbereich oder im selben Lagertyp liegen. Aktivitätsbereiche können auch überlappend sein, aber nur für unterschiedliche Aktivitäten. So kann der Aktivitätsbereich A01 für die Aktivität INVE (Inventur) definiert sein und Aktivitätsbereich A02 für die Aktivität PICK (Kommissionierung).

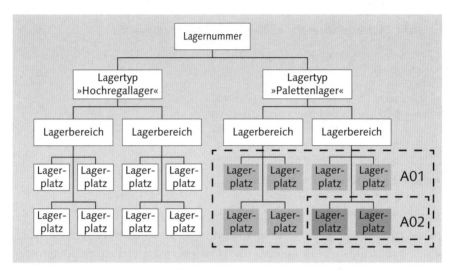

Abbildung 3.28 Aktivitätsbereiche definieren

Das Konzept der Aktivitätsbereiche ist neu in EWM – in WM gibt es ein ähnliches organisatorisches Element nicht.

Um Aktivitätsbereiche zu definieren, wählen Sie im Customizing den Pfad EXTENDED WAREHOUSE MANAGEMENT • STAMMDATEN • AKTIVITÄTSBEREICHE • AKTIVITÄTSBEREICH DEFINIEREN. Wie Sie in Abbildung 3.29 sehen, müssen Sie zum Erstellen eines neuen Aktivitätsbereichs nur die Lagernummer, den Namen des Aktivitätsbereichs und eine Beschreibung eingeben. Das Kennzeichen VEREINIGT benötigen Sie, wenn Sie einen *übergeordneten Aktivitätsbereich* festlegen wollen. Das trifft nur für die Lagerauftragserstellung zu, wenn Sie eine Regel vom Typ *Pick, Pack* oder *Pass* verwenden. Nachdem Sie das Kennzeichen gesetzt haben, müssen Sie im Customizing die Aktivitätsbereiche verbinden. Wählen Sie dazu den Pfad EXTENDED WAREHOUSE MANAGEMENT • PROZESSÜBERGREIFENDE EINSTELLUNGEN • LAGERAUFTRAG • AKTIVITÄTSBEREICHE VERBINDEN. Durch das Verbinden mehrerer Aktivitätsbereiche können Sie erreichen, dass die Lagerauftragserstellung im Falle einer Pick-, Pack- oder Pass-Regel die betroffenen Aktivitätsbereiche zunächst gemeinsam betrachtet. Dies bedeutet, dass die benötigten Kommissionier-Handling-Units für alle verbundenen Aktivitätsbereiche ermittelt werden. Anschließend erzeugt die Lagerauftragserstellung aber pro verbundenem Aktivitätsbereich eigene Lageraufträge.

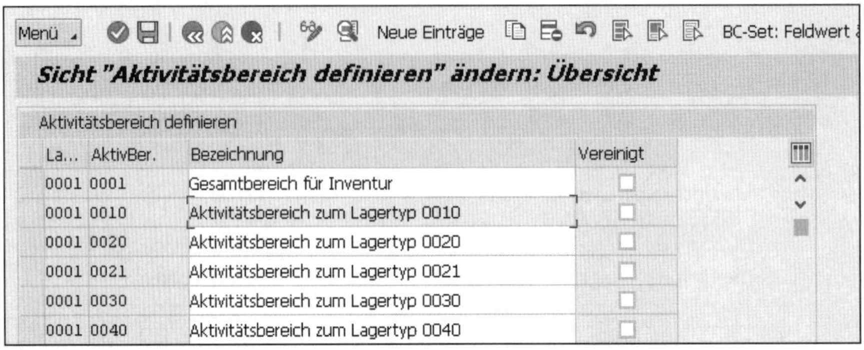

Abbildung 3.29 Aktivitätsbereiche definieren

Nachdem Sie einen Aktivitätsbereich definiert haben, können Sie Lagerplätze zuweisen. Die Zuweisung wird im Customizing durchgeführt. Allerdings weisen Sie nicht jeden Platz direkt zu (dies wäre viel zu pflegeintensiv), sondern indirekt über den Lagertyp oder über Lagerplatzeigenschaften wie z. B. Gang, Säule und Ebene. In Abbildung 3.30 sehen Sie z. B. den Aktivitätsbereich 0001 aus Lagernummer 0001, dem alle Plätze von Lagertyp 0020, 0010 etc. zugewiesen sind. Das Customizing der Zuweisung finden Sie unter dem Pfad EXTENDED WAREHOUSE MANAGEMENT • STAMMDATEN • AKTIVITÄTS-BEREICHE • ZUORDNUNG LAGERPLÄTZE ZU AKTIVITÄTSBEREICHEN.

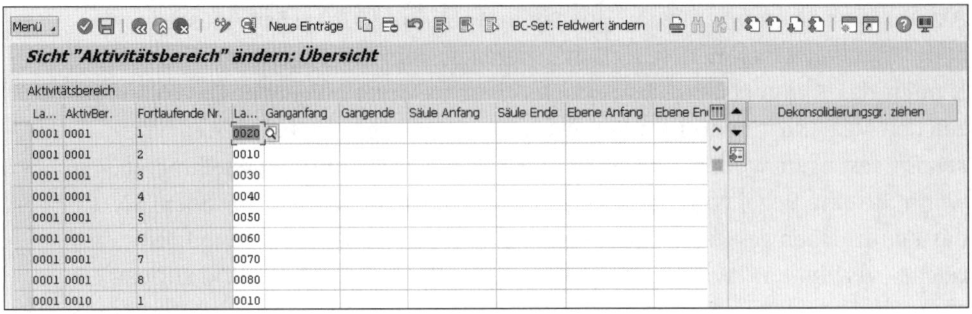

Abbildung 3.30 Lagerplätze zu Aktivitätsbereichen zuordnen

Damit das System Lagerplätze für Aktivitäten wie Kommissionierung, Einlagerung oder Inventur sortieren kann, müssen Sie definieren, in welcher Reihenfolge die Sortierung stattfinden soll. Wie schon angedeutet, wird die Sortierung in EWM für jeden Aktivitätsbereich separat durchgeführt. Dies ist auch deshalb sinnvoll, weil Lageraufträge immer nur für einen Aktivitätsbereich erstellt werden.

In der Sortierreihenfolge, die Sie im Customizing unter dem Pfad EXTENDED WAREHOUSE MANAGEMENT • STAMMDATEN • AKTIVITÄTSBEREICHE • SORTIERREIHENFOLGE FÜR AKTIVITÄTSBEREICH DEFINIEREN erreichen, können Sie sowohl einstellen, wie die Sortierreihenfolge (z. B. zuerst nach Gang, dann nach Säule, dann nach Ebene sortieren), die Sortierrichtung (z. B. nach Gang aufsteigend, nach Säule absteigend sortieren) und die Laufrichtung (alternierend bzw. nicht alternierend) aussehen sollte.

Sie können die Lagerplatzsortierung auch selbst in einer Tabellenkalkulation oder einer Datenbank erzeugen und dann in das SAP-System hochladen.

Wenn Sie die *Quereinlagerung* benutzen, müssen Sie die Sortierung in einer anderen Customizing-Aktivität durchführen. Wählen Sie dazu den Pfad EXTENDED WAREHOUSE MANAGEMENT • STAMMDATEN • AKTIVITÄTSBEREICHE • SORTIERREIHENFOLGE FÜR DIE QUEREINLAGERUNG DEFINIEREN. Quereinlagerung ist eine Einlagerungsstrategie, bei der die einzulagernden Bestände zunächst in die vorderen Lagerplätze eines jeden Ganges eingelagert werden und nicht gangweise von vorne nach hinten, wodurch ein gleichmäßiges Auffüllen des Lagers über alle Gänge von vorne nach hinten erzielt werden kann.

Wir möchten an dieser Stelle nochmals betonen, dass die Zuweisung von Lagerplätzen zu Aktivitätsbereichen und damit auch die Sortierung der Lagerplätze immer abhängig von einer *Aktivität* ist. Die Aktivitäten werden im Customizing unter EXTENDED WAREHOUSE MANAGEMENT • STAMMDATEN • AKTIVITÄTSBEREICHE • AKTIVITÄTEN • AKTIVITÄTEN DEFINIEREN gepflegt. Jede Lageraufgabe, die EWM anlegt, wird zu einer bestimmten Aktivität angelegt. EWM liest diese Aktivität aus der Lagerprozessart, die für die Lageraufgabe verwendet wird. Eine Ausnahme besteht z. B. im Zusammenhang mit Wellen (siehe dazu Kapitel 9, »Warenausgangsprozess«).

Wenn Sie z. B. die Lagerprozessart 1010 für die Einlagerung benutzen, dann ermittelt das System daraus die Aktivität PTWY. Wenn Sie eine manuelle Umlagerung in EWM anstoßen, um z. B. das Lager zu verdichten, dann können Sie dazu die Lagerprozessart 9999 verwenden. Dieser Lagerprozessart ist die Aktivität INTL zugewiesen. So wird während der Einlagerung der Aktivitätsbereich für die Aktivität PTWY benutzt und für die interne Umlagerung der Aktivitätsbereich für die Aktivität INTL (siehe Abbildung 3.32).

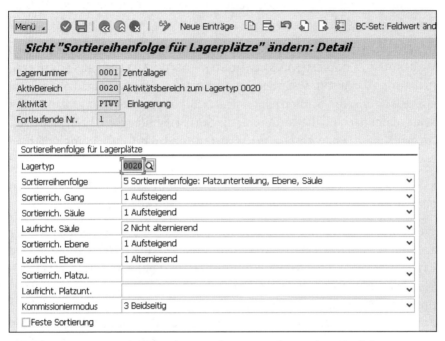

Abbildung 3.31 Sortierreihenfolge der Lagerplätze eines Aktivitätsbereichs definieren

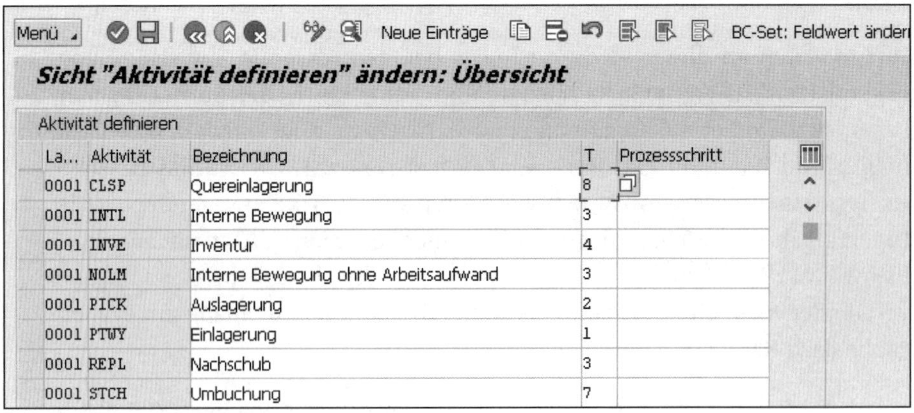

Sicht "Aktivität definieren" ändern: Übersicht

Aktivität definieren

La...	Aktivität	Bezeichnung	T	Prozessschritt	
0001	CLSP	Quereinlagerung	8		
0001	INTL	Interne Bewegung	3		
0001	INVE	Inventur	4		
0001	NOLM	Interne Bewegung ohne Arbeitsaufwand	3		
0001	PICK	Auslagerung	2		
0001	PTWY	Einlagerung	1		
0001	REPL	Nachschub	3		
0001	STCH	Umbuchung	7		

Abbildung 3.32 Aktivitäten definieren

Im Customizing finden Sie die Definition der Lagerprozessarten unter Extended Warehouse Management • Prozessübergreifende Einstellungen •
Lageraufgabe • Lagerprozessart definieren.

In der Spalte mit der Bezeichnung T weisen Sie der Aktivität einen Lagerprozesstyp zu. Mögliche Werte für Lagerprozesstypen sind z. B.:

► 1 – Einlagerung

► 2 – Auslagerung

► 3 – Interne Lagerbewegung

► 4 – Inventur

► 7 – Umbuchung

► 8 – Quereinlagerung

Die Spalte Prozessschritt verwenden Sie, um einer Aktivität einen *externen
Prozessschritt* für das *Arbeitsmanagement* zuzuweisen. Der in dieser Spalte
zugeordnete externe Prozessschritt wird jedoch nur dann verwendet, wenn
nicht bereits durch die prozessorientierte Lagerungssteuerung ein anderer
externer Prozessschritt für diese Aktivität definiert ist.

Aktivitätsbereiche generieren

Sie können Aktivitätsbereiche vom System auch automatisch generieren lassen. In
diesem Fall wird ein Aktivitätsbereich pro Lagertyp erstellt, und alle vorhandenen
Plätze werden zugewiesen. Folgen Sie dazu im Customizing dem Pfad Extended
Warehouse Management • Stammdaten • Aktivitätsbereiche • Aktivitätsbereich
aus Lagertyp generieren. Dort geben Sie die Lagernummer, den Lagertyp und die
Aktivität ein. Sie können die Aktivität auch leer lassen, dann wird der Aktivitätsbereich für alle vorhandenen Aktivitäten angelegt. Wenn Sie die Selektion ausführen,
erstellt das System den Aktivitätsbereich, indem es Einträge in den oben bespro-
chenen Customizing-Tabellen einfügt. Die Platzsortierung mit der Transaktion
/SCWM/SBST müssen Sie manuell vornehmen.

Nachdem Sie die Plätze sortiert haben, können Sie in der Transaktion zum
Lagerplatz auf der Registerkarte Aktivitätsbereiche die zugeordneten Akti-
vitätsbereiche für jede Aktivität anzeigen. Der Pfad im SAP-Easy-Access-
Menü dazu lautet Extended Warehouse Management • Stammdaten •
Lagerplatz • Lagerplatz anzeigen, oder Sie wählen die Transaktion /SCWM/
LS03. In Abbildung 3.33 sehen Sie den Lagerplatz 01R1-01-1-1-004-02 und
die vier Aktivitätsbereiche zu den Aktivitäten CLSP, INTL, PICK und PTWY.

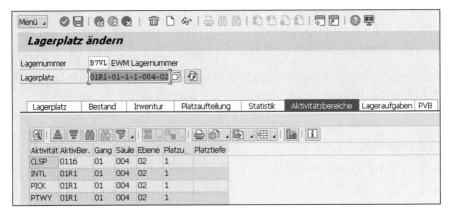

Abbildung 3.33 Verfügbare Aktivitätsbereiche eines Lagerplatzes anzeigen

3.3.6 Lagertor und Bereitstellungszone

Das *Lagertor* (im Folgenden kurz *Tor* genannt) ist ein Ort im Lager, an dem Ware das Lager erreicht oder verlässt. Das Tor ist eine organisatorische Einheit, die Sie der Lagernummer zuordnen. Viele Läger haben mehr als ein Lagertor, daher hat jedes Tor seinen eigenen Namen bzw. seine eigene Nummer.

Die Tore befinden sich in räumlicher Nähe zu den zugehörigen *Bereitstellungszonen*. Die Bereitstellungszonen wiederum werden verwendet, um die entladene Ware oder Ware, die noch geladen werden muss, zwischenzulagern.

Die Tore eines Lagers werden von Fahrzeugen und Transporteinheiten angefahren, die dort das Entladen bzw. das Laden der Ware vornehmen.

Neue Bereitstellungszone anlegen

Bereitstellungszonen sind Lagerbereiche, die innerhalb eines Lagertyps mit Rolle D liegen. Bereitstellungszonen dienen dazu, die Waren nach dem Entladen bzw. vor dem Beladen zwischenzulagern. Beim Beladen kann auch die Reihenfolge auf den Plätzen der Bereitstellungszone für eine Ladereihenfolge verwendet werden.

Um eine neue Bereitstellzone im EWM-System anzulegen, folgen Sie im Customizing dem Menüpfad EXTENDED WAREHOUSE MANAGEMENT • STAMM-DATEN • BEREITSTELLUNGSZONEN • BEREITSTELLUNGSZONEN DEFINIEREN. In Abbildung 3.34 sehen Sie die entsprechende Tabelle.

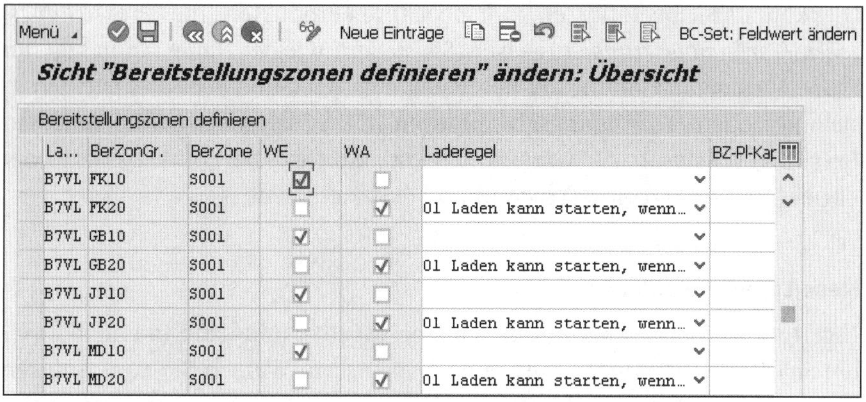

Menü | Neue Einträge | BC-Set: Feldwert ändern

Sicht "Bereitstellungszonen definieren" ändern: Übersicht

Bereitstellungszonen definieren

La...	BerZonGr.	BerZone	WE	WA	Laderegel	BZ-Pl-Kap
B7VL	FK10	S001	☑	☐		
B7VL	FK20	S001	☐	☑	01 Laden kann starten, wenn…	
B7VL	GB10	S001	☑	☐		
B7VL	GB20	S001	☐	☑	01 Laden kann starten, wenn…	
B7VL	JP10	S001	☑	☐		
B7VL	JP20	S001	☐	☑	01 Laden kann starten, wenn…	
B7VL	MD10	S001	☑	☐		
B7VL	MD20	S001	☐	☑	01 Laden kann starten, wenn…	

Abbildung 3.34 Bereitstellungszonen definieren

In diesem Bild legen Sie die Bereitstellungszone an, indem Sie Lagertyp (Feld BERZONGR.) und Lagerbereich (Feld BERZONE) angeben. Außerdem legen Sie fest, ob sie für Wareneingang und/oder Warenausgang relevant ist, und geben die *Laderegel* an. Mögliche Werte für die Laderegel sind z. B.:

- Laden kann starten, wenn die erste HU ankommt.
- Laden kann erst nach vollständiger Bereitstellung starten.
- Laden kann erst nach 24 Stunden Wartezeit starten.

Hintergrund zu Bereitstellungszonen

Eine Bereitstellungszone ist technisch nichts anderes als ein Lagerbereich eines Lagertyps. Der Lagertyp, der für die Bereitstellung verwendet wird, ist jedoch ein spezieller Lagertyp mit einer bestimmten *Lagertypart*. So kann er nur für die Bereitstellung genutzt werden.

Sie können auch mehrere Lagerbereiche innerhalb des Bereitstellungslagertyps anlegen und somit mehrere Bereitstellungszonen definieren, die zusammengehören. Der Lagerbereich entspricht damit der Bereitstellungszone, der Lagertyp einer *Bereitstellungszonengruppe*.

Wenn Sie mit Anlieferungen und Auslieferungen arbeiten, können Bereitstellungszonen für jede Lieferposition automatisch vom System gefunden werden – abhängig von den Materialien der Position. So kann das System z. B. für Kleinteile, die im Lagergebäude gelagert werden, ein Tor des Lagers und die davorliegende Bereitstellzone finden. Für andere Materialien, die außerhalb des Lagers gelagert werden, z. B. Ölfässer, können ein anderes Tor und eine spezielle Bereitstellzone gefunden werden.

Dies können Sie beeinflussen, indem Sie Ihren Produkten eine *Bereitstellungs-zonen-/Torfindungsgruppe* zuweisen. Sie steuert, wie der Name schon sagt, im EWM-System die Findung der Bereitstellungszonen und der Tore. Die Bereit-stellungszonen-/Torfindungsgruppe legen Sie im Customizing unter dem Pfad EXTENDED WAREHOUSE MANAGEMENT • STAMMDATEN • BEREITSTELLUNGSZONEN • BEREITSTELLUNGSZONEN-/TORFINDUNGSGRUPPEN DEFINIEREN an.

Neue Lagertore anlegen

Lagertore werden zuerst im Customizing angelegt und dann in einem zwei-ten Schritt den Bereitstellungszonen zugewiesen. Wählen Sie zum Anlegen eines neuen Tors den Pfad EXTENDED WAREHOUSE MANAGEMENT • STAMMDA-TEN • LAGERTOR • LAGERTOR DEFINIEREN. Jedes Tor wird durch vier alphanu-merische Zeichen beschrieben und hat verschiedene Eigenschaften (siehe Abbildung 3.35).

Für jedes Tor können Sie über das Feld LADERICHTUNG einstellen, ob es für Warenein- oder -ausgang oder beides verwendet werden soll. Das Feld AKTI-ONSPROFIL können Sie nutzen, um Aktionen des Post Processing Frameworks (PPF) auszuführen, z. B. um ein Formular auszudrucken, das einen leeren Anhänger aus dem Hof an ein Tor anfordert, damit er dort beladen werden kann. Das PPF beschreiben wir in Kapitel 12, »Bereichsübergreifende Pro-zesse und Funktionen«, genauer. Die Standardbereitstellungszonengruppe (Feld STDBERZONENGR) und die Standardbereitstellungszone (Feld STDBE-REITSTZONE) werden verwendet, wenn das System anderweitig keine Bereit-stellzone ermitteln konnte. Dasselbe gilt für das Standardtransportmittel (Feld STD-TRANSPOFRTMITTEL), hier 001 in Abbildung 3.35.

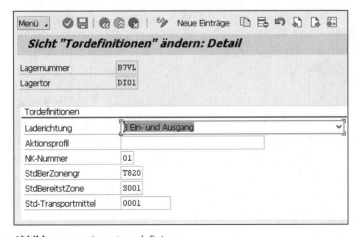

Abbildung 3.35 Lagertore definieren

Bereitstellungszonen den Lagertoren zuweisen

Nachdem Sie Bereitstellungszonen, Tore und Bereitstellungszonen-/Torfindungsgruppen im Customizing angelegt haben, müssen Sie festlegen, welche Findungsgruppen für jedes Lagertor erlaubt sind. Die Findungsgruppe ist den Produkten zugewiesen, d. h., Sie können einstellen, welche Tore für welche Produkte erlaubt sein sollen (z. B. gekühlte Produkte versus Normaltemperatur-Produkte oder Schüttgut versus Palettenware). In Abbildung 3.36 sehen Sie die Tabelle, in der die erlaubten Findungsgruppen zugewiesen werden. Folgen Sie dazu dem Customizing-Pfad Extended Warehouse Management • Stammdaten • Lagertor • Bereitstellungszonen-/Torfindungsgruppe zum Tor zuordnen.

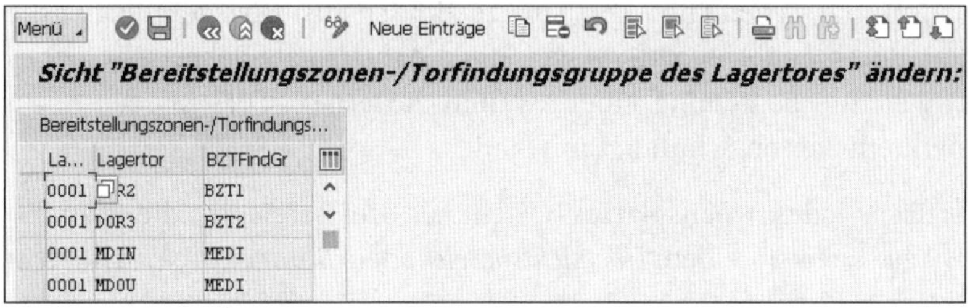

La...	Lagertor	BZTFindGr
0001	R2	BZT1
0001	DOR3	BZT2
0001	MDIN	MEDI
0001	MDOU	MEDI

Abbildung 3.36 Bereitstellungszonen-/Torfindungsgruppe dem Lagertor zuweisen

Als letzten Schritt der Konfiguration der Lagertore und Bereitstellungszonen müssen Sie die Bereitstellungszonen den Toren zuweisen. Wählen Sie dazu im Customizing den Pfad Extended Warehouse Management • Stammdaten • Lagertor • Bereitstellungszone zum Lagertor zuordnen. Wie Sie in Abbildung 3.37 sehen, können Sie einem Tor mehrere verschiedene Bereitstellungszonen zuweisen. Jede Bereitstellungszone kann auch für mehrere Tore verwendet werden.

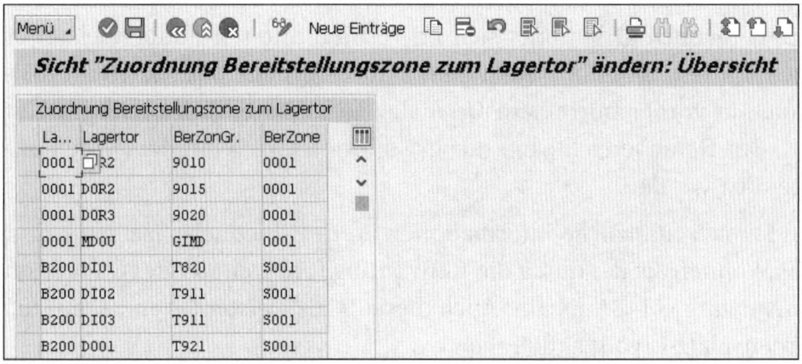

La...	Lagertor	BerZonGr.	BerZone
0001	R2	9010	0001
0001	DOR2	9015	0001
0001	DOR3	9020	0001
0001	MDOU	GIMD	0001
B200	DI01	T820	S001
B200	DI02	T911	S001
B200	DI03	T911	S001
B200	D001	T921	S001

Abbildung 3.37 Bereitstellzonen zu Toren zuweisen

3.3.7 Arbeitsplatz

Ein *Arbeitsplatz* ist ein Bereich im Lager, in dem Aktivitäten mit Beständen oder mit HUs durchgeführt werden, wie z. B. das Verpacken und Umpacken, die Qualitätsprüfung, die Durchführung von LZL, die Zusammensetzung von Sets, die Dekonsolidierung oder das Zählen von Materialien. Auch Identifikationspunkte und Kommissionierpunkte (I-Punkte und K-Punkte) werden in EWM als Arbeitsplatz abgebildet.

Arbeitsplätze in EWM zeichnen sich durch ein einheitliches Erscheinungsbild aus (siehe Abbildung 3.38). Obwohl es verschiedene Transaktionen für die Arbeitsplatztypen gibt (z. B. die Transaktion /SCWM/PACK für den Packplatz im Warenausgangsprozess oder die Transaktion /SCWM/QINSP für die Qualitätsprüfung), sehen alle Arbeitsplätze ähnlich aus. Dies vereinfacht die Bedienung durch den Anwender – wer einen Arbeitsplatz beherrscht, hat es nicht schwer, die Bedienung eines zweiten zu lernen. Dies bedeutet also auch einen reduzierten Schulungsaufwand.

Die Oberfläche jedes Arbeitsplatzes besteht aus drei Bereichen, die in Abbildung 3.38 zu sehen sind: dem *Übersichtsbereich*, dem *Scannerbereich* und dem *Detailbereich*.

▸ Das Tree Control ❶ befindet sich im linken Bildbereich des Arbeitsplatzes. Hier können Sie z. B. Umpackvorgänge per Drag & Drop vornehmen.

▸ Der Scannerbereich ❷ befindet sich im rechten oberen Bildbereich. Wenn am Arbeitsplatz mit einem Tastaturscanner oder ohne Maus gearbeitet werden soll, können Sie die Registerkarten im Scannerbereich verwenden. Falls Sie für einen Umpackvorgang keine geeignete Registerkarte finden, stehen Ihnen drei Registerkarten für eine BAdI-Implementierung zur Verfügung. Diese BAdI-Registerkarten lassen sich im Arbeitsplatz-Layout aktivieren, mehr dazu erfahren Sie etwas später in diesem Abschnitt.

▸ Der Detailbereich ❸ befindet sich im rechten unteren Bildbereich. Hier können Sie z. B. Detailinformationen zum Lagerplatz oder zur HU erhalten, die Sie vorher mit einem Doppelklick im Tree Control ausgewählt haben. Der Detailbereich kann nur in Zusammenhang mit dem Tree Control genutzt werden.

Wenn Sie sich zusätzliche Informationen im Detailbereich anzeigen lassen wollen, können Sie das durch die Aktivierung fünf weiterer Registerkarten unter Nutzung von BAdIs tun. Auch diese BAdI-Registerkarten lassen sich im Arbeitsplatz-Layout aktivieren.

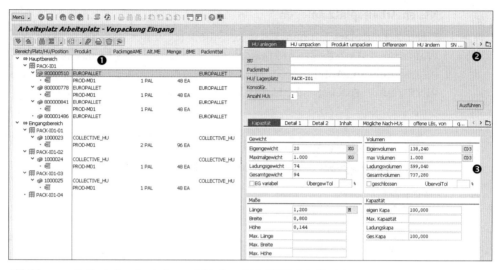

Abbildung 3.38 Typisches Erscheinungsbild eines SAP-EWM-Arbeitsplatzes

Sie können einen einzelnen Arbeitsplatz erstellen oder mehrere Arbeitsplätze zu einer *Arbeitsplatzgruppe* zusammenfassen. Zum Beispiel kann ein Arbeitsplatz als Ziel einer Lageraufgabe eingesetzt oder die Lageraufgabe generisch angelegt werden, sodass der Lagerangestellte angewiesen wird, die HU oder das Material zu einer Arbeitsplatzgruppe zu bringen (die als Lagerbereich abgebildet wird). Der endgültige Arbeitsplatz wird somit erst dann bestimmt, wenn der Lagerangestellte die Lageraufgabe quittiert. Dies erlaubt die Ermittlung des Arbeitsplatzes zum spätestmöglichen Moment, sodass die aktuelle Arbeitslast und die Kapazität der Arbeitsplätze berücksichtigt werden können.

Ebenso ist es möglich, mehreren Arbeitsplätzen einen gemeinsamen *Eingangsbereich* und/oder einen gemeinsamen *Ausgangsbereich* zuzuweisen. Alle Arbeitsplätze, denen derselbe Eingangsbereich zugewiesen ist, sehen gemeinsam den Bestand auf diesem Bereich. Nachdem die aktuelle Aktivität in einem Arbeitsplatz abgeschlossen ist, wird der nächste Bestand (der nächste Arbeitsauftrag) aus dem Eingangsbereich in den Arbeitsplatz übernommen. Der Ausgangsbereich funktioniert analog: Nach dem Abschließen einer Aktivität wird der Bestand auf den Ausgangsbereich gelegt, von dem aus der nächste Prozessschritt durchgeführt wird. Eingangsbereiche und Ausgangsbereiche von Arbeitsplätzen werden im EWM-System auch als Lagerbereiche abgebildet.

Neuen Arbeitsplatz anlegen

Einen Arbeitsplatz können Sie im Customizing unter dem Pfad EXTENDED WAREHOUSE MANAGEMENT • STAMMDATEN • ARBEITSPLATZ • ARBEITSPLATZ DEFI- NIEREN anlegen. Abbildung 3.39 zeigt die Definition des Packarbeitsplatzes VERP zum Verpacken und Umpacken von Materialien im Warenausgangs- prozess.

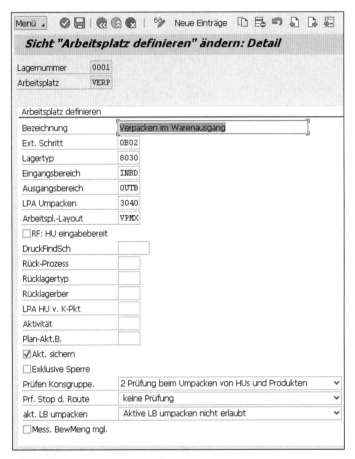

Abbildung 3.39 Arbeitsplatz definieren

Sie können die folgenden Felder pflegen:

▶ **Ext. Schritt**
Dieses Feld ist eines der wichtigsten Felder des Arbeitsplatzes. Wenn Sie die prozessorientierte Lagerungssteuerung benutzen, müssen Sie hier den Namen des Prozessschrittes eintragen, der in diesem Arbeitsplatz *abge- schlossen* wird. Erst wenn Sie hier einen Schritt eintragen, wird die Schalt-

fläche PROZESSSCHRITT ABSCHLIESSEN über der Bestandsanzeige in den Arbeitsplatzbildschirmen angezeigt.

- **Lagertyp**
Hier legen Sie den Lagertyp des Arbeitsplatzes fest. Die Lagertyprolle des Lagertyps muss einer der folgenden Rollen entsprechen:
  - E – Arbeitsplatz
  - I – Arbeitsplatz in Bereitstellungszonengruppe
  - B – Kommissionierpunkt
  - C – Identifikations- und Kommissionierpunkt

- **Eingangsbereich (Feld »Rücklagerber«)**
Der Eingangsbereich ist ein Lagerbereich innerhalb des Arbeitsplatzlagertyps, in dem Bestände zwischengelagert werden können, bevor sie von den zugewiesenen Arbeitsplätzen verarbeitet werden.

- **Ausgangsbereich**
Der Ausgangsbereich ist ein Lagerbereich innerhalb des Arbeitsplatzlagertyps, in dem Bestände zwischengelagert werden können, nachdem sie von Arbeitsplätzen bearbeitet worden sind.

- **Lagerprozessart »Umpacken« (Feld »LPA Umpacken«)**
Dieses Feld legt die Lagerprozessart fest, die zum Umpacken verwendet wird. Für jeden Umpackvorgang innerhalb des Arbeitsplatzes legt EWM Lageraufgaben an. Wenn Sie keine LPA zuweisen, wird die Standard-LPA für Umpackvorgänge benutzt, die Sie in der Lagernummernsteuerung eingestellt haben (im Standard LPA 3040).

- **Arbeitsplatz-Layout (Feld »Arbeitspl.-Layout«)**
Das Arbeitsplatz-Layout legt fest, welche Funktionen der Arbeitsplatz beinhalten soll. Das Arbeitsplatz-Layout wird auch im Customizing angelegt. Wir erklären das Layout im nächsten Abschnitt.

- **Feld »RF: HU eingabebereit«**
Dieses Feld steuert, ob das Feld HU IDENTIFIKATION beim Anlegen einer HU im RF (Radio Frequency) auf der Benutzeroberfläche erscheint oder nicht. Der RF-Anwender hat dadurch die Möglichkeit, während der Dekonsolidierung und des Verpackens eine externe HU-Identifikation vorzugeben oder eine bereits existierende HU zu benutzen.

- **Druckfindungsschema (Feld »DruckFindSch«)**
Das Druckfindungsschema legt das Schema fest, das für das Drucken von HU-Etiketten aus dem Arbeitsplatz genutzt wird.

▸ **Rück-Prozess**

Dieses Feld legt die Lagerprozessart für die Rücklagerung vom K-Punkt fest, sofern der Arbeitsplatz als K-Punkt verwendet wird. Mehr Informationen zu K-Punkten finden Sie in Kapitel 8, »Wareneingangsprozess«.

▸ **Rücklagerbereich (Felder »Rücklagertyp« und »Rücklagerber«)**

Wenn der Arbeitsplatz als K-Punkt benutzt wird, dann können Sie in diesen Feldern den Lagertyp und -bereich einstellen, der für die Rücklagerung überschüssiger Mengen verwendet wird. Nähere Informationen zu K-Punkten finden Sie ebenfalls in Kapitel 8.

▸ **Lagerprozessart für HU-Lageraufgabe vom Kommissionierpunkt (Feld »LPA HU v. K-Pkt«)**

Wenn der Arbeitsplatz als K-Punkt benutzt wird, können Sie hier die Lagerprozessart für die HU-Lageraufgabe vom Kommissionierpunkt zur Ziellokation einstellen. Mehr Informationen zu K-Punkten finden Sie in Kapitel 8.

▸ **Aktivität**

Sie können in diesem Feld eine Aktivität pflegen, zu der das System Texte am Arbeitsplatz anzeigen soll.

▸ **Plan-Aktivitätsbereich (Feld »Plan-Akt.B.«)**

Dieses Feld legt den Aktivitätsbereich für die Planung im Arbeitsmanagement fest, wenn vom System kein anderer Aktivitätsbereich bei der Erstellung der geplanten Arbeitslast gefunden wird.

▸ **Aktionen sichern (Feld »Akt. sichern«)**

Wenn Sie dieses Kennzeichen setzen, führt das System nach jeder Benutzeraktion an einem Arbeitsplatz automatisch einen Speichervorgang aus.

▸ **Exklusive Sperre**

Ist das Kennzeichen EXKLUSIVE SPERRE gesetzt, wird beim Auspacken von Produkten aus einer HU die Von-HU exklusiv gesperrt. Dies gilt sowohl beim Packen auf eine andere HU als auch beim Packen auf einen Lagerplatz. Ist das Kennzeichen nicht gesetzt, wird nur eine Shared-Sperre auf die Von-HU gesetzt.

– Eine exklusiv gesperrte HU kann nur in einem Modus bearbeitet werden, und der Anwender kann alle Werte der HU ändern.

– Wenn Sie die Shared-Sperre benutzen, können aus einer HU in mehreren Modi parallel Produkte ausgepackt werden. Wurde in einem Modus die Shared-Sperre gesetzt, unabhängig davon, ob in einem anderen Modus diese Sperre auch gesetzt wird, kann keine exklusive Sperre gesetzt werden. Das heißt, dass zwar Produkte ausgepackt werden können, jedoch können Kopf-Attribute der HU nicht geändert werden. Dazu muss vorher gesichert werden.

Exklusive Sperre

Ist es nicht notwendig, dass mehrere Benutzer gleichzeitig eine HU auspacken, sollte die exklusive Sperre gesetzt werden.

▸ **Prüfen der Konsolidierungsgruppe (Feld »Prüfen Konsgruppe.«**
Mit diesem Feld können Sie pro Arbeitsplatz einstellen, wie beim Umpacken eine Prüfung für die Konsolidierungsgruppe durchgeführt werden soll. Beim Umpacken eines Produkts in eine HU wird immer geprüft, ob die Konsolidierungsgruppe der Nach-Handling-Unit zu der Konsolidierungsgruppe des Produkts passt.

Ausnahme: Wenn die Nach-HU in eine übergeordnete HU gepackt wird, wird die Konsolidierungsgruppe der übergeordneten HU bei der Prüfung nicht berücksichtigt.

Die möglichen Ausprägungen dieses Kennzeichens sind:

– Prüfung beim Umpacken von Produkten

– Prüfung beim Umpacken von HUs und Produkten

– keine Prüfung

▸ **Prüfen des Stopps der Route (Feld »Prf. Stop d. Route«)**
Mit diesem Feld können Sie pro Arbeitsplatz einstellen, ob beim Umpacken eine Prüfung auf den Stopp der Route durchgeführt werden soll. Die Prüfung wird mithilfe einer Standardimplementierung eines BAdIs durchgeführt, d. h., Sie können diese Prüfung auch abändern. In der Standardimplementierung prüft das System beim Umpacken von HUs, ob der Stopp der Route der Von-HU und der Ziel-HU übereinstimmen. Die Ausprägungen dieses Kennzeichens sind:

– Prüfung beim Umpacken von Produkten

– Prüfung beim Umpacken von HUs und Produkten

– keine Prüfung

▸ **Aktive Lageraufgaben umpacken (Feld »akt. LB umpacken«)**
Durch diesen Feld legen Sie fest, ob Sie Produkte oder HUs mit aktiven Lageraufgaben umpacken können. Die möglichen Ausprägungen sind:

– aktive LB umpacken erlaubt

– aktive LB umpacken nicht erlaubt

▸ **Messung der Bewertungsmenge möglich
(Feld »Mess. BewMeng mgl.«)**
Durch dieses Kennzeichen legen Sie fest, ob der Benutzer am jeweiligen
Arbeitsplatz, z. B. durch Wiegen mit einer Waage, die Bewertungsmenge
ermitteln kann. Wenn der Benutzer die Bewertungsmenge am entspre-
chenden Arbeitsplatz nicht ermitteln kann, ignoriert das System die ent-
sprechenden Einstellungen der Catch-Weight-Profile zur Eingabe von
Bewertungsmengen.

Arbeitsplatz-Layout zuweisen

Jedem Arbeitsplatz ist ein *Arbeitsplatz-Layout* (auch *Arbeitsplatz-Bildschirm-
konfiguration* genannt) zugewiesen. Das Arbeitsplatz-Layout steuert, welche
Bereiche, Funktionen und Registerkarten im jeweiligen Arbeitsplatz auf der
Oberfläche erscheinen sollen. Sie finden das Layout unter dem Customizing-
Pfad EXTENDED WAREHOUSE MANAGEMENT • STAMMDATEN • ARBEITSPLATZ •
ARBEITSPLATZ-LAYOUT DEFINIEREN (siehe Abbildung 3.40).

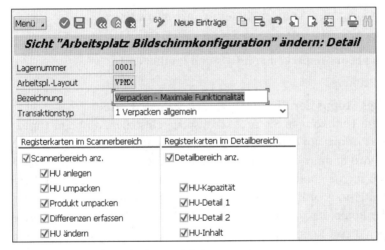

Abbildung 3.40 Arbeitsplatzlayout definieren

Das Customizing des Arbeitsplatz-Layouts unterteilt sich im Wesentlichen in
drei Bereiche, die Sie schon von der Oberfläche des Arbeitsplatzes aus Abbildung 3.38 kennen: In den Scannerbereich, den Detailbereich und das Tree
Control. Sie können diese drei Bereiche komplett ausstellen (z. B. den Detailbereich, wenn Sie ohne Maus arbeiten), einzelne Registerkarten abstellen
(z. B. die Registerkarte HU UMPACKEN, wenn Sie nur mit Beständen innerhalb
von HUs arbeiten) oder einzelne Schaltflächen ausblenden (z. B. die Schaltflä-

che HU LÖSCHEN). Darüber hinaus kann es sinnvoll sein, zwei anstelle von nur einem Tree Control auf der linken Seite der Oberfläche anzuzeigen. So kann der Lagerangestellte leichter Bestände zwischen zwei HUs umpacken. Dies können Sie auch im Layout einstellen, sogar ob das zweite Tree Control unter oder neben dem bestehenden Tree Control angezeigt werden soll.

Testen im Sandbox-System

Die meisten Einstellmöglichkeiten des Arbeitsplatz-Layouts sind selbsterklärend, daher wollen wir an dieser Stelle nicht alle Kennzeichen einzeln besprechen. Wenn Sie sich trotzdem nicht sicher sind, welche Funktion ein bestimmtes Kennzeichen hat, empfehlen wir Ihnen, in Ihrem Sandbox-System einen Testarbeitsplatz mit dem Transaktionstyp VERPACKEN ALLGEMEIN anzulegen und auszuprobieren, welches Layout für Ihre Anforderungen am besten geeignet ist.

In der Standardauslieferung des EWM-Systems sind in der Lagernummer 0001 Arbeitsplatz-Layouts für das Verpacken, das Dekonsolidieren, für die Qualitätsprüfung und für LZL vorhanden, die Sie als Kopiervorlage verwenden können.

Stammdatenattribute des Arbeitsplatzes pflegen

Wenn Sie einen Arbeitsplatz im Customizing angelegt haben, müssen Sie dessen *Stammdatenattribute* pflegen. Dies sind zusätzliche Attribute eines Arbeitsplatzes, die jedoch selbst Stammdaten sind und daher nicht im Customizing zugewiesen werden können. Sie finden die Stammdatenattribute im SAP-Easy-Access-Menü unter dem Pfad EXTENDED WAREHOUSE MANAGEMENT • STAMMDATEN • ARBEITSPLATZ • STAMMDATENATTRIBUTE DEFINIEREN. In Abbildung 3.41 sehen Sie die einzelnen Felder, wobei das wichtigste Feld, das Sie für jeden Arbeitsplatz pflegen sollten, der LAGERPLATZ ist. Der Lagerplatz muss in dem Lagertyp liegen, den Sie dem Arbeitsplatz vorher im Customizing zugewiesen haben.

Mit dem Feld TERMINALNAME können Sie einem bestimmten physischen Arbeitsplatz (einem Rechner in Ihrem Lager) fest einen SAP-Arbeitsplatz zuordnen, ohne dass der Name des SAP-Arbeitsplatzes jedes Mal beim Einloggen ausgewählt werden muss.

Wenn Sie eine Waage an EWM anschließen wollen, um das aktuelle Gewicht von Packstücken vor der Auslieferung zu ermitteln, legen Sie diese im SAP-Easy-Access-Menü unter dem Pfad EXTENDED WAREHOUSE MANAGEMENT • STAMMDATEN • ARBEITSPLATZ • WAAGEN DEFINIEREN an und tragen die Waage im Arbeitsplatz ein.

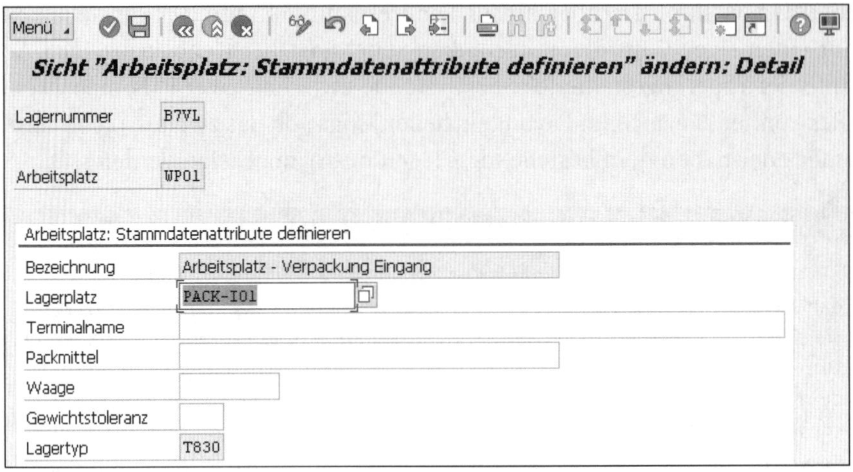

Abbildung 3.41 Stammdatenattribute eines Arbeitsplatzes pflegen

Die Waage repräsentiert eine RFC-Verbindung. Wenn Sie die Waagen-Funktion im Arbeitsplatz benutzen, ruft das System ein BAdI auf, um das Gewicht zu ermitteln. Die Standard-BAdI-Implementierung ruft den Funktionsbaustein /SCWM/HU_WEIGHT_FROM_SCALE auf. Wenn Sie einen anderen Funktionsbaustein benutzen möchten, können Sie das BAdI /SCWM/EX_WRKC_UI_GET_WEIGHT implementieren und damit die Standardimplementierung überschreiben.

Wenn Sie über den Arbeitsplatz Ihre Lieferscheine ausdrucken möchten, finden Sie die dazugehörige Drucksteuerung im SAP-Easy-Access-Menü unter dem Pfad EXTENDED WAREHOUSE MANAGEMENT • STAMMDATEN • ARBEITSPLATZ • DRUCKERSTEUERUNG.

Benutzung von Arbeitsplätzen ohne eigenen Lagerplatz

Sie können auch einen Arbeitsplatz anlegen, ohne diese Stammdatenattribute zu pflegen. In diesem Fall ist dem Arbeitsplatz kein Lagerplatz zugewiesen, d. h., er kann für Bestand auf *jedem* Lagerplatz im Lager benutzt werden.

Wenn Sie einen solchen Arbeitsplatz mit dem Typ VERPACKEN IM WARENAUSGANG anlegen und ihn in der Transaktion /SCWM/PACK mit einer HU als Parameter aufrufen, können Sie im Hauptbild des Arbeitsplatzes diese HU mitsamt ihrem kompletten Bestand sehen und bearbeiten. Mit einem Doppelklick auf die HU können Sie z. B. die Kopf-Attribute der HU wie Gewicht, Volumen, die Statusinformationen (Systemstatus und Anwenderstatus) und die alternativen IDs (z. B. Siegel) ändern.

In manchen Fällen, etwa wenn Sie eine HU bereits eingelagert haben und sich zur Pflege dieser Attribute nicht extra zu einem Arbeitsplatz bewegen wollen, ist dieses Vorgehen sehr praktisch.

Arbeitsplätze im Lagerprozess finden

Nachdem Sie Arbeitsplätze angelegt, ein Arbeitsplatz-Layout zugewiesen und die Stammdatenattribute gepflegt haben, müssen Sie die *Arbeitsplatzfindung* einstellen. Die Arbeitsplatzfindung besagt, wann welcher Arbeitsplatz verwendet werden soll.

Dies ist natürlich abhängig vom Typ des Arbeitsplatzes. Die Findung eines Dekonsolidierungsarbeitsplatzes im Wareneingangsprozess hängt natürlich von anderen Faktoren ab als die Findung eines Packplatzes im Warenausgangsprozess. Mehr Informationen zur Dekonsolidierung finden Sie in Kapitel 8, »Wareneingangsprozess«.

Die Findung des Packplatzes im Warenausgangsprozess pflegen Sie im SAP-Easy-Access-Menü unter dem Pfad EXTENDED WAREHOUSE MANAGEMENT • STAMMDATEN • ARBEITSPLATZ • ARBEITSPLATZ IM WARENAUSGANG ERMITTELN. In Abbildung 3.42 sehen Sie, dass Sie den Arbeitsplatz dort über seinen Lagertyp, Lagerbereich und Lagerplatz identifizieren und dass die Findung abhängig ist von der Route (der Auslieferung), dem Aktivitätsbereich (der Kommissionierung) und der Konsolidierungsgruppe (wird ermittelt aus Warenempfänger, Route und Lieferpriorität).

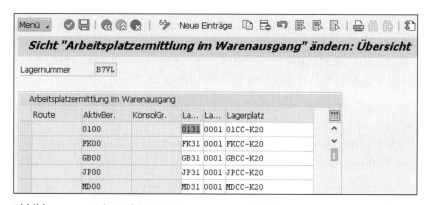

Abbildung 3.42 Arbeitsplatz im Warenausgang ermitteln

Damit Sie nicht immer alle drei Felder ROUTE, AKTIVBER. (Aktivitätsbereich) und KONSOLGR. (Konsolidierungsgruppe) pflegen müssen, können Sie die Art und die Reihenfolge der Zugriffe auf die Findungstabelle einstellen, die das System durchführt. Wählen Sie dazu im Customizing den Pfad EXTENDED WAREHOUSE MANAGEMENT • STAMMDATEN • ARBEITSPLATZ • OPTIMIERUNG DER ARBEITSPLATZERMITTLUNG IM WARENAUSGANG.

In Abbildung 3.43 sehen Sie, dass für die Lagernummer 0001 sechs verschiedene Zugriffe eingestellt sind, beginnend mit Route und Aktivitätsbereich und endend mit einem Zugriff nur mit der Konsolidierungsgruppe. Generell ist es immer sinnvoll, solche Zugriffstabellen wie die aus Abbildung 3.43 vom speziellsten Zugriff hin zum allgemeinsten Zugriff einzustellen. Der erste Zugriff sollte immer spezieller (also mit mehr gefüllten Feldern) sein als der zweite. Dadurch fällt Ihnen das Customizing später leichter.

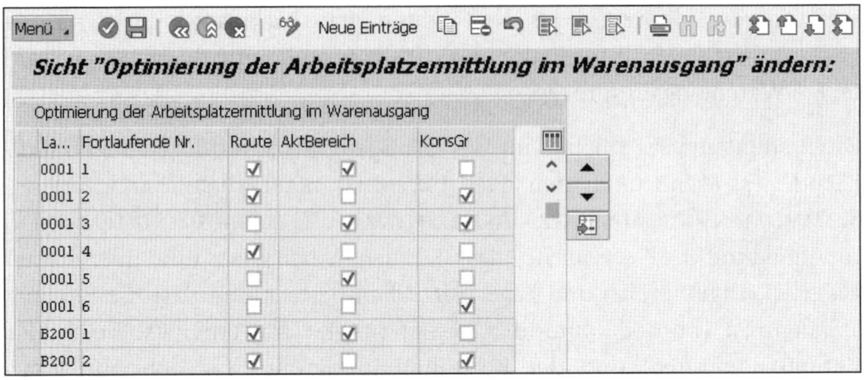

La...	Fortlaufende Nr.	Route	AktBereich	KonsGr
0001	1	☑	☑	☐
0001	2	☑	☐	☑
0001	3	☐	☑	☑
0001	4	☑	☐	☐
0001	5	☐	☑	☐
0001	6	☐	☐	☑
B200	1	☑	☑	☐
B200	2	☑	☐	☑

Abbildung 3.43 Arbeitsplatz im Warenausgang ermitteln

Ähnlich wie die Packplatzfindung im Warenausgang pflegen Sie die Findung des Dekonsolidierungsarbeitsplatzes im Customizing. Hier benutzen Sie den Pfad Extended Warehouse Management • Wareneingangsprozess • Dekonsolidierung • Dekonsolidierungsstation bestimmen.

In Abbildung 3.44 sehen Sie, dass Sie hier auch direkt einen Arbeitsplatz angeben können. Die Findung ist abhängig vom Von-Lagertyp (z. B. einer Bereitstellzone im Wareneingang), der HU-Typgruppe und dem Aktivitätsbereich (den Einlageraufgaben).

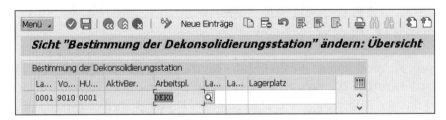

Abbildung 3.44 Dekonsolidierungsstation bestimmen

Findung anderer Arbeitsplatztypen

Es gibt noch andere Methoden, wie Arbeitsplätze ermittelt werden können, z. B. für das Qualitätsmanagement, für LZL, für die Bausatzbildung (Kitting) oder im Cross-Docking. Nähere Informationen, wie das System in diesen Prozessen den Arbeitsplatz bestimmt, finden Sie in den jeweiligen Kapiteln in diesem Buch.

3.3.8 Wareneingangsbüro und Versandbüro

Die Gegenstücke zur Versand- und Warenannahmestelle in SAP ERP sind in EWM das *Versandbüro* bzw. das *Wareneingangsbüro*.

Wenn Sie eine Versandstelle/Warenannahmestelle aus dem SAP-ERP-System in EWM übertragen (mit dem APO Core Interface, CIF), dann legt das System Lokationen und Supply Chain Units (SCU) an. Diese SCUs haben einen speziellen Typ (1003, Versandstelle) und spezielle betriebswirtschaftliche Eigenschaften. Diese Eigenschaften können Sie auf der Registerkarte ALTERNATIVE über den Transaktionscode /SCMB/SCUMAIN pflegen. Im SAP-Easy-Access-Menü finden Sie die Transaktion unter dem Pfad EXTENDED WAREHOUSE MANAGEMENT • STAMMDATEN • SUPPLY-CHAIN-UNIT PFLEGEN.

Die SCU zur Warenannahmestelle erhält die betriebswirtschaftliche Eigenschaft RO (Wareneingangsbüro), die Versandstelle die betriebswirtschaftliche Eigenschaft SO (Versandbüro). INV steht hier für das Lager an sich.

Damit die SCUs auch als Versand- und Wareneingangsbüro benutzt werden können, müssen sie der SCU der Lagernummer zugewiesen werden. Öffnen Sie dazu die Transaktion /SCMB/SCUHIERMAIN, und weisen Sie die SCUs zu (siehe Abbildung 3.45).

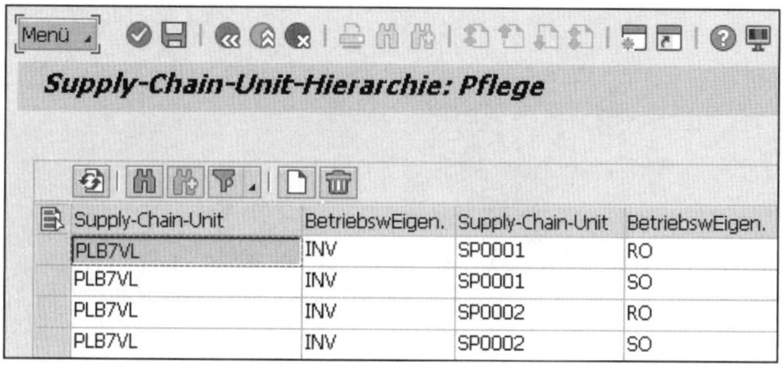

Abbildung 3.45 Wareneingangsbüro und Versandbüro dem Lager zuweisen

In Abbildung 3.46 sehen Sie ein Beispiel für eine Transaktion in EWM, die das Versandbüro verwendet, in diesem Fall die Transaktion zum Pflegen von

Auslieferungsaufträgen. Wenn Sie Lieferungen in EWM manuell anlegen wollen, müssen Sie in den Vorschlagswerten (Default-Werten) das Versandbüro eingeben.

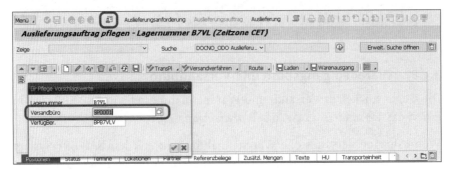

Abbildung 3.46 Versandbüro in Auslieferungsaufträgen verwenden

3.4 Zusammenfassung

In diesem Kapitel haben wir Ihnen die wichtigsten Elemente der Organisationsstruktur eines Unternehmens und eines Lagers gezeigt. Wir haben Ihnen aus dem SAP-ERP-System die Organisationselemente Buchungskreis, Werk, Lagerort, Lagernummer und Versandstelle erklärt. Alle zum Lager gehörigen Organisationselemente werden im EWM-System gepflegt – wir haben Ihnen die EWM-Elemente Lagernummer, Lagertyp, Lagerbereich, Lagerplatz, Aktivitätsbereich, Arbeitsplatz, Wareneingangsbüro und Versandbüro beschrieben.

Die Stammdatenqualität ist einer der entscheidenden Faktoren,
wenn es um die erfolgreiche Einführung eines Lagerverwaltungssys-
tems geht. Die unterschiedlichen Funktionen und Regeln des Systems
erfordern gut gepflegte Stammdaten: Nur wenn diese vollständig und
aktuell sind, kann die Software all ihre Vorteile ausspielen.

4 Stammdaten

Dieses Kapitel widmet sich den Stammdaten. Stammdaten, die in SAP EWM
genutzt werden, pflegen Sie an verschiedenen Stellen und in verschiedenen
Systemen. Meist werden Stammdaten bereits in SAP ERP erstellt oder sind
dort schon vorhanden und müssen ins EWM-System überführt werden. Die
Replikation der zentralen Stammdaten übernimmt im Verbund von SAP
EWM und SAP ERP das *Core Interface* (CIF). CIF ist Teil des SCM-Systems, da
Stammdaten eine zentrale Herausforderung für das gesamte Supply Chain
Management darstellen. CIF sorgt auch dafür, dass die Stammdaten im SCM-
System aktuell bleiben, d. h., Änderungen können anhand verschiedener
Regeln ins SCM-System repliziert werden. Deshalb werden wir im ersten
Abschnitt dieses Kapitels die CIF-Integration erörtern. Sie erhalten dabei Ein-
blick in die unterschiedlichen Transaktionen und lernen, wie Daten aus dem
SAP-ERP-System ins SCM-System überführt werden.

Im weiteren Verlauf dieses Kapitels gehen wir auf die wichtigsten Stammdaten ein und beschreiben, welchen Einfluss diese auf die Geschäftsprozesse
im Lager haben. Wir beschreiben dabei den Produktstamm (Abschnitt 4.2),
aber auch die zentralen Stammdatenobjekte, die zur Ausführung der Prozesse notwendig sind. In diesem Zusammenhang stellen wir Ihnen die Geschäftspartner (Abschnitt 4.3), die Supply Chain Unit (Abschnitt 4.4), die
Verpackungsmaterialen (Abschnitt 4.5) und die Packspezifikationen (Abschnitt 4.6) vor.

Hinweis zum Produktstamm

Der Produktstamm und seine Felder werden in diesem Kapitel im Überblick
beschrieben. Das heißt, wir erläutern nur die wichtigsten Felder zur Steuerung der
Prozesse in EWM. Andere EWM-Stammdaten, die verwendet werden, um die

EWM-Prozesse, wie das Ressourcenmanagement oder die Warenannahme und den Versand, zu steuern, werden wir in den jeweiligen Kapiteln zu diesen Themen erläutern.

4.1 Stammdatenmodell und Stammdatenreplikation

Das Replizieren und die Synchronisation der Stammdaten zwischen EWM und SAP ERP spielen eine zentrale Rolle bei der Integration beider Systeme. In vielen Fällen sind Probleme bei einer EWM-Einführung auf schlechte Stammdaten zurückzuführen. Die Anbindung von EWM und SAP ERP erfolgt, wie bereits erwähnt, über das *Core Interface* (CIF); der Austausch der Stammdaten zwischen SAP ERP und EWM erfolgt technisch über einen *Queued Remote Function Call* (qRFC).

SAP ERP ist hinsichtlich der Stammdaten das führende System: Werden im EWM-System Änderungen an den zentralen Daten vorgenommen, werden diese beim Ausführen der Replikation aus dem SAP-ERP-System teilweise wieder überschrieben. Das Einrichten der CIF-Integration wird hauptsächlich in SAP ERP durchgeführt; deshalb beschreiben wir auch in diesem Abschnitt die Schritte, die Sie in SAP ERP durchführen müssen, um Stammdaten in EWM zu überführen. Zunächst wird meist ein initialer Stammdatentransfer angestoßen, später werden vom CIF Deltatransfers durchgeführt, um die Stammdaten aktuell zu halten.

CIF wird nicht nur für die Replikation von Materialien verwendet, sondern auch, um verschiedene Objekte (z. B. Bewegungsdaten in Form von Dokumenten, Geschäftspartner in Form von Kunden- und Lieferantenstammsätzen) an SAP SCM zu übertragen. Die Bewegungsdaten, die über CIF in das SCM-System repliziert werden, werden meist von SAP APO verwendet. Die Bewegungsdaten in EWM, also Lieferungen, werden über eine andere Schnittstelle (qRFC) ausgetauscht, wie wir schon in Kapitel 2, »Einführung in SAP Extended Warehouse Management«, erläutert haben.

In diesem Abschnitt beschreiben wir folgende Funktionen von CIF, unter Berücksichtigung der Anforderungen von SAP ERP und EWM:

- initiale Stammdatenreplikation vom SAP-ERP- ins EWM-System
- Replikation von Änderungen der Stammdaten vom SAP-ERP- ins EWM-System

- Administration der CIF
- Sicherstellen der Übertragung neu erstellter Stammdaten

Im Folgenden beginnen wir mit der initialen Stammdatenreplikation.

Initiale Stammdatenreplikation

Ist die Konfiguration komplett abgeschlossen, können neu erstellte Stammdaten in SAP ERP ohne zusätzliche Aktionen automatisch ins EWM-System transferiert werden. Um die Replikation sicherzustellen, ist es notwendig, das System abhängig von seiner Verwendung optimal zu konfigurieren. Dazu müssen Sie Programme einplanen, die Daten regelmäßig und in einem frei wählbaren Zyklus ans EWM-System senden. Änderungen von Stammdaten werden anhand von *Änderungszeigern* automatisch und, falls gewünscht, im selben Moment an das EWM-System übertragen.

Um Stammdaten replizieren zu können, wird vorausgesetzt, dass diese im System vorhanden sind. Stammdaten in Form von Materialien können im SAP-ERP-System im SAP-Easy-Access-Menü über folgenden Pfad erstellt werden: Logistik • Materialwirtschaft • Materialstamm • Material • Anlegen allgemein • Sofort. Alternativ können Sie die Transaktion MM01 nutzen (siehe Abbildung 4.1). Mit der Transaktion MM02 können Sie vorhandene Materialsätze einzeln ändern, und mit der Transaktion MM03 ist es möglich, sich einzelne Stammsätze anzeigen zu lassen.

Abbildung 4.1 Neuen Stammdatensatz in SAP ERP erstellen

Um die CIF-Integration zu konfigurieren, sind einige Einstellungen im SAP-ERP-System notwendig. Die Synchronisation wird durch die Definition eines *Integrationsmodells* (CIF Integration Model) sichergestellt, in dem Sie spezifizieren, welche Objekte ans EWM-System repliziert werden sollen. Der Replikationsprozess wird gestartet, wenn Sie das Modell nach dem Erstellen aktivieren.

Ein CIF-Integrationsmodell erstellen Sie über das SAP-Easy-Access-Menü in SAP ERP unter dem Pfad Logistik • Zentrale Funktionen • Supply-Chain-Planungsschnittstelle • Core Interface Advanced Planner and Optimizer • Integrationsmodell • Anlegen oder durch Ausführen der Transaktion CFM1. Um das erstellte Modell zu aktivieren, wählen Sie im SAP-Easy-Access-Menü den Pfad Logistik • Zentrale Funktionen • Supply-Chain-Planungsschnittstelle • Core Interface Advanced Planner and Optimizer • Integrationsmodell • Aktivieren oder verwenden den Transaktionscode CFM2.

In der Transaktion CFM1 legen Sie ein Modell an, indem Sie einen Modellnamen, eine APO-Anwendung und den logischen Systemnamen des EWM-Systems spezifizieren. Den Modellnamen sowie die APO-Anwendung können Sie frei bestimmen, das logische System muss vorher konfiguriert worden sein.

Die APO-Anwendung können Sie nutzen, um zu spezifizieren, für welche SCM-Anwendung Sie das Integrationsmodell verwenden, falls auf dem SCM-System über EWM hinaus weitere Komponenten im Einsatz sind. Das heißt, die APO-Anwendung dient als zusätzliches Feld, damit Sie die Modelle leichter verwalten können.

Beim logischen System handelt es sich um die Verbindung zum EWM-System, die Sie vorher in der Transaktion SM59 gepflegt haben sollten. Das logische System beschreibt also den Ort, an den die Daten gesendet werden sollen.

Durch die Auswahl verschiedener Selektionsparameter ist es möglich, verschiedene Objekte in das Modell zu generieren, die dann an das EWM-System repliziert werden. Um die Daten, vor allem die Selektionskriterien für die Auswahl der zu replizierenden Objekte, nicht immer und immer wieder neu eingeben zu müssen, können Sie eine Selektionsvariante ablegen und diese dann immer verwenden, damit die Felder mit den gespeicherten Werten automatisch vorbelegt werden.

Bitte merken Sie sich den *Modellnamen*, den Sie wählen, da Sie diesen beim Aktivieren oder Löschen des Modells benötigen. Beim Hinzufügen oder Replizieren neuer Materialien an das EWM-System ist es notwendig, das Modell neu zu generieren. Unter der Überschrift »Stammdatenübertragung bei neu erstellten Materialien konfigurieren« am Ende dieses Abschnitts beschreiben wir, wie Sie diesen Prozess automatisieren können.

Entwicklung des Core Interfaces

CIF wurde entwickelt, um Stammdaten an SAP APO (SAP Advanced Planning and Optimization) zu übertragen, denn das SCM-System entstand historisch gesehen aus SAP APO. Später wurde EWM im SCM-System entwickelt. Deshalb können einige Begriffe irreführend sein oder beziehen sich, wie beim Anlegen des Integrationsmodells, auf das APO-System. Zudem sind notwendige Konfigurationseinstellungen im Einführungsleitfaden auch im APO-Menübaum hinterlegt. Einige Tabellennamen stammen aus dem Namensraum /SAPAPO/*, werden aber auch von EWM verwendet.

Die Selektion der zu replizierenden Objekte ist sehr flexibel. Abbildung 4.2 zeigt, wie Sie ein neues Integrationsmodell zur Replikation von Materialien und Werken anlegen. Im linken Fensterbereich können Sie definieren, welche Objekte an das SCM-(spezieller: EWM-)System übertragen werden sollen. Durch Auswahl der Kennzeichen MATERIALSTÄMME und WERKE legen Sie fest, dass beide Objekte bei der Übertragung berücksichtigt werden sollen. Durch Anklicken der Schaltfläche SELEKTION in dem gleichen Bereich, in dem Sie die Auswahl getroffen haben, welche Objekte verteilt werden, werden auf der rechten Seite des Bildes unterschiedliche Selektionsfelder eingeblendet. In diesem rechten Fensterbereich können Sie Ihre Auswahl anhand von Selektionsparametern festlegen oder einschränken. Mit Anklicken der Schaltfläche AUSFÜHREN in der Menüleiste werden die Objekte, die sich innerhalb Ihrer Selektion befinden, berücksichtigt.

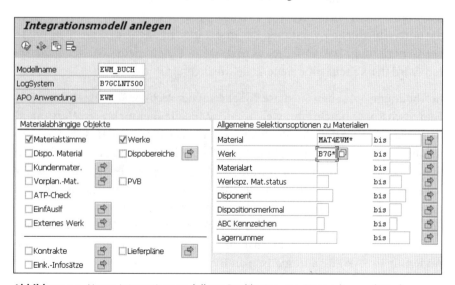

Abbildung 4.2 Neues Integrationsmodell zur Replikation von Materialien und Werken anlegen

Auf der nächsten Ergebnismaske werden diese Objekte nach dem Objekttyp gruppiert. Durch Doppelklick auf die Anzahl der zu replizierenden Objekte in die Datenmenge können Sie im Detail sehen, welche Objekte bei der Replikation berücksichtigt werden. Über die Schaltfläche IM GENERIEREN können Sie das Modell mit dem zugehörigen Objekt endgültig speichern, und ein Integrationsmodell wird generiert (siehe Abbildung 4.3).

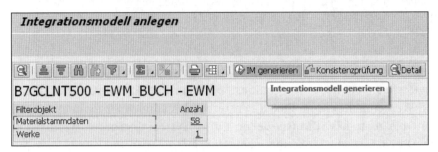

Abbildung 4.3 Integrationsmodell generieren

Um den Datentransferprozess zu starten, muss das generierte Modell noch aktiviert werden. Wir aktivieren das Integrationsmodell hier aus Abbildung 4.2 heraus, starten die Transaktion CFM2 und geben die gleichen Daten an, die Sie beim Erstellen des Modells verwendet haben (Modellname, APO-Anwendung und logischer Systemname).

Sie erhalten nach der Selektion eine Übersicht des Integrationsmodells und den Status des Transferprozesses. Die Übersicht gibt Ihnen Auskunft über die unterschiedlichen Versionen der Integrationsmodelle und die Zeitpunkte der Generierung. Das heißt, jedes Mal, wenn Sie ein neues Modell generieren, wird der Tabelle eine neue Zeile hinzugefügt.

In Abbildung 4.4 sehen Sie diese Tabelle auf der rechten Seite des Bildes. Das Feld STATUS NEU beschreibt, welches der Modelle (bei mehreren Versionen) beim nächsten Starten der Replikation berücksichtigt werden soll. Sie können bei mehreren Einträgen auf das Häkchen oder Kreuz in der entsprechenden Zeile klicken oder den Button AKTIV/INAKTIV in der Statusleiste der Tabelle verwenden. Durch Anklicken des Buttons START wird die Replikation der Daten gestartet, und der Status ALTER STATUS in der Spalte STATUS ALT ändert sich. Für die Materialien und Objekte eines Modells, das aktiviert wurde oder für das ein Datentransferprozess gestartet wurde, gilt, dass jede Änderung in SAP ERP automatisch an EWM gesendet wird.

Abbildung 4.4 Versionsverwaltung der Integrationsmodelle – Replikation starten

Kunden und Lieferanten in das SAP-EWM-System übertragen

Ebenso wie die Replikation von Materialien wird die Übertragung von Kunden und Lieferanten sichergestellt. In der Transaktion CFM1 müssen Sie ein Integrationsmodell erstellen und das Kennzeichen KUNDEN oder LIEFERANTEN auswählen. Es ist möglich, im rechten Selektionsfenster (siehe Abbildung 4.5) den Kunden oder Lieferanten entweder nur als Geschäftspartner oder nur als Lokation an das SCM-System zu übertragen. Kunden oder Lieferanten werden im EWM-Umfeld als Lokation und Geschäftspartner benötigt, deshalb müssen Sie im Feld ANLEGEN LOK./GP den Wert 2 (für BEIDES ANLEGEN) hinterlegen (siehe Abbildung 4.5).

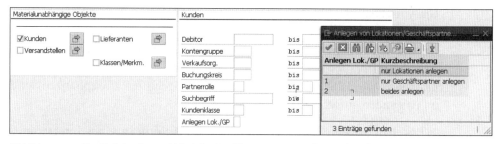

Abbildung 4.5 Zusätzliche Auswahl bei der Replikation von Kunden und Lieferanten

Core Interface administrieren

Damit Sie als Systemadministrator eine automatische Stammdatenreplikation sicherstellen, muss diese korrekt konfiguriert werden. Zudem ist es notwendig, den Datenaustausch regelmäßig zu monitoren und zu gewährleisten, dass es nicht zu Unterbrechungen kommt. Ein Abbruch kann unterschiedliche technische Ausnahmegründe haben, die meistens in SAP-Hinweisen dokumentiert sind.

Es gibt mehrere Transaktionen/Programme, um das CIF zu administrieren. Die wichtigsten haben wir in Tabelle 4.1 aufgeführt.

Transaktion	Beschreibung
CFM1	Erstellen eines Integrationsmodells
CFM2	Aktivieren eines Integrationsmodells (manuelle Aktivierung)
CFM3	Aktivieren eines Integrationsmodells (Aktivierung im Hintergrund)
CFM4	Ansicht der vorhandenen Integrationsmodelle
CFM5	Objektsuche – Darstellung, in welchem Integrationsmodell sich ein Objekt (z. B. Material) befindet
CFM6	Ändern eines Integrationsmodells
CFM7	Löschen eines Integrationsmodells
CFG1	Anzeige des CIF Application Logs
SMQ1	qRFC-Monitor (Ausgangsqueue) – zum Aufrufen im SAP-ERP-System – CIF-Queues haben das Präfix CIF
SMQ2	qRFC-Monitor (Eingangsqueue) – zum Aufrufen im EWM-System – CIF-Queues haben das Präfix CIF

Tabelle 4.1 Transaktionen für die Administration des Core Interfaces

Stammdatenübertragung bei neu erstellten Materialien konfigurieren

Um vor allem neue Stammdaten an das EWM-System zu replizieren, ist es notwendig, diese in die Selektion aufzunehmen und das veränderte Integrationsmodell zu generieren. Um den administrativen Aufwand zu reduzieren, ist es hilfreich, diesen Prozess zu automatisieren. Die notwendigen Schritte, um neue Materialien automatisch an das EWM-System zu replizieren, sind im Folgenden aufgeführt:

1. Erstellen Sie eine Selektionsvariante zum Anfertigen eines Integrationsmodells über die Transaktion CFM1 (siehe Überschrift »Initiale Stammdatenreplikation«).

2. Erstellen Sie eine Selektionsvariante zum Löschen eines inaktiven Integrationsmodells über die Transaktion CFM7.

3. Markieren Sie das Kennzeichen NUR INAKTIVE SELEKTIEREN, um sicherzustellen, dass Sie nur inaktive Modelle löschen.

4. Erstellen Sie eine Selektionsvariante zum Aktivieren eines Integrationsmodells im Hintergrund über die Transaktion CFM3.

5. Um eine Aktivierung zu ermöglichen (auch wenn beim Aktivieren des Integrationsmodells vom System Warnmeldungen erstellt werden), wählen Sie beim Anlegen der Selektionsvariante das Kennzeichen KEINE WARNUNG BEI PARALLELER CIF-LAST AUSGEBEN aus. Falls Stammdatenobjekte

vereinzelt nicht erfolgreich im EWM-System repliziert werden können, werden diese in den qRFC-Monitoren abgelegt. Die fehlerhaft replizierten Objekte finden Sie entweder im Quellsystem im Ausgangsqueue-Monitor (Transaktionscode SMQ1) oder im Zielsystem im Eingangsqueue-Monitor (Transaktionscode SMQ2). Damit eine Stammdatenreplikation auch bei Fehlereinträgen möglich ist, sollten Sie beim Anlegen der Selektionsvariante auch das Kennzeichen FEHLERHAFTE QUEUEEINTRÄGE IGNORIEREN markieren.

6. Planen Sie einen Job ein, der die drei verschiedenen Programme mit ihren Varianten verwendet und alle Aktionen im Hintergrund durchführt (Transaktion SM36).

Der Job, den Sie im letzten Schritt einplanen müssen, löscht vorhandene Integrationsmodelle, legt ein neues Modell an und generiert es und startet die Replikation durch Aktivieren des Modells automatisch. Tabelle 4.2 zeigt die Programmnamen, die einzuplanen sind und die Sie für das Erstellen des Jobs benötigen.

Hintergrund-Aktionsnummer	ABAP-Programmname	Variante
1	RIMODDEL	IM_EWM_01_DEL
2	RIMODGEN	IM_EWM_01_CRE
3	RIMODAC2	IM_EWM_01_ACT

Tabelle 4.2 Aufruffolge (Schritte) der Programme für die automatische Replikation neu erstellter Stammdaten vom SAP-ERP- ins EWM-System

Wurden die Schritte definiert, um eine automatische Stammdatenreplikation sicherzustellen, pflegen Sie die Startbedingungen des Programms, und legen Sie fest, in welchem Zeitintervall es periodisch ausgeführt werden soll (z. B. jeden Tag immer nachts).

Mit dem automatisierten Replizieren der Stammdaten können Sie als Systemadministrator sicherstellen, dass SAP EWM immer mit aktualisierten Stammdaten versorgt wird. Wurden Materialien an EWM gesendet, müssen Sie in EWM den Produktstamm weiter ausprägen, um zusätzliche Funktionen im EWM-System freizuschalten. Im nächsten Abschnitt beschreiben wir deshalb den EWM-Produktstamm im Detail.

4.2 SAP-EWM-Produktstamm

Durch das CIF ist es möglich, Materialien flexibel an das EWM-System zu replizieren. Diese Materialien sind zwingend notwendig, um das EWM-System zu betreiben. Deshalb muss der Produktstamm um die Daten für die Lagerhaltung erweitert werden, sobald die Materialstammdaten mithilfe des CIF aus SAP ERP verteilt sind. Es ist notwendig, zumindest die Lageransicht des Produktstamms zu erstellen, um das Produkt in allen Lagertransaktionen nutzen zu können. Um die Lagerdaten für den Produktstamm aus dem SAP-Easy-Access-Menü zu erstellen, folgen Sie dem Pfad EXTENDED WAREHOUSE MANAGEMENT • STAMMDATEN • PRODUKT • LAGERPRODUKT PFLEGEN oder nutzen die Transaktion /SCWM/MAT1.

Auf dem Anfangsbild für die Erstellung des Lagerproduktstamms (siehe Abbildung 4.6) müssen Sie die Produktnummer, die Lagernummer und den Verfügungsberechtigten spezifizieren. Wie wir in Kapitel 3, »Organisationsstruktur in SAP EWM und SAP ERP«, erörtert haben, ist der Verfügungsberechtigte als das Werk oder die Organisation definiert, die zur Bestandsverfügung berechtigt ist. In vielen Fällen (mit Ausnahme des Logistikdienstleisters, der mehrere Bestände von unterschiedlichen Kunden im eigenen Lager verwalten muss) ist der Verfügungsberechtigte das Werk.

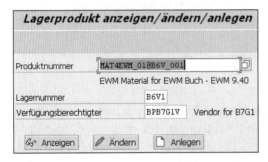

Abbildung 4.6 Produktstamm in SAP EWM erstellen, ändern und anzeigen

Wenn Sie die Daten im Auswahlbild eingegeben haben, drücken Sie die ⏎-Taste und speichern die Transaktion (vorausgesetzt, dass das Produkt nicht bereits für das Lager existiert). Der relevante Eintrag wird in der Tabelle /SAPAPO/MATEXEC erstellt und beinhaltet die für EWM lagerspezifischen Informationen.

Darüber hinaus können Sie auf den verschiedenen Registerkarten des Produktstamms zusätzliche Parameter pflegen, die die Lagerprozesse unterschiedlich beeinflussen. In den folgenden Abschnitten werden wir die Daten in jeder

Ansicht exemplarisch beschreiben, zuerst die allgemeinen Produktdaten und dann die verschiedenen Registerkarten zur Pflege des Produktstamms.

Daten in der EWM- und APO-Produktansicht

Beachten Sie, dass nicht alle Daten der verschiedenen Ansichten für EWM und die Lagerprozesse relevant sind, da in der EWM- und APO-Produktansicht die gleichen Ansichten gezeigt werden. In einigen Fällen dienen die Daten lediglich zu Informationszwecken. Sie sollten sich jedoch darüber bewusst sein, dass Sie durch Ändern der Daten APO-Planungsprozesse beeinflussen können, die im gleichen System ausgeführt werden. Daher sollten Sie immer vorsichtig sein, wenn Sie Produktstammdaten ändern.

Überschreiben von Feldern des Produktstamms bei der Datenreplikation

Wenn ein Benutzer ein Feld des EWM-Materialstamms verändert und das gleiche Feld in SAP ERP verändert wird, wird die Änderung im SCM-System überschrieben. In einigen Fällen werden nicht alle Felder überschrieben, deshalb sollten Sie die Stammdatenreplikation während der Realisierung und Testphase gründlich testen.

4.2.1 Allgemeine Produktdaten

Die allgemeinen Informationen über das Produkt beinhalten die folgenden Informationen:

- Produktnummer (Feld PRODUKT)
- Produktbeschreibung (Feld PRODUKTBEZEICHN)
- Organisationsinformationen (Felder LAGERNUMMER und VERFÜGBER.)
- Basismengeneinheit (Feld BASIS-ME)

Sie können die allgemeinen Daten in Abbildung 4.7 sehen. Diese allgemeinen Daten werden immer oben im Pflegebild des Produktstamms angezeigt; die individuellen Registerkarten werden unterhalb der allgemeinen Daten dargestellt.

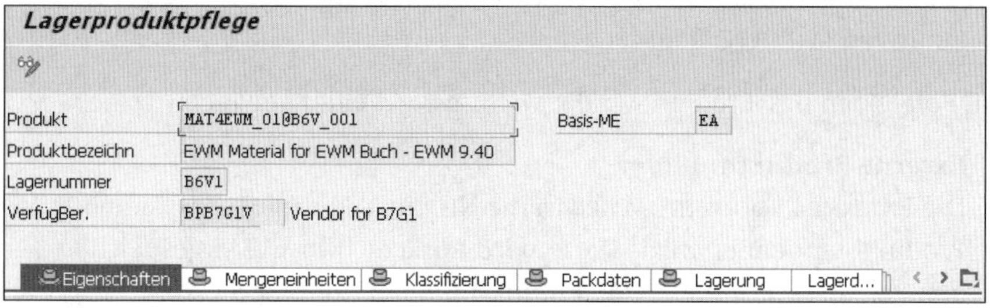

Abbildung 4.7 Allgemeine Daten des SAP-EWM-Produktstamms

Die Produktnummer (Feld PRODUKT) kann bis zu 40 Stellen lang sein und unterstützt daher die lange Materialnummer. Dies ist eine Funktion von SAP ERP, die ursprünglich für die Automobilindustrie entwickelt wurde, aber mittlerweile in zahlreichen Industrien zum Einsatz kommt. Die Produktnummer ist der erste Eintrag in den Schlüssel aller relevanten Oberflächen, daher können Sie die Produktnummer im EWM-System nicht ändern.

Die Beschreibung (Feld PRODUKTBEZ.) ist bis zu 60 Stellen lang und wird, gemeinsam mit anderen relevanten Materialinformationen, über das CIF aus SAP ERP übertragen. Sie kann in EWM geändert werden, wird jedoch bei einer erneuten Übertragung des Produkts durch die Daten des SAP-ERP-Systems überschrieben. Wenn Sie andere Daten des SAP-ERP-Materialstamms verändern, werden die veränderten Daten von EWM an SAP ERP zurückgespielt. Es werden jedoch nicht alle Daten, die auf der EWM-Seite verändert wurden, automatisch an das SAP-ERP-System übertragen. Die Produktbeschreibung wird z. B. nicht übertragen, wenn Sie sie in EWM verändern.

Unterschied zwischen globalen Daten und Lagerdaten des Produktstamms

Alle Registerkarten des Produktstamms mit einem Hut in der Beschreibung der Registerkarte bezeichnet man als *globale Daten* – z. B. Daten, die sich nicht von Lager zu Lager unterscheiden. Diese Daten stammen meist aus SAP ERP. Daten ohne einen Hut in der Beschreibung sind Lagerdaten, also Daten, die sich von Lager zu Lager unterscheiden.

4.2.2 Globale Eigenschaften des Produktstamms definieren

Auf der Registerkarte EIGENSCHAFTEN des EWM-Produktstamms sind die globalen Eigenschaften des Produkts definiert. In Abbildung 4.8 sind alle Felder dargestellt. Die wichtigsten davon erläutern wir anschließend im Detail. Die meisten Felder werden aus SAP ERP übernommen; da EWM umfassendere Funktionen als SAP ERP bietet, werden auch zusätzliche Materialfelder benötigt, die in SAP ERP nicht zur Verfügung stehen. Einige globale Felder wie SDP-RELEVANZ werden von EWM derzeit nicht verwendet; beide Felder werden nur von SAP APO genutzt.

Im Folgenden beschreiben wir die wichtigsten Felder genauer:

- **Externe Produktnummer**
  Die EXTERNE PRODUKTNUMMER ist die Nummer, die im Quellsystem für das Produkt verwendet wird. Diese wird zusätzlich in EWM gespeichert für den Fall, dass sich die EWM-Produktnummer von der SAP-ERP-Material-

nummer unterscheiden muss. Es gibt viele Gründe, warum sich die Produktnummern in Quell- und Zielsystem unterscheiden müssen, aber der häufigste ist, dass ein Präfix zur Erweiterung der Produktnummer über ein BAdI verwendet wird. Ein solches BAdI kommt z. B. zum Einsatz, wenn EWM eine Vielzahl möglicher Quellsysteme hat und sich in den Quellsystemen die Produktnummern für unterschiedliche Produkte nicht unterscheiden (wenn die Quellsysteme für unterschiedliche Materialien die gleiche Produktnummer verwenden).

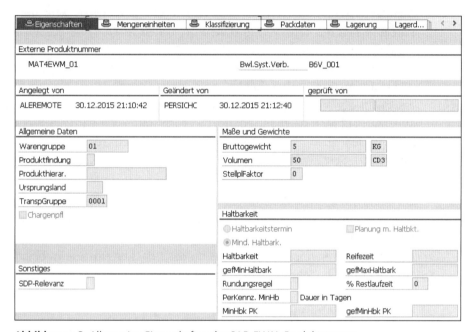

Abbildung 4.8 Allgemeine Eigenschaften des SAP-EWM-Produktstamms

► **Angelegt von**
Das Feld ANGELEGT VON zeigt den Benutzernamen und das Datum sowie die Uhrzeit, zu der das Produkt erstellt wurde. Häufig wird der technische Systembenutzer als Benutzername in diesem Feld gepflegt sein, der für die Replikation der Daten von SAP ERP (CIF) hinterlegt wurde (Transaktion SM59).

► **Geändert von**
Das Feld GEÄNDERT VON zeigt den Benutzernamen, der das Produkt zuletzt verändert hat, sowie Datum und Uhrzeit der Änderung. Dieses Feld wird aktualisiert, wenn der Benutzer den Produktstamm um die für die Lagerhaltung relevanten Ansichten erweitert hat, sowie während jeder Veränderung des Produktstamms.

- **Ursprungsland**
  Das Feld Ursprungsland (im Bereich Allgemeine Daten) beinhaltet üblicherweise das Land, in dem das Produkt hergestellt wurde oder aus dem es ursprünglich stammt.

- **Chargenpflicht (Kennzeichen »Chargenpfl«)**
  Das Kennzeichen Chargenpfl zeigt an, ob ein Material mit dem Chargenmanagement verwaltet wird (wenn dies der Fall ist, ist das Kennzeichen aktiviert). Abhängig davon, ob die Chargenpflicht auf Materialebene bzw. Mandantenebene oder Werksebene in SAP ERP gespeichert wird, unterscheiden sich die Tabellen, in denen die Daten in SAP ERP gespeichert werden: MARA für die Materialsicht und MARC für die Werkssicht. Beachten Sie, dass das EWM-System bei Übergabe der Daten an EWM nicht automatisch unterscheidet, wie es das Kennzeichen Chargenpfl ablegt. In der Vergangenheit hat das EWM-System nur Chargen unterstützt, die auf Materialebene gepflegt worden sind. Zwar wird das Produkt auf Werksebene mit Chargenpflicht verteilt, aber der Prozess wurde nicht unterstützt. Seit EWM 9.40 wurde diese funktionale Lücke geschlossen.

- **Haltbarkeit**
  Die Haltbarkeit ist die Zeit, die ein Produkt im Lager behalten oder genutzt werden kann, bis es unbrauchbar wird. Dieses Feld wird in EWM genutzt, um das Haltbarkeitsablaufdatum, basierend auf dem Erstellungsdatum oder dem Wareneingangsdatum (wenn das Erstellungsdatum unbekannt ist), zu ermitteln. Wird die Haltbarkeit für ein Produkt verwendet, muss das Wareneingangsdatum beim Buchen des Wareneingangs gefüllt werden. Das Feld wird aus dem SAP-ERP-System in EWM gefüllt und kann im Materialstamm in der Sicht Allg. Werksdaten/Lagerung 1 im Feld Gesamthaltbarkeit verändert werden. Die Auswahlschaltfläche innerhalb der Haltbarkeit – die Radio-Buttons Haltbarkeitstermin, Mind. Haltbark. oder Planung mit Haltbkt. – wird verwendet, um zu spezifizieren, ob das Produkt in EWM über die Haltbarkeit oder über ein Verfallsdatum verwaltet wird. Das Feld leitet sich vom Feld MARA-SLED_BBD des SAP-ERP-Systems ab.

- **Geforderte Mindesthaltbarkeit (Feld »gefMinHaltbark«)**
  Die geforderte Mindesthaltbarkeit spezifiziert die Anzahl von Tagen der Haltbarkeit, die noch übrig sein muss, damit das Produkt ausgeliefert werden kann. Sie wird entsprechend der Einstellung für die Mindesthaltbarkeitsdauer geprüft, die im EWM-Customizing über den Pfad Extended Warehouse Management • Prozessübergreifende Einstellungen • Chargenverwaltung • Einstellung zur Lieferung vornehmen konfigu-

riert werden kann. Der Wert leitet sich vom Feld MINDESTRESTLAUFZEIT der Ansicht ALLG. WERKSDATEN/LAGERUNG 1 des SAP-ERP-Materialstamms ab.

Beim Wareneingang wird ein Toleranzcheck auf die Mindesthaltbarkeit durchgeführt, wenn sowohl die eben spezifizierte Konfiguration im EWM-Customizing aktiviert ist als auch die Mindesthaltbarkeitsdauer im Produktstamm angegeben wurde.

Erweiterung des Materialstamms mit SAP EWM 9.20

In EWM 9.20 wurden neue Felder im Materialstamm aufgenommen, um die Haltbarkeit mit einem Periodenkennzeichen zu bestimmen. Es handelt sich um die Felder PERKENNZ, MINHB, MINHBK PK und GEFMINHBK PK. Weitere Informationen dazu finden Sie in SAP-Hinweis 1975949 sowie in Kapitel 5, »Bestandsverwaltung«.

4.2.3 Mengeneinheiten des Produktstamms definieren

Es ist möglich, ein Material im Lager in unterschiedlichen Mengeneinheiten zu verwalten. Dies ist z. B. notwendig, wenn Ware in Paletten bestellt und eingelagert, jedoch in Kartons oder in Stück verkauft wird. Das Material wird dann in der Basismengeneinheit (z. B. in Stück) verwaltet und, falls notwendig, in der Bestellmengeneinheit (z. B. in Kartons) ausgelagert. Die Mengen werden aus der Auslieferung, die von SAP ERP übertragen wird, in den Lagerauftrag und die Lageraufgabe übernommen.

Wie die Ansicht MENGENEINHEITEN des SAP-ERP-Materialstamms definiert auch die Registerkarte MENGENEINHEITEN des EWM-Produktstamms die Umrechnung der Alternativmengeneinheiten in die Basismengeneinheiten. Es kann hilfreich sein, die Dimensionen und Kapazitäten der Alternativmengeneinheit zu definieren, wenn diese nicht einem Vielfachen der Basismengeneinheit entsprechen.

Wie Abbildung 4.9 darstellt, bezieht sich die Alternativmengeneinheit KAR (Karton zu fünf Stück) auf die Basismengeneinheit EA = Each (ST = Stück). Die Umrechnung der Mengeneinheiten (AME) können Sie frei wählen, in unserem Beispiel entspricht ein Karton fünf Stück des zugehörigen Materials. Das Nettogewicht wird automatisch vom EWM-System berechnet, das Bruttogewicht der Alternativmengeneinheit können Sie frei wählen, um auch zusätzliche Gewichte für eine Verpackung zu berücksichtigen.

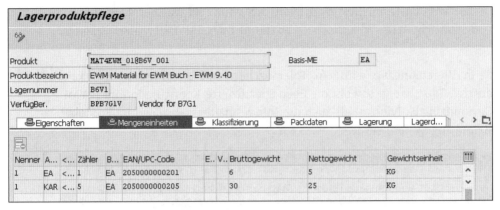

Abbildung 4.9 Mengeneinheiten im SAP-EWM-Produktstamm

Im Folgenden haben wir nochmals die wichtigsten Felder aufgeführt:

▸ **Alternativmengeneinheit (AME, Feld »A...«)**
Die Alternativmengeneinheit ist die Mengeneinheit, die verwendet wird, um einen Geschäftsprozess zu optimieren.

Beispiele für Alternativmengeneinheiten sind:

– Bestellmengeneinheit

– Verkaufsmengeneinheit

– Ausgabemengeneinheit

Meistens wird in den Bewegungsdaten die Alternativmengeneinheit verwendet, die dann in der Regel in die Basismengeneinheit umgewandelt wird.

▸ **Basismengeneinheit (Feld »B...«)**
Die Basismengeneinheit ist die Mengeneinheit, in die umgewandelt wird, um Bestände und Finanzdaten korrekt abzulegen.

▸ **EAN/UPC-Code**
Die *internationale Artikelnummer* (EAN) oder der *universelle Produktcode* (UPC) können abhängig von der Mengeneinheit der Materialnummer abgelegt werden. Häufig können sich EAN oder UPC abhängig von der Mengeneinheit unterscheiden, sodass das System zwischen beiden unterscheiden kann, wenn der Barcode der EAN oder der UPC mittels Barcodescanner eingelesen wird. Mithilfe der Unterscheidung ist es möglich, automatisch die korrekten Mengen im System zu verbuchen.

4.2.4 Nutzung zusätzlicher EANs/UPCs für Mengeneinheiten

Wie im vorangegangenen Abschnitt beschrieben, können Sie in EWM für jede Mengeneinheit eines Produkts eine *internationale Artikelnummer* (EAN) oder einen *universellen Produktcode* (UPC) hinterlegen. Bis zum SAP-Erweiterungspaket 1 (EHP 1) für EWM 7.0 war dies jedoch eine 1:1-Beziehung. Für jede Mengeneinheit ließ sich genau eine EAN/UPC hinterlegen. Mit EWM 7.0 EHP 1 wurde diese Limitierung beseitigt.

> **Verfügbarkeit von mehreren GTINs (EANs/UPCs) pro Mengeneinheit**
>
> Die Möglichkeit, mehrere Identifikationsnummern pro Mengeneinheit zu pflegen, ist ab Erweiterungspaket 2 (EHP 2) für SAP EWM 7.0 verfügbar.

Im ERP-System dagegen ist es schon seit Langem möglich, mehrere EANs pro Mengeneinheit eines Artikels/Materials zu pflegen. Dies kann aus verschiedenen Gründen notwendig sein, etwa wenn Produkte mit länderspezifischen Barcodes etikettiert werden sollen, wie es in Abbildung 4.10 dargestellt ist.

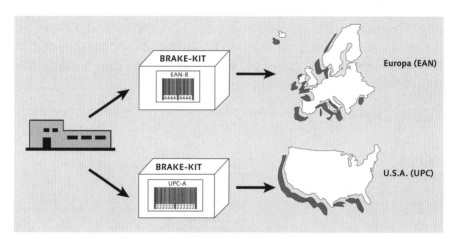

Abbildung 4.10 Länderspezifische Barcodes

Andere häufige Gründe, mehrere EANs pro Mengeneinheit zu verwenden, sind z. B. die folgenden:

▸ **Neue »Versionen« von Artikeln/Materialien, z. B. für eine Kampagne**
Sie lagern dasselbe Produkt mit unterschiedlichen Etiketten, da z. B. das Produkt für eine bestimmte Kampagne eine andere Umverpackung bekommen hat.

▶ **Lieferanten bedrucken Etiketten mit unterschiedlichen Barcodes**
Sie lagern ein Produkt, das von unterschiedlichen Lieferanten geliefert
wird. Jeder Lieferant versieht das Produkt mit einem eigenen Barcode.

Nutzung zusätzlicher Mengeneinheiten in den EWM-Transaktionen

In EWM wurden ab Erweiterungspaket 2 (EHP 2) alle Prozessschritte, die das
Eingeben/Einscannen von EANs/UPCs oder generell von GTINs (*Global
Trade Item Numbers*) erlauben, so erweitert, dass Sie mehrere GTINs pro
Mengeneinheit nutzen können. Dies betrifft neben den Bildschirmen für
mobile Endgeräte auch die Wareneingangstransaktionen, die Suchhilfen, die
erweiterte Suche in diversen Desktop-Transaktionen etc.

Pflege zusätzlicher Mengeneinheiten in den EWM-Lagerproduktstammdaten

Wenn Sie mehrere GTINs pro Mengeneinheit verwenden, müssen Sie eine
der GTINs im Lagerproduktstamm (Transaktion /SCWM/MAT1) als Haupt-
GTIN kennzeichnen. Markieren Sie dazu die Checkbox HAUPT-GTIN/EAN auf
der Registerkarte ZUSÄTZL. GTINs/EANs (siehe Abbildung 4.11). Diese GTIN-
EAN wird immer dann verwendet, wenn eine EAN zu dem Artikel in der
betreffenden Mengeneinheit benötigt wird.

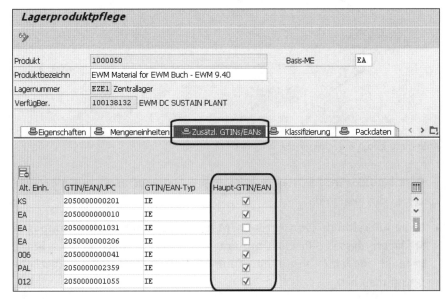

Abbildung 4.11 Bei mehreren GTINs pro Mengeneinheit wird eine GTIN als Haupt-GTIN
gekennzeichnet.

Im Lagerproduktstamm ist nun auf der Registerkarte MENGENEINHEITEN sichtbar, dass Sie mehrere GTINs gepflegt haben: Die Checkbox ZUSÄTZLICHE GTINs/EANs VORHD. (Spalte Z...) neben der Mengeneinheit ist gesetzt (siehe Abbildung 4.12).

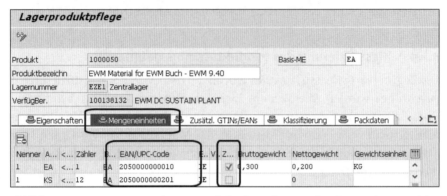

Abbildung 4.12 Neues Kennzeichen »Zusätzliche GTINs/EANs vorhanden« im Lagerprodukt-stamm

Die Tatsache, dass es mehrere GTINs geben kann, muss bei der Einrichtung von EWM berücksichtigt werden, z. B. bei der Frage, welche GTIN zu einem Produkt gedruckt werden soll. Die internen Lesemethoden im EWM-System liefern nun mehrere GTINs statt nur einer pro Mengeneinheit. Bei Feldern, in denen nur eine GTIN pro Mengeneinheit existiert, wird aus Kompatibilitätsgründen automatisch die Haupt-GTIN eingetragen (siehe Abbildung 4.12). Dies muss aber nicht immer die richtige Wahl sein.

Mehrere EANs/UPCs pro Mengeneinheit aus SAP ERP nach EWM übertragen (CIF)

Um die unterschiedlichen EANs/UPCs pro Mengeneinheit über das Core Interface (CIF) aus dem ERP-System ins EWM-System zu übertragen, müssen Sie sowohl im SAP-ERP- als auch im EWM-System die entsprechenden Business Functions aktivieren.

Im ERP-System aktivieren Sie dazu die ab Erweiterungspaket 6 (EHP 6) für SAP ERP 6.0 verfügbare Business Function LOG_SCM_MEAN_INT (SCM, CIF-Übertragung zusätzlicher GTINs (EANs/UPCs) für Material).

Im EWM-System aktivieren Sie die Business Function SCM_EWM_MEAN (EWM, zusätzliche GTINs (EANs/UPCs) für Produkt). Diese Business Function ist ab Erweiterungspaket 2 (EHP 2) für SAP EWM 7.0 verfügbar.

Weitere Informationen erhalten Sie auch im Einführungsleitfaden (IMG) des Artikelstamms unter dem Eintrag EUROPÄISCHE ARTIKELNUMMER (EANs).

4.2.5 Klassifizierung des Produktstamms definieren

Die Registerkarte KLASSIFIZIERUNG gibt an, ob dem Material Klassifizierungen zugeordnet wurden, die weitere Eigenschaften des Produkts beinhalten. Klassifizierungen werden verwendet, wenn das Material mit dem Chargenmanagement verwaltet wird – etwa um das Mindesthaltbarkeitsdatum, kurz MHD, besser abbilden zu können oder dem jeweiligen Produkt weitere produktspezifische Daten zuordnen zu können.

4.2.6 Verpackungsdaten des Produktstamms definieren

Die Registerkarte PACKDATEN des Produktstamms stellt Informationen in Bezug auf die Verpackung des Produkts dar. Sie können in Abbildung 4.13 sehen, dass die Ansicht in drei Bereiche aufgeteilt ist.

▶ Der Bereich GRUNDDATEN: VERPACKEN beinhaltet Informationen in Bezug auf die Produkte, die als Verpackungsmaterial in EWM verwendet werden.

▶ Der Bereich GRUNDDATEN: PACKMITTEL ist für die Verpackungsmaterialien relevant. Unter bestimmten Umständen sind nur bestimmte Verpackungsmaterialien für bestimmte Produkte erlaubt, und die Daten auf den Produkten und den Verpackungsmaterialien helfen dabei, festzulegen, welches Verpackungsmaterial für welches Produkt relevant ist.

▶ Der Bereich KAPAZITÄTEN ist ebenfalls nur für Verpackungsmaterialien relevant und wird genutzt, um die Kapazität des Verpackungsmaterials zu bestimmen. Es ist möglich, mit diesen Feldern zu definieren, wie viele einzelne Produkte in eine Einheit des Verpackungsmaterials verpackt werden können.

Jedes Verpackungsmaterial, das im Lager genutzt wird, ist zudem mit einer Produktnummer versehen. Mehr Informationen dazu erhalten Sie in Abschnitt 4.5, »Verpackungsmaterialien«.

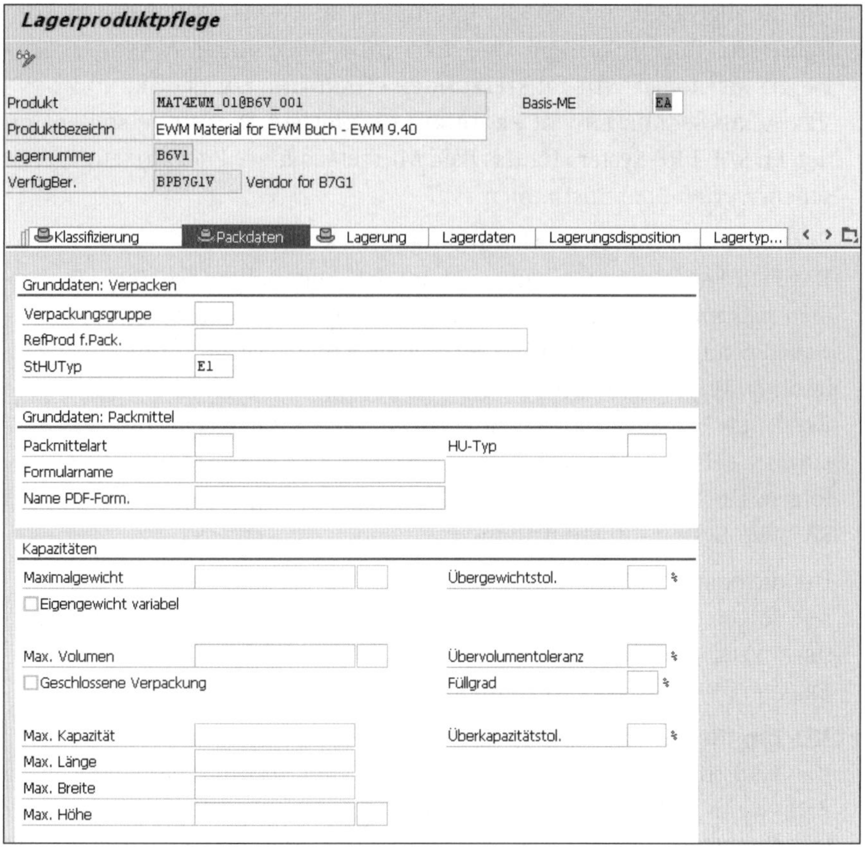

Abbildung 4.13 Packdaten im Produktstamm

Der Bereich GRUNDDATEN: VERPACKEN wird für normale Materialien verwendet. Im Gegensatz dazu wird der Bereich GRUNDDATEN PACKMITTEL und KAPAZITÄTEN für Verpackungsmaterialien genutzt.

Im Folgenden beschreiben wir einige wichtige Felder der Registerkarte PACKDATEN:

▸ **Verpackungsgruppe (Bereich »Grunddaten: Verpacken«)**
Das Feld VERPACKUNGSGRUPPE wird genutzt, um Materialien zu gruppieren, die das gleiche Verpackungsmaterial benötigen. Flüssigkeiten können z. B. in Krüge oder wasserdichte Container gepackt werden, während gewisse gefährliche Materialien in speziellen Containern gelagert werden müssen. Dieses Feld wird vom Feld ERP MATERIALGRUPPE PACKMITTEL in EWM übertragen.

Um die zugelassenen Verpackungsgruppen im EWM-Customizing zu konfigurieren, folgen Sie dem Pfad Extended Warehouse Management • Prozessübergreifende Einstellungen • Handling Units • Grundlagen • Verpackungsgruppen für Produkte definieren. Die Werte sollten mit den im SAP-ERP-System für das Feld Materialgruppe Packmittel zugelassenen Werten übereinstimmen.

▶ **Packmittelart (Bereich »Grunddaten: Packmittel«)**
Das Feld Packmittelart kennzeichnet den Materialtyp des Verpackungsmaterials und wird zur Bestimmung der zugelassenen Verpackungsmaterialien genutzt – sowohl in SAP ERP als auch in EWM. Sie können die zugelassenen Werte im EWM-Customizing konfigurieren, indem Sie dem Pfad Extended Warehouse Management • Prozessübergreifende Einstellungen • Handling Units • Grundlagen • Packmittelarten definieren folgen. Die Werte sollten grundsätzlich mit den zugelassenen Werten des SAP-ERP-Systems übereinstimmen.

Um die erlaubten Packmittelarten für eine Verpackungsgruppe zu definieren, folgen Sie dem Pfad Extended Warehouse Management • Prozessübergreifende Einstellungen • Handling Units • Grundlagen • Erlaubte Packmittelarten für Verpackungsgruppe pflegen.

▶ **HU-Typ (Bereich »Grunddaten: Packmittel«)**
Das Feld HU-Typ legt die Handling-Unit-Typen fest, die verwendet werden, wenn das Produkt als Verpackungsmaterial zur Erstellung einer Handling Unit genutzt wird. Die zugelassenen Handling-Unit-Typen können im EWM-Customizing über den Pfad Extended Warehouse Management • Prozessübergreifende Einstellungen • Handling Units • Grundlagen • HU-Typen definieren spezifiziert werden.

Die Daten dieses Feldes werden aus dem SAP-ERP-System übertragen und stammen aus dem Feld HU-Typ in der Ansicht WM Packaging des SAP-ERP-Systems.

4.2.7 Lagerungsdaten des Produktstamms definieren

Die Registerkarte Lagerung des Produktstamms stellt Informationen darüber zur Verfügung, wie das Produkt gelagert werden sollte. Die hier gepflegten Daten werden in den Prozessen unterschiedlich verwendet. Auch diese Registerkarte ist, wie in Abbildung 4.14 dargestellt, in drei Bereiche unterteilt, die wir im Folgenden erläutern.

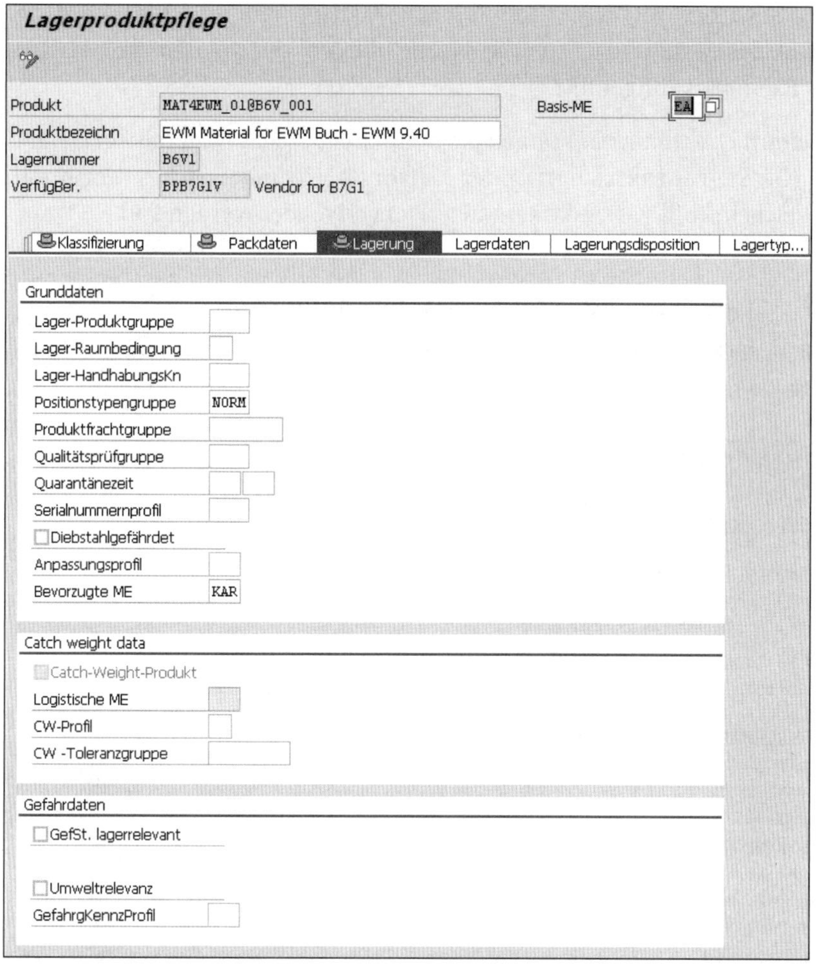

Abbildung 4.14 Lagerungssicht des SAP-EWM-Produktstamms

Der Bereich GRUNDDATEN enthält Informationen über den Zustand und die damit verbundene Lagerung. So ist es z. B. möglich, anhand des Feldes LAGER-PRODUKTGRUPPE zu definieren, ob es sich um ein Klein- oder Großteil handelt. Zudem kann auch in diesem Bereich definiert werden, welches SERI-ALNUMMERNPROFIL für das Material angewendet werden soll.

Im Bereich CATCH WEIGHT DATA ist es möglich, die Catch-Weight-Funktion freizuschalten und somit Ware in ungenauen Mengen zu verwalten. Die Catch-Weight-Funktion wird vor allem in der Lebensmittelindustrie verwendet und benötigt, da es dort notwendig ist, Materialien nicht nur in Stück, sondern auch in den jeweiligen Gewichten zu verwalten. So hat jedes Exemplar (z. B. eine Schweinehälfte oder ein Stück Parmesankäse) ein unterschiedliches Gewicht. Mit dem Catch Weight Management in EWM wird der Bestand des Materials in zwei Mengeneinheiten geführt und das Gewicht jedes Exemplars mitgeführt.

Im Bereich GEFAHRDATEN können Sie definieren, ob das Material ein Gefahrstoff (GEFST. LAGERRELEVANT) oder Gefahrgut ist und welches Gefahrgutkennzeichenprofil (GEFAHRGKENNZPROFIL) verwendet werden soll.

4.2.8 Lagerdaten des Produktstamms definieren

Die Registerkarte LAGERDATEN beinhaltet prozessspezifische Informationen und ist in vier Bereiche unterteilt (siehe Abbildung 4.15 und Abbildung 4.16).

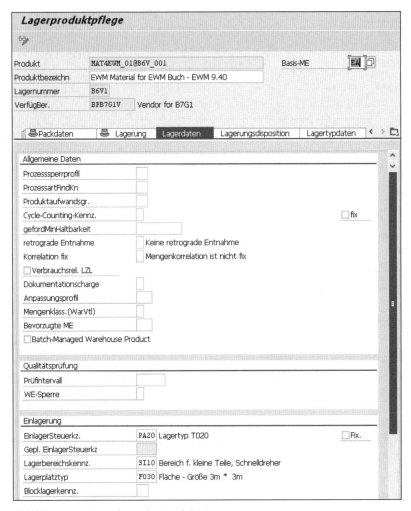

Abbildung 4.15 Lagerdaten des Produktstamms

Im Bereich ALLGEMEINE DATEN werden zum Teil prozessübergreifende Parameter gepflegt, aber auch Parameter, die z. B. nur für die Inventur herangezogen werden.

Seit EWM-Release 9.40 können Sie chargengeführte Materialien, die auf Werksebene gepflegt sind, mithilfe von CIF ins EWM-System übertragen. Dies war vorher nicht möglich. Nur chargenpflichtige Materialien, die auf Mandantenebene bzw. Materialebene gepflegt waren, konnten ans EWM mit dem CIF übertragen werden. Mehr zu diesem Thema erfahren Sie in SAP-Hinweis 2221258.

Falls Sie immer noch ein älteres EWM-System im Einsatz haben, können Sie das Problem der Verteilung der Chargen auf Werksebene mithilfe des SAP-Hinweises 1550626 lösen.

Das Kennzeichen CHARGENGEFÜHRTES LAGERPRODUKT kennzeichnet diese neuen Materialien und Eigenschaften.

Mit den Parametern im Bereich EINLAGERUNG werden die Einlagerungsprozesse beeinflusst. Um die Auslagerungsprozesse zu steuern, müssen Sie die Parameter im Bereich AUSLAGERUNG (siehe Abbildung 4.16) pflegen.

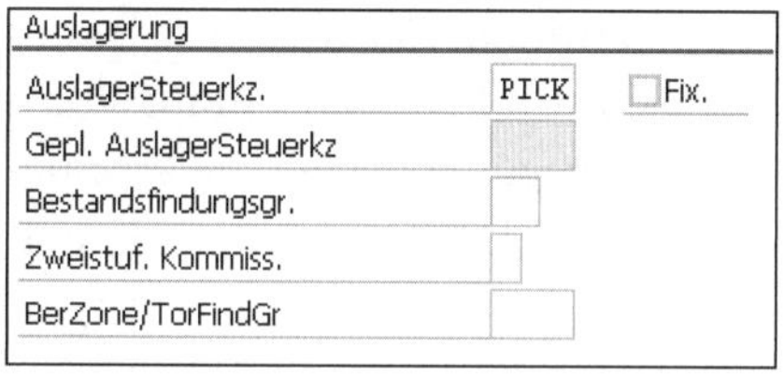

Abbildung 4.16 Weitere Lagerdaten des Produktstamms

Im Folgenden beschreiben wir einige Parameter der Registerkarte LAGERDATEN und zeigen Ihnen zudem, wie Sie die Parameter über zusätzliche Konfigurationen erweitern können oder welche Konfiguration Sie vorab erstellen müssen, damit Sie die Werte auf dem Produktstamm auswählen können. Für EWM ist vor allem diese Registerkarte entscheidend. Nachdem das Material aus dem SAP-ERP-System repliziert wurde, muss die Lagersicht manuell oder automatisiert erstellt werden, um das Produkt in EWM nutzen zu können

Die Parameter können mithilfe der Massendatentransaktion (Transaktion MASSD) verändert werden, darüber hinaus werden einzelne Felder mit der Lagerungsdisposition überschrieben, etwa die Einlagerungs- und Auslagerungssteuerkennzeichen.

Sie erkennen anhand des Kennzeichens Fix in Abbildung 4.15, welche Felder durch die Lagerdisposition ersetzt werden, da die Lagerdisposition das Feld nicht verändert, wenn dieses Kennzeichen gesetzt wird.

Materialstamm – Massenänderung im EWM-Monitor

Über das Customer-Connect-Programm wurde im Rahmen von EWM 9.40 eine neue Funktion entwickelt, die es Ihnen ermöglicht, im EWM-Monitor Materialstammmassenänderungen vorzunehmen. Mehr Informationen dazu finden Sie in SAP-Hinweis 2233631.

Automatische Erstellung der Lagerdaten des Produktstamms

Falls Sie die Erstellung der Lagerdaten im Produktstamm automatisieren möchten, bietet Ihnen das BAdI SMOD_APOCF005 die Möglichkeit, die Lagerungssicht bei der CIF-Übertragung im Hintergrund vereinfacht zu erstellen. Jedoch ist eine Kundenentwicklung im Projekt notwendig. Mit SAP-Hinweis 2166742 kann die Erstellung jetzt im SAP-Standard automatisiert werden.

Feld »ProzessartFindKn« (Bereich »Allgemeine Daten«)

Das *Prozessartfindungskennzeichen* wird verwendet, um verschiedenen Lageraktivitäten die relevante Lagerprozessart zuzuordnen. Die Lagerprozessart wird in vielen Tabellen in EWM als Schlüssel verwendet und beeinflusst deshalb viele Lagerprozesse durch verschiedene bewegungsspezifische Parameter. So können Sie bestimmen, ob ein Lagerauftrag automatisch beim Erstellen quittiert wird oder ob der Bestand beim Quittieren einer Einlager-Lageraufgabe u. a. automatisch die Bestandsart wechselt. Sie finden weitere Steuerungsparameter auf der Lagerprozessart über das EWM-Customizing. Über den Pfad EXTENDED WAREHOUSE MANAGEMENT • PROZESSÜBERGREIFENDE EINSTELLUNGEN • LAGERAUFGABE • LAGERPROZESSART DEFINIEREN können Sie die Lagerprozessart einsehen und verändern.

Um die Findung der Lagerprozessart zu beeinflussen, können Sie spezielle (Lager)Prozessartfindungskennzeichen pflegen. Zuerst müssen Sie jedoch die Werte für die Kennzeichen pflegen. Diese können Sie zunächst im EWM-Customizing erstellen, indem Sie dem Pfad EXTENDED WAREHOUSE MANAGEMENT • PROZESSÜBERGREIFENDE EINSTELLUNGEN • LAGERAUFGABE • STEUERUNGSKENNZEICHEN FÜR LAGERPROZESSARTFINDUNG DEFINIEREN folgen. Nach dem Erstellen der Kennzeichen können Sie diese den Materialien zuordnen. Um endgültig die Lagerprozessart anhand des Steuerungskennzeichens für Prozessartfindung zu bestimmen, können Sie die Findung im EWM-Customizing festlegen. Folgen Sie dazu dem Pfad EXTENDED

Warehouse Management • Prozessübergreifende Einstellungen • Lageraufgabe • Lagerprozessart finden.

Feld »Cycle-Counting-Kennz.« (Bereich »Allgemeine Daten«)

Das *Cycle-Counting-Kennzeichen* (häufig auch ABC-Indikator genannt) wird
verwendet, um die Frequenz des Cycle-Counting-Inventurverfahrens eines
Produkts im Lager festzulegen. Um mögliche Eingaben für das Cycle-Counting-Kennzeichen im EWM-Customizing zu erstellen, folgen Sie dem Pfad
Extended Warehouse Management • Lagerinterne Prozesse • Inventur •
Lagernummerspezifische Einstellungen • Cycle-Counting einstellen. In
der gleichen Tabelle spezifizieren Sie den Abstand zwischen den Cycle-Coun-
ting-Zählzyklen und die Pufferzeit beim Cycle Counting (beide Eingaben
werden in Werktagen gepflegt). Sie können das Cycle-Counting-Kennzeichen
auch von SAP APO bestimmen und übernehmen lassen, indem Sie im SAP-
Easy-Access-Menü dem Pfad Extended Warehouse Management • Master
Data • Product • Transfer Cycle Counting Indicator from APO folgen
oder den Transaktionscode /SCWM/CCIND_MAINTAIN ausführen.

Das Kennzeichen Fix zeigt an, dass das Cycle-Counting-Kennzeichen nicht
überschrieben werden darf und nicht automatisch mittels der Lagerungsdis-
positionen geändert werden sollte. Ist das Kennzeichen Fix nicht gesetzt,
kann das Cycle-Counting-Kennzeichen während der Lagerungsdisposition
berechnet und überschrieben werden.

Feld »EinlagerSteuerkz.« (Bereich »Einlagerung«)

Das *Einlagerungssteuerungskennzeichen* wird verwendet, um zu spezifizieren,
wie das Produkt im Lager eingelagert werden soll. Insbesondere wird es
genutzt, um die Lagertypsuchreihenfolge während der Lagertypbestimmung
innerhalb der Einlagerungsstrategie (siehe Kapitel 8, »Wareneingangsprozess«) zu bestimmen. Um mögliche Einträge für das Einlagerungssteuerkennzeichen im EWM-Customizing zu erstellen, folgen Sie dem Pfad Extended
Warehouse Management • Wareneingangsprozess • Strategien • Lagertypfindung • Einlagerungssteuerkennzeichen definieren.

Das bedeutet mit anderen Worten, bei der Lagertypsuchreihenfolge werden
mehrere Lagertypen zugeordnet, in die das Material eingelagert werden soll.
Durch das Einlagerungssteuerkennzeichen ist es dann möglich, die Suchreihenfolge mit den zugeordneten Lagertypen zu bestimmen und so den Lagertyp festzulegen, in den das Material eingelagert werden soll.

Um das Einlagerungssteuerkennzeichen zur Bestimmung der Lagertypsuchreihenfolge im EWM-Customizing zu verwenden, folgen Sie dem Pfad EXTENDED WAREHOUSE MANAGEMENT • WARENEINGANGSPROZESS • STRATEGIEN • LAGERTYPFINDUNG • LAGERTYPSUCHREIHENFOLGE FÜR EINLAGERUNG DEFINIEREN.

Das Kennzeichen FIX rechts neben dem Einlagerungssteuerkennzeichen zeigt an, ob das Einlagerungssteuerkennzeichen automatisch durch die Lagerungsdisposition überschrieben werden darf. Die Lagerungsdisposition können Sie im SAP-Easy-Access-Menü, über den Pfad EXTENDED WAREHOUSE MANAGEMENT • STAMMDATEN • LAGERUNGSDISPOSITION • PRODUKTE FÜR LAGER DISPONIEREN oder durch Ausführen der Transaktion /SCWM/SLOT starten.

Ist das Kennzeichen nicht markiert, kann das Einlagerungssteuerkennzeichen während der Aktivierung der Lagerungsdisposition überschrieben werden. Die Lagerungsdisposition aktivieren Sie im SAP-Easy-Access-Menü über den Pfad EXTENDED WAREHOUSE MANAGEMENT • STAMMDATEN • LAGERUNGSDISPOSITION • PLANWERTE AKTIVIEREN oder durch Ausführen der Transaktion /SCWM/SLOTACT.

Gepl. EinlagerSteuerkz. (Bereich »Einlagerung«)

Das Feld GEPL. EINLAGERSTEUERKZ. (Geplantes Einlagerungssteuerkennzeichen) wird während der Lagerungsdisposition gefüllt, wenn die Ergebnisse der Lagerungsdisposition für das Einlagerungssteuerkennzeichen übernommen werden.

Wird die Lagerungsdisposition aktiviert, wird das geplante Einlagerungssteuerkennzeichen in das (aktive) Einlagerungssteuerkennzeichen-Feld übertragen, und das geplante Feld wird gelöscht/geleert, falls das Kennzeichen FIX nicht gesetzt ist.

Feld »Lagerbereichskennz.« (Bereich »Einlagerung«)

Das *Lagerbereichskennzeichen* wird genutzt, um die relevanten Lagerbereiche für die Einlagerung während der Ermittlung/Festlegung des Einlagerungsortes zu bestimmen. Um mögliche Eingaben für das Lagerbereichskennzeichen im EWM-Customizing zu erstellen, folgen Sie dem Pfad EXTENDED WAREHOUSE MANAGEMENT • WARENEINGANGSPROZESS • STRATEGIEN • LAGERBEREICHSFINDUNG • LAGERBEREICHSKENNZEICHEN ANLEGEN. Um zu prüfen, wie das Lagerbereichskennzeichen während der Bestimmung des Einlagerungsortes im EWM-Customizing genutzt wird, folgen Sie dem Pfad EXTENDED WAREHOUSE MANAGEMENT • WARENEINGANGSPROZESS • STRATEGIEN • LAGERBEREICHSFINDUNG • LAGERBEREICHSSUCHREIHENFOLGE PFLEGEN.

> **Priorisierung des Lagerbereichskennzeichens auf Basis der Lagerdaten und Lagertypsichten**
>
> Das Lagerbereichskennzeichen finden Sie sowohl in der Ansicht LAGERDATEN als auch in der Ansicht LAGERTYPDATEN des Produktstamms. Wird in der LAGERTYP-DATEN-Ansicht für den relevanten Lagertyp ein Lagerbereichskennzeichen gepflegt und gefunden, wird dieses bei der Lagerortbestimmung genutzt. Wird kein Lagerbereichskennzeichen gefunden, wird das Kennzeichen der LAGERDATEN-Ansicht verwendet. Ebenso beeinflusst das während der Lagerungsdisposition festgelegte Lagerbereichskennzeichen nur die LAGERTYPDATEN-Ansicht und nicht die LAGERDATEN-Ansicht (daher können Sie ein vorgegebenes Lagerbereichskennzeichen in der LAGERDATEN-Ansicht manuell verändern, ohne die Ergebnisse, die während der Lagerungsdisposition bestimmt werden, zu beeinflussen).

Feld »Lagerplatztyp« (Bereich »Einlagerung«)

Das *Lagerplatztypkennzeichen* wird verwendet, um den relevanten Lagerplatztyp für eine Einlagerung während der Bestimmung des Lagerplatzes festzulegen. Der Lagerplatztyp spezifiziert den Lagerplatz und seine physischen Gegebenheiten. Es ist möglich, festzulegen, in welche Lagerplatztypen das Material eingelagert werden darf. Um mögliche Einträge für die Lagerplatztypen im EWM-Customizing zu erstellen, folgen Sie dem Pfad EXTENDED WAREHOUSE MANAGEMENT • WARENEINGANGSPROZESS • STRATEGIEN • LAGERPLATZFINDUNG • LAGERPLATZTYPEN DEFINIEREN.

Wird kein Lagerplatz gefunden, wird nach einem alternativen Lagerplatz gesucht – dazu wird der gepflegte Lagerplatztyp mit den gepflegten alternativen Lagerplatztypen verglichen. Um zu prüfen, wie der Lagerplatztyp während der Bestimmung des direkten und des alternativen Lagerortes im EWM-Customizing genutzt wird, folgen Sie dem Pfad EXTENDED WAREHOUSE MANAGEMENT • WARENEINGANGSPROZESS • STRATEGIEN • LAGERPLATZFINDUNG • ALTERNATIVE LAGERPLATZTYPFOLGE.

> **Priorisierung des Lagerplatztypkennzeichens auf Basis der Lagerdaten und Lagertypsichten**
>
> Die Kommentare bezüglich des Lagerbereichskennzeichens gelten auch für das Kennzeichen LAGERPLATZTYP. So würden während der Einlagerungsstrategie, falls keine alternative Lagerplatztypsuchreihenfolge gepflegt ist, nur Lagerplätze gefunden, die dem genauen Lagerplatztyp aus dem Produktstamm entsprechen.

Feld »AuslagerSteuerkz.« (Bereich »Auslagerung«)

Das *Auslagerungssteuerkennzeichen* wird genutzt, um zu spezifizieren, wie das Produkt im Lager kommissioniert und ausgelagert werden soll. Speziell wird es genutzt, um das Kennzeichen LAGERTYPSUCHREIHENFOLGE während der Lagertypbestimmung innerhalb der Auslagerungsstrategie (siehe Kapitel 9, »Warenausgangsprozess«) zu bestimmen. Um mögliche Werte für das Auslagerungssteuerkennzeichen innerhalb des EWM-Customizings zu erstellen, folgen Sie dem Pfad EXTENDED WAREHOUSE MANAGEMENT • WARENAUSGANGSPROZESS • STRATEGIEN • AUSLAGERUNGSSTEUER-KENNZEICHEN DEFINIEREN. Ebenso wie das Einlagerungssteuerkennzeichen beeinflusst das Auslagerungssteuerkennzeichen die Lagertypsuchreihenfolge. Die Konfiguration für die Lagertypsuchreihenfolge entnehmen Sie der Beschreibung des Einlagerungssteuerkennzeichens.

Das Kennzeichen FIX rechts neben dem Auslagerungssteuerkennzeichen zeigt an, ob das Auslagerungssteuerkennzeichen automatisch durch die Lagerungsdisposition überschrieben werden darf. Ist das Kennzeichen nicht markiert, kann das Auslagerungssteuerkennzeichen während der Aktivierung der Lagerungsdisposition überschrieben werden.

Feld »Gepl. AuslagerSteuerkz.« (Bereich »Auslagerung«)

Das Feld GEPL. AUSLAGERSTEUERKZ (Geplantes Auslagerungssteuerkennzeichen) wird während der Lagerungsdisposition gefüllt, wenn die Ergebnisse der Lagerungsdisposition für das Auslagerungssteuerkennzeichen übernommen werden. Die Lagerungsdisposition können Sie im SAP-Easy-Access-Menü über den Pfad EXTENDED WAREHOUSE MANAGEMENT • STAMMDATEN • LAGERUNGSDISPOSITION • PRODUKTE FÜR LAGER DISPONIEREN oder durch Ausführen der Transaktion /SCWM/SLOT starten.

Wird die Lagerungsdisposition aktiviert, wird das geplante Auslagerungssteuerkennzeichen in das Feld AUSLAGERSTEUERKZ übertragen, und das geplante Feld wird gelöscht/geleert. Die Aktivierung der Lagerungsdisposition können Sie im SAP-Easy-Access-Menü über den Pfad EXTENDED WAREHOUSE MANAGEMENT • STAMMDATEN • LAGERUNGSDISPOSITION • PLANWERTE AKTIVIEREN oder durch Ausführen der Transaktion /SCWM/SLOTACT starten.

4.2.9   Lagerungsdispositionsdaten definieren

Die *Lagerungsdisposition* wird verwendet, um eine Reorganisation im Lager anzustoßen. Der Zweck dieser Reorganisation ist die Optimierung des Lagers. Die Lagerungsdisposition (auch *Slotting* genannt) ermittelt anhand vorhandener Daten (wie z. B. durch Auswertung der quittieren Lageraufgaben), ob ein Material auf seinem Platz optimal gelagert wird. Falls nicht, werden viele Felder auf den verschiedenen Ansichten des Produktstamms direkt oder über Planfelder überschrieben. Es ist möglich, auch interne Lagerbewegungen direkt beim Ausführen der Lagerungsdisposition im Hintergrund zu erstellen, damit das Lager auch gleich physisch optimiert werden kann. Die für die Lagerungsdisposition notwendigen Daten werden auf der Registerkarte LAGERUNGSDISPOSITION des Produktstamms gepflegt.

4.2.10 Lagertypdaten des Produktstamms definieren

Um Produkte abhängig vom Lagertyp unterschiedlich verwalten zu können, ist es möglich, im Produktstamm unterschiedliche Lagertypsichten zu erstellen. Wie in Abbildung 4.17 dargestellt ist, können Sie im rechten Bereich, nachdem Sie den Button ANLEGEN (🗔) angeklickt haben, eine Lagertypsicht erstellen.

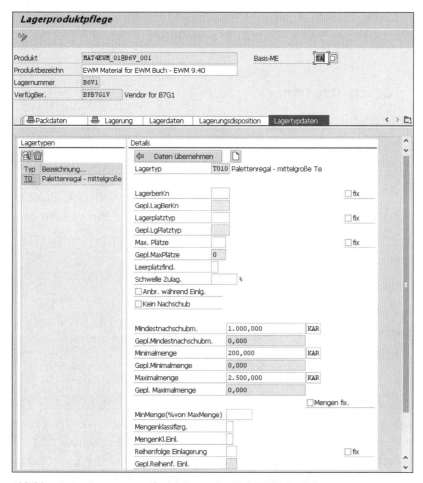

Abbildung 4.17 Lagertypspezifische Daten des SAP-EWM-Produktstamms

Sie können den Lagertyp mit seinen speziellen Parametern ausprägen und die Daten mithilfe des Buttons DATEN ÜBERNEHMEN speichern. Im linken Bereich können Sie dann zwischen den unterschiedlichen Lagertypsichten und den darin enthaltenen Parametern navigieren.

Notwendig sind die Lagertypsichten z. B., um, abhängig vom Lagertyp, dem Produkt unterschiedlich viele Lagerplätze zur Verfügung zu stellen. Hier bietet es sich an, den Parameter MAX. PLÄTZE zu verwenden, um einem Lagertyp, von dem die Ware kommissioniert wird, z. B. maximal drei Lagerplätze bereitzustellen. Die Lagertypsichtparameter werden dann u. a. bei der Einlagerung durch die Einlagerungsstrategie berücksichtigt. Sind also in unserem Fall alle drei Lagerplätze besetzt, wird der Lagertyp nicht für die Einlagerung verwendet. Stattdessen wird das Produkt dann in einen Reserverlagertyp (wenn dieser in der Einlagertypsuchreihenfolge gepflegt wurde), der diese Einschränkung nicht besitzt, eingelagert. Sie können die Lagerprozesse auch mit anderen Parametern in dieser Sicht beeinflussen.

4.3 Geschäftspartner

Geschäftspartner sind Einheiten in einem SAP-System, mit denen Sie Geschäftsoperationen besser abbilden können und die daher für verschiedene Geschäftsprozesse wichtig sind. Es handelt sich dabei um Einheiten, die z. B. den Dokumenten (wie Anlieferungen oder Auslieferungen) zugeordnet werden. Jede dieser Geschäftseinheiten muss im EWM-System vorhanden sein, um sicherzustellen, dass die Prozesse korrekt ausgeführt werden können. Geschäftspartner können sein:

- Kunden
- Lieferanten
- Fremdspedition
- Transportunternehmer
- Spediteure
- Werke

Ein Geschäftspartner muss verschiedene Geschäftspartnerrollen haben und mit unterschiedlichen Daten ausgeprägt werden. Erst die verschiedenen Rollen verleihen dem Geschäftspartner seine spezielle Ausprägung. Um die Geschäftspartnerdaten für einen Geschäftspartner im SAP-Easy-Access-Menü zu erreichen, folgen Sie dem Pfad EXTENDED WAREHOUSE MANAGE-

MENT • STAMMDATEN • GESCHÄFTSPARTNER PFLEGEN oder nutzen den Transaktionscode BP.

Jeder der Geschäftspartner kann als Person, Organisation oder Gruppe klassifiziert werden. Wenn Sie einen Geschäftspartner von Grund auf neu anlegen, müssen Sie aus diesen Optionen wählen, indem Sie den passenden Button zum Erstellen anklicken (siehe Abbildung 4.18 oder den passenden Pfad in der Menüleiste). Abbildung 4.18 zeigt die Geschäftspartnertransaktion. Auf der linken Seite der Transaktion können Sie die Registerkarte SUCHE nutzen, um einen oder mehrere Geschäftspartner irgendeines Typs (oder eines bestimmten Typs) zu finden. Dazu müssen Sie die relevanten Kriterien in die Sucheingabefelder eingeben. Nachdem Sie die Suche gestartet haben, erhalten Sie, abhängig von dieser, die Werte unterhalb der Sucheingabe. Sie können das Sternchen (*) als eine Wildcard-Selektion nutzen, um sich Geschäftspartner innerhalb eines Intervalls anzeigen zu lassen. Betrachten wir ein Beispiel: Durch Pflege der Selektionskriterien SUCHE gleich GESCHÄFTSPARTNER und NACH gleich NUMMER können Sie *B7G* in das Selektionsfeld GESCHPARTNER eingeben und START anklicken, um alle Geschäftspartner zu finden, die die Buchstaben B7G beinhalten (siehe Abbildung 4.18).

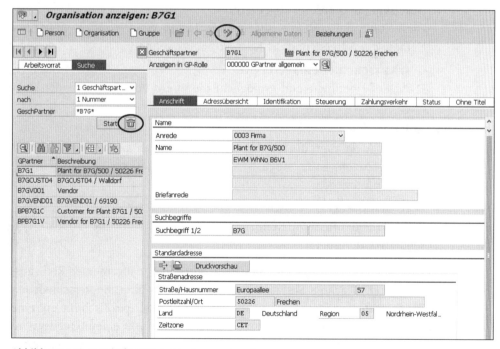

Abbildung 4.18 Geschäftspartner anzeigen und suchen

Sie können sich auch eine Liste aller Geschäftspartner eines bestimmten Typs anzeigen lassen, indem Sie die Kriterien SUCHE und NACH spezifizieren, aber das zusätzliche Selektionskriterium, also das Feld GESCHÄFTSPARTNER, leer lassen und dann auf START klicken.

Klicken Sie doppelt auf eines der Ergebnisse in der Liste, damit Sie die Detaildaten dieses Geschäftspartners auf der rechten Seite der Maske sehen können. Um zur Pflegeansicht zu wechseln, klicken Sie auf den Button WECHSELN ZWISCHEN ANZEIGE UND ÄNDERUNG (🖉) oder drücken die Taste F6.

Wenn Sie innerhalb der Registerkarte SUCHEN die Schaltfläche LÖSCHEN (🗑) anklicken, wird das Selektionskriterium, das Sie eingegeben haben, gelöscht. Es werden nicht alle Geschäftspartner gelöscht, die diesem Kriterium entsprechen.

Beachten Sie auch die Drop-down-Auswahl ANZEIGEN IN GP-ROLLE direkt unter der Geschäftspartnernummer. Jeder Geschäftspartner kann für zahlreiche Rollen gepflegt werden, und die Rollen hängen entsprechend vom Typ des Geschäftspartners und seiner Verwendung ab. Für einen Kunden als Geschäftspartner können folgende Rollen von Bedeutung sein:

▸ **Geschäftspartnerrolle allgemein**
Diese Rolle definiert die allgemeinen Daten eines Kunden, etwa den Namen, die Adresse und die Kontaktmöglichkeiten.

▸ **Geschäftspartner Finanzservice**
Diese Rolle definiert und ermöglicht die Pflege von Daten für den Zahlungsverkehr.

▸ **Auftraggeber**
Diese Rolle definiert die Kundendaten als Partei, an die Produkte verkauft werden. Zudem ist es möglich, Steuerdaten für diese Geschäftspartnerrolle zu hinterlegen.

▸ **Warenempfänger**
Diese Rolle definiert die Kundendaten als Partei, an die die Produkte versendet werden sollen.

Es kann auch Geschäftspartner geben, die nur mit der allgemeinen Rolle ausgeprägt sind. Beachten Sie, dass sich einige Daten über die verschiedenen Rollenansichten wiederholen, während andere Daten spezifisch für nur eine Rolle definiert werden können. Werden die Daten von einem Quellsystem repliziert, wie etwa von SAP ERP, werden die verschiedenen Rollen automatisch während der Replikation erstellt.

Um eine zusätzliche Rolle des Geschäftspartners zu erstellen, springen Sie in den Änderungsmodus, indem Sie die Schaltfläche WECHSELN ZWISCHEN ANZEIGE UND ÄNDERUNG (, siehe Abbildung 4.18) anklicken, und wählen dann eine zusätzliche Geschäftspartnerrolle im Drop-down-Menü ÄNDERN IN GP-ROLLE. Sind neben der Rolle GPARTNER ALLGEMEIN und der Rolle GESCHÄFTSPARTNER FINSERV (Geschäftspartner Finanzservice) noch andere Rollen gepflegt, werden diese in der Drop-down-Auswahl rechts neben dem Rollennamen in Klammern als gepflegt markiert (siehe Abbildung 4.19).

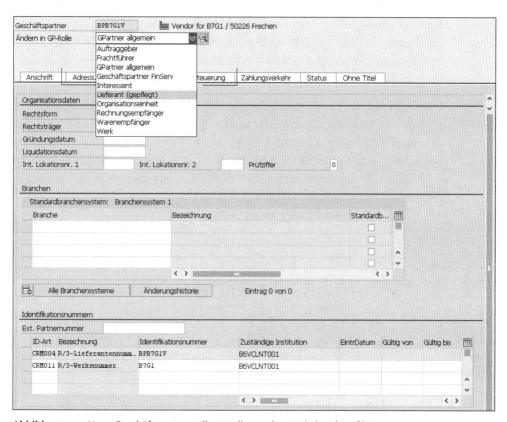

Abbildung 4.19 Neue Geschäftspartnerrolle erstellen und zusätzliche Identifikationsnummern pflegen

Abgesehen von den Identifikationsnummern auf der Registerkarte IDENTIFI-KATION, müssen Lagermitarbeiter oder Administratoren die Stammdaten der Geschäftspartner nicht aktualisieren. Vielmehr liegen die Geschäftspartnerdaten meistens in der Verantwortung des Quellsystems (z. B. SAP ERP): Änderungen werden also meist in SAP ERP gepflegt und dann an das EWM-System repliziert.

Die folgenden Abschnitte beschreiben die verschiedenen Geschäftspartner-
typen und zeigen, welche zusätzlichen Daten für die EWM-Geschäftspro-
zesse relevant sind.

4.3.1 Kundenstammdaten

Die *Kundenstammdaten* werden mittels CIF an EWM versendet. Zuvor müssen sie in SAP ERP oder im CRM-System erstellt werden. Die Kundenstammdaten beinhalten die Basisinformationen des Kunden, inklusive des Kunden-
namens, der Adresse sowie verschiedener Kontaktdaten und Daten, die in
der Regel für den Lagerbetrieb nicht relevant sind, aber dennoch unter
bestimmten Umständen nützlich sein können (etwa die Steuerklasse, Zah-
lungsmodalitäten und Statusinformationen).

Daten, die für die Lagerprozesse relevant sind, sind die Adressinformationen
(die auf Versanddokumente oder andere Formulare gedruckt und auch für
die Routenplanung genutzt werden), die Identifikationsnummer (siehe
Abbildung 4.19) und die Geschäftszeiten des Kunden (siehe Abbildung
4.20), die z. B. zur Bestimmung des Warenausgangsdatums und der Auslie-
ferzeiten genutzt werden können.

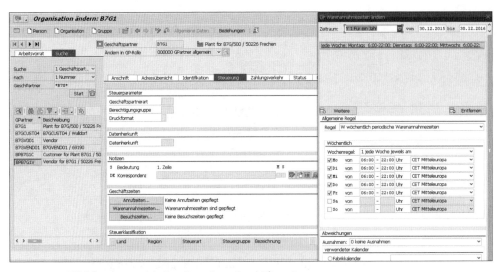

Abbildung 4.20 Arbeitszeiten eines Geschäftspartners

Die *Identifikationsnummern* müssen Sie mit Sorgfalt pflegen, da sie zur Bestimmung der relevanten Geschäftspartnerdaten für die Nutzung bestimmter
Dokumente herangezogen werden. Die Identifikationsnummer CRM002
wird z. B. genutzt, um die Kundennummer für die Auslieferungsanforderung

basierend auf dem in SAP ERP zugeordneten Warenempfänger zu bestimmen. Mit anderen Worten, die Geschäftspartnerinformationen werden nicht direkt aus den Auslieferungsdokumenten des SAP-ERP-Systems in die Auslieferungsanforderung in EWM übernommen, sondern es werden die in EWM gepflegten Geschäftspartnerdaten genutzt, um die relevanten Geschäftspartnerinformationen zu bestimmen. Die Identifikationsnummer entspricht der Geschäftspartnernummer. Diese Verknüpfung dient der Vereinfachung und kommt häufig vor. Zum Beispiel kann sich in einer Logistikdienstleister-Umgebung die Geschäftspartnernummer des Quellsystems von der im Lager genutzten Geschäftspartnernummer unterscheiden.

Im Anzeigemodus können relevante *Geschäftszeiten* des Kunden, die vorher gepflegt wurden, über die Registerkarte STEUERUNG ausgewählt werden. Durch Auswählen der Schaltfläche WARENANNAHMEZEITEN erhalten Sie die Geschäftszeiten des Geschäftspartners.

Geschäftspartnerrollen des Kunden

Ist der Kunde sowohl ein Auftraggeber als auch ein Warenempfänger, müssen nicht beide Geschäftspartnerrollen in EWM gepflegt werden. Für die Steuerung der Prozesse in EWM reicht die Geschäftspartnerrolle AUFTRAGGEBER, die bei der Verteilung des Kunden über das CIF automatisch erstellt werden sollte.

4.3.2 Lieferantenstammdaten

Die *Lieferantenstammdaten* werden ebenfalls mittels CIF von SAP ERP ins EWM-System repliziert. Sie erstellen sie in SAP ERP oder im CRM-System und replizieren sie über SAP ERP in EWM. Die Lieferantenstammdaten beinhalten, ebenso wie die Kundenstammdaten, die Basisinformationen des Lieferanten, inklusive des Lieferantennamens, der Lieferantenadresse, verschiedener Kontaktinformationen und verschiedener Daten, die im Allgemeinen nicht relevant für das Lagergeschehen sind (aber unter bestimmten Umständen nützlich sein können, etwa die Steuerklasse, Zahlungsdetails (z. B. Rückzahlungen) und die Statusinformationen).

Auch die Struktur der Lieferantendaten ähnelt der der Kundendaten. Beide Objekte unterscheiden sich anhand der Identifikationsnummer auf der Registerkarte IDENTIFIKATION und anhand des ID-Typs CRM004 (R/3-Lieferantennummer). Zusätzlich wird für Lieferantenstammdaten eine weitere Geschäftspartnerrolle gepflegt (BBP000 – Lieferant).

4.3.3 Werk

Werke werden von SAP ERP über das CIF an EWM verteilt und automatisch in EWM mit den relevanten Rollenzuteilungen erstellt, sodass sie als Geschäftspartner für den Transfer von Ware zwischen Werken und für andere Aktivitäten genutzt werden können. Werke sollten mit den Geschäftspartnerrollen GPARTNER ALLGEMEIN, GESCHÄFTSPARTNER FINSERV und AUFTRAGGEBER erstellt/angelegt werden. Der Geschäftspartner sollte die ID-Typen für Kunden (CRM002), Lieferanten (CRM004) und Werk (CRM011) auf der Registerkarte IDENTIFIKATION zugewiesen bekommen (siehe Abbildung 4.18).

Präfix beim Lieferanten-, Werks- oder Kundenstamm

Im SAP-ERP-System ist es möglich, dass Sie Kunden und Lieferanten mit der gleichen Nummer bzw. der gleichen Bezeichnung besitzen. Dies ist im EWM-System nicht möglich, denn diese Nummern und Bezeichnungen müssen eindeutig vergeben werden.

Falls Sie im SAP-ERP-System gleiche Lieferanten und Kundenstammdaten haben, ist es zu empfehlen, bei der Übertragung ein Präfix zu verwenden. Dies ist mit den folgenden BAdIs durch eine Kundenentwicklung möglich. Folgende Optionen (BAdIs) bietet Ihnen hier das CIF:

- Geschäftspartner (Kunde, Lieferant): BAdI `SMOD_APOCF038`
- Lokation: BAdI `SMOD_APOCF001`
- Material: BAdI `SMOD_APOCF005`
  (Für den Fall, dass Sie mehrere SAP-ERP-Systeme an das EWM-System angebunden haben: Fügen Sie ein Post-Fix mit Systembezeichnung hinzu.)

4.3.4 Andere Geschäftspartnerrollen

Andere Geschäftspartner können ebenfalls in EWM erstellt werden, und einige sind notwendig, um bestimmte Geschäftsprozesse zu unterstützen. Es ist möglich, die gleichen Geschäftspartnerrollen wie in CRM oder in SAP ERP anzulegen, einige davon sind jedoch für EWM nicht relevant. Notwendig für EWM sind u.a., abgesehen von den bereits beschriebenen, folgenden Geschäftspartnerrollen:

- Mitarbeiter
- Spediteur
- Logistikkonsolidierer
- Zollstelle
- Wiederaufarbeiter

Weitere Informationen zur Geschäftspartnerkonfiguration

Die Pflege der Geschäftspartnerrollen ist zwingend und unumgänglich. Die Konfiguration dieser Daten zählt zur initialen Systemkonfiguration und wird deshalb sehr ausführlich von SAP beschrieben. Wie verweisen deshalb auf das Dokument *ConfigGuide Integration of SAP ERP and SAP EWM*, das Sie über den SAP Solution Manager einsehen können.

4.4 Supply Chain Unit

Supply Chain Units (SCUs) repräsentieren physische Orte oder organisatorische Elemente in einem SCM-System, die von EWM genutzt werden, um die Lieferkette Ihrer Organisation vollständig abbilden zu können. Beispiele für SCUs sind:

- Werke
- Kunden
- Lieferanten
- Versandstelle
- MRP-Bereiche
- Läger
- Versandzonen
- Transportdienstleister
- Terminals oder Häfen

SCUs werden in verschiedenen Objekten und Programmen von der Warenannahme und dem Versandmodul in EWM genutzt und z. B. verwendet, um Transportwege, Versandzonen, Routen und Spediteurprofile erstellen zu können. Die Art der Supply Chain Unit bestimmen Sie anhand des Supply-Chain-Unit-Typs, den Sie direkt bei der Definition der Supply Chain Unit festlegen müssen.

4.4.1 Supply Chain Units einrichten

Jede SCU erhält Daten über ihre geographische Position, Geschäftspartnerbeziehungen, Zeitzone, Adresse und weitere Geschäftsattribute. Die Geschäftsattribute identifizieren, wie die SCU genutzt wird, z. B., ob die SCU ein Lager, ein Versandbüro, eine Tür, eine Anlieferlokation oder ein anderer Typ einer SCU ist.

Das heißt, eine SCU wird im SCM-System als ein Ort mit einem Geschäftsbezug abgebildet. Erhält ein Ort das Geschäftsattribut WERK, bildet dieser Ort die SCU WERK.

In Abbildung 4.21 können Sie eine SCU sehen, die zur Abgrenzung weitere Geschäftsattribute besitzt. Um die Pflegetransaktion für die SCUs im SAP-Easy-Access-Menü zu erreichen, folgen Sie dem Pfad EXTENDED WAREHOUSE MANAGEMENT • STAMMDATEN • SUPPLY-CHAIN-UNIT PFLEGEN oder nutzen den Transaktionscode /SCMB/SCUMAIN.

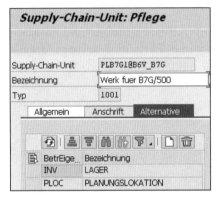

Abbildung 4.21 Attribute einer Supply Chain Unit

SCUs werden oft genutzt, um Positionen/Orte in Programmen zu bestimmen, die sich auf den geographischen Ort der Objekte beziehen. Strecken werden z. B. unter Nutzung von SCUs erstellt, die sich auf Positionen wie Lager, Lieferanten und Kunden beziehen.

4.4.2 Supply Chain Units dem Lager zuweisen

Jedem Lager ist eine SCU zugewiesen. Die relevanten Geschäftspartner und die SCUs werden dem Lager im SAP-Easy-Access-Menü von EWM zugeordnet, indem Sie dem Pfad EXTENDED WAREHOUSE MANAGEMENT • EINSTELLUNGEN • ZUORDNUNGEN: LAGERNUMMERN/GESCHÄFTSPARTNER folgen oder den Transaktionscode /SCWM/LGNBP nutzen.

Abbildung 4.22 zeigt die Transaktion, bei der die Geschäftspartner (BESITZER, DFLTVERFBER. und DFLT-WARENEMPFÄNGER) und die SCU (SUPPLY-CHAIN-UNIT) der Lagernummer zugewiesen werden.

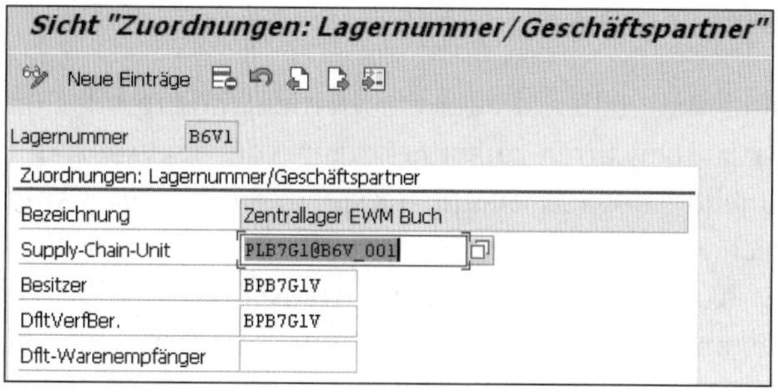

Abbildung 4.22 Lagernummer der Supply Chain Unit und dem Geschäftspartner zuweisen

4.4.3 Kalender zu Supply Chain Units zuweisen

Sie können jeder SCU einen Kalender zuweisen. Dies kann z. B. zur Bestimmung des Versand- oder Abfahrtskalenders des Objekts wichtig sein und wird daher, als Teil der Routenbestimmung, zur Bestimmung der erwarteten Liefertermine für Lieferungen genutzt. Um einer SCU einen Kalender aus dem SAP-Easy-Access-Menü zuzuweisen, folgen Sie dem Pfad EXTENDED WAREHOUSE MANAGEMENT • STAMMDATEN • WARENANNAHME UND VERSAND • ROUTENFINDUNG • KALENDER ZU SUPPLY-CHAIN-UNIT ZUORDNEN oder nutzen den Transaktionscode /SCTM/DEPCAL. Beachten Sie, dass Sie einen neuen Abfahrtskalender mit der Transaktion auch direkt erstellen können, indem Sie im Eingabefeld ABFAHRTSKALENDER einen Namen eingeben und die Schaltfläche ERSTELLEN ([🗎]) daneben anklicken. Um einen existierenden Kalender (oder mehrere) zuzuweisen, wählen Sie die Zeile und klicken auf die Schaltfläche HINZUFÜGEN ([🗎]) in der unteren Tabellenleiste. Abbildung 4.23 zeigt die SCU-Kalenderzuordnungstransaktion.

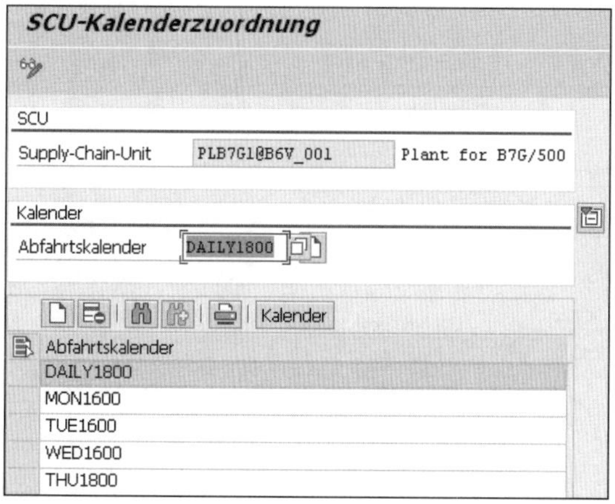

Abbildung 4.23 Abfahrtskalender der Supply Chain Unit zuweisen

4.5   Verpackungsmaterialien

Verpackungsmaterialien sind Materialien, die genutzt werden, um Produkte im Lager sicher und gruppiert aufbewahren zu können, damit der Transport der Produkte besser und schneller möglich ist. *Hilfsverpackungsmaterialien* sind Materialien, die gewöhnlich während der Vorbereitung für den Transport hinzugefügt werden, um die Materialien während des Transports zu schützen (z. B. um ein Rutschen oder andere Bewegungen der Ladung zu vermeiden). In EWM werden Verpackungsmaterialien als Produkte mit spezifischen Eigenschaften erstellt. Das führende System für das Erstellen der Verpackungsmaterialien wie auch für normale Produkte in EWM ist das SAP-ERP-System. Sichergestellt wird eine unterschiedliche Verwendung der Materialien durch das Erstellen eines Verpackungsmaterials als Material eines entsprechenden Materialtyps (entsprechend dem Standardverpackungsmaterialtyp VERP).

Zusätzlich dazu werden bestimmte Eigenschaften/Felder auf dem Materialstamm gepflegt oder aus dem SAP-ERP-System übertragen (siehe Abbildung 4.24).

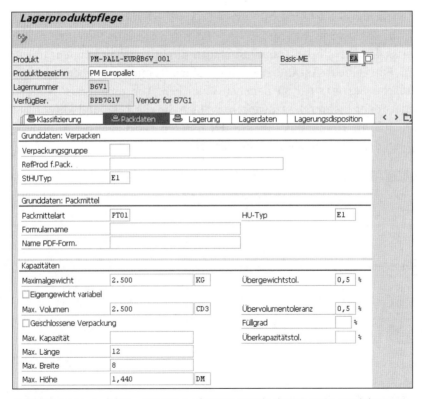

Abbildung 4.24 Packdaten eines Verpackungsmaterials als SAP-EWM-Produktstamm

Im Bereich GRUNDDATEN: PACKMITTEL können Sie die allgemeinen Eigenschaften des Packmittels (siehe Abschnitt 4.2.5, »Klassifizierung des Produktstamms definieren«) spezifizieren. Mithilfe des Bereichs KAPAZITÄTEN können Sie die Größe sowie die maximale Auslastung der Verpackungsmaterialien bestimmen.

4.6 Packspezifikationen

Packspezifikationen sind Stammdaten, die einerseits verwendet werden, um dem System Informationen zur Verfügung zu stellen, wie Produkte in Handling Units zu packen sind (wie z. B. beim Einlagern, wenn Lageraufgaben zu einer Lieferung erstellt werden sollen). Andererseits werden sie verwendet, um für den Benutzer Informationen darüber bereitzustellen, welche Aktivitäten zusätzlich während des Verpackens auszuführen sind (bei der Verwendung logistischer Zusatzleistungen, siehe Kapitel 12, »Bereichsübergreifende Prozesse und Funktionen«). Packspezifikationen sind im SCM-System entwickelt worden, sie nutzen die Softwarekomponente *Integriertes Produkt- und Prozess-Engineering* (iPPE) und werden deshalb auch von anderen Komponenten des SCM-Systems, z. B. *SAP Supply Network Collaboration* (SNC) oder SAP APO und SAP EWM, verwendet. Um Packspezifikationen in EWM und den Lagerprozessen zu nutzen, müssen diese im System erstellt werden. EWM nutzt diese an verschiedenen Stellen, wie wir im Folgenden detailliert erörtern werden. Um Packspezifikationen dem System zur Verfügung zu stellen, ist es möglich, diese manuell oder automatisch zu erstellen, zu aktivieren oder aus einem zentralen SCM-System (falls mehrere EWM-Systeme sich im Einsatz befinden) zu verteilen. Das Verwalten der Packspezifikationen werden wir im Folgenden erläutern.

4.6.1 Verwendung von Packspezifikationen

Packspezifikationen werden während verschiedener Lagerprozesse innerhalb von EWM genutzt, z. B. in den folgenden Fällen:

▸ zum automatischen Anlegen von Einlager-Lageraufgaben und dem Evaluieren der passenden Lageraufgabenmenge auf Basis von Anlieferungen

▸ zur Findung des Verpackungsmaterials bei der Lagerauftragserstellung (bei der Dekonsolidierung, beim Verpacken oder bei der Lagerungsdisposition)

▸ bei den internen Lagerprozessen (zur Palettierung oder zum Festlegen der operativen Mengeneinheit)

▶ bei der Ausführung von Zusatzprozessen wie den logistischen Zusatzleistungen

Die Konditionssätze für die Findung der Packspezifikation werden in der Packspezifikationstransaktion gepflegt. Die Konditionsfindung basiert auf den gleichen Regeln, wie in Kapitel 12 beschrieben, für die Packspezifikationsfindung werden andere Kriterien verwendet.

4.6.2 Packspezifikation erstellen

Um eine Packspezifikation zu erstellen oder existierende Packspezifikationen vom SAP-Easy-Access-Menü zu pflegen, folgen Sie dem Pfad EXTENDED WAREHOUSE MANAGEMENT • STAMMDATEN • PACKSPEZIFIKATION • PACKSPEZIFIKATION PFLEGEN oder nutzen den Transaktionscode /SCWM/PACKSPEC. Suchen Sie eine existierende Packspezifikation im Hauptbild aus, oder erstellen Sie eine neue Packspezifikation über die Schaltfläche NEUE ZEILE HINZUF (⊞▾). Sie sollten dann in das Pflegebild/die Bearbeitungsansicht springen, indem Sie die Zeile auswählen und in die Detailansicht wechseln (siehe Abbildung 4.25).

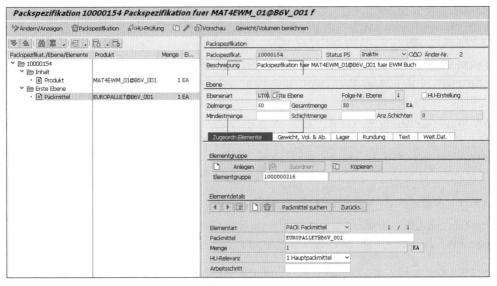

Abbildung 4.25 Packspezifikation zur einfachen Palettierung eines Materials

Um Packspezifikationen zu erstellen, müssen Sie Nummernkreise erstellen und zuweisen und die allgemeinen Packspezifikationsparameter definieren. Um die Nummernkreise im EWM-Customizing zu erstellen, folgen Sie dem

Pfad SCM BASIS • VERPACKEN • PACKSPEZIFIKATION • NUMMERNKREIS FÜR PACK-
SPEZIFIKATION DEFINIEREN. Um allgemeine Parameter im EWM-Customizing
zu definieren, folgen Sie dem Pfad SCM BASIS • VERPACKEN • PACKSPEZIFIKA-
TION • ALLGEMEINE PACKSPEZIFIKATIONSPARAMETER DEFINIEREN.

Zusätzlich haben Sie die Wahl, Packspezifikationsgruppen zu erstellen. Diese
Gruppen erlauben Ihnen, Parameter zuzuordnen und unterschiedliche
Strukturen für bestimmte Zwecke vorzudefinieren oder differenziert zu
unterstützen (z. B. bei der »Kit-Bildung«). Um Packspezifikationsgruppen im
EWM-Customizing zu definieren, folgen Sie dem Pfad SCM BASIS • VERPA-
CKEN • PACKSPEZIFIKATION • GRUPPE FÜR PACKSPEZIFIKATIONEN DEFINIEREN.

4.6.3 Packspezifikation aktivieren

Wenn Sie die Packspezifikationen erstellt haben, müssen Sie diese aktivieren, bevor sie im System genutzt werden können. Um die Packspezifikationen innerhalb der Pflege der Packspezifikationen zu aktivieren, wählen Sie
die Schaltfläche AKTIVIEREN. Alternativ können Sie im Bild ÜBERSICHT PACK-
SPEZIFIKATION die Packspezifikation wählen und die Schaltfläche AKTIVIEREN
anklicken. Falls die Packspezifikation aktiv existiert, müssen Sie eine zweite
Version anlegen und dann die Aktivierung vornehmen.

Wenn Sie die Packspezifikationen aktiviert haben, können Sie die aktive Version nicht mehr ändern. Wenn Sie dennoch eine Änderung an der Packspezifikation vornehmen möchten, müssen Sie eine neue Version der Packspezifikation erstellen und diese dann aktivieren. Um eine neue Version zu
erstellen, wählen Sie die relevante Packspezifikation im Bild ÜBERSICHT PACK-
SPEZIFIKATION aus und klicken auf die Schaltfläche 2. VERSION ANLEGEN.
Sobald Sie die neue Version erstellt haben, können Sie diese bearbeiten/pfle-
gen, während die alte Version aktiv bleibt. Haben Sie die neue Version aktualisiert, können Sie sie aktivieren, sodass die alte Version nicht länger aktiv
ist. Es kann immer nur eine Version aktiv sein.

Wenn Sie möchten, dass das System während der Aktualisierung der Packspezifikation keine andere Packspezifikation nutzt, können Sie die Original-
version deaktivieren, indem Sie die Option PS DEAKTIVIEREN des Drop-
down-Menüs neben der Schaltfläche AKTIVIEREN wählen. Auch wenn Sie das
Original deaktiviert haben, müssen Sie eine neue Version erstellen, um die
Spezifikation bearbeiten/verändern zu können. Es ist wichtig, hinzuzufügen,
dass beim Erfassen von Konditionssätzen zu einer Packspezifikation sich
diese nicht überlappen dürfen. Das heißt, die gleichen Parameter darf es

nicht in verschiedenen Packspezifikationen geben, da sonst die Packspezifikation nicht eineindeutig gefunden und zugeordnet werden kann. Das Aktivieren einer Packspezifikation mit überlappenden Konditionssätzen ist deshalb nicht möglich.

4.6.4 Packspezifikation verteilen

Es ist möglich, Packspezifikationen in einem System zu pflegen und sie dann an ein anderes System zu übermitteln. Notwendig ist dies, um die Packspezifikationen zentral zu verwalten, was Ihnen wiederum ermöglicht, den Pflege-/Wartungsaufwand zu reduzieren und sicherzustellen, dass die Packspezifikationen für verschiedene Läger und sogar für verschiedene Applikationen konsistent sind. Damit eine Verteilung möglich ist, müssen Sie definieren, in welches System die Packspezifikationen repliziert werden sollen. Die Konfiguration können Sie im EWM-Customizing über den Pfad SCM BASIS • VERPACKEN PACKSPEZIFIKATION • RFC-VERBINDUNG FÜR PACKSPEZIFIKATIONSVERTEILUNG FESTLEGEN vornehmen. Zum manuellen Verteilen von Packspezifikationen können Sie das Programm /SCWM/PS_DISTRIBUTION nutzen.

4.6.5 Packspezifikationen hochladen

Zusätzlich zum manuellen Anlegen von Packspezifikationen haben Sie auch die Möglichkeit, Packspezifikationen ins EWM-System zu laden. Um Packspezifikationen vom SAP-Easy-Access-Menü zu laden, folgen Sie dem Pfad EXTENDED WAREHOUSE MANAGEMENT • SCHNITTSTELLEN • DATEN-UPLOAD • INITIALDATENÜBERNAHME DER PACKSPEZIFIKATIONEN oder verwenden den Transaktionscode /SCWM/IPU. Das Format der Datei, die Sie für den Packspezifikationsupload benötigen, finden Sie als Kommentar im Programm /SCWM/R_PS_DATA_LOAD. Werden Packspezifikationen mit Konditionssätzen hochgeladen, müssen alle Einträge in der Datei im richtigen Format vorliegen, da es sonst beim Importieren der Daten zu Schwierigkeiten kommen kann. Manchmal werden dann Packspezifikationen ohne Konditionssätze angelegt, wodurch diese dann unbrauchbar werden. Falls Sie Packspezifikationen anhand des Packspezifikationsuploads aus einem anderen System in EWM laden möchten, empfehlen wir Ihnen deshalb, sich die Datei, die Sie zum Upload verwenden, mit einem selbst entwickelten Programm automatisch generieren zu lassen, um möglichst wenig Fehler in der Upload-Datei zu riskieren. Zudem sollten Sie den Upload gründlich testen, bevor Sie diesen im Produktivsystem starten. Ist der Upload nicht erfolgreich durchgeführt worden, müssen Sie die Packspezifikationen wieder löschen, um den Upload-Vorgang von Neuem beginnen zu können. Der Vorgang kann sehr intensiv sein und beansprucht womöglich sehr viel Zeit. Wir empfehlen deshalb, ihn so früh wie möglich in Ihrem Projekt zu starten.

4.7 Zusammenfassung

In diesem Kapitel haben Sie eine Übersicht über die Stammdaten im EWM-System erhalten. Wir haben wichtige Stammdatenfelder, die Sie zwingend in EWM benötigen, in diesem Kapitel aufgeführt und erklärt. In Kapitel 5, »Bestandsverwaltung«, zeigen wir Ihnen, wie Sie Ihren Bestand im Lager verwalten können.

In diesem Kapitel diskutieren wir die verschiedenen Arten von Beständen, deren Bedeutung und Nutzen sowie die Funktionen des SAP-EWM-Systems für die Verwaltung von Beständen. Insbesondere gehen wir auf die Gemeinsamkeiten und Unterschiede zur Bestandsverwaltung mit SAP ERP ein.

5 Bestandsverwaltung

Im Folgenden zeigen wir Ihnen die wichtigsten Bestandteile der Bestandsverwaltung von SAP EWM. EWM bietet eine Fülle von Methoden und Funktionen, um die verschiedenen Arten von Beständen im Lager zu verwalten.

Wir beginnen dieses Kapitel mit der Erläuterung des Begriffs *Quant* und beschreiben, wie das System Quants zu bestehenden Quants hinzufügen kann. Sie lernen, was die Begriffe *physischer Bestand* und *verfügbarer Bestand* bedeuten und wie Sie Bestände nicht nur auf Lagerplätzen, sondern auch auf Ressourcen und auf Transporteinheiten führen und verwalten können. Danach erläutern wir das Bestandsmodell von EWM, stellen Chargen in Konfiguration und Einsatz vor und zeigen, wie Sie mit Dokumentationschargen arbeiten. Anschließend beschreiben wir EWM-Prozesse mit Serialnummern.

Schließlich zeigt dieses Kapitel, wie das Handling Unit Management für die Verwaltung von Packstücken wie Paletten oder Kartons in das EWM-System integriert ist, gefolgt von einer kurzen Einführung in die Verwendung von Transporteinheiten. Wir beschreiben, wie Sie die EWM-Bestandsidentifikation (*Stock ID*) – besonders bei Umlagerungen zwischen zwei EWM-Lägern – sinnvoll einsetzen können, und geben Ihnen Informationen zur Verwaltung von Mindesthaltbarkeitsdaten (MHD) und Verfallsdaten. Im Rahmen der Bestandsverwaltung möchten wir Ihnen zudem mit der Verwendung bestandsspezifischer Mengeneinheiten eine neue Funktion von EWM-Release 9.0 vorstellen. EWM kann auch gewichtsabhängige Ware verwalten (*Catch Weight Management*), was besonders für Branchen relevant ist, in denen das Gewicht einer Einheit von Stück zu Stück variiert (z. B. bei Lebensmitteln). Anschließend legen wir dar, wie EWM Bestände unterschiedlicher Herkunftsländer verwalten und im Bestand separieren kann, ohne dass für jedes Herkunftsland eine eigene Materialnummer angelegt werden muss.

Wir schließen das Kapitel mit einer Beschreibung besonderer Bestandsfindungsmethoden und der Bestandsbewertung sowie mit einer Übersicht über Sonderbestände (Kundeneinzelbestand und Projektbestand) ab.

5.1 Quants

Ein *Quant* ist ein Bestandssegment einer bestimmten Menge eines Materials mit gleichen Eigenschaften. Quants bilden die Basis für die EWM-Bestandsverwaltung. Die Bestände eines Lagers im EWM-System bestehen technisch gesehen aus einer Sammlung vieler voneinander unabhängiger Quants.

Quants werden im EWM-System durch *Lagerbewegungen* erstellt und gelöscht, etwa durch Wareneingänge, Warenausgänge, Umbuchungen oder durch Lageraufgaben. Die Menge eines Quants wird erhöht, wenn Bestand desselben Materials mit gleichen Eigenschaften (gleiche Bestandsart, gleiche Charge, gleicher Besitzer etc.) auf dieselbe Lokation im Lager bewegt wird. In diesem Fall vereinigen sich die beiden separaten Quants zu einem einzigen. Dies wird auch *Quantverschmelzung* genannt.

Die Menge eines Quants wird reduziert, indem eine Teilmenge dieses Quants auf eine andere Lokation bewegt wird oder indem Sie für eine Teilmenge dieses Quants quanttrennende Eigenschaften durch eine Umbuchung definieren. Dies ist z. B. eine Umbuchung von freiem Bestand auf gesperrten Bestand.

Das EWM-System erstellt ein neues Quant, wenn ein Produkt in einen leeren Platz eingelagert wird. Wenn Sie den Bestand aus dem Lager ausbuchen, löscht das System automatisch das dazugehörige Quant. EWM speichert im Datensatz des Quants u. a. die folgenden Informationen:

- Lokation des Quants (Lagerplatz, Ressource oder Transporteinheit)
- Name des Produkts
- Menge
- Besitzer
- Verfügungsberechtigter
- Bestandsart (freier Bestand, gesperrter Bestand etc.)
- Handlung Unit und Nummer der Charge
- Wareneingangsdatum, Mindesthaltbarkeitsdatum

Alle Quants eines Lagers bilden zusammen den sogenannten *physischen Bestand* dieses Lagers.

In den nächsten Abschnitten erhalten Sie weitere Informationen über Quants, zunächst über die quanttrennenden Eigenschaften, die bei Zulagerung eine Rolle spielen. Danach zeigen wir Ihnen, wie Sie sich bestehende Quants in EWM anzeigen lassen können. Schließlich beschreiben wir, wie EWM Bestandstransparenz nicht nur auf Lagerplätzen, sondern auch auf Ressourcen und Transporteinheiten bietet, wie die Software physischen und verfügbaren Bestand unterscheidet und wo Sie sich eingehende und ausgehende Mengen anzeigen lassen können. Am Ende des Abschnitts gehen wir auf die *Logistics Inventory Management Engine* (LIME) ein.

5.1.1 Zulagerung und quanttrennende Eigenschaften

Wenn Sie für ein bestehendes Quant eine Lageraufgabe anlegen, um Bestand auf einen anderen Platz zu bewegen, an dem sich bereits Bestand befindet, prüft das EWM-System, ob eine *Zulagerung* durchgeführt werden kann und ob die beiden Quants miteinander verschmelzen können.

Für eine solche Verschmelzung muss der *Bestandsschlüssel* der beiden Quants gleich sein. Der Bestandsschlüssel ist die Kombination von Feldern, anhand derer zwei Mengen eines Produkts auf einem Lagerplatz oder in einer Handling Unit (HU) eindeutig voneinander unterschieden werden können. Der Bestandsschlüssel dient somit zur eindeutigen Identifikation eines Bestands. Er umfasst folgende Felder, die *quanttrennende Eigenschaften* enthalten:

- Produkt
- Charge
- Verfügungsberechtigter
- Eigentümer
- Bestandsart
- Verwendung
- Kundenauftrag oder Projekt

Wenn auch nur ein Feld des Bestandsschlüssels eines zuzulagernden Quants von dem bestehenden Quant abweicht, können die beiden Quants nicht verschmelzen.

Sie können die Übereinstimmung weiterer Felder zusätzlich zur Übereinstimmung des Bestandsschlüssels beider Quants als Kriterium für eine Quantverschmelzung definieren, z. B. das Wareneingangsdatum oder das Mindesthaltbarkeitsdatum. Im Customizing des Lagertyps können Sie einstellen, ob die Ausprägung dieser Felder eine Quanttrennung oder eine

Quantverschmelzung bewirkt. Sie erreichen diese Einstellungen im Customizing über den Pfad EXTENDED WAREHOUSE MANAGEMENT • STAMMDATEN • LAGERTYP DEFINIEREN (siehe Abbildung 5.1). Unten links in der Abbildung sehen Sie die Felder zur Steuerung der Quantzulagerung bei unterschiedlichen Wareneingangsterminen (WED), Mindesthaltbarkeitsdaten (MHD) und Zeugnisnummern (ZGNR).

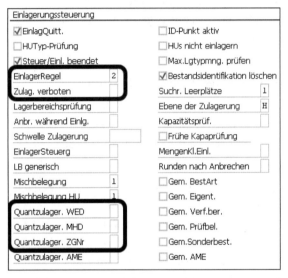

Abbildung 5.1 Lagertyp definieren: Felder zur Quantverschmelzung

5.1.2 Quants anzeigen

Sie können die Quants eines Lagers im Lagerverwaltungsmonitor (kurz: Lagermonitor) unter dem physischen Bestand des Lagers einsehen. Folgen Sie im SAP-Easy-Access-Menü dem Pfad EXTENDED WAREHOUSE MANAGEMENT • MONITORING • LAGERVERWALTUNGSMONITOR, oder geben Sie den Transaktionscode /SCWM/MON ein.

Wenn Sie den Lagermonitor das erste Mal starten, müssen Sie die Lagernummer und den Lagermonitor angeben. Der Standardmonitor ist SAP. Im Monitor wählen Sie den Knoten BESTAND UND PLATZ • LAGERPLATZ, geben einen Lagerplatz ein und führen die Selektion aus. Mit der Schaltfläche PHYS. BESTAND oberhalb der Ergebnisliste wechseln Sie zur Ansicht des physischen Bestands des ausgewählten Lagerplatzes. Sie können auch direkt den Monitorknoten BESTAND UND PLATZ • PHYSISCHER BESTAND benutzen.

In Abbildung 5.2 sehen Sie in der unteren Hälfte des Bildes ein Quant vom Material PROD_M02 und einige der Attribute dieses Quants.

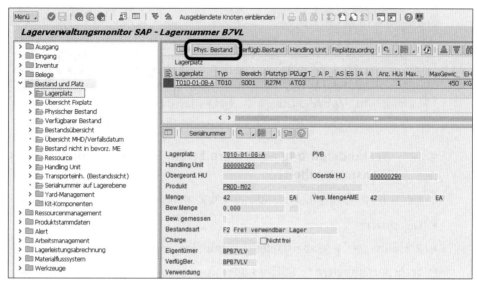

Abbildung 5.2 Quants im Lagermonitor (physischer Bestand) anzeigen

Einige dieser Quantattribute können Sie direkt im Lagermonitor ändern, ohne eine Lageraufgabe oder eine Umbuchung durchzuführen, z. B.:

▸ Wareneingangsdatum und -uhrzeit

▸ Verfallsdatum/MHD

▸ Herkunftsland

▸ Zeugnisnummer

Um die Attribute zu ändern, klicken Sie im Lagermonitor in der Anzeige des physischen Bestands (siehe den entsprechenden Button in Abbildung 5.2) die Schaltfläche WEITERE METHODEN oberhalb der Ausgabetabelle an und wählen dort die Funktion ATTRIB. ÄNDERN. Es öffnet sich ein Pop-up-Fenster (siehe Abbildung 5.3).

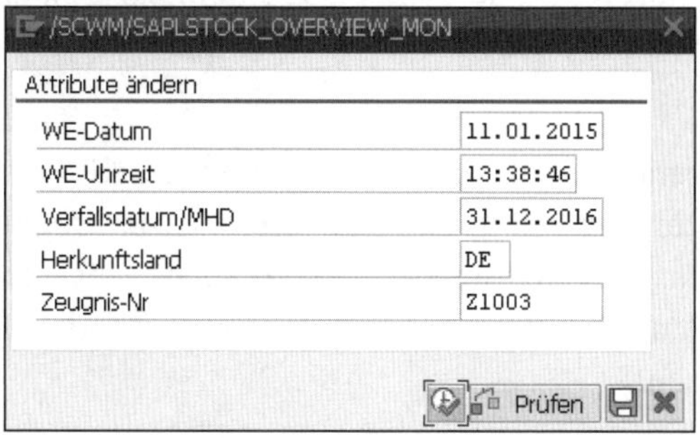

/SCWM/SAPLSTOCK_OVERVIEW_MON	
Attribute ändern	
WE-Datum	11.01.2015
WE-Uhrzeit	13:38:46
Verfallsdatum/MHD	31.12.2016
Herkunftsland	DE
Zeugnis-Nr	Z1003

Prüfen

Abbildung 5.3 Quantattribute mit einer Methode des Lagermonitors ändern

> **Änderungen von Herkunftsland und MHD/Verfallsdatum**
>
> Das Herkunftsland und das MHD/Verfallsdatum können Sie nur über das Pop-up-Fenster der Funktion ATTRIB. ÄNDERN ändern, wenn Sie diese Eigenschaften *nicht* über Chargen abbilden. Mehr über Chargen erfahren Sie in Abschnitt 5.4, »Chargenverwaltung«; Details zur Verwaltung von MHD/Verfallsdatum finden Sie in Abschnitt 5.10, »Mindesthaltbarkeits- und Verfallsdatum verwalten«.

5.1.3 Bestandsführung auf Lagerplätzen, Ressourcen und Transporteinheiten

In EWM ist es möglich, Bestände auf folgenden drei Lokationen zu führen:

▸ Lagerplätze

▸ Ressourcen (z. B. Gabelstapler, Kommissionierwagen)

▸ Transporteinheiten (z. B. Lkws oder Zugwaggons)

Die Bestandsführung auf Lagerplätzen ist der Normalfall und entspricht auch der Bestandsführung in WM. Die Bestandsführung auf Ressourcen und auf Transporteinheiten beschreiben wir in den folgenden beiden Abschnitten genauer.

Bestandsführung auf Ressourcen

Wenn Sie mit mobilen Endgeräten arbeiten, um Lageraufgaben im EWM-System zu quittieren, können Sie das System so einstellen, dass zu Beginn der Arbeit (z. B. beim Scannen einer HU) der Bestand auf die Ressource umgebucht wird. Wenn Sie im Lagermonitor nach dem Bestand suchen, können Sie genau sehen, welcher Bestand sich auf Lagerplätzen und welcher sich auf Ressourcen befindet. »Bestand auf Ressourcen« heißt, dass dieser Bestand gerade bewegt wird.

Wenn die Ressource die Arbeit unterbricht und die HU auf einem Lagerplatz ablegt, muss dieser Lagerplatz gescannt werden. Die HU wird dann auf diesen Lagerplatz zurückgebucht.

Für die Arbeit mit mobilen Endgeräten stellt das EWM-System das *RF-Framework* (RF = Radio Frequency) zur Verfügung, das aus einer Vielzahl sogenannter *logischer Transaktionen* zusammengesetzt ist. Viele, aber nicht alle logischen Transaktionen in EWM unterstützen das Führen von Bestand auf Ressourcen (Ressourcenmanagement).

Abbildung 5.4 zeigt, wie das EWM-System im Hintergrund beim Scannen einer HU mit einem mobilen Endgerät den Bestand und die HU auf die Ressource umbucht.

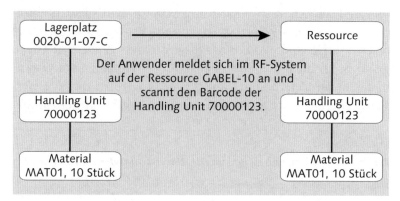

Abbildung 5.4 Bestandsführung auf Ressourcen bei Verwendung des Ressourcenmanagements in SAP EWM

Die Bestandsführung auf Ressourcen lässt sich im Customizing ein- und ausschalten. Sie erreichen die Einstellung über den Customizing-Pfad EXTENDED WAREHOUSE MANAGEMENT • PROZESSÜBERGREIFENDE EINSTELLUNGEN • RESSOURCENMANAGEMENT • QUEUES DEFINIEREN • QUEUES DEFINIEREN (siehe Abbildung 5.5).

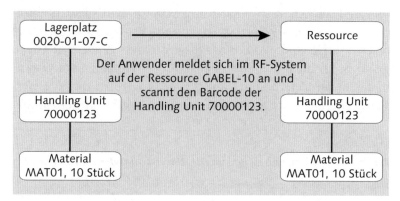

Abbildung 5.5 Bestandsbuchung auf Ressourcen bei aktivem Ressourcenmanagement

Mehr Informationen zum RF-Framework und zu Queues finden Sie in Kapitel 11, »Optimierung der Lagerprozessdurchführung«.

Bestandsführung auf Transporteinheiten

Während des EWM-Wareneingangsprozesses können Sie mit Transporteinheiten (TEs) arbeiten und Lieferungen sowie HUs einer TE zuweisen. Wenn

Sie für eine TE den Wareneingang buchen, kann das EWM-System den Bestand auf diese TE buchen – anstelle des normalen Warenbewegungsplatzes.

Dies müssen Sie jedoch im System entsprechend einstellen. Wählen Sie dazu den Customizing-Pfad EXTENDED WAREHOUSE MANAGEMENT • PROZESSÜBERGREIFENDE EINSTELLUNGEN • WARENANNAHME UND VERSAND • ALLGEMEINE EINSTELLUNGEN • STEUERUNG VON WARENBEWEGUNGEN EINRICHTEN (siehe Abbildung 5.6). Sie können hier entscheiden, ob der Bestand beim Wareneingang auf den in der Lieferposition angegebenen Lagerplatz (in der Lieferposition *Warenbewegungsplatz* genannt) oder auf die TE gebucht werden soll.

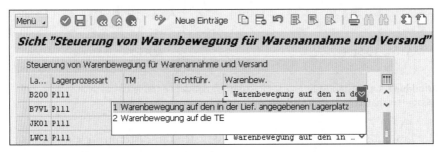

Abbildung 5.6 Warenbewegung auf das Objekt TE (Transporteinheit)

Im Warenausgangsprozess gilt entsprechend: Es wird der verladene Bestand auf eine TE gebucht, wenn eine aktive TE der Auslieferung zugewiesen ist und das Verladen mit einem Ladeschritt der prozessorientierten Lagerungssteuerung durchgeführt wird. Mehr Informationen dazu finden Sie in Kapitel 8, »Wareneingangsprozess«.

Überwachung der Bestände auf Ressourcen und Transporteinheiten

Die Bestände aller drei Ebenen (Lagerplatz, Ressource und TE) können Sie mit dem Lagermonitor überwachen.

Bei jedem Monitorknoten, der Bestände anzeigt, finden Sie unten auf dem Selektionsbild drei Kennzeichen, mit denen Sie die Überwachung von Lagerplätzen, Ressourcen und TEs selektieren können (siehe Abbildung 5.7). Aus Performancegründen ist standardmäßig nur die Selektion auf Lagerplätze eingeschaltet. Wenn Sie auch Bestände auf Ressourcen und TEs anzeigen lassen möchten, deaktivieren Sie die entsprechenden Kennzeichen (siehe Markierung in der Abbildung).

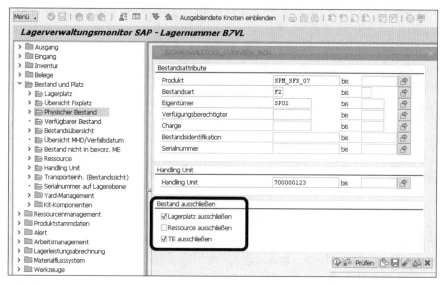

Abbildung 5.7 Bestand auf Lagerplätzen, Ressourcen und Transporteinheiten selektieren

5.1.4 Physischer und verfügbarer Bestand, eingehende und ausgehende Mengen

In diesem Abschnitt gehen wir näher auf die Begriffe *physischer Bestand* und *verfügbarer Bestand* ein und zeigen Ihnen, wie Sie in EWM eingehende und ausgehende Mengen (Mengen in offenen Lageraufgaben) pro Lagerplatz sehen können – ähnlich, wie dies in WM möglich ist.

Physischer und verfügbarer Bestand

Der *physische Bestand* zeigt die sich momentan auf einer Lokation (Lagerplatz, Ressource oder TE) befindlichen Quants an. Jedes Quant wird einzeln aufgeführt, und es wird die volle Menge angezeigt – völlig unabhängig von offenen Lageraufgaben. Der physische Bestand stellt die Basis für die Berechnung des verfügbaren Bestands dar.

Der *verfügbare Bestand* ist der Bestand, der für die Anlage von Lageraufgaben zur Verfügung steht.

> **Beispiel für physischen und verfügbaren Bestand**
>
> Wenn Sie z. B. einen physischen Bestand von zehn Stück eines Materials haben und eine Lageraufgabe von diesem Bestand mit der Menge sechs Stück angelegt haben, sind noch vier Stück für die Anlage weiterer Lageraufgaben verfügbar. Der verfügbare Bestand liegt also bei vier Stück.

Außerdem kann der verfügbare Bestand eine *Aggregation* von mehreren physischen Beständen darstellen, z. B. wenn sich diese Bestände in unterschiedlichen HUs befinden oder auf verschiedene Chargen aufgeteilt sind. Wenn sich die Bestände eines Materials z. B. auf drei physische HUs verteilen, dann können Sie für die Berechnung des verfügbaren Bestands einstellen, ob die Mengen einzeln für jede HU verfügbar sein sollen oder *HU-übergreifend aggregiert* werden (also 15 Stück verfügbarer Bestand, wenn jede einzelne der drei HUs fünf Stück Bestand beinhaltet). Ein Beispiel finden Sie in Abbildung 5.9. Auf dieselbe Weise können Sie eine Aggregation auf Chargenebene einstellen.

In beiden Fällen führt eine Aggregation des Bestands dazu, dass das EWM-System Lageraufgaben ohne Angabe der zu kommissionierenden HU (bzw. der zu kommissionierenden Charge) anlegt. Das EWM-System übernimmt somit nicht selbst die Suche nach der richtigen HU. Das bedeutet, dass der Lagerangestellte die HU bei der Quittierung auswählen muss.

> **Beispiel für Aggregation**
>
> Sie haben ein Blocklager, in dem Sie Paletten lagern, und dort zwei Paletten eines Materials mit jeweils 100 Stück auf einem Platz. Sie legen eine Lageraufgabe mit einer Menge von 50 Stück an. Wenn die Ebene des verfügbaren Bestands HU-unabhängig ist (Aggregation), legt das EWM-System die Lageraufgabe ohne Angabe einer Von-HU an. In diesem Fall muss der Lagerangestellte bei der Quittierung der Lageraufgabe dem System mitgeben, aus welcher HU er die 50 Stück genommen hat. Wenn die Ebene des verfügbaren Bestands HU-abhängig ist (keine Aggregation), bestimmt das EWM-System beim Anlegen einer Lageraufgabe die HU selbst gemäß der eingestellten Auslagerungsstrategie.

Die Ebene des verfügbaren Bestands für HUs und für Chargen legen Sie unter dem Customizing-Pfad EXTENDED WAREHOUSE MANAGEMENT • STAMMDATEN • LAGERTYP DEFINIEREN fest (siehe Abbildung 5.8). Die markierten Felder steuern die Ebene des verfügbaren Bestands, links für HUs und rechts für Chargen.

Den physischen und den verfügbaren Bestand eines Lagerplatzes können Sie sich im Lagermonitor anzeigen lassen. Den Lagermonitor erreichen Sie im SAP-Easy-Access-Menü über den Pfad EXTENDED WAREHOUSE MANAGEMENT • MONITORING • LAGERVERWALTUNGSMONITOR. Dort wählen Sie den Pfad BESTAND UND PLATZ • PHYSISCHER BESTAND bzw. den Pfad BESTAND UND PLATZ • VERFÜGBARER BESTAND. Sie können auch vom verfügbaren Bestand in den physischen Bestand navigieren.

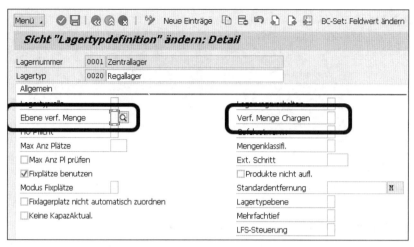

Abbildung 5.8 Ebene des verfügbaren Bestands pro Lagertyp einrichten

In Abbildung 5.9 sehen Sie ein Beispiel, in dem der physische Bestand der drei HUs 800000514 (fünf Stück), 800000515 (fünf Stück) und 800000516 (fünf Stück) auf der Ebene des verfügbaren Bestands auf 15 Stück aggregiert ist.

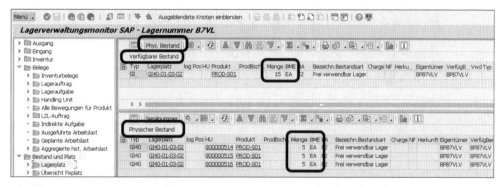

Abbildung 5.9 Beispiel von aggregiertem verfügbaren Bestand pro Lagerplatz (Blocklager)

Bestandsübersicht: eingehende und ausgehende Mengen anzeigen lassen

Im Knoten des Lagermonitors BESTAND UND PLATZ • BESTANDSÜBERSICHT können Sie sich die ein- und ausgehenden Mengen eines Lagerplatzes anzeigen lassen. So können Sie sehen, welche Mengen sich in von dem Lagerplatz ausgehenden offenen Lageraufgaben befinden (ausgehende Menge) und welche Mengen sich in Lageraufgaben befinden, die den aktuellen Platz als Zielplatz haben. In Abbildung 5.10 sehen Sie ein entsprechendes Beispiel für vier Lagerplätze im Lagertyp T051.

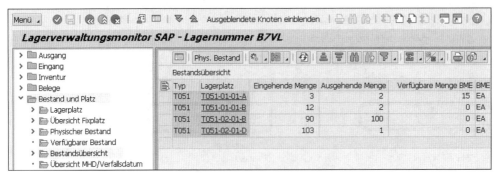

Abbildung 5.10 Bestandsübersicht mit eingehender und ausgehender Menge

5.1.5 Logistics Inventory Management Engine

Um die Bestände des Lagers effizient zu speichern, benutzt das EWM-System intern die *Logistics Inventory Management Engine* (LIME). Die LIME ermöglicht ein sehr flexibles Nähe-Echtzeit-Management von Beständen und Inventar. Als eine Engine ist die LIME zunächst eine von EWM unabhängige Komponente und wurde von SAP so entwickelt, dass sie auch von anderen Lösungen verwendet werden kann.

> **LIME aus Anwender- und Entwicklersicht**
>
> Als Anwender sehen Sie zwar nichts von der LIME, dennoch kann es nützlich sein, von ihrer Existenz zu wissen. Insbesondere, wenn Sie das EWM-System erweitern müssen und Zusatzentwicklungen durchführen, sollten Sie wissen, was die LIME ist.

Die LIME umfasst ein mächtiges Framework von über 100 Datenbanktabellen, Klassen und Funktionsbausteinen. Sie beinhaltet eine Anzahl von Queries für das effiziente Lesen des aktuellen und historischen Bestands. Die Haupttabellen der LIME sind /LIME/NTREE (diese Tabelle beinhaltet die Bestandshierarchie in Form einer Baumstruktur) und /LIME/NQUAN (diese Tabelle enthält die Mengen für die Bestandsknoten). In der Tabelle /LIME/NTREE gibt es Basisknoten (ein Root, Typ R), Lokationsknoten (Typ L) und HU-Knoten (Typ H). Die Bestandsknoten (Typ S) sind in der Tabelle /LIME/NQUAN enthalten.

Zusätzlich zu diesen beiden Haupttabellen gibt es noch Indextabellen (die Tabellennamen starten mit /SCWM/STOCK_, /SCWM/HU_ und /SCWM/LOC_) und Schattentabellen. Es ist möglich, Bestände der LIME direkt an SAP Business Warehouse (SAP BW) zu übertragen.

Bestandstabellen in SAP EWM zusätzlich zur LIME

Zusätzlich zu den LIME-Tabellen besitzt das EWM-System noch eigene Tabellen, in denen zusätzliche, EWM-spezifische Bestandsinformationen abgelegt sind. Tabelle /SCWM/QUAN beinhaltet Quantattribute wie z. B. Wareneingangsdatum und MHD. Die Tabelle /SCWM/AQUA beinhaltet die aggregierten verfügbaren Bestände und wird, wie oben beschrieben, von EWM während der Lagerauftragserstellung verwendet.

5.2 Bestandsarten und Verfügbarkeitsgruppen

In EWM können Bestände – genauso wie in WM – in verschiedene Arten unterteilt werden, z. B. in freien verfügbaren Bestand, gesperrten Bestand und Qualitätsprüfbestand. Diese Unterteilung erfolgt anhand der *Bestandsart*.

Im Unterschied zu WM beinhaltet die EWM-Bestandsart jedoch auch Informationen darüber, in welchem SAP-ERP-Lagerort sich der Bestand befindet. Im *EWM-Standard* bezieht sich die Bestandsart F1 auf den Bestand, der frei verfügbar ist und sich im SAP-ERP-Lagerort ROD befindet, während Bestandsart F2 Bestand meint, der frei verfügbar ist und sich im SAP-ERP-Lagerort AFS befindet.

ROD- und AFS-Lagerorte

Die Lagerorte ROD und AFS aus dem EWM-Standard können Sie frei benennen und dies im Customizing hinterlegen. ROD steht für *Received on Dock* und führt den sich in Einlagerung befindlichen Bestand, während AFS für *Available for Sales* steht und den bereits final eingelagerten Bestand führt.

5.2.1 Bestandsarten

Tabelle 5.1 zeigt die verfügbaren Bestandsarten im EWM-Standard. Wie Sie eigene Bestandsarten anlegen, beschreiben wir am Ende dieses Abschnitts.

Bestandsart	Beschreibung
B5	gesperrt in Einlagerung
B6	gesperrt Lager
C1	Zoll – frei in Einlagerung
C2	Zoll – frei verwendbar Lager
C3	Zoll – Qualität in Einlagerung
C4	Zoll – Qualität Lager

Tabelle 5.1 Wesentliche Bestandsarten im SAP-EWM-Standard

Bestandsart	Beschreibung
C5	Zoll – gesperrt in Einlagerung
C6	Zoll – gesperrt Lager
D1	Cross-Docking frei
F1	frei verwendbar in Einlagerung
F2	frei verwendbar Lager
P2	frei verwendbar Produktion
P4	Bestand in Q-Prüfung in Produktion
P6	gesperrt in Produktion
Q3	Qualitätsprüfbestand in Einlagerung
Q4	Qualitätsprüfbestand Lager
R7	Retourensperrbestand in Einlagerung
R8	Retourensperrbestand Lager
S5	Verschrottung aus Einlagerung
S6	Verschrottung aus Lager

Tabelle 5.1 Wesentliche Bestandsarten im SAP-EWM-Standard (Forts.)

Die meisten Bestandsarten gibt es also als Paar – eine Bestandsart für den sich in Einlagerung befindlichen Bestand und eine für bereits eingelagerten Bestand. Dies verdeutlicht auch Abbildung 5.11: Zu Bestandsart B5 gehört B6, zu C3 gehört C4 etc.

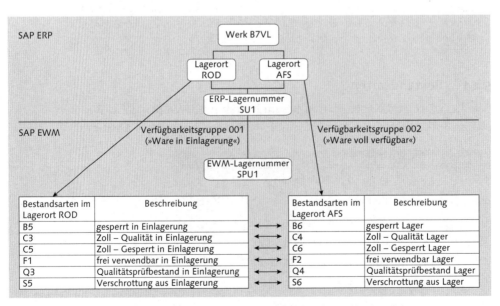

Abbildung 5.11 Bestandsarten, die zu den Lagerorten ROD und AFS gehören

5.2.2   Verfügbarkeitsgruppen

Die Beziehung zwischen den SAP-ERP-Lagerorten (ROD und AFS) sowie den SAP-ERP-Bestandsarten (frei, gesperrt, Qualität) und den EWM-Bestandsarten wird im EWM-System über die sogenannte *Verfügbarkeitsgruppe* hergestellt.

Es gibt vier Verfügbarkeitsgruppen im EWM-Standard (siehe Tabelle 5.2).

Verfügbarkeitsgruppe	Beschreibung
001	Ware in Einlagerung
002	Ware voll verfügbar
003	Bestand in Fertigung
CD	Cross-Docking

Tabelle 5.2 Verfügbarkeitsgruppen im SAP-EWM-Standard

Die Verfügbarkeitsgruppe weisen Sie den SAP-ERP-Lagerorten über den Customizing-Pfad EXTENDED WAREHOUSE MANAGEMENT • SCHNITTSTELLEN • ERP-INTEGRATION • WARENBEWEGUNGEN • LAGERORTE AUS DEM ERP-SYSTEM IN EWM ABBILDEN zu (siehe Abbildung 5.12).

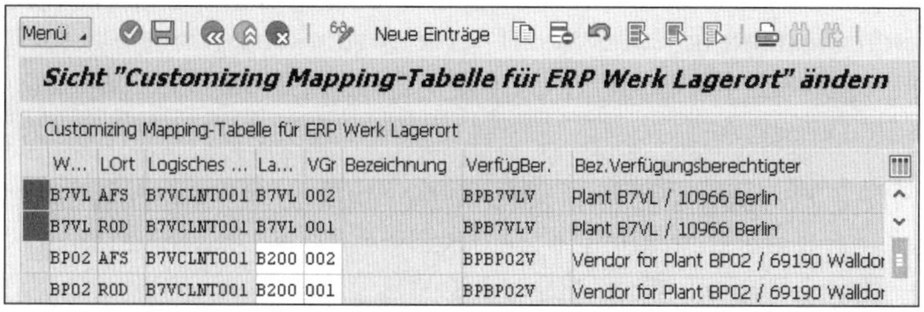

Abbildung 5.12 SAP-ERP-Lagerorte (LOrt) zu SAP-EWM-Verfügbarkeitsgruppen (VGr) zuordnen

Sie sehen hier z. B., dass Lagerort AFS von Werk B7VL der Verfügbarkeitsgruppe 002 aus EWM-Lagernummer B7VL zugewiesen ist.

Nachdem Sie die Verfügbarkeitsgruppen angelegt haben, müssen Sie sie den Bestandsarten zuweisen, also z. B. die Verfügbarkeitsgruppe 002 zu Bestandsart F2. Dafür verwenden Sie die Customizing-Aktivität unter dem Pfad EXTENDED WAREHOUSE MANAGEMENT • WARENEINGANGSPROZESS • VER-FÜGBARKEITSGRUPPE BEI EINLAGERUNG EINSTELLEN • BESTANDSART EINSTELLEN (siehe Abbildung 5.13).

Menü ▲	⊘ 🖫	🗐 🗐 🗐	💫 Neue Einträge	🗋 🗟 🖒 🗟 🗟 🗟	BC-Set: Feldwert ändern	🖨 🛍 🛍	🗐 🗋 🗋 🗐

Sicht "Customizing View - EWM Bestandsarten" ändern: Übersicht

Customizing View - EWM Bestandsarten

La...	B..	Bezeichnung Bestandsart	B..	B..	Bezeichnung	V...	Bezeichnung	U...	Bezeichnung	BsArt-Rolle
B200	S5	Verschrottung aus Einlagerung				001		BB	Gesperrter Bestand	S Verschrottungsbe... ∨
B200	S6	Verschrottung aus Lager				002		BB	Gesperrter Bestand	S Verschrottungsbe... ∨
B7VL	B5	Gesperrt in Einlagerung				001		BB	Gesperrter Bestand	N Normaler Bestand ∨
B7VL	B6	Gesperrt Lager				002		BB	Gesperrter Bestand	N Normaler Bestand ∨
B7VL	F1	Frei verwendbar in Einlagerung				001		FF	Frei verwendbarer Bestand	N Normaler Bestand ∨
B7VL	F2	Frei verwendbar Lager				002		FF	Frei verwendbarer Bestand	N Normaler Bestand ∨
B7VL	Q3	Qualitätsprüfbestand in Einl				001		QQ	Qualitätsprüfbestand	N Normaler Bestand ∨
B7VL	Q4	Qualitätsprüfbestand Lager				002		QQ	Qualitätsprüfbestand	N Normaler Bestand ∨

Abbildung 5.13 SAP-EWM-Verfügbarkeitsgruppen (Feld »V...«) zu SAP-EWM-Bestandsarten (Feld »BA«) zuordnen

5.2.3 Automatische Umbuchung bei der Quittierung von Lageraufgaben

Sie können das EWM-System so einstellen, dass bei einer Einlagerung in einen bestimmten Lagertyp der einzulagernde Bestand automatisch in eine andere Verfügbarkeitsgruppe (und damit in einen anderen SAP-ERP-Lagerort) umgebucht wird. Dies wird im Wareneingangsprozess dazu genutzt, bei der Quittierung finaler Einlageraufgaben den Bestand in einen Lagerort mit frei verfügbarem Bestand umzubuchen. Die Verfügbarkeitsgruppe wechselt damit von 001 auf 002, die Bestandsart von F1 nach F2 und der SAP-ERP-Lagerort von ROD nach AFS.

Wenn Sie in SAP ERP mit der Verfügbarkeitsprüfung für Kundenaufträge oder Auslieferungen arbeiten, können Sie Bestände, die sich noch in Einlagerung befinden, ganz einfach über Ausschluss des Lagerortes ROD ausblenden. So ist ein Bestand erst dann wirklich verfügbar, wenn er final eingelagert worden ist.

Die automatische Umbuchung bei Quittierung von Lageraufgaben stellen Sie im Customizing über den Pfad EXTENDED WAREHOUSE MANAGEMENT • STAMMDATEN • LAGERTYP DEFINIEREN (siehe Abbildung 5.14) ein.

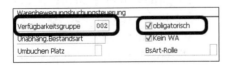

Warenbewegungsbuchungssteuerung

Verfügbarkeitsgruppe	002	☑ obligatorisch
Unabhäng.Bestandsart		☑ Kein WA
Umbuchen Platz		BsArt-Rolle

Abbildung 5.14 Warenbewegungssteuerung eines Lagertyps

Sie pflegen im Bereich WARENBEWEGUNGSSTEUERUNG die Verfügbarkeitsgruppe (im Beispiel 002) und setzen das Kennzeichen OBLIGATORISCH.

5.2.4 Neue Bestandsarten anlegen

Bei Einführungen von EWM kommt es häufig vor, dass Sie Bestand in SAP ERP in einem separaten Lagerort führen möchten und somit in EWM neue Bestandsarten anlegen müssen. Gehen Sie dazu folgendermaßen vor:

1. Legen Sie im SAP-ERP-System einen neuen Lagerort an, und weisen Sie die Werk-Lagerort-Kombination der SAP-ERP-Lagernummer zu.

   Beispiel: Sie legen Lagerort LO02 an und weisen ihn der SAP-ERP-Lagernummer 001 zu.

2. Erstellen Sie im EWM-System eine neue Verfügbarkeitsgruppe, z. B. Verfügbarkeitsgruppe Z02. Gehen Sie dazu ins EWM-Customizing, und wählen Sie den Pfad Extended Warehouse Management • Wareneingangsprozess • Verfügbarkeitsgruppe bei Einlagerung einstellen • Bestandsart einstellen (siehe Abbildung 5.13).

3. Erstellen Sie eine neue Bestandsart im Customizing der LIME, z. B. Bestandsart Z2, im Customizing unter dem Pfad SCM-Basis • Logistics Inventory Management Engine (LIME) • Grundeinstellungen • Anwendungsspezifische Einstellungen • Bestandsart festlegen. Dies ist notwendig, weil Sie in EWM (siehe nächster Schritt) nur Bestandsarten verwenden können, die vorher in der LIME angelegt worden sind.

4. Erstellen Sie eine neue Bestandsart in EWM mit demselben Namen wie die Bestandsart, die Sie in der LIME angelegt haben, also Z2, und weisen Sie die neue Verfügbarkeitsgruppe Z02 zu. Benutzen Sie dafür im Customizing den Pfad Extended Warehouse Management • Wareneingangsprozess • Verfügbarkeitsgruppe bei Einlagerung einstellen • Bestandsart einstellen (siehe Abbildung 5.13).

5. Erstellen Sie nun den Eintrag im Customizing der SAP-ERP-EWM-Schnittstelle, und weisen Sie Ihrem Werk und dem Lagerort LO02 die Verfügbarkeitsgruppe Z02 zu. Benutzen Sie im Customizing den Pfad Extended Warehouse Management • Schnittstellen • ERP-Integration • Warenbewegungen • Lagerorte aus dem ERP-System in EWM abbilden (siehe Abbildung 5.12).

6. Nun haben Sie die Bestandsart Z2 in EWM angelegt und können zum Test eine Umbuchung anlegen. Wählen Sie einen normalen, frei verwendbaren Bestand, und buchen Sie ihn um in die Bestandsart Z2. Wenn alles richtig eingestellt ist, müsste nun der Bestand im SAP-ERP-System ebenfalls in den Lagerort LO02 umgebucht worden sein.

7. Optional: Wenn Sie Umbuchungen in die neue Verfügbarkeitsgruppe Z02 automatisch durchführen wollen, wenn Sie Bestand in einen bestimmten Lagerort einlagern, weisen Sie diese Verfügbarkeitsgruppe im Customizing dem Lagerort zu und setzen das Kennzeichen OBLIGATORISCH. Verwenden Sie dafür den Customizing-Pfad EXTENDED WAREHOUSE MANAGEMENT • STAMMDATEN • LAGERTYP DEFINIEREN (siehe Abbildung 5.14).

Bestandsarten mit mehr als zwei Zeichen in SAP EWM

Wie Sie in diesem Abschnitt gesehen haben, hat die Bestandsart in EWM nur zwei Zeichen, obwohl sie letztlich im SAP-ERP-System eine Kombination aus Lagerort und der SAP-ERP-Bestandsart darstellt. Der SAP-ERP-Lagerort hat vier Zeichen, d.h., die EWM-Bestandsart müsste eigentlich aus fünf Zeichen bestehen, um alle Möglichkeiten abzudecken. Falls Ihnen die zwei Zeichen der EWM-Bestandsart nicht reichen, gibt es jedoch dennoch Möglichkeiten im Rahmen einer Modifikation. Wenden Sie sich dazu an Ihr Beratungshaus.

5.3   Eigentümer, Verfügungsberechtigter und Besitzer

Das Bestandsmodell von EWM sieht drei Parteien vor, die Einfluss auf den Bestand haben: den *Eigentümer*, den *Verfügungsberechtigten* und den *Besitzer*. Alle drei Parteien werden im EWM-System als Geschäftspartner abgebildet. Die englischen Begriffe sind *Owner*, *Party Entitled to Dispose* und *Custodian*. In den folgenden Abschnitten gehen wir im Einzelnen auf diese drei Geschäftspartner ein, an dieser Stelle möchten wir die Beziehungen zwischen ihnen kurz verdeutlichen:

▶ **Besitzer**
Dem Besitzer gehört das Lager, aber nicht zwingend auch der Bestand im Lager. Ein EWM-Lager hat immer genau einen Besitzer. Im EWM-System legen Sie für den Besitzer einen Geschäftspartner an und weisen diesem die EWM-Lagernummer zu. In einfachen Fällen wird einfach der Geschäftspartner des Werks aus SAP ERP verwendet.

▶ **Verfügungsberechtigter**
Der Verfügungsberechtigte ist die Partei, die über den Bestand *verfügen* darf. Der Verfügungsberechtigte im EWM-System entspricht immer dem Geschäftspartner des Werks aus SAP ERP. Wenn Sie in Ihrer EWM-Lagernummer nur Bestände *eines* SAP-ERP-Werks führen, gibt es auch nur *einen* Verfügungsberechtigten in EWM. Um in diesem Fall nicht in allen EWM-Transaktionen den Verfügungsberechtigten eingeben zu müssen, können

und sollten Sie das Feld DEFAULT-VERFÜGUNGSBERECHTIGTER der EWM-Lagernummer pflegen (siehe Abbildung 5.22 und die Erläuterung dazu).

Wenn Sie Bestand mehrerer SAP-ERP-Werke in Ihrer EWM-Lagernummer verwalten, gibt es auch mehrere Verfügungsberechtigte. In diesem Fall sollten Sie das Feld DEFAULT-VERFÜGUNGSBERECHTIGTER der EWM-Lagernummer nicht pflegen.

► **Eigentümer**
Der Eigentümer ist die Partei, der der Bestand gehört. Normalerweise entspricht der Eigentümer ebenfalls dem Geschäftspartner des SAP-ERP-Werks – es sei denn, Sie arbeiten mit Lieferantenkonsignationsbestand. In diesem Fall gehört der Bestand noch dem Lieferanten, sodass er (der Geschäftspartner des Lieferanten) auch der Eigentümer im EWM-System ist.

Einfachster Fall: Nur ein Werk und keine Konsignation

Im einfachsten Fall verwalten Sie nur den Bestand eines SAP-ERP-Werks in einer EWM-Lagernummer und verwenden keine Lieferantenkonsignation. Das heißt, dass der Besitzer, der Verfügungsberechtigte und der Eigentümer im EWM-System alle derselbe Geschäftspartner sind, nämlich der Geschäftspartner des SAP-ERP-Werks.

In den folgenden Abschnitten gehen wir im Detail auf diese drei Parteien ein.

5.3.1 Eigentümer verwalten

Der *Eigentümer* ist die Partei, der der Bestand gehört. Im EWM-System ist dies immer ein Geschäftspartner, entweder der Geschäftspartner des SAP-ERP-Werks oder, im Falle von Lieferantenkonsignationsbestand, der Geschäftspartner des SAP-ERP-Lieferanten. So ist in EWM ersichtlich, ob der Bestand Ihnen gehört oder sich noch im Besitz eines externen Lieferanten befindet.

Sie können den Konsignationsbestand des Lieferanten verbrauchen, indem Sie in EWM eine Umbuchung durchführen. Es ist jedoch auch möglich, Lieferantenkonsignationsbestand direkt zu kommissionieren und Warenausgang zu buchen.

Im Folgenden zeigen wir Ihnen nun ein Beispiel eines Wareneingangsprozesses mit Lieferantenkonsignationsbestand. Dafür haben wir im SAP-ERP-System eine Bestellung und eine Anlieferung mit Sonderbestandskennzeichen K angelegt. Die Anlieferung wurde ins EWM-System verteilt. In Abbildung 5.15 sehen Sie diese Anlieferung und dass die Position die Verwendung C und den Eigentümer VEND009 hat (VEND009 ist ein Lieferant aus

dem SAP-ERP-System). In diesem Fall sind also Eigentümer und Verfügungsberechtigter (SAP-ERP-Werk) unterschiedliche Geschäftspartner.

Wenn die Einlageraufgaben für die Anlieferung angelegt werden, werden
die Verwendung und der Eigentümer in die Lageraufgabe übernommen. Sie
können, wenn gewünscht, basierend auf der Verwendung C eine andere
Lagertypsuche für die Einlagerung benutzen, um den Lieferantenkonsignationsbestand separat zu lagern.

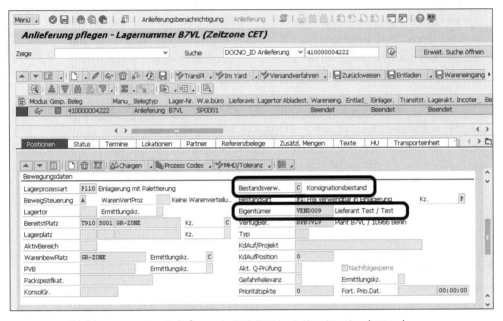

Abbildung 5.15 Eine Anlieferung in SAP EWM mit Konsignationsbestand

Wenn Sie die Einlageraufgaben quittieren, sehen Sie die Verwendung und
den Eigentümer auch auf dem Quant (physischer Bestand) im finalen Lagerplatz (siehe Abbildung 5.16).

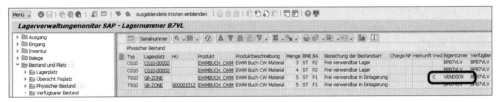

Abbildung 5.16 Physischer Bestand im Lagermonitor nach Einlagerung von Lieferantenkonsignationsbestand

Wenn Sie sich im SAP-ERP-System die Warenbewegungen (Materialbelege) anschauen, sehen Sie für die Wareneingangsbuchung sowie für die Umbuchung von ROD nach AFS das Sonderbestandskennzeichen K für Lieferantenkonsignationsbestand (siehe Abbildung 5.17).

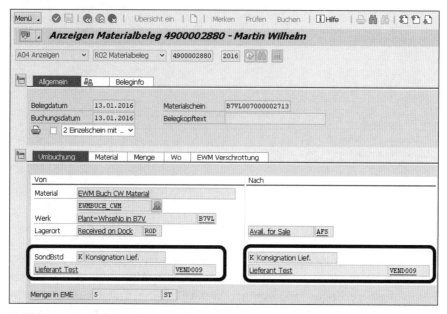

Abbildung 5.17 Lieferantenkonsignationsbestand in SAP ERP mit Sonderbestandsart K umbuchen

5.3.2 Mit unterschiedlichen Verfügungsberechtigten arbeiten

Der *Verfügungsberechtigte* ist die Partei, die über den Bestand verfügen darf. Der Verfügungsberechtigte eines Bestands im EWM-System entspricht per Definition dem zu diesem Bestand gehörenden Werk im SAP-ERP-System. Der Verfügungsberechtigte ist immer der *Geschäftspartner* des SAP-ERP-Werkes.

Wenn Sie in Ihrer EWM-Lagernummer nur Bestände eines SAP-ERP-Werks führen, haben Sie auch nur einen Verfügungsberechtigten. Wenn Sie Bestand mehrerer SAP-ERP-Werke in Ihrer EWM-Lagernummer verwalten, haben Sie auch mehrere Verfügungsberechtigte und müssen in vielen EWM-Transaktionen den richtigen Verfügungsberechtigten auswählen, wenn Sie Belege anlegen.

In allen Knoten des Lagermonitors, die mit Beständen und Lieferpositionen zu tun haben, können Sie den Verfügungsberechtigten zur Selektion nutzen (siehe Abbildung 5.18).

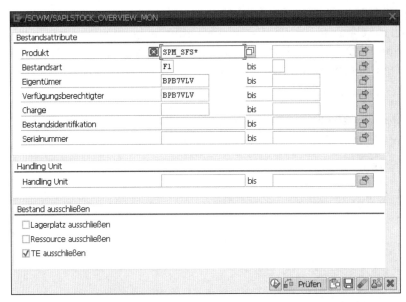

Abbildung 5.18 Bestände eines Verfügungsberechtigten im Lagermonitor selektieren

Bei der Verarbeitung von EWM-Lieferungen können Sie in den Default-Werten einen Verfügungsberechtigten angeben (siehe Abbildung 5.19). Dieser Verfügungsberechtigte wird genutzt, wenn Sie eine Anlieferung in EWM manuell anlegen. Dies trifft für alle Lieferbelege zu, sowohl für An- als auch für Auslieferungen. In den Fällen, in denen die Anlieferung bereits im SAP-ERP-System angelegt worden ist, müssen Sie dieses Feld nicht pflegen, da, wie oben beschrieben, der Verfügungsberechtigte des Werks verwendet wird. Das Werk haben Sie in diesem Fall in SAP ERP eingegeben.

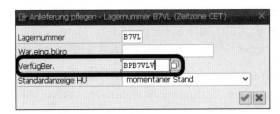

Abbildung 5.19 Default-Werte für Lieferabwicklung pflegen

Verfügungsberechtigten bei der Lagerproduktpflege weglassen

Wenn Sie einen Default-Verfügungsberechtigten der Lagernummer zugewiesen haben (siehe den nächsten Abschnitt), können Sie den Verfügungsberechtigten bei der Lagerproduktpflege auch leer lassen. In diesem Fall wählt das EWM-System automatisch den Default-Verfügungsberechtigten der Lagernummer.

Wenn Sie mit der Transaktion /SCWM/MAT1 die Lagerproduktsicht für ein Material pflegen, müssen Sie ebenfalls den Verfügungsberechtigten angeben (siehe Abbildung 5.20). Sie können somit die Lagerdaten für zwei Verfügungsberechtigte unterschiedlich pflegen, z. B. um eine andere Einlagerungsstrategie oder eine andere Lagerungssteuerung mit unterschiedlichen Prozessschritten zu finden, je nach Verfügungsberechtigtem.

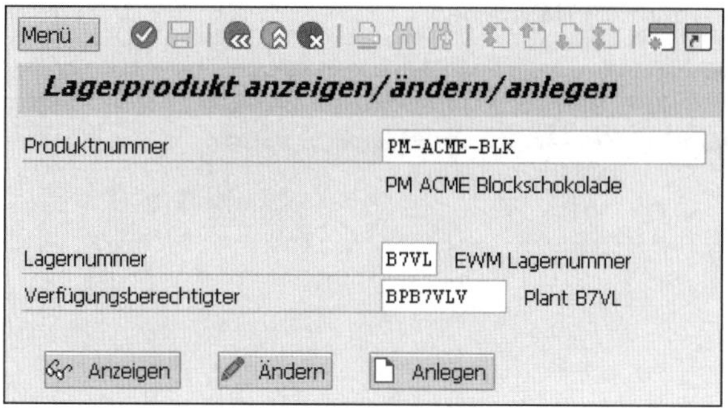

Abbildung 5.20 Lagerprodukte pflegen

5.3.3 Bestände eines SAP-ERP-Werks in einem SAP-EWM-Lager

Im einfachen Fall verwalten Sie in Ihrer EWM-Lagernummer nur Bestände *eines* Werkes. Damit ergibt sich das Bild aus Abbildung 5.21 mit nur einem Verfügungsberechtigten.

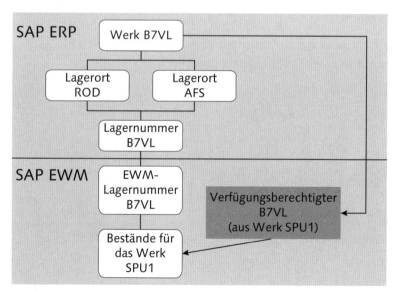

Abbildung 5.21 Organisationsstruktur mit einem Werk in SAP ERP und somit einem Verfügungsberechtigten in SAP EWM

In diesem Fall, in dem es in der Lagernummer nur einen Verfügungsberechtigten gibt, sollten Sie der Lagernummer einen Default-Verfügungsberechtigten zuweisen.

Wählen Sie dazu im Customizing den Pfad Extended Warehouse Management • Stammdaten • Lagernummern zuordnen (siehe Abbildung 5.22). Hier können Sie auch den Besitzer des Lagers zuordnen, den wir in Abschnitt 5.3.6, »Besitzer des Lagers«, näher erläutern.

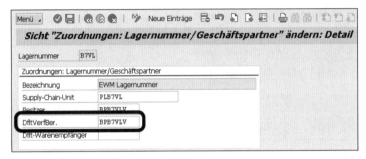

Abbildung 5.22 Default-Verfügungsberechtigten (DfltVerfBer.) der Lagernummer zuweisen

5.3.4 Bestände von mehreren SAP-ERP-Werken in einem SAP-EWM-Lager

In manchen Branchen, insbesondere bei Logistikdienstleistern, ist es üblich, dass ein Lager Bestände von *mehreren* Werken verwaltet. Mit EWM ist dies problemlos möglich.

Abbildung 5.23 zeigt ein Szenario mit zwei Werken im SAP-ERP-System, deren Bestände in einer EWM-Lagernummer verwaltet werden.

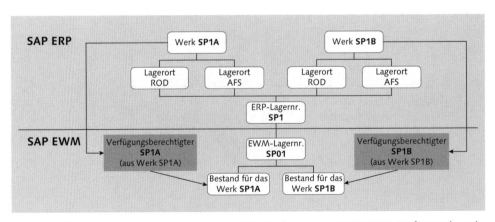

Abbildung 5.23 Bestand von zwei SAP-ERP-Werken mit zwei SAP-EWM-Verfügungsberechtigten in einem Lager

Es gibt für jedes Werk einen Verfügungsberechtigten in EWM. Alle Bestände und Belege im EWM-System sind jeweils dem einen oder anderen Verfügungsberechtigten zugeordnet. Wenn Sie eine Lieferung manuell anlegen, müssen Sie angeben, für welchen der beiden Verfügungsberechtigten Sie dies tun. In diesem Fall wird das Werk in SAP ERP ausgehend vom in EWM eingegebenen Verfügungsberechtigten automatisch ermittelt.

5.3.5 Richtiges Einstellen des Verfügungsberechtigten bei Anlage eines neuen Werkes

Wenn Sie das EWM-System richtig aufgesetzt haben, gibt es für jedes Werk in SAP ERP genau einen Geschäftspartner in EWM. Dieser Geschäftspartner hat denselben Namen wie das Werk.

In Abbildung 5.24 sehen Sie einen solchen Geschäftspartner in der Transaktion BP. Das Werk trägt die Bezeichnung B7VL, der Geschäftspartner heißt BPB7VlV.

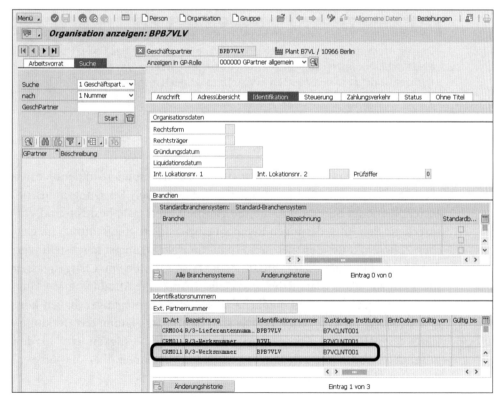

Abbildung 5.24 Eine Identifikationsnummer zur ID-Art CRM011 für den Geschäftspartner des Werks zuweisen

Es wurde die Registerkarte IDENTIFIKATION ausgewählt. Wichtig ist, dass im Bereich IDENTIFIKATIONSNUMMERN dieser Registerkarte ein Eintrag für die ID-Art CRM011 angelegt ist und die Identifikationsnummer dieser ID-Art dem Namen des Werks entspricht. In der Spalte ZUSTÄNDIGE INSTITUTION muss das logische System (Transaktion BDLS) des SAP-ERP-Systems stehen, in dem das Werk angelegt ist. Nur dann können Sie diesen Geschäftspartner auch als Verfügungsberechtigten verwenden.

5.3.6 Besitzer des Lagers

Wie schon erwähnt, stellt der *Besitzer* die EWM-Rolle dar, der das Lager gehört – nur das Lager selbst, nicht zwangsläufig auch der Bestand im Lager. Ein EWM-Lager hat immer genau einen Besitzer. Im EWM-System müssen Sie für den Besitzer einen Geschäftspartner anlegen und diesen der EWM-Lagernummer zuweisen. Wählen Sie dazu im Customizing den Pfad EXTENDED WAREHOUSE MANAGEMENT • STAMMDATEN • LAGERNUMMERN ZUORDNEN (siehe Abbildung 5.22 weiter vorne).

Der Besitzer ist in den SAP-EWM-Transaktionen nicht sichtbar

Der Besitzer spielt betriebswirtschaftlich zwar eine sehr wichtige Rolle, ist aber für die Durchführung von Logistikaktivitäten von sehr untergeordneter Relevanz. Der Besitzer ist daher in den meisten EWM-Transaktionen nicht separat aufgeführt.

5.4 Chargenverwaltung

Chargen werden in vielen Branchen eingesetzt, insbesondere in der pharmazeutischen und chemischen Industrie sowie in der Fertigungsindustrie. Materialien oder Substanzen, die die gleichen Merkmale besitzen und entsprechend den Anforderungen in einem einzigen Fertigungsauftrag, im gleichen Zeitraum unter den gleichen Produktionsbedingungen hergestellt werden, werden in einer Charge zusammengefasst. Mithilfe von Chargen lassen sich Produkte näher klassifizieren, da jede Charge eine Anzahl von Merkmalen hat, die jeweils unterschiedliche Werte und Ausprägungen haben können. Beispiele für Chargenmerkmale sind das Herstelldatum, das Herkunftsland, das MHD, der Chargenzustand, die Farbe, Festigkeit etc. In den folgenden Abschnitten erhalten Sie mehr Informationen über die Verwendung von Chargen in EWM.

5.4.1   Übersicht über die Chargenverwaltung

In diesem Abschnitt erläutern wir anhand eines Beispiels die Benutzung eines chargenpflichtigen Materials und die wichtigsten Auswirkungen auf EWM.

Angenommen, Sie lagern verschiedene Lacke in Ihrem Lager. Ein Lack lässt sich durch die Eigenschaften Farbe, Dickflüssigkeit und Verfallsdatum charakterisieren. Sie legen für den Lack einen Materialstamm an und schalten für das Material die Chargenverwaltung ein. Als Nächstes weisen Sie dem Material eine Chargenklasse zu. Diese Chargenklasse haben Sie vorher angelegt, und sie beinhaltet die drei genannten Merkmale (Farbe, Dickflüssigkeit und Verfallsdatum). Während der Anlieferungsverarbeitung können Sie nun eine Charge für Ihr Material anlegen und diese Merkmale pflegen. Die Charge ist dann klassifiziert und kann eingelagert werden.

Mithilfe von Auslieferungen kann die Charge wieder ausgelagert werden. Die Auslieferung kann die Charge entweder direkt aus dem SAP-ERP-System bekommen haben (als sogenannte *vorgegebene Charge*), oder sie kann im EWM-System vor der Kommissionierung angegeben werden. Sie können auch das EWM-System nach Chargen suchen lassen, indem Sie bestimmte Merkmalsattribute pflegen, z. B. Farbe »Grün« und Dickflüssigkeit »mittel« oder »dick«. EWM führt dann selbstständig während der Lageraufgabenerstellung eine Chargenfindung aus.

Wenn Sie die Chargenverwaltung in EWM benutzen, können Sie mit den folgenden Funktionen arbeiten:

▸ **Umgang mit Chargenstammdaten in SAP EWM**
Chargenstammdaten können aus dem SAP-ERP-System in EWM verteilt, in EWM manuell angelegt oder automatisch (im Hintergrund) bei der Verteilung einer Anlieferung aus SAP ERP angelegt werden.

▸ **Chargenfindung während der Auslieferungsverarbeitung**
Sie können die Chargensuchkriterien einer Auslieferung (Auslieferungsauftrag) anzeigen und ändern und basierend auf diesen Kriterien Chargen während der Kommissionierung finden. Während der Anlage einer Lageraufgabe findet das EWM-System nur Chargen, die den vorgegebenen Kriterien entsprechen.

▸ **Vorgegebene Chargen**
Wenn Sie eine bestimmte Charge bereits in der Auslieferposition angeben, benutzt das EWM-System nur diese Charge.

▶ **Chargenzustandsverwaltung**

Chargen in EWM können über eine bestimmte Charakteristik den Zustand FREI oder NICHT FREI haben, was eine Aussage über die Gebrauchsfähigkeit einer Charge macht. Für Chargen, die den Chargenzustand NICHT FREI haben, können Sie einstellen, dass keine Lagerbewegungen möglich sind, und auch, dass diese Charge nicht wareneingangs- oder warenausgangsgebucht werden darf.

▶ **Monitoring**

Im Lagermonitor können Sie sich die Chargenbestände anzeigen lassen und Bestand basierend auf Chargenmerkmalen selektieren.

▶ **Dokumentationscharge**

Die Dokumentationscharge ist eine besondere Art von Charge. Sie ist nicht bestandsgeführt. Dennoch kann sie in Szenarien, in denen es hauptsächlich darauf ankommt, Chargenmerkmale für Lieferbelege aus Dokumentationsgründen zu speichern, sehr sinnvoll sein.

Mehr Informationen über Dokumentationschargen erhalten Sie in Abschnitt 5.5, »Dokumentationschargen«.

Bevor Sie Ihre erste Charge anlegen, sollten Sie die folgenden vier allgemeinen Einstellungen vornehmen bzw. prüfen:

1. Wenn Sie die Chargenverwaltung in EWM benutzen möchten, müssen Sie diese zunächst auch im SAP-ERP-System aktivieren. Die Chargen werden zentral im SAP-ERP-System verwaltet, gewissermaßen als das Stammdatensystem für Chargen. Aus SAP ERP können Chargen und Klassen/Charakteristika zu allen angeschlossenen EWM-Systemen per Core Interface (CIF) verteilt werden.

   Sie können Chargen auch im EWM-System anlegen und ändern – in diesem Fall werden die Daten zurück ins SAP-ERP-System und von dort erneut auf alle angeschlossenen EWM-Systeme verteilt.

2. Wenn Sie Chargen in EWM in Verbindung mit SAP ERP verwenden möchten, müssen Sie eindeutige Chargennamen *auf Materialebene* benutzen. Folgen Sie zur Einstellung der Chargenebene im Customizing des SAP-ERP-Systems dem Pfad LOGISTIK ALLGEMEIN • CHARGENVERWALTUNG • CHARGENEBENE BESTIMMEN UND ZUSTANDSVERWALTUNG AKTIVIEREN • CHARGENEBENE.

   Die Kommunikation zwischen SAP ERP und EWM unterstützt nur diese Chargenebene. Chargen auf Werksebene werden nicht unterstützt.

3. Sie müssen den Nummernkreis für Chargen in EWM einstellen. Der Nummernkreis wird verwendet, wenn EWM Chargen anlegt, z. B. automatisch bei der Verteilung von Anlieferungen. Folgen Sie dazu im Customizing dem Pfad EXTENDED WAREHOUSE MANAGEMENT • PROZESSÜBERGREIFENDE EINSTELLUNGEN • CHARGENVERWALTUNG • NUMMERNKREIS FÜR CHARGE DEFINIEREN.

4. Außerdem sollten Sie die Verbuchungssteuerung bei Chargen-Updates prüfen. Wählen Sie im Customizing den Pfad EXTENDED WAREHOUSE MANAGEMENT • PROZESSÜBERGREIFENDE EINSTELLUNGEN • CHARGENVERWALTUNG • VERBUCHUNGSSTEUERUNG (ZENTRAL, DEZENTRAL) EINSTELLEN (siehe Abbildung 5.25).

Wenn Sie in EWM Chargen ändern oder anlegen, wird im Hintergrund versucht, das SAP-ERP-System synchron aufzurufen und die Charge zu übertragen. Wenn Sie in der EWM-Customizing-Tabelle den Default-Eintrag für die Spalte CHGUPD wählen (siehe markierte Zeile in Abbildung 5.25) und bei der Übertragung in SAP ERP ein Fehler auftritt (z. B. SAP-ERP-System nicht erreichbar, Charge von einem anderen Benutzer gesperrt), gibt das EWM-System eine Fehlermeldung aus, und die Änderung bzw. Anlage der Charge wird nicht in EWM verbucht.

Wenn Sie die Werte 1 oder 2 für CHGUPD wählen, wird bei einem Fehler bei der synchronen Verbuchung keine Fehlermeldung ausgegeben und stattdessen die Verbuchung später erneut im Hintergrund versucht. So können Sie in EWM weiterarbeiten, auch wenn ein Fehler aufgetreten ist.

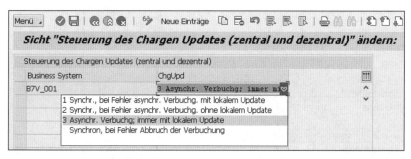

Abbildung 5.25 Chargen-Updates festlegen

Um ein bestimmtes Produkt chargenpflichtig zu machen, müssen Sie das entsprechende Kennzeichen im Materialstamm in SAP ERP markieren (Transaktion MM01 oder MM02). Dann weisen Sie auf der Registerkarte KLASSIFIKATION eine Klasse des Typs 023 zu.

Chargen haben die folgenden drei Merkmale, die auch gleichzeitig Bestandsattribute von EWM sind:

► MHD/Verfallsdatum

► Herkunftsland

► Chargenzustand

Wenn Sie eine neue Chargenklasse in SAP ERP anlegen, können Sie diese Attribute benutzen und als Merkmale zur Klasse hinzufügen. Die Merkmalsnamen sind LOBM_HERKL (Herkunftsland), LOBM_VFDAT (Mindesthaltbarkeitsdatum) und LOBM_ZUSTD (Chargenzustand). Wenn Sie einen Wareneingang eines chargenpflichtigen Materials mit diesen Merkmalen buchen, werden die Werte dieser Merkmale automatisch in die entsprechenden Bestandsfelder von EWM gebucht und können somit Lagerprozesse in EWM steuern, z. B. die Anlage von Lageraufgaben. Für die MHD/Verfallsdatum-Verwaltung ist zudem das Merkmal LOBM_RLZ (Restlaufzeit) von Belang.

Sie können Chargen in EWM anlegen, anzeigen und ändern. Wählen Sie dazu im SAP-Easy-Access-Menü den Pfad EXTENDED WAREHOUSE MANAGEMENT • STAMMDATEN • PRODUKT • CHARGEN ZUM PRODUKT PFLEGEN, oder rufen Sie die Transaktion /SCWM/WM_BATCH_MAINT auf. In dieser Transaktion können Sie auch die Werte von Chargenmerkmalen ändern (siehe Abbildung 5.26).

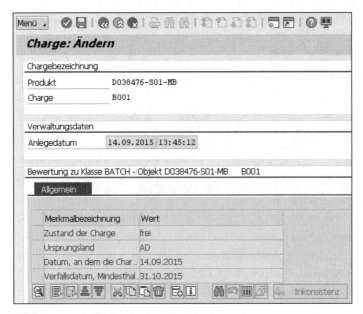

Abbildung 5.26 Merkmale einer Charge pflegen

Das Merkmal CHARGENZUSTAND (LOBM_ZUSTD) macht eine Aussage über die Gebrauchsfähigkeit einer Charge. Eine Charge kann entweder gebrauchsfähig oder nicht gebrauchsfähig sein. Dies wird im SAP-System über die beiden Zustände FREI und NICHT FREI abgebildet.

In EWM können Sie den Chargenzustand benutzen, um Wareneingänge und Warenausgänge für Lieferpositionen zu verbieten. Ebenso können Sie die Anlage von Lageraufgaben verbieten. Wählen Sie dazu im Customizing von EWM den Pfad EXTENDED WAREHOUSE MANAGEMENT • PROZESSÜBERGREIFENDE EINSTELLUNGEN • CHARGENVERWALTUNG • CHARGENZUSTANDSVERWALTUNG.

5.4.2 Chargen im Wareneingangsprozess

Wenn Sie eine Anlieferung im SAP-ERP-System anlegen, wird die Charge der Lieferpositionen ins EWM-System verteilt. Wenn die Charge bereits als Stammdatum in EWM vorhanden ist, können Sie die Einlageraufgaben direkt anlegen und quittieren. Wenn die Charge noch nicht vorhanden ist, können Sie sie entweder über die Anlieferungstransaktion *im Vordergrund* oder während der Verteilung der Anlieferung automatisch (*im Hintergrund*) anlegen lassen.

Wenn keine Charge vorhanden ist, legt EWM eine neue Charge an, indem es den anfangs erwähnten Nummernkreis benutzt. Wenn EWM die Charge anlegt, werden die Werte der Anlieferposition in die entsprechenden Merkmale der Charge kopiert, u. a. das Herkunftsland, das MHD und das Herstelldatum.

Kopieren weiterer Felder in den Chargenstammsatz

Um bei Anlage der Charge zusätzliche Felder in den Chargenstammsatz zu kopieren, können Sie die Business Add-Ins (BAdIs) `/SCWM/DLV_BATCH_VAL` bzw. `/SCWM/DLV_BATCH_CHAR` verwenden.

5.4.3 Chargen im Warenausgangsprozess

Im SAP-ERP-System können Sie zu Auslieferpositionen sogenannte *Chargenfindungskriterien* mitgeben, die zusammen mit der Lieferung in EWM verteilt werden. Während der Lageraufgabenerstellung werden diese Kriterien bei der Findung einer geeigneten Charge berücksichtigt. Wenn die Menge einer Charge nicht ausreicht, um die Liefermenge zu erfüllen, ermittelt das System auch mehrere geeignete Chargen. Sie können der Auslieferposition auch direkt eine bestimmte Charge zuweisen.

Chargenfindungskriterien in SAP EWM anzeigen

Sie können die Chargenfindungskriterien in EWM anzeigen lassen, indem Sie in der Transaktion /SCWM/PRDO die Schaltfläche SELEKTION oberhalb der Positionsübersicht anklicken.

Während der Lageraufgabenerstellung können Sie eine Charge manuell auswählen. Bei manueller Chargenauswahl prüft das EWM-System aber in jedem Fall, ob die von Ihnen ausgewählte Charge mit den Chargenfindungskriterien übereinstimmt. Dies können Sie über das Customizing unter dem Pfad EXTENDED WAREHOUSE MANAGEMENT • PROZESSÜBERGREIFENDE EINSTELLUNGEN • CHARGENVERWALTUNG • EINSTELLUNG ZUR LIEFERUNG VORNEHMEN genauer steuern.

Während der Lageraufgabenerstellung kann Sie EWM bei der Auswahl geeigneter Chargen unterstützen, indem es eine Liste der verfügbaren Bestände anzeigt, die den Chargenfindungskriterien entsprechen. Sie können dann entweder manuell eine passende Charge auswählen oder die Anforderungsmenge über die gefundenen Chargen von EWM automatisch verteilen lassen.

Wenn Sie oder das EWM-System während der Lageraufgabenerstellung mehrere Chargen auswählen, wird die entsprechende Position des Auslieferungsauftrags gesplittet (*Chargensplit*). In der Ausliefertransaktion /SCWM/PRDO können Sie Chargensplits visualisieren, indem Sie die Lieferposition selektieren und die Schaltfläche HIERARCHIEDARSTELLUNG anklicken.

5.5 Dokumentationschargen

Eine Dokumentationscharge ist eine nicht bestandsgeführte Charge. Mit Dokumentationschargen kann die Rückverfolgbarkeit eines Materials in Form von Chargenverwendungsnachweisen gewährleistet werden, ohne dass der Bestand des Materials selbst auch in Chargen geführt werden muss.

Tabelle 5.3 zeigt die Hauptunterschiede zwischen normalen Chargen und Dokumentationschargen.

Funktion	Standardchargen	Dokumentationschargen
Chargenstammdaten	verfügbar	nicht verfügbar
Chargenverwendungsnachweis	verfügbar	nur im SAP-ERP-System

Tabelle 5.3 Unterschiede zwischen normalen Chargen und Dokumentationschargen

Funktion	Standardchargen	Dokumentationschargen
Chargenfindung	möglich	nicht möglich
Chargenbestände	ja	nein
Klassenzuweisung	möglich	nicht möglich

Tabelle 5.3 Unterschiede zwischen normalen Chargen und Dokumentationschargen (Forts.)

Sie schalten die Verwendung von Dokumentationschargen ein, indem Sie in der EWM-Lagerproduktpflege das Feld DOKUMENTATIONSCHARGE auf der Registerkarte LAGERDATEN auf 1 setzen (siehe Abbildung 5.27). Sie können dieses Feld entweder manuell direkt im EWM-System pflegen oder aus dem SAP-ERP-System mit einem Report verteilen – mehr dazu erfahren Sie im nächsten Abschnitt.

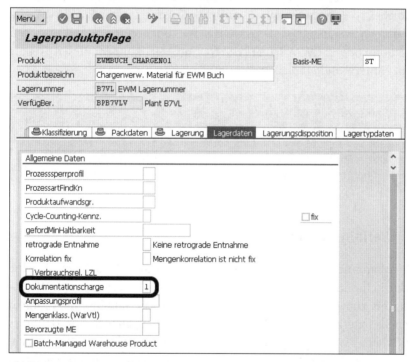

Abbildung 5.27 Dokumentationschargenverwaltung für ein Produkt einstellen

Nachdem Sie ein Material als dokumentationschargenpflichtiges Material deklariert haben, können Sie für dieses Material in der Lieferverarbeitung Chargen zuweisen. Im Wareneingangsprozess geben Sie die Charge spätestens bei der Quittierung der Einlageraufgabe mit. Sie können für jede Lieferart im EWM-Customizing einstellen, ob die Dokumentationscharge eingegeben werden muss oder ob dies optional ist. Folgen Sie dazu im Customizing dem Pfad Extended Warehouse Management • Prozessübergreifende Einstellungen • Chargenverwaltung • Dokumentationscharge einstellen.

Nach der Quittierung von Lageraufgaben wird die Charge nicht mit in den Bestand übernommen – dies funktioniert eben nur bei normalen (bestandsgeführten) Chargen.

Normalerweise pflegen Sie Felder des Materialstamms nicht in SAP ERP und nutzen das Core Interface (CIF), um das entsprechende SAP-ERP-Feld in EWM zu übertragen. In diesem Fall (Feld Dokumentationscharge auf der Registerkarte Lagerdaten) geht das allerdings nicht, denn das Feld wird nicht über CIF verwaltet. Daher bietet SAP einen Report an, der die Einstellungen bezüglich Dokumentationschargen aus SAP ERP in EWM überträgt. Folgen Sie dazu im SAP-Easy-Access-Menü dem Pfad Extended Warehouse Management • Stammdaten • Produkt • Einstellungen ERP/EWM für Dokumentationschargen synchronisieren, oder rufen Sie direkt den Transaktionscode /SCWM/DBATCHSYNC auf. Sie können diesen Report auch im Hintergrund einplanen.

> **Der Verteilungsreport berücksichtigt auch über BAdI beeinflusste Einstellungen**
>
> Im SAP-ERP-System gibt es außerdem die Möglichkeit, die Dokumentationschargenverwaltung über Business Add-Ins (BAdIs) einzuschalten. Der genannte Verteilungsreport berücksichtigt auch die über ein BAdI vorgenommenen Einstellungen.

5.6 Serialnummern

Die Serialnummernverwaltung in EWM können Sie nutzen, um einzelne Produkte in Ihrem Lager identifizieren und verfolgen zu können, vom Wareneingang bis zum Warenausgang. Bei Produkten mit Serialnummernpflicht können Sie jederzeit, auch im Nachhinein, feststellen, an welchem Datum es von welchem Lieferanten geliefert wurde, wer die Qualitätsprüfung durchgeführt hat, wer dieses Produkt bewegt hat, wann das der Fall war und wann es verpackt und zum Kunden geschickt wurde.

Im EWM-System gibt es drei Ebenen der *Serialnummernpflicht*:

► A – Serialnummernpflicht für Belegposition

► B – Serialnummernpflicht auf Lagernummernebene

► C – Serialnummernpflicht in der Bestandsführung

Die Serialnummernverwaltung in EWM verhält sich in diesen drei Ebenen komplett unterschiedlich. Daher ist es wichtig, dass Sie genau verstehen, was diese Ebenen bedeuten und worin die jeweiligen Auswirkungen für die Lagerverwaltungssoftware im Einzelnen bestehen. Wir geben Ihnen hier einen kurzen Überblick über die drei Ebenen, anschließend erfolgt eine detaillierte Beschreibung:

▸ **A – Serialnummernpflicht für Belegposition**
Serialnummernpflicht A ermöglicht es Ihnen, Serialnummern zu Lieferbelegen zu erfassen: zu einer Anlieferposition vor dem Wareneingang oder zu einer Auslieferposition vor dem Warenausgang.

Die erfassten Serialnummern haben aber keine weiteren Auswirkungen – sie werden nicht bestandsmäßig geführt. Nach dem Wareneingang verhält sich das Produkt so, als wäre es nicht serialnummernpflichtig. Sie können im Nachhinein nach eingegebenen Serialnummern in Lieferungen suchen: Sie können aber nicht sehen, welche Serialnummern Sie gerade im Lager haben.

Diese Serialnummernpflicht eignet sich gut für Prozesse, in denen lediglich die Lieferung gefunden werden muss, mit der das Produkt ins Lager kam oder das Lager verlassen hat. Ein Beispiel sind Kundenretouren oder -beschwerden: Wenn ein Kunde eine Beschwerde über eine Lieferung hat, können Sie nachschauen, wann er das entsprechende Produkt bekommen hat und von welchem Lieferanten es kam.

▸ **B – Serialnummernpflicht auf Lagernummernebene**
Serialnummernpflicht B bewirkt, dass das EWM-System Sie auffordert, vor dem Wareneingang einer Anlieferung und vor dem Warenausgang einer Auslieferung Serialnummern einzugeben. Daher ist in EWM zu jedem Zeitpunkt nachvollziehbar, welche Serialnummer sich im Lager befindet.

Die Serialnummern werden aber bei dieser Serialnummernpflicht *nicht* zum Quant (im Bestand) geführt, sodass Sie bei Lageraufgaben innerhalb des Lagers keine Serialnummern erfassen müssen. Auch hier gilt, dass sich das Produkt im Wareneingang so verhält, als wäre es gar nicht serialnummernpflichtig.

Als Konsequenz können Sie also in diesem Fall sehen, *welche* Serialnummern Sie gerade im Bestand haben, aber nicht *wo* (auf welchen Lagerplätzen) diese liegen oder welche Lagerbewegungen zu diesen Serialnummern durchgeführt worden sind.

▶ C – **Serialnummernpflicht in der Bestandsführung**

Erst bei Serialnummernpflicht C wird die Serialnummer als Teil des Bestands mitgeführt. Sie können nur bei dieser Serialnummernpflicht genau sehen, welche Serialnummern Sie im Bestand haben, auf welchem Platz sie liegen und was die dazugehörigen Lageraufgaben waren. Sie erreichen so die volle Bestandstransparenz und Verfolgbarkeit jeder einzelnen Serialnummer.

Das heißt aber auch, dass Sie die Serialnummern bei jeder Lageraufgabe und bei jedem Umpackvorgang angeben müssen. Bei Verwendung der vollen Menge eines Quants ist dies nicht notwendig, aber wenn Sie Teilmengen umpacken oder bewegen, müssen Sie angeben, welche Serialnummern genau betroffen sind. Das bedeutet also einen nicht unerheblichen administrativen Aufwand.

Tabelle 5.4 zeigt die drei Serialnummernpflichten im Überblick (Legende: SN = Serialnummer, Prov. SN = provisorische Serialnummer, WE = Wareneingang, WA = Warenausgang).

	Serialnummernpflicht A – für Belegposition	Serialnummernpflicht B – auf Lagernummernebene	Serialnummernpflicht C – in der Bestandsführung
Serialnummern in der Anlieferungsposition	SN *können* erfasst werden (abhängig vom Positionstyp auch Erfassungspflicht).	SN *müssen* vor dem WE erfasst werden (alternativ auch erst bei der Einlagerung bei Prov. SN).	SN *müssen* vor dem WE erfasst werden (alternativ auch erst bei der Einlagerung bei Prov. SN).
Serialnummern in der Auslieferungsposition	SN *können* erfasst werden (abhängig vom Positionstyp auch Erfassungspflicht).	SN *müssen* vor dem WA erfasst werden.	SN *müssen* vor dem WA erfasst werden.
Serialnummern in Lageraufgaben	SN können nicht für Lageraufgaben verwendet werden. Ausnahme: Kommissionierung.	SN können nicht für Lageraufgaben verwendet werden. Ausnahme: Kommissionierung.	SN müssen bei jeder Lageraufgabe erfasst oder bestätigt werden.
Bestandstransparenz	Keine. Aber Kontrolle von SN möglich, z. B. für Kundenretouren.	SN sind bei WE und WA bekannt. Daher volle Übersicht, welche SN sich im Lager befinden.	Exakte Informationen, welche SN sich auf welchem Lagerplatz befindet.

Tabelle 5.4 Überblick über die drei Serialnummernpflichten in SAP EWM

Eindeutigkeit von Serialnummern

Eine Serialnummer kann zu einem Zeitpunkt immer nur einmal im Lager sein. Sie können nicht mehrere Einheiten eines Produkts mit derselben Serialnummer haben. Gleiche Serialnummern können Sie nur für unterschiedliche Produkte verwenden.

Wenn Sie mit den Serialnummernpflichten B oder C arbeiten, prüft das EWM-System beim Buchen des Wareneingangs, ob sich die jeweilige Serialnummer schon im Lager befindet, und gibt gegebenenfalls eine Fehlermeldung aus.

5.6.1 Durch Serialnummern beeinflusste Prozesse in SAP EWM

Wenn Sie die Serialnummernverwaltung einschalten, hat das, abhängig von der Serialnummernpflicht, große Auswirkungen auf die Prozessschritte in EWM, insbesondere auf Schritte, die mit Beständen arbeiten.

Auswirkungen gibt es u. a. auf:

- Lagerproduktpflege
- Anlage und Quittierung von Lageraufgaben, sowohl über Desktop- als auch über RF-Transaktionen (mobile Endgeräte)
- Lieferabwicklung
- Bearbeitung in Arbeitsplätzen (Packarbeitsplatz, Qualitätsmanagement etc.)
- Inventur
- Lagermonitor
- Integration mit SAP ERP

In den folgenden Abschnitten erläutern wir im Detail, was Sie einstellen müssen, um ein Produkt serialnummernpflichtig zu machen. Wir zeigen Ihnen die Auswirkungen auf die Lieferverarbeitung und auf Lageraufgaben. Schließlich werden wir noch eine Anzahl allgemeiner Einstellungen beschreiben, die Sie prüfen sollten, bevor Sie anfangen, mit Serialnummern zu arbeiten.

5.6.2 Serialnummernprofile in SAP ERP und SAP EWM pflegen

Um die Serialnummernpflicht einzuschalten und somit ein Produkt mit Serialnummern verwalten zu können, müssen Sie im Materialstamm zwei *Serialnummernprofile* zuweisen: ein LES-Serialnummernprofil und ein SAP-ERP-Serialnummernprofil.

LES-Serialnummernprofil

Das LES-Serialnummernprofil befindet sich in der Sicht VERTRIEB: ALL./WERK (Bereich ALLG. WERKSPARAMETER) im Materialstamm, den Sie mit den Transaktionen MM01/MM02 bearbeiten können (siehe Abbildung 5.28). Dieses Profil hat nicht direkt etwas mit EWM zu tun, es ist aber erforderlich, damit Sie in logistischen Belegen wie z. B. Lieferungen in SAP ERP überhaupt mit Serialnummern arbeiten können.

Abbildung 5.28 LES-Serialnummernprofil im SAP-ERP-Materialstamm zuweisen

EWM-Serialnummernprofil

Im ERP-System gibt es ein spezielles EWM-Serialnummernprofil, sodass sich die drei angesprochenen Serialnummernpflichten auch schon dort pflegen und abbilden lassen.

Dieses Serialnummernprofil wird ebenfalls im SAP-ERP-Materialstamm zugewiesen, und zwar auf der Registerkarte WM EXECUTION (siehe Abbildung 5.29). Es ist unabhängig von Werk und Lagernummer (Tabelle MARA).

Wenn das Material per CIF ans EWM-System übertragen wird, wird das EWM-Serialnummernprofil ebenfalls übertragen und ist in der EWM-Lagerproduktpflege (Transaktion /SCWM/MAT1) sichtbar.

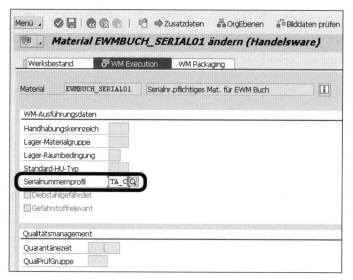

Abbildung 5.29 SAP-EWM-Serialnummernprofil im SAP-ERP-Materialstamm zuweisen

Sie müssen das EWM-Serialnummernprofil sowohl im SAP-ERP-System als auch im EWM-System pflegen, und zwar mit dem gleichen Namen und gleichen Einstellungen. Auch der Pflege-View sieht in beiden Systemen gleich aus (siehe Abbildung 5.30). Im Customizing des SAP-ERP-Systems finden Sie die Pflege des EWM-Serialnummernprofils unter dem Pfad INTEGRATION MIT ANDEREN SAP KOMPONENTEN • EXTENDED WAREHOUSE MANAGEMENT • ZUSÄTZLICHE MATERIALATTRIBUTE • ATTRIBUTWERTE FÜR ZUSÄTZLICHE MATERIALSTAMMFELDER • SERIALNUMMERNPROFIL DEFINIEREN.

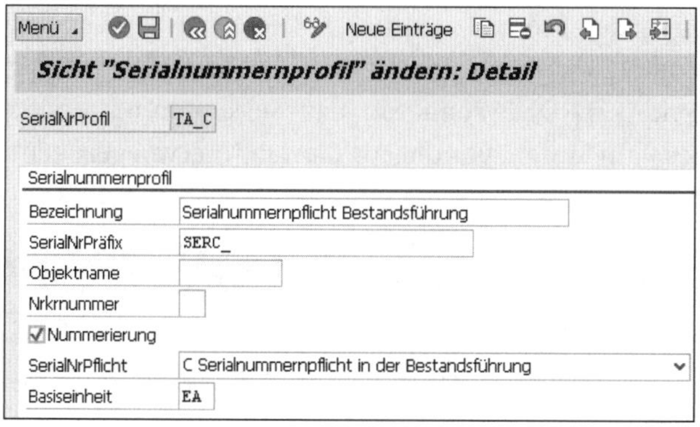

Abbildung 5.30 Das SAP-EWM-Serialnummernprofil im Customizing

Das gleiche Profil müssen Sie im EWM-System über den Pfad EXTENDED WAREHOUSE MANAGEMENT • STAMMDATEN • PRODUKT • SERIALNUMMERNPRO-

FILE DEFINIEREN • LAGERNUMMERNUNABHÄNGIGE SERIALNUMMERNPROFILE DEFINIEREN definieren.

Das EWM-Serialnummernprofil aus Abbildung 5.30 beinhaltet die folgenden Felder:

▸ **Bezeichnung**
Dieses Feld enthält eine kurze Beschreibung des Serialnummernprofils. Die Bezeichnung ist sowohl bei der Pflege im SAP-ERP-Materialstamm als auch in der EWM-Lagerproduktpflege sichtbar – neben dem eingegebenen Profil. Es ist daher empfehlenswert, in der Beschreibung die Serialnummernpflicht (A, B oder C) zu erwähnen, sodass es keine Missverständnisse gibt.

▸ **Serialnummernpräfix (Feld »SerialNrPräfix«)**
In der Anlieferungstransaktion können Sie vom System automatisch Serialnummern generieren lassen. Sie benutzen dieses Feld, um ein Präfix vor die generierten Nummern zu setzen. Dies kann sinnvoll sein, wenn Sie spezielle Serialnummernprofile für bestimmte Produkte oder Produktgruppen anlegen.

▸ **Objektname und Nummernkreisnummer (Feld »Nrkrnummer«)**
Sie bestimmen in diesem Feld das Nummernkreisobjekt und -intervall für die automatische Generierung von Serialnummern. Wenn Sie das Serialnummernpräfix gepflegt haben, wird es vom System vor die aus diesem Intervall gezogene Nummer gesetzt (z. B. SERC_700004436).

▸ **Nummerierung**
Wenn Sie weder Objektnamen noch Nummernkreisnummer pflegen, können Sie das Kennzeichen NUMMERIERUNG setzen. In diesem Fall startet die Nummerierung für jedes Produkt neu bei 1. Die letzte verwendete Nummer für jedes Produkt wird dann in der Datenbanktabelle /SCWM/ SERH gespeichert (Feld LSERD). Wenn Sie das Serialnummernpräfix gepflegt haben, wird es vom System vor die aus diesem Intervall gezogene Nummer gesetzt (z. B. SERC_13).

> **Nummernkreis hat Vorrang**
>
> Wenn Sie Objektnamen und Nummernkreisintervall gepflegt haben, zieht das System von dort die nächste Nummer, unabhängig vom Kennzeichen NUMMERIERUNG.

▸ **Serialnummernpflicht (Feld »SerialNrPflicht«)**
Über dieses Feld weisen Sie die Serialnummernpflicht zu, wobei die folgenden Werte möglich sind:

- A – Serialnummernpflicht für Belegposition
- B – Serialnummernpflicht auf Lagernummernebene
- C – Serialnummernpflicht in der Bestandsführung
- D – Keine Serialnummernpflicht

Die ersten drei Serialnummernpflichten haben wir bereits besprochen. Serialnummernpflicht D – KEINE SERIALNUMMERNPFLICHT können Sie in Zusammenhang mit dem *lagernummernabhängigen EWM-Serialnummernprofil* verwenden, mehr dazu erfahren Sie im nächsten Abschnitt.

▸ **Basiseinheit**
Hier weisen Sie die Basiseinheit des Serialnummernprofils zu, die der Basismengeneinheit der benutzen Produkte entsprechen muss.

Lagernummernabhängiges EWM-Serialnummernprofil

Das EWM-Serialnummernprofil, das Sie in SAP ERP pflegen können, ist unabhängig von Werk oder Lagernummer. Dazu gibt es in EWM aber noch ein *lagernummernabhängiges EWM-Serialnummernprofil*, das das lagernummernunabhängige übersteuert.

So können Sie z. B. einstellen, dass ein bestimmtes Material generell nicht serialnummernpflichtig ist, mit Ausnahme eines bestimmten Lagers.

In so einer Konstellation können Sie auch die Serialnummernpflicht D – KEINE SERIALISIERUNGSPFLICHT verwenden, um in einer bestimmten Lagernummer die Serialisierungspflicht aufzuheben.

Sie pflegen das lagernummernabhängige EWM-Serialnummernprofil im EWM-Customizing unter dem Pfad EXTENDED WAREHOUSE MANAGEMENT • STAMMDATEN • PRODUKT • SERIALNUMMERNPROFILE DEFINIEREN • LAGERNUMMERNABHÄNGIGE SERIALNUMMERNPROFILE DEFINIEREN.

In den folgenden Abschnitten beschreiben und zeigen wir nun, wie EWM Serialnummern benutzt. In den meisten Fällen werden wir die Serialnummernpflicht C – SERIALNUMMERN AUF BESTANDSEBENE verwenden, da das die komplexeste Serialnummernpflicht ist. Wir werden aber in allen Fällen auch die Unterschiede zu den anderen Serialnummernpflichten ansprechen.

5.6.3 Serialnummern in der Lieferabwicklung

In diesem Abschnitt zeigen wir Ihnen, wie Sie Serialnummern in An- und Auslieferungen benutzen. Dabei gehen wir auch kurz auf die SAP-ERP-Integration der Warenbewegungen ein.

Serialnummern in Anlieferungen

Es gibt mehrere Wege, wie Serialnummern in die EWM-Anlieferposition gelangen können:

▸ aus dem Lieferavis des Lieferanten (ASN, Advanced Shipping Notification), das per IDoc ins SAP-ERP-System geschickt wird

▸ aus einer Anlieferung aus SAP Supply Network Collaboration (SNC)

▸ eingegeben in der Anlieferung im SAP-ERP-System (manuell, gescannt oder automatisch generiert)

▸ eingegeben in der Anlieferung direkt im EWM-System (manuell, gescannt oder automatisch generiert)

Die beiden letzten Punkte (manuelle Eingabe in der SAP-ERP- und in der EWM-Lieferung) wollen wir nun betrachten.

Um Serialnummern in der SAP-ERP-Anlieferung zu erfassen, wählen Sie in der Anliefertransaktion VL32N den Menüpunkt ZUSÄTZE • SERIALNUMMERN. Es öffnet sich ein Pop-up-Fenster, in dem Sie die Serialnummern manuell erfassen oder automatisch generieren lassen können (siehe Abbildung 5.31).

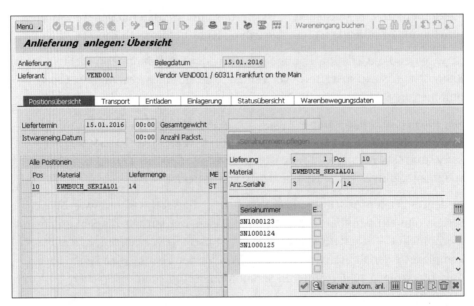

Abbildung 5.31 Serialnummern zur Lieferposition in SAP ERP erfassen

Wenn Sie die Lieferposition in SAP ERP in HUs verpackt haben, müssen Sie die Serialnummern zur HU-Position erfassen. Dazu wählen Sie in der Anlieferungstransaktion die VERPACKEN-Schaltfläche oder im Menü die Funktion

BEARBEITEN • VERPACKEN. Sie gelangen in die HU-Übersicht. Auf der Registerkarte INHALTGESAMT können Sie nun Positionen markieren und unten die Schaltfläche SERIALNUMMERN anklicken (siehe Abbildung 5.32).

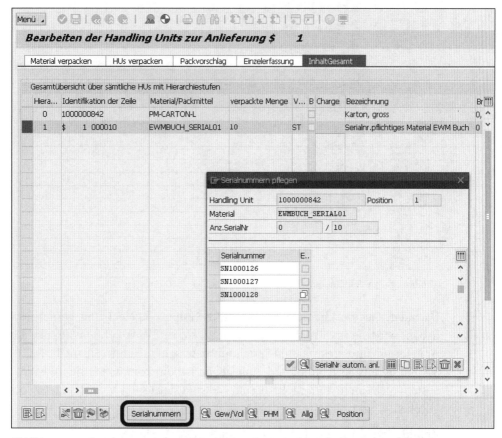

Abbildung 5.32 Serialnummern zur HU-Position in der SAP-ERP-Anlieferung zuweisen

Als Alternative zu den Transaktionen VL31N oder VL32N zur Bearbeitung von Anlieferungen gibt es die Transaktion VL60. Da die Transaktion VL60 in Zusammenhang mit EWM erweiterte Funktionen bietet, wollen wir hier zeigen, wie Sie sie zusammen mit Serialnummern verwenden können. In Abbildung 5.33 sehen Sie das Hauptbild der Transaktion VL60. Die Kopfdaten und eine Position (mit einem serialnummernpflichtigen Material) sind bereits eingegeben. Sie können nun die Schaltfläche SERIALNR. unten auf dem Bildschirm anklicken, was dasselbe Pop-up-Fenster öffnet, das Sie schon aus der Transaktion VL32N (siehe Abbildung 5.31) kennen. In der Transaktion VL60 können Sie also keine Serialnummern zu HU-Positionen erfassen.

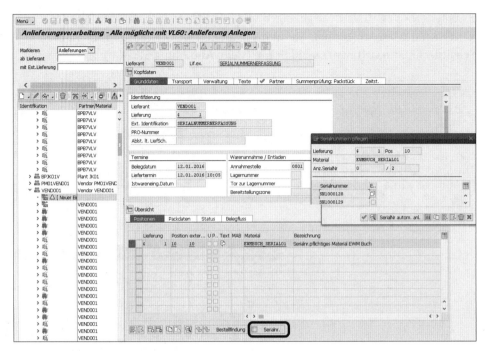

Abbildung 5.33 Serialnummern über die Transaktion VL60 erfassen

Nachdem Sie die Lieferung im SAP-ERP-System angelegt und gespeichert haben, wird sie ins EWM-System übertragen. In EWM können Sie nun die Anlieferung und die erfassten Serialnummern sehen. Sofern Sie im SAP-ERP-System bereits Serialnummern eingegeben haben, können Sie sie im EWM-System nicht mehr ändern. In diesem Fall sind sie aus EWM-Sicht extern vorgegeben.

Abbildung 5.34 zeigt eine Anlieferung in EWM. Sie sehen die Detaildaten von Position 10 dieser Lieferung mit Material EWMBUCH_SERIAL01. Dieses Material verwendet das EWM-Serialnummernprofil aus Abbildung 5.30, sodass die Serialnummernpflicht C (Serialnummernpflicht in der Bestandsführung, Feld SERIALPFLICHT) besteht.

Im EWM-System können Sie die Serialnummern, die einer Lieferposition zugeordnet sind, auf der Registerkarte SERIALNUMMERN sehen. Dies funktioniert sowohl für unverpackte Positionen als auch für verpackte (wenn Sie Teil-/Mengen in HUs verpackt haben, siehe Abbildung 5.35). Die Tabelle unterhalb der in der Abbildung markierten Registerkarte SERIALNUMMERN, die die Serialnummern enthält, ist in diesem Beispiel noch leer. Der Grund dafür ist, dass wir im SAP-ERP-System noch keine Nummern erfasst haben; dies müssen Sie also in EWM tun.

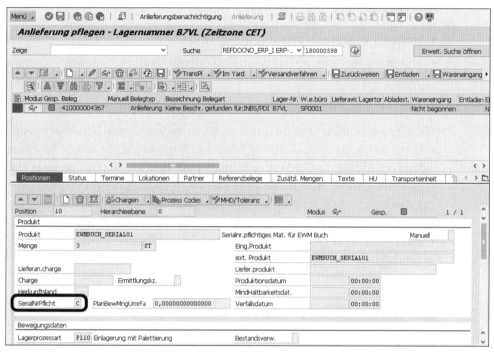

Abbildung 5.34 Serialnummernpflicht in der SAP-EWM-Lieferposition

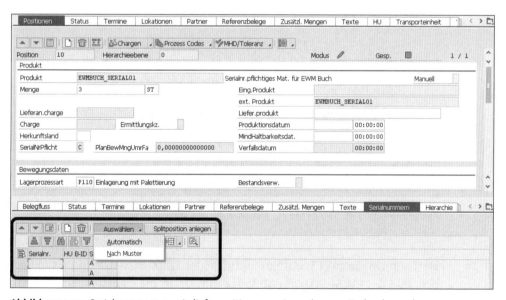

Abbildung 5.35 Serialnummern zur Anlieferposition generieren (automatisch oder nach Muster)

Sie haben drei Möglichkeiten, Serialnummern zu erfassen:

▶ manuelle Eingabe (Nummern in der linken Spalte eingeben oder scannen)

▶ automatische Generierung (nach fortlaufender Nummer aus dem Customizing)

▶ Generierung von Serialnummern nach einem Muster

Die automatische Generierung stoßen Sie an, indem Sie die Schaltfläche Aus-wählen anklicken und dort die Funktion Automatisch wählen. Es öffnet sich das in Abbildung 5.36 dargestellte Pop-up-Fenster. Dort können Sie entweder die genaue Anzahl der gewünschten Serialnummern eingeben oder das Kennzeichen Gesamtmenge benutzen, um für die gesamte Menge der Lieferposition Serialnummern zu generieren. Bei Bestätigung des Pop-up-Fensters mit dem grünen Häkchen (linke Schaltfläche) werden die Serialnummern generiert, und das im Customizing eingestellte Präfix wird verwendet.

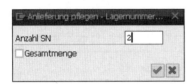

Abbildung 5.36 Pop-up-Fenster zur automatischen Generierung von Serialnummern

Wenn Sie über dieselbe Schaltfläche die Funktion Nach Muster wählen, öffnet sich das Pop-up-Fenster aus Abbildung 5.37.

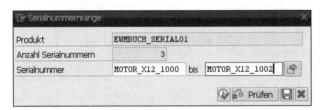

Abbildung 5.37 Pop-up-Fenster zur Generierung von Serialnummern unter Verwendung eines Musters

Dort können Sie zwei Serialnummern (Felder Serialnummer und bis) eingeben, und das EWM-System ermittelt dann daraus die zu erstellenden Serialnummern. Dies funktioniert dann, wenn der hintere Teil der Serialnummern numerisch und die links eingegebene Serialnummer kleiner als die rechte ist. Im Beispiel aus Abbildung 5.37 würde das EWM-System die drei Serialnummern MOTOR_X12_1000, MOTOR_X12_1001 und MOTOR_X12_1002 erstellen.

Serialnummern beim Wareneingang zur Anlieferung

Wenn Sie die Serialnummernpflicht B oder C verwenden, müssen Sie bereits vor der Wareneingangsbuchung die Serialnummern erfassen, andernfalls gibt das System eine entsprechende Fehlermeldung aus.

Es gibt dazu eine Ausnahme: Wenn Sie *provisorische Serialnummern* erlauben (im Customizing), generiert das System bei der Wareneingangsbuchung eine interne provisorische Serialnummer, die Sie spätestens bei der Quittierung der Einlagerung durch eine echte Serialnummer ersetzen müssen.

Mehr Informationen zu provisorischen Serialnummern finden Sie in Abschnitt 5.6.4, »Provisorische Serialnummern«.

Beim Wareneingang werden die Serialnummern ins SAP-ERP-System übertragen und sind dort im Materialbeleg sichtbar. Wählen Sie dazu oben im Menü der Materialbelegposition den Pfad SPRINGEN • SERIALNUMMER. Ebenso können Sie sich die Serialnummern der Anlieferposition anzeigen lassen, indem Sie in der Transaktion VL33N dem Menüpfad EXTRAS • SERIAL-NUMMERN folgen.

Serialnummern in Auslieferungen

Auch im Warenausgangsprozess ist es möglich, Serialnummern bereits im SAP-ERP-System zur Lieferung zu erfassen, auch hier funktioniert das über den Menüpfad EXTRAS • SERIALNUMMERN. Die Serialnummer in einer Auslieferung kann aber auch schon aus dem Kundenauftrag kommen, z. B. wenn ein Kunde eine spezifische Serialnummer bestellen möchte (vorbestimmte Serialnummer). Im SAP-ERP-System vorbestimmte Serialnummern können in EWM nicht mehr geändert werden. Sie müssen dann genau diese Serialnummern kommissionieren.

Bei SAP-ERP-Auslieferungen, die noch keine Serialnummern haben, werden die Serialnummern in EWM bestimmt. Wenn Sie die Serialnummer bei der Quittierung der Kommissionier-Lageraufgabe mitgeben (bei Serialnummernpflicht C müssen Sie dies tun), wird sie in die Lieferposition übernommen. Bei den Serialnummernpflichten A und B können Sie die Kommissionier-Lageraufgabe auch ohne Serialnummer quittieren, müssen diese dann aber bis spätestens zur Warenausgangsbuchung zur Lieferposition erfassen.

Serialnummern bei der Warenausgangsbuchung zur Auslieferung

Generell können Sie den Warenausgang nur dann buchen, wenn Sie die Serialnummern zur Lieferposition erfasst haben, ansonsten gibt das System eine Fehlermeldung aus. Eine Ausnahme bietet nur die Serialnummernpflicht A – dort ist es möglich, den Warenausgang auch ohne Serialnummern zu buchen, wenn Sie dies im Customizing der Positionsart der Lieferung (Kennzeichen SERIALISIERUNG) erlaubt haben.

Die Serialnummern werden mit der Warenausgangsbuchung ins SAP-ERP-System übertragen und sind dort als Teil der Materialbelegposition sichtbar (wählen Sie im Menü den Pfad SPRINGEN • SERIALNUMMER sowie in der Auslieferposition den Menüpfad EXTRAS • SERIALNUMMERN).

5.6.4 Provisorische Serialnummern

Normalerweise müssen Sie vor der Wareneingangsbuchung die Serialnummern erfassen. Da dies nicht immer praktikabel oder gewünscht ist, gibt es die Möglichkeit, mit *provisorischen Serialnummern* zu arbeiten. In diesem Fall generiert das System bei der Wareneingangsbuchung eine interne provisorische Serialnummer, die Sie dann spätestens bei der Quittierung der Einlageraufgabe durch die tatsächliche Serialnummer ersetzen müssen.

Provisorische Serialnummern beginnen mit dem Dollarzeichen und haben 30 Zeichen (z. B. $200806201756053780000000000001). EWM speichert diese Serialnummer intern in den Datenbanktabellen (z. B. /SCWM/SERI und /SCWM/DLV_SERI), sie werden aber nicht auf den Bildern der EWM-Transaktionen angezeigt.

Die Verwendung provisorischer Serialnummern müssen Sie zuerst im Customizing einschalten. Folgen Sie dazu dem Pfad EXTENDED WAREHOUSE MANAGEMENT • STAMMDATEN • PRODUKT • SERIALNUMMERNPROFILE DEFINIEREN • SERIALNUMMERN: EINSTELLUNGEN AN DER LAGERNUMMER.

Integration der provisorischen Serialnummern ins SAP-ERP-System

Wenn Sie Serialnummern auch im SAP-ERP-System verfolgen möchten, sollten Sie die provisorischen Serialnummern nicht einschalten.

Wenn Sie provisorische Serialnummern benutzen und daher zum Zeitpunkt der Wareneingangsbuchung noch nicht die tatsächlichen Serialnummern erfasst haben, schickt das EWM-System diese nicht mehr an SAP ERP. Die Konsequenz ist, dass im SAP-ERP-System nicht die tatsächlich verwendeten Serialnummern zu sehen sind.

5.6.5 Serialnummern in Lageraufgaben

Generell müssen Sie nur bei Lageraufgaben für Produkte mit Serialnummernpflicht C (Serialnummernpflicht in der Bestandsführung) Serialnummern erfassen. Sie haben jedoch die Möglichkeit, bei Kommissionier-Lageraufgaben auch Serialnummern anzugeben, wenn die anderen beiden Serialnummernpflichten bestehen – dies ist aber nur als Hilfe zur Erfassung der Serialnummern an der Lieferungsposition gedacht.

Denken Sie daran: Serialnummern auf Quantebene bietet in EWM nur die Serialnummernpflicht C.

Quittierung von Lageraufgaben mit Differenzen

Wenn Sie eine Lageraufgabe (Serialnummernpflicht C) quittieren, müssen Sie die Serialnummern prüfen. Wenn eine Serialnummer fehlt, müssen Sie genau angeben, welche fehlt. Es reicht nicht, einfach nur einen Ausnahmecode einzugeben. Abbildung 5.38 zeigt die Quittierung einer Einlageraufgabe mit der Menge 3 ST. Der Lagermitarbeiter sieht, dass ein Stück fehlt, und muss dieses unten auf der Registerkarte SERIALNUMMER erfassen. Es gibt auf der rechten Seite der Tabelle drei Spalten: IST, DIFF. und NB. Durch das Setzen des Kennzeichens in der Spalte DIFF. wird dem System angezeigt, dass diese Serialnummer fehlt. Sie können auch die Schaltfläche SERIALNUMMERN DIFF. benutzen, um Differenzen zurückzumelden.

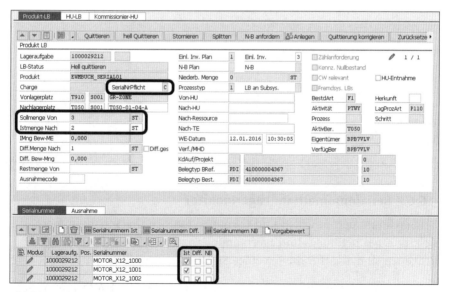

Abbildung 5.38 Serialnummern bei der Quittierung einer Lageraufgabe mit Differenz

Angabe der Serialnummern in der Kommissionierung

Wie schon angesprochen, können Sie bei der Quittierung von Kommissionier-Lageraufgaben Serialnummern mitgeben. Bei Serialnummernpflicht C müssen Sie das sogar. In Abbildung 5.38 haben wir die Quittierung einer Lageraufgabe mit der Desktop-Transaktion gezeigt.

Wenn Sie mobile Endgeräte verwenden, benutzen Sie die speziellen logischen Transaktionen zur Quittierung von Lageraufgaben aus dem EWM-RF-Framework. In Abbildung 5.39 sehen Sie das Bild zur Erfassung von Serialnummern. Sie sehen den Namen des Produkts und die Anzahl der zu scannenden Serialnummern. Im Beispiel ist bereits eine Serialnummer (MOTOR_X12_1001) eingegeben worden.

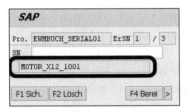

Abbildung 5.39 Serialnummern in mobilen Datenfunktransaktionen eingeben (scannen)

Nachdem Sie alle Serialnummern gescannt haben (in unserem Beispiel drei), können Sie die Eingabe über die Schaltfläche F1 Sɪᴄʜ sichern (siehe Abbildung 5.40).

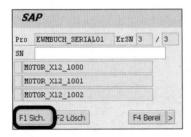

Abbildung 5.40 Vollständig erfasste Serialnummern

5.6.6 Serialnummern im Lagermonitor

Bei Serialnummernpflicht B und C können Sie sich die Serialnummern, die sich im Lager befinden, im Lagermonitor anzeigen lassen. Die Anzeigemöglichkeiten sind aber für die jeweilige Serialnummernpflicht unterschiedlich:

▸ Bei Serialnummernpflicht B (auf Lagerebene) »weiß« EWM nur, welche Serialnummern sich momentan im Bestand befinden, aber nicht, wo.

▶ Bei Serialnummernpflicht C speichert EWM die Serialnummern als Teil des Bestands, daher kennt EWM zu jeder Zeit den genauen Aufenthaltsort jeder Serialnummer.

Dieser konzeptionelle Unterschied führt zu zwei verschiedenen Knoten im Lagermonitor. Bei Serialnummernpflicht C können Sie direkt vom physischen Bestand mit dem Button SERIALNUMMER in die Anzeige der einzelnen Serialnummern springen (siehe Abbildung 5.41). Der Pfad im Monitor lautet hier BESTAND UND PLATZ • LAGERPLATZ.

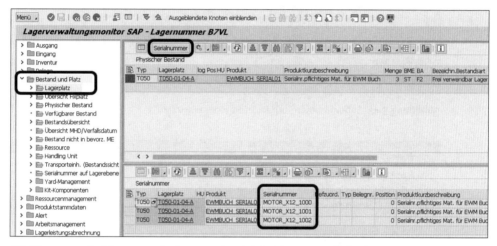

Abbildung 5.41 Serialnummern im Lagermonitor bei Serialnummernpflicht C

Bei Serialnummernpflicht B müssen Sie den Pfad BESTAND UND PLATZ • SERIALNUMMER AUF LAGEREBENE benutzen (siehe Abbildung 5.42). Wie Sie sehen, wird Ihnen nur angezeigt, *ob* sich die Serialnummer im Lager befindet, aber nicht, *wo*.

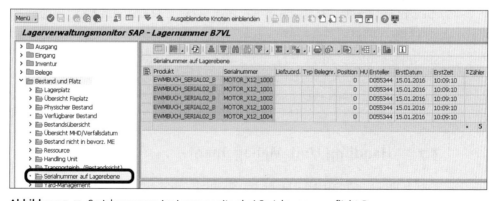

Abbildung 5.42 Serialnummern im Lagermonitor bei Serialnummernpflicht B

5.6.7 Allgemeine Einstellungen über Serialnummern in SAP EWM

Im Customizing können Sie die maximale Länge der Serialnummern einstellen. In EWM können Serialnummern bis zu 30 Zeichen haben, im SAP-ERP-System ist die Serialnummer allerdings nur 18 Zeichen lang. Sie können daher die Länge in EWM auch auf 18 Stellen beschränken. Folgen Sie dazu dem Customizing-Pfad EXTENDED WAREHOUSE MANAGEMENT • STAMMDATEN • PRODUKT • SERIALNUMMERNPROFILE DEFINIEREN • SERIALNUMMERN: EINSTELLUNGEN AN DER LAGERNUMMER (siehe Abbildung 5.43).

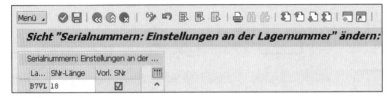

Abbildung 5.43 Serialnummern pro Lagernummer einstellen

BAdI zum Mappen von Serialnummern zwischen SAP ERP und SAP EWM

Sie können, wenn nötig, ein Business Add-In (BAdI) benutzen, um bei unterschiedlichen Längen die Serialnummern zwischen SAP ERP und EWM zu mappen. Die BAdI-Definition lautet /SCWM/EX_ERP_SN.

Lieferpositionsarten serialisieren

Wenn Sie Serialnummern für die Serialnummernpflicht A benutzen, sollten Sie die das Kennzeichen SERIALISIERUNG für die jeweiligen Positionsarten der Lieferung prüfen. Wenn dieses Kennzeichen gesetzt ist, können Sie nur Wareneingang/Warenausgang buchen, wenn Sie für die komplette Menge der Lieferposition Serialnummern eingegeben haben. Wenn das Kennzeichen nicht gesetzt ist, können Sie auch weniger Serialnummern eingeben (oder gar keine).

Sie finden diese Einstellung im Customizing unter dem Pfad EXTENDED WAREHOUSE MANAGEMENT • WARENEINGANGSPROZESS • ANLIEFERUNG • MANUELLE EINSTELLUNGEN • POSITIONSARTEN FÜR ANLIEFERUNGSPROZESS DEFINIEREN.

5.7 Handling Unit Management

Eine *Handling Unit* (HU) ist eine physische Einheit aus Packmitteln (Ladungsträger/Verpackungsmaterial) und den darauf/darin gelagerten Materialien.

Beispiele dafür sind Paletten, Gitterboxen, Kartons und allgemein alle Packstücke und Versandelemente.

In WM konnte SAP nur HUs *mit* Inhalt verarbeiten – leere HUs gab es dagegen per Definition nicht. Dies ist in EWM besser geworden. Sie können leere HUs entsorgen oder im Bestand halten und wieder benutzen (um Materialien hinauf- bzw. hineinzupacken). Mehr dazu in lesen Sie in Abschnitt 5.7.4, »Leere HUs in SAP EWM«.

Das Handling Unit Management (HUM) ist komplett in EWM integriert. Alle EWM-Prozesse funktionieren ohne jegliche Probleme oder Einschränkungen mit HUs. Im Gegenteil: Viele Prozesse funktionieren nur, wenn Sie HUs verwenden, z. B. die prozessorientierte Lagerungssteuerung.

Handling Unit Management in SAP ERP

Um HUs in EWM zu benutzen, müssen Sie das HUM in SAP ERP *nicht* einschalten.

5.7.1 HUs und HU-Hierarchien

Eine HU im EWM-System besteht technisch aus dem HU-Kopf und den HU-Positionen. Der HU-Kopf beinhaltet Daten wie z. B. das verwendete Packmaterial, Gewicht, Volumen, Dimensionen, HU-Typ und -Status (System- und Anwenderstatus). Die HU-Positionen entsprechen dem Inhalt der HU, also sind es Produkte, Packhilfsmittel und andere HUs (bei sogenannten *geschachtelten HUs*).

Abbildung 5.44 zeigt als Beispiel zwei HUs: Auf der linken Seite sehen Sie eine Palette, auf der ein Karton steht, in dem sich 100 Stück eines Materials befinden. Der Karton und die Palette sind zwei HUs, es handelt sich hier also um geschachtelte HUs und um eine HU-Hierarchie.

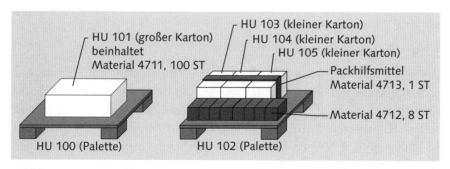

Abbildung 5.44 Beispiel für geschachtelte HUs und Packhilfsmittel in SAP EWM

Auf der rechten Seite sehen Sie eine Palette, auf der sich drei Kartons, lose Materialien und ein Packhilfsmittel befinden. Die Kartons und die Palette selbst sind im System als HUs abgebildet. Auch hier handelt es sich also um geschachtelte HUs.

> **Verwendung von HUs für Lagerplätze SAP-EWM-intern**
>
> Das EWM-System verwendet das Objekt HU in vielen Fällen für den Anwender unsichtbar auch rein intern: Es sind z. B. alle Lagerplätze intern auch HUs.
>
> Dasselbe gilt für Ressourcen und Transporteinheiten. Das bedeutet, dass intern alle Lageraufgaben gleichzeitig auch Umpackvorgänge von einer HU in eine andere sind. Der Anwender sieht, wie bereits erwähnt, von diesen Umpackvorgängen und von den intern angelegten HUs nichts.

5.7.2 Packmittel

Packmittel sind Materialien, die dazu bestimmt sind, die zu verpackenden Materialien zu umschließen oder zusammenzuhalten. Darüber hinaus können die zu verpackenden Materialien in oder auf das Packmittel verpackt werden. Das Packmittel kann ein Ladungsträger sein. Die wichtigsten Packmittel sind z. B. Kisten/Kartons, Schachteln, Container, Gitterboxen und Paletten.

Das Packmittel ist das Stammdatum für eine HU. Wenn Sie eine HU in EWM anlegen, müssen Sie immer Packmittel mit angeben. Wenn Sie das Packmittel Palette nehmen, legen Sie eine HU für eine bestimmte Palette an (eine HU hat immer eine Nummer, ist also immer eine konkrete Ausprägung einer Palette, ein Packmittel beschreibt nur die Art der Palette).

Jedes Packmittel ist einer Packmittelart zugeordnet. Abbildung 5.45 im folgenden Abschnitt zeigt die Packmittelart PALETTEN aus dem EWM-Standard-Customizing.

5.7.3 Packhilfsmittel

Packhilfsmittel sind Materialien, die zusammen mit dem Packmittel zum Verpacken eines Materials verwendet werden. Zu den Packhilfsmitteln zählen Ausstattungs-, Kennzeichnungs-, Sicherungs- und Polstermittel, z. B. Deckel, Folien, Füllmaterial, Schrumpffolien und Zwischenlagen. In EWM werden Packhilfsmittel als HU-Positionen verwaltet und können auch selbst ein Gewicht und Volumen haben, das sich zum Füllgewicht/-Volumen der HU hinzuaddiert.

5.7.4 Leere HUs in SAP EWM

Wenn die letzte Position einer HU entnommen wird, z. B. bei einem Umpackvorgang, bei dem Sie den Inhalt einer HU auf eine andere HU umpacken, wird diese HU leer. Wie schon angesprochen, kann EWM auch leere HUs verwalten. Sie können im Customizing für jede Packmittelart einstellen, ob das EWM-System eine leer gewordene HU dieser Packmittelart löschen soll oder ob sie leer im System verbleiben soll. Eine durchgehende Verwaltung von leeren HUs im Sinne einer Leerpalettenverwaltung gibt es jedoch im EWM-Standard nicht – Sie müssen selbst Lageraufgaben für leere bzw. leer gewordene Paletten anlegen.

Die Pflege der Packmittelarten finden Sie im Customizing unter dem Pfad EXTENDED WAREHOUSE MANAGEMENT • PROZESSÜBERGREIFENDE EINSTELLUNGEN • HANDLING UNITS • GRUNDLAGEN • PACKMITTELARTEN DEFINIEREN (siehe Abbildung 5.45).

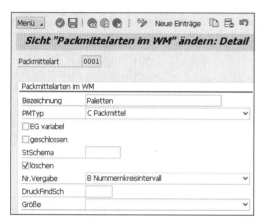

Abbildung 5.45 Packmittelart definieren

5.7.5 HU-Informationen drucken

Sie können aus dem EWM-System Dokumente zur HU ausdrucken, z. B. ein HU-Etikett, eine Inhaltsliste oder ein Versandetikett. In diesem Abschnitt werden wir Ihnen zeigen, wie Sie dazu vorgehen müssen.

Sie können EWM so einstellen, dass es automatisch (im Hintergrund) ein HU-Dokument ausdruckt, wenn eine neue HU angelegt wird. Ebenso können Sie automatisch drucken, wenn im Falle von prozessorientierter Lagerungssteuerung die HU an einem bestimmten Schritt des Lagerprozesses angelangt ist. Beide Varianten basieren auf der Nutzung des Post Processing Frameworks (PPF Framework) und von Konditionstechnik.

Sie können HU-Dokumente auch manuell ausdrucken, z. B. von einem EWM-Arbeitsplatz aus.

Die ausgedruckten HU-Dokumente im EWM-Standard können Informationen beinhalten über den HU-Kopf (HU-Nummer, Barcode, Gewicht, Volumen etc.) und über die HU-Positionen (Materialien, Gefahrgutinformationen, Route, Besitzer, Packhilfsmittel etc.).

Das Drucken von HU-Dokumenten basiert in EWM auf SAP Interactive Forms by Adobe sowie auf SAP Smart Forms. Da in EWM-Projekten häufiger SAP Smart Forms eingesetzt werden, wollen wir hauptsächlich darauf eingehen.

Formulare im SAP-EWM-Standard zum Drucken von HU-Informationen

Im EWM-Standard gibt es bereits eine Anzahl von HU-Dokumenten, die Sie benutzen und anpassen können. Tabelle 5.5 zeigt die wichtigsten.

Smart Form	Beschreibung	PPF-Aktionsdefinition
/SCWM/HU_LABEL	HU-Etikett	HU_LABEL
/SCWM/HU_SHPLABEL	Versandetikett	HU_SHPLABEL
/SCWM/HU_TO	HU-Lageraufgaben	HU_TO
/SCWM/HU_CONTENT	HU-Inhaltsschein	HU_CONTENT
/SCWM/HU_SERIAL	HU-Serialnummern-Etikett	HU_SERIAL
/SCWM/HU_HAZARD	Gefahrstoffetikett	HU_HAZARD

Tabelle 5.5 Smart Forms im SAP-EWM-Standard zum Drucken von HUs

In der Praxis bietet es sich an, zunächst die EWM-Standard-Smart-Forms auszuprobieren und diese dann, wenn noch Änderungen erforderlich sind, in den Kundennamensraum zu kopieren.

Post Processing Framework und Konditionstechnik für das Drucken

Um HU-Dokumente auszudrucken, müssen Sie zunächst Konditionssätze pflegen. Das Drucken der HU-Dokumente basiert komplett auf der Konditionstechnik.

Um einen neuen Konditionssatz anzulegen, wählen Sie im SAP-Easy-Access-Menü den Pfad EXTENDED WAREHOUSE MANAGEMENT • ARBEITSVORBEREITUNG • DRUCKEN • EINSTELLUNGEN • KONDITIONSSÄTZE FÜR DRUCK ANLEGEN (HUs). Im Einstiegsbild wählen Sie den Eintrag APPLIKATION UND PFLEGEGRUPPE PHU aus. Durch das Auswählen einer Konditionsart (im Standard 0001) gelangen Sie dann in die Anlage eines neuen Konditionssatzes. Dort füllen Sie die benötigten Felder aus, u. a. tragen Sie hier den HU-Typ, den Prozessschritt, den »Indikator für die Anzahl Kopien« (nicht die Anzahl der Kopien selbst, das kann später gefüllt werden), das Formular, die PPF-Aktionsdefinition und die Spooldaten ein.

Die benötigten PPF-Aktionen zum Ausdrucken müssen aktiv sein. Das prüfen Sie am besten über die PPF-Administrationstransaktion SPPFCADM.

Wenn Sie Spooldaten (Druckparameter) verwenden, müssen Sie zunächst die Druckparameter in Bezug zur Lagernummer anlegen. Wählen Sie dafür den Pfad Extended Warehouse Management • Arbeitsvorbereitung • Drucken • Einstellungen • Lagerabhängige Druckparameter pflegen.

> **Protokollerstellung während des Druckens**
>
> Sie können festlegen, dass EWM ein Protokoll während des Druckens schreibt. Dazu müssen Sie den Benutzerparameter /SCWM/HU_PRT_PROT auf X setzen. Achten Sie darauf, dass Sie diesen Parameter nur für kurze Zeit setzen, ansonsten kann die Größe der Protokolle auf der Datenbank schnell steigen.

Das zur Konditionsart gehörige Druckfindungsschema müssen Sie über den Customizing-Pfad Extended Warehouse Management • Prozessübergreifende Einstellungen • Handling Units • Grundlagen • Packmittelarten definieren der Packmittelart in EWM zuweisen.

> **Fehlermeldung »Keine Konditionssätze gefunden«**
>
> Beim Aufsetzen des Druckens in EWM gibt das System im Findungsprotokoll der Konditionstechnik häufig die Fehlermeldung Keine Konditionssätze gefunden aus, obwohl Sie den Konditionssatz bereits angelegt oder korrigiert haben. Das Problem lässt sich oft lösen, indem Sie eine neue HU benutzen und erneut testen. Der Grund für das Problem ist, dass EWM oftmals die Nummer des gefundenen Konditionssatzes bereits beim Anlegen eines Objekts sucht und in eine Puffertabelle (in diesem Fall /SCWM/HU_PPF) einträgt, um eine erneute Findung zu verhindern.

5.7.6 Statusverwaltung für Handling Units

Im EWM-System wird die allgemeine Statusverwaltung auch für HUs benutzt. Jede HU hat einen Systemstatus und einen Anwenderstatus. Der *Systemstatus* kommt von SAP und kann nicht verändert werden. Er beinhaltet feste Status, wie z. B. Für Inhaltsänderungen gesperrt, Für Bewegungen gesperrt oder Für Umbuchungen gesperrt. Diese Status können Sie in einem Arbeitsplatz oder beim Anlegen der HU zur Anlieferung setzen. Das EWM-System berücksichtigt diese Status automatisch. Wenn Sie z. B. den Status FÜR BEWEGUNGEN GESPERRT setzen, können Sie für diese HU keine Lageraufgaben mehr anlegen.

Der *Anwenderstatus* kann vom Anwender selbst angelegt werden; Sie können dort eigene Status definieren. Dazu müssen Sie zunächst im Customizing ein Anwenderstatusschema erstellen und dies der Packmaterialart zuweisen. Folgen Sie dazu im Customizing dem Pfad EXTENDED WAREHOUSE MANAGEMENT • PROZESSÜBERGREIFENDE EINSTELLUNGEN • HANDLING UNITS • GRUNDLAGEN • ANWENDERSTATUSSCHEMA DEFINIEREN. Abbildung 5.46 zeigt das Anwenderstatusschema ZEWMBUCH mit den drei Status INIT, SBRK und CLEA.

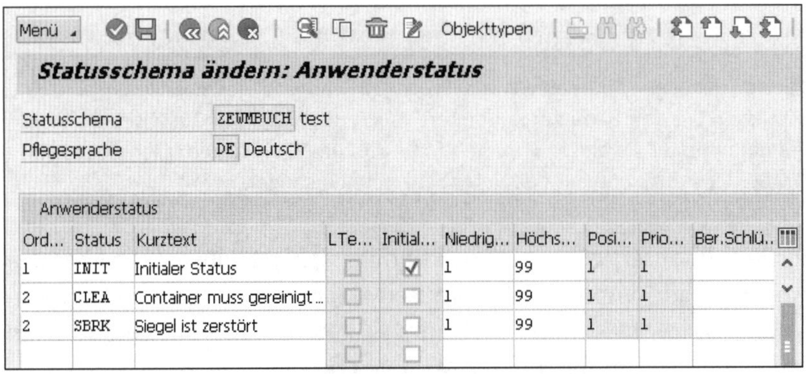

Abbildung 5.46 Beispiel für ein Statusschema für HUs

Das Statusschema müssen Sie nun noch der Packmaterialart zuweisen. Sie finden dies im Customizing unter dem Pfad EXTENDED WAREHOUSE MANAGEMENT • PROZESSÜBERGREIFENDE EINSTELLUNGEN • HANDLING UNITS • GRUNDLAGEN • PACKMITTELARTEN DEFINIEREN.

Wenn Sie nun eine neue HU (dieser Packmaterialart) anlegen, können Sie diese neuen Anwenderstatus sehen (siehe Abbildung 5.47). Wir haben dort die HU 800001511 neu angelegt und auf die Schaltfläche mit dem Bleistiftsymbol rechts neben dem Feld ANWENDERSTATUS geklickt. Es öffnet sich das auf der linken Seite des Bildes dargestellte Pop-up-Fenster mit den aktuellen Anwenderstatusinformationen.

Sie sehen in diesem Bild auch den Systemstatus (BEST für eine HU, die sich im Bestand befindet) und die dazugehörigen Kennzeichen im Abschnitt HU SPERRSTATUS.

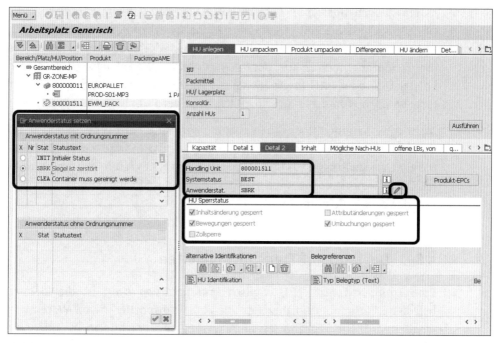

Abbildung 5.47 HU-Anwenderstatus im Arbeitsplatz verwenden

Plan-Versand-HUs

Seit dem Erweiterungspaket 2 (EHP 2) für EWM 7.0 ist es möglich, eine Verpackungsplanung durchzuführen und auf diese Weise geplante HUs oder auch Plan-Versand-HUs (PVHUs) zu erzeugen. Auf diese Verpackungsplanungsfunktion gehen wir detailliert in Abschnitt 9.3.22, »Optimierungen der Auslieferungsauftragsbearbeitung«, ein.

5.7.7 Serial Shipping Container Codes für Handling Units nutzen

Jede HU in EWM wird durch ihre eigene Nummer identifiziert. Diese Nummer wird über ein Nummernkreisobjekt in EWM verwaltet. Sie können die Nummer einer HU beim Anlegen manuell vorgeben, oder Sie lassen EWM die nächste freie Nummer aus dem Nummernkreisintervall zuweisen.

Diese Vorgehensweise kann jedoch zu Problemen führen, wenn Sie elektronische Lieferavise benutzen und HU-Nummern zu und von Partnern übertragen; denn dann müssten Sie sich mit allen Partnern abstimmen, um keine Überschneidungen in den Nummernkreisen und die damit verloren gehende Eindeutigkeit einer HU zu riskieren.

Es gibt jedoch noch eine bessere Lösung: *Serial Shipping Container Codes* (SSCC). SSCCs sind Teil eines international anerkannten Standards (UCC, EAN International) für die HU-Identifikation. SSCC-Nummern bestehen aus drei Teilen: aus einem Präfix, der *International Location Number* (ILN), die Sie bei der UCC oder EAN International zunächst beantragen müssen, aus einer fortlaufenden Nummer und schließlich aus einer Prüfziffer.

Mehr Informationen über die Benutzung von SSCCs in EWM finden Sie im Customizing unter dem Pfad EXTENDED WAREHOUSE MANAGEMENT • PROZESS-ÜBERGREIFENDE EINSTELLUNGEN • HANDLING UNITS • EXTERNE IDENTIFIKATION • SSCC-NUMMERNVERGABE NACH EAN128. Beachten Sie auch die Dokumentation der beiden Customizing-Pfade.

5.8 Bestand auf Transporteinheiten

Eine *Transporteinheit* (TE), englisch *Transportation Unit*, ist die kleinste beladbare Einheit eines Fahrzeugs, die zum Transportieren von Waren verwendet wird. Die TE kann fest am Fahrzeug angebracht sein. Beispiele für TEs sind Lkw-Anhänger oder Zugwaggons.

In diesem Kapitel gehen wir nicht weiter auf TEs ein. Für die Bestandsverwaltung ist wichtig, dass es TEs gibt und dass EWM in der Lage ist, Bestand auch auf dem Objekt TE zu führen, und dass Sie Bestände auf TEs im Lagermonitor sehen können.

Mehr Informationen zu TEs und Fahrzeugen finden Sie in Kapitel 4, »Stammdaten«.

5.9 Bestandsidentifikation (Stock ID)

Die *Bestandsidentifikation* (englisch *Stock ID*) ist eine eindeutige Nummer, über die ein Bestand, also ein Produkt, mit all seinen Bestandsattributen, z. B. Menge, Charge oder Bestandsart, angesprochen werden kann. Der Hauptzweck der Bestandsidentifikation ist, dass sie während der Kommissionierung in einem EWM-Lager als Barcode auf ein Kommissionieretikett gedruckt wird und während des Wareneingangsprozesses in einem anderen EWM-Lager zur Vereinfachung des Wareneingangsprozesses genutzt wird. Denn durch das Scannen der Bestandsidentifikation ist das EWM-System in der Lage, Produkt, Menge, Charge und Bestandsart herauszufinden, also exakt den Bestand zu finden und zu verarbeiten, den Sie meinen.

Bestandsidentifikationen spielen also eine wichtige Rolle bei der Effizienzsteigerung bei Umlagerungsprozessen.

5.9.1 Bestandsidentifikationen im Umlagerungsbestellungsprozess

Der Umlagerungsbestellungsprozess beginnt mit dem Anlegen einer Umlagerungsbestellung im SAP-ERP-System; die abgebenden und empfangenen Lagerorte sind EWM-verwaltet (EWM-Lagernummer). Zunächst wird mit Bezug zur Umlagerungsbestellung eine Auslieferung erstellt, ins EWM-System verteilt und kommissioniert. Während der Kommissionierung erstellt das System Bestandsidentifikationen. Sie drucken diese als Barcode auf dem Kommissionieretikett aus. Schließlich buchen Sie den Warenausgang zur Auslieferung.

Die Warenausgangsbuchung wird ins SAP-ERP-System geschickt und dort verarbeitet. Die Bestandsidentifikationen werden als Teil der HU-Positionen von SAP ERP gespeichert (Feld VEPO-SPE_IDPLATE).

> **Bestandsidentifikation funktioniert nur mit HUs**
>
> Sie müssen im abgebenden Lager HUs benutzen, damit die Bestandsidentifikationen in die Anlieferung übernommen werden können.

Im SAP-ERP-System wird nun, nach der WA-Buchung, die Anlieferung für das empfangende Lager angelegt und in das EWM-System verteilt. Die Bestandsidentifikationen werden übernommen. In EWM können Sie nun in vielen Transaktionen im Wareneingangsprozess mit der Bestandsidentifikation arbeiten und diese scannen.

Unterstützte Transaktionen sind z. B. Dekonsolidierung, Verpacken, Einlagerung und Zählen im Wareneingang. Viele der entsprechenden RF-Transaktionen unterstützen ebenfalls die Eingabe von Bestandsidentifikationen. (In diesem Fall geben Sie einfach in das Eingabefeld, in das Sie sonst das Material eingeben, die Bestandsidentifikation ein. Oft sind solche Felder auch durch das Kürzel BI gekennzeichnet.)

5.9.2 Bestandsidentifikationen erstellen

Das EWM-System kann Bestandsidentifikationen bei der Anlage von Lageraufgaben erstellen. Abbildung 5.48 zeigt das Customizing der Lagerprozessart (LPA). Der Pfad zu dieser Customizing-Aktivität lautet EXTENDED

WAREHOUSE MANAGEMENT • PROZESSÜBERGREIFENDE EINSTELLUNGEN • LAGER-
AUFGABE • LAGERPROZESSART DEFINIEREN.

Für jede LPA können Sie über das Feld STEUERUNG BESTDID einstellen, was
bei der Erstellung einer Lageraufgabe mit dieser LPA passieren soll:

► **(leer) – keine Bestandsidentifikation**
EWM erzeugt keine Bestandsidentifikation. Wenn bereits eine vorhanden
ist, wird sie gelöscht.

► **A – Bestandsidentifikation nur, wenn extern vorgegeben**
EWM benutzt nur eine extern (aus dem SAP-ERP-System bei Umlagerungsbestellungen) vorgegebene Bestandsidentifikation. Es wird ansonsten keine Bestandsidentifikation neu erstellt.

► **B – Bestandsidentifikation anlegen, falls nicht vorhanden**
EWM benutzt die extern (aus dem SAP-ERP-System bei Umlagerungsbestellungen) vorgegebene Bestandsidentifikation. Wenn keine vorgegeben ist, wird eine neue Bestandsidentifikation erstellt.

► **C – Bestandsidentifikation immer neu vergeben**
EWM erstellt eine neue Bestandsidentifikation und überschreibt eine
eventuell bereits vorhandene.

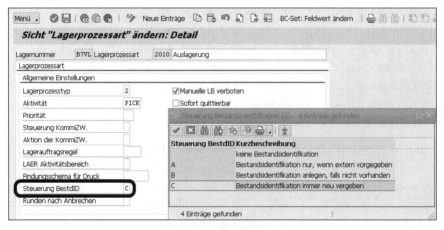

Abbildung 5.48 Customizing der Erstellung einer neuen Bestandsidentifikation (per LPA)

5.9.3 Nummer der Bestandsidentifikation

Wenn das EWM-System eine neue Bestandsidentifikation erstellt (Eintrag B
oder C im Feld STEUERUNG BESTDID aus Abbildung 5.48), ermittelt es eine entsprechende Nummer. Im EWM-Standard setzt sich die Nummer aus der Lager-

nummer und der Nummer der Lageraufgabe, z. B. SPU100000000035699, zusammen, wobei SPU1 die Lagernummer ist und 35699 die Lageraufgabe.

BAdI für die Erstellung eigener Nummern für Bestandsidentifikationen

Sie können das Business Add-In (BAdI) /SCWM/EX_CORE_CR_STOCK_ID verwenden, um die Logik im SAP-Standard zu ändern und eigene Nummern zu erstellen.

5.9.4 Bestandsidentifikationen löschen

Das EWM-System löscht eine Bestandsidentifikation, wenn Sie Bestand in einen Lagertyp einlagern, der im Customizing das Kennzeichen Bestands-identifikation löschen gesetzt hat (siehe Abbildung 5.49).

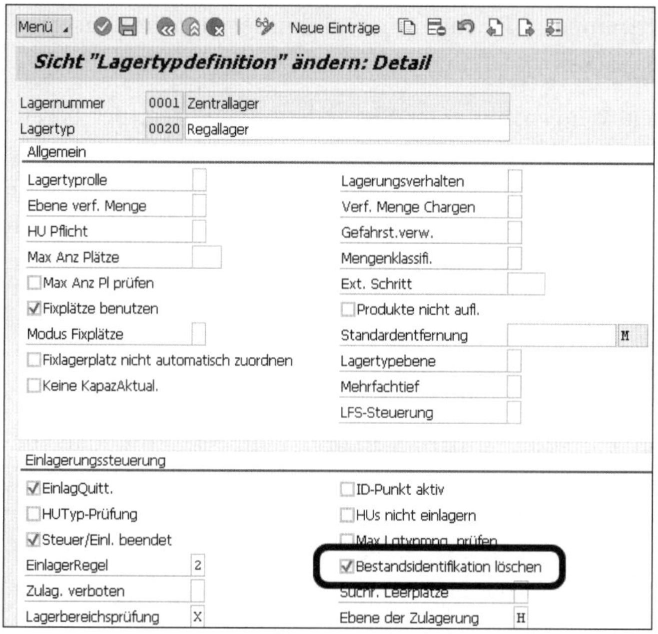

Abbildung 5.49 Customizing zum Löschen der Bestandsidentifikation bei der Einlagerung in einen Lagertyp

Normalerweise sollten Sie alle finalen Lagertypen so einstellen, dass bestehende Bestandsidentifikationen (die aus dem Wareneingangsprozess kommen) gelöscht werden. So kann es nicht aus Versehen passieren, dass Sie im späteren Warenausgangsprozess eine »alte« Bestandsidentifikation weiterverwenden, ohne es zu wollen. Alle Schnittstellenlagertypen (Arbeitsplätze, Tore, Bereitstellzonen) sollten Sie so einstellen, dass Bestandsidentifikationen erhalten bleiben.

5.9.5 Bestandsidentifikationen im Lager überwachen

Im Lagermonitor gibt es mehrere Möglichkeiten, die Bestandsidentifikation zur Selektion zu benutzen. Sie können mit der Bestandsidentifikation z. B. nach Lageraufgaben (Monitorknoten BELEGE • LAGERAUFGABE) oder nach Kommissionier- oder Einlageraufgaben suchen. Genauso ist es möglich, nach Beständen (Knoten BESTAND UND PLATZ • PHYSISCHER BESTAND) mit einer bestimmten Bestandsidentifikation zu suchen, z. B. nach sich in Einlagerung befindlichem Bestand in einem Schnittstellenlagertyp oder Arbeitsplatz.

5.9.6 Bestandsidentifikationen bei Mengensplits

Da die Bestandsidentifikation ein Produkt samt Menge eindeutig identifiziert, muss das EWM-System eine neue Bestandsidentifikation generieren, sobald Sie Bestand splitten, z. B. durch die Teilquittierung einer Lageraufgabe oder durch Umpacken von Teilmengen.

Wenn Sie also einen Mengensplit eines Bestands durchführen, der bereits eine Bestandsidentifikation hat, erstellt das EWM-System für die Splitmenge eine *neue* Bestandsidentifikation. Der ursprüngliche Bestand (von dem die Teilmenge gesplittet wurde) behält die alte Bestandsidentifikation – auch wenn nun die Menge auf dem Kommissionieretikett nicht mehr passend ist.

5.10 Mindesthaltbarkeits- und Verfallsdatum verwalten

Das Mindesthaltbarkeitsdatum (MHD)/Verfallsdatum eines Produkts bestimmt, bis wann ein Material gelagert werden darf und noch als brauchbar gilt. Es wird für verderbliche Produkte wie z. B. Lebensmittel oder chemische und pharmazeutische Erzeugnisse verwendet, aber auch für Produkte, die aufgrund gesetzlicher Bestimmungen nur eine bestimmte Zeit aufbewahrt werden können.

Die MHD-Verwaltung hat Einfluss auf verschiedene EWM-Funktionen, u. a.:

▶ **Stammdatenpflege**
In der EWM-Lagerproduktpflege pflegen Sie die Gesamthaltbarkeit und die geforderte Mindesthaltbarkeit des Produkts.

▶ **Wareneingangsprozess**
Im Wareneingangsprozess kann EWM die Restlaufzeit des Produkts prüfen und sie mit seiner Mindesthaltbarkeit vergleichen.

Wenn Sie Chargen für MHD-verwaltete Materialien verwenden, werden die MHD-Daten (MHD und Herstellungsdatum) der Anlieferposition in die zugehörigen Chargenmerkmale übernommen.

▶ **Warenausgangsprozess**
Im Warenausgangsprozess können Sie das MHD für Ihre Kommissionierstrategie (z. B. FIFO) benutzen. Wenn Sie Chargen verwenden, können Sie mit der geforderten Restlaufzeit (LOBM_RLZ) die Chargenfindung ausführen.

▶ **Monitoring/Lagerüberwachung**
Sie können sich die MHDs der Bestände im Lagermonitor über den Knoten BESTAND UND PLATZ • ÜBERSICHT MHD/VERFALLSDATUM anzeigen lassen.

▶ **Drucken**
Während des Druckens von HU- oder Versandetiketten können Sie das MHD ausdrucken.

In den folgenden Abschnitten beschreiben wir die Verwaltung von Mindesthaltbarkeits- und Verfallsdatum im Detail.

5.10.1 Stammdaten

Es gibt mehrere Stammdatenfelder zur MHD-Verwaltung, sowohl im SAP-ERP-Materialstamm als auch in der EWM-Lagerproduktpflege. Abbildung 5.50 zeigt den entsprechenden Bereich der Lagerproduktpflege im EWM-System, die Transaktion /SCWM/MAT1. Zunächst wählen Sie im Bereich HALTBARKEIT, ob das MHD/Verfallsdatum als Verfallsdatum oder MHD behandelt werden soll (Kennzeichen HALTBARKEITSTERMIN oder MIND.HALTBARK.). Das Kennzeichen PLANUNG M. HALTBKT. auf der rechten Seite hat in Zusammenhang mit EWM keine Relevanz. Im Feld HALTBARKEIT pflegen Sie die Gesamthaltbarkeit (Zeitraum zwischen Herstellungsdatum und dem MHD/Verfallsdatum) des Produkts. Im Feld GEFMINHALTBARK pflegen Sie das MHD, also die minimale Dauer, die ein Material noch haltbar ist, damit ein Wareneingang dieses Materials vom System akzeptiert wird.

Die *Reifezeit*, festgelegt in dem gleichnamigen Feld, ist die Zeit, die ein Produkt benötigt, bevor es nach der Produktion verwendet werden kann. Im Feld % RESTLAUFZEIT definieren Sie die notwendige prozentuale Restlaufzeit eines Produkts, die nicht verstrichen sein darf, wenn ein Produkt von einem Werk zu einem anderen verschickt wird (wird z. B. von Retail-Funktionen verwendet).

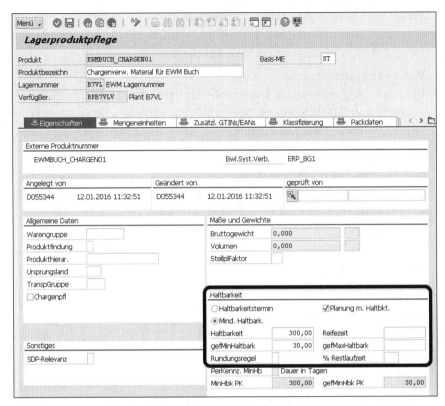

Abbildung 5.50 Mindesthaltbarkeit in der SAP-EWM-Lagerproduktpflege einstellen

5.10.2 MHD im Wareneingangsprozess kontrollieren

Während des Wareneingangsprozesses prüft EWM das MHD. Wenn Sie eine geforderte Mindesthaltbarkeit im EWM-Lagerprodukt gepflegt haben, vergleicht das EWM-System das MHD der Lieferposition mit der geforderten Mindesthaltbarkeit (siehe Abbildung 5.51).

Die Lieferung wird akzeptiert, wenn die errechnete Restlaufzeit größer ist als die geforderte Mindesthaltbarkeit. Sie können dann den Wareneingang buchen. Wenn die Restlaufzeit kleiner ist, sperrt das EWM-System (je nach Einstellung) die Lieferposition und setzt einen »roten« Status, sodass das System die Wareneingangsbuchung mit einer Fehlermeldung unterbindet.

Ob und wie das EWM-System die Sperrung der Lieferposition durchführen soll, wenn eine MHD-Verletzung ermittelt wird, können Sie im Customizing einstellen. Folgen Sie dazu dem Pfad EXTENDED WAREHOUSE MANAGEMENT • PROZESSÜBERGREIFENDE EINSTELLUNGEN • CHARGENVERWALTUNG • EINSTELLUNG ZUR LIEFERUNG VORNEHMEN (siehe Abbildung 5.52).

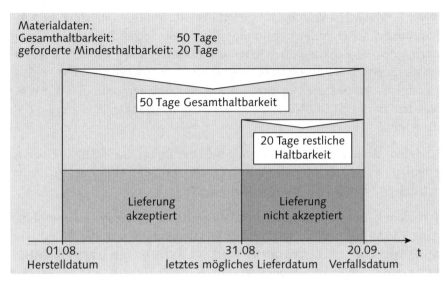

Abbildung 5.51 MHD im Wareneingangsprozess prüfen

Wie Sie sehen, können Sie für jede Positionsart ein anderes Prüfverfahren einstellen. Wenn Sie das Prüfverfahren B – POSITION SPERREN, MANUELLE FREIGABE ERLAUBT benutzen, können Sie die gesperrte Lieferungsposition in der Liefertransaktion manuell freigeben, selbst wenn eine MHD-Verletzung vorliegt.

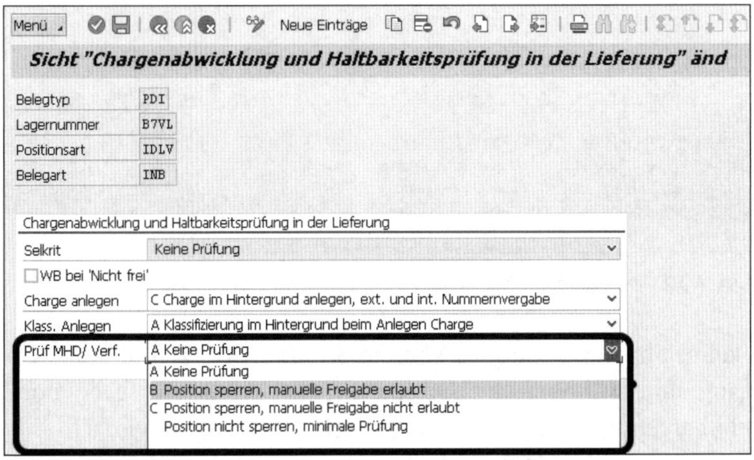

Abbildung 5.52 MHD/Verfallsdatum in der Lieferung prüfen

Zunächst sollten Sie jedoch prüfen, ob der Statustyp DSL (Prüfung der Restlaufzeit) für Ihre Lieferpositionsart aktiv ist. Dieser Status ist notwendig, wenn Sie die MHD-Prüfung auf Lieferebene durchführen möchten und die Position bei MHD-Verletzung auf Rot gehen soll. Folgen Sie dazu im Customizing dem Pfad EXTENDED WAREHOUSE MANAGEMENT • PROZESSÜBERGREIFENDE EINSTELLUNGEN • LIEFERABWICKLUNG • STATUSVERWALTUNG • STATUSPROFILE DEFINIEREN. Im Statusprofil der Anlieferposition (im EWM-Standard ist das /SCDL/INB_PRD_DLV_STANDARD) sollte der Statustyp DSL aktiv sein.

Nachdem das EWM-System bei der MHD-Prüfung eine MHD-Verletzung ermittelt hat, ist nun die Lieferposition gesperrt (in der Annahme, Sie benutzen das Prüfverfahren B aus Abbildung 5.52).

Trotzdem können Sie manuell die MHD-Verletzung freigeben (siehe Abbildung 5.53). Über der Tabelle der Lieferpositionen finden Sie die Schaltfläche MHD/TOLERANZ, die die Methoden MHD-VERLETZUNG FREIGEBEN und MHD-VERLETZUNG ZURÜCKSETZEN anbietet.

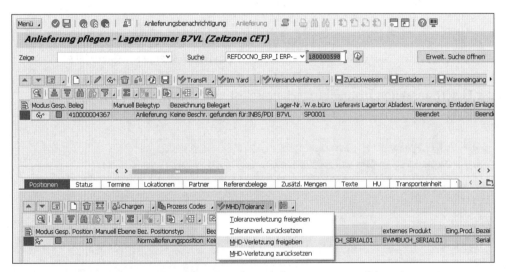

Abbildung 5.53 MHD-Verletzung in der Anlieferposition manuell freigeben

Wenn Sie keine Chargen benutzen, können Sie das MHD-Datum vor dem Wareneingang und während der Quittierung der Einlageraufgabe noch ändern. Bei chargenverwalteten Produkten geht das nicht so einfach – da müssen Sie das entsprechende Chargenmerkmal ändern. Ausgehend von der Chargenmerkmalsänderung, ändert EWM dann das MHD im Bestand und in der Anlieferposition.

5.10.3 MHD im Warenausgangsprozess kontrollieren

Sie können das MHD als Teil der EWM-Kommissionierstrategie verwenden. Die Kommissionierstrategie legt fest, wo und wie das EWM-System nach Beständen zur Auslagerung suchen soll. Unter anderem beinhaltet dies, in welcher Reihenfolge die infrage kommenden Bestände abgegriffen werden sollen. Eine mögliche Strategie ist SLED (*Shelf Life Expiration Date* = Mindesthaltbarkeitsdatum). In der Strategie SLED sind die Bestände nach dem Bestandsfeld VFDAT (was dem MHD/Verfallsdatum entspricht) sortiert. Sie finden die Strategie im Customizing unter dem Pfad EXTENDED WAREHOUSE MANAGEMENT • WARENAUSGANGSPROZESS • STRATEGIEN • AUSLAGERREGEL FEST-LEGEN.

Wenn Sie Produkte mit MHD *und* Chargenverwaltung benutzen, dann können Sie die Chargenfindung verwenden, um Bestände mit einer bestimmten Mindestrestlaufzeit zu finden. Bei der Chargenfindung nutzen Sie dann eine Findungsklasse, die Merkmale und Merkmalswerte beinhaltet. Dies wird in SAP ERP gemacht und an EWM übergeben. Damit können Sie in EWM nach Chargen suchen, deren Merkmale mit denen in der Findungsklasse übereinstimmen. Indem Sie das Merkmal LOBM_RLZ (Restlaufzeit) verwenden, können Sie nach Chargen mit einer bestimmten Mindestrestlaufzeit suchen, z. B. Chargen mit einer Restlaufzeit von mindestens 60 Tagen.

5.10.4 MHD im Lagermonitor

Im Lagermonitor können Sie sich Bestand anzeigen lassen, dessen MHD/Verfallsdatum erreicht oder bald erreicht ist. Nutzen Sie dazu den Monitorknoten BESTAND UND PLATZ • ÜBERSICHT MHD/VERFALLSDATUM. Sie können im Selektionsbild ein Referenzdatum eingeben. EWM zeigt dann alle Bestände an, die bis zu diesem Referenzdatum ablaufen.

Sie können übrigens in diesem Monitorknoten für alle selektierten Bestände sehr einfach die Bestandsart umbuchen, z. B. von freien auf gesperrten Bestand oder auf Verschrottungsbestand. Wählen Sie dazu die Methode BEST.ART ÄNDERN mit der Schaltfläche WEITERE METHODEN oberhalb der Ausgabetabelle. Wenn Sie die Methode BESTAND BUCHEN verwenden, springt das System für die markierte Zeile in die EWM-Umbuchungstransaktion /SCWM/POST, in der Sie manuell umbuchen können.

5.11 Catch Weight Management

Catch Weight Management (CWM) bedeutet etwa *Verwaltung von Gewichtsware* und spielt hauptsächlich in der Fleisch- und Milchindustrie eine Rolle. Hier kann das Gewicht eines Produkts von Stück zu Stück unterschiedlich sein, entweder aufgrund biologischer Unterschiede oder weil sich das Gewicht im Laufe der Zeit verändert. Diese Veränderlichkeit darf aber in einem Lagerverwaltungssystem nicht verloren gehen. Es kann also nicht mit festen Umrechnungsfaktoren zwischen Gewicht und Stück gearbeitet werden, da ansonsten viele Geschäftsprozesse (insbesondere die Fakturierung) mit falschen Werten arbeiten würden.

Mit CWM kann eine Unterscheidung zwischen der logistischen Mengeneinheit (z. B. Stück) und der Bewertungsmengeneinheit (z. B. Kilogramm) getroffen werden. Während die logistische Mengeneinheit die führende Einheit für alle Prozesse in der operativen Logistik ist (inklusive aller Prozesse im EWM-System), findet die Bewertung auf Basis der Bewertungsmengeneinheit statt. Für die Bewertungsmengeneinheit werden typischerweise Gewichtseinheiten verwendet – etwa Kilogramm oder Pfund. Eine der Konsequenzen der Verwendung von CWM ist, dass es im SAP-ERP- und im EWM-System eine durchgängig auf zwei voneinander unabhängigen Mengeneinheiten basierende Bestandsführung gibt.

Die Aktivierung von CWM wird wie folgt vorgenommen: Sie legen ein Material im SAP-ERP-System an und bestimmen wie üblich die Basismengeneinheit (z. B. ST für *Stück*). Sie aktivieren nun CWM für dieses Material, indem Sie eine *Parallelmengeneinheit* zum Material hinzufügen (z. B. kg), und bestimmen, ob die Basismengeneinheit oder die Parallelmengeneinheit die Bewertungsmengeneinheit ist. Die logistische Mengeneinheit ist immer die Basismengeneinheit.

EWM ist in der Lage, CWM-Informationen im Lager zu verwalten, indem es die Bestände in beiden unabhängigen Mengeneinheiten führen kann. Beide Mengeneinheiten sind gleichwertig.

CWM betrifft also viele Bereiche von EWM, insbesondere aber:

- Lagerproduktstamm
- alle Lagerbewegungen, gebucht mit Desktop- und RF-Transaktionen
- Lieferverarbeitung
- EWM-Qualitätsmanagement
- Inventur

▶ Lagermonitor

▶ Integration mit SAP ERP

> **SAP-ERP-System mit oder ohne aktiviertes CWM**
>
> Wir empfehlen Ihnen, ein SAP-ERP-System mit aktiviertem CWM einzusetzen (die Erweiterung CWM muss in SAP ERP manuell aktiviert werden).
>
> Es ist jedoch durchaus auch möglich, dass Sie CWM nur in EWM einsetzen und nur für bestimmte Produkte oder Produktgruppen einschalten, indem Sie Parallelmengeneinheiten pflegen. Das EWM-System verhält sich dann genau so, als wenn CWM auch in SAP ERP aktiv ist. Die Verarbeitung der aus EWM kommenden Warenbewegungen (Wareneingänge, Umbuchungen, Warenausgänge) jedoch ändert sich, denn SAP ERP kann die Parallelmengen dann nicht korrekt verarbeiten. Die einzige Stelle in SAP ERP, an der Sie in diesem Fall abweichende Gewichtsinformationen sehen, sind die Gewichtsfelder auf der Lieferung.

5.11.1 CWM und Stammdatenpflege aktivieren

Abbildung 5.54 zeigt die Aktivierung von CWM in der EWM-Lagerproduktpflege (Transaktion /SCWM/MAT1). Sie sehen, dass auf der Registerkarte Mengeneinheiten zwei Einheiten angelegt sind: Stück und Kilogramm. Die Basismengeneinheit ist Stück, siehe Feld Basis-ME oben rechts auf dem Bild. Die Einheit KG ist rechts mit dem Typ A – Parallele ME und Bewertungsmengeneinheit versehen – das bedeutet, dass CWM eingeschaltet ist. Wenn KG eine »normale« alternative Mengeneinheit wäre, dann würde man das Feld Typ der ME auf dem Wert Alternative Mengeneinheit stehenlassen und nicht umstellen.

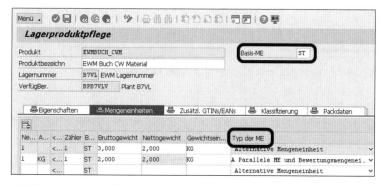

Abbildung 5.54 Parallele Mengeneinheiten für CWM pro Lagerprodukt aktivieren

Die Pflege der Mengeneinheiten kann direkt im EWM-System erfolgen, wird aber normalerweise in SAP ERP durchgeführt. Der SAP-ERP-Materialstamm wird dann mithilfe des Core Interfaces (CIF) an das EWM-System verteilt.

Darüber hinaus können Sie in der Lagerproduktpflege auf der Registerkarte LAGERUNG im Bereich CATCH WEIGHT DATA die Felder CW-PROFIL und CW-TOLERANZGRUPPE pflegen (siehe Abbildung 5.55). Das CW-Profil steuert, in welchem Prozessschritt Sie die CWM-Parallelmenge in EWM eingeben müssen (also zu welchem Zeitpunkt das Material gewogen werden muss), z. B. beim Wareneingang, beim Warenausgang oder an einem Arbeitsplatz.

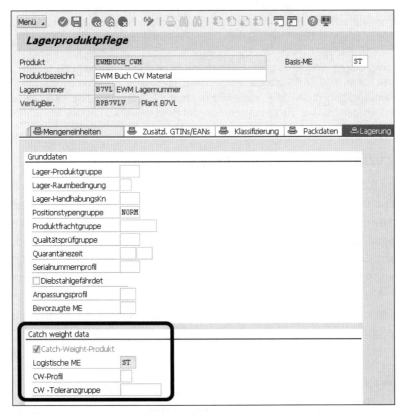

Abbildung 5.55 Catch-Weight-Stammdatenattribute in der Lagerproduktpflege

Die CW-Toleranzgruppe wird zur Prüfung der vom Anwender eingegebenen Parallelmenge verwendet. Das System kann prüfen, ob der gewogene Wert innerhalb bestimmter Toleranzen zum geplanten/theoretischen Gewicht liegt. Bei Toleranzüberschreitung wird eine Fehlermeldung ausgegeben. So können Sie also Eingabefehler minimieren. Sie pflegen die Toleranzgruppe im Customizing unter dem Pfad EXTENDED WAREHOUSE MANAGEMENT • STAMMDATEN • PRODUKT • CATCH WEIGHT • CATCH-WEIGHT-TOLERANZGRUPPEN DEFINIEREN.

Das Kennzeichen CATCH-WEIGHT-PRODUKT und das Feld LOGISTISCHE ME aus Abbildung 5.55 müssen Sie nicht pflegen, diese Angaben werden vom System automatisch bestimmt (aus der Parallelmengeneinheit bzw. aus der Basismengeneinheit, die Sie in den Grunddaten des Materials eingegeben haben).

5.11.2 CWM in die SAP-EWM-Prozesse integrieren

Im EWM-System wird auf Bestandsebene mitgeführt, ob der jeweilige Bestand bereits gemessen (gewogen) wurde oder nicht. Generell ist Bestand, den Sie ins EWM-System buchen, zunächst *ungemessener Bestand*. Sie können den Bestand wiegen, indem Sie in der Anlieferung oder während der Quittierung von Lageraufgaben explizit die Parallelmenge eingeben.

Sie können einstellen, ob der Anwender bei der Quittierung einer Lageraufgabe die Parallelmenge eingeben muss oder nicht, indem Sie das Kennzeichen EINGABE BEWMNG ERF. im Customizing der Lagerprozessart verwenden. Abbildung 5.56 zeigt die Customizing-Aktivität, die Sie unter dem Pfad EXTENDED WAREHOUSE MANAGEMENT • PROZESSÜBERGREIFENDE EINSTELLUNGEN • LAGERAUFGABE • LAGERPROZESSART DEFINIEREN erreichen. Beachten Sie, dass auch, wenn Sie dieses Kennzeichen nicht setzen, der Anwender trotzdem die Parallelmenge eingeben *kann*.

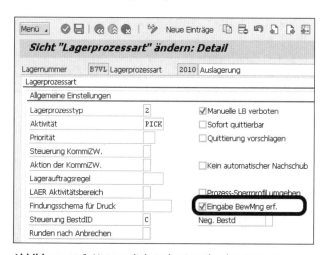

Abbildung 5.56 Notwendigkeit der Eingabe der CWM-Bewertungsmenge einstellen

Begriffsabgrenzung: Bewertungsmenge vs. Parallelmenge

Im EWM-System wird auf den Benutzeroberflächen oftmals der Begriff *Bewertungsmenge* verwendet, obwohl eigentlich *Parallelmenge* richtig wäre. Im Bestand wird immer eine Parallelmenge mit Parallelmengeneinheit geführt, während die Bewertungsmengeneinheit eine andere sein kann (siehe auch Abbildung 5.54).

Abbildung 5.57 zeigt die Eingabe einer Parallelmenge bei der Quittierung einer internen Lageraufgabe. Dass es sich um ein CW-relevantes Material handelt, erkennen Sie daran, dass das Kennzeichen CW RELEVANT bei der Lageraufgabe gesetzt ist.

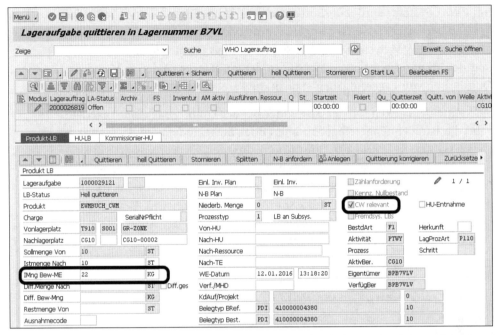

Abbildung 5.57 Lageraufgabe mit Parallelmengeneinheiten für ein CWM-Material quittieren

Nach der Eingabe der Parallelmenge wechselt der STATUS DER BEWERTUNGS-MENGE im Bestand von B – BEWERTUNGSMENGE IST NICHT GEMESSEN auf A – BEWERTUNGSMENGE IST GEMESSEN (siehe Abbildung 5.58).

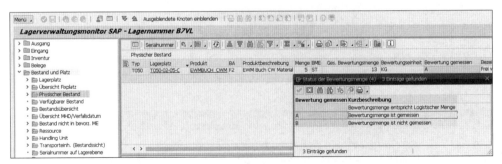

Abbildung 5.58 Bestand eines CWM-Materials mit einer Parallelmenge

5.11.3 CWM in die Lieferungsverarbeitung integrieren

Sie können vor der Wareneingangsbuchung die Parallelmenge auch direkt in der Anlieferung eingeben bzw. die avisierte Parallelmenge korrigieren. Abbildung 5.59 zeigt eine Anlieferung mit einem CW-Material.

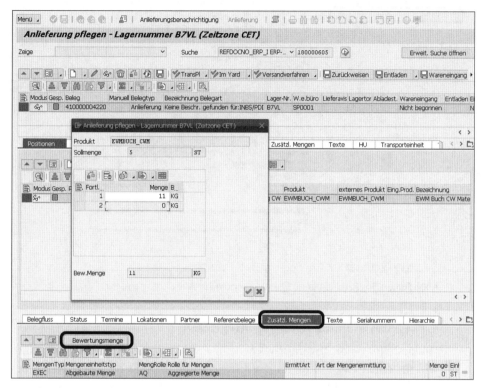

Abbildung 5.59 Parallelmenge eines CWM-Materials in der Lieferposition ändern

Auf der Registerkarte Zusätzl. Mengen auf der Positionsebene gibt es die Schaltfläche Bewertungsmenge. Beim Klick auf diese Schaltfläche öffnet sich ein Pop-up-Fenster, in das Sie die Parallelmenge eingeben können.

Die Schaltfläche Bewertungsmenge ist jedoch nur aktiv, wenn Sie Lieferpositionen ohne HUs verwenden. Bei der Verwendung von HUs müssen Sie in die Verpackungsansicht der Anlieferung wechseln. Dort klicken Sie doppelt auf den Bestand und wählen rechts die Registerkarte Produkt aus (siehe Abbildung 5.60). Sie sehen hier die Parallelmenge (Feld Bew.Menge) von 23 KG und dass der Indikator Bew. gemessen noch auf B steht (Parallelmenge noch nicht gemessen), d. h., bei den 23 KG handelt es sich entweder um das avisierte Gewicht oder um das aus den theoretischen Werten aus dem Lagerproduktstamm errechnete Gewicht.

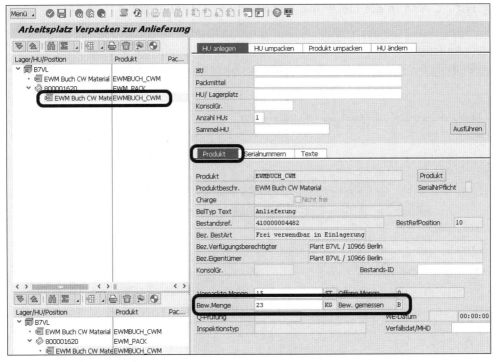

Abbildung 5.60 Parallelmenge beim Verpacken zur Anlieferung ändern

5.11.4 CWM in die Inventur integrieren

Die Erstellung von Inventurbelegen für CW-Produkte funktioniert genauso wie für Nicht-CW-Produkte. Unterschiede gibt es erst bei der *Zählung* des Inventurbelegs. Abbildung 5.61 zeigt, wie Sie Mengen bei der Zählung in den beiden Mengeneinheiten eingeben können: in der logistischen Mengeneinheit (hier Stück) und in der Parallelmengeneinheit (hier das Feld ALT.BWM).

Im EWM-Customizing können Sie einstellen, ob der Anwender bei Inventurbelegen die Parallelmengen eingeben können soll oder nicht. Denken Sie daran, dass das Eingeben von Parallelmengen auch heißt, dass Sie bei der Inventur den Bestand wiegen müssen. Wenn Sie die Parallelmengen-Eingabe bei der Inventur ausstellen, dürfen Sie nur die logistischen Mengen eingeben, und das EWM-System berechnet die Parallelmengen selbst, basierend auf dem Umrechnungsfaktor im Lagerproduktstamm. Folgen Sie im Customizing dem Pfad EXTENDED WAREHOUSE MANAGEMENT • LAGERINTERNE PROZESSE • INVENTUR • LAGERNUMMERSPEZIFISCHE EINSTELLUNGEN • GRUND UND PRIORITÄT • GRUND FÜR INVENTUR FESTLEGEN.

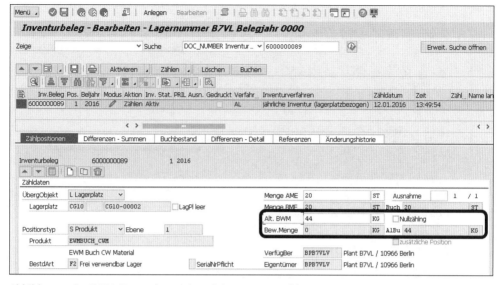

Abbildung 5.61 CWM-Materialien während der Inventur zählen

Nach der Ausbuchung des Inventurbelegs wird der Bestand korrigiert, und eventuelle Differenzmengen werden in den sogenannten *EWM Difference Analyzer* übertragen, wo sie noch einmal kontrolliert werden können, bevor die finanzrelevanten Buchungen im SAP-ERP-System erstellt werden. In Abbildung 5.62 sehen Sie eine ausgebuchte Differenz von vier Stück, die einer Differenz in Parallelmengeneinheit von 32 KG entspricht. Der Differenzwert basiert hier nun auf der Bewertungsmengeneinheit und beträgt 32 EUR. Bei Produkten, die nicht CW-verwaltet sind, basieren Differenzmengen auf der logistischen Mengeneinheit.

5.12 Bestandsspezifische Mengeneinheiten

Mithilfe der Funktion *Bestandsspezifische Mengeneinheiten* stellen wir Ihnen eine mit EWM-Release 9.0 ausgelieferte Erweiterung der Bestandsführung vor. Voraussetzung für die Nutzung der Funktion ist eine Anbindung an Erweiterungspaket 6 (EHP 6) für SAP ERP 6.0.

Zur optimierten Steuerung von Lagerprozessen und zur Erhöhung der Bestandstransparenz kann es für manche Bestände sinnvoll sein, bei der Abwicklung von Einlagerungs- und Auslagerungsprozessen von der jeweiligen Basismengeneinheit auf sogenannte *bestandsspezifische Mengeneinheiten* auszuweichen.

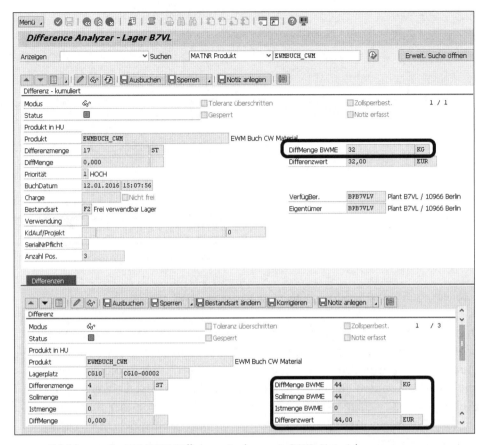

Abbildung 5.62 SAP EWM Difference Analyzer mit CWM-Material

Die bestandsspezifischen Mengeneinheiten stellen dabei stärker an den physikalischen Prozessen orientierte Messgrößen (z. B. Versandeinheiten/Handelseinheiten/Kolli) dar. Auf Basis dieser Messgrößen können wesentliche Logistikprozesse im Lager, wie die Ein- und Auslagerung, ausgesteuert werden. Zum Beispiel könnte für die Steuerung von Lagerprozessen des Produkts *Wasserflasche* eine bestandsspezifische Mengeneinheit *Kasten à zwölf Einzelflaschen* verwendet werden, während die für die Einkaufs- und Versandabwicklung verwendete Größe der Basismengeneinheit *Stück/Einzelflasche* entspricht.

EWM bietet Ihnen die Möglichkeit, Ein- und Auslagerungsprozesse nach bestandsspezifischen Mengeneinheiten optimiert auszusteuern. So können z. B. im Wareneingang, abhängig von den bestandsspezifischen Mengeneinheiten, Verpackungs- und Palettierungsprozesse konfiguriert werden, um anhand der Ergebnisse, die diese Prozesse liefern, adäquate Ziellagerplätze zu ermitteln. Im Warenausgang lassen sich auf der Basis bestandsspezifischer Mengeneinheiten Auslagerungsstrategien einrichten, nach denen auslaufende Verpackungseinheiten mit Priorität kommissioniert werden können.

Über die gesamte Prozesskette wahren Sie dabei auf der Ebene von Lieferungen, Lageraufgaben und Materialbelegen sowie in der Bestandshaltung Transparenz über die für Ihre Produkte angeforderten Basismengeneinheiten und die in den Prozessen verwendeten bestandsspezifischen Mengeneinheiten.

5.12.1 Stammdatenpflege und Customizing

Um bestandsspezifische Mengeneinheiten in Ihrer EWM-Implementierung zu verwenden, können Sie die im folgenden Abschnitt beschriebenen Stammdaten- und Customizing-Einstellungen vornehmen.

Nachdem Sie die entsprechenden Materialien im SAP-ERP-System angelegt haben, pflegen Sie die alternativen logistischen Mengeneinheiten gemäß den üblicherweise verwendeten Verpackungseinheiten (z. B. KAR für *Kartons* etc.) im Materialstamm (siehe Abbildung 5.63).

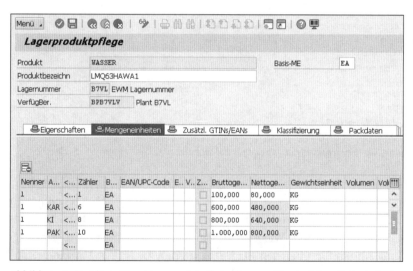

Abbildung 5.63 Alternative Mengeneinheiten pflegen – Stammdatenattribute in der Lagerproduktpflege

Neben der Pflege alternativer Mengeneinheiten haben Sie zudem die Möglichkeit, auf der globalen Ebene (Sicht LAGERUNG) oder auf Ebene der Lagernummer (Sicht LAGERDATEN) die bevorzugte alternative Mengeneinheit im Produktstamm zu hinterlegen. Bei der Erstellung von Lieferungen im EWM-

System können abhängig vom Positionsarten-Customizing automatisch die bevorzugten bestandsspezifischen Mengeneinheiten für die Anlieferpositionen ermittelt werden. Abbildung 5.64 zeigt die Einstellungen in der EWM-Lagerproduktpflege (Transaktion /SCWM/MAT1). Zum Befüllen der bevorzugen Mengeneinheit über die CIF-Materialstammdatenverteilung im EWM-Produktstamm kann die in SAP-Hinweis 1637067 vorgeschlagene Vorgehensweise bei der Implementierung genutzt werden.

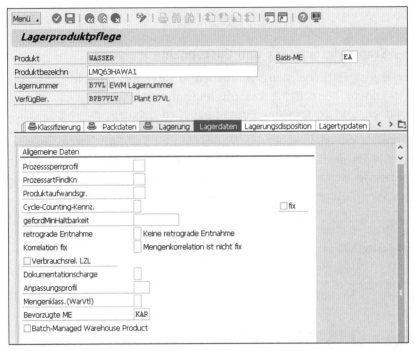

Abbildung 5.64 Bevorzugte Mengeneinheit auf globaler und lagernummernspezifischer Ebene pflegen

Die Voraussetzung für die Verwendung bestandsspezifischer Mengeneinheiten ist die Deklaration der am Produktstamm hinterlegten alternativen Mengeneinheit als bestandsspezifische Mengeneinheit. Die entsprechende Customizing-Einstellung finden Sie über den Pfad EXTENDED WAREHOUSE MANAGEMENT • STAMMDATEN • PRODUKT • ATTRIBUT FÜR MENGENEINHEIT DEFINIEREN.

> **Erweiterung der Parameter zur Definition bestandsspezifischer Mengeneinheiten**
>
> Zur Aussteuerung bestandsspezifischer Mengeneinheiten (z. B. auf der Ebene der Produktgruppe) können Sie das BAdI /SCWM/EX_MD_FLG_SUOM_DET verwenden.

Für jede Mengeneinheit kann zudem eine Mengenklassifizierung hinterlegt werden, die die im Lager verwendete Verpackungseinheit (z. B. Karton, Box, Palette, Groß-/Kleinteile) definiert und bei der Steuerung von Ein- und Auslagerungsprozessen berücksichtigt wird. Dies ermöglicht z. B. die Umsetzung von Groß- und Kleinmengenkommissionierung, auch ohne die Verwendung von Packspezifikationen. Voraussetzung für die Nutzung von Mengenklassifizierungen ist deren vorherige Pflege im EWM-Customizing über den Pfad EXTENDED WAREHOUSE MANAGEMENT • PROZESSÜBERGREIFENDE EINSTELLUNGEN • LAGERAUFGABE • MENGENKLASSIFIZIERUNG DEFINIEREN.

5.12.2 Bestandsspezifische Mengeneinheiten in die SAP-EWM-Prozesse integrieren

Auf der Basis der bestandsspezifischen Mengeneinheiten können Prozesse im Wareneingang und Warenausgang gesteuert und optimiert werden. Im Wareneingang kann bei der Erstellung der Anlieferungen für die Lagernummer pro Produkt eine bevorzugte Mengeneinheit ermittelt werden, auf deren Basis anschließend der Einlagerungsprozess ausgesteuert wird. Im Warenausgang können Auslagerungsregeln definiert werden, die Produktbestände in bevorzugte Mengeneinheiten für eine Auslagerung priorisieren und diese für eine nahtlose Integration in der Warenausgangsrückmeldung sowie in der Lieferschnittstelle reflektieren.

Sobald die im vorangegangenen Abschnitt 5.12.1, »Stammdatenpflege und Customizing«, beschriebenen Einstellungen am Produktstamm und im Customizing vorgenommen sind, können die im Folgenden beschriebenen Funktionen im Wareneingangsprozess genutzt werden:

▶ **Erstellung der Anlieferung**
  Bei der Erstellung von Anlieferungen können die für ein Material am Lagerproduktstamm als bevorzugte Mengeneinheiten hinterlegten Mengeneinheiten verwendet werden. Voraussetzung ist, dass die Positionsmenge ein Vielfaches der bevorzugten Mengeneinheit ist und in der ERP-Anlieferung nicht bereits eine alternative Mengeneinheit hinterlegt worden ist. Im EWM-Customizing muss zur Nutzung dieser Funktion auf der Ebene der Positionsarten für den Anlieferungsprozess über den Pfad EXTENDED WAREHOUSE MANAGEMENT • WARENEINGANGSPROZESS • ANLIEFERUNG • MANUELLE EINSTELLUNGEN • POSITIONSARTEN FÜR ANLIEFERUNGSPROZESS DEFINIEREN das Kennzeichen ERP-AME ALS BSME VERWENDEN aktiviert werden.

▸ **Einlagerungssteuerung**
Bei der Lagertypsuche wird die der ermittelten Mengeneinheit zugeordnete Mengenklassifizierung berücksichtigt. Voraussetzung dafür ist eine entsprechende Konfiguration der Lagertypfindung in EWM über den Customizing-Pfad EXTENDED WAREHOUSE MANAGEMENT • WARENEINGANGSPROZESS • STRATEGIEN • LAGERTYPFINDUNG • LAGERTYPSUCHREIHENFOLGE FÜR EINLAGERUNG BESTIMMEN.

▸ **Wareneingangsrückmeldung**
Bei der Wareneingangsrückmeldung können die während der Anlieferung verwendeten bestandsspezifischen Mengeneinheiten an das ERP-System kommuniziert und im Materialbeleg zur Wareneingangsbuchung angezeigt werden.

Im Warenausgangsprozess werden die folgenden Funktionen durch die Verwendung der bestandsabhängigen Mengeneinheiten unterstützt:

▸ **Auslagerungsregel**
Sobald im EWM-Customizing über den Pfad EXTENDED WAREHOUSE MANAGEMENT • STAMMDATEN • LAGERTYP DEFINIEREN das Sortierfeld FLG_PUOM in der für einen Lagertyp hinterlegten Auslagerungsregel definiert ist, kann entweder die bevorzugte (das Kennzeichen ABSTEIGEND ist markiert) oder eine nicht bevorzugte Mengeneinheit (das Kennzeichen ABSTEIGEND ist nicht markiert) bei der Kommissionierung priorisiert werden. Durch diese Einstellung können z. B. auslaufende Verpackungseinheiten bevorzugt kommissioniert werden.

▸ **Auslagerungssteuerung**
Analog der Einlagerungssteuerung wird bei der Auslagerungssteuerung die der bevorzugten Mengeneinheit zugeordnete Mengenklassifizierung berücksichtigt.

▸ **Lieferpositionssplit**
Wird bei der Quittierung der Kommissionier-Lageraufgaben eine bestandsspezifische Mengeneinheit verwendet, kann dies zu einem Lieferpositionssplit der Hierarchieart UOM (Nach Mengeneinheit splitten) führen (siehe Abbildung 5.65, wo Position 10 in die Unterpositionen 20 und 30 gesplittet wurde. Bei Position 20 ist eine andere Mengeneinheit erkennbar.) Die Generierung eines Positionssplits kann im EWM-Customizing der Positionsart über den Pfad EXTENDED WAREHOUSE MANAGEMENT • WARENAUSGANGSPROZESS • AUSLIEFERUNG • MANUELLE EINSTELLUNGEN • POSITIONSARTEN FÜR AUSLIEFERUNGSPROZESS DEFINIEREN) anhand des Parameters POSITIONSSPLIT ERLAUBEN aktiviert werden.

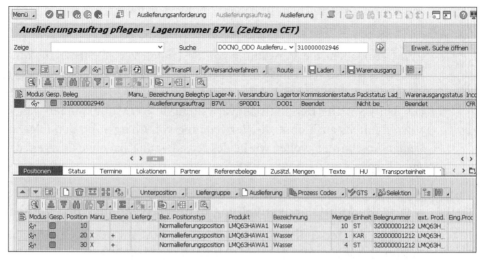

Abbildung 5.65 Lieferpositionssplit aufgrund bestandsspezifischer Mengeneinheit

▶ **Warenausgangsrückmeldung**

Bei der Warenausgangsrückmeldung werden die während der Kommissionierung erzeugten Lieferpositionssplits an das ERP-System kommuniziert und die verwendeten Mengeneinheiten sowohl in der Lieferung als auch im Materialbeleg zur Warenausgangsbuchung hinterlegt. Die Kommunikation der Mengeneinheitensplits kann abhängig von der ERP-Version im EWM-Customizing über den Pfad EXTENDED WAREHOUSE MANAGEMENT • SCHNITTSTELLEN • ERP-INTEGRATION • ALLGEMEINE EINSTELLUNGEN • STEUERUNGSPARAMETER FÜR ERP-VERSIONSKONTROLLE EINSTELLEN aktiviert oder deaktiviert werden.

Neben dem Wareneingangs- und Warenausgangsprozess werden die bestandsspezifischen Mengeneinheiten zudem in der Bestandsinventur und im Bestands-Monitoring (z. B. Anzeige und Anpassung der alternativen Mengeneinheiten) verwendet.

5.13   Verwaltung von Herkunftslandinformationen

Das *Herkunftsland* (Country of Origin) ist das Land, in dem die Waren ursprünglich hergestellt worden sind. Das Herkunftsland und die Regeln, wie das Herkunftsland korrekt bestimmt wird, unterliegen verschiedenen nationalen Bestimmungen und internationalen Verträgen. Für eine Lagerverwaltung ist es notwendig, Bestände von verschiedenen Herkunftsländern vollständig trennen zu können, insbesondere im Einsatzfall von Zolllägern sowie in allen Bereichen, in denen Kunden nur Produkte bestimmter Herkunftsländer geliefert haben wollen bzw. dürfen.

EWM ermöglicht die Verwaltung von Beständen verschiedener Herkunftsländer. Es ist also z. B. möglich, ein bestimmtes Produkt im Bestand im Lager zu führen, das zu einem Teil aus China kommt und zu einem anderen Teil aus den USA. Die Herkunftslandverwaltung in EWM funktioniert generell sowohl mit als auch ohne die Verwendung von Chargen. In den folgenden beiden Abschnitten wollen wir beides zeigen – zunächst ohne Chargen, dann mit Chargen.

5.13.1 Herkunftslandverwaltung ohne Verwendung von Chargen

Wenn Sie die Herkunftslandverwaltung von EWM ohne Chargen verwenden möchten, können Sie das Herkunftsland vor dem Wareneingang in der Anlieferposition angeben. Bei Anlage der Einlageraufgaben wird das Herkunftsland in die Lageraufgabe übernommen. Bei der Quittierung der Lageraufgabe können Sie, wenn gewünscht, das Herkunftsland noch einmal ändern. Das ist z. B. sinnvoll, wenn Sie das Produkt erst bei der Einlagerung in Augenschein nehmen können.

Mit dem Wareneingang ist das Herkunftsland zudem auch im Bestand sichtbar, z. B. im Lagermonitor über den Knoten Bestand und Platz • Physischer Bestand. Sie können nach der Quittierung der Einlageraufgabe das Herkunftsland im Bestand direkt ändern, indem Sie in dem Monitorknoten die Schaltfläche Weitere Methoden anklicken und die Funktion Attribute Ändern verwenden.

Im EWM-Standard wird das Herkunftsland allerdings während der Auslieferungsverarbeitung nicht benutzt, insbesondere berücksichtigt das System das Herkunftsland nicht während der Erstellung von Kommissionier-Lageraufgaben. Wenn Sie das benötigen, müssen Sie eines der verfügbaren BAdIs während der Lageraufgabenerstellung implementieren.

Herkunftslandverwaltung ohne Verwendung von Chargen

Die Verwendung der EWM-Herkunftslandverwaltung ohne Chargen bietet also nur einen limitierten Funktionsumfang. Zusätzlich zur fehlenden Berücksichtigung im Warenausgangsprozess gibt es eine »Lücke« bei Zulagerungen. Wenn Sie Zulagerung verwenden, dann wird das Herkunftsland des bestehenden Bestands überschrieben, denn dieses Feld ist kein quanttrennendes Attribut, es lässt sich auch nicht als solches einstellen. Wenn Sie strikt Bestände verschiedener Herkunftsländer trennen möchten, sollten Sie Chargen benutzen.

5.13.2 Herkunftslandverwaltung mit Verwendung von Chargen

Wenn Sie die Herkunftslandverwaltung mit Chargen verwenden, müssen Sie, wie schon in Abschnitt 5.4, »Chargenverwaltung«, beschrieben, im SAP-ERP-Materialstamm auf der Registerkarte KLASSIFIZIERUNG eine Chargenklasse des Typs 023 zuweisen. In diesem Fall muss das Merkmal LOBM_HERKL Teil der Klassifizierung sein, sodass das Herkunftsland zu jedem Zeitpunkt als Chargenmerkmal geführt wird. Das Herkunftsland ist jedoch weiterhin auch ein Bestandsattribut in EWM sowie ein Feld auf der Lieferposition.

Wenn Sie das Herkunftsland in der Anlieferposition pflegen, ist es möglich, dass dieses automatisch in das entsprechende Chargenmerkmal übernommen wird. Dies wird bereits im SAP-ERP-System durchgeführt. Das SAP-ERP-System überträgt dann die Lieferung und die Charge in EWM. Wenn der Chargenstammsatz in EWM angelegt wird, kann das Herkunftslandmerkmal auch in die EWM-Charge übernommen werden. Bei chargenverwalteten Produkten und der Verwendung eines Zolllagers müssen Sie das Herkunftsland in der Anlieferposition pflegen, um den Wareneingang buchen zu können.

Während des Wareneingangs können Sie nur existierende Chargen für einen Bestand ändern und müssen dafür auch einen Ausnahmecode eingeben. EWM ändert die Charge im Bestand und in der Anlieferposition. EWM ändert auch das Herkunftsland, ausgehend von dem Merkmal der neuen Charge.

Auslieferpositionen verhalten sich ähnlich wie Anlieferpositionen. Wenn Sie eine Kommissionier-Lageraufgabe quittieren, werden die Charge und das Herkunftsland (aus dem Chargenmerkmal) des gewählten Bestands in die Lieferposition übernommen. Sie können auch nur Bestand eines bestimmten Herkunftslandes kommissionieren, indem Sie die Chargenfindung verwenden.

5.14 Bestandsfindung und -bewertung

In diesem Abschnitt beschreiben wir die EWM-Bestandsfindung und die Möglichkeiten zur Bestandsbewertung.

5.14.1 Bestandsfindung

Durch die Verwendung der *EWM-Bestandsfindung* können Sie die Art und Weise festlegen, wie EWM bei einer bestimmten Aktivität Bestände im Lager selektiert, und zwar insbesondere in Bezug auf Bestandsarten und Eigentümer. Im Kern geht es beim Einstellen der Bestandsfindung darum, auch andere Bestandsarten und andere Eigentümer im Bestand finden zu können als die, die eigentlich angefragt sind.

Sie können diese Möglichkeit nutzen, um z. B. bei der Suche nach eigenem Bestand, wo der Eigentümer dem Werk entspricht, auch Lieferantenkonsignationsbestand zuzulassen, wo der Eigentümer der Lieferant ist. Das heißt, dass das System in diesem Fall zunächst eigenen Bestand kommissioniert, und nur wenn kein eigener Bestand mehr im Lager vorrätig ist, Lieferantenkonsignationsbestand wählt. Ähnlich funktioniert es bei den Bestandsarten: Sie können z. B. so dem EWM-System erlauben, auch in Einlagerung befindlichen Bestand zu kommissionieren (F1-Bestand), wenn das System eigentlich nach F2-Bestand sucht.

Die Bestandsfindung lässt sich für jedes Lagerprodukt separat ein- oder ausstellen, indem Sie eine *Bestandsfindungsgruppe* (BF-Gruppe) anlegen und dem Produkt zuweisen. In Abbildung 5.66 sehen Sie die Customizing-Aktivität unter dem Pfad EXTENDED WAREHOUSE MANAGEMENT • PROZESSÜBERGREIFENDE EINSTELLUNGEN • BESTANDSFINDUNG • BESTANDSFINDUNGSGRUPPEN PFLEGEN. In der Spalte BF-GRUPPE vergeben Sie einen Namen für die Bestandsfindungsgruppe, der dann in der Lagerproduktpflege jedem Produkt einzeln zugewiesen werden muss.

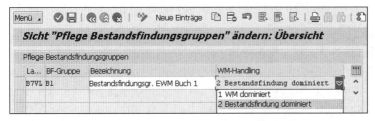

Abbildung 5.66 Bestandsfindungsgruppe (BF-Gruppe) pflegen

Die Spalte WM-HANDLING definiert, ob für die Bestandsfindung das WM oder die Bestandsfindung dominiert.

▸ **1 – WM dominiert**
Die Einstellung WM DOMINIERT bedeutet, dass das EWM-System die Standard-Bestandsfindungsstrategien (z. B. FIFO) mit Priorität verwendet und erst danach die Bestandsfindungsgruppe berücksichtigt. Wenn Sie also z. B. die EWM-Bestandsfindung nach Eigentümer einsetzen und Bestände für die beiden Eigentümer 0001 und 0002 mit verschiedenen WE-Terminen im Lager haben, selektiert das System den Bestand nach FIFO, wobei die beiden Eigentümer gleichbehandelt werden. Die EWM-Strategie dominiert also.

▸ **2 – Bestandsfindung dominiert**

Die Einstellung BESTANDSFINDUNG DOMINIERT bedeutet, dass das System zunächst den Bestand jedes Eintrags in der Bestandsfindungsgruppe selektiert und erst dann Strategien wie FIFO anwendet. Auch hier wieder ein Beispiel: Wenn Sie die EWM-Bestandsfindung nach Eigentümer einsetzen und Bestände für die beiden Eigentümer 0001 und 0002 mit verschiedenen WE-Terminen im Lager haben, selektiert das System zunächst den Bestand des Eigentümers 0001, wendet FIFO an und selektiert erst dann den Bestand des Eigentümers 0002, worauf wiederum FIFO angewandt wird.

Die im Customizing angelegte Bestandsfindungsgruppe weisen Sie dem Lagerprodukt im Bereich AUSLAGERUNG auf der Registerkarte LAGERDATEN zu (siehe Abbildung 5.67).

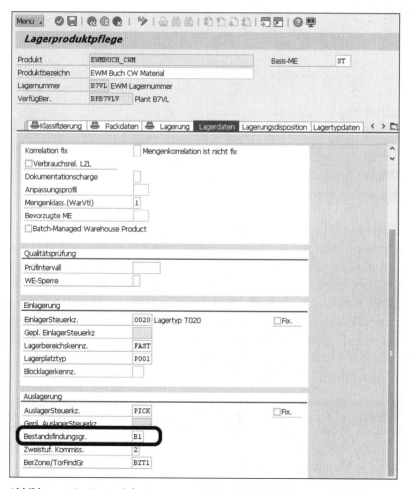

Abbildung 5.67 Bestandsfindungsgruppe in der SAP-EWM-Lagerproduktpflege zuweisen

Für jede Bestandsfindungsgruppe stellen Sie nun die Bestandsfindung ein – Sie entscheiden also, was das System im Hinblick auf Eigentümer oder Bestandsart genau tun soll. Abbildung 5.68 zeigt die entsprechende Customizing-Aktivität, die Sie unter dem Pfad EXTENDED WAREHOUSE MANAGEMENT • PROZESSÜBERGREIFENDE EINSTELLUNGEN • BESTANDSFINDUNG • BESTANDSFINDUNG EINSTELLEN erreichen.

Das Beispiel in Abbildung 5.68 lesen Sie so, dass das EWM-System bei Produkten der Bestandsfindungsgruppe B1, der Aktivität PICK, der Lagernummer und dem Verfügungsberechtigten BPB7VLV auch Bestand der Bestandsart F1 selektieren soll, auch wenn es eigentlich nach Bestandsart F2 sucht.

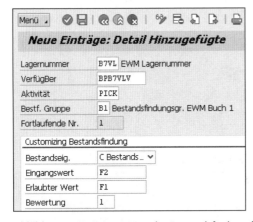

Abbildung 5.68 Customizing der Bestandsfindung für Bestandsarten

Das Feld BEWERTUNG unten in Abbildung 5.68 ist für Handling 2 – BESTANDS-FINDUNG DOMINIERT relevant. Damit stellen Sie die Reihenfolge ein, mit der das System die Einträge benutzt. Eine höhere Bewertung bedeutet hier Priorität gegenüber einer niedrigeren Bewertung. In Tabelle 5.6 sehen Sie ein Beispiel. Der Eintrag mit dem erlaubten Wert BPB7VLV hat die Bewertung 10, der mit LIEF4711 hat die Bewertung 5. Das bedeutet, dass EWM zunächst Bestand mit Eigentümer BPB7VLV (also des eigenen Lagers) wählt und erst danach Bestand des Eigentümers LIEF4711 (also Konsignationsbestand des Lieferanten LIEF4711).

Bestandsfin-dungsgruppe	Eigenschaft	Eingangswert	Erlaubter Wert	Bewertung
B2	Eigentümer	BPB7VLV	BPB7VLV	10
B2	Eigentümer	BPB7VLV	LIEF4711	5

Tabelle 5.6 Beispiel für die Verwendung von Bewertungen bei der Bestandsfindung

Bei Bestandsfindungsgruppen mit WM-Handling 1 – WM DOMINIERT spielt also die Bewertung keine Rolle (da ja die Auslagerungsstrategie wie z. B. FIFO sowieso dominiert).

5.14.2 Bestandsbewertung

EWM ist ein reines Lagerverwaltungssystem und verwaltet keine finanziellen Belege. Alle Buchungen, die finanzielle Relevanz haben, werden im SAP-ERP-System vorgenommen. In EWM werden nur die logistischen Bewegungen abgebildet.

Dennoch ist es notwendig, dass auch das EWM-System die Materialbewertung, also die Standardpreise der Materialien, kennt. Dies ist vor allen Dingen für die Analyse von Differenzen im Inventurprozess notwendig, aber auch für andere Prozesse von Belang, z. B. für den Zählschritt im Wareneingangsprozess, den man abhängig vom Wert der Materialien durchführen oder nicht durchführen kann.

Um die Kosten aus dem SAP-ERP-System in EWM zu übertragen, müssen Sie einen Report im EWM-System starten. Dies kann manuell, aber auch als Job im Hintergrund passieren. Dieser Report liest die Preise aus SAP ERP und überträgt sie in die Tabelle /SCWM/T_VALUATE im EWM-System. Der Transaktionscode für den Report ist /SCWM/VALUATION_SET, Sie erreichen ihn auch über das SAP-Easy-Access-Menü über den Pfad EXTENDED WAREHOUSE MANAGEMENT • INVENTUR • PERIODISCHE ARBEITEN • PREISE AUS ERP ERMITTELN UND SETZEN (siehe Abbildung 5.69).

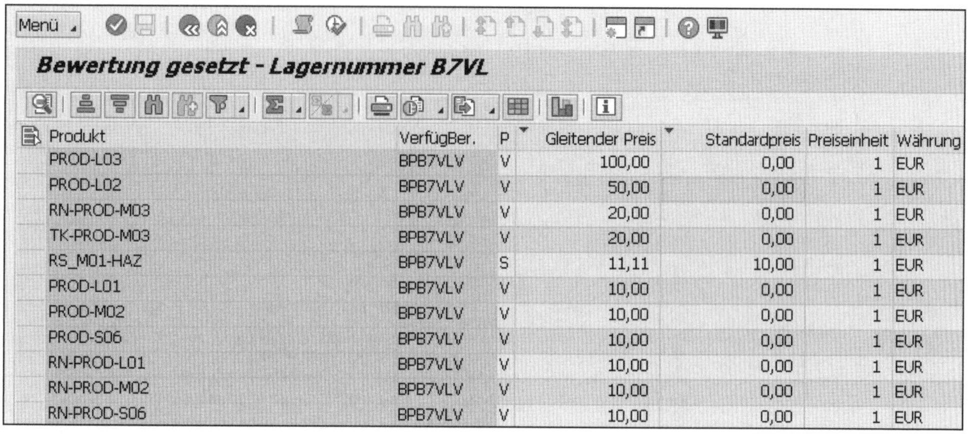

Produkt	VerfügBer.	P	Gleitender Preis	Standardpreis	Preiseinheit	Währung
PROD-L03	BPB7VLV	V	100,00	0,00	1	EUR
PROD-L02	BPB7VLV	V	50,00	0,00	1	EUR
RN-PROD-M03	BPB7VLV	V	20,00	0,00	1	EUR
TK-PROD-M03	BPB7VLV	V	20,00	0,00	1	EUR
RS_M01-HAZ	BPB7VLV	S	11,11	10,00	1	EUR
PROD-L01	BPB7VLV	V	10,00	0,00	1	EUR
PROD-M02	BPB7VLV	V	10,00	0,00	1	EUR
PROD-S06	BPB7VLV	V	10,00	0,00	1	EUR
RN-PROD-L01	BPB7VLV	V	10,00	0,00	1	EUR
RN-PROD-M02	BPB7VLV	V	10,00	0,00	1	EUR
RN-PROD-S06	BPB7VLV	V	10,00	0,00	1	EUR

Abbildung 5.69 Materialbewertungen aus dem SAP-ERP-System importieren

5.15   Sonderbestände

Sonderbestände sind Bestände, die von anderen Beständen getrennt (abgesondert) werden, da sie für eine bestimmte Verwendung, entweder für eine Kundenauftragsposition oder für ein Projekt, reserviert sind. Beide möglichen Verwendungen (Kundenauftragsbestand und Projektbestand) haben ihre eigene Bestandskategorie in EWM: SOS steht für Kundenauftragsbestand (*Sales Order Stock*), während PJS für Projektbestand steht (*Project System*). Durch die eigene Bestandskategorie kann der Bestand nur für die korrekte Verwendung benutzt werden. Sie können sich beide Sonderbestände im Lagermonitor anzeigen lassen, z. B. im Knoten BESTAND UND PLATZ • PHYSISCHER BESTAND.

5.15.1   Kundenauftragsbestand

Bestand für bestimmte Kunden kann durch Kundenauftragsbestand von anderen Beständen getrennt gelagert werden. In Abbildung 5.70 sehen Sie, wie im EWM-System eine Umbuchung von freiem Bestand in Kundenauftragsbestand (SOS) für die Position 10 von Kundenauftrag 6000004711 vorgenommen wird.

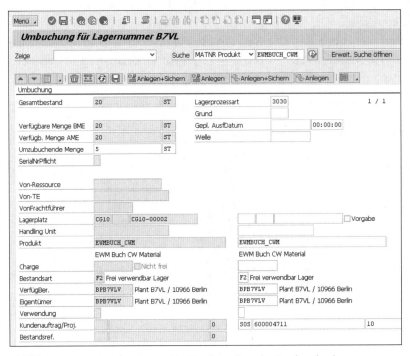

Abbildung 5.70 Normalen Bestand in Kundenauftragsbestand umbuchen

Sie können aber natürlich auch Kundenauftragsbestand über eine Bestellung oder einen Produktions-/Prozessauftrag ins Lager buchen.

Nach der Umbuchung von fünf Stück aus Abbildung 5.70 kann der neue Bestand im Lagermonitor betrachtet werden (siehe Abbildung 5.71). Auf der rechten Seite der Tabelle sehen Sie den Typ SOS und die Sonderbestands-nummer (Nummer des SAP-ERP-Kundenauftrags).

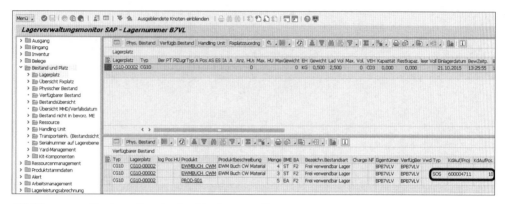

Abbildung 5.71 Kundenauftragsbestand im Lagermonitor

5.15.2 Projektbestand

Projektbestand ist ein Sonderbestand im EWM-System für ein bestimmtes PSP-Element (PSP steht für *Projektstrukturplan*; im Englischen spricht man von WBS für *Work Breakdown Structure*) eines Projekts, das im Projektsystem in SAP ERP definiert ist. Dieser Sonderbestand kann nur für dieses PSP-Element verbraucht werden. Der Sonderbestandstyp ist PJS.

5.16 Zusammenfassung

In diesem Kapitel haben wir die vielen Funktionen und Methoden besprochen, die EWM verwendet, um Bestand zu verwalten. Sie sollten nun eine gute Basis haben, um die weiterführenden Funktionen und Prozesse zu verstehen, die diese Bestandsverwaltungsmethoden nutzen. In den nächsten Kapiteln zeigen wir Ihnen die Lieferabwicklung in SAP EWM sowie die Objekte und Elemente zur Prozesssteuerung.

In diesem Kapitel werden die Lieferabwicklung sowie deren Bedeutung, Verwendung, Funktionen und Integrationsaspekte in SAP EWM behandelt. Die Lieferabwicklung verwaltet Belege, Funktionen und die Schnittstelle zur Abwicklung der Prozesse des Wareneingangs, Warenausgangs und der lagerinternen Prozesse.

6 Lieferabwicklung

Die Lieferabwicklung ist aus zwei Gründen eine der zentralen Komponenten von SAP EWM: Zum einen verwaltet sie die betriebswirtschaftlichen Basisdokumente für die Abwicklung von Wareneingang, Warenausgang, Retouren und Umlagerungen; zum anderen stellt sie die Schnittstelle zur Anbindung externer Auftragsverwaltungssysteme dar, wie z. B. SAP ERP. Dieses Kapitel betrachtet sowohl die betriebswirtschaftlichen als auch die systemtechnischen Funktionen, Eigenschaften und Einstellungen von SAP EWM und widmet sich dabei den folgenden Schwerpunktthemen:

▶ **Aufbau der Lieferung**
  Um den Aufbau und Informationsgehalt der Lieferung besser verstehen zu können, werden die Segmente der Lieferung sowie ihr betriebswirtschaftlicher Stellenwert vorgestellt.

▶ **Lieferbelege in SAP EWM**
  Wir erläutern die verschiedenen Lieferbelege und ihre Bedeutung für die Systemschnittstellen, Prozesssteuerung und Funktionen.

▶ **Lieferschnittstelle**
  Die integrative Rolle der Lieferung als zentralem Objekt für die Systemkommunikation zwischen SAP ERP und EWM wird ebenfalls behandelt. Die Schwerpunkte des Kapitels liegen auf dem technischen Aufbau, dem Monitoring und der Nachrichtenverarbeitung der Lieferschnittstelle.

▶ **Allgemeine Einstellungen der SAP-EWM-Lieferung**
  Wir stellen allgemeine Customizing-Einstellungen und deren Funktionen vor. Dazu zählen Einstellungen der Systemkommunikation und der Lieferungssteuerung.

Mit diesen Informationen schaffen wir die Grundlage für ein tieferes Verständnis der Eigenschaften und Funktionen von Lieferbelegen, die für die Lagerprozesse relevant sind. Die hier vorgestellten Funktionen der Lieferabwicklung werden Sie im Kontext der spezifischen Geschäftsprozesse im weiteren Verlauf des Buches wiederfinden. Während der Schwerpunkt dieses Kapitels auf einer prozessunabhängigen Betrachtung der Lieferabwicklung liegt, werden prozessspezifische Funktionen und Verwendungen der Lieferung in den prozessbezogenen Kapiteln des Buches vorgestellt (siehe Kapitel 8, »Wareneingangsprozess«, und Kapitel 9, »Warenausgangsprozess«).

6.1 Aufbau der Lieferung

EWM-Lieferbelege können in die Segmente *Belegkopf* und *Belegpositionen* aufgeteilt werden. Neben den allgemeinen Kopf- und Positionsinformationen finden sich zusätzliche Kopf- und Positionsinformationen in den jeweiligen Transaktionen der Lieferpflege. Die Transaktionen der Lieferpflege sind in SAP EWM in drei Bildsegmente aufgeteilt (siehe Abbildung 6.1).

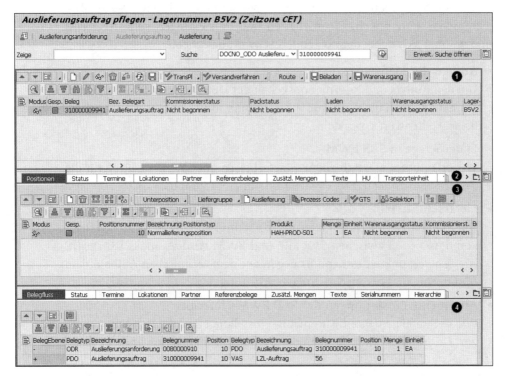

Abbildung 6.1 Struktur der Lieferbelege am Beispiel der Transaktion der Auslieferungsauftragspflege /SCWM/PRDO

Im oberen Bildsegment (siehe ❶ in Abbildung 6.1) finden sich die allgemeinen Kopfinformationen. Unmittelbar darunter werden im mittleren Bildsegment ❷ die allgemeinen Positionsinformationen auf der Registerkarte POSITIONEN dargestellt. Daneben sind im selben Segment auf separaten Registerkarten die zusätzlichen Kopfinformationen zu finden ❸. Die zusätzlichen Positionsinformationen befinden sich auf weiteren Registerkarten im untersten Bildsegment ❹.

Die Transaktionen der Lieferabwicklung finden Sie im SAP-Easy-Access-Menü unter dem Pfad EXTENDED WAREHOUSE MANAGEMENT • LIEFERABWICKLUNG in den Menüordnern ANLIEFERUNG, AUSLIEFERUNG und UMBUCHUNG.

Im Folgenden stellen wir die Bereiche der Lieferung sowie deren Parameter vor. Die Auswahl der behandelten Kopf- und Positionsinformationen lässt sich in Abhängigkeit von Beleg- und Positionsarten über Serviceprofile der Lieferung konfigurieren. Sie können auf diese Weise spezifische Geschäftsszenarien im Rahmen eines Kundenprojekts abbilden (siehe Abschnitt 6.4.2, »Serviceprofile der Lieferung«). Die folgenden Beschreibungen orientieren sich an den Belegen der Anlieferung und des Auslieferungsauftrags, da diese eine Maximalausprägung der Lieferbelege darstellen.

6.1.1 Allgemeine Kopfinformationen der Lieferung

Im *Kopfbereich* (siehe ❶ in Abbildung 6.1) sind allgemeine Informationen der Lieferung, wie z. B. Belegtyp, Belegart, Lagernummer, Wareneingangs- und Warenausgangsbüro, hinterlegt. Zudem befinden sich auf dem Lieferkopf Transportdaten, wie z. B. Route, Identifikation des Fahrzeugs, Transportmittel, Exportrelevanz und Transportmodus.

Bleiben wir zunächst bei den allgemeinen Informationen: Um die system- und prozessseitige Verarbeitung der Lieferbelege zu bestimmen, unterscheidet SAP EWM zwischen verschiedenen *Belegtypen* (siehe Tabelle 6.1). Die Abkürzungen stellen technische Festwerte in EWM dar.

Der Belegtyp entspricht einer fest im System definierten Klassifizierung von Lieferszenarien in der Lieferabwicklung. Die Belegtypen für EWM-Lieferszenarien werden in Abschnitt 6.2, »Lieferbelege in SAP EWM«, erläutert. Bei der Nennung der EWM-Lieferbelege werden in diesem Kapitel zusätzlich die hier vorgestellten Belegtypen erwähnt, um die Eindeutigkeit der Beschreibung und des möglichen Lieferszenarios sicherzustellen (z. B. Auslieferung (FDO) oder Umbuchungsanforderung (SPC)).

Belegtyp	Beschreibung
GRN	Benachrichtigung über erwarteten Wareneingang
EGR	Erwarteter Wareneingang
IDN	Anlieferungsbenachrichtigung
PDI	Anlieferung
ODR	Auslieferungsbenachrichtigung
PDO	Auslieferungsauftrag
FDO	Auslieferung
POR	Umbuchungsanforderung
SPC	Umbuchung
WMR	Umlagerung

Tabelle 6.1 Auflistung der Belegtypen von SAP EWM

Die *Belegart* ist einer der zentralen Lieferparameter für die Steuerung und die Verwaltung von Lieferbelegen in SAP EWM. Belegarten repräsentieren betriebswirtschaftliche Lieferszenarien, wie z. B. Eillieferungen, Normallieferungen oder Produktionsversorgungen. Der Belegart ist ein das Lieferszenario definierender Belegtyp zugeordnet (siehe Abschnitt 6.2, »Lieferbelege in SAP EWM«). Darüber hinaus sind der Belegart eine Reihe von Serviceprofilen zur Lieferabwicklung zugeordnet, die die Bearbeitung und die Steuerung der Lieferbelege sowie die Bearbeitung und Auswahl der zusätzlichen Kopf- und Positionsinformationen beeinflussen (siehe Abschnitt 6.4.2, »Serviceprofile der Lieferung«).

6.1.2 Zusätzliche Kopfinformationen der Lieferung

Auf den unterschiedlichen Registerkarten der jeweiligen Transaktionen der Lieferpflege finden Sie *weitere Kopfinformationen* der Lieferung. Diese befinden sich auf den in Abbildung 6.1 in Bildsegment ❷ aufgeführten Registerkarten.

Status

Die Kopfstatus der Lieferung (Registerkarte STATUS) kennzeichnen den Arbeitsfortschritt technischer (z. B. Erzeugung der Auslieferung) und betriebswirtschaftlicher (z. B. Verpacken, Beladen) Prozesse. Die Lieferstatus werden beim Buchen der Geschäftsprozesse automatisch aktualisiert. Statusabhängigkeiten können über Statusprofile eingestellt werden (siehe

Abschnitt 6.4.2, »Serviceprofile der Lieferung«). Die Lieferung unterscheidet persistente von transienten Status: Während *transiente Status*, auch aggregierte Status genannt, beim Nachlesen eines Belegs dynamisch in Abhängigkeit vom Positionsstatus ermittelt werden, sind *persistente Status* auf der Datenbank festgeschriebene Statuswerte.

Termine

Die Lieferung unterscheidet verschiedene Terminarten, wie z. B. Liefertermine oder Transporttermine. Die Termine können von den SAP-ERP-Vorbelegen übernommen oder bei Belegaktualisierungen an diese übergeben werden. Zudem können Termine manuell vorgegeben werden (siehe Abschnitt 6.4.1, »SAP-ERP-Integration der Lieferabwicklung«).

Lokationen und Partner

Auf den Registerkarten LOKATIONEN und PARTNER sind sowohl Sender als auch Empfänger der Lieferung hinterlegt. Die Registerkarte LOKATIONEN zeigt das sendende bzw. empfangende Lager (Lokationsinformation). Auf der Registerkarte PARTNER sind Warenempfänger oder Warensender der Lieferung zu finden. Zudem können auf den Registerkarten Adressdaten der Geschäftspartner angezeigt werden, und es können manuell zusätzliche Geschäftspartner (z. B. der Auftraggeber) hinterlegt werden.

Referenzbelege

Für jede Lieferung sind auf der Registerkarte REFERENZBELEGE die Referenzen der Belege hinterlegt, die während der Lieferabwicklung im Bezug zur Lieferung erfasst und verarbeitet wurden (z. B. SAP-ERP-Lieferung oder Frachtbeleg). Die wichtigsten Referenzbelege sind ERO (SAP-ERP-Originalbeleg) und SAP ERP (SAP-ERP-Beleg). Jede über die SAP-ERP-Lieferschnittstelle erstellte Lieferung enthält diese Belege. Die *ERO-Referenz* repräsentiert die SAP-ERP-Lieferbelegnummer und wird in EWM nicht verändert. Die *SAP-ERP-Referenz* entspricht bis zum Liefersplit der ERO-Referenz.

Wird ein Liefersplit durchgeführt, ermittelt das *Business Object Processing Framework* (BOPF) eine neue SAP-ERP-Liefernummer (siehe Abschnitt 6.3, »Lieferschnittstelle«). Sind ERO- und SAP-ERP-Referenz also ungleich, kann man auf einen in EWM ausgeführten Liefersplit schließen.

Zusätzliche Mengen

Auf der Registerkarte ZUSÄTZL. MENGEN sind verschiedene Mengenrollen, wie z. B. Lademenge oder Warenausgangsmenge, einer Lieferposition hinterlegt. Die zusätzlichen Mengen des Lieferkopfs beinhalten über die Lieferpositionsmengen aggregierte Gewichts-, Volumen- oder Prozessmengen.

Texte

Manuell erfasste oder vom Vorbeleg übernommene Liefertexte, Notizen und Hinweise für die Lieferung können auf der Registerkarte TEXTE hinterlegt werden.

Handling Unit

Auf der Registerkarte HU sind alle Handling Units aufgeführt, die eine Referenz zur Lieferung haben. HUs haben immer dann eine Lieferreferenz, wenn sie mindestens einen Teil einer Position der Lieferung enthalten. Zudem sind HU-Detailinformationen, wie etwa Abmessungen, Status der HU und aktuelle Position im Lager (Lagertyp, Lagerbereich, Lagerplatz), auf der Registerkarte HU hinterlegt. Diese bietet zudem einen direkten Absprung in die HU-Detailinformationen an.

Transporteinheit

Auf der Registerkarte TRANSPORTEINHEIT für eine Lieferung sind alle Transporteinheiten sowie die Detailinformationen sichtbar, die einen Bezug zur Lieferung haben. Dies schließt alle Transporteinheiten ein, denen entweder ganze Lieferungen (Kopf), einzelne Lieferpositionen oder HUs mit Lieferbezug zugeordnet wurden. Die Registerkarte TRANSPORTEINHEIT bietet einen Absprung in die Transaktion /SCWM/TU zur Pflege von Transporteinheiten.

PPF-Aktionen

Über PPF-Aktionen können abhängig von definierten Bedingungen Folgefunktionen, wie z. B. die automatische Erstellung von Lageraufgaben und Lieferbelegen oder der Druck von Lieferpapieren, ausgelöst werden (siehe Kapitel 12, »Bereichsübergreifende Prozesse und Funktionen«). Auf der Registerkarte PPF-AKTIONEN sind alle für den Lieferbeleg eingeplanten oder ausgeführten PPF-Aktionen ersichtlich. Zudem können über Funktionstasten Verarbeitungsprotokolle und Detailinformationen zu den einzelnen Aktionen aufgerufen und ausgewählte Aktionen wiederholt werden.

6.1.3 Allgemeine Positionsinformationen der Lieferung

Der *Positionsbereich* der Lieferung (siehe Abbildung 6.1) enthält Informationen über die einzelnen Produkte, auf die sich der Beleg bezieht, und über deren lagerspezifische Steuerungsdaten, wie z. B. Produkt, Menge, Positionstyp, Positionsart, Lagerprozessart, Bereitstellungsdaten, Bestandsart und Produktcharge.

Eine ebenso zentrale Rolle für die Lieferabwicklung wie der Belegtyp spielt der *Positionstyp*. Analog zum Belegtyp steuert der Positionstyp die Verarbeitung der Lieferposition und ist fest im System definiert. Die Abkürzungen stellen technische Festwerte in EWM dar. Tabelle 6.2 zeigt die in SAP EWM verwendeten Positionstypen.

Belegtyp	Beschreibung
DLV	Standardlieferposition
PAC	Packmittelposition
RET	Retourenlieferposition
TXT	Textposition
VAL	Wertposition (wird nur im Warenausgangsprozess verwendet)

Tabelle 6.2 Auflistung der SAP-EWM-Positionstypen

Ebenfalls analog zu den Belegarten auf Kopfebene bestimmen Positionsarten das Verhalten der Lieferung auf Positionsebene. Positionsarten werden zu Serviceprofilen der Lieferung zugeordnet (siehe Abschnitt 6.4, »Allgemeine Einstellung der Lieferabwicklung«). Positionsarten können z. B. als Normalpositionen, Positionen für die Bausatzerstellung (Kitting) oder für Kundenretouren definiert werden.

6.1.4 Zusätzliche Positionsinformationen der Lieferung

Die *zusätzlichen Positionsinformationen der Lieferung* (siehe ❹ in Abbildung 6.1) befinden sich auf separaten Registerkarten in den Pflegetransaktionen der Lieferung. Diese Informationen werden im Folgenden beschrieben.

Die Registerkarten Status, Referenzbelege, Termine, Lokationen und Partner sowie Texte werden hier nicht gesondert erläutert, da diese bereits im Rahmen der zusätzlichen Kopfinformationen behandelt wurden und sich vom Informationsgehalt nicht wesentlich unterscheiden.

Belegfluss

Die Registerkarte BELEGFLUSS enthält alle EWM-Belege, die in Bezug auf die Lieferposition erstellt und verarbeitet wurden. Dies schließt erstellte, quittierte und stornierte Lageraufgaben ein, die für die Ausführung der Lagerprozesse (z. B. Kommissionierung, Beladung) verwendet wurden. Zudem enthält der Belegfluss Informationen über Warenbewegungsbuchungen (z. B. Warenausgang, Wareneingang), über logistische Zusatzleistungen (LZL), Qualitäts- und Zählprozesse sowie über die Positionsmengen, die während der Ausführung der Lagerprozesse gebucht wurden.

Zusätzliche Mengen

Auf der Registerkarte ZUSÄTZL. MENGEN sind verschiedene für Positionen relevante Mengenrollen einer Lieferposition hinterlegt, z. B. die Lademenge oder Warenausgangsmenge. Die Registerkarte ZUSÄTZL. MENGEN gibt detailliert Auskunft über den Abarbeitungsfortschritt einer Lieferposition, indem über Mengentypen und Mengenrollen bereits abgearbeitete oder noch offene Mengenanteile einer Lieferposition angezeigt werden. Die zusätzlichen Mengen berechnen mit Bezug auf die im Belegfluss angegebenen Mengen die für die Lieferposition noch zu buchenden Mengen (Mengentyp: »offene Menge« – OPEN).

Der erweiterte Belegfluss (verfügbar am SAP-EWM-Release 9.1)

Ab SAP-EWM-Release 9.1 ist der erweiterte Belegfluss für Lieferbelege verfügbar. In der Default-Einstellung ist dieser bereits voreingestellt. Aus Anwenderperspektive ergeben sich dadurch keine Änderungen, aus technischer Sicht werden die Belegflussinformationen jedoch optimiert verarbeitet und auf der Datenbank gehalten. Ziel des erweiterten Belegflusses ist es, die Komplexität in der Datenhaltung und auch in der Verarbeitung zu reduzieren.

Der erweiterte Belegfluss kann über eine Customizing-Einstellung (im Einführungsleitfaden unter dem Pfad EXTENDED WAREHOUSE MANAGEMENT • PROZESSÜBERGREIFENDE EINSTELLUNGEN • LIEFERABWICKLUNG • ALLGEMEINE EINSTELLUNGEN • BELEGFLUSSKONFIGURATION FÜR LIEFERUNGEN WÄHLEN) aktiviert werden.

Eine Koexistenz von Lieferbelegen mit klassischem Belegfluss und dem erweiterten Belegfluss ist möglich. Sie finden eine detaillierte Beschreibung der Koexistenzszenarien in der Hilfe zum Customizing-Eintrag.

Serialnummern

Für mit Serialnummern geführte Produkte werden diese pro Lieferposition in den zusätzlichen Positionsinformationen auf der Registerkarte SERIALNUMMERN hinterlegt.

Hierarchie

Auf der Registerkarte HIERARCHIE werden Informationen über die Hierarchie einer Position hinterlegt. SAP EWM unterscheidet Haupt- und Unterpositionen:

- Hauptposition: _
- Unterposition: +
- Einteilung der Unterposition: ++

Diese werden z. B. aufgrund von Chargensplits, Splits nach Mengeneinheiten (siehe Kapitel 9, »Warenausgangsprozess«) oder Auslieferungsaufteilungen (manuell oder automatisch) angelegt.

Prozesscodes

Prozesscodes werden in der Lieferabwicklung zur Kennzeichnung von und zur Reaktion auf Ausnahmesituationen verwendet. Über Prozesscodes können Sie Liefermengenanpassungen sowie deren Verursacher zur Lieferung hinterlegen. Zudem können über Prozesscodes Mengenanpassungen an das SAP-ERP-System gemeldet werden, um die SAP-ERP-Lieferbelege anzupassen.

Prozesscodes werden z. B. bei der Reduktion der Liefermenge aufgrund Unterlieferung einer bereits avisierten Menge zulasten des Spediteurs eingesetzt (siehe Kapitel 8, »Wareneingangsprozess«).

Einlagerplatzdaten (nur Anlieferung)

Auf Basis der Einlagerungsstrategie kann pro Lieferposition einer Anlieferung ein vorläufiger Einlagerplatz zur Berechnung der erwarteten Arbeitslast ermittelt werden (siehe ebenfalls Kapitel 8). Voraussetzung für die Funktion der vorläufigen Lagerplatzermittlung im Wareneingang ist die Aktivierung der EWM-Komponente Arbeitsmanagement.

Kommissionierplatzdaten (nur Auslieferungsauftrag)

Für den Auslieferungsauftrag kann gemäß der Einstellung im Customizing ein vorläufiger Kommissionierplatz gefunden werden. Sobald für einen Auslieferungsauftrag mehr als ein Kommissionierplatz ermittelt wird, werden zusätzliche Kommissionierlagerplätze auf der Registerkarte POSITION erfasst. Diese Funktionen finden hauptsächlich Anwendung, wenn auf dem über die Auslagerungsstrategie gefundenen Kommissionierplatz nicht genug Menge vorhanden sein und ein weiterer Kommissionierplatz für eine Position ermittelt werden sollte.

Kontierung (nur Auslieferungsauftrag)

Um Kontierungsinformationen an SAP ERP zu kommunizieren, können zu dem Auslieferungsauftrag auf Positionsebene Kontierungselemente (Kostenstellen, Aufträge, PSP-Elemente) hinterlegt werden. Diese Funktion wird in erster Linie für interne Entnahmen genutzt.

6.2   Lieferbelege in SAP EWM

Prozessunabhängig unterscheidet SAP EWM bei Lieferbelegen zwischen *Benachrichtigungen* (Wareneingang) oder *Anforderungen* (im Warenausgang) und den die Lagerprozesse steuernden *Lieferungen*. Der Warenausgangsprozess unterscheidet zudem auf einer dritten Ebene die *finale Lieferung*.

Der mehrstufige Aufbau der Lieferabwicklung ist auf die Ausrichtung von SAP EWM als dezentralem Lagerverwaltungssystem zurückzuführen, das zunächst Lieferdaten aus einem Vorsystem empfängt, um diese in einem zweiten Schritt mit lagerspezifischen Steuerparametern anzureichern (siehe Abschnitt 6.3, »Lieferschnittstelle«). Der mehrstufige Aufbau erlaubt bei der Eingangs- und Ausgangsverarbeitung von Lieferungen die Ausführung von Liefersplits und eine Aktivierungsentscheidung auf Basis von lagerspezifischen Steuerungsparametern.

Die Erstellung der Lieferdokumente beginnt in der Regel im SAP-ERP-System auf Basis von Bestellungen oder Kundenaufträgen. Sind die entsprechenden Lieferungen für eine EWM-verwaltete Werks-/Lagerortkombination erstellt, werden die Belege im nächsten Schritt an SAP EWM verteilt (siehe Kapitel 3, »Organisationsstruktur in SAP EWM und SAP ERP«).

Bei der Verteilung der Lieferung sprechen wir von einer *Replikation*, da es sich um eine Kopie der SAP-ERP-Lieferinformationen und deren logistisch relevanter Daten auf einen EWM-Beleg handelt. In SAP EWM werden auf Basis der verteilten Lieferinformationen *Anforderungs-* und *Benachrichtigungsbelege* (auch Lageranforderungen) erstellt. Entsprechend dieser Logik resultiert aus der Replikation des SAP-ERP-Belegs eine *Anlieferungsbenachrichtigung* (IDN), eine *erwartete Anlieferungsbenachrichtigung* (GRN), eine *Auslieferungsanforderung* (ODR) oder eine *Umbuchungsanforderung* (POR). Die Hauptfunktion dieser Lieferbelege ist neben der Datenhaltung der Informationen aus dem Vorsystembeleg die Durchführung von Splits bei der Erstellung von Folgebelegen auf Basis lagerspezifischer Parameter (z. B. Findung verschiedener Routen pro Lieferposition der Auslieferungsanforderung (ODR)).

Darüber hinaus können Sie für Anforderungs- und Benachrichtigungsbelege Entscheidungen über die weitere Verarbeitung in SAP EWM treffen. Der Beleg kann dabei vom Anwender aktiviert werden, was die Erstellung des Folgebelegs auslöst, oder zurückgewiesen werden, was den Abschluss des Belegs im Vorsystem zur Folge hat.

Übergangsservice der Lieferung

In der Standardeinstellung erfolgt die Aktivierung der Anforderungs- und Benachrichtigungsbelege – und damit die Erstellung der Folgebelege – automatisch. Die Aktivierung regelt der *Übergangsservice* (Transition Service) der Lieferung.

Da es sich beim Übergangsservice um eine PPF-Aktion handelt, lässt sich der genaue Verarbeitungszeitpunkt (3 – SOFORTIGE VERARBEITUNG oder 1 – VERARBEITUNG ÜBER SELEKTIONSREPORT) im Customizing einstellen (siehe Abschnitt 12.8, »SAP Fiori für SAP EWM«). Für die verschiedenen Lieferszenarien findet sich der Übergangsservice im PPF-Aktionsprofil des *Anforderungs-* bzw. *Benachrichtigungsbelegs*.

Durch die Aktivierung der Anforderungs- und Benachrichtigungsbelege wird die *Lieferung* als Folgebeleg erzeugt. Die Lieferung stellt das Basisdokument dar, auf dessen Grundlage Prozesse in SAP EWM gesteuert werden. Abhängig vom betriebswirtschaftlichen Kontext handelt es sich dabei um eine *Anlieferung* (PDI), einen *erwarteten Wareneingang* (EGR), einen *Auslieferungsauftrag* (PDO) oder eine *Umbuchung* (SPC). Die Lieferbelege enthalten Parameter für die Steuerung der Lagerprozesse, wie z. B. Kommissionierung, Verpackung oder Beladung. Darüber hinaus finden sich auf den Belegen aktuelle Detailinformationen sowie Status über die im Lager ausgeführten und geplanten Prozessschritte (siehe Abschnitt 6.1, »Aufbau der Lieferung«). Die Erzeugung von EWM-Lageraufträgen und -Lageraufgaben erfolgt im Bezug zu Lieferungen, um die Arbeitspakete und Warenbewegungen der Lagerprozesse zu steuern.

Im Warenausgangsprozess wird zudem auf einer dritten Ebene eine *finale Lieferung* – die *Auslieferung* (FDO) – erzeugt. Sie dient in erster Linie der Fixierung eines gemeinsam versendeten Lieferumfangs und der Ausführung von Auslieferungsauftrags-(PDO)Splits. Weitere Informationen über die Kommunikation von Auslieferungsauftragssplits an das SAP-ERP-System finden Sie im folgenden Abschnitt bei der Beschreibung der Liefernachrichten des Warenausgangs. In Abbildung 6.2 finden Sie die Zusammenhänge der

Lieferbelege mit deren SAP-ERP-Vorgängerbelegen für ausgewählte Lieferszenarien.

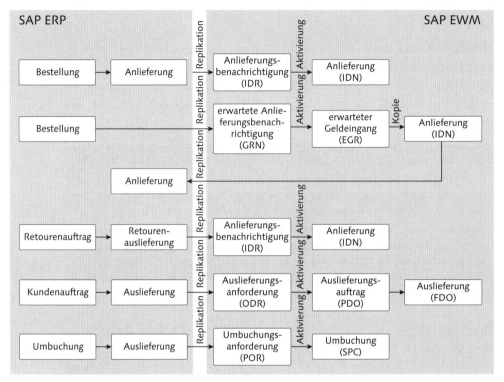

Abbildung 6.2 Zusammenhang der Lieferbelege in SAP EWM

6.3 Lieferschnittstelle

Die *Lieferschnittstelle* umfasst Funktionen für das Empfangen, Anreichern und Senden von Liefernachrichten, um zu definierten Ereignissen Lieferinformationen mit einem Vorsystem auszutauschen. Für die Systemkommunikation werden Nachrichten verwendet, die Lieferungen des Vorsystems replizieren, ändern, aktualisieren, splitten, abschließen oder auch zurückweisen (siehe Abbildung 6.3).

Für die Verteilung von Liefernachrichten werden ab SAP-ERP-Release 6.0 *Queued Remote Function Calls* (qRFC) genutzt. In älteren Releases (SAP R/3 4.6C, SAP R/3 4.7 und SAP ERP 2004) werden Liefernachrichten per IDoc nach EWM kommuniziert.

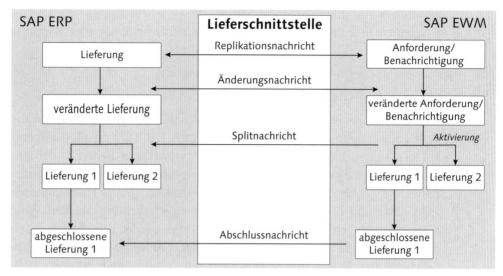

Abbildung 6.3 Vereinfachte Darstellung der systemübergreifenden Nachrichtenverarbeitung der Lieferung

---

Hinweis zur IDoc-Verarbeitung

Beachten Sie, dass bei der Verwendung von IDocs nicht alle Funktionen, die für die qRFC-Verarbeitung angeboten werden, zur Verfügung stehen. Dies betrifft in erster Linie die Anpassung und das Unterbinden von Funktionen zur Verarbeitung von Liefersplits und zur Kommunikation von Teilwareneingängen, da diese von Release 4.6C nicht verarbeitet werden können. Die entsprechenden Kompatibilitätseinstellungen können im Einführungsleitfaden unter dem Pfad EXTENDED WAREHOUSE MANAGEMENT • SCHNITTSTELLEN • ERP-INTEGRATION • STEUERUNGSPARAMETER FÜR ERP-VERSIONSKONTROLLE EINSTELLEN vorgenommen werden.

Die Einstellung, ob die Lieferschnittstelle über qRFC oder IDoc kommunizieren soll, finden Sie im EWM-Customizing unter dem Pfad EXTENDED WAREHOUSE MANAGEMENT • SCHNITTSTELLEN • ERP-INTEGRATION • STEUERUNG DER RFC-QUEUES.

6.3.1 Aufbau der Lieferschnittstelle

Um in SAP EWM Liefernachrichten von SAP ERP oder anderen Vorsystemen zu empfangen und an diese zu versenden, stellt die Lieferschnittstelle Programmeinheiten zur Verfügung. Diese übernehmen die Aufgaben der Eingangs- und Ausgangsverarbeitung empfangener und gesendeter Nachrichten. Darüber hinaus bietet die Lieferschnittstelle interne Funktionen an, die Konsistenzprüfungen der empfangenen Informationen und notwendige Folgeaktionen ausführen sowie die Nachrichtenverarbeitung steuern. Die Lieferschnittstelle beinhaltet die im Folgenden näher beschriebenen Hauptbestandteile.

Eingangsschnittstelle

In der Eingangsschnittstelle werden in EWM ABAP-Programmeinheiten zur Verfügung gestellt, die von dem Vorsystem (z. B. SAP ERP) via qRFC aufgerufen werden und zum Austausch der Lieferinformationen dienen. In der Eingangsverarbeitung werden in der Regel Liefernachrichten, die Lieferinformationen in SAP-ERP-Datenformaten beinhalten, EWM-Datenformaten zugeordnet und für die weitere Schnittstellenverarbeitung zur Verfügung gestellt. Für eingehende Replikationsnachrichten werden z. B. Zuordnungen der Beleg- und Positionsarten sowie der SAP-ERP-Stammdaten (z. B. Geschäftspartner) auf EWM-Stammdaten und Customizing-Parametern (z. B. Bestandsarten-Mapping, Initiator Prozesscode) vorgenommen. Zudem findet eine Identifikation der Prozessszenarien statt (z. B. Cross-Docking-Lieferungen, Retourenlieferung). Die Eingangsschnittstelle verarbeitet neben Replikationsnachrichten hauptsächlich Änderungsnachrichten, die in SAP ERP angestoßene Belegänderungen nach EWM kommunizieren.

Die Nachrichten und Ereignisse, die in der Eingangsschnittstelle verarbeitet werden, werden in Abschnitt 6.3.2, »Liefernachrichten im Wareneingang«, abhängig von den jeweiligen Geschäftsprozessen näher beschrieben.

Interne Funktionen

Die internen Funktionen der Lieferschnittstelle übernehmen hauptsächlich Aufgaben der Determinierung und Validierungen. Diese werden über BOPF ausgeführt.

Business Object Processing Framework (BOPF)

BOPF ist ein generisches Werkzeug, über das für Systemobjekte (z. B. die Lieferung) spezifische Aktionen, die zu bestimmten Ereignissen ausgeführt werden sollen, definiert werden können. BOPF ist bereits von SAP für Standardprozesse konfiguriert. SAP-eigene Funktionen dürfen nicht durch den Kunden deaktiviert werden, da dies als Modifikation gewertet wird.

Für in EWM empfangene Belege werden durch die internen Funktionen Ermittlungen ausgeführt. Zum Beispiel die Routenermittlung oder die Relevanz für eine Rechnungserstellung vor der Warenausgangsbuchung (siehe

Kapitel 8, »Wareneingangsprozess«). Die von EWM empfangenen und gesendeten Belege durchlaufen zudem Validierungen, die zum einen die Konsistenz der Belege (z. B. Vorhandensein der Vorbelegreferenzen, Kombination aus Belegart und Positionsart erlaubt) und zum anderen die Erlaubnis für das Verarbeiten von Liefernachrichten prüfen.

Ausgangsschnittstelle

In der Ausgangsverarbeitung wird die an das SAP-ERP-System zu versendende Liefernachricht erstellt und via qRFC versendet. Die Ausgangsschnittstelle analysiert in einem ersten Schritt die Änderungen der Lieferung und sammelt relevante Informationen für die Erstellung der Nachricht (z. B. Liefer- und HU-Informationen, Steuerparameter aus dem Meldungsprotokoll der Lieferung oder warenbewegungsrelevante LIME-Einträge). Da über die Liefernachricht Aufrufe von Programmeinheiten eines externen Systems (Funktionsbausteine oder BAPIs) realisiert werden, müssen die Informationen analog zur Eingangsschnittstelle von EWM- auf SAP-ERP-Datenformate gemappt werden, um im Zielsystem verarbeitet werden zu können. In einem letzten Schritt wird in der Ausgangsschnittstelle die Liefernachricht erzeugt.

Abbildung 6.4 stellt den Aufbau der Lieferschnittstelle dar, unabhängig vom jeweiligen Anwendungsfall (z. B. Anlieferung, Auslieferung, Umbuchung).

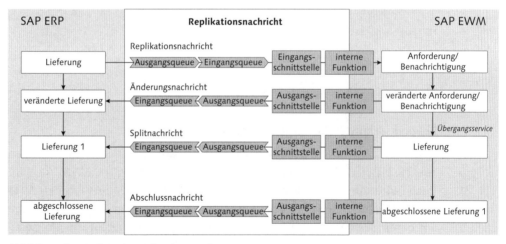

Abbildung 6.4 Aufbau der Lieferschnittstelle

Die für die Kommunikation von Lieferinformationen über die Ausgangsschnittstelle relevanten Nachrichten sind prozessbezogen in Abschnitt 6.3.2, »Liefernachrichten im Wareneingang«, aufgeführt.

6.3.2 Liefernachrichten im Wareneingang

Es werden nun die verschiedenen Liefernachrichten überblicksartig vorgestellt sowie deren Anwendungen und Funktionen erläutert. Unter *Liefernachrichten* verstehen wir qRFC-Aufrufe, die Lieferbeleginformationen zwischen den beteiligten Systemen (z. B. SAP ERP, SAP EWM, SAP APO, SAP CRM) austauschen.

Im Folgenden gehen wir auf die wichtigsten Liefernachrichten im Wareneingangsprozess sowie auf deren spezifische Anwendungsfälle, die in Abbildung 6.5 dargestellt sind, ein.

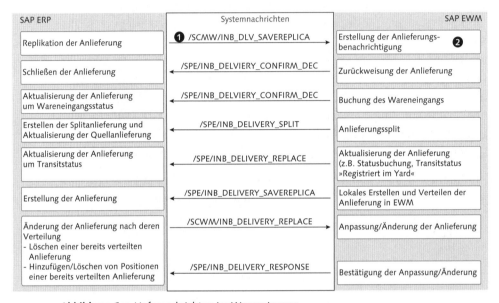

Abbildung 6.5 Liefernachrichten im Wareneingang

Eingangsschnittstelle zur Replikation der Anlieferung

Während der wareneingangsseitigen Verarbeitung der Lieferung werden zunächst Lieferinformationen der SAP-ERP-Anlieferung an EWM verteilt. Dazu wird die *Replikationsnachricht* /SCWM/INB_DLV_SAVEREPLICA ❶ (siehe Abbildung 6.5) für den Wareneingang verwendet. In EWM werden auf deren Basis Wareneingangsbenachrichtigungen ❷ als informationsgleiche Kopien (Replikationen) erstellt. Den Anwendungsfällen des Wareneingangs (siehe Kapitel 8, »Wareneingangsprozess«) entsprechend, können die folgenden Lieferszenarien unterschieden werden:

- Standardanlieferung (IDN/PDI)
- Kundenretoure – Anlieferung mit Retourenpositionen (IDN/PDI)

▶ erwartete Wareneingangsdokumente, basierend auf SAP-ERP-Bestellungen oder Fertigungsaufträgen (GRN/EGR)

Ausgangsschnittstelle für den Abschluss der Anlieferung

Die Hauptanwendungsfälle der *Abschlussnachricht* /SPE/INB_DELIVERY_CONFIRM_DEC im Wareneingang sind die Buchung des Wareneingangs und die Zurückweisung der Anlieferung. Sobald in EWM der (Teil-) Wareneingang gebucht wurde, kommuniziert die Schnittstelle die Buchung, indem der Warenbewegungsstatus der SAP-ERP-Anlieferung, dem Geschäftsvorfall entsprechend, auf TEILWEISE BEARBEITET (B) oder VOLLSTÄNDIG BEARBEITET (C) umgesetzt wird. Bei der Zurückweisung der Anlieferung, z. B. über die Transaktion der Anlieferungspflege /SCWM/PRDI (die Transaktionen kann auch im SAP-Easy-Access-Menü über den Pfad EXTENDED WAREHOUSE MANAGEMENT • LIEFERABWICKLUNG • ANLIEFERUNG gefunden werden), werden die Lieferpositionsmengen in SAP ERP und EWM auf null reduziert, um die Anlieferung vollständig oder teilweise in beiden Systemen zu schließen. Weitere Anwendungsfälle für die Nutzung der Abschlussnachricht sind folgende:

▶ **Übermittlung von Differenzenbuchungen**
Bei der Buchung von Teilwareneingängen werden durch die Quittierung von Lageraufgaben ausgelöste Differenzenbuchungen (z. B. Mehrmengen der Lieferposition) an das SAP-ERP-System kommuniziert (siehe Kapitel 8, »Wareneingangsprozess«).

▶ **Stornierung der Wareneingangsbuchung**
Bei der Stornierung eines Wareneingangs für eine Anlieferung wird die Abschlussnachricht der Anlieferung verwendet, um die Stornierungsbuchung an das SAP-ERP-System zu kommunizieren.

▶ **Übermittlung des Erledigungskennzeichens (Closing Indicator)**
Das Erledigungskennzeichen wird an das SAP-ERP-System auf Lieferpositionsebene gesendet. Es signalisiert die Vollständigkeit der Bearbeitung einer Lieferposition, nach der keine weitere Buchung zu erwarten ist.

▶ **Übermittlung der HU-Informationen**
Zur Übermittlung von HU-Informationen der Anlieferung wird die Abschlussnachricht der Anlieferung verwendet.

Über die Abschlussnachricht werden nur die Lieferpositionen an das SAP-ERP-System übermittelt, für die mindestens einer der oben genannten Anwendungsfälle zutrifft.

Ausgangsschnittstelle zur Übermittlung von Anlieferungssplits

Sollte eine durch einen Lieferanten avisierte Anlieferung nicht mit einer physischen Warenlieferung versendet werden, kann die Funktion des Anlieferungssplits genutzt werden. Über die *Anlieferungssplit-Nachricht* /SPE/INB_DELIVERY_SPLIT werden die Mengen der fehlenden Lieferposition in SAP ERP auf null reduziert, und eine neue Anlieferung wird erstellt.

Das Splitten kann in EWM durch die Verwendung eines Ausnahmecodes, dem ein entsprechender Prozesscode (siehe Abschnitt 6.4.2, »Serviceprofile der Lieferung«) zugeordnet ist, während der Einlagerung ausgelöst werden. Alternativ kann der Anlieferungssplit auch direkt über die Transaktion der Anlieferungspflege /SCWM/PRDI ausgelöst werden, z. B. durch das Löschen einer Anlieferposition (PDI). Die Nachricht, die den Anlieferungssplit an das SAP-ERP-System kommuniziert, enthält sowohl die ursprüngliche Lieferbelegreferenz als auch die Splitlieferung und die Lieferpositionsmengen, die in SAP ERP abgesplittet werden müssen.

Ausgangsschnittstelle zur Aktualisierung und Änderung der Anlieferung

Werden in EWM Anlieferungen verändert, sendet das System eine *Aktualisierungsnachricht* /SPE/INB_DELIVERY_REPLACE zur Änderung der Anlieferungsbelege an das SAP-ERP-System. Zur Durchführung der Änderung ersetzt die Aktualisierungsnachricht die zu ändernde Anlieferung, abhängig von der Komplexität der Änderung teilweise (*Header Replacement*) oder vollständig (*Full Replacement*). Die Aktualisierung wird in den folgenden Anwendungsfällen ausgeführt:

▸ Löschen einer Anlieferung (Header Replacement)

▸ Buchung und Stornierung des Transitstatus (DTR, Header Replacement)

▸ Erstellung einer neuen Lieferposition oder Chargenunterposition (Full Replacement)

▸ Chargenmerkmalsänderung (Full Replacement)

Eingangsnachricht zu einer in SAP ERP ausgelösten Aktualisierung oder Änderung der Anlieferung

Sobald Anlieferungen in SAP ERP erstellt und an das EWM-System verteilt wurden, können in SAP ERP keine direkten Änderungen auf den bereits verteilten Beleg durchgeführt werden. Denn mit der Verteilung wurde die »Beleghoheit« an das EWM-System abgegeben. Über die Transaktion der erweiterten Anlieferungsbearbeitung (Transaktion VL60) können jedoch auch nach der Verteilung der Anlieferung Änderungen am Beleg durchgeführt werden (siehe Kapitel 8, »Wareneingangsprozess«). Die Transaktion kann auch über das SAP-Easy-Access-Menü über den Pfad LOGISTIK • LOGISTICS EXECUTION • WARENEINGANGSPROZESS • WARENEINGANG ZUR ANLIEFERUNG • ERWEITERTE ANLIEFERUNGSBEARBEITUNG erreicht werden. Nach dem Durchführen und Sichern der Änderung (z. B. Löschen der Anlieferung, Löschen oder Hinzufügen von Lieferpositionen) sendet das SAP-ERP-System zunächst eine *Änderungsnachricht* an das EWM-System (/SCWM/INB_DELIVERY_REPLACE).

Abhängig vom Bearbeitungsstatus der Anlieferung in EWM kann eine Änderung von EWM erlaubt oder verboten werden (eine Änderung wird z. B. verboten, wenn bereits Lageraktivitäten für die Anlieferung durchgeführt wurden). In beiden Fällen wartet das SAP-ERP-System auf eine *Rückmeldungsnachricht* /SPE/INB_DELIVERY_RESPONSE von EWM, das die Änderung entweder erlaubt oder ablehnt.

Ausgangsschnittstelle für das lokale Erstellen und Verteilen von Anlieferungen in SAP EWM

Im Szenario des erwarteten Wareneingangs werden in einem ersten Schritt Lieferbelege in EWM erstellt und anschließend an das SAP-ERP-System verteilt. Für die Verteilung der Lieferinformationen zur Erstellung der SAP-ERP-Anlieferung wird die EWM-Anlieferungsreplikationsnachricht /SPE/INB_DELIVERY_SAVEREPLICA genutzt (siehe Kapitel 8, »Wareneingangsprozess«).

6.3.3 Liefernachrichten im Warenausgang

Im Folgenden wird auf die wichtigsten Liefernachrichten im Warenausgangsprozess sowie auf deren spezifische Anwendungsfälle, die in Abbildung 6.6 illustriert sind, eingegangen.

Eingangsschnittstelle zur Replikation der Auslieferung

Die eingangsseitige *Replikationsnachricht* der Auslieferung /SCWM/OUTB_DLV_SAVEREPLICA ❶ (Abbildung 6.6) wird dafür genutzt, Auslieferungen von SAP ERP nach EWM zu verteilen. In EWM werden auf Basis der Replikationsnachricht Lageranforderungen ❷ erstellt. Dies schließt die folgenden Belegtypen ein:

▸ Standardauslieferungen (geprüfte/ungeprüfte) (ODR/PDO)

▸ Lieferantenretouren – Anlieferungen mit Retourenpositionen (IDN/PDI)

▸ Umbuchungslieferungen (POR/SPC)

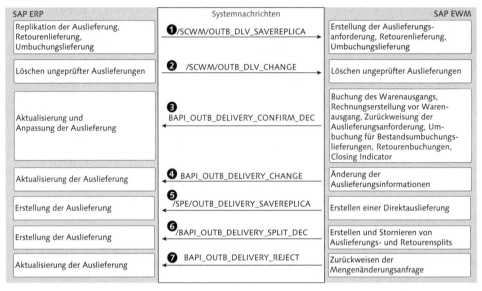

Abbildung 6.6 Liefernachrichten im Warenausgang

Eingangsschnittstelle zur Änderung ungeprüfter Auslieferungen

Die Eingangsschnittstelle zur Änderung von ungeprüften Auslieferungen ist dafür konzipiert, ungeprüfte Auslieferungen über die *Änderungsnachricht /* SCWM/OUTB_DLV_CHANGE ❷ (Abbildung 6.6) in EWM zu löschen. Ungeprüfte Auslieferungen werden in SAP ERP erstellt und an EWM verteilt, um die erwartete Arbeitslast im Lager vor der Verfügbarkeitsprüfung überwachen zu können. Sind die in den SAP-ERP-Auslieferungen angeforderten Mengen durch die APO-Verfügbarkeitsprüfung als verfügbar bewertet worden, werden in SAP ERP die ungeprüften Auslieferungen in geprüfte Auslieferungen überführt (siehe Kapitel 9, »Warenausgangsprozess«). Die Schnittstelle wird in Kombination mit der Eingangsschnittstelle zur Replikation von Auslieferungen aufgerufen, um die ungeprüfte Auslieferung zu löschen und die geprüfte Auslieferung zu erstellen.

Ausgangsschnittstelle zum Abschluss der Auslieferung

Die *Abschlussnachricht* BAPI_OUTB_DELIVERY_CONFIRM_DEC (❸ in Abbildung 6.6) der Auslieferung hat die folgenden Anwendungsfälle:

- **Warenausgangsbuchung der Auslieferung**
  Die Hauptverwendung der Abschlussnachricht ist die Übermittlung der Warenausgangsbuchung. Das SAP-ERP-System kann nur vollständige Warenausgangsbuchungen verarbeiten. Aus diesem Grund werden bei teilweisen Warenausgangsbuchungen Auslieferungen (FDO) vom originären Auslieferungsauftrag (PDO) gesplittet.

- **Null-Mengen-Warenausgangsbuchung**
  Ein Auslieferungssplit führt letztlich zu einem schrittweisen Abschließen der originären SAP-ERP-Auslieferung. Dies wird erreicht, indem die Lieferpositionsmenge, die von der originären Lieferung abgesplittet wird, auf null reduziert wird. Zu diesem Zweck wird eine »Null-Mengen«-Warenausgangsbuchung von EWM an das SAP-ERP-System übermittelt.

- **Rechnungserstellung vor Warenausgangsbuchung (IBGI)**
  Auch die Rechnungserstellung vor Warenausgangsbuchung nutzt die Ausgangsschnittstelle zum Auslieferungsabschluss: zur Übermittlung der Auslieferungsinformationen des IBGI-Kennzeichens, zur Übermittlung des ermittelten Druckerprofils und zur Ermittlung der Versionsnummer der Rechnungsanforderung.

- **Zurückweisung von Auslieferungsanforderungen**
  Falls durch das SAP-ERP-System eine Auslieferung an EWM gesendet wird, die nicht in einen Auslieferungsauftrag (PDO) überführt werden kann, bleibt die replizierte Auslieferungsanforderung (ODR) inaktiv. Sowohl die SAP-ERP-Auslieferung als auch die EWM-Auslieferungsanforderung (ODR) müssen in diesem Fall abgeschlossen werden, sollten Letztere nicht in EWM aktiviert werden können. Der Abschluss der Auslieferungsanforderung (ODR) wird in EWM über das Zurückweisen des Belegs ausgeführt. Dies geschieht mithilfe der Transaktion der Auslieferungsanforderungspflege (im SAP-Easy-Access-Menü über den Pfad EXTENDED WAREHOUSE MANAGEMENT • LIEFERABWICKLUNG • AUSLIEFERUNG).

- **Umbuchungsbuchung bei Umbuchungslieferungen**
  Die Umbuchungsbuchung der Umbuchungslieferung wird über die Abschlussnachricht der Auslieferung an das SAP-ERP-System kommuniziert.

- **Wareneingangs- und Teilwareneingangsbuchung von Retourenlieferungen**
  Für die Kommunikation der (Teil-)Wareneingangsbuchung von Retourenlieferungen wird die Abschlussnachricht der Auslieferung genutzt, da im SAP-ERP-System ein Auslieferungsbeleg aktualisiert wird (siehe Abbildung 6.1).

▸ **Buchung und Stornierung des Transitstatus (DTR) von Retourenlieferungen**
Analog der Wareneingangsbuchung wird für die Kommunikation des Transitstatus die Abschlussnachricht der Auslieferung genutzt, da in SAP ERP ein Auslieferungsbeleg aktualisiert wird.

▸ **Übermittlung des Erledigungskennzeichens (Closing Indicator) für Retourenlieferpositionen**
Zur Aktualisierung der Retourenauslieferung im SAP-ERP-System mit dem Erledigungskennzeichen wird ebenfalls die Abschlussnachricht der Auslieferung genutzt.

Ausgangsschnittstelle zur Änderung der Auslieferung

Die ausgangsseitige Änderungsnachricht für die Änderung der Auslieferung BAPI_OUTB_DELIVERY_CHANGE (❹ in Abbildung 6.6) wird für die folgenden in EWM ausgeführten Anwendungsfälle genutzt:

▸ Stornierung der Rechnung (IBGI)

▸ Erstellung neuer Positionen

▸ Löschen alter Positionen

▸ Änderung der Lieferpositionsmengen

▸ Kommissionierzurückweisung

▸ Stornierung der Warenausgangsbuchung

Ausgangsschnittstelle zur Replikation der Auslieferung

Für den Anwendungsfall der Direktauslieferung werden in EWM lokal Auslieferungsanforderungen (ODR) erstellt und anschließend an das SAP-ERP-System zur Erstellung von Auslieferungen verteilt. Für die Verteilung der Auslieferungsanforderungen an das SAP-ERP-System wird die ausgangsseitige Replikationsnachricht /SPE/OUTB_DELIVERY_SAVEREPLICA (❺ in Abbildung 6.6) genutzt.

Ausgangsschnittstelle zum Splitten der Auslieferung

Der Auslieferungssplit kann in EWM auf zwei Ebenen durchgeführt werden:

▸ **Auslieferungsanforderung (ODR) – Auslieferungsauftrag (PDO) – Split**
Der (Planungs-)Split erfolgt, wenn Positionen einer Auslieferungsanforderung (ODR) unterschiedlich im Lager gesteuert werden müssen. Für die

Auslieferungsanforderungspositionen werden in EWM dazu unterschiedliche, die logistischen Prozesse steuernde Parameter ermittelt (z. B. Ermittlung verschiedener Routen pro Position aufgrund von Gefahrgutvorschriften). Zu einer Auslieferungsanforderung (ODR) werden beim Planungssplit n Auslieferungsaufträge (PDO) erstellt.

▸ **Auslieferungsauftrag (PDO) – Auslieferung (FDO) – Split**
Der (Ausführungs-)Split erfolgt, sobald Auslieferungsauftragspositionen während der Ausführung logistischer Prozesse voneinander getrennt werden (z. B. durch das Versenden zu unterschiedlichen Zeitpunkten mit unterschiedlichen Transporteinheiten). Zu einem Auslieferungsauftrag (PDO) werden beim Ausführungssplit n Auslieferungen (FDO) erstellt.

Für die Kommunikation des Liefersplits wird die Splitnachricht des Warenausgangs BAPI_OUTB_DELIVERY_SPLIT_DEC (❻ in Abbildung 6.6) genutzt. Die folgenden Anwendungsfälle zur Ausführung von Auslieferungsbelegsplits können unterschieden werden:

▸ **Auslieferungssplit**
Sobald für eine Teilmenge eines Auslieferungsauftrags (PDO) eine separate Auslieferung (FDO) erstellt wird, kann diese über die Schnittstelle an das ERP-System kommuniziert werden.

▸ **Stornierung des Auslieferungssplits**
Sobald eine Auslieferung (FDO), die zuvor zu einem SAP-ERP-Auslieferungssplit geführt hat, gelöscht wird, wird der Split über die Stornierung rückgängig gemacht.

▸ **Retourenlieferungssplit**
Retourenlieferungen werden in EWM zwar als Anlieferungen, in SAP ERP aber als Auslieferung behandelt. Ein Retourenlieferungssplit muss folglich über die Ausgangsschnittstelle zum Splitten von Auslieferungen an das SAP-ERP-System kommuniziert werden.

Ausgangsschnittstelle zur Zurückweisung der Auslieferung

Die *Zurückweisungsnachricht* der Auslieferung BAPI_OUTB_DELIVERY_REJECT (❼ in Abbildung 6.6) für die Zurückweisung der Auslieferung dient von externen Systemen (z. B. durch SAP APO oder CRM) gesendeten Mengenänderungsanfragen. Die Zurückweisung einer systemexternen Anfrage kann in den folgenden Fällen auftreten:

▸ Die tatsächliche Liefermenge unterscheidet sich von der in CRM oder SAP APO avisierten Menge.

▶ Der Auslieferungsauftrag hat den Status GESPERRT.

▶ Der Kommissionierprozess hat bereits begonnen.

▶ Der Verladeprozess hat bereits begonnen.

▶ Die Warenausgangsbuchung wurde bereits durchgeführt.

▶ Die Auslieferungsauftragsposition ist aufgrund von Sperrgründen nicht änderbar.

▶ Die (Kommissionier-)Welle, der die Auslieferungsauftragspositionen zugeordnet sind, wurde bereits freigegeben.

Eingangsschnittstelle zur massenhaften Mengenänderung von Auslieferungen

Die Nachricht /SCWM/OBDLV_CHNG_QUAN_MUL zur massenhaften Mengenänderung von Auslieferungen wird dafür genutzt, in EWM Auslieferungsmengen aufgrund von Mengenreduktionen in CRM-Kundenaufträgen oder in APO-Quittierungsänderungen (z. B. *Reassignment of Order Confirmations* (ROC) in SAP APO) durchzuführen. Über die Eingangsschnittstelle werden Lieferpositionsinformationen (Mengen, Liefernummer, Positionsnummer) an EWM übermittelt. Dabei werden die Positionen in zwei Gruppen eingeteilt – Positionen, für die Mengenänderungen möglich sind, und Positionen, für die keine Mengenänderungen möglich sind. Als Ergebnis der Mengenänderung sind die folgenden beiden Systemrückmeldungen möglich:

▶ **Annahme**
Die Menge konnte in EWM geändert werden. Die Mengenänderung wird asynchron mit der späteren Quittierungsschnittstelle an das SAP-ERP-System übermittelt.

▶ **Zurückweisung**
Die Menge konnte nicht in EWM geändert werden. Die zurückgewiesene Mengenänderung wird sofort synchron an das SAP-ERP-System übermittelt.

6.3.4 Monitoring der Lieferschnittstelle

Wie eingangs bereits erwähnt, werden für die Verteilung von Lieferinformationen zwischen SAP ERP und EWM *Queued Remote Function Calls* (qRFCs) genutzt. Hauptgrund für die Nutzung von qRFCs ist deren Eigenschaft, Nachrichten nach Logik der Geschäftsprozesse zu serialisieren, um deren Verarbeitungsreihenfolge kontrollieren zu können. Die Serialisierung findet über die Queue-Namen statt, in denen die Lieferbelegnummern verschlüsselt sind.

Der Aufbau eines Queue-Namens (z. B. DLVSP9QCLNT0010180009319) erfolgt nach folgendem Prinzip:

- Kommunikationspräfix: DLV (SAP ERP an EWM) oder DLW (EWM an SAP ERP)

- M (Massen-Queue mit mehr als einer Lieferung) oder S (Einzel-/Single-Queue)

- logischer Systemname des Senders (im Beispiel P9QCLNT001)

- Liefernummer oder Bestellungsnummer, Produktionsnummer, Szenario-name (im Beispiel 0180009319)

Für die Überwachung der Schnittstelle können Eingangsqueues über die Transaktion SMQ2 und Ausgangsqueues über die Transaktion SMQ1 geprüft werden (siehe Abbildung 6.7). Alternativ erreichen Sie die beiden Transaktionen auch im SAP-Easy-Access-Menü unter dem Pfad SCM BASIS • INTEGRATION.

qRFC-Monitor (Eingangsqueue)

🗑 🔁 ⬦ 🔽 🗂

Mdt	Benutzer	Funktionsbaustein	Queue-Name	Datum	Zeit
001	ALEREMOTE	/SCWM/INB_DLV_SAVEREPLICA	DLVSB5VCLNT0015500000008	21.12.2015	14:13:54
001	ALEREMOTE	/SCWM/INB_DLV_SAVEREPLICA	DLVSB5VCLNT0015500000008	21.12.2015	14:13:54
001	ALEREMOTE	/SCWM/INB_DLV_SAVEREPLICA	DLVSB5VCLNT0015500000008	21.12.2015	14:13:54

Abbildung 6.7 Eingangsqueue während der Verarbeitung einer Anlieferungsreplikations-nachricht

Überwachung der Queues

Bitte beachten Sie bei der Überwachung von Queues, dass erfolgreich verarbeitete Queues keine Einträge in den Transaktionen des qRFC-Monitors hinterlassen. Für nicht erfolgreich verarbeitete Queues hingegen sind Einträge mit Fehlerprotokoll ersichtlich.

Sollten Sie zur Überwachung dennoch einzelne Queues vor deren Verarbeitung in der Schnittstelle prüfen wollen, können Sie in der Transaktion SMQR unter Angabe des Queue-Namens einzelne Queues deregistrieren (z. B. DLVS*).

Um generell in einem System die Queue-Verarbeitung in der Schnittstelle »anzu-halten«, können Sie die folgenden User-Parameter an Ihrem SAP-User hinterlegen:

- EWM: /SCWM/IF_DEBUG_QRFC
- ERP: /SPE/IF_DEBUG_QRFC

Seit EWM-Release 9.1 Support Package 9 ist es zudem möglich, die Queues direkt im Lagerverwaltungsmonitor (Lagermonitor) zu überwachen. Dazu gibt es im Lagermonitor nun den Knoten WERKZEUGE • NACHRICHTEN-QUEUE. Die Nutzung des Lagermonitors zur Bearbeitung der Queues hat gleich mehrere Vorteile:

▸ In der Standardeinstellung werden nur die für die aktuelle Lagernummer relevanten Queue-Einträge angezeigt.

▸ Die Fehlermeldungen sind wesentlich aussagekräftiger als die in der qRFC-Eingangs- und Ausgangsschnittstellen-Transaktion (SMQ2, SMQ1).

▸ Zu bestimmten Fehlermeldungen werden Empfehlungen von SAP zur Lösung des Fehlers angezeigt.

▸ Falls vorhanden, werden SAP-Hinweisnummern angezeigt. In diesen Hinweisen wird ausführlich und immer aktuell beschrieben, was getan werden kann, um das Problem zu lösen und in Zukunft zu vermeiden.

▸ Der direkte Sprung in den Datencontainer ist möglich. Im Datencontainer sind alle Feldwerte sichtbar, was für den Systemadministrator bei der Problemlösung hilfreich sein kann.

▸ Für jede Queue sind Zusatzfunktionen ausführbar. So kann z. B. direkt aus dem Lagerverwaltungsmonitor ein Alert erzeugt werden, sodass eine weitere Person z. B. in der IT informiert werden kann.

Mehr Informationen zur Bearbeitung von Queues im Lagerverwaltungsmonitor erhalten Sie in SAP-Hinweis 2226334.

6.4 Allgemeine Einstellung der Lieferabwicklung

Während in den vorangegangenen Abschnitten auf die Lieferbelege in SAP EWM, den grundlegenden Aufbau der Lieferung sowie auf die Lieferschnittstelle eingegangen wurde, beschäftigt sich dieser Abschnitt mit allgemeinen Einstellungen der Lieferung.

6.4.1 SAP-ERP-Integration der Lieferabwicklung

Im Customizing der SAP-ERP-Integration werden Einstellungen wie z. B. Lieferbelegartenfindung, Positionsartenfindung oder Feldübernahmen (z. B. für Routen, Termine, Partner) vorgenommen, die das Verhalten der Lieferung bei deren Eingangs- und Ausgangsverarbeitung (siehe Abschnitt 6.3.1, »Aufbau der Lieferschnittstelle«) beeinflussen. Das Integrations-Customizing der Lieferabwicklung finden Sie im Einführungsleitfaden unter dem Pfad EXTENded Warehouse Management • Schnittstellen • ERP-Integration • Liefer-abwicklung.

Im Folgenden finden Sie eine Übersicht und Erläuterungen der wichtigsten Customizing-Einstellungen der SAP-ERP-Lieferintegration:

Nummernkreise für SAP-ERP-Belege definieren

In dieser Customizing-Aktivität werden *Nummernkreise* bzw. Nummernkreis-intervalle für SAP-ERP-Belege definiert. Die Nummernkreise finden immer dann Anwendung, wenn in EWM die Erstellung eines SAP-ERP-Belegs, z. B. im Falle von Liefersplits oder Direktauslieferungen, angestoßen wird.

SAP-ERP-Belegarten als relevant für das Differenzierungsattribut

In EWM können sogenannte *Differenzierungsattribute* definiert werden. Die Differenzierungsattribute erlauben es bei Abbildung der SAP-ERP-Positions-arten in EWM, für eine SAP-ERP-Positionsart (Positionstyp) verschiedene EWM-Positionsarten zu finden. Differenzierungsattribute sind dabei in Pro-filen gruppiert, die spezifische Anwendungsfälle für die Positionssteuerung, wie z. B. Verschrottung, Kundenretouren oder Umlagerungen, widerspie-geln. Die Profile für Differenzierungsattribute sind von SAP vorgegeben und können nicht erweitert werden.

Belegarten aus dem SAP-ERP-System in SAP EWM abbilden

Die Findung der *EWM-Lieferbelegart* erfolgt über eine Mapping-Tabelle in Abhängigkeit vom Business-System (siehe Abschnitt 6.4, »Allgemeine Ein-stellung der Lieferabwicklung«), der SAP-ERP-Belegart und des Codes für den Initiator einer Kommunikationskette (*Initiator Prozesscode*).

Initiator der Kommunikationskette

Zur Identifikation des aktuellen Geschäftsszenarios sendet SAP ERP den Parameter Initiator Prozesscode an EWM. Dieser wird während der Eingangsverarbeitung der Lieferung in EWM ausgewertet und steuert Folgeprozesse entsprechend dem Eingangsszenario (z. B. Kit-to Stock und Transport-Cross-Docking, siehe Kapitel 12, »Bereichsübergreifende Prozesse und Funktionen«).

Positionsarten aus dem SAP-ERP-System in SAP EWM abbilden

Analog zur Belegartenfindung erfolgt die *Positionsartenfindung* in Abhängig-keit von Business-System, SAP-ERP-Beleg- und -Positionsart sowie der EWM-

Belegart. Um eine detailliertere Auseinandersteuerung der Belegarten in EWM zu ermöglichen, werden zudem für die Findung das bereits erläuterte Differenzierungsattribut sowie ein Indikator für die Verwendung von Catch-Weight-Produkten (siehe Kapitel 5, »Bestandsverwaltung«) berücksichtigt.

Terminarten aus dem SAP-ERP-System in SAP EWM abbilden

Im Customizing der *Terminarten* können Sie Einstellungen vornehmen, die zum einen die Abbildung und Übernahme von SAP-ERP-Lieferterminen in EWM und zum anderen die Rückmeldung der Termine von EWM nach SAP ERP steuern. Um dies zu gewährleisten, werden SAP-ERP-Terminarten, abhängig davon, ob es sich um Kopf- oder Positionstermine handelt, pro Beleg- und Positionsart EWM-Terminarten zugeordnet.

Partnerrollen aus dem SAP-ERP-System in SAP EWM abbilden

Die an den SAP-ERP-Lieferungen hinterlegten und über die Lieferschnittstelle an EWM kommunizierten Geschäftspartner werden als Voraussetzung für die Lieferabwicklung im Vorfeld über die Stammdatenverteilung an das EWM-System verteilt (siehe Kapitel 4, »Stammdaten«). Den Partnerstammdaten werden dabei automatisch EWM-Partnerrollen entsprechend deren Bedeutung (z. B. Spediteur, Warenempfänger) in SAP ERP zugeordnet. Zur Verarbeitung von in den Lieferungen mitgegebenen SAP-ERP-Partnerrollen müssen diese in der Lieferschnittstelle auf EWM-Partnerrollen gemappt werden. Das Mapping der Partnerrollen erfolgt in Abhängigkeit vom Business-System, der SAP-ERP-Partnerrolle sowie der Belegart.

Nachrichtenverarbeitung empfängerabhängig steuern

Die Einstellungen der *empfängerabhängigen Nachrichtenverarbeitung* beziehen sich auf Einstellungen von Nachrichten, die von EWM an SAP ERP gesendet werden (siehe Ausgangsschnittstellen in Abschnitt 6.3.2, »Liefernachrichten im Wareneingang«). In der Customizing-Tabelle lassen sich neben der Hinterlegung der oben bereits erwähnten Nummernkreisintervalle für in EWM erstellte und an SAP ERP verteilte Lieferungen die folgenden Steuerungsparameter hinterlegen:

- ▸ Warenbewegungsrückmeldung (nur relevant für Anlieferungen)
- ▸ HU-Parameter (nur relevant für Anlieferungen)
- ▸ Splitprofil (nur relevant für Auslieferung)

Routen und Routenabfahrplan aus dem SAP-ERP-System in SAP EWM abbilden

Für Lieferungen, die an das EWM-System verteilt wurden, kann entschieden werden, ob die bereits in SAP ERP gefundene *Route (SD)* übernommen oder eine *SCM-Routenfindung* durchgeführt werden soll (siehe Kapitel 9, »Warenausgangsprozess«). Für die Abbildung der Route in EWM können folgende grundsätzliche Einstellungen vorgenommen werden:

- 1 – Route (SD) verwenden, wenn Route (SCM) initial
- 2 – Route (SD) verwenden, wenn Route (SD) und Routenfahrplan gefüllt
- Standardeinstellung: Route (SCM) verwenden

Weitere Customizing-Informationen

Weitere Informationen über das grundlegende Aufsetzen des Liefer-Customizings finden Sie im SAP-Hinweis 1227714.

6.4.2 Serviceprofile der Lieferung

Die Lieferabwicklung bedient sich sowohl für die Beleg- als auch für die Prozesssteuerung verschiedener *Serviceprofile*. Diese werden dazu genutzt, das Verhalten und die Eigenschaften der Lieferung entsprechend den Anforderungen der Anwendungsszenarien anzupassen. Im Wesentlichen beziehen sich die Serviceprofile auf das Verhalten und die Funktionen der bereits im Aufbau der Lieferung behandelten Lieferinformation (siehe Abschnitt 6.1, »Aufbau der Lieferung«). Die Serviceprofile der Lieferung werden in *Systemprofile* und *Kundenprofile* unterteilt.

Systemprofile stellen von SAP ausgelieferte und nicht veränderbare Einstellungen dar, während auf Ebene der Kundenprofile kundenspezifische Einstellungen vorgenommen werden können. *Kundenprofile* sind immer Systemprofilen zugeordnet, die wiederum deren Grundlage darstellen. Mehr Informationen sowie das entsprechende Customizing der Serviceprofile finden Sie im Einführungsleitfaden unter dem Pfad EXTENDED WAREHOUSE MANAGEMENT • PROZESSÜBERGREIFENDE EINSTELLUNGEN • LIEFERABWICKLUNG. Beachten Sie auch die Dokumentation der entsprechenden Customizing-Einstellungen.

Die Serviceprofile der Lieferung werden bei der Konfiguration der Lieferbelege sowohl an der Belegart als auch an der Positionsart hinterlegt (siehe Abbildung 6.8). Da Belegart und Positionsart prozessspezifisch sind, finden

Sie das entsprechende Customizing für Wareneingangsprozesse im Einführungsleitfaden unter dem Pfad EXTENDED WAREHOUSE MANAGEMENT • WARENEINGANGSPROZESS • ANLIEFERUNG • MANUELLE EINSTELLUNGEN und für Warenausgangsprozesse unter dem Pfad EXTENDED WAREHOUSE MANAGEMENT • WARENAUSGANGSPROZESS • AUSLIEFERUNG • MANUELLE EINSTELLUNGEN. Beachten Sie, dass Serviceprofile für alle Beleg- und Positionstypen (z. B. Anforderungen und Benachrichtigungen, Lieferungen, finale Lieferungen) hinterlegt werden.

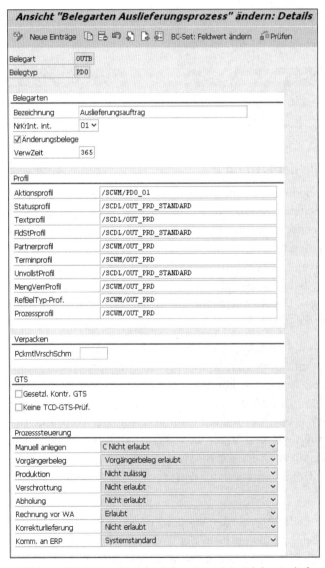

Abbildung 6.8 Customizing der Belegart am Beispiel des Auslieferungsauftrags (PDO)

SAP EWM bietet die im Folgenden beschriebenen Serviceprofile der Lieferung an (siehe Bereich PROFIL in Abbildung 6.8).

PPF-Aktionen

Das *Aktionsprofil* (Feld AKTIONSPROFIL) enthält die erlaubten PPF-Aktionen, die für einen bestimmten Lieferbeleg ausgeführt werden dürfen. Über PPF-Aktionen kann, abhängig von definierten Bedingungen, der Druck von Lieferpapieren oder das Auslösen von Folgefunktionen, wie z. B. die automatische Erstellung von Lageraufgaben, ausgelöst werden (siehe Abschnitt 12.8, »SAP Fiori für SAP EWM«).

Statusverwaltung

Für die Statusverwaltung können kundeneigene *Statusprofile* erstellt werden (Feld STATUSPROFIL). Statusprofile stellen Gruppierungen von für die Lieferung relevanten Statusarten (z. B. DGR – Wareneingangsstatus, DCO – Transitstatus, DLO – Beladungsstatus) dar. In der Statusverwaltung können zudem kundeneigene Statusarten erstellt und einem Statusprofil zugeordnet werden.

Textverwaltung

An *Textprofilen* (Feld TEXTPROFIL) können Textarten (z. B. Lieferbedingungen, Versandvorschrift, Frachtbriefinformationen) unter der Berücksichtigung von Zugriffsfolgen, die die Anzeigenreihenfolge der Textarten beeinflussen, definiert werden. Darüber hinaus kann über die Zugriffsfolgen der Textverwaltung die Übernahme von Texten eines Vorbelegs gesteuert werden.

Feldsteuerung

Über die Feldsteuerung (Feld FLDStPROFIL) lassen sich *Serviceprofile* erstellen, über die sich die Änderbarkeit von Lieferparametern (siehe Abschnitt 6.1, »Aufbau der Lieferung«) in Abhängigkeit von Statusarten (z. B. DCO – Transitstatus) und deren Statuswerten (z. B. X = unterwegs, – = In Yard) konfigurieren lässt. Zur Vereinfachung der Einstellungen lassen sich Feldgruppen pro Feldsteuerungsprofil definieren. Feldgruppen gruppieren Lieferparameter, für die die gleichen Steuerparameter gelten (z. B. 0001 – Anzeigefelder, 0002 – Lageraktivität begonnen/beendet, 0003 – Lageraktivität beendet/TU zugeordnet).

Die Feldsteuerung beeinflusst die weitere Bearbeitung eines Lieferbelegs immer dann, wenn eine Lieferung oder eine Lieferposition *erstellt* oder direkt vom Anwender oder durch einen Geschäftsprozess *verändert* wurde.

Unvollständigkeitsprüfung

Die Sicherstellung, dass alle für die weitere Verarbeitung eines Lieferbelegs relevanten Felder befüllt wurden, ist Aufgabe der Unvollständigkeitsprüfung (Feld UNVOLLSTPROFIL). In den *Profilen der Unvollständigkeitsprüfung* werden die einzelnen Lieferparameter, die Aktionen (z. B. 20 – Beleg sichern, 14 – Beleg prüfen, 525 – Charge anlegen, 900 – Wareneingang, 901 – Warenausgang), bei denen die Prüfung erfolgen soll, sowie die ABAP-Klassen, die die Feldprüfung durchführen sollen, hinterlegt.

Logische Feldnamen

Im Customizing der Feldsteuerung und der Unvollständigkeitsprüfung werden *logische Feldnamen* zur Definition der einzelnen Felder der Lieferung genutzt. Eine Zuordnung der logischen Feldnamen zu den jeweiligen Datenbanktabellen finden Sie im Einführungsleitfaden unter dem Pfad EXTENDED WAREHOUSE MANAGEMENT • PROZESSÜBERGREIFENDE EINSTELLUNGEN • LIEFERABWICKLUNG • LIEFERABWICKLUNG ERWEITERN • LOGISCHE FELDNAMEN DEFINIEREN.

Partnerbearbeitung

Für die Lieferung lassen sich *Partnerprofile* (Feld PARTNERPROFIL) festlegen, in denen definiert wird, welche Partnerrollen, z. B. Spediteur (CARR), Lager (WH) oder Anlieferlokation (STLO), einfach oder mehrfach hinterlegt werden dürfen (siehe Kapitel 4, »Stammdaten«). Darüber hinaus kann für manche Partnerrollen zwischen obligatorischen und optionalen Partnerrollen innerhalb der einzelnen Partnerprofile unterschieden werden. Zudem kann pro Partnerrolle eingestellt werden, ob diese einmal oder mehrfach pro Lieferbeleg erfasst werden kann.

Termine

In *Terminprofilen* (Feld TERMINPROFIL) werden Terminarten gruppiert. Terminarten repräsentieren Start- und Endtermine für die Lieferabwicklung wie z. B. Lieferdatum, Warenausgangsdatum, Kommissionierdatum. Für Lieferszenarien, wie z. B. Standardanlieferungen, Cross-Docking-Lieferungen oder Kitting-relevante Lieferungen, können Terminprofile hinterlegt werden, die für den jeweiligen Prozess relevante Terminarten enthalten.

Mengenverrechnung

Die Mengenverrechnung (Feld MENGVERRPROFIL) wird dazu verwendet, offene Mengen eines Lieferbelegs zu berechnen. Das *Mengenverrechnungsprofil* enthält zugewiesene Mengenrollen sowie pro Mengenrolle deren relevante Mengentypen (siehe Abschnitt 6.1.4, »Zusätzliche Positionsinformationen der Lieferung«). Jedem Mengentyp sind zudem Ermittlungsregeln und Verrechnungsregeln zugeordnet, die mathematische Formeln für die Ermittlung der Werte einzelner Mengentypen darstellen. So wird z. B. für das Beladen einer Lieferposition auf eine Transporteinheit der Mengentyp *offene Menge* (OPEN) der Mengenrolle *Laden* (LO) durch das Auslesen des Belegflusses, also quittierter Lade-Lageraufgaben, und der Lieferposition berechnet.

Referenzbelege

In dem *Serviceprofil der Referenzbelege* (Feld REFBELTYP-PROF.) werden erlaubte Belegtypen, wie z. B. SAP-ERP-Lieferungen oder EWM-interne Belegtypen (etwa Frachtbelege oder QIE-Prüfbelege) hinterlegt. Im Kundenprofil für Referenzbelege können eigene Belegtypen hinzugefügt oder einzelne Belegtypen als obligatorisch für das Profil bestimmt werden.

Prozesssteuerung

Für die Steuerung von Lieferprozessen werden *Prozessprofile* (Bereich PROZESSSTEUERUNG) eingerichtet. Prozessprofile steuern die folgenden für den Lieferkopf erlaubten oder verbotenen Prozesse der Lieferabwicklung:

▸ Manuell anlegen

▸ Vorgängerbeleg

▸ Produktion

▸ Verschrottung

▸ Abholung

▸ Rechnung vor WA (IBGI)

▸ Korrekturlieferung

▸ Kommunikation an ERP (neu ab Release 9.2)

Darüber hinaus können, unabhängig vom Lieferkopf, auf Positionsebene die folgenden Prozesse erlaubt oder verboten werden:

▸ Manuell anlegen

▸ Rechnung vor WA (IBGI)

Prozesscodes

Prozesscodes (Feld PROZESSPROFIL) werden in der Lieferabwicklung zur Kennzeichnung und Durchführung von Ausnahmesituationen verwendet. Über Prozesscodes können Liefermengenanpassungen sowie deren Verursacher hinterlegt werden. Anwendung finden Prozesscodes z.B. bei der Reduktion der Liefermenge aufgrund Unterlieferung einer bereits avisierten Menge zulasten des Spediteurs (siehe Kapitel 8, »Wareneingangsprozess«). Den Prozesscodeprofilen werden die im Standard ausgelieferten oder selbst definierten Prozesscodes zugeordnet. Diese können anschließend im Lieferbeleg ausgeführt werden.

6.5 Zusammenfassung

In diesem Kapitel haben wir die Aspekte und Funktionen der EWM-Lieferabwicklung betrachtet. Das Kapitel hat den Aufbau der Lieferung, die Lieferbelege in SAP EWM, die Lieferschnittstelle sowie allgemeine Einstellungen der Lieferung berücksichtigt. Mit diesen Informationen haben Sie eine Grundlage, die Lieferung im Kontext der Geschäftsprozesse besser zu verstehen und die Lieferabwicklung einzurichten. In den nächsten Kapiteln zeigen wir Ihnen die Objekte und Elemente zur Prozesssteuerung sowie die Wareneingangs- und Warenausgangsprozesse in SAP EWM.

Wie wird die Arbeit im Lager organisiert? Wie werden optimale
Arbeitspakete gebildet, um die Prozessabläufe zu optimieren? Und
schließlich: Wie werden komplexe Prozesse im Lager gesteuert? Diese
Fragen werden in diesem Kapitel beantwortet.

7 Objekte und Elemente der Prozesssteuerung

Eine effiziente Lagerraumnutzung und optimierte Lagerbewegungen mit höherem Durchsatz auf gleicher Lagerfläche sind die zentralen Anforderungen an eine leistungsfähige Lagerverwaltung. Zur Steuerung der Lagerprozesse und zur Optimierung der Lagerbewegungen bietet EWM verschiedene Möglichkeiten:

▶ **Wellenmanagement**
Mithilfe von Wellen können Sie die Arbeit im Lager organisieren. Dabei werden Lageranforderungspositionen von internen Umlagerungen, Umbuchungen oder Auslieferungen gruppiert, um eine Abarbeitung unter Berücksichtigung von Terminen und Auslastungsaspekten zu ermöglichen.

▶ **Lageraufgaben und Lagerauftragserstellung**
Nach Freigabe der Welle werden die darin enthaltenen Auftragspositionen in den physischen Lagerprozess eingesteuert. Um den Prozessablauf zu optimieren, werden dabei pro Lageranforderungsposition Lageraufgaben erstellt, die nach bestimmten Kriterien zu geeigneten Arbeitspaketen, den Lageraufträgen, gebündelt werden.

▶ **Lagerungssteuerung**
Ziel der Lagerungssteuerung ist die Abbildung komplexer Ein- und Auslagerungsprozessschritte sowie lagerinterner Bewegungen abhängig von Ihren Prozessen (prozessorientiert) oder den Layoutvorgaben Ihres Lagers (layoutorientiert). Durch die automatische Bestimmung der notwendigen Prozessschritte in EWM werden die Prozesse beschleunigt. Auf diese Weise wird eine Steigerung des Durchsatzes ermöglicht.

In den folgenden Abschnitten werden die verschiedenen Elemente und Objekte zur Prozesssteuerung näher erläutert.

7.1 Wellenmanagement

Mithilfe von Wellen kann die Arbeit im Lager organisiert werden. In einer Welle werden *Lageranforderungspositionen* (LANF-Positionen) zur Steuerung von Lageraktivitäten gruppiert, um im Folgenden zusammen bearbeitet zu werden.

Wesentliches Ziel des Wellenmanagements ist es, die anstehende Arbeit so früh wie nötig und so spät wie möglich mit einer optimalen Arbeitseffizienz in den operativen Arbeitsablauf einzusteuern, sodass sich die zu versendende Ware zum richtigen Zeitpunkt in der Versandzone befindet. Um dies zu erreichen, werden im Wellenmanagement Positionen aus Lageranforderungen, die in etwa zur gleichen Zeit kommissioniert und bearbeitet werden sollen, in geeignete Wellen gebündelt. Das Wellenmanagement kann für Lageranforderungen auf Basis von Auslieferungen, von Umbuchungen und internen Umlagerungen verwendet werden.

In den folgenden Abschnitten zeigen wir Ihnen, welche zentralen Objekte im Wellenmanagement vorhanden sind und wie die Logik der Wellenbildung in EWM abläuft. Zum Abschluss werden wir noch auf das Wellen-Monitoring eingehen, da dieses in Kundenprojekten oftmals einen hohen Stellenwert einnimmt.

7.1.1 Objekte des Wellenmanagements

Die Bildung von Wellen kann automatisiert oder manuell erfolgen. Im automatischen Fall müssen Sie Wellenvorlagen verwenden, im manuellen Fall können Sie dies tun. Welche Informationen Wellenvorlagen beinhalten und was sie steuern, wird im folgenden Abschnitt beschrieben. Anschließend betrachten wir die Wellenbildung und das Wellen-Monitoring.

Wellenvorlage

Wellenvorlagen sind Stammsätze, die aus verschiedenen Attributen bestehen, mit denen bestimmt wird, welche LANF-Positionen in die Welle aufgenommen werden. Durch die Wellenvorlagen können Sie dieselben Wellenattribute für verschiedene LANF-Positionen wiederverwenden, die denselben Konditionen entsprechen. Wellenvorlagen werden im SAP-Easy-Access-Menü definiert und können daher auch im Tagesgeschäft geändert werden.

Die Wellenvorlage erstellen Sie mit der Transaktion /SCWM/WAVETMP, die Sie im SAP-Easy-Access-Menü in EWM unter dem Pfad ARBEITSVORBEREI-

TUNG • WELLENMANAGEMENT finden. Häufig werden, wie in Abbildung 7.1 dargestellt, für Normal- und Eilaufträge unterschiedliche Wellenvorlagen definiert, denn im Gegensatz zu Normalaufträgen soll die Freigabe von Wellen für Eilaufträge sofort erfolgen. In diesem Fall ist es sinnvoll, die Wellenvorlage so einzustellen, dass eine Zuordnung von Positionen auch nach Wellenfreigabe möglich ist, um die Anzahl der Wellen gering zu halten.

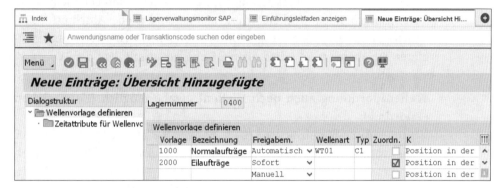

Abbildung 7.1 Wellenvorlage definieren

Die Wellenvorlage besteht aus folgenden wesentlichen Attributen:

▸ **Wellenfreigabemethode (Feld »Freigabem.«)**
Damit legen Sie fest, auf welche Art und Weise eine Welle freigegeben werden soll. Es gibt drei verschiedene Wellenfreigabemethoden:

– Wert AUTOMATISCH: Ist für eine Welle (bzw. Wellenvorlage) der Modus für die Freigabe auf AUTOMATISCH gesetzt, legt EWM einen Batchjob an, der die Welle zum vorgegebenen Wellenfreigabedatum freigibt.

– Wert SOFORT: Die Welle wird zur Ist-Zeit, also zum Erstellungszeitpunkt, freigegeben.

– Wert MANUELL: Die Welle wird zu einem selbst gewählten Zeitpunkt manuell freigegeben.

▸ **Wellenart**
Um Wellen im System unterscheiden zu können, wird einer Welle bei Erstellung eine Wellenart zugeordnet. Durch die Definition von Wellenarten haben Sie die Möglichkeit, Wellen mit besonderen Eigenschaften gezielt im Lagerverwaltungsmonitor (Lagermonitor) zu überwachen, z. B. die Anzeige aller Wellen für Eilaufträge. Die Wellenart hat keinen steuernden Charakter; Sie definieren sie im EWM-Einführungsleitfaden unter dem Pfad WARENAUSGANGSPROZESS • WELLENMANAGEMENT • ALLGEMEINE EINSTELLUNGEN.

▸ **Wellentyp (Feld »Typ«)**

Der Wellentyp wird als Filterwert für die Lagerauftragserstellungsregel (LAER) (siehe Abschnitt 7.3.2, »Lagerauftragserstellungsregel«) verwendet. Sollen für bestimmte Wellen explizite LAER gelten, muss diesen Wellen ein entsprechender Wellentyp zugeordnet werden. Aufgrund der Filterregel einer LAER kann eingestellt werden, dass diese Regel nur Lageraufgaben (LB) berücksichtigt, die aus einer entsprechenden Welle mit entsprechendem Wellentyp entstanden sind (siehe Abschnitt 7.3.1, »Ablauf und Methodik der Lagerauftragserstellung«). Den Wellentyp definieren Sie ebenfalls im Customizing. Der Pfad ist mit dem der Wellenart identisch.

▸ **Wellenzuordnung auch nach Wellenfreigabe möglich (Kennzeichen »Zuordn.«)**

Wenn Sie dieses Kennzeichen setzen, können Sie der Welle, die auf dieser Wellenvorlage basiert, auch nach der Wellenfreigabe bis zum Wellensperrtermin Lieferpositionen zuordnen. Dies ist insbesondere bei Wellen mit Sofortfreigabe sinnvoll, um die Anzahl der Wellen nicht zu groß werden zu lassen.

▸ **Verhalten bei Kommissionierzurückweisung (Feld »K«)**

Mit diesem Feld können Sie steuern, wie EWM im Fall der Platzzurückweisung reagieren soll. Kann der Mitarbeiter die Pick-Lageraufgabe am Lagerfach nicht kommissionieren, versucht EWM zunächst, eine neue Pick-Lageraufgabe mit einem alternativen Von-Platz zu erstellen. Wenn sich dieser Alternativplatz im gleichen *Aktivitätsbereich* (AB) befindet, wird die Pick-Lageraufgabe dem Kommissionierer im gleichen Lagerauftrag (LA) direkt zugeordnet. Befindet sich der Alternativplatz in einem anderen Aktivitätsbereich, der vom Kommissionierer nicht erreicht wird, ermittelt EWM die weitere Vorgehensweise aus dem eingestellten Wert:

- Wert POSITION IN DER WELLE BELASSEN: Die neue Pick-Lageraufgabe wird nicht erstellt. Die Position bleibt in der Welle und wird zu einem späteren Zeitpunkt erneut freigegeben.

- Wert LB SOFORT ERSTELLEN: EWM erstellt sofort einen Lagerauftrag für diese Pick-Lageraufgabe.

- Wert POSITION AUS DER WELLE HERAUSNEHMEN: Die LANF-Position wird einer anderen Welle zugeordnet.

Eine Wellenvorlage kann aus einer oder mehreren Wellenvorlageoptionen bestehen (siehe Abbildung 7.2).

Eine Wellenvorlageoption enthält u. a. folgende Attribute:

▸ **Wellensperrzeit (Feld »Sperrzeit«)**
Die Sperrzeit entspricht der Uhrzeit, bis zu der Sie Positionen zur Welle hinzufügen können.

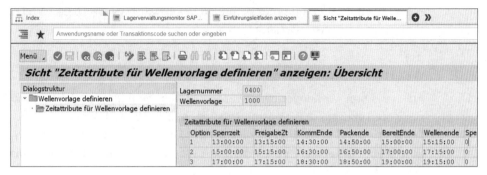

Abbildung 7.2 Wellenvorlageoptionen je Wellenvorlage

▸ **Wellenfreigabezeit (Feld »FreigabeZt«)**
Die Freigabezeit ist die Uhrzeit, bis zu der die Welle freigegeben werden muss.

▸ **Kommissionierendezeit (Feld »KommEnde«), Verpackendezeit (Feld »Packende«), Bereitstellungsende-Zeit (Feld »BereitEnde«)**
Diese Angaben entsprechen der Uhrzeit, bis zu der Sie die Aufgaben Kommissionierung/Verpacken/Bereitstellung für die Welle abgeschlossen haben müssen. Wenn Sie die Lagerungsprozesssteuerung verwenden (siehe Abschnitt 7.4, »Lagerungssteuerung«), werden mit Freigabe der Welle sogenannte *geplante Arbeitslasten* erstellt. Diese Arbeitslasten können für jeden Prozessschritt (Kommissionieren, Verpacken, Beladen) im Lagermonitor überwacht werden. Die Abschlusszeitpunkte der verschiedenen Arbeitslasten werden dabei aus der Welle bzw. Wellenvorlageoption übernommen. Darüber hinaus wird die Kommissionierendezeit zur Berechnung des spätesten Starttermins des Lagerauftrags verwendet (siehe Abschnitt 7.3.1, »Ablauf und Methodik der Lagerauftragserstellung«).

▸ **Wellenendezeit (Feld »Wellenende«)**
Die Uhrzeit, für die das Ende aller Bearbeitungsvorgänge für die Welle geplant ist, was für Warenausgangswellen die Beladeendezeit darstellt.

▸ **Kapazitätsprofil**
Kapazitätsgrenzen, die von einer Welle einer bestimmten Wellenvorlageoption nicht überschritten werden sollen, z. B. maximale Anzahl der Lieferpositionen pro Welle, maximales Gewicht und/oder Gewicht pro

Welle. Wenn eine Welle die maximale Kapazität des Profils überschreitet, kann im Kapazitätsprofil definiert werden, ob und wie viele parallele Wellen erlaubt sind. Sind parallele Wellen erlaubt, weist das System die aktuelle Position einer neuen Welle mit identischen Eigenschaften der Wellenvorlageoption zu. Das Kapazitätsprofil konfigurieren Sie im EWM-Einführungsleitfaden unter dem Pfad WARENAUSGANGSPROZESS • WELLENMANAGEMENT • ALLGEMEINE EINSTELLUNGEN.

Welle und Wellenbearbeitung

Auf Basis von Wellenvorlagen werden Wellen erstellt. Eine Welle besteht aus Kopf- und aus Positionsinformationen. Die Welle können Sie mit der Transaktion /SCWM/WAVE, die Sie im SAP-Easy-Access-Menü in EWM unter dem Pfad ARBEITSVORBEREITUNG • WELLENMANAGEMENT finden, anzeigen oder bearbeiten.

Die Wellenkopfinformationen WELLENART, WELLENTYP und Freigabemethode stammen aus der Wellenvorlage; die Zeiten stammen aus der Wellenvorlageoption, die aus der Wellenvorlage ermittelt wurde. Die angezeigten Gewichts- und Volumendaten werden aufgrund der Wellenpositionen berechnet. Die Informationen der Wellenpositionen stammen in Abbildung 7.3 aus den Auslieferpositionen, die der Welle zugeordnet sind.

Für die Wellenbearbeitung stehen Ihnen auf Kopfebene verschiedene Funktionen zur Verfügung. Mit der in Abbildung 7.3 dargestellten Transaktion können Sie Wellen löschen. Dabei löst EWM alle der Welle zugeordneten LANF-Positionen. Darüber hinaus haben Sie die Möglichkeit, Wellen zu vereinigen. Sie können beliebig viele Wellen vereinigen. Die Voraussetzungen dafür sind, dass die Wellen noch nicht freigegeben sind und alle Wellen den gleichen Status haben (z. B. INITIAL (I) oder GESPERRT (H)). Wenn Sie z. B. die Wellen 10, 11 und 12 vereinigen, ordnet EWM alle LANF-Positionen der ausgewählten Wellen der ersten gewählten Welle 10 zu.

Weitere wichtige Bearbeitungsfunktionen sind das Sperren bzw. Entsperren und die manuelle Freigabe von Wellen. Mit dem Sperren einer Welle verhindern Sie die Zuordnung weiterer LANF-Positionen und die manuelle Freigabe. Sie können nur Wellen sperren, die noch nicht freigegeben wurden. Mit der manuellen Freigabe geben Sie die Welle für die Lagerauftragserstellung (LA-Erstellung) und damit für den operativen Lagerablauf frei. Dabei haben Sie die Möglichkeit, diese auch gesperrt freizugeben. In diesem Fall setzt EWM für die erzeugten Lageraufträge den Status GESPERRT.

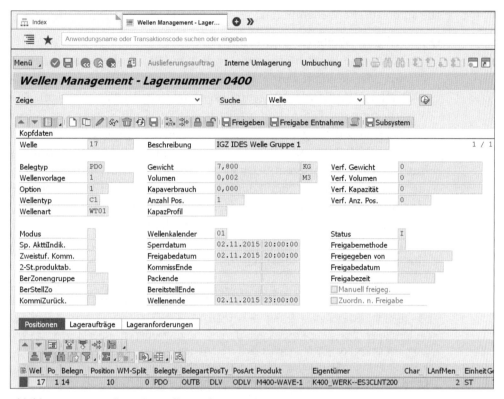

Abbildung 7.3 Darstellung der Welle mit der Transaktion /SCWM/WAVE

Wellenfreigabe

Wellen können im Zeitraum zwischen dem Wellenfreigabe- und -endezeitpunkt mehrfach freigegeben werden.

Auf Positionsebene können Sie splitten, also eine oder mehrere LANF-Positionen auswählen und diese von der entsprechenden Welle lösen.

Alternativ zur erwähnten Anzeige- und Pflegetransaktion können Sie die Wellenbearbeitung auch im Lagermonitor mit den im Standard verfügbaren Methoden durchführen. Nachdem wir Wellenvorlage und Welle beschrieben haben, geht es nun um die Logik der Wellenbildung in EWM.

7.1.2 Wellenbildung in SAP EWM

Die Zuordnung der geeigneten LANF-Positionen zu Wellen kann wie beschrieben manuell oder automatisiert erfolgen. Abbildung 7.4 stellt den Ablauf der automatischen Wellenbildung dar.

Die automatische Wellenfindung erfolgt in drei Schritten:

❶ PPF-Aktion: Wellenvorlage ermitteln

Nachdem eine Lageranforderung – z. B. vom Typ Auslieferungsauftrag – erzeugt oder geändert wurde, erzeugt EWM z. B. die PPF-Aktion /SCWM/ PRD_OUT_WAVE_NEW (Lageranforderung einer Welle zuordnen). Die Verarbeitung der PPF-Aktion erfolgt in der Regel mit Sichern des Belegs der Lageranforderung. Mit Durchführung der PPF-Aktion ermittelt EWM für jede LANF-Position mit der Konditionstechnik gültige Wellenvorlagen zur Lieferung. In unserem Beispiel wurden auf Basis der Lagernummer, des Warenempfängers, der Route und des Produkts der entsprechende Konditionssatz und dadurch die zugeordnete Wellenvorlage 1 ermittelt. Den Konditionssatz zur Wellenvorlagenfindung erstellen Sie mit der Transaktion /SCWM/WDGCM, die Sie im SAP-Easy-Access-Menü in EWM unter dem Pfad ARBEITSVORBEREITUNG • WELLENMANAGEMENT finden.

Konditionstechnik

Die Konditionstechnik bietet mit einer Vielzahl verfügbarer Felder die Flexibilität, die für die Erfüllung der Prozessanforderungen notwendig ist. Über das belegart-abhängig einstellbare Findungsschema der Wellenvorlagenfindung können für die Prozesse der internen Umlagerung und Umbuchung andere Zugriffsfolgen hinter-legt werden. Auf diese Weise ist eine Abgrenzung möglich.

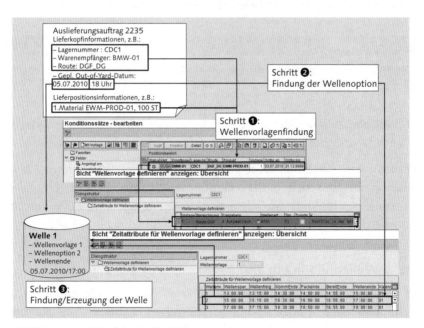

Abbildung 7.4 Ablauf der Wellenbildung

❷ Wellenvorlageoption ermitteln

Zur Wellenvorlage 1 wird die passende Wellenvorlageoption ermittelt. Aufgrund des Zeitpunkts OUT-OF-YARD (über die Route wird der Verladezeitpunkt als *Verlassen des Yards* ermittelt) des Auslieferungsauftrags wird die passende Wellenvorlageoption 2 zur vorher ermittelten Wellenvorlage ermittelt. Da die geplante Out-of-Yard-Uhrzeit gemäß Auslieferungsauftrag 2235 bei 18:00 Uhr liegt, ist die Bereitstellungsende-Uhrzeit 16:55 Uhr der Wellenvorlageoption 2 die Uhrzeit, die dem Verlassen des Yards am nächsten liegt.

> **Wellenvorlageoption für interne Umlagerung oder Umbuchungslieferung**
>
> Bei einer internen Umlagerung oder Umbuchungslieferung verwendet EWM die Daten aus dem Termintyp ENDETERMIN LAGERAKTIVITÄTEN.

❸ Welle ermitteln/erneut Wellenvorlageoption ermitteln

Zur Wellenvorlage 1 und Wellenvorlageoption 2 wird geprüft, ob es für das Datum bereits eine Welle gibt. Ist keine vorhanden, wird eine neue Welle angelegt. Ist bereits eine Welle vorhanden, wird geprüft, ob deren eingestellte zulässige Kapazität (Attribut der ermittelten Wellenvorlageoption) noch weitere Positionen zulässt. Dürfen aufgrund der Kapazitätseinstellung zur Wellenvorlageoption keine weiteren Positionen aufgenommen und darf auch keine neue Welle angelegt werden, wird eine neue Wellenvorlageoption ermittelt (zurück zu Schritt ❷). In unserem Beispiel wurde die Auslieferungsposition der Welle 1 zugeordnet.

Im nächsten Abschnitt erläutern wir die Möglichkeiten, die der Lagermonitor bietet.

7.1.3 Wellen-Monitoring in SAP EWM

Der Lagermonitor stellt u. a. mit seinen vordefinierten wellenbezogenen Selektionsreports das ideale Werkzeug für das Wellen-Monitoring dar. Ein Beispiel, das relativ häufig in der Praxis vorkommt, ist die Ermittlung von summarischem Volumen, Gewicht, Stück und Positionen zu einem bestimmten Aktivitätsbereich, zur Route und zur Wellenart. Diese Ermittlung ist über die Welle bzw. Wellenpositionen möglich (siehe Abbildung 7.5).

Mit Freigabe der Welle werden *geplante Arbeitslasten* erzeugt. Der Datensatz für die geplante Arbeitslast enthält Informationen über den Ort der Arbeit, die Art, Menge, Dauer und die Kapazität.

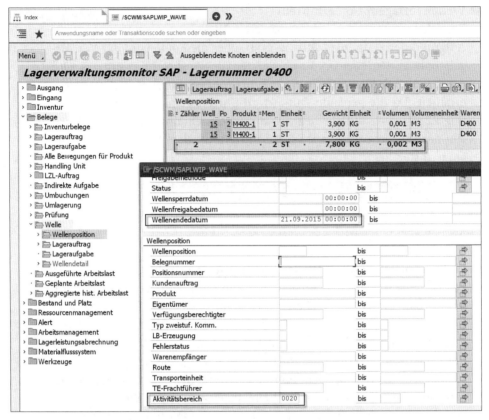

Abbildung 7.5 Wellen-Monitoring mit dem Lagermonitor

Darüber hinaus enthält der Datensatz einen Verweis auf den erzeugenden Beleg in Form einer Objektreferenz, z. B. einen Verweis auf den Quality-Inspection-Engine-Beleg (QIE-Beleg) oder den Lagerauftrag. Voraussetzung für die Berechnung von Arbeitslasten ist die Verwendung der Lagerungsprozesssteuerung. Mit Freigabe der Welle wird für jede LANF-Position eine Lageraufgabe erstellt, die den Lagerungsprozess sowie den aktuellen externen Lagerungsprozessschritt (z. B. Auslagern, Verpacken, Beladen) beinhaltet. Die Abschlusszeitpunkte der verschiedenen Arbeitslasten der verschiedenen Prozessschritte werden dabei aus der Welle bzw. Wellenvorlageoption übernommen. Die Volumen- und Gewichtsdaten werden aus den Lageraufgaben übernommen. Weitere Informationen zur Lagerungssteuerung finden Sie in Abschnitt 7.4, »Lagerungssteuerung«.

In Abbildung 7.6 sehen Sie ein Beispiel für die Selektion geplanter Arbeitslasten für die Kommissionierung (Feld INTERNER PROZESSSCHRITT, Wert PICK) im Aktivitätsbereich 0020 innerhalb des Zeitraums Februar 2016. Durch die

Summation von Parametern wie z. B. Dauer, Gewicht und Volumen bekommt der Mitarbeiter Informationen über wichtige Kennzahlen und hat so einen guten Überblick über seinen Verantwortungsbereich im Lager.

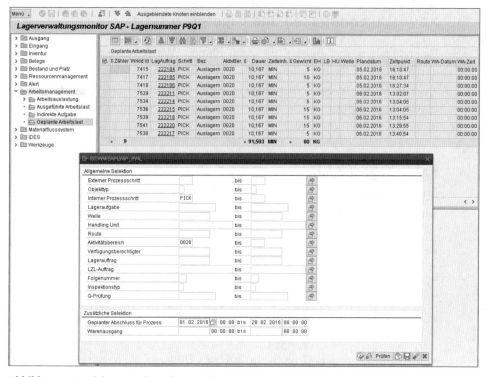

Abbildung 7.6 Selektion nach geplanter Arbeitslast

Neben den für die Warenausgangsprozessschritte relevanten Arbeitslasten bietet der Lagermonitor auch vordefinierte Reports für die Arbeistlasten im Wareneingang (z. B. Entlade-, Zähl-, Dekonsolidierungs- und Einlagerlast). Detaillierte Informationen zum Lagermonitor finden Sie in Kapitel 13, »Monitoring und Reporting«.

Mit Freigabe der Welle werden auf Basis der ermittelten Einlagerungs- bzw. Auslagerungsstrategien Lageraufgaben für die zugeordneten LANF-Positionen erstellt. Der durch die Auslagerungsstrategien ermittelte Bestand ist ab jetzt reserviert.

Prozessparallelisierung bei Lageraufgabenerstellung

Die Erzeugung der Lageraufgaben kann gemäß Customizing-Einstellung auf mehrere Prozesse parallelisiert werden, was insbesondere bei Wellen mit einer hohen Anzahl von Lieferpositionen die Systemperformance positiv beeinflusst.

Im nächsten Abschnitt erläutern wir die verschiedenen Arten von Lageraufgaben sowie die Lagerprozessart.

7.2 Lageraufgaben und Lagerprozessart

Lageraufgaben sind Belege, die dazu dienen, Warenbewegungen im Lager durchzuführen. Sie enthalten daher Informationen, von wo nach wo und in welcher Menge Ware transportiert werden soll. Dabei spielt die Lagerprozessart eine zentrale Rolle bei der Steuerung von Umbuchungsvorgängen und Bewegungen im Lager.

7.2.1 Lageraufgabe

Mit der Freigabe von Wellen für LANF-Positionen vom Typ Auslieferungsauftrag, Umlagerung und Umbuchung erzeugt EWM gleichzeitig *Lageraufgaben* (LBs). Für diese Arten von LANF-Positionen und zusätzlich für Anlieferpositionen können Sie Folgendes manuell erstellen:

- die Einlager-Lageraufgaben über die entsprechenden Transaktionen /SCWM/TODLV_I
- die Kommissionier-Lageraufgaben zum Auslieferungsauftrag mit der Transaktion /SCWM/ TODLV_O
- die Umlager-Lageraufgaben zur internen Umlagerung mit der Transaktion /SCWM/TODLV_M
- die Umlager-Lageraufgaben zur Umbuchung mit der Transaktion /SCWM/TODLV_T

Diese Transaktionen finden Sie im SAP-Easy-Access-Menü in EWM unter dem Pfad ARBEITSVORBEREITUNG • LAGERAUFGABE ZUR LAGERANFORDERUNG ANLEGEN. Abbildung 7.7 zeigt die manuelle Erstellung der Lageraufgabe zur Einlagerung für eine bestimmte Anlieferposition. Dazu klicken Sie auf den Button ANLEGEN.

Neben der manuellen Erstellung können Lageraufgaben auch automatisch über den Aufruf der entsprechenden PPF-Aktion je nach Art der Lageranforderung, die Sie im SAP-Easy-Access-Menü in EWM unter dem Pfad DRUCKEN • PPF-AKTION ANZEIGEN UND VERARBEITEN finden, erstellt werden. In Abbildung 7.8 sind das Aktionsprofil und die Aktionsdefinition für die automatische Lageraufgabenerstellung für Anlieferungen dargestellt.

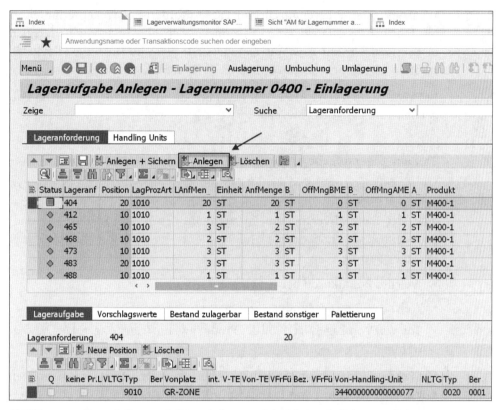

Abbildung 7.7 Manuelle Lageraufgabenerstellung am Beispiel einer Anlieferung mit der Transaktion /SCWM/TODLV_I

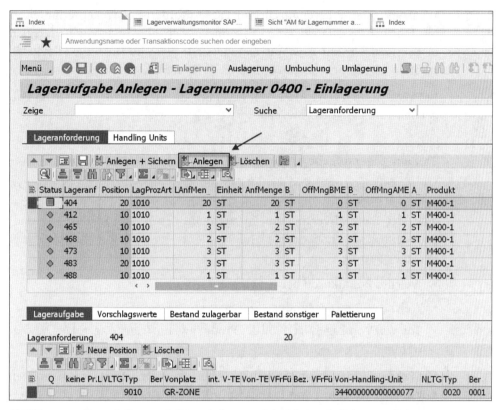

Abbildung 7.8 Automatische Lageraufgabenerstellung über PPF-Aktion

Wenn EWM eine Lageraufgabe zur Lageranforderung erzeugt, ermittelt es mit Einlagerungsstrategien den Lagerplatz oder mit Auslagerungsstrategien den Bestand. Die Ein- bzw. Auslagerungsstrategien sind Thema von Kapitel 8, »Wareneingangsprozess«, bzw. Kapitel 9, »Warenausgangsprozess«.

In EWM werden zwei Arten von Lageraufgaben unterschieden, die im Folgenden kurz dargestellt werden.

Produkt-Lageraufgabe

Die *Produkt-Lageraufgabe* ist ein Beleg, der dazu dient, Produkte im Lager zu bewegen. Einer Produkt-Lageraufgabe können physische Warenbewegungen oder Bestandsveränderungen zugrunde liegen.Eine Produkt-Lageraufgabe enthält alle notwendigen Informationen zu einer durchzuführenden Warenbewegung:

- Welches Produkt soll bewegt werden?
- Welche Menge des Produkts soll bewegt werden?
- Von wo (Von-Lagerplatz) soll das Produkt wohin (Nach-Lagerplatz) bewegt werden?

Die Produkt-Lageraufgabe enthält alle erforderlichen Informationen, um den physischen Transport von Produkten ins Lager, aus dem Lager oder innerhalb des Lagers von einem Lagerplatz zu einem anderen Lagerplatz durchzuführen. Eine Produkt-Lageraufgabe reserviert die Mengen, sodass diese nicht mehr für andere Produkt-Lageraufgaben zur Verfügung stehen.

HU-Lageraufgabe

Die *HU-Lageraufgabe* ist ein Beleg, der dazu dient, *Handling Units* (HUs) im Lager zu bewegen. Einer HU-Lageraufgabe können nur Warenbewegungen zugrunde liegen.

Die HU-Lageraufgabe enthält alle erforderlichen Informationen, um den physischen Transport von HUs innerhalb des Lagers von einem Lagerplatz zu einem anderen Lagerplatz durchzuführen. Sonderfälle für HU-Lageraufgaben sind:

- Be- und Entladeprozess im Rahmen der Lagerungsprozesssteuerung
- Bewegung von Transporteinheiten im Yard (nähere Informationen dazu erhalten Sie in Abschnitt 12.5, »Yard Management«)

Eine HU-Lageraufgabe enthält alle notwendigen Informationen zu einer durchzuführenden Warenbewegung:

▶ Welche HU soll bewegt werden?

▶ Von wo (Von-Lagerplatz) soll die HU wohin (Nach-Lagerplatz) bewegt werden?

Eine HU-Lageraufgabe reserviert keine Mengen.

Sowohl die Produkt- als auch die HU-Lageraufgabe beinhalten neben den zuvor genannten Informationen die *Lagerprozessart*, mit der die Warenbewegungen gesteuert werden. Im nächsten Abschnitt erläutern wir die Lagerprozessart näher.

7.2.2 Lagerprozessart

EWM steuert und bearbeitet jeden Lagerprozess (wie z. B. Wareneingang, Warenausgang, Umbuchung und Umpacken) mithilfe einer Lagerprozessart. Im Wareneingangsprozess kann an der Lagerprozessart der Lagerungsprozess (siehe Abschnitt 7.4, »Lagerungssteuerung«) hinterlegt werden, der beschreibt, welche Schritte im Einlagerprozess durchlaufen werden müssen. Darüber hinaus kann u. a. über die Lagerprozessart die Lagertypsuchreihenfolge für die Einlagerung bestimmt werden (siehe Kapitel 8, »Wareneingangsprozess«).

Die Lagerprozessart hat im Warenausgangsprozess ebenfalls eine führende Rolle. Sie steuert z. B., ob EWM eine automatische Wellenzuordnung durchführen und eine Grobplatzermittlung erfolgen soll. Dabei wird eine Simulation der Auslagerungsstrategie durchgeführt. Der Bestand wird nicht reserviert. Das Resultat der Grobplatzermittlung ist die Information darüber, von welchem Platz und damit von welchem Aktivitätsbereich welche Menge einer Auslieferungsauftragsposition voraussichtlich kommissioniert wird. Diese Informationen können für die Wellenvorlagenfindung genutzt werden. Darüber hinaus können Sie u. a. über die Lagerprozessart als Filterkriterium Einfluss auf die Lagerauftragserstellung (siehe Abschnitt 7.3, »Lagerauftragserstellung«) nehmen. Auch für die Queue-Findung kann die Lagerprozessart neben anderen als Findungskriterium verwendet werden.

Sowohl im Wareneingang als auch im Warenausgang können Sie die Lagerprozessart auf die Bereitstellungszonen- und die Torfindung beeinflussen.

Die Lagerprozessart definieren Sie im EWM-Einführungsleitfaden unter dem Pfad PROZESSÜBERGREIFENDE EINSTELLUNGEN • LAGERAUFGABE • LAGERPROZESS-

ART DEFINIEREN. Abbildung 7.9 zeigt beispielhaft die Definition von Lagerprozessartparametern für die Einlagerung.

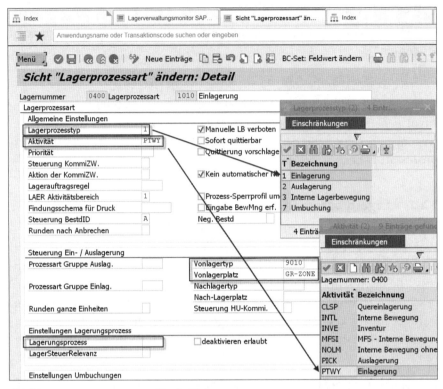

Abbildung 7.9 Lagerprozessart für die Einlagerung

Die Lagerprozessart wird dem *Lagerprozesstyp* und einer *Aktivität* zugeordnet, die miteinander verknüpft sind und die Richtung der Bewegung im Lager anzeigen. Der *Lagerprozesstyp* ist der Schlüssel für die Art der Warenbewegung im Lager. In Kombination mit der Aktivität, die dem Lagerprozesstyp eindeutig zugeordnet ist, werden die Warenbewegungen (z. B. Einlagerung durchführen) veranlasst. So kann z. B. über die Aktivität *Quereinlagerung* (CLSP) gesteuert werden, dass die Produkte auf die jeweiligen Gänge gleich verteilt eingelagert werden, um so eine einseitige Auslastung des Lagers zu verhindern.

Die Lagerprozessart kann auch Informationen über den Von-Lagertyp und -platz für Einlager-Lageraufgaben umfassen, und sie kann den Nach-Lagertyp und -platz für Kommissionier-Lageraufgaben enthalten. Die Lagerprozessart schließt nicht immer den Von-Lagertyp und -platz bzw. den Nach-Lagertyp und -platz mit ein. Wenn z. B. einer Lagerprozessart ein Lagerungsprozess für eine prozessorientierte Lagerungssteuerung zugeordnet wird, werden die entsprechenden Informationen dem Lagerungsprozess selbst entnommen. Interne Bewegungen verwenden Strategien oder erfordern eine manuelle Eingabe.

Die Lagerprozessart wird für jede LANF-Position vom Typ Auslieferungsauftrag, Anlieferung, interne Umlagerung und Umbuchung ermittelt und liefert die Informationen, die EWM für die Durchführung dieser Prozesse benötigt. Die Findung der Lagerprozessart ergibt sich aus der Belegart, der Positionsart und der Lieferpriorität und kann im EWM-Einführungsleitfaden unter dem Pfad PROZESSÜBERGREIFENDE EINSTELLUNGEN • LAGERAUFGABE • LAGERPROZESSART FINDEN eingestellt werden. Zusätzlich kann im Produktstamm ein Kennzeichen zur Lagerprozessartenfindung hinterlegt werden, um für bestimmte Produkte eine abweichende Lagerprozessart zu finden. Diese Produkte sollen z. B. den Produkteigenschaften entsprechend einen anderen Lagerungsprozess durchlaufen. Sowohl die Lagerprozessartenfindung als auch das Findungskennzeichen werden im Customizing unter dem oben genannten Pfad definiert.

Entsprechend den Lageraufgaben erzeugt EWM Lageraufträge, um Arbeitspakete für den einzelnen Lagermitarbeiter zusammenzustellen. Die Bildung von Lageraufträgen wird im nächsten Abschnitt detailliert beschrieben.

7.3 Lagerauftragserstellung

Während das Wellenmanagement zur Planung der anstehenden Arbeitslast im Lager verwendet wird, dient die *Lagerauftragserstellung* (LA-Erstellung) dazu, ausführbare Arbeitspakete zu erstellen, deren Bearbeitung die Lagermitarbeiter innerhalb bestimmter Zeiten abschließen sollen. Der Lagerauftrag ist ein separater Beleg in EWM, der sich aus Lageraufgaben oder Inventurpositionen zusammensetzt. Diese werden entsprechend den Prozessanforderungen zu Lageraufträgen gruppiert, die EWM zur Bearbeitung bereitstellt. Einige Anwendungsbeispiele für die Lagerauftragserstellung in der Praxis sind:

▸ Ganzbehälter und Teilmengen werden in verschiedenen Lagerbereichen von separaten Ressourcen kommissioniert.

▸ Das Gesamtgewicht der kommissionierten Ware pro Pick-HU darf ein maximales Gewicht bzw. Volumen nicht überschreiten.

▸ Bei kleinpöstigen Kundenaufträgen (Auslieferungen) soll die Kommissionierung über Multi-Order-Picking erfolgen. Dabei muss der Kommissionierweg minimiert werden.

▸ Bei einer bestimmten Anzahl von Auslieferpositionen pro Kunde soll die Kommissionierung kundenrein erfolgen.

▸ Schwer vor leicht – die Kommissionierung soll wegeoptimiert unter Berücksichtigung des Produktgewichts erfolgen.

In den folgenden Abschnitten stellen wir Ablauf und Algorithmus der Lagerauftragserstellung vor und beschreiben das Regelwerk der Lagerauftragserstellung mit den wichtigsten Customizing-Einstellungen.

7.3.1 Ablauf und Methodik der Lagerauftragserstellung

Mit der Freigabe der Wellen werden die darin enthaltenen Auftragspositionen in den physischen Lagerprozess eingesteuert. Dazu werden für die der Welle zugeordneten Auftragspositionen Lageraufgaben erstellt. Auf Basis der gefundenen Auslagerungsstrategie werden der Von-Platz ermittelt und der Bestand reserviert. Sollte bei Erstellung der Lageraufgabe für eine Lieferposition kein verfügbarer Bestand gefunden werden, wird die Lieferposition einer neuen Welle zugeordnet. Anschließend werden die erzeugten Lageraufgaben der Welle zu Lageraufträgen gebündelt. Abbildung 7.10 zeigt den Ablauf von der Gruppierung der Lieferpositionen zu Wellen bis zur Erstellung von Lageraufträgen.

Die Bündelung von Lageraufgaben zu Lageraufträgen erfolgt über die sogenannten *Lagerauftragserstellungsregeln* (LAER). Aufgabe der LAER ist es, die Liste aller Lageraufgaben einer Welle auf Basis der Prozessanforderungen in optimale Arbeitspakete für die Ressourcen zu schneiden. Demzufolge kann ein Lagerauftrag Lageraufgaben von mehreren Lieferungen enthalten. Eine LAER besteht aus verschiedenen Attributen, z. B. der Minimierung des Kommissionierwegs (einstellbar über den Erstellungstyp), und minimalen und maximalen Grenzwerten für die Größe eines Lagerauftrags (z. B. Gewicht, Volumen, Greifzeit), mit denen Sie die Arbeitspakete optimieren können.

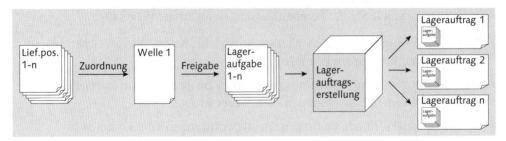

Abbildung 7.10 Ablauf der Lagerauftragserstellung

Nach welcher Methodik die Lagerauftragserstellung funktioniert, soll Abbildung 7.11 verdeutlichen.

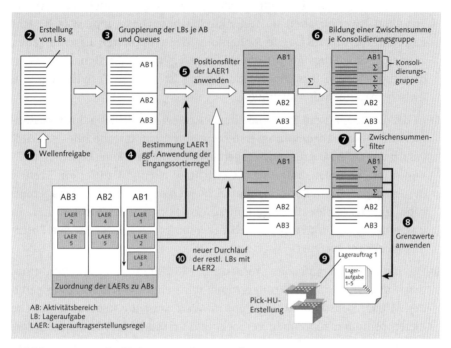

Abbildung 7.11 Methodik der Lagerauftragserstellung

Im Folgenden beschreiben wir die einzelnen Schritte für die Lagerauftragserstellung:

❶ Der Prozess beginnt mit der Freigabe der Welle.

❷ Die Auslagerungsstrategie wird für jede Wellenposition durchlaufen, und Lageraufgaben (LBs) werden zu den ermittelten Plätzen bzw. zu den ermittelten HUs erzeugt (siehe auch Kapitel 9, »Warenausgangsprozess«). Im Zuge der Lageraufgabenerstellung werden bereits die Queues ermittelt, sodass der jeweilige Arbeitsbereich noch in Queues unterteilt wird.

❸ Die LAERs werden auf der Grundlage des Aktivitätsbereichs und der Aktivität aus der Lagerprozessart der Lageraufgabe ermittelt. Die Suchreihenfolge für LAERs pro Aktivitätsbereich definieren Sie im EWM-Einführungsleitfaden unter dem Pfad PROZESSÜBERGREIFENDE EINSTELLUNGEN • LAGERAUFTRAG • SUCHREIHENFOLGE VON ERSTELLUNGSREGEL FÜR AKTIVITÄTS-BEREICHE DEFINIEREN. In unserem Beispiel ist für AB1 folgende Suchreihenfolge festgelegt worden: 1. LAER1 → 2. LAER2 → 3. LAER3. Demzufolge wird als Erstes die LAER1 zur Lagerauftragserstellung verwendet.

❹ Durch den ermittelten Von-Platz bestimmt EWM den Aktivitätsbereich pro Lageraufgabe und gruppiert die Lageraufgaben entsprechend den Aktivitätsbereichen. In dem oben dargestellten Beispiel wurden die erstellten Lageraufgaben in drei Aktivitätsbereiche gruppiert (z. B. acht Lageraufgaben in AB1). Die Reihenfolge der gruppierten Lageraufgaben kann über eine Eingangssortierregel festgelegt werden, z. B. nach Konsolidierungsgruppe. Diese Eingangssortierung ist bei der Verwendung von Zwischensummenfiltern sinnvoll.

❺ In der LAER kann ein Positionsfilter festgelegt werden. Dadurch bestimmen Sie, ob die Lagerauftragserstellung eine Lageraufgabe mit der LAER verarbeitet. EWM prüft pro Lageraufgabe, ob die Filterkriterien (z. B. min./max. Volumen, min./max. Gewicht, Wellentyp) zutreffen. Treffen die Kriterien für den Positionsfilter nicht auf die zu bearbeitende Lageraufgabe zu, verarbeitet die Lagerauftragserstellung diesen nicht weiter. In unserem Beispiel sind zwei der acht Lageraufgaben in AB1 für den Positionsfilter nicht geeignet.

❻ Die übrigen Lageraufgaben werden nach Konsolidierungsgruppen gruppiert, und pro Konsolidierungsgruppe wird eine Zwischensumme gebildet. Mit der Konsolidierungsgruppe im Warenausgang steuern Sie, welche Lieferpositionen zusammen verpackt und versendet werden. Alle Lieferpositionen mit denselben Kriterien (z. B. Warenempfänger und Route) erhalten dann dieselbe Konsolidierungsgruppe. Weitere Informationen zur Konsolidierungsgruppe im Warenausgang finden Sie in Kapitel 9. In unserem Beispiel wurden für die sechs Lageraufgaben in AB1 drei verschiedene Konsolidierungsgruppen ermittelt.

❼ Für die ermittelten Zwischensummen kann ein Zwischensummenfilter eingesetzt werden, z. B. eine minimale Anzahl von Lageraufgaben pro Konsolidierungsgruppe. EWM prüft pro Zwischensumme, ob die Kriterien des Zwischensummenfilters zutreffen. Treffen für eine Zwischensumme die Filterkriterien nicht zu, werden alle Lageraufgaben dieser Konsolidierungsgruppe für die Lagerauftragserstellung nicht weiterverarbeitet. In unserem Beispiel treffen die Filterkriterien für alle drei Konsolidierungsgruppen bzw. Zwischensummen zu. Das bedeutet, dass weiterhin alle sechs Lageraufgaben für die Lagerauftragserstellung berücksichtigt werden.

❽ Nun kann über die Anwendung von Grenzwerten (z. B. maximale Anzahl von Lageraufgaben pro Lagerauftrag, minimales/maximales Volumen, minimales/maximales Gewicht) die Größe eines Lagerauftrags festgelegt werden. Dadurch begrenzen Sie die Anzahl der Positionen eines Lagerauftrags. In unserem Beispiel enthält der 1. Lagerauftrag fünf Lageraufgaben, und die restlichen werden in einen neuen Lagerauftrag auf Basis der LAER1-Attribute gebündelt.

❾ Der Lagerauftrag wird erstellt und enthält nur Lageraufgaben für einen Aktivitätsbereich und eine Queue. Gegebenenfalls werden auf Basis des Packprofils, das der LAER zugeordnet ist, Pick-HUs erstellt. Über das Packmittel wird durch einen geeigneten Konditionssatz eine Packspezifikation gefunden. In der Packspezifikation ist das Packmittel hinterlegt, auf dessen Basis EWM die Pick-HUs erstellt. In unserem Beispiel besteht der Lagerauftrag aus fünf Lageraufgaben, und zwei Pick-HUs wurden gebildet.

❿ Für die Lageraufgaben, die auf Basis der ersten LAER für die Lagerauftragserstellung nicht geeignet waren, wird der Prozess mit der nächsten LAER fortgesetzt (Prozessschritte **❹**–**❽**), bis alle Positionen abgearbeitet sind.

Sollten nach Verwendung aller LAERs des Aktivitätsbereichs noch Lageraufgaben übrig bleiben, werden diese mit der Restbearbeitungsregel UNDE (undefiniert), die im Standard ausgeliefert wird, zu einem Lagerauftrag zusammengefasst. Die Lagerauftragserstellung mit UNDE ist konsolidierungsgruppenrein, was bedeutet, dass für die restlichen Lageraufgaben gegebenenfalls mehrere Lageraufträge erstellt werden können.

Als Ergebnis erstellt EWM Lageraufträge, die von einer Ressource in einem Aktivitätsbereich ausgeführt werden können. EWM berechnet für jeden Lagerauftrag das *späteste Startdatum* (SSD) und nimmt somit eine Priorisierung der Lageraufträge vor. Das SSD berechnet sich rückwärts aus folgenden Daten:

▸ Kommissionierendzeitpunkt, der aus der Wellenvorlage der freigegebenen Welle ermittelt wird

▸ Greifzeiten für die einzelnen Lageraufgaben

▸ Wegezeit auf Basis der Ressourcengeschwindigkeit

▸ Rüstzeit aus dem Packprofil der verwendeten LAER

Im Beispiel aus Abbildung 7.12 enthält der Lagerauftrag drei Lageraufgaben. Das Kommissionierende der Welle ist 14:00 Uhr. Die Greif- und Wegezeit für die Lageraufgabe 3 wurde mit 15 Minuten, die der Lageraufgabe 2 mit 20 Minuten, die der Lageraufgabe 1 ebenfalls mit 15 Minuten berechnet. Außerdem ist eine Rüstzeit von zehn Minuten für das Rüsten des Pick-Mobils vorgesehen. Damit errechnet sich das SSD für diesen Lagerauftrag auf 13:00 Uhr.

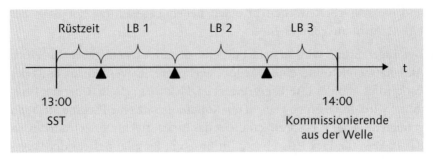

Abbildung 7.12 Spätestes Startdatum für den Lagerauftrag berechnen

Sie können Greifzeiten pro Lagernummer, Lagertyp, Lagervorgang, ME-Aufwandsgruppe und Produktaufwandsgruppe sowie eine konstante und eine variable Bearbeitungszeit in Sekunden hinterlegen. Unter *ME-Aufwandsgruppe* versteht man dabei die Gruppierung von Mengeneinheiten bzw. HU-Typen unter Aufwandsgesichtspunkten, z. B. Stück → geringer Aufwand, Karton → mittlerer Aufwand; und die Produktaufwandsgruppe dient der Gruppierung von Produkten unter Lastgesichtspunkten und wird dem Produktstamm zugeordnet, z. B. besonders sperrige Produkte. Die konstante Zeit kann als Rüstzeit bzw. Wegezeit interpretiert werden. Die variable Zeit fällt für jede zu bewegende Einheit an. Die Konfiguration der Greifzeitenermittlung nehmen Sie im EWM-Customizing unter dem Pfad PROZESSÜBERGREIFENDE EINSTELLUNGEN • LAGERAUFGABE • GREIFZEITENERMITTLUNG DEFINIEREN vor.

Der erstellte Lagerauftrag wird anhand der Queue-Findung einer entsprechenden Queue zugeordnet, und EWM kann nun jeder anfragenden Ressource den Lagerauftrag zuteilen, der die höchste Priorität, also das früheste SSD, hat. Mehr Information dazu finden Sie in Abschnitt 11.1, »Ressourcenmanagement«.

In den folgenden Abschnitten beschreiben wir die LAER mit den verschiedenen Attributen und erläutern die Konfiguration anhand einiger Praxisbeispiele.

7.3.2 Lagerauftragserstellungsregel

Die LAER besteht u. a. aus verschiedenen Parametern, die für die Bildung optimaler Arbeitspakete relevant sind. Die Definition dieser Parameter und der LAER selbst erfolgt im EWM-Einführungsleitfaden unter dem Pfad PROZESSÜBERGREIFENDE EINSTELLUNGEN • LAGERAUFTRAG. Abbildung 7.13 zeigt die Parameter der LAER.

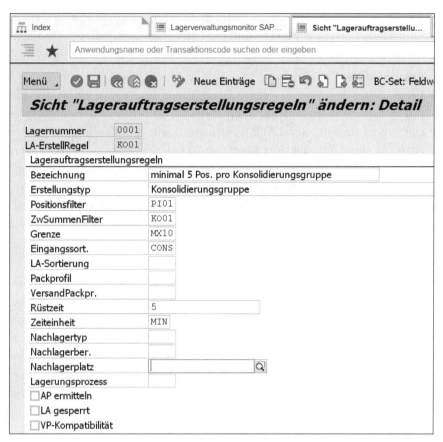

Abbildung 7.13 Lagerauftragserstellungsregel konfigurieren

Im Folgenden werden die wichtigsten Parameter näher erläutert:

▶ **Erstellungstyp**
Je nach Erstellungstyp liefert die Lagerauftragserstellung unterschiedliche Ergebnisse. Wenn z. B. der Erstellungstyp KONSOLIDIERUNGSGRUPPE verwendet wird, versucht EWM, nur die Lageraufgaben zu einem Lagerauftrag zu bündeln, die die gleiche Konsolidierungsgruppe haben. Wählen Sie dagegen den Erstellungstyp KOMMISSIONIERWEG, gruppiert EWM alle Lageraufgaben mit einem möglichst optimalen, also kurzen, Kommissionierweg. Im ersten Fall ist der Kommissionierweg zwar länger, hat aber den Vorteil, dass die Ware nach der Kommissionierung nicht mehr dekonsolidiert werden muss. Im zweiten Fall ist der Kommissionierweg zwischen den Positionen des Lagerauftrags kürzer, aber es muss eine Dekonsolidierung erfolgen, da die kommissionierte Ware in den Pick-HUs unterschiedlichen Konsolidierungsgruppen zugeordnet ist. Um beiden

Anwendungsfällen gerecht zu werden, könnten Lageraufgaben gemäß Kommissionierweg gebündelt und die Größe des Lagerauftrags mit maximal einer Konsolidierungsgruppe pro HU begrenzt werden.

▶ **Positionsfilter**
Dieser Filter legt fest, welche Lageraufgaben zur Verarbeitung für die LAER relevant sind. Nur Lageraufgaben, die den Filterkriterien entsprechen, werden von der LAER verarbeitet (z. B. hat das Filterkriterium GEWICHT einen unteren Grenzwert von 20 kg – demzufolge sind die Lageraufgaben, deren Mindestgewicht geringer als 20 kg ist, von der Lagerauftragserstellung ausgeschlossen). Ein anderes Kriterium ist der WELLENTYP. Aufgrund des im Filter einstellbaren Wellentyps kann gesteuert werden, dass die LAER nur Lageraufgaben berücksichtigt, die aufgrund einer bestimmten Welle erzeugt wurden (z. B. Wellen für Eilaufträge).

▶ **Zwischensummenfilter (Feld »ZwSummenFilter«)**
Über Zwischensummenfilter können Sie auf der Ebene der Konsolidierungsgruppe Grenzwerte definieren (z. B. hat das Filterkriterium MIN. ANZAHL POSITIONEN PRO ZWISCHENSUMME den unteren Grenzwert von fünf Positionen – demzufolge gehen nur die Konsolidierungsgruppen in die Lagerauftragserstellung ein, die mindestens fünf Lageraufgaben pro Konsolidierungsgruppe haben. Damit kann z. B. gesteuert werden, dass Kundenaufträge erst ab einer gewissen Anzahl von Positionen kundenrein kommissioniert werden.

▶ **Grenze**
Je LAER können Grenzwerte hinterlegt werden. Diese legen fest, wie klein ein Lagerauftrag mindestens sein muss und wie groß ein Lagerauftrag maximal sein darf, z. B. minimale/maximale Anzahl von Lageraufgaben pro Lagerauftrag, minimales/maximales Gewicht pro Lagerauftrag. Grenzwerte können auch pro Pick-HU definiert werden, wie z. B. die maximale Anzahl der Konsolidierungsgruppen.

▶ **Sortierregel**
Zu einer LAER können verschiedene Sortierregeln definiert werden:

- Feld EINGANGSSORTIERUNG: Hier werden Lageraufgaben sortiert, bevor die möglichen LAERs angewendet werden. Wenn Sie Zwischensummenfilter verwenden, ist es sinnvoll, die Eingangssortierung CONS (Konsolidierungsgruppe) zu verwenden.

- Feld LA-SORTIERUNG: Wenn der Lagerauftrag feststeht, werden dessen Lageraufgaben vor der Ausführung sortiert, z. B. gemäß KOMMISSIONIERWEG, um so den Mitarbeiter wegeoptimiert durch das Lager zu führen.

▸ **Packprofil**

Mit dem Packprofil können Sie steuern, wie die Lagerauftragserstellung Pick-HUs für einen Lagerauftrag ermittelt. Als Grundlage zur Ermittlung werden die Daten (z. B. Gewicht, Volumen oder Dimensionen) der Lageraufgaben eines Lagerauftrags verwendet. Diese Daten werden mit den möglichen Packmitteln verglichen und auf diese Weise Anzahl und Typ der benötigten Pick-HUs ermittelt. Das Packprofil enthält u. a. folgende Felder:

– Feld Verpackungsmodus: Hier können Sie zwischen einem einfachen und einem komplexen Packalgorithmus unterscheiden. Der einfache Packalgorithmus verwendet genau eine Packspezifikation, das heißt, in der gefundenen Packspezifikation wird das Packmittel des Haupt-Levels verwendet. Beim komplexen Algorithmus werden auf Basis mehrerer Packspezifikationen die möglichst optimalen Pick-HUs und deren Anzahl ermittelt. Dazu müssen mehrere Packspezifikationen mit dem gleichen Konditionssatz, aber einer anderen Konditionsfolge definiert werden. Das kleinste Packmittel muss die niedrigste Konditionsfolge haben, das größte entsprechend die höchste Konditionsfolge. Da bei der Bildung von Pick-HUs oftmals kundenspezifische Algorithmen eine Rolle spielen, können diese in verschiedenen BAdIs vorgenommen werden.

– Feld Sortierung der LBs zur Bestimmung der Pick-HUs: Diese Verpackungssortierregel ist dem Packprofil zugeordnet. Die LAER sortiert vor der Ermittlung der Pick-HUs die Lageraufgaben mit dem Ziel, die Anzahl der notwendigen Pick-HUs zu minimieren, insbesondere dann, wenn das Kennzeichen LB überspringen auf dem Packprofil nicht gesetzt ist (siehe Packprofil).

– Feld Kennzeichen LBs HU zuordnen: Damit legen Sie fest, dass die Lageraufgaben in die entsprechende Pick-HU kommissioniert werden, die zuvor bei der Ermittlung der Pick-HU zugeordnet wurden.

▸ **Rüstzeit**

Die Rüstzeit ist die Zeit, die benötigt wird, um die Abarbeitung eines Lagerauftrags vorzubereiten, z. B. das Rüsten des Pick-Mobils beim Multi-Order-Picking. Die Rüstzeit wird bei der Ermittlung des spätesten Startdatums zur Priorisierung der Lageraufträge berücksichtigt, was oben bereits erläutert wurde.

▸ **Kennzeichen »LA gesperrt«**

Mit diesem Kennzeichen werden die Lageraufträge gesperrt, was insbesondere dann sinnvoll ist, wenn Sie die Ergebnisse der Lagerauftragserstellung noch manuell über die Verwendung der geeigneten Methoden im

Lagermonitor beeinflussen wollen. Welche Methoden im Einzelnen zur Verfügung stehen, wird in Abschnitt 7.3.3, »Lageraufträge manuell erstellen und bearbeiten«, genauer beschrieben.

▶ **Lagerungsprozess**
Dem Lagerungsprozess können Prozessschritte, die ausgeführt werden müssen, in entsprechender Reihenfolge zugeordnet werden. Ein Lagerungsprozess im Warenausgang könnte wie folgt aussehen:

- – 1. Auslagern
- – 2. Verpacken
- – 3. Bereitstellen im Versand
- – 4. Lkw beladen

Wenn Sie also wollen, dass nach Erledigung des Lagerauftrags ein bestimmter Lagerungsprozess erfolgen soll, definieren Sie diesen Prozess im Customizing und ordnen diesen der LAER zu. Wie Sie den Lagerungsprozess definieren und weitere Detailinformationen erfahren Sie in Abschnitt 7.4, »Lagerungssteuerung«.

Wie diese Parameter zusammenwirken und sinnvoll konfiguriert werden, wird im Folgenden anhand einiger Fälle aus der Praxis erläutert.

Abbildung 7.14 zeigt die Ausgangsbasis für die Praxisfälle. Im Aktivitätsbereich 01, der aus vier Gängen besteht, sollen mehrere Lageraufgaben für verschiedene Kundenaufträge A, B, C und D kommissioniert werden. Die Kommissionierung erfolgt nach dem Prinzip *Mann zur Ware*, der Lagermitarbeiter entnimmt die Ware also an einem Lagerplatz.

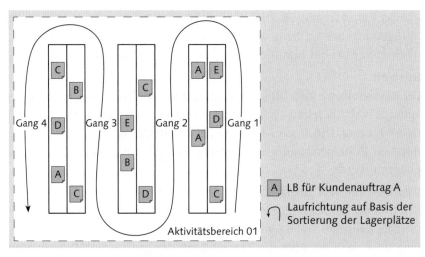

Abbildung 7.14 Beispiel – mehrere Kundenaufträge in einem Aktivitätsbereich kommissionieren

Fall 1: Möglichst geringer Kommissionierweg pro Lagermitarbeiter und maximales Gewicht der Pick-HU

Die Lageraufträge sollen so erstellt werden, dass der Lagermitarbeiter möglichst wenig Distanz zurücklegt. Um den Kommissionierweg möglichst gering zu halten, kommissioniert er für mehrere Kundenaufträge gleichzeitig. Demzufolge müssen im Anschluss an die Lagerauftragsbearbeitung die Pick-HUs an einem bestimmten Arbeitsplatz sortiert bzw. umgepackt werden. Eine weitere Prozessanforderung ist, dass das Gewicht der Pick-HU aufgrund der Bestimmungen des Arbeitsschutzes 25 kg nicht überschreiten darf.

Lösungsansatz: Definition einer LAER mit folgenden Parametern und Zuordnung zu AB01:

LAER1: LAER mit dem Erstellungstyp KOMMISSIONIERWEG, der Eingangssortierung VON-PLATZ AUFSTEIGEND (optional), der Lagerauftragssortierung KOMMISSIONIERWEG und als Grenzwertkriterium GEWICHT mit dem Maximalwert 25 KG. Da die Pick-HU nach Abschluss des Lagerauftrags sortiert und umgepackt werden muss, sieht der Lagerungsprozess gegebenenfalls wie folgt aus:

1. Auslagern

2. Verpacken

3. Bereitstellen

4. Beladen

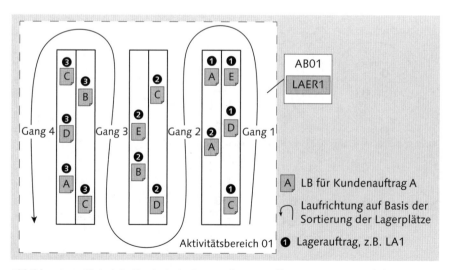

Abbildung 7.15 Beispiel – Ergebnis der Lagerauftragserstellung mit LAER »möglichst geringer Kommissionierweg« pro Lagermitarbeiter

Abbildung 7.15 zeigt, dass für Lagerauftrag ❶ nur in Gang 1 und 2, für Lagerauftrag ❷ nur in Gang 2 und 3 kommissioniert werden muss und dass der Lagerauftrag ❸ in Gang 3 startet und in Gang 4 endet.

Fall 2: Leichte und schwere Produkte sollen separat und wegeoptimiert kommissioniert werden, wobei die Pick-HU ein Maximalgewicht nicht überschreiten darf

Infolge des inhomogenen Artikelspektrums müssen schwere und leichte Produkte getrennt kommissioniert werden, um Produktbeschädigungen zu vermeiden. Auch in diesem Szenario wird der Fokus bei der Lagerauftragserstellung auf die Wegeoptimierung und auf den Arbeitsschutz gelegt.

Lösungsansatz: Dem Aktivitätsbereich werden zwei LAERs in der entsprechenden Reihenfolge zugeordnet:

LAER1: LAER mit dem Erstellungstyp KOMMISSIONIERWEG, dem Positionsfilter MAXIMALGEWICHT, der Lagerauftragssortierung KOMMISSIONIERWEG und als Grenzwertkriterium GEWICHT mit dem Maximalwert 25 KG.

LAER2: LAER mit dem Erstellungstyp KOMMISSIONIERWEG, der Eingangssortierung VON-PLATZ AUFSTEIGEND (optional), der Lagerauftragssortierung KOMMISSIONIERWEG und als Grenzwertkriterium GEWICHT mit dem Maximalwert 25 KG.

Abbildung 7.16 zeigt das Ergebnis der Lagerauftragserstellung mit den beiden LAERs.

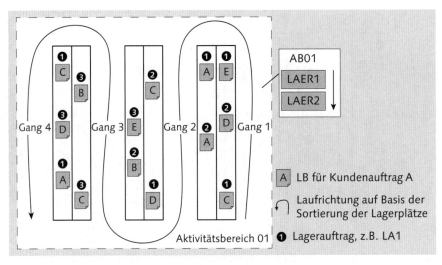

Abbildung 7.16 Beispiel – Ergebnis der Lagerauftragserstellung mit zwei LAERs

Der Lagerungsprozess bleibt in beiden LAERs unverändert, da nach Kommissionierung die Ware in den Pick-HUs entsprechend den Kundenaufträgen bzw. den Konsolidierungsgruppen sortiert und verpackt werden muss.

Im nächsten Abschnitt zeigen wir Ihnen, wie Sie Lageraufträge auch manuell erstellen und anschließend manuell bearbeiten können.

7.3.3 Lageraufträge manuell erstellen und bearbeiten

Entsprechend Abbildung 7.17 haben Sie in EWM die Möglichkeit, mit der Transaktion /SCWM/RWOCR Lageraufträge auch manuell zu erstellen. Diese Transaktion finden Sie im SAP-Easy-Access-Menü in EWM unter dem Pfad AUSFÜHRUNG • /SCWM/RWOCR – LAGERAUFTRÄGE MANUELL ZUSAMMENSTELLEN.

Sie verwenden diese Funktion, um im Wareneingangsprozess die Lageraufgaben von verschiedenen HUs aus den Lageraufträgen zu löschen und zu einem neuen Lagerauftrag zusammenzufassen. Dadurch können Sie die HUs gemeinsam einlagern, und EWM kann einen optimierten Einlagerungsweg ermitteln.

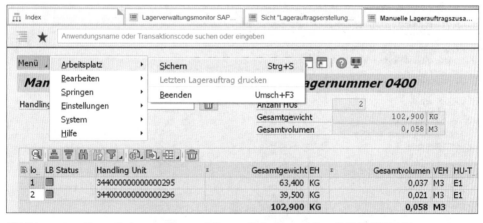

Abbildung 7.17 Manuelle Lagerauftragserstellung mit der Transaktion /SCWM/RWOCR

Mit dem Lagermonitor (Transaktion /SCWM/MON) haben Sie je nach Status des Lagerauftrags verschiedene Möglichkeiten, Lageraufträge zu bearbeiten bzw. zu simulieren. Folgende Status sind für den Lagerauftrag definiert:

▸ **Offen**
Lagerauftrag ist noch nicht in Bearbeitung. Alle zugeordneten Lageraufgaben haben den Status OFFEN.

▶ **Storniert**
Lagerauftrag ist storniert und damit auch alle zugeordneten Lageraufgaben.

▶ **Gesperrt**
Lagerauftrag ist für die Bearbeitung gesperrt.

▶ **Quittiert**
Lagerauftrag ist abgearbeitet, und alle zugeordneten Lageraufgaben sind quittiert.

▶ **In Bearbeitung**
Mindestens eine zugeordnete Lageraufgabe hat den Status QUITTIERT.

Auf Lagerauftragsebene können Sie im Monitor folgende Aktivitäten durchführen (siehe den markierten Button in Abbildung 7.18):

▶ markierte Lageraufträge drucken bzw. erneut drucken

▶ Lagerauftrag im Vordergrund quittieren: Quittierung eines oder mehrerer Lageraufträge durch Aufruf der Transaktion /SCWM/TO_CONF

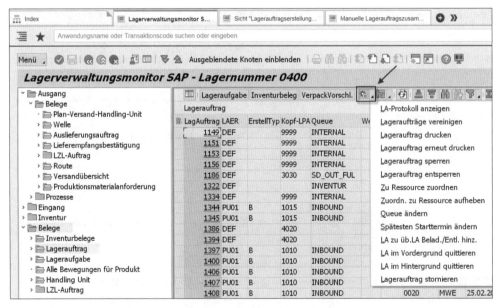

Abbildung 7.18 Lageraufträge im Lagermonitor auf Lagerauftragsebene bearbeiten

▶ Lagerauftrag im Hintergrund quittieren: Quittierung eines oder mehrerer Lageraufträge im Monitor

▶ Lageraufträge vereinigen: Ermöglicht Ihnen, selektierte Lageraufträge mit Status OFFEN, GESPERRT oder IN BEARBEITUNG durch Eingabe einer LAER zu vereinigen. Dadurch wird die Zuordnung der Lageraufgaben zu den Lageraufträgen aufgehoben, und diese werden zu neu erstellten Lageraufträgen zusammengefasst.

▶ Lageraufträge mit Status OFFEN sperren und gesperrte Lageraufträge entsperren

▶ Lageraufträge mit Status OFFEN stornieren

▶ zu einem übergeordneten Lagerauftrag einen weiteren hinzufügen (diese Funktion ist nur für den Geschäftsprozess Be- bzw. Entladen relevant)

▶ Ressourcenzuordnung für markierte Lageraufträge aufheben bzw. Ressource zuordnen: Ermöglicht Ihnen, eine Ressource zu einem oder mehreren selektierten Lageraufträgen zuzuordnen oder die Zuordnung dazu aufzuheben.

▶ Spätesten Starttermin (SSD) ändern: Durch Änderung des SST haben Sie die Möglichkeit, die Priorisierung der Lageraufträge entsprechend zu beeinflussen.

Wie Abbildung 7.19 zeigt, können Sie im Lagermonitor zur Bearbeitung von Lageraufträgen folgende häufig genutzte Aktivitäten durchführen:

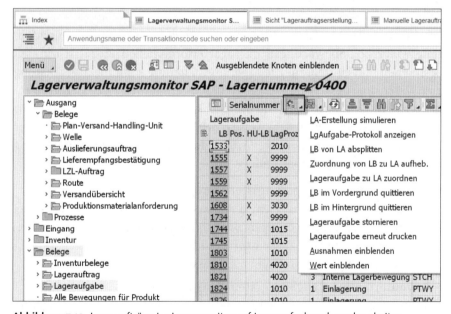

Abbildung 7.19 Lageraufträge im Lagermonitor auf Lageraufgabenebene bearbeiten

- **LA-Erstellung simulieren**
  Ermöglicht die Simulation der Lagerauftragserstellung auf der Basis einer angegebenen LAER für eine oder mehrere selektierte Lageraufgaben. Eine Erstellung von Lageraufträgen aus der Simulation heraus ist nicht möglich.

- **LB von LA absplitten**
  Damit können Sie die Zuordnung einer oder mehrerer Lageraufgaben zu einem Lagerauftrag aufheben und diese mit Angabe einer LAER zu einem neu erstellten Lagerauftrag zusammenzufassen.

- **Lageraufgabe zu LA zuordnen**
  Damit können Sie eine oder mehrere selektierte Lageraufgaben einem bestimmten Lagerauftrag zuordnen.

- **Zuordnung von LB zu LA aufheben**
  Ermöglicht Ihnen, die Zuordnung einer oder mehrerer selektierter Lageraufgaben zu einem bestimmten Lagerauftrag aufzuheben. Im Gegensatz zum Absplitten wird für die selektierten Lageraufgaben kein neuer Lagerauftrag erstellt.

7.4 Lagerungssteuerung

Die Lagerungssteuerung in EWM ist eine Funktion, um die zur Durchführung von Produktbewegungen im Lager erforderlichen Prozessschritte zu bestimmen und zu steuern. Die Lagerungssteuerung kann für die Steuerung von Wareneingangs-, Warenausgangs- und lagerinternen Prozessen verwendet werden. Dabei haben Sie die Möglichkeit, zu jedem Zeitpunkt und für jeden Prozessschritt zu wissen, wo sich der Bestand gerade befindet. Bei der Lagerungssteuerung werden zwei Arten unterschieden, die zur Optimierung der Steuerung kombinierbar sind:

- **Prozessorientierte Lagerungssteuerung (POLS)**
  Diese Lagerungssteuerung wird verwendet, um komplexe Prozesse, sowohl Ein- und Auslagerungen als auch lagerinterne Bewegungen, abzubilden. Dabei werden die entsprechenden Lagerungsprozessschritte in einem Lagerungsprozess zusammengefasst.

- **Layoutorientierte Lagerungssteuerung (LOLS)**
  Diese Lagerungssteuerung wird verwendet, wenn in Ihrem Lager Lagerbewegungen nicht direkt von einem Von-Lagerplatz zu einem Nach-Lagerplatz führen, sondern über Zwischenlagerplätze.

In den folgenden Abschnitten stellen wir Ihnen vor, wie die Lagerungssteuerung die unterschiedlichen Lagerprozesse unterstützt, und wir beschreiben die wichtigsten Einstellungen im Customizing.

7.4.1 Lagerungssteuerung im Wareneingang

Die Lagerungssteuerung bietet die Möglichkeit, die unterschiedlichen Wareneingangsprozesse (WE-Prozesse) durch die geeignete Anordnung der verschiedenen Einlagerungsprozessschritte wie z. B. Entladen, Dekonsolidieren, Qualitätsprüfung oder Einlagerung flexibel zu definieren und zu steuern. Auf Basis der in Abbildung 7.20 dargestellten Prozessabläufe wird die Verwendung der Lagerungssteuerung im Wareneingang erklärt.

Im ersten Beispiel (Prozess startet an Tor 1) erfolgt die Lagerungssteuerung prozessorientiert. Der Wareneingangsprozess besteht aus folgenden Prozessschritten:

❶ **Entladen**
Der Lkw wird durch die Verwendung von HU-Lageraufgaben entladen.

❷ **Zählprüfung**
EWM bestimmt auf Basis der ermittelten Prüfregel, dass die Ware gezählt werden muss. Die POLS kann so konfiguriert werden, dass mit Quittierung der Entlade-Lageraufgabe automatisch die Folge-Lageraufgabe – in diesem Fall zum Qualitätsarbeitsplatz – erstellt wird, und erstellt die HU-Lageraufgabe zum Arbeitsplatz.

❸ **Umpacken**
Mit Abschluss der Zählprüfung und Quittierung des Prüfbelegs bestimmt EWM anhand der Existenzprüfung der produktspezifischen Packspezifikation und der Relevanz für den LZL-Auftrag (LZL = logistische Zusatzleistungen), dass die Ware umgepackt werden muss. EWM erstellt automatisch einen LZL-Auftrag sowie die HU-Lageraufgabe zum entsprechenden LZL-Arbeitsplatz. Dort wird die Ware in einlagerfähige Behälter auf Basis des LZL-Auftrags umgepackt.

❹ **Einlagern**
Mit dem manuellen Abschluss des Prozessschritts pro Einlager-HU erstellt EWM pro HU die Einlager-Lageraufgabe zum finalen Einlagerplatz.

> **Prozessorientierte Lagerungssteuerung**
>
> Die prozessorientierte Lagerungssteuerung arbeitet nur mit HUs.

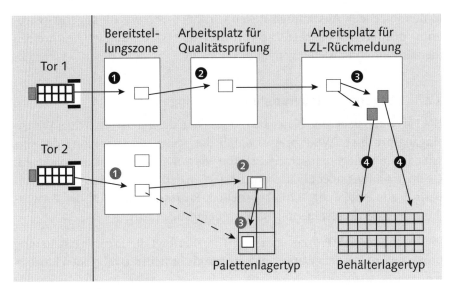

Abbildung 7.20 Beispielprozesse für die Lagerungssteuerung im Wareneingang

Der zweite Prozess (startet an Tor 2) ist ein Anwendungsbeispiel für die Kombination von prozess- und layoutorientierter Lagerungssteuerung. Der Prozess besteht aus folgenden Prozessschritten:

❶ Entladen
Der Lkw wird durch die Verwendung von HU-Lageraufgaben entladen.

❷ Transport zum Übergabeplatz
Mit Quittierung der Entlade-Lageraufgabe bestimmt EWM den nächsten Prozessschritt *Einlagern*. Dabei erkennt EWM auf Basis der Einstellungen in der LOLS, dass die Einlagerung nicht direkt, sondern über einen Übergabeplatz erfolgen muss. Zu diesem Zweck erstellt EWM eine aktive HU-Lageraufgabe zum Übergabeplatz und eine inaktive HU-Lageraufgabe für die Einlagerung auf Basis der ermittelten Einlagerstrategie.

❸ Einlagern
Mit Quittierung der HU-Lageraufgabe auf den Übergabeplatz wird die inaktive Lageraufgabe automatisch aktiviert und die HU-Lageraufgabe mit dem aktuellen Von-Platz aktualisiert. Die aktive HU-Lageraufgabe wird nun über die ermittelte Queue der Ressource zugeordnet. (Alternativ kann der Übergabeplatz auch als Zwischenlagerplatz, der dem entsprechenden Aktivitätsbereich zugeordnet ist, im System abgebildet werden. In diesem Fall würde EWM eine inaktive Produkt-Lageraufgabe auf Basis der Customizing-Einstellungen in der POLS einplanen.)

In diesem Beispiel sind die Prozessschritte ❶ und ❸ durch die POLS definiert, während Prozessschritt ❷ durch die Einstellungen in der LOLS bestimmt wird.

Kombination aus prozess- und layoutorientierter Lagerungssteuerung

Bei der Kombination von POLS und LOLS führt EWM zunächst immer erst die POLS aus. Anschließend prüft die LOLS, ob die ermittelte Lagerungsprozessschrittfolge aus Layoutsicht möglich ist.

Wie Abbildung 7.21 zeigt, ermittelt EWM für die Steuerung des Wareneingangsprozesses den Lagerungsprozess mit den verschiedenen Prozessschritten über die Lagerprozessart, die u. a. auf Basis der Beleg- und Positionsart gefunden wird. EWM übernimmt den ermittelten Lagerungsprozess in die einzulagernden HUs. Die HU besitzt also die Information, welche Prozessschritte für die Einlagerung erforderlich sind.

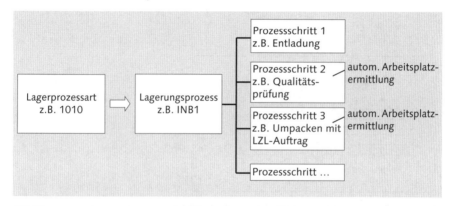

Abbildung 7.21 Lagerungsprozess im Wareneingang ermitteln

Lagerungsprozess im Wareneingang

Im Wareneingang startet der Lagerungsprozess immer mit einer HU-Lageraufgabe (z. B. Entladen). Demzufolge ist die HU der Träger der Lagerungsprozessinformationen.

Der Wareneingangsprozess inklusive der verschiedenen Prozessschritte wie Entladung, Dekonsolidierung, Umpacken oder Qualitätsprüfung und der wichtigsten Customizing-Einstellungen ist ausführlich in Kapitel 8, »Wareneingangsprozess«, beschrieben.

7.4.2 Lagerungssteuerung im Warenausgang

Analog zum Wareneingang können Sie mit der Lagerungssteuerung die Prozessvarianten im Warenausgang durch die flexible Kombination der Auslagerungsprozessschritte, wie z. B. Auslagern, Verpacken, Bereitstellen oder Beladen, abbilden und steuern. Abbildung 7.22 zeigt exemplarisch den Prozessablauf von zwei verschiedenen Warenausgangsprozessen, um das Prinzip der Lagerungssteuerung im Warenausgang zu verdeutlichen.

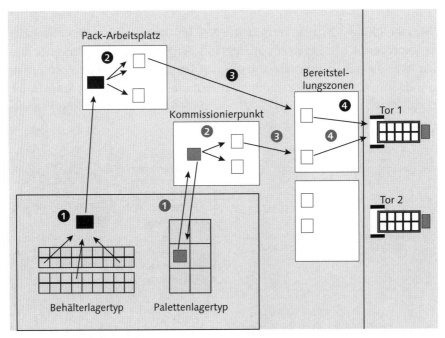

Abbildung 7.22 Beispielprozesse für die Lagerungssteuerung im Warenausgang

Im ersten Beispiel (Prozess startet im Behälterlagertyp) erfolgt die Lagerungssteuerung prozessorientiert. Der Warenausgangsprozess besteht aus folgenden Prozessschritten:

❶ Kommissionierung

Die Kommissionierung erfolgt wegeoptimiert durch Quittierung der Lageraufgaben in Pick-HUs. Mit Bestätigung der letzten Kommissionier-Lageraufgaben bestimmt EWM auf Basis der Einstellungen der Konsolidierungsgruppe, dass bestimmte Produkte konsolidiert werden müssen, da diese z. B. zum selben Kunden auf derselben Route versandt werden. EWM erstellt automatisch für die Pick-HU eine HU-Lageraufgabe zum Packarbeitsplatz.

❷ Verpacken

Am Packarbeitsplatz packt der Mitarbeiter die jeweiligen Produkte in Versand-HUs. Den Umpackvorgang bildet EWM im Hintergrund über entsprechende Produkt-Lageraufgaben ab.

❸ Bereitstellen

Mit dem manuellen Abschluss des Prozessschritts pro Versand-HU ermittelt EWM den nächsten Prozessschritt *Bereitstellen* in der POLS. Die Software erstellt auf Basis der Einstellungen der Bereitstellungszonen- und Torfindung im Warenausgang die HU-Lageraufgabe zur richtigen Bereitstellungszone.

❹ Beladen

Mit Quittierung der HU-Lageraufgabe auf die Bereitstellzone bestimmt EWM den letzten Prozessschritt *Beladen* und erstellt automatisch die HU-Lageraufgaben zum Beladen des Lkws. (Alternativ haben Sie mit der Transaktion /SCWM/LOAD (Beladen) die Möglichkeit, die Belade-Lageraufgaben für die HUs der Auslieferpositionen auch manuell zu erstellen).

Der Prozessablauf des zweiten Beispiels (Prozess startet im Palettenlagertyp) wird durch die Kombination der prozess- und layoutorientierten Lagerungssteuerung in EWM abgebildet. Dieser WA-Prozess besteht aus folgenden Prozessschritten:

❶ Lagerbewegung zum Kommissionierpunkt (K-Punkt)

EWM hat auf Basis der ermittelten Auslagerungsstrategie die Pick-Lageraufgaben im Palettenlagertyp erstellt. Für diesen Lagertyp ist die Entnahme über den K-Punkt aktiv. Demzufolge erstellt EWM eine HU-Lageraufgabe für die Pick-HU vom Lagerfach des Palettenlagertyps zum K-Punkt.

❷ Kommissionierung

Der Mitarbeiter kommissioniert die Ware am HU-verwalteten K-Punkt in die Versand-HUs und quittiert die Pick-Lageraufgaben. Mit dem manuellen Abschluss des Prozessschritts für die Pick-HU erstellt EWM automatisch die HU-Lageraufgabe zurück ins Palettenlager entweder in den gleichen Lagertyp oder auf Basis der Einlagerstrategie.

❸ Bereitstellen

Mit dem manuellen Abschluss des Prozessschritts pro Pick-HU ermittelt EWM den nächsten Prozessschritt *Bereitstellen* in der POLS und erstellt die HU-Lageraufgabe zur ermittelten Bereitstellungszone.

❹ Beladen

Mit Quittierung der HU-Lageraufgabe auf die Bereitstellzone bestimmt EWM den letzten Prozessschritt *Beladen*. Eine automatische HU-Lageraufgabenerstellung für die Beladung ist zwar möglich, aber in der Praxis erfolgt die Erstellung manuell.

In diesem Beispiel werden die Prozessschritte ❷, ❸ und ❹ über die POLS definiert, während Prozessschritt ❶ durch die Einstellungen in der LOLS bestimmt wird.

Für die Steuerung des Warenausgangsprozesses ermittelt EWM den Lagerungsprozess mit den verschiedenen Prozessschritten über die LAER (siehe Abbildung 7.23).

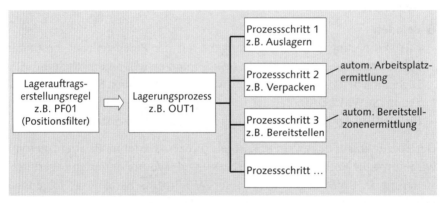

Abbildung 7.23 Lagerungsprozess im Warenausgang ermitteln

Lagerungsprozess im Warenausgang

Im Warenausgang startet der Lagerungsprozess immer mit einer Produkt-Lageraufgabe zur Kommissionierung. Demzufolge ist die Lageraufgabe der Träger der Lagerungsprozessinformationen.

7.4.3 Lagerungssteuerung für interne Umlagerungen

Neben den Wareneingangs- und Warenausgangsprozessen gibt es lagerintern eine Vielzahl von Prozessen in der unterschiedlichsten Komplexität je nach Anzahl der Prozessschritte. Auch hier unterstützt die Lagersteuerung hinsichtlich Definition und Steuerung der Prozesse. Abbildung 7.24 verdeutlicht die Funktionen der Lagersteuerung (hier prozessorientiert) bei internen Prozessen.

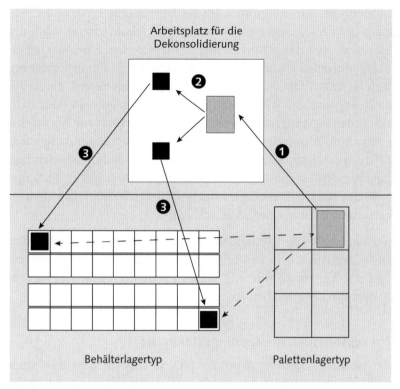

Abbildung 7.24 Lagerungssteuerung am Beispiel eines Nachschubprozesses

Der Prozess läuft folgendermaßen ab:

❶ Lagerbewegung zum Arbeitsplatz

EWM erstellt auf Basis der ermittelten Nachschubstrategie zwei inaktive Produkt-Lageraufgaben für den Nachschub vom Paletten- in den Behälterlagertyp. EWM bestimmt anhand der Konsolidierungsgruppe der Nachschub-Lageraufgaben, dass das Produkt dekonsolidiert bzw. umgepackt werden muss, und erstellt automatisch eine HU-Lageraufgabe für die Palette vom Palettenlager zum Arbeitsplatz für Dekonsolidierung.

❷ Dekonsolidierung bzw. Umpacken

Der Mitarbeiter packt das Produkt von der Palette in Behälter um.

❸ Einlagern

Mit dem manuellen Abschluss des Prozessschritts pro Einlager-HU aktiviert EWM die entsprechende Produkt-Lageraufgabe und aktualisiert sie mit dem aktuellen Von-Platz. Die aktive Produkt-Lageraufgabe wird nun über die ermittelte Queue der Ressource zugeordnet.

Die Bestimmung des Lagerungsprozesses für lagerinterne Prozesse ist prozessabhängig. In dem zuvor beschriebenen Nachschubszenario wird der Lagerungsprozess über die entsprechende LAER ermittelt. Ein anderes Beispiel eines lagerinternen Prozesses ist das Stornieren der Kommissionierung (Transaktion /SCWM/CANCPICK (Kommissionierung stornieren), die Sie im SAP-Easy-Access-Menü in EWM unter dem Knoten AUSFÜHRUNG finden). In diesem Fall ist der Lagerungsprozess mit der Lagerprozessart zur Wiedereinlagerung verknüpft. Allgemein lässt sich sagen, wenn der Lagerungsprozess mit einer HU-Lageraufgabe startet (z. B. Stornierung der Kommissionierung), ist der Lagerungsprozess der Lagerprozessart zugeordnet. Startet der Lagerungsprozess mit einer Produkt-Lageraufgabe (z. B. Nachschubprozess), dann ist der Lagerungsprozess mit der LAER verknüpft.

Nachdem wir anhand einiger Prozessbeispiele die Lagerungssteuerung näher erklärt haben, werden wir in den folgenden Abschnitten die prozess- und layoutorientierte Lagerungssteuerung mit den jeweiligen Customizing-Einstellungen detailliert beschreiben.

7.4.4 Prozessorientierte Lagerungssteuerung

Die *prozessorientierte Lagerungssteuerung* (POLS) wird in der Regel zum Abbilden komplexer Ein- oder Auslagerungsprozesse verwendet. Bevor die Produkte auf dem finalen Lagerplatz eingelagert werden, kommt es häufig vor, dass, abhängig von den Eigenschaften der verwalteten Produkte (bestimmte physikalische oder Lagerungseigenschaften), zusätzliche Prozessschritte im Lager durchgeführt werden müssen. Im nächsten Abschnitt stellen wir die wichtigsten Einstellungen im Customizing für die POLS vor, die Sie unter dem Customizing-Pfad PROZESSÜBERGREIFENDE EINSTELLUNGEN • LAGERAUFGABE • PROZESSORIENTIERTE LAGERUNGSSTEUERUNG DEFINIEREN vornehmen.

Definition der externen Lagerungsprozessschritte

Der Lagerungsprozess wird im Customizing durch die Anordnung externer Lagerungsprozessschritte definiert, die zuvor erstellt wurden. Den externen Lagerungsprozessschritten werden dabei entsprechende interne Prozessschritte zugeordnet, die von SAP vordefiniert sind. Mit dieser Zuordnung legen Sie automatisch den Lagerungsprozesstyp fest. Sie können die internen Prozessschritte nicht abändern oder ergänzen. Die in Tabelle 7.1 dargestellten internen Prozessschritte, die für die POLS relevant sind, werden vordefiniert im SAP-Standard ausgeliefert.

Interner Prozessschritt	Lagerungsprozesstyp
Cross-Docking	Einlagerung
Zählung	Einlagerung und interne Warenbewegung
Beladen	Auslagerung
Verpacken	Einlagerung, interne Warenbewegung und Auslagerung
Auslagern	Auslagerung und interne Warenbewegung
Einlagern	Einlagerung und interne Warenbewegung
Qualitätsprüfung	Einlagerung
Dekonsolidieren	Einlagerung und interne Warenbewegung
Bereitstellen	Auslagerung
Entladen	Einlagerung
logistische Zusatzleistung	Einlagerung, interne Warenbewegung und Auslagerung

Tabelle 7.1 Verfügbare interne Prozessschritte

Die restlichen, hier nicht genannten internen Prozessschritte werden ausschließlich vom Arbeitsmanagement verwendet.

Dynamische Prozessschritte

Die internen Prozessschritte *Zählung*, *logistische Zusatzleistung* und *Dekonsolidieren* sind sogenannte *dynamische Prozessschritte*. EWM bestimmt automatisch, ob diese Prozessschritte durchgeführt werden müssen – sie müssen daher nicht explizit dem Lagerungsprozess zugeordnet werden.

Abbildung 7.25 zeigt Beispiele externer Prozessschritte, die Sie im Customizing-Pfad PROZESSÜBERGREIFENDE EINSTELLUNGEN • LAGERAUFGABE • PROZESSORIENTIERTE LAGERUNGSSTEUERUNG DEFINIEREN festlegen.

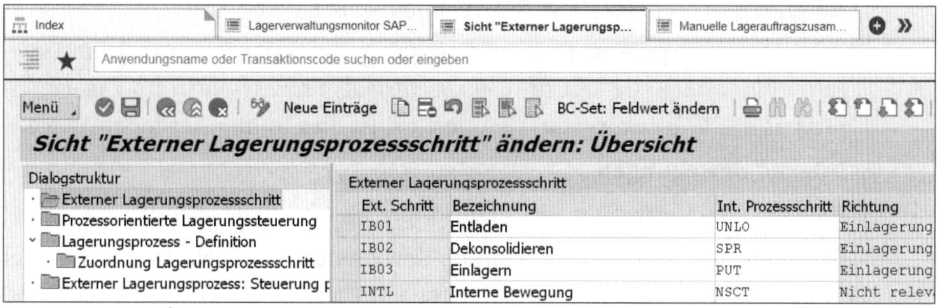

Abbildung 7.25 Externe Prozessschritte definieren

Lagerungsprozess definieren

Nachdem Sie die externen Prozessschritte angelegt haben, definieren Sie, wie in Abbildung 7.26 beispielhaft dargestellt, Ihren Lagerungsprozess für die Einlagerung, Auslagerung oder interne Bewegung.

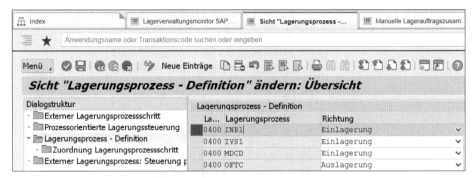

Abbildung 7.26 Lagerungsprozess definieren

Ordnen Sie dem Lagerungsprozess nun die externen Prozessschritte in entsprechender Reihenfolge zu (siehe Abbildung 7.27). EWM prüft dabei, ob die Reihenfolge korrekt ist, der Prozessschritt *Entladung* kann selbstverständlich nicht nach dem Prozessschritt *Einlagerung* erfolgen oder das *Dekonsolidieren* nicht vor dem *Zählen* stattfinden.

Je nach Prozess sind die internen Lagerungsprozessschritte in folgender Reihenfolge erlaubt:

- **Wareneingang**

  Entladen → Zählen → Dekonsolidieren → Einlagern

  Wenn *Entladen* als Prozessschritt im Lagerungsprozess des Wareneingangs definiert ist, ist dies immer der erste Schritt und die Einlagerung logischerweise der letzte Schritt.

- **Warenausgang**

  Auslagern → Verpacken → Bereitstellen → Beladen

  Beim Lagerungsprozess für den Warenausgang ist der Prozessschritt *Auslagern* immer der erste Schritt. Falls *Beladen* als Prozessschritt im Lagerungsprozess des Warenausgangs definiert ist, ist dies immer der letzte Schritt.

- **Interne Bewegungen**

  Auslagern → Verpacken → Dekonsolidieren → Einlagern

  Bei Lagerungsprozessen für interne Bewegungen (z. B. Nachschub) ist der Prozessschritt *Auslagern* immer erster Schritt und der Prozessschritt *Einlagern* immer letzter Schritt.

Darüber hinaus prüft EWM, bis zu welchem Prozessschritt spätestens im Wareneingang die Einlager-Lageraufgaben (Produkt- oder HU-Lageraufgabe) oder die HU-Kommissionier-Lageraufgaben im Cross-Docking-Prozess erstellt werden sollen.

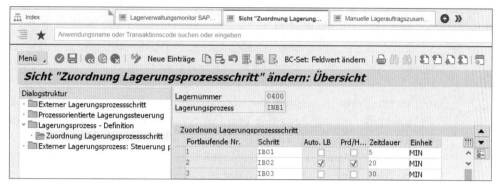

Abbildung 7.27 Externe Prozessschritte dem Lagerungsprozess zuordnen

In unserem Beispiel besteht der Lagerungsprozess aus den drei Prozessschritten IB01 (Entladen), IB02 (Dekonsolidieren) und IB03 (Einlagern). Der Prozess ist so eingestellt, dass nach dem Dekonsolidieren zum einen die Einlager-Lageraufgabe (Produkt- oder HU-Lageraufgabe) und zum anderen die Folge-Lageraufgabe automatisch erstellt wird. Da in unserem Beispiel der Folgeschritt die Einlagerung ist, wird die inaktiv erstellte Einlager-Lageraufgabe automatisch aktiviert. Darüber hinaus haben Sie die Möglichkeit, eine geplante Zeitdauer für den Lagerungsprozessschritt anzugeben. Die Zeitdauer wird zur Ermittlung des geplanten Fertigstellungstermins für einen Lagerungsprozessschritt verwendet. So können auf dieser Basis im Lagermonitor überfällige Lageraufgaben ermittelt und angezeigt werden. Sollten Sie bei der Auslagerung oder internen Bewegung mit Wellen arbeiten, werden die Zeitdauern aus der Wellenvorlage verwendet und nicht aus der POLS.

Nachdaten für externe Prozessschritte definieren

Nachdem der Lagerungsprozess definiert und die Prozessschritte zugeordnet wurden, definieren Sie als Nächstes das Ziel des Prozessschrittes, also wohin die HU gebracht werden soll. Dazu geben Sie Lagertypen, -bereiche und -plätze an. Diese können z. B. zu Arbeitsplätzen gehören, an denen das Produkt gezählt, verpackt oder dekonsolidiert werden soll. Ebenso können Sie eine Lagerprozessart angeben, mit der die HU-Lageraufgabe erstellt werden soll. Abbildung 7.28 zeigt die Nachdatenbestimmung für externe Prozessschritte.

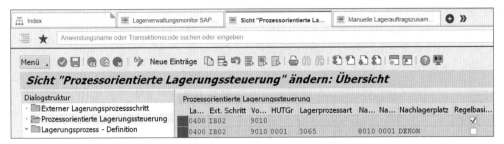

Abbildung 7.28 Nachdatenbestimmung für externe Prozessschritte

In diesem Beispiel werden die Nachdaten für den Prozessschritt IB02 (Dekonsolidieren) auf Basis des Von-Lagertyps (WE-Zone, Feld VO...) und der HU-Typgruppe (Feld HUTGR) bestimmt. Falls der HU-Typ der auf die WE-Zone entladenen HU, die dekonsolidiert werden muss, der HU-Typgruppe 0001 zugeordnet ist, wird der entsprechende Arbeitsplatz über den Nach-Lagerplatz DEKON ermittelt. Für jeden anderen HU-Typ der ankommenden HUs, die zu dekonsolidieren sind, werden die Nachdaten regelbasiert bestimmt. In diesem Fall wird der Arbeitsplatz auf Basis der Customizing-Einstellungen für die Dekonsolidierung bestimmt (siehe EWM-Einführungsleitfaden unter dem Pfad WARENEINGANGSPROZESS • DEKONSOLIDIERUNG • DEKONSOLIDIERUNGSSTATION BESTIMMEN). Hier haben Sie im Vergleich zur POLS die Möglichkeit, die Findung der Dekonsolidierungsstation granularer zu steuern.

Abschließend können Sie in der POLS auf Lagernummernebene steuern, ob für Zollsperrbestand bestimmte Prozessschritte nicht durchgeführt werden dürfen. So ist z. B. das Einlagern erlaubt, während logistische Zusatzleistungen für zollgesperrte Ware nicht durchgeführt werden dürfen.

7.4.5 Layoutorientierte Lagerungssteuerung

Aufgrund des Layouts und möglicher physischer Restriktionen in Ihrem Lager können Waren nicht direkt aus dem Von-Lagerplatz in den Nach-Lagerplatz überführt werden, sondern werden über einen Zwischenlagerplatz bewegt. Die entsprechenden Definitionen erfolgen mithilfe der *layoutorientierten Lagerungssteuerung* (LOLS). Abbildung 7.29 verdeutlicht das Prinzip der LOLS.

In diesem Beispiel wird eine produktreine HU entladen und auf der WE-Zone abgestellt. EWM hat auf Basis der Einlagerstrategie den Nachplatz im HU-verwalteten Palettenlagertyp gefunden.

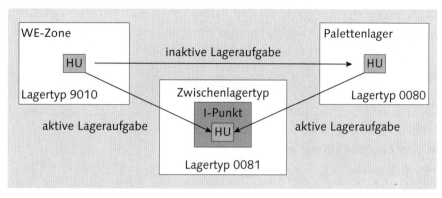

Abbildung 7.29 Layoutorientierte Lagerungssteuerung

EWM hat auf Basis der LOLS ermittelt, dass die HU nicht direkt, sondern nur über einen I-Punkt (Identifikationspunkt) eingelagert werden kann. Um die HU entsprechend zu steuern, erstellt EWM eine inaktive HU-Lageraufgabe von der WE-Zone zum finalen Lagerplatz und eine aktive HU-Lageraufgabe von der WE-Zone zum Zwischenlagerplatz. Mit Quittierung der aktiven HU-Lageraufgabe auf den Zwischenlagerplatz ändert EWM den Von-Platz der inaktiven HU-Lageraufgabe entsprechend dem Zwischenlagerplatz und aktiviert automatisch die HU-Lageraufgabe zur Einlagerung auf den finalen Lagerplatz.

Für den Fall, dass der Ziellagertyp nicht HU-verwaltet ist, erstellt EWM eine inaktive Produkt-Lageraufgabe zum finalen Lagerplatz und eine aktive HU-Lageraufgabe zum Zwischenlagerplatz.

Layoutorientierte Lagerungssteuerung

Die layoutorientierte Lagerungssteuerung arbeitet nur mit HUs. Ausnahmen bilden Prozesse mit Kommissionier- oder Identifikationspunkten (I-Punkte) als Zwischenlagerplätzen.

Zur Einstellung des oben genannten Beispiels müssen Sie zunächst einen Zwischenlagertyp mit der entsprechenden Lagertyprolle (z. B. A = I-Punkt) anlegen und diesem einen Zwischenlagerplatz zuordnen. Die Unterteilung des Zwischenlagertyps in mehrere Zwischenlagerbereiche ist optional.

Danach ordnen Sie den Zwischenlagerplatz, -bereich und/oder -typ im EWM-Einführungsleitfaden unter dem Pfad PROZESSÜBERGREIFENDE EINSTELLUNGEN • LAGERAUFGABE • LAYOUTORIENTIERTE LAGERUNGSSTEUERUNG DEFINIEREN der LOLS zu (siehe Abbildung 7.30). Wenn Sie keinen Zwischenlagerbereich oder -platz angeben, ermittelt EWM den Zwischenlagerplatz anhand der definierten Einlagerstrategie. Dies funktioniert nur, wenn Sie für den

Zwischenlagertyp den Wert für den Parameter LB GENERISCH entsprechend gesetzt haben. Weitere Details zu Lagertypen und zur Organisationsstruktur finden Sie in Abschnitt 3.3, »Organisationsstruktur in SAP EWM«.

Abbildung 7.30 Layoutorientierte Lagerungssteuerung definieren

Im Customizing für die LOLS haben Sie u. a. folgende wesentliche Einstellungsmöglichkeiten:

- **Entnahme einer ganzen Handling Unit**
  Dieses Feld bestimmt, ob Sie eine Entnahme einer ganzen HU, einer leeren HU oder eine Teilentnahme vornehmen. Anwendungsbeispiel: Bei der Entnahme einer kompletten HU kann die HU direkt aus dem Hochregallager ausgelagert werden. Sie muss nicht über den Kommissionierpunkt (K-Punkt) bewegt werden. Dagegen muss die HU bei einer Teilentnahme zum K-Punkt gebracht werden.

- **Eintrag für I-Punkt-Logik**
  EWM bestimmt den Nach-Lagerplatz im endgültigen Lagertyp am I-Punkt.

- **Eintrag für K-Punkt-Logik**
  EWM erstellt mit dem manuellen Abschluss der Pick-HU automatisch die Einlager-Lageraufgabe der Pick-HU für die Rücklagerung.

7.5 Zusammenfassung

In diesem Kapitel haben wir für die Prozesssteuerung in EWM die verschiedenen Objekte und Elemente Wellenmanagement, Bündelung geeigneter Lageraufgaben im Rahmen der Lagerauftragserstellung und die prozess- sowie layoutorientierte Lagerungssteuerung beschrieben. Wir haben aufgezeigt, mit welchen Funktionen EWM die Anforderungen an die Prozesssteuerung im Lager unterstützt, und die wesentlichen Einstellungen im Customizing dokumentiert.

Der Wareneingang ist einer der Kernprozesse des Lagers mit einer Vielzahl von Prozessvarianten. Ziel ist es stets, die Ware so schnell wie möglich verfügbar zu machen. In diesem Kapitel erfahren Sie, wie SAP EWM den Wareneingangsprozess für Anlieferpositionen bestimmt und automatisch steuert, um die Durchlaufzeit zu minimieren.

8 Wareneingangsprozess

Der Wareneingangsprozess beinhaltet sämtliche Prozessschritte von der Entladung des Lkws mit anschließender Vereinnahmung und Qualitätsprüfung über die Dekonsolidierung im Falle angelieferter Mischpaletten, die Durchführung logistischer Zusatzleistungen wie z. B. das Umpacken in einlagerfähige Ladehilfsmittel oder die Etikettierung der Ware bis hin zur Einlagerung auf dem finalen Einlagerplatz. Dabei gibt es eine Vielzahl an Kombinationsmöglichkeiten der verschiedenen Prozessschritte, je nachdem, um welches Produkt es sich handelt und von welchem Lieferanten es kommt. In diesem Kapitel stellen wir Ihnen den Wareneingangsprozess und die damit verbundenen Konfigurationsmöglichkeiten in SAP EWM vor.

8.1 Grundlagen

Damit der Wareneingangsprozess trotz seiner möglicherweise hohen Komplexität schnell durchgeführt werden kann, unterstützt EWM diesen Prozess mit folgenden wesentlichen Funktionen:

▶ Die einzelnen Prozessschritte können kundenspezifisch definiert werden.

▶ Mögliche Wareneingangsprozesse können durch unterschiedliche Kombinationen der verschiedenen Prozessschritte unter Berücksichtigung des Lagerlayouts flexibel modelliert werden – mit vollständiger Bestandstransparenz über alle Prozessschritte hinweg.

▶ Eine in den logistischen Ablauf integrierte Qualitätsprüfung mit automatischer Bestimmung und Durchführung von Folgeaktionen (z. B. Verschrottung) abhängig vom Prüfergebnis ist möglich.

▶ Die Dekonsolidierung von Mischpaletten für den Fall der produktreinen Einlagerung wird automatisch bestimmt.

▶ Logistische Zusatzleistungen wie z. B. das Ölen zur Konservierung, das Umpacken in einlagerfähige Ladehilfsmittel oder die Etikettierung der einzulagernden Ware inklusive der Bestandsführung der dafür notwendigen Hilfsstoffe können automatisch bestimmt werden.

▶ Ein umfangreiches und flexibles Statusmanagement ermöglicht einen zentralen Überblick über alle notwendigen Schritte je Anlieferposition im Lagermonitor.

Der Wareneingangsprozess kann auf verschiedene Art und Weise eingeleitet werden:

▶ **Lieferavise**
Lieferavise werden hauptsächlich in der Automobil-, der Ersatzteil- und der Hightechindustrie verwendet, da in diesen Branchen die Kunden genau die Produkte in der entsprechenden Menge, die sie gemäß Lieferplan auch abgerufen haben, erwarten.

▶ **Bestellungen**
Bestellungen werden häufig in der Retail-, Konsumgüter- oder Bekleidungsindustrie verwendet.

▶ **Produktionsauftrag**
Darüber hinaus kann der Wareneingang auch auf Basis eines Produktionsauftrags erfolgen.

In diesem Kapitel erfahren Sie, wie EWM diese verschiedenen Szenarien unterstützt. Den roten Faden für dieses Kapitel stellt der Ablauf der in Abbildung 8.1 dargestellten Prozessschritte im Wareneingang dar.

Abbildung 8.1 Prozessschritte des Kernprozesses »Wareneingang«

Im Einzelnen werden folgende Prozessschritte durchlaufen:

1. Wareneingangsankündigung
Die Wareneingangsankündigung bildet die Basis für eine effiziente systemseitige Erfassung der Anlieferungen und Transporte im Rahmen des administrativen Wareneingangs.

2. Ankunft des Lkws und Yard Management

Zu diesem Prozessschritt gehört auch die systemseitige Erstellung der Transporteinheit (TE) als Basisobjekt für das Yard Management und die Bewegung im Yard.

3. Wareneingangsvorbereitung

Die Anlieferung wird auf Basis der Lieferscheine systemseitig erfasst und gegen mögliche Lieferavise geprüft.

4. Entladung und Wareneingangsbuchung

In diesem Prozessschritt erfolgt häufig bereits eine Prüfung hinsichtlich der Vollständigkeit der angelieferten Lieferpositionen und Ladehilfsmittel.

5. Wareneingangssteuerung und Einlagerung

Dieser Prozessschritt umfasst Teilprozessschritte wie Qualitätsprüfung (z. B. Zählung der angelieferten Ware), Durchführung logistischer Zusatzleistungen und die abschließende Einlagerung der Ware auf den finalen Einlagerplatz.

Aufgrund ihrer Wichtigkeit sind neben den oben genannten Prozessschritten folgenden EWM-Funktionen separate Abschnitte gewidmet:

1. Lagerungsdisposition

Die Lagerungsdisposition dient der Bestimmung der optimalen Einlagerstrategie und des optimalen Platztyps auf Basis der Produkt- und Packdaten sowie optional des prognostizierten Verbrauchs.

2. Qualitätsmanagement

Zum Qualitätsmanagement gehört auch die Prüfung der kompletten Anlieferung, gelieferter Handling Units (HUs) und Produkte unter Verwendung von Stichproben.

3. Chargenabwicklung

Dies schließt die Möglichkeiten der Chargenverwaltung, das Anlegen oder Ändern von Chargen in EWM sowie die Kommunikation zwischen SAP ERP und EWM ein.

8.2 Wareneingangsankündigung

Die *Wareneingangsankündigung* ist, wie in Abbildung 8.2 dargestellt, der erste Prozessschritt im Wareneingang und unterteilt sich im Wesentlichen in drei Teilprozessschritte:

- Ankündigung von Anlieferungen
- Ankündigung von Transporten
- Torbelegungsplanung

Abbildung 8.2 Wareneingangsankündigung in den Wareneingangsprozess einordnen

8.2.1 Ankündigung von Anlieferungen

In EWM gibt es verschiedene Möglichkeiten, Anlieferungen im Lager anzukündigen, je nachdem, ob der Lieferant in der Lage ist, Anlieferungsinformationen per elektronischem Datenaustausch (*Electronic Data Interchange*, kurz EDI) ans Lager zu versenden (siehe Abbildung 8.3).

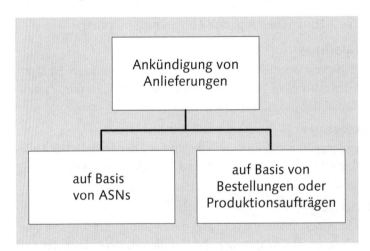

Abbildung 8.3 Ankündigungsszenarien für Anlieferungen

Es gibt zwei Ankündigungsszenarien für die Anlieferung:

- **Ankündigung auf Basis von ASN**
  Versenden von Anlieferungsdaten per EDI oder über SAP Supply Network Collaboration (SAP SNC) und Erstellen einer Anlieferung auf Basis der avisierten Lieferdaten (*Advanced Shipping Notification*, kurz ASN) in SAP ERP, die sofort nach EWM übertragen wird.

▸ **Ankündigung auf Basis von Bestellungen oder Produktionsaufträgen:**
Das Lager wird über eingehende Anlieferungen durch Übertragung von
Bestell- bzw. Fertigungsauftragsdaten von SAP ERP nach EWM als erwar-
teten Wareneingängen informiert.

Im Folgenden werden die verschiedenen Möglichkeiten hinsichtlich des
Informations- und Datenflusses zwischen SAP ERP und EWM erläutert.

Anlieferungsankündigung auf Basis einer Advanced Shipping Notification

Wichtige Anlieferdaten wie z. B. Produkte, Mengen, Chargen, HU-Informationen (Anzahl, Typ, HU-Nummern), erwartetes Wareneingangsdatum, Nummer des Lieferavis oder Transportmittel können per EDI oder über SAP SNC
nach SAP ERP übertragen werden. In SAP ERP wird auf Basis dieser Daten
die ASN als Anlieferung erstellt und nach EWM übertragen. Die Verwendung von ASN hat folgende Vorteile:

▸ Der Folgeprozess des administrativen Wareneingangs wird durch die
automatische Anlage von Anlieferungen in SAP ERP und EWM vereinfacht
und beschleunigt.

▸ ASN stellen die Grundlage für die Berechnung der zu erwartenden Arbeitslast im EWM-Arbeitsmanagement dar: Der Lagerleiter kann die Arbeitslast
prüfen und zukünftige Wareneingänge auf Basis der Anzahl der für den Tag
vorgemerkten ASN planen (siehe Abschnitt 12.3, »Kit-Bildung«).

▸ Wenn neben den Anlieferinformationen auch Transportdaten avisiert
werden, können in EWM Anlieferungen automatisch TE zugeordnet werden (siehe auch Abschnitt 8.2.2, »Ankündigung von Transporten«).

Abbildung 8.4 zeigt einen Überblick über den Dokumenten- und Informationsfluss zwischen SAP ERP und EWM bei Verwendung von ASNs.

Advanced Shipping Notification in SAP ERP erstellen

Zunächst legen Sie eine Bestellung in SAP ERP an und teilen die Bestelldaten
den Lieferanten mit. Die elektronisch angeschlossenen Lieferanten schicken
vor dem physischen Wareneingang Anlieferdaten über IDoc (Nachrichten-
typ DESADV), die die ASN in SAP ERP mit dem Funktionsbaustein `BAPI_`
`INB_DELIVERY_SAVEREPLICA` erstellt. Gleichzeitig werden die vom Lieferanten übertragenen Lieferdaten validiert. Falls das Ergebnis der Prüfungen
negativ ist, wird in SAP ERP ein Fehlerstatus auf Anlieferpositionsebene
gesetzt, bevor die Anlieferung nach EWM repliziert wird.

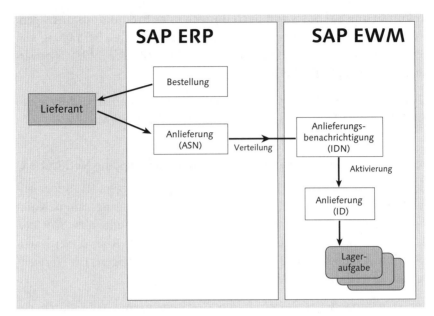

Abbildung 8.4 Informations- und Dokumentenfluss bei Verwendung einer ASN

Anlieferungsbenachrichtigung in SAP EWM erstellen

Nachdem in SAP ERP die ASN erstellt und die Verteilungsrelevanz in das EWM-System ermittelt wurde, werden die logistisch relevanten Daten der ASN mit oder ohne Fehlerstatus über den Funktionsaufruf /SPE/INB_DELI-VERY_SAVEREPLICA im Hintergrund (*Queued Remote Function Call*, kurz qRFC) in das EWM-System übertragen. In EWM wird der Beleg der Anlieferungs-benachrichtigung (*Inbound Delivery Notification*, kurz IDN) erstellt. Die IDN setzt sich aus einem Belegkopf, beliebig vielen Belegpositionen und gegebe-nenfalls avisierten HUs zusammen.

EWM ist als dezentrales Lagerverwaltungssystem konzipiert. Daher können auch Nicht-SAP-Backend-Systeme angebunden werden. Aus diesem Grund dient der Beleg zur Anlieferungsbenachrichtigung in EWM neben der Über-nahme der logistisch relevanten Daten auch als Basis für verschiedene Prü-fungen in EWM. Diese Prüfungen sollen die Datenkonsistenz zwischen den Belegen der verschiedenen Systeme sicherstellen. Daher ist die Anlieferungs-benachrichtigung als eine Art »Schattenbeleg« zu verstehen, der nicht für den operativen Wareneingangsprozess genutzt wird.

Während der Erstellung der IDN erfolgt in EWM automatisch eine Validie-rung. Die Validierung überprüft, ob ein Lieferbeleg vollständig und konsis-tent ist, damit dieser in EWM weiterverarbeitet werden kann.

▸ **Unvollständigkeitsprüfung**

Die Unvollständigkeitsprüfung ermittelt, ob alle relevanten Felder in der Anlieferung gefüllt sind, damit diese im System weiterverarbeitet werden können. Muss-Felder sind Ein- und Ausgabefelder, die für die Weiterverarbeitung der Anlieferung gefüllt sein müssen. Muss-Felder werden durch logische Feldnamen repräsentiert, denen jeweils Aktionen zugeordnet sind. Bei jedem Ausführen dieser Aktion wird das entsprechende Feld automatisch auf Vollständigkeit überprüft.

▸ **Konsistenzprüfung**

Die Konsistenzprüfung ermittelt, ob ungleiche Datenstände zwischen dem Lieferbeleg, dem Customizing und den Stammdaten vorliegen. Das Customizing der SAP-ERP-Integration und der Lieferabwicklung finden Sie in EWM unter dem Pfad SCHNITTSTELLEN • ERP INTEGRATION • LIEFERABWICKLUNG. Die Konsistenzprüfung enthält u. a. folgende wichtige Teilprüfungen:

– Prüfung, ob die Daten zum Produkt mit dem Produktstamm (z. B. Produkt-ID und erlaubte Mengeneinheiten) übereinstimmen

– Prüfung, ob SAP-ERP-Belegart, Belegtyp, Positionsart und Positionstyp mit den Einstellungen im Customizing der EWM-Lieferabwicklung übereinstimmen

– Prüfung, ob die Angaben zu den Incoterms, Partnerrollen (z. B. Lieferant, Warenempfänger, Spediteur), Referenzdokumenten und Terminarten (Plan- und Ist-Termin) mit den Einstellungen im Customizing der Lieferabwicklung übereinstimmen, z. B. Prüfung, ob das Lieferdatum in der Vergangenheit liegt

Die Konsistenzprüfung wird in EWM automatisch ausgeführt. Sie können sie aber auch manuell in der Anliefertransaktion, die Sie im SAP-Easy-Access-Menü in EWM unter dem Pfad LIEFERABWICKLUNG • ANLIEFERUNG • ANLIEFERUNGSBENACHRICHTIGUNG PFLEGEN finden, oder durch Eingabe des Transaktionscodes /SCWM/IDN anstoßen. Abbildung 8.5 zeigt einen fehlerhaften Beleg einer Anlieferungsbenachrichtigung mit entsprechendem Fehlerprotokoll.

Falls die Konsistenzprüfung negativ ist, haben Sie die Möglichkeit, je nach Fehler die Fehlerbehebung entweder in EWM oder in SAP ERP vorzunehmen.

Für den Fall, dass Sie die Anlieferung in SAP ERP geändert haben, wird in SAP ERP ein Interimsbeleg mit Bezug zum Originalbeleg erstellt, und die Anlieferdaten werden über den *Queued Remote Function Call* (qRFC) /SPE/INB_DELIVERY_REPLACE in das EWM-System übertragen.

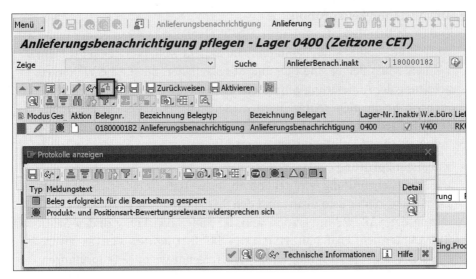

Abbildung 8.5 Anlieferungsbenachrichtigung prüfen

EWM prüft im Originalbeleg, ob der Lageraktivitätsstatus den Wert Nicht begonnen hat (z. B. Lageraufgaben wurden erstellt, oder Wareneingang wurde gebucht). Falls der Lageraktivitätsstatus den Wert Nicht begonnen hat, wird die Anlieferungsbenachrichtigung in EWM entsprechend angepasst und SAP ERP über die Anpassung per qRFC /SCWM/INB_DELIVERY_ REPLACE informiert. In SAP ERP wird der Originalbeleg angepasst und der Interimsbeleg gelöscht.

Falls eine Fehlerbehebung in EWM erforderlich ist, wird die Anlieferungsbenachrichtigung so lange angepasst, bis der Wert des Gesamtstatus Grün ist, wobei EWM diesen Wert aus den aktuellen Statuswerten einer festgelegten Menge von Statusarten aus dem gleichen Teilobjekt ermittelt. Dabei kann die Anlieferungsbenachrichtigung auch mit dem Gesamtstatus Rot für eine spätere Bearbeitung gesichert werden. Mit Sichern der Anlieferungsbenachrichtigung – unabhängig vom Status – erfolgt, um das Monitoring der Ein- und Ausgangsqueue der Lieferschnittstelle zu erleichtern, keine Übertragung der Daten in SAP ERP. Eine Übertragung der in EWM geänderten Anlieferdaten nach SAP ERP erfolgt per qRFC /SCWM/INB_DELIVERY_REPLACE mit Buchung des Wareneingangs für die entsprechende Anlieferung in EWM. SAP ERP validiert automatisch und entscheidet, ob die geänderten Anlieferdaten übernommen werden, oder, falls die Änderungen in EWM zu Fehlern in SAP ERP führen, die Anlieferung in SAP ERP manuell geändert werden muss. Falls Sie die SAP-ERP-Anlieferung nachträglich ändern, überträgt SAP ERP die Anlieferung erneut in das EWM-System.

Konsistenzprüfung

Falls die Datenqualität zu schlecht für eine Korrektur des Lieferbelegs in EWM ist, kann mit der Schaltfläche ZURÜCKWEISEN in der EWM-Transaktion /SCM/IDN der SAP-ERP-Planbeleg abgeschlossen werden, der offensichtlich eine zu schlechte Datenqualität hatte. Es ist dann immer noch möglich, während des physischen Anlieferprozesses manuell eine Anlieferung in EWM oder SAP ERP zu erfassen.

Weitere Änderungsszenarien für Anlieferungen, wie z. B. die Änderung von Mengen sowohl in SAP ERP als auch in EWM, werden in Abschnitt 8.7, »Sonderfälle im Wareneingangsprozess«, beschrieben.

Anlieferung durch Aktivierung der IDN in SAP EWM erstellen

Nachdem die IDN erstellt und geprüft wurde und den Gesamtstatus Grün erhalten hat, kann die Anlieferung (*Inbound Delivery*, kurz ID) in EWM erstellt werden. Dies kann automatisch über das *Post Processing Framework* (PPF) oder manuell anhand der Transaktion /SCWM/IDN (siehe Abbildung 8.5) erfolgen. Die automatische Aktivierung der Anlieferungsbenachrichtigung erfolgt im PPF durch die Aktionsdefinition /SCDL/IDR_TRANSFER, um eine Anlieferung als Folgebeleg der Anlieferungsbenachrichtigung zu erzeugen. Hier können Sie definieren, zu welchem Zeitpunkt die Aktivierung erfolgen soll, und zwar entweder über die Verarbeitung eines Selektionsreports oder über die sofortige Verarbeitung.

Die Anlieferung ist der zentrale Beleg für den Wareneingangsprozess, der mit dem Wareneingang im Yard Management beginnt und mit der Einlagerung auf dem finalen Lagerplatz endet. Die Anlieferung ist das Referenzobjekt u. a. für folgende Aktivitäten im Wareneingangsprozess:

- Registrierung der TE mit den zugeordneten Anlieferungen im Yard
- Entladen der TE und der zugeordneten Anlieferungen
- Wareneingangsbuchung
- Einlagerung der Produkte in der Anlieferung auf dem finalen Einlagerplatz
- Erfassung von Minder- oder Überlieferung und gegebenenfalls Anpassung der Liefermenge
- automatisches Splitten von Anlieferungen
- Erstellen oder Löschen von Anlieferpositionen (das Löschen einer Anlieferposition kann die automatische Erstellung einer Splitlieferung zur Folge haben; siehe auch Abschnitt 8.7, »Sonderfälle im Wareneingangsprozess«)

Anlieferungsankündigung auf Basis der Bestellung oder des Produktions-auftrags erstellen

Falls es dem Lieferanten nicht möglich ist, das Lager vorab über ankommende Lieferungen anhand von ASN zu informieren, gibt es die Möglichkeit, sowohl Bestelldaten im Fall von externen Zugängen als auch Produktionsauftragsdaten im Fall von internen Zugängen aus SAP ERP in das EWM-System zu übertragen. Dies bezeichnet man als Benachrichtigung über einen *erwarteten Wareneingang*. Die Verwendung erwarteter Wareneingänge hat folgende Vorteile:

▸ Sie bilden eine Vorlage für die manuelle Erstellung der Anlieferung auf Basis konsistenter Daten, um den Folgeprozess des administrativen Wareneingangs zu vereinfachen und zu beschleunigen.

▸ Sie stellen eine Grundlage für die Berechnung der zu erwartenden Arbeitslast durch das Arbeitsmanagement in EWM dar. Der Lagerleiter kann die Arbeitslast prüfen und zukünftige Wareneingänge auf Basis der Anzahl der für den Tag vorgemerkten Bestellpositionen planen (siehe Abschnitt 12.3, »Kit-Bildung«).

▸ Sie stellen die Basis für den Überblick zu erwartender Wareneingänge dar, die Sie mithilfe der Transaktion für einen selektierbaren Zeitraum auf die Gesamtzahl von Anlieferpositionen, von HUs und Gewicht zu Planungszwecken aggregieren können. Diese Transaktion finden Sie im SAP-Easy-Access-Menü in EWM unter dem Menüpunkt MONITORING.

Tabelle 8.1 zeigt die aggregierte Darstellungsweise erwarteter Wareneingänge.

Kennzahl	11.06.16 (08:00:00–08:59:59)	11.06.16 (09:00:00–09:59:59)	11.06.16 (10:00:00–10:59:59)
Gewicht [t]	11,5	12,0	12,1
Volumen [m³]	120	135	137
Anzahl HUs	1.300	1.370	1.372
Anzahl Positionen	120	122	123

Tabelle 8.1 Überblick über den erwarteten Wareneingang in der Transaktion /SCWM/ GRWORK

Abbildung 8.6 gibt einen Überblick über den Dokumenten- und Informationsfluss zwischen SAP ERP und EWM bei Verwendung von erwarteten Wareneingängen.

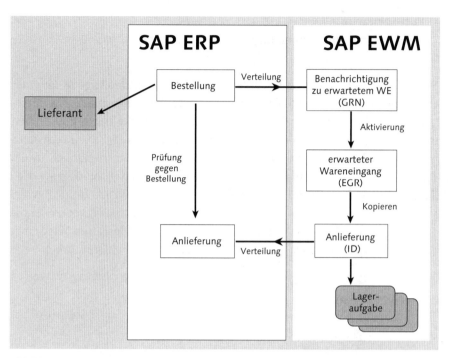

Abbildung 8.6 Informations- und Dokumentenfluss bei Nutzung des erwarteten Wareneingangs

---

Voraussetzungen für die Nutzung erwarteter Wareneingänge

Bevor Sie den erwarteten Wareneingang in EWM nutzen, müssen Sie im externen Beschaffungsszenario anhand von Bestellungen das BC-Set /SCWM/EXPGR oder im internen Beschaffungsszenario das BC-Set /SCWM /EXPGR_PROD über Produktionsaufträge aktivieren.

Um erwartete Wareneingänge nutzen zu können, benötigen Sie Release SAP ERP 6.0 mit Erweiterungspaket 3 (EHP 3).

Benachrichtigung über erwarteten Wareneingang in SAP EWM erstellen

Für die Übertragung der Logistikdaten aus der Bestellung oder dem Produktionsauftrag stehen zwei Szenarien zur Verfügung:

▶ **Push-Szenario**

Wird in SAP ERP angestoßen durch Ausführung des Reports /SPE/INB_ EGR_CREATE. Dieser Report löscht die vorhandenen erwarteten Wareneingänge in EWM und fordert neue erwartete Wareneingänge für einen vorzugebenden Zeitraum von SAP ERP an.

▶ **Pull-Szenario**
Wird in EWM angestoßen durch Ausführung des Reports /SCWM/ERP_DLV_
DELETE.

EWM erstellt auf Basis dieser Daten den Beleg *Benachrichtigung über den erwarteten Wareneingang* (GRN). Dieser ist, wie die Anlieferungsbenachrichtigung, ein »Schattenbeleg«, der lediglich dazu dient, die aus SAP ERP übertragenen Logistikdaten zu übernehmen und zu überprüfen. Die Konsistenzprüfung wird automatisch ausgeführt. Sie können sie auch manuell in der Transaktion zur Wareneingangsbenachrichtigung anstoßen. Nutzen Sie dazu das SAP-Easy-Access-Menü unter LIEFERABWICKLUNG • ANLIEFERUNG • ERWARTETER WARENEINGANG • WARENEINGANGSBENACHRICHTIGUNG PFLEGEN oder die Transaktion /SCWM/GRN. Abbildung 8.7 zeigt einen fehlerhaften Beleg einer Wareneingangsbenachrichtigung mit entsprechendem Fehlerprotokoll.

Abbildung 8.7 Wareneingangsbenachrichtigung (GRN) prüfen

Erwarteten Wareneingang in SAP EWM erstellen

Der *erwartete Wareneingang* (EGR) wird als Kopiervorlage für die manuelle Erstellung von Anlieferungen verwendet. Daher können Daten im EGR nicht geändert werden. Der EGR existiert nicht in SAP ERP und ist ein temporärer Beleg, der in EWM durch Einplanung des Reports /SCWM/ERP_DLV_DELETE gelöscht wird, falls er nicht mehr benötigt wird. Wenn EWM einen erwarteten Wareneingang löscht, veranlasst das System gleichzeitig, dass SAP ERP die noch offenen erwarteten Wareneingänge neu bestimmt.

Nachdem die GRN erstellt und geprüft wurde und den Gesamtstatus Grün erhalten hat, kann der EGR in EWM erstellt werden. Dies kann automatisch über das PPF oder manuell anhand der Transaktion /SCWM/GRN erfolgen (siehe Schaltfläche AKTIVIEREN in Abbildung 8.7). Die automatische Aktivierung der GRN erfolgt im PPF durch die Aktionsdefinition /SCDL/GRN_TRANSFER.

Anschließend können Sie sich den erstellten EGR anzeigen lassen, den Sie im SAP-Easy-Access-Menü in EWM unter dem Pfad LIEFERABWICKLUNG • ANLIEFERUNG • ERWARTETER WARENEINGANG • ERWARTETEN WARENEINGANG PFLEGEN oder durch Eingabe des Transaktionscodes /SCWM/EGR finden.

Anlieferungssplits mit EGRs nicht möglich

Falls die Anlieferung auf Basis von EGRs erstellt wurde, ist ein Anlieferungssplit nicht möglich. Falls die gelieferte Menge von der bestellten Menge abweicht, ist es nicht möglich, eine Anlieferung über eine Folgeaktion automatisch zu erstellen (im Gegensatz zu Anlieferungen, die auf Basis von Anlieferungsbenachrichtigungen erstellt wurden). Stattdessen ändern Sie einfach die Menge manuell in der Anlieferung und erstellen eine neue Anlieferung für weitere Wareneingänge auf Basis der gleichen EGR. Die Verwendung von EGR ist ab EWM-Release 5.1 möglich.

Die Erstellung der Anlieferung auf Basis von EGRs erfolgt manuell in EWM je nach Ursprungsbeleg anhand verschiedener Transaktionen:

▸ **Transaktion /SCWM/GRPE**
Verwendung von EGR auf Basis von Bestelldaten

▸ **Transaktion /SCWM/GRPI**
Verwendung von EGR auf Basis von Produktionsaufträgen

Die manuelle Erstellung von Anlieferungen auf Basis erwarteter Wareneingänge erfolgt im Wareneingangsprozess im Prozessschritt *Wareneingangsvorbereitung* des Kernprozesses *Wareneingang* (siehe Abbildung 8.2 am Anfang des Kapitels) als Vorbereitung für die Entladung und die Prozessschritte der Wareneingangssteuerung und Einlagerung. Daher werden diese Transaktionen in Abschnitt 8.4.1, »Anlieferungserfassung«, näher beschrieben.

Daten bei Erstellung der Anlieferungs- und Wareneingangsbenachrichtigung ermitteln und übernehmen

Bei der Erstellung der Anlieferungs- und Wareneingangsbenachrichtigung werden auf Kopfebene u. a. folgende Daten ermittelt oder aus SAP ERP übernommen:

▶ **Lagernummer**
Die Ermittlung der EWM-Lagernummer erfolgt durch das Auslesen der Mapping-Tabelle zwischen der SAP-ERP- und der EWM-Lagernummer. Diese Tabelle finden Sie unter dem Customizing-Pfad SCHNITTSTELLEN • ERP INTEGRATION • ALLGEMEINE EINSTELLUNGEN • LAGERNUMMERN AUS DEM ERP-SYSTEM IN EWM ABBILDEN.

▶ **Transportdaten**
Falls das Transportmittel auf Lieferkopfebene in SAP ERP eingetragen wurde, wird es an EWM verteilt. Das Transportmittel gibt die Klasse eines Fahrzeugs an (z. B. Lkw, Schiff, Flugzeug). In EWM kann es eine Zuordnung des Transportmittels zu einem Packmittel geben, und dort kann auch hinterlegt werden, ob es ein Container ist. Damit wird gesteuert, ob eine Warenannahme-und-Versand-Aktivität angelegt wird und welche (Transporteinheit oder Fahrzeug). Die Anlage der Warenannahme-und-Versand-Aktivität erfolgt aber erst mit Aktivierung der IDN bzw. Erstellung der Anlieferung. Diese Einstellungen finden Sie im SAP-Easy-Access-Menü in EWM unter dem Pfad EINSTELLUNGEN • WARENANNAHME UND VERSAND • VERKNÜPFUNG ZWISCHEN PACKMITTEL (TE) UND TRANSPORTMITTEL. Weitere Details dazu erfahren Sie in Abschnitt 8.2.2, »Ankündigung von Transporten«. Auf Positionsebene werden u. a. folgende Daten ermittelt:

▶ **Produktdaten (Charge, Ursprungsland, Mindesthaltbarkeits-, Herstell- und Verfallsdatum)**
Wenn die Anlieferung von SAP ERP in das EWM-System übertragen wird, prüft EWM bei chargenpflichtigen Produkten, ob eine Chargennummer vorhanden ist. Die Chargennummer kann entweder von SAP ERP vorgegeben sein, oder Sie legen die Charge über SAP ERP in EWM an. Die Charge kann in diesem Fall manuell oder automatisch erstellt werden, indem die Anlieferungs- bzw. Wareneingangsbenachrichtigung aktiviert wird.

Bei klassifizierten Chargen werden die folgenden SAP-Standardmerkmale automatisch aus den Anlieferdaten gefüllt:

– Ursprungsland

– Mindesthaltbarkeits- bzw. Verfallsdatum

– Herstelldatum

– Lieferantencharge

Wenn Sie weitere Bewertungen in den Chargenstamm übernehmen möchten, verwenden Sie die BAdIs `/SCWM/DLV_BATCH_VAL` und `/SCWM/DLV_BATCH_CHAR`. Details zu Chargen finden Sie in Abschnitt 8.7.1, »Chargenabwicklung im Wareneingangsprozess«.

▶ **Eigentümer und Verfügungsberechtigter**

Der Verfügungsberechtigte in der Anlieferungsbenachrichtigung entspricht immer dem Geschäftspartner des Werks, zu dem in SAP ERP die Anlieferung erstellt wurde. Der Geschäftspartner als Stammdatum wird über das *Core Interface* (CIF) von SAP ERP in das EWM-System übertragen. In EWM werden dem Geschäftspartner mit der Transaktion BP (im SAP-Easy-Access-Menü in EWM STAMMDATEN • GESCHÄFTSPARTNER PFLEGEN) verschiedene Rollen je nach seiner Funktion (z. B. Lieferant, Kunde oder Werk) zugewiesen (siehe Abbildung 8.8).

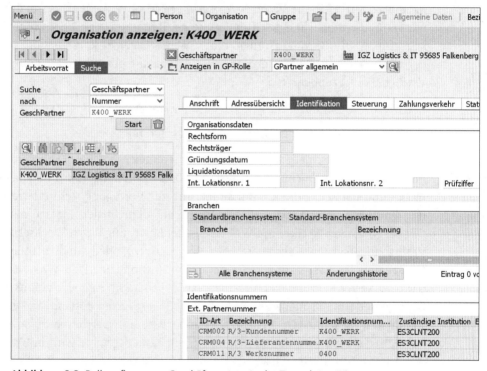

Abbildung 8.8 Rollenpflege zum Geschäftspartner in der Transaktion BP

Der Eigentümer kann sich je nach Sonderbestandskennzeichen (SOBKZ) unterscheiden. Da EWM auch Szenarien abbildet, in denen Logistikdienstleister eingesetzt werden, entspricht bei Konsignationsbestand SOBKZ = K (Lieferantenkonsignationsbestand) der Eigentümer dem Lieferanten. In den Fällen SOBKZ = E (Kundenauftragsbestand), SOBKZ = Q (Projektbestand) oder falls kein Sonderbestand vorliegt, entspricht der Eigentümer dem Geschäftspartner des Werks und somit dem Verfügungsberechtigten (siehe auch Kapitel 5, »Bestandsverwaltung«).

▸ **Bestandsart**

EWM verwaltet Bestände nach Bestandsarten. Mit der Bestandsart werden der Status und damit die Verfügbarkeit eines Bestands festgelegt. Alle Bestandsmengen, die im Lager geführt werden, werden einer Bestandsart zugeordnet, wobei die Bestandsarten frei definiert werden können. Die Bestandsart in EWM wird bestimmt durch die Kombination aus dem Verfügungsberechtigten, der Verfügbarkeitsgruppe und der lokationsunabhängigen Bestandsart.

Die *lokationsunabhängige Bestandsart* in EWM entspricht der Bestandsqualifikation in SAP ERP. Die *Verfügbarkeitsgruppe* ist in EWM ebenfalls frei definierbar und ermöglicht eine Gruppierung der Bestandsarten. Die Verfügbarkeitsgruppe in EWM entspricht einer Werk-/Lagerort-Kombination pro Lagernummer in SAP ERP. Im Standard-Customizing gibt es zwei Arten von Verfügbarkeitsgruppen:

▸ 0001: Ware in Einlagerung (ROD = *Received on Dock*)

▸ 0002: Ware voll verfügbar (AFS = *Available-for-Sale*)

Auf Basis der verschiedenen Bestandsarten können Sie steuern, ob bereits mit Wareneingangsbuchung der Bestand für die Zuteilung von Kundenaufträgen und damit für die Kommissionierung zur Verfügung steht oder erst mit Quittierung der Einlager-Lageraufgabe auf dem finalen Einlagerplatz. Der Bestandsartenwechsel in EWM erfolgt bei Bewegung durch Wechsel der Verfügbarkeitsgruppe, gesteuert über den Lagertyp oder durch manuelle Umbuchung. In EWM können Sie unter dem Customizing-Pfad WARENEINGANGSPROZESS • VERFÜGBARKEITSGRUPPE BEI EINLAGERUNG eigene lokationsabhängige und -unabhängige Bestandsarten (z. B. gesperrten Bestand, frei verwendbaren Bestand, Qualitätsprüfbestand, Retourensperrbestand) sowie Verfügbarkeitsgruppen definieren. Die Verfügbarkeitsgruppe wird in EWM über die Zuordnung der entsprechenden Verfügbarkeitsgruppe zur SAP-ERP-Werk-Lagerort-Kombination ermittelt. Das Mapping definieren Sie im Customizing unter dem Pfad SCHNITTSTELLEN • ERP INTEGRATION • WARENBEWEGUNGEN. Abbildung 8.9 veranschaulicht die Bestimmung der Bestandsart auf Basis der bestandsdefinierenden Merkmale in SAP ERP.

Wie die Verwendung von Bestandsarten und Verfügbarkeitsgruppen bei unterschiedlichen Wareneingangsprozessen aussehen kann, soll Abbildung 8.10 verdeutlichen.

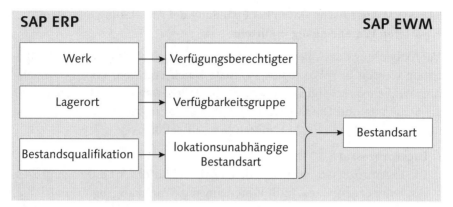

Abbildung 8.9 Bestandsart in SAP EWM bestimmen

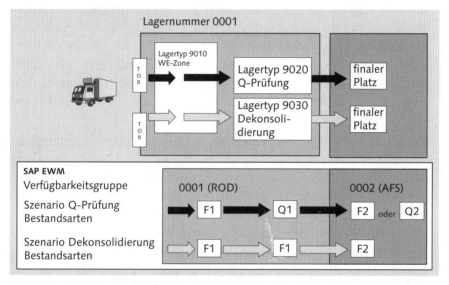

Abbildung 8.10 Beispiele für Verfügbarkeitsgruppen und Bestandsarten im Wareneingangsprozess

Im Szenario *Q-Prüfung* (Qualitätsprüfung) bestimmt EWM, dass nach Wareneingangsbuchung in Bestandsart F1 (frei verwendbar in Einlagerung) das angelieferte Produkt qualitätsgeprüft werden soll. Mit Quittierung der Lageraufgabe in den Qualitätsprüfbereich erfolgt automatisch eine Umbuchung in die Bestandsart Q1 (Qualitätsprüfbestand in Einlagerung). Mit Quittierung der Lageraufgabe auf dem finalen Einlagerplatz kann je nach Prüfergebnis automatisch in die Bestandsart F2 (frei verwendbar Lager) oder in Bestandsart Q2 (Qualitätsprüfbestand Lager) umgebucht werden.

SAP-EWM-spezifische Daten bei Erstellung der Anlieferung oder dem erwarteten Wareneingang ermitteln

Mit Aktivierung der Anlieferungsbenachrichtigung und Erstellung der Anlieferung werden in EWM lagerspezifische Daten ermittelt, und die Anlieferung wird entsprechend angereichert. Folgende Daten und Aktionen, die für die Steuerung und Durchführung des Wareneingangsprozesses von Bedeutung sind, werden in EWM ermittelt bzw. ausgeführt:

▸ **Lagerprozessart**

Die Lagerprozessart entspricht dem Schlüssel für die Art des Lagerprozesses. Jeder Lagerprozess (z. B. Wareneingang, Warenausgang, Umbuchung, Umpacken) wird im System über eine Lagerprozessart abgewickelt. Wichtige Parameter der Lagerprozessart für den Wareneingangsprozess sind u. a. der Lagerungsprozess, der die verschiedenen Prozessschritte des Wareneingangs beinhaltet (siehe Kapitel 7, »Objekte und Elemente der Prozesssteuerung«), sowie die Aktivität, nach der z. B. Queues für die effektive Steuerung von Ressourcen im Wareneingang bestimmt werden können. Die Einstellungen zur Lagerprozessart finden Sie unter dem Customizing-Pfad Prozessübergreifende Einstellungen • Lageraufgabe • Lagerprozessart definieren.

Die Findung der Lagerprozessart wird ebenfalls im Customizing definiert. Der Pfad entspricht dem der Lagerprozessart, wobei die Tabelle unter dem Menüpunkt Lagerprozessart finden zu finden ist. So wird u. a. auf Basis der Kombination von Belegart (handelt es sich z. B. um eine Cross-Docking-Anlieferung oder um eine Anlieferung zu einem Produktionsauftrag) und Positionsart die Lagerprozessart in EWM gefunden. Anhand der Lagerprozessart können Sie also steuern, ob Wareneingangsprozesse für Anlieferungen zur Produktion andere Prozessschritte durchlaufen als z. B. Anlieferungen von einem externen Lieferanten auf Basis einer Bestellung.

▸ **Entladetor**

Das geeignete Entladetor wird in EWM auf Basis der Lagerprozessart und der sogenannten *Bereitstellungszonen-/Torfindungsgruppe* (BerZonFinGr) ermittelt, die Sie zur Unterscheidung verschiedener Anforderungen beim Be- und Entladen verwenden können. Beinhaltet der Lkw überwiegend Anlieferungen mit Kleinteilen, kann eine andere Bereitstellungszonen-/Torfindungsgruppe gefunden werden als für Großteile. In diesem Business-Szenario definieren Sie ein sogenanntes *Lagerprozessartfindungskennzeichen* im Customizing. Der Customizing-Pfad entspricht dem der Lagerprozessart (Prozessübergreifende Einstellungen • Lageraufgabe), wobei die Tabelle unter dem Menüpunkt Steuerungskennzeichen für Lager-

PROZESSARTENFINDUNG DEFINIEREN zu finden ist. Anschließend können Sie das Steuerungskennzeichen den relevanten Produkten auf der Register-karte LAGERNUMMERDATEN im Produktstamm zuordnen. Die automatische Torfindung stellen Sie mit der Transaktion /SCWM/STADET_IN ein, die Sie im SAP-Easy-Access-Menü unter EINSTELLUNGEN • WARENANNAHME UND VERSAND • BEREITSTELLUNGSZONEN- UND TORFINDUNG (EINGANG) finden.

▸ **Automatische Verpackung**
Neben der Ermittlung wichtiger Wareneingangsparameter ist es in EWM möglich, die Anlieferpositionen mit Erstellung der Anlieferung automa-tisch zu verpacken, falls der Lieferant keine Packmittelinformationen avi-siert hat. Für die automatische Verpackung müssen Sie zuvor sowohl aktive Packspezifikationen als auch Regeln zur Findung der geeigneten Packspezifikationen in EWM definiert haben. Die Packspezifikationenfin-dung basiert auf Business-Merkmalen wie z. B. Lieferant und Produkt (siehe Kapitel 4, »Stammdaten«). Für die automatische Verpackung ordnen Sie auf Belegartebene ein Findungsschema für den Packmittelvorschlag zu und setzen das Kennzeichen KEIN AUTOMATISCHES VERPACKEN.

▸ **Automatische Lageraufgabenerstellung**
Um den Wareneingangsprozess zu beschleunigen, ist mit Erstellung der Anlieferung eine automatische Lageraufgabenerstellung für die Durchfüh-rung des ersten Prozessschritts möglich. Falls die PPF-Aktion /SCWM/PRD_ IN_TO_CREATE in der Anwendung /SCDL/DELIVERY aktiviert ist, erstellt EWM automatisch eine HU-Lageraufgabe für den ersten Prozessschritt (z. B. Entladen). In diesem Fall muss *Entladen* als erster Prozessschritt defi-niert sein (siehe Abschnitt 7.4, »Lagerungssteuerung«).

▸ **Vorläufige Einlagerplatzermittlung**
Mit Erstellung der Anlieferung kann ebenfalls die vorläufige Einlagerplat-zermittlung durchgeführt werden, die dazu dient, die zu erwartende Arbeitslast für die verschiedenen Aktivitätsbereiche der einzelnen Ware-neingangsprozessschritte vor Eintreffen der Anlieferung zu bestimmen. Die vorläufige Einlagerplatzermittlung wird demzufolge nur mit Aktivie-rung des Arbeitsmanagements in EWM (siehe Abschnitt 12.3, »Kit-Bil-dung«) auf Basis der Einlagerstrategien ausgeführt.

▸ **Ermittlung der Anlieferpriorität**
Die Ermittlung der Anlieferpriorität in EWM erfolgt auf Basis der Priori-tätspunkte, die in SAP APO bestimmt werden. Ziel ist es, auf Ebene der TE eine optimale Entladereihenfolge für mehrere Lkws zu erreichen. SAP APO berechnet die Prioritätspunkte auf Lieferpositionsebene und über-trägt die berechneten Prioritätspunkte an SAP ERP, das diese an EWM wei-

terkommuniziert. EWM sichert die Prioritätspunkte für eine Anlieferung auf Positionsebene. Zur Berechnung der Priorität auf Kopfebene ruft EWM das BAdI `/SCWM/EX_DLV_DET_LOAD` auf. Für eine weitere Aggregation der Priorität auf der Ebene der TE können Sie das BAdI `/SCWM/EX_SR_PRIO` verwenden.

8.2.2 Ankündigung von Transporten

Falls Sie in EWM mit Transporteinheiten (TE) arbeiten möchten, gibt es verschiedene Möglichkeiten, Transporte im Lager anzukündigen, je nachdem, ob der Spediteur in der Lage ist, Transportinformationen über EDI an das Lager zu versenden (siehe Abbildung 8.11).

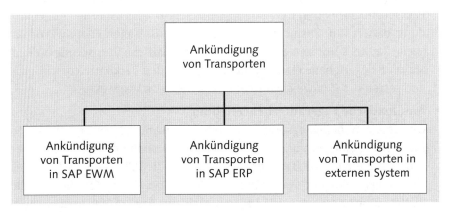

Abbildung 8.11 Ankündigungsszenarien von Transporten in SAP EWM

- **Ankündigung von Transporten in SAP EWM**
  Die TE kann in EWM auf Basis von Transportdaten, die z. B. per Fax oder Mail vom Spediteur ans Lager versendet wurden, entweder manuell oder automatisch erstellt werden, falls Transportdaten in der SAP-ERP-Anlieferung nach EWM übertragen wurden. Die TE ist die kleinste beladbare Einheit eines Fahrzeugs, die zum Transport von Waren verwendet wird (z. B. Container oder Wechselbrücke).

- **Ankündigung von Transporten in SAP ERP**
  Versenden von Transportdaten über EDI und Erstellen eines geplanten Transports in SAP ERP, der nach EWM übertragen wird

- **Ankündigung von Transporten in externem System**
  Das Lager wird über eingehende Transporte durch Übertragung von Transportdaten von einem externen Transportplanungssystem nach EWM informiert.

Im nächsten Abschnitt werden die verschiedenen Möglichkeiten hinsichtlich Informations- und Datenfluss zwischen den beteiligten Systemen näher erläutert.

Transportankündigung in SAP EWM

Transporte bzw. Transportankündigungen können in EWM entweder manuell oder automatisch angelegt werden. In den folgenden Abschnitten gehen wir detailliert auf die verschiedenen Möglichkeiten ein.

Transporteinheiten anlegen

Sie können die TE bzw. die zugehörige Warenannahme-und-Versand-Aktivität (W/V-Aktivität) manuell in EWM auf Basis von Transportdaten erstellen, die zuvor z. B. per Fax oder Mail ans Lager kommuniziert wurden, oder automatisch über PPF erstellen, falls das Transportmittel auf Lieferkopfebene von SAP ERP nach EWM übertragen wurde. Falls Sie die TE manuell erstellen, verwenden Sie die Transaktion /SCWM/TU, die Sie im SAP-Easy-Access-Menü in EWM unter dem Knoten Warenannahme und Versand finden. Legen Sie eine TE in EWM an, erstellen Sie neben der TE eine W/V-Aktivität. Die W/V-Aktivität definiert einen Zeitraum, in dem das Objekt in einem bestimmten Zusammenhang verwendet wird. Eine W/V-Aktivität kann folgende Zustände haben:

▸ **Geplant**
Die W/V-Aktivität ist angelegt, aber TE befindet sich noch nicht auf dem Yard, d. h., es wurde noch keine Ankunft am Kontrollpunkt gebucht.

▸ **Aktiv**
Die TE ist auf dem Yard, die Ankunft am Kontrollpunkt wurde gebucht, und der Wareneingangsprozess kann beginnen.

▸ **Abgeschlossen**
Die TE hat das Yard verlassen.

▸ **Invalidiert**
Dieser Zustand bedeutet, dass die W/V-Aktivität zurückgenommen wurde.

Beim Anlegen der TE haben Sie die Möglichkeit, neben der Eingabe des geplanten Ankunftszeitraums auch Daten zu erfassen, wie z. B. die externe TE-Nummer, das Kennzeichen der TE und die Richtung der W/V-Aktivität, z. B. Eingang oder Ausgang. Abbildung 8.12 zeigt die Anlage einer TE mit der Transaktion /SCWM/TU.

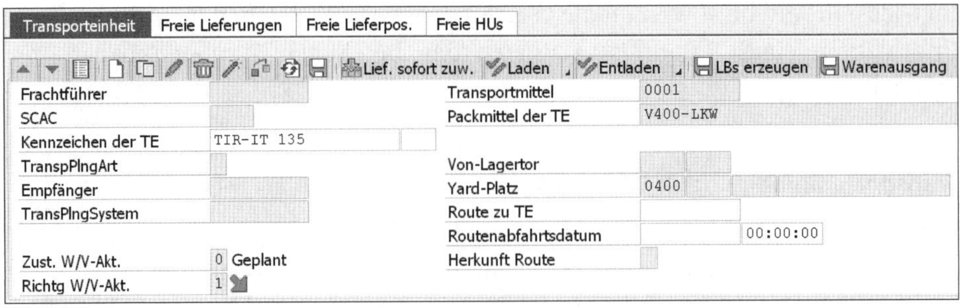

Transporteinheit	Freie Lieferungen	Freie Lieferpos.	Freie HUs		

▲ ▼ ▤ ▯ 🗋 🗐 ✎ 🗑 🖉 ᵹ 🔒 ᵹ 🖫 | 🔾Lief. sofort zuw. | ✓Laden | ✓Entladen | 🔲LBs erzeugen | 🔲Warenausgang

Frachtführer		Transportmittel	0001
SCAC		Packmittel der TE	V400-LKW
Kennzeichen der TE	TIR-IT 135		
TranspPlngArt		Von-Lagertor	
Empfänger		Yard-Platz	0400
TransPlngSystem		Route zu TE	
		Routenabfahrtsdatum	00:00:00
		Herkunft Route	
Zust. W/V-Akt.	0 Geplant		
Richtg W/V-Akt.	1 🌙		

Abbildung 8.12 Eine TE in SAP EWM mit der Transaktion /SCWM/TU anlegen

Darüber hinaus müssen Sie ein Transportmittel und ein Packmittel erfassen, um die TE zu klassifizieren. Beide Attribute werden im Customizing definiert. Das Transportmittel sagt aus, ob es sich z. B. um einen Container oder eine Wechselbrücke handelt. Das Packmittel definiert, welches Volumen und Gewicht die TE führen kann. Für Kombinationen aus Transportmittel und Packmittel können Sie in EWM über die Transaktion /SCMW/PM_MTR sogenannte *Konstruktionsregeln* hinterlegen. Diese steuern, ob bei der Anlage einer TE automatisch im Hintergrund ein Fahrzeug (oder eine zusätzliche TE) angelegt wird, das dann mit der TE verknüpft ist. Ein Fahrzeug kann eine oder mehrere TE umfassen. Wenn z. B. der Lkw einen Anhänger hat, besteht er aus zwei TE – der Ladefläche und dem Anhänger. Die Konstruktionsregeln definieren Sie im SAP-Easy-Access-Menü in EWM mit der Transaktion /SCWM/PM_MTR, die Sie unter dem Pfad EINSTELLUNGEN • WARENANNAHME UND VERSAND finden. Im Folgenden wird die Tabelle zur Pflege der Konstruktionsregel näher erläutert.

Abbildung 8.13 zeigt zwei Varianten von Konstruktionsregeln. Mit dem ersten Eintrag wird mit der Erstellung der TE kein Fahrzeug angelegt. Beim zweiten Eintrag wird automatisch ein Fahrzeug erstellt (Kennzeichen OPTIONAL ist nicht gesetzt), und es besteht aus einer TE.

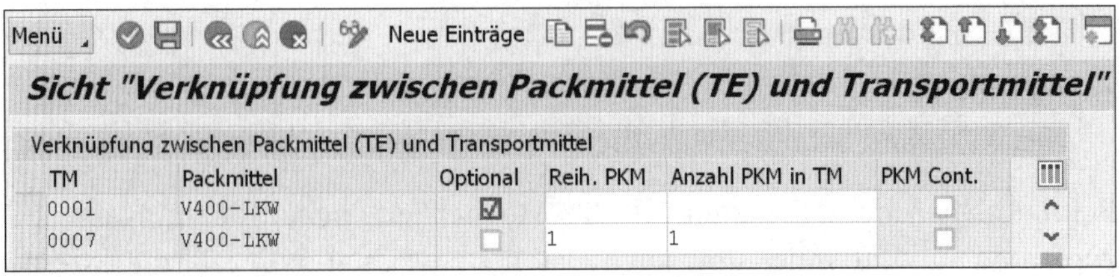

Menü ▾ 🔾 🖫 🔾🔾🔾 ᵛ Neue Einträge 🗋🗐 🔄 🔢 🔢🔢 📇 🔍 🔍 🔁 🔁🔁🔁 📄

Sicht "Verknüpfung zwischen Packmittel (TE) und Transportmittel"

Verknüpfung zwischen Packmittel (TE) und Transportmittel						
TM	Packmittel	Optional	Reih. PKM	Anzahl PKM in TM	PKM Cont.	▥
0001	V400-LKW	☑			☐	^
0007	V400-LKW	☐	1	1	☐	⌄

Abbildung 8.13 Verknüpfung zwischen Packmittel und Transportmittel

Kommt nach Abschluss der TE-Aktivität die gleiche TE nochmals an, haben Sie die Möglichkeit, über die Transaktion /SCWM/TU mit der Eingabe der gleichen externen TE-Nummer automatisch nur eine neue W/V-Aktivität mit der gleichen externen TE-Nummer anzulegen. Die EWM-interne TE-Nummer bleibt die gleiche. Ebenso werden das Transportmittel und das Packmittel aus der eigentlichen TE übernommen.

Fahrzeuge anlegen

Fahrzeuge können Sie manuell oder automatisch anlegen. Analog zur TE legen Sie ein Fahrzeug und eine Fahrzeug-Aktivität an. Wenn das Fahrzeug über die Konstruktionsregel automatisch erstellt wird, erstellt EWM ebenfalls eine W/V-Aktivität für das Fahrzeug, wobei der Zustand dieser W/V-Aktivität aus der TE übernommen wird.

Transportankündigung von SAP ERP nach SAP EWM

Zur Ankündigung von Transporten besteht die Möglichkeit, die Integration zwischen der SAP-ERP-Komponente *Transport* (LE-TRA) und EWM zu verwenden, sodass in EWM TEs und – je nach Konstruktionsregel – Fahrzeuge mit den jeweiligen W/V-Aktivitäten automatisch erstellt werden können. Der Dokument- und Informationsfluss für dieses Szenario ist in Abbildung 8.14 dargestellt.

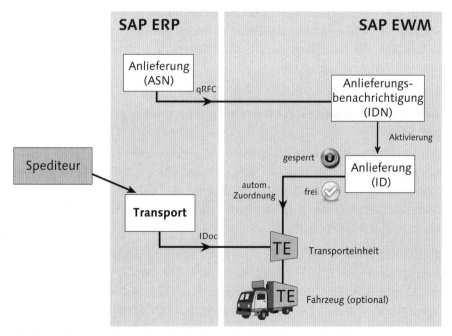

Abbildung 8.14 Transportintegration zwischen SAP ERP und SAP EWM

Auf Basis der angekündigten Transportdaten wird in SAP ERP ein geplanter Transport erstellt. Die ebenfalls avisierten Anlieferungen werden, wie zuvor beschrieben, mit Sichern des Belegs automatisch nach EWM repliziert, die Anlieferungsbenachrichtigung wird erstellt und mit Aktivierung der Anlieferungsbenachrichtigung die Anlieferung erzeugt. Über die Transportplanungsart in EWM wird gesteuert, dass die Anlieferung für die weitere Wareneingangsbearbeitung so lange gesperrt ist, bis das Ergebnis der Transportplanung – in diesem Fall aus SAP ERP – in EWM verfügbar ist. In diesem Szenario wäre die externe Transportplanung in SAP ERP erforderlich.

Der Prozessablauf sieht wie folgt aus: In SAP ERP ordnen Sie mit der Transaktion VT01 die Anlieferungen manuell dem geplanten Transport über eine zuvor erstellte Transport-Handling-Unit zu. Sobald der geplante Transport den Status PLANUNG BEENDET hat, wird der Transport mit den zugeordneten Anlieferungen mittels IDoc SHPMNT05 in das EWM-System übertragen. In EWM werden auf Basis der SAP-ERP-Transportdaten die TE, die W/V-Aktivität der TE und, je nach Konstruktionsregel, das Fahrzeug und die zugehörige W/V-Aktivität mit dem Zustand GEPLANT automatisch erstellt. Dabei entsprechen die Packmittelart der Transport-HU in SAP ERP dem Transportmittel in EWM und das Packmittel der Transport-HU in SAP ERP dem Packmittel in EWM.

In EWM werden mit der IDoc-Verarbeitung die zuvor erstellten Anlieferungen der TE automatisch zugeordnet. Mit Zuordnung der Anlieferung zur TE wird die Anlieferung für die weitere Wareneingangsbearbeitung entsperrt, sodass jetzt die Entladung der TE über Lageraufgaben und die Wareneingangsbuchung erfolgen kann.

Transportankündigung von externem Transportplanungssystem nach SAP EWM

Auf Basis eines möglichen Austauschs von Transportdaten zwischen einem externen Transportplanungssystem und EWM können in EWM automatisch TEs, je nach Konstruktionsregel z. B. Fahrzeuge, mit den jeweiligen W/V-Aktivitäten erstellt werden. Der Dokument- und Informationsfluss ist in Abbildung 8.15 dargestellt.

Transportdaten können per IDoc TMFRD2 von einem externen Transportplanungssystem nach EWM übertragen werden. Die TE und die W/V-Aktivität der TE mit dem Zustand GEPLANT können in EWM automatisch über eine PPF-Aktion SEND_FRD_EWM des Aktionsprofils FRD (Freight Document) aus der Anwendung /SCTM/FOM erstellt werden. Die Zuordnung von Anlieferungen erfolgt automatisch, falls das zuvor genannte IDoc auch entsprechende Lieferinformationen enthält.

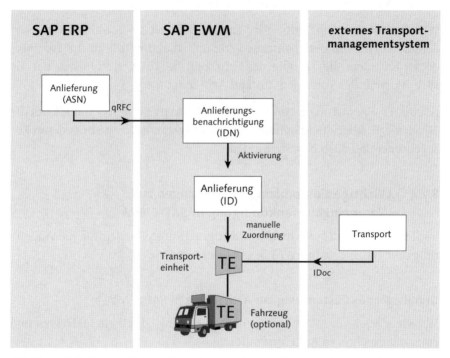

Abbildung 8.15 Transportintegration zwischen externem Transportplanungssystem und SAP EWM

Nachdem die TEs bzw. Fahrzeuge erstellt worden sind, können Sie eine Planung der Torbelegung in EWM durchführen.

8.2.3 Torbelegungsplanung in SAP EWM

Einer TE bzw. TE-Aktivität kann ein Tor zugeordnet werden, an dem die TE entladen werden soll. Mit der Zuordnung wird – analog zur TE – eine Toraktivität angelegt. Die Torbelegung nehmen Sie im SAP-Easy-Access-Menü in EWM mit der Transaktion /SCWM/DOOR vor, die Sie unter dem Menüpunkt WARENANNAHME UND VERSAND finden.

Ist die Torzuordnung vorgenommen worden, hat die W/V-Aktivität des Tores den Zustand GEPLANT. Wird die Yard-Lageraufgabe für die TE am Tor (Nachplatz) quittiert, ändert sich der Zustand der W/V-Aktivität des Tores in AKTIV. Analog zur TE kann es immer nur eine aktive Toraktivität geben. Das Erstellen und Quittieren von Yard-Lageraufgaben können Sie entweder im

Desktop im SAP-Easy-Access-Menü in EWM mit der Transaktion /SCWM/ YMOVE, die Sie unter dem Pfad WARENANNAHME UND VERSAND • YARD MANAGEMENT finden, oder über Radio Frequency vornehmen.

Wird ein Fahrzeug über eine Yard-Lageraufgabe an ein Tor angedockt, werden die TE, die mit dem Fahrzeug verknüpft sind, implizit an das Tor angedockt. Nachdem die TE oder das Fahrzeug das Tor verlassen hat, hat die W/V-Aktivität des Tores den Zustand ABGESCHLOSSEN.

Ist eine TE einem Tor zugeordnet und die Toraktivität nur geplant, kann die TE auch z.B. über die Erstellung der Yard-Lageraufgabe einem anderen Tor zugeordnet und auch bewegt werden.

8.2.4 Wichtige Customizing-Einstellungen zur Wareneingangsankündigung in SAP EWM

In diesem Abschnitt werden die wichtigsten Einstellungen für die Anlieferung und Transporte in EWM beschrieben.

Grundlegendes Customizing zur Anlieferung in SAP EWM

Wie viele Belege in EWM besteht die Anlieferung aus einem Lieferkopf und einer oder mehreren Anlieferpositionen.

Der *Lieferkopf* beinhaltet wichtige Informationen, wie z.B. die ASN-Nummer, aggregierte Statusinformationen für verschiedene Statusarten (z.B. Wareneingang, Entladen, Einlagerstatus, Lageraktivität), Prioritätspunkte sowie den Belegtyp und die Belegart. Der Zweck einer Anlieferung ist definiert durch die Kombination aus Belegtyp und Belegart. Abbildung 8.16 zeigt die Anliefertransaktion /SCWM/PRDI in EWM mit Kopf- und Positionsinformationen.

Belegtyp und Belegart

Der *Belegtyp* klassifiziert die unterschiedlichen Belege, die EWM für die Lieferabwicklung verarbeiten kann. Der Belegtyp ist systemseitig vorgegeben und kann nicht verändert werden. Es gibt in der Lieferabwicklung für Anlieferungen folgende fest definierte Belegtypen:

- ▶ Benachrichtigung über den erwarteten Wareneingang (GRN)
- ▶ erwarteter Wareneingang (EGR)
- ▶ Anlieferungsbenachrichtigung (IDR)
- ▶ Anlieferung (PDI)

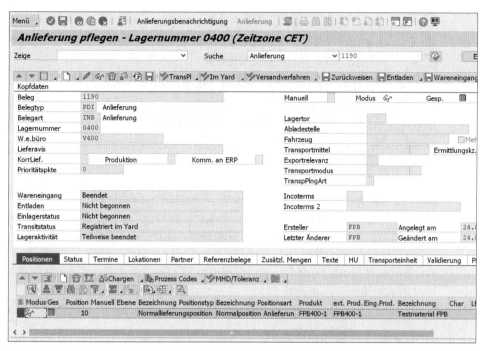

Abbildung 8.16 Transaktion /SCWM/PRDI – Anlieferung mit Kopf- und Positionsdaten

Die *Belegart* definiert die betriebswirtschaftlichen Eigenschaften eines Belegs. Im Customizing der Lieferabwicklung können Sie eigene Belegarten unter dem Pfad WARENEINGANGSPROZESS • ANLIEFERUNG • MANUELLE EINSTELLUNGEN • BELEGARTEN FÜR ANLIEFERPROZESS DEFINIEREN definieren. Alternativ verwenden Sie den Menüpunkt BELEGARTEN FÜR ANLIEFERPROZESS MIT ASSISTENT DEFINIEREN, z. B. für Cross-Docking-Anlieferungen, für Anlieferungen aus Produktion oder Anlieferungen von externen Lieferanten.

Die Belegart bildet in Verbindung mit der Positionsart den Lieferprozess im System ab. Die Abbildung der SAP-ERP-Belegarten erfolgt in EWM unter dem Customizing-Pfad SCHNITTSTELLEN • ERP INTEGRATION • LIEFERABWICKLUNG (siehe auch Kapitel 6, »Lieferabwicklung«). Für die Belegart können Sie wichtige Attribute im Customizing definieren wie z. B. das zuvor erwähnte Packmittelschema, die Verweilzeit des Belegs im System bis zur Archivierung und diverse Profile wie z. B. das Statusprofil, in dem die verschiedenen Statusarten je Anlieferprozess festgelegt werden können.

Jede Kombination aus Belegtyp und Belegart beschreibt ein Dokument im Wareneingangsprozess. In Tabelle 8.2 sehen Sie Kombinationsmöglichkeiten von Belegtypen und Belegarten und die resultierenden Belege in EWM, die im Standard-Customizing von SAP ausgeliefert werden.

Belegtyp	Belegart	Beleg
IDR	INB	Anlieferungsbenachrichtigung (IDN)
PDI	INB	Anlieferung (ID)
GRN	EGRE	Benachrichtigung über den erwarteten Wareneingang – extern (GRN)
EGR	EGRE	Erwarteter Wareneingang – extern (EGR)

Tabelle 8.2 Verschiedene Wareneingangsbelege aus der Kombination von Belegart und Belegtyp definieren

Die *Lieferposition* beinhaltet wichtige Daten wie Produktdaten (z. B. Produktnummer, Menge, Chargennummer, Ursprungsland), Bewegungsdaten (z. B. Lagerprozessart, Warenbewegungsplatz, Bestandsart, Verfügungsberechtigter, Eigentümer), Statusinformationen für verschiedene Statusarten (z. B. Packstatus, Wareneingang, Entladen, Einlagerstatus, Lageraktivität) sowie den Positionstyp und die Positionsart.

Positionstyp und Positionsart

Der *Positionstyp* klassifiziert die unterschiedlichen Positionen, die das System für die Lieferabwicklung verarbeiten kann. Er ist systemseitig vorgegeben und kann nicht verändert werden. Es gibt in der Lieferabwicklung für Anlieferungen folgende Positionstypen:

- Normallieferungsposition (DLV)
- Retourenposition (RET)
- Textposition (TXT)
- Packposition (PAC)

Über die *Positionsart* werden die betriebswirtschaftlichen Eigenschaften der Belegpositionen festgelegt. Die Positionsart bildet in Verbindung mit der Belegart den Lieferprozess im System ab. Die Positionsarten definieren Sie im EWM-Customizing unter dem Pfad Wareneingangsprozess • Anlieferung • Manuelle Einstellungen • Positionsarten für Anlieferprozess definieren, oder Sie verwenden den Menüpunkt Positionsart für Anlieferprozess mit Assistent definieren. In Tabelle 8.3 sehen Sie Beispiele von Positionsarten, die auf Basis von Belegtypen und Positionstypen definiert werden. Die Spalten für die Beleg- und Positionstypen sind dunkelgrau hinterlegt, da die Werte im EWM-Standard fest definiert sind.

Belegtyp	Positionstyp	Positionsart	Beleg
IDR	DLV	IDLV	Normalposition Anlieferungsbenachrichtigung
PDI	DLV	IDLV	Normalposition Anlieferung
PDI	RET	ICR	Retourenposition
EGR	DLV	EDLV	Normalposition erwarteter Wareneingang

Tabelle 8.3 Verschiedene Positionsarten aus der Kombination von Belegtyp und Positionstyp definieren

Auf Ebene der Positionsarten können wichtige Einstellungen vorgenommen werden, etwa die Prüfung eines neuen Produkts. Oftmals sollen neue Produkte im Wareneingangsprozess einer Q-Prüfung unterzogen werden, oder Stammdaten sollen ergänzt werden. Wenn Sie dieses Kennzeichen setzen, erhalten Sie eine Warnung, dass Sie die Produktstammdaten noch nicht mit den tatsächlichen Daten, z. B. Volumen, Gewicht oder Maße, verglichen haben.

Wie bereits erwähnt, haben Sie die Möglichkeit, sowohl für Beleg- als auch für Positionsarten verschiedene Profile zu definieren, die es Ihnen ermöglichen, den Anlieferbeleg Ihren Geschäftsprozessanforderungen optimal anzupassen. Neben weiteren Profilen können die folgenden definiert werden:

▸ **Mengenverrechnungsprofil**
Das Mengenverrechnungsprofil ist notwendig, um eine automatische Mengenverrechnung je nach Anforderung auszuführen. Wenn z. B. das Gesamtgewicht und das Gesamtvolumen, jeweils unterschieden nach Brutto und Netto, der Anlieferposition automatisch berechnet werden sollen, weisen Sie das entsprechende Mengenverrechnungsprofil /SCWM/INB_PRD aus dem EWM-Standard-Customizing der zuvor definierten Positionsart zu. Dadurch werden auf der Registerkarte Zusätzl. Mengen auf Anlieferpositionsebene wie in Abbildung 8.17 die berechneten Mengen angezeigt.

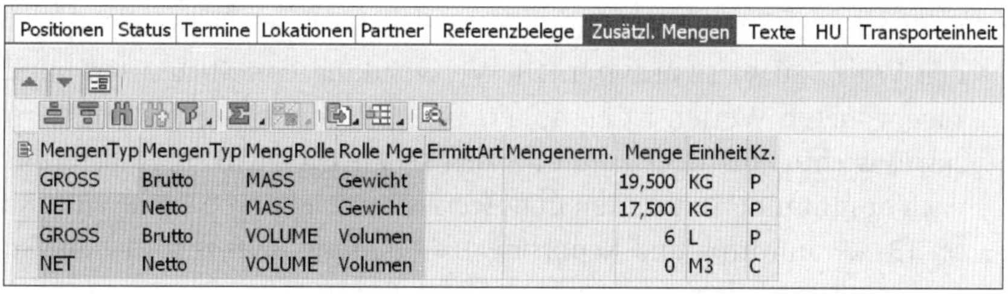

Abbildung 8.17 Beispiele für Mengenverrechnungen auf Lieferpositionsebene in der Transaktion /SCWM/PRDI

▶ **Feldsteuerungsprofil**

Hier können Sie entsprechend den Anforderungen an den Wareneingangsprozess festlegen, welche Feldinhalte je nach Statuswert geändert
bzw. nur angezeigt werden. Zum Beispiel ist das Feld TOR mit dem Statuswert für die Entladung NICHT BEGONNEN noch änderbar, während es für
die Statuswerte TEILWEISE BEENDET bzw. BEENDET nicht mehr änderbar ist.

▶ **Unvollständigkeitsprofil**

Hier können Sie entsprechend den Anforderungen an den Wareneingangsprozess festlegen, welche Felder Muss-Felder sind und somit gefüllt
werden müssen.

▶ **Textprofil**

Mit der Zuordnung eines Textprofils zur Beleg- bzw. Positionsart haben
Sie die Möglichkeit, die Textverwaltung für Ihre Anlieferungen zu nutzen.
Hier können Sie z. B. Texte erstellen, die angeben, dass es sich bei dieser
Anlieferung um eine dringende Lieferung handelt, die möglichst schnell
bearbeitet werden muss. Darüber hinaus werden Texte, die in der SAP-
ERP-Anlieferung erfasst wurden, nach EWM übertragen und dort ange-
zeigt. In EWM haben Sie dann die Möglichkeit, diese Texte anzuzeigen, zu
ändern oder zu löschen.

▶ **Statusprofil**

Hier können Sie entsprechend den Anforderungen an den Wareneingangsprozess festlegen, für welchen Anlieferprozess welche Statusarten
(z. B. ENTLADEN) relevant sind. Je nach Statuswert (z. B. BEENDET) einer
bestimmten Statusart kann ein betriebswirtschaftlicher Vorgang durchgeführt werden (z. B. Wareneingang kann erst gebucht werden, wenn die
Anlieferposition für die Statusart ENTLADEN den Statuswert BEENDET hat).
Wenn Sie das Statusprofil sowohl auf Anlieferkopf- wie auch auf Positionsebene verwenden, aggregiert EWM die Statuswerte für die verschiedenen
Statusarten – z. B. wenn eine von zwei Anlieferpositionen für die Statusart
ENTLADEN den Statuswert BEENDET hat und die Entladung für die zweite
Position noch nicht begonnen wurde, hat der Statuswert auf Kopfebene
den Wert TEILWEISE BEENDET. Die Verwendung von Statusarten mit den
zugeordneten Werten ist besonders für das Monitoring des Anlieferprozesses wichtig. Im Lagermonitor haben Sie die Möglichkeit, Anlieferungen
nach bestimmten Statusarten und -werten zu selektieren (siehe auch Kapitel 13, »Monitoring und Reporting«). Abbildung 8.18 zeigt die Selektion
noch nicht entladener Anlieferungen für Tor DOR1.

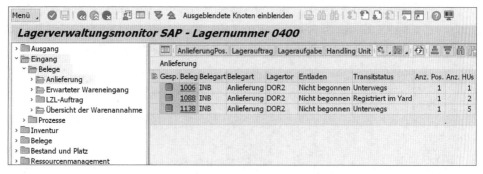

Abbildung 8.18 Anzeige von Anlieferungen im Lagermonitor mit Statusart »Entladen« und Wert »Nicht begonnen« für Tor DOR2

▸ **Aktionsprofil**

Hier können Sie Aktionen, die im PPF definiert wurden, für eine bestimmte Belegart festlegen, die zu bestimmten Zeitpunkten und unter bestimmten Bedingungen automatisch ausgeführt werden können, mit dem Ziel, die Durchlaufzeit des Wareneingangs zu reduzieren und zu optimieren. Sie können neben dem Verarbeitungszeitpunkt auch die Verarbeitungsart festlegen. Es gibt drei Verarbeitungsarten:

– *Methodenaufruf* (z. B. mit Erstellung der Anlieferung wird automatisch die HU-Lageraufgabe für den ersten Prozessschritt des Wareneingangs – etwa ENTLADEN – erstellt)

– *Workflow* (z. B. mit Erstellung eines Prüfbelegs im Wareneingang wird automatisch eine SAP-Mail per Workflow an die Q-Abteilung gesandt)

– *Smart Forms* für die Ausgabe von Belegen (z. B. Druck einer Entladeliste über einen Selektionsreport)

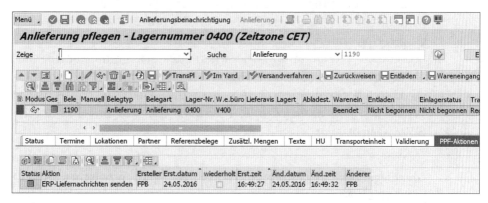

Abbildung 8.19 PPF-Aktionen für die Anlieferung, dargestellt in der Transaktion /SCWM/PRDI

Abbildung 8.19 zeigt die PPF-Aktion zum Senden der Lieferinformation an SAP ERP mit WE-Buchung und die PPF-Aktion zur automatischen Erstellung der Lageraufgabe zur Einlagerung pro Lieferposition.

Abbildung 8.20 veranschaulicht die Zuordnung des Aktionsprofils zur Belegart am Beispiel des Standardaktionsprofils /SCDL/PRD_IN.

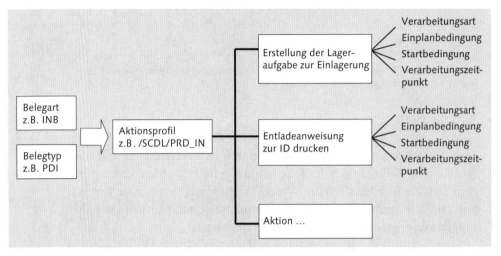

Abbildung 8.20 Aktionsprofil zu Anlieferbeleg in SAP EWM zuordnen

Die zuvor genannten Profile definieren Sie im EWM-Customizing unter dem Pfad PROZESSÜBERGREIFENDE EINSTELLUNGEN • LIEFERABWICKLUNG und dem Menüpunkt für das entsprechende Profil. Weitere Informationen zu den Lieferbelegen in EWM finden Sie in Kapitel 6, »Lieferabwicklung«.

Wenn die Anlieferungsbenachrichtigung bzw. die Anlieferung erstellt wird, wird die EWM-Belegart aus der Belegart der SAP-ERP-Anlieferung als Vorgängerbeleg ermittelt. Die EWM-Positionsart wird auf Basis der Kombination aus SAP ERP und EWM-Belegart ermittelt. Die Bestimmung der Beleg- und Positionsart nehmen Sie im EWM-Customizing unter dem Pfad SCHNITTSTELLEN • ERP INTEGRATION • LIEFERABWICKLUNG • BELEGARTEN AUS DEM ERP-SYSTEM IN EWM ABBILDEN bzw. POSITIONSARTEN AUS DEM ERP-SYSTEM IN EWM ABBILDEN vor.

Grundlegendes Customizing zur Transportintegration zwischen SAP ERP und SAP EWM

Die folgenden grundlegenden Konfigurationsschritte sind zur Transportintegration zwischen SAP ERP und EWM notwendig.

SAP-EWM-Komponente »Warenannahme und Versand« aktivieren

Um in EWM TE und Fahrzeuge erstellen zu können, müssen Sie die EWM-Komponente *Warenannahme und Versand* aktivieren. Die Komponente aktivieren Sie im EWM-Customizing unter dem Pfad PROZESSÜBERGREIFENDE EINSTELLUNGEN • WARENANNAHME UND VERSAND • ALLGEMEINE EINSTELLUNGEN • WARENANNAHME UND VERSAND FÜR LAGER AKTIVIEREN.

Eine Aktivierung des Yard Managements ist für die Verwendung von TE und Fahrzeugen nicht notwendig.

Transporteinheiten und Fahrzeuge definieren

Zur Verwendung von TE und Fahrzeugen müssen Sie sowohl für TE als auch für Fahrzeuge und die jeweiligen W/V-Aktivitäten Nummernkreise definieren. Die Definition der Nummernkreise finden Sie im EWM-Customizing unter dem Pfad PROZESSÜBERGREIFENDE EINSTELLUNGEN • WARENANNAHME UND VERSAND • NUMMERNKREISE und dem Menüpunkt für den entsprechenden Nummernkreis.

Wie beschrieben, benötigen Sie für die Erstellung der TE u. a. ein Packmaterial. Um das Packmaterial anlegen zu können, muss zuvor eine Packmaterialart definiert werden. Die Packmaterialart definieren Sie im EWM-Customizing unter dem Pfad WARENEINGANGSPROZESS • LAGERUNGSDISPOSITION • EINFLUSSPARAMETER • PACKMITTELFINDUNG • PACKMITTELARTEN DEFINIEREN. Beachten Sie, dass bei der Definition der Packmittelart der Packmitteltyp A – TRANSPORTMITTEL, TRANSPORTELEMENT, TRANSPORTEINHEIT verwendet wird. In der EWM-Transaktion zur Pflege des Lagerprodukts /SCWM/MAT1 haben Sie auf der Registerkarte PACKDATEN die Möglichkeit, die Packmittelart dem Packmaterial zuzuordnen.

Die Konstruktionsregel z. B. zur automatischen Erstellung des Fahrzeugs bei Anlage der TE basiert auf der Verknüpfung zwischen dem Transportmittel und dem Packmittel. Das Transportmittel definieren Sie im EWM-Customizing unter dem Pfad STAMMDATEN • WARENANNAHME UND VERSAND • TRANSPORTMITTEL DEFINIEREN. Die Konstruktionsregeln definieren Sie im SAP-Easy-Access-Menü in EWM mit der Transaktion /SCWM/PM_MTR, die Sie unter dem Pfad EINSTELLUNGEN • WARENANNAHME UND VERSAND finden.

In EWM können Sie pro Transportmittel und Objekt (TE oder Fahrzeug) Steuerparameter wie z. B. die Zuordnung von Nummernkreisen und PPF-Aktionsprofilen zur Steuerung der Folgeaktivitäten und Nachrichten (z. B. das Drucken von Entladelisten) vornehmen. Die Kontrollparameter definie-

ren Sie im EWM-Customizing unter dem Pfad PROZESSÜBERGREIFENDE EIN-
STELLUNGEN • WARENANNAHME UND VERSAND • ALLGEMEINE EINSTELLUNGEN •
KONTROLLPARAMETER ZUR FAHRZEUG-/TE-BILDUNG DEFINIEREN.

SAP-ERP-Transportintegration im Wareneingang

Über die Transportplanungsart in EWM wird gesteuert, dass die Anlieferung
für die weitere Wareneingangsbearbeitung so lange gesperrt bleibt, bis das
Ergebnis der Transportplanung – in diesem Fall aus SAP ERP – in EWM ver-
fügbar ist. Die Einstellung zur Transportplanungsart finden Sie im EWM-
Customizing unter dem Pfad WARENEINGANGSPROZESS • ANLIEFERUNG • INTE-
GRATION MIT TRANSPORT • TRANSPORTPLANUNGSART DEFINIEREN (EINGANG).

Um die LE-TRA-Integration im Wareneingangsprozess nutzen zu können,
muss der Referenzbelegtyp FRD (Frachtbeleg) aktiv sein. Diese geplante Einstellung legen Sie im EWM-Customizing unter dem Pfad PROZESSÜBERGREI-
FENDE EINSTELLUNGEN • LIEFERABWICKLUNG • REFERENZBELEGE • REFERENZBELEG-
ART-PROFILE DEFINIEREN fest.

Torfindung in SAP EWM

Im Folgenden werden die Customizing-Einstellungen für die Torfindung
detailliert beschrieben.

Für die Torfindung müssen Sie sogenannte *Bereitstellungszonen* definieren.
Bereitstellungszonen werden zur Zwischenlagerung von Ware im Lager verwendet. Sie liegen in räumlicher Nähe zu den zugehörigen Toren. Bereitstellungszonen können jeweils für den Wareneingang bzw. -ausgang oder für
beide Richtungen definiert werden. Die Bereitstellungszonen richten Sie im
EWM-Customizing unter dem Pfad STAMMDATEN • BEREITSTELLUNGSZONEN •
BEREITSTELLUNGSZONEN DEFINIEREN ein.

Torfindung ohne TE/Fahrzeuge und Yard Management möglich

Für die Torfindung in EWM müssen Sie keine TE oder Fahrzeuge verwenden. Darüber hinaus sind auch keine Yard-Management-Einstellungen zwingend erforderlich. Wenn Sie keine TE oder Fahrzeuge zur Abbildung Ihrer Lagerprozesse verwenden, können Sie in EWM das Objekt TOR zur Entladung nutzen.

Anschließend können Sie als optionalen Schritt eine Bereitstellungszonen-/
Torfindungsgruppe definieren. Diese Gruppierung können Sie zur Unter-
scheidung verschiedener Anforderungen beim Be- und Entladen verwenden.
So eignet sich z. B. ein Lagertor für Schüttgut in der Regel nicht für Gabelsta-

pleraktivitäten. Wenn Sie die Bereitstellungs- und Torfindungsgruppe bei der Produktdefinition eingeben, beeinflusst diese dann die Bereitstellungszonen- und Torfindung. Der Pfad des EWM-Customizings ist analog zur Definition von Bereitstellungszonen, jedoch mit dem Menüpunkt BEREITSTELLUNGSZONEN-/TORFINDUNGSGRUPPEN DEFINIEREN.

Tore richten Sie im EWM-Customizing unter dem Pfad STAMMDATEN • LAGERTOR • LAGERTOR DEFINIEREN ein. Hier haben Sie u. a. die Möglichkeit, festzulegen, ob es sich um Wareneingangs- oder Warenausgangstore oder um Tore handelt, die für beide Richtungen zulässig sind. Darüber hinaus können Sie anhand eines hinterlegbaren Aktionsprofils die Kommunikation mit Ihrem Spediteur steuern und ihm z. B. die Nachricht über das geplante Tor für seinen Transport per PPF-Aktion senden. Diese PPF-Aktion funktioniert nur dann, wenn die Komponente *Warenannahme und Versand* aktiviert ist und eine Toraktivität erstellt wurde.

Im nächsten Schritt ordnen Sie die Bereitstellungszonen bzw. die Bereitstellungszonen-/Torfindungsgruppe dem Tor zu. Die passenden Menüeinträge finden Sie analog dem Pfad für die Tordefinition.

Die Torfindung definieren Sie für den Wareneingang im SAP-Easy-Access-Menü in EWM mit der Transaktion /SCWM/STADET_IN, die Sie unter dem Pfad EINSTELLUNGEN • WARENANNAHME UND VERSAND finden. Über die Zugriffsfolgen, die Sie im SAP-Easy-Access-Menü unter dem gleichen Pfad pflegen können, können Sie Einfluss darauf nehmen, welche Findungskriterien berücksichtigt werden sollen. Darüber hinaus haben Sie die Möglichkeit, mit Implementierung des BAdIs /SCWM/EX_SR_STADET die Bereitstellungszonen- und Torfindung Ihren Geschäftsanforderungen anzupassen.

8.3 Ankunft des Lkws und Yard Management

Nachdem das Lager über einen bevorstehenden Wareneingang informiert wurde und sowohl angekündigte Anlieferungen als auch eventuell angekündigte Transporte in EWM erstellt wurden, ist der nächste Prozessschritt die Ankunft des Lkws im Lager. Abbildung 8.21 zeigt die Einordnung des Prozessschritts in den Gesamtprozess des Wareneingangs.

Die Ankunft des Lkws wird am Kontrollpunkt registriert und erfolgt über die Yard-Management-Funktionen der EWM-Komponente *Warenannahme und Versand*. In EWM wird ein Yard in der Lagerstruktur definiert, und Parkpositionen bildet EWM als Standardlagerplätze ab, die Sie auch zu Yard-Bereichen zusammenfassen können.

Abbildung 8.21 Ankunft des Lkws und Yard Management in den Wareneingangsprozess einordnen

Weitere Informationen zum Yard Management finden Sie in Abschnitt 12.4, »Arbeitsmanagement«. Die Verwendung der Yard-Management-Funktionen in EWM ist optional. Bei Nichtverwendung des Yard Managements kann mittels der Anlieferung auch Check-in-gebucht werden. Falls der Fahrer Lieferpapiere dabeihat, können die Lieferungen Check-in-gebucht werden. Dadurch ist die Ankunftszeit des Lkws auf der Registerkarte Status der Lieferung dokumentiert (wichtig für potenzielle Strafzahlungen des Lagers an den Spediteur bei zu langen Lkw-Standzeiten auf dem Hof oder am Tor).

Die Ankunft der TE bzw. das Fahrzeug am Kontrollpunkt wird im SAP-Easy-Access-Menü in EWM mit der Transaktion /SCWM/CICO im Yard registriert, die Sie unter dem Pfad Warenannahme und Versand • Yard Management finden. Falls noch keine TE bzw. kein Fahrzeug im System angelegt wurde, können Sie entweder hier die Objekte erstellen oder die Transaktion /SCWM/TU für das Anlegen von TEs bzw. die Transaktion /SCWM/VEH für das Anlegen von Fahrzeugen verwenden. Für den Fall, dass der Transport bereits angekündigt wurde, haben Sie die Möglichkeit, anhand verschiedener Parameter, wie z. B. des Kfz-Kennzeichens, der externen TE- bzw. Fahrzeugnummer, des Frachtführers etc., die TE bzw. das Fahrzeug zu selektieren, das zuvor mit dem Zustand Geplant der W/V-Aktivität erstellt wurde (siehe Abschnitt 8.2.2, »Ankündigung von Transporten«). Anschließend können Sie weitere Attribute wie z. B. den *Standard Carrier Alpha Code* (SCAC) oder Fahrernamen und Sprache erfassen. Mit der Bestätigungsschaltfläche Ankunft am Checkpoint ändert sich der Zustand der W/V-Aktivität von Geplant in Aktiv, und die tatsächliche Ankunftszeit wird registriert. Abbildung 8.22 zeigt die Transaktion /SCWM/CICO, mit der Sie mit Ankunft des Lkws Daten zur TE bzw. zum Fahrzeug erfassen und die Buchung der Ankunft am Checkpoint vornehmen.

Falls die Ankunft außerhalb der geplanten Zeit liegt, erscheint je nach Einstellungen im Customizing-Pfad Prozessübergreifende Einstellungen • Warenannahme und Versand • Allgemeine Einstellungen • Allgemeine Einstellungen für Warenannahme und Versand eine Warn- oder Fehlermeldung.

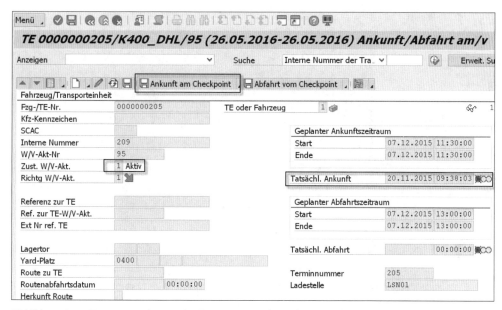

Abbildung 8.22 Transporteinheit und Fahrzeug im Yard mit der Transaktion /SCWM/CICO registrieren

Nachdem Sie die Registrierung am Kontrollpunkt vorgenommen haben, können Sie von hier aus die TE bzw. das Fahrzeug zu einer Parkposition oder zu einem Tor zur sofortigen Entladung bewegen. Sollte für die zugeordneten Anlieferungen bereits eine automatische Torfindung mit gleichem Ergebnis erfolgt sein, wird das Tor automatisch auf die TE übertragen. Falls auf TE-Ebene kein eindeutiges Ergebnis existiert oder die automatische Torfindung nicht eingestellt ist, bietet Ihnen der Lagermonitor mit bereits vordefinierten Reports einen guten Überblick der Tor- und Parkplatzbelegung und unterstützt Sie bei der Suche nach einem freien Parkplatz bzw. Tor (siehe Abbildung 8.23). Neben dem Lagermonitor erhalten Sie mit der Transaktion /SCWM/DOOR ebenfalls einen guten Überblick über die aktuelle Torbelegung.

Die Bewegung im Yard erfolgt über die Erstellung von Lageraufgaben – genauer gesagt, Lageraufgaben zur HU der TE. Damit die TE-HU im Yard bewegt werden kann, wird zuvor die HU bei der Check-in-Buchung wareneingangsgebucht. Mit Bewegung der TE kann auch automatisch das zugeordnete Fahrzeug mit bewegt werden, je nachdem, ob die Zuordnung zwischen TE und Fahrzeug fix ist. Die Art der Zuordnung können Sie im SAP-Easy-Access-Menü in EWM mit der Transaktion /SCWM/PM_MTR einstellen, die Sie unter dem Pfad EINSTELLUNGEN • WARENANNAHME UND VERSAND finden.

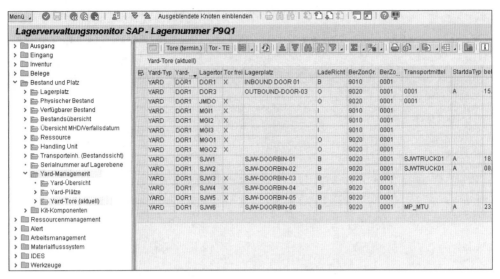

Abbildung 8.23 Aktuelle Torbelegung im Yard – dargestellt im Lagermonitor

Die Erstellung und Quittierung der Yard-Lageraufgaben kann über Radio-Frequency-Transaktionen oder Desktop-Transaktionen erfolgen. Die entsprechende Desktop-Transaktion /SCWM/YMOVE finden Sie im SAP-Easy-Access-Menü in EWM unter dem Pfad WARENANNAHME UND VERSAND • YARD MANAGEMENT.

> **Bewegung der TE im Yard**
>
> Wenn die TE-HU im Yard bewegt wird, bewegt EWM nur den Bestand des Packmaterials der TE-HU. Das bedeutet, dass die der TE zugeordneten Anlieferungen und Anliefer-HUs nicht den Bewegungen der TE im Yard folgen. Anders formuliert: Die Anlieferungen im Yard sind nur auf der TE und nicht auf der Parkposition (Lagerplatz) sichtbar.

Eine Wareneingangsbuchung der der TE zugeordneten Anlieferungen kann, muss aber nicht zum Zeitpunkt der Registrierung erfolgen. Über eine eigene PPF-Aktion können Sie z. B. mit der Methode /SCWM/GM_POSTING und z. B. mit der Einplanbedingung /SCWM/WHR_IN_YARD prüfen, ob mit Check-in-Buchung der TE, bei der die zugeordneten Anlieferungen gleichzeitig den Status IN YARD erhalten, diese Anlieferungen auch mit dem Warenbewegungsplatz der TE wareneingangsgebucht werden.

Wie bereits erwähnt, ist die Verwendung der Yard-Management-Funktionen in EWM optional. Die wesentlichen Vorteile, das Yard Management in EWM zu nutzen, sind:

▸ Die Logistikkette wird im Lager durchgängig abgebildet: Ein eingehender Lkw kann entladen und dann sogleich wieder als ausgehender Lkw beladen werden.

▸ Es ist möglich, bereits mit der Registrierung der TE bzw. des Fahrzeugs die zugeordneten Anlieferungen im Wareneingang zu buchen.

▸ Das Yard Management ist in die Steuerung und Abwicklung des gesamten Ablaufs des Wareneingangs integriert. So kann ein Monitoring des kompletten Wareneingangsprozesses erfolgen.

Eine Beschreibung der wesentlichen Customizing-Einstellungen für das Yard Management finden Sie in Abschnitt 12.4, »Arbeitsmanagement«.

8.4   Wareneingangsvorbereitung

Nachdem der Lkw im Yard registriert wurde, kommt die Wareneingangsvorbereitung als nächster Prozessschritt, in dem die administrativen Tätigkeiten der Anlieferungserfassung sowie Vorbereitung zur Entladung inklusive der Erstellung von Lageraufgaben zur Entladung als Vorbereitung zur schnellen Entladung und Wareneingangsbuchung durchgeführt werden. Dazu übergibt der Lkw-Fahrer sämtliche Fracht- und Lieferpapiere an den Mitarbeiter im Wareneingangsbüro. Abbildung 8.24 zeigt die Einordnung des Prozessschritts in den Gesamtprozess des Wareneingangs.

Abbildung 8.24 Die Wareneingangsvorbereitung in den Wareneingangsprozess einordnen

Der Prozessschritt *Wareneingangsvorbereitung* gliedert sich in die Teilprozessschritte *Anlieferungserfassung* und *Vorbereitung zur Entladung*, die wir im Folgenden näher beschreiben.

8.4.1   Anlieferungserfassung

Bei der Anlieferungserfassung kann, je nach Art der Wareneingangsankündigung, zwischen verschiedenen Szenarien unterschieden werden (siehe Abbildung 8.25).

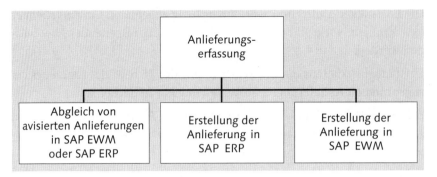

Abbildung 8.25 Szenarien der Anlieferungserfassung

▸ **Änderung avisierter Anlieferungen in SAP EWM**
Die Anlieferung in EWM wird mit den Informationen auf dem Lieferschein abgeglichen und, falls nötig, in EWM geändert.

▸ **Erstellung der Anlieferung in SAP ERP**
Auf Basis der Lieferpapiere wird die Anlieferung in SAP ERP erstellt, die mit dem Sichern des Belegs sofort in das EWM-System übertragen wird.

▸ **Erstellung der Anlieferung in SAP EWM**
Auf Basis der Lieferpapiere und der EGRs wird die Anlieferung in EWM erstellt, die mit dem Sichern des Belegs sofort in das SAP-ERP-System übertragen wird.

Diese Möglichkeiten lernen Sie in den folgenden Abschnitten kennen.

Avisierte Anlieferungen in SAP EWM oder SAP ERP abgleichen

Falls die Anlieferung in SAP ERP auf Basis avisierter Lieferinformationen erstellt wird, erfolgt mit dem Sichern des Belegs eine Übertragung der logistisch relevanten Anlieferinformationen nach EWM. In EWM wird die Anlieferungsbenachrichtigung und mit Aktivierung dieses Belegs die Anlieferung erstellt (siehe Abschnitt 8.2, »Wareneingangsankündigung«). Zur Durchführung der Wareneingangsvorbereitung selektiert der Mitarbeiter über die EWM-Anliefertransaktion die bereits erstellte Anlieferung und vergleicht die Informationen auf dem Lieferschein mit dem bereits systemseitig erstellten Beleg. Um den Beleg schnellstmöglich zu selektieren, stehen zahlreiche Selektionsparameter zur Verfügung (z. B. ASN-Nummer, Bestellung, SAP-ERP-Liefernummer, Lieferant, verschiedene Statusparameter etc.), die benutzerspezifisch vorbelegt werden können.

Die Anliefertransaktion /SCWM/PRDI finden Sie im SAP-Easy-Access-Menü in EWM unter dem Pfad LIEFERABWICKLUNG • ANLIEFERUNG. Neben den

Informationen auf Lieferkopf und Lieferposition finden Sie auch Informationen zur TE, falls die Anlieferung einer TE zugewiesen wurde (siehe Abschnitt 8.2.2, »Ankündigung von Transporten«). Darüber hinaus stehen Ihnen zur Selektion und Anzeige von Anlieferungen vordefinierte Reports im Lagermonitor zur Verfügung, von dem aus Sie die Möglichkeit haben, direkt in die Anliefertransaktion zu navigieren. Abbildung 8.26 zeigt die Anliefertransaktion /SCWM/PRDI mit einem Anlieferbeleg und zugewiesener TE.

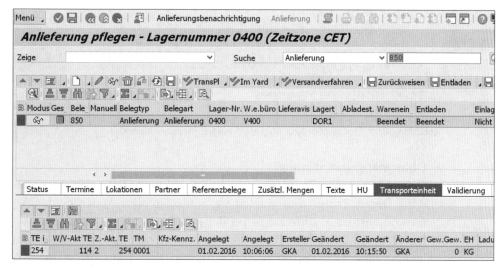

Abbildung 8.26 Anlieferung mit zugewiesener Transporteinheit, dargestellt in der Transaktion /SCWM/PRDI

Mengendifferenzen in SAP EWM und SAP ERP erfassen

Bei Abweichungen wird mit dieser Transaktion die Anlieferung den Lieferscheindaten angepasst. Wird z. B. festgestellt, dass die Menge nicht übereinstimmt, können Sie anhand sogenannter *Prozesscodes* mögliche Folgeprozesse initiieren. In Abbildung 8.27 sehen Sie im Drop-down-Menü die verschiedenen Prozesscodes in der Anliefertransaktion /SCWM/PRDI dargestellt.

Im EWM-Standard stehen drei Prozesscodes zur Auswahl:

▸ **Mit Mengenanpassung**
   Dies bedeutet, dass sowohl die Liefermenge als auch die überführte Menge angepasst werden. Diesen Prozesscode wählen Sie, wenn Sie eine Nachlieferung der fehlenden Menge erwarten. In EWM wird für die fehlende Menge automatisch eine Splitlieferung erstellt und mit Sichern des Anlieferungsbelegs an SAP ERP übertragen. In SAP ERP wird der Original-Anlieferbeleg entsprechend geändert und die Splitlieferung erstellt.

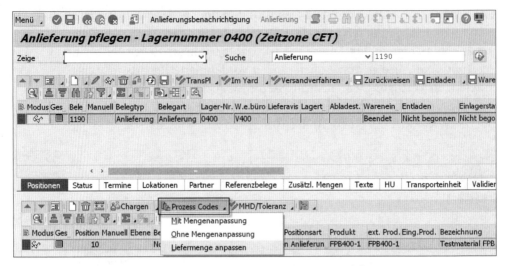

Abbildung 8.27 Prozesscodes zur Rückmeldung bei Mengendifferenzen

▸ **Ohne Mengenanpassung**

Dies bedeutet, dass die Menge der Lieferposition in EWM nicht angepasst wird. Diesen Prozesscode wählen Sie, wenn Sie ohne Änderung der Lieferpositionsmenge Differenzen bei der gelieferten Menge festhalten wollen. Wichtig dabei: Der Prozesscode OHNE MENGENANPASSUNG bewirkt keine Änderung der SAP-ERP-Anliefermenge, und damit erfolgt die SAP-ERP-Rechnungsprüfung zur ursprünglichen Liefermenge. Die logistischen Planmengen werden nicht verändert. Falls es Differenzmengen zulasten des Lieferanten gibt, die sich auf die Rechnungsprüfung auswirken sollen, ist der Prozesscode MIT MENGENANPASSUNG die richtige Wahl.

▸ **Liefermenge anpassen**

Dies bedeutet, dass nur die Menge der Anlieferposition geändert wird. Es wird keine Splitlieferung in EWM erzeugt. Diesen Prozesscode wählen Sie, wenn Sie keine Nachlieferung der fehlenden Menge erwarten. Mit dem Sichern des Anlieferungsbelegs erfolgt keine sofortige Kommunikation an SAP ERP über die fehlende Menge, sondern erst mit Wareneingangsbuchung der Anlieferung.

Für jeden Prozesscode können Sie unterscheiden, zu wessen Lasten die Mengendifferenz geht:

▸ zu Lasten des Lieferanten, z. B. bei Minderlieferung

▸ zu Lasten des Lagers, z. B. bei Beschädigung der Ware während der Entladung

▶ zu Lasten des Spediteurs, z. B. bei Beschädigung der Ware während des Transports

Prozesscodes und welche Prozesscodes für welchen Anlieferprozess ausgewählt werden können, definieren Sie im EWM-Customizing unter dem Pfad PROZESSÜBERGREIFENDE EINSTELLUNGEN • LIEFERABWICKLUNG • PROZESSCODES • PROZESSCODES DEFINIEREN bzw. PROZESSCODEPROFIL PFLEGEN.

Solange die Lageraktivität den Status NICHT BEGONNEN hat, können Sie die Anlieferung auch in SAP ERP in der Transaktion VL60 ändern. Mit dem Sichern der Anlieferung in SAP ERP wird ein Interimsanlieferbeleg erstellt, der sofort nach EWM übertragen wird. In EWM wird der Statuswert der Lageraktivität überprüft. Bei positiver Prüfung werden sowohl die entsprechende Anlieferungsbenachrichtigung als auch die Anlieferung aktualisiert. EWM informiert SAP ERP über das Update der Belege. In SAP ERP wird die entsprechende Anlieferung ebenfalls aktualisiert und der Interimsbeleg gelöscht.

Nicht gelieferte Anlieferpositionen in SAP EWM und SAP ERP erfassen

Wird beim Vergleich zwischen Lieferschein und Anlieferung festgestellt, dass eine Position nicht geliefert wurde, können Sie die entsprechende Anlieferposition in der Anlieferung löschen. In EWM wird für die fehlende Lieferposition automatisch eine Splitlieferung erstellt und mit Sichern des Anlieferungsbelegs an SAP ERP übertragen. In SAP ERP wird der Original-Anlieferbeleg entsprechend geändert und die Splitlieferung für die fehlende Anlieferposition erstellt. Abbildung 8.28 zeigt u. a. die Schaltfläche zum Löschen nicht gelieferter Anlieferpositionen in der Transaktion /SCWM/PRDI.

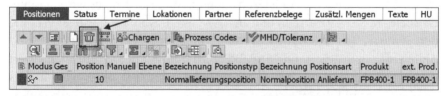

Abbildung 8.28 Nicht gelieferte Anlieferpositionen in SAP EWM löschen

Die Logik beim Löschen der Anlieferposition in SAP ERP ist analog der Mengenänderung in SAP ERP, d. h., es wird ein Interimsbeleg in SAP ERP erstellt und an EWM übertragen. Bei positiver Prüfung der Statusart LAGERAKTIVITÄT werden Anlieferungsbenachrichtigung und Anlieferung aktualisiert, und SAP ERP wird informiert. SAP ERP aktualisiert die entsprechende Anlieferung, und der Interimsbeleg wird gelöscht.

Falls keine Nachlieferung erwartet wird, haben Sie die Möglichkeit, die entsprechende Lieferpositionsmenge mit dem Prozesscode MIT MENGENANPASSUNG auf 0 zu setzen. Damit ist die Anlieferposition in EWM und SAP ERP erledigt, und es erfolgt kein Anlieferungssplit.

Zusätzlich gelieferte Anlieferpositionen in EWM und SAP ERP erfassen

Falls ein Produkt zusätzlich geliefert wurde, als ursprünglich avisiert, haben Sie die Möglichkeit, sowohl in EWM als auch in SAP ERP eine Anlieferposition hinzuzufügen, vorausgesetzt, die Lageraktivität für die Anlieferung wurde noch nicht begonnen. Abbildung 8.29 zeigt u. a. die Schaltfläche zum Anlegen von Anlieferpositionen.

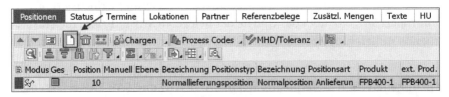

Abbildung 8.29 Zusätzlich gelieferte Anlieferpositionen in EWM anlegen

Mit der Schaltfläche ANLEGEN springen Sie in die SAP-ERP-Transaktion VL60 und können mit Referenz zur ursprünglichen Anlieferung eine neue Anlieferung erstellen und mit Sichern des Belegs nach EWM übertragen. Als Ergebnis werden in EWM für die gleiche ASN-Nummer zwei Anlieferungen selektiert.

Falls eine zusätzliche Anlieferposition in SAP ERP erfasst wird, ist die Logik analog dem Löschen der Anlieferposition in SAP ERP, d. h., es wird ein Interimsbeleg in SAP ERP erstellt und an EWM übertragen. Bei positiver Prüfung der Statusart LAGERAKTIVITÄT werden Anlieferungsbenachrichtigung und Anlieferung aktualisiert, und SAP ERP wird informiert. SAP ERP aktualisiert die entsprechende Anlieferung, und der Interimsbeleg wird gelöscht. Als Ergebnis wird in EWM für die gleiche ASN-Nummer eine Anlieferung selektiert.

Voraussetzung für die Änderung von Anlieferungen

Die beschriebenen Änderungsszenarien werden nur unterstützt, wenn die Anlieferung entweder automatisch oder manuell mit der SAP-ERP-Transaktion VL60 erstellt wurde. Zwar können mit der SAP-ERP-Transaktion VL31n ebenfalls Anlieferungen erstellt werden, die auch an EWM verteilt werden, aber die zuvor beschriebenen Änderungsszenarien werden dabei nicht unterstützt.

Anlieferung in SAP ERP erstellen

Falls die Anlieferung nicht avisiert wurde und der Mitarbeiter im Wareneingangsbüro keine Anlieferung selektieren kann, hat er die Möglichkeit, die Anlieferung in SAP ERP mit der Transaktion VL60 manuell zu erstellen.

Die logistisch relevanten Anlieferdaten werden mit Sichern des Belegs nach EWM übertragen, und in EWM wird die Anlieferungsbenachrichtigung bzw. mit automatischer Aktivierung die Anlieferung erstellt.

Das Verpacken von Anlieferpositionen können Sie sowohl in der SAP-ERP-Transaktion VL60 als auch in der EWM-Transaktion /SCWM/PRDI zur Anlieferung durchführen. Abbildung 8.30 zeigt den Pfad innerhalb der Menüleiste zum Verpacken von Anlieferpositionen.

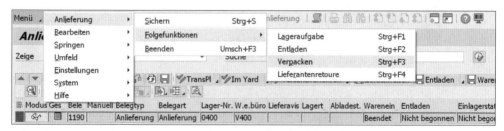

Abbildung 8.30 Anlieferposition in SAP EWM verpacken

Falls Sie die Anlieferpositionen in EWM verpacken, werden die Packinformationen mit Wareneingangsbuchung an SAP ERP kommuniziert, und die Anlieferung wird in SAP ERP entsprechend aktualisiert.

Anlieferung in SAP EWM erstellen

Falls die Avisierung von Anlieferungen nicht möglich ist, können Sie die Anlieferung in EWM auch manuell auf Basis von Bestellungen bzw. Produktionsaufträgen durch Verwendung von EGRs erstellen (siehe Abschnitt 8.2.1, »Ankündigung von Anlieferungen«). Die Erstellung von Anlieferungen über EGRs auf Basis von Bestellinformationen erfolgt mit der Transaktion /SCWM/GRPE, auf Basis von Produktionsaufträgen mit der Transaktion /SCWM/GRPI, die Sie im SAP-Easy-Access-Menü in EWM unter dem Pfad LIEFERABWICKLUNG • ANLIEFERUNG finden. Bevor Sie die Anlieferungen in EWM erstellen, müssen Sie die Bestell- bzw. Produktionsauftragsinformation über den Report /SCWM/ERP_DLV_DELETE von SAP ERP in das EWM-System übertragen. Abbildung 8.31 zeigt die Transaktion /SCWM/GRPE, mit der Sie auf Basis von Bestellinformationen Anlieferungen in EWM erstellen können.

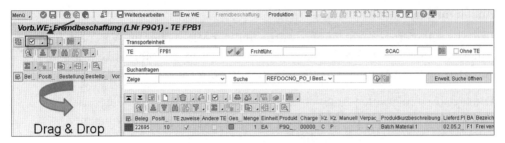

Abbildung 8.31 Anlieferungen auf Basis von Bestellinformationen in SAP EWM erstellen

Mit Erstellung der Anlieferung haben Sie die Möglichkeit, die Anlieferung durch Eingabe der externen TE-Nummer einer TE zuzuordnen. Die Zuordnung ist optional und kann in den Vorschlagswerten zur Transaktion festgelegt werden. Falls die externe TE-Nummer eindeutig ist, sind die Felder FRACHTFÜHRER und SCAC (*Standard Carrier Alpha Code*) optional. Sobald die TE-Nummer eingegeben ist, können Sie nach EGR auf Basis zahlreicher Selektionsparameter selektieren (z. B. Bestellung, Produkt, Lieferant, Fahrzeug, Statusparameter der Anlieferung etc.), die im linken Bereich des Transaktionsfensters aufgelistet werden. Im rechten Bereich werden gleichzeitig sämtliche Anlieferungen dargestellt, die auf Basis dieser EGR erstellt wurden. Sie markieren die EGR, für die Sie Anlieferungen erstellen wollen, und klicken auf die Schaltfläche KOPIERVORMERKUNG. Anschließend ziehen Sie den markierten EGR per Drag & Drop in den rechten Bereich des Transaktionsfensters. Lassen Sie den EGR unterhalb der Anlieferungen fallen, werden die EGR-Daten kopiert, und eine neue Anlieferung wird als Interimsbeleg in EWM erstellt. Wird der EGR auf eine bereits erstellte Anlieferung fallengelassen, wird zu dieser Anlieferung, je nach Lageraktivitätsstatus, eine neue Anlieferposition hinzugefügt und ein Interimsbeleg erstellt. Mit Sichern des Interimsbelegs wird die Anlieferung erstellt, und die Anlieferungsinformationen werden automatisch nach SAP ERP übertragen.

Bei Erstellung der Anlieferung stehen Ihnen u. a. folgende Funktionen zur Verfügung:

- Löschen der neu erstellten Position bzw. der gesamten Anlieferung (Interimsbeleg)
- Verpacken analog zur Transaktion /SCWM/PRDI
- Anlegen von Chargen und Chargenpositionen
- Pflegen von Serialnummern

Darüber hinaus können fehlerhafte Belege gesichert werden, um sie zu einem späteren Zeitpunkt weiterzubearbeiten.

8.4.2 Vorbereitung der Entladung

In diesem Abschnitt liegt der Fokus auf der Vorbereitung der Entladung, insbesondere auf den beiden folgenden Themen:

▶ Zuordnung von Anlieferungen zu TE

▶ Erstellung von Entlade-Lageraufgaben

Anlieferungen den Transporteinheiten zuordnen

Die Zuordnung von Anlieferungen zu TEs kann sowohl automatisch (siehe Abschnitt 8.2.2, »Ankündigung von Transporten«) als auch manuell mit der Transaktion /SCWM/TU erfolgen. Abbildung 8.32 zeigt Transaktion /SCWM/TU, mit der Sie nach freien, also noch nicht zugewiesenen, Lieferungen bzw. Lieferpositionen selektieren und diese der TE zuweisen können.

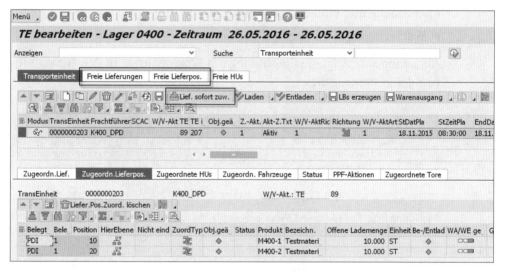

Abbildung 8.32 Anlieferungen zur TE mit Transaktion /SCWM/TU zuweisen

Die Zuweisung ist insbesondere dann notwendig, wenn Sie die TE über Lageraufgaben entladen wollen.

Entlade-Lageraufgaben erstellen

Die Verwendung von Entlade-Lageraufgaben ist optional, hat jedoch den Vorteil, dass EWM bei Abschluss der Entladung überprüft, ob die TE vollständig entladen ist. Die Erstellung kann sowohl automatisch mit der PPF-Aktion /SCWM/PRD_IN_TO_CREATE als auch manuell erfolgen. Bei der manuellen Erstellung stehen in EWM verschiedene Transaktionen zur Verfügung: die Transaktion /SCWM/UNLOAD zur Entladung oder die Transaktion /SCWM/TU zur Bearbeitung von TEs, die Sie beide im SAP-Easy-Access-Menü in EWM unter dem Menüpunkt WARENANNAHME UND VERSAND finden. Im Fall der automatischen Erstellung ist die Verwendung der prozessorientierten Lagersteuerung mit dem Entladen als erstem Schritt des definierten Lagerungsprozesses (siehe Abschnitt 7.4, »Lagerungssteuerung«) erforderlich.

8.5   Entladung und Wareneingangsbuchung

Nachdem die Anlieferungen erstellt und geprüft sowie gegebenenfalls Lageraufgaben zur Entladung erstellt wurden, beginnt der physische Wareneingangsprozess mit folgenden Teilprozessschritten:

▸ Entladung und visuelle Überprüfung der Ware

▸ Wareneingangsbuchung

Abbildung 8.33 zeigt die Einordnung des Prozessschritts in den Gesamtprozess des Wareneingangs.

Abbildung 8.33 Entladung und Wareneingangsbuchung in den Wareneingangsprozess einordnen

Entladung und visuelle Überprüfung der Ware

In EWM gibt es zwei Möglichkeiten, den Entladevorgang im System abzubilden:

▸ einfaches Entladen über einen manuellen Statuswechsel

▸ komplexes Entladen über die Quittierung von Entlade-Lageraufgaben

Das sogenannte *einfache Entladen* entspricht dem manuellen Setzen des Status ENTLADEN auf den Wert BEENDET entweder pro Lieferung mit der Transaktion /SCWM/PRDI oder auf TE-Ebene für alle zugeordneten Lieferungen mit der Transaktion /SCWMTU bzw. /SCWM/UNLOAD.

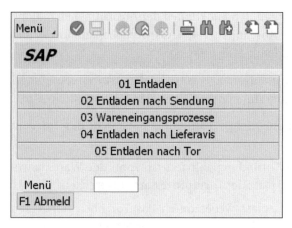

Abbildung 8.34 Auswahlmenü für die Quittierung von Radio-Frequency-Entlade-Lageraufgaben

Das *komplexe Entladen* erfolgt über die Erstellung und Quittierung von Entlade-Lageraufgaben. Entlade-Lageraufgaben entsprechen immer HU-Lageraufgaben. Die Quittierung erfolgt entweder über verschiedene Radio-Frequency-Transaktionen oder Desktop-Transaktionen. Wie aus Abbildung 8.34 hervorgeht, stehen Ihnen für die Quittierung von Entlade-Lageraufgaben mit Radio Frequency je nach Prozessanforderung verschiedene Einstiegsmöglichkeiten zur Verfügung.

Die Quittierung mit Desktop kann entweder über die Entladetransaktion /SCWM/UNLOAD oder über die allgemeine Transaktion zur Quittierung von Lageraufgaben /SCWM/TO_CONF erfolgen, die Sie im SAP-Easy-Access-Menü in EWM unter dem Menüpunkt AUSFÜHRUNG finden. Mit Quittierung der Lageraufgaben wird für den Bestand, der sich in der HU befindet, automatisch Wareneingang gebucht. Demzufolge werden mit der komplexen Entladung von Anlieferungen, deren Anlieferposition(en) in mehreren HUs verpackt sind, Teilwareneingänge gebucht. Die Entladung mit Lageraufgaben hat folgende Vorteile:

▸ Sie können den Entladeprozess in den gesamten Lagerungsprozess integrieren und damit bereits beim Entladen die Funktionen der prozessorientierten Lagerungssteuerung nutzen, wie z. B. die automatische Erstellung der Folge-Lageraufgabe mit Quittierung der Entlade-Lageraufgabe.

▸ Sie können die den Lageraufgaben zugehörigen Lageraufträge geeigneten Ressourcen zuordnen und damit die Funktionen des EWM-Ressourcenmanagements nutzen (siehe Abschnitt 11.1, »Ressourcenmanagement«).

▸ Sie können beim Entladen mit den Funktionen der Ausnahmebehandlung in EWM arbeiten (siehe Abschnitt 11.4, »Ausnahmebehandlung«) und damit zusätzliche oder fehlende HUs erfassen.

Der Von-Lagerplatz der Lageraufgaben entspricht dem Warenbewegungsplatz, der für einlagerrelevante Anlieferpositionen wie folgt ermittelt wird:

▸ Bei Verwendung der automatischen Torfindung entspricht das Tor dem Warenbewegungsplatz.

▸ Falls keine automatische Torfindung aktiviert ist, kann der Warenbewegungsplatz dem Von-Lagerplatz der Lagerprozessart entsprechen.

▸ Falls der Warenbewegungsplatz weder durch das Tor noch durch den Von-Lagerplatz der Lagerprozessart bestimmt werden kann, verwendet EWM den Platz der Bereitstellungszone.

Der Nach-Lagerplatz entspricht dem Bereitstellungsplatz in der Anlieferposition.

Nach Entladung des Lkws werden die HUs vom Mitarbeiter auf mögliche Beschädigungen hin überprüft. Beim einfachen Entladen können Sie mit der Radio-Frequency-Transaktion /SCWM/RFUI • INTERNE PROZESSE • QUALITÄTSMANAGEMENT • HU INSPEKTION MIT WE-BUCHUNG die HUs pro Anlieferung oder TE (gegebenenfalls mit mehreren Lieferungen) als *gut* oder *fehlerhaft* klassifizieren. Wenn Sie alle HUs klassifiziert haben, legt EWM den Prüfbeleg automatisch an. Dabei erzeugt es pro Lieferung einen Prüfbeleg und pro HU eine Position in diesem Prüfbeleg. Für die »guten« HUs wird in den entsprechenden Prüfbelegpositionen automatisch der Entscheidungscode (z. B. in Ordnung) gesetzt und die Produktmenge in den »guten« HUs wareneingangsgebucht. Die schlechten HUs bearbeiten Sie dann in einem weiteren Prozess manuell im Prüfbeleg. Weitere Informationen zur Qualitätsprüfung finden Sie im Abschnitt 8.6.5, »Qualitätsprüfung im Wareneingang«, und Abschnitt 8.8, »Qualitätsprüfung«.

Wareneingangsbuchung

Nach Überprüfung der entladenden Ware erfolgt die Wareneingangsbuchung. Sie können entweder den Wareneingang zur gesamten Anlieferung oder nur einen Teilwareneingang buchen. Die Wareneingangsbuchung kann manuell in den Transaktionen /SCWM/PRDI oder /SCWM/GR durchgeführt werden. Hier haben Sie die Möglichkeit, entweder für die komplette Anlieferung Wareneingang zu buchen oder, falls Sie mit HUs arbeiten, auch Wareneingang für die komplette HU. EWM bucht dann die Liefermenge entsprechend der in der HU angegebenen Produktmenge.

EWM führt dann eine automatische Wareneingangsbuchung durch, wenn Sie Lageraufgaben z. B. zur Entladung auf den Bereitstellungsplatz oder zur Einlagerung auf dem finalen Lagerplatz quittieren. Unabhängig davon, ob die Wareneingangsbuchung manuell oder automatisch erfolgt ist, können Sie sich die einzelnen Teilwareneingänge im Belegfluss der Anlieferung ansehen.

Sobald in EWM die Wareneingangsbuchung durchgeführt wurde, sendet EWM die Warenbewegungsnachricht an SAP ERP mit der PPF-Aktion /SCDL/ MSG_PRD_IN_GR_SEND, die den Funktionsbaustein /SPE/INB_DELIVERY_CON- FIRM_DEC ruft.

8.6 Wareneingangssteuerung und Einlagerung

Nachdem der Lkw auf die Bereitstellungszone entladen wurde und die Wareneingangsbuchung für die angelieferte Ware erfolgt ist, folgt der Prozessschritt der Wareneingangssteuerung und Einlagerung. Abbildung 8.35 zeigt die Einordnung des Prozessschritts in den Gesamtprozess des Wareneingangs.

Abbildung 8.35 Wareneingangssteuerung und Einlagerung in den Wareneingangsprozess einordnen

Zwischen der Entladung und der Einlagerung auf den finalen Lagerplatz gibt es im Wareneingang oft noch zusätzliche Prozessschritte, wie z. B. die Qualitätsprüfung, die Dekonsolidierung im Fall angelieferter Misch-HUs, das Umpacken in einlagerfähige HUs oder die Aufbereitung von Ware vor der endgültigen Einlagerung. Die Bestimmung und die Kontrolle der Durchführungsreihenfolge der verschiedenen Prozessschritte werden in EWM durch die prozess- und layoutorientierte Lagersteuerung gesteuert. In Abschnitt 7.4, »Lagerungssteuerung«, beschreiben wir detailliert, wie die Lagersteuerung für die verschiedenen Prozesse (prozessorientiert) unter Berücksichtigung des Lagerlayouts (layoutorientiert) im Customizing eingerichtet wird.

Prozesssteuerung in SAP EWM

Die prozessorientierte Lagerungssteuerung arbeitet nur mit HUs. Sie können die prozess- mit der layoutorientierten Lagerungssteuerung kombinieren. Dabei führt EWM zunächst immer erst die prozessorientierte Lagerungssteuerung aus. Anschließend prüft die layoutorientierte Lagerungssteuerung, ob die ermittelte Lagerungsprozessschrittfolge aus Layoutsicht möglich ist, und ergänzt gegebenenfalls den Ablauf.

In Abbildung 8.36 sehen Sie ein Beispiel für einen komplexen Wareneingangsprozess mit verschiedenen Prozessschritten wie Entladung ❶, Dekonsolidierung ❷ und Verpacken in einlagerfähige Behälter, Zählung ❸ als einer Möglichkeit der Qualitätsprüfung und der Einlagerung ❹ auf dem finalen Lagerplatz.

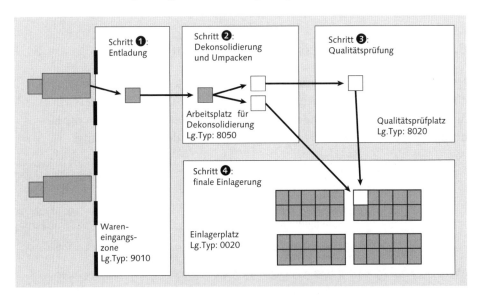

Abbildung 8.36 Wareneingangsprozess mit verschiedenen Prozessschritten

8.6.1 Prozessorientierte Lagersteuerung im Wareneingang

Sie können diese Art der Lagerungssteuerung verwenden, um komplexe Einlagerungen abzubilden. Dabei fassen Sie Ihre Lagerungsprozessschritte in einem Lagerungsprozess zusammen. Die prozessorientierte Lagersteuerung bietet Ihnen folgende Vorteile:

▸ erhöhter Durchsatz durch automatische Ermittlung des Lagerungsprozesses und Steuerung der notwendigen Prozessschritte

▸ flexible Modellierung komplexer Prozesse

▸ Bestandstransparenz und Statuskontrolle für sämtliche Prozessschritte

Über die Lagerprozessart auf Anlieferpositionsebene wird der entsprechende Lagerungsprozess ermittelt. Abbildung 8.37 gibt Ihnen einen Überblick über das Grundprinzip der prozessorientierten Lagerungssteuerung im Wareneingang.

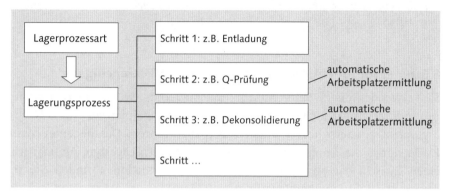

Abbildung 8.37 Den Lagerungsprozess im Wareneingang bestimmen

Das Prinzip der prozessorientierten Lagerungssteuerung ist die individuelle Ermittlung einer Lagerprozessart pro Anlieferposition. Je nach Definition dieser Lagerprozessart ist es möglich, verschiedene Lagerprozessschritte wie etwa Qualitätsprüfung, Verpacken und Einlagern jener Lagerprozessart zuzuweisen. Damit sind die Aktivitäten, die für eine Anlieferposition durchzuführen sind, ermittelt. Diese Ermittlung der Lagerprozessart erfolgt im Standard über die Kriterien:

▸ Belegart (Anlieferungstyp – z. B. Retoure, Normalanlieferung)

▸ Positionsart

▸ Priorität der Anlieferposition

▸ produktspezifisches Kennzeichen

So kann z. B. eingestellt werden, dass bei Retourenlieferungen vom Kunden immer eine Qualitätsprüfung durchgeführt werden muss oder dass bestimmte Produkte vor Einlagerung entsprechend bearbeitet werden müssen. Nachdem für eine Anlieferposition die relevanten Aktivitäten ermittelt wurden, ist es möglich, pro Lagerprozessschritt entweder einen fest zugewiesenen Arbeitsplatz zu ermitteln oder die Findung des Arbeitsplatzes regelbasiert ablaufen zu lassen. Regelbasiert bedeutet, dass weitere Steuertabellen oder Information aus Referenzdokumenten (etwa dem Prüfbeleg) ermittelt werden können.

Wie bereits erwähnt, arbeitet die prozessorientierte Lagersteuerung nur mit HUs, da im HU-Kopf der zuletzt bearbeitete Prozessschritt hinterlegt ist.

Verwendung von HUs in SAP EWM

Sie benötigen keine HU-verwalteten Lagerorte in SAP ERP, um mit HUs in EWM zu arbeiten. HUs können in EWM sehr einfach gebildet werden und bieten Ihnen mit der allgemeinen Statusverwaltung die Möglichkeit, den physischen Status (z. B. geplant, aktiv) sowie andere Attribute (z. B. gewogen, verladen, gesperrt) zu dokumentieren.

8.6.2 Layoutorientierte Lagersteuerung im Wareneingang

Sie verwenden die layoutorientierte Lagersteuerung, wenn Lagerbewegungen in Ihrem Lager nicht direkt von einem Von-Lagerplatz zu einem Nach-Lagerplatz, sondern über Zwischenlagerplätze führen. Das bedeutet, dass EWM durch die Kombination aus Von- und Nach-Lagertyp automatisch einen Zwischenlagertyp ermittelt. Weitere Informationen finden Sie in Abschnitt 7.4, »Lagerungssteuerung«.

8.6.3 Kombination der prozess- und layoutorientierten Lagersteuerung im Wareneingang

Eine Kombination der prozess- und layoutorientierten Lagersteuerung im Wareneingang könnte wie folgt aussehen:

1. Entladung (prozessorientiert)

2. Dekonsolidierung und Umpacken (prozessorientiert)

3. Qualitätsprüfung (prozessorientiert)

4. Konturen- und Gewichtsprüfung am I-Punkt (layoutorientiert)

5. Einlagerung (prozessorientiert)

Wie bereits erwähnt, führt EWM zunächst immer erst die prozessorientierte Lagerungssteuerung aus und erstellt die Lageraufgabe von Platz A nach Platz B. Anschließend prüft die layoutorientierte Lagerungssteuerung, ob der Nach-Lagerplatz B aus Layoutsicht auch direkt erreichbar ist. Ist dies nicht der Fall, wird die zuvor erstellte Lageraufgabe auf den Status INAKTIV gesetzt, und EWM erstellt eine neue Lageraufgabe von A nach I (Identifikationspunkt), und mit Quittierung dieser Lageraufgabe wird die inaktive Lageraufgabe aktiviert und auf Platz B quittiert.

In den folgenden Abschnitten werden die verschiedenen Aktivitäten in der Wareneingangssteuerung näher beschrieben.

8.6.4 Dekonsolidierung und logistische Zusatzleistungen

Die Dekonsolidierung von Misch-HUs und logistische Zusatzleistungen wie z. B. das Ölen von Produkten als Konservierung für die Einlagerung sind Prozessschritte, die im Wareneingangsprozess relativ häufig vorkommen und daher nahtlos in die Prozesssteuerung integriert werden müssen. Im Folgenden stellen wir Ihnen die Prozessschritte näher vor.

Dekonsolidierung

Im Fall der Anlieferung von Misch-HUs, die nicht direkt eingelagert werden können, weil z. B. gemäß der Einlagerstrategie eine Mischbelegung unzulässig ist, müssen die Misch-HUs dekonsolidiert werden. Der Prozessschritt *Dekonsolidierung* ist ein sogenannter *dynamischer Prozessschritt*, was bedeutet, dass EWM dynamisch ermittelt, ob es ihn für den konkreten Lagerungsprozess ausführen muss.

Nach Wareneingangsbuchung können Sie, je nach Customizing-Einstellungen der prozessorientierten Lagersteuerung, definieren, ob mit Erstellung der Lageraufgabe für den ersten Prozessschritt auch automatisch die Lageraufgabe zur Einlagerung erstellt wird. Falls ja, wird diese Einlager-Lageraufgabe inaktiv erstellt, ist aber zu diesem Zeitpunkt noch nicht ausführbar. Über die inaktive Einlager-Lageraufgabe wird bereits der finale Einlagerplatz auf Basis der entsprechenden Einlagerstrategie gefunden (siehe Abschnitt 8.6.6, »Einlagerung«) und für die spätere Einlagerung reserviert. Mit Erstellung der Einlager-Lageraufgabe prüft EWM auf Basis von Customizing-Einstellungen zur Dekonsolidierung, ob im Fall einer Misch-HU diese HU dekonsolidiert werden soll. Eine Dekonsolidierung wird u. a. dann durchgeführt, wenn die Produkte in der Misch-HU unterschiedliche Konsolidierungsgruppen haben. Die Konsolidierungsgruppe im Wareneingangs- oder Einlagerungsprozess ist eine Zusammenfassung von Lagerplätzen eines Lagerbereichs. Wenn sich z. B. die Einlagerplätze der Produkte in der Misch-HU in verschiedenen Aktivitätsbereichen befinden, ermittelt EWM unterschiedliche Konsolidierungsgruppen und somit die Notwendigkeit der Dekonsolidierung. Abbildung 8.38 verdeutlicht die Logik, nach der in EWM die Bestimmung der Dekonsolidierung abläuft.

Die Attribute, wann EWM eine Dekonsolidierung vornehmen soll, definieren Sie im EWM-Customizing unter dem Pfad WARENEINGANGSPROZESS • DEKONSOLIDIERUNG • ATTRIBUTE FÜR DEKONSOLIDIERUNG DEFINIEREN.

Nachdem EWM die Notwendigkeit der Dekonsolidierung ermittelt hat, bestimmt es den Arbeitsplatz zur Durchführung dieses Prozessschritts auf

Basis des Von-Lagertyps, der HU-Typgruppe bzw. des Nachaktivitätsbereichs. So können Sie z. B. steuern, dass je nach Einlagerbereich und/oder ähnlichen HU-Typen des Packmaterials (z. B. Paletten, Gitterboxen) unterschiedliche Dekonsolidierungsstationen gefunden werden. Die Bestimmung der Dekonsolidierungsstation definieren Sie im EWM-Customizing unter dem Pfad WARENEINGANGSPROZESS • DEKONSOLIDIERUNG.

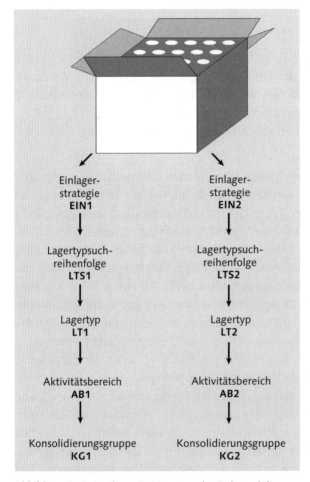

Abbildung 8.38 Logik zur Bestimmung der Dekonsolidierung

Bestimmung des Arbeitsplatzes für die Dekonsolidierung

Die Bestimmung des Arbeitsplatzes für die Dekonsolidierung kann auch in der prozessorientierten Lagersteuerung vorgenommen werden. Diese Einstellung ist spezifischer als die zuvor genannte Variante zur Ermittlung der Dekonsolidierungsstation.

In Abbildung 8.39 sehen Sie die Bedienungsoberfläche der Arbeitsplatztransaktion /SCWM/DCONS zur Dekonsolidierung im Wareneingang, die Sie im SAP-Easy-Access-Menü in EWM unter dem Menüpunkt Ausführung finden.

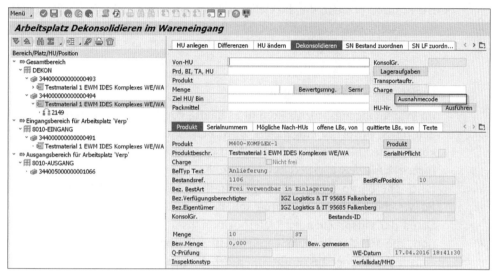

Abbildung 8.39 Beispiel eines Arbeitsplatzes zur Dekonsolidierung

Abbildung 8.39 zeigt einen Arbeitsplatz, für den im Customizing sowohl ein Eingangs- als auch ein Ausgangsbereich definiert wurden, um so den Arbeitsvorrat von Misch-HUs von den bereits dekonsolidierten HUs zu trennen. Das Dekonsolidieren kann per Drag & Drop oder über Scannen durchgeführt werden. Darüber hinaus haben Sie die Möglichkeit, durch Eingabe von Ausnahmecodes auf Ausnahmesituationen zu reagieren. Sollten beim Dekonsolidieren z. B. Mindermengen festgestellt werden, können Sie mit Eingabe des entsprechenden Ausnahmecodes festlegen, ob die Mindermenge z. B. zulasten des Lieferanten gebucht wird. Wenn Sie die Liefermenge mit einem Ausnahmecode für die automatische Lieferfortschreibung anpassen, müssen Sie im Customizing neben der Definition von Ausnahmecodes zusätzlich noch Prozesscodes zugeordnet haben. Weitere Informationen zur Ausnahmebehandlung finden Sie in Abschnitt 11.4, »Ausnahmebehandlung«.

Flexible Anpassung von Arbeitsplatz-Layouts

Die Benutzeroberfläche für Arbeitsplätze generell kann über die geeignete Definition von Arbeitsplatz-Layouts im Customizing Ihren Geschäftsanforderungen angepasst werden. Das Customizing steuert, welche Bereiche und Registerkarten auf der Oberfläche erscheinen.

Neben der Desktop-Transaktion haben Sie die Möglichkeit, die Dekonsolidierung mit Radio Frequency durchzuführen.

Wenn EWM eine Dekonsolidierung ausführt, wird eine Lageraufgabe pro HU-Position erzeugt, die die Dekonsolidierung berücksichtigt. Das bedeutet, dass jeweils eine Lageraufgabe pro Produkt für die Dekonsolidierung der Dekonsolidierungs-HU auf die Einlager-HUs erstellt wird.

Logistische Zusatzleistungen

Im Wareneingangsprozess kommt es häufig vor, dass Ware aufbereitet werden muss, bevor sie eingelagert wird. Beispiele für Aufbereitungsvorgänge können die Etikettierung oder die Konservierung von Ware sein. Diese *logistischen Zusatzleistungen* (LZL) werden im Lager über LZL-Aufträge ausgeführt. Diese informieren die Lagermitarbeiter darüber, welche Arbeiten sie für welche Produkte ausführen sollen. Der LZL-Auftrag beinhaltet sowohl Daten der entsprechenden Lieferposition als auch Daten der Packspezifikation, die für das Produkt gepflegt ist. Während Lieferpositionsdaten die genaue Anzahl der auszuführenden Arbeiten enthalten, gibt die Packspezifikation die inhaltlichen Anweisungen vor. Auch die für bestimmte Arbeiten verwendeten Hilfsprodukte (z. B. Packhilfsmittel, Öl als Konservierungsmittel) sind im LZL-Auftrag festgehalten.

Ob und zu welchem Zeitpunkt zu einer Anlieferposition ein LZL-Auftrag automatisch oder manuell erstellt werden soll, definieren Sie im EWM-Customizing unter dem Pfad PROZESSÜBERGREIFENDE EINSTELLUNGEN • LOGISTISCHE ZUSATZLEISTUNG • RELEVANZ FÜR LZL DEFINIEREN. Da die Findung von Packspezifikationen auf der Konditionstechnik basiert, legen Sie ein sogenanntes *Findungsschema* für die Packspezifikation fest, mit welchen betriebswirtschaftlichen Schlüsseln (z. B. Produkt, Lieferant) das Vorhandensein einer Packspezifikation geprüft werden soll. Die Einstellungen im Customizing für die Packspezifikationsfindung (z. B. Konditionstabellen, Zugriffsfolgen, Konditionsarten, Findungsschema) nehmen Sie im EWM-Customizing unter dem Pfad STAMMDATEN • PACKSPEZIFIKATION • FINDUNG VON PACKSPEZIFIKATIONEN vor. Detaillierte Informationen zu LZL-Aufträgen finden Sie in Abschnitt 12.1, »Erweiterte Retourenabwicklung«.

8.6.5 Qualitätsprüfung im Wareneingang

Qualitätsprüfungen im Wareneingangsprozess stellen sicher, dass die angelieferte Ware in einem einwandfreien Zustand eingelagert werden kann. Die

Qualitätsprüfung in EWM wird durch die *Quality Inspection Engine* (QIE) unterstützt. Sie bildet die Prozesse zur Überprüfung der Qualitätskriterien für gelieferte Produkte ab. Damit lassen sich z. B. direkt beim Wareneingang komplette Lieferungen oder einzelne HUs überprüfen, Lieferungen zählen oder Kundenretouren kontrollieren. Eine detaillierte Beschreibung der QIE erfolgt in Abschnitt 8.8, »Qualitätsprüfung«. Dort finden Sie auch eine Auflistung der Stamm- und Geschäftsdaten (z. B. Prüfobjekttypen, Prüfregel, Entscheidungscodes) sowie die Beschreibung wichtiger Einstellungen im Customizing.

> **SAP EWM verwendet die Services der QIE für die Qualitätsprüfung**
>
> Die QIE stellt Services zur Qualitätsprüfung in EWM bereit und hat keine eigene Benutzeroberfläche. Die Benutzeroberfläche wird von dem jeweiligen Konsumentensystem, z. B. EWM, bereitgestellt.

In den folgenden Abschnitten werden diese Aspekte der Qualitätsprüfung beschrieben:

▸ Qualitätsprüfprozesse im Wareneingang
▸ Durchführung der Qualitätsprüfung

Qualitätsprüfprozess

Zur Durchführung des Qualitätsprüfprozesses ermittelt EWM sowohl einen aktiven *Prüfobjekttyp* (POT) als auch eine Prüfregel. POTs definieren, in welcher Softwarekomponente (z. B. EWM), in welchem Prozess (z. B. Anlieferung, lagerintern) und für welches Objekt (Produkt, HU oder Lieferung) Sie Prüfbelege in der QIE anlegen können. Die Prüfregel besitzt zum einen Eigenschaften, die zur Findung dieser genutzt werden, und zum anderen Argumente, also Parameter für die durchzuführenden Prüfungen wie z. B. das Prüfverfahren (100 %-Prüfung, Stichprobenverfahren) oder die Prüfhäufigkeit (Dynamisierungsregel). Die Prüfregel erstellen Sie im SAP-Easy-Access-Menü in EWM mit der Transaktion /SCWM/QRSETUP, die Sie unter dem Pfad STAMMDATEN • QUALITÄTSMANAGEMENT finden. Nur wenn zu einem aktiven POT eine Prüfregel ermittelt wurde und die Dynamisierungsregel eine Prüfung vorsieht, wird auch ein Prüfbeleg erstellt. Der Prüfbeleg enthält Informationen u. a. über das Prüfobjekt, die Prüfregel und Prüfmengen. Im Customizing können Sie die Zeitpunkte definieren, wann ein Prüfbeleg automatisch erstellt werden soll. Dies kann entweder mit Aktivierung der Anlieferungsbenachrichtigung oder mit dem Status IN YARD der Anlieferung erfolgen. Der Prüfbeleg wird je nach POT bzw. Prüfprozess sofort bei Erstellung oder mit Wareneingangsbuchung freigegeben. Erst mit Freigabe kann er für die Prüfungsdurchführung und Erfassung des Prüfergebnisses genutzt werden. Mit Freigabe ermittelt EWM auf Basis der Einstellungen der prozessorientierten Lagerungssteuerung automatisch den Prüfplatz und erstellt die Lageraufgabe dorthin. Nach Durchführung der Qualitätsprüfung wird der Prüfbeleg mit einem Entscheidungscode abgeschlossen. Wenn Sie den Prüfentscheid treffen, legen Sie auf der Grundlage der Prüfung fest, ob das geprüfte Objekt angenommen oder zurückgewiesen wird. Sobald Sie den Prüfentscheid getroffen haben, erhält der Prüfbeleg den Status ENTSCHEIDUNG GETROFFEN. Bei der Qualitätsprüfung von Produkten können Sie logistische Folgeaktionen verwenden, um damit automatisch Folgeprozesse wie z. B. Einlagerung, Verschrottung, Umlagerung oder eine Rücksendung anzustoßen. Abbildung 8.40 zeigt den Ablauf des Qualitätsprüfprozesses und die Integration zwischen EWM und QIE.

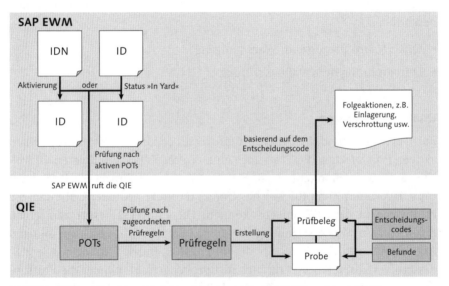

Abbildung 8.40 Ablauf des Qualitätsprüfprozesses in SAP EWM und in der QIE

Darüber hinaus haben Sie die Möglichkeit, Prüfbelege für den Bestand eines Produkts auch manuell mit der Transaktion /SCWM/QIDPR zu erstellen, die Sie im SAP-Easy-Access-Menü in EWM unter dem Pfad ARBEITSVORBEREITUNG • PRÜFBELEG finden.

In EWM werden in Verbindung mit der QIE die folgenden POTs bzw. Prüfprozesse im Wareneingang unterstützt:

Vorprüfung der Anlieferung

Wenn die Anlieferungsbenachrichtigung aktiviert wird, erzeugt EWM automatisch einen Prüfbeleg zur Prüfung kompletter Lieferungen. Dazu wird eine Prüfregel zur aktuellen Version des POT und der Lagernummer benötigt. Der Prüfbeleg wird beim Anlegen automatisch freigegeben, damit er bei der physischen Ankunft der Ware bereits zur Verfügung steht. EWM legt den Prüfbeleg als Referenzbeleg zum Lieferkopf in der Lieferung ab. Dieser kann weder Proben noch Positionen enthalten.

Zählprüfung der Anlieferung

In EWM gibt es zwei Arten von Zählprüfungen:

▸ **Explizite Zählung**
Die Zählergebnisse für die Produkte müssen Sie am Arbeitsplatz zur Q-Prüfung und Zählung erfassen. EWM ermittelt auf der Grundlage der Einstellungen der prozessorientierten Lagersteuerung den Lagerplatz für diese Zählstation. Die explizite Zählung können Sie nur für HU durchführen.

▸ **Implizite Zählung**
Die Information, dass das Produkt gezählt werden muss, ist Teil der Lageraufgabedaten. Wenn eine Differenz ermittelt wurde, müssen Sie zum Beenden der Transaktion die Lageraufgabe mit Differenzen (Ausnahmecode) bestätigen. Die implizite Zählung können Sie nur für unverpackte Produkte durchführen.

Wenn die Anlieferungsbenachrichtigung aktiviert wird oder die Anlieferung den Status IN YARD bekommt, wird auf Basis des aktiven POT eine Prüfregel ermittelt und die Dynamisierungsregel geprüft. Sofern relevant, erzeugt die QIE einen Prüfbeleg zur Prüfregel und gibt ihn beim Anlegen frei. Zählprüfungen können pro Anlieferposition durchgeführt werden und sind immer 100%-Prüfungen. In Abhängigkeit von der gefundenen Prüfregel ändert EWM die Bestandsart für die Lieferposition z. B. von FREI VERWENDBAR IN EINLAGERUNG (F1) nach QUALITÄTSPRÜFBESTAND IN EINLAGERUNG (Q3).

Q-Prüfung der Lieferung zur Kundenretoure

Die QIE ruft die Prüfung zum definierten Zeitpunkt auf, ermittelt eine Prüfregel und prüft die Dynamisierungsregeln. Sofern relevant, erzeugt die QIE einen Prüfbeleg zur Prüfregel. Enthält die Prüfregel eine Probeziehanweisung, erzeugt die QIE entsprechende Proben zum Prüfbeleg. Der Prüfbeleg wird mit der ersten Wareneingangsbuchung zur Lieferposition freigegeben. Weitere Informationen zu Proben und Probeziehanweisung finden Sie in Abschnitt 8.8, »Qualitätsprüfung«.

Q-Prüfung von Produkt/Charge Anlieferung

Die Prüfbelegerstellung funktioniert analog zur Retourenanlieferung. Falls Proben zum Prüfbeleg erstellt wurden, erstellt EWM automatisch HU-Lageraufgaben zum Dekonsolidierungsarbeitsplatz, um hier die Probenmenge von der Restmenge zu trennen. Die Probenmenge wird dabei in eine neue HU umgepackt. Im Anschluss erstellt EWM eine HU-Lageraufgabe zum Arbeitsplatz für Qualitätsprüfung und eine Lageraufgabe zur Einlagerung der Restmenge. Wird ein positiver Prüfentscheid getroffen, wird auf Basis der definierten Folgeaktion die Lageraufgabe zur Einlagerung der Probenmenge erstellt und zur Restmenge zugelagert.

Splittung von Proben- und Restmenge

Zur Splittung von Proben- und Restmenge ist es notwendig, mit dem ersten Prozessschritt der prozessorientierten Lagersteuerung die Produkt-Lageraufgabe zum finalen Lagerfach anzulegen, damit so in der Anlieferung bereits zwischen Proben- und Restmenge unterschieden werden kann.

Vorprüfung von Handling Units

Prüfbelege für die Vorprüfung von HUs können Sie nicht vorplanen. Nach dem Entladeprozess können Sie für die HUs pro Anlieferung oder für die TE (gegebenenfalls mit mehreren Lieferungen) über die Radio-Frequency-Transaktion /SCWM/RFUI • INTERNE PROZESSE • QUALITÄTSMANAGEMENT • HU INSPEKTION MIT WE-BUCHUNG Prüfbelege manuell erstellen und damit die angelieferten HUs als gut oder fehlerhaft klassifizieren. Wenn Sie alle HUs klassifiziert haben, legt EWM den Prüfbeleg automatisch an. Dabei erzeugt es pro Lieferung einen Prüfbeleg und pro HU eine Position in diesem Prüfbeleg. Für die guten HUs wird automatisch Wareneingang gebucht.

Q-Prüfung von Produkt/Charge lagerintern

Der Vollständigkeit halber möchten wir an dieser Stelle erwähnen, dass die QIE auch den lagerinternen Prüfprozess unterstützt. Wird z. B. bei der Durchführung des Nachschubs durch den Mitarbeiter festgestellt, dass die Ware beschädigt ist, können Sie entweder automatisch im Rahmen der Ausnahmebehandlung oder manuell über die Desktop-Transaktion /SCWM/

QIDPR, die Sie im SAP-Easy-Access-Menü in EWM unter dem Pfad ARBEITS-VORBEREITUNG • PRÜFBELEG finden, bzw. über die Radio-Frequency-Transaktion /SCWM/RFUI • INTERNE PROZESSE • QUALITÄTSMANAGEMENT • PRODUKT INSPEKTION einen Prüfbeleg erstellen.

Während des Wareneingangsprozesses ist es möglich, mehr als eine Qualitätsprüfung durchzuführen. In Abbildung 8.41 ist als Beispiel ein Wareneingangsprozess dargestellt, in dem vor Entladung eine Vorprüfung auf Lieferkopfebene und nach Entladung eine detaillierte Prüfung auf HU-Ebene erfolgt.

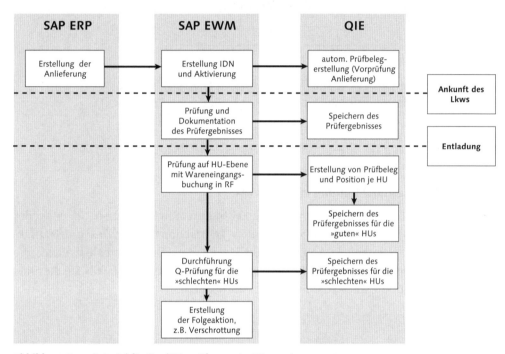

Abbildung 8.41 Beispiel für Qualitätsprüfungen im Wareneingangsprozess

Im folgenden Abschnitt werden die verschiedenen Möglichkeiten der Prüfungsdurchführung näher beschrieben.

Durchführung der Qualitätsprüfung

Nachdem EWM die Prüfrelevanz und den entsprechenden Prüfprozess ermittelt und einen Prüfbeleg erstellt hat, kann EWM auf Basis der prozessorientierten Lagersteuerung automatisch die HU-Lageraufgaben zum ermittelten Prüfplatz erstellen. Für die Prüfungsdurchführung gibt es, wie in Abbildung 8.42 dargestellt, grundsätzlich zwei verschiedene Varianten, je nachdem, ob Sie bereits die Komponente *Qualitätsmanagement* (QM) von SAP ERP nutzen.

▶ Prüfungsdurchführung unter Verwendung der Transaktionen in EWM auf der Basis von Prüfbelegen der QIE

▶ Prüfungsdurchführung auf Basis von Prüflosen in QM, die durch die Übertragung der Prüfbeleginformationen von der QIE nach QM erstellt wurden

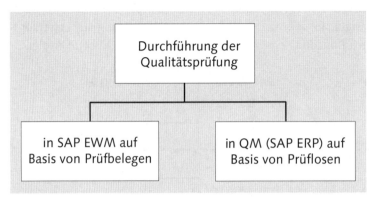

Abbildung 8.42 Varianten der Qualitätsprüfungsdurchführung

Prüfungsdurchführung in SAP EWM

Wenn Sie die Qualitätsprüfung in EWM durchführen, können Sie entweder die entsprechenden Radio-Frequency-Transaktionen oder Desktop-Transaktionen verwenden. Abbildung 8.43 zeigt die Einstiegsmöglichkeiten, die Ihnen je nach POT bzw. Prüfprozess zur Verfügung stehen, falls Sie die Qualitätsprüfung mit Radio Frequency vornehmen.

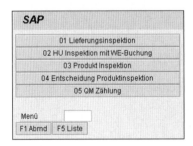

Abbildung 8.43 Auswahlmenü für die Qualitätsprüfung mit Radio Frequency

Die Qualitätsprüfung im Desktop können Sie mit der Transaktion /SCWM/ QINSP durchführen, die Sie im SAP-Easy-Access-Menü in EWM unter dem Menüpunkt Ausführung finden. Abbildung 8.44 zeigt die Benutzeroberfläche eines Qualitätsprüfplatzes zur Zählung. Das Layout ist Ihren Prozessanforderungen im Customizing entsprechend konfigurierbar.

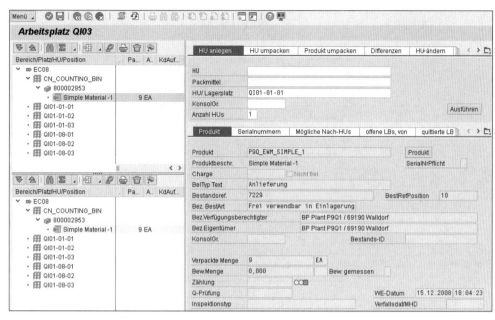

Abbildung 8.44 Beispiel eines Qualitätsprüfplatzes für Zählung

Prüfungsdurchführung in QM

Wenn Sie z. B. mit Prüfplänen und Prüfmerkmalen in der Komponente QM von SAP ERP arbeiten, können Sie die standardmäßige QIE-QM-Integration nutzen, um die Qualitätsprüfung in die Prozessabläufe Ihres Lagers nahtlos zu integrieren. Die QIE fungiert dabei als *Initiatorsystem* und QM als *Ausführungssystem*. Konkret bedeutet dies, dass die QIE die Relevanz zur Qualitätsprüfung feststellt und auf Basis des POT und der Prüfregel einen Prüfbeleg und je nach Prüfverfahren eine Prüfprobe anlegt. Dieser Beleg wird anschließend an QM verteilt. In QM wird der Verwendungsentscheid für die Anlieferposition getroffen und an die QIE übermittelt. Anhand dieses Verwendungsentscheids wird über die QIE in EWM eine logistische Folgeaktion angestoßen. Abbildung 8.45 gibt Ihnen einen Überblick über den Prozessablauf und den Informationsfluss zwischen den beteiligten Systemen.

Verteilung von Prüfbelegen an QM

Nur Prüfbelege mit den POT Q-PRÜFUNG PRODUKT/CHARGE ANLIEFERUNG sowie Q-PRÜFUNG PRODUKT/CHARGE LAGERINTERN können an QM im Standard verteilt werden.

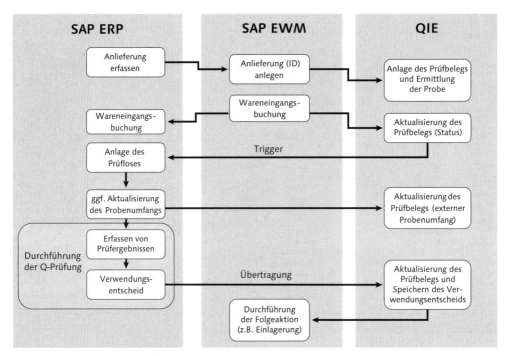

Abbildung 8.45 Prozessablauf und Informationsfluss bei Durchführung der Q-Prüfung in ERP QM

Wurde ein QIE-Prüfbeleg erstellt und dieser an QM zur Prüfungsdurchführung verteilt, ist dies an der Referenznummer im Feld NUMMER DES EXTERNEN BELEGS im QIE-Prüfbeleg zu erkennen. Den QIE-Prüfbeleg können Sie sich je nach Objekt (Produkt, HU, Anlieferung) in den jeweiligen Transaktionen /SCWM/QIDPR, /SCWM/QIDHU bzw. /SCWM/QIDDH, die Sie im SAP-Easy-Access-Menü in EWM unter dem Pfad ARBEITSVORBEREITUNG • PRÜFBELEG finden, anzeigen lassen. Abbildung 8.46 zeigt einen Produktprüfbeleg mit Referenz zur Nummer eines externen Prüfbelegs.

In QM hat der Mitarbeiter die Möglichkeit, anhand verschiedener Kriterien wie etwa Material oder Lieferant nach noch nicht entschiedenen Prüflosen zu selektieren. Nach Auswahl des entsprechenden Prüfloses erfolgt die Überprüfung der Ware mit anschließendem Setzen eines Verwendungsentscheids. Mit Setzen des Entscheidungscodes im Prüflos in QM wird dieser an EWM übertragen, wodurch der QIE-Prüfbeleg mit dem getroffenen Verwendungsentscheid aktualisiert wird. Voraussetzung dafür ist, dass die Verwendungsentscheide in QM und in EWM synchron gepflegt sind. Je nach Definition des Verwendungsentscheids wird in EWM eine logistische Folgeaktion angestoßen.

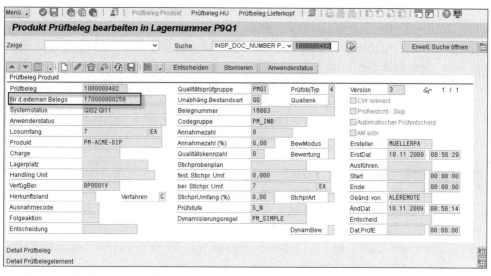

Abbildung 8.46 QIE-Produktprüfbeleg in der Transaktion /SCWM/QIDPR

Eine detaillierte Beschreibung der wichtigsten Einstellungen im QIE-Customizing zur Übertragung von Prüfbeleginformationen an QM finden Sie in Abschnitt 8.8, »Qualitätsprüfung«.

Erweiterungen der QIE-QM-Integration ab EWM-Release 9.1

Bereits seit Release SAP EWM 5.0 gibt es eine Integration zwischen QIE und QM, da viele Kunden, die das EWM-System nutzen möchten, die Qualitätsprüfprozesse zentral mit der ERP-Komponente QM durchführen. Ab Release SAP EWM 9.1 wurden Erweiterungen dieser bestehenden Integration vorgenommen, um den Kundenanforderungen nach einer verbesserten Integration der ERP-Qualitätsprüfprozesse in die logistischen EWM-Prozesse gerecht zu werden. Eine weitere Anforderung bestand darin, diese Erweiterungen mit möglichst wenigen Einstellungen vornehmen zu können. Im Folgenden gehen wir im Detail auf die Erweiterungen der QIE-QM-Integration ab Release SAP EWM 9.1 ein.

Bestandsgeführte Prüflose bei externer Q-Prüfung

Bei einer Q-Prüfung in einem externen System wurden vor EWM-Release 9.1 in SAP ERP Prüflose mit der Herkunft 17 angelegt, die nicht bestandsgeführt und damit auch nicht bestandsrelevant waren. Inspektionsrelevante Mengen waren damit in der aktuellen Bedarf-/Bestandsliste (Transaktion MD04) sowie für die ATP-Verfügbarkeitsprüfung (ATP = Available-to-

409

Promise) nicht sichtbar. Dies bedeutete wiederum, dass in SAP ERP nicht ersichtlich war, wann der Prüfprozess beendet und die zu prüfende Menge frei verfügbar war. Aus diesem Grund wurde SAP ERP dahingehend erweitert, dass die Prüfmengen auf der Basis dieser Prüflose sowohl in der ATP-Verfügbarkeitsprüfung als auch in der Bedarfs-/Bestandsliste bestandsmäßig berücksichtigt werden. Auf eine detaillierte Beschreibung wird an dieser Stelle verzichtet, da es sich hier im Wesentlichen nicht um Erweiterungen in EWM handelt.

Teilmengenprüfung in QM

Ein weiterer Grund für die Erweiterung des bestehenden Integrationsszenarios war es, dass ab EWM-Release 9.1 auch Teilmengen in QM geprüft werden können und damit auch in QM über deren Verwendung entschieden werden kann. Im Integrationsszenario vor EWM-Release 9.1 war nur eine Gesamtmengen- (Prüflosmengen-), aber keine Teilmengenfreigabe möglich.

Darüber hinaus hatte der Prüfer vor EWM-Release 9.1 in QM keine Möglichkeit zu erkennen, ob sich der Prüfbestand EWM-seitig in Bewegung befindet (es sei denn, er führte einen Systemwechsel durch). Das konnte z. B. folgende Situation hervorrufen: Der Prüfer führte einen Verwendungsentscheid in QM durch. Wurde dieser an EWM kommuniziert, erfolgte – je nach Definition der Folgeaktion – eine Umbuchung in EWM, z. B. von der Bestandsart QUALITÄTSPRÜFBESTAND IN EINLAGERUNG nach FREI VERWENDBAR IN EINLAGERUNG. Wurde für diesen Prüfbestand in EWM aber zwischenzeitlich eine Lageraufgabe angelegt, kam es bei deren Quittierung zu der Fehlermeldung, dass der Von-Bestand nicht ermittelt werden konnte.

Um dieser Problematik entgegenzuwirken, kann der Prüfer ab EWM-Release 9.1 in der QM-Transaktion QA11 aus EWM heraus per RFC ein Pop-up-Fenster aufrufen, in dem das zur ERP-Prüflosnummer zugehörige QIE-Prüfdokument, alle prüfrelevanten Bestände zu diesem Prüfdokument sowie Bestandsinformationen wie Lagerplatzdaten, Bestandsart, Chargennummer etc. anzeigt werden. Über eine Statusampel ist für den Prüfer hier ersichtlich, ob eine Prüfung für diesen Prüfbestand möglich ist oder nicht, z. B. weil sich der Prüfbestand nicht an einem Prüfplatz befindet. Falls eine Bearbeitung des Prüfdokuments für den entsprechenden Prüfbestand möglich ist, werden dem Prüfer die folgenden Funktionen im Pop-up-Fenster zur Verfügung gestellt (siehe Abbildung 8.47):

▸ Prüfung und Entscheid über Teilmengen

▸ manuelle Auswahl logistischer Folgeaktionen

▶ massenhafte Entscheidung von Prüfbeständen pro Prüfdokument (Entscheid, Folgeaktion, neue Zielcharge und Status ENTSCHIEDEN)

▶ Absprung in die Transaktion /SCWM/QIDPR zur Anzeige des Prüfdokuments und der bereits geprüften Bestände

▶ Hinzufügen zusätzlicher Dokumente (z. B. Word-Dokumente) zum Prüfentscheid

▶ Anzeige der Buchungen (in Q-Bestand und aus Q-Bestand) in EWM

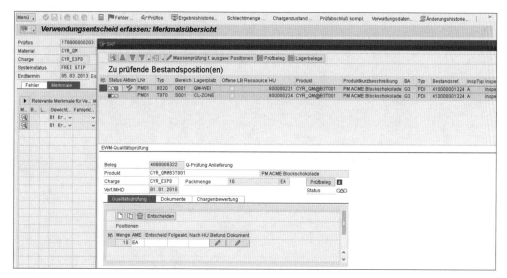

Abbildung 8.47 EWM-Pop-up-Fenster aus der Transaktion QA11 zur Teilmengenprüfung

Das Alarmsymbol ▭ InspDoc ▭ zeigt an, dass es eine in SAP ERP berechnete prüfrelevante Menge gibt, die von der Losmenge abweicht.

Berücksichtigung der in QM berechneten prüfrelevanten Menge in EWM

Die in QM berechnete prüfrelevante Menge wurde in den prüf- und logistikrelevanten Folgeprozessen bislang nicht berücksichtigt. Sie (Prüfplan, Prüfmerkmale) wird zwar an EWM verteilt, aber EWM hat diese prüfrelevante Menge bisher weder in den Prüf- noch in den logistischen Folgeprozessen berücksichtigt. Anders ausgedrückt: Die Prüfmengenermittlung in QM wurde vor EWM-Release 9.1 nicht berücksichtigt. Eine äquivalente Funktion zur Berechnung der prüfrelevanten Menge steht in der QIE im Vergleich zu QM allerdings nicht zur Verfügung.

Daher ist es seit EWM-Release 9.1 möglich, die in QM ermittelten Prüfmengen sowohl in den Prüfprozessen als auch in den logistischen Folgeprozessen in SAP EWM zu berücksichtigen. Zu diesem Zweck wird die extern ermittelte

Prüfmenge sowohl in der Transaktion /SCWM/QIDPR (Produktprüfbeleg bearbeiten, siehe Abbildung 8.48) als auch in den Transaktionen /SCWM/ PACK und /SCWM/RFUI (Verpacken allgemein) und /SCWM/QINSP und /SCWM/RFUI (Inspektion am Arbeitsplatz) angezeigt, um die Integration in die Lagerprozesse anhand von EWM-Standardtransaktionen zu unterstützen. Zusätzlich ist ein BAdI vorhanden, durch das prüf- und logistikrelevante Mengen beim Umpacken in der Transaktion /SCWM/PACK vorgeschlagen werden können.

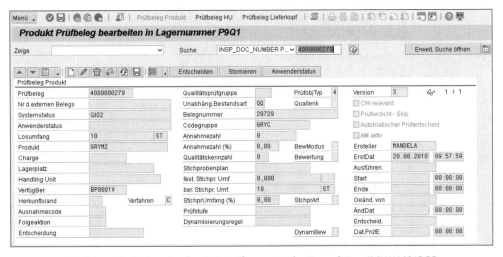

Abbildung 8.48 Anzeige der QM-Prüfmenge in der Transaktion /SCWM/QIDPR

Je nach Prüfverfahren verlaufen die Prüf- und Logistikprozesse unterschiedlich.

Prüfverfahren: 100%-Prüfung

Wird in EWM anhand der Prüfregel eine 100%-Prüfung ermittelt, wird ein Prüfdokument mit der gesamten Liefermenge als Prüfmenge erstellt. Mit der WE-Buchung werden die Prüfinformationen an ERP-QM übertragen und ein Prüflos erstellt. Falls ein Prüfplan zu diesem Material existiert, kann je Prüfmerkmal die prüfrelevante Menge ermittelt werden. Die Bewertung der Prüfmerkmale und der abschließende Verwendungsentscheid für das Prüflos werden mithilfe der Transaktion QA11 (Verwendungsentscheid erfassen) durchgeführt. Mit der Erstellung des Prüfloses wird die höchste Prüfmenge nach EWM übertragen, und in EWM wird das Prüfdokument entsprechend aktualisiert. Je nachdem, ob die Lieferpositionsmenge verpackt ist und ein Lagerungsprozess für diese Lieferposition ermittelt werden konnte, verläuft der Prozess in EWM unterschiedlich:

Ist die Lieferpositionsmenge unverpackt, wird diese vor der WE-Buchung entweder manuell über die Folgeaktion in der Transaktion /SCWM/PRDI oder automatisch über die PPF-Aktion verpackt (ohne Lagerungsprozess). Nach der WE-Buchung wird das Prüflos in ERP-QM erstellt und die Prüfmenge ermittelt, die anschließend nach EWM übertragen wird. In EWM wird nun über die Transaktion /SCWM/ADHU eine HU-Lageraufgabe zum Packplatz erstellt, dort die zu prüfende Menge in eine separate HU verpackt und über eine weitere HU-Lageraufgabe an den Prüfplatz transportiert. Die Prüfung erfolgt in ERP-QM mit anschließender Übertragung des Prüfentscheids nach EWM.

Ist die Lieferpositionsmenge verpackt (mit Lagerungsprozess) und wurde ein Packschritt im Lagerungsprozess in EWM ermittelt, wird automatisch eine HU-Lageraufgabe zum Packplatz erstellt und die Prüfmenge am Packplatz umgepackt. Der weitere Prozessablauf entspricht der zuvor beschriebenen Prozessvariante. Wichtig ist es an dieser Stelle, zu erwähnen, dass die prüfrelevante (logistikrelevante) Menge von der Restmenge manuell getrennt werden muss. Eine automatische Erstellung inaktiver Produkt-LBs ist im EWM-Standard nicht vorhanden.

Prüfverfahren: Probenprüfung (bewegungsrelevant)

Im Falle der Probenprüfung werden in EWM ein Prüfdokument sowie eine bewegungsrelevante Probe erstellt. Die Probenmenge hat dabei Referenz zur Probe, und die restliche Lieferpositionsmenge hat nach der Wareneingangsbuchung Referenz zum erstellten Prüfbeleg. Beide Mengen haben die gleiche Bestandsart, z. B. die Bestandsart *Qualitätsprüfbestand in Einlagerung*. Mit der WE-Buchung in EWM werden in QM das Prüflos und die Probe angelegt und gegebenenfalls auf der Basis des Prüfplans die prüfrelevanten Mengen je Prüfmerkmal ermittelt, wobei wiederum die höchste Prüfmenge nach EWM übertragen wird.

Verteilung der in QM ermittelten Prüfmenge nach EWM
Es besteht kein Zusammenhang zwischen der mit der QIE ermittelten Probenmenge und der in QM ermittelten Prüfmenge. Bei der Teilmengenprüfung muss daher sichergestellt werden, dass die EWM-Probenmenge größer oder gleich der QM-Prüfmenge ist. Daher ist die Einstellung der 100%-Prüfung bei der Verwendung externer Prüfmengen am geeignetsten.

Anlieferungsübergreifende Erstellung von QIE-Prüfdokumenten

Bisher bestand in der QIE nur die Möglichkeit, das Prüfdokument u. a. für eine bestimmte Anlieferungsposition zu erstellen, während in QM eine Prüfloszusammenfassung möglich war. Mit Release EWM 9.1 ist auch in der QIE eine Prüfbelegzusammenfassung für die folgenden Projekttypen möglich:

- Zählprüfung der Anlieferung (POT 2)
- Q-Prüfung von Produkt/Charge Anlieferung (POT 4)

Auf Prüfregelebene gibt es folgende Einstellungsmöglichkeiten:

- keine Kumulierung (Wert ist blank)
- Kumulierung auf der Basis der Bestellung oder des Fertigungsauftrags als Referenzbeleg (Wert = 1)
- Kumulierung auf der Basis von Produkt/Charge (Wert = 2)
- kundenspezifische Kumulierung – BadI (Wert = X)

Je nach Einstellung ist das Kumulierungsverhalten unterschiedlich: Erfolgt die Kumulierung auf der Basis des Referenzbelegs, wird der Prüfbeleg auch dann noch erweitert, wenn über dessen Verwendung bereits entschieden ist. Eine Kumulierung der Prüfmenge erfolgt so lange, bis über den Prüfbeleg final entschieden wurde und keine weiteren Anlieferungen für das Referenzdokument erzeugt werden.

Im Gegensatz dazu wird ein Prüfbeleg zu Produkt/Charge nur dann erweitert, wenn über diesen noch nicht entschieden ist.

Im Falle einer prüfrelevanten Anlieferposition prüft EWM, ob ein bestehendes Prüfdokument erweitert werden kann. Ist eine Erweiterung möglich und existieren mehrere Prüfdokumente, wird das Dokument mit dem neuesten Erstellungsdatum zur Erweiterung herangezogen.

EWM erstellt trotz Kumulierungsrelevanz in den folgenden Fällen ein neues Prüfdokument:

- wenn noch kein Prüfbeleg existiert
- wenn ein Prüfbeleg mit dem folgenden Systemstatus existiert:
  - storniert
  - archiviert
  - zur Archivierung vorgesehen
  - gesperrt
  - Prüfung in QM begonnen
  - Prüfbeleg in Bearbeitung (Status QI12)
  - Prüfbeleg geschlossen

> **Kundenspezifische Logik zum automatischen Abschluss des Prüfbelegs**
>
> Seit EWM 9.1 steht ein BAdI zur Verfügung, in das eine kundenspezifische Logik implementiert werden kann, wann ein kumulierter Prüfbeleg automatisch geschlossen werden soll, z. B. für den Fall, dass die maximale kumulierte Menge erreicht oder das Zeitintervall überschritten ist.

Die Kumulierung von Prüfdokumenten ist sowohl für die 100 %-Prüfung als auch für das Probenverfahren möglich.

Im Fall des Probenverfahrens prüft EWM bei der Kumulierung von bewegungsrelevanten Proben, ob bereits eine Lageraufgabe zur Einlagerung der Anlieferung existiert, für die das Prüfdokument erstellt wurde. Falls dies zutrifft, wird ein neues Prüfdokument erstellt. Trifft dies nicht zu, wird das bestehende Prüfdokument unter Berücksichtigung der zuvor genannten Kriterien erweitert. Konkret heißt das Folgendes:

▶ Die Losgröße wird erhöht.

▶ Die existierende Probe und die entsprechende Umbuchung werden storniert.

▶ Die Probenmenge wird neu berechnet.

▶ Eine neue Probe wird angelegt.

▶ Die Bestandsmenge wird in die in der Prüfregel definierte Zielbestandsart umgebucht.

▶ Der Bestand erhält die Referenz auf die Probe.

Um die geänderte Losgröße im Los anzupassen, muss anschließend mithilfe der Transaktion QAC3 (Prüflos Rücknahme Stichprobenberechnung) die ursprüngliche Prüfmenge zurückgesetzt werden, um dann eine Neuberechnung der Prüfmenge mithilfe der Transaktion QA01 (Prüflos manuell anlegen) durchführen zu können.

Massenerstellung von QIE-Prüfdokumenten für lagerinternen Bestand in SAP EWM

Mit Release SAP EWM 9.1 ist eine neue Methode im EWM-Lagermonitor verfügbar, die eine massenweise Erstellung von Prüfdokumenten des Prüfobjekttyps POT 5 (Q-Prüfung von Produkt/Charge) lagerintern ermöglicht (siehe Abbildung 8.49).

Darüber hinaus besteht über einen Report die Möglichkeit, lagerinterne Prüfdokumente massenweise z. B. im Batch-Lauf zu erstellen.

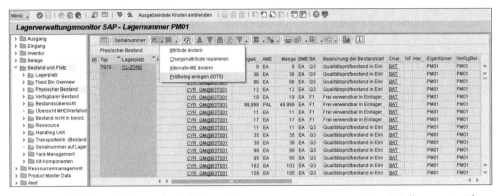

Abbildung 8.49 Methode im EWM-Lagermonitor zur massenweisen Erstellung von Prüfdokumenten (POT 5)

Erweiterungen der QIE-QM-Integration ab EWM-Release 9.2

Mit EWM-Release 9.2 wurde die bestehende QM-QIE-Integration um folgende wichtige Prüfprozesse erweitert:

- Steuerung des Wareneingangs auf Basis von SAP-ERP-Stammdaten
  - mit und ohne QM-spezifische Daten, die eine WE-Buchung zulassen
  - Warnung kann zugelassen oder abgelehnt werden
- Annahmeprobenprüfungen für extern beschaffte Waren auf Basis von Verwendungsentscheiden zu Prüfbelegen bzw. zu Prüflosen, die eine WE-Buchung zulassen, unter Vorbehalt zulassen oder ablehnen
- Vorabprüfung in der Produktion, für intern gefertigte Waren auf Basis von Verwendungsentscheiden. Der Verwendungsentscheid ist in diesem Prozess für die Wareneingänge zum Produktionsauftrag keine Voraussetzung. Ist der Verwendungsentscheid jedoch getroffen, folgen alle weiteren Wareneingänge zu diesem Produktionsauftrag diesem Entscheid.
- wiederkehrende Prüfungen für lagerinternen Bestand bei chargenpflichtigen Produkten

---

Systemvoraussetzungen für die QM-QIE Integration

Zur Einstellung dieser Prüfprozesse ist das SAP-ERP-Release 6.0, Erweiterungspaket 6 (EHP 6) mit SP14 oder 6.0 Erweiterungspaket 7 (EHP 7) mit SP06 erforderlich. Zur Aktivierung steht in SAP ERP die Business Function LOG_SCM_EWM_INT und in EWM die Business Function SCM_EWM_FND zur Verfügung.

Steuerung des Wareneingangs in EWM

Dieser Prozess ermöglicht die Steuerung des Wareneingangs in einem EWM-verwalteten Lager, entweder auf Basis von Materialstamm- und Lieferantenstammdaten in SAP ERP oder auf Basis von Materialstammdaten und Einstellungen in Q-Infosätzen in SAP ERP oder durch den Prozess der Annahmeprobenprüfung.

Die Aktivierung dieses Prüfprozesses erfolgt im Customizing mit der lagerabhängigen Aktivierung des Prüfobjekttyps. Diese Einstellungen finden Sie in EWM unter dem Pfad PROZESSÜBERGREIFENDE EINSTELLUNGEN • QUALITÄTSMANAGEMENT • GRUNDLAGEN • LAGERABHÄNGIGE AKTIVIERUNG PRÜFOBJEKTTYP. Die Aktivierung dieses Prüfprozesses ist nur für den Prüfobjekttyp 4 (POT 4: Q-Prüfung Produkt/Charge Anlieferung) möglich. Die Informationen zur Steuerung des WE werden immer dann geprüft, wenn die Prüfplanung ausgeführt oder relevante Folgeprozesse zur Anlieferposition gestartet werden.

Die Prüfung zur Ermittlung der WE-Sperre in EWM verläuft mehrstufig:

1. Stufe:

Ist das Sperrkennzeichen im Geschäftspartnerstammsatz des Lieferanten und dem Lagerproduktstamm für die WE-Sperre aktiv, wird der WE-Prozess mit einer Fehlermeldung beendet (siehe Abbildung 8.50). Sind die Sperrkennzeichen im Geschäftspartnerstammsatz des Lieferanten oder dem Lagerproduktstamm nicht aktiv, wird die WE-Sperre auf der nächsten Ebene geprüft.

Abbildung 8.50 WE-Sperre mit WE-Buchung auf Basis der Sperrkennzeichen im Geschäftspartner- und Produktstamm in der Transaktion /SCWM/PRDI (Anlieferung pflegen) prüfen

2. Stufe

In dieser Stufe läuft die Prüfung je nach Szenario unterschiedlich ab:

– *Integriertes Szenario (QM-QIE-Integration)*
Wurde das Sperrkennzeichen in der Prüfregel aus dem Q-Infosatz aus SAP ERP-QM übertragen, muss auch das Sperrkennzeichen im Lagerproduktstamm gesetzt sein. Ist das Sperrkennzeichen auf der Prüfregel zur Anlieferposition und im Lagerproduktstamm aktiv, wird der Prozess mit einer Fehlermeldung beendet. Ansonsten wird die WE-Sperre auf der nächsten Ebene geprüft.

– *QIE-Standalone-Szenario*
Wurde das Sperrkennzeichen in der Prüfregel gesetzt, ist es nicht notwendig, das Sperrkennzeichen im Lagerproduktstamm zu setzen. Ist das Sperrkennzeichen auf der Prüfregel zur Anlieferposition aktiv, wird der Prozess mit einer Fehlermeldung beendet. Wenn nicht, wird die WE-Sperre auf der nächsten Ebene geprüft.

3. Stufe

Ist die Annahmeprobenprüfung aktiv und existiert ein Prüfbeleg ohne Verwendungsentscheid, wird der Prozess mit einer Fehlermeldung beendet. Ist die Annahmeprobenprüfung nicht aktiv, können Folgebelege (z. B. Lageraufgaben zur Entladung) zur Anlieferposition angelegt und ausgeführt werden.

Kundenspezifische Erweiterungen bei der WE-Steuerung

Mithilfe des BAdIs /SCWM/EX_QGR_CONTROL (WE-Steuerung für Anlieferungspositionen beeinflussen) besteht die Möglichkeit, eine kundenspezifische Logik zu implementieren, die WE-Buchungen erlaubt, selbst wenn die Lieferanten- und Produkteinstellungen bzw. die Prüfregeleinstellungen den WE nicht zulassen sollen oder der WE für die Annahmeprobenprüfung nicht zugelassen ist.

WE-Sperre durch Auswertung von Stammdaten ohne SAP-ERP-QM-spezifische Daten

Bei diesem Prozess ist das Sperrkennzeichen sowohl im Lieferantenstamm in der Transaktion XK05 (Kreditor sperren/entsperren) als auch durch Pflege des Feldes QM-STEUERSCHLÜSSEL im Materialstamm auf der Registerkarte QUALITÄTSMANAGEMENT in den Transaktionen MM01 bzw. MM02 (Material anlegen bzw. ändern) gesetzt. Die gesetzten Sperrkennzeichen werden dann per Core Interface nach EWM übertragen und sind sowohl beim entsprechenden Geschäftspartner in der GP-Rolle *Lieferant* auf der Registerkarte STATUS als auch im Produktstamm auf der Registerkarte LAGERDATEN sichtbar. Es wird empfohlen, die lagerspezifischen Registerkarten im EWM-Produktstamm automatisch anzulegen, um sicherzustellen, dass das Sperrkennzeichen bei initialer Übertragung des Materialstamms auch automatisch in EWM gesetzt wird. Diese Einstellung finden Sie in EWM unter dem Pfad STAMMDATEN • LAGERNUMMERSTEUERUNG DEFINIEREN. Erfolgt die Übertragung des Sperrkennzeichens auf Produktstammebene, kann je nach Wert des Sperrkennzeichens gesteuert werden, ob die WE-Buchung in EWM nicht oder mit Warnung zulässig ist.

WE-Sperre durch Auswertung von Stammdaten mit SAP-ERP-QM-spezifischen Daten

In diesem Szenario ist sowohl die Sperrfunktion für eine bestimmte Kombination von Werk, Material und Lieferant durch Pflege des Feldes SPERRFUNKTION im Q-Infosatz in den Transaktionen QI01 bzw. QI02 (Qualitätsinfosatz anlegen bzw. ändern) als auch das Sperrkennzeichen im Materialstamm gesetzt.

Falls die WE-Sperre im Q-Infosatz gesetzt ist, erfolgt die Übertragung per Business Transaction Events (BTE) mit Sichern des Q-Infosatzes in SAP ERP. Wurde der Q-Infosatz initial erstellt, ohne dass eine entsprechende Prüfregel in EWM existiert, wird in EWM eine neue Prüfregel ohne Prüfverfahren angelegt, und nur die Felder für WE-Sperre und Prüfsteuerung werden automatisch gefüllt (siehe Abbildung 8.51).

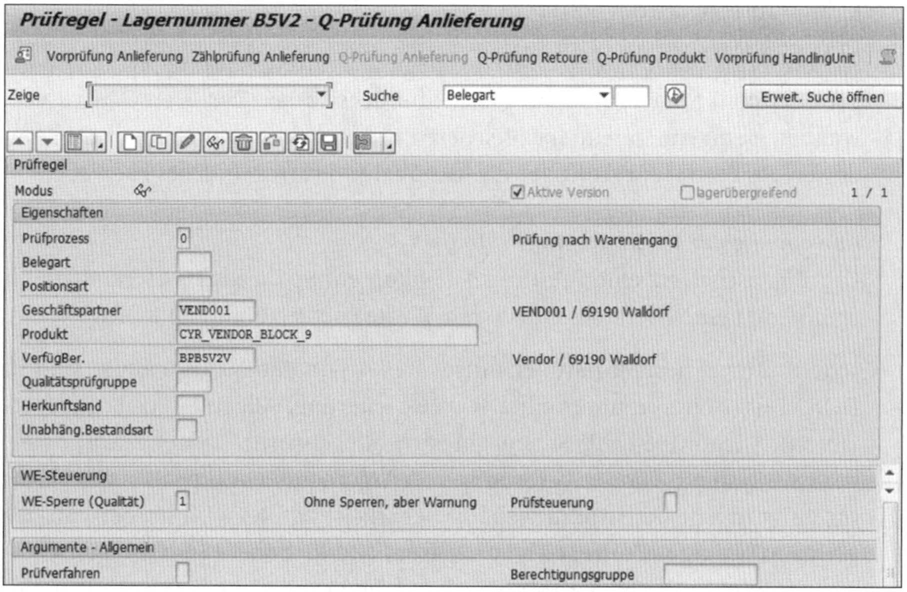

Abbildung 8.51 Beispiel einer Prüfregel für die Prüfung nach Wareneingang, erstellt aus einem Q-Infosatz

Existiert bereits eine Prüfregel mit Prüfverfahren, wird diese bezüglich der Felder für WE-Sperre und Prüfsteuerung automatisch aktualisiert. Wird in SAP ERP für den Q-Infosatz eine Löschvormerkung gesetzt, wird in EWM die entsprechende Prüfregel ohne Prüfverfahren von der Datenbank gelöscht. Existiert eine entsprechende Prüfregel mit Prüfverfahren, werden nur die Felder für die WE-Sperre und die Prüfsteuerung initialisiert.

Massenweise Übertragung von QM-Daten nach EWM

Zur initialen massenweisen Übertragung von QM-Daten nach EWM in Verbindung mit QIE steht der Report RQBAAEXT in SAP ERP zur Verfügung. Der Report ist nur für Materialien mit einer aktiven Prüfart der Herkunft 17 (Prüfung aus externen Systemen) relevant.

Wird für den Q-Infosatz im Feld PRÜFSTEUERUNG der Wert KEINE PRÜFUNG gesetzt, kann die Prüfregel auch deaktiviert werden, ohne deren Attribute zu löschen. Falls der Wert der Prüfsteuerung in der Prüfregel auf Basis des übertragenen Q-Infosatzes gefüllt ist, kann dieser in EWM nicht mehr manuell geändert werden. Die Prüfsteuerung kann drei verschiedene Werte aufweisen:

▶ blank = Prüfregel aktiv

▶ 1 = Prüfregel nicht aktiv

▶ 2 = Prüfregel aktiv – Vererbung überschreiben

Hat die Prüfsteuerung den Wert 1, ist diese Prüfregel deaktiviert und wird zum Zeitpunkt der Prüfplanung nicht berücksichtigt. Der Wert 2 wird verwendet, wenn eine zweite spezifischere Prüfregel aktiv ist und die Einstellung des Feldes PRÜFSTEUERUNG der nächsthöheren Prüfregel nicht erben soll.

Anwendung der Vererbung für Prüfregeln

Die Eigenschaften einer Prüfregel (Dokumenttyp Produkt, Herkunftsland etc.) bilden eine Hierarchie für deren Werte (siehe Abbildung 8.52).

Jede Prüfregel besteht darüber hinaus aus Argumenten. Argumente sind in DDIC-Teilstrukturen unterteilt z. B. WE-Steuerung, Allgemein (z. B. Prüfverfahren), Stichprobe (z. B. Stichprobenart) oder externes System (z. B. externes QM-System). Für die Vererbung von Argumenten auf spezifischere Prüfregeln wird jede Teilstruktur separat berücksichtigt. Es wird immer von der geringen (weniger Prüfregeleigenschaften) auf die höhere (mehr Eigenschaften) Spezifität vererbt. Vererbt werden Argumente einer Gruppe nur dann, wenn die entsprechenden Felder auf spezifischere Prüfregeln initial sind.

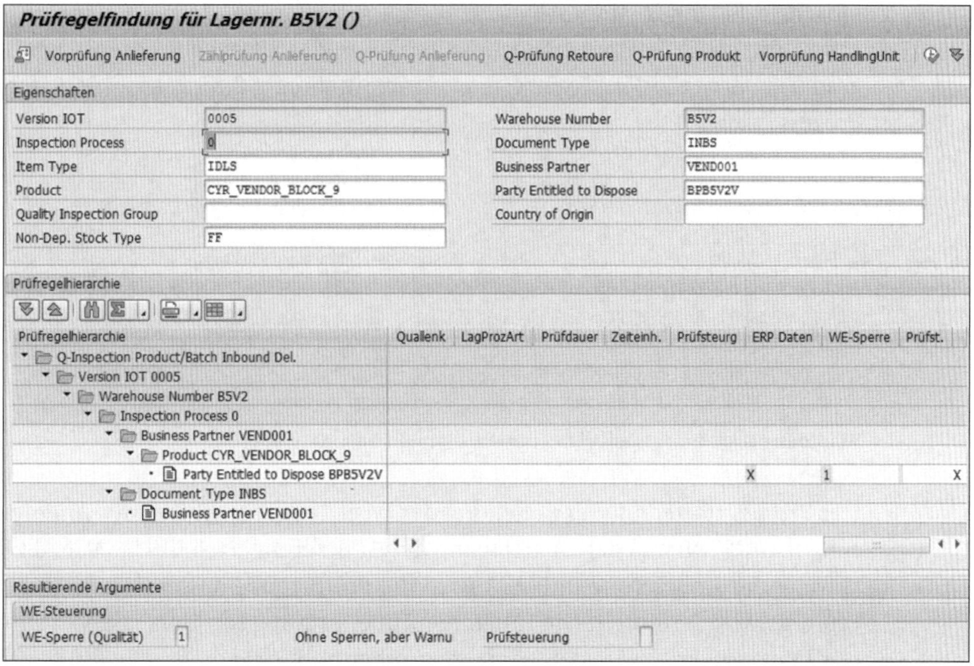

Abbildung 8.52 Logik bei der Vererbung von Prüfvorgaben

Werden WE-Sperren beim Bearbeiten der Lieferposition festgestellt, kann die Prüfregel-Simulation die Lokalisierung der WE-Sperre wirksam unterstützen. Sie können die Simulation dann in der Transaktion /SCWM/PRDI (Anlieferung pflegen) durch Anklicken des Buttons ZUSATZDATEN ANZEIGEN ![Icon] und Auswahl des Eintrags PRÜFREGELSIMULATION ANZEIGEN (EINGANGSPRÜFUNG) aus der Drop-down-List-Box für die Anlieferposition starteten. Vererbte Prüfeinstellungen werden dabei grün unterlegt dargestellt (siehe Abbildung 8.52).

Annahmeprobenprüfung

Die Aktivierung des Prüfprozesses *Annahmeprobenprüfung* erfolgt im Customizing mit der lagerabhängigen Aktivierung des Prüfobjekttyps. Diese Einstellungen finden Sie in EWM unter dem Pfad PROZESSÜBERGREIFENDE EINSTELLUNGEN • QUALITÄTSMANAGEMENT • GRUNDLAGEN • LAGERABHÄNGIGE AKTIVIERUNG PRÜFOBJEKTTYP. Die Aktivierung der Annahmeprobenprüfung ist nur für den Prüfobjekttyp 4 (POT 4: Q-Prüfung Produkt/Charge Anlieferung) möglich.

Der Prüfprozess *Annahmeprobenprüfung* stellt ebenfalls eine Variante der WE-Steuerung dar, d. h., der Wareneingang wird gesperrt, bis der Verwendungsentscheid für die fremdbeschafften Waren getroffen wurde. Der Warenein-gang wird dann entsprechend dem Ergebnis des Verwendungsentscheids gesteuert, der in SAP ERP getroffen wurde. Abbildung 8.53 verdeutlicht den Prozessablauf:

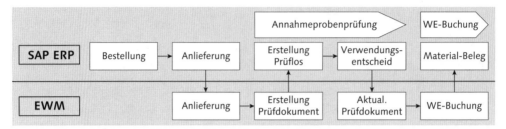

Abbildung 8.53 Prozessablauf bei der Annahmeprobenprüfung

Der Prozess startet mit der Erstellung der Bestellung, der Anlage der Anliefe-rung in SAP ERP und der Übertragung der Anlieferung nach EWM. Mit Akti-vierung der Anlieferung in EWM wird die Prüfplanung ausgeführt, und die Prüfregel wird ermittelt. Die Annahmeprobenprüfung setzt eine aktive Prüf-regel mit dem Prüfprozess 1 (Annahmeprobenprüfung) voraus. Die Prüfregel wurde deshalb um das Attribut PRÜFPROZESS erweitert und gibt den jeweili-gen Prüfprozess für Prüfobjekttyp 4 (Q-Prüfung Produkt/Charge Anliefe-rung) an (siehe Abbildung 8.54).

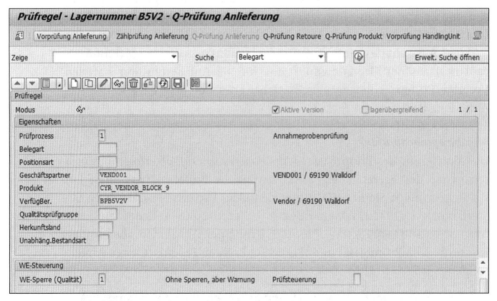

Abbildung 8.54 Beispiel einer Prüfregel für die Annahmeprobenprüfung, erstellt aus einem Q-Infosatz

Der Prüfbeleg zur Annahmeprobenprüfung wird auf Basis der ermittelten Prüfregel automatisch in EWM erstellt und ist als Referenzbeleg auf Anlieferpositionsebene sichtbar (siehe Abbildung 8.55). Der Prüfbeleg wird sofort freigegeben, und bei Integration mit SAP ERP wird das Los sofort angelegt.

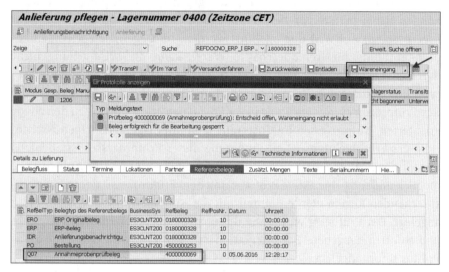

Abbildung 8.55 WE-Sperre prüfen und Annahmeprobenprüfbeleg in der Transaktion /SCWM/PRDI (Anlieferung pflegen) anzeigen

Im QIE-QM-Szenario erfolgt die Annahme der Annahmeprobenprüfung in SAP ERP mit der Transaktion QA11 auf Basis des erstellten Prüfloses. Nach Eingabe des Verwendungsentscheids (VE) wird dieser mit Sichern des Prüfloses an EWM übertragen, und in EWM werden das Prüfdokument mit dem Systemstatus (QI04 = Entscheid getroffen) sowie das Feld ENTSCHEIDUNG mit dem entsprechenden VE aktualisiert. Anhand dieses VE wird in EWM eine logistische Folgeaktion angestoßen (siehe Abschnitt 8.6.5, »Qualitätsprüfung im Wareneingang«), die einem internen Folgeaktionscode zugeordnet ist. Für den Prüfprozess *Annahmeprobenprüfung* wurde ein neuer interner Folgeaktionscode 7 (WE nach vorgezogener Prüfung mit Einschränkung zulassen) implementiert. Durch diesen Folgeaktionscode besteht die Möglichkeit, die WE-Buchung unter Vorbehalt zuzulassen.

Dabei prüft EWM, ob eine weitere Prüfregel mit Prüfprozess 0 (Prüfung nach WE-Buchung) existiert. Falls das so ist, wird ein weiteres Prüfdokument zur Folgeprüfung erstellt, und die WE-Buchung erfolgt in der Bestandsart, die der lokationsunabhängigen Bestandsart in der Prüfregel zugeordnet ist. Existiert keine weitere Prüfregel mit dem Prüfprozess 0, erfolgt die WE-Buchung in die Bestandsart entsprechend der lokationsunabhängigen Bestandsart aus der

Folgeaktion. Bei den übrigen internen Folgeaktionscodes besteht je nach VE nur die Möglichkeit, die WE-Buchung entweder zuzulassen oder abzulehnen.

Vorabprüfung in der Produktion

Die Vorabprüfung wird für intern gefertigte Waren verwendet. Prüfungen können dabei bereits vor der WE-Buchung (von der Produktion bis zum Lagerbestand) in EWM durchgeführt werden. Im Gegensatz zur Annahmeprobenprüfung für fremdbeschaffte Waren kann die WE-Buchung nicht durch eine Fehlermeldung gesperrt werden, d. h., WE-Buchung und Einlagerung sind in diesem Prüfprozess auch ohne VE möglich. Die Aktivierung für den Prüfprozesses *Vorabprüfung in der Produktion* erfolgt analog zu den zuvor erläuterten Prüfprozessen im Customizing mit der lagerabhängigen Aktivierung des Prüfobjekttyps. Die Aktivierung dieses Prüfprozesses ist ebenfalls nur für den Prüfobjekttyp 4 (POT 4: Q-Prüfung Produkt/Charge Anlieferung) möglich und setzt eine aktive Prüfregel mit dem Prüfprozess 2 voraus. Die entsprechenden Regeln werden immer mit der Kumulierungsart *Referenz Beleg* angelegt. Der Prüfbeleg wird ohne Bezug zu einer Anlieferposition angelegt und sofort freigegeben. Bei Integration mit SAP ERP wird damit auch das Prüflos sofort angelegt.

Für den Prüfprozess *Vorabprüfung in der Produktion* gibt es zwei Varianten:

▶ **Vorabprüfung der Anlieferung zum Produktionsauftrag in EWM**
Dieser Prüfprozess existiert bereits seit dem EWM-Release 5.0, wobei bei diesem Prüfprozess nicht vorzeitig mit der Prüfung begonnen werden kann und auf alle Rückmeldungen zum Fertigungs-/Produktionsauftrag (also auf alle gebuchten Wareneingänge) gewartet werden muss.

▶ **Vorabprüfung mit Freigabe des Fertigungs-/Produktionsauftrags in SAP ERP**
Abbildung 8.56 verdeutlicht den Prozessablauf für die Vorabprüfung mit Freigabe des Fertigungs- und Produktionsauftrags (FA/PA):

Der Prozess startet mit Freigabe des Fertigungs-/Produktionsauftrags in SAP ERP. Mit Freigabe des Fertigungsauftrags prüft SAP ERP im Steuerschlüssel, ob der Produktionslagerort EWM-verwaltet ist. Falls ja, werden die Produktionsauftragsdaten automatisch durch Ausführung des Reports RQBPPEXT per BTE initial an EWM übertragen, und in EWM wird die Prüfplanung für die Weiterverarbeitung der Daten aufgerufen. Der Report wird ebenfalls automatisch aufgerufen, falls für den freigegebenen Auftrag eine Löschvormerkung gesetzt wird oder die Chargennummer in SAP ERP geändert wird.

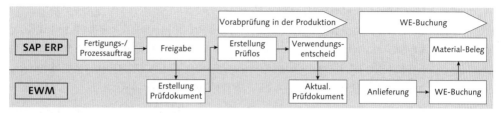

Abbildung 8.56 Prozessablauf Vorabprüfung in der Produktion nach Freigabe des FA/PA

EWM prüft, ob zu diesem FA/PA bereits ein Folgebeleg in Form einer Anlieferung in EWM existiert. Falls ja, ist ein Löschen des Prüfdokuments in EWM nicht mehr möglich.

Auf Basis der übertragenen Auftragsdaten wird in EWM die entsprechende Prüfregel ermittelt, und aus dieser wird wiederum abgeleitet, ob eine Prüfung stattfinden soll. Falls eine Prüfung relevant ist, wird in EWM ein entsprechendes Prüfdokument mit Referenz zum FA/PA angelegt. Dieser Prüfbeleg hat zunächst noch keinen Bezug zur Anlieferung, da diese zu diesem Zeitpunkt noch nicht vorhanden ist. Der Losumfang im Prüfbeleg entspricht der Auftragsmenge.

Die relevanten Prüfdaten werden anschließend per RFC von EWM an SAP ERP kommuniziert, und in SAP ERP wird ein Prüflos erzeugt. Der VE wird in SAP ERP getroffen und an EWM übertragen. Die Anlieferung wird in EWM mithilfe von Transaktion /SCWM/GRPI (Vorbereitung WE-Fertigung durch Verwendung von EGRs) und auf Basis von Produktionsaufträgen manuell erstellt (siehe Abschnitt 8.2.1, »Ankündigung von Anlieferungen«). Über die FA/PA-Nummer hat der Prüfbeleg Bezug zur Anlieferung, und der Losumfang des Prüfbelegs wird mit der Lieferpositionsmenge aktualisiert. Werden auf Basis des EGRs weitere Anlieferungen erstellt, wird der Losumfang im Prüfbeleg entsprechend kumuliert. Auf Basis der Anlieferung erfolgt anschließend die WE-Buchung. Im Gegensatz zur Annahmeprobenprüfung kann die WE-Buchung nicht abgelehnt werden: Je nach logistischer Folgeaktion bzw. internem Funktionscode kann die WE-Buchung nur zugelassen oder mit Vorbehalt zugelassen werden. Die Bestandsart wird je nach VE ermittelt. Im Fall der Annahme/Ablehnung wird die Bestandsart verwendet, die der lokationsunabhängigen Bestandsart aus der Folgeaktion/Prüfregel zugeordnet ist.

Wiederkehrende Prüfungen

In EWM können für chargenpflichtige Produkte wiederkehrende Prüfungen in vordefinierten Intervallen geplant und durchgeführt werden. Voraussetzung dafür ist, dass im Lagerproduktstamm in der lagernummernabhängigen Sicht LAGERDATEN das Feld PRÜFINTERVALL gepflegt ist.

Der Prozess startet mit der Anlage einer Charge in EWM für eine entsprechende Anlieferungsposition. Dies geschieht entweder manuell in der Transaktion /SCWM/PRDI (Anlieferung pflegen) oder automatisch beim Verteilen der Anlieferung von SAP ERP nach EWM. Mit Erstellung der Charge berechnet EWM automatisch das nächste Prüfdatum:

Nächstes Prüfdatum = Ausgangsdatum (Systemdatum der angelegten Charge oder Produktionsdatum (Merkmal LOBM_HSDAT)) + Prüfintervall in Tagen

Diese Information wird dann im Chargenmerkmal LOBM_QNDAT (Nächstes Prüfdatum der Charge) gespeichert. Falls bereits ein Bestand entschieden wurde, wird das Prüfdatum als Ausgangsdatum für die Berechnung verwendet.

Kundenspezifische Ermittlung des Prüfdatums

Im BAdI /SCWM/EX_QFU_BATCH_DATA (Bewertung Charge: Zusätzliche Merkmale) kann eine kundenspezifische Logik zur Ermittlung des nächsten Prüfdatums vorgenommen werden.

Durch Ausführen des Reports /SCWM/R_STOCK_TYPE_CHANGE (entweder manuell oder als Hintergrundjob) ermittelt EWM pro Charge das nächste Prüfdatum und erstellt bei erreichten bzw. überschrittenen Prüfterminen automatisch die notwendigen Prüfdokumente (siehe Abbildung 8.57). Wichtig dabei ist, dass der Report im Ausführungsmodus PRÜFBELEG(E) ANLEGEN UND BESTAND AUF QM-BESTAND BUCHEN ausgeführt wird. Die lokationsunabhängige Bestandsart QQ wird nicht direkt im Report gesetzt, sondern kommt auch hier aus der ermittelten Prüfregel.

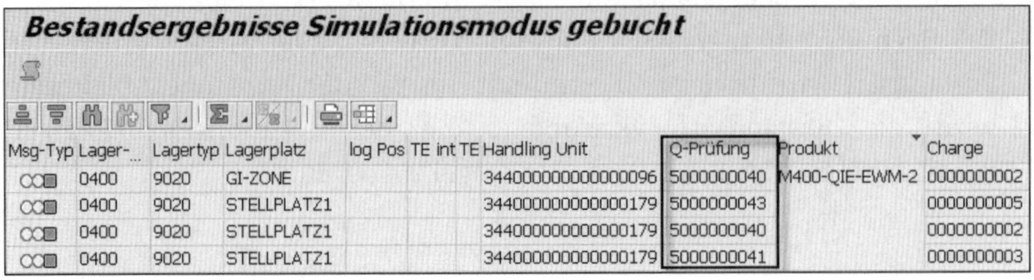

Bestandsergebnisse Simulationsmodus gebucht

Msg-Typ	Lager-	Lagertyp	Lagerplatz	log Pos	TE int	TE Handling Unit	Q-Prüfung	Produkt	Charge
○○▣	0400	9020	GI-ZONE			344000000000000096	5000000040	M400-QIE-EWM-2	0000000002
○○▣	0400	9020	STELLPLATZ1			344000000000000179	5000000043		0000000005
○○▣	0400	9020	STELLPLATZ1			344000000000000179	5000000040		0000000002
○○▣	0400	9020	STELLPLATZ1			344000000000000179	5000000041		0000000003

Abbildung 8.57 Prüfbelege für wiederkehrende Prüfungen im Report /SCWM/R_STOCK_TYPE_CHANGE

Anschließend wird für den Prüfbeleg in Transaktion /SCWM/QIDPR oder bei Integration mit SAP ERP-QM in der Transaktion QA11 (Produktprüfbeleg bearbeiten) ein VE getroffen.

8.6.6 Einlagerung

Die Einlagerung erfolgt in der Prozesskette nach der Wareneingangssteuerung und stellt den abschließenden Prozess im Wareneingang dar. Der Prozessschritt der Einlagerung kann in zwei Teilprozessschritte unterteilt werden:

▸ **Einlagerungsvorbereitung**
In diesem Teilschritt wird die Lageraufgabe zur Einlagerung auf Basis der Einlagerstrategie erstellt, und die Zuweisung zur geeigneten Ressource erfolgt.

▸ **Einlagerungsdurchführung**
In diesem Teilschritt werden die Einlager-Lageraufgabe quittiert und gegebenenfalls Ausnahmebehandlungen durchgeführt, wenn z. B. der ermittelte Einlagerplatz nicht verfügbar ist.

Während der Erstellung der Einlager-Lageraufgabe wird der finale Einlagerplatz durch die Auswahl der geeigneten Einlagerstrategie aufgrund von Stammdaten bestimmt, die entweder manuell oder über die Lagerungsdisposition sowie über die entsprechenden Customizing-Einstellungen gefunden werden.

Einlagerstrategien

Einlagerstrategien stellen verschiedene Ausprägungen des Einlagerungsprozesses aus betriebswirtschaftlicher Sicht dar. Konkret dienen sie dazu, für eine bestimmte Menge eines Produkts, basierend auf den Eigenschaften des Produkts, des ermittelten Lagertyps und Lagerbereichs, den geeigneten Lagerplatz zu bestimmen. In EWM sind folgende Einlagerstrategien einstellbar:

▸ **Manuelle Eingabe**
EWM ermittelt keinen Lagerbereich und Lagerplatz. Bei der Lageraufgabenerstellung geben Sie den Nach-Lagerplatz manuell ein.

▸ **Fixplatz**
Diese Strategie wenden Sie an, wenn Sie ein Produkt auf Fixlagerplätze in einem Lagertyp einlagern möchten. Die Zuordnung von Fixplätzen pro Produkt erfolgt manuell direkt am Produktstamm mit der Transaktion /SCWM/MAT1 oder über die Transaktion /SCWM/BINMAT. In EWM ist

die Zuordnung eines oder mehrerer Fixplätze pro Produkt im gleichen Lagertyp möglich. Auf der Registerkarte Lagertypdaten der Transaktion /SCWM/MAT1 oder bei der Definition des Lagertyps im EWM-Customizing unter dem Pfad Stammdaten • Lagertyp definieren können Sie eine maximale Anzahl Lagerplätze pro Produkt in dem jeweiligen Lagertyp definieren.

▶ **Nähe Kommissionierfixplatz**
Diese Strategie ist für den Fall gedacht, dass sich in einem Kommissionierlagertyp mit Fixplätzen Reservelagerplätze eines Reservelagertyps direkt über den Fixplätzen befinden (nahe Reserve). Sie können einstellen, dass EWM bei der Einlagerung zuerst versucht, in den Fixplatz einzulagern. Sollte dort eine Einlagerung nicht möglich sein, sucht das System in derselben Säule nach einem passenden Reserveplatz im Reservelagertyp. Dabei beginnt das System von unten und arbeitet sich nach oben. Wenn kein passender Lagerplatz mit ausreichender Kapazität gefunden werden kann, wird zuerst rechts und dann links des Fixplatzes in demselben Gang gesucht. Danach wird in den benachbarten Gängen von unten nach oben gesucht. Voraussetzung für diese Strategie ist, dass Fixplatzlagertyp und Reservelagertyp dieselbe Koordinatenstruktur haben.

▶ **Freilager**
Mit dieser Strategie ermittelt das System einen Lagerplatz in einem Freilagerbereich. Ein Freilager ist eine Form der Lagerorganisation, bei der Sie einen einzigen Lagerplatz pro Lagerbereich definieren. Die Quants auf dem Lagerplatz können auch in Mischbelegung vorliegen. Für jeden Lagertyp können Sie einen oder mehrere Freilagerbereiche definieren.

▶ **Zulagerung**
Bei dieser Strategie lagert das System bevorzugt auf Lagerplätzen ein, auf denen bereits Bestände des jeweiligen Produkts und der jeweiligen Charge liegen. Voraussetzung für die Zulagerung ist, dass auf dem entsprechenden Lagerplatz genügend freie Kapazität vorhanden ist. Wenn das System keinen Lagerplatz mit demselben Produkt und derselben Charge findet oder wenn die freie Kapazität des Lagerplatzes nicht ausreicht, um zuzulagern, sucht das System nach dem nächsten leeren Lagerplatz.

▶ **Leerplatz**
Bei dieser Strategie schlägt das System einen Leerplatz vor. Mit dieser Strategie unterstützen Sie chaotisch geführte Läger mit Lagerung der Produkte in einzelnen Lagerbereichen. Diese Strategie eignet sich besonders für Hochregal- und Regalläger.

▸ **Palettenlager (nach HU-Typ)**
Bei dieser Einlagerungsstrategie verarbeitet EWM unterschiedliche HU-Typen (z. B. Europaletten, Industriepaletten) und ordnet sie einem geeigneten Unterplatz zu. Lagerplätze können in mehrere kleinere Unterplätze unterteilt werden. Dabei dürfen nur gleiche HU-Typen auf einem Lagerplatz einlagern.

▸ **Blocklager**
Produkte, die in großen Mengen vorkommen und sehr viel Lagerraum beanspruchen, werden oft in Blocklägern gelagert. Bei der Blocklagerverwaltung wird jede Zeile eines Blocklagers im System als ein Lagerplatz dargestellt. Generell ist jede Art der Mischbelegung möglich. Außerdem besteht die Möglichkeit, in einem Blocklager verschiedene HU-Typen mit unterschiedlichen Abmessungen zu verwalten. Beim Aufbau der Blockstrukturen kann pro Lagertyp, Lagerplatztyp, HU-Typ und Blocklagerkennzeichen definiert werden, wie viele Säulen mit welcher Stapelhöhe im Block vorhanden sind. Daraus errechnet EWM die maximale HU-Anzahl. Diese Anzahl kann verringert werden, sofern es notwendig ist. Bei der Lageraufgabenerstellung erfolgt eine Kapazitätsprüfung aufgrund dieser Definition der Blockstruktur. Die Definition von Blocklagerstrukturen und Blocklagerkennzeichen können Sie im EWM-Customizing unter dem Pfad WARENEINGANGSPROZESS • STRATEGIEN • EINLAGERUNGSREGEL • LAGERUNGSVERHALTEN BLOCKLAGER vornehmen.

▸ **Quereinlagerung**
Bei dieser Funktion unterstützt eine Sortierreihenfolge das System bei der Suche nach geeigneten Lagerplätzen. Mit Sortierreihenfolgen können Sie eine einseitige Auslastung des Lagers verhindern und die Einlagerung von Waren optimieren. Wenn Sie keine Sortierreihenfolge festgelegt haben, sortiert das System nach dem Lagerplatznamen.

Findung des finalen Einlagerplatzes

Um in EWM ein Produkt einlagern zu können, ist eine Einlager-Lageraufgabe notwendig. Eine Lageraufgabe ist ein Beleg, der dazu dient, eine Warenbewegung durchführen zu können. Wie in Abbildung 8.58 dargestellt, verwendet EWM bei der Einlagerung eine Lageraufgabe dazu, notwendige Zieldaten ermitteln zu können und dann eine Warenbewegung zur Einlagerung durchzuführen. Diese Zieldaten sind Nach-Lagertyp, Nach-Lagerbereich und Nach-Lagerplatz. Die Findung der einzelnen Zieldaten definieren Sie im Customizing.

1. Lagertypfindung

2. Lagerbereichsfindung

3. Lagerplatztypfindung

4. Bestimmung des finalen Einlagerplatzes

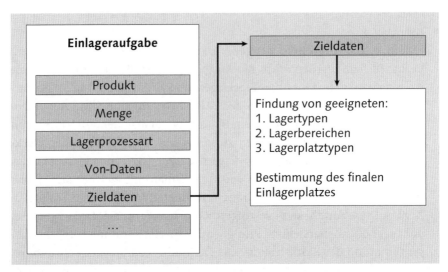

Abbildung 8.58 Zieldaten bei Erstellung der Lageraufgabe zur Einlagerung finden

In den folgenden Abschnitten werden die Findungslogiken der verschiedenen Zieldaten näher beschrieben.

Lagertypfindung

Um für die Einlagerung einen passenden Lagertyp finden zu können, muss vorher manuell eine sogenannte *Lagertypsuchreihenfolge* definiert werden. Dabei werden im System Lagertypen aufgrund verschiedener Einstellungen und Kriterien in eine Reihenfolge gebracht. Lagertypsuchreihenfolgen werden oft nach Produkt-, Verpackungseigenschaften sowie Mengenklassifikationen (z. B. Palette, Behälter) definiert. Dem *Einlagerungssteuerkennzeichen* (ESK) kommt dabei eine wichtige Bedeutung zu. Mit diesem Kennzeichen können Sie steuern, dass bei einer Einlagerung bestimmte Produkte bevorzugt in bestimmten Lagertypen eingelagert werden. Das Kennzeichen wird im Produktstamm dem jeweiligen Produkt zugeordnet. Mit Durchführung der Lagerungsdisposition können Sie sich das ESK pro Produkt bestimmen lassen (siehe Abschnitt 8.7.2, »Lagerungsdisposition«). Abbildung 8.59 veranschaulicht den Sachverhalt an einem Beispiel. Für Produkte, die z. B. auf

Paletten gelagert werden, soll die Ware zuerst im Kommissionierlagertyp ❶ eingelagert werden. Kann in diesem Lagertyp entsprechend der Einlagerstrategie (z. B. Leerplatz) kein Einlagerplatz ermittelt werden, wird im nächsten Schritt der Lagertyp »nahe Reserve« ❷ nach einem geeigneten Einlagerplatz durchsucht. Sollte auch hier keine Einlagerung möglich sein, erfolgt die Lagerplatzsuche im Reservelagertyp ❸.

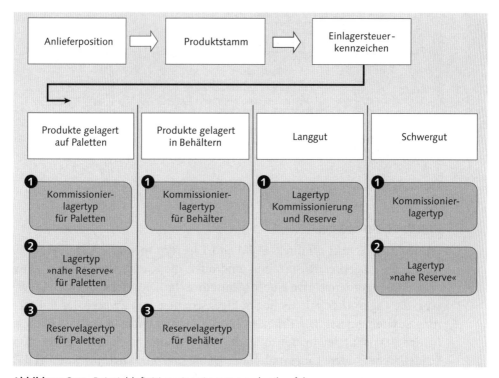

Abbildung 8.59 Beispieldefinition einer Lagertypsuchreihenfolge

Die Lagertypfindung definieren Sie im EWM-Customizing unter dem Pfad WARENEINGANGSPROZESS • STRATEGIEN • LAGERTYPFINDUNG. Hier nehmen Sie folgende Schritte vor:

▸ Definition des ESK

▸ Zuordnung der Lagertypen zur Lagertypsuchreihenfolge

▸ Definition der Lagertypsuchreihenfolge für die Einlagerung

▸ Bestimmung der Lagertypsuchreihenfolge für die Einlagerung anhand verschiedener Kriterien

▸ Optimierung der Zugriffsstrategie für die Lagertypfindung zur Reduzierung der Einträge in der Lagertypfindungstabelle

Abbildung 8.60 stellt die Kriterien dar, die für die Findung einer geeigneten Lagertypsuchreihenfolge in EWM berücksichtigt werden:

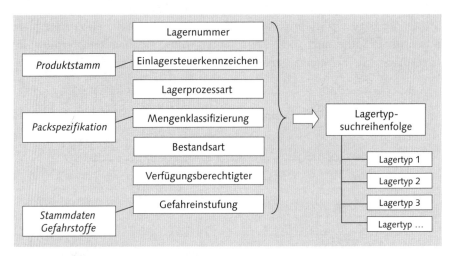

Abbildung 8.60 Kriterien für die Bestimmung der Lagertypsuchreihenfolge

Lagerbereichsfindung

Im nächsten Schritt ermittelt EWM pro Lagertyp mögliche Lagerbereiche, sofern die Lagerbereichsprüfung und/oder die Gefahrstoffprüfung aktiv sind. Ein Lagerbereich ist eine organisatorische Unterteilung eines Lagertyps, die Lagerplätze mit ähnlichen Eigenschaften zum Zwecke der Einlagerung zusammenfasst. Die Kriterien für die Zusammenfassung sind beliebig. In der Praxis findet man häufig die Unterteilung nach Gängigkeit, also Schnelldreher oder Langsamdreher. Dem *Lagerbereichskennzeichen* (LBK) kommt dabei eine wichtige Bedeutung zu. Dieses Kennzeichen steuert, dass das System bei einer Einlagerung das Produkt bevorzugt einem bestimmten Lagerbereich zuordnet. Das Kennzeichen wird im Produktstamm dem jeweiligen Produkt zugeordnet. Mit Durchführung der Lagerungsdisposition können Sie sich das LBK pro Produkt bestimmen lassen (siehe Abschnitt 8.7.2, »Lagerungsdisposition«). Die Lagerbereichsfindung definieren Sie im EWM-Customizing unter dem Pfad WARENEINGANGSPROZESS • STRATEGIEN • LAGERBEREICHSFINDUNG. Hier definieren Sie:

▶ LBK

▶ Lagerbereichsprüfung

▶ Lagerbereichssuchreihenfolge

Abbildung 8.61 zeigt die Kriterien für die Ermittlung möglicher Lagerbereiche.

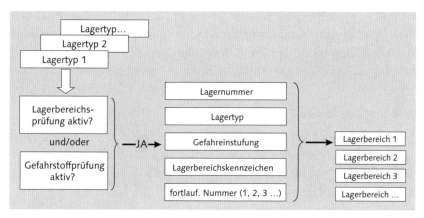

Abbildung 8.61 Kriterien für die Lagerbereichssuchreihenfolge

Lagerplatztypfindung

Auf Lagertypebene können Sie einstellen, ob geprüft werden soll, dass der HU-Typ für den Nach-Lagertyp erlaubt ist. Falls die Prüfung aktiv ist, ermittelt EWM im nächsten Schritt pro Lagertyp mögliche Lagerplatztypen. Mit dem Lagerplatztyp haben Sie die Möglichkeit, Ihre Lagerplätze gemäß ihren physischen Eigenschaften in Gruppen einzuteilen. Mit Durchführung der Lagerungsdisposition können Sie sich einen bevorzugten Platztyp bestimmen lassen (siehe Abschnitt 8.7.2, »Lagerungsdisposition«). Den Lagerplatztyp definieren Sie im EWM-Customizing unter dem Pfad WARENEINGANGSPROZESS • STRATEGIEN • LAGERPLATZFINDUNG • LAGERPLATZTYPEN DEFINIEREN. Die Einstellungen zur Lagerplatztypfindung können Sie im EWM-Customizing unter dem zuvor genannten Pfad im Menüpunkt HU-TYPEN in der Tabelle HU-TYPEN JE LAGERPLATZTYP DEFINIEREN vornehmen. Abbildung 8.62 stellt die Kriterien dar, die für die Findung geeigneter Lagerplatztypen in EWM berücksichtigt werden.

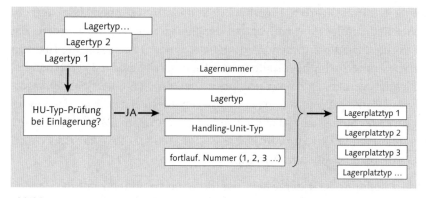

Abbildung 8.62 Kriterien für die Findung der Lagerplatztypsuchreihenfolge

Falls die HU-Typ-Prüfung nicht aktiv ist, ermittelt EWM den Lagerplatztyp, der dem Lagertyp direkt zugeordnet ist. Diese Zuordnung definieren Sie im EWM-Customizing unter dem Pfad WARENEINGANGSPROZESS • STRATEGIEN • LAGERPLATZFINDUNG • LAGERPLATZTYPEN ZU LAGERTYPEN ZUORDNEN.

Bestimmung des finalen Einlagerplatzes

Die Ermittlung geeigneter Lagertypen, Lagerbereiche und Platztypen führt zu möglichen Kombinationen für die Bestimmung des finalen Einlagerplatzes. In Abbildung 8.63 sehen Sie als Beispiel eine Kombinationsmatrix von Lagerbereichen und Platztypen für den Lagertyp 1.

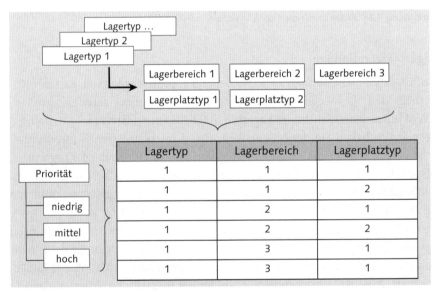

Abbildung 8.63 Kombinationen geeigneter Lagerbereiche und Platztypen pro Lagertyp

Über die Priorität Lagertyp, Lagerbereich und Platztyp können Sie steuern, in welcher Reihenfolge Alternativen bei der Einlagerung geprüft werden. Hat die Priorität Platztyp z. B. den Wert NIEDRIG, werden zuerst die alternativen Platztypen untersucht, bevor alternative Lagerbereiche oder Lagertypen berücksichtigt werden. Der Wert HOCH bedeutet also, dass der finale Einlagerplatz vom Platztyp 1 sein soll, da er in unserem Beispiel der Lagerplatzfindung an erster Stelle steht. Die Priorität definieren Sie im EWM-Customizing unter dem Pfad WARENEINGANGSPROZESS • STRATEGIEN • LAGERNUMMERPARAMETER FÜR DIE EINLAGERUNG DEFINIEREN.

Wie in Abbildung 8.64 dargestellt, werden nun beginnend mit dem ersten Eintrag die Einstellungen auf Lagertypebene überprüft und sowohl allgemeine Einstellungen als auch einlagerungsrelevante Daten bei der Ermittlung des finalen Einlagerplatzes berücksichtigt. So wird z. B. auf Lagertypebene eingestellt, ob es sich um einen fixplatzverwalteten oder dynamisch verwalteten Lagertyp handelt, ob Mischbelegung oder Zulagerung erlaubt sind und nach welcher Logik ein passender Lagerplatz in dem Lagertyp gesucht werden sowie die Kapazitätsprüfung erfolgen soll.

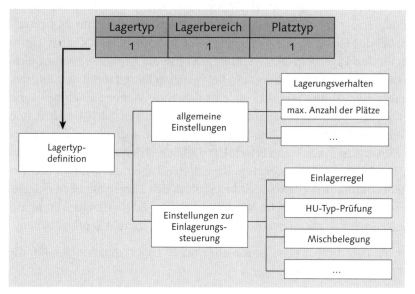

Abbildung 8.64 Einlagerplatzermittlung pro Kombination aus Lagertyp/Lagerbereich/Platztyp auf Basis der Einstellungen im Lagertyp

Die pro Lagertyp relevanten Parameter zur Einlagerung definieren Sie im EWM-Customizing unter dem Pfad STAMMDATEN • LAGERTYP DEFINIEREN.

Für die Einlagerungssteuerung sind insbesondere folgende Parameter von Bedeutung:

▸ **Lagerbereichsprüfung**
Bewirkt, dass bei einer Einlagerung der Lagerbereich berücksichtigt werden soll.

▸ **HU-Typ-Prüfung**
Prüft, ob der Handling-Unit-Typ der Lageraufgabe für den Nach-Lagertyp erlaubt ist.

▸ **Prozessorient. Lagerungssteuerung/Einlagerung sind beendet**
Dieses Kennzeichen schließt die Lageranforderung bzw. die Anlieferposition bezüglich des Einlagerungsprozesses ab. Dabei wird die tatsächlich eingelagerte Menge in den Belegfluss der Lageranforderung geschrieben.

▶ **Einlagerungsregel**

Bestimmt, nach welcher Logik das System beim Einlagern Nachplätze findet, z. B. Zulagerung/Leerplatz: Es werden zuerst teilbelegte Plätze gesucht. Falls keine teilbelegten Plätze gefunden werden, werden danach leere Plätze gesucht.

▶ **Kapazitätsprüfung**

Mit diesem Eintrag bestimmen Sie, ob und – falls ja – wie die Kapazitätsprüfung erfolgen soll. Bei einem Einlagerungsvorgang kann es sinnvoll sein, bei der Suche nach einem geeigneten Lagerplatz eine Kapazitätsprüfung für den Lagerplatz durchzuführen. Wenn die Kapazitätsprüfung aktiviert worden ist, prüft das System bei der Erstellung einer Lageraufgabe, ob der ausgewählte Lagerplatz die einzulagernde Menge aufnehmen kann oder nicht. Standardmäßig sind in EWM Prüfungen nach Gewicht und Volumen aktiviert. Außerdem ist es möglich, eine sogenannte *dimensionslose Kapazitätskennzahl* zu verwenden. Dabei werden den Produkten und den Lagerplätzen dimensionslose Kapazitäten zugeordnet, mit denen das System automatisch entscheiden kann, ob in den Lagerplatz noch eingelagert werden kann oder nicht. Voraussetzung für die Kapazitätsprüfung ist, dass Sie in den Stammdaten der Lagerplätze Kapazitäten gepflegt haben.

Darüber hinaus sind u. a. folgende allgemeine Lagertypparameter für die Einlagerung relevant:

▶ **Fixplätze benutzen**

Damit steuern Sie, ob in diesem Lagertyp mit Fixlagerplätzen oder dynamischen Plätzen gearbeitet wird.

▶ **Lagerungsverhalten**

Legt die generelle Struktur des Lagertyps fest. Es wirkt sich insbesondere auf die Nachplatzsuche bei der Einlagerung aus, z. B. *normales Lager*: Die Plätze des Lagertyps besitzen keine speziellen Eigenschaften oder *Palettenlager*. Zu einem Hauptplatz werden bei der ersten Einlagerung abhängig vom HU-Typ mehrere gleichartige Unterplätze angelegt.

▶ **HU-Pflicht**

Einstellung, ob z. B. HUs in diesem Lagertyp nicht erlaubt sind oder Bestände nur mit HU auf dem Lagerplatz eingelagert werden können.

Die zuvor genannten Einlagerungsstrategien bilden Sie im System mit verschiedenen Einstellungen ab, insbesondere mit dem Lagerungsverhalten und der Einlagerungsregel des ermittelten Lagertyps. Wenn Sie z. B. die Strategie LEERPLATZ verwenden, haben Sie u. a. für folgende Parameter folgende Werte gepflegt:

▶ Lagerungsverhalten: z. B. normales Lager

▶ Einlagerregel: Leerplatz

Wenn Sie die Strategie ZULAGERUNG einstellen, müssen Sie u. a. folgende Parameter mit entsprechenden Werten definieren:

▶ Lagerungsverhalten: z. B. normales Lager

▶ Einlagerregel: Zulagerung/Leerplatz

▶ Kennzeichen: Zulagerung verboten: z. B. (leer) (Zulagerung generell erlaubt)

▶ Kapazitätsprüfung: z. B. (leer) (Prüfung erfolgt nicht nach Kapazitätsfaktor, sondern nach Gewicht und Volumen, sobald ein maximales Gewicht oder Volumen im Platz angegeben sind)

Nachdem EWM den finalen Einlagerplatz ermittelt und die Lageraufgabe erstellt hat, wird die Lageraufgabe bzw. der entsprechende Lagerauftrag einer geeigneten Ressource auf Basis der Einstellungen im Ressourcenmanagement (siehe Abschnitt 11.1, »Ressourcenmanagement«) zugewiesen.

Einlagerungsdurchführung

Die Quittierung der Lageraufgaben für die Einlagerung erfolgt im papierbasierten Szenario mit der Desktop-Transaktion /SCWM/TO_CONF, die Sie im SAP-Easy-Access-Menü in EWM unter dem Menüpunkt AUSFÜHRUNG finden. Darüber hinaus können Sie, wie in Abbildung 8.65 dargestellt, die Quittierung auch im Lagermonitor mit der entsprechenden Monitormethode vornehmen.

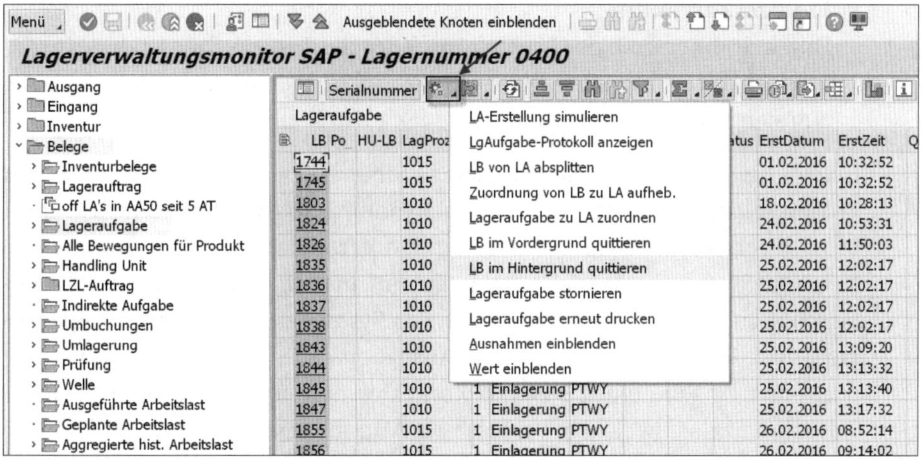

Abbildung 8.65 Lageraufgaben im Lagermonitor quittieren

Im Radio-Frequency-Umfeld bietet Ihnen der EWM-Standard je nach Prozess verschiedene Radio-Frequency-Transaktionen zur Rückmeldung der Lageraufgaben auf den finalen Einlagerplatz (siehe Abbildung 8.66).

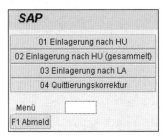

Abbildung 8.66 Radio-Frequency-Menü zur Quittierung von Einlager-Lageraufgaben

Hier haben Sie, je nach Prozessanforderung, verschiedene Möglichkeiten, Lageraufgaben zu quittieren:

- ▶ **Einlagern nach HU**
  Durch Scannen der einzulagernden HU werden im Folgescreen die Nachplatzdaten zur Verifizierung angezeigt.

- ▶ **Einlagern nach HU (clustered)**
  Hier können Sie die einzulagernden HUs nacheinander scannen. In den Folgescreens werden Ihnen nacheinander in der entsprechenden Reihenfolge die Nachplatzdaten zur Verifizierung angezeigt.

- ▶ **Einlagern nach Lagerauftrag**
  Durch Scannen des Lagerauftrags werden im Folgescreen die Nachplatzdaten zur Verifizierung angezeigt.

- ▶ **Einlagerkorrektur**
  Durch Scannen z. B. des Nachplatzes oder des Lagerauftrags haben Sie die Möglichkeit, die bereits quittierte Produkt-Lageraufgabe durch Eingabe eines entsprechenden Ausnahmecodes zu korrigieren.

Eine der wichtigsten Herausforderungen im Lager ist eine flexible und dem Prozessablauf angepasste Ausnahmebehandlung. In EWM können Sie je nach Prozess verschiedene Ausnahmecodes definieren und haben so die Möglichkeit, dem System die Ausnahmesituation mitzuteilen, um die Information einfach nur zu speichern oder zusätzlich das System zu veranlassen, frei konfigurierbare Folgeaktionen zu starten. Ausnahmecodes werden im Customizing u. a. unter Angabe eines Business-Kontextes definiert, der steuert, welcher Ausnahmecode in welchem Prozess vom Mitarbeiter verwendet werden darf.

Ausnahmecodes werden zu sogenannten *internen Prozesscodes* zugeordnet, die interne Prozesse nach Ausführung eines Ausnahmecodes steuern.

Beispiel: Ausnahmecode zur Änderung des Nachplatzes definieren
In der Praxis kommt es vor, dass bei Durchführung der Einlagerung der Nachplatz nicht zugänglich ist. Daher definieren Sie für die Quittierung z. B. von Produkt-Lageraufgaben zur Einlagerung im Radio-Frequency-Umfeld (Business-Kontext) einen Ausnahmecode LAGERPLATZ ÄNDERN (z. B. AENP) und ordnen dem Ausnahmecode den internen Prozesscode CHBN zu. Mit Eingabe des Ausnahmecodes AENP durch den Mitarbeiter auf dem Radio-Frequency-Gerät durch den internen Prozesscode CHBN kann der Anwender über den automatischen Aufruf einer Bildschirmmaske den Lagerplatz ändern.

Tabelle 8.4 listet die internen Prozesscodes auf, die für die Quittierung von Lageraufgaben zur Einlagerung für Desktop- und Radio-Frequency-Transaktionen im EWM-Standard-Customizing ausgeliefert werden – inklusive des Systemverhaltens in EWM.

Interner Prozesscode	Beschreibung	Systemverhalten
CHBA	Änderung der Charge	Radio Frequency: Folgescreen mit eingabebereitem Feld CHARGE Desktop: Feld CHARGE wird eingabebereit.
CHHU	Änderung der Nach-HU	nur Radio Frequency: Folgescreen mit eingabebereitem Feld NACH-HU
DIFF	Änderung der einzulagernden Menge	Radio Frequency und Desktop: Erfassung einer Mengendifferenz ▸ auf den Von-Lagerplatz ▸ auf ein Differenzenkonto ▸ zulasten der Anlieferung gemäß dem Differenztyp, der dem Ausnahmecode zugeordnet ist
SKFD	Überspringen des Validierungsfeldes	Radio Frequency: aktuelles Validierungsfeld wird für Eingabe geschlossen, da z. B. der Barcode nicht gelesen werden kann
SKVA	Überspringen aller Validierungsfelder	Alle Validierungsfelder auf dem Radio-Frequency-Screen werden geschlossen.

Tabelle 8.4 Interne Prozesscodes zur Definition von Ausnahmecodes für die Einlagerung

Detailliertere Informationen zur Ausnahmebehandlung finden Sie in Abschnitt 11.4, »Ausnahmebehandlung«. Ausnahmecodes können Sie sowohl in Desktop- als auch in Radio-Frequency-Transaktionen verwenden.

8.7 Sonderfälle im Wareneingangsprozess

In den folgenden Abschnitten werden die Sonderfälle *Chargenabwicklung* und *Lagerungsdisposition* im Wareneingang inklusive der wichtigsten Einstellungen im Customizing näher beschrieben:

8.7.1 Chargenabwicklung im Wareneingangsprozess

Dieser Abschnitt beschreibt zunächst die Kommunikation zwischen SAP ERP und EWM beim Anlegen bzw. Ändern von Chargen in EWM. Anschließend werden die Möglichkeiten der Chargenverwaltung erläutert, wie z. B. die Klassifizierung von Chargen oder die Chargenzustandsverwaltung.

Kommunikation zwischen SAP ERP und SAP EWM

Die EWM-Chargenverwaltung benötigt das SAP-ERP-System als führendes Stammdatensystem; das bedeutet, dass Erstellung und Änderung von Chargen stets in SAP ERP ausgeführt werden. Folgende Voraussetzungen müssen erfüllt sein, um Chargen in EWM nutzen zu können:

▶ Das Produkt muss sowohl in SAP ERP wie auch in EWM als chargenpflichtig im Material- bzw. Produktstammsatz gekennzeichnet sein.

▶ Das Produkt muss in SAP ERP einer Klasse der Klassenart 023 zugeordnet sein, womit die Chargen werksübergreifend und damit auf Materialstammebene eindeutig sind.

▶ Die Übertragung der Klassen- und Merkmalsstammdaten von SAP ERP nach EWM über CIF muss erfolgt sein.

Voraussetzungen für die Verwendung von Chargen in SAP EWM

Sie können in EWM nur mit Chargen arbeiten, wenn Sie die Chargen in den angeschlossenen SAP-ERP-Systemen eindeutig auf Materialebene oder Mandantenebene definiert haben. Die Einstellung CHARGEN EINDEUTIG AUF WERKSEBENE wird nicht unterstützt. Chargenattribute werden in EWM als Merkmalsbewertungen zur Chargenklasse abgebildet. Die Zuordnung einer geeigneten Chargenklasse der Klassenart 023 im SAP-ERP-Produktstamm ist Voraussetzung für die Arbeit mit Chargenattributen in EWM.

Der Daten- und Informationsfluss zwischen SAP ERP und EWM ist in Abbildung 8.67 dargestellt.

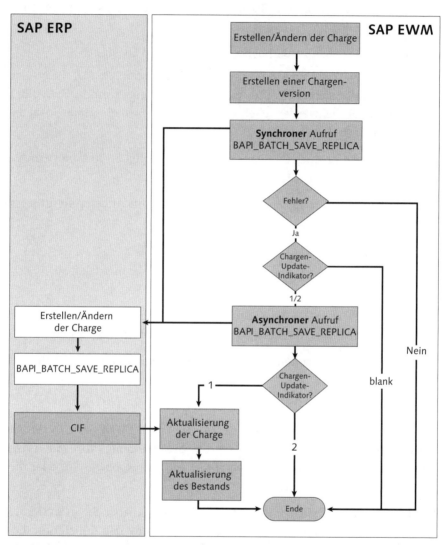

Abbildung 8.67 Daten- und Informationsfluss zwischen SAP ERP und SAP EWM beim Erstellen/Ändern der Charge

Die Erstellung bzw. Änderung von Chargen kann in EWM erfolgen. Dabei werden die Daten über die Schnittstelle BAPI_BATCH_SAVE_REPLICA synchron von EWM nach SAP ERP übertragen. Auf Basis dieser Daten wird in SAP ERP die Charge angelegt bzw. geändert. Anschließend werden die Chargen- und Klassifizierungsdaten über CIF von SAP ERP nach EWM repliziert. Für den

Fall, dass der synchrone BAPI-Aufruf fehlschlägt (z. B. weil das SAP-ERP-System nicht verfügbar ist), gibt es je nach Einstellung im EWM-Customizing folgende Möglichkeiten, die über die verschiedenen Ausprägungen des *Chargen-Update-Indikators* (CUI) gesteuert werden:

▶ CUI ist blank, d. h., der Verbuchungsvorgang wird abgebrochen.

▶ Bei CUI 1 bzw. 2 wird das BAPI asynchron aufgerufen. Bei CUI = 1 erfolgt zusätzlich die Anlage bzw. die Änderung der Charge lokal in EWM. Bei Chargenänderung werden ebenfalls die betroffenen Bestände lokal in EWM aktualisiert.

Weitere Informationen zu Chargen finden Sie in Kapitel 5, »Bestandsverwaltung«.

In EWM haben Sie bezüglich Chargenabwicklung im Anlieferungsprozess folgende Möglichkeiten:

▶ Chargen entweder manuell oder automatisch anzulegen

▶ Chargen beim Anlegen in der Anlieferung mit Lieferungsdaten zu klassifizieren

▶ die Chargenzustandsverwaltung zu verwenden

▶ die Mindestrestlaufzeit einer Charge vom System prüfen zu lassen

Diese Möglichkeiten werden im Folgenden näher beschrieben.

Automatische oder manuelle Chargenanlage

Mit Übertragung der Anlieferung von SAP ERP nach EWM prüft EWM bei chargenpflichtigen Produkten, ob eine Chargennummer vorhanden ist. Dabei kann die Chargennummer durch SAP ERP vorgegeben sein, oder die Charge wird in EWM angelegt.

Für den Fall, dass die Charge in EWM angelegt wird, haben Sie in EWM die Möglichkeit, die Charge automatisch mit Aktivierung der Anlieferungsbenachrichtigung oder manuell anzulegen. Diese Einstellungen finden Sie im EWM-Customizing unter dem Pfad PROZESSÜBERGREIFENDE EINSTELLUNGEN • CHARGENVERWALTUNG • EINSTELLUNGEN ZUR LIEFERUNG VORNEHMEN.

Die manuelle Anlage der Charge erfolgt über den Button [Chargen] in der Transaktion /SCWM/PRDI, die Sie im SAP-Easy-Access-Menü in EWM unter dem Pfad LIEFERABWICKLUNG • ANLIEFERUNG finden. Dabei können Sie die Chargennummer direkt im Feld CHARGE eingeben oder von EWM direkt erzeugen lassen. Sobald Sie die Anlieferung sichern, erzeugt EWM eine neue

Charge und zieht die Chargennummer aus dem im EWM-Customizing definierten Nummernkreis. Die Anlieferung ist so lange für weitere Lageraktivitäten gesperrt, bis die Chargenanlage erfolgt ist (siehe Abbildung 8.68).

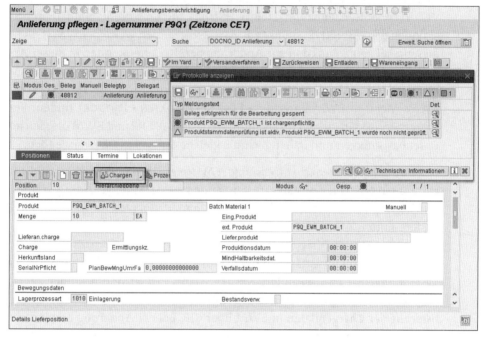

Abbildung 8.68 Fehlerhafte Anlieferung aufgrund fehlender Charge

Die Kommunikation zwischen SAP ERP und EWM erfolgt wie zuvor beschrieben.

Klassifizierung der Charge

Das Anlegen klassifizierter Chargen kann sowohl in SAP ERP als auch in SAP EWM erfolgen. Beim Anlegen klassifizierter Chargen in EWM werden die folgenden SAP-Standardmerkmale automatisch aus den Anlieferdaten gefüllt:

- Ursprungsland
- Verfallsdatum bzw. Mindesthaltbarkeitsdatum
- Herstelldatum
- Lieferantencharge

Bei der Änderung klassifizierter Chargen muss zwischen den verschiedenen Architekturvarianten unterschieden werden.

Wird das Installationsszenario *Gleiche Systeme* (EWM und SAP ERP sind auf einem System installiert) verwendet, können zu einer klassifizierten Charge die Werte für die SAP-Standardmerkmale (beginnend mit LOBM_*), z. B. Ursprungsland (LOBM_HERKL), Mindesthaltbarkeits-/Verfallsdatum (LOBM_VFDAT) oder Herstelldatum (LOBM_HSDAT), nur über die Stammdatentransaktionen des SAP-ERP-Systems (z. B. MSC2N) geändert werden. EWM stellt in diesem Fall keine Funktion zur Änderung bereit. Daher können in dieser Architekturvariante klassifizierte Chargen nicht über die EWM-Transaktion /SCWM/WM_BATCH_MAINTAIN geändert werden, die Sie im SAP-Easy-Access-Menü in EWM unter dem Pfad STAMMDATEN • PRODUKT finden. Beachten Sie, dass in diesem Installationsszenario SAP ERP und EWM die gleiche Datenbasis nutzen und daher auch die gleiche Klassenart 023 verwenden.

Beim Installationsszenario *Eigenständige Systeme* (EWM und SAP ERP sind auf getrennten Systemen installiert) verwenden beide Systeme eine getrennte Datenbasis, d. h., Klassen- und Merkmalsstammdaten werden vom SAP-ERP-System mittels CIF in das EWM-System kopiert. In diesem Installationsszenario entspricht die Klassenart 023 in SAP ERP der Klassenart 230 in EWM. In dieser Architekturvariante können klassifizierte Chargen durch das EWM-System angelegt bzw. geändert werden. Dabei erfolgt intern immer zuerst eine Aktualisierung der Daten in SAP ERP und erst anschließend eine Aktualisierung der Chargendaten in EWM über CIF. Bei der Änderung bestandsrelevanter Merkmale (z. B. Verfallsdatum, Herkunftsland) wird der Bestand innerhalb von EWM ebenfalls aktualisiert. In EWM gibt es verschiedene Möglichkeiten, klassifizierte Chargen im Wareneingangsprozess zu ändern:

▶ durch die Transaktion /SCWM/WM_BATCH_MAINTAIN

▶ über die Transaktion des Qualitätsprüfplatzes /SCWM/QINSP, die Sie im SAP-Easy-Access-Menü in EWM unter dem Menüpunkt AUSFÜHRUNG finden

Chargenzustandsverwaltung

Der Chargenzustand wird über das Merkmal LOBM_ZUSTD abgebildet, das die beiden Ausprägungen FREI bzw. NICHT FREI haben kann. Sie können verhindern, dass Lageraufgaben zu Chargen mit dem Merkmal NICHT FREI angelegt werden dürfen. Darüber hinaus können Sie über ein Kennzeichen an den Lieferattributen steuern, dass nicht freie Chargen nicht wareneingangsgebucht werden können. Mit dem Chargenzustand sind der frei verwendbare Bestand und der nicht freie Bestand im SAP-ERP-System verknüpft. Eine

Änderung des Chargenzustands bewirkt im SAP-ERP-System eine Umbuchung vom frei verwendbaren Bestand in den nicht freien Bestand und umgekehrt. Wenn Sie den Zustand einer Charge im Chargenstammsatz ändern, ändert das SAP-ERP-System automatisch den Zustand aller Teilmengen dieser Charge an allen Lagerorten und löst eine interne Umbuchung des entsprechenden Bestands aus.

Mindestrestlaufzeit prüfen

Innerhalb des Anlieferungsprozesses besteht in EWM die Möglichkeit einer Prüfung der Chargen gegen eine definierte Mindestrestlaufzeit (Zeitspanne, wie lange eine Charge bei der Anlieferung noch mindestens haltbar sein muss), basierend auf dem Wert des Standardmerkmals LOBM_VFDAT. Für die Prüfung der Mindestrestlaufzeit innerhalb des EWM-Systems sind folgende Voraussetzungen notwendig:

- Prüfung im Customizing aktiv (konfigurierbar für Belegtyp, Lagernummer, Positionsart und Belegart)
- Mindestrestlaufzeit am Material-/Produktstamm gepflegt
- Die Anlieferposition des Chargenmaterials enthält einen Wert für das Mindesthaltbarkeitsdatum (LOBM_VFDAT). Ist dies nicht der Fall, wird die Prüfung übersprungen.

Die Prüfung gegen das Mindesthaltbarkeitsdatum der Charge erfolgt ausgehend von der Gesamthaltbarkeit des Produkts und dem aktuellen Datum.

Beispiel zur Prüfung des Mindesthaltbarkeitsdatums

Dies möchten wir an einem Beispiel verdeutlichen: Das aktuelle Datum ist der 01.01.2016; die Gesamthaltbarkeit des Produkts beträgt zehn Tage. Das Mindesthaltbarkeitsdatum ist der 31.01.2016.

11.01.2016 = 01.01.2016 + 10 Tage
(Vergleichsdatum = Aktuelles Datum + Gesamthaltbarkeit)

Somit muss die angelieferte Charge mindestens bis zum 11.01.2016 haltbar sein, was durch das MHD 31.01.2016 erfüllt ist.

Wichtige Customizing-Einstellungen in SAP EWM

Folgende wichtige Einstellungen sind zur Chargenabwicklung im Wareneingang notwendig.

Steuerungsparameter für SAP-ERP-Versionskontrolle

RFC-Aufrufe bei Chargenänderungen/-anlage sind abhängig von der Version des führenden SAP-ERP-Systems. In Abhängigkeit vom Releasestand des SAP-ERP-Systems, das als zentrales Chargenstammdatensystem genutzt wird, können Sie z. B. Folgendes steuern:

Sie können erstens steuern, ob Chargen- und Klassifizierungsänderungen gemeinsam in einem Schritt (einem RFC-Aufruf) oder getrennt in zwei Schritten (zwei RFC-Aufrufen) verbucht werden sollen. Mit Release SAP ERP 6.0 erfolgt die Verbuchung in einem Schritt. In älteren Releases als SAP ERP 6.0 erfolgt sie in zwei Schritten.

Zweitens können Sie steuern, zu welchem Zeitpunkt und auf welche Art Chargensplits an das SAP-ERP-System kommuniziert werden sollen. Mit Release SAP ERP 6.0 werden Chargensplits sofort beim Sichern der Lieferung in EWM an SAP ERP kommuniziert. In älteren Releases als SAP ERP 6.0 erfolgt die Kommunikation erst zum Zeitpunkt der Wareneingangsbuchung.

Drittens können Sie steuern, zu welchem Zeitpunkt und auf welche Art die Kommunikation einer Chargenänderung in einer Anlieferung erfolgt. Mit Release SAP ERP 6.0 werden Chargenänderungen sofort beim Sichern der Lieferung in EWM an SAP ERP kommuniziert. In Releases, die älter als SAP ERP 6.0 sind, erfolgt die Kommunikation erst mit der Wareneingangsbuchung.

Diese Steuerungsparameter für die SAP-ERP-Versionskontrolle definieren Sie in EWM unter dem Customizing-Pfad SCHNITTSTELLEN • ALLGEMEINE EINSTEL-LUNGEN • STEUERUNGSPARAMETER FÜR ERP-VERSIONSKONTROLLE EINSTELLEN.

Chargenzustandsverwaltung

Die Steuerung der Anlage von Lageraufgaben und/oder die Durchführung von Warenbewegungen (Warenein-/Warenausgangsbuchung) für chargen-geführten Bestand können mit der Chargenzustandsverwaltung durch das Merkmal LOBM_ZUSTD erfolgen. Die Einstellungen finden Sie im EWM-Customizing unter dem Pfad PROZESSÜBERGREIFENDE EINSTELLUNGEN • CHAR-GENVERWALTUNG • CHARGENZUSTANDSVERWALTUNG • EINSTELLUNGEN FÜR LIE-FERUNG VORNEHMEN BZW. EINSTELLUNGEN FÜR LAGERAUFGABEN ANLEGEN.

Chargenabwicklung und Restlaufzeitprüfung in der Anlieferung

Die Einstellungen, z. B. ob und wie während des Anlieferungsprozesses Chargen durch das EWM-System erzeugt werden sollen, wie bei der Chargenanlage von klassifizierten Chargen die Merkmalswerte gefüllt werden und wie die Prüfung für das Mindesthaltbarkeits- oder Verfallsdatum erfolgen soll, können Sie im EWM-Customizing unter dem Pfad WARENEINGANGSPROZESS • ANLIEFERUNG • CHARGENABWICKLUNG UND RESTLAUFZEITPRÜFUNG IN DER ANLIEFERUNG vornehmen.

Verbuchungssteuerung

Sie können das Steuerungsverhalten definieren, wie auf einen Fehler bei der systemübergreifenden Chargenpflege zwischen EWM und SAP ERP (dem führenden Stammdatensystem) reagiert werden soll, z. B. ob bei einem Fehler, der während der Kommunikation auftrat, der Prozess sofort beendet werden, ob eine lokale Aktualisierung vorgenommen werden und die Information an SAP ERP erneut asynchron ausgeführt werden soll. Die Einstellungen definieren Sie im EWM-Customizing über den Pfad PROZESSÜBERGREIFENDE EINSTELLUNGEN • CHARGENVERWALTUNG • VERBUCHUNGSSTEUERUNG (ZENTRAL, DEZENTRAL) EINSTELLEN.

8.7.2 Lagerungsdisposition

Die Lagerungsdisposition in EWM dient zur automatischen Ermittlung eines Lagerkonzepts für ein Produkt. Basierend auf den Produkt-, Bedarfs- und Verpackungsdaten, ermittelt die Lagerungsdisposition automatisch die für die Ein- und Auslagerung relevanten Lagerparameter im Produktstamm. Diese Parameter beschreiben, in welchem Bereich das Produkt gelagert werden soll, welche Eigenschaften der Lagerplatz haben soll und welche Ein- bzw. Auslagerungsstrategie verwendet werden soll. Die Lagerungsdisposition bietet die Eigenschaft der Simulation. Auf diese Weise können Sie schrittweise die Ergebnisse der Simulation analysieren und die Konfiguration optimieren, ohne dass der Produktstamm aktualisiert wird. Wenn Sie mit dem Ergebnis zufrieden sind, können Sie die Ergebnisse aktivieren. Die Lagerungsdisposition ist optional.

Im Folgenden werden der Ablauf und die Logik der Lagerungsdisposition am Beispiel der Einlagerung abhängig von der Lagerproduktgruppe und der Bedarfsmenge eines Produkts erläutert.

Produkt P9Q_EWM_COMPLEX_1 ist als Kleinteil einer bestimmten Lagerproduktgruppe 0001 zugeordnet. Kleinteile werden in einem separaten Kleinteilelagertyp 0020 gelagert. Dieser Lagertyp ist in zwei Lagerbereiche – 0001 für Schnelldreher und 0002 für Langsamdreher – unterteilt (siehe Abbildung 8.69). Die Schnelldreher sind mit einer Bedarfsmenge von maximal 100 ST/Tag definiert, während die Langsamdreher eine Bedarfsmenge von maximal 10 ST/Tag aufweisen.

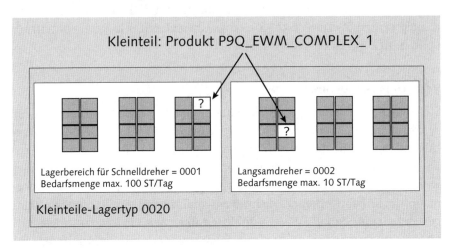

Abbildung 8.69 Beispiel für eine Lagerungsdisposition

Mit der Transaktion /SCWM/GCMC besteht im ersten Schritt die Möglichkeit, die Konditionssätze für die Bestimmung der Steuerkennzeichen über die Verwendung der Parameter zu pflegen. Die Pflegetransaktion finden Sie im SAP-Easy-Access-Menü in EWM unter dem Pfad STAMMDATEN • LAGERUNGSDISPOSITION.

In Abbildung 8.70 sind vier Konditionssätze gepflegt:

▸ Für Lagerproduktgruppe 0001 (Kleinteile) soll das ESK EIKT ermittelt werden.

▸ Für Lagerproduktgruppe 0002 (Großteile) soll das ESK EIGT ermittelt werden, das letztlich einer bestimmten Lagertypsuchreihenfolge zugeordnet ist.

▸ Für Lagertyp 0020 (Lagertyp Kleinteile) soll für den Bedarfsindikator BILD (Langsamdreher) das LBK EILD ermittelt werden.

▸ Für Lagertyp 0020 (Lagertyp Kleinteile) soll für den Bedarfsindikator BISD (Schnelldreher) das LBK EISD ermittelt werden, das letztlich einer bestimmten Lagerbereichssuchreihenfolge zugeordnet ist.

Zur Pflege der zuvor genannten Konditionssätze definieren Sie im zweiten Schritt im Customizing die verschiedenen Stammdaten, Einflussparameter und die Konditionstechnik.

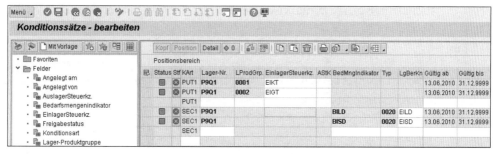

Abbildung 8.70 Konditionspflege für die Lagerungsdisposition mit der Transaktion /SCWM/GCMC

Einlagerungssteuerkennzeichen

Das ESK steuert, dass bei der Einlagerung bestimmte Produkte bevorzugt in bestimmten Lagertypen eingelagert werden. Das ESK definieren Sie, wie in Abbildung 8.71 dargestellt, im EWM-Customizing unter dem Pfad WAREN-EINGANGSPROZESS • LAGERUNGSDISPOSITION • STAMMDATEN • EINLAGERUNGS-STEUERKENNZEICHEN DEFINIEREN.

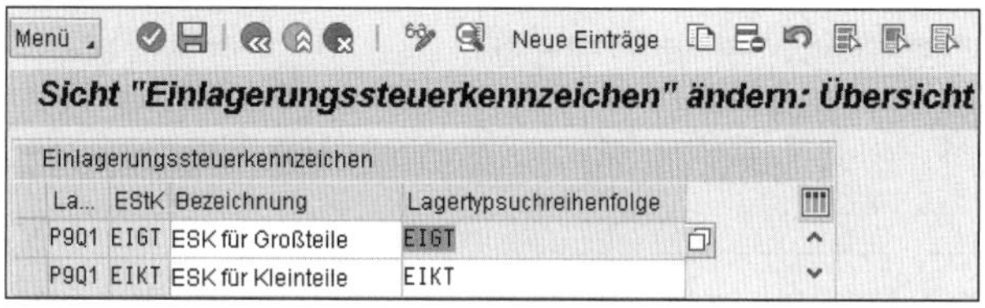

Abbildung 8.71 Einlagerungssteuerkennzeichen definieren

Dem ESK ordnen Sie eine Lagertypsuchreihenfolge zu. Diese definieren Sie im EWM-Customizing unter dem Pfad WARENEINGANGSPROZESS • LAGE-RUNGSDISPOSITION • STAMMDATEN • LAGERTYPFOLGEN • LAGERTYPSUCHREIHEN-FOLGE FÜR DIE EINLAGERUNG DEFINIEREN. Abbildung 8.72 zeigt Beispieldefinitionen von Lagertypsuchreihenfolgen.

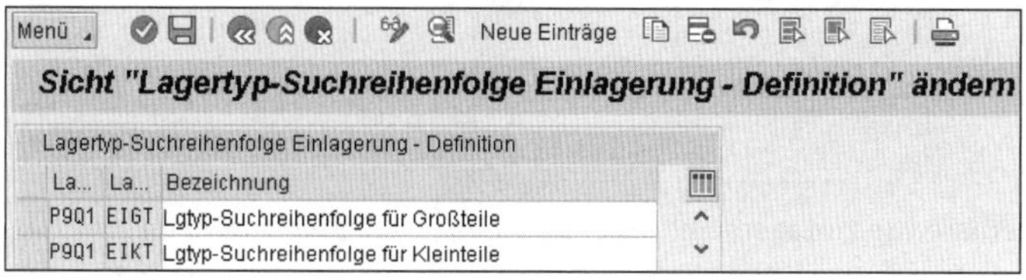

Abbildung 8.72 Lagertypsuchreihenfolgen definieren

Den Lagertypsuchreihenfolgen ordnen Sie im EWM-Customizing unter dem zuvor genannten Pfad unter dem Menüpunkt LAGERTYPEN DER LAGERTYP-

SUCHREIHENFOLGE ZUORDNEN die entsprechenden Lagertypen zu (siehe Abbildung 8.73).

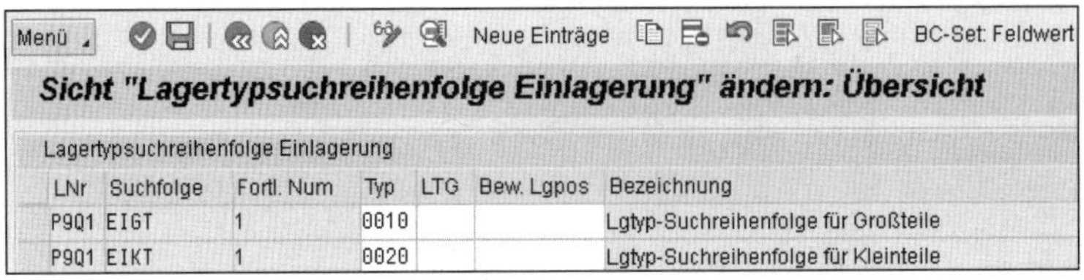

Abbildung 8.73 Lagertypen zu Lagertypsuchreihenfolgen zuordnen

Lagerbereichskennzeichen

Das LBK steuert, dass EWM bei einer Einlagerung das Produkt bevorzugt einem bestimmten Lagerbereich zuordnet. Das LBK definieren Sie im EWM-Customizing unter dem Pfad WARENEINGANGSPROZESS • LAGERUNGSDISPOSITION • STAMMDATEN • LAGERBEREICHSKENNZEICHEN ANLEGEN. Abbildung 8.74 zeigt die Definition der LBKs EILD und EISD analog zu unserem Beispiel.

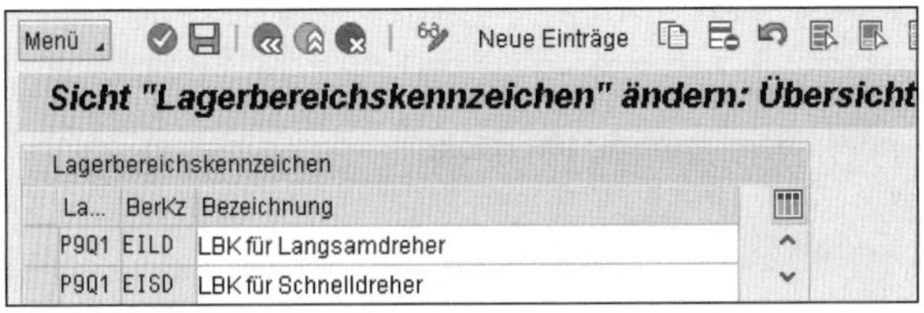

Abbildung 8.74 Lagerbereichskennzeichen definieren

Wie in Abbildung 8.75 dargestellt, ordnen Sie für den jeweiligen Lagertyp im EWM-Customizing unter dem zuvor genannten Pfad unter dem Menüpunkt LAGERBEREICHSSUCHREIHENFOLGE PFLEGEN die entsprechenden Lagerbereiche den definierten LBKs zu.

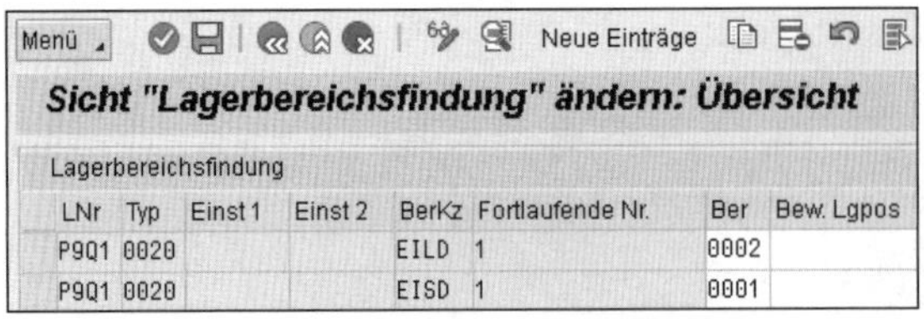

Abbildung 8.75 Lagerbereiche zu Lagerbereichskennzeichen je Lagertyp zuordnen

Bedarfsindikatoren

Der Bedarfsindikator steuert, dass bei der Einlagerung je nach Bedarfsmenge Produkte in zuvor definierten Bereichen eingelagert werden. Die Bedarfsindikatoren werden z. B. zur Ermittlung des geeigneten LBKs über die Konditionstechnik herangezogen, z. B. Produkte sollen je nach Gängigkeit in verschiedenen Lagerbereichen gelagert werden. Bedarfsindikatoren können Sie auf Basis verschiedener Bedarfstypen festlegen: der Bedarfsmenge (Bedarfstyp 01), der Anzahl Kundenauftragspositionen (Bedarfstyp 02) oder der empfohlenen Lagermenge (Bedarfstyp 03).

Die Bedarfsindikatoren definieren Sie im EWM-Customizing unter dem Pfad WARENEINGANGSPROZESS • LAGERUNGSDISPOSITION • EINFLUSSPARAMETER • INTERVALLE • BEDARFSINDIKATOREN DEFINIEREN (siehe Abbildung 8.76).

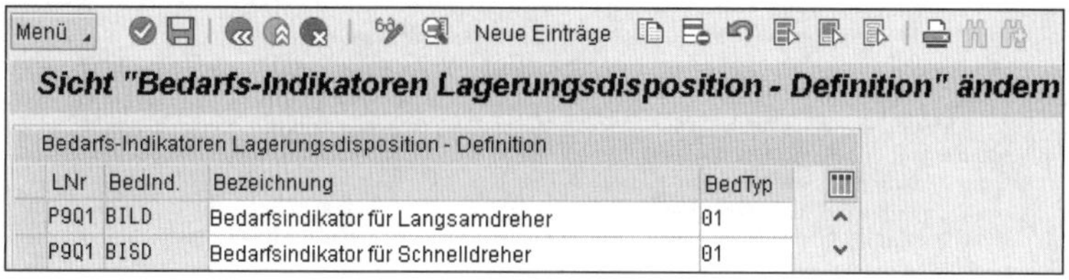

LNr	BedInd.	Bezeichnung	BedTyp
P9Q1	BILD	Bedarfsindikator für Langsamdreher	01
P9Q1	BISD	Bedarfsindikator für Schnelldreher	01

Abbildung 8.76 Bedarfsindikatoren definieren

Anschließend ordnen Sie, wie es in Abbildung 8.77 dargestellt ist, im EWM-Customizing mithilfe des zuvor genannten Pfads unter dem Menüpunkt INTERVALLE DEN BEDARFSINDIKATOREN ZUORDNEN maximale Bedarfswerte den Bedarfsindikatoren zu.

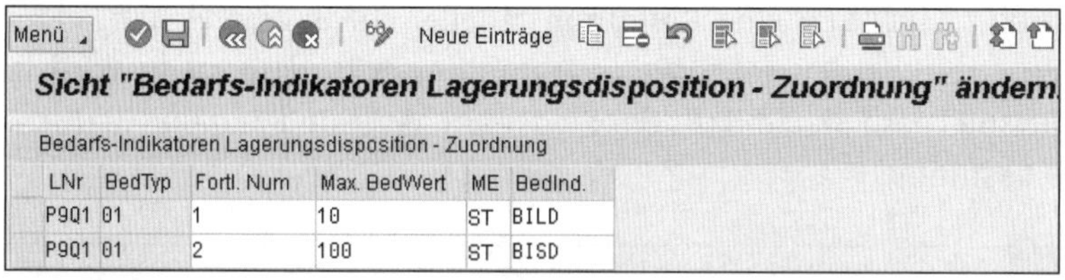

LNr	BedTyp	Fortl. Num	Max. BedWert	ME	BedInd.
P9Q1	01	1	10	ST	BILD
P9Q1	01	2	100	ST	BISD

Abbildung 8.77 Maximale Bedarfswerte je Bedarfsindikator zuordnen

Konditionstechnik

Die Ermittlung der Werte der durch die Lagerungsdisposition bestimmbaren Lagerparameter wird unter Berücksichtigung der verschiedenen Kombinationen der Parameter durch die Konditionstechnik realisiert. Die Customizing-Einstellungen für die Nutzung der Konditionstechnik bilden die Grundlage für die Pflege der Konditionssätze, die für die Steuerung der Lagerparameterermittlung notwendig sind. Es wird davon ausgegangen, dass Sie mit der Logik der Konditionstechnik vertraut sind, sodass wir hier nur kurz auf die notwendigen Tabelleneinträge eingehen.

Für die ESK-Bestimmung definieren Sie im EWM-Customizing unter dem Pfad WARENEINGANGSPROZESS • LAGERUNGSDISPOSITION • KONDITIONSTECHNIK • KONDITIONSTABELLE FÜR EINLAGERSTEUERKENNZEICHEN BEARBEITEN eine Konditionstabelle, auf Basis welcher Felder das ESK ermittelt werden soll. In unserem Beispiel wird das ESK auf Basis des Feldes LAGER-PRODUKTGRUPPE bestimmt (siehe Abbildung 8.78).

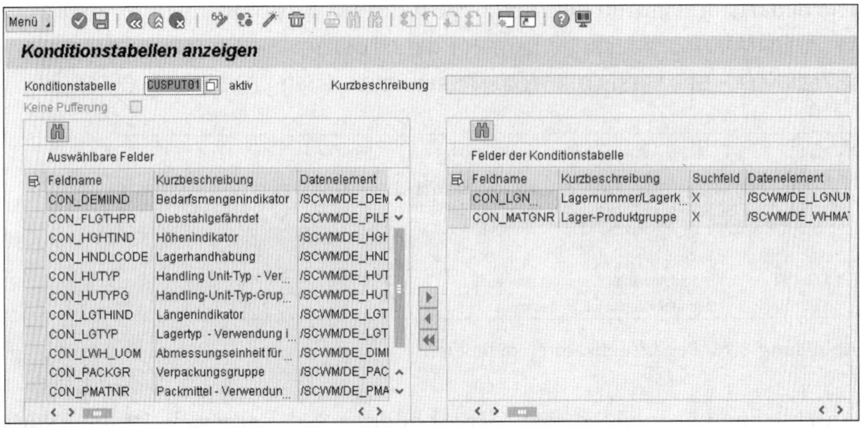

Abbildung 8.78 Konditionstabelle zur Ermittlung des Einlagerungssteuerkennzeichens

Für die Bestimmung des LBKs definieren Sie im EWM-Customizing unter dem zuvor genannten Pfad unter dem Menüpunkt KONDITIONSTABELLE FÜR LAGERBEREICH BEARBEITEN eine Konditionstabelle, auf Basis welcher Felder das LBK ermittelt werden soll. Wie in Abbildung 8.79 dargestellt, wird in unserem Beispiel das LBK auf Basis der Felder LAGERTYP und BEDARFSMENGEN-INDIKATOR bestimmt.

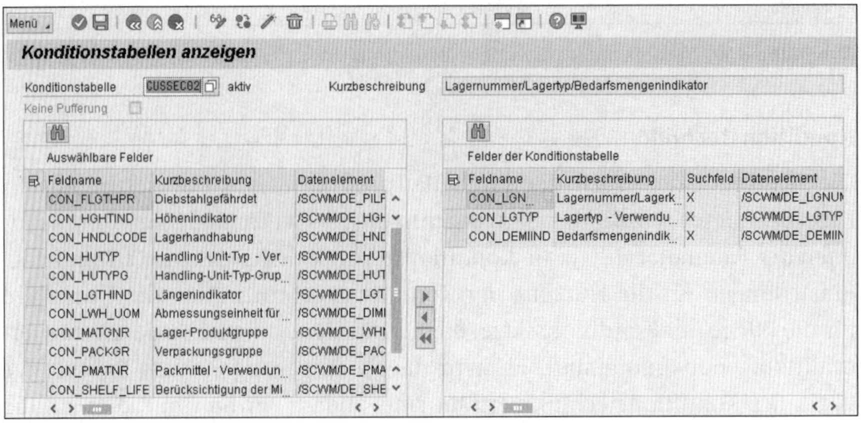

Abbildung 8.79 Konditionstabelle zur Ermittlung des Lagerbereichskennzeichens

Auf die Zugriffsfolgen, Konditionsarten, Findungsschemata und Einstellungen für die Benutzeroberfläche gehen wir aus Platzgründen an dieser Stelle nicht näher ein.

Nachdem Sie die Konditionssätze und die dafür notwendigen Einstellungen im Customizing eingerichtet haben, können Sie im dritten Schritt den Lagerungsdispositionslauf manuell mit der Transaktion /SCWM/SLOT starten, die Sie im SAP-Easy-Access-Menü in EWM unter dem Pfad STAMMDATEN • LAGERUNGSDISPOSITION finden. Abbildung 8.80 zeigt eine Auswahl der durchzuführenden Lagerungsdispositionsschritte für Produkt P9Q_EWM_COMPLEX_1. Darüber hinaus haben Sie die Möglichkeit, den Lagerungsdispositionslauf periodisch in einem Batchjob einzuplanen, um sicherzustellen, dass die Produkte z. B. bei sich ändernden Bedarfsmengen optimal gelagert werden.

Abbildung 8.80 Lagerungsdispositionsschritte mit der Transaktion /SCWM/SLOT auswählen und durchführen

Wenn Sie die Transaktion starten, können Sie eine Auswahl der Lagerungsdispositionsschritte vornehmen, die bei der Ermittlung der optimalen Lagerplatzdaten berücksichtigt werden sollen, z. B.:

- *für die Einlagerung*: Bestimmung des ESKs, des LBKs und des optimalen
  Platztyps

- *für die Auslagerung*: Bestimmung des Auslagerungssteuerkennzeichens
  (ASK). Das ASK steuert, dass bei einer Auslagerung bestimmte Produkte
  bevorzugt aus bestimmten Lagertypen oder Lagertypgruppen ausgelagert
  werden.

- Bestimmung einer maximalen Lagertypmenge, d. h., wie viel Bestand zu
  dem disponierten Produkt in dem ermittelten Lagertyp gelagert werden
  sollte

- *Bestimmung von Dimensionsindikatoren z. B. eines Gewichtsindikators*: Beim
  Lagerungsdispositionslauf werden die Dimensionswerte aus dem Lagerprodukt ausgelesen, das zugehörige Dimensionsintervall ermittelt und in
  das entsprechende Feld im Produktstamm geschrieben. Dieses Feld kann
  mithilfe der Konditionstechnik als ein weiterer Parameter wieder ausgelesen werden und z. B. für die Ermittlung des ESKs verwendet werden, etwa
  wenn Produkte je nach Gewicht in unterschiedlichen Bereichen gelagert
  werden sollen. Folgende Dimensionsindikatoren stehen im Standard zur
  Verfügung: Gewicht, Volumen, Länge, Breite, Höhe.

- *Bestimmung eines Bedarfsmengenindikators*: Durch den Lagerungsdispositionslauf können aus den Bedarfsdaten die Bedarfsindikatoren pro Produkt
  ermittelt werden. Diese Bedarfsindikatoren werden dann vom System in
  die zugehörigen Felder im Lagerprodukt geschrieben und mithilfe der
  Konditionstechnik als ein weiterer Parameter wieder ausgelesen.

Die aus dem Lagerungsdispositionslauf ermittelten Werte werden auf verschiedene Weise im Produktstamm fortgeschrieben. Es können drei Arten
von Speichermodi unterschieden werden:

- **Ergebnisse nicht speichern**
  Eine Fortschreibung in den Produktstamm findet nicht statt (Simulation
  der Lagerungsdisposition).

- **Ergebnisse speichern**
  Lagerungsdispositionslauf mit automatischer Aktualisierung der Planwerte des Produktstamms. Falls Planwertfelder im Lagerproduktstamm
  existieren, können diese aktualisiert werden. Diese werden aber noch
  nicht als operative Werte übernommen. Zur Aktivierung der Planwerte

verwenden Sie die Transaktion /SCWM/SLOTACT, die Sie im SAP-Easy-Access-Menü in EWM unter dem zuvor genannten Pfad finden.

▶ **Ergebnisse speichern und aktivieren**

Die ermittelten Planwerte werden automatisch als operative Werte übernommen.

Die aktivierten Werte können mit dem Kennzeichen FIX fixiert werden, sodass eine Überschreibung beim nächsten Lagerungsdispositionslauf und bei der Aktivierung von Planwerten verhindert wird.

Wie in Abbildung 8.81 dargestellt, wurde auf Basis des Konditionssatzes für die ESK-Ermittlung für die Produktgruppe 0001 der Wert EIKT ermittelt. Diesem Wert wurde im Customizing in der Lagertypsuchreihenfolge der Lagertyp 0020 zugeordnet.

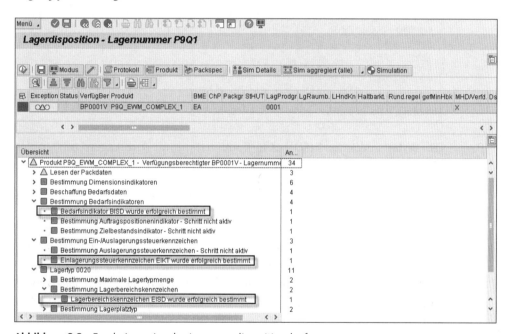

Abbildung 8.81 Ergebnisanzeige des Lagerungsdispositionslaufs

Darüber hinaus wurde der Bedarfsindikator BISD bestimmt. Dieser Wert wurde auf Basis der im Produktstamm hinterlegten Bedarfsmenge ermittelt (siehe Abbildung 8.82).

Die Bedarfsdaten können aus SAP APO-SPP (Service Parts Planning) direkt in EWM übertragen werden. EWM legt diese Informationen lokal im Produktstamm ab. Darüber hinaus haben Sie die Möglichkeit, die Bedarfsdaten aus anderen Quellen zu füllen. Dazu stehen im Produktstamm mehrere Bearbeitungsmöglichkeiten zur Verfügung, z. B. manuelle Eingabe oder Massenpflege mit Transaktion MASSD.

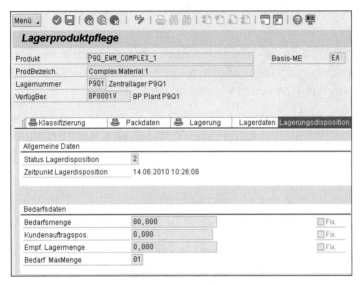

Abbildung 8.82 Bedarfsmenge im Produktstamm

Der Bedarfsindikator BISD hat in Kombination mit dem Lagertyp 0020 das LBK EISD auf Basis eines weiteren Konditionssatzes bestimmt.

In unserem Beispiel wurde der Speichermodus so eingestellt, dass mit Sichern des Lagerungsdispositionslaufs die Planwerte auf dem Produktstamm aktualisiert werden, was bedeutet, dass die Aktivierung der Lagerparameter im Produktstamm manuell durch die Transaktion /SCWM/SLOTACT erfolgt. Mit der Transaktion /SCWM/MAT1 können Sie sich die für das Produkt ermittelten Lagerparameter in den lagerabhängigen bzw. lagertypabhängigen Produktstammsichten anzeigen lassen, wie in Abbildung 8.83 dargestellt.

Den Wert für das geplante LBK sowie den ermittelten Lagertyp sehen Sie auf der Registerkarte LAGERTYPDATEN (siehe Abbildung 8.84).

Die Lagerungsdisposition stellt die Grundlage für die Lager-Reorganisation dar.

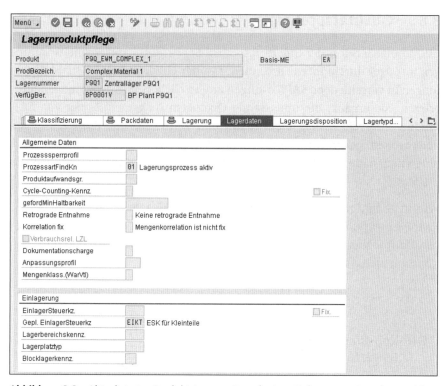

Abbildung 8.83 Aktualisierter Produktstamm mit geplantem Einlagerungssteuerkennzeichen

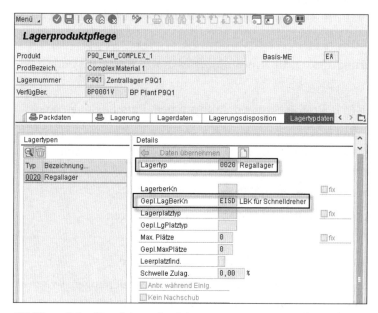

Abbildung 8.84 Aktualisierter Produktstamm mit Lagertyp und Lagerbereichskennzeichen

8.8 Qualitätsprüfung

EWM nutzt Services der *Quality Inspection Engine* (QIE), um Qualitätsprüfungen im Lager durchführen zu können. Mit der QIE können Sie Qualitätsprüfungen in verschiedene SAP-Lösungen und in Nicht-SAP-Anwendungen integrieren. Sie ergänzt die umfassende Qualitätsmanagementlösung von SAP Product Lifecycle Management (PLM) und wurde für den Einsatz in einer heterogenen Systemlandschaft konzipiert. Die QIE ist serviceorientiert und unterstützt dadurch neue Prozesse, z. B. die Durchführung von Prüfungen in EWM.

Wie in Abbildung 8.85 dargestellt, wird die QIE von einem sogenannten *Konsumentensystem*, z. B. EWM, aufgerufen und bildet den dort angestoßenen Prüfprozess ab, z. B. Prüfungen beim Wareneingang zur Lieferung. Das Konsumentensystem nutzt dabei die Services der QIE.

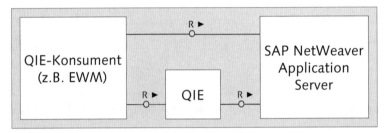

Abbildung 8.85 Beispielarchitektur der Quality Inspection Engine in Verbindung mit SAP EWM

Zur Durchführung des Qualitätsprüfprozesses nutzt EWM folgende QIE-Services:

▶ Customizing (z. B. Prüfobjekttypen, Probentypen, Entscheidungscodes, Folgeaktionen)

▶ Bearbeitung von Stammdaten (z. B. Prüfregel, Probeziehanweisung, Qualitätslage)

▶ Erstellung von Prüfbelegen und Probeentnahmen

▶ Bearbeitung, Drucken und Archivierung von Prüfbelegen

8.8.1 Datenmodell der Quality Inspection Engine

Abbildung 8.86 zeigt das QIE-Datenmodell mit den Beziehungen zwischen den verschiedenen Stamm- und Bewegungsdaten.

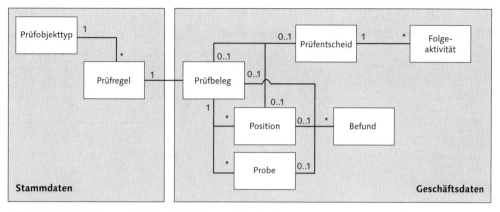

Abbildung 8.86 Datenmodell der Quality Inspection Engine

Prüfobjekttyp

POTs definieren, in welcher Softwarekomponente (z. B. EWM), in welchem Prozess (z. B. Anlieferung, lagerintern) und für welches Objekt (Produkt, HU oder Lieferung) Sie Prüfbelege in der QIE anlegen können. Den POT definieren Sie im EWM-Customizing unter dem Pfad PROZESSÜBERGREIFENDE EINSTELLUNGEN • QUALITÄTSMANAGEMENT • GRUNDLAGEN. Hier müssen Sie zunächst den entsprechenden POT generieren und die lagerabhängige Aktivierung vornehmen.

Prüfregel

Mit der Prüfregel werden folgende Eigenschaften definiert:

▶ Vorgaben für die Anlage eines Prüfbelegs (Prüfverfahren)

▶ Art der Ermittlung des Prüfumfangs (Prüfverfahren, Stichprobenverfahren)

▶ bei Stichprobenprüfung: Probeziehanweisung

▶ Vorgaben für die Prüfhäufigkeit (Dynamisierung)

▶ Code für den Prüfentscheid

▶ gegebenenfalls externes System zur Weiterleitung des Prüfbelegs

▶ Bestandsart der zu prüfenden Ware

Die Prüfregel (siehe Abbildung 8.87) erstellen Sie im SAP-Easy-Access-Menü in EWM unter dem Pfad STAMMDATEN • QUALITÄTSMANAGEMENT • /SCWM/ QRSETUP – PRÜFREGEL PFLEGEN.

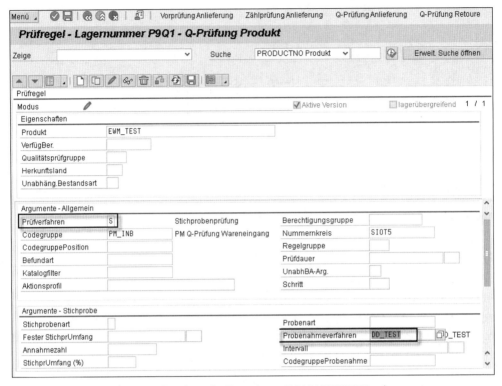

Abbildung 8.87 Prüfregel mit der Transaktion /SCWM/QRSETUP anlegen

Prüfbeleg

Anhand der Prüfbelege können Sie die Objekte prüfen, Prüfergebnisse oder Fehler erfassen und die Prüfung mit einer Ergebniserfassung abschließen. Prüfbelege können je nach Customizing automatisch oder manuell erstellt werden. Nur wenn zu einem aktiven POT eine Prüfregel ermittelt wurde, kann auch ein Prüfbeleg erzeugt werden. Über den Prüfstatus, der im Prüfbeleg enthalten ist, wird der Bearbeitungsstand eines Prüfbelegs dokumentiert. Ob zu einer Anlieferposition ein Prüfbeleg erstellt wurde, können Sie u. a. in der Anliefertransaktion /SCWM/PRDI auf der Registerkarte REFERENZBELEGE sehen.

Position

In der Position werden gleichartige Einheiten des geprüften Materials für den weiteren Geschäftsprozess zusammengefasst. In der Regel werden dabei Teilmengen nach einer gleichartigen Güte gebildet. In der Teilmenge werden Elemente zusammengefasst, die den gleichen Befund haben.

Beispiel für Prüfbelegpositionen

Eine Lieferposition enthält zehn lackierte Motorhauben. Die ermittelte Prüfregel sieht eine 100%-Prüfung vor. Abhängig vom Befund können die Motorhauben in verschiedene Teilmengen unterteilt werden, z.B. keine Nacharbeit notwendig/ geringe Nacharbeit/neue Lackierung notwendig.

Probe

Falls keine 100%-Prüfung durchgeführt werden soll, kann in der Prüfregel eine Stichprobenprüfung definiert werden. Darüber hinaus ist der Prüfregel ein Probenahmeverfahren zugeordnet. Im Probenahmeverfahren ist u.a. die Probenahmeart festgelegt. Diese gibt Auskunft, auf welcher Basis die Probenahmeeinheiten gebildet werden können, z.B. pro Zeitintervall, pro Mengenintervall oder pro Verpackungseinheit. Einer Probenahmeeinheit können Sie mehrere Probeziehanweisungen zuordnen. In der Probeziehanweisung legen Sie fest, wie Proben in der Prüfung bearbeitet werden sollen, z.B. Verwendung einer fixen Zahl von Proben oder eines Stichprobenplans. Das Probenahmeverfahren, die Definition der Probenahmeeinheiten und der Probeziehanweisung pflegen Sie mit der Transaktion SCWM/QSDRWP, die Sie im SAP-Easy-Access-Menü in EWM unter dem Pfad STAMMDATEN • QUALITÄTSMANAGEMENT finden.

Befund

Der Befund stellt die Beschreibung eines Untersuchungsergebnisses dar und kann im Rahmen von Qualitätsprüfungen erfasst werden. Befunde können zu Prüfbelegen, Prüfbelegpositionen und Proben manuell angelegt werden. Die Verwendung von Befunden ist optional. Befunde werden durch Codes beschrieben, die in Katalogen zusammengefasst werden. Welche Felder Ihnen beim Anlegen, Ändern und Anzeigen des Befunds zur Verfügung stehen bzw. eine Eingabe erfordern und welche Kataloge mit den zugeordneten Fehlercodes verwendet werden können, wird in der Befundart definiert, die Sie der Prüfregel hinterlegen.

Prüfentscheid

Wenn Sie den Prüfentscheid treffen, legen Sie auf der Grundlage der Prüfung fest, ob das geprüfte Objekt angenommen oder zurückgewiesen wird. Sobald Sie den Prüfentscheid getroffen haben, erhält der Prüfbeleg den Status ENTSCHEIDUNG GETROFFEN. Prüfentscheide werden durch die Verwendung soge-

nannter *Entscheidungscodes* getroffen. Bei der Definition von Entscheidungscodes können Sie die Bewertung (Annahme, Rückweisung) sowie die
Folgeaktion festlegen.

Logistische Folgeaktivität

Wenn der Prüfentscheid getroffen wird, erhält das Konsumentensystem die
Information, welche Folgeaktion anhand des Entscheidungscodes durchgeführt werden soll, der vom Prüfentscheider ausgewählt wurde. In EWM sind
im Standard u. a. folgende logistische Folgeaktionen möglich:

▸ **Verschrottung**
Der betroffene Bestand wird in die nächste als Schrottbestand gekenn-
zeichnete Bestandsart umgebucht.

▸ **Detaillierte Prüfung**
Für den betroffenen Bestand wird ein lagerinterner Prüfbeleg angelegt.

▸ **Umlagerung an anderes Lager**
Für den betroffenen Bestand wird eine Umlagerungsbestellung in SAP ERP
angelegt.

▸ **Einlagern zur Lieferung**
Für den betroffenen Bestand wird eine Einlagerung mit der Lagerprozessart der Anlieferung angelegt.

Logistische Folgeaktionen stehen nur für die Qualitätsprüfung von Produkten zur Verfügung.

Dynamisierung

Durch die Dynamisierung kann der Prüfumfang hinsichtlich der Stichpro-
benumfänge und der Prüfwahrscheinlichkeit so gesteuert werden, dass ein
vorgegebenes Qualitätsziel mit hoher Wahrscheinlichkeit erreicht wird. In
der QIE wird auf Prüfbelegebene dynamisiert. Dabei besteht die Möglichkeit, sowohl die Prüfhäufigkeit als auch den Prüfumfang zu dynamisieren.
Mit der QIE bestehen folgende Möglichkeiten der Dynamisierung:

▸ Prüfen in bestimmten Zeitintervallen (z. B. alle zehn Tage)

▸ Prüfen eines bestimmten Prozentsatzes aller Anfragen (z. B. 30% aller
prüfrelevanten Anlieferpositionen werden geprüft – welche Lieferpositionen geprüft werden, ermittelt der Zufallsgenerator)

▸ Jede x-te Anfrage wird geprüft (z. B. jede zehnte Anlieferposition wird
geprüft).

▸ Prüfen mit Stichprobenplänen unter Verwendung von Prüfstufen. Diese Prüffunktion wird im nächsten Abschnitt näher beschrieben.

Prüfen mit Stichprobenplänen unter Verwendung von Prüfstufen

Die verschiedenen Prüfstufen sowie die Bedingungen für einen Prüfstufenwechsel werden u. a. in der *Dynamisierungsregel* festgelegt. Ein Stufenwechsel kann sowohl eine Reduzierung als auch eine Erhöhung (Verschärfung) des Prüfumfangs zur Folge haben. Folgendes Beispiel soll die Anwendung von Prüfstufen in der Praxis verdeutlichen:

▸ **Prüfstufe 1**

Es wird fünfmal verschärft geprüft. Wenn kein negativer Prüfentscheid (Rückweisung) erfolgt, wird die nächste Prüfung mit Prüfstufe 2 durchgeführt.

Prüfschärfe und Stichprobenplan

Zu einer bestimmten Prüfschärfe ist in einer Stichprobenanweisung der jeweilige Stichprobenumfang definiert. Die Zusammenstellung von Stichprobenanweisungen und die Festlegung, wie über Annahme und Rückweisung entschieden wird, sind im Stichprobenplan hinterlegt.

▸ **Prüfstufe 2**

Es wird dreimal normal geprüft. Ist mindestens ein Prüfentscheid negativ (Zahl der Rückweisungen = 1), dann erfolgt die nächste Prüfung mit Prüfstufe 1 – sind alle Prüfungen positiv, dann ist die neue Prüfstufe für die Reduzierung die Prüfstufe 3.

▸ **Prüfstufe 3**

Es wird zehnmal nicht geprüft. Danach erfolgt automatisch die nächste Prüfung mit Prüfstufe 2 (= neue Prüfstufe für Reduzierung).

Die QIE ermittelt zu einem fest definierten Zeitpunkt (i. d. R. nach dem Prüfentscheid) die Prüfstufe für den nächsten Prüfbeleg anhand der vorgegebenen Dynamisierungsregel und schreibt diese in die sogenannte *Qualitätslage* fort. Die Qualitätslage repräsentiert daher den aktuellen Stand des Dynamisierungsprozesses u. a. auf Basis der Anzahl von Prüfungen, die seit dem letzten Stufenwechsel stattgefunden haben, und der Anzahl von Prüfungen, die seit dem letzten Stufenwechsel nicht in Ordnung waren. Die Qualitätslage wird für sogenannte *Dynamisierungskriterien* geführt, die in der Prüfregel angegeben sind, z. B. Produkt und Lieferant. Mit Erstellung des Prüfdokuments ermittelt die QIE auf Basis der Qualitätslage die aktuelle Prüfstufe und damit die Berechnungsgrundlage für den Stichprobenumfang.

Die zuvor beschriebenen Dynamisierungsmöglichkeiten können auch untereinander kombiniert werden, z.B. solange sich die Qualitätslage innerhalb der Prüfstufe 2 befindet, werden 30% aller Anfragen geprüft. Welche Anfrage geprüft wird, bestimmt der Zufallsgenerator.

8.8.2 Einstellungen der Quality Inspection Engine

Im Folgenden werden wichtige Einstellungen des QIE-Customizings exemplarisch anhand des POT ZÄHLPRÜFUNG ANLIEFERUNG näher erläutert.

Zuerst müssen Sie, wie in Abbildung 8.88 dargestellt, eine Version des entsprechenden POT generieren. Den Pflege-View finden Sie im Customizing unter dem Pfad PROZESSÜBERGREIFENDE EINSTELLUNGEN • QUALITÄTSMANAGEMENT • GRUNDLAGEN • VERSION ZU PRÜFOBJEKTTYPEN GENERIEREN.

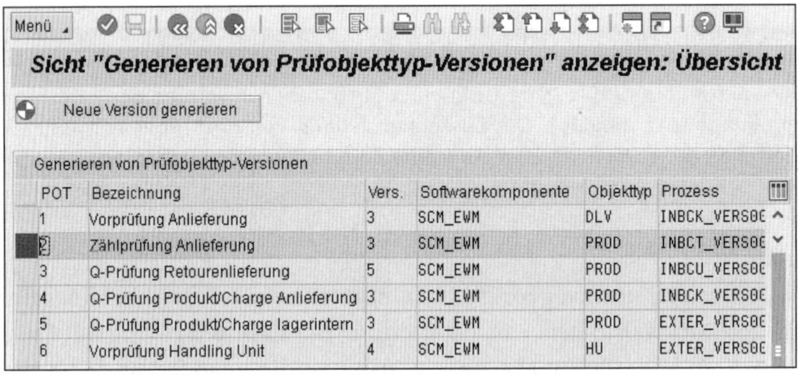

Abbildung 8.88 Prüfobjekttyp »Zählprüfung Anlieferung« generieren

Als Nächstes müssen Sie den POT aktivieren (siehe Abbildung 8.89). Den Pflege-View finden Sie im Customizing im gleichen Pfad wie oben unter dem Menüpunkt VERSION ZU PRÜFOBJEKTTYPEN PFLEGEN. Darüber hinaus definieren Sie Eigenschaften, die für die Suche nach einer passenden Prüfregel verwendet werden sollen.

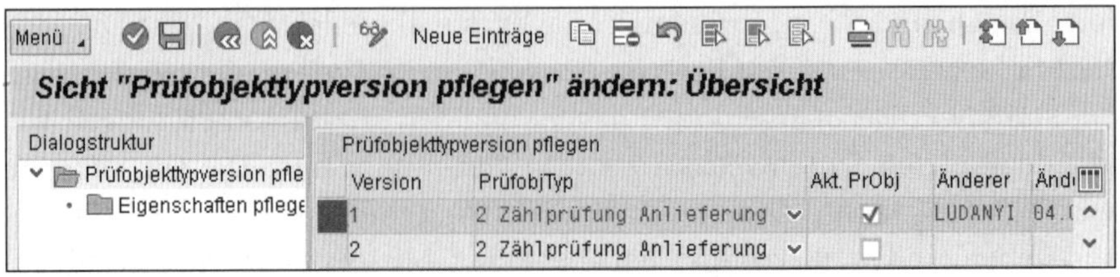

Abbildung 8.89 Prüfobjekttyp »Zählprüfung Anlieferung« aktivieren

Im nächsten Schritt aktivieren Sie den POT lagernummernabhängig unter dem Menüpunkt VERSION ZU PRÜFOBJEKTTYPEN PFLEGEN (siehe Abbildung 8.90). Für die lieferungsspezifischen POTs definieren Sie u. a., zu welchem Zeitpunkt der Prüfbeleg erstellt werden soll.

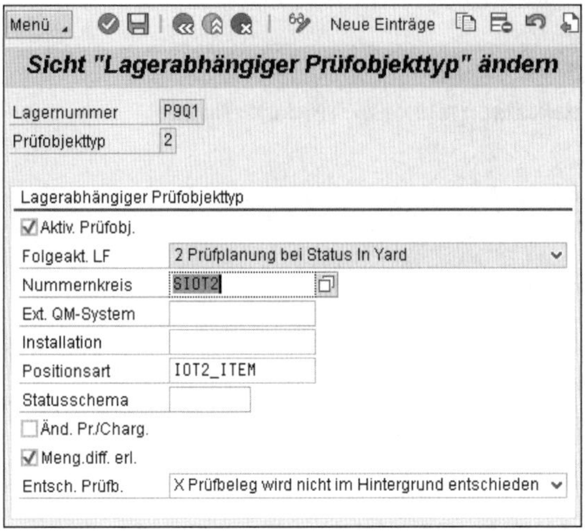

Abbildung 8.90 Prüfobjekttyp lagerabhängig aktivieren

Falls Sie Teilmengen prüfen wollen, definieren Sie eine Positionsart, die vom Typ POSITION oder PROBE sein kann. Abbildung 8.91 zeigt eine Beispielkonfiguration für eine Positionsart vom Typ PROBE. Die Positionsart ordnen Sie anschließend der lagerabhängigen Aktivierung des POTs zu. Die Definition der Positionsart können Sie im Customizing unter dem Pfad PROZESSÜBER-GREIFENDE EINSTELLUNGEN • QUALITÄTSMANAGEMENT • EINSTELLUNGEN FÜR PRÜFREGELN • POSITIONSARTEN FESTLEGEN vornehmen.

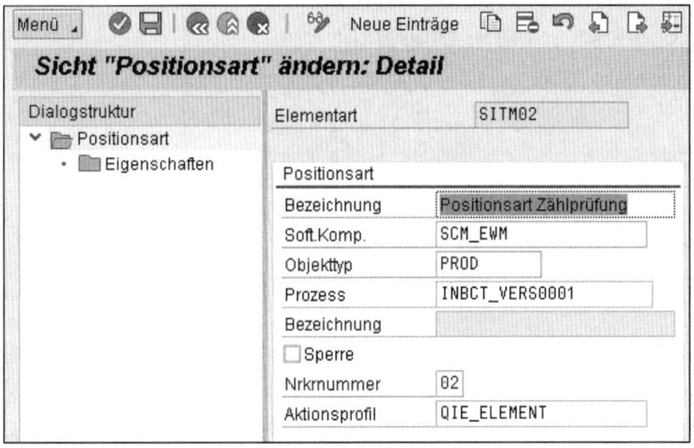

Abbildung 8.91 Positionsart für Zählprüfung definieren

Im nächsten Schritt definieren Sie logistische Folgeaktionen, die je nach Verwendungsentscheid ausgeführt werden sollen. Die Folgeaktionen pflegen Sie im Customizing unter dem Pfad Prozessübergreifende Einstellungen • Qualitätsmanagement • Ergebnis • Folgeaktionen pflegen. Abbildung 8.92 zeigt die Konfiguration für die Folgeaktion Einlagerung zur Lieferung.

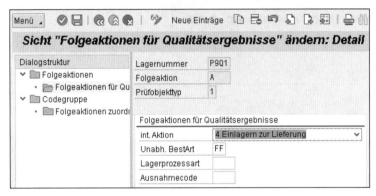

Abbildung 8.92 Folgeaktion »Einlagerung zur Lieferung«

Über den Ausnahmecode können Sie Alerts, E-Mails und Workflows auslösen, um manuelle Folgeaktionen zu starten.

Anschließend definieren Sie Entscheidungscodes, um das Prüfergebnis zu dokumentieren und den Prüfbeleg abzuschließen. Wie in Abbildung 8.93 dargestellt, ordnen Sie die zuvor festgelegten Folgeaktionen dem jeweiligen Entscheidungscode zu. Die Entscheidungscodes definieren Sie unter dem zuvor genannten Customizing-Pfad im Menüpunkt Entscheidungscodes festlegen.

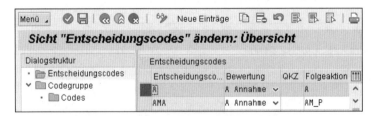

Abbildung 8.93 Entscheidungscode zur Annahme bei positivem Prüfergebnis mit automatischer Folgeaktion »Einlagerung zur Lieferung«

Optional können Sie für die Zählprüfung Mengen- und Werteintervalle pflegen. Im Customizing unter dem Pfad Prozessübergreifende Einstellungen • Qualitätsmanagement • Einstellungen für Prüfregeln • Mengenintervall für die Zählprüfung pflegen können Sie eine Maximalmenge festlegen. Wenn die Lieferpositionsmenge kleiner als die Maximalmenge ist, wird auf Basis der gefundenen Prüfregel ein Prüfbeleg erstellt. Analog dazu können Sie unter dem zuvor genannten Customizing-Pfad unter dem Menüpunkt WERTEINTERVALL FÜR DIE ZÄHLPRÜFUNG PFLEGEN einen Maximalwert pflegen. Das Werteintervall wird in der Währung der Lagernummer geführt. Ist der Wert der Lieferposition (Menge × Standardpreis) geringer als der Maximalwert, wird auf Basis der gefundenen Prüfregel ein Prüfbeleg erstellt.

8.8.3 Qualitätsprüfung in QM

Falls Sie die SAP-ERP-Komponente *Qualitätsmanagement* (QM) nutzen, können Sie die standardmäßige Integration von QIE und QM nutzen, um die Qualitätsprüfung in die Prozessabläufe Ihres Lagers nahtlos zu integrieren. Abbildung 8.94 zeigt die QIE-Architektur in Verbindung mit EWM und QM.

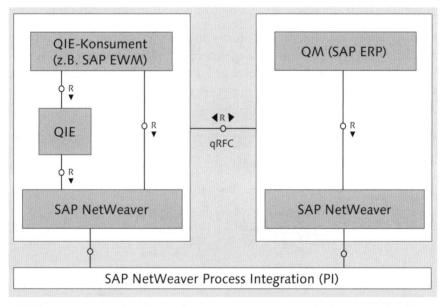

Abbildung 8.94 Architektur der Quality Inspection Engine in Verbindung mit SAP EWM und QM

Die QIE bietet eine Schnittstelle über SAP NetWeaver PI zur Anbindung externer Systeme wie z. B. SAP ERP. Da EWM grundsätzlich mittels qRFC mit SAP ERP kommuniziert, liefert EWM auch eine Default-Implementierung des BAdIs aus, das die Anbindung des SAP-ERP-Systems auf qRFC umstellt. Damit SAP ERP die Prüfergebnisse über qRFC zurückschicken kann, müssen Sie im SAP-ERP-System das BAdI `QPLEXT_COMM_TEC` implementieren.

8.8.4 Einstellungen für die Anbindung der QIE an QM

Für die Anbindung der QIE an QM müssen Sie zunächst das externe QM-System festlegen. Diese Einstellung finden Sie unter dem Customizing-Pfad ANWENDUNGSÜBERGREIFENDE KOMPONENTEN • QUALITY INSPECTION ENGINE • ZENTRALE EINSTELLUNGEN • KOMMUNIKATION MIT EINEM EXTERNEN QM SYSTEM. Unter dem Menüpunkt EXTERNE QM SYSTEME FESTLEGEN können Sie QM als externes QM-System definieren (siehe Abbildung 8.95).

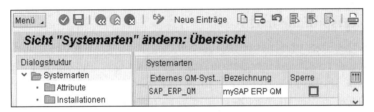

Abbildung 8.95 QM als externes QM-System im QIE-Customizing definieren

Darüber hinaus müssen Sie neben der Instanz des externen QM-Systems Attribute festlegen, die für das Anlegen der Prüfung im externen QM-System steuernden Charakter haben. Abbildung 8.96 zeigt die Attribute PRÜFART, PLANGRUPPENZÄHLER, SCHLÜSSEL DER PLANGRUPPE und PLANTYP, die notwendig sind, um in QM ein Prüflos anzulegen.

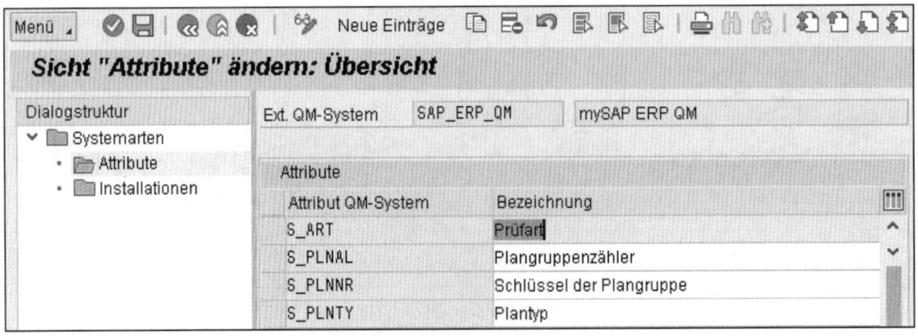

Abbildung 8.96 Attribute zur Weitergabe an das externe QM-System definieren

In der Prüfregel werden, wie in Abbildung 8.97 dargestellt, die Werte der genannten Attribute definiert. Dabei hat die Prüfart den fixen Wert 17. Das bedeutet, dass aus Sicht der QIE die Prüfung in einem externen System erfolgt. Der Arbeitsplantyp hat den fixen Wert Q, der auf SAP-ERP-Seite einen Prüfplan als Arbeitsplan definiert. Mit den variablen Werten der Plangruppe und des Plangruppenzählers wird der Prüfplan in SAP ERP eindeutig identifiziert.

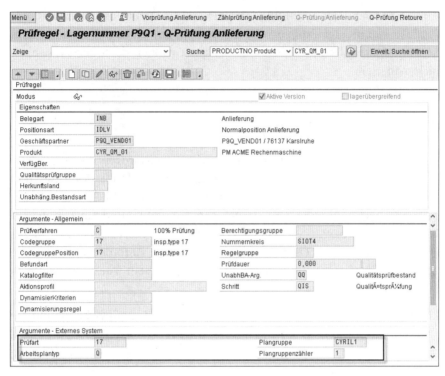

Abbildung 8.97 Attributwerte in der QIE-Prüfregel definieren

Anschließend ordnen Sie das externe QM-System sowie die Installation den POT zu, die Sie lagerabhängig aktiviert haben. Abbildung 8.98 verdeutlicht den Sachverhalt. Die Zuordnung ist nur für die POTs Q-Prüfung Produkt/Charge Anlieferung und Q-Prüfung Produkt/Charge lagerintern möglich.

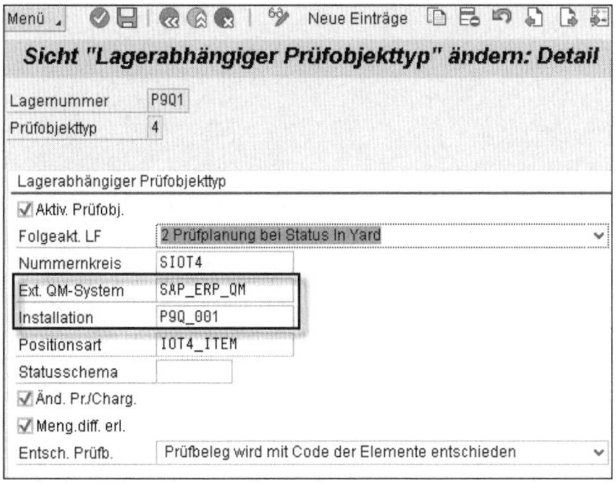

Abbildung 8.98 Externes QM-System und Installation dem lagerabhängigen Prüfobjekttyp zuordnen

Auf die notwendigen SAP-ERP-Einstellungen zur Definition der Prüfart, der Prüflosherkunft, der Probenart sowie auf die Zuordnung der Prüfart zum SAP-ERP-Materialstamm gehen wir hier aus Gründen der Übersichtlichkeit nicht näher ein.

8.9 Zusammenfassung

In diesem Kapitel haben wir für den Wareneingangsprozess die verschiedenen Prozessschritte Wareneingangsankündigung, Ankunft des Lkws und Yard Management, Wareneingangsvorbereitung, Entladung inklusive Wareneingangsbuchung sowie die Wareneingangssteuerung und Einlagerung auf Basis von ASNs bzw. erwarteten Wareneingängen beschrieben. Wir haben aufgezeigt, mit welchen Funktionen EWM die Anforderungen an die genannten Prozessschritte unterstützt, und die wesentlichen Einstellungen im Customizing dokumentiert.

Zusätzlich haben wir die Qualitätsprüfung, die Chargenabwicklung und die Lagerungsdisposition als Sonderfälle des Wareneingangsprozesses detailliert beschrieben und Ihnen die wichtigsten Einstellungen im Customizing erklärt.

Eine primäre Aufgabe des Lagers ist die Auslieferung des geforderten Materials zum richtigen Zeitpunkt an einen bestimmten Ort. Entsprechend groß ist die Bedeutung des Warenausgangsprozesses in SAP EWM. Mit SAP EWM ist es möglich, diesen komplexen Prozess mit seinen Teilschritten flexibel im System abzubilden und zu optimieren.

9 Warenausgangsprozess

Der Warenausgangsprozess umfasst die Prozessschritte von der Gruppierung der verschiedenen Aufträge und Lieferbedarfe über das Zusammenfassen und Erstellen von Arbeitspaketen für die Auslagerung, das Abarbeiten dieser Arbeitspakete, entweder direkt am Lagerplatz oder an Kommissionierpunkten, den internen Transport der Ware an Verpackungsstationen und das Verpacken der Ware bis hin zur Durchführung logistischer Zusatzleistungen. Dies können z. B. das Umpacken der Ware in spezielle Verpackungen oder das Befestigen von Mustern an Ware oder Paketen sein. Abschließend umfasst der Prozess das Bereitstellen der Ware sowie das endgültige Verladen der Ware in einen Lkw.

Die wesentlichen Funktionen von EWM für den Warenausgangsprozess sind:

- ▶ Lagerprozessschritte können kundenspezifisch definiert werden.
- ▶ Warenausgangsprozesse können durch unterschiedliche Kombinationen der Lagerprozessschritte unter Berücksichtigung des Lagerlayouts flexibel modelliert werden.
- ▶ Der auszulagernde Warenbedarf kann zu Wellen zusammengefasst werden. Diese können unterschiedlich verarbeitet werden, und der Kommissionierprozess kann in verschiedenen Intervallen gestartet werden, um so die Arbeitslast zu priorisieren.
- ▶ Lagertätigkeiten können mithilfe eines integrierten Ressourcenmanagements, das die Lagermitarbeiter optimiert durch das Auftragsvolumen leitet und eine systemgeführte Abarbeitung sicherstellt, parallel ausgeführt werden.

- Verpackungsstationen können automatisch bestimmt werden, um Ware, die in unterschiedlichen Bereichen von unterschiedlichen Mitarbeitern parallelisiert kommissioniert wurde, wieder zusammenzuführen und zu verpacken.

- Logistische Zusatzleistungen können automatisch gesteuert werden, z. B. das Ölen oder Reinigen der Ware für die Auslagerung, das Umpacken der Ware in Verpackungen einer anderen Marke etc.

- Es wird eine vollständige Bestandstransparenz über alle Prozessschritte hinweg ermöglicht.

- Sie erhalten einen Überblick über alle notwendigen Schritte für jede Anlieferposition im Lagermonitor durch ein umfangreiches und flexibles Statusmanagement.

In diesem Kapitel geben wir Ihnen zunächst einen Überblick über den *Warenausgangsprozess*. In den darauffolgenden Abschnitten erläutern wir detailliert die einzelnen Funktionen: als Erstes die vorgelagerten Tätigkeiten im Warenausgang und anschließend die Lager- und EWM-Aktivitäten im Warenausgang.

Anschließend stellen wir Ihnen die in EWM-Release 9.0 ausgelieferten Funktionen der *Mengenanpassung* (inklusive *Auslieferungserstellung*) und der *Grobplatz-/Bereitstellungszonen-Neuermittlung* vor. Auch gehen wir auf die Verpackungsplanung ein, die Sie verwenden, wenn sie berechnen müssen, wie viele und welche Arten von Handling Units im Warenausgangsprozess entstehen.

Abschließend erläutern wir das Versandcockpit, das mit SAP EWM 9.1 ausgeliefert worden ist, und die SAP-ERP-Transportintegration (LE-TRA) mit SAP ERP und SAP EWM. Zum Schluss stellen Ihnen die unterschiedlichen Szenarien vor, die im Warenausgang und im Wareneingang durch SAP EWM unterstützt werden.

9.1 Einführung in den Warenausgangsprozess

In diesem Abschnitt beschreiben wir die einzelnen Prozessschritte und EWM-Funktionen im Warenausgang. Er stellt gewissermaßen den roten Faden dar, der sich durch das gesamte Kapitel zieht und der Ihnen dabei helfen soll, die Abhängigkeit der einzelnen Prozessschritte zu verstehen und Ihre Prozesse bestmöglich zu gestalten. Abbildung 9.1 stellt diese Prozessschritte im Überblick vor.

Abbildung 9.1 Prozessschritte im Warenausgang

Im Folgenden charakterisieren wir die einzelnen Prozessschritte genauer:

1. Auftragserstellung und Lieferabwicklung

Hierbei handelt es sich um vorgelagerte Aktivitäten aus der Lagerlogistik, die nicht direkt dem Lagergeschehen zugeordnet sind. Damit das Lager die Ware ausliefern kann, benötigt es eine Lageranforderung; d. h., das Lager benötigt ein Dokument oder einen Bedarf, um die Ware auszulagern. Meist geschieht dies anhand eines Kundenauftrags und der Erstellung eines Lieferdokuments, das an EWM verteilt wird. Ähnlich wie auch im Wareneingangsprozess wird hierzu ein Lieferobjekt verwendet.

Die Lieferung wird an das Lager übergeben; sie erhält alle notwendigen Informationen darüber, welches Material in welcher Menge an welchen Kunden zu welchem Zeitpunkt ausgeliefert werden soll. Auf Basis der Auslieferung werden dann die Lagertätigkeiten durchgeführt (siehe Kapitel 6, »Lieferabwicklung«).

2. Warenausgangsvorbereitung

Während der Warenausgangsvorbereitung werden die unterschiedlichen Materialien, die auszulagern sind, gesichtet und eine Planung durchgeführt. Ziel ist es, gleichartige Anforderungen zu bündeln und die Waren dann gemeinsam und parallelisiert auszulagern. In der Vorbereitung des Warenausgangs werden Lageraufträge gruppiert und die Lagertätigkeiten zu Lageraufträgen gebündelt.

3. Kommissionierung

Die Ausführung der Lagertätigkeiten wird während der Kommissionierung durchgeführt. Hierbei wird die Ware manuell entweder am Platz oder an Arbeitsstationen (Kommissionierpunkten) entnommen oder gegebenenfalls automatisch durch ein Kommissioniersystem ausgelagert. Das tatsächliche Auslagern der Waren vom Kommissionierplatz kann auch mit mobilen Geräten und RF-Transaktionen durchgeführt werden.

4. Verpacken

Ist die Ware für einen Kunden oder für einen Transport bestimmt, muss diese sicher und, falls gewünscht, kundenbezogen verpackt werden.

Zusätzliche Papiere, wie die Rechnung, Transportpapiere oder Exportbescheinigungen, müssen im Paket verstaut werden. Der Verpackungsschritt wird meist an Stationen durchgeführt. Ziel ist es, die Ware optimiert zu verpacken, später zu Transporten zusammenzufassen und gegebenenfalls an den Spediteur zu übergeben.

5. Bereitstellen

Ist die Ware für den Versand vorbereitet, muss sie gegebenenfalls zwischengelagert werden, um dann endgültig verladen zu werden. Die Bereitstellung der Ware findet an Versandbahnen statt oder wird, falls die Transporteinheit bereitsteht, ausgelassen. Mit dem Auslassen der Bereitstellung wird die Ware direkt auf den Lkw verladen. Wird Ware exportiert oder über eine weite Strecke transportiert, ist das Bereitstellen üblich, um die Paketstücke zusammenzufassen und so die Transportkosten zu minimieren. Zusätzlich ermöglicht der Bereitstellprozess die Sortierung der Ware, um die Paletten optimal in den Lkw zu verladen. Falls der Lkw auf seiner Route mehrere Lokationen anfahren muss, kann mithilfe der Bereitstellung sichergestellt werden, dass Ware, die zuletzt ausgeladen wird, zuerst eingeladen und Ware, die zuerst den Lkw verlassen muss, als Letztes verladen wird.

6. Beladen und Buchen des Warenausgangs

Der Beladevorgang wird mit einer Transporteinheit, z. B. in Form eines Lkws, sichergestellt. In diesem Prozessschritt werden die Waren oder die Paletten auf den Lkw befördert. Abhängig von Prozess und Kundenanforderungen müssen alle Pakete zuerst beladen werden, und der Beladeprozess muss abgeschlossen sein, damit das finale Buchen des Warenausgangs durchgeführt wird. Das Buchen des Warenausgangs schließt den Prozess im Lager ab. Ziel dieses Prozessschrittes ist es, sicherzustellen, dass die Warenübergabe erfolgreich durchgeführt wird und der Spediteur die Ware erfolgreich in Gewahrsam nimmt. Mit dem Buchen des Warenausgangs wird der Bestand auch aus dem Lager gebucht. In SAP EWM werden dann Daten an SAP ERP übertragen, und dort findet der Folgeprozess statt.

Nachdem wir Ihnen in diesem Abschnitt einen Überblick über den betriebswirtschaftlichen Prozess im Warenausgang gegeben haben, stellen wir im Folgenden die Funktionen in EWM dar, die diesen Prozess unterstützen. Wir beginnen mit den vorgelagerten Aktivitäten der Erstellung der Lieferung, die notwendig sind, damit im Lager der Warenausgangsprozess angestoßen werden kann. Anschließend betrachten wir die lagerspezifischen Teilprozesse und die Komponenten von EWM, die den Warenausgangsprozess unterstützen.

Unabhängig von dem Standardprozess, der im SAP-ERP-System anhand eines Kundenauftrags und der dazugehörigen Lieferung beginnt, kann der Warenausgangsprozess auch in EWM beginnen. Nachfolgend beschreiben wir den Standardprozess im Warenausgang mit der Erstellung der Auslieferung in SAP ERP sowie das Anstoßen des Prozesses in EWM anhand einer Direktauslieferung.

9.2 Vorgelagerte Tätigkeiten im Warenausgang

Damit der Warenausgangsprozess im Lager beginnen kann, muss dem Lager der Bedarf mitgeteilt werden, Ware auszulagern. Den Bedarf zur Auslagerung stellt für das Lager der *Auslieferungsauftrag* dar. In diesem Abschnitt zeigen wir Ihnen, wie der Auslieferungsauftrag im Warenausgangsprozess entsteht und wie der Gesamtprozess davon beeinflusst wird. Wir beschreiben die vorgelagerten Tätigkeiten, d. h. die Auftrags- und Lieferungssteuerung. Diese sind die Basis dafür, mit Lieferobjekten den Warenausgang im Lager zu planen.

9.2.1 Warenausgangsprozess auf Basis von Kundenaufträgen und Lieferungen

Bestellt ein Kunde eine Ware, muss diese Ware ausgeliefert und nachträglich vom Kunden bezahlt werden. Diesen Prozess nennt man *Order-to-Cash*. Wir durchleuchten in diesem Abschnitt zunächst diesen Prozess, um ein besseres Verständnis für den Warenausgang zu schaffen. In Abbildung 9.2 haben wir die Teilschritte im Order-to-Cash-Prozess dargestellt: Nur der ausführende Teil, in dem die Ware ausgelagert und an den Kunden geliefert wird, ist entscheidend für das Lager und somit für EWM. Die davorliegenden Prozessschritte sowie die anschließende Fakturierung werden nicht von EWM unterstützt.

In der Abbildung erkennen Sie die Dokumente, die im Laufe des Prozesses entstehen: Der *Kundenauftrag* wird entweder in SAP CRM oder SAP ERP erstellt. Um den Kundenauftrag zu bedienen, wird eine *Auslieferung* im SAP-ERP-System erstellt. Es ist auch möglich, eine Auslieferung ohne eine Referenz zu einem Kundenauftrag zu erstellen. In beiden Fällen wird die Auslieferung in das EWM-System repliziert und dort verwendet, um den Warenausgangsprozess zu starten.

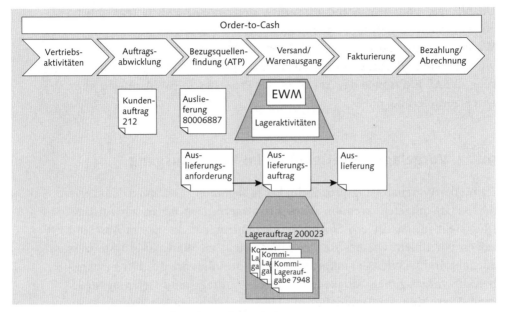

Abbildung 9.2 Darstellung des Order-to-Cash-Prozesses

Der Warenausgangsprozess wird in EWM in drei Auslieferungsobjekte unterteilt. Sie sind notwendig, um eine Integration in das SAP-ERP-System sicherzustellen. Die replizierte Auslieferung aus dem SAP-ERP-System wird im ersten Schritt in eine Auslieferungsanforderung (ODR) geführt. Diese Auslieferungsanforderung wird dann im zweiten Schritt in einen Auslieferungsauftrag (ODO) umgewandelt. Auf Basis des Auslieferungsauftrags, der ebenso für das Lager eine Lageranforderung darstellt, können Lageraufgaben sowie Lageraufträge zur Auslagerung erstellt werden. Der physische Prozess wird gestartet und bei Bedarf in die Teilprozessschritte *Kommissionieren*, *Verpacken*, *Bereitstellen* und *Beladen* unterteilt. Wird der Auslieferungsauftrag als Warenausgang gebucht, wird eine Auslieferung (OD), auch *Final Delivery* genannt, erstellt. Diese Auslieferung dient als Objekt für die Kommunikation mit dem SAP-ERP-System; dort wird sowohl die Auslieferung im Warenausgang gebucht als auch der weitere Prozess im SAP-ERP-System abgeschlossen.

Wird die Auslieferung aus dem SAP-ERP-System empfangen, können beim Anlegen der Auslieferungsanforderung die Belegarten sowie die Lieferungspositionsarten überschrieben oder beeinflusst werden. Die Logik für die Übernahme aus dem SAP-ERP-System finden Sie im EWM-Customizing. Wählen Sie dazu den Pfad EXTENDED WAREHOUSE MANAGEMENT • SCHNITT-STELLEN • ERP-INTEGRATION • LIEFERABWICKLUNG • BELEGARTEN AUS DEM ERP-

SYSTEM IN EWM ABBILDEN und POSITIONSARTEN AUS DEM ERP-SYSTEM IN EWM ABBILDEN.

Der Warenausgangsprozess muss nicht zwingend im SAP-ERP-System angestoßen werden. Alternativ können Sie den Warenausgangsprozess in EWM beginnen, indem Sie eine Direktauslieferung erstellen, wie im folgenden Abschnitt beschrieben.

9.2.2 Direktauslieferung

Es kann gute Gründe geben, um den Auslagerprozess aus dem Lager heraus zu beginnen und nicht durch einen Kundenauftrag zu initiieren. Solche Gründe könnten sein:

▸ Sie müssen zusätzliche Ware im Push-Prinzip verteilen und können dies durchführen, da Ihr Lager als Verteilzentrum agiert. Dies ist z. B. im Einzelhandel aufgrund von verderblicher Ware ein üblicher Prozess. Daher liefern Sie diese Ware zusätzlich zu eingegangenen Aufträgen an Ihre Filialen proaktiv aus. Ebenso ist es denkbar, den Lkw mit zusätzlicher Ware aufzufüllen, um eine bessere Effizienz Ihrer Transportausgaben sicherzustellen.

▸ Ihr Kunde fordert Sie kurzfristig auf, zusätzliche Ware zu liefern, da er deren Angabe beim Bestellvorgang vergessen hat. Bei der Anwendung des Pull-Prinzips lagern Sie dann zusätzliche Produkte aus, die Sie mit den bereits bestellten Produkten zusammen anliefern.

▸ Sie möchten wiederverwendbares Verpackungsmaterial (z. B. Paletten oder Metallbehälter) an Ihren Lieferanten oder an andere Lokationen in Ihrer Logistikkette versenden.

▸ Sie verkaufen direkt ab Lager Ware an den Endkunden.

Für diese Fälle ist es möglich, eine Auslieferung direkt in EWM anzulegen. In Abbildung 9.3 sehen Sie, wie der Prozessfluss bei Direktauslieferungen über die Systeme hinweg abläuft und wie Daten aus anderen Systemen verwendet werden, um die Direktauslieferung optimal unter Berücksichtigung der Bedarfssituation und der gesetzlichen Rahmenbedingungen anzulegen.

Optional ist der Einsatz von SAP Advanced Planning and Optimization (SAP APO) oder SAP BusinessObjects Global Trade Services (SAP GTS) möglich: SAP APO ermöglicht Ihnen eine bessere Planung des Materials, d. h., EWM prüft, ob der Bestand, den Sie über eine Direktauslieferung auslagern möchten, nicht schon verplant ist. SAP GTS stellt sicher, dass Sie z. B. Exportbeschränkungen einhalten.

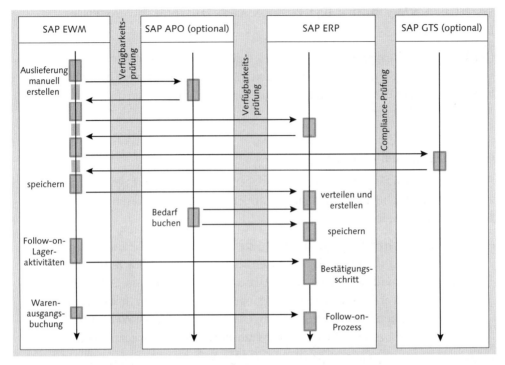

Abbildung 9.3 Direktauslieferungsprozess

Nach erfolgreicher Prüfung der Bestandsverfügbarkeit, zuerst in EWM und anschließend optional in SAP APO oder direkt in SAP ERP, wird der Auslieferungsauftrag nach dem Erstellen in EWM an das SAP-ERP-System repliziert. Im SAP-ERP-System wird eine Auslieferung erstellt, und der Folgeprozess wird genauso wie im Standard-Warenausgangsprozess durchgeführt.

Bei der Direktauslieferung ist eine Rechnungserstellung oft vor dem Buchen des Warenausgangs notwendig. Diese Funktion erläutern wir in Abschnitt 9.3.20, »Rechnungserstellung vom Buchen des Warenausgangs«. Wird der Rechnungserstellungsprozess vor dem Buchen des Warenausgangs initiiert, wird die Rechnung vom SAP-ERP-System gedruckt.

Nach dem Buchen des Warenausgangs wird eine Rückmeldung an das EWM-System gesendet und ebenso wie beim Warenausgang, der durch einen Kundenauftrag gestartet wurde, kann der Folgeprozess in SAP ERP abgeschlossen werden.

Das Lieferdokument, unabhängig ob Auslieferungsanforderung, Auslieferungsauftrag oder Auslieferung, stellt für EWM die Integration mit SAP ERP sicher. Es ist also notwendig, um mit anderen Systemen kommunizieren zu können. Mithilfe des Auslieferungsauftrags kann der Lagerprozess im Warenausgang begonnen werden. Nachfolgend erläutern wir Ihnen die Lageraktivitäten genauer.

9.3 Lageraktivitäten im Warenausgang

In diesem Abschnitt stellen wir die Lageraktivitäten im Warenausgang genauer dar. Ziel ist es, Sie mit den notwendigen Komponenten und Teilschritten vertraut zu machen und Ihnen zu zeigen, wie diese Funktionen in den Gesamtprozess einzuordnen sind. Wir beginnen mit einem Überblick über die verschiedenen EWM-Komponenten, auf die wir anschließend detailliert eingehen.

9.3.1 Überblick der SAP-EWM-Komponenten im Warenausgang

Mit dem Replizieren der Auslieferung an das EWM-System wird eine Auslieferungsanforderung in EWM angelegt. Durch das Aktivieren dieser Auslieferungsanforderung erstellt EWM einen Auslieferungsauftrag. Sie können das Aktivieren über das Post Processing Framework (PPF) oder manuell durchführen. Um in die Transaktion zu gelangen und die Auslieferungsanforderung zu aktivieren, folgen Sie im SAP-Easy-Access-Menü dem Pfad EXTENDED WAREHOUSE MANAGEMENT • LIEFERABWICKLUNG • AUSLIEFERUNG • AUSLIEFERUNGSANFORDERUNG PFLEGEN, oder Sie nutzen die Transaktion /SCWM/ODR. In der Transaktion können Sie nach einer Auslieferung selektieren. Zum Aktivieren markieren Sie diese und klicken auf die Schaltfläche AKTIVIEREN. Kann die Auslieferungsanforderung nicht aktiviert werden, wird der Gesamtstatus des Lieferdokuments auf FEHLERHAFT gesetzt.

In Abbildung 9.4 sehen Sie den fehlerhaften Status anhand der roten Ampel, die wir in der Abbildung hervorgehoben haben. Sie können die Schaltfläche PRÜFEN anklicken, um einen Fehlerlog zu erhalten, der anzeigt, weshalb die Auslieferungsanforderung nicht aktiviert werden kann. Meist müssen Sie Stammdaten nachpflegen oder die Konfiguration anpassen. Beheben Sie das Problem, können Sie das Dokument aktivieren, und ein Auslieferungsauftrag (ODO) wird erstellt.

Um einen Auslieferungsauftrag zu pflegen und sehen zu können, folgen Sie über das SAP-Easy-Access-Menü dem Pfad EXTENDED WAREHOUSE MANAGEMENT • LIEFERABWICKLUNG • AUSLIEFERUNG • AUSLIEFERUNGSAUFTRAG PFLEGEN, oder Sie nutzen den Transaktionscode /SCWM/PRDO.

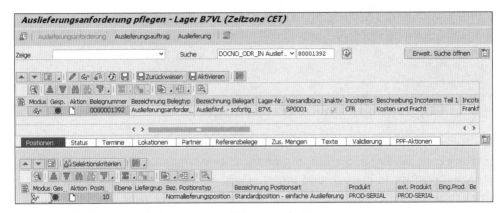

Abbildung 9.4 Aktivieren einer Auslieferungsanforderung

In Abbildung 9.5 sehen Sie einen Auslieferungsauftrag mit den Positionen, die zu kommissionieren sind.

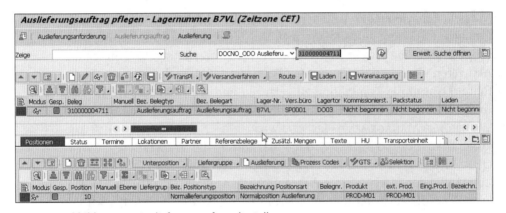

Abbildung 9.5 Auslieferungsauftrag darstellen

Sie können direkt aus der Transaktion Lageraufgaben zum Kommissionieren anlegen und diese quittieren. Um aus dem Auslieferungsauftrag Lageraufgaben anzulegen, wählen Sie in der Menüleiste AUSLIEFERUNGSAUFTRAG • FOLGEFUNKTIONEN • LAGERAUFGABE. Alternativ können Sie auch die Transaktion im SAP-Easy-Access-Menü über den Pfad EXTENDED WAREHOUSE MANAGEMENT • ARBEITSVORBEREITUNG • ARBEITSVORBEREITUNG • /SCWM/ TODLV_O – AUSLAGERN ZUM AUSLIEFERUNGSAUFTRAG oder mittels Transaktionscode /SCWM/TODLV_O starten.

Das Quittieren der neu erstellten Lageraufgaben können Sie mithilfe von mobilen RF-Transaktionen oder durch das Ausführen einer Desktop-Transaktion sicherstellen. EWM bietet Ihnen verschiedene Möglichkeiten, um die

Lageraufgaben zu quittieren. Wir zeigen Ihnen im Folgenden, wie Sie die Lageraufgaben in EWM quittieren können.

Beim Überführen der Auslieferungsanforderung in den Auslieferungsauftrag finden die Routenfindung und die Bestimmung der Konsolidierungsgruppe statt (siehe Abbildung 9.6). Die Route wird verwendet, um Produkte zusammenzuführen, die sich auf der gleichen Route des Spediteurs befinden. Die Konsolidierungsgruppe wird genutzt, um Produkte zusammenzuführen; dabei sollen Produkte mit der gleichen Konsolidierungsgruppe in das gleiche Paket verpackt werden.

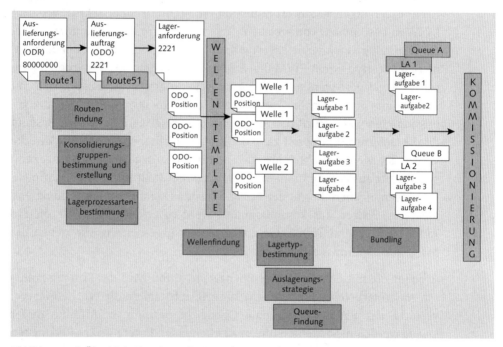

Abbildung 9.6 Überblick über die vorbereitenden Lageraktivitäten im Warenausgang

Ähnlich, wie es im SAP-ERP-System die Bewegungsarten gibt, gibt es im EWM-System die Lagerprozessarten. Die Lagerprozessart beinhaltet viele verschiedene prozessbezogene Parameter, wie den Typ, die Aktivität oder die Angabe, ob sie automatisch beim Erstellen quittiert wird. Wenn ein Lagerauftrag mit seinen zugehörigen Lageraufgaben angelegt wird, muss das System die passende Lagerprozessart bestimmen bzw. finden. Mit der Lagerprozessartenfindung können Sie bestimmen, welchen Auslagerprozess das Produkt durchlaufen muss. Die Lagerprozessart beeinflusst die folgenden Prozessschritte stark.

Die Lageranforderung, aus der die Lageraufträge und Lageraufgaben erstellt werden, entspricht 1:1 dem Auslieferungsauftrag und seinen Positionen.

Falls Sie das Wellenmanagement im Einsatz haben, werden Lageraufträge und Lageraufgaben nur dann erstellt, wenn Sie die betreffende Welle mit den zugehörigen Lageranforderungspositionen freigeben. Das Wellenmanagement ermöglicht es Ihnen, Lieferpositionen mit gleichen Eigenschaften zusammenzufassen und diese priorisiert oder je nach Tageszeit zur Kommissionierung freizugeben.

Mit der Freigabe der Welle erstellt EWM die Lageraufträge mit den zugehörigen Lageraufgaben zur Kommissionierung. Im ersten Schritt versucht EWM zu bestimmen, von welchem Lagertyp das Produkt zu kommissionieren wäre. Hierzu wird eine Lagertypfindung durchgeführt. Mit dem determinierten Lagertyp findet EWM den Lagerplatz, von dem aus das Produkt endgültig ausgelagert werden darf. Die Auslagerungsstrategie befasst sich mit der Findung des optimalen Lagerplatzes, von dem aus das Produkt zu kommissionieren wäre. Wird der Platz gefunden, reserviert EWM den Bestand für die Lieferposition; somit kann der Bestand nicht mehr für andere Zwecke verwendet werden. Abhängig davon, ob die auszulagernde Menge von einem Platz aus kommissioniert werden kann, erstellt EWM eine oder mehrere Lageraufgaben. Reicht der Bestand nicht aus und muss das Produkt von mehreren Plätzen aus kommissioniert werden, erstellt EWM die gleiche Anzahl von Lageraufgaben wie die Anzahl an Lagerplätzen, von denen das Material zu kommissionieren ist.

Arbeiten Sie mit dem Ressourcenmanagement und wird das Kommissionieren von Mitarbeitern durchgeführt, die z. B. auf Staplern die Ware auslagern, versucht das EWM-System, eine Queue zu bestimmen. Mithilfe dieser Queue werden die erstellten und abzuarbeitenden Lageraufträge Ressourcen zugeordnet. Weitere Informationen zum Ressourcenmanagement finden Sie in Kapitel 11, »Optimierung der Lagerprozessdurchführung«.

Mithilfe eines Lagerauftrags oder des Bundlings wird versucht, mehrere Lageraufgaben zu einem Lagerauftrag zusammenzufassen. Ziel ist es, falls möglich, Lageraufgaben zusammenzuführen, die sich u. a. im gleichen Aktivitätsbereich befinden. Sind mehrere Lageraufgaben des gleichen Aktivitätsbereichs einem Lagerauftrag zugeordnet, kann der Mitarbeiter die Produkte nach einem optimalen Kommissionierweg kommissionieren und diese dann an die Packstation befördern. Natürlich kann und muss EWM sicherstellen, dass der Mitarbeiter nur so viele Lageraufgaben in einem Lagerauftrag zugewiesen bekommt, wie er tatsächlich auch befördern kann, ohne die maxi-

male Fördermenge zu überschreiten. Hat der Lagerauftrag mehrere Lageraufgaben, können diese sortiert werden, damit der Mitarbeiter die Ware in
optimierter Reihenfolge kommissionieren kann und keine unnötigen Wege
zurücklegen muss.

Stehen die Lageraufträge mit den zugehörigen Lageraufgaben zum Kommissionieren bereit, kann die tatsächliche Ausführung der Lagertätigkeiten begonnen werden. Setzen Sie das Ressourcenmanagement ein, weist EWM Ihren
Ressourcen die Lageraufträge gemäß der konfigurierten Queue-Steuerung zu.

Das Ausführen der Kommissionierung kann papierbasiert oder durch den
Einsatz von mobilen RF-Transaktionen und mobilen Geräten realisiert werden. Beides erläutern wir Ihnen in den folgenden Abschnitten. Auch das
Kommissionieren über einen Kommissionierpunkt mithilfe eines Materialflusssystems, das wir in Kapitel 14, »Anbindung einer Materialflusssteuerung«, vorstellen, wird von EWM unterstützt.

Ist die Kommissionierung abgeschlossen, können, abhängig von der prozessorientierten Lagerungssteuerung, folgende Prozessschritte folgen:

1. Kit-Bildung
2. logistische Zusatzleistungen
3. Verpacken
4. Bereitstellen
5. Verladen

Muss die Ware, bevor sie das Lager verlässt, noch verpackt werden, werden
die kommissionierten Teile, abhängig von der konfigurierten Steuerung, an
die relevante Packstation befördert. Dort werden Pakete mit mobilen RF-
Transaktionen (falls sich an der Packstation mobile Geräte im Einsatz befinden) oder mit einem Packstationendialog (falls an den Packstationen PCs
angebracht worden sind) gebildet.

Mit dem Abschluss des Verpackungsprozesses werden die Handling Units
(HUs), abhängig von der prozessorientierten Lagerungssteuerung, entweder
direkt in den Beladeprozess überführt oder bei Bedarf noch vorher in einem
Bereich bereitgestellt. Mit dem Quittieren der Lageraufgabe zum Bereitstellen können automatisch im Hintergrund weitere Lageraufgaben zum Beladen erstellt werden.

Ist der Lkw am Lager eingetroffen und wurde er einem Tor zugewiesen, kann
der Beladeprozess gestartet werden. Hierzu können Sie mit dem komplexen
Beladen entweder Lageraufgaben quittieren, falls sie vorher schon erstellt

wurden, oder durch den Einsatz von mobilen Geräten und RF-Transaktionen neue Lageraufgaben erstellen, die dann parallel im Hintergrund quittiert werden. Falls Sie ein einfaches Beladen ohne Lageraufgaben wünschen, können Sie den Status der HU nur durch das einfache Verladen verändern.

Mit dem Starten des Beladeprozesses und dem Verwalten der Transporteinheiten verwenden Sie die EWM-Komponente *Warenannahme und Versand*, die wir in diesem Kapitel beschreiben. Das Yard Management (Hofsteuerung) beschreiben wir in Kapitel 12, »Bereichsübergreifende Prozesse und Funktionen«.

Mit dem Buchen des Warenausgangs wird der Bestand aus dem Lager gebucht, und EWM erstellt für Sie die Auslieferung. Die Daten werden an SAP ERP repliziert. Dort können Sie dann den nachgelagerten Prozess ausführen.

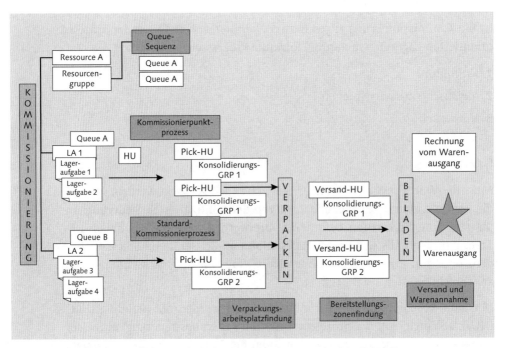

Abbildung 9.7 Überblick über die ausführenden Lageraktivitäten im Warenausgang

In Abbildung 9.6 und Abbildung 9.7 haben wir den gesamten Lagerprozess im Warenausgangsprozess dargestellt und haben zugleich die Komponenten von EWM mit zeitlichem Ablauf eingefügt. Zusätzlich dazu sehen Sie die verschiedenen Objekte und Dokumente, die im Laufe des Prozesses entstehen. Da der Warenausgangsprozess sehr komplex ist, haben wir nicht den gesamten Prozess in einer Abbildung darstellen können. Während in Abbildung 9.6 alle Schritte dargestellt sind, bis der Lagerauftrag mit seinen zugehörigen Lageraufgaben zur Kommissionierung erstellt wurde, zeigt Abbildung 9.7 die Ausführung des Warenausgangsprozesses, bis der Bestand als Warenausgang gebucht wurde. Die Warenausgangsvorbereitung ist somit in Abbildung 9.6 dargestellt.

Nachfolgend bringen wir Ihnen den Warenausgangsprozess detailliert näher. Die Sonderprozesse wie die Kit-Bildung oder die logistischen Zusatzleistungen behandeln wir in Kapitel 12, »Bereichsübergreifende Prozesse und Funktionen«.

9.3.2 Routenfindung

Die *Routenfindung* wird in EWM durch die *Routing Guide Engine* (RGE) ausgeführt. Die RGE ist eine Komponente von SAP SCM und wird von verschiedenen SCM-Anwendungen inklusive EWM verwendet. Zweck der Routenfindung ist es, der Lageranforderung oder Lieferung die korrekte und optimale Route zuzuweisen. Dabei wird aus mehreren Routen die optimale Route bestimmt. Die Findung orientiert sich an verschiedenen Versandkriterien der Lieferanforderungsposition wie der Start- und Ziellokation, dem Lieferdatum, dem Dokumententyp, den Gewichten der Produkte sowie verschiedenen Gefahrstoffkonditionen.

> **Unterschiede in der Routenfindung von SAP EWM und SAP ERP**
>
> Das Finden der Route kann sowohl in EWM als auch in SAP ERP bestimmt werden, denn beide Systeme nutzen die Route für ähnliche Zwecke. Doch bietet die EWM-Routenfindung mit der RGE die Möglichkeit, eine Route genauer zu bestimmen. Die EWM-Routenfindung bietet im Vergleich zur SAP-ERP-Routenfindung mehr Möglichkeiten, da die Konfiguration der RGE auf Strecken und Haltepunkten basiert, sie Cross-Docking-Routen unterstützt, auf Basis von Belegarten der Lieferdokumente aktiviert oder deaktiviert werden kann und die Zeitpläne der Transportunternehmen besser verwalten und berücksichtigen kann. Im SCM-System können Sie zudem Funktionen nutzen, um Routen besser zu verwalten. Letztlich kommt hinzu, dass die Routenfindung zusätzlich über die RGE simuliert werden kann und Routen im EWM-System an andere Systeme repliziert werden können, falls Sie mehrere EWM-Systeme verwenden.

In Abbildung 9.8 sehen Sie ein Beispiel für die Pflege einer Route in EWM. Der Dialog unterteilt sich in drei Bereiche, die die verschiedenen Eigenschaften der Route repräsentieren. Die Bereiche umfassen den Routenkopf, der die Grunddaten wie die Minimal- und Maximalgewichte sowie die Gültigkeit der Route umfasst. Die Routenposition ermöglicht das Hinterlegen von u. a. Strecken, CD-Routen (die das Verknüpfen mehrerer Routen ermöglichen) sowie Versandbedingungen. In den Routenpositionsdetaildaten können Sie z. B. für eine Strecke die verschiedenen Haltepunkte hinterlegen.

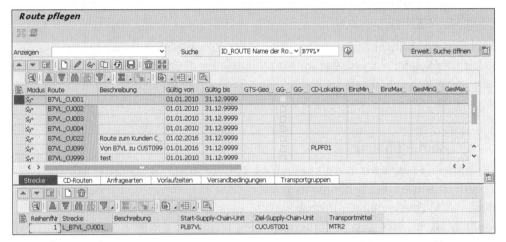

Abbildung 9.8 Routen im SAP-EWM-System pflegen

Die Routenfindung kann zu drei verschiedenen Zeitpunkten stattfinden (siehe Abbildung 9.9):

- beim Erstellen der Auslieferungsanforderung in EWM
- beim Erstellen des Auslieferungsauftrags in EWM
- beim Erstellen des Kundenauftrags in SAP CRM

Im dritten Fall verwendet SAP CRM die RGE des SCM-Systems bei der globalen Verfügbarkeitsprüfung (ATP-Prüfung, ATP = *Available-to-Promise*), um zu bestimmen, ob und wo Bestand verfügbar ist, um den Kundenauftrag zu beliefern.

Beim Erstellen der Auslieferungsanforderung kann die Route aus dem SAP-ERP-System übernommen werden (gegebenenfalls wurde diese zuvor durch SAP CRM bestimmt und an SAP ERP übertragen), oder sie kann durch die RGE überschrieben werden. Außerdem kann die Route beim Aktivieren der Auslieferungsanforderung und Erstellen des Auslieferungsauftrags auf Basis der neuen Informationen, die dann zur Verfügung stehen, neu bestimmt werden.

Wurde die Route automatisch bestimmt, kann sie nochmals manuell neu bestimmt werden. Hierzu können Sie im Auslieferungsauftragsmonitor (/SCWM/ PRDO) eine erneute Routenfindung anstoßen. Das System kann auch auf der

Basis von verschiedenen Parametern wie Produkt, Datum, Gewicht/Volumen etc. überprüfen, ob die gespeicherte Route konsistent ist. Ist die Route nicht mehr korrekt, wird der Beleg als fehlerhaft dargestellt, und Sie müssen den Fehler manuell z. B. durch die Neubestimmung der Route beseitigen.

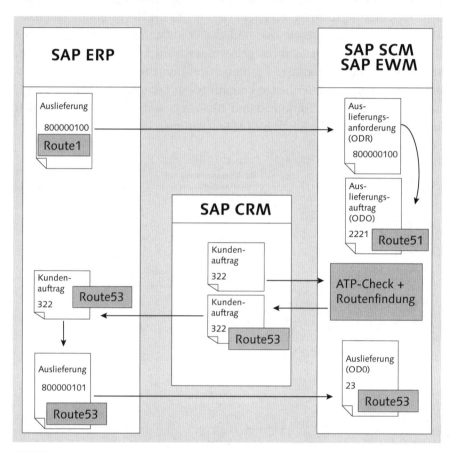

Abbildung 9.9 Route über Systemgrenzen hinweg bestimmen

Gründe, aus denen es mehrere Lieferdokumente im Warenausgangsprozess gibt, sind das unterschiedliche Zusammenfassen von Lieferpositionen und die Routenfindung, die die Positionen unterschiedlichen Lieferobjekten zuordnen kann. Da die Route immer auf dem Kopf des Lieferdokuments hinterlegt wird, müssen alle Positionen der Lieferung die gleiche Route beinhalten.

Falls ein Produkt (z. B. ein Gefahrgut) auf eine spezielle Weise transportiert werden muss, kann es vorkommen, dass eine separate Route bestimmt wird.

Das Produkt wird z. B. eventuell aufgrund von gesetzlichen Bestimmungen umgeleitet und darf nicht per Flugzeug transportiert werden.

Abbildung 9.10 zeigt, wie eine Route das Erstellen der Auslieferungsobjekte beeinflussen kann. So kann die Auslieferungsanforderung in zwei verschiedene Auslieferungsaufträge aufgeteilt werden, da die Höchstgrenze (auf Basis der Menge) überschritten wurde und alle Produkte etwa durch gesetzliche Gefahrgutbeschränkungen nicht gemeinsam transportiert werden dürfen. Später werden wieder andere Positionen zusammengeführt, da beim Kommissionieren eine Mindermenge kommissioniert wurde. Das hat zur Folge, dass die Produkte aus Position 20 und 30 doch zusammen versendet werden können und die gleiche Route für beide Positionen bestimmt wurde.

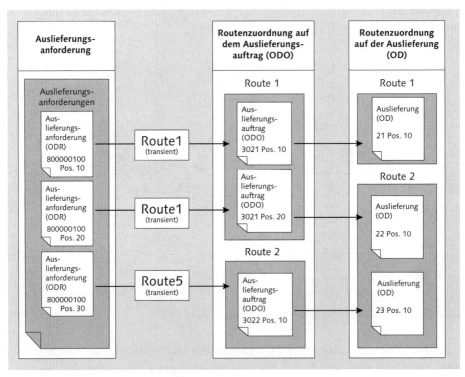

Abbildung 9.10 Routenfindung über alle Auslieferungsbelege

Während der Routenfindung bestimmt die RGE durch das Verwenden von Kostenprofilen die Transportkosten. Die Bestimmung der Transportkosten findet auf der Basis von fixen Transportkosten, streckenabhängigen Transportkosten, zeitabhängigen Transportkosten oder gewichtsbasierten Transportkosten statt. Ebenso ist es denkbar, die Transportkosten als Faktor für die Routenbestimmung zu verwenden.

Einrichten der Routenfindung

Die Routenfindung muss in EWM anhand mehrerer Stammdatentransaktionen konfiguriert werden. Im Folgenden finden Sie die wichtigsten Transaktionen für die Einrichtung der Routenfindung:

▶ **Lokationen**

Um die verschiedenen Standorte innerhalb Ihrer Route zu berücksichtigen, müssen Sie die zugehörigen Lokationen in EWM verwalten. Lokationen können Sie im SAP-Easy-Access-Menü über den Pfad EXTENDED WAREHOUSE MANAGEMENT • STAMMDATEN • WARENANNAHME UND VERSAND • ROUTENFINDUNG • LOKATION oder durch Starten des Transaktionscodes /SAPAPO/LOC3 pflegen.

▶ **Kalender**

Kalender können Sie im EWM-Customizing über den Pfad SCM-BASIS • KONFIGURIERBARE PROZESSTERMINIERUNG • KALENDER UND ZEITZONEN • PROZESSTERMINIERUNGSKALENDER (ZEITSTRAHL) PFLEGEN oder durch Verwenden des Transaktionscodes /SCMB/SCHED_CAL pflegen.

▶ **Zonen**

Zonen pflegen Sie im SAP-Easy-Access-Menü über den Pfad EXTENDED WAREHOUSE MANAGEMENT • STAMMDATEN • WARENANNAHME UND VERSAND • ROUTENFINDUNG • ZONEN FÜR ROUTEN PFLEGEN oder mittels des Transaktionscodes /SCTM/ZONE.

▶ **Routen**

Routen können Sie im SAP-Easy-Access-Menü über den Pfad EXTENDED WAREHOUSE MANAGEMENT • STAMMDATEN • WARENANNAHME UND VERSAND • ROUTENFINDUNG • ROUTE PFLEGEN oder durch Starten der Transaktion /SCTM/ROUTE im System hinterlegen.

▶ **Frachtführerprofile**

Frachtführerprofile pflegen Sie im SAP-Easy-Access-Menü über den Pfad EXTENDED WAREHOUSE MANAGEMENT • STAMMDATEN • WARENANNAHME UND VERSAND • ROUTENFINDUNG • /SCTM/TSPP – FRACHTFÜHRERPROFIL FÜR DEN ROUTING-GUIDE oder durch Ausführen des Transaktionscodes /SCTM/TSPP.

▶ **Transportkostenprofile**

Transportkostenprofile pflegen Sie im SAP-Easy-Access-Menü über den Pfad EXTENDED WAREHOUSE MANAGEMENT • STAMMDATEN • WARENANNAHME UND VERSAND • ROUTENFINDUNG • ALLGEMEINES TRANSPORTKOSTENPROFIL DEFINIEREN oder durch Verwenden des Transaktionscodes /SAPAPO/TPK.

▶ **Simulieren und Testen**

EWM beinhaltet ein Testprogramm, um die Routenfindung zu simulieren und zu testen. Zum Simulieren und Testen der Routenfindung folgen Sie im SAP-Easy-Access-Menü dem Pfad EXTENDED WAREHOUSE MANAGEMENT • STAMMDATEN • WARENANNAHME UND VERSAND • ROUTENFINDUNG • ROUTENFINDUNG SIMULIEREN, oder Sie nutzen die Transaktion /SCTM/RGINT.

Um sicherzustellen, dass in der Warenausgangszone die gleichen Pakete wieder zusammenfinden und diese zusammen und in der gleichen Zeitperiode abgearbeitet werden, können Sie Routen verwenden. Damit gleichartige Produkte wieder an der Packstation zusammenfinden, verwenden Sie in EWM eine Konsoliderungsgruppe.

9.3.3 Konsoliderungsgruppenfindung

Um zu bestimmen, welche Lieferpositionen zusammen versandt und somit verpackt werden, nutzt EWM die *Konsolidierungsgruppe*, die identische Lieferpositionseigenschaften zusammenfasst. Die Konsolidierungsgruppe einer Lieferposition wird anhand folgender Kriterien bestimmt (siehe Abbildung 9.11):

▶ Lagernummer

▶ Route

▶ Warenempfänger (wird auf dem Auslieferungsauftrag gespeichert)

▶ Priorität der Lieferposition (übertragen aus der SAP-ERP-Lieferposition)

▶ Zugriff über das Tor (geplant; Funktion derzeit noch nicht verfügbar, Änderungen vorbehalten)

Welche der Felder bei der Konsolidierungsgruppenbestimmung berücksichtigt werden sollen, können Sie über das EWM-Customizing über den Pfad EXTENDED WAREHOUSE MANAGEMENT • WARENAUSGANGSPROZESS • KONSOLIDIERUNGSGRUPPE DEFINIEREN konfigurieren. Reichen die Funktionen der Standardkonfiguration nicht aus, können Sie das BAdI *Konsolidierungsgruppe bestimmen* verwenden, um die Bestimmung der Konsolidierungsgruppe dynamisch und kundenspezifisch zu ermitteln bzw. das BAdI *Überschreiben der Konsolidierungsgruppe* nutzen, um die Konsolidierungsgruppe später bei der Lagerauftragserstellung zu übersteuern.

Immer dann, wenn im Bezug auf die genannten und konfigurierbaren Kriterien keine gleiche Konsolidierungsgruppe angewendet werden kann, wird eine neue Konsolidierungsgruppe erstellt und der Auslieferungsauftragsposition zugeordnet. Die Konsolidierungsgruppe wird dann in die Lageraufgaben übernommen.

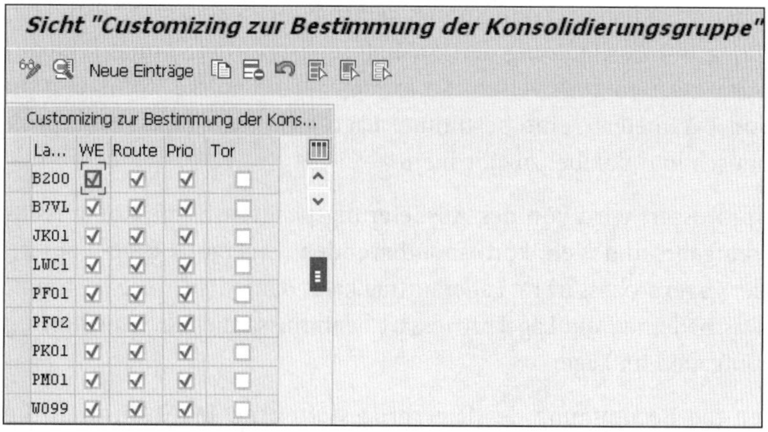

Abbildung 9.11 Bestimmung der Konsolidierungsgruppe

Basierend auf diesen Eigenschaften, wird pro Lieferposition eine Konsolidierungsgruppe ermittelt und ebenfalls in die zugehörigen Lageraufgaben zur Lieferposition übernommen. Abhängig von der Konfiguration der Lagerauftragserstellungsregel können nun Lageraufträge mit jeweils identischer Konsolidierungsgruppe (kein separater Packschritt zwingend notwendig) oder aber auch mit verschiedenen Konsolidierungsgruppen (separater Packschritt zwingend notwendig) erstellt werden.

9.3.4 Bestimmung der Lagerprozessart

Während der Erstellung des Auslieferungsauftrags bestimmt das System für jede Auslieferungsposition eine *Lagerprozessart*. Diese Lagerprozessart spielt in EWM eine große Rolle bei der Bestimmung der relevanten Folgeprozesse für jede Auslieferungsposition und somit für das Material.

Die Lagerprozessart beschreibt den Typ des Prozesses und wird genutzt, um sowohl die Parameter des Prozesses zu spezifizieren als auch die verschiedenen Teilschritte des Prozesses zu bestimmen. Daher finden Sie die Lagerprozessart oft als Schlüsselfeld in den Customizing-Einstellungen wieder. So wird die Prozessart z. B. bei der Bestimmung der Lagerungssteuerung verwendet und eingesetzt, um die relevanten Prozessschritte zu bestimmen (z. B. kann eine Lagerprozessart bestimmen, dass nur die Aktivitäten Kommissionieren und Beladen relevant sind). Um die Lagerprozessarten im EWM-Customizing zu definieren, wählen Sie den Pfad EXTENDED WAREHOUSE MANAGEMENT • PROZESSÜBERGREIFENDE EINSTELLUNGEN • LAGERAUFGABE • LAGERPROZESSART DEFINIEREN.

Anhand unterschiedlicher Konfigurationseinstellungen ist es möglich, bei der Erstellung der Auslieferung den Auslieferungspositionen unterschiedliche Lagerprozessarten zuzuweisen. So ermöglicht Ihnen die Konfiguration anhand von Parametern, eine bestimmte Lagerprozessart einer Lieferposition dynamisch und flexibel zuzuordnen.

Die Lagerprozessart wird von der Auslieferungsposition in die Kommissionier-Lageraufgabe und den korrespondierenden Lagerauftrag kopiert. Mithilfe der Lagerprozessart im Lagerauftrag kann dann die Queue bestimmt werden. Das bedeutet, die Lagerprozessart beeinflusst auch die Ausführung der Lageraufgaben im Lager.

Sie können die Bestimmung der Lagerprozessarten im EWM-Customizing pflegen (siehe Abbildung 9.12), indem Sie dem Pfad EXTENDED WAREHOUSE MANAGEMENT • PROZESSÜBERGREIFENDE EINSTELLUNGEN • LAGERAUFGABE • LAGERPROZESSART FINDEN folgen. Folgende Parameter beeinflussen die Bestimmung der Lagerprozessart:

- **Lagernummer**
  EWM verwendet die Lagernummer aus den Kopfdaten der Auslieferungsanforderung.

- **Belegart**
  Äquivalent zur Belegart der Lieferung in SAP ERP und der zusätzlichen Konfiguration in EWM, um diese, falls nötig, wie in Kapitel 6, »Lieferabwicklung«, detailliert erläutert, zu überschreiben.

- **Positionsart**
  Äquivalent zur Positionsart der Lieferungsposition in SAP ERP und der zusätzlichen Konfiguration in EWM, um sie zu überschreiben. Weitere Informationen finden Sie in Kapitel 6.

- **Lieferpriorität**
  Diese kann aus dem SAP-ERP-System übertragen werden und ermöglicht es so, die Priorität in die Lagerprozesse einfließen zu lassen. Die spätere Ausführung der Lageraufträge kann anhand von unterschiedlichen Lagerprozessarten beeinflusst werden. Da die Lagerprozessart in den Lagerauftrag übertragen wird, ist das Finden einer Queue mit einer hohen Priorität möglich. Der Lagerauftrag mit einer priorisierten Queue kann beim systemgeführten Arbeiten dann Ressourcen immer als Erstes zugewiesen werden. Weitere Informationen zum Ressourcenmanagement finden Sie in Kapitel 11, »Optimierung der Lagerprozessdurchführung«.

- **Steuerungskennzeichen für die Prozessartfindung**
  Dieser Parameter kann auf dem Materialstamm eines Produkts hinterlegt werden.
- **Prozesskennzeichen zur Findung des Lagerprozesses**
  Dieser zusätzliche Parameter wird bei Cross-Docking-Prozessen verwendet und dient dazu, die Lagerprozessarten gesondert zu bestimmen. Weitere Informationen zum Cross-Docking-Prozess erhalten Sie in Kapitel 15, »Cross-Docking«.

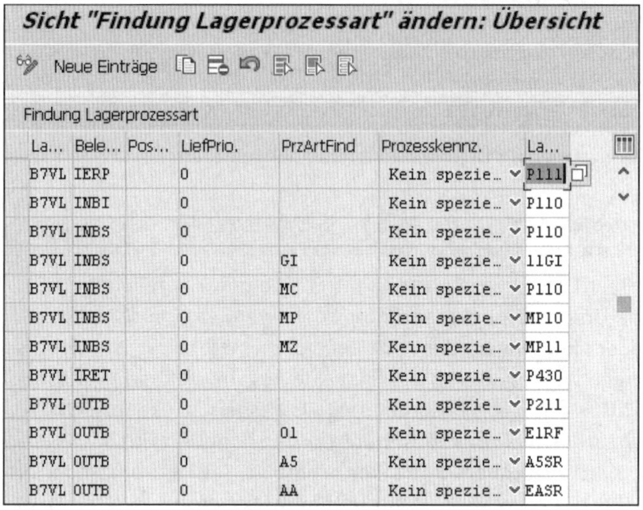
Sicht "Findung Lagerprozessart" ändern: Übersicht

Neue Einträge

Findung Lagerprozessart

La...	Bele...	Pos...	LiefPrio.	PrzArtFind	Prozesskennz.	La...
B7VL	IERP		0		Kein spezie...	P111
B7VL	INBI		0		Kein spezie...	P110
B7VL	INBS		0		Kein spezie...	P110
B7VL	INBS		0	GI	Kein spezie...	11GI
B7VL	INBS		0	MC	Kein spezie...	P110
B7VL	INBS		0	MP	Kein spezie...	MP10
B7VL	INBS		0	MZ	Kein spezie...	MP11
B7VL	IRET		0		Kein spezie...	P430
B7VL	OUTB		0		Kein spezie...	P211
B7VL	OUTB		0	01	Kein spezie...	E1RF
B7VL	OUTB		0	A5	Kein spezie...	A5SR
B7VL	OUTB		0	AA	Kein spezie...	EASR

Abbildung 9.12 Bestimmung der Lagerprozessart

Die Pflege der unterschiedlichen Steuerungskennzeichen (PRZARTFIND) für die Prozessartenfindung erreichen Sie im EWM-Customizing über den Pfad EXTENDED WAREHOUSE MANAGEMENT • PROZESSÜBERGREIFENDE EINSTELLUNGEN • LAGERAUFGABE • STEUERUNGSKENNZEICHEN FÜR LAGERPROZESSARTFINDUNG DEFINIEREN. Mithilfe des Steuerungskennzeichens für die Prozessartfindung ist es möglich, für bestimmte Produkte eine spezielle Lagerprozessart zu bestimmen. So wäre es denkbar, spezielle Ware über einen gesonderten Prozess auszulagern. Nach dem Definieren der Steuerungskennzeichen für die Prozessartenfindung ist es möglich, diese Kennzeichen auf dem Produktstamm zu hinterlegen und sie ebenso in der Findungstabelle zu speichern.

Wie in Abbildung 9.13 zu erkennen ist, wird im Lager mit der Lagernummer SPB1 für alle Materialien mit dem Prozesssteuerungskennzeichen 01 die Lagerprozessart 1011 gefunden und dadurch in die Lieferposition beim Anlegen der Auslieferungsauftragsposition übertragen.

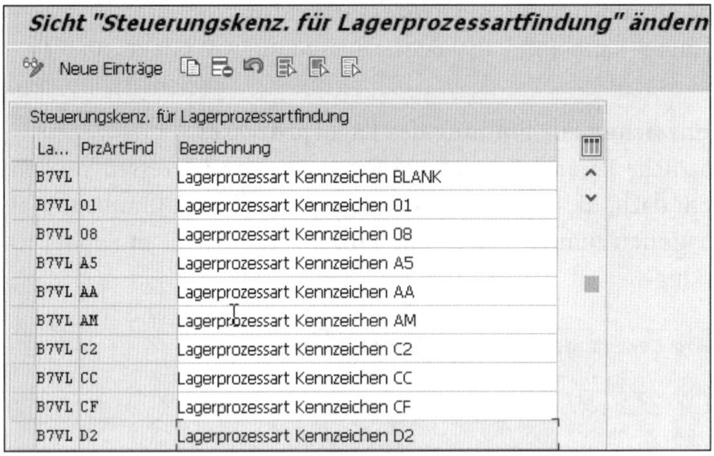

La...	PrzArtFind	Bezeichnung
B7VL		Lagerprozessart Kennzeichen BLANK
B7VL	01	Lagerprozessart Kennzeichen 01
B7VL	08	Lagerprozessart Kennzeichen 08
B7VL	A5	Lagerprozessart Kennzeichen A5
B7VL	AA	Lagerprozessart Kennzeichen AA
B7VL	AM	Lagerprozessart Kennzeichen AM
B7VL	C2	Lagerprozessart Kennzeichen C2
B7VL	CC	Lagerprozessart Kennzeichen CC
B7VL	CF	Lagerprozessart Kennzeichen CF
B7VL	D2	Lagerprozessart Kennzeichen D2

Abbildung 9.13 Steuerkennzeichen für Lagerprozessartenfindung pflegen

Unvollständigkeitsprüfung bei der Bestimmung der Lagerprozessart

Da die Bestimmung einer Lagerprozessart sehr entscheidend für den Folgeprozess ist, ist es sinnvoll, eine Unvollständigkeitsprüfung zu verwenden, um sicherzustellen, dass dem Anwender Lieferungen, die keine Lagerprozessart haben, speziell als fehlerhaft hervorgehoben werden. Durch das Pflegen eines Unvollständigkeitsprofils zu einer Lieferung ist es möglich, die Lieferung als gesperrt zu kennzeichnen, wenn eine Lagerprozessart nicht korrekt bestimmt werden konnte. Wird die Lagerprozessart bestimmt, wird die Lieferung als konsistent im Auslieferungsmonitor (Transaktion /SCWM/PRDO) dargestellt. Weitere Informationen zur Lieferabwicklung erhalten Sie in Kapitel 6, »Lieferabwicklung«.

9.3.5 Wellenmanagement

Den Warenausgangsprozess im ersten Schritt zu optimieren bedeutet, Aufträge zu priorisieren und optimal zusammenzufassen. Müssen Waren das Lager umgehend verlassen, müssen diese Aufträge priorisiert werden und sollten deshalb früher kommissioniert werden als Produkte, die keine Eile haben. Lagern Sie Ware über den Tag hinweg optimiert nach Routen bzw. Regionen, müssen zusätzlich bestimmte Aufträge zusammengefasst werden.

Diese Priorisierung und das Zusammenfassen der Lageranforderungen erledigt das *Wellenmanagement*. Der Begriff *Welle* beschreibt sehr gut den Ablauf der Vorgänge: Mit dem Freigeben der Welle werden Lageraufträge erstellt, und die Arbeitslast breitet sich über die Teilprozesse Kommissionieren, Verpacken und Bereitstellen bis hin zum Beladen aus, bis alle Aufträge abgearbeitet sind oder wieder eine neue Welle gestartet wurde. In Kapitel 7,

»Objekte und Elemente der Prozesssteuerung«, haben wir das Wellenmanagement bereits beschrieben.

In EWM können Sie die Lageranforderungspositionen (wie die ODO-Positionen) in Wellen gruppieren, um den Prozess zu steuern und das Lagergeschehen zu optimieren. Die Welle selbst kann als Container betrachtet werden. Der Welle zugewiesene Positionen können aus dem gleichen Lagerbereich, aber auch aus verschiedenen Lagerbereichen entnommen werden. Die Positionen einer Welle werden in der Regel gemeinsam bearbeitet, beginnend mit der Freigabe der Welle und der daraus resultierenden Erstellung der Lageraufträge und Lageraufgaben.

Sie können Wellen daher nutzen, um die Steuerung der Lagerprozesse abhängig von Schichten oder anderen zeitlichen Aspekten zu verwalten. In der Welle werden die zugewiesenen Zeitparameter genutzt, um die Ausführung der Welle festzulegen und sicherzustellen, damit die Ware das Lager letztlich pünktlich verlässt und entsprechend dem versprochenen Zeitplan beim Kunden eintrifft.

Wie Sie es aus Abbildung 9.14 ersehen, kann eine ODO-Position einer Welle, unabhängig von den anderen Positionen, der ODO zugewiesen werden. Dies bietet den Vorteil, dass Sie die Lageraufträge so viel flexibler bilden und hierdurch viel einfacher Prozesse parallelisieren können. Wie in der Abbildung zu erkennen ist, werden aus den beiden Auslieferungen und den daraus resultierenden Lageranforderungspositionen drei Wellen gebildet. Dies kann notwendig sein, da das Auslagern der Produkte in Welle 10 gegebenenfalls länger dauert als das Abarbeiten der Lageranforderungspositionen aus den beiden anderen Wellen. In der Folge muss Welle 10 früher gestartet werden, damit die Ware rechtzeitig das Lager verlassen kann.

Durch die Flexibilität, Lieferungs- oder Lageranforderungspositionen unterschiedlichen Wellen zuzuweisen, unterscheidet sich EWM signifikant von der Komponente WM aus SAP ERP, wo nur die gesamte Lieferung als Ganzes der Welle zugeordnet wird.

Um die Positionen der Welle optimal zuzuweisen, können Sie automatische Wellen auf Basis der Wellenvorlage bilden. Mit dem Wellenmonitor bietet sich Ihnen auch die Möglichkeit, Wellen alternativ manuell zu erstellen oder zu verändern. Um die Wellen mit dem Wellenmonitor zu pflegen, folgen Sie im SAP-Easy-Access-Menü dem Pfad EXTENDED WAREHOUSE MANAGEMENT • ARBEITSVORBEREITUNG • WELLENMANAGEMENT • WELLEN PFLEGEN, oder Sie nutzen den Transaktionscode /SCWM/WAVE.

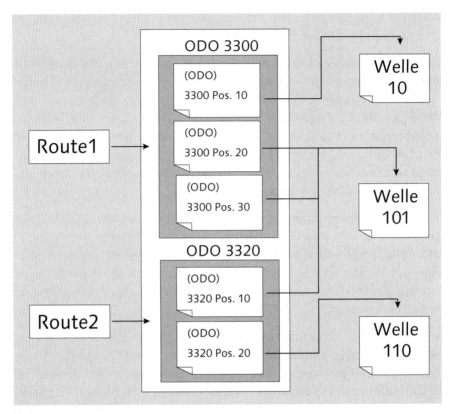

Abbildung 9.14 Zuordnung von Lieferungs- bzw. Lageranforderungspositionen zu Wellen

In Abbildung 9.15 sehen Sie eine Welle mit zugewiesenen Positionen aus verschiedenen Auslieferungsaufträgen. Im oberen Ausschnitt können Sie die Kopfinformationen der Wellen sehen, und im untersten Ausschnitt sehen Sie die zugewiesenen Lagerauftragspositionen. Sie erkennen auch, dass nicht die gesamten Auslieferungen zugewiesen werden, sondern nur bestimmte Positionen.

Um weitere Positionen zuzuweisen, wählen Sie die Registerkarte LAGERAN-FORDERUNGEN und suchen nach zusätzlichen Positionen. Wählen Sie die passenden Positionen aus der Liste aus, und klicken Sie auf die Schaltfläche ZUORDNEN. Wenn Sie möchten, dass das System automatisch Wellen gemäß der Wellenvorlage und den Bedingungen der Bestimmung der Wellenvorlage zuordnet, wählen Sie die Positionen aus und klicken auf die Schaltfläche AUTOMATISCH ZUORDNEN.

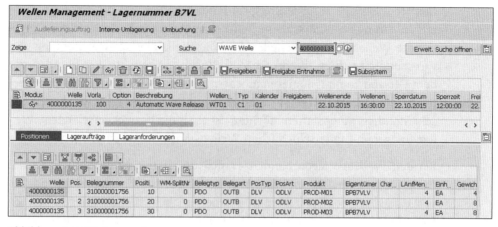

Abbildung 9.15 Wellenmonitor

Wellen mit Wellenvorlagen verwalten

Um das Erstellen, Freigeben und Ausführen von Wellen einfacher zu gestalten, können Sie *Wellenvorlagen* nutzen, um die Lageranforderungspositionen zu gruppieren. Die Wellenvorlage dient zwei Zielen, und zwar:

▸ der Erleichterung der automatischen Zuordnung von Lageranforderungspositionen zu den Wellen, die während der Erstellung des Lagerauftrags oder im Anschluss daran erfolgen kann

▸ der lückenlosen Zuordnung von Parametern zu der Welle, die den Prozess kontrollieren können. Es handelt sich hierbei um Parameter wie die Freigabemethode der Welle, den Wellentyp, die Wellenkategorie, die Wellenstart- und Wellenabschlusszeit, das Kapazitätsprofil und die Kalenderzuordnung. Diese Parameter helfen, den Prozess besser zu automatisieren und zu steuern.

Eine übliche Nutzung von Wellenvorlagen besteht darin, diese so zu erstellen, dass sie für bestimmte Zeitabschnitte bzw. für bestimmte Wochentage gültig sind. Dies hat zur Folge, dass die Lageranforderungspositionen, die planmäßig innerhalb dieses Zeitrahmens kommissioniert werden sollen, entsprechend zusammen gruppiert, der Welle zugeordnet, freigegeben und im Lager ausgeführt werden. Die Zuordnung und somit die spätere Ausführung findet gemäß dem in der ODO spezifizierten Zeitbedarf statt, basierend auf dem geplanten Warenausgangstermin und den möglichen Routen, die im ODO gespeichert sind und entweder aus SAP ERP übergeben oder in EWM neu ermittelt wurden.

Möchten Sie Lageranforderungspositionen trennen, um für diese die Kommissionierung zu unterschiedlichen Zeitpunkten zu starten, sollten Sie getrennte Wellenvorlagen erstellen und die Wellenvorlagenbestimmung entsprechend einrichten. Wenn Sie z. B. Blocklagerprodukte vier Stunden vor dem Versand kommissionieren möchten, aber das Kommissionieren der Produkte, die z. B. über einen Kommissionierpunkt ausgelagert werden, schon acht Stunden früher starten möchten, ist es sinnvoll, zwei verschiedene Wellenvorlagen mit unterschiedlichen Wellenstartterminen zu pflegen.

Bei den Wellenvorlagen handelt es sich um Stammdaten; deshalb ist das Ändern oder Anlegen von Wellenvorlagenparametern auch in der produktiven Umgebung sehr einfach und flexibel möglich. Wellenvorlagen können Sie in EWM im SAP-Easy-Access-Menü über den Pfad EXTENDED WAREHOUSE MANAGEMENT • ARBEITSVORBEREITUNG • WELLENMANAGEMENT • WELLENVOR-LAGEN PFLEGEN oder durch Ausführen der Transaktion /SCWM/WAVETMP verwalten.

In Abbildung 9.16 sehen Sie die Pflege der Wellenvorlagen. Nachdem Sie die Lagernummer vordefiniert haben, können Sie über den Knoten WELLENVOR-LAGE DEFINIEREN den Wellenvorlagennamen, eine Beschreibung und die Freigabemethode festlegen.

Das Wellenmanagement sieht folgende Wellenfreigabemethoden vor:

▸ **Automatisch**
Die Welle wird zum festgelegten Freigabetermin automatisch freigegeben.

▸ **Sofort**
Die Welle wird sofort freigegeben.

▸ **Manuell**
Die Welle wird zu einem vom Benutzer selbst gewählten Zeitpunkt manuell freigegeben.

Markieren Sie die Wellenvorlage, und wählen Sie den Knoten ZEITATTRIBUTE FÜR WELLE DEFINIEREN. Danach können Sie der Wellenvorlage weitere Zeitattribute zuweisen (siehe Abbildung 9.16). Über Parameter können Sie beeinflussen, ob und wann nach Ablauf des Termins einer Welle keine weiteren Positionen mehr hinzugefügt werden können. Sie können über die Stammdaten der Wellenvorlage beeinflussen, wann:

▸ die Welle gesperrt werden soll und ihr keine weiteren Positionen mehr zugeordnet werden können

▸ die Welle freigegeben werden soll

▸ die Teilprozesse, wie das Kommissionieren, das Verpacken oder das Bereitstellen, spätestens für die Welle abschlossen werden sollen und sie damit spätestens freigegeben werden muss

▸ die Welle generell spätestens freigegeben werden muss, unabhängig von der Pflege der Zeiten für die Beendigung der Teilprozesse

▸ die Welle und die zugehörigen Prozesse geplant abgeschlossen werden sollen

Darüber hinaus können Sie mit einem eigenen Kalender die Zeitpunkte besser berechnen, denn Feiertage und somit Arbeitszeiten unterscheiden sich auf dem Globus selbstverständlich abhängig von der Region. Verwenden Sie ein Kapazitätsprofil, können Sie die Menge der Lageranforderungspositionen steuern.

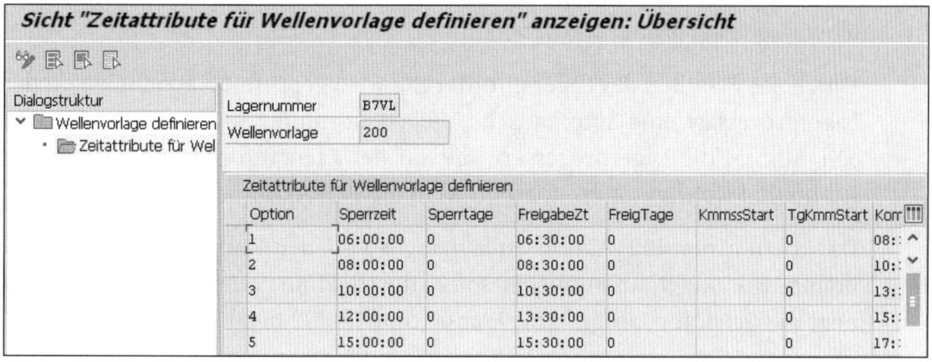

Sicht "Zeitattribute für Wellenvorlage definieren" anzeigen: Übersicht

Dialogstruktur
∨ ▢ Wellenvorlage definieren
  • ▱ Zeitattribute für Wel

| Lagernummer | B7VL |
| Wellenvorlage | 200 |

Zeitattribute für Wellenvorlage definieren

Option	Sperrzeit	Sperrtage	FreigabeZt	FreigTage	KmmssStart	TgKmmStart	Kom
1	06:00:00	0	06:30:00	0		0	08:
2	08:00:00	0	08:30:00	0		0	10:
3	10:00:00	0	10:30:00	0		0	13:
4	12:00:00	0	13:30:00	0		0	15:
5	15:00:00	0	15:30:00	0		0	17:

Abbildung 9.16 Wellenvorlagenstammdaten und -parameter pflegen

Möchten Sie den Wellenprozess automatisieren und sicherstellen, dass Lageranforderungspositionen automatisch einer Welle zugeordnet werden, müssen Sie zusätzliche Einstellungen im System hinterlegen. Es wird eine PPF-Aktion eingeplant, die sicherstellt, dass die Position automatisch einer bestehenden Welle zugeordnet wird. Ist keine Welle gültig und schlägt die Zuordnung fehl, wird automatisch eine neue Welle angelegt und dieser die Lageranforderungsposition zugeordnet. Nachfolgend erläutern wir das automatische Zuweisen von Lageranforderungspositionen zu Wellen.

Automatische Wellenzuweisung

Um die automatische Zuweisung von Lageranforderungspositionen zu Wellenvorlagen sicherzustellen, müssen Sie Werte in der Konditionstechnik hinterlegen. Mit den Werten aus den Konditionstechniktabellen kann EWM eine Zuordnung zu der hinterlegten Wellenvorlage sicherstellen. Hierbei werden die Daten aus dem Kopf oder der Position der Auslieferung (also der Lageranforderung) mit den Daten der Konditionstabellen verglichen.

Mit der von SAP ausgelieferten Konfiguration können Sie die Wellenvorlagenfindung anhand der Lagernummer und des Belegtyps sicherstellen, um die richtige Wellenvorlage zu finden. Mithilfe der Konditionstechnik erhalten Sie jedoch das Werkzeug und die Flexibilität, weitere Felder hinzuzufügen, ohne zusätzliche Programmlogik zu erstellen. Dies ist erforderlich, wenn die vordefinierten Felder nicht ausreichen. In Kapitel 12, »Bereichsübergreifende Prozesse und Funktionen«, erläutern wir das PPF und die Konditionstechnik im Rahmen der Drucksteuerung.

Auch bei der automatischen Wellenzuweisung wird das Post Processing Framework verwendet. Die PPF-Aktion überprüft mit den Parametern aus den Konditionstechniktabellen, ob eine Langeranforderungsposition einer Wellenvorlage zugeordnet werden kann.

Durch das Erstellen der Lageranforderung wird geprüft, ob abhängig von der Lagerprozessart eine automatische Wellenzuordnung durchgeführt werden soll. Stimmt die Lagerprozessart, die auf der Lageranforderung gespeichert ist, mit der Konfiguration überein, wird die PPF-Aktion eingeplant.

Das Starten der PPF-Aktion ist abhängig von der Konfiguration im PPF-Framework und kann entweder sofort durchgeführt oder durch das Starten über das Selektionsprogramm (Transaktion SPPFP) begonnen werden.

Um für eine Lagerprozessart die automatische Wellenzuordnung und Wellenerstellung freizuschalten, müssen Sie die notwendigen Einstellungen im EWM-Customizing über den Pfad WAREHOUSE MANAGEMENT • WARENAUSGANGSPROZESS • WELLENMANAGEMENT • ALLGEMEINE EINSTELLUNGEN • AUTOMATISCHE WELLENGENERIERUNG FÜR LAGERPROZESSART EINSTELLEN hinterlegen (siehe Abbildung 9.17).

Mit dem Ausführen der PPF-Aktion werden die Wellenvorlagenfindungsparameter geprüft. Soll die Lageranforderungsposition einer Wellenvorlage automatisch zugeordnet werden, wird diese Zuordnung durchgeführt.

Bei der Zuordnung zu einer Welle werden die Parameter der Wellenvorlage geprüft und evaluiert, ob die Position tatsächlich einer bestehenden Welle zugeordnet werden darf. Als weiterer Aspekt ist hinzuzufügen, dass das Wellenmanagement die geplante Ausführungszeit der Lageranforderungsposition berechnet und diese mit der geplanten Wellenendezeit vergleicht, um sicherzustellen, dass das Material zum richtigen Zeitpunkt das Lager verlässt.

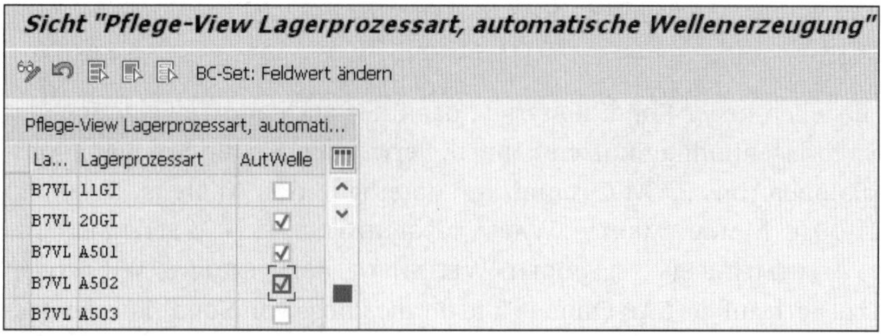

Abbildung 9.17 Aktivierung der automatischen Wellenerzeugung anhand der Lagerprozessart

Zum Pflegen der Konditionssätze für die Wellenvorlagenfindung folgen Sie im SAP-Easy-Access-Menü dem Pfad EXTENDED WAREHOUSE MANAGEMENT • ARBEITSVORBEREITUNG • WELLENMANAGEMENT • KONDITIONSPFLEGE FÜR WELLENVORLAGENFINDUNG, oder Sie verwenden den Transaktionscode /SCWM/ WDGCM (siehe Abbildung 9.18).

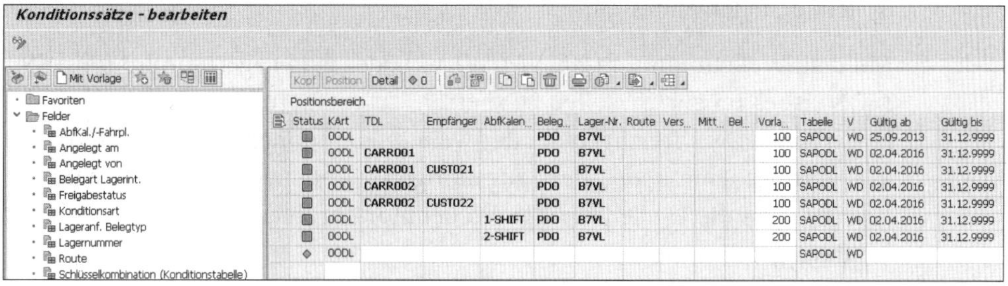

Abbildung 9.18 SAP-Konditionstechnik für die Wellenvorlagenfindung

Die Pflege der Konditionssätze über die Konditionstechniktransaktion ist, wenn Sie diese zum ersten Mal durchführen, eine Herausforderung: Um bestehende Einträge zu editieren, müssen Sie sie zuerst suchen. Wählen Sie hierzu im Menübaum den gewünschten Parameter, und klicken Sie auf die Schaltfläche SÄTZE EINFÜGEN. In dem neu geöffneten Selektionsbild können Sie nach Einträgen mit gleichen Eigenschaften suchen. Bitte beachten Sie, dass sich die Sätze nicht überschneiden dürfen. Das heißt, doppelte Einträge sind nicht erlaubt; Sie können jedoch anhand der Gültigkeit eine Überlappung der Konditionssätze verhindern.

Falls Sie neue Einträge pflegen möchten, suchen Sie über die Wertehilfe ([F4]-Taste) nach der Konditionsart, die Sie verwenden möchten. Anhand der Konditionsart wird in der Konditionstechnik bestimmt, welche Parameter bei der Pflege zur Auswahl stehen. Nach der Auswahl der Konditionsart erhalten Sie die Möglichkeit, die Parameter für die Wellenvorlagenfindung zu pflegen.

Zum Erstellen neuer Konditionsarten, damit Sie auch andere Felder bei der Wellenvorlagenfindung nutzen können, verwenden Sie die Konfigurationstransaktionen im EWM-Customizing unterhalb des Knotens EXTENDED WAREHOUSE MANAGEMENT • WARENAUSGANGSPROZESS • WELLENMANAGEMENT • ALLGEMEINE EINSTELLUNGEN • WELLENVORLAGENFINDUNG. Wir verweisen dazu auch auf die SAP-Online-Hilfe für die Pflege von Konditionsparametern in der Konditionstechnik.

Wellen ausführen und verwalten

Nachdem die Welle erstellt worden ist, ist es möglich, sie in späteren Prozessen zu verwenden, um ihr weitere Lageranforderungspositionen zuzuordnen. Üblicherweise wird die Welle mit den zugeordneten Lageranforderungspositionen freigegeben, um Lageraufgaben und Lageraufträge vom System erstellen zu lassen.

Mit dem Wellenmonitor (/SCWM/WAVE) oder dem Lagermonitor (/SCWM/MON) ist es möglich, Wellen zu sperren, zu entsperren, sie zu löschen und zu vereinigen, sie freizugeben oder weitere Funktionen auszuführen. Ist die Wellenfreigabemethode der zugehörigen Wellenvorlage auf MANUELL gesetzt, muss die Welle über den Wellenmonitor oder über den Lagermonitor freigegeben werden.

9.3.6 Lagertypfindung und Lagertypsuchreihenfolge

Die Erstellung des Lagerauftrags und der zugehörigen Lageraufgaben beginnt mit der *Lagertypfindung* für die jeweiligen Lieferpositionen des Auslieferungsauftrags. In diesem Abschnitt beschreiben wir deshalb die *Lagertypsuchreichenfolge*, die aus mehreren Lagertypen den optimalen Lagertyp bestimmt. Nachfolgend stellen wir Ihnen die Auslagerungsstrategien vor, die dann den optimalen Lagerplatz bestimmen, aus dem das Produkt kommissioniert werden soll, um so den Auslieferbedarf zu bedienen. Um den optimalen Lagerplatz zu bestimmen, werden die Lagertypbestimmung und die Auslagerungsstrategie gemeinsam ausgeführt. Das bedeutet, im ersten Schritt wird bestimmt, welche Lagertypen in welche Sequenz für das Produkt in Betracht gezogen werden sollen. Dann wird mit der Auslagerungsstrategie bestimmt, welcher Lagerplatz in dem bestimmten Lagertyp in Betracht gezogen werden soll, um das Produkt optimal auszulagern.

Abbildung 9.19 zeigt, wie Sie die Kommissionierung anhand der Parameter, die Ihnen EWM zur Verfügung stellt, beeinflussen können. Anhand dieser Parameter findet EWM über die Lagertypsuchreihenfolgen die möglichen Lagertypen und prüft nach der definierten Reihenfolge, ob ein Produkt innerhalb des Lagertyps zum Kommissionieren bereitsteht.

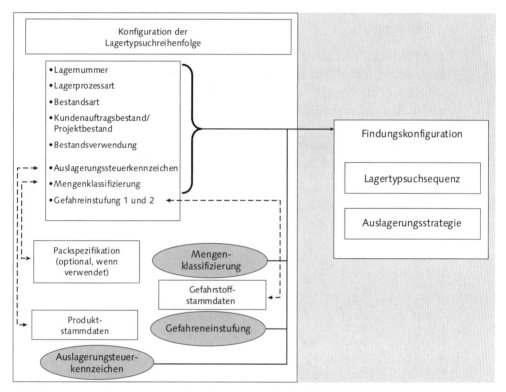

Abbildung 9.19 Auslagerungsstrategie und Lagertypsuchreihenfolge

Sie können die Lagertypsuchreihenfolge anhand folgender Parameter beeinflussen:

▶ Meist wird die Findung der Lagertypsuchreichenfolge über das Auslagerungssteuerkennzeichen bestimmt. Das Auslagerungssteuerkennzeichen können Sie auf dem Produkt hinterlegen.

▶ Falls Sie die Auslagerung anhand von unterschiedlichen Mengen beeinflussen möchten, können Sie dies anhand der Mengenklassifizierung sicherstellen. Hierzu wird die Packspezifikation verwendet. Über die Konditionstechnik können Sie die passende Packspezifikation mit der dort definierten Mengenklassifizierung bestimmen. Diese wird dann übernommen und bei der Bestimmung der Lagertypsuchreichenfolge verwendet.

▸ Möchten Sie Gefahrstoffe auslagern, können Sie anhand der Gefahreinstufung 1 und 2 verschiedene Lagertypsuchreihenfolgen in die Lagertypsuche einfließen lassen.

▸ Weitere Parameter wie die Lagerprozessart, die Bestandsart, die Lagernummer und ob es sich um Kunden- oder Projektbestand handeln soll, der auszulagern wäre, werden direkt aus der Auslieferungsauftragsposition übernommen.

Die Findung der Lagertypsuchreihenfolge können Sie im EWM-Customizing, über den Pfad EXTENDED WAREHOUSE MANAGEMENT • WARENAUSGANGSPROZESS • STRATEGIEN • LAGERTYP-SUCHREIHENFOLGE FÜR AUSLAGERUNG BESTIMMEN parametrisieren (siehe Abbildung 9.20).

Sicht "Bestimmen Lagertyp Suchreihenfolge: Auslagerung"										

%% Neue Einträge 🗅 🗟 🖙 🖹 🖹 🖹

Bestimmen Lagertyp Suchreihenfolge: Auslagerung

La...	2	AStK	La...	M	Bes...	Typ	V...	Ei...	Einst 2	La...	AusR
B7VL			01SR	1		∨				01SR	S2
B7VL			01SR	2		∨				01SR	01S1
B7VL			A5SR	1		∨				A5SR	A5S2
B7VL			A5SR	2		∨				A5SR	A5S1
B7VL			AKSR	1		∨				AKSR	AKS2
B7VL			AKSR	2		∨				AKSR	AKS1
B7VL			BKSR	1		∨				BKSR	BKS2
B7VL			BKSR	2		∨				BKSR	BKS1
B7VL			BMWA			∨					SR01
B7VL			C211			∨				S001	SR01
B7VL			C211	2		∨				S001	SR01
B7VL			CF21			∨				S001	SR01

Abbildung 9.20 Bestimmung der Lagertypsuchreichenfolge sowie der Auslagerungsstrategie

Damit Ihnen verschiedene Auslagerungssteuerkennzeichen zur Verfügung stehen und Sie diese dann Ihren Produkten zuweisen können, müssen Sie sie vorab im EWM-Customizing erstellen. Um neue Auslagerungssteuerkennzeichen zu pflegen, starten Sie das EWM-Customizing und folgen dem Pfad EXTENDED WAREHOUSE MANAGEMENT • WARENAUSGANGSPROZESS • STRATEGIEN • AUSLAGERUNGSSTEUERKENNZEICHEN DEFINIEREN.

Auf Basis der evaluierten Lagertypsuchreihenfolge werden alle Lagertypen in Betracht gezogen, die der Lagertypsuchreihenfolge zugewiesen wurden. Um Lagertypen der Lagertypsuchreihenfolge, wie in Abbildung 9.21 dargestellt, zuzuweisen, starten Sie das EWM-Customizing unter dem Pfad EXTENDED WAREHOUSE MANAGEMENT • WARENAUSGANGSPROZESS • STRATEGIEN • LAGER-

TYPSUCHREIHENFOLGE FESTLEGEN. Wenn Sie das Kennzeichen TE auswählen, berücksichtigt EWM auch den Bestand, der sich auf einer Transporteinheit befindet, wenn in dem Lagertyp nach Bestand zum Auslagern gesucht wird.

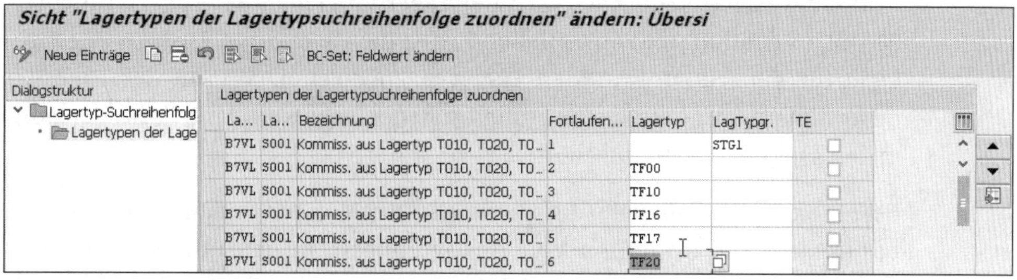

Abbildung 9.21 Zuweisen von Lagertypen zur Lagertypsuchreihenfolge

Um die Suche nach der Lagertypsuchreihenfolge zu optimieren, bietet EWM Ihnen an, verschiedene Zugriffsfolgen zu pflegen. Die Konfiguration ermöglicht es Ihnen, die Anzahl der Einträge zu minimieren, da Sie definieren können, anhand welcher Parameter das System versuchen soll, die Lagertypsuchreihenfolge zu bestimmen (siehe Abbildung 9.22).

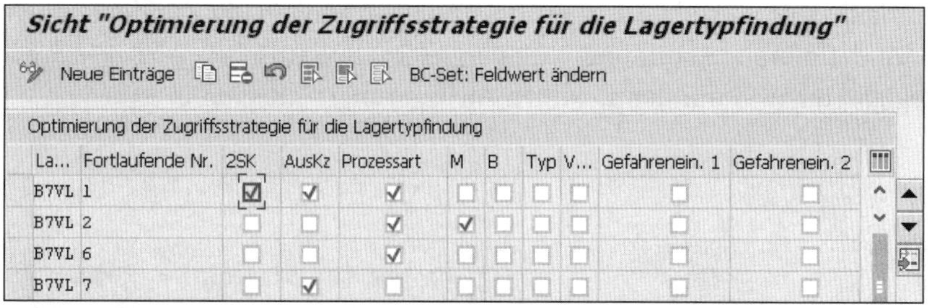

Abbildung 9.22 Pflege von Zugriffsfolgen für die Lagertypsuchreihenfolge

Wenn für die markierten Parameter keine Suchreihenfolge bestimmt werden kann, wird bei mehreren Zugriffsfolgen die nächste Zugriffsfolge berücksichtigt. Um Zugriffsfolgen für die Lagertypsuchreihenfolge im EWM-System zu pflegen, folgen Sie im EWM-Customizing dem Pfad EXTENDED WAREHOUSE MANAGEMENT • WARENAUSGANGSPROZESS • STRATEGIEN • OPTIMIERUNG DER ZUGRIFFSSTRATEGIE FÜR DIE LAGERTYPFINDUNG AUSLAGERUNG. In Abbildung 9.22 haben wir die Zugriffsfolgen für die Lagertypsuchreihenfolge dargestellt. So werden im Lager B3TA verschiedene Kombinationen der verfügbaren Parameter verwendet, um eine Lagertypsuchreihenfolge zu bestimmen. Kann keine Lagertypsuchreihenfolge mit verschiedenen Parametern einer Zeile bestimmt werden, werden im nächsten Zugriff andere Parameter berücksichtigt.

9.3.7 Auslagerungsstrategie

Eine *Auslagerungsstrategie* dient der Bestimmung des Kommissionierplatzes für eine Auslieferungsposition, d. h., für das auszulagernde Material innerhalb eines Lagers. Zunächst wird der Lagertyp gemäß der Lagertypsuchreihenfolge ermittelt, und anschließend wird die zugehörige Auslagerungsstrategie für den zuvor gefunden Lagertyp angewandt. Wurde der Lagertyp determiniert, sorgt die Auslagerungsstrategie insgesamt dafür, dass der optimale Lagerplatz bestimmt wird.

EWM und WM nutzen Auslagerungsstrategien, um einen Quellplatz zu bestimmen. Die Definition von Auslagerungsstrategien unterscheidet sich jedoch in den beiden Systemen: WM bietet fixe, vorbestimmte Auslagerungsstrategien, die Sie zur optimalen Lagerplatzbestimmung verwenden können. Sie können also nur die von SAP ausgelieferten Auslagerungsstrategien verwenden. EWM bietet hingegen Eigenschaften und ihre Sortierung an, um eigene Auslagerungsstrategien zu definieren. Das bedeutet, die Auslagerungsstrategie kann frei gewählt werden. Zum Beispiel ist die Auslagerungsstrategie FIFO in EWM mit der Eigenschaft WARENEINGANGSDATUM und der Sortierung AUFSTEIGEND definiert. Dieses Zuweisen von Eigenschaften und deren Sortierung erlauben es, flexible Auslagerungsstrategien anhand der Kundenbedürfnisse zu definieren. Abbildung 9.23 vergleicht die statischen Auslagerungsstrategien von WM mit den flexiblen Auslagerungsstrategien in EWM.

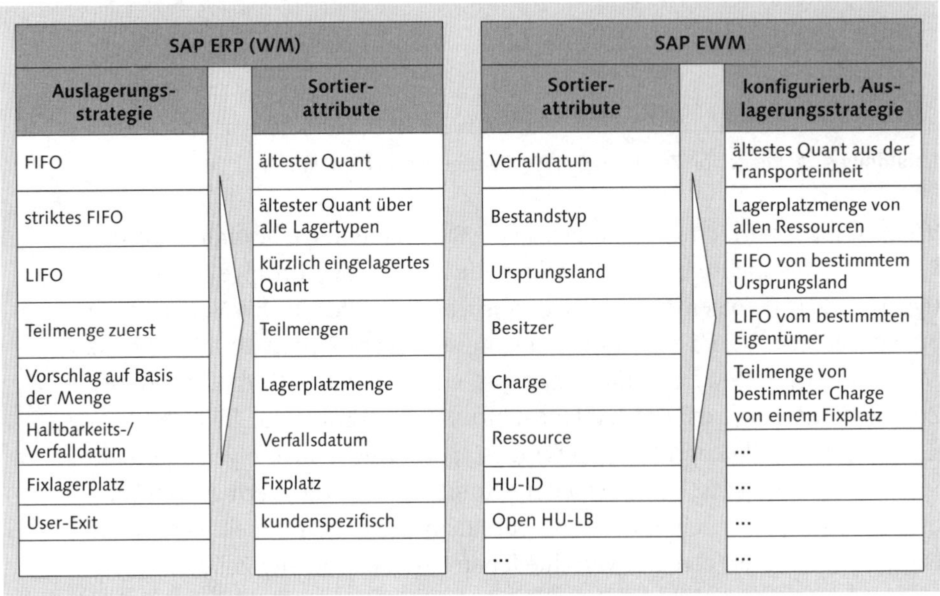

SAP ERP (WM)		SAP EWM	
Auslagerungs- strategie	**Sortier- attribute**	**Sortier- attribute**	**konfigurierb. Aus- lagerungsstrategie**
FIFO	ältester Quant	Verfalldatum	ältestes Quant aus der Transporteinheit
striktes FIFO	ältester Quant über alle Lagertypen	Bestandstyp	Lagerplatzmenge von allen Ressourcen
LIFO	kürzlich eingelagertes Quant	Ursprungsland	FIFO von bestimmtem Ursprungsland
Teilmenge zuerst	Teilmengen	Besitzer	LIFO vom bestimmten Eigentümer
Vorschlag auf Basis der Menge	Lagerplatzmenge	Charge	Teilmenge von bestimmter Charge von einem Fixplatz
Haltbarkeits-/ Verfalldatum	Verfallsdatum	Ressource	...
Fixlagerplatz	Fixplatz	HU-ID	...
User-Exit	kundenspezifisch	Open HU-LB	...
		...	...

Abbildung 9.23 Unterschied der Auslagerungsstrategien in WM und SAP EWM

Abbildung 9.24 illustriert die Definition einer Auslagerungsstrategie mittels Eigenschaften und Sortierung, inklusive aller vorhandenen Eigenschaften, die in EWM zur Auswahl stehen.

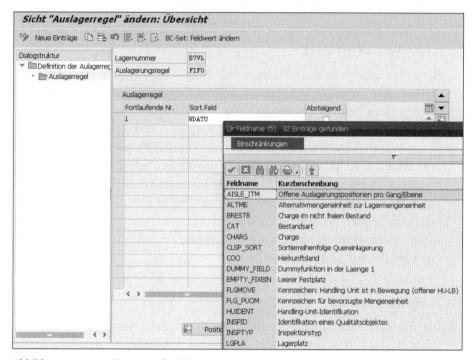

Abbildung 9.24 Erstellen einer flexiblen Auslagerungsstrategie

Basierend auf den Standardeigenschaften, können u. a. folgende Auslagerungsstrategien definiert werden:

FIFO (First-In/First-Out)

FIFO nutzt die aufsteigende Sortierung der Eigenschaft WARENEINGANGSDATUM des vorhandenen Quants in einem Lager. Das bedeutet, das auszulagernde Material mit dem Platz, auf dem es sich befindet, wird über diese Sortierung bestimmt, und ein Lagerauftrag mit der zugehörigen Lageraufgabe wird erstellt.

Striktes FIFO

Die Auslagerungsstrategie *striktes FIFO* stellt sicher, dass die FIFO-Regel lagertypübergreifend angewandt wird. Hierbei werden Lagertypgruppen verwendet, um einzelne Lagertypen zu gruppieren. Der Bestand wird innerhalb einer Lagertypgruppe gemäß dem Wareneingangsdatum aufsteigend sortiert, sodass das FIFO-Prinzip auch bei Kommissionierplatzsuche zur Anwendung kommt. Im Vergleich dazu würde das einfache FIFO nur den vorher determinierten Lagertyp berücksichtigen.

LIFO (Last-In/First-Out)

Für einige Lagerprozesse oder innerhalb einiger Industrien kann es notwendig sein, dass Produkte nicht nach dem FIFO-Prinzip kommissioniert werden können. Zum Beispiel werden in der Baustoffindustrie Produkte übereinandergestapelt, was es wiederum notwendig macht, nicht das Produkt mit dem ersten Wareneingangsdatum zu kommissionieren. Vielmehr muss hier das Produkt mit dem letzten Wareneingangsdatum kommissioniert werden, um ein aufwendiges Umlegen der Produkte zu vermeiden. Die *LIFO*-Auslagerungsstrategie ist nur dann sinnvoll, wenn die Produkte keinem Verfallsdatum unterliegen. Ähnlich wie beim FIFO-Prinzip wird hierbei die Eigenschaft WARENEINGANGSDATUM zur Sortierung verwendet, jedoch wird das Ergebnis absteigend sortiert.

Teilmengen zuerst

Die Auslagerungsstrategie TEILMENGEN ZUERST dient der Optimierung von Lagerungskapazität innerhalb eines Lagers. Unabhängig vom Wareneingangsdatum ermöglicht es, Anbruchmengen zuerst zu kommissionieren, bevor eine volle Palette von einem Produkt ermittelt wird. Ohne diese Strategie ist es möglich, dass viele Teilmengen im Lager entstehen, die dann mit einer Lager-Reorganisation zusammengeführt werden müssen.

Fixplatz

Innerhalb dieser Strategie wird der definierte Fixplatz eines Produkts als Quellplatz für die Lageraufgabe genutzt. Fixplätze werden einem Produkt pro Lagertyp in der Transaktion /SCWM/BINMAT zugeordnet. Sie erreichen die Transaktion im SAP-Easy-Access-Menü über den Pfad EXTENDED WAREHOUSE MANAGEMENT • STAMMDATEN • LAGERPLATZ • FIXLAGERPLATZ PFLEGEN.

Außerdem ist es möglich, mehrere Fixplätze einem Produkt innerhalb eines Lagertyps zuzuordnen, um z. B. dem Platzbedarf eines Produkts im Rahmen von verkaufsfördernden Maßnahmen gerecht zu werden. Ist in der Lagertypdefinition konfiguriert, dass ein negativer verfügbarer Bestand zulässig ist, wird selbst bei einem leeren Fixplatz selbiger als Quellplatz ermittelt. Die

Lagertypdefinition erreichen Sie im EWM-Customizing über den Pfad EXTENDED WAREHOUSE MANAGEMENT • STAMMDATEN • LAGERTYP DEFINIEREN.

Es bedarf hierbei einer Nachschubsteuerung, um den physischen Kommissioniervorgang nicht zu gefährden. Folgeprozesse dieses Szenarios könnten eine Kommissionierzurückweisung oder aber auch ein direkter Nachschub, der durch den Kommissionierer selbst durchgeführt wird, sein. In Kapitel 10, »Lagerinterne Prozesse«, beschreiben wir die möglichen Fehlerfälle näher.

Mindesthaltbarkeitsdatum

Die Strategie MINDESTHALTBARKEITSDATUM stellt sicher, dass Produkte mit dem ältesten Mindesthaltbarkeitsdatum zuerst kommissioniert werden. Hierzu wird in der Definition der Auslagerungsstrategie die Eigenschaft MINDESTHALTBARKEITSDATUM aufsteigend sortiert.

Kundeneigene Strategien innerhalb eines BAdIs

Für den Fall, dass die Standardlogiken für die Kundenbedürfnisse nicht ausreichend sind, besteht die Möglichkeit, eine separate Logik in einem BAdI zu implementieren. Erforderlich ist dies, falls Sie andere Felder bei der Definition der Auslagerungsstrategie benötigen, oder wenn zusätzliche Sonderfälle mitberücksichtigt werden müssen. Sie finden das BAdI im EWM-Customizing unter dem Pfad EXTENDED WAREHOUSE MANAGEMENT • BUSINESS ADD-INS (BADIS) FÜR EXTENDED WAREHOUSE MANAGEMENT • WARENAUSGANGSPROZESS • STRATEGIEN • AUSLAGERUNGSSTRATEGIEN • BADI: LÖSCHEN DES QUANTPUFFERS AND BADI: FILTERUNG AND/OR SORTIERUNG VON QUANTS.

9.3.8 Lagerungssteuerung im Warenausgangsprozess

Da innerhalb eines Warenausgangsprozesses meist mehrere Prozessschritte erforderlich sind, z. B. das Kommissionieren, Verpacken mit logistischer Zusatzleistung, Bereitstellen der Ware und die anschließende Verladung, spielt die Lagerungssteuerung, mit der Sie Ihre Prozesse im System abbilden und steuern können, auch im Warenausgang eine wichtige Rolle.

In Kapitel 7, »Objekte und Elemente der Prozesssteuerung«, haben wir bereits die Funktionsweise der Lagerungssteuerung und ihre beiden Arten, die prozessorientierte sowie die layoutorientierte Lagerungssteuerung, erläutert. In diesem Abschnitt stellen wir die warenausgangsspezifischen Aspekte hierzu dar.

Abbildung 9.25 zeigt ein Beispiel für einen mehrstufigen Warenausgangsprozess, der die Schritte Kommissionieren, Verpacken, Bereitstellen und Verladen beinhaltet. Jeder dieser Prozessschritte wird mit eigenen Lageraufgaben und dazugehörigen Lageraufträgen abgebildet. Ein Verladen der Ware wäre auch ohne Lageraufgaben möglich.

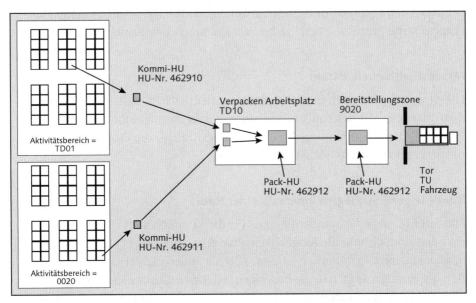

Abbildung 9.25 Prozessorientierte Lagerungssteuerung im Warenausgang

Innerhalb der prozessorientierten Lagerungssteuerung ist es möglich, die Zielplatzermittlung zu einem Prozessschritt dynamisch ermitteln zu lassen. Dies geschieht jeweils bei der Anlage einer Lageraufgabe nach Abschluss eines Prozessschritts. Dies kann z. B. bei der Packplatzermittlung im Warenausgang eine große Rolle spielen, was u. a. abhängig vom Kommissionierplatz oder der Art der verwendeten HU ermittelt werden kann.

Eine Kombination von prozessorientierter und layoutorientierter Lagerungssteuerung im Warenausgang ist ebenfalls möglich. Um noch einmal Bezug auf Abbildung 9.25 zu nehmen: Wenn der Lagertyp des Aktivitätsbereichs 0020 einen Kommissionierpunkt zugewiesen hat, auf dem eine HU zunächst abgestellt wird, um eine Teilmenge herauszukommissionieren, erkennt die layoutorientierte Lagerungssteuerung, dass die HU vom Quellplatz (z. B. ein Hochregallager) zunächst auf den Übergabeplatz transportiert und die Restmenge anschließend wieder eingelagert werden muss. Der Übergabeplatz stellt in diesem Fall die Verpackungsstation oder einen Kommissionierpunkt dar. Die prozessorientierte Lagerungssteuerung ermittelt hierbei nach

Abschluss des Kommissioniervorgangs vom Übergabeplatz, welcher Prozessschritt als Nächstes ausgeführt werden muss und wo dieser gegebenenfalls stattfinden soll.

9.3.9 Lagerauftragserstellung und Bundling

Lageraufgaben werden immer dann erstellt, wenn eine Welle freigegeben wird. Es ist aber auch möglich, Lageraufgaben manuell auf Basis eines einzelnen Auslieferungsauftrags zu erstellen. Mit dem Erstellen der Lageraufgabe oder Lageraufgaben, wenn von verschiedenen Lagerplätzen das Produkt zu kommissionieren ist, wird automatisch ein Lagerauftrag als umklammerndes Objekt erstellt. Der Lagerauftrag wird für die Ausführung benötigt, um die jeweiligen Arbeitspakete zusammenzufassen.

Während der Lagerauftragserstellung wird anhand der Lagererstellungsregel(n) geprüft, welche Lageraufgaben zum Zweck der Optimierung gemeinsam zusammengefasst werden können. Das Bilden von Lageraufträgen (Bundling) haben wir bereits in Kapitel 7, »Objekte und Elemente der Prozesssteuerung«, detailliert vorgestellt.

Bildung von Lageraufträgen mithilfe des Wellenmanagements

Nur die Lageraufgaben, die bei der Erstellung zusammen vom Bundling verarbeitet werden, können in einem Lagerauftrag Berücksichtigung finden. Das bedeutet:

Legen Sie manuell Lageraufgaben zu einem Auslieferungsauftrag an, können nur die dort zugeordneten Positionen bei der Lagerauftragserstellung Berücksichtigung finden. Nutzen Sie im Vergleich dazu das Wellenmanagement, werden alle Auslieferungsauftragspositionen berücksichtigt, die der Welle, die Sie freigegeben haben, zugeordnet waren. Stehen mehrere Auslieferungsauftragspositionen bei der Lagerauftragserstellung zur Verfügung, hat dies zur Folge, dass automatisch mehrere Lageraufgaben erstellt werden und EWM die Bildung der Lageraufträge so viel besser und optimaler sicherstellen kann.

Beim Bilden des Lagerauftrags können Sie zusätzlich noch die darin enthaltenden Lageraufgaben je nach gespeicherter Konfiguration sortieren. Die Lageraufgaben werden dann bei der Ausführung dem Lagerarbeiter oder der Ressource nach dieser hinterlegten Reihenfolge vorgeblendet, und jedes Mal, wenn eine Lageraufgabe quittiert wird, wird die Lageraufgabe, die sich an nächster Stelle befindet, zum Kommissionieren freigegeben. Um die Sortierregel der Lageraufgaben in einem Lagerauftrag wie in Abbildung 9.26 zu definieren, starten Sie das EWM-Customizing und folgen dem Pfad EXTENDED WAREHOUSE MANAGEMENT • PROZESSÜBERGREIFENDE EINSTELLUNGEN • LAGERAUFTRAG • SORTIERREGELN FÜR LAGERAUFGABEN DEFINIEREN.

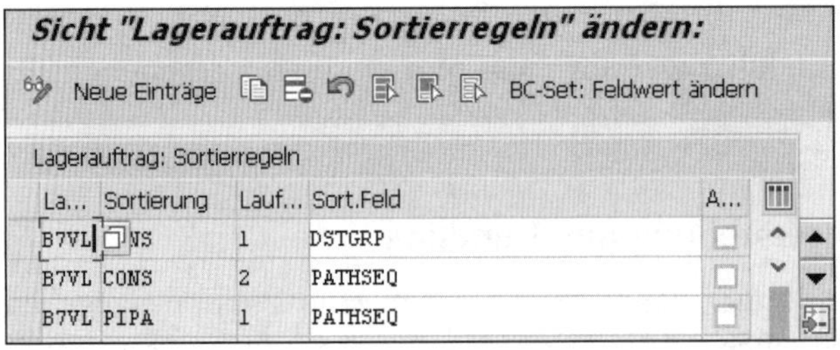

Abbildung 9.26 Sortierregel für Lageraufgaben eines Lagerauftrags

Um die Sortierung nach dem optimalen Kommissionierpfad sicherzustellen, müssen Sie eine Sortierung der Lagerplätze erstellen und für das Sortierfeld den Wert PATHSEQ auswählen. Die Sortierung der Lageraufgaben wird anhand der Sortierung der Lagerplätze in dem zugehörigem Aktivitätsbereich sichergestellt. Hierzu müssen Sie für die Lagerplätze, abhängig von den physischen Gegebenheiten, die Aktivität sortieren. Dabei müssen Sie weitere Konfigurationen im System hinterlegen und für die Sortierung definieren, nach welchem Schema die Lagerplätze sortiert werden sollen.

Weitere Informationen zum Sortieren der Lagerplätze für einen Aktivitätsbereich und eine Aktivität erhalten Sie in Kapitel 3, »Organisationsstruktur in SAP EWM und SAP ERP«.

Um die Sortierung endgültig auszuführen und die Werte für die Sortierung in EWM zu speichern, rufen Sie über das SAP-Easy-Access-Menü den Pfad Extended Warehouse Management • Stammdaten • Lagerplatz • Lagerplätze sortieren auf oder verwenden direkt die Transaktion /SCWM/SBST, die Transaktion zum Sortieren von Lagerplätzen. Wie in Abbildung 9.27 dargestellt, werden die Plätze dann nach einer Schablone sortiert und abgelegt. Beim Erstellen der Lageraufgaben bestimmt EWM, welche Plätze oder Lageraufgaben der Benutzer nacheinander anfahren soll.

Wird ein Lagerauftrag von einer Ressource über eine mobile RF-Transaktion (Transaktionscode /SCWM/RFUI) ausgeführt, können Sie als Lagerarbeiter die zugehörigen Lageraufgaben neu sortieren und so die Reihenfolge, in der Sie den Lagerauftrag abarbeiten, verändern, falls die Konfiguration dies nicht verbietet. Um das Umsortieren der Lageraufgaben in einem Auftrag freizuschalten bzw. zu verhindern, starten Sie das EWM-Customizing und folgen dem Pfad Extended Warehouse Management • Stammdaten • Aktivitätsbereiche • Sortierreihenfolge für Aktivitätsbereich definieren. Wird der Parameter Feste Sortierung nicht gesetzt, ermöglicht es EWM, die Sortierung der Lageraufgaben in einem Lagerauftrag nachträglich zu verändern.

Simulation der Platzsortierung

LNr	Lagerplatz	Aktivität	Fortl. Num	AktivBer.	Typ	Bereich	Sortierr.
B7VL	T051-01-01-A	PICK	1	A001	T051	S002	1
B7VL	T051-01-01-B	PICK	1	A001	T051	S002	2
B7VL	T051-01-01-C	PICK	1	A001	T051	S002	3
B7VL	T051-01-01-D	PICK	1	A001	T051	S002	4
B7VL	T051-01-02-A	PICK	1	A001	T051	S002	5
B7VL	T051-01-02-B	PICK	1	A001	T051	S002	6
B7VL	T051-01-02-C	PICK	1	A001	T051	S002	7
B7VL	T051-01-02-D	PICK	1	A001	T051	S002	8
B7VL	T051-01-03-A	PICK	1	A001	T051	S002	9
B7VL	T051-01-03-B	PICK	1	A001	T051	S002	10
B7VL	T051-01-03-C	PICK	1	A001	T051	S002	11
B7VL	T051-01-03-D	PICK	1	A001	T051	S002	12
B7VL	T051-01-04-A	PICK	1	A001	T051	S002	13
B7VL	T051-01-04-B	PICK	1	A001	T051	S002	14
B7VL	T051-01-04-C	PICK	1	A001	T051	S002	15
B7VL	T051-01-04-D	PICK	1	A001	T051	S002	16
B7VL	T051-01-05-A	PICK	1	A001	T051	S002	17
B7VL	T051-01-05-B	PICK	1	A001	T051	S002	18
B7VL	T051-01-05-C	PICK	1	A001	T051	S002	19
B7VL	T051-01-05-D	PICK	1	A001	T051	S002	20

Abbildung 9.27 Sortieren der Lagerplätze über einen Aktivitätsbereich

Ist der erste Lagerauftrag für die Kommissionierung erstellt, ist der planungsseitige Warenausgangsprozess abgeschlossen, jetzt wird tatsächlich die Ware kommissioniert. Wird die Ware kommissioniert und sind weitere Schritte erforderlich, legt das System nachfolgend weitere Lageraufträge und Lageraufgaben an.

9.3.10 Kommissionierausführung – Optimierung der Kommissionierung

Nach der Erstellung von Lageraufträgen erfolgt die Abarbeitung jener Arbeitspakete. Dies kann auf Basis einer ausgedruckten Kommissionierliste oder aber auch anhand eines mobilen RF-Terminals erfolgen. Im Folgenden wird der Prozess für beide Varianten der Kommissionierausführung näher beschrieben.

Ausführung mit Kommissionierliste

Im Fall einer papierbasierten Abarbeitung von Lageraufträgen oder Teilen von Lageraufträgen beinhaltet der Prozess folgende Einzelschritte:

1. Erzeugung von Lageraufträgen

2. Druck der Kommissionierliste am gewählten Drucker mittels der PPF-Aktion für einen Lagerauftrag. Die Druckerfindung kann anhand der Konditionstechnik beeinflusst werden.

3. Ausführung der Kommissionierung im Lager und manueller Vermerk der Ergebnisse auf der Kommissionierliste. Das heißt, der Mitarbeiter trägt schriftlich die tatsächlich kommissionierte Menge auf der Kommissionierliste ein. Teilweise werden bei Ausnahmen zusätzliche Informationen auf der Liste hinterlegt.

4. Bestätigung des Lagerauftrags mittels der Desktop-Transaktion. Die Ergebnisse des Kommissioniervorgangs werden von der Liste in eine Transaktion übertragen.

5. Handhabung von Ausnahmen und Anstoßen von Folgeaktionen (falls notwendig) wie z. B. der Erzeugung neuer Kommissionieraufgaben im Fall nicht bestätigter Mengen.

> **Optimierung des papiergesteuerten Kommissionierprozesses**
>
> Während die papierbasierte Kommissionierausführung nicht optimiert ist, da der Mitarbeiter nicht in Echtzeit mit dem System interagieren kann, bestehen die Möglichkeiten der Optimierung des Kommissionierens in diesem Umfeld in der Kommissionierwellengenerierung und der Erzeugung von zugehörigen Lageraufträgen.

Kommissionierliste drucken

Der Druck der Kommissionierliste in EWM wird über das PPF und über die Konditionstechnik gesteuert. Die Konditionstechnik und das PPF werden in Kapitel 12, »Bereichsübergreifende Prozesse und Funktionen«, beschrieben. In diesem Abschnitt werden die Druckfunktionen für den Warenausgangsprozess erläutert.

EWM bietet zwei Druckvorlagen, um eine Kommissionierliste zu drucken. Jedoch ist die Erstellung kundenspezifischer Druckvorlagen in Implementierungsprojekten sehr verbreitet, um z. B. spezifische Logos und Felder hinzuzufügen. SAP EWM hat nicht den Anspruch, die optimale Druckvorlage zur Verfügung zu stellen, vielmehr sind die beiden Druckvorlagen als Beispiel zu verstehen, damit Sie daraus viel einfacher Ihre eigene Kommissionierliste erstellen bzw. entwickeln können. Jene Druckvorlagen sind als Smart Forms konzipiert und über die Transaktion SMARTFORMS zugänglich.

Sie finden in EWM folgende Druckvorlagen, die Sie für den Warenausgangsprozess verwenden können:

- ▶ /SCWM/WO_MULTIPLE – Lagerauftragsliste
- ▶ /SCWM/WO_SINGLE – Lagerauftrageinzelbeleg

Bestätigung und Quittieren des Lagerauftrags

Nachdem das physische Kommissionieren durchgeführt worden ist, muss
der zugehörige Lagerauftrag quittiert werden, um so dem System eine Rückmeldung über die physische Ausführung zu geben. Das Erfassen der Daten
können Sie, wie in Abbildung 9.28 dargestellt, über die Desktop-Transaktion
vornehmen.

Die Transaktion zum Bestätigen von Lageraufträgen finden Sie im SAP-Easy-Access-Menü unter EXTENDED WAREHOUSE MANAGEMENT • AUSFÜHRUNG • LAGER-
AUFGABE QUITTIEREN oder über den Transaktionscode /SCWM/TO_CONF.

Alternativ kann die Bestätigung auch im Lagermonitor über die Transaktion
/SCWM/MON mittels der Standardmethoden für Lageraufgaben und Lageraufträge erfolgen. Mit den EWM-Methoden können Sie auch im Hintergrund mehrere Lageraufträge auf einmal quittieren. Dies ist aber nur zu
empfehlen, wenn der Nach-Platz, auf dem der Mitarbeiter die kommissionierte Ware abstellt, sich nachträglich nicht verändert hat. Das heißt, bei der
Erstellung der Lageraufgabe wird ein Nach-Platz ermittelt, der Mitarbeiter
sollte dann auch physisch die Ware auf diesem Lagerplatz abgestellt haben.
Falls Sie mit generischen Nach-Lagerplätzen arbeiten, ist die Massenquittie-
rung im Lagermonitor ausgeschlossen. Zudem ist es notwendig, dass keine
Kommissioniermindermengen erfasst wurden und immer die zu kommissionierende Menge aus dem Platz entnommen wurde.

Eine Bestätigung des Kommissioniervorgangs ist auch mit der mobilen Dateneingabe am Desktop möglich. Diese einfache Benutzeroberfläche ist über die
Transaktion /SCWM/RFUI zugänglich und simuliert die Eingabe mit einem
mobilen Gerät. Gelegentlich ist diese Transaktion für Nutzer ideal, um
schnell und einfach die zuvor ausgeführte Kommissionierung systemseitig
zurückzumelden. Um hierbei die Verifizierung von Produkt, Menge und
Plätzen nicht durchführen zu müssen, kann gegebenenfalls ein separates
Verifikationsprofil erstellt werden, um die Eingaben für den Benutzer zu
reduzieren. Denkbar ist ebenso, Verifikationen zu nutzen und diese mit
einem Barcodescanner zu erfassen. Um den Prozess zu beschleunigen, ist es
sinnvoll, die Verifikationen, falls möglich, auf die Kommissionierliste als
Barcode zu verschlüsseln.

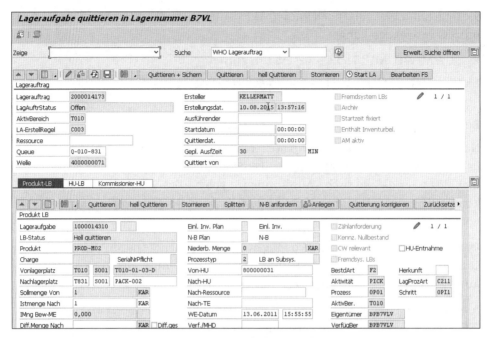

Abbildung 9.28 Quittierung einer Lageraufgabe im Desktop-UI

9.3.11 Ausführung der Kommissionierung mit mobilen Geräten

Die Bestätigung des Kommissioniervorgangs mittels mobiler Endgeräte ist allgemein die bevorzugte Variante, da sie effizienter hinsichtlich der Bestandsgenauigkeit ist. Hierbei erfolgt die Rückmeldung über die kommissionierte Menge eines Produkts sofort, das bedeutet, auch systemseitig erfolgt eine Aktualisierung der Bestandssituation augenblicklich.

Des Weiteren ermöglicht die Nutzung von mobilen Geräten beim Kommissionieren dem Nutzer, in Echtzeit mit dem System zu interagieren, wodurch die Fehleranfälligkeit bei manueller Bestätigung reduziert wird und ein Reagieren auf eventuelle Fehlerfälle (z. B. fehlende Produktmenge oder die Eingabe eines falschen Platzes) zeitnah erfolgen kann. Ein systemgeführtes Arbeiten ist mit der Nutzung von mobilen Endgeräten ebenfalls möglich, um so die Zuweisung von Lageraufträgen an die geeignetste verfügbare Ressource zu gewährleisten. Die Funktionalität der systemgeführten Ausführung wird in Kapitel 11, »Optimierung der Lagerprozessdurchführung«, näher beschrieben.

Um einen Lagerauftrag mit der RF-Transaktion zu quittieren, muss im SAP-Easy-Access-Menü folgender Pfad aufgerufen werden EXTENDED WAREHOUSE MANAGEMENT • AUSFÜHRUNG • IN RF UMGEBUNG ANMELDEN. Alternativ kann auch die Transaktion /SCWM/RFUI genutzt werden.

In der Praxis sind die mobilen Endgeräte in der Regel so konfiguriert, dass sofort mit der Benutzeranmeldung die Anmeldung an der zugehörigen Ressource stattfindet. Eine manuelle Eingabe ist dann nicht notwendig; andernfalls muss der Mitarbeiter die Lagernummer, die Ressource und das Endgerät spezifizieren, um eine Anmeldung an das RF-Menü sicherzustellen. Sobald der Benutzer in der RF-Umgebung angemeldet ist, kann er die Transaktion auswählen – in unserem Fall würde er die Quittierung der Kommissionierlageraufträge starten. Details zu den RF-Transaktionen finden Sie in Kapitel 11, »Optimierung der Lagerprozessdurchführung«.

Es ist möglich, das RF-Menü anhand von Kundenwünschen zu ändern. In diesem Abschnitt gehen wir jedoch vom Standardmenü aus. In Klammern ist jeweils die logische Transaktion der Menüfunktionen vermerkt, die notwendig ist, um in der Konfiguration die Menüfunktionen auszuführen. Dort können Sie die Texte der logischen RF-Transaktion anpassen oder sie komplett aus dem RF-Menü entfernen.

Nach der Benutzeranmeldung und Eingabe der Ressourcen bietet das System mehrere Wege, um Kommissionierlageraufträge zu quittieren. Im Folgenden zeigen wir die wichtigsten Ausführungsoptionen, die Sie im Menü wählen können, um den Kommissionierprozess abzuschließen und die Lageraufträge mit den zugehörigen Lageraufgaben zu quittieren. Für das systemgeführte Kommissionieren gibt es zwei Alternativen:

- **Systemgeführte Selektion**
  Der Benutzer wird vom System durch den Prozess geführt, und es werden ihm offene Lageraufträge auf Basis der Queue-Zuweisung, Ressource und Ressourcengruppe automatisch zugewiesen. Das System ermittelt stets den optimalen Lagerauftrag nach dem Quittieren und Abschließen der vorangegangenen Lageraufgabe oder dem vorangegangenen Lagerauftrag.

  Die systemgeführte Selektion öffnen Sie, indem Sie die Transaktion /SCWM/RFUI ausführen und sich dort mit Ihrer Ressource anmelden. Folgen Sie dann dem folgenden Pfad:

  RF Menu: Systemgeführt • Systemgeführte Selektion (WKSYSG)

- **Systemgeführt nach Queue**
  Zu Beginn dieser Transaktion spezifizieren Sie die Queue, aus der Sie Lageraufträge erhalten möchten. Das System weist Ihnen anschließend ausschließlich Lageraufträge aus der gewählten Queue zu. Zum Öffnen der RF-Transaktion sollten Sie nach der Anmeldung an der Ressource über das RF-Menü folgenden Pfad nutzen:

  RF Menu: Systemgeführt • Systemgeführt nach Queue (WKSYSQ)

Im Gegensatz zur systemgeführten Auswahl von Lageraufträgen besteht ebenfalls die Möglichkeit einer manuellen Auswahl. Hierbei gibt es folgende Optionen:

▶ **Kommissionieren nach Lagerauftrag**

Für den Fall, dass der Benutzer die Nummer des Lagerauftrags kennt, ist es ihm möglich, jene Nummer direkt in das Eingabefeld zu geben, um so mit der Abarbeitung zu beginnen. So kann es z. B. vorkommen, dass beim Verladen auf dem HU-Label ebenfalls die Lagerauftragsnummer vermerkt ist, sodass es dem Nutzer möglich ist, diese direkt einzugeben oder sie – im Fall von verbarcodeten Nummern – einzuscannen. Zum Starten der RF-Transaktion sollten Sie nach der Anmeldung an der Ressource über das RF-Menü folgenden Pfad wählen:

RF MENU: MANUELLE AUSWAHL • SELEKTION VON LA (WKMNWO)

▶ **Kommisssionieren nach HU**

Diese Variante kann im Fall von Vollpalettenentnahme genutzt werden, wobei die Quell-HU bereits vom System vorbestimmt wurde. Zum Starten der RF-Transaktion sollten Sie nach der Anmeldung an der Ressource über das RF-Menü folgenden Pfad nutzen.

RF MENU: MANUELLE AUSWAHL • SELEKTION VON HU (WKMNHU)

▶ **Kommissionieren nach Lageranforderung**

Diese Variante ermöglicht die Auswahl von Lageraufträgen mittels der zugehörigen Lageranforderung (im Warenausgangsprozess handelt es sich hierbei um die Nummer des Auslieferungsauftrags). Dies kann z. B. bei sehr dringenden Auslieferungsaufträgen nützlich sein, wenn der Benutzer die Nummer des Auslieferungsauftrags genannt bekommt. Zum Starten der RF-Transaktion sollten Sie nach der Anmeldung an der Ressource über das RF-Menü folgenden Pfad nutzen.

RF MENU: MANUELLE AUSWAHL • SELEKTION VON LANF (WKMNWR)

Es gibt weitere Transaktionen im RF-Umfeld, die Sie unter RF MENU: WARENAUSGANG • KOMMISSIONIEREN finden. Die verschiedenen Transaktionen weisen ein ähnliches Erscheinungsbild auf, unterscheiden sich jedoch anhand der logischen Transaktion und des zugehörigem Kontextes. Zum Beispiel scheinen die Transaktionen im Untermenü zur Kommissionierung identisch mit denen zur systemgeführten Auswahl von Lageraufträgen zu sein, jedoch sind diese einem anderen Kontext zugewiesen. Aus diesem Grund kann die Lagerauftragsvergabe in den Transaktionen unterschiedlich verlaufen, oder der Nutzer ist nicht dazu berechtigt, einen manuell eingegeben Lagerauftrag auszuführen.

Arbeitet der Mitarbeiter mit der mobilen RF-Transaktion SYSTEMGEFÜHRTE SELEKTION (WKSYSG), werden ihm alle Lageraufträge zugewiesen, die zur Abarbeitung bereitstehen (abhängig von der Queue-Konfiguration, siehe Kapitel 11, »Optimierung der Lagerprozessdurchführung«). Wählen Sie die generische RF-Transaktion über das RF-Menü über den Pfad RF MENU: SYSTEMGEFÜHRT • SYSTEMGEFÜHRTE AUSWAHL. Sie erhalten die Lageraufträge, die für alle Aktivitäten abzuarbeiten sind. Nur die Lageraufträge, die für den Warenausgang bestimmt sind, erhalten Sie, wenn Sie die mobile systemgeführte RF-Transaktion im RF-Menü über den Pfad WARENAUSGANG • AUSLAGERUNG • SYSTEMGEFÜHRTE KOMMISSIONIERUNG ausführen.

Sammelkommissionierung mit SAP EWM 9.4

Mit SAP EWM 9.4 wird eine Sammelkommissionierung in den RF-Transaktionen bereitgestellt. Bei der Kommissionierung von mehreren Auslieferungspositionen musste in den vorherigen EWM-Versionen im RF-Dialog jede Menge einzeln bestätigt werden. Mit SAP EWM 9.4 werden die Mengen gebündelt und im RF-Dialog konsolidiert dargestellt. So kann ein Mitarbeiter nun z. B. anstelle von zweimal 10 Stück direkt 20 Stück entnehmen und diese Gesamtmenge im RF-Dialog bestätigen.

Die Folgeaktion von Ausnahmecodes im Rahmen einer RF-Transaktion verläuft anders, als wenn der Ausnahmecode in einer Desktop-Transaktion erfasst wird. So können Sie frei konfigurieren, ob beim Kommissionieren eines Produkts und dem Feststellen einer Mengendifferenz am Platz der direkte Nachschub in der mobilen RF-Transaktion durch Auslösen eines Ausnahmecodes angestoßen werden und in der Desktop-Transaktion stattdessen der Nachschub nicht gestartet werden soll. Der Ausnahmecode kann so konfiguriert werden, dass lediglich die bestätigte Menge in der Lageraufgabe fortgeschrieben wird und eine E-Mail an einen Mitarbeiter der Bestandskontrolle gesendet wird, wenn der Ausnahmecode in einer Desktop-Transaktion eingegeben wurde. Unabhängig von den unterschiedlich konfigurierten Folgeaktionen kann der Ausnahmecode für den Benutzer gleich lauten. Details finden Sie Kapitel 11, »Optimierung der Lagerprozessdurchführung«.

Um eine Übersicht über alle möglichen Ausnahmecodes innerhalb eines Kontexts zu erhalten, kann im Ausnahmefeld der RF-Transaktion der Code LIST eingegeben werden. Anschließend erscheint eine Liste mit allen verfügbaren Ausnahmecodes (siehe Abbildung 9.29). Auch an dieser Stelle ist festzuhalten, dass beim Kommissionieren, abhängig von dem Prozess, nur die Ausnahmecodes zur Verfügung stehen, die in der Konfiguration freigeschaltet wurden. Das bedeutet, die Ausnahmecodes, die Sie in der Abbildung auf der rechten Seite sehen, sind nur für die mobile RF-Transaktion und den

Schritt (in diesem Fall der Von-Screen beim Ausführen der Kommissionierung) freigeschaltet.

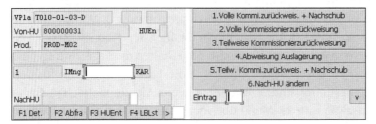

Abbildung 9.29 Ausnahmebehandlung während der Kommissionierung

9.3.12 Sammelkommissionierung

Die Sammelkommissionierung wird anhand der Lagerprozessart und des Aktivitätsbereichs freigeschaltet. Um die Sammelkommissionierung in Ihrem System zu definieren, starten Sie das EWM-Customizing und folgen dem Pfad SCM EXTENDED WAREHOUSE MANAGEMENT • EXTENDED WAREHOUSE MANAGEMENT • MOBILE DATENERFASSUNG • SAMMELKOMMISSIONIERPROFIL DEFINIEREN.

Zunächst müssen Sie ein Sammelkommissionierungsprofil erstellen und können dabei festlegen, welches der Felder (LAGERPROZESSART und/oder AKTIVITÄTSBEREICH) bei der Findung des Sammelkommissionierprofils berücksichtigt werden soll. In der Hilfe zum Konfigurationseintrag finden Sie eine detaillierte Erläuterung dazu, wie das SAP-System bei der Findung des Profils vorgeht. Falls das SAP-System bei der Findung der Sammelkommissionierung Treffer erzielt, wird im RF-Dialog ein weiterer RF-Screen aufgerufen, in dem Ihnen die gesamte zu kommissionierende Menge angezeigt wird.

Ob eine Sammelkommissionierung zwischen den unterschiedlichen Lageraufgaben im gleichen Lagerauftrag stattfinden soll, wird anhand von folgenden Feldern/Kriterien geprüft:

- Von-Lagerplatz
- Von-Handling-Unit
- Lagerbestandsattribute wie Material, Charge, Besitzer, Verfügungsberechtigter, Bestandsart, Bestandsverwendung, Projektbestand und Kundenauftragsbestand
- Dokumentkategorie und -position für reservierten Bestand (Projektbestand und Kundenauftragsbestand)
- Alternativmengeneinheit

▸ Optional: Konsolidierungsgruppe (abhängig davon, ob diese per Sammelkommissionierungsprofil berücksichtigt werden soll)

Nur wenn diese Felder zwischen den Lageraufgaben übereinstimmen, kann
eine Sammelkommissionierung stattfinden.

Hinweis

Mit SAP EWM 9.4 wird derzeit die Sammelkommissionierung im »Bulk Storage«
und im Sprachdialog noch nicht unterstützt. Es ist geplant, diese Limitierung in
den nächsten EWM-Versionen zu schließen. Schauen Sie deshalb regelmäßig nach
SAP-Hinweisen, wenn Sie diese Funktion für Ihren Prozess benötigen.

9.3.13 Kommissionierung stornieren

Ist eine Kommissionierung bereits bestätigt und stellt sich anschließend heraus, dass das Produkt für eine andere Lageranforderung dringender benötigt
wird, ist es möglich, eine bereits getätigte Kommissionierung zu stornieren
(siehe Abbildung 9.30).

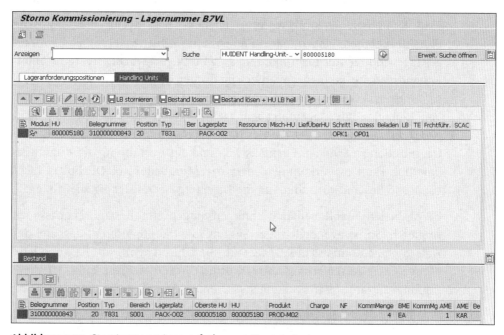

Abbildung 9.30 Stornieren von Lageraufgaben zur Kommissionierung

Sie können die Transaktion über das SAP-Easy-Access-Menü unter dem Pfad
Extended Warehouse Management • Ausführung • Kommissionierung

STORNIEREN AUSFÜHRBAR oder alternativ über den Transaktionscode /SCWM/ CANCPICK starten. Wird eine Kommissionieraufgabe storniert, wird die zugehörige Lageranforderung initialisiert, und Sie können erneut Lageraufgaben für die Lageranforderung erstellen. Der Bestand wird mit der Stornierung wieder freigegeben, und Sie können diesen einer anderen Lageranforderung zuweisen.

9.3.14 Kommissionierung zurückweisen

Um bei nicht ausreichendem Bestand eine Lageranforderung zu erfüllen, besteht die Möglichkeit, die Kommissionierung zurückzuweisen, um den zugehörigen Auslieferungsauftrag als Warenausgang zu buchen, auch ohne alle Positionen kommissioniert zu haben. Gewöhnlich wird während der ATP-Prüfung die Bestandssituation für eine Lageranforderungsmenge geprüft, sodass eine Kommissionierzurückweisung eine Ausnahme darstellt. Das bedeutet, dass beim Erstellen der Lieferung in SAP ERP geprüft wird, ob ausreichend Bestand zur Verfügung steht. Ist Bestand in dem Lagerort, der EWM zugeordnet ist, verfügbar, wird die Lieferung angelegt und an EWM repliziert.

Eine Kommissionierzurückweisung entsteht z. B., wenn der physische Bestand auf einem Platz durch ein fehlerhaftes Zählen während einer vorangegangenen Inventur nicht mit dem systemseitigen Bestand übereinstimmt. Bestandsdefizite können zu unterschiedlichen Zeitpunkten im Warenausgangsprozess erkannt werden. Zum Beispiel kann es während der Erzeugung von Kommissionier-Lageraufgaben dazu kommen, dass das System nicht genügend verfügbaren Bestand ermitteln kann, um eine Auslieferungsauftragsposition zu erfüllen. Ebenfalls während der Ausführung der Kommissionierung kann es vorkommen, dass der Mitarbeiter am Quellplatz nicht genügend Bestand vorfindet, um die Lageraufgabe vollständig zu erfüllen.

EWM bietet Funktionalitäten, um auf ungeplante Bestandsengpässe zu reagieren. So ist es möglich, das System so zu konfigurieren, dass bei der Anlage einer Kommissionier-Lageraufgabe geprüft wird, ob die komplette Menge einer Auslieferungsauftragsposition erfüllt werden kann. Ist diese Prüfung negativ, wird automatisch eine Kommissionierzurückweisung durchgeführt. Kann der Bestand also nicht komplett kommissioniert werden, wird automatisch die Kommissionierung zurückgewiesen.

Andererseits kann eine Kommissionierzurückweisung im Rahmen des Ausnahmehandlings erfolgen. Für den Fall, dass der Mitarbeiter an einem Quellplatz das gewünschte Produkt nicht vorfindet, gibt er einen Ausnahmecode ein, um so einen Alternativplatz für das Produkt zu bestimmen. Ist diese

Suche erfolglos, kann als weitere Folgeaktion eine automatische Kommissionierzurückweisung erfolgen.

Abhängig von der Systemkonfiguration kann eine Kommissionierzurückweisung sofort an SAP ERP (auch vor Warenausgangsbuchung des Auslieferungsauftrags) übermittelt werden, sodass die nicht befriedigte Menge des Produkts gegebenenfalls aus einem anderen Lager versandt werden kann, um den Kundenauftrag zu erfüllen.

9.3.15 Pick, Pack und Pass

Bei der *Pick-, Pack- und Pass-Funktion* handelt es sich um eine Optimierung Ihres Warenausgangsprozesses, die Sie im Lager verwenden, um Ihre Lageraktivitäten wie das Kommissionieren, Verpacken und Transportieren von Produkten in unterschiedlichen Aktivitätsbereichen besser zu koordinieren. Die Ware wird in einem Behälter z. B. über ein Förderband transportiert, und der Mitarbeiter, der in seinem Bereich die Ware kommissioniert, füllt diesen und gibt ihn an die nächste Station weiter.

Der Pick-, Pack- und Pass-Prozess findet Anwendung, wenn große Läger mit sehr hohem Durchsatz optimiert werden müssen. Der Durchsatz definiert sich hierbei über eine sehr große Menge an Kommissionierpositionen. Die Positionen selbst zeichnen sich wiederum dadurch aus, dass meist eine geringe Menge zu kommissionieren ist.

Personalkosten spielen im Lager eine entscheidende Rolle; deshalb werden häufig Anlagen verwendet, die Behälter über Stockwerke hinweg selbstständig zu den verschiedenen Kommissionierzonen transportieren, in denen Mitarbeiter die letzten Schritte ausführen, die nicht zu automatisieren sind. Solche Anlagen bestücken die Pakete, nachdem das Kommissionieren abgeschlossen worden ist, auch mit allen notwendigen Dokumenten wie Rechnungen oder Gefahrgutpapieren. Auch das Drucken findet dann meist über solche Anlagen automatisch statt.

EWM ermöglicht es Ihnen, den Pick-, Pack- und Pass-Prozess zu unterstützen, und mit der Materialflussintegration können Sie auch Behältersysteme in EWM integrieren.

Um den Pick-, Pack- und Pass-Prozess in EWM zu unterstützen, führt EWM ein neues Objekt ein, den übergeordneten Lagerauftrag, der als Klammer fungiert. Dieser wiederum hat die verschiedenen Lageraufträge mit den zugehörigen Lageraufgaben unter sich. Die untergeordneten Lageraufträge repräsentieren, jeder für sich, das Kommissionieren an der jeweiligen Zone.

Die HU, die vom Behältersystem befördert wird, wird dem übergeordneten Lagerauftrag zugeordnet. In Abbildung 9.31 sehen Sie solch ein Weiterreichsystem: Die HU wird an die erste Station/Zone befördert, an der der Mitarbeiter die Produkte für den ersten Lagerauftrag kommissioniert.

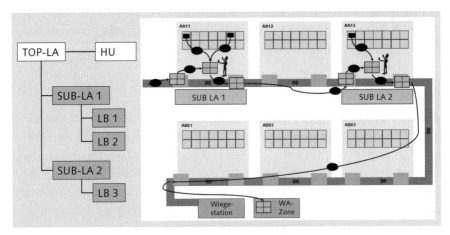

Abbildung 9.31 Pick-, Pack- und Pass-Prozess und seine Objektstruktur

Dazu quittiert er die Lageraufgaben 1 und 2, indem er die Produkte in der HU verstaut. Nach dem Abschluss des Prozessschritts wird der erste Lagerauftrag quittiert, und die HU wird an die nächste Station weitergereicht. Dort passiert das Gleiche für den zweiten Lagerauftrag. Wurden alle Lageraufträge quittiert, wird die HU Richtung Versand befördert. Auf dem Weg erhält sie alle notwendigen Dokumente (u. a. die Rechnung oder Überweisungsträger, falls auf Nachnahme bestellt wurde) und wird versiegelt. Weiter wird die HU zur Bereitstellzone transportiert, wo sie dann auf einen Lkw verladen und als Warenausgang gebucht wird. In der Abbildung sehen Sie auf der rechten Seite die Objektstruktur der Lageraufträge.

Um den Pick- Pack- und Pass-Prozess freizuschalten, müssen Sie jede Ihrer Zonen als Aktivitätsbereich abbilden und diese zusammenführen. Um Aktivitätsbereiche zu definieren, starten Sie das EWM-Customizing und folgen dem Pfad EXTENDED WAREHOUSE MANAGEMENT • STAMMDATEN • AKTIVITÄTS- BEREICHE • AKTIVITÄTSBEREICH DEFINIEREN.

Um die erstellten Aktivitätsbereiche zusammenzuführen und eine Reihenfolge zu hinterlegen, wie die HU durch die verschiedenen Zonen geführt werden soll, starten Sie das EWM-Customizing und folgen dem Pfad EXTEN- DED WAREHOUSE MANAGEMENT • PROZESSÜBERGREIFENDE EINSTELLUNGEN • LAGERAUFTRAG • AKTIVITÄTSBEREICHE VERBINDEN (siehe Abbildung 9.32).

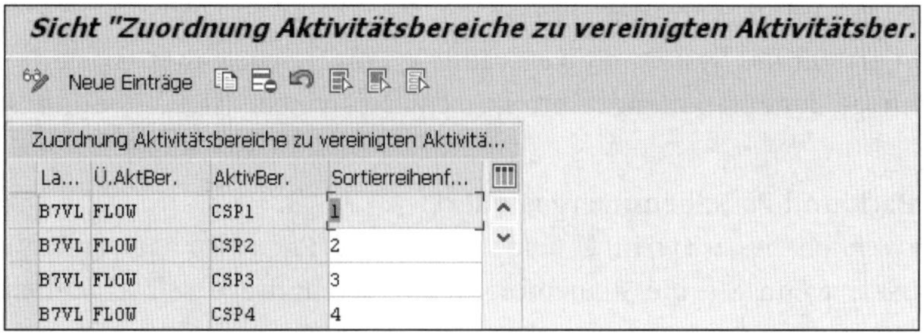

Sicht "Zuordnung Aktivitätsbereiche zu vereinigten Aktivitätsber.				
❧ Neue Einträge 🗋 🗟 🖙 🖹 🖹 🖹				
Zuordnung Aktivitätsbereiche zu vereinigten Aktivitä...				
La... Ü.AktBer.	AktivBer.	Sortierreihenf...	🎞	
B7VL FLOW	CSP1	1	⌃	
B7VL FLOW	CSP2	2	⌄	
B7VL FLOW	CSP3	3		
B7VL FLOW	CSP4	4		

Abbildung 9.32 Bilden von vereinigten Aktivitätsbereichen

Auch sollten Sie für das Pick- Pack- und Pass-Szenario den Start- und End-
punkt für jede Kommissionierzone (die von Ihnen schon als Aktivitätsbereich definiert wurde) definieren. Sie können im SAP-Easy-Access-Menü
über den Pfad EXTENDED WAREHOUSE MANAGEMENT • STAMMDATEN • LAGER-
PLATZ • START-/ENDLAGERPLATZ ZUM AKTIVITÄTSBEREICH ZUORDNEN oder durch
das Ausführen der Transaktion /SCWM/SEBA die Lagerplätze den Aktivitätsbereichen zuordnen. In Abbildung 9.33 sehen Sie, wie solch eine Zuordnung
aussehen kann. Vor dem Zuordnen der Start- und Endplätze zu den Aktivitätsbereichen müssen Sie die Lagerplätze, wie in Kapitel 3, »Organisationsstruktur in SAP EWM und SAP ERP«, beschrieben, anlegen (Transaktion
/SCWM/LS01).

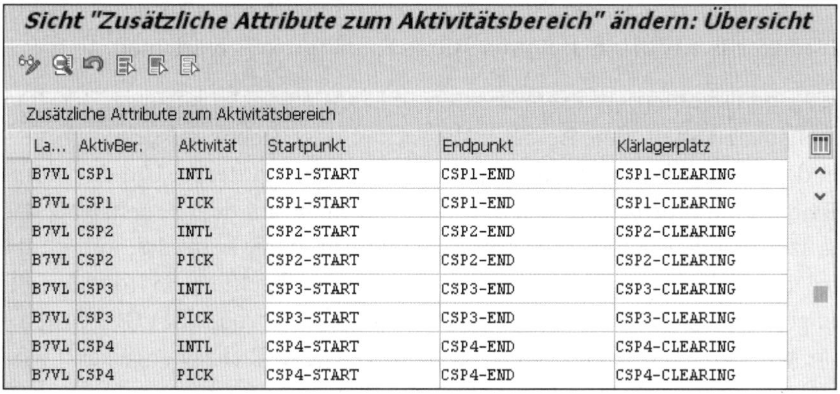

Sicht "Zusätzliche Attribute zum Aktivitätsbereich" ändern: Übersicht						
❧ 🔍 🖙 🖹 🖹 🖹						
Zusätzliche Attribute zum Aktivitätsbereich						
La... AktivBer.	Aktivität	Startpunkt	Endpunkt	Klärlagerplatz	🎞	
B7VL CSP1	INTL	CSP1-START	CSP1-END	CSP1-CLEARING	⌃	
B7VL CSP1	PICK	CSP1-START	CSP1-END	CSP1-CLEARING	⌄	
B7VL CSP2	INTL	CSP2-START	CSP2-END	CSP2-CLEARING		
B7VL CSP2	PICK	CSP2-START	CSP2-END	CSP2-CLEARING		
B7VL CSP3	INTL	CSP3-START	CSP3-END	CSP3-CLEARING		
B7VL CSP3	PICK	CSP3-START	CSP3-END	CSP3-CLEARING	▪	
B7VL CSP4	INTL	CSP4-START	CSP4-END	CSP4-CLEARING		
B7VL CSP4	PICK	CSP4-START	CSP4-END	CSP4-CLEARING		

Abbildung 9.33 Zuordnen von Start-/Endpunkten zu den Aktivitätsbereichen

Um schließlich den Pick-, Pack- und Pass-Prozess zu unterstützen, müssen Sie
eine eigene Lagererstellungsregel konfigurieren, damit zusätzlich zu den
Lageraufträgen auch ein übergeordneter Lagerauftrag erstellt wird. Sie müssen hierzu den Erstellungstyp mit dem Wert PICK, PACK UND PASS ausprägen.
Sie haben die Möglichkeit, zwei unterschiedliche Werte zu pflegen:

▶ **Pick, Pack und Pass: systemgeführt**
Hierbei erstellt das System die Lageraufträge und sortiert diese nach der Reihenfolge der zusammengeführten Aktivitätsbereiche (siehe Abbildung 9.32).

▶ **Pick, Pack und Pass: benutzergesteuert**
Sie verwenden diesen Typ im Unterschied zu PICK, PACK UND PASS: SYSTEM-GESTEUERT, wenn Sie die Reihenfolge der Lageraufträge selbst wählen möchten.

Pick, Pack und Pass wird verwendet, um das Lagergeschehen zu automatisieren, aber Materialien, die nicht auf einem Behältersystem transportiert werden können, müssen manuell ausgelagert werden. Sind sie besonders schwer und sperrig, werden sie über einen Kommissionierpunkt abgewickelt.

9.3.16 Ausführung am Kommissionierpunkt

In bestimmten Bereichen des Lagers können Sie Produkte beim Kommissionieren nicht direkt am Platz aus der HU entnehmen, z. B. aufgrund der Größe, des Gewichts oder der Form des Produkts. Um trotzdem Ware an den Kunden auslagern zu können, müssen Sie die gesamte HU auslagern und dann die Teilmenge mit zusätzlichen Hilfsmitteln (wie Kränen oder Hubwagen) kommissionieren. Den Bereich, zu dem die HU mit dem gesamten Bestand befördert wird, nennt man *Kommissionierpunkt*. Um diesen Prozess zu unterstützen, müssen Sie in EWM einen Kommissionierpunktprozess einrichten.

Der Kommissionierpunkt repräsentiert in EWM einen Arbeitsplatz, der dem Arbeitsplatz ähnelt, den Sie beim Verpacken oder Dekommissionieren verwenden. Den Arbeitsplatz müssen Sie speziell konfigurieren: Um den Kommissionierpunktprozess zu ermöglichen, setzen Sie auf dem Arbeitsplatz das Kennzeichen KOMMISSIONIERPUNKT AKTIV. Auf dem Kommissionierpunkt wird dann das Kommissionieren der Ware durchgeführt. Wird die Teilmenge, die zum Kommissionierpunkt befördert wurde, aus der HU entnommen, wird sie meist in eine neue HU gelagert. Die restliche Menge kann wieder zurück ins Lager an den alten Lagertyp befördert werden.

In Abbildung 9.34 ist der Materialfluss des Kommissionierpunktprozesses dargestellt. Das System erstellt eine inaktive Produkt-Lageraufgabe, mit dem Status B (blockiert oder gesperrt), die für das tatsächliche Kommissionieren verwendet wird. Parallel dazu legt das System ebenso eine HU-Lageraufgabe an, um die gesamte HU an den Kommissionierpunkt zu befördern, an dem das Kommissionieren stattfindet.

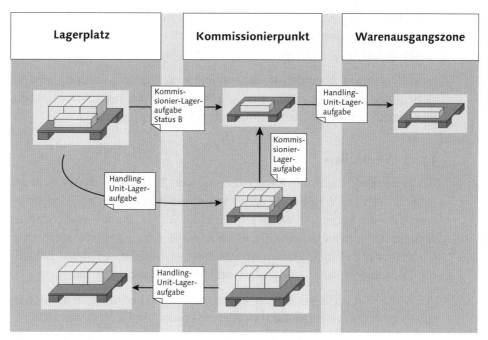

Abbildung 9.34 Materialfluss unter der Verwendung eines Kommissionierpunkts

Wird die HU an den Kommissionierpunkt befördert und die HU-Lageraufgabe quittiert, aktiviert das System automatisch im Hintergrund die inaktive Lageraufgabe, und der Kommissionierpunktmitarbeiter kann die Ware entnehmen. Die Versand-HU mit dem kommissionierten Produkt wird dann abgeschlossen von der prozessorientierten Lagerungssteuerung weiter durchs Lager geleitet (das bedeutet, sie kann direkt in die Warenausgangszone befördert werden, oder sie wird nochmals verpackt). Die HU mit der Restmenge kann dann mit einer zusätzlichen HU-Lageraufgabe zurück an den Platz befördert werden.

Das Ausführen der Kommissionierung am Kommissionierpunkt kann mit Desktop-Transaktionen durchgeführt werden. Darüber hinaus stehen Ihnen auch zusätzliche mobile RF-Transaktionen zur Verfügung. Diese bieten Ihnen die folgenden Funktionen an:

- Anmelden am Kommissionierpunkt, ähnlich wie das Anmelden am Arbeitsplatz
- Erstellen einer HU zum Bereitstellen der Versand-HU
- Ausführung am Kommissionierpunkt (dazu zählen das Kommissionieren, das Drucken des HU-Labels oder das Anfragen der noch ausstehenden HUs ab Basis der Route oder der Konsolidierungsgruppe)

▶ HU-Pflege, die verwendet wird, um die Versand-HU abzuschließen und den Folgetransport gemäß prozessorientierter Lagerungssteuerung anzustoßen

Wird Ware nicht über den Kommissionierpunkt kommissioniert, wird sie meist direkt vom Lagerplatz aus zum Verpacken befördert. Nachfolgend geben wir Ihnen einen Überblick über den Verpackungsprozess.

9.3.17 Verpacken

Die *Verpackung* dient der Konsolidierung von Produkten, die gemeinsam versandt werden. Verpackt werden kann direkt bei dem Kommissioniervorgang, falls die kommissionierte HU auch die HU ist, die versendet und als Versand-HU verwendet wird. Daneben kann aber auch ein separater Verpackungsschritt an einem dafür vorgesehenen Arbeitsplatz erfolgen, falls die kommissionierte HU nicht der Versand-HU entspricht.

In EWM ist ein Packplatz als Arbeitsplatz definiert. Die Nutzerinteraktion ist mittels einer Desktop-Transaktion oder eines mobilen Geräts möglich.

Der Pfad für die Desktop-Transaktion (siehe Abbildung 9.35) befindet sich im SAP-Easy-Access-Menü unter EXTENDED WAREHOUSE MANAGEMENT • AUSFÜHRUNG • VERPACKEN ALLGEMEIN. Alternativ können Sie den Transaktionscode /SCWM/PACK verwenden.

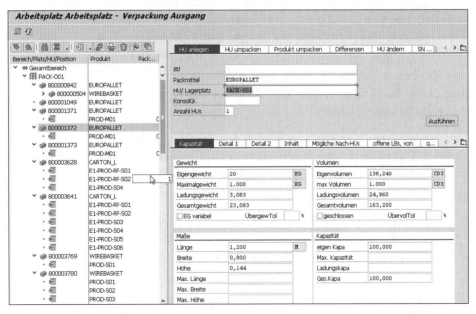

Abbildung 9.35 Desktop-Transaktion für das Verpacken am Packarbeitsplatz

Die Packfunktionalitäten im mobilen Umfeld (Transaktionscode /SCWM/ RFUI) befinden sich im RF-Menü unter WARENAUSGANGSPROZESSE • VERPACKEN. Hier stehen mehrere Einstiegsmöglichkeiten für den Verpackungsvorgang mithilfe eines mobilen Geräts zur Verfügung (siehe Abbildung 9.36).

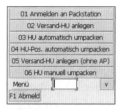

Abbildung 9.36 RF-Menü für die Verpackung am Packarbeitsplatz

Für den Fall, dass ein Verpackungsschritt an einem separaten Packarbeitsplatz für eine Lieferposition durchgeführt werden soll, gilt es sicherzustellen, dass der Prozessschritt des Verpackens in der prozessorientierten Lagerungssteuerung für die jeweilige Lieferposition vermerkt ist.

Neben dem Verpacken selbst ist es notwendig, die Findung des geeigneten Arbeitsplatzes zu konfigurieren. EWM ermöglicht zum einen eine statische Findung, die einen fixen Arbeitsplatz vorgibt. Dieser kann an der zugehörigen Lagerauftragserstellungsregel hinterlegt werden. Zum anderen ist eine dynamische Findung möglich. Die dynamische Ermittlung des Packarbeitsplatzes kann einerseits über die erlaubten HU-Typgruppen für den Lagertyp der Packstation eingeschränkt werden und andererseits anhand einer Findungstabelle von EWM bestimmt werden. Standardkriterien innerhalb der Findungstabelle (siehe Abbildung 9.37) sind die Route, der Quellaktivitätsbereich und die Konsolidierungsgruppe.

Sicht "Arbeitsplatzermittlung im Warenausgang"

Neue Einträge

Lagernummer B7VL

Arbeitsplatzermittlung im Warenausgang

Route	AktivBer.	KonsolGr.	La...	La...	Lagerplatz
B7VL_CU001			T831	001	PACK-001
B7VL_CU001	E500		E531	0001	E5CC-K20
B7VL_CU002			T831	S001	PACK-002
B7VL_CU002	E400		E431	0001	E4CC-K20
B7VL_CU003			T831	S001	PACK-001
B7VL_CU004			T831	S001	PACK-002
B7VL_CU004	E500		E531	0001	E5CC-K23
B7VL_CU004	JR00		JR31	0001	JRCC-K20
B7VL_CU004	SB00		SB31	0001	SBCC-K20
B7VL_OUTS			T831	S001	PACK-002

Abbildung 9.37 Findung von Arbeitsplätzen beim Verpacken

Zugriff auf die Findungstabelle erhalten Sie im SAP-Easy-Access-Menü unter EXTENDED WAREHOUSE MANAGEMENT • STAMMDATEN • ARBEITSPLATZ • ARBEITSPLATZ IM WARENAUSGANG oder alternativ über den Transaktionscode /SCWM/PACKSTDT.

9.3.18 Bereitstellungszonen- und Torfindung

Nachdem die Lieferpositionen verpackt worden sind, schließen sich in der Regel das Bereitstellen und die Verladung an. Mit Abschluss der HU im Packarbeitsplatz ermittelt das System im Rahmen der prozessorientierten Lagerungssteuerung den nächsten Prozessschritt und legt für diesen Lageraufgaben an. Ist das Bereitstellen als Schritt definiert, erfolgt die Ermittlung der Nach-Daten für die Lageraufgabe, also die Ermittlung der geeigneten *Bereitstellungszone*. Hierzu kann einerseits die Bereitstellungszone pro Quelllagertyp und HU-Typ-Gruppe ermittelt werden. Anderseits besteht die Möglichkeit, eine Findungstabelle auszulesen. Das Ergebnis kann in der Lieferposition vermerkt und bei Anlage der Lageraufgabe berücksichtigt werden. Abbildung 9.38 illustriert die Findungstabelle für die Bereitstellungszonengruppe, die Bereitstellungszone und das Beladetor. Zur Pflege dieser Tabelle gelangen Sie im SAP-Easy-Access-Menü EXTENDED WAREHOUSE MANAGEMENT • EINSTELLUNGEN • WARENANNAHME UND VERSAND • BEREITSTELLUNGSZONEN- UND TORFINDUNG (AUSGANG) oder alternativ über den Transaktionscode /SCWM/STADET_OUT.

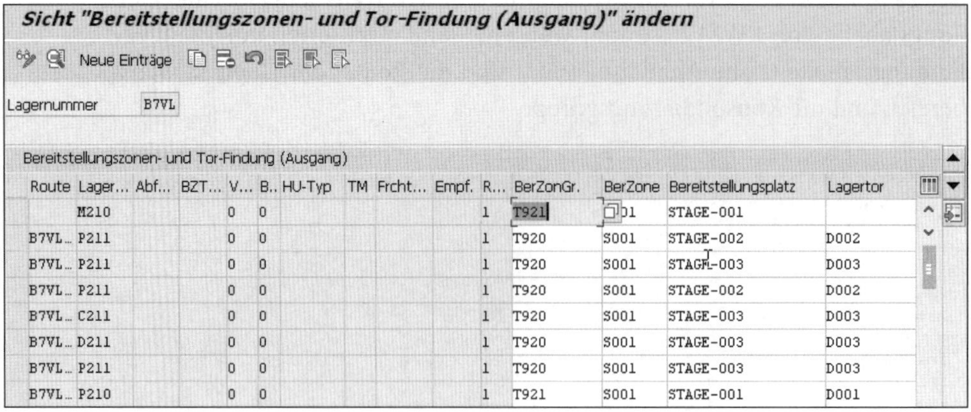

Abbildung 9.38 Bereitstellungszonen- und Torfindung im Warenausgang

Um bei einer großen Anzahl von Einträgen die Performance nicht zu beeinträchtigen, ist es möglich, eine Zugriffsfolge für die Bereitstellungszonen- und Torfindung zu definieren. Dort definieren Sie, welche Parameter aus der

Bereitstellungszonenfindungstabelle in welcher Kombination berücksichtigt werden sollen. Sie finden diese im SAP-Easy-Access-Menü unter EXTENDED WAREHOUSE MANAGEMENT • EINSTELLUNGEN • WARENANNAHME UND VERSAND • ZUGRIFFSREIHENFOLGE AUF BEREITSTELLUNGSZONEN- UND TORFINDUNG oder alternativ über den Transaktionscode /SCWM/STADET_ASS.

Da die Findung der Bereitstellungszone und des Tores mit der Aktivierung der Auslageranforderung zu einem Auslieferungsauftrag bzw. mit der Ermittlung der Route (da diese einen Einfluss auf die Findung hat) geschieht, kann das Ergebnis in der Position des Auslieferungsauftrags eingesehen und gegebenenfalls auch manuell abgeändert werden. Die Torzuweisung findet auf der Belegkopfebene statt.

In Abbildung 9.39 sehen Sie einen Auslieferungsauftrag und die Parameter, die das System bestimmt und auf die Lieferungsposition geschrieben hat. Das System hat die Bereitstellungszonenfindung beim Erstellen des Auslieferungsauftrags durchgeführt und den Bereitstellungsplatz 9020-0001-GI-Zone übernommen.

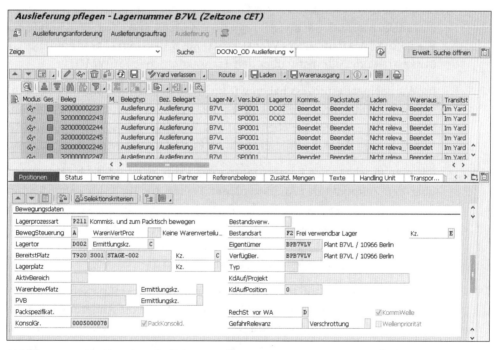

Abbildung 9.39 Position eines Auslieferungsauftrags mit zugewiesener Bereitstellungszone in der Transaktion /SCWM/PRDO

9.3.19 Beladen und Versand

Nach erfolgreicher Bereitstellung der zu versendenden HUs sind die lagerinternen Prozessschritte nahezu vollständig durchgeführt. Es startet nun der Übergang zum Versand, der die Aktivitäten *Beladen*, *Hofsteuerung* und *Transport* beinhaltet. Die Beladung erfolgt gewöhnlich anhand einer Beladeliste, die alle Positionen einer Transporteinheit zusammenfasst.

Eine Transporteinheit ist technisch eine besondere Form einer HU, die dafür genutzt wird, Lastkraftwagen, Anhänger oder Container systemseitig abzubilden. Dies beinhaltet ebenfalls Attribute wie z. B. Spediteur, Kfz-Kennzeichen oder Fahrer. Dieses Objekt bildet die Grundlage, um Hofaktivitäten in einem Lager abzubilden, z. B. Fahrten vom Eingangstor zu einem Parkplatz oder zu einem Tor. Darüber hinaus besteht eine Zuordnung von Lieferungen oder HUs zu Transporteinheiten, um die Ladung einer Transporteinheit darzustellen.

Besteht ein physischer Lastkraftwagenzug aus mehr als einem Anhänger, ist es möglich, jene Anhänger mittels eines Fahrzeugs systemseitig zu gruppieren. Nähere Informationen zur Steuerung von Fahrzeugen und Transporteinheiten finden Sie in Abschnitt 12.5, »Yard Management«. Transporteinheiten pflegen und anlegen können Sie im SAP-Easy-Access-Menü unter dem Pfad EXTENDED WAREHOUSE MANAGEMENT • WARENANNAHME & VERSAND • TRANSPORTEINHEIT BEARBEITEN oder alternativ über den Transaktionscode /SCWM/TU.

Im Wareneingangsprozess haben wir Ihnen aufgezeigt, wie Sie Transporteinheiten und Fahrzeuge erstellen können und wie beide zusammen interagieren. Dieses Wissen können Sie ebenso auf den Warenausgangsprozess ausweiten. Wir verweisen deshalb an dieser Stelle auf Kapitel 8, »Wareneingangsprozess«.

Für eine durchgängige Prozesstransparenz kann es erforderlich sein, Daten über den Zeitpunkt des Andockens der Transporteinheit, über den Beginn des Beladevorgangs, das Ende des Beladevorgangs und über das Verlassen der Transporteinheit zu erfassen. Um diese Prozessschritte systemseitig zu erfassen, bietet EWM Funktionalitäten, um den Beladevorgang und das Verlassen der Transporteinheit vom Hof abzubilden.

Der Beladevorgang kann in einen einfachen und einen komplexen Beladevorgang unterteilt werden. Einfaches Beladen beinhaltet die Änderung des Beladestatus auf Auslieferungsauftrags- und Transporteinheitenebene. Hierbei wird der Zeitpunkt des Setzens des Status erfasst. Der physische Transport der Ware von der Bereitstellungszone in die Transporteinheit wird beim einfachen Beladen nicht systemgestützt. Abbildung 9.40 zeigt die Transaktion zum Setzen des Beladestatus, die im SAP-Easy-Access-Menü unter EXTENDED

WAREHOUSE MANAGEMENT • WARENANNAHME & VERSAND • BELADEN zu finden ist. Alternativ nutzen Sie den Transaktionscode /SCWM/LOAD.

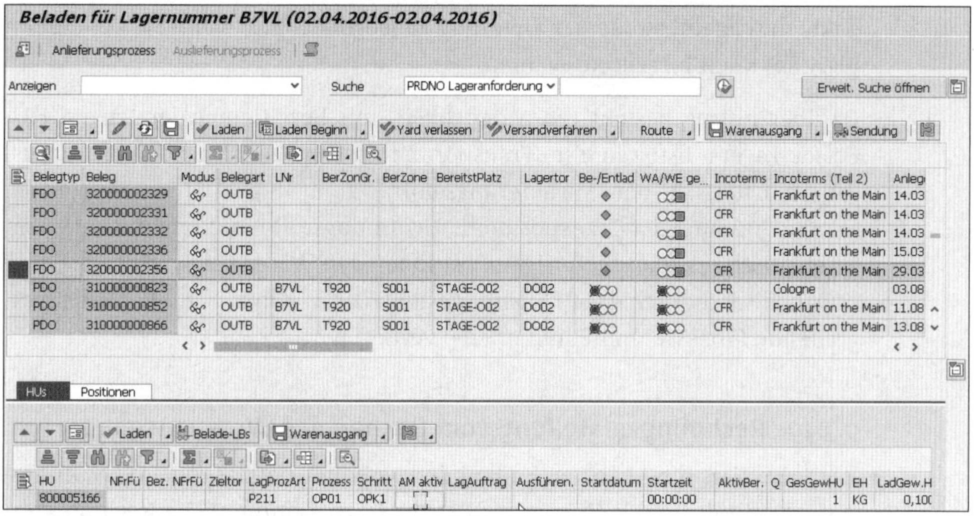

Abbildung 9.40 Desktop-Transaktion für die Beladung

Ein komplexes Beladen beinhaltet den Transport der Ware von der Bereitstellungszone in die Transporteinheit mittels Lageraufgaben. Dies bedeutet, dass für jede HU eine separate Belade-Lageraufgabe erstellt wird, um so den physischen Beladevorgang exakter abbilden zu können. Mit Bestätigung der HU-Lageraufgabe wird die jeweilige HU automatisch der Transporteinheit zugeordnet, sodass ein genauerer Verlauf des Beladevorgangs im System abgebildet werden kann. Die Erzeugung und Bestätigung von Belade-Lageraufgaben ist ebenfalls über die Transaktion /SCWM/LOAD möglich.

Eine weitere Variante zur Erzeugung und Bestätigung der Belade-Lageraufgaben stellt die Abarbeitung mittels eines mobilen Geräts dar. Im mobilen Umfeld – über den Transaktionscode /SCWM/RFUI – bietet EWM mehrere Möglichkeiten, um die Beladung zu starten. Folgende Einstiegsoptionen sind im RF-Menü unter dem Pfad WARENAUSGANGSPROZESSE • LADEN verfügbar:

▸ Beladen nach Lieferung

▸ Beladen nach Transport

▸ Beladen nach Transporteinheit

▸ Beladen nach Tor

▸ Beladen nach HU

▸ Beladen nach Route

Die mobilen RF-Transaktionen unterscheiden sich vor allem darin, dass sie dem Benutzer die Optionswahl bieten, auf der Basis welchen Objekts er den Beladeprozess beginnen möchte. So wird der Beladeprozess nur für die Produkte durchgeführt, die der Lieferung zugeordnet sind, wenn Sie die Option BELADEN NACH LIEFERUNG wählen.

Darüber hinaus besteht die Möglichkeit, mit Bestätigung der letzten HU-Belade-Lageraufgabe in eine Transporteinheit eine automatische Warenausgangsbuchung für den Auslieferungsauftrag zu erzeugen. Spätestens jedoch mit der Ausfahrt der Transporteinheit vom Kontrollpunkt bucht das System automatisch für alle zugehörigen Positionen den Warenausgang. Diese Funktionalität wird durch das PPF bereitgestellt, das in Kapitel 12, »Bereichsübergreifende Prozesse und Funktionen«, vertieft wird.

9.3.20 Rechnungserstellung vom Buchen des Warenausgangs

Wird die Ware direkt an den Endkunden gesendet, hat das Lagerverwaltungssystem oft mit dem Beifügen der Rechnung zu kämpfen. Die Rechnungserstellung findet meist nicht im Lagerverwaltungssystem statt, sondern die Rechnungserstellung sowie die nachfolgenden Prozesse werden im SAP-System in SAP ERP abgebildet. Die Rechnung selbst konnte in der Vergangenheit in WM erst zur Verfügung gestellt und ausgedruckt werden, wenn die Ware als Warenausgang gebucht wurde, denn erst dann sind die endgültigen Mengen bekannt, die dem Kunden in Rechnung gestellt werden können.

Wird die Ware direkt vom Lager aus an einen Kunden versendet und handelt es sich beim Kunden um einen Endabnehmer, ist die Rechnung als Dokument in dem Paket, das das Lager verlässt, unabdingbar. Wird Ware exportiert, muss die Rechnung teilweise aufgrund internationaler Versandanforderungen ebenfalls im Paket enthalten sein. Das heißt, die Rechnungserstellung findet vor dem Bereitstellen der Ware statt, meist wenn das Paket verpackt wird. Steht der Rechnungsdruck nicht vor dem Warenausgang zur Verfügung, gibt es zwei Möglichkeiten: Die Ware wird trotzdem als Warenausgang gebucht, um die Rechnung zu erstellen. Dies hat zur Folge, dass der nachfolgende physische Prozess nicht mit den Daten im System übereinstimmt. Eine andere Alternative ist es, eine Pro-forma-Rechnung auszustellen, die nicht direkt als Zahlungsaufforderung verstanden werden muss. Das heißt, es sind zusätzlich nachträglich Aktivitäten erforderlich, was den Auswand in der Verwaltung dieser Prozessalternative erhöht (nachträgliches Drucken und Zustellen der tatsächlichen Rechnung sowie zusätzliche Korrekturbuchungen).

EWM und das SAP-ERP-System bieten Ihnen an, eine Rechnungserstellung vom Buchen des Warenausgangs durchzuführen. EWM selbst kann nur den Prozess im SAP-ERP-System anstoßen, und SAP ERP stellt sicher, dass die Rechnung erstellt und gedruckt wird. Hinzuzufügen ist, dass der IBGI-Prozess (*Invoice Before Goods Issue*) es Ihnen ermöglicht, die Rechnungserstellung in SAP ERP oder – falls Sie die Fakturierung in SAP CRM nutzen – diese im CRM-System vorab durchzuführen. Hierbei wird das Drucken der Rechnung in einem anderem System durchgeführt, was dazu führt, dass Sie die Druckerfindung nicht im EWM-System konfigurieren müssen. Das physische Drucken der Rechnung muss dann im Lager erfolgen. Der IBGI-Prozess wird nicht komplett in EWM abgebildet, sondern es werden Daten über Systemgrenzen gesendet (siehe Abbildung 9.41), und EWM initiiert den Prozess im SAP-ERP- oder SAP-CRM-System. Es ist möglich, den IBGI-Prozess auf der Basis einer Auslieferung zu starten, die sonst beim Buchen des Warenausgangs entsteht. Das heißt, wenn Sie den IBGI-Prozess in Ihrem Unternehmen benötigen, erstellen Sie die Auslieferung, ohne zusätzlich automatisch den Bestand als Warenausgang zu buchen. Dies können Sie über das PPF steuern. Auf der Basis der Auslieferung können Sie dann in EWM die Rechnung über SAP ERP erstellen und drucken.

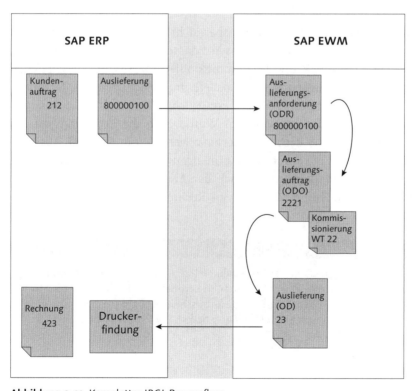

Abbildung 9.41 Kompletter IBGI-Prozessfluss

Nachdem der Kommissionierschritt abgeschlossen ist, bietet es sich an, die Auslieferung auf der Basis des Auslieferungsauftrags zu erstellen. Die Auslieferung erstellen Sie über den Auslieferungsauftragsmonitor mittels Transaktion /SCWM/PRDO.

Auf der Basis der Auslieferung ist es möglich, die Rechnungserstellung vor dem Warenausgang anzustoßen. Nachdem die Auslieferung erstellt worden ist, können Sie die Rechnung vor dem Warenausgangsprozess im SAP-Easy-Access-Menü über den Pfad EXTENDED WAREHOUSE MANAGEMENT • LIEFERABWICKLUNG • AUSLIEFERUNG • AUSLIEFERUNG PFLEGEN oder durch Ausführen der Transaktion /SCWM/FD erstellen. Hierbei werden die Daten an SAP ERP gesendet, wo eine Druckerfindung erfolgt. Über das relevante Druckprofil können Sie den passenden Drucker finden, die Rechnung drucken und sie dem Paket oder der Ware beifügen.

Das Erstellen und Drucken der Rechnung kann ebenso in dem Monitor, in dem Sie Ihre Transporteinheiten (Transaktion /SCWM/TU) verwalten können, angestoßen werden. Hier wird dann eine Rechnung für alle zugewiesenen Objekte, d. h. endgültig für alle Auslieferungen, die der Transporteinheit zugewiesen wurden, erstellt.

Nach dem Erstellen der Auslieferung ist es nicht mehr möglich, die Mengen, die kommissioniert wurden, anzupassen. Müssen Sie nachträglich den Prozess zurückführen, muss also der Kommissionierprozess zurückgesetzt oder angepasst werden, müssen Sie die Auslieferung wieder löschen. Nachdem Sie die Auslieferung gelöscht haben, ermöglicht EWM es, die Mengen, die kommissioniert wurden, anzupassen. Wurde auch die Rechnung erstellt, muss ebenso zuerst die Rechnung storniert werden, um dann die Auslieferung zu löschen und die Kommissioniermengen anzupassen. Nach dem Stornieren der Rechnung können Sie nach der Anpassung und dem erneuten Erstellen der Auslieferung nochmals eine Rechnung über SAP ERP oder SAP CRM drucken.

Weitere Informationen zum IBGI-Prozess

Der IBGI-Prozess ist auch in der SAP-Online-Hilfe (*http://help.sap.com*) im Detail beschrieben. Dort erhalten Sie Informationen darüber, welche Parameter Sie konfigurieren müssen, um den IBGI-Prozess freizuschalten. Da der Prozess über Systemgrenzen agiert, müssen Sie die Konfiguration sowohl in EWM als auch im SAP-ERP-System vornehmen.

9.3.21 Warenausgang buchen

Das Buchen des Warenausgangs kann in EWM auf verschiedene Weise sichergestellt werden. Einige Varianten haben wir im Laufe dieses Kapitels besprochen, wie u. a. das automatische Buchen des Warenausgangs, nachdem ein Lkw komplett beladen worden ist und Sie bzw. das System den Status auf BELADEN BEENDET verändert haben oder wenn der Lkw das Lager am Kontrollpunkt verlässt. Das automatische Buchen des Warenausgangs im Hintergrund wird mit dem Post Processing Framework in EWM realisiert; hierzu möchten wir auf Kapitel 12, »Bereichsübergreifende Prozesse und Funktionen«, verweisen. Beide Varianten wären relativ einfach über eine PPF-Aktion und die zugehörige Kondition sicherzustellen, bzw. gegebenenfalls müsste die Konditionslogik dazu, abhängig von Ihren Anforderungen, entwickelt/erweitert werden.

Denkbar ist es auch, das Buchen des Warenausgangs manuell zu starten und dies mit der Auslieferungsmonitortransaktion (/SCWM/PRDO) oder den Transaktionen in der Warenannahme und dem Versand, wie z. B. den Transaktionen SCWM/TU oder /SCWM/LOAD, sicherzustellen.

EWM gibt Ihnen auch die Möglichkeit, ein Buchen des Warenausgangs mit Teilmengen (Teilwarenausgang) sicherzustellen – etwa wenn nicht alle erforderlichen Materialien zur Verfügung stehen bzw. nicht alle HUs in den Lkw passen und Sie trotzdem die Ware augenblicklich an den Kunden versenden möchten.

Nachdem der Warenausgang gebucht worden ist, werden die Daten der Auslieferung, also die Positionen, die verbucht worden sind, an SAP ERP repliziert. Dies führt dazu, dass in SAP ERP die zugehörige Auslieferung auch als Warenausgang gebucht wird, und in SAP ERP auch eine Bestandsveränderung verzeichnet wird.

Zudem erhalten Sie mit dem Buchen des Warenausgangs in EWM die Möglichkeit, auch den Warenausgang in EWM wieder zu stornieren. Damit die Funktion über beide Systeme hinweg möglich ist, muss das Stornieren des Warenausgangs in SAP ERP zur Verfügung stehen, d. h., Sie benötigen hierzu ein SAP-ERP-Release, das diese Funktionalität ermöglicht. Um den Warenausgang zu stornieren, können Sie die Auslieferungsmonitortransaktion (Transaktion /SCWM/FD) verwenden und über das Dropdown-Menü der Schaltfläche WARENAUSGANG das Stornieren des Warenausgangs mit der Auswahl REVERSE WARENAUSGANG STORNIEREN sicherstellen. Ebenso können Sie den Warenausgang im Belademonitor (Transaktion /SCWM/LOAD) oder im TU-Monitor (/SCWM/TU) stornieren.

9.3.22 Optimierungen der Auslieferungsauftragsbearbeitung

In diesem Abschnitt möchten wir Ihnen die *Optimierungen der Auslieferungsauftragsbearbeitung* vorstellen, die ab SAP-EWM-Release 9.0 verfügbar sind.

Diese Erweiterungen dienen der verbesserten Eingriffsmöglichkeit von bereits in EWM erstellten und bearbeiteten Auslieferungsaufträgen, für die aufgrund von veränderten Bestands- oder Nachfragesituationen sowie fehlerhaften oder unvollständig gepflegten Grob- und Bereitstellungszonen-Ermittlungen nachträgliche Anpassungen notwendig sind. Zur Optimierung der Identifikation und Anpassung relevanter Lieferungen werden ab SAP-EWM-Release 9.0 die Funktionen der Mengenanpassung (inklusive Auslieferungserstellung) und der Grobplatz-/Bereitstellungszonen-Neuermittlung als Methoden des Lagerverwaltungsmonitors angeboten.

Sollten sich Lieferpositionen in Ihrem Lager befinden, die teilweise bereits bearbeitet worden sind und für die nun Positionsanpassungen durchgeführt werden sollen, können Sie diese mit den folgenden neuen Selektionsparametern im Knoten AUSGANG • BELEGE • AUSLIEFERUNGSAUFTRAG • AUSLIEFERUNGSAUFTRAGSPOSITION des Lagerverwaltungsmonitors identifizieren:

▸ Abgeschlossen-Zustand (Position)

▸ Positionsart

▸ Lagerprozessart

▸ Prozesscode

▸ Menge und Mengeneinheit

Mit den Selektionskriterien können z. B. Positionen selektiert werden, die noch nicht vollständig abgeschlossen sind und deren geplantes Warenausgangsdatum in der Vergangenheit liegt. Zudem können Positionen ermittelt werden, die zwar eine vollständig reduzierte Menge beinhalten, jedoch noch nicht abgeschlossen sind. Die identifizierten Positionen lassen sich mit den neuen Methoden des Lagermonitors entweder durch die Verwendung eines ausgewählten Prozesscodes vollständig reduzieren (MENGE ANPASSEN) oder zusätzlich zur Mengenanpassung durch die Erstellung der finalen Lieferung vollständig in EWM abschließen (MENGE ANPASSEN UND AUSL ERST. (siehe Abbildung 9.42).

Existieren in Ihrem Lager Lieferpositionen, für die die Grobplatz- und Bereitstellungszonen-Ermittlung, z. B. aufgrund von unvollständigen Einstellungen oder Platzsperren, nicht erfolgreich durchgeführt werden konnte, mussten Sie früher, nachdem Sie die relevanten Lieferungen identifiziert haben, die notwendigen Anpassungen belegweise vornehmen. Zur nachträglichen und massenhaften Neuermittlung von für die Lieferpositionsbearbeitung ermittelten Grobplätzen und Bereitstellungszonen wird in EWM-Release 9.0 die neue Methode Groben Platz/BerStellZone erm. des Lagermonitors angeboten. Diese Methode ist ebenso wie die oben beschriebene Methode zur Mengenanpassung im Knoten Ausgang · Belege · Auslieferungsauftrag · Auslieferungsauftragsposition des Lagerverwaltungsmonitors verfügbar.

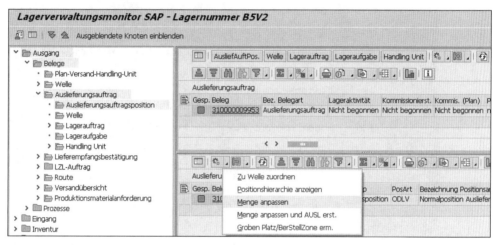

Abbildung 9.42 Monitormethoden zur optimierten Anpassung der Auslieferungsauftragspositionen

Zur Identifikation von relevanten Lieferpositionen können die folgenden neuen Selektionskriterien des Knotens Auslieferungsauftragspositionen verwendet werden:

▶ Angelegt am

▶ Von-Lagerplatz

Die Lieferpositionen können anschließend mithilfe der neuen Methode angepasst und damit für die weitere Bearbeitung freigegeben werden.

9.3.23 Automatisches Erzeugen von Verpackungspositionen

Mit SAP-EWM-Release 9.1 wurde die Funktion zur automatischen Erzeugung von Verpackungspositionen ausgeliefert. Diese dient der optimierten Abbildung der Nutzung von werthaltigen Verpackungsmaterialien im Warenausgangsprozess.

Die Erweiterung der EWM-Standardfunktionalitäten bietet Ihnen die Möglichkeit, während der Warenausgangsbuchung bzw. Erzeugung der finalen Lieferung automatisch Verpackungspositionen für Lieferbelege zu erzeugen und diese anschließend an das SAP-ERP-System zu senden. Zielsetzung ist die Bestandstransparenz und die Übersichtlichkeit von Zu- und Abgangsbuchungen, sowie Belegreferenzen von Verpackungsmaterialien mit hohem Eigenwert systemübergreifend zu ermöglichen.

	Neue Verpackungsposition	Normale Verpackungsposition
Positionsart	OPHU – Verpackungsposition	OPAC – Verpackungsauslieferung
Erstellung	automatisch abhängig vom Verpackungsmaterial der HU	manuell bei der Pflege der Auslieferung
Kommissionierung	nicht relevant	relevant
Verladung	nicht relevant	relevant
Transporteinheitszuweisung	automatisch über die finale Lieferung	manuell
Warenausgangsbuchung	automatisch über die finale Lieferung	manuell

Tabelle 9.1 Gegenüberstellung der neuen Verpackungspositionen und der normalen Verpackungspositionen

Um die automatische Erzeugung von Verpackungspositionen in Ihren Prozessen nutzen zu können, haben Sie die Möglichkeit diese über die Customizing-Einstellung (Pfad EXTENDED WAREHOUSE MANAGEMENT • WARENAUSGANGSPROZESS • AUSLIEFERUNG • VERPACKUNGSPOSITION AUTOMATISCH ERZEUGEN) pro Lagernummer, Belegtyp und Belegart zu aktivieren. Des Weiteren können Sie die Erzeugung von Verpackungspositionen für ausgewählte Packmittelarten, die für die Erzeugung von Handling Units oder von in den Handling Units enthaltenen Packhilfsmitteln genutzt werden, separat aktivieren. Zuletzt können Sie die Ermittlung der verwendete Positions- und Bestandsart per Packmittelart, Lagernummer, Belegtyp und Belegart definieren (siehe Abbildung 9.43).

Die Verpackungsposition wird automatisch zum Zeitpunkt der Erstellung der finalen Lieferung erzeugt. Pro Packmaterial wird eine Position erzeugt, d. h. bei der Verwendung von zwei Handling Units mit dem gleichen Verpackungsmaterial, das für die Erzeugung von Verpackungspositionen relevant ist, wird eine Lieferposition mit zwei Stück erzeugt. Verpackungspositionen sind auf der Ebene von Transporteinheiten nicht sichtbar, können aber manuell zugewiesen werden. Bei lieferübergreifenden Handling Units werden nur für eine Lieferung Verpackungspositionen erzeugt.

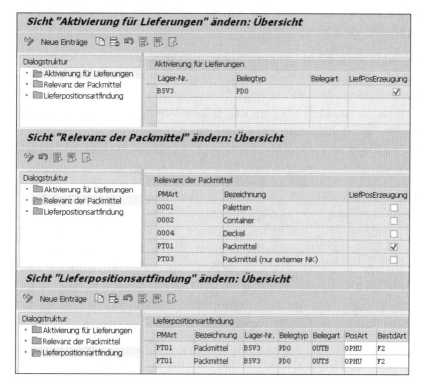

Abbildung 9.43 Customizing für die automatische Erzeugung von Verpackungspositionen

> **Erweiterungsmöglichkeiten für die Verwendung von automatisch erzeugten Verpackungspositionen**
>
> Um die Standardfunktionalität mit kundeneigene Logiken zu erweitern, bietet Ihnen der Enhancement Spot /SCWM/ES_DLV_PACK_ITEM Business Add-Ins (BAdIs) zur Beeinflussung der Customizing-Einstellung, der Mengen pro Verpackungsposition sowie der Behandlung von lieferübergreifenden Handling Units.

Der Bestand wird von dem Warenbewegungsplatz der Lieferposition, der im SAP-Easy-Access-Menü über den Pfad EXTENDED WAREHOUSE MANAGEMENT • EINSTELLUNGEN • PFLEGE WARENBEWEGUNGSPLATZ-FINDUNG oder via Transaktion /SCWM/GMBIN_DET hinterlegt ist, gefunden. Eine Fixplatzverwaltung der relevanten Verpackungsmaterialien wird empfohlen.

In der ERP-Integration wurden keine Erweiterungen vorgenommen. Die Integration von Verpackungspositionen erfolgt ausschließlich über vorhandenes Customizing von Bewegungs- und Positionsarten.

9.3.24 Verpackungsplanung

Mit der *Verpackungsplanung* können Sie bereits zu einem frühen Zeitpunkt des Warenausgangsprozesses die Anzahl und Arten der voraussichtlich benötigten Versand-HUs planen.

Basierend auf dem EWM-System vorliegenden Informationen wie den verfügbaren Auslieferungsaufträgen, Wellen und Lageraufgaben sowie den Produktstammdaten erstellt EWM einen Vorschlag dazu, wie die Produkte für den Versand verpackt werden sollen. Diesen *Verpackungsplan* können Sie verwenden, um den Einsatz von Mitarbeitern, Ressourcen und Transportmitteln im Lager zu planen und zu steuern. Dies betrifft insbesondere die Bereiche Kommissionierung, Verpackung und Versand.

Der Verpackungsplan bietet umso mehr Vorteile, je mehr Zeit in Ihrem Lager zwischen dem Anlegen der Auslieferungsaufträge und dem eigentlichen Verpacken liegt, weil Sie so mehr Informationen über die Menge und Art der benötigten Versand-HUs beschaffen können. Neben der Planung von Verpackung, Versand und Transporten bietet der Verpackungsplan natürlich auch Vorteile in hoch automatisierten Lägern, z. B. bei der Auslastung eines Kartonaufrichters oder von Kartonförderstrecken – schon Stunden bevor die eigentliche Kommissionierung beginnt.

Als Ergebnis der Verpackungsplanung erstellt EWM *Plan-Versand-HUs* (kurz: PVHUs). Bei PVHUs handelt es sich um Objekte im EWM-System, die den »echten« HUs ähneln:

▶ Eine PVHU hat eine (EWM-interne) Nummer, beschreibt ein Packmittel und die in ihm enthaltenen Positionen, also z. B. eine Europalette mit drei Stück von Material A und 10 Kartons von Material B.

▶ Im Gegensatz zu einer »echten« Versand-HU ist eine PVHU jedoch nicht physisch in einem Lager vorhanden, sondern wird lediglich für die Planung von Anzahl, Größe und Inhalt der später im Warenausgangsprozess erstellten Versand-HUs verwendet. Die PVHUs können dann in der Kommissionierung bzw. in der Verpackung als Vorlage für die Erstellung von »echten« Versand-HUs verwendet werden.

▶ Eine PVHU hat nur eine interne (temporäre) Nummer, die nichts mit der Nummer der später erzeugten Versand-HU zu tun hat. Es ist folglich auch nicht möglich, eine PVHU auszudrucken.

▶ Auf der Datenbank werden die Informationen zu den PVHUs in anderen Datenbanktabellen abgelegt als »echte« HUs. (Tabelle /SCWM/HUHDR versus Tabelle /SCWM/POHUHDR für PVHUs).

Technisch gesehen wird also eine Versand-HU nicht einfach durch Umwandlung einer PVHU oder durch eine einfache Statusänderung erstellt. Es handelt sich vielmehr um völlig unabhängige Objekte. Richtig ist, dass die Versand-HU immer basierend auf einer PVHU erstellt wird. Die PVHU bleibt dabei jedoch auf der Datenbank bestehen, bis sie durch den weiter hinten in diesem Abschnitt beschriebenen Report gelöscht wird.

Verfügbarkeit und technische Voraussetzungen

Die Verpackungsplanung ist ab Enhancement Package 2 für SAP EWM 7.0 verfügbar. Um die Verpackungsplanung verwenden zu können, müssen Sie die Business Function »EWM, Benutzungsfreundlichkeit und Implementierung 1« (technischer Name: `SCM_EWM_USAB_IMPL_1`) aktivieren.

Es ist möglich, die Verpackungsplanung automatisch oder manuell durchzuführen. In der Regel werden Sie die Plan-Versand-HUs *automatisch* vom System erstellen lassen. In den folgenden Abschnitten beschreiben wir die automatische und manuelle Verpackungsplanung, den Kommissionierprozess und das Verpacken mit PVHUs, das Überwachen von PVHUs im Lagerverwaltungsmonitor sowie den Report zum Löschen von nicht mehr notwendigen PVHUs.

Automatische Verpackungsplanung

Wenn Sie die Verpackungsplanung nutzen, werden Sie die Plan-Versand-HUs im Regelfall automatisch vom System erstellen lassen. Es gibt drei Ausprägungen der automatischen Verpackungsplanung, die drei unterschiedlichen Zeitpunkten im Warenausgangsprozess entsprechen:

► **Verpackungsplanung für Auslieferungsaufträge**
Sie erstellen einen Verpackungsplan nach dem Anlegen der Auslieferungsaufträge. Da Letzteres einer der ersten Schritte im Warenausgangsprozess ist, wissen Sie sehr früh, welche Versandpackstücke Sie benötigen und können eine erste manuelle Disposition der LKWs durchführen. Nachteil ist, dass zu diesem frühen Zeitpunkt wenig konkrete Daten bekannt sind: Das System muss mit den Mengen der Auslieferpositionen und den Lagerplätzen aus der Grobplatzermittlung arbeiten.

► **Verpackungsplanung für Wellen**
Sie erstellen einen Verpackungsplan nach dem Anlegen einer Welle zu Auslieferungsaufträgen. Da eine Welle oft bezogen auf eine Route angelegt wird, werden also in dieser Variante alle zusammengehörigen Waren

gleichzeitig für die Verpackung berücksichtigt, was wiederum eine bessere Qualität der Ergebnisse zur Folge hat.

▸ **Verpackungsplanung für Lageraufträge**
Sie erstellen einen Verpackungsplan für Lageraufträge zu einem späteren Zeitpunkt als für Auslieferungsaufträge, wenn wesentlich mehr Daten bekannt sind. Dies betrifft insbesondere die genauen Von-Lagerplätze der Lageraufgaben. Je später die Verpackungsplanung läuft, desto genauer ist Ihr Ergebnis.

In allen Varianten basiert die automatische Verpackungsplanung technisch auf Auslieferungspositionen.

Sie können auch die frühe und späte Planung miteinander kombinieren. Das heißt, Sie lassen die Planung z. B. morgens zunächst in Variante 1 laufen und können dann im Lagermonitor das Ergebnis sehen und Ihre Lagerplanung durchführen. Vor der Kommissionierung (Variante 3) führen Sie die Verpackungsplanung ein weiteres Mal durch und erhalten so aufgrund der genau bekannten Quelllagerplätze möglicherweise wesentlich bessere Ergebnisse. Der zweite Verpackungsplan überschreibt den ersten Verpackungsplan auf der Datenbank. Die Varianten der Verpackungsplanung sind in Abbildung 9.44 dargestellt; im Folgenden gehen wir auf diese drei Varianten genauer ein.

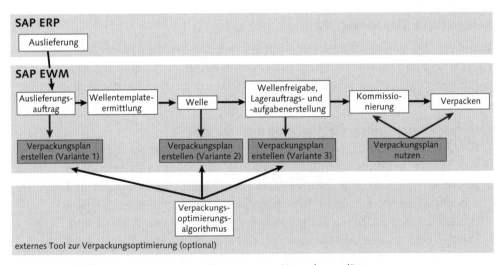

Abbildung 9.44 Varianten zur Erzeugung von Verpackungsplänen

Um die *Verpackungsplanung für Auslieferungsaufträge* zu nutzen, rufen Sie die Transaktion /SCWM/CAPDLV auf. Diese Transaktion finden Sie auch im SAP-Easy-Access-Menu unter dem Pfad EXTENDED WAREHOUSE MANAGE-

MENT • ARBEITSVORBEREITUNG • VERPACKUNGSPLANUNG • VERPACKUNGSPLA-
NUNG FÜR AUSLIEFERUNGSAUFTRÄGE. Um die Verpackungsplanung im Hinter-
grund laufen zu lassen, planen Sie den dazugehörigen Report /SCWM/R_CAP_
BACKGROUND als periodisch ausgeführten Job ein.

Um die *Verpackungsplanung für Wellen* zu nutzen, führen Sie die Transaktion
/SCWM/CAPWAVE aus oder folgen im SAP-Easy-Access-Menu dem Pfad
EXTENDED WAREHOUSE MANAGEMENT • ARBEITSVORBEREITUNG • VERPA-
CKUNGSPLANUNG • VERPACKUNGSPLANUNG FÜR WELLEN. Um die Verpackungs-
planung im Hintergrund laufen zu lassen, planen Sie den dazugehörigen
Report /SCWM/R_CAP_WAVE als periodisch ausgeführten Job ein.

Um die *Verpackungsplanung für Lageraufträge* zu nutzen, setzen Sie das
Ankreuzfeld VP-KOMPATIBILITÄT in der Lagerauftragserstellungsregel (LAER)
im EWM-Customizing (siehe Abbildung 9.45). Sie finden das Customizing der
LAER unter dem Pfad EXTENDED WAREHOUSE MANAGEMENT • PROZESSÜBER-
GREIFENDE EINSTELLUNGEN • LAGERAUFTRAG • ERSTELLUNGSREGEL FÜR LAGER-
AUFTRÄGE DEFINIEREN.

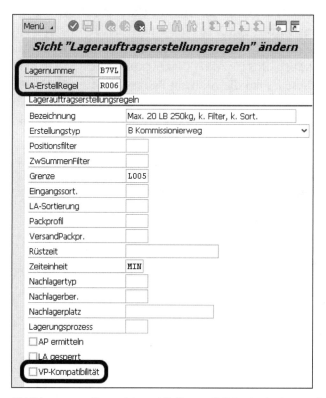

Abbildung 9.45 Kennzeichen »VP-Kompatibilität« in der Lagerauftragserstellungsregel

Sie benötigen mindestens eine LAER, bei der dieses Kennzeichen markiert wurde. Durch das Markieren des Kennzeichens VP-KOMPATIBILITÄT wird ausgedrückt, dass das Übersteuern von Grenzwerten durch PVHUs erlaubt ist. Hintergrund ist, dass PVHUs und ihre Zuordnung zu Lieferpositionen den Grenzwerten in Ihren LAERs widersprechen können. Wenn PVHUs zum Kommissionieren verwendet werden sollen, werden die meisten Grenzwerte an der LAER durch das Ankreuzfeld VP-KOMPATIBILITÄT außer Kraft gesetzt. Im Zusammenspiel mit den PVHUs gelten nur noch die Grenzwerte am Lagerauftrag (MAX. ANZ. KONSOLIDIERUNGSGRUPPE PRO LA und MAX. ANZAHL HU PRO LA).

Die beiden Transaktionen /SCWM/CAPDLV und /SCWM/CATWAVE können Sie auch im Ausführungsmodus SIMULATION aufrufen. Damit können Sie die Verpackungsplanung testen, ohne PVHUs in der Datenbank zu erstellen.

Eine Planung zum Zeitpunkt 1, gefolgt von der Planung zum Zeitpunkt 2 oder 3, führt dazu, dass die frühe Planung jeweils automatisch gelöscht wird und nur die aktuelle Planung übrig bleibt.

Um die automatische Verpackungsplanung nutzen zu können, müssen Sie sie zunächst im Customizing aktivieren. Dazu sind eine Reihe von Aktivitäten durchzuführen, die Sie im IMG unter dem Pfad EXTENDED WAREHOUSE MANAGEMENT • WARENAUSGANGSPROZESS • VERPACKUNGSPLANUNG finden. Am wichtigsten ist in diesem Pfad die Aktivität PROZESSPROFILE FÜR VERPACKUNGSPLANUNG DEFINIEREN (siehe Abbildung 9.46). Das Prozessprofil wird, basierend auf der Lagerprozessart und dem Aktivitätsbereich, gefunden und beschreibt, wann das SAP-System PVHUs und Versand-HUs anlegt.

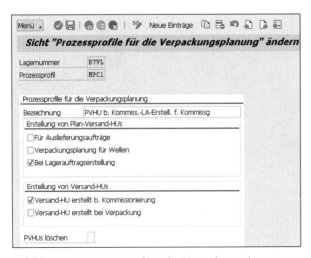

Abbildung 9.46 Prozessprofil in der Verpackungsplanung

Aus Platzgründen und da diese Customizing-Aktivitäten im Customizing selbst ([F1]-Hilfe) recht verständlich und nachvollziehbar dokumentiert sind, verzichten wir an dieser Stelle auf eine weitergehende Erklärung.

Algorithmus in der automatischen Verpackungsplanung

Zur Ermittlung von Größe und Anzahl der benötigten PVHUs ist in EWM in der automatischen Verpackungsplanung ein entsprechender Algorithmus enthalten. Dieser Algorithmus stellt keine echte Optimierung der Verpackung dar, sondern ist eine Heuristik. Der vom EWM-System im Standard erstellte Verpackungsplan ist folglich nicht unbedingt als eine mathematisch optimale Lösung zu betrachten, sondern lediglich als »gute« Lösung zu bewerten.

Die Heuristik im EWM-Standard wurde mit dem Ziel entwickelt, so wenig PVHUs wie möglich zu erstellen. Unsere Erfahrung aus der Praxis zeigt aber, dass die Algorithmen zur Vorberechnung von Packmitteln sehr unterschiedliche Ziele haben können und auch die Rahmenbedingungen und Einschränkungen zur Erreichung der Ziele sehr unterschiedlich ausgeprägt und bewertet sein können. Der Standardalgorithmus erstellt z. B. keine verschachtelten (mehrstufigen) PVHUs. Daher ist es möglich, den Algorithmus des EWM-Standards durch die Implementierung eines BAdIs Ihren Anforderungen gemäß abzuändern. Der von SAP im EWM-Standard ausgelieferte Algorithmus ist als sogenannte Default-Implementierung des BAdIs eingestellt. Ebenso ist es möglich, externe Tools zur Verpackungsoptimierung per Remote Function Call (RFC) an das EWM-System anzuschließen.

Die verfügbaren Business Add-Ins für die Verpackungsplanung finden Sie im EWM-Customizing unter dem Pfad EXTENDED WAREHOUSE MANAGEMENT • BUSINESS ADD-INS (BADIS) FÜR DAS EXTENDED WAREHOUSE MANAGEMENT • WARENAUSGANGSPROZESS • VERPACKUNGSPLANUNG.

EWM Consulting Solutions liefern einen verbesserten Algorithmus

Falls Ihnen der von SAP im EWM-Standard ausgelieferte Algorithmus zur Erstellung von Verpackungsplänen nicht ausreicht, gibt es auf dem SAP-Markt eine Reihe von Lösungen zur Optimierung der Verpackung. Neben diversen Systemhäusern bietet auch SAP Consulting eine solche verbesserte Lösung als »Consulting Solution für EWM«. Die verfügbaren Consulting Solutions von SAP Consulting Deutschland finden Sie im Internet unter dem Pfad *http://wiki.sdn.sap.com/wiki/display/SCM/EWM+Consulting+Solutions*.

Um die vom System erzeugten Verpackungsplandaten anzuzeigen, können Sie sowohl den Lagerverwaltungsmonitor benutzen (siehe am Ende dieses

Abschnitts), als auch eine spezielle Transaktion zum Anzeigen und Pflegen dieser Daten aufrufen, die wir im folgenden Abschnitt beschreiben.

-SCM-Package-Builder-Integration mit SAP EWM 9.40

Mit SAP EWM 9.4 wird eine SCM-Package-Builder-Integration unterstützt. Hierzu wird eine Beispiel-BadI-Implementierung ausgeliefert. Der SAP SCM Package Builder wurde bisher von SAP TM verwendet.

Um den SAP SCM Package Builder in Ihrem System zu nutzen, müssen Sie mehrere SAP-Hinweise in Ihr System einspielen. Der Haupthinweis lautet: 2104834, jedoch finden regelmäßig Erweiterungen statt, die über weitere Hinweise zur Verfügung gestellt werden.

Der Hinweis, der alle Informationen zusammenfasst, lautet Er beinhaltet auch Programmlogik, die schon bei anderen Kunden zur Anwendung gekommen ist.

Manuelle Pflege von Verpackungsplanungsdaten

Die erstellten Verpackungsplanungsdaten können Sie anschauen, ändern und löschen, indem Sie im SAP-Easy-Access-Menü dem Pfad EXTENDED WAREHOUSE MANAGEMENT • ARBEITSVORBEREITUNG • VERPACKUNGSPLANUNG • PLAN-VERSAND-HUs PFLEGEN folgen oder den Transaktionscode /SCWM/CAP aufrufen. Sie gelangen zunächst auf ein Selektionsbild, in dem Sie über verschiedene Kriterien nach PVHUs suchen können.

Einzelne PVHUs anzeigen

Wenn Sie in der Pflegetransaktion eine einzelne PVHU anzeigen möchten, können Sie die führenden Nullen nach dem Präfix »$_« auch weglassen. Um beispielsweise die PVHU $_00000000000000123 zu selektieren, geben Sie einfach »$_123« ein.

Nach dem Ausführen der Selektion öffnet sich das in Abbildung 9.47 dargestellte Bild, in dem Sie die selektierten Verpackungsplandaten pflegen können.

Dieser Bildschirm ähnelt auf den ersten Blick dem EWM-Arbeitsplatz, in dem Sie Bestände im Lager verpacken können: Auf der linken Seite befinden sich Packmittel, Produkte und die dazugehörigen Mengen. Auf der rechten Seite des Bildschirms gibt es diverse Registerkarten zum Umpacken von Produkten und HUs. Durch die Präfixe »$_« der HUs sowie natürlich durch den Titel PLAN-VERSAND-HUs PFLEGEN erkennt man, dass es sich hier nicht um »echte« Bestände und nicht um »echte« HUs handelt, sondern um den Verpackungsplan. Wenn Sie also in dieser Transaktion Produkte in PVHUs umpacken, hat das keine direkten Auswirkungen auf die Bestände im SAP-System, sondern nur auf die Planung der Verpackung.

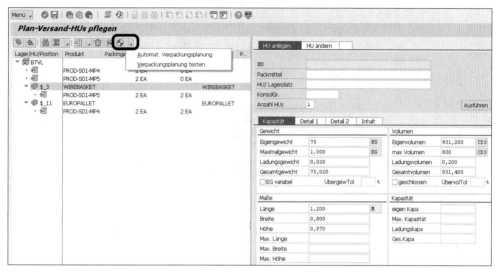

Abbildung 9.47 Manuelle Pflege von Plan-Versand-HUs (Transaktion /SCWM/CAP)

Neben den möglichen manuellen Aktivitäten wie dem Anlegen von Plan-HUs und dem Verpacken von Produkten können Sie aus dieser Transaktion auch die automatische Verpackungsplanung starten. Wählen Sie dazu die Funktion AUTOMAT. VERPACKUNGSPLANUNG über das Dropdown-Menü der rot-weißen Schaltfläche oben rechts über den Packdaten.

Mit der Funktion VERPACKUNGSPLANUNG TESTEN, die über das gleiche Dropdown-Menü ausführbar ist, können Sie zudem verschiedene Algorithmen simulieren und testen. Wenn Sie die Funktion auswählen, fragt Sie das SAP-System nach einem Algorithmusprofil (siehe Abbildung 9.48).

Die Algorithmusprofile können Sie im Customizing unter dem Pfad EXTENDED WAREHOUSE MANAGEMENT • WARENAUSGANGSPROZESS • VERPACKUNGSPLANUNG • ALGORITHMUSPROFILE FÜR VERPACKUNGSPLANUNG DEFINIEREN pflegen. Letztendlich beschreibt ein Algorithmusprofil verschiedene hinterlegte Algorithmen. Wenn Sie die automatische Verpackung nutzen, können Sie im Customizing, basierend auf diversen Prozessparametern, ein bestimmtes, für die jeweiligen Produkte passendes Algorithmusprofil hinterlegen. Die in Abbildung 9.47 dargestellte Funktion zum Testen der Verpackungsplanung nutzen Sie also vorrangig in der Entwicklungsphase, wenn Sie verschiedene Algorithmen auf Vor- und Nachteile hin überprüfen möchten.

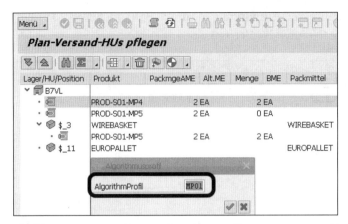

Abbildung 9.48 Auswahl eines Algorithmusprofils zum Testen verschiedener Algorithmen

Egal ob ein Verpackungsplan manuell oder automatisch angelegt worden ist, muss er im Warenausgangsprozess genutzt werden. Dies geschieht in der Kommissionierung oder beim Verpacken.

Verwendung von Verpackungsplänen in der Kommissionierung

Die Kommissionierung bei bestehenden Verpackungsplänen verhält sich im Wesentlichen genauso wie vorher. Die Bildschirme sehen exakt gleich aus, egal ob Sie papierbasiert arbeiten (also die Desktop-Transaktion zur Kommissionierung nutzen) oder die Radio-Frequency-Variante für mobile Endgeräte. Der Unterschied bei der Verwendung von Packplänen ist letztendlich, dass das System Ihnen die jeweils benötigten Packmittel für jede Lageraufgabe vorschlägt, bzw. wird Ihnen die HU-Nummer angezeigt, falls Sie schon die Versand-HU, basierend auf dem Verpackungsplan, erstellt haben.

Details zur Kommissionierung mit Pick-HUs vs. Verpackungspläne

Oft werden wir gefragt, was der genaue Unterschied zwischen den aus früheren EWM-Releases (ab 5.0) bekannten Pick-HUs und den Plan-Versand-HUs ist. Seit SAP EWM 5.0 kann das SAP-System bei der Lagerauftragserstellung Pick-HUs erstellen und diese bei der Kommissionierung verwenden. Ähnlich wie bei PVHUs ist es aber auch bei Pick-HUs möglich, sie zunächst nur als Packmittel vorzuplanen und erst bei der Durchführung der Kommissionierung, basierend auf diesem vorgeplanten Packmittel, eine »echte« Pick-HU zu erstellen.

Am deutlichsten wird der Unterschied zwischen Pick-HUs und PVHUs, wenn man sich vergegenwärtigt, wofür die beiden Begriffe stehen: Eine Pick-HU ist das Packmittel, in das *kommissioniert* wird. Dies kann ein Rollcontainer, eine Plastikbox, ein Kommissionierwagen oder ein Karton sein. Nach der Kommissionierung gibt es dann zwei Möglichkeiten:

> ▶ Die Pick-HU ist die Versand-HU. Sie wird ohne weiteres Umpacken an den Warenempfänger versendet. Dies ist der »Pick&Pack«-Prozess – es wird also während des »Pickens« (Kommissionierung) auch gleichzeitig in das Versandelement verpackt. Dazu markieren Sie das in Abbildung 9.46 dargestellte Ankreuzfeld VERSAND-HU ERSTELLT B. KOMMISSIONIERUNG. Diese Einstellung bewirkt, dass die Plan-Versand-HUs direkt als Pick-HUs übernommen werden. Der Algorithmus zur Bestimmung von Pick-HUs wird dann nicht mehr durchlaufen.
>
> ▶ Die Pick-HU ist nur ein lagerinternes Transportmittel. Es wird also noch einmal umgepackt. Dazu wird die Pick-HU an einen Packarbeitsplatz gebracht und der Inhalt der Pick-HU in eine Versand-HU umgepackt.
>
> Pick-HUs und Versand-HUs schließen sich also nicht aus. Letztendlich kann EWM vor der Kommissionierung je nach von Ihnen getätigter Einstellung bestimmen und berechnen, wie die Versand- und Pick-HUs aussehen könnten, und ob umgepackt werden soll.

Um die Verpackungspläne während der Kommissionierung nutzen zu können, müssen folgende Voraussetzungen erfüllt sein:

1. Sie haben die PVHUs bei der Lagerauftragserstellung erstellt.
2. Sie haben im Customizing im Packprofil der Lagerauftragserstellungsregel die Ankreuzfelder HUs ERZEUGEN und LBs HUs ZUORDNEN gesetzt.

Bei der zweistufigen Kommissionierung können Sie die Verpackungsplanung nur im Aufteilungsschritt (Vereinzelung) verwenden, im Entnahmeschritt hingegen nicht.

Die Kommissionierung mit Verpackungsplanung ist mit Einschränkungen auch bei der Verwendung von Kommissionierpunkten (K-Punkten) möglich. Das System kann jedoch Kommissionier-HUs auf der Grundlage von PVHUs nur vorschlagen, wenn Sie alle HU-Lageraufgaben für die Bewegung von Bestand zum Kommissionierpunkt zusammen quittieren und wenn Sie die Kommissionierung am Kommissionierpunkt mit Radio Frequency anstatt über den Arbeitsplatz durchführen.

Verwendung von Verpackungsplänen im EWM-Packplatz

Neben der Kommissionierung können PVHUs auch im EWM-Packplatz verwendet werden. Im EWM-Packplatz können Sie die zu verpackende Ware auswählen (scannen) und dann anhand der Konsolidierungsgruppe entscheiden, in welche Ziel-HU die ausgewählte Ware verpackt wird. Letztendlich sind aber alle möglichen Ziel-HUs für EWM gleichwertig, wenn die Konsolidierungsgruppe übereinstimmt.

Wenn Sie Verpackungsplandaten nutzen und im Packplatz zu verpackende Waren auswählen (scannen), schlägt Ihnen EWM direkt das richtige Packmittel aus dem Verpackungsplan vor. Wenn Sie dann mit diesem Packmittel eine Versand-HU anlegen, schlägt EWM für alle folgenden Umpackvorgänge diese Versand-HU vor. Das funktioniert sowohl in der Desktop-Transaktion (/SCWM/PACK) als auch mit der Radio-Frequency-Transaktion zum Verpacken (/SCWM/RFUI).

Welche Nach-HUs oder Packmittel Ihnen EWM vorschlägt, ist abhängig von der Implementierung eines BAdIs. Im EWM-Standard gibt es eine Default-Implementierung (/SCWM/ESI_WRKC_UI_POHU) mit dem Ziel, die Kommissionier-HUs möglichst schnell zu entleeren. Sie können die BAdI-Implementierung nach Ihren Anforderungen abändern, z. B. um die Versand-HUs so schnell wie möglich vollständig zu packen. Die Business Add-Ins für die Verpackungsplanung finden Sie im EWM-Customizing unter dem Pfad EXTENDED WAREHOUSE MANAGEMENT • BUSINESS ADD-INS (BAdIs) FÜR DAS EXTENDED WAREHOUSE MANAGEMENT • WARENAUSGANGSPROZESS • VERPACKUNGSPLANUNG.

Überwachung von Verpackungsplanungsdaten im Lagermonitor

Nach der Durchführung der Verpackungsplanung können Sie die erstellten Plan-Versand-HUs (PVHUs) im Lagermonitor überwachen. Über den SAP-Standardmonitorknoten PLAN-VERSAND-HANDLING-UNIT können Sie ausgewählte PVHUs anzeigen und überprüfen. Der Monitor zeigt zu jeder selektierten PVHU die entsprechenden Kopfdaten an. Außerdem zeigt er die entsprechenden Daten von Lieferpositionen an, die in der selektierten PVHU verpackt sind (siehe Abbildung 9.49).

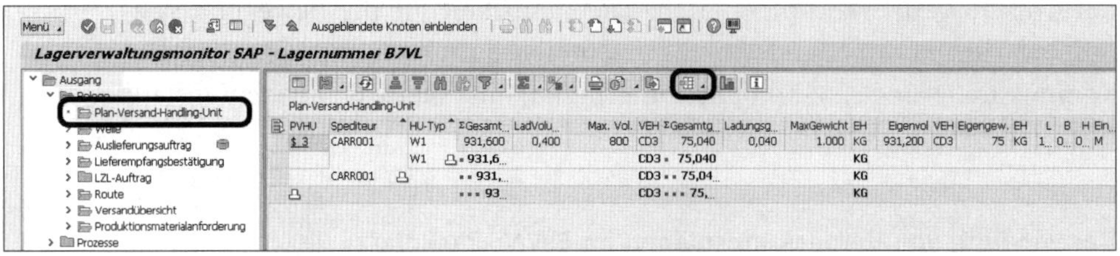

Abbildung 9.49 Überwachung von Plan-Versand-HUs im Lagerverwaltungsmonitor

Das SAP-Standardlayout AGGREGATION PLAN-VERSAND-HUs (0/PSHU_AGGR) zeigt eine Zusammenfassung des Bruttogewichts und -volumens je HU-Typ und Spediteur sowie eine Zusammenfassung des gesamten Bruttogewichts und -volumens. Die Layoutvariante ist standardmäßig nicht sichtbar, d. h., Sie müssen sie manuell über die Schaltfläche LAYOUT auswählen.

Löschen von Verpackungsplanungsdaten

Unabhängig davon, ob die in EWM geplanten Verpackungsdaten auch wirklich während des Versands zur Anwendung kommen, bleiben die Verpackungsplandaten im System gespeichert. Daher empfehlen wir, veraltete Verpackungsplandaten regelmäßig zu löschen. Das Löschen der Verpackungsplandaten können Sie manuell durch Starten des Transaktionscodes /SCWM/ CAPDEL oder alternativ über das Aufrufen der Transaktion im SAP-Easy-Access-Menü über den Pfad EXTENDED WAREHOUSE MANAGEMENT • ARBEITSVORBEREITUNG • VERPACKUNGSPLANUNG • PLAN-VERSAND-HUS LÖSCHEN durchführen (siehe Abbildung 9.50). Um veraltete Verpackungsplandaten automatisch löschen zu lassen, planen Sie den Report /SCWM/R_CAP_DELETE über die Transaktion SM36 als regelmäßig laufenden Job ein.

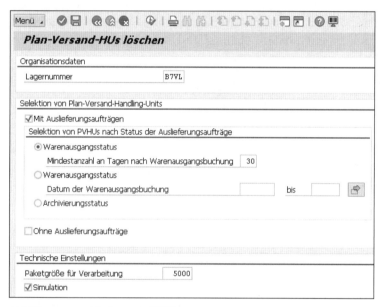

Abbildung 9.50 Löschen von PVHUs

Löschen simulieren

Um die Selektion der PVHUs überprüfen zu können, sollten Sie die Transaktion zuerst im Simulationsmodus auszuführen. Das SAP-System speichert das Ergebnis der Ausführung in einem Anwendungsprotokoll. Hier finden Sie weitere Informationen über die selektierten Daten und die dazugehörigen Auslieferungsaufträge.

Sie können Verpackungsplanungsdaten nur löschen, wenn *alle* zur PVHU dazugehörigen Auslieferungsauftragspositionen die angegebenen Selektionskriterien erfüllen. Wenn Sie eine PVHU mit Lieferpositionen löschen möchten, die Ihre Selektionskriterien nicht erfüllen, müssen Sie die Transaktion /SCWM/CPDLV (Verpackungsplanung für Auslieferungsaufträge) oder /SCWM/CAPWAVE (Verpackungsplanung für Wellen) im Modus C – LÖSCHUNG VON PVHUs verwenden.

Sie können PVHUs zudem vor der Wellenerstellung mit dem Report /SCWM/ R_WAVE_PLAN_BACKGROUND löschen. Markieren Sie dazu das Ankreuzfeld PLAN-VERSAND-HUs LÖSCHEN des Reports.

9.3.25 Versandcockpit

Seit SAP-EWM-Release 9.1 steht Ihnen das Versandcockpit zur Verfügung. Die Benutzeroberfläche ermöglicht eine verbesserte Planung und Ausführung von Transportaktivitäten im Warenausgang. Das Versandcockpit bietet Ihnen mit zwei Transaktionen – Planung und Ausführung – die folgenden Funktionen:

- ▶ Automatisierte oder manuelle Erstellung von Transporteinheiten, basierend auf aggregierten Lieferinformationen wie Gewicht und Volumen, und auf der Basis von Route/Abfahrtsdatum sowie Warenempfänger
- ▶ Zuweisung von Lieferungen zu den Transporteinheiten
- ▶ Bereitstellungszonenplanung und Wellenbildung, basierend auf den Transporteinheiten
- ▶ Buchung der Ankunft und Abfahrt im Yard
- ▶ Torzuweisung sowie Buchung der Ankunft und Abfahrt an den Lagertoren
- ▶ Beladen und Abschluss von Transporteinheiten
- ▶ Überwachung des Fortschritts von Lageraktivitäten pro Transporteinheit

Mit diesen vormals nur über die Transporteinheitenpflege (Transaktion /SCWM/TU) oder den Lagerverwaltungsmonitor verfügbaren Funktionen und Anzeigen sowie mit den neuen und optimierten Funktionen bietet das Versandcockpit das zentrale User Interface für die Planung und Steuerung lagerseitiger Versandaktivitäten.

Um die Effizienz Ihrer Versandprozesse zu steigern, bietet das Versandcockpit kombinierte Funktionen, mit denen Sie verschiedene logisch zusammenhängende Prozessschritte in einer Buchung ausführen können. So kann z. B. die Buchung von Prozessschritten wie die Abfahrt vom Tor oder der Kontrollpunkt für mehrere Transporteinheiten gleichzeitig gebucht werden.

Zudem können Buchungen zur Optimierung von Antwortzeiten für mehrere Objekte gleichzeitig (massenfähig) ausgeführt werden. Technisch wurden Buchungen, die sich auf mehrere Auslieferungsaufträge gleichzeitig ändernd auswirken (z. B. Zuweisung von Bereitstellungszonen) als asynchrone Buchungen realisiert.

Die Benutzeroberfläche des Versandcockpits steht Ihnen entweder über den SAP Business Client ab Release 4.0 oder über das SAP-Web-UI zur Verfügung. Somit profitieren Sie in der Einrichtung des Versandcockpits für Ihre Geschäftsprozesse von der hohen Konfigurierbarkeit der Benutzeroberflächen. Sie können durch die Erstellung von sogenannten kontextbasierten Adaptionen modifikationsfrei und durch einfache Einstellungen neue Funktionsknöpfe hinzufügen, alte verschwinden lassen oder einzelne Bildschirmsegmente ausblenden. Zudem können Sie diese für einzelne Rollen (z. B. Versandplanung oder operative Versandabwicklung) bedarfsgerecht voreinstellen.

Die Voraussetzung für die Nutzung des Versandcockpits ist die Zuordnung der Anwenderrollen EWM: SACHBEARBEITER VERSANDBÜRO (/SCWM/SO_ CLERK) oder EWM: LAGEREXPERTE (/SCWM/EXPERT).

In den folgenden Abschnitten möchten wir Ihnen die wichtigsten Funktionen und Einstellungen der Planungs- und Ausführungssicht des Versandcockpits vorstellen.

Sie erreichen die Planungssicht des Versandcockpits über den Pfad des SAP-Easy-Access-Menüs über EXTENDED WAREHOUSE MANAGEMENT • WARENANNAHME UND VERSAND • VERSANDCOCKPIT: PLANUNG. Die Planungssicht des Versandcockpits ist in vier Bildschirmsegmente aufgeteilt (siehe Abbildung 9.51). Im oberen Bildschirmsegment ❶ finden sich Selektionskriterien zur Selektion von Lieferungen und Transporteinheiten. Das untere Bildschirmsegment zeigt in zwei Bildschirmabschnitten die Selektionsergebnisse und Planungsinformationen an – ungeplante/selektierte Lieferungen ❷ und Transporteinheiten mit geplanten Lieferzuweisungen ❸. Der Nebenbereich ❹ bietet die Anzeige von grafischen Auswertungen und Dashboards.

Zusätzlich finden Sie in Bildschirmsegment ❷ die Kapazitätsübersicht, die eine Integration zum Dock Appointment Scheduling (siehe Abschnitt 12.6, »Rampenplanung mit Dock Appointment Scheduling«) bietet. In der Kapazitätsübersicht können Sie, abhängig von der aktuellen Kapazitätsauslastung einer an der Transporteinheit hinterlegten Ladestelle, die optimale geplante Ankunftszeit definieren.

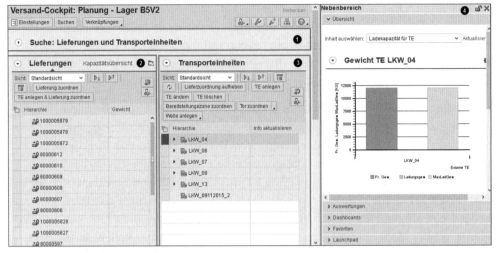

Abbildung 9.51 Benutzeroberfläche der Planungssicht »Versand-Cockpit«

Zudem bietet Ihnen die Bereitstellungszonenplanungssicht im Bildschirmsegment ❷ eine grafische oder tabellarische Übersicht über die Belegung der Bereitstellungszonengruppen pro Transporteinheit (siehe den Exkurs »Die Planungsreports des Versandcockpits«).

Im Folgenden möchten wir Ihnen die wichtigsten Funktionen der Planungssicht des Versandcockpits etwas detaillierter vorstellen.

Selektion und Anzeige von Auslieferungen und Transporteinheiten

Über die Selektionskriterien können Sie die Auslieferungsaufträge und Transporteinheiten, abhängig von Route, Warenempfänger, Versandbedingung, Abfahrtszeiten der Route, Liefer- und Warenausgangsdatum und vielem mehr, selektieren. Die Suchen lassen sich personalisieren, sodass Sie Selektionsvarianten definieren können, die beim Öffnen der Transaktion automatisch ausgeführt werden und z. B. die Versandinformationen des Folgetags selektieren.

Selektierte Auslieferungen werden in einer hierarchischen Ansicht dargestellt, sodass Sie z. B. die Möglichkeit haben, sich Lieferungen einer Transporteinheit ausschließlich auf der Ebene der Route und des Abfahrtsdatums, inklusive aggregierten Gewichts- und Volumeninformationen, anzeigen zu lassen. Die Ebenen, über die Sie sich die Auslieferungen anzeigen lassen möchten, können Ihren Anforderungen gemäß eingestellt werden.

Erstellung und Bearbeitung von Transporteinheiten

Aus der Planungssicht des Versandcockpits heraus können Sie Transportein-heiten erstellen und bearbeiten. Sie haben dabei die Möglichkeit, entweder leere Transporteinheiten zu erstellen oder aus der Sicht der selektierten/ ungeplanten Lieferungen Transporteinheiten mit Lieferbezügen für im Vor-feld markierte Belege anzulegen. Dabei können mehrere vollständige Liefe-rungen gleichzeitig einer neu erstellten Transporteinheit zugewiesen wer-den. Zudem können Sie Auslieferungsaufträge einzeln, massenhaft via Drag & Drop oder über den entsprechenden Button den Transporteinheiten zuordnen.

Nach der Erstellung oder Selektion von Transporteinheiten können Sie die Transporteinheiten bearbeiten, indem Sie den Spediteur, die geplanten Ankunfts- und Abfahrtszeiten, die Packmittel der Transporteinheit oder die Lieferbezüge ändern.

Um die Transporteinheiten für den operativen Versand zu planen, können Sie diesen Tore und Bereitstellungszonen zuweisen. Für die Planung der Bereitstellungszonen steht Ihnen zudem eine grafische Bereitstellungszonen-planung zur Verfügung (siehe Abbildung 9.52). Zuweisungen von Toren und Bereitstellungszonen werden dabei asynchron auf zugeordnete Lieferungen fortgeschrieben, um optimierte Dialogzeiten für die Versandplanung zu erzielen.

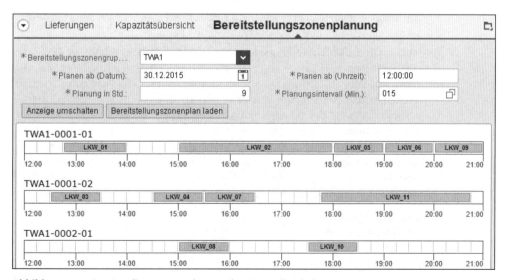

Abbildung 9.52 Bereitstellungszonenplanung des Versandcockpits

Erstellung von Kommissionierwellen

Für ausgewählte Transporteinheiten können aus der Planungssicht des Versandcockpits Kommissionierwellen erstellt werden. Ihnen stehen die folgenden drei Erstellungsoptionen zur Wahl:

▶ **Manuell – Vorlage/TE**
   Manuelle Auswahl der Wellenvorlage, der Wellenvorlageoption und des Wellenenddatums pro Transporteinheit

▶ **Automatisch – Findung/TE**
   Für jede Transporteinheit wird automatisch eine Welle, basierend auf einer automatisch ermittelten Wellenoption, erstellt.

▶ **Automatisch – Findung**
   Auslieferungsauftragspositionen werden vorhandenen Wellen zugeordnet, oder es werden neue Wellen erstellt. Die erweiterten oder erstellten Wellen können Lieferpositionen mehrerer Transporteinheiten enthalten.

Die Planungsreports des Versandcockpits

Zur automatisierten Erstellung von Transporteinheiten und Wellen bieten Ihnen die folgenden Reports neue Funktionen zur optimierten Versandsteuerung:

▶ **Automatisches Erstellen von TEs und Lieferzuordnungen**
   Mit dem Report /SCWM/R_TUDLV_AUTOPLAN_DLV können automatisch Transporteinheiten inklusive Lieferzuweisungen erstellt werden. Dazu werden zunächst die Auslieferungen nach Route, Abfahrtstermin, Transportmittel und Spediteur gruppiert und anschließend passende Packmittel für die gebildeten Liefergruppen zur Transporteinheitenerstellung ermittelt.

▶ **Automatische Bereitstellungszonenplanung und Wellenbildung für TEs**
   Mit dem Report /SCWM/R_TUDLV_AUTOPLAN_TU können automatisiert Bereitstellungszonen zu Transporteinheiten zugewiesen und aus Transporteinheiten Wellen erstellt werden. Um dies zu ermöglichen, werden zunächst Transporteinheiten anhand der Bereitstellungszonengruppen zugewiesener Lieferungen gruppiert. Anschließend erfolgt die Ermittlung von Bereitstellungszonen innerhalb der Bereitstellungszonengruppe unter Berücksichtigung der Ladekapazität der Bereitstellungszonengruppen und Dauer der Bereitstellungszonensperre des TE-Profils. Abschließend werden die Lieferpositionen mit den ermittelten Bereitstellungszonen und Plätzen aktualisiert.

Die Einstellungen zur Bereitstellungszonensperre finden Sie über das Customizing der TE-Profile über den Pfad EXTENDED WAREHOUSE MANAGEMENT • PROZESSÜBERGREIFENDE EINSTELLUNGEN • WARENANNAHME UND VERSAND • TE-PROFIL DEFINIEREN.

Die Ladekapazität eines Lagerplatzes in den Bereitstellungszonen können Sie im Customizing über den Pfad EXTENDED WAREHOUSE MANAGEMENT • STAMMDATEN • WARENANNAHME UND VERSAND • BEREITSTELLUNGSZONEN • BEREITSTELLUNGSZONEN DEFINIEREN einstellen.

Nachdem nun die Transporteinheiten geplant sowie Lieferungen, Bereitstellungszonen und Tore zugeordnet worden sind, erfolgt in einem nächsten Schritt die Ausführung operativer Prozesse, beginnend mit der Ankunft der Transporteinheit am Lager. Die Ausführungssicht des Versandcockpits bündelt die dazu benötigten Funktionen. Diese erreichen Sie über den Pfad des SAP-Easy-Access-Menüs EXTENDED WAREHOUSE MANAGEMENT • WARENANNAHME UND VERSAND • VERSANDCOCKPIT: AUSFÜHRUNG. Die Ausführungssicht des Versandcockpits ist in drei Bildschirmsegmente aufgeteilt (siehe Abbildung 9.53). Im oberen Bildschirmsegment ❶ finden sich die Selektionskriterien für die Selektion von Transporteinheiten. Das untere Bildschirmsegment ❷ zeigt die Ausführungsübersicht selektierter Transporteinheiten an. Der Nebenbereich ❸ bietet die Anzeige von grafischen Auswertungen und Dashboards.

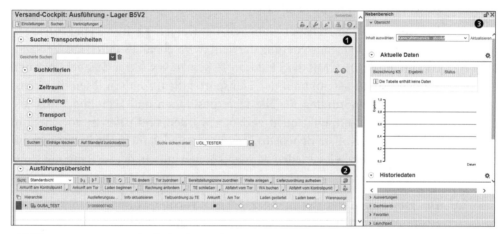

Abbildung 9.53 Benutzeroberfläche der Ausführungssicht »Versand-Cockpit«

Im Folgenden möchten wir Ihnen die wichtigsten Funktionen der Ausführungssicht des Versandcockpits vorstellen:

Ausführungsübersicht der Versandaktivitäten

In der Ausführungsübersicht werden Ihnen die im Vorfeld selektierten Transporteinheiten analog zur Planungssicht in hierarchischer Darstellung und mit aggregierten Informationen angezeigt. Zudem finden Sie pro Transporteinheit und deren zugeordneten Lieferungen Statusinformationen über die Ankunft und Abfahrt vom Kontrollpunkt, über die Ankunft am Tor, die Wellenzuordnung, die Bereitstellungszonenplanung, die Kommissionierung, das Verpacken, Bereitstellen und Verladen sowie den Warenausgang.

Ausführung zentraler Versandaktivitäten

Aus der Ausführungssicht des Versandcockpits können Sie analog zur Planungssicht Bereitstellungszonen und Tore zuordnen sowie Kommissionierwellen erstellen. Auch Änderungen an der Transporteinheit sind möglich.

Zudem haben Sie die Möglichkeit, Ankunft und Abfahrt vom Kontrollpunkt, sowie den Beladungsbeginn für die Transporteinheiten zu buchen. Die Funktionen der Ankunft/Abfahrt an Kontrollpunkt und Tor, das Buchen des Ladestatus sowie die Wellenerstellung sind für mehrere ausgewählte Transporteinheiten gleichzeitig ausführbar. Als kombinierte Funktion können Sie auch direkt die Ankunft am Tor und damit implizit die Ankunft am Kontrollpunkt sowie die Torzuweisung buchen.

Abschluss der Transporteinheiten

Der Abschluss von Transporteinheiten, der einen der kritischsten Prozesse in der gesamten Versandsteuerung darstellt, wird ebenfalls durch das Versandcockpit unterstützt. Mit der Funktion TE SCHLIESSEN setzen Sie nicht nur den Status BELADEN BEENDET auf der Transporteinheit, sondern lösen die Transporteinheitenzuordnung für alle Lieferpositionen und Handling Units, die bis zu diesem Zeitpunkt nicht verladen worden sind. Dies ist vor allem in den Fällen sinnvoll, in denen aus Kapazitätsgründen nicht alle Packstücke auf die Transporteinheit verladen werden können oder in denen Handling Units beschädigt werden.

Die Funktionen der Rechnungserstellung vor der Warenausgangsbuchung (siehe Abschnitt 9.3.19, »Beladen und Versand«) sind ebenfalls verfügbar, um Rechnungen zu erstellen, zu drucken oder zu stornieren. Bei der Anforderung der Rechnungen werden im Versandcockpit nun auch direkt die finalen Auslieferungen erzeugt.

Abschließend können Sie noch die Warenausgangsbuchung aus dem Versandcockpit starten, die analog zum Transporteinheiten-UI die Schritte der Erstellung der finalen Auslieferung und Aktualisierung der Lieferung nach der Warenausgangsbuchung parallelisiert bucht. Sowohl die Warenausgangsbuchung als auch das Schließen der Transporteinheiten kann für mehrere Transporteinheiten gleichzeitig ausgeführt werden. Als kombinierte Funktion können Sie auch direkt die Abfahrt vom Kontrollpunkt und damit implizit die Abfahrt vom Tor sowie die Warenausgangsbuchung buchen.

9.3.26 SAP-ERP-Transportintegration (LE-TRA)

Im Folgenden möchten wir Ihnen einen Überblick über die SAP-ERP-Transportintegration (LE-TRA) geben. Hierzu gibt es drei unterschiedliche Szenarien, die in beiden Systemen im Standard unterstützt werden.

1. Warenausgangsfall mit Erstellung und Transportplanung in SAP ERP

2. Warenausgangsfall mit Erstellung und Transportplanung in EWM

3. Wareneingangsfall mit der Erstellung des Transports und der Transportplanung in SAP ERP

Nachfolgend erläutern wir die unterschiedlichen Szenarien im Detail:

Warenausgangsfall mit Erstellung und Transportplanung in SAP ERP

Im Warenausgangsfall kann es sinnvoll sein, Lkws und somit den Transport zu beplanen. Ziel ist es, den Lkw optimal zu bestücken, damit er nicht halb leer bleibt und unnötige Transportkosten verursacht. Der ausführende Teil des Beladeprozesses wird von EWM unterstützt. Das heißt, dass die HUs sowie die Auslieferungspositionen sehr einfach der jeweiligen Transporteinheit zugewiesen werden können.

EWM kann jedoch nicht bestimmen, welche und wie viele HUs oder Auslieferungspositionen in welcher Menge optimal auf einen Lkw oder auch auf weitere Lkws zu verteilen sind. Für diesen Fall sind zusätzliche Komponenten von Drittanbietern erhältlich, die eine solche Optimierung durchführen können. EWM kann die entsprechenden Informationen verarbeiten und berücksichtigt sie beim Beladeprozess.

Den Ablauf und die Integration der Systeme, die notwendig wären, um im Warenausgangsprozess Lkws in SAP ERP zu beplanen, haben wir in Abbildung 9.54 dargestellt. Dargestellt wird die Planung mit LE-TRA.

Der geplante Prozess sieht folgendermaßen aus: Mit dem Speichern der Auslieferung wird diese wie gewohnt an EWM repliziert. Es wird eine Auslieferungsanforderung erstellt, und durch das automatische Aktivieren wird ein Auslieferungsauftrag angelegt. Der Auslieferungsauftrag wird jedoch als relevant für die Transportplanung markiert. Die Folge ist, dass der Auslieferungsauftrag in EWM gesperrt wird, um die nachfolgenden Schritte – Kommissionieren, Verpacken, Bereitstellen und Beladen – im ersten Schritt zu unterbinden.

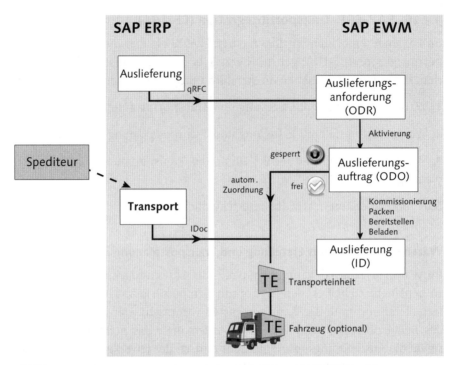

Abbildung 9.54 Transportintegration zwischen SAP ERP und SAP EWM im Warenausgang

In SAP ERP wird eine Transportplanung durchgeführt, und der SAP-ERP-Transport wird über ein IDoc (SHPMNT05) an EWM repliziert. Hierzu wurden die Auslieferungsaufträge in SAP ERP dem SAP-ERP-Transport zugewiesen. Mit dem Erstellen der dazugehörigen Transporteinheit und optional eines Fahrzeugs wird der zuvor gesperrte Auslieferungsauftrag automatisch der Transporteinheit zugewiesen und der Auslieferungsauftrag wieder freigegeben.

Es können jetzt die notwendigen Lageraktivitäten in EWM durchgeführt werden, und nach Abschluss aller Aktivitäten kann der Warenausgang gebucht werden. Die Warenausgangsbuchung wird an das SAP-ERP-System gesendet und schreibt die Auslieferung sowie den SAP-ERP-Transport fort. Der Prozess ist nun abgeschlossen, und in SAP ERP können Folgeaktivitäten durchgeführt werden.

Warenausgangsfall mit Erstellung und Transportplanung in SAP EWM

Der Warenausgangsfall, bei dem die Transporteinheit zuerst im EWM-System angelegt und bei der Warenausgangsbuchung in das SAP-ERP-System als

Transport verteilt wird, setzt voraus, dass die Transportplanung im EWM-System stattfindet.

Es müssen Fahrzeuge und Transporteinheiten in SAP EWM erstellt werden. Die Zuweisung der HUs und der Auslieferungen bzw. der Auslieferungspositionen muss in EWM stattfinden. EWM bietet eine manuelle Zuweisung; für eine automatische Zuweisung bzw. für eine optimierte Zuweisung muss ein 3rd Party Tool eingesetzt werden, oder es muss eine entsprechende Engine kundenspezifisch programmiert werden.

Letztlich wird die erstellte EWM-Transporteinheit als LE-TRA-Transport zu Reporting-Zwecken ins ERP-System repliziert. Sie können dann eine Frachtkostenabrechnung in SAP ERP durchführen.

Wareneingangsfall mit der Erstellung des Transports und der Transportplanung in SAP ERP

Ähnlich wie im Warenausgangsfall, bei dem die Planung in SAP ERP stattfindet, wird der Transport als IDoc in SAP ERP repliziert. Da meist die Anlieferung zuerst ins EWM-System verteilt wird, bleibt die Anlieferung im gesperrten Status, bis die zugehörige Transporteinheit über das IDoc erstellt worden ist. Die Anlieferung wird in EWM entladen und der Wareneingang gebucht.

9.4 Zusammenfassung

In diesem Kapitel haben Sie einen detaillierten Überblick über den Warenausgangsprozess mit seinen Teilschritten *Kommissionierung*, *Verpacken*, *Bereitstellen* sowie *Beladen* erhalten. Wir sind u. a. auf die unterschiedlichen EWM-Funktionen eingegangen, wie das Wellenmanagement, das Versandcockpit, die Verpackungsplanung, die Lagererstellungsregeln, das Pick-, Pack- und Pass-Prinzip sowie auf die Rechnungserstellung vor der Warenausgangsbuchung, mit dem Ziel, Ihnen zu zeigen, wie Sie das Lagergeschehen im Warenausgang optimieren können.

In Kapitel 10, »Lagerinterne Prozesse«, beschreiben wir die internen Umlagerungen, die verschiedenen Nachschubstrategien, die Verschrottung, die verschiedenen Inventurverfahren sowie die Lager-Reorganisation.

Interne Prozesse wie Nachschub, Inventur, Lager-Reorganisation und lagerinterne Umlagerungen sind wichtige Elemente effizienter Abläufe im Lager. Durch den effektiven Einsatz dieser Prozesse lässt sich die Auftragsabwicklung beschleunigen und die Ausnutzung des Lagerplatzes optimieren.

10 Lagerinterne Prozesse

In diesem Kapitel befassen wir uns mit der Konfiguration und der Anwendung von EWM für lagerinterne Prozesse. Dazu gehören u. a.: Nachschub (einschließlich der fünf grundlegenden Nachschubstrategien), Lager-Reorganisation (einschließlich der Alerts zur Überwachung des Lagers auf mögliche Reorganisationsbewegungen), Ad-hoc-Bewegungen im Lager, Umbuchungen sowie die Inventur.

Durch die effektive Gestaltung lagerinterner Prozesse lässt sich die Lagerwirtschaft optimieren: Die Auftragsabwicklung wird beschleunigt, und der Platzbedarf im Lager wird reduziert. In diesem Kapitel lernen Sie die verschiedenen Optionen kennen, die EWM für lagerinterne Prozesse bietet.

10.1 Nachschub

Während des Nachschubprozesses wird eine Materialmenge aus einem Reservebereich in einen primären oder Kommissionierbereich bewegt. Der Kommissionierbereich wird entsprechend den Mengenbedarfen der Materialien in diesem Bereich gefüllt. Die benötigte Materialmenge kann entweder für den Lagertyp insgesamt oder, im Fall von Fixplätzen, für jeden einzelnen Fixplatz im Primärbereich bestimmt werden.

In EWM gibt es fünf grundlegende Nachschubstrategien:

- ► Plan-Nachschub
- ► auftragsbezogener Nachschub
- ► Kistenteilnachschub
- ► direkter Nachschub
- ► automatischer Nachschub

In diesem Abschnitt erläutern wir den Unterschied zwischen geplantem und ungeplantem Nachschub, betrachten die Grundkonfiguration für Nachschubprozesse und gehen dann ausführlich auf die fünf Nachschubstrategien ein.

10.1.1 Geplanter und ungeplanter Nachschub

In EWM gibt es zwei grundlegende Arten von Nachschubstrategien: geplant und ungeplant. Plan-Nachschub, auftragsbezogener Nachschub und Kistenteilnachschub gehören zu den Strategien des *geplanten Nachschubs*, was bedeutet, dass sie zu festgelegten Zeitpunkten ausgeführt werden. Dies kann manuell über den Menüpfad EXTENDED WAREHOUSE MANAGEMENT • ARBEITSVORBEREITUNG • NACHSCHUB EINPLANEN oder die Transaktion /SCWM/REPL geschehen. Sie können den Nachschubbericht auch im Batch-Modus ausführen, indem Sie die Ausführung des Programms /SCWM/REPLENISHMENT unter Verwendung einer Variante einplanen.

Zu den Strategien des *ungeplanten Nachschubs* zählen direkter Nachschub und automatischer Nachschub, die ad hoc durch die Ausführung einer Transaktion ausgelöst werden. Dies kann z. B. der Fall sein, wenn ein Kommissionierer zu einem Fixplatz geführt wird, an dem keine ausreichende Menge vorhanden ist, oder – bei automatischem Nachschub – bei der Bestätigung einer Kommissionieraufgabe, wenn die Menge am Von-Lagerplatz unter den Mindestbestand sinkt. Diese ungeplanten Nachschubaktivitäten werden nicht im Batch-Modus ausgeführt.

10.1.2 Konfiguration von Nachschubprozessen

Bei der Beschreibung der erforderlichen Konfiguration für Nachschubprozesse beziehen wir uns im Folgenden auf ein einfaches Szenario, in dem der primäre (Kommissionier-)Lagertyp 0050 Nachschub aus einem Reservelagertyp erhält (siehe Abbildung 10.1).

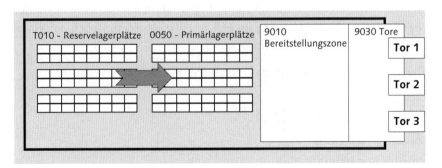

Abbildung 10.1 Nachschub von Reservelagerplätzen an primäre Lagerplätze

Lagertypkonfiguration: Nachschub auf Lagertyp- oder auf Lagerplatzebene

Bei der Einrichtung der Nachschubprozesse müssen Sie zunächst festlegen, ob der Nachschub in einem Lagertyp auf Lagertypebene oder auf Lagerplatzebene unter der Verwendung von Fixplätzen erfolgen soll. In der Lagertypkonfiguration wird diese Unterscheidung anhand des Kennzeichens NACHSCHUBEBENE vorgenommen. Wählen Sie dazu im EWM-Customizing den Menüpfad EXTENDED WAREHOUSE MANAGEMENT • STAMMDATEN • LAGERTYP DEFINIEREN.

In Abbildung 10.2 sind die Lagerplatzeinstellungen für den Nachschub zu sehen. In den Lagerplatzeinstellungen haben Sie die Möglichkeit, Nachschub für ein Material auf Basis der Gesamtmaterialmenge in einem Lagertyp anzufordern. Diese Strategie wird als *Nachschub auf Lagertypebene* bezeichnet. Dabei werden die Minimal- und Maximalmengen aus dem Materialstamm berücksichtigt.

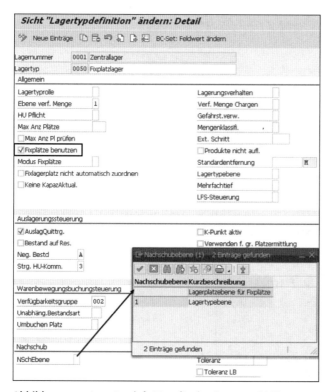

Abbildung 10.2 Lagertypdefinition für den Lagertyp 0050

Alternativ können Sie auch Nachschub für einzelne Fixplätze in einem Lagertyp anfordern, diese Strategie heißt *Lagerplatzebene für Fixplätze*. In diesem

Fall werden die Minimal- und Maximalmengen anhand der Mengen bestimmt, die in der Fixplatztabelle angegeben sind (Transaktion /SCWM/ BINMAT).

Grundlegende Nachschubkonfiguration

Die grundlegende Konfiguration für jeden Nachschubtyp kann im EWM-Customizing über den Menüpfad Extended Warehouse Management • Lagerinterne Prozesse • Nachschubsteuerung aufgerufen werden. Als Erstes können Sie den Pflegeview Ausführungszeit für Nachschub pflegen (siehe Abbildung 10.3). Ausgehend von der Definition des Kennzeichens für die Ausführungszeit und seiner Verwaltung in der Nachschubstrategie, berechnet das System die geplante Ausführungszeit der Lageraufgabe oder der Nachschub-Lageranforderung, indem es die eingegebene Ausführungszeit zur aktuellen Systemzeit addiert.

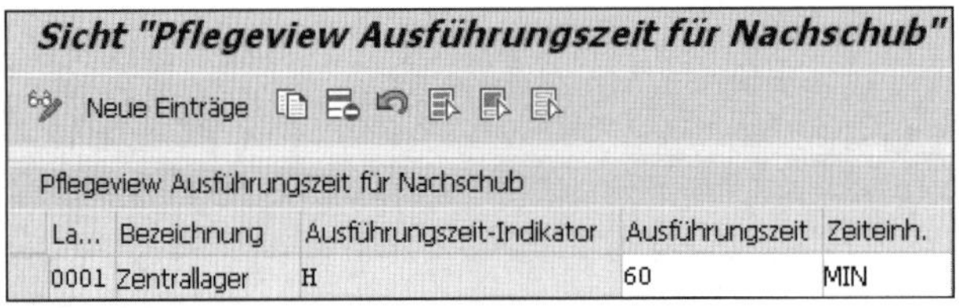
Sicht "Pflegeview Ausführungszeit für Nachschub"

Neue Einträge

Pflegeview Ausführungszeit für Nachschub

La...	Bezeichnung	Ausführungszeit-Indikator	Ausführungszeit	Zeiteinh.
0001	Zentrallager	H	60	MIN

Abbildung 10.3 Ausführungszeiten für Nachschub

Anschließend können Sie die Sicht Einstellungen zur Nachschubstrategie konfigurieren und die Nachschubstrategien festlegen, die in einem bestimmten Lagertyp verwendet werden sollen. Wählen Sie dazu im Menü des EWM-Customizings Extended Warehouse Management • Lagerinterne Prozesse • Nachschubsteuerung • Nachschubstrategien in Lagertypen aktivieren (siehe Abbildung 10.4).

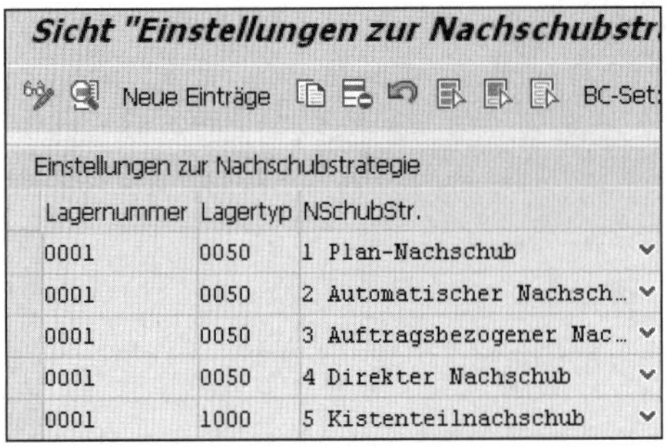
Sicht "Einstellungen zur Nachschubstr

Neue Einträge BC-Set:

Einstellungen zur Nachschubstrategie

Lagernummer	Lagertyp	NSchubStr.
0001	0050	1 Plan-Nachschub
0001	0050	2 Automatischer Nachsch...
0001	0050	3 Auftragsbezogener Nac...
0001	0050	4 Direkter Nachschub
0001	1000	5 Kistenteilnachschub

Abbildung 10.4 Nachschubstrategien in Lagertypen aktivieren

Für jede Kombination von Nachschubstrategie und Lagertyp können Sie diverse Einstellungen festlegen (siehe Abbildung 10.5), u. a. folgende:

▸ **Nachschubstrategie (Feld »NSchubStr.«)**
In diesem Beispiel wurde die Nachschubstrategie 1 PLAN-NACHSCHUB aktiviert.

▸ **Feld »Lagerprozessart«**
Zur Durchführung des Plan-Nachschubs kann die ausgelieferte Standardlagerprozessart 3010 verwendet werden. Sie dient auch dazu, den Reservebereich zu bestimmen, aus dem die Nachschubmenge entnommen wird.

▸ **Feld »Verw Mengentyp«**
Zur Berechnung des aktuellen Bestands am Lagerplatz kann die physikalische Menge verwendet werden (anstelle der verfügbaren Menge).

▸ **Checkbox »LB sofort«**
Bei Ausführung des Nachschubvorgangs wird sofort die Lageraufgabe (LB) angelegt (und nicht zuerst eine Lageranforderung).

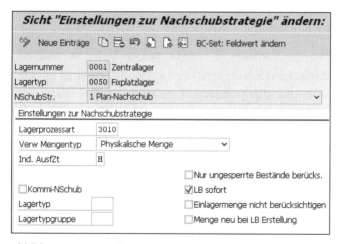

Abbildung 10.5 Einstellungen einer Nachschubstrategie für einen Lagertyp

Beleg-/Positionsarten für Nachschub-Lageranforderungen

In der letzten grundlegenden Customizing-Einstellung für den Nachschub können Sie eine Beleg- und Positionsart zuordnen, die bei der Anlage von Lageranforderungen für Nachschub verwendet wird (siehe Abbildung 10.6). Wählen Sie dazu im EWM-Customizing den Menüpfad EXTENDED WAREHOUSE MANAGEMENT • LAGERINTERNE PROZESSE • NACHSCHUBSTEUERUNG • BELEG-/POSITIONSARTEN FÜR NACHSCHUB-LAGERANFORDERUNG PFLEGEN. Der

Vorteil der Anlage von Lageranforderungen gegenüber der sofortigen Anlage von Lageraufgaben besteht darin, dass Anforderungen einer Welle zugeordnet werden können. Die Welle kann dann zu einem geeigneten Zeitpunkt freigegeben werden, z. B. außerhalb der Spitzenzeiten der Kommissionierung.

Abbildung 10.6 Beleg- und Positionsarten zum Anlegen von Nachschub-Lageranforderungen

10.1.3 Plan-Nachschub

Beim *Plan-Nachschub* berechnet das System den Nachschub gemäß der definierten Minimal- und Maximalmenge. Die Nachschubsteuerung wird ausgelöst, wenn der Bestand kleiner ist als die Minimalmenge. Das System rundet die Nachschubmenge auf ein Vielfaches der Mindestnachschubmenge ab. Die Nachschubmenge ist die berechnete Menge, für die die Lageraufgabe oder die Lageranforderung angelegt wird.

Voraussetzung dafür ist, dass Sie über den Menüpfad EXTENDED WAREHOUSE MANAGEMENT • STAMMDATEN • LAGERPLÄTZE • FIXLAGERPLATZ PFLEGEN im SAP-Easy-Access-Menü oder über die Transaktion /SCWM/BINMAT einen Fixplatz in der Fixplatztabelle zugewiesen haben. In Abbildung 10.7 ist die Zuordnung eines Fixplatzes im primären Kommissionierlagertyp (in unserem Beispiel 0050) dargestellt.

Abbildung 10.7 Fixplatz für ein Produkt pflegen

Zusätzlich zur Konfiguration und Fixplatzzuordnung müssen Sie auch die Minimal- und Maximalmenge sowie die Nachschubmengen in den Produktstammdaten angeben (in Abschnitt 4.2, »SAP-EWM-Produktstamm«, wird im Detail besprochen, wie Sie einen Materialstamm anlegen). In Abbildung 10.8 sehen Sie, dass die Mindestnachschubmenge für den Lagertyp 0050 für das betreffende Produkt auf 4 ST gesetzt ist.

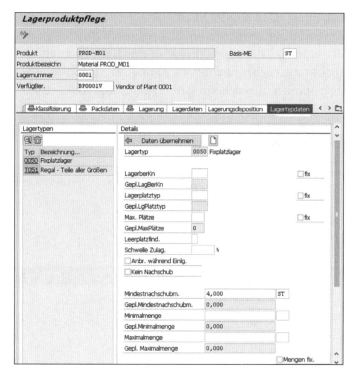

Abbildung 10.8 Lagerprodukte pflegen – Lagertypdaten

Zur Ausführung des Plan-Nachschubs wählen Sie im SAP-Easy-Access-Menü
EXTENDED WAREHOUSE MANAGEMENT • ARBEITSVORBEREITUNG • NACHSCHUB
EINPLANEN oder verwenden die Transaktion /SCWM/REPL. In dem Beispiel
aus Abbildung 10.9 wird der Plan-Nachschub speziell für das Material
PROD-M01 an Lagerplatz 0050-01-01-A (in Lagertyp 0050) ausgeführt.

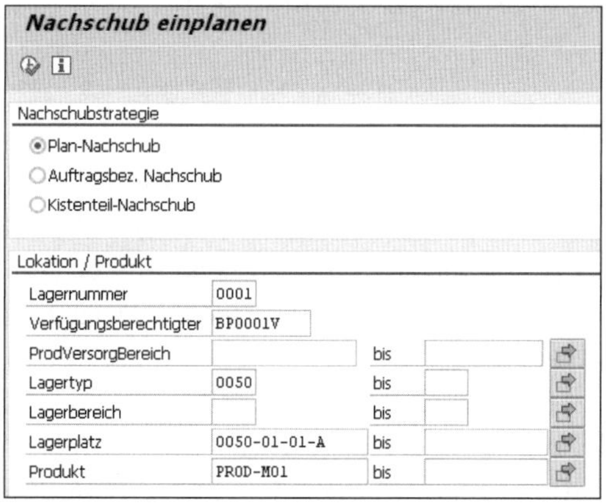

Abbildung 10.9 Selektionsbild der Nachschubtransaktion

Die Nachschubberechnung ergibt, dass 92 ST als Nachschub an den Ziellager-platz 0050-01-01-A transferiert werden. Beim Sichern der Nachschubpositi-onen wird sofort die Lageraufgabe angelegt (wie es durch die Auswahl des Kennzeichens LB SOFORT angegeben wurde). In Abbildung 10.10 sehen Sie die Plan-Nachschubpositionen, die sich aus der in Abbildung 10.9 getroffe-nen Auswahl ergeben.

Abbildung 10.10 Plan-Nachschubpositionen

Beispielberechnung zum Plan-Nachschub

Die Berechnungen für den Plan-Nachschub aus dem oben genannten Beispiel sind hier noch detaillierter aufgeführt.

  Aktuelle Menge am Lagerplatz: 5 ST

  Minimalmenge: 10 ST

  Maximalmenge: 100 ST

  Mindestnachschubmenge: 4 ST

Die Nachschubmenge wird als Differenz zwischen der Maximalmenge des Lager-platzes und der aktuellen Menge am Lagerplatz berechnet und dann auf ein Viel-faches der Mindestnachschubmenge gerundet.

Maximalmenge – aktuelle Menge am Lagerplatz =
100 ST – 5 ST = 95 ST

Durch das Abrunden von 95 ST auf das nächste Vielfache der Mindestnachschub-menge (4 ST) ergibt sich eine berechnete Nachschubmenge von 92 ST.

10.1.4 Auftragsbezogener Nachschub

Beim *auftragsbezogenen Nachschubprozess* berechnet das System den Nach-schub anhand der Mengen der ausgewählten offenen Auslieferungsaufträge. Zur Verwendung des auftragsbezogenen Nachschubprozesses müssen Sie, wie es in Abschnitt 10.1.2, »Konfiguration von Nachschubprozessen«, beschrieben wird, die Strategie AUFTRAGSBEZOGENER NACHSCHUB für den Lagertyp aktivieren. In Abbildung 10.11 sehen Sie die Einstellungen für den auftragsbezogenen Nachschub für einen Lagertyp. Mit den Einstellungen, wie sie in in Abbildung 10.11 gezeigt werden, können Sie im Lagertyp 0050 den auftragsbezogenen Nachschub aktivieren.

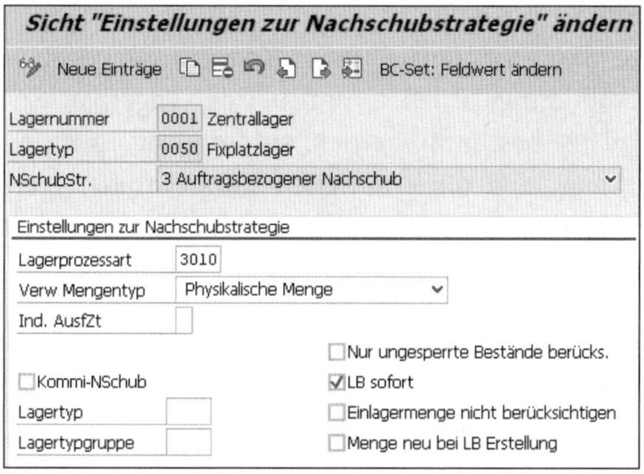

Abbildung 10.11 Auftragsbezogenen Nachschub in Lagertyp 0050 aktivieren

Damit ein Auslieferungsauftrag beim auftragsbezogenen Nachschub berücksichtigt werden kann, muss für die Auftragsposition eine grobe Platzermittlung ausgeführt werden. Zum Aktivieren der groben Platzermittlung für die Prozessart, die für die Auslieferungsauftragsposition bestimmt wurde, wählen Sie im Menü des EWM-Customizings EXTENDED WAREHOUSE MANAGEMENT • PROZESSÜBERGREIFENDE EINSTELLUNGEN • LAGERAUFGABE • LAGERPROZESSART DEFINIEREN. Abbildung 10.12 zeigt, dass das Kennzeichen GROBE PLATZERMITTLUNG gesetzt sein muss.

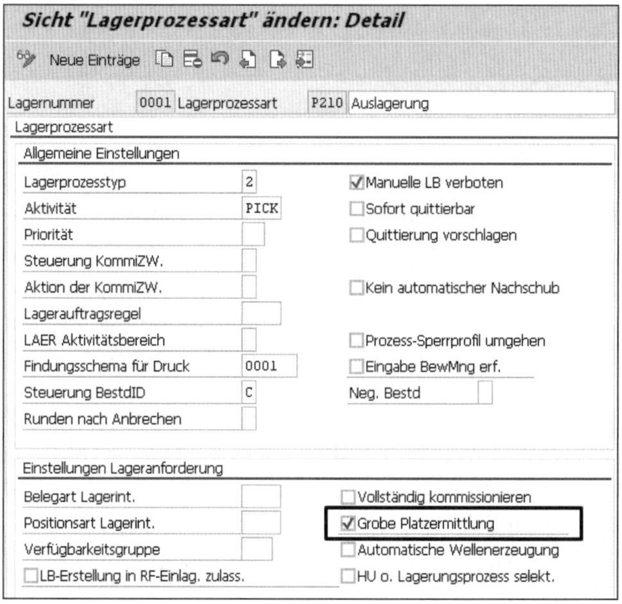

Abbildung 10.12 Grobe Platzermittlung für eine Prozessart aktivieren

Wenn die grobe Platzermittlung für den Auslieferungsauftrag erfolgreich war, muss der Lagerplatz in der Auslieferungsauftragsposition angegeben sein (siehe Markierung in Abbildung 10.13). Wenn bei der Lagerplatzfindung zwei oder mehr Lagerplätze bestimmt werden, sind die Lagerplatzfelder im Auslieferungsauftrag leer, und die ermittelten Kommisionierlagerplätze werden auf Positionsebene auf der Registerkarte KOMM.PLATZDATEN angezeigt.

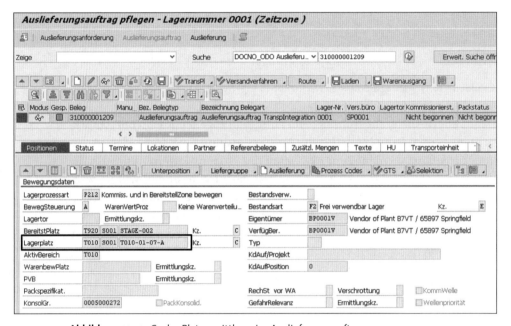

Abbildung 10.13 Grobe Platzermittlung im Auslieferungsauftrag

Die Nachschubsteuerung wird ausgelöst, wenn der Bestand am Lagerplatz kleiner ist als die erforderliche Menge, die die Summe aller Mengen der Auslieferungsaufträge ist. Beim auftragsbezogenen Nachschub nimmt das System eine Aufrundung der Nachschubmenge auf ein Vielfaches der Mindestnachschubmenge vor, um sicherzustellen, dass die Nachschubmenge den Bedarf der offenen Lageranforderungen deckt.

Um die Anlage der auftragsbezogenen Nachschubaufgaben auszulösen, verwenden Sie dieselbe Transaktion wie für die Anlage von Plan-Nachschubaufgaben, die bereits beschrieben wurde (Transaktion /SCWM/REPL). Nun sind jedoch die im Bild verfügbaren Selektionskriterien für offene Lageranforderungen relevant (z. B. Warenausgangsdatum, Wellenfreigabezeit, Welle, Wellenvorlage (siehe Abbildung 10.14).

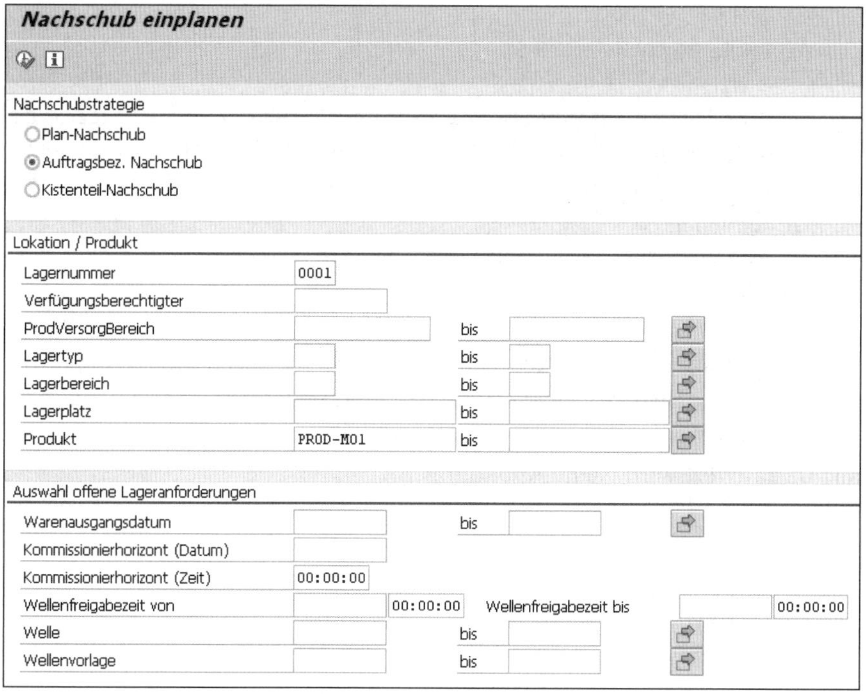

Nachschub einplanen

Nachschubstrategie

○ Plan-Nachschub
⦿ Auftragsbez. Nachschub
○ Kistenteil-Nachschub

Lokation / Produkt

Lagernummer	0001		
Verfügungsberechtigter			
ProdVersorgBereich		bis	
Lagertyp		bis	
Lagerbereich		bis	
Lagerplatz		bis	
Produkt	PROD-M01	bis	

Auswahl offene Lageranforderungen

Warenausgangsdatum		bis	
Kommissionierhorizont (Datum)			
Kommissionierhorizont (Zeit)	00:00:00		
Wellenfreigabezeit von		00:00:00	Wellenfreigabezeit bis		00:00:00
Welle		bis	
Wellenvorlage		bis	

Abbildung 10.14 Selektionskriterien für auftragsbezogenen Nachschub

Da die Menge der offenen Auslieferungsaufträge in diesem Beispiel 20 ST und die Mindestnachschubmenge aus dem Materialstamm 3 ST beträgt, resultiert eine berechnete Menge von 21 ST (siehe Abbildung 10.15).

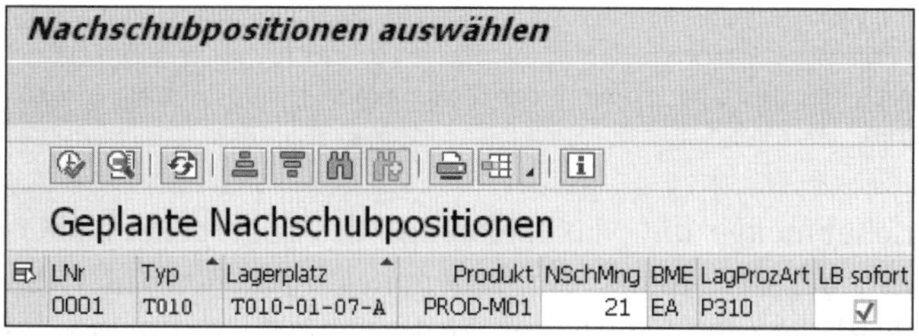

Nachschubpositionen auswählen

Geplante Nachschubpositionen

LNr	Typ	Lagerplatz	Produkt	NSchMng	BME	LagProzArt	LB sofort
0001	T010	T010-01-07-A	PROD-M01	21	EA	P310	☑

Abbildung 10.15 Geplante Nachschubpositionen

Beispielberechnung für auftragsbezogenen Nachschub

Die Berechnungen für den auftragsbezogenen Nachschub aus dem oben dargestellten Beispiel sind hier noch detaillierter aufgeführt:

Aktuelle Menge am Lagerplatz: 0 ST

Minimalmenge: 10 ST

Maximalmenge: 100 ST

Mindestnachschubmenge: 3 ST

Zum Berechnen der Nachschubmenge wird die Differenz zwischen der Gesamtmenge der offenen Auslieferungsaufträge und der aktuellen Menge am Lagerplatz ermittelt und auf das nächste Vielfache der Mindestnachschubmenge aufgerundet.

Gesamtmenge aus Auslieferungsaufträgen = 20 ST

Durch Aufrunden der Gesamtmenge aus den Auslieferungsaufträgen (20 ST) auf das nächste Vielfache der Mindestnachschubmenge (3 ST) ergibt sich eine Nachschubmenge von 21 ST.

Beim auftragsbezogenen Nachschub kann die für das Produkt oder den Lagerplatz angegebene Maximalmenge optional überschritten werden, indem in den Selektionskriterien das Kennzeichen Überschreiten Maximalmenge aktiviert wird (siehe Abbildung 10.16).

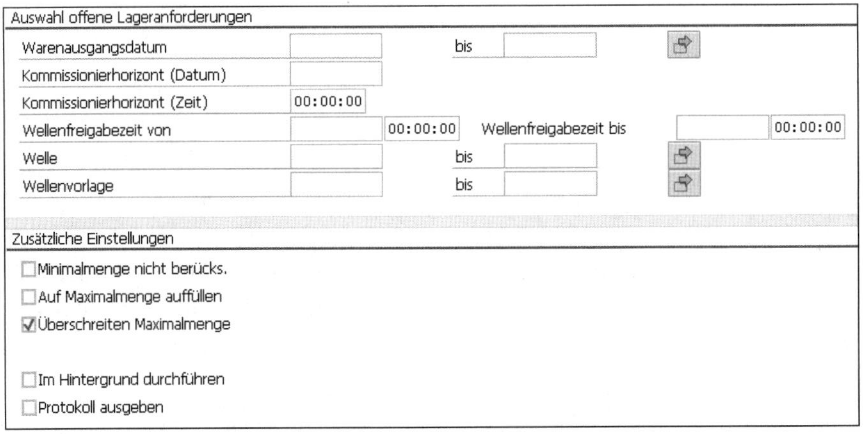

Abbildung 10.16 Kennzeichen zum Überschreiten der Maximalmenge beim auftragsbezogenen Nachschub aktivieren

Obwohl die Nachschubmenge die Maximalmenge des Lagerplatzes überschreiten kann, wird bei der Anlage der Lageraufgabe die Kapazität des Lagerplatzes berücksichtigt (die Kapazitätsauslastung der Gesamtmenge am Lagerplatz darf weiterhin die Lagerplatzkapazität nicht übersteigen).

10.1.5 Kistenteilnachschub

Der *Kistenteilnachschub* ist eine Bereitstellungsmethode für die Produktion. Bei *Kistenteilen* handelt es sich um Teile, für die der Nachschub normalerweise in festen Mengen erfolgt, z. B. in Form voller Paletten oder anderer Behälter mit fester Größe, unabhängig von den vorliegenden Auftragsmengen (z. B. beim Kanban-Verfahren). Mit dem Kistenteilnachschub können Sie den Nachschub solcher Kistenteile an *Produktionsversorgungsbereiche* (PVB) organisieren. Der Kistenteilnachschub kann für einen Lagertyp ebenfalls so aktiviert werden, wie es in diesem Kapitel für die anderen Nachschubarten beschrieben wurde (im EWM-Customizing über den Menüpfad EXTENDED WAREHOUSE MANAGEMENT • LAGERINTERNE PROZESSE • NACHSCHUBSTEUERUNG • NACHSCHUBSTRATEGIEN IN LAGERTYP AKTIVIEREN).

Damit der Kistenteilnachschub aktiviert werden kann, muss ein PVB angelegt werden. Wählen Sie dazu im SAP-Easy-Access-Menü EXTENDED WAREHOUSE MANAGEMENT • STAMMDATEN • PRODUKTIONSVERSORGUNGSBEREICH (PVB) • PVB DEFINIEREN, oder verwenden Sie die Transaktion /SCWM/PSA (siehe Abbildung 10.17).

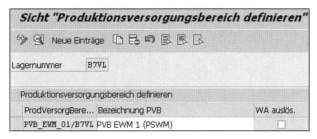

Abbildung 10.17 Produktionsversorgungsbereich definieren

Dem PVB muss außerdem ein Lagerplatz zugeordnet werden (siehe Abbildung 10.18). Wählen Sie dazu im SAP-Easy-Access-Menü EXTENDED WAREHOUSE MANAGEMENT • STAMMDATEN • PRODUKTIONSVERSORGUNGSBEREICH (PVB) • PLATZ PVB/PRODUKT/VERFÜGUNGSBERECHTIGTEM IN LAGERNUMMER ZUORDNEN, oder verwenden Sie die Transaktion /SCWM/PSASTAGE.

Außerdem können Sie für den Verfügungsberechtigten und den PVB (siehe Abbildung 10.18) die Mindestproduktionsmenge (der Nachschub wird ausgeführt, sobald die Menge am Lagerplatz unter diese Minimalmenge sinkt) und die Kistenteilnachschubmenge (die die Nachschubmenge bestimmt, die ein Vielfaches dieser Kistenteilmenge ist) festlegen.

In Abbildung 10.19 sind die Nachschubpositionen zu sehen, die für dieses Beispiel angelegt wurden. Die berechnete Nachschubmenge ist 10 ST, da die Kistenteilnachschubmenge 5 ST und die Mindestproduktionsmenge im PVB 10 ST beträgt (wie in der PVB-Zuweisung für das Produkt in Abbildung 10.18 angegeben). Damit entsprechen zwei Kisten zu je 5 ST der Mindestmenge von 10 ST, woraus sich die Nachschubmenge von 10 ST ergibt.

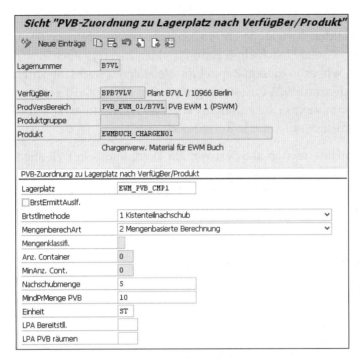

Abbildung 10.18 Lagerplatz zum PVB zuweisen

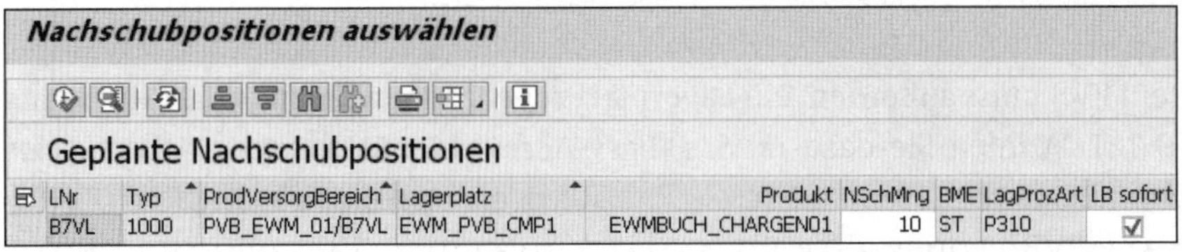

Abbildung 10.19 Für einen PVB angelegte Kistenteilnachschubpositionen

10.1.6 Direkter Nachschub

Der *direkte Nachschub* ist nur in Fixplatzszenarien möglich. Er wird während einer Platzzurückweisung gestartet, wenn ein Ausnahmecode auf den internen Prozesscode NACHSCHUB weist. Das System berechnet den Nachschub anhand der Maximal- und der Minimalmenge und geht davon aus, dass die Menge am Lagerplatz null ist. Die Nachschubmenge wird auf ein Vielfaches der Mindestnachschubmenge abgerundet.

Wenn ein Kommissionierer an einem Kommissionierlagerplatz feststellt, dass nicht genügend Material verfügbar ist, kann er über einen Ausnahmecode in der RF-Umgebung (RF = Radio Frequency) einen direkten Nachschub auslösen. Dabei gibt es zwei Optionen:

▶ **Im Hintergrund wird ein Nachschub für eine andere Ressource angelegt.**
Dies ist häufig dann von Vorteil, wenn der Reservebereich relativ weit von dem Lagerplatz entfernt ist, der aufgefüllt werden muss.

▶ **Es wird ein Kommissionierernachschub verwendet.**
Der Kommissionierer kann den Lagerplatz selbst auffüllen (dies kann sinnvoll sein, wenn der Reservelagerplatz sehr nah am Fixplatz und für den Kommissionierer leicht erreichbar ist). Diese Strategie wird als *Kommissionierernachschub* bezeichnet. In diesem Fall wird die Lageraufgabe für den Nachschub in RF im Lagerauftrag des Kommissionierers als nächste zu bearbeitende Position angezeigt. Voraussetzung dafür ist, dass das System in den zulässigen Lagertypen Bestand gefunden hat (siehe Abbildung 10.20, in der markierten Konfiguration kann man den Lagertyp oder die Lagertypgruppe definieren, in dem/der nach Bestand gesucht werden soll.) Der Kommissionierernachschub ist nur in Radio-Frequency-Szenarien möglich.

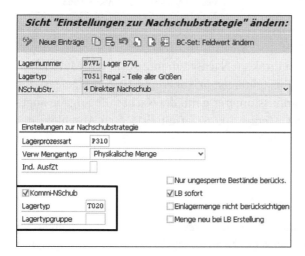

Abbildung 10.20 Direkten Nachschub in Lagertyp 0050 aktivieren

Damit der direkte Nachschub möglich ist, muss die entsprechende Nachschubstrategie für den Lagertyp aktiviert werden (wie oben beschrieben).

Neben dem Aktivieren des Kommissionierernachschubs können Sie in den Einstellungen für die Nachschubstrategie auch entweder den Lagertyp als Von-Lagertyp für die Nachschubaufgabe oder eine Lagertypgruppe für die Von-Lagerplatz-Findung angeben.

In Abbildung 10.21 sehen Sie ein Beispiel für den Prozess eines direkten Kommissionierernachschubs. Wenn der Kommissionierer am Lagerplatz feststellt, dass dort keine ausreichende Menge vorhanden ist, kann er den Ausnahmecode REPL eingeben (der dem internen Ausnahmecode Nachschub zugeordnet ist).

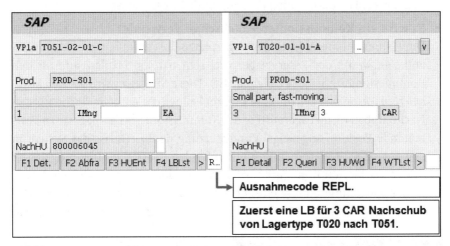

Abbildung 10.21 Beispiel für Kommissionierernachschub

Das System startet dann den direkten Nachschub und sucht das Material im Reservebereich (wie in den Einstellungen in Abbildung 10.20 festgelegt). Als nächstes Bild wird dem Kommissionierer dann die Nachschubaufgabe angezeigt (im Beispiel wurde als Menge 100 ST ermittelt). Nach Abschluss des Nachschubprozesses wird dem Kommissionierer wieder die ursprüngliche Kommissionierung angezeigt, die nun ausgeführt werden kann.

10.1.7 Automatischer Nachschub

Der *automatische Nachschub* ist ein weiteres Verfahren des ungeplanten Nachschubs. Wenn diese Nachschubstrategie in der Konfiguration aktiviert wurde (im EWM-Customizing über den Menüpfad EXTENDED WAREHOUSE MANAGEMENT • LAGERINTERNE PROZESSE • NACHSCHUBSTEUERUNG • NACHSCHUBSTRATEGIEN IN LAGERTYP AKTIVIEREN), löst sie im Hintergrund automatisch einen Nachschubvorgang für einen bestimmten Lagerplatz aus, wenn Sie eine Lageraufgabe bestätigen und die Menge am Von-Lagerplatz unter die Minimalmenge fällt, die für den Lagerplatz oder Lagertyp festgelegt ist. Beim automatischen Nachschub wird die Nachschubmenge anhand der Maximal- und der Minimalmenge berechnet und immer auf ein Vielfaches der Mindestnachschubmenge abgerundet.

10.2 Lager-Reorganisation

Bei der *Lager-Reorganisation* werden die ursprünglichen Lagerkonzepte, die im Rahmen der Lagerungsdisposition festgelegt wurden, mit den tatsächlichen Lagerorten der Produkte im Lager verglichen. Um zu ermitteln, welche Produkte sich aktuell am ungünstigsten Lagerort im Vergleich zu ihrem optimalen Lagerort befinden, verwendet die Lager-Reorganisation Bewertungspunkte, die in der Konfiguration gepflegt werden können.

Ein typischer Fall für die Lager-Reorganisation ist ein Material, das bisher nicht stark nachgefragt wurde oder dessen Bedarf saisonal ist (z. B. Regenschirme) und das deshalb in einem Bereich für Langsamdreher gelagert wird. Nach dem letzten Lagerungsdispositionslauf (z. B. im September) wurde festgestellt, dass sich der Bedarf dieses Produkts in den kommenden Monaten stark erhöhen wird, und das Produkt wurde deshalb einem Bereich für Schnelldreher sowie einem größeren Lagerplatztyp zugeordnet (siehe Abbildung 10.22).

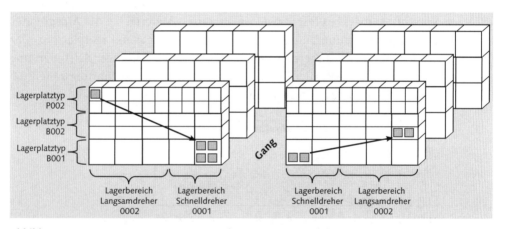

Abbildung 10.22 Lager-Reorganisation mit Verlagerung eines Produkts von einem Bereich für Langsamdreher in einen Bereich für Schnelldreher

Im Beispiel in Abbildung 10.22 sehen Sie auf der linken Seite das Diagramm der Reorganisationsbewegung eines Materials von einem Langsamdreherbereich in einen Schnelldreherbereich näher am Gang. Der Lagerplatztyp muss ebenfalls gewechselt werden, damit die in den kommenden Monaten benötigte größere Materialmenge untergebracht werden kann.

Als Gegenstück dazu sehen Sie auf der rechten Seite das Diagramm für ein Teil, das früher ein Schnelldreher war (und das derzeit seinen Lagerplatz nicht voll ausfüllt, da der Bedarf abgenommen hat) und jetzt in den Bereich für Langsamdreher, der weiter vom Gang weg liegt, bewegt und einem kleineren Lagerplatztyp zugewiesen werden kann, um die Nutzung des Lagerplatzes insgesamt zu optimieren.

In den folgenden Abschnitten schauen wir uns zuerst die allgemeine Konfiguration für die Lager-Reorganisation an, erklären das Konzept der Bewertungspunkte, schauen dann auf die Stammdaten für die Lagerorganisation und zeigen Ihnen ein Beispiel für eine Reorganisation. Zuletzt besprechen wir auch noch die Möglichkeit, Alerts im Alert Monitor zu verwenden, um die Kapazitätsauslastung im Lager zu überwachen.

10.2.1 Allgemeine Konfiguration für die Lager-Reorganisation

Das allgemeine Customizing für die Lager-Reorganisation kann im EWM-Customizing über den Menüpfad EXTENDED WAREHOUSE MANAGEMENT • LAGERINTERNE PROZESSE • LAGEROPTIMIERUNG aufgerufen werden. Hier können Sie die Aktivität VORSCHLAGSLAGERPROZESSART FÜR LAGEROPTIMIERUNG FESTLEGEN ausführen (siehe Abbildung 10.23). Für jedes Lager legen Sie eine Vorschlagsprozessart fest und geben an, ob das Material bei der Anlage einer Lager-Reorganisationsaufgabe an den globalen optimalen Lagerplatztyp oder an den optimalen Lagerplatztyp in der betreffenden Lagerplatztypgruppe bewegt werden soll. Hier können Sie außerdem die Ausführungszeiten für die Lager-Reorganisation angeben.

Abbildung 10.23 Vorschlagswerte für die Lager-Reorganisation anpassen

Um die Belegart und die Positionsart für die Lageranforderungen zur Lager-Reorganisation anzugeben, wählen Sie im Menü des EWM-Customizings EXTENDED WAREHOUSE MANAGEMENT • LAGERINTERNE PROZESSE • LAGEROPTIMIERUNG • BELEG- UND POSITIONSART FÜR LAGEROPTIMIERUNG FESTLEGEN (siehe Abbildung 10.24). Diese Beleg- und Positionsart wird verwendet, wenn anstelle einer sofort angelegten Lageraufgabe eine Lageranforderung für die Lager-Reorganisation angelegt werden soll. Lageranforderungen haben den Vorteil, dass die Reorganisationsaufgaben zu geeigneten Zeitpunkten freigegeben werden können, um möglichst reibungslose Arbeitsabläufe im Lager zu erreichen.

Abbildung 10.24 Beleg- und Positionsart für die
Lager-Reorganisation konfigurieren

Bewertungspunkte

Bei der Anlage von Lager-Reorganisationsaufgaben kann das System Ihnen die Umlagerungen vorschlagen, die den größten Vorteil bringen. Diese Bewertung beruht auf der Einrichtung von Bewertungspunkten, dem sogenannten *Lagerungsdispositionsindex*.

Anhand der Bewertungspunkte ermittelt der Lager-Reorganisationsprozess, welche der aktuellen suboptimalen Materiallagerorte im Vergleich zu ihren optimalen Lagerorten am schlechtesten sind. Die Bewertungspunkte können im Customizing in drei verschiedenen Bereichen gepflegt werden (für die Findungsstrategien Lagertyp, Lagerbereich und Lagerplatztyp). Sie können die Bewertungspunkte im EWM-Customizing aufrufen, indem Sie im Menü zunächst EXTENDED WAREHOUSE MANAGEMENT • WARENEINGANGSPROZESS • STRATEGIEN und dann eine der folgenden Möglichkeiten wählen:

▶ LAGERTYPFINDUNG • LAGERTYPEN DER LAGERTYPSUCHREIHENFOLGE ZUORDNEN

▶ LAGERBEREICHSFINDUNG • LAGERBEREICHSSUCHREIHENFOLGE PFLEGEN

▶ LAGERPLATZFINDUNG • ALTERNATIVE LAGERPLATZTYPFOLGE

Bei der Lager-Reorganisation werden die Bewertungspunkte (also der Lagerungsdispositionsindex) für Lagertyp, Lagerbereich und Lagerplatztyp aus den drei Customizing-Tabellen addiert, um die Gesamtbewertung jedes aktuellen Lagerplatzes zu berechnen. In der Bewertung stehen höhere Zahlen für eine schlechtere Position im Vergleich zum optimalen Lagerort.

Die Konfiguration der Lagertypsuchreihenfolge (siehe Abbildung 10.25) gibt pro Lagerplatztyp in der Suchreihenfolge für die Einlagerung einen Punktwert an. Im Beispiel erhält der erste Lagerplatztyp in der Suchreihenfolge (0020) keine Bewertungspunkte, der zweite (0050) dagegen eine »Strafpunktzahl« von 100.

Sicht "Lagertypsuchreihenfolge Einlagerung" ändern: Übersicht

🦾 🔍 Neue Einträge ⬜ 🗐 🔄 🗎 🗎 🗎 BC-Set: Feldwert ändern

Lagertypsuchreihenfolge Einlagerung

LNr	Suchfolge	Fortl. Num	Typ	LTG	Bew. Lgpos	Bezeichnung
0001	0020	1	0020			Einlagern in Lagertyp 0020
0001	0020	2	0050		100	Einlagern in Lagertyp 0020

Abbildung 10.25 Bewertungspunkte für Lagertypen

Analog zur Vergabe von Bewertungspunkten in der Lagertypsuchreihenfolge vergibt die Bereichssuchreihenfolge (siehe Abbildung 10.26) Punkte für die Lagerbereiche in der Lagerbereichssuchreihenfolge für die Einlagerung. Im Beispiel erhält bei Lagertyp 0020 und Bereichskennzeichen SNEL der erste Lagerbereich in der Reihenfolge (0001) keine Bewertungspunkte, während der zweite (0002) zehn »Strafpunkte« erhält etc.

Sicht "Lagerbereichsfindung" ändern: Übersicht

🦾 🔍 Neue Einträge ⬜ 🗐 🔄 🗎 🗎 🗎

Lagerbereichsfindung

LNr	Typ	Einst 1	Einst 2	BerKz	Fortlaufende Nr.	Ber	Bew. Lgpos
0001	0020			SNEL	1	0001	
0001	0020			SNEL	2	0002	10
0001	0020			SNEL	3	0003	10

Abbildung 10.26 Bewertungspunkte für Lagerbereiche

Bewertung des Lagerungsdispositionsindex

Die Bewertungspunkte des Lagerungsdispositionsindex addieren sich innerhalb der Reihenfolge. Das heißt, der Gesamtindex der dritten Folgenummer in der betreffenden Reihenfolge ist die Summe der Bewertungspunkte der ersten, zweiten und dritten Folgenummer. In dem in Abbildung 10.26 gezeigten Beispiel für das Bereichskennzeichen würde ein Artikel in Bereich 0003 insgesamt 20 (0 + 10 + 10) Bewertungspunkte für den Lagerbereich erhalten.

Bei Lagerplatztypen können Bewertungspunkte auch in der alternativen Lagerplatztypreihenfolge vergeben werden (siehe Abbildung 10.27). Ein Produkt, das sich derzeit in Lagertyp 0020 mit einem optimalen Lagerplatztyp, jedoch an einem suboptimalen Lagerplatz befindet, erhält Bewertungspunkte entsprechend dem Lagerplatztyp, in dem es sich tatsächlich befindet. Im dargestellten Beispiel würde ein Produkt, das dem Lagerplatztyp B001 zugeordnet ist, sich aber tatsächlich in Lagerplatztyp P002 befindet, sechs (3 + 3) Bewertungspunkte erhalten, gemäß der Summe der Bewertungspunkte in jedem Schritt der Reihenfolge (siehe den Hinweis oben zur kumulativen Addition der Bewertungspunkte).

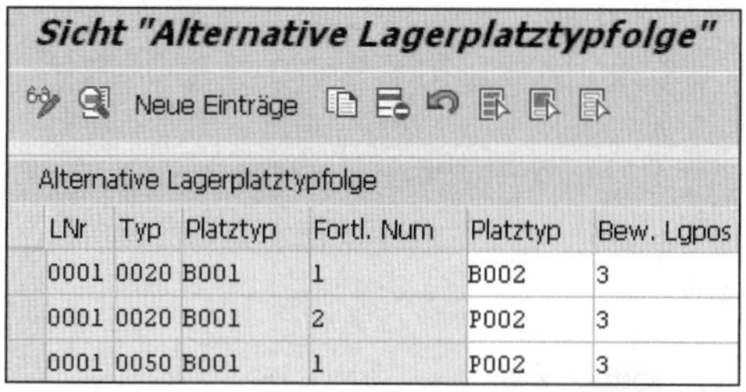

Sicht "Alternative Lagerplatztypfolge"					
🔑 🔍 Neue Einträge 🗅 🗅 ↩ 🗇 🗇 🗇					
Alternative Lagerplatztypfolge					
LNr	Typ	Platztyp	Fortl. Num	Platztyp	Bew. Lgpos
0001	0020	B001	1	B002	3
0001	0020	B001	2	P002	3
0001	0050	B001	1	P002	3

Abbildung 10.27 Bewertungspunkte für alternative Lagerplatztypen

10.2.2 Stammdaten zur Bestimmung der optimalen Lagerplätze

Sie müssen die bei der Lager-Reorganisation zu berücksichtigenden Daten im Produktstamm festlegen, damit das System bei der Lager-Reorganisationsanalyse den optimalen Lagerplatz bestimmen kann. Die entsprechenden Produktstammdaten können manuell oder im Rahmen eines Lagerungsdispositionslaufs gepflegt werden (weitere Informationen zur Lagerungsdisposition finden Sie in Kapitel 9, »Warenausgangsprozess«). Wie oben beschrieben, wird bei der Lager-Reorganisation der aktuelle Lagerort eines Materials im Lager mit seinem optimalen Lagerort verglichen.

Damit der optimale Lagertyp, Lagerbereich und Lagerplatztyp bestimmt werden können, müssen im Produktstamm die relevanten Einstellungen zur Bestimmung der Lagertypreihenfolge, Lagerbereichsreihenfolge und zur alternativen Lagerplatztypreihenfolge angegeben sein, die bei der Einlagerung verwendet werden sollen. Diese Angaben können manuell im Materialstamm festgelegt oder während der Lagerungsdisposition bestimmt werden. Je nach dem Bedarf eines Produkts kann die Lagerungsdisposition das *Einlagerungssteuerkennzeichen* (ESK), das Bereichskennzeichen und den Lagerplatztyp ändern.

Im Produktstamm können Sie das ESK für das Produkt angeben (entweder manuell oder über die Lagerungsdisposition, siehe Abbildung 10.28). Anhand des ESK wiederum wird die Lagertypreihenfolge bestimmt, die bei der Einlagerung verwendet wird (Einzelheiten dazu finden Sie in Kapitel 9). Entsprechend der Lagertypreihenfolge ist der erste Lagertyp in der Reihenfolge als der optimale Lagertyp für das Produkt definiert (und erhält in der Regel null Bewertungspunkte wie in Abbildung 10.25 weiter vorne). Die weiteren Lagertypen in der Reihenfolge gelten als suboptimal und erhalten

Bewertungspunkte zur Berechnung des Lagerungsdispositionsindex bei der Lager-Reorganisation.

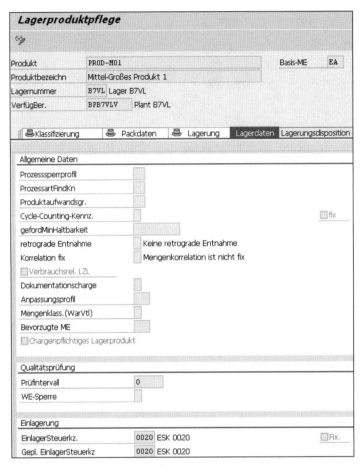

Abbildung 10.28 Einlagerungssteuerkennzeichen im SAP-EWM-Produktstamm zuweisen

Im abgebildeten Beispiel lautet das zugewiesene ESK 0020, das der Lagertypsuchreihenfolge 0020 zugeordnet ist. In dieser Reihenfolge steht der Lagertyp 0020 an erster und der Lagertyp 0050 an zweiter Stelle. Da der Lagertyp 0020 der erste in der Suchreihenfolge ist, stellt er den optimalen Lagertyp dar, und die nachfolgenden suboptimalen Lagertypen erhalten Bewertungspunkte.

Wenn Sie sich anschließend das Lagertypdatenbild für den optimalen Lagertyp ansehen, sind dort das Lagerbereichskennzeichen (anhand dessen die Lagerbereichsreihenfolge bestimmt wird) und der optimale Lagerplatztyp (der auch zur Bestimmung der alternativen Lagerplatztypen genutzt wird) zugewiesen.

Im Beispiel in Abbildung 10.29 ist das Lagerbereichskennzeichen SNEL zugewiesen (die Lagerbereichsreihenfolge ist weiter vorne in Abbildung 10.26 zu
sehen). In diesem Fall wurde durch die Lagerungsdisposition ermittelt, dass
das Material derzeit ein Schnelldreher ist und deshalb zur optimalen Lagerung in Bereich 0001 gelagert werden muss. Bereich 0001 ist somit der optimale Bereich. Im Beispiel ist der Lagerplatztyp B001 der optimale Lagerplatztyp zur Lagerung des Materials in diesem Lagertyp. (Die alternativen
Lagerplatztypen werden wie in Abbildung 10.27 angegeben.)

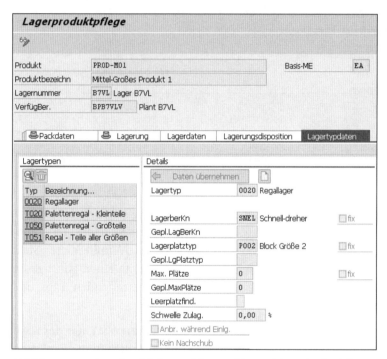

Abbildung 10.29 Lagerbereichskennzeichen und Lagerplatztyp im Produktstamm zuweisen

10.2.3 Lager-Reorganisation ausführen

Um die Lager-Reorganisation im Vordergrund auszuführen, können Sie im
SAP-Easy-Access-Menü Extended Warehouse Management • Arbeitsvorbereitung • Lager-Reorganisation wählen oder die Transaktion /SCWM/
REAR verwenden. Eine Ausführung im Hintergrund ist ebenfalls möglich (es
steht eine spezielle Hintergrundversion des Programms zur Verfügung, die
über die Transaktion /SCWM/REAR_BATCH aufgerufen werden kann). In
der Vordergrundtransaktion können Sie die vorgeschlagene Reorganisation
überprüfen, indem Sie die verschiedenen Sichten zur Analyse der Situation
im Lager heranziehen. Sie können die Analyse nach Lagerplatztyp, Lager-

bereich oder Kombination von Lagerplatztyp und Lagerbereich vornehmen (siehe Abbildung 10.30).

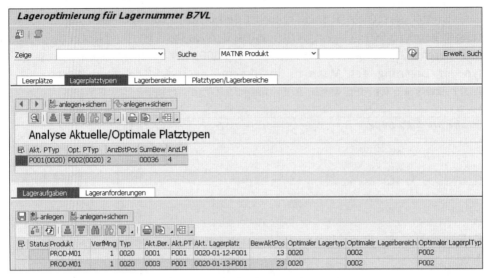

Abbildung 10.30 Lagerplatztypensicht für die Lager-Reorganisation

In der Transaktion können Sie außerdem auf der Registerkarte LEERPLÄTZE sehen, wie viele Lagerplätze jedes Typs in den verschiedenen Kombinationen von Lagertyp und Lagerplatztyp vorhanden sind. Mithilfe dieser Sicht können Sie ermitteln, ob es möglich ist, ein Material an einen günstigeren Platz umzulagern, oder ob keine Lagerplätze des betreffenden Typs und Bereichs verfügbar sind.

Im Beispiel sehen Sie auf der Registerkarte LAGERPLATZTYPEN unter der ANA-LYSE AKTUELLE/OPTIMALE PLATZTYPEN einen Eintrag für den aktuellen Lagerplatztyp P001. Darüber hinaus sehen Sie, dass der optimale Lagerplatztyp für dieses Material P002 ist und dass sich zwei Produkte auf diesem suboptimalen Lagerplatztyp P002 befinden.

Wenn Sie diesen Eintrag markieren und die Schaltfläche DETAILS (🔍) anklicken, werden in der unteren Bildhälfte Informationen zur Anlage der Lageraufgabe angezeigt. Hier sehen Sie die einzelnen Mengen an ihren aktuellen Lagerplätzen. Für jeden Lagerplatz wurden Bewertungspunkte berechnet. Das Material an 0020-01-12-P001 z. B. befindet sich im optimalen Lagertyp 0020 und erhält dafür keine Strafpunkte, da es sich aber im Bereich 0003 befindet, erhält es 10 Punkte. Da es sich zudem im suboptimalen Lagerplatztyp P001 im Lagertyp 0020 befindet, kommen drei Punkte hinzu. Die Gesamtzahl der Strafpunkte beträgt somit 13.

In der Liste der vorgeschlagenen Aufgaben können Sie nun anhand der berechneten Bewertungspunkte bestimmen, welche Bewegungen am besten dazu geeignet sind, die Platzierung der Produkte dem optimalen Lagerkonzept anzunähern. Im Beispiel ist eine Bewegung des Produkts an Lagerplatz 0020-01-13-P001 am wichtigsten, da dieses die meisten Bewertungspunkte aufweist (23).

Alternativ können die vorgeschlagenen Bewegungen auch auf der Registerkarte LAGERBEREICH bewertet werden, die Zusammenfassung erfolgt jedoch nach dem aktuellen Lagerbereich in dieser Sicht (siehe Abbildung 10.31). Die Bewertungspunkte sind identisch. In dieser Sicht ist der Bereich der erste Wert in der Spalte, und der in Klammern angegebene Wert in derselben Spalte ist der Lagertyp, in dem sich das Produkt befindet.

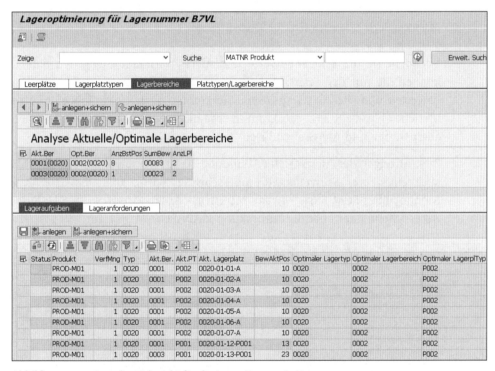

Abbildung 10.31 Lagerbereichssicht für die Lager-Reorganisation

10.2.4 Alerts für die Lager-Reorganisation

Eine Lager-Reorganisation kann vor allem dann wichtig sein, wenn die Kapazitätsauslastung in einem bestimmten Bereich zu hoch ist. Zur Überwachung des Lagers und zur Erkennung von Reorganisationsmöglichkeiten entsprechend der Kapazitätsauslastung können Sie *Alerts* für die Bestandssituation im Lager anlegen.

Um die Schwellenwerte für die Alerts festzulegen, wählen Sie im EWM-Customizing den Menüpfad EXTENDED WAREHOUSE MANAGEMENT • LAGER-INTERNE PROZESSE • LAGEROPTIMIERUNG • SCHWELLENWERTE FÜR BESTANDS-SITUATION DEFINIEREN. Sie können z. B. wie in Abbildung 10.32 einen unteren und einen oberen Schwellenwert sowie eine Alert-Priorität für die betreffenden Schwellenwerte festlegen.

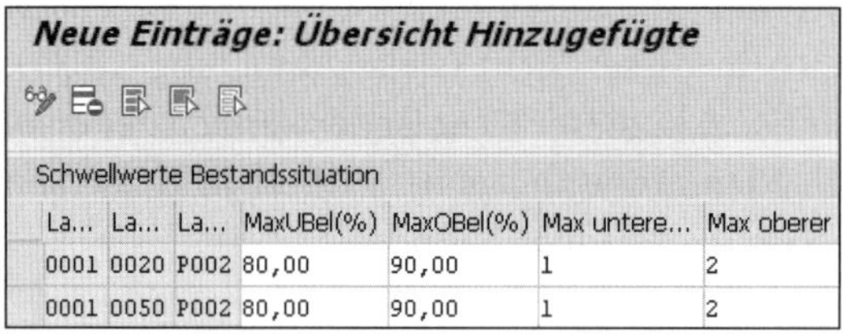

Neue Einträge: Übersicht Hinzugefügte

Schwellwerte Bestandssituation

La...	La...	La...	MaxUBel(%)	MaxOBel(%)	Max untere...	Max oberer
0001	0020	P002	80,00	90,00	1	2
0001	0050	P002	80,00	90,00	1	2

Abbildung 10.32 Schwellenwerte für Bestandssituation

Nachdem Sie die Schwellenwerte und Alert-Prioritäten angegeben haben, können Sie mit der Transaktion /SCWM/WM_ANA die Bestandssituation bewerten und die Alerts auslösen. Sie können auch einen Job einplanen (Bericht /SCWM/RWM_ANALYSIS), um in regelmäßigen Abständen die Kriterien auszuwerten und Alerts auszulösen.

Zum Anzeigen der Alerts (siehe Abbildung 10.33, wo sowohl ein unterer als auch ein oberer Schwellenwert überschritten wird) rufen Sie den Alert Monitor über SCM-BASIS • ALERT MONITOR • ALERT MONITOR im SAP-Easy-Access-Menü oder über die Transaktion /SAPAPO/AMON1 auf.

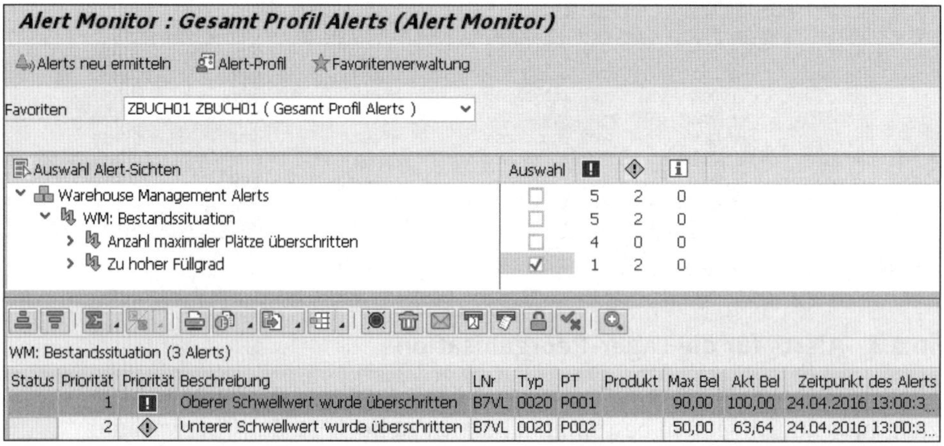

Alert Monitor : Gesamt Profil Alerts (Alert Monitor)

Alerts neu ermitteln   Alert-Profil   Favoritenverwaltung

Favoriten   ZBUCH01 ZBUCH01 (Gesamt Profil Alerts)

Auswahl Alert-Sichten

Auswahl Alert-Sichten	Auswahl	❗	◈	ℹ
∨ Warehouse Management Alerts	☐	5	2	0
∨ WM: Bestandssituation	☐	5	2	0
> Anzahl maximaler Plätze überschritten	☐	4	0	0
> Zu hoher Füllgrad	☑	1	2	0

WM: Bestandssituation (3 Alerts)

Status	Priorität	Priorität	Beschreibung	LNr	Typ	PT	Produkt	Max Bel	Akt Bel	Zeitpunkt des Alerts
	1	❗	Oberer Schwellwert wurde überschritten	B7VL	0020	P001		90,00	100,00	24.04.2016 13:00:3...
	2	◈	Unterer Schwellwert wurde überschritten	B7VL	0020	P002		50,00	63,64	24.04.2016 13:00:3...

Abbildung 10.33 SAP-EWM-Alerts zur Bestandssituation – Maximalbestand zu hoch

Sie können die Bestandssituation auch daraufhin analysieren, ob die maximale Anzahl von belegten Lagerplätzen überschritten wurde (siehe Abbildung 10.34). In diesem Fall wurden Alerts ausgelöst, weil das Produkt zu viele Plätze eines bestimmten Lagerplatztyps belegt. Das Produkt PROD-M01 z. B. belegt sieben Lagerplätze des Typs P002, und die festgelegte obere Maximalzahl von belegten Plätzen des Lagerplatztyps P002 beträgt 2. Deshalb wird ein Alert mit Priorität 1 (rot) ausgelöst. Das Produkt PROD-M01 belegt nur zwei Lagerplätze des Lagerplatztyps P001, aber der untere Schwellenwert ist ein Lagerplatz des Platztyps P001, deshalb wird ein Alert mit Priorität 2 generiert.

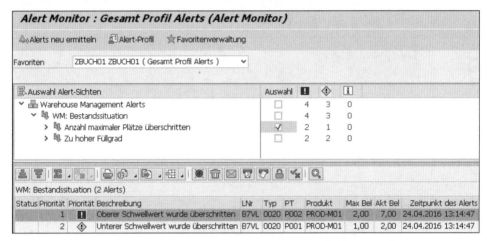

Abbildung 10.34 SAP-EWM-Alerts zur Bestandssituation – Maximalzahl von Lagerplätzen überschritten

10.3 Ad-hoc-Bewegungen im Lager

Eine *Ad-hoc-Bewegung* ist die Umlagerung eines Produkts oder einer Handling Unit (HU) von einem Lagerplatz zum anderen. EWM bietet für diese Art von Lagerbewegungen zwei Haupttransaktionen. Beide können im SAP-Easy-Access-Menü über folgenden Pfad aufgerufen werden: EXTENDED WAREHOUSE MANAGEMENT • ARBEITSVORBEREITUNG • LAGERAUFGABE OHNE REFERENZ ANLEGEN. Wenn eine einzelne Menge eines Produkts bewegt werden soll, wählen Sie anschließend PRODUKT BEWEGEN (oder verwenden die Transaktion /SCWM/ADPROD), wenn eine HU mit ihrem gesamten Inhalt bewegt werden soll, wählen Sie HANDLING UNIT BEWEGEN (oder verwenden die Transaktion /SCWM/ADHU).

In Abbildung 10.35 ist die Formularsicht der Transaktion /SCWM/ADHU dargestellt. Um eine HU zu bewegen, müssen Sie lediglich die betreffende

HU, den Nach-Lagerplatz und die Lagerprozessart (in diesem Fall 9999) angeben. Lagertyp und -bereich können automatisch anhand des Nach-Lagerplatzes bestimmt werden, deshalb müssen Sie diese nicht selbst eingeben. Danach klicken Sie einfach auf die Schaltfläche ANLEGEN (so erhalten Sie eine Vorschau, um die Angaben vor dem Sichern noch einmal zu überprüfen) oder auf die Schaltfläche ANLEGEN + SICHERN.

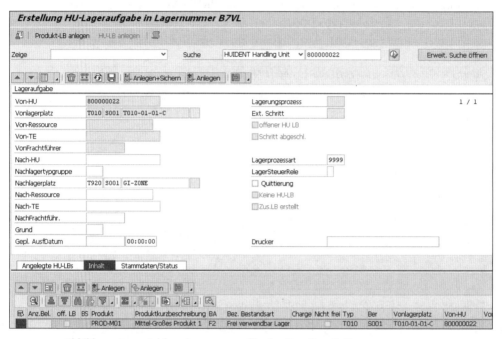

Abbildung 10.35 Ad-hoc-Bewegungen für eine Handling Unit

Sofern die sofortige Bestätigung für die angegebene Lagerprozessart zulässig ist, können Sie die Lageraufgabe sofort über das Kennzeichen QUITTIERUNG bestätigen.

10.3.1 Ad-hoc-Lageraufgaben via RF anlegen und ausführen

Sie können Ad-hoc-Lageraufgaben auch über *RF-Geräte* anlegen und bestätigen. Wie in Abbildung 10.36 zu sehen ist, bewegt der Lagermitarbeiter 4 ST von Produkt SPE_SFS_0001 von Lagerplatz 0020-10-01-A zu Lagerplatz GI-ZONE. Wenn Sie das ausgelieferte Standardmenü für die mobile Dateneingabe verwenden, folgen Sie zum Aufrufen der Transaktion für Ad-hoc-Bewegungen dem Menüpfad 05 INTERNE PROZESSE • 02 ADHOC LB ERSTELLUNG • 05 ADHOC PRODUKT LB ERSTELLEN U. QUITTIE. Um die Lageraufgabe anzulegen, geben Sie im Von-Lagerplatz-Bild den Von-Lagerplatz und das Produkt und anschließend die Menge und den Nach-Lagerplatz ein. Wenn Sie eine HU-Nummer am Nach-Lagerplatz angeben möchten, geben Sie die Nach-HU ein, ansonsten lassen Sie das Feld leer (sofern der Lagertyp dies zulässt). Nachdem Sie die Angaben im letzten Bild überprüft und $\leftarrow$ gedrückt haben, wird die Lageraufgabe gesichert. Wenn die Lagerprozessart die sofortige Bestätigung erlaubt und vorschlägt, wird die Lageraufgabe sofort angelegt und bestätigt. Ziehen Sie deshalb in Betracht, zur Verwendung in der Lager-RF-Transaktion eine Prozessart anzulegen, die eine sofortige Bestätigung zulässt und vorschlägt.

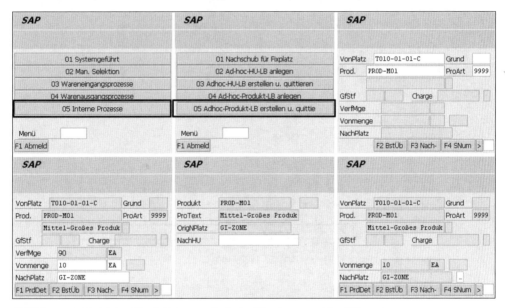

Abbildung 10.36 Ad-hoc-Produkt-Lageraufgabe in RF anlegen und bestätigen

10.4 Umbuchungen

Umbuchungen können von SAP ERP veranlasst oder innerhalb von EWM eingeleitet werden. Wenn Umbuchungen über SAP ERP veranlasst werden, wird in SAP ERP ein Umbuchungsbeleg angelegt und als Umbuchungsanforderung an EWM übertragen. Die Umbuchung im Lager wird aus der Umbuchungsanforderung generiert, wenn diese aktiviert wird. Die Lageraufgaben werden dann mit Referenz auf die Umbuchungen generiert. Die Lageraufgaben zur Ausführung der Umbuchung können dann entsprechend der betreffenden Konfiguration automatisch von EWM über das *Post Processing Framework* (PPF) angelegt werden.

Umbuchungen können auch direkt in EWM generiert werden (siehe Abbildung 10.37). Gehen Sie dazu im SAP-Easy-Access-Menü über den Menüpfad EXTENDED WAREHOUSE MANAGEMENT • ARBEITSVORBEREITUNG • PRODUKT UMBUCHEN, oder wählen Sie die Transaktion /SCWM/POST.

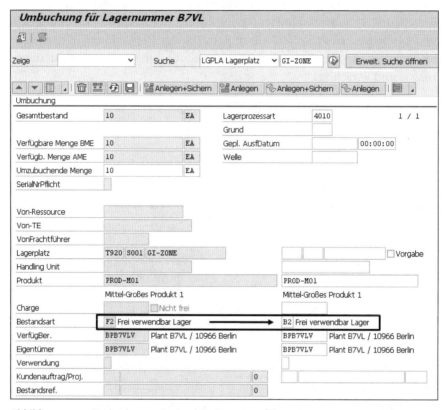

Abbildung 10.37 Umbuchung – Bestandsänderung ausführen

Beim Anlegen der EWM-Umbuchung können Sie ein Material anhand verschiedener Kriterien wie Materialnummer, Lagerplatz, HU oder Eigentümer auswählen. Danach geben Sie eine Prozessart und ein Attribut ein, das für dieses Material geändert werden soll. Im gezeigten Beispiel wird das Produkt von frei verwendbarem Bestand (Bestandsart F2) in gesperrten Bestand (Bestandsart B5) umgebucht. Weitere Informationen zu Bestandsarten in EWM finden Sie in Kapitel 6, »Lieferabwicklung«.

Beim Anlegen der Umbuchung können Sie entscheiden, ob die Umbuchung sofort angelegt werden soll oder ob zunächst eine Lageranforderung angelegt werden soll, aus der im Folgenden eine Umbuchung erzeugt werden kann.

10.5 Inventur

Unabhängig davon, ob sie (wie in vielen Ländern) gesetzlich vorgeschrieben ist oder nur eine Best Practice darstellt, ist die *Inventur* bei jeder Lagerverwaltungslösung eine absolute Notwendigkeit. Indem es mehrere Methoden für die Inventur bietet, unterstützt SAP EWM Sie bei der effizienten Untersuchung der Bestandssituation in Ihrem Lager und hilft Ihnen, Bestandsverluste zu reduzieren.

Dieser Abschnitt gibt Ihnen eine Übersicht über die EWM-Funktionen für die Inventur. Wir beleuchten die wichtigsten Objekte, die von den Inventurfunktionen verwendet werden, die unterstützten Inventurverfahren und die Integration in das Ressourcenmanagement.

Wir befassen uns sowohl mit der lagerplatzbezogenen Inventur als auch mit der produktbezogenen Inventur. Bei der lagerplatzbezogenen Inventur sollen alle Produkte und HUs an einer bestimmten Position im Lager gezählt werden. In diesem Fall liefert das System einen Inventurbeleg für die Zählung in dem Bereich (z. B. einen ganzen Lagertyp oder separate Lagerplätze in verschiedenen Lagertypen). Der Benutzer zählt dann alle Produkte in den betreffenden Bereichen. Dieses Zählverfahren kann z. B. bei der Jahresinventur angewendet werden, um sicherzustellen, dass alle Lagerplätze gezählt werden (wie häufig jährlich, ist per Gesetz vorgeschrieben).

Die produktbezogene Inventur richtet sich ausschließlich nach dem zu zählenden Produkt und kann einen oder mehrere Einzellagerplätze oder HUs im Lager umfassen. Dieses Verfahren dient dazu, dem Benutzer Einblick in den aktuellen Lagerbestand eines bestimmten Produkts zu geben, und wird z. B. häufig bei Produkten von höherem Wert angewandt.

Außerdem kann eine Inventur für bestimmte Bestandskategorien durchgeführt werden, z. B. gesperrten Bestand, Qualitätsprüfbestand oder normalen Bestand zur freien Verwendung.

10.5.1 Konfiguration für die Inventur

Da EWM unter Verwendung verschiedener Lagernummern mehrere physische Läger verwalten kann, gibt es spezifische Inventureinstellungen auf Lagernummernebene (siehe Abbildung 10.38). Zum Aufrufen der lagerspezifischen Einstellungen wählen Sie im EWM-Customizing EXTENDED WAREHOUSE MANAGEMENT • LAGERINTERNE PROZESSE • INVENTUR • LAGERNUMMERSPEZIFISCHE EINSTELLUNGEN • INVENTURSPEZIFISCHE EINSTELLUNGEN IM LAGER FESTLEGEN.

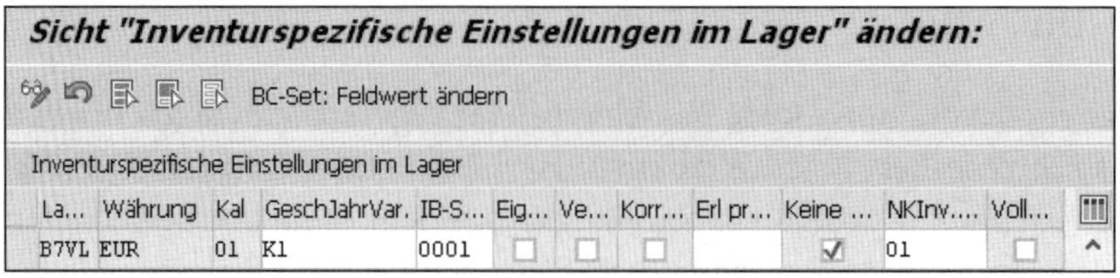

Abbildung 10.38 Inventureinstellungen auf Lagernummernebene

In den inventurspezifischen Einstellungen auf Lagernummernebene (Abbildung 10.38) können Sie u. a. die folgenden Festlegungen treffen:

▸ **Fabrikkalender**
Der Fabrikkalender dient dazu, zwischen Werktagen und Nicht-Werktagen zu unterscheiden. Beim Cycle-Counting müssen die Intervalle in Werktagen berechnet werden, um den Termin für die nächste Zählung zu bestimmen.

▸ **Währung**
Die Währung wird bei der Berechnung des Produktwerts verwendet. Die Produktwerte werden bei der Toleranzprüfung im Rahmen der Inventur und der Ausbuchung genutzt und können auch herangezogen werden, um die für die Zählung relevanten Artikel zu bestimmen. Zum Übertragen der Produktwerte aus SAP ERP an EWM wählen Sie im SAP-Easy-Access-Menü Extended Warehouse Management • Inventur • Periodische Arbeiten • Preise aus ERP ermitteln und setzen oder verwenden die Transaktion /SCWM/VALUATION_SET. Die Werte werden im EWM-System gespeichert, deshalb muss bei einer Änderung der Preise in SAP ERP die Aktualisierung der Werte in EWM erneut von Hand ausgelöst werden.

▸ **Geschäftsjahresvariante**
Über die Geschäftsjahreszuordnung können Sie bestimmte Geschäftsjahresvarianten verwenden, die sich aufgrund gesetzlicher Regelungen oder Unternehmensvorgaben ändern können. Zum Pflegen der Geschäftsjahresvarianten (siehe Abbildung 10.39) wählen Sie im EWM-Customizing Advanced Planning and Optimization • Supply-Chain-Planung • Demand Planning (DP) • Grundeinstellungen • Geschäftsjahresvarianten pflegen.

▸ **Schema**
Das Schema ist das Bedingungsschema für das Drucken (siehe auch Abschnitt 12.8, »SAP Fiori für SAP EWM«), sofern Sie für die Inventur nicht die Option für die mobile Dateneingabe verwenden (siehe auch Abschnitt 11.2, »Radio-Frequency-Framework«).

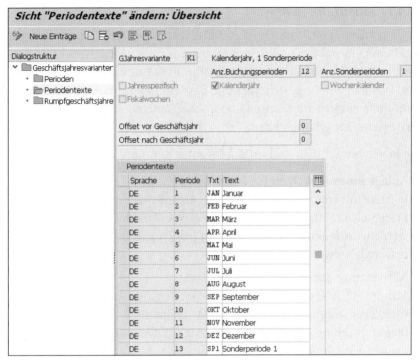

Abbildung 10.39 Geschäftsjahresvarianten definieren

► **Eigentümer/Verfügungsberechtigter**
Wenn diese Parameter ausgewählt werden, schlägt EWM anhand der Vorschlagswerte des Lagers einen Eigentümer und einen Verfügungsberechtigten vor.

► **Korrektur erlaubt**
Wenn dieses Kennzeichen ausgewählt ist, können Sie den Difference Analyzer verwenden, um einen Inventurbeleg zu korrigieren, für den bereits eine Inventurzählung eingegeben wurde. Der Difference Analyzer dient zur Verwaltung der Differenzen, die im Lager (während der Inventur oder anderer Prozesse) festgestellt werden, und zur Übertragung der resultierenden Änderungen der Bestandssituation an SAP ERP.

► **Erlaubte prozentuale Differenz und keine Toleranzprüfung**
Bei der Eingabe der Zähldaten wird eine Toleranzprüfung durchgeführt, um sicherzustellen, dass Zählung und Dateneingabe richtig sind. Wenn Sie eine zulässige prozentuale Änderung angeben möchten, können Sie dies hier tun. Sie können die Toleranzprüfung auch ganz deaktivieren. Die Toleranzprüfung gibt lediglich eine Warnung aus, um den Benutzer zur Prüfung der eingegebenen Zählung aufzufordern.

10.5.2 Ablauf der Inventur

Die Inventur soll eine korrekte Bestandsbuchhaltung für das Lager sicherstellen. Damit ein stabiler und sicherer Prozess für die Bestandsbuchhaltung zur Verfügung steht, ist der Inventurablauf in EWM in mehrere Schritte aufgeteilt. Dadurch wird z. B. sichergestellt, dass ein Lagermitarbeiter den Bestand nicht ohne zusätzliche Kontrolle und ohne Genehmigung eines Lagerleiters verringern oder erhöhen kann.

Die folgenden Schritte sind für die Inventur definiert:

1. **Anlage eines inaktiven Inventurbelegs**
   Inaktive Inventurbelege dienen zur Planung der Inventur. Solange die Belege nicht aktiviert sind, kann die Bestandszählung nicht durchgeführt werden, die inaktiven Belege können jedoch z. B. zur Planung des Arbeitsaufwands verwendet werden.

2. **Aktivierung der Inventurbelege**
   Mit der Aktivierung der Inventurbelege beginnt die eigentliche Ausführung der Zählung. Dabei legt EWM automatisch Lageraufträge für die Inventurzählung an, die zur Ausführung auf den mobilen Geräten verwendet werden können.

3. **Zählung und Nachzählung**
   Nachdem die Belege angelegt und aktiviert wurden, muss der Benutzer im Lager den Bestand zählen. Das Zählergebnis wird im jeweiligen Beleg gesichert, und wenn es genehmigt wird, wird der Bestand des Lagerplatzes automatisch aktualisiert. Falls eine Nachzählung ausgelöst wird, wird ein neuer Inventurbeleg angelegt, und der Benutzer muss den Lagerplatz oder das Produkt erneut zählen.

4. **Bestandsbuchung bei Bestandsdifferenzen**
   Nach Abschluss der Zählung (und gegebenenfalls der Nachzählung) wird der Inventurbeleg fertiggestellt bzw. gebucht, und das Zählergebnis wird gebucht. Differenzen zwischen den gezählten Mengen und den Buchmengen werden in einen Differenzbereich gebucht und sind im Difference Analyzer sichtbar.

Wenn alle Schritte der Inventur erfolgreich ausgeführt wurden, enthält der Inventurbeleg Details zur Zählung, u. a. das Zählergebnis, Differenzmengen, Zähldatum und Zähler.

In EWM sind verschiedene Inventurverfahren möglich, und für jedes werden die Inventurbelege auf andere Weise angelegt. Die verschiedenen Verfahren werden weiter unten in diesem Kapitel erläutert. Zunächst jedoch beschreiben wir die Inventurobjekte und ihre Verwendung bei der Abwicklung der Inventur.

10.5.3 Inventurobjekte

EWM bietet spezielle *Inventurobjekte* zur Unterstützung des Inventurprozesses: den Inventurbeleg, Inventurbereiche und den Difference Analyzer. In den folgenden Abschnitten werden diese Objekte und ihre Attribute genauer beschrieben.

Inventurbeleg

Am Anfang des Inventurprozesses steht immer die Anlage eines *Inventurbelegs*. Dieser Beleg steht für die zu zählenden Artikel, und der gesamte weitere Prozess wird in diesem Objekt dokumentiert. Der Inventurbeleg bildet somit die Grundlage für die Ausführung der Zählaktivitäten im Lager. Da er als wichtiges Anleitungsobjekt für den Mitarbeiter dient, der die Zählung ausführt, enthält der Beleg alle Informationen zu der Zählung, u. a. das geplante Zähldatum, das Inventurverfahren (z. B. Ad-hoc- oder Cycle-Counting), den Grund für die Zählung und ihre Priorität, das zu zählende Produkt und seine Lagerplatzposition, den Status des Belegs und die Angabe, ob der Lagerplatz während der Inventur gesperrt werden muss.

Abbildung 10.40 zeigt die möglichen Status des Inventurbelegs und die Stellen im Prozess, an denen Toleranzprüfungen vorgenommen werden können.

Toleranzprüfungen

Eine typische Unternehmensvorgabe bei der Inventur sind *Toleranzprüfungen* an bestimmten Stellen im Prozess. Insbesondere bei der Zählung hochwertiger Produkte empfiehlt es sich, die Zählergebnisse und die abschließenden Buchungen, die die Bestandssituation im Lagerverwaltungssystem aktualisieren, vor der Ausführung zu prüfen. Deshalb unterstützt SAP EWM die Zuordnung von Toleranzgruppen zu einzelnen Benutzern. Die Toleranzgruppen können bei der Eingabe des Zählergebnisses und bei der Buchung (mit der die Systemmengen angepasst werden) verwendet werden.

Die Toleranzprüfungen erfolgen ohne jegliche Benutzerinteraktion im Hintergrund und können eine Prüfung sowohl des Produktwerts als auch der Abweichung der Zählung von der Buchmenge (in Prozent) umfassen.

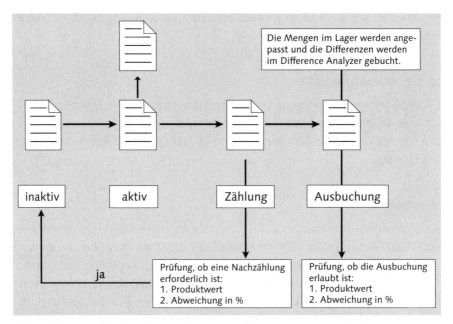

Die Mengen im Lager werden angepasst und die Differenzen werden im Difference Analyzer gebucht.

inaktiv   aktiv   Zählung   Ausbuchung

ja

Prüfung, ob eine Nachzählung erforderlich ist:
1. Produktwert
2. Abweichung in %

Prüfung, ob die Ausbuchung erlaubt ist:
1. Produktwert
2. Abweichung in %

Abbildung 10.40 Prozessübersicht des Inventurbelegs

Die Toleranzprüfungen werden auf der Grundlage von Toleranzgruppen durchgeführt (mit denen sich die verschiedenen Toleranzen effizienter verwalten lassen). Die Toleranzgruppen können den folgenden Prozessen zugeordnet werden:

▸ Toleranzgruppen für Difference Analyzer

▸ Toleranzgruppen für Ausbuchen

▸ Toleranzgruppen für Nachzählen

Zum Verwalten der Toleranzgruppen wählen Sie im EWM-Customizing den Menüpfad EXTENDED WAREHOUSE MANAGEMENT • LAGERINTERNE PROZESSE • INVENTUR • LAGERNUMMERSPEZIFISCHE EINSTELLUNGEN • INVENTURSPEZIFISCHE EINSTELLUNGEN IM LAGER FESTLEGEN • TOLERANZGRUPPEN DEFINIEREN. In den untergeordneten Ordnern können Sie die verschiedenen oben genannten Toleranzgruppen pflegen. In Abbildung 10.41 sehen Sie z. B. die Toleranzgruppen für das Ausbuchen.

Durch die Toleranzen können Sie etwa die sofortige Anlage eines Neuzählungsbelegs bei Eingabe der Zählergebnisse auslösen und dadurch eine unmittelbare Bestandsanpassung verhindern, wenn die Zähldifferenz zu groß ist. Der Bestand kann dann erst nach der Bestätigung der Nachzählung angepasst werden.

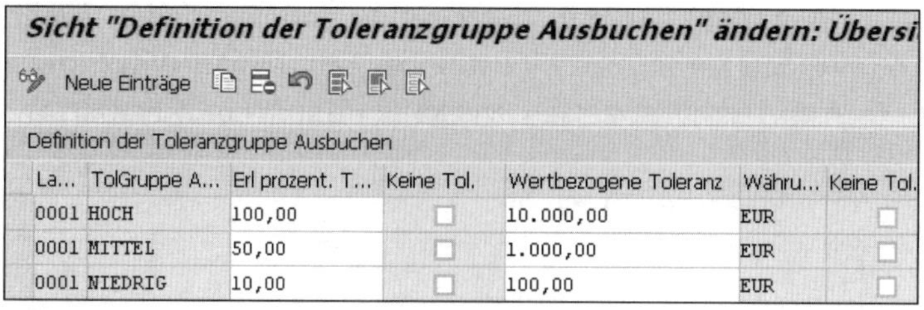

Definition der Toleranzgruppe Ausbuchen						
La...	TolGruppe A...	Erl prozent. T...	Keine Tol.	Wertbezogene Toleranz	Währu...	Keine Tol.
0001	HOCH	100,00	☐	10.000,00	EUR	☐
0001	MITTEL	50,00	☐	1.000,00	EUR	☐
0001	NIEDRIG	10,00	☐	100,00	EUR	☐

Abbildung 10.41 Toleranzgruppen für das Ausbuchen konfigurieren

Inventurbeleg anlegen

EWM unterstützt die manuelle und die automatische Anlage von Inventur-anforderungen (inaktiven Inventurbelegen) sowie die manuelle und die automatische Anlage ausführbarer (aktiver) Inventurbelege, bezogen entweder auf das Produkt oder auf den Lagerplatz. Abbildung 10.42 zeigt ein Beispiel für die Anlage eines Inventurbelegs. Zum Anlegen des Inventurbelegs wählen Sie im SAP-Easy-Access-Menü EXTENDED WAREHOUSE MANAGEMENT • INVENTUR • INVENTURBELEG ANLEGEN oder verwenden die Transaktion /SCWM/PI_CREATE.

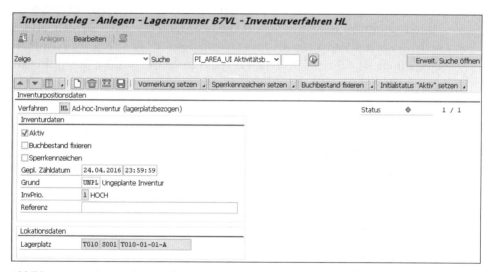

Abbildung 10.42 Inventurbeleg anlegen

Die Priorität des Inventurbelegs ist direkt mit einem Inventurgrund verknüpft. Damit ordnen Sie die Priorität zu, wenn Sie den Inventurbeleg anlegen und einen Begründungsschlüssel zuordnen (siehe Abbildung 10.42). Häufig kann dieser zur direkten Angabe der Priorität verwendet werden. Sie können die Gründe und Prioritäten unabhängig voneinander je nach Aktivität konfigurieren. Zum Konfigurieren der Gründe und Prioritäten (siehe Abbildung 10.43) wählen Sie im EWM-Customizing EXTENDED WAREHOUSE MANAGEMENT • LAGERINTERNE PROZESSE • INVENTUR • GRUND UND PRIORITÄT.

Sicht "Grund der Inventur" ändern: Übersicht

Neue Einträge

Grund der Inventur

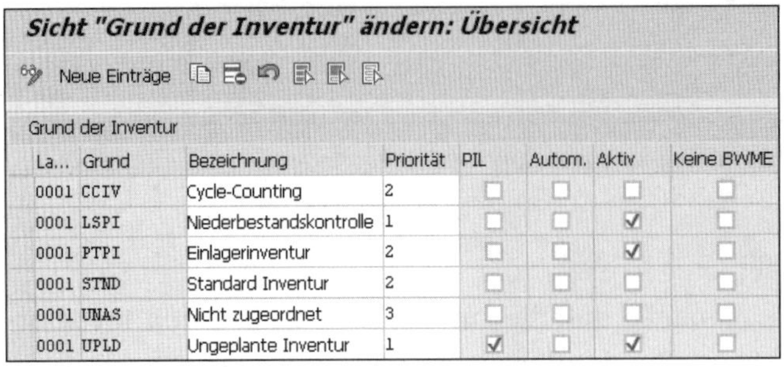

La...	Grund	Bezeichnung	Priorität	PIL	Autom.	Aktiv	Keine BWME
0001	CCIV	Cycle-Counting	2	☐	☐	☐	☐
0001	LSPI	Niederbestandskontrolle	1	☐	☐	☑	☐
0001	PTPI	Einlagerinventur	2	☐	☐	☑	☐
0001	STND	Standard Inventur	2	☐	☐	☐	☐
0001	UNAS	Nicht zugeordnet	3	☐	☐	☐	☐
0001	UPLD	Ungeplante Inventur	1	☑	☐	☑	☐

Abbildung 10.43 Gründe für die Inventur einstellen

Für die Priorität sind nur die Ziffern von 1 bis 9 zulässig. Zusätzlich können Sie dem Begründungsschlüssel weitere Attribute zuordnen, etwa zur sofortigen Aktivierung der Anforderung, durch die automatisch die Anlage eines ausführbaren Inventurbelegs ausgelöst wird.

Sie können die verschiedenen Inventurgründe den verfügbaren Inventurverfahren zuordnen. Abhängig vom Inventurverfahren können Sie den Grund ändern, um das Verhalten des Inventurprozesses zu ändern. Zum Zuordnen der Gründe zu den verschiedenen Inventurprozessen wählen Sie im EWM-Customizing EXTENDED WAREHOUSE MANAGEMENT • LAGERINTERNE PROZESSE • INVENTUR • GRUND UND PRIORITÄT • STANDARDGRUND PRO INVENTURVERFAHREN FESTLEGEN (siehe Abbildung 10.44).

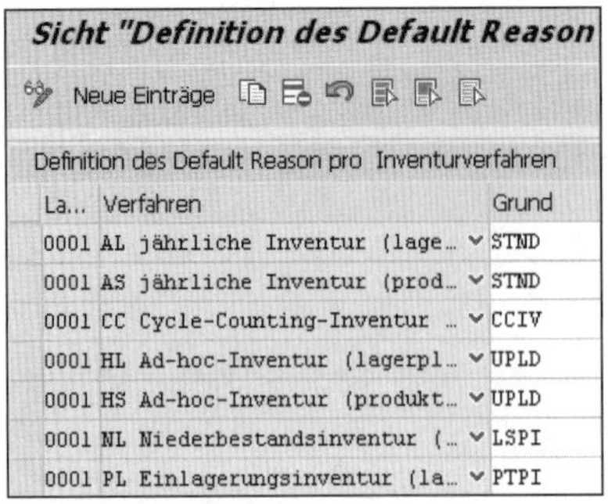

Sicht "Definition des Default Reason

Neue Einträge

Definition des Default Reason pro Inventurverfahren

La...	Verfahren	Grund
0001	AL jährliche Inventur (lage... ˅	STND
0001	AS jährliche Inventur (prod... ˅	STND
0001	CC Cycle-Counting-Inventur ... ˅	CCIV
0001	HL Ad-hoc-Inventur (lagerpl... ˅	UPLD
0001	HS Ad-hoc-Inventur (produkt... ˅	UPLD
0001	NL Niederbestandsinventur (... ˅	LSPI
0001	PL Einlagerungsinventur (la... ˅	PTPI

Abbildung 10.44 Gründe je Inventurverfahren definieren

Die Inventurbearbeitungstransaktion gibt Ihnen Einblick in alle bearbeiteten Inventurbelege – unabhängig von deren Status. Zum Bearbeiten der Inventurbelege (siehe Abbildung 10.45) wählen Sie im SAP-Easy-Access-Menü

Extended Warehouse Management • Inventur • Inventurbeleg bearbeiten oder verwenden die Transaktion /SCWM/PI_PROCESS. In der Abbildung sehen Sie die verschiedenen Bearbeitungsstatus, die der Inventurbeleg annimmt, wenn er gezählt und gebucht wird.

Abbildung 10.45 Inventurbelege bearbeiten

Inventurbereich

Mithilfe von *Inventurbereichen* können Sie das Lager gemäß den Inventuranforderungen in verschiedene Lagerplatzgruppen einteilen. Bei der Definition der Inventurbereiche, im EWM-Customizing unter Extended Warehouse Management • Lagerinterne Prozesse • Inventur • Inventurbereichsspezifische Einstellungen • Inventurbereich festlegen können Sie verschiedene Attribute zuordnen, u. a.:

▸ ob eine Einlagerungsinventur zulässig ist

▸ ob eine Niederbestands-/Nullbestandsinventur zulässig ist

▸ ob der Beleg nach der Zählung automatisch gebucht werden soll

▸ ob im Ausdruck der Buchbestand vorgeschlagen werden soll

▸ ob eine HU als komplett gezählt werden darf

▸ ob die Produktdaten in Ausdrucken erscheinen

▸ den Schwellenwert für Niederbestandsinventur oder -kontrolle

Mit Release 9.4 bietet EWM auch eine kollektive HU-Zählung. Damit können Sie in einem Blocklager eine vereinfachte Inventur durchführen, ohne alle Handling Units scannen zu müssen. Sie können entweder die Anzahl der Handling Units zählen oder die Anzahl der Positionen in einer Handling Unit eingeben. Diese Inventurmethode kann auch im Inventurbereich-Customizing selektiert werden (siehe Abbildung 10.46).

Abbildung 10.46 Kollektive HU-Zählung definieren

Nach ihrer Anlage werden die Inventurbereiche einem Aktivitätsbereich zugeordnet. Die Lagerplatzsortierung erfolgt nach der Methode, die in Kapitel 3, »Organisationsstruktur in SAP EWM und SAP ERP«, für die Aktivität INVE beschrieben ist. Zum Zuordnen eines Aktivitätsbereichs zu einem Inventurbereich (siehe Abbildung 10.47) wählen Sie im EWM-Customizing Extended Warehouse Management • Lagerinterne Prozesse • Inventur • Lagernummerspezifische Einstellungen • Inventurbereich zum Aktivitätsbereich zuordnen.

Abbildung 10.47 Inventurbereiche zu Aktivitätsbereichen zuordnen

Sie können auch für jeden Inventurbereich festlegen, welche Inventurverfahren (z. B. permanente Inventur, Cycle-Counting, Jahresinventur) angewendet werden können. Zum Festlegen der zulässigen Verfahren (siehe Abbildung 10.48) wählen Sie im EWM-Customizing Extended Warehouse Management • Lagerinterne Prozesse • Inventur • Inventurbereichsspezifische Einstellungen • Inventurbereich festlegen.

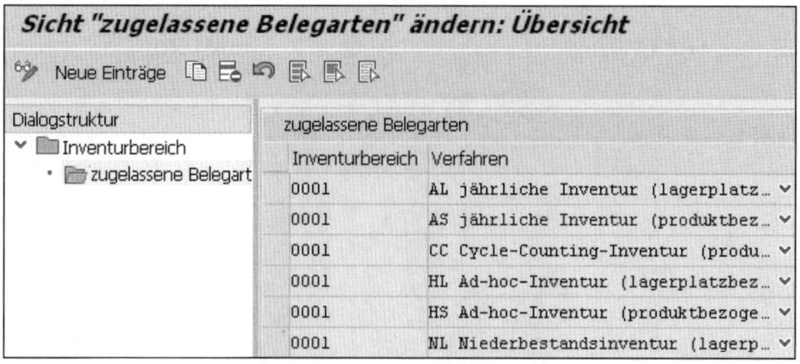

Abbildung 10.48 Zulässige Inventurverfahren je Bereich

Difference Analyzer

Der *Difference Analyzer* ist ein Tool, mit dem Sie im Lager aufgetretene Differenzen analysieren können, bevor diese in das SAP-ERP-System gebucht werden (wo sie auch zu Anpassungen in Finanzbuchhaltung und Controlling führen würden). Durch eine Überprüfung der Abweichungen, die z. B. bei der Kommissionierung oder der Inventur festgestellt wurden, können Sie leichter den Grund der Differenzen im Lager ermitteln und die Bestandssituation im SAP-ERP-System abstimmen. Sie kann sogar helfen, Abstimmungsdifferenzen zu erkennen und Ausbuchungen an SAP ERP zu verhindern. Wenn Sie Ausbuchungen an SAP ERP vornehmen, werden die summierten Differenzen als Bestandsdifferenzen in den entsprechenden SAP-ERP-Lagerort gebucht, und es werden Materialbelege in SAP ERP angelegt (die wie üblich u. a. in der Transaktion MB51 angezeigt werden). Dadurch werden schließlich auch Finanzbelege gebucht. In Abbildung 10.49 sind die Interaktionen zwischen EWM bzw. SAP ERP und dem EWM Difference Analyzer dargestellt.

Die aufgetretenen Differenzen können im EWM Difference Analyzer auf Einzelebene oder kumulativ angezeigt werden. Die Einzelebenensicht hängt von dem Geschäftsprozess ab, in dem bei einem einzelnen Produkt eine Abweichung festgestellt wurde. Deshalb ist eine Verknüpfung zum betreffenden Beleg vorhanden, z. B. zur Kommissionieraufgabe oder zum Inventurbeleg. Die kumulative Anzeige zeigt die Produktmengen, bei denen Abweichungen aufgetreten sind, und stellt diese in einer Übersicht dar.

Dabei besteht keine Verknüpfung mit dem Geschäftsprozess, der die Abweichungen ausgelöst hat. Die Bestandsdifferenzübersicht wird im EWM Difference Analyzer als Bestandsinformation angezeigt, die mit dem SAP-ERP-System synchronisiert werden muss. In Abbildung 10.50 sehen Sie die im EWM Difference Analyzer angezeigten Einzelebenendifferenzen.

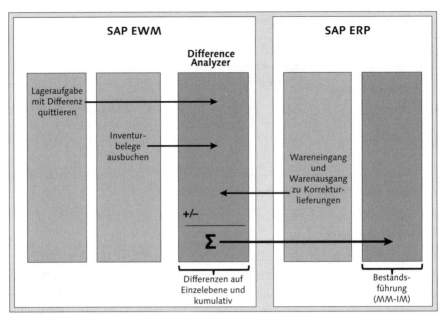

Abbildung 10.49 EWM Difference Analyzer bei der Inventur verwenden

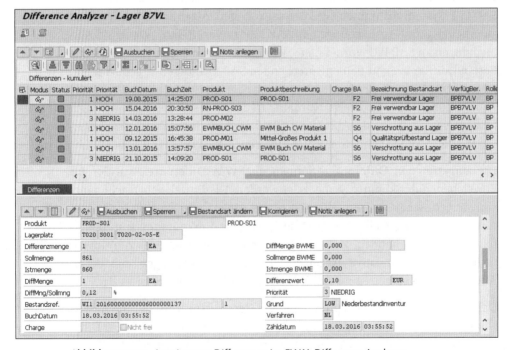

Abbildung 10.50 Anzeige von Differenzen im EWM Difference Analyzer

Zum Starten des EWM Difference Analyzers wählen Sie im SAP-Easy-Access-Menü EXTENDED WAREHOUSE MANAGEMENT • INVENTUR • DIFFERENCE ANALY-ZER oder verwenden die Transaktion /SCWM/DIFF_ANALYZER.

Bei Ausbuchungen aus dem EWM Difference Analyzer werden Toleranzprüfungen ausgeführt, um zu verhindern, dass Benutzer nicht autorisierte Bestandsbuchungen an SAP ERP vornehmen. Um Benutzer den Toleranzgruppen für den EWM Difference Analyzer zuzuweisen, wählen Sie im SAP-Easy-Access-Menü EXTENDED WAREHOUSE MANAGEMENT • EINSTELLUNGEN • INVENTUR • BENUTZER ZU TOLERANZGRUPPE FÜR DIFFERENCE ANALYZER ZUORDNEN oder verwenden den Transaktionscode /SCWM/PI_USER_DIFF.

Abbildung 10.51 zeigt die Einbindung des EWM Difference Analyzers in den Ablauf der Inventur.

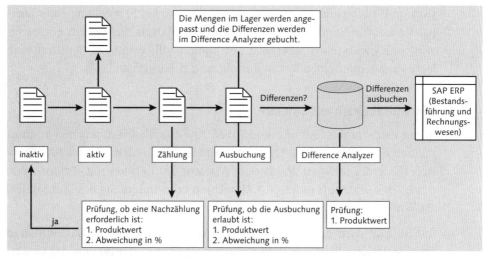

Abbildung 10.51 EWM Difference Analyzer im Inventurprozess

Inventur mit externen Systemen

Sie können die Inventurzählung auch unter Verwendung eines externen Systems vornehmen. Dazu bietet EWM Transaktionen zum Hochladen (Transaktion /SCWM/PI_UPLOAD) und zum Herunterladen (Transaktion /SCWM/PI_DOWNLOAD) von Lagerplatz- und Zähldaten.

EWM bietet derzeit keine Funktionen für die Stichprobeninventur. Falls Sie dieses Inventurverfahren einsetzen möchten, müssen Sie ein Fremdsystem verwenden, um die zu zählenden Lagerplätze zu bestimmen. Bei der Stichprobeninventur ermittelt das System die zu zählenden Lagerplätze anhand einer Formel, weshalb Sie gegebenenfalls die Lagerplatz- und Bestandsdaten mit der oben genannten Transaktion herunterladen müssen. Anschließend können Sie mit dem externen System die Stichprobe bestimmen und die Stichprobeninventur in EWM ausführen.

Außerdem können Sie zusätzliche Logik in EWM entwickeln und die verfügbaren BAPIs zum Anlegen, Löschen, Zählen oder Buchen der Inventurbelege verwenden:

- ▶ /SCWM/BAPI_PI_DOCUMENT_CREATE
- ▶ /SCWM/BAPI_PI_DOCUMENT_DELETE
- ▶ /SCWM/BAPI_PI_DOCUMENT_COUNT
- ▶ /SCWM/BAPI_PI_DOCUMENT_POST

Diese Funktionen können z. B. genutzt werden, wenn die Zählung automatisch im Hintergrund ausgelöst werden soll, etwa bei Feststellung einer Leerpalette oder in Sonderfällen, z. B. wenn ein Materialflusssystem eingesetzt wird und dieses einen Leerplatz bestimmen soll, wenn ein Benutzer eine leere Palette oder einen leeren Karton auf das Förderband legt.

Bestandsabgleich mit SAP ERP

Wenn es zwischen SAP ERP und EWM zu Bestandswidersprüchen kommt, können Sie diese identifizieren und korrigieren, indem Sie im SAP-Easy-Access-Menü EXTENDED WAREHOUSE MANAGEMENT • INVENTUR • PERIODISCHE ARBEITEN • BESTANDSABGLEICH ERP wählen oder indem Sie die Transaktion /SCWM/ERP_STOCKCHECK verwenden.

In SAP ERP wird der Bestand auf Lagerortebene kumuliert. Da EWM den Bestand in detaillierterer Weise verfolgt, geht die Transaktion davon aus, dass der EWM-Bestand korrekt ist, und passt die Bestandssituation in SAP ERP entsprechend den EWM-Bestandsdaten an.

Automatisches Ausbuchen

Zum Ausbuchen an SAP ERP wählen Sie im SAP-Easy-Access-Menü EXTENDED WAREHOUSE MANAGEMENT • INVENTUR • PERIODISCHE ARBEITEN • DIFFERENZEN AN DAS ERP-SYSTEM AUSBUCHEN oder verwenden die Transaktion /SCWM/WM_ADJUST. Sie können auch einplanen, dass der Korrespondenzbericht automatisch die Ausbuchung an das SAP-ERP-System vornimmt. Sie können diesen Bericht z. B. bei Differenzen von geringem Wert heranziehen, um die Verwaltungsgemeinkosten bei den Inventurprozessen zu verringern. Um sicherzustellen, dass nur zulässige Differenzen im Hintergrund gebucht werden, muss der Benutzer, der für die Ausführung des Berichts im Hintergrund verwendet wird, der richtigen Toleranzgruppe zugeordnet sein, sodass nur Differenzen bis zur zulässigen Toleranz automatisch gebucht werden.

10.5.4 Unterstützte Inventurverfahren

Damit die Anforderungen verschiedener Geschäftsprozesse an die Lagerinventur erfüllt werden können, bietet EWM mehrere *Inventurverfahren*. Im Folgenden werden die unterstützen Verfahren genauer erläutert.

Ad-hoc-Inventur

Die *Ad-hoc-Inventur* dient dazu, zu einem beliebigen Zeitpunkt im Geschäftsjahr die Zählung eines Lagerplatzes oder Produkts durchzuführen. Die Anlage von Ad-hoc-Inventurbelegen wird in der Regel manuell ausgelöst. Es ist auch möglich, die Anlage mit einem Ausnahmecode zu verknüpfen. Wenn z. B. ein Mitarbeiter bei der Kommissionierung eine Bestandsdifferenz feststellt und die Lageraufgabe unter Verwendung eines Ausnahmecodes bestätigt, kann dieser Code mit der sofortigen Anlage eines ungeplanten Inventurbelegs verknüpft sein.

Jährliche Inventur

Zweck der *jährlichen Inventur* ist die Zählung und Erfassung aller Bestände innerhalb eines bestimmten Zeitraums, normalerweise einmal pro Jahr. Während der jährlichen Inventur können Sie Bestandsbewegungen verbieten. In der Regel wird die Inventur für jeden Lagerplatz im Lager durchgeführt, und sie kann auch für Lagerplätze durchgeführt werden, die zwar der permanenten Inventur unterliegen, bei denen es jedoch im laufenden Geschäftsjahr keine Bestandsbewegungen gegeben hat.

Niederbestandskontrolle (lagerplatzbezogen)

Die *Niederbestandskontrolle* ist ein Verfahren, das bei der Bestätigung einer Lageraufgabe durchgeführt werden kann. Es wird angewendet, wenn ein Lagerplatz nach einer Bestandsentnahme nur noch eine geringe Produktmenge enthält. Normalerweise kann der Kommissionierer den Bestand schnell ermitteln, und Sie sparen die Zeit ein, die sonst benötigt würde, um zusätzlich einen Zähler zum Lagerplatz zu schicken, der die Zählung überprüft. Die Niederbestandszählung soll die Verfügbarkeit von Bestand überprüfen, was vor allem dann sehr wichtig ist, wenn die Bestände niedrig sind. So können Sie hohe Service-Level für Ihre Kunden sicherstellen.

Bei der Bestätigung einer Lageraufgabe generiert SAP EWM automatisch im Hintergrund einen Inventurbeleg. Der Niederbestandswert (oder *Grenzwert*) für die Produktmenge an einem bestimmten Lagerplatz kann frei definiert werden. Eine Variante der Niederbestandskontrolle ist die Nullkontrolle; hier liegt der Grenzwert bei null. Der Zusatznutzen der Nullbestandskontrolle liegt darin, dass der Kommissionierer bestätigt, dass der Lagerplatz leer ist und für eine Einlagerung verwendet werden kann. Davon profitiert der Einlagerer, der sicher sein kann, dass das Produkt in den Lagerplatz passt, wenn er vor Ort die Einlageraufgabe bestätigt.

Einlagerungsinventur

Es kann auch eine Inventur für einen Lagerplatz durchgeführt werden, wenn dort die erste Einlagerung im Geschäftsjahr stattfindet (*Einlagerungsinventur*). Bei der ersten Einlagerung bestätigt der Lagermitarbeiter anschließend, dass der Bestand im Lager der bestätigten Menge in der Lageraufgabe entspricht.

Nach einer erfolgreichen Einlagerungsinventur erfolgt während desselben Geschäftsjahrs keine weitere Inventur für den betreffenden Lagerplatz (auch nicht, wenn eine neue Menge eingegeben oder der Lagerplatz geleert wird).

Cycle-Counting

Das *Cycle-Counting* dient dazu, Produkte in regelmäßigen Abständen im Laufe eines Geschäftsjahrs zu zählen. Zur Unterscheidung der Produkte (z. B. Schnelldreher und Langsamdreher) können Sie auf Basis der Cycle-Counting-Kennzeichen (CC-Kennzeichen) Zählintervalle festlegen. Für jedes CC-Kennzeichen können Sie das Intervall zwischen den Zählungen in Werktagen festlegen. Sie ordnen die Produkte dann im EWM-Produktstamm den verschiedenen CC-Kennzeichen zu. So können Sie z. B. für gängige Produkte oder Schnelldreher in Ihrem Lager häufigere Inventuren einplanen als für Langsamdreher. Dabei wird der Fabrikkalender benötigt, um die Werktage im Lager zu berechnen (der Kalender wird in den lagerspezifischen Einstellungen der Inventur festgelegt, siehe weiter oben in diesem Kapitel). Zum Konfigurieren der CC-Kennzeichen wählen Sie im EWM-Customizing EXTENDED

Warehouse Management • Lagerinterne Prozesse • Inventur • Lagernummerspezifische Einstellungen • Cycle-Counting einstellen (siehe Abbildung 10.52).

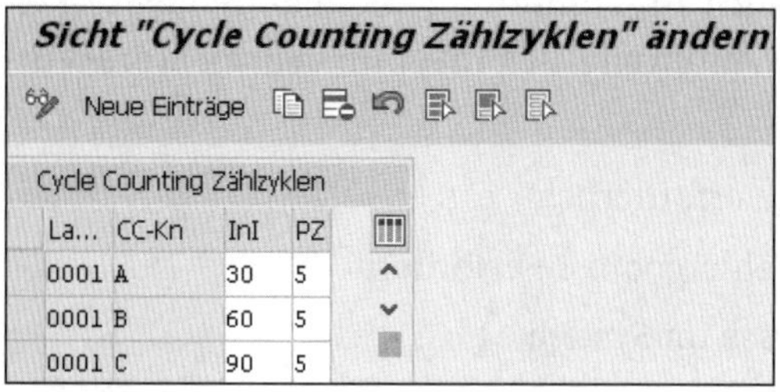

Abbildung 10.52 Zählzyklen je Cycle-Counting-Kennzeichen festlegen

Zum Anlegen der Inventurbelege für das Cycle-Counting können Sie die entsprechende Transaktion mit einer Variante als Hintergrundjob einplanen. Dadurch reduziert sich der Verwaltungsaufwand beim periodischen Anlegen der Belege, das üblicherweise täglich oder wöchentlich erfolgt.

Lagerplatzprüfung

Die *Lagerplatzprüfung* ist ein Verfahren, mit dem Sie kontrollieren können, ob ein Produkt sich tatsächlich am vorgesehenen Lagerplatz befindet, ohne eine ausführliche Zählung durchzuführen. Die Menge des Produkts am Lagerplatz spielt in diesem Fall keine Rolle, deshalb ist die Lagerplatzprüfung eigentlich kein Inventurverfahren, sondern lediglich eine Kontrolle der Produktposition.

Sie können die Periodizität der Lagerplatzprüfung im Aktivitätsbereich pflegen sowie im Customizing über die Intervallzuweisung in Werktagen steuern. Zum Konfigurieren der Periodizität der Lagerplatzprüfung pro Inventurbereich wählen Sie im EWM-Customizing Extended Warehouse Management • Lagerinterne Prozesse • Inventur • Inventurbereichsspezifische Einstellungen • Periodizität der Lagerplatzprüfung.

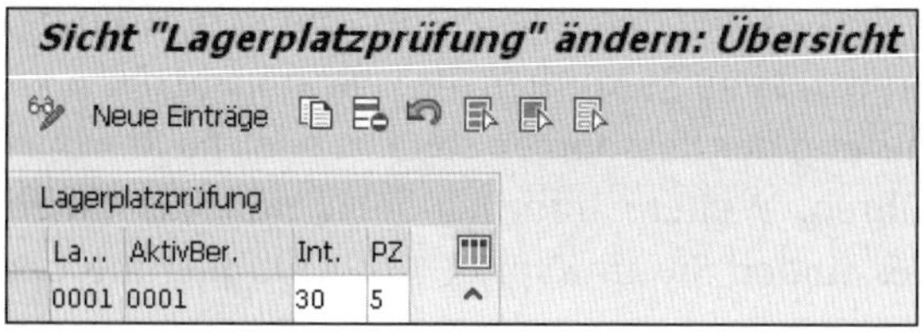

Abbildung 10.53 Periodizität der Lagerplatzprüfung pflegen

10.5.5 Integration in das Ressourcenmanagement

Zusätzlich zur papiergestützten Ausführung von Inventurbelegen unterstützt EWM auch die Zählung in einer RF-Umgebung, integriert mit dem EWM-Ressourcenmanagement (siehe auch Abschnitt 11.2, »Radio-Frequency-Framework«). Die RF-gestützte Durchführung der Inventur hat mehrere Vorteile, u. a.:

- kein Druck der Inventurbelege erforderlich
- keine manuelle Eingabe der Zählergebnisse erforderlich
- Echtzeiterfassung der Ergebnisse im System
- korrekte und genaue Datenerfassung (durch Vermeidung der bei manueller Eingabe möglichen Tippfehler)

Sobald ein Inventurbeleg aktiviert wurde, werden die Inventuraufgaben in einem Lagerauftrag gebündelt, dem die Kategorie INVENTUR zugeordnet ist. Dieser Lagerauftrag für die Inventur bildet das ausführbare Arbeitspaket für die Inventurzählung.

In der EWM-RF-Umgebung können Sie wählen, ob Sie die Zählbelege mittels systemgeführter Prozesse oder manuell ausführen. Bei den systemgeführten Prozessen ordnet das System den Lagerauftrag und den Inventurbeleg einem Benutzer zu. Je nachdem, in welchem Bereich des Lagers die Inventur durchgeführt werden soll, kann das System eine Warteschlange bestimmen. Die automatische Festlegung basiert auf dem Customizing, kann jedoch nachträglich vom Administrator von Hand im Lagermonitor geändert werden. Eine Ressourcengruppe kann einer Warteschlange zugeordnet werden, sodass ein einzelner Mitarbeiter, der der Ressourcengruppe zugeordnet ist, Zählarbeiten über ein Mobilgerät anfordern kann. Die Ressourcengruppe kann der Ressource zugeordnet werden, bei der sich der Benutzer anmeldet, wenn er über die Transaktion /SCWM/RFUI auf die RF-Transaktionen zugreift; Details dazu finden Sie in Abschnitt 11.2, »Radio-Frequency-Framework«)

Wenn Sie die systemgeführte Bearbeitung der Inventurzählung nutzen, sind zusätzliche Einstellungen zur Verwaltung der Queue-Zuordnung notwendig, ähnlich wie bei anderen Lagerprozessen. So können Sie z. B. anhand der physischen Parameter des Bereichs und der Ressourcen steuern, welche Ressourcen welche Zählungen ausführen. Weitere Informationen zum Verwalten der Arbeitslast mittels Queues finden Sie in Kapitel 11, »Optimierung der Lagerprozessdurchführung«.

Der Lageroperator kann sich, sofern die Berechtigungen dies zulassen, auch für die manuelle Bearbeitung entscheiden, indem er in den RF-Transaktionen einen Lagerauftrag (und dadurch indirekt einen Inventurbeleg) angibt. Abbildung 10.54 zeigt die Grundprozesse zur Anlage und Ausführung von Inventurbelegen in der RF-Umgebung. Beachten Sie, dass der Lagerleiter den Prozess steuern kann, indem er die Arbeitslast für die Ressourcen über den Lagermonitor verwaltet. Dabei kann er Inventurbelege in den Queues direkt zuordnen, die Zuordnung ändern und die Belege priorisieren.

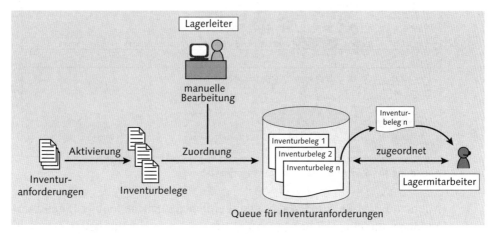

Abbildung 10.54 Inventurprozess mit Integration in das Ressourcenmanagement

Wenn der Mitarbeiter die Inventur mit einem mobilen Gerät ausführt, erfasst EWM automatisch die Zeit und den Zähler des Inventurbelegs. Abbildung 10.55 zeigt ein Beispiel für ein mobiles Dateneingabebild, das auf dem RF-Gerät zur Erfassung der Zählinformationen verwendet werden könnte.

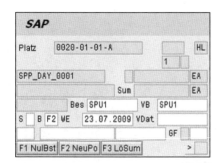

Abbildung 10.55 Inventur mittels mobiler Dateneingabetransaktionen

Wie bei den zusätzlichen mobilen Dateneingabetransaktionen (siehe ebenfalls Kapitel 11) können Bildabfolge, Validierungsfelder und andere Eigenschaften der im RF-Framework ausgeführten Transaktionen konfiguriert werden.

Sobald ein Lagerplatz gezählt wurde, werden die Zähldaten ebenfalls im Lagerplatz gespeichert und können über die Lagerplatz-Anzeigetransaktionen (u. a. /SCWM/LS03) abgerufen werden (siehe Abbildung 10.56).

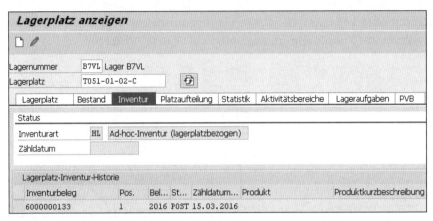

Abbildung 10.56 Inventurdaten in der Lagerplatzanzeige

Mit dem EWM-Release 9.4 gibt es außerdem zusätzliche mobile Datentransaktionen für eine Ad-hoc-Inventur. Wenn der Lagermitarbeiter feststellt, dass etwas an einem Lagerplatz nicht korrekt aussieht, kann jetzt ad hoc ein Inventurdokument angelegt und gezählt werden. Abbildung 10.57 zeigt diese neuen Transaktionen im RF-Menü (über die Transaktion /SCWM/RFUI unter dem Menüpfad 05 INTERNE PROZESSE • INVENTURZÄHLUNG).

Abbildung 10.57 RF-Transaktionen zur Erstellung einer Ad-hoc-Inventur

10.5.6 Überwachung des Inventurfortschritts

Zu wissen, welche Lagerpositionen und Produkte am Ende des Geschäftsjahres immer noch nicht inventarisiert sind, kann sehr wichtig sein, um Maßnahmen zu planen, mit denen ein vollständig inventarisiertes Lager erreicht werden soll. Ein Inventurbereich kann als vollständig inventarisiert gelten, wenn alle Lagerplätze, die diesem Bereich zugeordnet sind, inventarisiert wurden. Ein Lager ist vollständig inventarisiert, wenn Sie alle zugehörigen Inventurbereiche vollständig inventarisiert haben. Ein Produkt ist vollständig inventarisiert, wenn Sie den gesamten Bestand des Produkts pro Geschäftsjahr und Verfügungsberechtigtem gezählt haben.

EWM bietet zur Sicherstellung eines vollständig inventarisierten Lagers den Lagermonitor mit Überwachungsfunktionen. Zum Aufrufen des Lagermonitors wählen Sie im SAP-Easy-Access-Menü EXTENDED WAREHOUSE MANAGEMENT • MONITORING • LAGERVERWALTUNGSMONITOR oder verwenden die Transaktion /SCWM/MON.

Im Lagermonitor sind u. a. die folgenden Abfragen zum Inventurfortschritt (siehe Abbildung 10.58) verfügbar:

▸ produktbezogene Abfragen

▸ inventurbereichsbezogene Abfragen

▸ auf das Cycle-Counting bezogene Abfragen

Zum Aufrufen der Abfragen im Monitor wählen Sie die Menüpunkte unter dem Ordner im Menüpfad INVENTUR • INVENTURFORTSCHRITT aus.

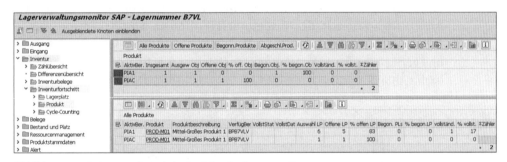

Abbildung 10.58 Inventurfortschrittsberichte im Lagermonitor

Im Lagermonitor können Sie sich den Status eines Inventurbereichs in einer aggregierten Sicht und in einer Detailsicht anzeigen lassen. Die aggregierte Sicht enthält die Gesamtzahl der Positionen im Lagerbereich und die absolute Zahl sowie den prozentualen Anteil der bereits gezählten Positionen und der noch zu zählenden Positionen. In der Detailsicht können Sie ermitteln, welche Lagerplätze noch nicht und welche bereits gezählt wurden, sowie weitere Informationen zu den Lagerplätzen einsehen. Sie können auch direkt die Anlage eines Inventurbelegs auslösen, um die betreffenden Zählungen für einen Lagerbereich vorzunehmen.

Mit weiteren Abfragen im Lagermonitor können Sie sich die Zählübersicht (siehe Abbildung 10.59) und die Differenzübersicht anzeigen lassen. Eine Zusammenfassung aller registrierten Differenzen kann, bezogen auf einen Zeithorizont, den Sie in den Selektionskriterien angeben, ebenfalls im Lagermonitor abgefragt werden.

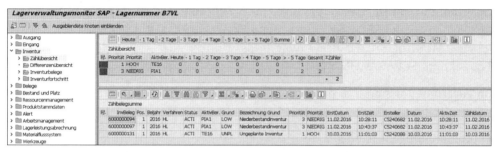

Abbildung 10.59 Inventurzählübersicht im Lagermonitor

Eine Übersicht über alle Inventurbelege, sortiert nach Inventurverfahren oder anderen Kriterien, kann ebenfalls im Lagermonitor angezeigt werden. Für jeden ausgewählten Beleg können Sie verschiedene Aktionen ausführen (u. a. Anzeigen, Aktivieren, Deaktivieren, Neuzuordnen, Drucken und Ändern der Priorität der Inventurbelege), indem Sie die entsprechende Methode im Monitor auswählen. Dazu wählen Sie den relevanten Beleg aus und verwenden dann die Wertehilfe neben der Schaltfläche für die Methode (siehe Abbildung 10.60).

Abbildung 10.60 Inventurbelegübersicht im Lagermonitor

10.6 Zusammenfassung

In diesem Kapitel haben wir uns mit den lagerinternen Prozessen Nachschub, Lager-Reorganisation, Ad-hoc-Bewegungen, Umbuchungen und Inventur befasst. Wir haben uns die verschiedenen Strategien für den Nachschub und die verschiedenen Inventurmethoden im Detail angeschaut. Mit der Lager-Reorganisation können Sie überwachen, ob die Bestände auf ihren optimalen Einlagerplätzen liegen oder ob Verbesserungen vorgenommen werden können.

Sie haben in diesem Kapitel gesehen, wie lagerinterne Prozesse zur Leistungsfähigkeit, Effizienz und Bestandsgenauigkeit im Lager beitragen können.

Mit einem integrierten Ressourcenmanagement bietet SAP EWM die Möglichkeit, das Lagergeschehen zu optimieren. Technologien wie RFID oder Pick-by-Voice oder der Einsatz mobiler Geräte ermöglichen eine zunehmende Automatisierung im Lager.

11 Optimierung der Lagerprozessdurchführung

In diesem Kapitel behandeln wir die Möglichkeiten zur Optimierung und Automatisierung von Prozessen im Lager. Durch einen besseren Einsatz von Ressourcen (z. B. Gabelstaplern) und Lagermitarbeitern lassen sich Kosten erheblich minimieren. Der Schwerpunkt dieses Kapitels liegt auf der automatisierten Einplanung der Arbeitskraft von Lagermitarbeitern. Die Automatisierung, bei der ein Materialflusssystem den Lagerungsprozess komplett übernimmt, ist Thema von Kapitel 14, »Anbindung einer Materialflusssteuerung«.

Mitarbeiter im Lager interagieren heutzutage meist über mobile Geräte mit dem Lagerverwaltungssystem, um ihre Tätigkeiten auszuführen. Darüber hinaus stehen neue Technologien zur Verfügung, um Lagerprozesse zu optimieren (z. B. die sprachgesteuerte Systemführung (Pick-by-Voice-Technologie) oder der Einsatz von RFID-Technologie). Wir betrachten in diesem Kapitel zum einen Ansätze zur Verbesserung und Optimierung der Lagerprozesse mithilfe des Ressourcenmanagements von SAP und zum anderen die technischen Möglichkeiten zur Integration mobiler Geräte mit SAP EWM.

Zunächst erläutern wir das in EWM integrierte Ressourcenmanagement, das eine optimierte Steuerung von Mitarbeitern und technischen Ressourcen zur Unterstützung des Lagerprozesses bietet. Anschließend erfahren Sie, wie Sie das Radio-Frequency-Framework einrichten und nutzen können, um durch die Verwendung mobiler RF-Geräte eine schnelle und fehlerfreie Datenkommunikation im Lager sicherzustellen. Weitere Themen dieses Kapitels sind Datenfunk, Pick-by-Voice und RFID.

Seit SAP EWM 9.0 ist Pick-by-Voice so integriert, dass Sie es direkt nutzen können. Abschnitt 11.3, »Datenfunk, Pick-by-Voice und RFID«, zeigt, wie

Pick-by-Voice-Transaktionen entwickelt werden müssen, um diese sprachgesteuert nutzen zu können. Wir stellen Ihnen in diesem Zusammenhang die Technologien vor, die Sie unter Verwendung mobiler Geräte oder mobiler Terminals nutzen können, um Prozesse zu verbessern. Dies sind im Einzelnen:

- SAP GUI für GUI-basierte Geräte und Workstations
- SAPConsole für textbasierte Geräte
- WebSAPConsole, Web Dynpro Java und SAP ITSmobile für die webbasierte und grafische Darstellung
- Integration von Nicht-SAP-Systemen durch die Nutzung von Schnittstellen wie z. B. Remote Function Call oder Webservices

Darüber hinaus beschreiben wir in Abschnitt 11.4 die Ausnahmebehandlung. Wir zeigen, wie die EWM-Ausnahmebehandlung die Workflow-Integration, die Integration mit SAP Status Management sowie dem SAP Alert Framework sicherstellt, um die Prozesse im Lager transparenter zu gestalten.

11.1 Ressourcenmanagement

In EWM wird die optimierte Ausführung der Lagertätigkeiten durch das *Ressourcenmanagement* sichergestellt: EWM optimiert Arbeitspakete und weist diese automatisch Mitarbeitern zu. Das Ressourcenmanagement ist dabei für die Ausführung der Lagerprozesse verantwortlich. Es ist komplett in das EWM-System integriert (z. B. im Gegensatz zu SAP Task and Resource Management in SAP ERP, das nachträglich in WM integriert wurde).

In diesem Abschnitt beschreiben wir die unterschiedlichen Objekte des Ressourcenmanagements sowie die notwendigen Konfigurationsschritte im EWM-System. Die von der Arbeitslast abhängige Einsatzplanung der Mitarbeiter und Ressourcen beschreiben wir in Abschnitt 12.3, »Kit-Bildung«. Wie Arbeitspakete (Lageraufträge) durch das Gruppieren der Lageraufgaben vor der Ausführung gebildet werden, stellen die Lagererstellungsregeln sicher, die wir u. a. in Kapitel 9, »Warenausgangsprozess«, erläutern.

Das Ressourcenmanagement wird vor allem mit mobilen RF-Transaktionen auf mobilen Geräten betrieben. Es ist aber, falls der Prozess es erlaubt, auch möglich, diese mobilen RF-Transaktionen auf normalen PCs zu betreiben. Die RF-Transaktionen des Ressourcenmanagements haben meist nur sehr wenige Felder und ermöglichen damit einen einfachen und schnellen Prozessablauf.

11.1.1 Objekte im Ressourcenmanagement

Das Ressourcenmanagement beinhaltet verschiedene Objekte: u. a. den *Benutzer*, die *Ressource* und die *Queue*. Für diese Objekte müssen Sie Stammdaten sowie Konfigurationsdaten im System hinterlegen. In diesem Abschnitt beschreiben wir die einzelnen Objekte des Ressourcenmanagements sowie den Zusammenhang zwischen diesen Objekten.

Benutzer

Der *Benutzer* in EWM ist identisch mit dem SAP-Benutzer, der bei der Anmeldung an das SAP-System verwendet wird. Es ist notwendig und sinnvoll, für jeden Benutzer einen einzelnen EWM-Stammsatz zu erstellen, um zusätzliche ressourcenmanagement-spezifische Default-Werte zu hinterlegen. Dabei werden das Personalisierungsprofil, die Lagernummer und der Ressourcenname berücksichtigt. Dieser Stammsatz vereinfacht den Anmeldungsprozess ans Ressourcenmanagement, weil die Daten in den RF-Transaktionen nicht immer wieder neu eingegeben werden müssen. Dies ist vor allem dann von Vorteil, wenn die Transaktionen auf mobilen Geräten ausgeführt werden, denn dort ist die Eingabe aufgrund von Hardwareeinschränkungen meist komplizierter.

Den *Benutzer* pflegen Sie über das SAP-Easy-Access-Menü in EWM unter dem Pfad EXTENDED WAREHOUSE MANAGEMENT • STAMMDATEN • RESSOURCEN-MANAGEMENT • BENUTZER PFLEGEN oder über die Transaktion /SCWM/USER.

In EWM steht auch das *Personalisierungsprofil* zur Verfügung, um Benutzergruppen in der Funktionalität einzuschränken oder ihnen erweiterte Funktionen zu ermöglichen. Um das Personalisierungsprofil zu erstellen, folgen Sie dem Pfad EXTENDED WAREHOUSE MANAGEMENT • MOBILE DATENERFASSUNG • RADIO-FREQUENCY-(RF)-FRAMEWORK • SCHRITTE IN LOGISCHEN TRANSAKTIONEN DEFINIEREN im EWM-Customizing. Dort selektieren Sie den Knoten DARSTELLUNGSPROFILE DEFINIEREN und dann den Knoten PERSONALISIERUNGSPROFILE DEFINIEREN.

Das Personalisierungsprofil ermöglicht es, Benutzer zu einem Radio-Frequency-Menü (RF-Menü) zuzuordnen, sodass nur bestimmte Transaktionen erreichbar und ausführbar sind. Die RF-Menüs finden Sie im RF-Menümanager innerhalb des EWM-Customizings. Wählen Sie dazu den Pfad EXTENDED WAREHOUSE MANAGEMENT • MOBILE DATENERFASSUNG • RADIO-FREQUENCY-(RF)-FRAMEWORK • RF-MENÜMANAGER oder die Transaktion /SCWM/RF-MENU.

Das Personalisierungsprofil wird dem EWM-Darstellungsprofil zugeordnet, das wir in Abschnitt 11.2.1, »Vorteile des Radio-Frequency-Frameworks« näher beschreiben. Zudem erhalten Sie durch das Personalisierungsprofil die Möglichkeit, abhängig von Benutzergruppen unterschiedliche Bildschirmmasken oder Bildfolgen zu definieren und zu verändern.

Abbildung 11.1 zeigt die Pflege des Stammdatensatzes für einen EWM-Benutzer. Die Default-Werte werden für die Anmeldung und für die Findung des RF-Menüs verwendet.

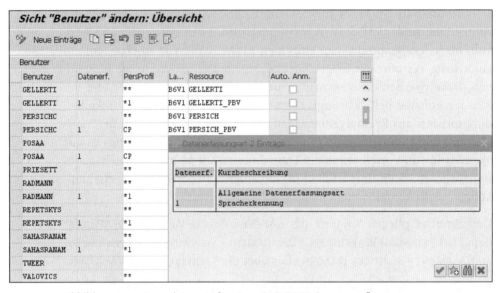

Abbildung 11.1 Stammdatensatz für einen SAP-EWM-Benutzer pflegen

Das Kennzeichen AUTO ANMELDUNG ermöglicht eine automatische Anmeldung. Das heißt, jeder Benutzer, der dieses Kennzeichen in der Stammdatenpflege setzt, überspringt die Anmeldung, wenn er die RF-Transaktion aufruft, falls er auch zugleich eine Ressource hinterlegt und kein anderer Benutzer an der Ressource angemeldet ist, sonst sieht der Benutzer die Anmeldungsmaske. Alle mobilen Transaktionen rufen Sie über die Transaktion /SCWM/RFUI auf. Falls der Indikator AUTO ANM. nicht gesetzt wird, muss sich der Benutzer erst an der Ressource anmelden, bevor er in das RF-Menü springen kann.

Ab SAP EWM 9.0 können Sie festlegen, welches Endgerät Sie verwenden. Hier spezifizieren Sie, ob es sich um ein Pick-by-Voice-Gerät handelt (siehe das Feld SPRACHERKENNUNG in Abbildung 11.1).

Ressource

Eine *Ressource* bildet sowohl Mitarbeiter im Lager als auch deren Arbeitsmittel ab, z. B. einen Gabelstapler. Eine Ressource kann auch ein Fördermittel beschreiben. Weitere Informationen zu Fördermitteln und der Automatisierung der Lagerprozesse erhalten Sie in Kapitel 14, »Anbindung einer Materialflusssteuerung«.

Die Ressource wird verwendet, um sich an den RF-Transaktionen anzumelden. Um eine Ressource in EWM zu erstellen, wählen Sie im EWM-Easy-Access-Menü den Pfad EXTENDED WAREHOUSE MANAGEMENT • STAMMDATEN • RESSOURCENMANAGEMENT • RESSOURCE PFLEGEN, oder Sie verwenden den Transaktionscode /SCWM/RSRC.

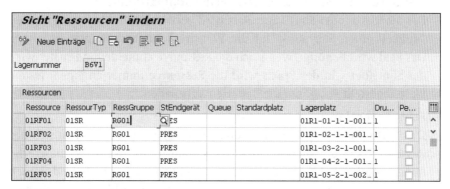

Abbildung 11.2 Ressourcen erstellen

Wie in Abbildung 11.2 dargestellt ist, können Sie der Ressource folgende Parameter zuordnen:

▶ **Ressourcentyp (Feld »RessourTyp«)**
Der Ressourcentyp wird verwendet, um eine physische Unterscheidung der Ressourcen vorzunehmen. Der Ressourcentyp kann Parameter beinhalten, die die Geschwindigkeit gleichartiger Ressourcentypen festlegen. Sie können z. B. definieren, wie schnell sich die Ressource auf dem Boden bewegen kann, aber auch die Geschwindigkeit, mit der diese ein Regal in der Höhe ansteuern soll.

▶ **Ressourcengruppe (Feld »RessGruppe«)**
Die Ressourcengruppe beschreibt das Arbeitsumfeld, in dem die Ressource zum Einsatz kommt. Sie wird vom System verwendet, um das systemgeführte und automatisierte Arbeiten im Lager zu ermöglichen. Detailliert beschreiben wir das systemgeführte Arbeiten in Abschnitt 11.1.2, »Systemgeführtes Arbeiten im Ressourcenmanagement«.

▶ **Standardendgerät (Feld »StEndgerät«)**

Dieser Parameter wird verwendet, um das Layout der Bildschirmbilder zu verändern. EWM liefert ein Layout, um mit großen Staplergeräten zu arbeiten; die Auflösung basiert auf acht Zeilen und 40 Spalten. Mit dem Screengenerator ist es möglich, jedes Layout in ein anderes Layout zu überführen.

▶ **Default-Queue (Feld »Queue«)**

Die Default-Queue findet Anwendung beim systemgeführten Arbeiten, das wir ebenfalls in Abschnitt 11.1.2 beschreiben. Es ist z. B. möglich, im Lagermonitor alle Lageraufträge einer Default-Queue zuzuweisen, um diese höher zu priorisieren, damit sie schneller abgearbeitet werden.

▶ **Standard- oder Start-Lagerplatz (Feld »Standardplatz«)**

Der Standard- oder Start-Lagerplatz wird verwendet, um beim Starten der Tätigkeit einen Startpunkt für die Wegstreckenberechnung zu erhalten. Das Feld wird benötigt, wenn sich die Ressource abmeldet und später wieder anmeldet – in der Praxis wird die Ressource immer an einem festen Platz abgestellt – z. B. um die Batterien aufzuladen.

▶ **Feld »Lagerplatz«**

Dieser Parameter repräsentiert den aktuellen Lagerplatz, an dem sich die Ressource befindet; dieses Feld wird ebenfalls für die Wegstreckenberechnung benötigt. Beim Quittieren einer Lageraufgabe wird das Feld immer wieder überschrieben, d. h., es repräsentiert den tatsächlichen physischen Aufenthaltsort der Ressource in Echtzeit. Bewegt sich jedoch die Ressource nach dem Quittieren der Lageraufgabe, wird dies nicht im System festgehalten. Eine andere Möglichkeit, die jedoch projektspezifisch zu lösen wäre, ist die genaue Ortung der Ressource mithilfe der RFID-Technologie. So wäre es denkbar, einen Stapler mit einer RFID-Antenne auszustatten sowie RFID-Tags im Boden zu platzieren, um so immer den aktuellen Platz des Staplers im System abzubilden (Track and Race).

▶ **Drucken (Feld »Dru…«)**

Diese Option entscheidet über das Druckverhalten. Hier besteht die Wahlmöglichkeit, ob das Drucken in Abhängigkeit von der Queue oder den Konditionstabellenparametern gesteuert werden oder ob überhaupt kein Druck mit der Ressource stattfinden soll.

▶ **Performancemessung (Feld »Pe…«)**

Ab SAP EWM 7.01 steht Ihnen diese Option zur Verfügung. Diesen Schalter können Sie auswählen, um eine Performancemessung zu erstellen.

Queues

Eine *Queue* repräsentiert einen Container oder einen Pool, in dem abzuarbeitende Lageraufträge bereitstehen. Queues werden verwendet, um Lageraufträge abhängig von betriebswirtschaftlichen Anforderungen besser zu gruppieren. Wir zeigen Ihnen nun, wie Sie Queues in EWM anlegen und wie Sie die Zuordnung einer Queue zu einem Lagerauftrag einstellen können.

Die Einstellungen für das Queue-Management werden im EWM-Customizing über den Pfad Extended Warehouse Management • Prozessübergreifende Einstellungen • Ressourcenmanagement vorgenommen.

Im ersten Schritt müssen Sie eine Queue erstellen. Wie Abbildung 11.3 zeigt, können Sie beim Anlegen der Queue Grunddaten pflegen. Sie können das Doppelspiel mit der Verwendung von Queue-Typen der Queue zuweisen oder das halbsystemgeführte Arbeiten freischalten. Beide Steuerungen erörtern wir in Abschnitt 11.1.2, »Systemgeführtes Arbeiten im Ressourcenmanagement«. Das EWM-Doppelspiel ermöglicht einen Queue-Wechsel, d. h., nachdem Sie den Lagerauftrag aus Queue 1 abgearbeitet haben, springen Sie in die nächste Queue. Beim halbsystemgeführten Arbeiten bekommen Sie den Platz mitgeteilt, an dem Sie den nächsten Auftrag starten können. Wenn Sie dort angekommen sind, können Sie die Handling Unit auswählen, die Sie bewegen möchten.

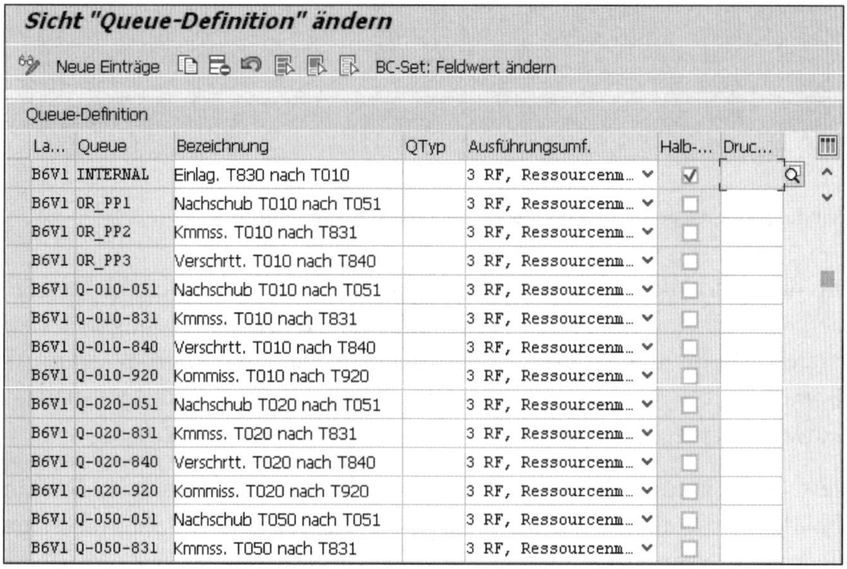

Sicht "Queue-Definition" ändern

Neue Einträge · · · · · · · BC-Set: Feldwert ändern

Queue-Definition

La...	Queue	Bezeichnung	QTyp	Ausführungsumf.	Halb-...	Druc...	
B6V1	INTERNAL	Einlag. T830 nach T010	3	RF, Ressourcenm...	☑		
B6V1	OR_PP1	Nachschub T010 nach T051	3	RF, Ressourcenm...	☐		
B6V1	OR_PP2	Kmmss. T010 nach T831	3	RF, Ressourcenm...	☐		
B6V1	OR_PP3	Verschrtt. T010 nach T840	3	RF, Ressourcenm...	☐		
B6V1	Q-010-051	Nachschub T010 nach T051	3	RF, Ressourcenm...	☐		
B6V1	Q-010-831	Kmmss. T010 nach T831	3	RF, Ressourcenm...	☐		
B6V1	Q-010-840	Verschrtt. T010 nach T840	3	RF, Ressourcenm...	☐		
B6V1	Q-010-920	Kommiss. T010 nach T920	3	RF, Ressourcenm...	☐		
B6V1	Q-020-051	Nachschub T020 nach T051	3	RF, Ressourcenm...	☐		
B6V1	Q-020-831	Kmmss. T020 nach T831	3	RF, Ressourcenm...	☐		
B6V1	Q-020-840	Verschrtt. T020 nach T840	3	RF, Ressourcenm...	☐		
B6V1	Q-020-920	Kommiss. T020 nach T920	3	RF, Ressourcenm...	☐		
B6V1	Q-050-051	Nachschub T050 nach T051	3	RF, Ressourcenm...	☐		
B6V1	Q-050-831	Kmmss. T050 nach T831	3	RF, Ressourcenm...	☐		

Abbildung 11.3 Queues definieren

Ab SAP EWM 9.0 können Sie abhängig von der Queue steuern, ob das Drucken von den Konditionsparametern abhängen oder ob überhaupt kein Druckvorgang stattfinden soll.

Um Queues zu erstellen, wählen Sie im EWM-Customizing den Pfad EXTENDED WAREHOUSE MANAGEMENT • PROZESSÜBERGREIFENDE EINSTELLUNGEN • RESSOURCENMANAGEMENT • QUEUES DEFINIEREN und klicken auf die Zeile QUEUE DEFINIEREN.

Während der Lagerauftragserstellung wird eine Queue-Findung durchgeführt. Diese Findung kann abhängig von Prozessparametern wie Von-Aktivitätsbereich (Feld AB), Nach-Aktivitätsbereich (zweites Feld AB), Lagerplatzzugriffstyp (Feld PLZUGRTYP), Lagerprozessart (Feld LAGERP...) und AKTIVITÄT flexibel beeinflusst werden (siehe Abbildung 11.4).

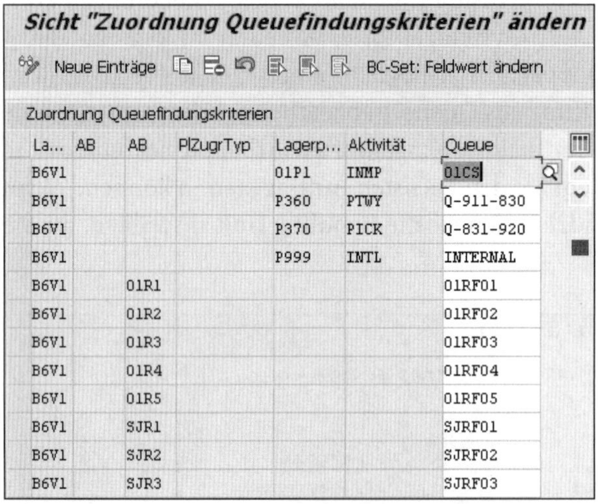

Sicht "Zuordnung Queuefindungskriterien" ändern

Neue Einträge   BC-Set: Feldwert ändern

Zuordnung Queuefindungskriterien

La...	AB	AB	PlZugrTyp	Lagerp...	Aktivität	Queue
B6V1				01P1	INMP	01CS
B6V1				P360	PTWY	Q-911-830
B6V1				P370	PICK	Q-831-920
B6V1				P999	INTL	INTERNAL
B6V1		01R1				01RF01
B6V1		01R2				01RF02
B6V1		01R3				01RF03
B6V1		01R4				01RF04
B6V1		01R5				01RF05
B6V1		SJR1				SJRF01
B6V1		SJR2				SJRF02
B6V1		SJR3				SJRF03

Abbildung 11.4 Queue-Findungskriterien für Lageraufträge zuordnen

Falls die Standardfelder für die Queue-Findung nicht ausreichen, können Sie über ein BAdI eine zusätzliche Logik einfügen. Die Queue-Findungskriterien erstellen Sie im EWM-Customizing über den Pfad EXTENDED WAREHOUSE MANAGEMENT • PROZESSÜBERGREIFENDE EINSTELLUNGEN • RESSOURCENMANAGEMENT • QUEUES DEFINIEREN • QUEUE-FINDUNGSKRITERIEN DEFINIEREN.

Die Queue-Findung findet beim Erstellen des Lagerauftrags statt. Wie in Abbildung 11.5 dargestellt ist, können Sie unterschiedliche Zugriffsfolgen pflegen, um die Queue-Findung flexibler zu gestalten. Eine Zugriffsfolge wird verwendet, um bei der Queue-Suche nur die freigeschalteten oder markierten Felder der Zugriffsfolge zu berücksichtigen. Sollen alle Felder berücksichtigt werden, wird jedes der Felder auf der Zugriffsfolge markiert. Stimmt eins der Felder mit den Feldern des Lagerauftrags nicht überein, wird versucht, die nächste Zugriffsfolge zu verwenden. Meist ist es sinnvoll, mit einer stark ausgeprägten Queue-Findung zu beginnen, um dann eine allgemeine Queue-Findung zu nutzen. Wird eine Queue gefunden, bricht die Queue-Findung ab; falls nicht, wird der nächste Zugriff geprüft etc., bis eine Queue gefunden wurde oder der Lagerauftrag ohne Queue ausgestattet und erstellt wurde.

Sicht "Queue Zugriffsfolge" ändern

   Neue Einträge   BC-Set: Feldwert ändern

Queue Zugriffsfolge

La...	Fortl. Num	VonBereich	NachBerei.	Lagerplatz	Prozessart	Aktivität
B6V1	5	☑	☐	☐	☑	☑
B6V1	6	☐	☐	☐	☑	☑
B6V1	7	☑	☐	☐	☐	☑
B6V1	8	☑	☑	☑	☐	☐

Abbildung 11.5 Queue-Zugriffsfolge zur Lagernummer definieren

Die Zugriffsfolgen pflegen Sie im EWM-Customizing über den Pfad EXTENDED WAREHOUSE MANAGEMENT • PROZESSÜBERGREIFENDE EINSTELLUNGEN • RESSOURCENMANAGEMENT • QUEUES DEFINIEREN • QUEUE-ZUGRIFFSFOLGEN DEFINIEREN.

Queue-Findung debuggen

Um die Queue-Findung zu prüfen, kann es notwendig sein, den Funktionsbaustein /SCWM/QUEUE_DET zu debuggen. Dieser wird während der Lagerauftragserstellung ausgeführt.

Wird keine Queue gefunden, kann der Lagerauftrag mit seinen zugehörigen Lageraufgaben nicht mit dem Ressourcenmanagement quittiert werden. Eine Quittierung ist in diesem Fall nur über die Desktop-Transaktionen möglich, nicht aber über die RF-Transaktionen.

Weitere Informationen zum Ressourcenindex

Um eine Lageraufgabe aus einer Queue über eine RF-Transaktion zu quittieren, muss die Queue zum Quittieren über das Ressourcenmanagement freigeschaltet worden sein. Dazu benötigt die Queue den Parameter 3 (RF, RESSOURCENMANAGEMENT AKTIV). Erst dann wird die Ressourcenindex-Tabelle gefüllt. Beim Ressourcenindex handelt es sich um eine Tabelle (/SCWM/WO_RSRC_TY), die alle nicht quittierten Lageraufträge beinhaltet, die dem Ressourcenmanagement bekannt sind. Ohne Ressourcen-Indexeintrag kann ein Lagerauftrag nicht im EWM-Ressourcenmanagement quittiert werden. Falls nachträglich neue Ressourcenindex-Einträge erstellt werden sollen, ist es möglich, den Lagerauftrag über die Lagermonitor-Methode in eine andere Queue zu platzieren. Automatisch werden dann die notwendigen Ressourcenindex-Einträge erstellt. (Vor allem, wenn Sie nachträglich einen neuen Ressourcentyp erstellen, fehlen Einträge im Ressourcenindex.)

Ressourcengruppe

Die *Ressourcengruppe* wird in EWM verwendet, um mehrere Ressourcen mit gleichen betriebswirtschaftlichen Eigenschaften zusammenzufassen. Den Ressourcengruppen werden wiederum Queues zugeordnet, die dann beim systemgeführten Arbeiten priorisiert abgearbeitet werden. Das heißt, auf diese Weise können Ressourcen Lageraufträgen optimiert zugewiesen werden.

Eine Ressourcengruppe erstellen Sie im SAP-Easy-Access-Menü unter dem Pfad EXTENDED WAREHOUSE MANAGEMENT • STAMMDATEN • RESSOURCEN-MANAGEMENT • RESSOURCENGRUPPE PFLEGEN oder mithilfe des Transaktionscodes /SCWM/RGRP (siehe Abbildung 11.6). Sie können den Namen der Ressourcengruppe frei wählen und eine kurze Beschreibung (Feld BEZEICHNUNG) hinzufügen.

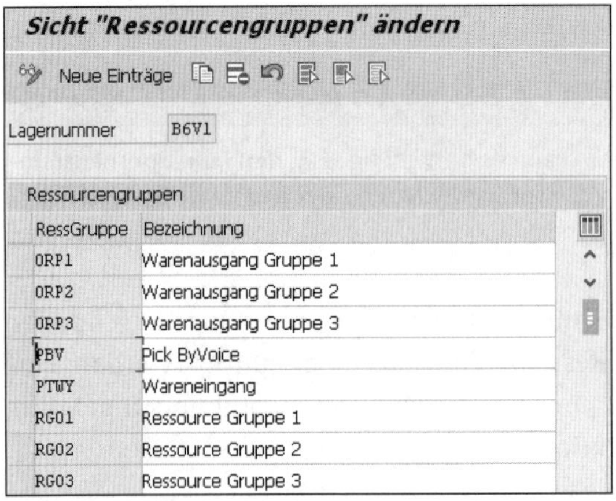

Sicht "Ressourcengruppen" ändern

Neue Einträge

Lagernummer   B6V1

Ressourcengruppen

RessGruppe	Bezeichnung
ORP1	Warenausgang Gruppe 1
ORP2	Warenausgang Gruppe 2
ORP3	Warenausgang Gruppe 3
PBV	Pick ByVoice
PTWY	Wareneingang
RG01	Ressource Gruppe 1
RG02	Ressource Gruppe 2
RG03	Ressource Gruppe 3

Abbildung 11.6 Ressourcengruppen pflegen, um Ressourcen zusammenzuführen

Um systemgeführt zu arbeiten, müssen Sie Queues mithilfe der Ressourcengruppe in der Reihenfolge pflegen, in der sie abgearbeitet werden sollen. Diese Reihenfolge wird in der sogenannten *Queue-Sequenz* festgelegt. Die Queue-Sequenz pflegen Sie im SAP-Easy-Access-Menü über den Pfad EXTENDED WAREHOUSE MANAGEMENT • STAMMDATEN • RESSOURCENMANAGEMENT • QUEUE-FOLGE FÜR RESSOURCENGRUPPE PFLEGEN oder durch Ausführen des

Transaktionscodes /SCWM/QSEC (siehe Abbildung 11.7). Sie können pro Ressourcengruppe fortlaufend immer wieder Queues anhängen.

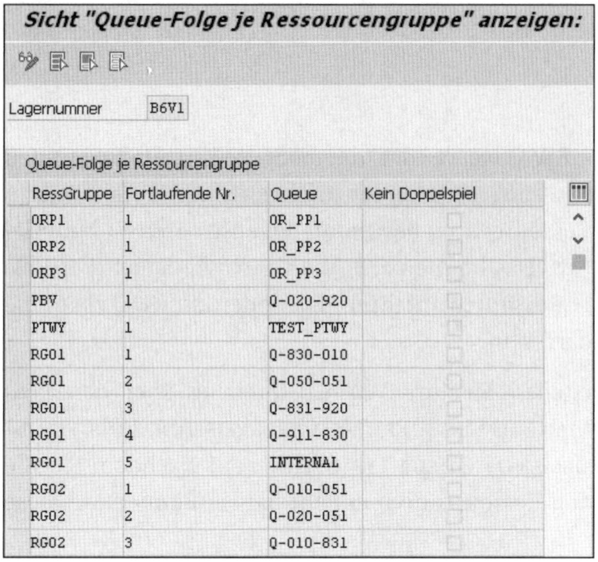

Sicht "Queue-Folge je Ressourcengruppe" anzeigen:

Lagernummer   B6V1

Queue-Folge je Ressourcengruppe

RessGruppe	Fortlaufende Nr.	Queue	Kein Doppelspiel
ORP1	1	OR_PP1	
ORP2	1	OR_PP2	
ORP3	1	OR_PP3	
PBV	1	Q-020-920	
PTWY	1	TEST_PTWY	
RG01	1	Q-830-010	
RG01	2	Q-050-051	
RG01	3	Q-831-920	
RG01	4	Q-911-830	
RG01	5	INTERNAL	
RG02	1	Q-010-051	
RG02	2	Q-020-051	
RG02	3	Q-010-831	

Abbildung 11.7 Queue-Folge pro Ressourcengruppe definieren

Durch das Abarbeiten der Queues in Sequenzen kann eine Optimierung der Ausführung stattfinden. Die Queue-Findung wird durch den Von- oder Nach-Aktivitätsbereich oder durch die Lagerprozessart beeinflusst. Das heißt, eine Optimierung der Lagertätigkeiten erfolgt anhand von Regeln, indem im Vorfeld definiert wird, welcher Lagerauftrag in welcher Queue platziert wird. Durch das priorisierte Abarbeiten der Queue wird sichergestellt, dass bestimmte Lageraufträge in einer bestimmten Reihenfolge abgearbeitet werden. Zusätzlich kann eine Optimierung durch das Minimieren von Leerfahrten, das sogenannte *Doppelspiel*, sichergestellt werden.

Zusätzliche Informationen zur Queue-Sequenz

Die Queue-Sequenztabelle wird auch beim Bewegen einer Handling Unit (HU) über die RF-Transaktionen berücksichtigt (z. B. bei der Kommissionierung oder bei der Einlagerung). Nachdem die HU auf dem mobilen Gerät eingescannt oder eingegeben wurde, wird auf der ersten Bildschirmmaske geprüft, ob sich der zugehörige Lagerauftrag in einer Queue befindet, die die Ressource auch abarbeiten darf. Diese Prüfung findet entsprechend über die zugehörige Ressourcengruppe und die Queue-Sequenztabelle statt. Sie ist notwendig, da so verhindert wird, dass Mitarbeiter Lageraufträge abarbeiten, die sie eigentlich, unter Berücksichtigung des betriebswirtschaftlichen Hintergrundes, nicht abarbeiten sollen. Ohne diese Prüfung würde die HU auf die Ressource gebucht werden, d. h., die Ressource müsste den Auftrag in jedem Fall abarbeiten, auch wenn sie dies gegebenenfalls physisch nicht bewerkstelligen kann. Ein Einstieg über den Lagerauftrag (mobile Transaktion – *Selektion nach Lagerauftrag*) ist jedoch jederzeit mit der RF-Transaktion möglich, d. h., dort findet die beschriebene Prüfung nicht statt.

Ressourcentyp

Der *Ressourcentyp* wird in EWM verwendet, um mehrere Ressourcen mit den gleichen physischen Eigenschaften zusammenzuführen. So ist es möglich, in der Konfiguration beim Ressourcentyp bestimmte Eigenschaften zu hinterlegen (siehe Abbildung 11.8). Das können z. B. die Geschwindigkeit der Ressource, die Plätze, die die Ressource anfahren darf, oder die HU-Typen, die die Ressource bewegen darf, sein.

Einen Ressourcentyp erstellen Sie im EWM-Customizing über den Pfad EXTENDED WAREHOUSE MANAGEMENT • PROZESSÜBERGREIFENDE EINSTELLUNGEN • RESSOURCENMANAGEMENT • QUEUE-TYP DEFINIEREN. Nachdem Sie die Ressourcengruppe und den Ressourcentyp erstellt haben, können Sie diese der Ressource zuweisen.

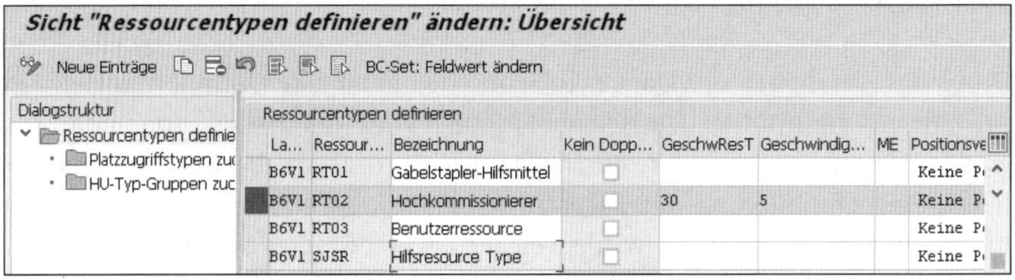

Abbildung 11.8 Ressourcentyp und seine Parameter definieren

Zusammenspiel der Ressourcenmanagement-Objekte

Zusammenzufassend ist nochmals festzuhalten: Eine *Ressource* wird einer *Ressourcengruppe* für das systemgeführte Arbeiten zugeordnet. Der *Ressourcentyp* ermöglicht es, die Ressource mittels physischer Eigenschaften zu beschreiben. Der *Benutzer* dient zur Vereinfachung des Anmeldeprozesses sowie der Zuordnung zu einem Menü. Das zentrale Objekt für das systemgeführte Abarbeiten der Lageraufträge bildet die *Queue*, die abhängig von Regeln in einer Sequenz von mehreren Ressourcen durch Verwendung von Ressourcengruppen abgearbeitet wird.

Nach der Beschreibung der unterschiedlichen Ressourcenmanagement-Objekte sowie der unterschiedlichen Beziehungen gehen wir im folgenden Abschnitt detailliert auf das systemgeführte Arbeiten ein, bei dem der Mitarbeiter vom System durch seinen Arbeitsvorgang geführt wird.

11.1.2 Systemgeführtes Arbeiten im Ressourcenmanagement

Das systemgeführte Arbeiten ist im Ressourcenmanagement über das *Pull-Prinzip* realisiert. Das bedeutet, dass eine Ressource immer dann, wenn sie ihren Lagerauftrag abgearbeitet und quittiert hat, am System einen neuen Lagerauftrag anfragt. Die mobile systemgeführte Transaktion sucht dann nach dem nächsten optimalen Lagerauftrag gemäß den konfigurierten Regeln und weist diesen der Ressource zu. EWM stellt im Standard zwei mobile Transaktionen für das systemgeführte Arbeiten zur Verfügung. Beide können über den Transaktionscode /SCWM/RFUI aufgerufen werden (siehe Abbildung 11.9).

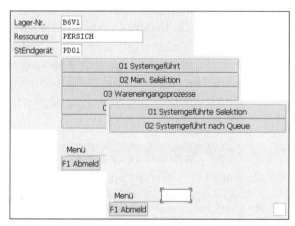

Abbildung 11.9 RF-Transaktionspfad für das systemgeführte Arbeiten

Die beiden Transaktionen unterscheiden sich folgendermaßen:

▸ **Systemgeführte Selektion**
Das System führt im ersten Schritt eine Queue-Suche durch. Wird eine optimale Queue gefunden, wird im zweiten Schritt der optimale Lagerauftrag gesucht.

▸ **Systemgeführt nach Queue**
Der Benutzer legt sich fest und gibt dem System eine Queue vor. Damit entfällt der erste Schritt, und das System sucht direkt innerhalb der festgelegten Queue nach dem optimalen Lagerauftrag. Die ausgewählte Queue muss jedoch in der Queue-Sequenztabelle enthalten sein, sonst erlaubt das System das Abarbeiten des Lagerauftrags innerhalb der ausgewählten Queue nicht.

Wird ein Lagerauftrag komplett abgearbeitet, fragt der Mitarbeiter über die mobile Transaktion nach einem neuen Lagerauftrag. Im Folgenden beschreiben wir Schritt für Schritt die von EWM im Hintergrund ausgeführte Programmlogik, die die optimale Zuordnung einer Ressource zum optimalen Lagerauftrag sicherstellt.

1. Prüfung auf zugeordnete Lageraufträge

Ist ein Lagerauftrag einer Ressource direkt zugeordnet, wird dieser der Ressource zur Auswahl bereitgestellt. Das heißt, der Mitarbeiter sieht den Lagerauftrag auf seinem mobilen Gerät und arbeitet ihn mit der höchsten Priorität ab. Es ist möglich, jederzeit Lageraufträge über eine Lagermonitorfunktion einer Ressource zuzuordnen. Die Zuordnung wird im Ressourcenindex abgelegt.

2. Prüfung auf die Default-Queue

Das System sucht nach Lageraufträgen in der Default-Queue. Die Default-Queue wird auf dem Ressourcenstammsatz hinterlegt; die Prüfung findet nur statt, wenn das Feld gefüllt ist. Es ist so möglich, spezielle Ressourcen priorisiert in bestimmten Queues arbeiten zu lassen. Die Default-Queue-Prüfung wirkt sich nur beim Ausführen der RF-Transaktion *Systemgeführte Selektion* aus.

Einsatz der Default-Queue

Die Default-Queue kann als Feinsteuerungsinstrument bei der systemgeführten Steuerung verwendet werden, um bei Bedarf vereinzelt Ressourcen einer bestimmten Queue mit hohem Auftragsvolumen zuzuordnen. Der Ressource werden dann vorzugsweise Lageraufträge aus dieser Queue zugewiesen.

---

3. Optimale Queue-Suche

Eine optimale Queue-Suche findet statt, wenn keine Lageraufträge in der Default-Queue existieren und der Benutzer nicht die RF-Transaktion *Systemgeführt nach Queue* ausführt. Die Queue-Suche wird mithilfe der Queue-Sequenztabelle durchgeführt. Es wird mittels des Index in jeder Queue nach Lageraufträgen gesucht. Befindet sich in der ersten Queue, die im Index definiert worden ist, kein Lagerauftrag, wird in der nachfolgenden Queue gesucht. Findet das System in einer der definierten Queues einen Lagerauftrag, wird die Queue-Suche abgebrochen. In diesem Fall findet dann danach eine optimale Lagerauftragssuche statt.

Änderung der Default-Queue

Das Verändern der Default-Queue wirkt sich nur auf eine bestimmte Ressource aus, anders als bei der Änderung der Queue-Sequenztabelle, bei der *alle* Ressourcen betroffen wären. Die Änderung wirkt sich jedoch in beiden Fällen *sofort* aus, d. h., sobald eine Ressource einen Lagerauftrag quittiert hat, wird die Suche nach der optimalen Queue durch eine Änderung der Stammdaten beeinflusst.

---

4. Optimale Lagerauftragssuche (innerhalb der gefundenen Queue

DEie Lageraufträge innerhalb einer Queue werden nach verschiedenen Kriterien sortiert. Es findet eine Priorisierung anhand des *spätesten Start-termins* (SST) statt. Der SST wird bei der Lagerauftragserstellung berechnet. Die Berechnung des SSTs basiert auf dem erwarteten/geplanten Warenausgangstermin für die Auslieferung, unter Berücksichtigung der notwendigen Aktivitäten und unter Berücksichtigung der Lagerungssteuerung (wie z. B. Kommissionierung, Verpacken, Beladen). Wird kein SST berechnet, wird anhand der Lagerauftragsnummer priorisiert. Wurde bei mehreren Lageraufträgen der gleiche SST berechnet, ist es möglich, mit einem Priorisierungsindex einen Lagerauftrag zu bevorzugen.

Abbildung 11.10 zeigt einen Überblick über das Queue-Management in EWM. Die Ressource SD2 ist in diesem Beispiel nur der Warenausgangsqueue zugeordnet; sie kann deshalb nur Lageraufträge aus der Queue mit Lageraufträgen aus dem Warenausgang abarbeiten. Ressource LD3 wurde über den *Queue-Sequenzindex* zuerst der Wareneingangs-, dann der Nachschub- und zuletzt der Warenausgangsqueue zugeordnet. Falls Lageraufträge sich in der Wareneingangsqueue befinden, werden der Ressource zuerst aus dieser Queue Lageraufträge zugewiesen, bevor andere Queues durchsucht werden.

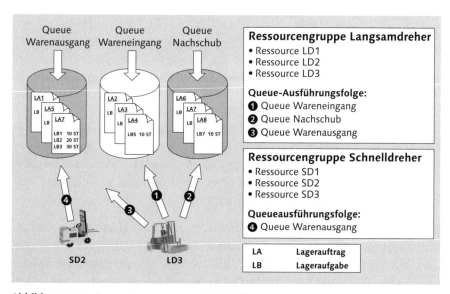

Abbildung 11.10 Queue-Management in SAP EWM

Als erweitertes Kriterium zur Priorisierung von Lageraufträgen steht der *Priorisierungsindex* zur Verfügung. Bei gleichen SST wird der Index verwendet, um detaillierter zu priorisieren. Der Priorisierungsindex kann mit einem BAdI überschrieben oder kundenspezifisch berechnet werden. Das System ermöglicht es dazu, eine eigene Formel oder Heuristik zu implementieren. In diesem Fall müssen Sie sicherstellen, dass überall der gleiche SST berechnet wird. Denn ohne Lageraufträge, die den gleichen SST haben, findet der Priorisierungsindex keine Anwendung. Deshalb bietet das Ressourcenmanagement die Möglichkeit, den SST bei Lageraufträgen zu runden. Es ist möglich, eigene Intervalle zu definieren und diese dann zu einem sogenannten *Modus* zusammenzufassen. Das Runden des SSTs in einem Lagerauftrag erfolgt über die Modusfindung (siehe Abbildung 11.11). Abhängig von der Lagernummer und der Aktivität können Sie den spätesten Starttermin (SST) runden lassen.

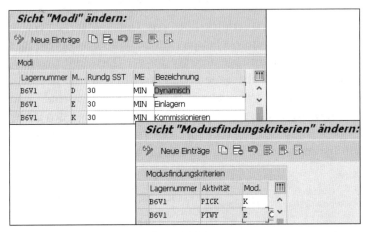

Abbildung 11.11 Modus zum Sicherstellen eines einheitlichen SSTs definieren (durch das Runden im festgelegten Intervall)

Um einen Rundungsmodus zu konfigurieren, folgen Sie im EWM-Customizing dem Pfad EXTENDED WAREHOUSE MANAGEMENT • PROZESSÜBERGREIFENDE EINSTELLUNGEN • RESSOURCENMANAGEMENT • MODI DEFINIEREN. Zu jeder Aktivität kann ein Modus zugeordnet werden, der beschreibt, in welchem Intervall eine Rundung durchgeführt werden soll.

Die Berechnung des Priorisierungsindex erfolgt u. a. anhand der Ausführungspriorität und wird über den Ressourcentyp im Customizing konfiguriert (oder per Transaktion /SCWM/EXECPR). Die Berechnung des Priorisierungsindex im EWM-Standard ist sehr komplex; sie wird in der SAP-Onlinehilfe unter *http://help.sap.com* ausführlich beschrieben.

Priorisierung der Lageraufträge

Die *Priorisierung der Lageraufträge* wird vom Ressourcenmanagement vorgenommen. Eine Optimierung findet durch das Queue-Management und durch die Auswahl eines optimalen Lagerauftrags innerhalb einer Queue statt. Nachdem der Lagerauftrag vom System einer Ressource zugeordnet wurde, werden die zugehörigen Lageraufgaben abgearbeitet. Die *Optimierung der Lageraufgaben innerhalb des Lagerauftrags* erfolgt jedoch zu einem anderen Zeitpunkt. Dies geschieht bei der Erstellung des Lagerauftrags durch eine Sortierung der Lageraufgaben.

Das Zusammenspiel dieser beiden Optimierungsverfahren spielt eine wichtige Rolle und zeigt, wie effizient das Lager arbeitet. Es ist deshalb wichtig, diese beiden Optimierungsverfahren zu verstehen und optimal einzusetzen.

Nachdem ein Lagerauftrag erstellt wurde, können die darin enthaltenen Lageraufgaben keinen neuen Lageraufträgen zugeordnet werden. Das Schneiden der Lageraufträge bei der Lagerauftragserstellung spielt deshalb eine sehr große Rolle, ist aber nicht Teil des Ressourcenmanagements.

Seit Release EWM 7.0 stehen folgende zusätzliche Funktionen im Ressourcenmanagement zur Verfügung:

▸ Doppelspiel

▸ halbsystemgeführtes Arbeiten (*Semi-System Guided Processing*)

▸ Ressourcenausführungs-Constraints (RAC)

Im Folgenden möchten wir diese Funktionen näher beschreiben:

Das *Doppelspiel* (*Interleaving*) dient dazu, Leerfahrten zu minimieren, die z. B. entstehen, wenn größere Stückzahlen einer Ware von einem Gabelstapler eingelagert werden. Der Stapler transportiert nur auf dem Weg in eine Richtung Ware, und die Rückfahrt des Staplers wird nicht optimal genutzt. Wurde Ware eingelagert und wird auf der Rückfahrt automatisch Ware ausgelagert, erhöht sich die Produktivität der Ressource. Denn immer dann, wenn sich der Stapler ohne Ware auf der Gabel durch das Lager bewegt, ist er nicht optimal ausgelastet. Durch ein Austauschen der Tätigkeitstypen wird sichergestellt, dass die Ressource Ware einlagert und auf dem Rückweg Ware auslagert.

Das heißt, nachdem der Lagerauftrag quittiert wurde, wird nach einer Queue im Sequenzindex gesucht, die einen anderen Typ aufweist. Das Doppelspiel verändert die Queue-Suche, indem nicht automatisch immer in der ersten Queue der Queue-Sequenz nach einem Lagerauftrag gesucht wird. Mit dem Doppelspiel findet abhängig vom Queue-Typ ein Queue-Pingpong statt. Nachdem die Queue gefunden wurde, findet die Lagerauftragssuche statt (SST, Priorisierungsindex oder Lagerauftragsnummer). Sie müssen sicherstellen, dass die Queue-Findung bei der Lagerauftragserstellung auf das Doppelspiel ausgelegt ist. Um das Doppelspiel zu aktivieren, ist es notwendig, Queues zu Queue-Gruppen zusammenzufassen.

Indem optimale Aktivitätsbereiche gebildet werden, stellen Sie sicher, dass die Queue mit Lageraufträgen gefüllt wird, bei denen das beschriebene Doppelspiel sinnvoll ist. Denn wird ein Auftrag aus Versehen einer falschen Queue zugeordnet, bedeutet dies, dass der Mitarbeiter gegebenenfalls einen weiten Weg zurücklegen muss. Das Gruppieren der Queues wird im EWM-Customizing unter dem Pfad EXTENDED WAREHOUSE MANAGEMENT • PROZESSÜBERGREIFENDE EINSTELLUNGEN • RESSOURCENMANAGEMENT • QUEUES DEFINIEREN durchgeführt. Im nächsten Schritt ist es notwendig, den Queue-Sequenzindex unter Berücksichtigung der Queue-Typen zu definieren. Dieser wird im SAP-Easy-Access-Menü durch Auswählen des Pfades EXTENDED WAREHOUSE MANAGEMENT • STAMMDATEN • RESSOURCENMANAGEMENT • QUEUE-TYP-REIHENFOLGE PFLEGEN oder durch das Verwenden der Transaktion /SCWM/QTSQ erstellt. Zusätzlich ist es möglich, für bestimmte Ressourcentypen über die Konfiguration des Ressourcentyps ein Doppelspiel zu verhindern, oder das Doppelspiel kann für eine bestimmte Queue ausgeschlossen werden.

Beim *halbsystemgeführten Arbeiten* ermöglicht das System eine Optimierung der Arbeitstätigkeit sowohl an Kommissionierpunkten als auch generell an Plätzen, auf denen mehrere HUs (Päckchen) liegen. Das heißt, das System schickt den Lagermitarbeiter zu einem Platz, ohne eine HU vorzuschreiben. Der Vorteil dieser Vorgehensweise liegt darin, dass der Mitarbeiter die HU auswählt, die für ihn am einfachsten zu bewegen ist. Würde das System eine HU vorschlagen oder vorschreiben, müsste der Mitarbeiter genau diese HU suchen, um die Lageraufgabe quittieren zu können. Vor allem dann, wenn viele HUs auf dem gleichen Platz oder im gleichen Bereich liegen, gestaltet sich das manuelle Suchen als sehr aufwendig. Das halbsystemgeführte Arbeiten wird auf der Queue festgelegt, Sie können die Pflege im EWM-Customizing unter dem Pfad EXTENDED WAREHOUSE MANAGEMENT • PROZESSÜBERGREIFENDE EINSTELLUNGEN • RESSOURCENMANAGEMENT • QUEUES DEFINIEREN durchführen.

Der *Ressourcenausführungs-Constraint* (RAC) ermöglicht Einschränkungen im Hinblick auf Ressourcen, die in einem bestimmten Lagerbereich arbeiten. So sollen Kollisionen oder ein Rückwärtsfahren von Staplern in sehr schmalen Gängen, in denen ein anderes Fahrzeug den Weg versperrt, verhindert werden. Das System berechnet für die Einschränkung auf Basis des Lagerauftrags einen Zeitraum und verhindert, dass andere Ressourcen Lageraufträge zugewiesen bekommen, die zu dieser Zeit in dem gleichen Lagerbereich abzuarbeiten wären. Der Benutzer oder Lagerleiter kann eigene RAC-Gebiete definieren und diese den Lagerplätzen zuordnen. Wie in Abbildung 11.12 können Sie RAC der Ressource über den Ressourcentyp zuordnen. Zudem kann die Anzahl der Ressourcen pro Gebiet individuell eingeschränkt werden.

Sicht "Ressourcenausführungs-Constraints (RAC) definieren"

Neue Einträge

Ressourcenausführungs-Constraints (RAC) definieren

La...	RessourTyp	ID Grp RessTyp	Ressourcenanz.
B6V1	RT01	S1	1
B6V1	RT01	S2	2
B6V1	RT01	S3	4
B6V1	RT02	T1	1
B6V1	RT02	T2	2
B6V1	RT02	T3	3

Abbildung 11.12 Ressourcenausführungs-Constrains pflegen und zu Ressourcentypen zuordnen

Die Daten werden im EWM-Customizing unter dem Pfad EXTENDED WAREHOUSE MANAGEMENT • PROZESSÜBERGREIFENDE EINSTELLUNGEN • RESSOURCENMANAGEMENT • STEUERDATEN • RESSOURCENAUSFÜHRUNGS-CONSTRAINTS (RAC) DEFINIEREN hinterlegt.

Die Zuordnung der RAC zu den Lagertypen oder die Definition der RAC-Lagerungsgruppen wird im EWM-Customizing unter dem Pfad EXTENDED WAREHOUSE MANAGEMENT • PROZESSÜBERGREIFENDE EINSTELLUNGEN • RESSOURCENMANAGEMENT • STEUERDATEN • RESSOURCENAUSFÜHRUNGS-CONSTRAINTS DER RAC-LAGERUNGSGRUPPE ZUORDNEN vorgenommen. Eine RAC-Lagerungsgruppe können Sie verwenden, um mehrere Lagertypen zusammenzufassen (siehe Abbildung 11.13).

Sicht "Ressourcenausführungs-Constraints der RAC-LagerGrp

Neue Einträge

Ressourcenausführungs-Constraints der RAC-LagerGrp zuordnen

La...	La...	RAC LG	ID Grp RessTyp	RTypBez
B6V1	T020	R2S1	S1	Alternativarbeit von Resso...
B6V1	T020	R2S2	S2	Alternativarbeit von Resso...
B6V1	T020	R2S3	S3	Alternativarbeit von Resso...
B6V1	T020	R2T1	T1	Alternativarbeit von Resso...
B6V1	T020	R2T2	T2	Alternativarbeit von Resso...
B6V1	T020	R2T3	T3	Alternativarbeit von Resso...
B6V1	T050	R5S1	S1	Alternativarbeit von Resso...
B6V1	T050	R5S2	S2	Alternativarbeit von Resso...
B6V1	T050	R5S3	S3	Alternativarbeit von Resso...
B6V1	T050	R5T1	T1	Alternativarbeit von Resso...
B6V1	T050	R5T2	T2	Alternativarbeit von Resso...
B6V1	T050	R5T3	T3	Alternativarbeit von Resso...

Abbildung 11.13 Ressourcenausführungs-Constraint den RAC-Lagerungsgruppen unter Berücksichtigung der Lagertypen zuordnen

Um die Konfiguration der RAC-Funktion abzuschließen, wird die RAC-Lagerungsgruppe den Lagerplätzen zugeordnet. Die Pflege ist manuell oder mithilfe der Massenpflege möglich. Das Zuordnen der RAC-Lagerungsgruppe zum Lagerplatz sehen Sie in Abbildung 11.14.

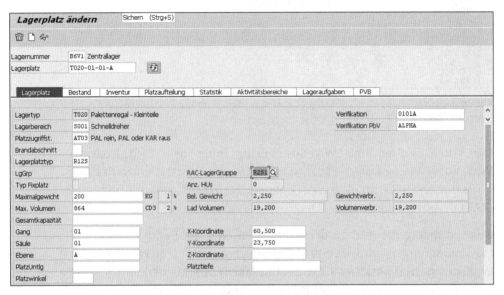

Abbildung 11.14 RAC-Lagerungsgruppe dem Lagerplatz zuordnen

Um die Berechnung des RAC kundenspezifisch zu beeinflussen und einen eigenen Algorithmus zu implementieren, steht das BAdI /SCWM/EX_RECGRP_LEAVETIME_CALC zur Verfügung. Falls eine RAC-Lagerungsgruppe von zu vielen Ressourcen besetzt ist, bietet das BAdI /SCWM/EX_RECGRP_ENGAGED_HANDL die Möglichkeit, auf die Ausnahme zu reagieren.

In EWM können Sie die Steuerung der Ressourcenausführung für Lagerungsgruppen über das SAP-Easy-Access-Menü unter dem Pfad EXTENDED WAREHOUSE MANAGEMENT • STAMMDATEN • RESSOURCENMANAGEMENT • STEUERUNG DER RESSOURCENAUSFÜHRUNG FÜR LAGERUNGSGRUPPEN AKTIVIEREN aktivieren oder deaktivieren. Alternativ können Sie den RAC mittels Transaktion /SCWM/REC_ACTIVATE frei- oder abschalten.

Systemgeführtes Arbeiten mit dem Ressourcenmanagement

Fassen wir kurz zusammen: Das systemgeführte Arbeiten mit dem Ressourcenmanagement wird also anhand vorkonfigurierter Regeln gesteuert. Das System optimiert Arbeitspakete also nicht aufgrund von Ausnahmen oder Aktionen, sondern nach festgelegten Regeln (Customizing). Das heißt: Eine Ressource arbeitet nicht nach einem optimierten Fahrplan, sondern wird immer von Auftrag zu Auftrag gesteuert/optimiert. Ändert sich etwas im Lager, muss der Mitarbeiter also manuell eingreifen. Er kann:

- die Default-Queue in dem Ressourcenstammsatz verändern, um mehrere Ressourcen einer Queue zuzuweisen
- Lageraufträge in eine andere Queue umsetzen (Lageraufträge einer Queue zuordnen, die höher priorisiert ist)
- den spätesten Starttermin (SST) bzw. den Prioritätsindex ändern und so die Priorität der Aufträge beeinflussen
- die Queue-Sequenz der Ressourcengruppe/n verändern
- Lageraufträge stornieren und neu anlegen, um diese neu schneiden zu lassen, bzw. die Lageraufträge mit einer anderen Lagerprozessart anlegen, um andere Filter der Lagererstellungsregel zu verwenden

Das System agiert bei Ausnahmen nicht selbstständig – EWM stellt dem Lagerleiter jedoch eine Vielzahl von Tools zur Verfügung, um die Geschäftslogik im System abzubilden. Das heißt, um das Ressourcenmanagement optimal einsetzen zu können, ist es unbedingt notwendig, eine Ist-Analyse durchzuführen und dann zunächst auf dem Papier festzuhalten, wie diese Regeln im EWM-Ressourcenmanagement optimal hinterlegt werden sollen. Ist eine Konfiguration abgeschlossen, arbeitet das System diese Regeln automatisch ab und nimmt so eine Optimierung anhand definierter Lagerprozesse vor.

Durch das Pull-Prinzip in den RF-Transaktionen ist es außerdem möglich, ein BAdI zu verwenden. Dies ermöglicht es, eine eigene Optimierungslogik zu nutzen. Denkbar ist es, jedes Mal umzupriorisieren, wenn bei der Auswahl eines Lagerauftrags Ausnahmen eintreten.

Eine andere Möglichkeit ist eine Optimierung durch den Einsatz eines externen Optimierers. Dazu wäre es notwendig, den Ressourcenindex anzupassen. Im EWM-Standard ist das Optimieren durch die Verwendung eines externen Optimierers nicht vorgesehen. Dies würde sich jedoch im individuellen Kundenprojekt anbieten und könnte durch Updates des Ressourcenindex realisiert werden.

11.1.3 Ressourcenüberwachung

Um den Überblick darüber behalten zu können, was im Lager geschieht, ist es notwendig, die Ressourcen und die Arbeitslast zu überwachen. Die Datendarstellung des Ressourcenmanagements übernimmt der *Lagermonitor*. Zudem können Sie mit dem Lagermonitor auch auf Ausnahmen reagieren. Das heißt, der Lagermonitor stellt nicht nur Ressourcendaten dar, sondern bietet u. a. auch die Möglichkeit, Lageraufträge umzuordnen oder andere

Funktionen auszuführen. Über eine Selektion per Ressource oder per Queue können Sie darstellen, welche Ressourcen am System angemeldet oder welche Queues wie stark ausgelastet sind.

Nach der Selektion der Ressource stehen folgende Monitormethoden zur Verfügung, um ressourcenspezifische Aufgaben auszuführen:

▸ **Nachricht an die Ressource senden**
Eine Nachricht wird an die Ressource und somit den Mitarbeiter gesendet, der die mobilen Transaktionen verwendet. Der Mitarbeiter sieht die Nachricht, wenn er auf eine Taste drückt und eine neue Bildschirmmaske angefordert wird.

▸ **An- oder Abmelden der Ressource**
Sie können die Ressource vom Ressourcenmanagement anmelden oder abmelden. Diese Funktion ist hilfreich, falls ein Mitarbeiter vergessen hat, sich von einer Ressource abzumelden. (Denn solange ein Mitarbeiter an einer Ressource angemeldet ist, kann kein anderer Mitarbeiter diese Ressource im System verwenden, und es erfolgt keine automatische Abmeldung am Ressourcenmanagement durch Schließen des SAP GUIs oder Beiseitelegen des mobilen Geräts.) Das Abmelden der Ressource bedeutet nicht, dass der Anwender komplett vom System abgemeldet wird. Das heißt, die Session des Anwenders (z. B. bei der Verwendung der mobilen Technologie ITSmobile) bleibt bestehen. Es erfolgt nur eine Abmeldung von der Ressource und vom Ressourcenmanagement im betriebswirtschaftlichen Sinne.

▸ **Pflege der Ressource und Anpassen der Ressourcenparameter**
Der Benutzer kann die Monitormethode verwenden, um direkt in die Ressourcenstammdaten zu springen (siehe Abbildung 11.15).

Abbildung 11.15 Erweiterte Funktionen des Lagermonitors für das Ressourcenmanagement

Um die Arbeitslast pro Arbeitsbereich mit den zugehörigen Queues darzustellen, führen Sie im Lagermonitor eine Selektion per Queue durch. Da jede

Queue den vorläufigen, repräsentierenden Arbeitsbedarf darstellt, ermöglicht diese Darstellung eine bessere Ressourcensteuerung.

Zudem ist es möglich, die vorhandenen Lageraufträge mithilfe vorhandener Lagermonitormethoden des Ressourcenmanagements zu verändern. Dies beinhaltet:

- Sperren oder Entsperren von Lageraufträgen für die Ausführung
- Quittieren oder Stornieren von Lageraufträgen im Vordergrund (was über eine weitere Desktop-Transaktion durchgeführt wird) bzw. im Hintergrund
- Ändern der Queue von Lageraufträgen (falls der Lagermitarbeiter die mobilen systemgeführten Transaktionen verwendet, bewirkt eine Änderung der Queue im Lagerauftrag eine Änderung der Priorität der Arbeitspakete/Lageraufträge).
- Zuweisen (oder das Aufheben der Zuweisung) von Lageraufträgen zu einer bestimmten Ressource (falls der Lagerauftrag nicht gesperrt ist, da er sich gerade in Bearbeitung befindet)
- Ändern des spätesten Starttermins (SST) oder des Priorisierungsindex. (Durch eine Änderung des SSTs bzw. der Priorisierungsindizes bei bestimmten Lageraufträgen wird eine Anpassung der Priorität der Lageraufträge innerhalb der Queue durchgeführt. Auswirkungen hat dieser Schritt auf Lagermitarbeiter, die die mobilen systemgeführten Transaktionen verwenden.)
- Bei jeder Monitormethode wird der Ressourcenindex fortgeschrieben, deshalb wirken sich die Veränderungen direkt auf das systemgeführte Arbeiten aus.

In Abbildung 11.16 erkennen Sie, wie die aktuelle Arbeitslast im Ressourcenmanagement mithilfe des Lagermonitors dargestellt wird. Sie sehen im oberen Teil, in welcher Queue wie viele Ressourcen arbeiten, und im unteren Teil des Bildschirms, wie viele Lageraufträge sich in der Queue befinden und welche Ressource schon an einem Lagerauftrag arbeitet.

Vor allem im Ressourcenmanagement ist es sinnvoll, im Lagermonitor eigene Selektionskriterien zu erstellen und diese mit eigenen Selektionsvarianten zu erweitern. Zusätzlich ist es möglich, Anzeigevarianten zu erstellen und zu hinterlegen. Durch diese Flexibilität, die wir in Kapitel 13, »Monitoring und Reporting«, detailliert beschreiben, können Sie eigene Monitorknoten erstellen und abhängig vom Arbeitsbereich direkt per Doppelklick anzeigen.

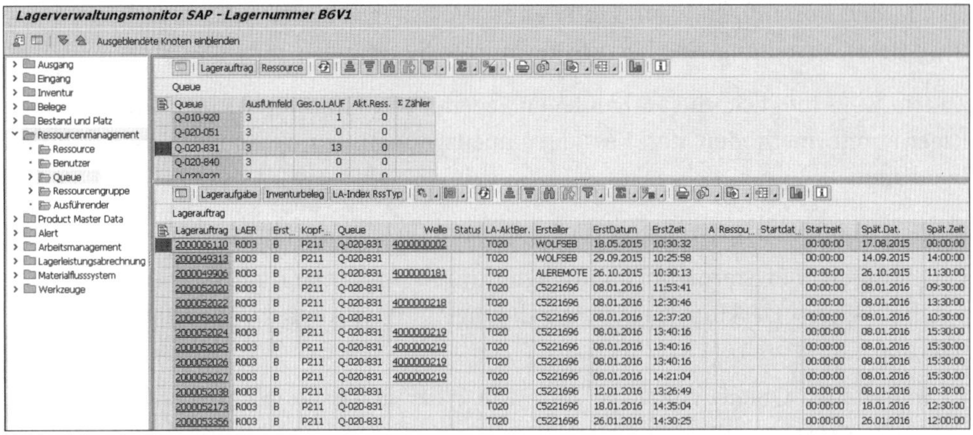

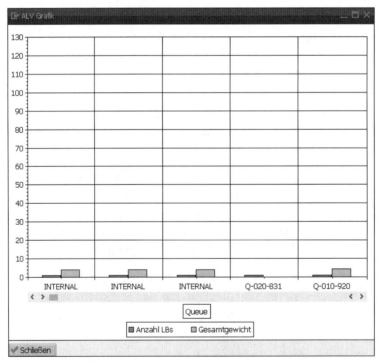

Abbildung 11.16 Ressourcen im Lagermonitor überwachen

Die Eingabe der Selektionsdaten entfällt dann komplett, und die Bereiche können optimal überwacht werden. Die Darstellung der Daten in Tabellenform ist ebenso möglich wie eine grafische Darstellung der Daten (siehe Abbildung 11.17).

Abbildung 11.17 Grafische Darstellung der Arbeitslast im Ressourcenmanagement über den Lagermonitor

Der Lagermonitor bietet keine Auto-Refresh-Funktion, um die Darstellung über einen physischen Bildschirm im Lager darzustellen und im Hintergrund die Darstellung immer wieder zu aktualisieren. Um Daten grafisch darzustellen und einen Auto-Refresh sicherzustellen, empfiehlt es sich, das Easy Graphics Framework zu verwenden. In Kapitel 13, »Monitoring und Reporting«, finden Sie weitere Informationen zum Lagermonitor sowie zum Easy Graphics Framework.

Der Lagerleiter erhält mit dem Ressourcenmanagement also die Möglichkeit, die Lageraufträge seinen Mitarbeitern oder den technischen Ressourcen optimal zuzuweisen. Durch die regelbasierte Optimierung können spezielle Prozesse oder Tätigkeiten priorisiert werden. Außerdem werden die Arbeitslast und das Lagergeschehen im Lagermonitor dargestellt. Darüber hinaus ist es möglich, aus dem Lagermonitor direkt in die regelbasierte systemgeführte Optimierung einzugreifen.

Grenzen des Ressourcenmanagements in SAP EWM

Das Ressourcenmanagement und seine Optimierungsmöglichkeiten sind regelbasiert, und die zugrunde liegenden Regeln weisen (zurzeit noch) Grenzen auf. Ziel und Zweck des Ressourcenmanagements ist es, über die Queue-Steuerung die Lageraufträge in Queues abzulegen. Die Queues werden dann von der Ressource nach einer definierten Reihenfolge (Queue-Index) abgearbeitet. Die Lageraufträge werden bei der Lagerauftragserstellung zusammengefasst bzw. gebündelt. Bei dieser Funktionsweise sind folgende Probleme zu benennen:

▸ **Kein Kapazitätsmanagement der Ressourcen**
  Bei der systemgeführten Steuerung wird ein Lagerauftrag einer Ressource zugewiesen. Der Lagerauftrag müsste jedoch abhängig vom Ressourcentyp gegebenenfalls neu gebildet werden. Bei der Erstellung des Lagerauftrags ist nicht klar, wer den Lagerauftrag tatsächlich ausführt. Gibt es unterschiedliche Ressourcentypen (die z. B. unterschiedlich viele Handling Units befördern können), die in der gleichen Queue arbeiten, entstehen Leerfahrten, bzw. die Ressourcen sind nicht immer zu 100 % ausgelastet.

▸ **Ad-hoc-Zuweisung**
  Die Zuweisung des Lagerauftrags zur Ressource findet immer ad-hoc statt. Das heißt, immer wenn die Ressource mit einem Lagerauftrag abschlossen hat, wird ab diesem Zeitpunkt nach einem neuen Lieferauftrag gesucht. Es werden keine Fahrpläne erstellt, was bedeutet, dass das Potenzial, Lageraufträge einer Ressource in Folge zuzuweisen, nicht ausgeschöpft wird.

▸ **Dynamische Optimierung findet nicht statt**
  Die Optimierung ist immer nur so gut, wie die zugrunde liegenden Stammdaten und die Konfiguration zur Queue-Findung. Eine Optimierung-Engine, die autonom und regelmäßig die Arbeitslast abhängig von saisonalen Schwankungen optimiert, ist nicht vorhanden.

> Zusammenfassend ist jedoch festzuhalten, dass EWM trotz dieser Verbesserungspotenziale jeden Lagerauftrag selbst und die Lageraufträge abhängig von der Queue-Steuerung und dem SST des Lagerauftrags optimiert.

Das Ressourcenmanagement bildet die Grundlage, um Ihre Ressourcen im Lager zu optimieren. Meist werden diese aber mit mobilen Geräten ausgestattet, oder die Mitarbeiter arbeiten an Arbeitsstationen. In diesem Umfeld ist vor allem die Flexibilität sehr entscheidend. Für diese Flexibilität ist das Radio-Frequency-Framework verantwortlich, das wir Ihnen im nächsten Abschnitt vorstellen.

11.2   Radio-Frequency-Framework

EWM bietet mit dem *Radio-Frequency-Framework* (RF-Framework) die Möglichkeit, mobile RF-Geräte zu verwenden und so mehr Effizienz und eine bessere Datenkommunikation im Lager zu erreichen. Das RF-Framework ermöglicht personalisierte Menüs und Bilder und bietet für unterschiedliche Gerätetypen eine individuelle Art der Datendarstellung.

Die Erfahrung aus vielen Projekten zeigt, dass die Dialogfolge der Anwendungen in der Lagerlogistik selbst nie vereinheitlicht werden kann. So unterscheiden sich die Dialoge von Kunde zu Kunde und vor allem von Lager zu Lager, da individuelle Prozesse oder physische Gegebenheiten dies zwingend erforderlich machen. Dies ist vor allem dann kritisch, wenn Dialoge selbst entwickelt werden oder wenn statisch entwickelte Programme durch kundenspezifische Erweiterungen verändert werden. Modifikationen oder Eigenentwicklungen erhöhen langfristig die IT-Kosten. Dem versucht SAP mit dem RF-Framework entgegenzuwirken.

Das RF-Framework bietet die Flexibilität kundengerechter Anpassung bei gleichzeitiger Kompatibilität für das nächste Release oder ein Upgrade.

Die Verwendung des RF-Frameworks ist zu Beginn eines Projekts meist komplex, z. B. ist die Entwicklung einer neuen Transaktion durchaus aufwendig. Diese ist jedoch anschließend einfach und lokationsabhängig erweiterbar. Das heißt, der Aufwand, der am Anfang höher ist, zahlt sich über die Nutzungsdauer des Produkts aus.

11.2.1 Vorteile des Radio-Frequency-Frameworks

Das RF-Framework ermöglicht eine bessere Integration der mobilen Geräte und bietet mehr Flexibilität, um Anpassungen vorzunehmen. In diesem Abschnitt geben wir Ihnen einen Überblick über die Funktionen des RF-Frameworks.

Integration verschiedener Gerätetypen

Das RF-Framework ermöglicht es, die Geschäftslogik von der Anzeige zu trennen. Es ist möglich, für verschiede Geräte- oder Bildschirmgrößen Bildschirmmasken im SAP-System zu generieren. Die unterschiedlichen Bildschirmbilder mit der gleichen Größe werden im RF-Framework zu einem Anzeigeprofil zusammengefasst. Die Anmeldung erfolgt dann abhängig vom Standardendgerät, das mit dem Anzeigeprofil verknüpft ist. Die Zuordnung des Standardendgeräts zur Ressource wird auf dem Ressourcenstammsatz durchgeführt.

Standort- und personenbezogenes Transaktionsmanagement

Die Idee des RF-Frameworks besteht darin, an verschiedenen Standorten oder abhängig von verschiedenen Personengruppen die Programmlogik nur geringfügig abzuwandeln, ohne immer wieder die schon entwickelte Anwendung zu beeinflussen. Dies ist unbedingt notwendig, wenn durch einen globalen Roll-out immer wieder neue Läger mit EWM ausgestattet werden. Bei neuen oder teilweise abgewandelten Anforderungen in einem neuen Projekt möchte man nicht die schon bestehenden und produktiv verwendeten Transaktionen verändern, da diese sonst zwangsläufig neu getestet werden müssten. Dies würde zu sehr langen Change-Request-Phasen und erhöhten Implementierungskosten führen. Oft werden, um dies zu umgehen, ganze Programme kopiert, um die Flexibilität zu haben, unabhängig voneinander die Geschäftslogik zu verändern.

Durch die fehlende Modularisierung und durch die erhöhte Anzahl an Entwicklungsobjekten ist der gesamte Produktlebenszyklus der Lagerlösung sehr kostspielig. Mithilfe des RF-Frameworks ist es jedoch einfacher möglich, die Geschäfts- sowie die Anzeigelogik zu verändern, ohne die dann schon bestehenden, produktiv im Einsatz befindlichen Anwendungen zu gefährden. Dies ist vor allem möglich, da die Steuerung des RF-Frameworks durch eine zentrale Konfiguration sichergestellt wird. Abhängig von Schlüsselfeldern wird evaluiert, welche Logik ausgeführt werden muss. Eins der dabei entscheidenden Felder ist das Darstellungsprofil (dies wird zu einer Lagernummer zugeordnet).

Flexibilität der Anzeige des RF-Frameworks

Das RF-Framework ermöglicht es, die Anzeige zu verändern oder zu erweitern, ohne direkt eine Entwicklung zu tätigen. So ist es möglich, über die Konfiguration die Anzeige anzupassen. Das RF-Framework erlaubt es darüber hinaus, schon bestehende Transaktionen zu erweitern, ohne neue Programme und damit Entwicklungsobjekte zu produzieren. Es ist jedoch hinzuzufügen, dass die Komplexität des RF-Frameworks eine steile Lernkurve für Neueinsteiger mit sich bringt.

11.2.2 Radio-Frequency-Framework einrichten

In diesem Abschnitt erklären wir, wie Sie das RF-Framework konfigurieren. Die Konfiguration des RF-Frameworks wird so gut wie vollständig über eine zentrale Multi-Tabellenpflege (View Cluster) sichergestellt, die Sie im EWM-Customizing unter dem Pfad EXTENDED WAREHOUSE MANAGEMENT • MOBILE DATENERFASSUNG • RADIO-FREQUENCY-(RF)-FRAMEWORK • SCHRITTE IN LOGISCHEN TRANSAKTIONEN DEFINIEREN finden.

Bildschirmgröße und Personalisierungsprofil

Der *Bildmanager* kann verwendet werden, um unterschiedliche Screengrößen zu generieren. Dies ist vor allem notwendig, um unterschiedliche Gerätetypen mit unterschiedlichen Bildschirmgrößen zu unterstützen. Mit dem Bildmanager können Sie auch neue Anzeigeprofile erstellen. Den Bildmanager finden Sie im EWM-Customizing unter dem Pfad EXTENDED WAREHOUSE MANAGEMENT • MOBILE DATENERFASSUNG • RADIO-FREQUENCY-(RF)-FRAMEWORK • RF BILDMANAGER oder durch das Ausführen der Transaktion /SCWM/ RFSCR. Das System generiert für jedes vorhandene Dynpro ein neues ABAP Dynpro und berechnet die Position der Elemente dynamisch, abhängig von den Eingabeparametern (siehe Abbildung 11.18). Ist die neu erstellte Bildschirmmaske kleiner als die Originalmaske, ist nachträglich eine manuelle Anpassung der Elemente notwendig.

Diese manuellen Anpassungen werden im *Screen Painter* durchgeführt (Transaktion SE51). Meist werden dabei manuell die wichtigsten Felder vergrößert und die Felder, die nicht benötigt werden, entfernt.

Durch das Generieren des ABAP Dynpros ist vor allem der Entwicklungsprozess um ein Vielfaches einfacher, und es ist schneller möglich, neue Geräte mit sich verändernden Bildschirmgrößen zu unterstützen. Ohne dieses Tool müsste jedes Dynpro manuell angelegt und dann im Coding integriert werden. Zusammenfassend ist deshalb festzustellen: SAP EWM ermöglicht Ihnen mit dem Bildmanager, sehr einfach Geräte mit anderen Bildschirmgrößen in EWM zu integrieren.

Abbildung 11.18 Neues Anzeigeprofil im Bildmanager erstellen

Beim Starten der mobilen Applikation über die Transaktion /SCWM/RFUI ist es möglich, das Standardendgerät auszuwählen, das mit dem Anzeigeprofil verknüpft ist (oder mithilfe eines Default-Werts auf dem Ressourcenstammsatz). Verschiedene Endgeräte können als Stammdaten über das SAP-Easy-Access-Menü und den Pfad EXTENDED WAREHOUSE MANAGEMENT • STAMMDATEN • ENDGERÄTE oder durch Ausführen des Transaktionscodes /SCWM/PRDVC gepflegt werden.

Ab EWM 9.0 ist ein neuer Parameter zur Pflege der Datenerfassungsart enthalten. Die Datenerfassungsart benötigen Sie für die Pick-By-Voice-Integration, die wir nun im Detail erläutern.

Wie in Abbildung 11.19 dargestellt ist, können Sie auch weitere gerätespezifische Eigenschaften hinterlegen: Ein besonderer Parameter ist der sogenannte *Tastaturbefehl* (Feld TASTBEF.).

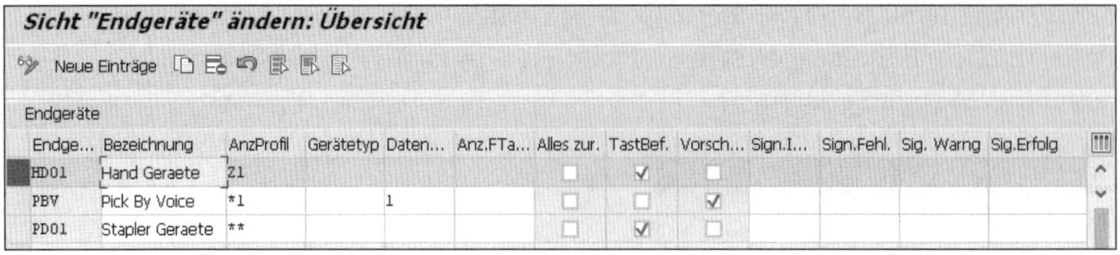
Sicht "Endgeräte" ändern: Übersicht

Neue Einträge

Endgeräte

Endge...	Bezeichnung	AnzProfil	Gerätetyp	Daten...	Anz.FTa...	Alles zur.	TastBef.	Vorsch...	Sign.I...	Sign.Fehl.	Sig. Warng	Sig.Erfolg
HD01	Hand Geraete	Z1				☐	☑	☐				
PBV	Pick By Voice	*1		1		☐	☐	☑				
PD01	Stapler Geraete	**				☐	☑	☐				

Abbildung 11.19 Endgeräte festlegen

Mit der Pflege und dem Freischalten des Tastaturbefehls ist es möglich, ein kleines Feld auf jeder mobilen Bildschirmmaske einzublenden, um zusätzliche Befehle an das RF-Framework zu überführen. Dieses Feld wird auch verwendet, um Ausnahmecodes zu erfassen oder Funktionscodes (wie beim Drücken von Funktionstasten) auszulösen, wenn Geräte keine Funktionscodetasten besitzen. Wenn der Tastaturbefehl aktiviert wurde, springt der Cursor immer im letzten Schritt vor Verlassen der Bildschirmmaske in dieses Feld. Sind Funktionstasten auf dem Gerät verfügbar, sollte das Feld immer deaktiviert werden, um diesen zusätzlichen Schritt zu verhindern. Sollte es notwendig sein, in einem Prozessschritt trotzdem einen Ausnahmecode zu erfassen, wird das Feld automatisch eingeblendet. Die Ausnahmebehandlung ermöglicht es, Ausnahmecodes abhängig vom Prozessschritt zu definieren, d. h., die Anwendung kann selbstständig feststellen, wann das Feld sichtbar sein muss und wann nicht. Wir beschreiben die Funktionen im folgenden Abschnitt.

Ein Endgerät kann als *Default-Endgerät* (Vorsch.) gepflegt werden. In diesem Fall wird es bei der Anmeldung an das Ressourcenmanagement eingeblendet, sollte der Benutzer auf dem Ressourcenstammsatz kein Endgerät als Default-Wert hinterlegt haben.

Die Option Alles Zurücksetzen (Feld Alles zur.) ermöglicht es, alle offenen Eingabefelder in einem Bild zu löschen, wenn zweimal die Taste [F6] gedrückt wird. Beim ersten Drücken der [F6]-Taste wird nur das Feld gelöscht, in dem sich der Cursor befindet.

Mit den *Signaltonfeldern* (Feld Sign.Info.) ist es möglich, abhängig vom Meldungstyp (sollte eine Meldung auf dem mobilen Gerät ausgegeben werden) ein Feld mit einer beliebigen Zahl zu füllen, die einem Signalton zugeordnet wird. SAPConsole wertet dieses Feld aus, und es ertönt ein akustisches Signal auf dem mobilen Gerät. Bei der Verwendung von Webtechnologien, wie z. B. der Technologie ITSmobile, ist es möglich, mit JavaScript die Meldungen mit einfacheren Mitteln auszuwerten und ein Signal an den Benutzer zu senden. Die Signaltonfelder kommen derzeit jedoch nur bei SAPConsole zur Anwendung.

Das RF-Framework kennt keine Lagernummern. Um dennoch lagerspezifisch im RF-Framework arbeiten zu können, wird das DARSTELLUNGSPROFIL verwendet. Dieses wird einer Lagernummer zugeordnet (siehe Abbildung 11.20). Das Darstellungsprofil ist damit ein zentraler Schlüssel, der sich in vielen Tabellen wiederfindet. Es wird über den zentralen RF-Framework-View-Cluster erstellt. Starten Sie dazu das EWM-Customizing, und folgen Sie dem Pfad EXTENDED WAREHOUSE MANAGEMENT • MOBILE DATENERFASSUNG • RADIO-FREQUENCY-(RF)-FRAMEWORK • SCHRITTE IN LOGISCHEN TRANSAKTIONEN DEFINIEREN. Dort können Sie über den Knoten DARSTELLUNGSPROFIL DEFINIEREN neue Einträge pflegen. Um die Zuordnung der Darstellungsprofile zu den Lagernummern zu pflegen, starten Sie das EWM-Customizing und folgen dem Pfad EXTENDED WAREHOUSE MANAGEMENT • MOBILE DATENERFASSUNG • DARSTELLUNGSPROFIL ZU LAGER ZUORDNEN. Das RF-Framework wurde nicht nur für EWM entwickelt; deshalb findet sich nirgendwo die Lagernummer als Schlüsselfeld. Es ist also möglich, das RF-Framework auch in anderen Systemen (z. B. in SAP ERP) zu verwenden. Um dennoch alle Einstellungen lagernummernspezifisch freizuschalten, wird die Lagernummer dem Darstellungsprofil (Feld DARSTPROF), wie in Abbildung 11.20 dargestellt, zugewiesen.

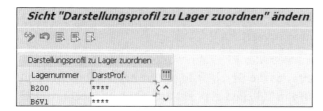

Abbildung 11.20 Darstellungsprofil zur Lagernummer zuordnen

Radio-Frequency-Menü

Mithilfe des *RF-Menümanagers* ist es möglich, komfortabel eigene Menüs zu erstellen. Dabei ist die Funktion Drag & Drop hilfreich. Um den RF-Menümanager zu starten, folgen Sie dem Pfad EXTENDED WAREHOUSE MANAGEMENT • MOBILE DATENERFASSUNG • RADIO-FREQUENCY-(RF)-FRAMEWORK • RF-MENÜMANAGER im EWM-Customizing oder führen den Transaktionscode /SCWM/RFMENU aus.

Die Menüeinträge beinhalten als Schlüsselfelder das Darstellungsprofil sowie das Personalisierungsprofil, die beide dem EWM-Benutzer zugeordnet werden. Somit kann das RF-Menü benutzerabhängig verwaltet werden. Das

Personalisierungsprofil kann direkt, das Darstellungsprofil indirekt über die Lagernummer dem Benutzer zugeordnet werden. Nach dem Ausführen der Transaktion für den RF-Menümanager müssen Sie deshalb die Parameter DARSTELLUNGSPROFIL und PERSONALISIERUNGSPROFIL auswählen und die Taste F7 drücken. Auf dem nächsten Bild können Sie dann das RF-Menü anlegen oder verändern (siehe Abbildung 11.21).

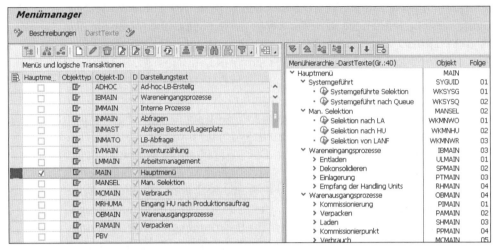

Abbildung 11.21 RF-Menüs mit dem RF-Menümanager erstellen

11.2.3 RF-Transaktionen erweitern

Durch das Erweiterungskonzept des RF-Frameworks, das auf eigenen Konfigurationstabellen aufsetzt, wird die Geschäftslogik von der Darstellungslogik getrennt. Jeder Schritt wird in Tabellen gepflegt und dann über Schlüsselfelder gefunden. Wichtig ist bei Erweiterungen immer, darauf zu achten, dass die Standardlogik nicht beeinflusst wird. Sonst ist das Nachspielen/Nachtesten von Problemen schwer möglich, was den Support der gesamten Lösung behindern würde. Dennoch wird schnell ersichtlich, wie vielseitig das RF-Framework ist und wie leicht Erweiterungen realisiert werden können.

> **Anpassen der RF-Framework-Konfiguration**
>
> Beachten Sie, dass die RF-Framework-Konfiguration so wenig wie möglich angepasst werden sollte. Zwar ist das Anpassen der Konfiguration nicht direkt eine Modifikation, jedoch beeinflusst es das Standardverhalten. Sie sollten deshalb so wenig wie möglich ändern. Wird das Standard-Customizing angepasst, verlieren Sie auch den SAP-Support und die Gewährleistung der Lösung. Durch das Erstellen und Verwenden eines zweiten Darstellungsprofils können Sie Änderungen vornehmen und trotzdem immer wieder die Standardlogik testen.

Alle Prozessschritte einer RF-Transaktion sind in Tabelleneinträgen definiert und wurden von SAP zu logischen Transaktionen zusammengefasst. Die Pflege dieser Einträge erreichen Sie über den EWM-Customizing-Einführungsleitfaden oder durch Aufrufen des technischen Views /SCWM/RF_CUSTOM in der Transaktion SE54. In dieser Transaktion finden Sie auch alle verschiedenen Tabellennamen, was vor allem Entwickler von RF-Transaktionen interessieren könnte.

Weiterführende Informationen zum RF-Framework

Zusätzliche Informationen zum RF-Framework finden Sie in der SAP-Onlinehilfe. Zudem ist das RF-Kochbuch zu empfehlen, das auf dem Service Marketplace verfügbar ist (*http://service.sap.com*). Das RF-Kochbuch ist an Entwickler gerichtet, die bestehende Transaktionen erweitern oder neue Transaktionen entwickeln müssen. Es entstand während der Entwicklung von EWM und enthält daher Informationen, die damals für EWM-Entwickler bestimmt waren.

EWM liefert rund 120 mobile, »logische« Transaktionen aus. Diese sind jedoch nicht, wie bei dem Modul WM in SAP ERP, direkt über einen Transaktionscode erreichbar. Die Konfiguration des RF-Frameworks ermöglicht es, die mobile Transaktionslogik anhand folgender Einstellmöglichkeiten sehr flexibel zu verwalten:

▸ **Darstellungs- und Personalisierungsprofile**
Beide sind notwendig, um die Geschäfts- und Darstellungslogik lokations- bzw. benutzerspezifisch zu verwalten.

▸ **Schritte und Stand definieren**
Die Pflege von Schritten und Ständen ist notwendig, um einzelne Transaktionen in Teilschritte aufzugliedern. Durch die Verwendung von mehreren unterschiedlichen Ständen ist es möglich, einem Prozessschritt unterschiedliche Bildschirmmasken zuzuordnen.

▸ **Funktionscodes und Funktionstexte**
Dabei handelt es sich um interne Funktionscodes, die den externen Funktionscodes ([F1] bis [F12]) zugeordnet werden. Eine dynamische Pflege der Funktionscodetexte ermöglicht eine sprachenabhängige Anzeige dieser Texte. Das Zuordnen der Funktionscodes wird unterhalb des Knotens LOGISCHE TRANSAKTIONEN DEFINIEREN vorgenommen.

▸ **Validierungsobjekte definieren**
Bei der Nutzung von Validierungsprofilen innerhalb einer logischen Transaktion werden die definierten Objekte verwendet und anhand der Felder

überprüft, die sich auf dem Screen befinden. Falls eine Prüfung fehlschlägt, wird der nachfolgende Schritt nicht eingeleitet. Die Validierungsprofillogik wird unterhalb des Knotens Logische Transaktionen definieren festgelegt. Idee des RF-Frameworks ist es, über bestimmte Schlüsselfelder zu definieren, welche Felder dynamisch verifiziert werden sollen. Das Validieren von Feldern ist dann notwendig, wenn sichergestellt werden soll, dass ein Benutzer z. B. das Material wirklich auf einen bestimmten Platz befördert hat. Ohne diesen Platz nochmals zu scannen und so zu verifizieren, ist die Gefahr groß, dass durch einen menschlichen Fehler doch ein anderer Platz ausgewählt wurde als der im System definierte und hinterlegte. Die Validierung ermöglicht somit, die Arbeit im Lager zu verbessern und die Fehlerquote zu minimieren. EWM bietet hier, abhängig von Kundenanforderungen, die Möglichkeit, jedes Feld zu validieren oder die Validierung nur gering auszuprägen. Durch das Verwenden von Validierungsprofilen können Sie eine eigene Validierungssteuerung konfigurieren.

Die Konfiguration der Validierungsprofile erreichen Sie im EWM-Customizing über den Pfad Extended Warehouse Management • Mobile Datenerfassung • Verifizierungssteuerung • Lagerspezifische Verifizierung definieren. Damit das Validierungsprofil, abhängig von der Tätigkeit, gefunden und verwendet wird, muss eine Findung ebenfalls erfasst werden. Diese konfigurieren Sie über den Pfad Extended Warehouse Management • Mobile Datenerfassung • Verifizierungssteuerung • Lagerspezifische Verifizierungsfindung definieren im EWM-Customizing.

▶ **Logische Transaktionen definieren**
Die Geschäftslogik der mobilen Transaktionen wird unterhalb des Knotens Logische Transaktionen definieren gesteuert. Der Text im Menü auf dem mobilen Gerät kann mit dem Darstellungstext beeinflusst werden.

▶ **Schrittablauf einer logischen Transaktion zuordnen**
Im Knoten Schrittablauf einer logischen Transaktion werden, wie in Abbildung 11.22 gezeigt, die verschiedenen logischen Schritte einer Transaktion zusammengefasst. Die Programmierlogik befindet sich in unterschiedlichen Modulen (Funktionsbausteinen), die jedem Schritt zugeordnet werden oder gegen eigene kundenspezifische Funktionsbausteine ausgetauscht werden können. Meist empfiehlt es sich, den vorhandenen SAP-Funktionsbaustein mit einem kundenspezifischen Funktionsbaustein zu verschalen und eine zusätzliche Logik vor oder nach dem SAP-Standardbaustein auszuführen.

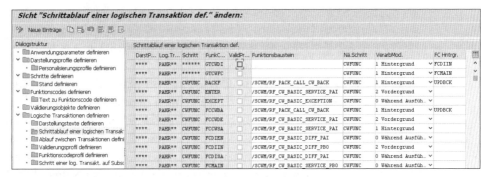

Abbildung 11.22 Schrittablauf zur logischen Transaktion zuordnen

▶ **Schritte der logischen Transaktion zu Bildschirmmasken zuordnen**
Während der Ausführung einer Transaktion evaluiert das RF-Framework über die Konfiguration, ob ein *Vordergrundschritt* einzuleiten ist. In diesem Fall werden, wie in Abbildung 11.23 dargestellt, der zugehörige Bildprogrammname und die Bildschirmnummer aus der Tabelle entnommen. Durch das Anpassen der Tabelle ist es möglich, das Standardbild durch ein kundenspezifisches Bild auszutauschen.

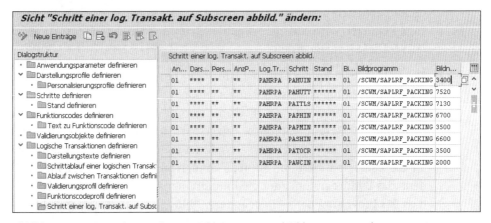

Abbildung 11.23 Transaktionsschritt zu Bildprogramm und Bildnummer zuordnen

---

Folgen von Änderungen des RF-Standard-Customizings

Auch hier noch einmal der Hinweis: Sollten Sie das bestehende, Ihnen von SAP zur Verfügung gestellte Customizing ändern, hat dies sehr unangenehme Folgen. Ein Nachteil ist, dass bei der direkten Änderung des Standard-Customizings die Standardtransaktionen nicht mehr so, wie von SAP ausgeliefert, nutzbar sind. Bei späteren Tests oder dem Freischalten zusätzlicher Funktionen sowie zur Sicherstellung

---

des Supports ist das Vorhandensein der Standardlogik jedoch zwingend notwendig. Wir empfehlen Ihnen deshalb, das Standard-Customizing niemals zu ändern, sondern mit einem eigenen Anzeige- bzw. Personalisierungsprofil zu arbeiten.

Einige RF-Transaktionen sind im EWM-Standard generisch entwickelt und konfiguriert worden. Dies trifft z. B. auf die Kommissioniertransaktionen (PI****) zu. Diese Transaktionen können dadurch noch stärker und besser erweitert werden. Da sie fast die komplette Geschäftslogik in einer generischen Transaktion (Wildcard oder Asterixtransaktion) beinhalten, ist eine Abwandlung durch das Erstellen einer Transaktion mit dem Namen PIZZZZ möglich. Dies ermöglicht es, die komplette Geschäftslogik der Standardtransaktion zu übernehmen und Erweiterungen in der eigenen PIZZZZ-Transaktion zusammenzufassen. Leider bietet SAP EWM derzeit nicht für jede logische Transaktion solch ein Erweiterungskonzept an.

11.2.4 RF-Transaktionen personalisieren

Das Personalisieren der RF-Transaktionen wird mithilfe des *Personalisierungsprofils* ermöglicht. So bietet EWM Möglichkeiten, die mobilen Transaktionen, abhängig von Benutzergruppen, zu personalisieren. Die Zuordnung zum Benutzer wird auf dem Benutzerstamm über den Transaktionscode /SCWM/USER sichergestellt.

Das Personalisieren des Schrittablaufs oder der Bildfolge der jeweiligen RF-Transaktion können Sie sicherstellen, indem Sie die vorhandenen Tabelleneinträge kopieren und das Personalisierungsprofil austauschen. Um das Aussehen der RF-Transaktion benutzerspezifisch zu verändern, können Sie die schon vorhandenen Einträge kopieren (siehe Abbildung 11.23). Haben Sie die Zeilen markiert und kopiert, können Sie in den neu erstellten Zeilen dann das Bildprogramm oder die Bildnummer verändern, was zur Folge hat, dass das Programm dann einen anderen Bildschirm, den Sie parallel mit der Transaktion SE51 anlegen müssen, verwendet.

Es bieten sich folgende Möglichkeiten, um die mobilen Transaktionen zu personalisieren:

▶ **Erstellen personalisierter Menüs über den Menümanager und Zuordnung zu den jeweiligen Benutzern**
Das Erstellen personalisierter Menüs und die Zuordnung zu Benutzern ermöglichen es auch, ein Berechtigungskonzept umzusetzen – das aber nicht mit dem Standard-SAP-Berechtigungskonzept gleichzusetzen ist. Dadurch, dass nur bestimmte Transaktionen im Menüblatt auf dem mobi-

len Gerät sichtbar sind, kann der Benutzer nur diese ausführen. Im Unterschied dazu kann durch die Verwendung von SAP-Berechtigungsobjekten (diese werden zu Rollen zusammengefasst und auf dem SAP-Benutzer hinterlegt) das Ausführen einer RF-Transaktion eingeschränkt werden, z. B. nur für eine bestimmte Lagernummer. Dennoch ist das Zurverfügungstellen eines bestimmten Submenüs die erste Möglichkeit, einen Benutzer nur mit bestimmten Transaktionen im RF auszustatten.

▸ **Verwenden verschiedener Bildschirmmasken für bestimmte Benutzergruppen bzw. Personalisierungsprofile**
Eine weitere Möglichkeit ist das Verwenden *verschiedener Bildschirmmasken* für bestimmte Benutzergruppen bzw. Personalisierungsprofile. Die entsprechende Konfiguration erreichen Sie im EWM-Customizing unter dem Pfad EXTENDED WAREHOUSE MANAGEMENT • MOBILE DATENERFASSUNG • RADIO-FREQUENCY-(RF)-FRAMEWORK • SCHRITTE IN LOGISCHEN TRANSAKTIONEN DEFINIEREN. Die Idee ist, jeder Benutzergruppe, abhängig von ihrem Erfahrungsstand, einfache bzw. komplexe Bildschirmmasken anzuzeigen. Ein Lagerleiter könnte so auch sensible Daten einsehen, die ein Mitarbeiter bzw. Ferienarbeiter nicht sehen soll.

▸ **Verwenden verschiedener Validierungsprofile abhängig von der Benutzergruppe und dem Personalisierungsprofil**
Es ist darüber hinaus möglich, *verschiedene Validierungsprofile* abhängig von der Benutzergruppe und dem Personalisierungsprofil zu verwenden. Abhängig von einer Benutzergruppe und damit dem Personalisierungsprofil können unterschiedliche Validierungslogiken implementiert werden. So kann sichergestellt werden, dass unterschiedliche Benutzer unterschiedliche Daten auf der Bildschirmmaske eingeben bzw. einscannen müssen. Zum Beispiel könnte die Menge auf dem Nachplatz beim Einlagern verifiziert werden müssen, dies aber nur für unerfahrene Mitarbeiter bzw. Mitarbeiter, die noch nicht lange in einem Bereich arbeiten.

Das RF-Framework bietet mit seinen flexiblen Werkzeugen die Möglichkeit, den Programmablauf sehr flexibel zu gestalten. Das bedeutet, das RF-Framework wird verwendet, um die Geschäftslogik im System möglichst kostengünstig und flexibel zu verwalten.

Damit die RF-Transaktionen tatsächlich auf einem mobilen Gerät ausgeführt werden können, benötigen Sie Datenfunktechnologien, die wir im folgenden Abschnitt erläutern werden. Zusätzlich dazu haben wir die technischen Themen Pick-by-Voice und RFID in diesem Abschnitt zusammengefasst.

11.3 Datenfunk, Pick-by-Voice und RFID

In diesem Abschnitt konzentrieren wir uns auf die technischen Aspekte, die erforderlich sind, um EWM-Transaktionen und -Programme auf mobilen Geräten anzuzeigen. Wir beschreiben die unterschiedlichen Schichten, die notwendig sind, damit die Bildschirmmaske auf dem integrierten mobilen Gerät dargestellt werden kann. Darüber hinaus besprechen wir die unterschiedlichen Möglichkeiten, die zur Verfügung stehen, um sowohl in EWM als auch im SAP-System im Allgemeinen mit einem mobilen Gerät zu interagieren. Eine Sonderstellung haben die Pick-by-Voice-Integration sowie die RFID-Technologie in der Praxis, wenn es um die Automatisierung der Lagerprozesse geht. In diesem Abschnitt erklären wir Ihnen beide Technologien im Detail. Beim Einsatz all dieser Technologien ist die Wahl der Hardware ein Schlüsselfaktor, der den Erfolg der Systemeinführung beeinflusst. Die Integration mobiler Geräte ist aufgrund der vielen Faktoren, die sich ständig aufgrund neuer Produkte und Strategien der Hardware- und Softwarehersteller ändern, ein sensibles Thema.

11.3.1 Hardwareeinflussfaktoren

Bei der Einführung einer mobilen Technologie in Ihrem Lager müssen Sie entscheiden, ob das Gerät als mobiles Handgerät verwendet und ausgestattet ist oder ob es sich um ein Staplergerät handelt. Der Unterschied besteht vor allem in der Hardwareausstattung: So sind derzeit Staplergeräte eher als Tablet-PCs zu verstehen. Da diese meist so umfassend ausgestattet sind wie handelsübliche Notebooks (also mit einem Betriebssystem wie Windows 7 oder Windows 10), bestehen hier bessere Integrationsmöglichkeiten mit dem SAP-System. Auch in puncto Performance sind der Prozessor und die Hauptspeicher dieser Tablet-PCs den mobilen Handgeräten überlegen.

Im Gegensatz zu Staplergeräten in Form von Tablet-PCs haben Handgeräte mehr Einschränkungen aufzuweisen. Sie werden derzeit nur mit Windows Mobile oder Windows CE ausgeliefert. Android-Geräte gibt es zwar auf dem Markt; diese sind jedoch meist nicht sehr verbreitet. Die Hardwareausstattung, also CPU oder RAM, ist vergleichbar mit PCs, die vor Jahren auf den Markt kamen. Durch diese Einschränkungen ist die Integration eingeschränkt. Es bedarf somit einer gut geeigneten Hardware- und Softwaretechnologie, um eine erfolgreiche Systemeinführung sicherzustellen.

Unter Windows Mobile oder Windows CE ist ein Betreiben des SAP GUIs auf den Handgeräten nicht möglich, sodass andere Frontend-Technologien verwendet werden müssen. Eine Citrix-Lösung kommt meist auch nicht infrage, da eine intensivere Integration der Hardware notwendig wäre und die Bildschirmfläche komplett der Applikation zur Verfügung gestellt werden muss. Aufgrund der Notwendigkeit plattformunabhängiger Technologien und der Tatsache, dass das Standard-Windows-SAP-GUI auf einem mobilen Gerät nicht lauffähig ist, muss auf Telnet bzw. webbasierte Technologien ausgewichen werden. Zudem ist zu beachten, dass mobile Transaktionen im Lager meist in Echtzeit, d. h. online, betrieben werden.

Die derzeit beste Möglichkeit ist eine Integration mit der SAPConsole oder mit SAP ITSmobile. Beide Integrationen sind von SAP empfohlen, SAP Fiori spielt im mobilen/RF-Umfeld im Lager derzeit keine Rolle. Die WebSAPConsole wird jedoch seitens SAP nicht mehr empfohlen, da SAP die Weiterentwicklung dieser Technologie aufgegeben hat. In Abschnitt 11.3.3, »SAPConsole«, und Abschnitt 11.3.5, »SAP ITSmobile«, stellen wir die SAPConsole und ITSmobile detaillierter vor. SAP hat eine mobile Strategie auf dem Service Marketplace unter *http://service.sap.com* veröffentlicht, in der beide Technologien, SAPConsole und ITSmobile, empfohlen werden.

11.3.2 Softwareeinflussfaktoren

Wenn Sie eine Softwarelösung für einen mobilen Prozess auswählen, sollten Sie die Art der Verwendung in den Vordergrund stellen, vor allem, ob Sie die Anwendung im Online- oder im Offlinebetrieb nutzen werden.

Je nach Verwendungsweise unterscheiden sich Aufwand und Kosten erheblich. Heutzutage wird das Lagergeschehen in Echtzeit abgebildet; jede Bewegung soll sofort im System verbucht werden. Das System kann dadurch die Daten validieren und zugleich auf Ausnahmen reagieren. Diese Bedingungen können nur mit einem Onlinesystem sichergestellt werden. Vorteil einer Online- und somit Echtzeitlösung ist somit u. a. die Minimierung des Bestands auf Kommissionierlagerplätzen, da so Sicherheitsbestände minimiert werden können. Mit der zeitgleichen Bewegung des Bestands und Verbuchung der Daten im System können Nachschuboperationen viel früher gestartet werden. Würde der Bestand erst bewegt, die Bewegung auf Papier oder in einem Offlinegerät festgehalten und später (falls nicht vergessen) im System erfasst, könnte das System erst reagieren, nachdem die Daten vollständig vom System erfasst worden sind. Folge davon wäre, dass auf Kommissionierlagerplätzen der Bestand länger ausreichen müsste oder der Sicherheitsbestand höher ausfallen würde. Soll ein Mitarbeiter ein Material von einem Reservelagertyp in den Kommissionierbereich umlagern, kann der Mitarbeiter, der die nachfolgenden Kommissioniertätigkeiten übernimmt, das Material erst kommissionieren, wenn der Bestand tatsächlich bewegt und vor allem, wenn diese interne Umlagerung auch im System erfasst und verbucht wurde.

Um ein System in Echtzeit nutzen zu können, ist die Netzwerkarchitektur entscheidend. Ein Lager, das sich physisch meist in einem oder mehreren Gebäuden befindet, kann hardwareseitig problemlos mit einer Wireless-LAN-Netzwerk-Architektur ausgestattet werden. Die Erfahrung zeigt, dass eine Offlineanwendung meist acht- bis zehnmal aufwendiger ist als eine Onlineanwendung.

Laut einer Studie von Gartner (*Choosing Between the Six Mobile Application Architecture Styles*, Gartner 2006, die immer noch aktuell ist) gibt es bis zu sechs mögliche mobile Architekturen:

- **Thick Client**
  Daten und Code sind auf dem Gerät gespeichert.

- **Rich Client**
  Code wird auf dem Gerät abgelegt – so gut wie keine oder generell keine Daten werden auf dem Gerät abgelegt.

- **Thin Client**
  Ein Browser oder ein ähnlich generisches Programm wird auf dem Gerät abgelegt – sonst wird auf dem Gerät nichts gespeichert.

- **Streaming**
  Streaming-Programm auf dem Gerät

- **Messaging**
  E-Mail, mobile Textnachricht (SMS), Kurzmitteilung wird als Transport von Daten verwendet.

- **No Client**
  Verwendung nativer Funktionen wie der Stimme, z. B. bei Telefonen

Für den Gebrauch einer mobilen Softwarelösung im Lager oder in der Logistik im Allgemeinen stehen nur die ersten drei Architekturen zur Verfügung. Diese stellen wir in Abbildung 11.24 dar und zeigen auf, wie sie in die SAP-Systemlandschaft integriert wurden.

Eine Offlinelösung bietet die Möglichkeit, Daten auf dem Gerät abzulegen, um diese dann bei erneuter Verbindung mit einem System zu replizieren. Offlineanwendungen können Sie mit der *SAP-Mobile-Plattform* (früher *SAP Sybase*) realisieren.

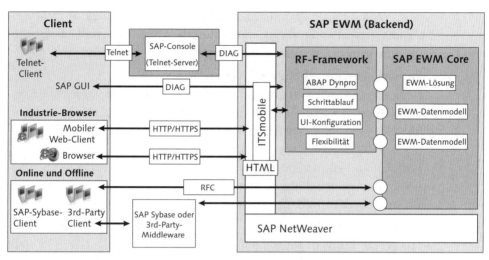

Abbildung 11.24 SAP-Systemlandschaft für die Integration mobiler Geräte

Mit der Verwendung einer nativen Anwendung oder zusätzlichen Logik, die auf dem mobilen Gerät installiert werden muss, ist es möglich, Daten auf dem mobilen Gerät darzustellen. Die Verwendung eines Nicht-SAP-Clients ist in diesem Umfeld zwar auch denkbar, weist jedoch den Nachteil auf, dass meist notwendige Schnittstellen fehlen und der Client für alle mobilen Plattformen und jede Version zur Verfügung gestellt werden müsste. Das heißt, es entsteht ein Aufwand, den ein Partner oder der Kunde selbst tragen muss.

Mit der Verwendung eines *Thin Clients*, also etwa eines Browsers (Internet Explorer oder Industrie-Browser) oder eines Telnet-Clients, wird die Darstellung auf dem mobilen Gerät sichergestellt. SAP selbst greift auf diese Architektur zurück und empfiehlt diese auch ihren Kunden, um den Aufwand und die Kosten zu minimieren. Der Einsatz von SAPConsole und ITSmobile ist nicht auf EWM beschränkt: Jedes SAP-System auf Basis von SAP NetWeaver AS ABAP kann beide Technologien verwenden. Das bedeutet, dass auch die Integration in das SAP-ERP-Modul WM mit SAP ITSmobile und SAPConsole möglich ist.

Die Technologien SAPConsole und ITSmobile sind, unter Berücksichtigung der Implementierungskosten und des kompletten Produktlebenszyklus, vergleichbar sehr günstig. Begründet werden kann dies mit folgenden Argumenten:

▶ **Verwendung und Ausrollen der Technologie**
Da die Logik und die Programme alle zentral auf dem SAP-System verwaltet werden, sind die Verwendung und das Ausrollen der Lösung relativ ein-

fach. Veränderungen können zentral verwaltet werden. Es ist nicht notwendig, zusätzlich auf allen Geräten, die schon im Einsatz sind, immer wieder eine neue Software zu installieren, wenn sich ein Prozess verändert.

▶ **Entwicklungsumgebung und weitere Tools**
Der gesamte Entwicklungsprozess wird im SAP-System umgesetzt. Ein erster Test, um die Bildfolge und das Verbuchen der Daten zu testen, ist im SAP GUI möglich. Zusätzlich gibt es Hilfsprogramme, um die Webintegration mit ITSmobile besser zu testen. Diese Tools sind auf dem normalen PC lauffähig und können dort verwendet werden, um die Nutzung zu simulieren. Gemeint sind hier Hilfsprogramme zur Performancemessung oder zur Analyse des HMTL-Codes, der an das mobile Gerät versendet wird.

▶ **Performance und Stabilität**
Das größte Problem einer mobilen Lösung ist das mobile Gerät. Es stellt meist den Flaschenhals der Lösung dar. Deshalb muss die Lösung sehr performant sein, und alles, was ein zentrales System sicherstellen kann, sollte durch den Server realisiert werden. Das verbessert vor allem die Performance und die Stabilität der Lösung, da auf dem SAP-System die Verarbeitung performant und stabiler sicherzustellen ist. Begründet werden kann dies damit, dass das SAP-System hardwareseitig besser ausgestattet ist als ein mobiles Gerät. Zudem stehen auf dem SAP-System weitere Programme zur Verfügung, um Fehler besser analysieren zu können (z. B. mit den Transaktionen STAD, ST01 oder durch das Einspielen der Support-Komponente ST-A/P in die Transaktion ST12).

▶ **Geräteunabhängigkeit**
Den Support einer Lösung sicherzustellen heißt, eine Lösung für alle Geräte bereitzustellen. In einem Projekt kann sich ein Kunde meist auf ein oder zwei Geräte beschränken, dies heißt jedoch nicht, dass das Gerät immer zur Verfügung stehen wird. Häufig ist ein Gerät, das man einsetzt, später nicht mehr lieferbar. Letztlich bietet ein Gerätehersteller ein Gerät im gleichen Modell etwa ein bis maximal zwei Jahre an, bis es durch ein Nachfolgermodell ersetzt wird. Das heißt, eine mobile Lösung sollte so ausgelegt sein, dass sie alle Geräte unterstützen kann. Durch einen plattformunabhängigen Client (wie z. B. einen Browser), der auf allen Betriebssystemen und Geräten lauffähig ist, wird eine solche Geräteunabhängigkeit sichergestellt. Ähnlich ist es bei einem Telnet-Client. Deshalb setzt SAPConsole einen Telnet-Client und SAP ITSmobile einen Browser voraus. Telnet und vor allem HTML stellen heutzutage einen offenen Standard dar, d. h., mit der Verwendung eines solchen Clients ist es möglich, nahezu alle Geräte zu unter-

stützen und zudem als Kunde sicherzustellen, dass langfristig auch andere Implementierungspartner die Lösung warten können.

In Tabelle 11.1 haben wir die verschiedenen Aspekte, die bei der Auswahl einer mobilen Lösung zu berücksichtigen sind, in Tabellenform gegenübergestellt.

Kondition	Online (immer verbunden)	Rich Client oder teilweise nicht verbunden	Offline oder vereinzelt verbunden
natives User Interface	nein	ja	ja
browser- oder Telnet-basiert	ja	nein	nein
Geschäftslogik auf dem mobilen Gerät	nein	ja	ja
lokale Daten	nein	gering – erfordert Synchronisation	Daten auf dem Gerät – erfordert Synchronisation
Unterstützung von Operation – wenn Gerät außerhalb der Reichweite	nein – eingeschränkt möglich, wenn Verbindung zum System nicht notwendig ist	komplett bzw. eingeschränkt unterstützt	komplett unterstützt
Peripherie-Support	nur wenn der Browser eine Schnittstelle zur Verfügung stellt – oder diese selbst entwickelt wird [z. B. ActiveX oder Applet]	ja	ja
Multi-Geräte-Support	komplett mit Browser, dieser wird meist für alle Plattformen unterstützt	eingeschränkt	eingeschränkt
TCO	gering	mittel	hoch

Tabelle 11.1 Gegenüberstellung der mobilen Architekturen (online oder teilweise online/offline)

EWM unterstützt derzeit im Standard nur die Onlineverwendung durch den Einsatz eines Thin Clients für mobile Geräte.

Da alle mobilen Transaktionen im RF-Framework implementiert wurden und dieses derzeit mit ABAP Dynpro realisiert wird, ist es jederzeit möglich, die mobilen Transaktionen sowohl im SAP GUI auf dem Desktop-PC auszuführen als auch sie mithilfe der SAPConsole oder von ITSmobile auf mobilen Geräten zu betreiben.

Zusammenfassend lässt sich auf der Basis der vorgebrachten Punkte sagen, dass die mobile Strategie in einem Lager an der Technologie SAPConsole bzw. ITSmobile nicht vorbeiführt. Lager, die mit Sybase betrieben werden, müssen höhere IT-Kosten berücksichtigen. Zudem gibt es nur sehr wenige Kunden, die diese Technologie in ihrem Lager einsetzen.

Testen im SAP GUI

In Lagerprojekten hat es sich immer ausgezahlt, gerade zu Beginn und während der ersten Funktions- und Integrationstests die mobilen Transaktionen im SAP GUI testen zu können. Dort kann zuerst sichergestellt werden, dass die Applikation einwandfrei funktioniert. Ein Key-User wird sonst mit dem neuen mobilen Gerät und den neuen Bildfolgen bzw. den neuen mobilen Transaktionen sehr leicht überfordert.

Erst in der letzten Testphase, wenn das System tatsächlich mit der Physik (also mit Stapler und Geräten) im Lager getestet wird, ist der Einsatz der Transaktion auf mobilen Geräten problemlos möglich. Durch die Verwendung der Technologie SAPConsole oder ITSmobile ist dies sehr einfach sicherzustellen.

Wird zuerst SAPConsole implementiert, ist ein nachträglicher Wechsel von SAPConsole auf ITSmobile ebenfalls sehr schnell realisierbar, da beide Technologien das gleiche Entwicklungsmuster (SAP Dynpro) verwenden.

11.3.3 SAPConsole

Die *SAPConsole* ist eine Standardschnittstelle, über die das SAP-System mit den RF-Geräten verbunden wird. Die SAPConsole wird verwendet, um textbasiert Geräte zu unterstützen (wie in Abbildung 11.25 dargestellt). Es handelt sich dabei um eine sehr stabile und ausgereifte Technologie, die schon seit mehreren Jahren im Lagerumfeld verwendet wird.

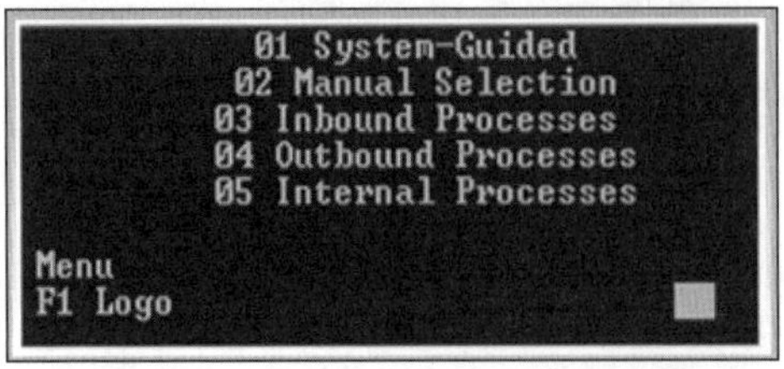

Abbildung 11.25 Bildschirmmaske der SAPConsole

In Abbildung 11.26 haben wir die Systemlandschaft der SAPConsole dargestellt. Um die SAPConsole betreiben zu können, ist es notwendig, zusätzlich
einen *Telnet-Server* zu betreiben. Beide, SAPConsole und Telnet-Software,
werden auf einem zusätzlichen Server installiert und betrieben. Die SAPConsole hat nur die Aufgabe, das SAP-Protokoll DIAG umzuwandeln und dem
Telnet-Server zur Verfügung zu stellen. Der Telnet-Server wiederum stellt
die Kommunikation zum mobilen Gerät sicher, auf dem ein Telnet-Client
läuft. Ein handelsüblicher Telnet-Client ermöglicht eine textbasierte Anzeige
– möchte man eine grafische Anzeige sicherstellen, benötigt man einen
erweiterten Telnet-Client, jedoch müssen dann auch vom Telnet-Server die
notwendigen grafischen Informationen zur Verfügung gestellt werden.

Der Telnet-Client sollte VT220 unterstützen, damit alle Funktionen, wie z. B.
die Unterstützung von Funktionstasten, problemlos verfügbar sind.

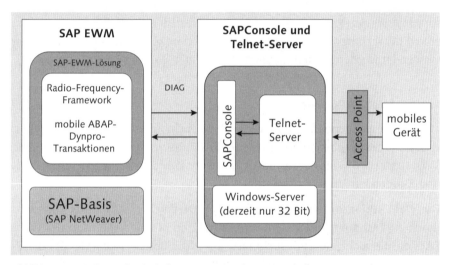

Abbildung 11.26 Systemlandschaft unter Einsatz der SAPConsole

Die SAPConsole selbst kann als Konvertierer verstanden werden, ohne eine
zusätzliche Datenbank oder einen zusätzlichen Persistenz-Layer, der Daten
selbst zwischenspeichert. Es handelt sich um einen zusätzlichen Server, der
jedoch nicht direkt als eine Middleware zu verstehen ist. Die SAPConsole
wandelt nur die Anzeige um, damit diese mithilfe des Telnet-Protokolls auf
dem mobilen Gerät dargestellt werden kann. Weitere Informationen und
Empfehlungen für die Verwendung der SAPConsole finden Sie auf dem Service Marketplace in Hinweis 540469.

Seit 2009 unterstützt die SAPConsole auch UTF-8. Das heißt, es muss auf
einer Instanz der SAPConsole nicht wie bisher eine dedizierte Codepage aus-

gewählt werden. In der Vergangenheit waren Anforderungen wie die parallele Unterstützung der Schriftarten Koreanisch und Kyrillisch für Unternehmen, die global interagieren, nur durch die Installation von zwei SAPConsole-Servern realisierbar. Die SAPConsole unterstützt seit 2010 UTF-8, was bedeutet, dass ein Kunde nur einen SAPConsole-Server betreiben muss, um diese Anforderungen umzusetzen. Allerdings müssen der Telnet-Server und der Telnet-Client auch UTF-8 unterstützen, sonst kann diese Verbesserung nicht zum Tragen kommen. Weitere Informationen dazu finden Sie im SAP-Hinweis 1316470 im SAP Service Marketplace.

SAPConsole wird vor allem verwendet, wenn die mobile Applikation sehr schnell und performant reagieren muss. Die Anzeige auf dem mobilen Gerät ist sehr einfach und kann deshalb ohne zusätzliche Verzögerung dargestellt werden. Als Nachteil sind eingeschränkte visuelle Effekte aufzuführen. Zusätzlich dazu sind Funktionen wie die Integration einer RFID-Technologie oder die sprachgesteuerte Führung nur sehr schwer realisierbar. Hier bedarf es meist einer Entwicklung auf dem mobilen Gerät, da dort keine offenen Schnittstellen verwendet werden können (anders als bei einer Browser-Umgebung).

11.3.4 WebSAPConsole

In den vergangenen Jahren hat SAP versucht, die im vorangegangenen Abschnitt beschriebenen Nachteile der SAPConsole zu beseitigen. Eine neue Version der SAPConsole, die sogenannte *WebSAPConsole*, wurde entwickelt und Kunden zur Verfügung gestellt.

Die WebSAPConsole wird nur noch bis SAP NetWeaver 7.00 unterstützt und durch die Technologie ITSmobile ersetzt. SAP empfiehlt den Einsatz der Web-SAPConsole nicht mehr; deshalb fassen wir die Beschreibung der WebSAP-Console sehr kurz. Weitere Informationen zur Support-Strategie der Web-SAPConsole finden Sie im Hinweis 1046184 im SAP Service Marketplace.

Ebenso wie die Architektur der SAPConsole wurde die WebSAPConsole auf einem zusätzlichen Server betrieben. Die Anzeige auf dem mobilen Gerät wurde mithilfe von HTML sichergestellt. WebSAPConsole konnte eine grafische Anzeige ermöglichen, war jedoch nur sehr schwer von Kunden erweiterbar. Einzelne Elemente konnten nur mit zusätzlichen Partnerprodukten grafisch verändert werden. Vor allem die Tatsache, dass WebSAPConsole als Blackbox betrieben werden musste, ist als Nachteil zu nennen. Das generierte HTML konnte nicht direkt mit SAP-Mitteln über eine Entwicklungsumgebung angepasst und verändert werden. Bei größeren Projekten wurde zudem die Stabilität der Technologie angezweifelt. Das Nachfolgeprodukt

SAP ITSmobile löste 2009 die WebSAPConsole ab und behob die genannten Schwächen der WebSAPConsole. Die technische Integration über einen Webbrowser haben beide Technologien, WebSAPConsole und ITSmobile, gemeinsam.

11.3.5 SAP ITSmobile

Der *SAP Internet Transaction Server* (SAP ITS) war der erste Ansatz, um ein SAP-System für die Internetwelt zu öffnen. SAP ITS ist die älteste Technologie für die Kommunikation mit einem SAP-System über einen Browser. Vor allem im Personalwesen und im Supplier Relationship Management wurde die ITS-Technologie oft verwendet. Die Technologie ist ausgereift: Installationen mit mehreren Tausend Benutzern sind bekannt und werden produktiv und stabil betrieben.

ITSmobile ist nur eine Erweiterung des ITS. ITSmobile (oder ITS light) verwendet die Technologie ITS, das mobile Gerät wird dabei jedoch optimal integriert.

Einen Unterschied zwischen dem »normalen« ITS und seinem Abkömmling ITSmobile stellt vor allem das HTML oder das JavaScript dar, das an den Client versendet wird. ITS selbst generiert zur Laufzeit HTML-Code und sehr viel JavaScript-Code, damit eine Bildschirmmaske genauso aussieht wie im SAP GUI. Diese JavaScript- und HTML-Codes würden einerseits ein mobiles Gerät überfordern, und andererseits könnten viele Funktionen gar nicht auf dem mobilen Gerät verwendet werden, da ein mobiles Gerät mit einem Desktop-PC nicht zu vergleichen ist. Der Standard-ITS enthält zu viele Funktionen, sodass das mobile Gerät, würde man alle verwenden, sehr lange brauchen würde, um die Informationen zu verarbeiten.

Mit ITSmobile wurde ein zusätzlicher Generator zur Verfügung gestellt, der HTML-Code erzeugt, der auf einem mobilen Gerät optimal lauffähig ist. Das heißt, ITSmobile ist nur ein Generator, in dem die Erfahrungen vieler Projekte zur webbasierten Interaktion eines mobilen Geräts mit einem SAP-System berücksichtigt wurden.

Die erste Version des ITS wurde über einen zusätzlichen Server betrieben: Die Architektur gleicht der Architektur der SAPConsole und der WebSAPConsole. Sie sieht einen zusätzlichen Server vor, der zwischen dem mobilen Gerät und dem SAP-Backend-System betrieben wurde. Mit SAP NetWeaver 6.40 (Release mySAP ERP 2004) wurden die SAP-ITS-Funktionen direkt in den SAP-Kernel verlegt, also komplett in das SAP-System integriert. In Release SAP

NetWeaver 6.40 stehen beide Möglichkeiten zur Verfügung, der integrierte oder der externe ITS. Im Projekt sollten Sie immer den integrierten ITS nutzen. Ein externer ITS sollte nur verwendet werden, wenn es nicht möglich ist, die Basis-Support-Pakete zu erhöhen, damit der integrierte ITS direkt im SAP-System verwendet werden kann. Mit Release SAP NetWeaver 7.00 existiert nur noch die integrierte Version der ITS-Technologie. Da das erste EWM-Release mit SAP NetWeaver 7.00 ausgeliefert wurde (EWM 5.00 und EWM 5.10), kann ein EWM-System nur den integrierten ITS verwenden.

In Abbildung 11.27 zeigen wir Ihnen eine ITSmobile-Bildschirmmaske, die auf einem mobilen Gerät und dem dort lauffähigen Browser dargestellt wird.

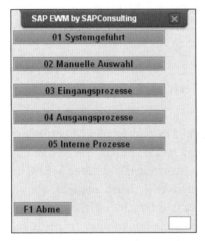

Abbildung 11.27 SAP-EWM-ITSmobile-Bildschirmmaske mit erweitertem Layout

---

Externer ITS beim Einsatz von SAP WM

Für Kunden, die das SAP-Modul WM im Einsatz haben, kann gegebenenfalls der externe ITS interessant sein. Mit dem externen ITS ist es möglich, Release SAP R/3 4.6C webbasiert zu betreiben. Das heißt, eine webbasierte und somit grafische Lösung ist denkbar. Ein späterer Wechsel bei einem Upgrade des R/3-Systems auf SAP ERP 6.0 auf den integrierten ITS ist sehr einfach und erfordert nur geringen Aufwand.

Der SAP ITS bietet derzeit zwei grundlegend verschiedene Alternativen:

Die erste Möglichkeit besteht in der *Generierung von HTML während der Laufzeit*: Dabei handelt es sich um das ITS Web GUI, mit dem es möglich ist, jeden Screen, der im SAP GUI (Windows-GUI) sichtbar ist, auch in einem Browser darzustellen. Das Layout ist das gleiche (siehe Abbildung 11.28), jedoch wird die Bildschirmmaske im Browser dargestellt. Eine Installation des SAP GUIs auf jedem PC ist in diesem Fall überflüssig.

Vereinzelte Funktionen, die im SAP GUI (Windows-GUI) möglich sind, stehen im Browser nicht zur Verfügung. In einigen Fällen kann also das native SAP GUI (Windows-GUI) notwendig sein.

Der Lagermonitor, den wir in Kapitel 13, »Monitoring und Reporting«, beschreiben und mit Abbildungen visualisieren, wird vor allem im Lagerumfeld im SAP GUI (Windows-GUI) ausgeführt. Denkbar wäre es, diesen mithilfe des ITS im Webbrowser zu nutzen. Die Darstellung im Webbrowser würde dann wie in Abbildung 11.28 aussehen.

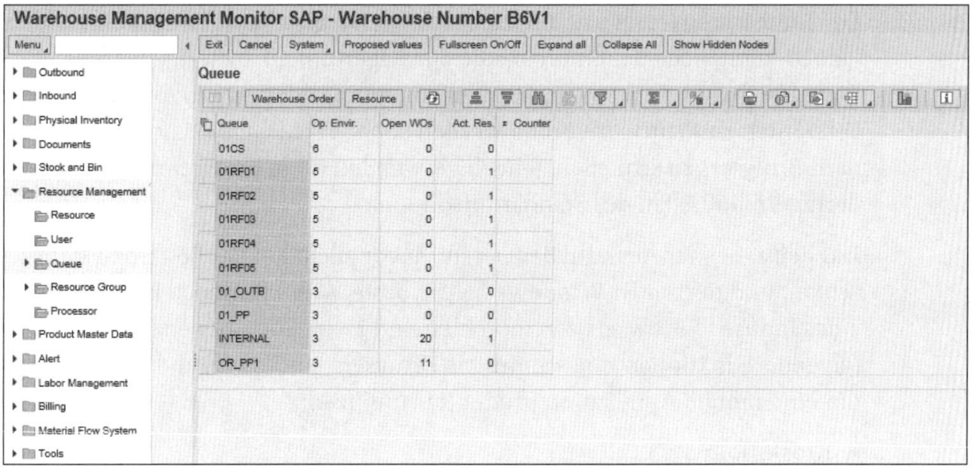

Abbildung 11.28 Lagermonitor, dargestellt über SAP-HTML-GUI/WebGUI (SAP ITS)

Die zweite Möglichkeit ist die *vorherige Erstellung von Business-HTML-Templates*: Das Erstellen oder Generieren der HTML-Templates, u. a. über den ITSmobile-Generator, ist die Basis für die ITSmobile-Technologie. SAP liefert einen Generator, der bestmöglich mobile Geräte integriert. Durch den neuen SAP-ITSmobile-Generator ist es möglich, einfachen HTMLB-Code ohne zusätzlichen, performanceintensiven Code zu generieren. Darüber hinaus ist es möglich, das vorgenerierte HTMLB anzupassen und so kundenspezifische Anforderungen umzusetzen. Das Anpassen des HTML-Codes stellt jedoch eine Modifikation dar, da so der SAP-Standard verändert wird. Wird mithilfe eines anderen Generators HTMLB (z. B. durch eine Partnerlösung) generiert, entfällt der Support für die ITSmobile-Templates. Zusätzliche Funktionen sprechen für das Generieren des HTMLB mit einer Partnerlösung, haben aber den Nachteil, dass zusätzlicher Aufwand und Kosten einzuplanen sind.

Werden neue Funktionen durch SAP ausgeliefert, stehen diese möglicherweise dann nicht automatisch zur Verfügung.

Die schon angesprochenen Betriebssystemeinschränkungen der Geräte wirken sich als wichtige Entscheidungsgrundlage im Projekt aus – derzeit werden mobile Geräte mit Windows Mobile oder Windows CE ausgestattet. Windows CE, das derzeit auf dem Markt in der Version 6.0 erhältlich ist, bietet einen neueren und somit besseren Browser als Windows Mobile. Mit Windows Mobile 6.5 hat Microsoft einen veralteten Browser im Einsatz. Die veraltete Version hat den Nachteil, dass die Darstellungen und vereinzelt auch JavaScript-Funktionen nicht so einfach und im gleichen Umfang zur Verfügung stehen wie beim Einsatz von Windows-CE-Geräten.

Ein Industrie-Browser ist mit einem Browser gleichzusetzen, dieser bietet jedoch zusätzliche Funktionen, die im Lagerumfeld benötigt werden. Ein Industrie-Browser, der von externen Anbietern oder direkt vom Hardwarelieferanten zusätzlich erworben werden kann, versucht, die Lücken des Standard-Browsers zu schließen, jedoch verwenden diese Browser meist die Rendering-Bibliotheken des Standard-Browsers.

Das heißt, bei der Auswahl der Geräte ist vor allem auf das Betriebssystem zu achten, und derzeit ist Windows CE die beste Wahl. Dennoch ist der Einsatz eines Industrie-Browsers zu empfehlen und zwingend notwendig. Vor allem folgende Funktionen eines Industrie-Browsers sind zwingend erforderlich, um eine mobile Applikation produktiv zu nutzen:

► **Kioskmodus**
Dieser ermöglicht dem Endanwender, nicht direkt auf das Betriebssystem zuzugreifen. Der Zugriff auf das Betriebssystem des mobilen Geräts hat den Nachteil, dass dort die Konfiguration gelöscht werden kann und das Gerät wieder neu von der IT-Abteilung konfiguriert werden muss. Zudem ist durch den Kioskmodus die Seite im Vollbildmodus zu sehen. Das heißt, ein Benutzer kann keine andere Webseite auswählen und kann sich auf seine tatsächliche Arbeit konzentrieren.

► **Equi-Tags**
Manche Industrie-Browser stellen erweiterte Funktionen zur Verfügung. Durch die Nutzung dieser zusätzlichen Befehle (Equi-Tags) ist es möglich, z. B. eine Batterieanzeige oder die Verfügbarkeit des drahtlosen Netzes auf dem Bildschirmbild einzublenden.

► **Funktionstastensupport für Windows Mobile**
Da Windows Mobile keine komplette JavaScript-Engine beinhaltet, funktionieren z. B. die Funktionstasten nicht. Durch den Einsatz eines Indust-

rie-Browsers können die Funktionstasten trotzdem genutzt werden, und der Befehl kann an die SAP-Anwendung (SAP ITSmobile, WebSAPConsole oder Web Dynpro Java) weitergeleitet werden. Wird also Windows Mobile auf mobilen Geräten verwendet, ist ein Industrie-Browser zwingend notwendig.

▶ **Absichern von WLAN-Funkausfällen**

Da es immer passieren kann, dass das drahtlose Netz in einem Lagerbereich, gegebenenfalls auch nur kurzfristig, nicht verfügbar ist, muss die Anwendung auf dem Gerät trotzdem stabil lauffähig bleiben. Die Idee der Industrie-Browser ist es, immer die letzte Bildschirmmaske auf dem mobilen Gerät anzuzeigen, auch wenn kein Funknetz verfügbar ist. Drückt ein Benutzer auf eine Funktionstaste und ist das Funknetzwerk nicht verfügbar, wird nicht wie beim Standard-Browser (wie auf Ihrem Arbeitslatz-PC) eine Fehlerseite angezeigt. Würde die Fehlerseite angezeigt werden, müsste der Benutzer einen Neustart anstoßen, da der Kioskmodus das Zurücknavigieren verhindert.

Beispiel zum Anzeigen der letzten Seite bei WLAN-Funkausfällen
Hat der Mitarbeiter z. B. beim Kommissionieren die Ware schon zum Zielplatz transportiert, hieße dies, dass er den gesamten Prozess nochmals durchführen müsste. Durch das Anzeigen der letzten Seite hat der Benutzer die Möglichkeit, den Prozess im System erneut anzustoßen, wenn er wieder im Netz ist.

Das heißt, das Absichern der Anwendung ist eine der wichtigsten Funktionen, die ein Industrie-Browser sicherstellt.

Eine andere Lösung dieses Problems wäre derzeit nur über eine Kundenentwicklung in JavaScript möglich. Dazu müsste man den vorhandenen ITSmobile-Code erweitern und die Kommunikation über Ajax sicherstellen. Die Kommunikation über Ajax wirkt sich zudem bei Windows-Mobile-Geräten auf die Performance aus. Die Performance wird über Ajax verbessert, da bei Windows Mobile das Client Caching (das Speichern der Dateien, um diese nicht erneut vom System laden zu müssen) nicht immer funktioniert.

Weitere Informationen dazu finden Sie unter *https://wiki.scn.sap.com/ wiki/display/HOME/ITSmobile*. Dort ist dargestellt, wie eine AJAX-Realisierung umgesetzt werden kann. Im SAP Consulting wurde diese Integration schon mehrfach produktiv eingesetzt, da sie einen Performancevorteil ermöglicht. Zudem löst die AJAX-Kommunikation das Problem der WLAN-Ausfälle vollständig.

In der Browser-Branche ändert sich heutzutage sehr viel, vor allem da mobile Geräte in unserem Alltag zunehmend an Bedeutung gewinnen.

So ist der RhoElements-Browser von Motorola sehr interessant, da dieser das Rendering mit der WebKit Rendering Engine ermöglicht. Zum einen erhofft man sich davon eine schnellere Frontend-Performance, und zum anderen ist die Darstellung auch auf Geräten wie dem iPhone oder dem iPod von Apple standardisiert.

Die Unterstützung der Windows-Browser (Windows CE und Windows Mobile) ist für SAP nicht mehr ausreichend. Langfristig werden auch andere Browser wie WebKit optimal unterstützt. Derzeit sind minimale Anpassungen am ITSmobile-Framework erforderlich, um neue Browser zu unterstützen. Der Aufwand muss jedoch im Projekt abgefangen werden. Da SAP ITSmobile jedoch auch einen mobilen WebKit-Browser unterstützen möchte, werden die Änderungen mit den SAP-Hinweisen im Standard ausgeliefert.

In den letzten Jahren hat SAP immer wieder Erweiterungen des ITSmobile-Generators über Hinweise ausgeliefert. Deshalb empfehlen wir die Verwendung des SAP-Standardgenerators, da auch in Zukunft weitere Erweiterungen an diesem Generator entwickelt werden. Es ist darüber hinaus sinnvoll, vor dem Einsatz der ITSmobile-Lösung alle Hinweise ins System einzuspielen oder auf das höchste Support-Paket zu wechseln. Ein nachträgliches Einspielen von Hinweisen kann es erfordern, nochmals alle HTML-Templates zu erstellen, da Änderungen am Generator den schon generierten Code nicht beeinflussen.

In Abbildung 11.29 beschreiben wir die unterschiedlichen Komponenten der ITSmobile-Technologie sowie die unterschiedlichen Schritte, die nötig sind, damit der Benutzer eine Bildschirmmaske auf dem mobilen Gerät sehen kann. Zudem sind in der Pyramide die Fähigkeiten eines Entwicklers dargestellt, die vorauszusetzen sind, um eine mobile ITSmobile-Anwendung umzusetzen.

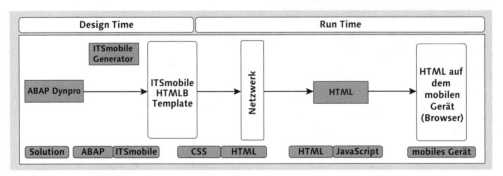

Abbildung 11.29 ITSmobile-Datenflussdiagramm und Technologieüberblick

Die RF-Transaktionen, die vom RF-Framework verwaltet werden, beinhalten die Geschäftslogik. Abhängig vom jeweiligen Prozessschritt im mobilen Prozess wird ein ABAP Dynpro eingeblendet. Dieses wird dann vorab mithilfe des ITSmobile-Generators in ein HTMLB-Template transferiert. Mithilfe des HTMLB-Templates wird der ABAP-Screen in endgültiges HTML überführt. Dieses wird dann über das drahtlose Netzwerk an das mobile Gerät gesendet.

Auf dem mobilen Gerät wird durch den Browser das HTML interpretiert und eine Bildschirmmaske dargestellt. Dabei legt das CSS die Darstellung fest, und JavaScript ermöglicht es, dynamische Funktionen auszuführen.

Mit dem neusten Support Package bietet Ihnen SAP ITSmobile im Standard einen grafischen Editor. Dieser ermöglicht es Ihnen, die Darstellung so anzupassen, wie sie final auf dem mobilen Gerät aussehen soll. Dies war mit dem ABAP Screen Painter (Transaktion SE54) nicht möglich, da hier z. B. die Farbe der Elemente nicht beeinflusst werden konnte.

In SAP-Hinweis 1637425 erhalten Sie alle Informationen dazu, wie Sie den grafischen ITSmobile-Editor in Ihr System einspielen können. Die SAP-Strategie ist es, diesen grafischen Editor in den kommenden Jahren zu erweitern, um Ihnen laufend neue Funktionen bereitzustellen zu können.

Best-Practice: Grafischer ITSmobile Editor und RF-Framework

Das RF-Framework in SAP EWM bietet mit dem Screen Manager die Möglichkeit, für Geräte mit unterschiedlichen Bildschirmgrößen neue Sub-Dynpros zu generieren. Ein Nachteil ist jedoch, dass man pro Gerät-/Bildschirmgröße etwa 250 Dynpros hat.

Mit dem grafischen Editor und ITSmobile haben Sie eine neue Möglichkeit, das Problem anders zu lösen. Um die Anzahl der Entwicklungsobjekte (Dynpros) zu minimieren, empfiehlt es sich, nur noch ein Displayprofil (ABAP-Sub-Dynpros) zu generieren. Durch zwei ITSmobile-Services und das Anpassen der XML-Templates (grafischer Editor, Entwicklungsobjekt) stellen Sie sicher, dass nur noch ein ABAP Dynpro angepasst werden muss.

Spätere Änderungen sind dann einfacher und kostengünstiger zu pflegen, da nur noch ein Dynpro angepasst werden muss. Der grafische Editor hat eine Deltafunktion, d.h., Änderungen, die einmal manuell am XML-Template vorgenommen worden sind, werden beim erneuten Generieren des Dynpros in ein XML-Template nicht überschrieben. Die initiale Anpassung der XML Templates sollten Sie über einen Report automatisiert vornehmen.

11.3.6 Web Dynpro ABAP und Java

Web Dynpro ist eine User-Interface-Technologie der SAP, um Webanwendungen zu entwickeln. Web Dynpro besteht aus einer Laufzeitumgebung und einer grafischen Entwicklungsumgebung mit speziellen Web-Dynpro-Werkzeugen.

Web Dynpro ist heute eine veraltete Technologie; sie unterscheidet sich stark von der Dynpro-Technologie, die im SAP GUI ausgeführt wird. Web Dynpro hat zwei Ausprägungen: Web Dynpro ABAP und Web Dynpro Java. Derzeit unterstützt Web Dynpro ABAP keine mobilen Geräte, sondern nur Desktop-PCs, da diese mit den gängigen Betriebssystemen ausgestattet sind. Ein zentraler Bestandteil von Web Dynpro ist die *Client Recognition*. Dabei wird bei der Anmeldung an das SAP-System evaluiert, welcher Browser sich am System anmeldet. Die Theorie ist, dass für jeden Client HTML generiert wird, um dieses optimal zu unterstützen. Das heißt, der Server kann den Client auflösen und dann speziell für diesen HTML generieren.

Web Dynpro Java spielt für SAP inzwischen keine große Rolle mehr und wird nicht mehr weiterentwickelt. Deshalb werden die neuen Betriebssysteme (Windows Mobile und Windows CE in der neusten Version 6) der mobilen Geräte nicht mehr komplett unterstützt.

Aus diesem Grund beschrieben wir die Web-Dynpro-Java-Technologie an dieser Stelle nicht genauer. Web Dynpro Java konnte sich in der mobilen SAP-Welt nicht durchsetzen – vor allem, weil vorhandene Transaktionen bzw. vorhandene Business-Logik nicht einfach wiederverwendet werden konnten. Dies war nur möglich, wenn der Implementierungspartner und/oder der Kunde viel Aufwand und hohe Kosten im Projekt in Kauf genommen hat.

Das RF-Framework selbst mit allen RF-Transaktionen (es handelt sich um mehr als 100) bietet der Web-Dynpro-Technologie keine Integration, was das entscheidende Kriterium war, um die Technologie im Lagerumfeld von SAP EWM nicht einzusetzen. Ähnlich verhält es sich derzeit bei SAP Fiori: Die schon ausgelieferten EWM-Transaktionen werden nicht durch SAP Fiori unterstützt.

Derzeit gibt es für SAP Fiori im EWM-Umfeld keine mobilen RF-Transaktionen, die im SAP-Standard ausgeliefert wurden. Zudem besagt die SAP-Strategie, dass nur SAPConsole und SAP ITSmobile strategisch im Lagerumfeld mit SAP EWM sind (siehe Service-Marketplace-Dokument: *Mobile Strategy for SAP Warehouse Applications* vom Juni 2007).

Ein Einsatz von SAP Fiori im Lagerumfeld ist deshalb nur im Kundenprojekt mit erheblichem Aufwand zu realisieren.

11.3.7 Integration mobiler Middleware-Architekturen

Eine mobile Nicht-SAP-Architektur im EWM-Umfeld ist theoretisch denkbar, wird aber meist nicht eingeführt, weil zusätzliche Kosten entstehen und ein Systembruch zu verzeichnen ist. Sinnvoll ist diese Architektur, wenn sie zusätzliche Funktionen bietet, die mit den SAP-Technologien nicht unterstützt werden. Die Integration würde mithilfe von RFC realisiert, ein zusätzlicher Server sorgte für die Geräteintegration. Vor allem, wenn eine Anwendung offline betrieben werden muss, ist diese Architektur durchaus interessant. Durch die Tatsache, dass nur eingeschränkt Funktionsbausteine im EWM-Umfeld zur Verfügung stehen, die von außerhalb aufgerufen werden können und eine Integration von Nicht-SAP-Systemen unterstützen, ist der Aufwand, solch eine Architektur zu betreiben, als größter Nachteil aufzuführen. Parallel zu der Entwicklung auf dem SAP-System ist eine Entwicklung auf einem zusätzlichen Server notwendig. Der Screenablauf und das Design müssen dann von dem Nicht-SAP-System sichergestellt werden.

Eine eigene Entwicklungsumgebung sowie Funktionen wie Versionalisierung, Transportwesen und der Support der verschiedenen mobilen Plattformen und Geräte müssen von dem zusätzlichen Server/ Produkt zur Verfügung gestellt werden. Unter Berücksichtigung des Produktlebenszyklus und des TCOs ist diese mobile Architektur nur zu empfehlen, wenn Offlineprozesse im Lager zur Verfügung gestellt werden müssen. Eine Onlineanwendung ist mit den schon bekannten Technologien aufwandsneutraler und somit langfristig günstiger sicherzustellen. Die Nicht-SAP-Architektur gleicht einer Rich- oder Thick-Client-Architektur (wie in Tabelle 11.1 aufgelistet). Falls diese einen Browser auf dem mobilen Gerät verwendet und keine Daten auf dem mobilen Gerät speichert, sind die Funktionsweise und Architektur der ITSmobile- bzw. SAPConsole-Technologie gleichzusetzen. Um diese Architektur zu rechtfertigen, müssten Vorteile im Funktionsumfang der Drittanbieterintegration erst gesucht werden. Mit etwa den gleichen Nachteilen hat eine SAP-Mobile-Plattform-Architektur zu kämpfen; deshalb ist sie nur sehr selten zusammen mit EWM im Einsatz. Zudem sollten Sie nicht vernachlässigen, dass HTML5 auch die Möglichkeit bietet, Daten auf dem mobilen Gerät zu speichern. Dies bedeutet, dass es, wenn es notwendig ist, einen Prozess teilweise offline zu betreiben, kostengünstiger ist, SAP ITSmobile um HTML5 zu erweitern, anstatt eine komplett neue Middleware bzw. SAP-Sybase-Architektur zu betreiben.

11.3.8 WTS- und Citrix-Client-Integration

Eine weitere Alternative, mobile Geräte zu integrieren, ist ein *Citrix-Client*. Meist wird ein Citrix-Server verwendet, um von einem fremden PC auf ein internes Netzwerk zuzugreifen. Vor allem die Absicherung von WLAN-Funklöchern ist ein schlagendes Argument, eine WTS-Integration zu bevorzugen. Wird die Citrix-Integration im SAP-Umfeld verwendet, wird im Citrix-Fenster wiederum das SAP GUI dargestellt. Der Citrix-Server stellt nur die Anzeige auf einem Terminal sicher, und die Session wird auf diesem verwaltet. Wird die Verbindung auf einem Gerät über ein drahtloses Netzwerk unterbrochen, kann der Benutzer nach erneuter Anmeldung wieder auf die alte Session und somit die Daten zugreifen.

Die Integration mit dem *Windows Terminal Server* (WTS) ist als Beispiel für eine *Thin-Client-Integration* anzuführen. Durch den Einsatz dieser Technologie entstehen jedoch zusätzliche Kosten neben denen der SAP-Lösung. Diese Technologie wird meist auf Staplergeräten verwendet, da dort der Bildschirm groß ist und zusätzliche Statusleisten den tatsächlichen Screen, der für die Anwendung zur Verfügung stehen muss, nicht wesentlich verkleinern.

Als Unterschied zu einer webbasierten Lösung bietet die WTS-Lösung einen eigenen Client. Zudem verwendet die Citrix-Lösung ein eigenes Protokoll, um Daten zwischen Server und Client auszutauschen. Webbasierte Lösungen nutzen HTTP oder HTTPS als Kommunikationsprotokoll, das nicht proprietär ist.

> **Einsatz der Citrix-Lösung**
>
> Eine Citrix-Integration wird meist nur zum Anzeigen der Bildschirmmasken verwendet. Ist eine Integration von Hardwarekomponenten notwendig (z. B. die Integration einer RFID-Antenne), ist eine Citrix-Lösung meist nicht zu empfehlen. Die Integration eines Barcode-Scanners ist einfach sicherzustellen. Der Barcode-Scanner interagiert über die Tastaturweiche – d. h., er simuliert die Tastatur. Schwieriger ist es, auf bestimmten Bildschirmen den Barcode-Scanner ein- bzw. auszuschalten. Dies muss aus der Applikation (RF-Transaktion in EWM) heraus sichergestellt werden. Das bedeutet, die Befehle müssen aus dem SAP-System an einen Client weitergeleitet werden, der diese dann an die Hardware weitergeben kann. Hier weist die Verwendung einer Citrix-Lösung Schwächen auf, die z. B. mit ITS-mobile und einem Industrie-Browser sehr einfach zu lösen sind.

11.3.9 Pick-by-Voice-Integration

Die *Pick-by-Voice-Integration* ist eine Methode, die es dem Benutzer ermöglicht, mit dem System über Sprache zu kommunizieren. Dabei spricht der Benutzer in ein Mikrofon, um z. B. eine Lageraufgabe zu quittieren. Er kann dabei die Menge bestätigen, die er tatsächlich entnommen hat, und zusätzlich dazu im System den Lagerplatz, dem er das Material entnommen hat, verifizieren. Von Vorteil ist bei dieser Arbeitsweise, dass der Benutzer beide Hände zum Arbeiten frei hat, wo er sonst ein mobiles Gerät benötigen würde, um seinen Prozess systemgeführt erledigen zu können. Im Vergleich zu der Nutzung mobiler Geräte kann so mithilfe der Pick-by-Voice-Technologie ein höheres Volumen an Arbeitslast ausgeführt werden, vor allem wenn viele manuelle Tätigkeiten (Kommissionieren von Kleinmengen) erledigt werden müssen. Mit Pick-by-Voice kann also die Anzahl an Lieferpositionen erhöht werden, die durch ein Lager durchgeschleust werden.

Die Voice-Integration im SAP-Umfeld muss in zwei Gebiete aufgeteilt werden. Zum einen in die Technologie – hier geht es um die Kommunikation – und zum anderen in die Anwendung bzw. den optimalen Lagerprozess.

Die Technologie SAP ITSmobile stellt sicher, dass ein Voice-Browser mit dem SAP-System kommunizieren kann. SAP ITSmobile als Technologie zur Integration können Sie im Pick-by-Voice-Umfeld schon seit vielen Jahren verwenden.

Mit SAP EWM 9.0 erhalten Sie im Standard eine Pick-by-Voice-Integration, also einen Standarddialog, den Sie verwenden können, um den Lagerprozess im System abzubilden. Hier wurden die ABAP-Transaktionen im RF-Framework so erweitert/verändert, dass diese jetzt automatisch sprachgesteuert den Kommissionierprozess betreiben können.

Mit EWM 9.4 kommen neue Erweiterungen hinzu, die die Verwendung des Standard-EWM-Sprachdialogs vereinfachen. Folgende Erweiterungen stehen Ihnen mit der EWM-Version 9.40 zur Verfügung:

▶ **Einführung einer generisches RF-Transaktion**

Die alte logische Transaktion PVSYSG wurde durch eine neue logische Transaktion PVSYSN ersetzt. Der Schrittablauf wurde in die logische Transaktion PV**** verschoben. Diese Änderung ermöglicht Ihnen, die Standardtransaktion modifikationsfrei und sehr einfach zu erweitern bzw. abzuleiten.

Sie können eine neue logische Transaktion PVZZ01 erstellen, die dann alle Einstellungen von der logischen Transaktion PV**** erbt. Falls Sie jetzt Änderungen/Erweiterungen vornehmen möchten, können Sie diese in der Transaktion PVZZ01 realisieren, und die Standardtransaktion bleibt von den Änderungen unberührt.

▶ **Verbesserte Findung bei der Verifikationssteuerung**

Um unterschiedliche Verifikationsprofile zu pflegen, wurde in der Verifikationssteuerung eine neue Spalte hinzugefügt, die es Ihnen ermöglicht, abhängig von der Datenerfassungsart (Sprache oder Standard-RF) unterschiedliche Verifikationsprofile zu finden. Dies ist notwendig, da in einem RF-Dialog im Vergleich zu einem Sprachdialog meist unterschiedliche Felder zu verifizieren sind beziehungsweise der Sprachdialog nur Felder für die Sprache verwendet, die zu verifizieren sind.

▶ **Konfiguration der Bild- und Elementsprache**

Die größte Erweiterung in EWM 9.4 zum Thema »Sprachsteuerung« ermöglicht Ihnen, die Sprachbefehle im Dialog, über die Konfiguration zu beeinflussen und zu verändern. In Abbildung 11.31 sehen Sie, dass Sie im View /SCWM/VC_RF_PBV_MSG zu einem Screen die einzelnen Sprachbefehle anhand eigener ABAP-Nachrichten verändern können.

Die Pflege der Sprachnachrichten können Sie im EWM-Customizing über den Pfad EXTENDED WAREHOUSE MANAGEMENT • MOBILE DATENERFASSUNG • SPRACHEIGENSCHAFTEN PFLEGEN einstellen.

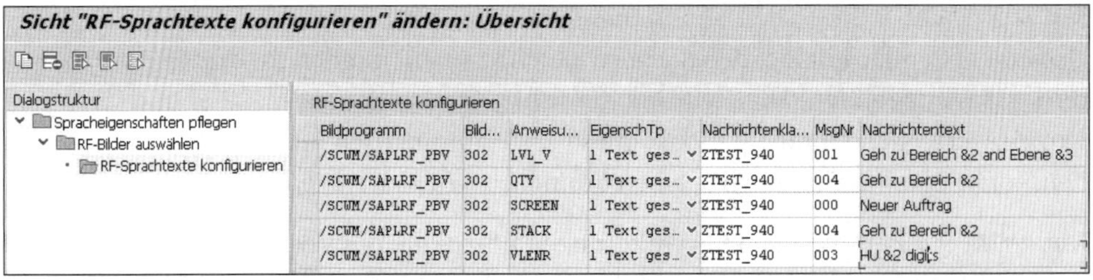

Sicht "RF-Sprachtexte konfigurieren" ändern: Übersicht							

Dialogstruktur	RF-Sprachtexte konfigurieren						
∨ ▣ Spracheigenschaften pflegen	Bildprogramm	Bild...	Anweisu...	EigenschTp	Nachrichtenkla...	MsgNr	Nachrichtentext
∨ ▣ RF-Bilder auswählen	/SCWM/SAPLRF_PBV	302	LVL_V	1 Text ges... ∨	ZTEST_940	001	Geh zu Bereich &2 and Ebene &3
• ▣ RF-Sprachtexte konfigurieren	/SCWM/SAPLRF_PBV	302	QTY	1 Text ges... ∨	ZTEST_940	004	Geh zu Bereich &2
	/SCWM/SAPLRF_PBV	302	SCREEN	1 Text ges... ∨	ZTEST_940	000	Neuer Auftrag
	/SCWM/SAPLRF_PBV	302	STACK	1 Text ges... ∨	ZTEST_940	004	Geh zu Bereich &2
	/SCWM/SAPLRF_PBV	302	VLENR	1 Text ges... ∨	ZTEST_940	003	HU &2 digits

Abbildung 11.30 Pick-by-Voice-Prompts pflegen

Über diese neue Konfiguration können Sie auch beeinflussen, welche Lagerplatzkoordinaten (Gang, Säule und Ebene) vom System dem Mitarbeiter mitgeteilt werden, wenn Sie sich entscheiden, nicht alle Elemente zu verifizieren. Sie können dann über die neue Nachricht, die Sie in der Transaktion SE91 (Nachrichtenpflege) anlegen, über die Platzhalter definieren, was dem Mitarbeiter vom System mitgeteilt wird.

▶ **Verwendung eines Pick-by-Voice-Verifikationsfelds**

Auf dem Lagerplatzstamm wurde ein neues Feld eingeführt, um die Verifikation des Lagerplatzes unterschiedlich zu steuern. Meist unterscheidet sich die Verifikation bei der Verwendung von normalen RF- und Sprachdialogen, wie Sie es auch in Abbildung 11.14 sehen können. Dieses neue Verifikationsfeld wurde auch in allen anderen Transaktionen erweitert. Das heißt, Sie können das Feld mit anderen Lagerplätzen hochladen, sehen es im EWM-Monitor und können das Feld auch per Massenänderung anpassen.

Auf dem Markt gibt es mehrere Lösungen, die Pick-by-Voice-Systeme unterstützen und anbieten. Sie unterscheiden sich vor allem in der Architektur und darin, inwieweit sie in EWM integriert werden können. In manchen Fällen wird ein dedizierter Server benötigt, der mit einem EWM-System wiederum über RFC-Schnittstellen interagieren kann – dieser Ansatz ist aufwendiger. Zudem ist das Risiko hoch, dass der zusätzliche Server als Blackbox bzw. Middleware verstanden werden kann. Für einen Kunden hat solch eine Blackbox den Nachteil der fehlenden Erweiterbarkeit. Nachträgliche Erweiterungen können nicht selbst und nur mit zusätzlichen Kosten realisiert werden. Mit solch einer Middleware entwickeln Sie langfristig ein zweites Lagerverwaltungssystem in dem 3rd-Party-System. Die Entwicklung der RFC-Schnittstellen muss der Kunde zusätzlich einplanen und langfristig in Eigenverantwortung oder unter zusätzlichen Kosten mithilfe von Partnern unterstützen.

Ein Beispiel für einen Arbeitsprozess unter Verwendung einer Pick-by-Voice-Lösung mit einem externen Pick-by-Voice-Server stellen wir im Folgenden dar:

1. Ein Benutzer meldet sich am System an und fragt somit nach einem Arbeitsauftrag in Form eines Lagerauftrags an.
2. Die Sprache wird von einem Mikrofon oder von einem mobilen Gerät an den Server transferiert.
3. Es findet eine Spracherkennung auf dem Server statt, und die Daten werden über RFC-Schnittstellen an das SAP-(EWM)System übertragen.
4. EWM verarbeitet die Daten und sendet neue Informationen über RFC an den Voice Server zurück.
5. Der Voice Server verarbeitet die Daten und transferiert die Informationen in Sprache um.
6. Die Sprache wird an das mobile Gerät oder einen Lautsprecher gesendet.

Die Alternative, die SAP empfiehlt, ist die Verwendung offener Standards. SAP ITSmobile unterstützt die Pick-by-Voice-Technologie mithilfe von VoiceXML. Anstatt HTML-Code zu generieren, wird ein Voice-XML-Template erstellt, das dann direkt an ein mobiles Gerät gesendet wird. Der Vorteil dieser Lösung ist, dass ein zusätzlicher Server entfällt. Zudem ist der Transaktionsablauf im EWM-System realisiert. Das heißt, nachträgliche Änderungen können vom Kunden direkt (seitens eines ABAP-Entwicklers) umgesetzt werden.

Ein Beispiel für einen Ablauf eines Arbeitsprozesses einer Pick-by-Voice-Lösung durch die ITSmobile-Technologie könnte wie folgt aussehen:

1. Der Benutzer meldet sich am System an und fragt somit nach einem Arbeitsauftrag in Form eines Lagerauftrags an.

2. Die Sprache wird von einem Mikrofon oder von einem mobilen Gerät aufgenommen – eine Spracherkennung findet auf dem mobilen Gerät durch den Voice-Browser statt. Die Sprache wird umgewandelt und in VoiceXML gespeichert.

3. Das mobile Gerät transferiert die Daten in Form von VoiceXML an das SAP-System.

4. ITS interpretiert die Daten und kann diese direkt verarbeiten. Neue Daten in Form neuer Informationen werden wieder über VoiceXML an das mobile Gerät versendet.

5. Das mobile Gerät und der darauf betriebene Voice-Browser interpretieren das VoiceXML und wandeln dieses wieder in Sprache um.

6. Der Benutzer vernimmt akustische Töne auf dem mobilen Gerät oder über einen Lautsprecher.

Der Voice-Browser wandelt die Sprache um und kommuniziert so mit dem EWM-System, als würden die Daten über eine Bildschirmmaske eingegeben werden. Derzeit bekannte Voice-Browser gibt es von TopSystem und Zebra, diese verwenden ITSmobile Voice XML. Beim TopSystem-Browser müssen Sie weitere Erweiterungen (Extension) beauftragen, um eine produktive Anwendung zu realisieren.

Es ist wichtig, herauszustellen, dass die Kernkomponente dieser Lösung – der Voice-Browser – nicht als native Anwendung verstanden werden kann. Das Protokoll, in diesem Fall Voice-XML, wird nach W3C-Standard von SAP generiert und interpretiert. Diese Lösung verwendet offene Standards und Schnittstellen. Das heißt, Teile der Lösung können nachträglich ausgetauscht werden. Betriebswirtschaftlich bzw. strategisch ist die Voice-Browser-Lösung der Lösung mit einem zusätzlichen Server vorzuziehen.

In Abbildung 11.31 stellen wir die Voice-Browser-Architektur grafisch dar. Derzeit bietet SAP keinen Voice-Browser an – deshalb ist in diesem Umfeld der Einsatz von Partnerprodukten zu empfehlen.

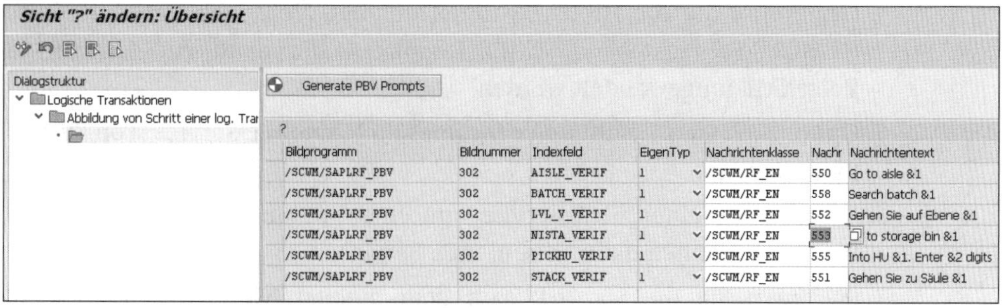
Sicht "?" ändern: Übersicht
Dialogstruktur
Logische Transaktionen
Abbildung von Schritt einer log. Tra
Generate PBV Prompts
?
Bildprogramm
Bildnummer
Indexfeld
EigenTyp
Nachrichtenklasse
Nachr
Nachrichtentext
/SCWM/SAPLRF_PBV 302 AISLE_VERIF 1 /SCWM/RF_EN 550 Go to aisle &1
/SCWM/SAPLRF_PBV 302 BATCH_VERIF 1 /SCWM/RF_EN 558 Search batch &1
/SCWM/SAPLRF_PBV 302 LVL_V_VERIF 1 /SCWM/RF_EN 552 Gehen Sie auf Ebene &1
/SCWM/SAPLRF_PBV 302 NISTA_VERIF 1 /SCWM/RF_EN 553 to storage bin &1
/SCWM/SAPLRF_PBV 302 PICKHU_VERIF 1 /SCWM/RF_EN 555 Into HU &1. Enter &2 digits
/SCWM/SAPLRF_PBV 302 STACK_VERIF 1 /SCWM/RF_EN 551 Gehen Sie zu Säule &1

Abbildung 11.31 ITSmobile-Pick-by-Voice-Architektur

Manche Voice-Partner nutzen ITSmobile, aber nicht die VXML-Schnittstelle, sondern ITSmobile, das für die mobilen Geräte entwickelt wurde. Dieser Missbrauch hat zur Folge, dass weitere proprietäre Voice-Objekte verwendet werden, die nur mit eigener Hardware unterstützt werden. Diese proprietäre Integration ist nicht zu empfehlen. Für die Implementierung sollten Sie auf jeden Fall überprüfen, ob die Technologie ITSmobile-Voice-zertifiziert ist (andere Zertifizierungen, die mit Voice nichts zu tun haben, sind nicht zielführend), damit Kunden später unabhängiger sind.

Wird die empfohlene ITSmobile-Voice-Integration verwendet, findet der Entwicklungsprozess einer Pick-by-Voice-Transaktion komplett im SAP-System statt. In der ABAP Workbench (Transaktion SE80) kann ein ABAP-Entwickler den gesamten Transaktionsablauf steuern. Zusätzliche Informationen für die Voice-Integration werden in die Dynpro-Eigenschaften integriert, damit der Lagermitarbeiter eine sprachgesteuerte Transaktion ausführen kann.

Um die Transaktion zu testen, sollten Sie ein Simulationstool verwenden, das Sie auf Ihrem PC/Notebook installieren können, anstatt alles auf dem mobilen Gerät zu erledigen.

Um eine Pick-by-Voice-Transaktion zu entwickeln, sind folgende Schritte notwendig:

1. Entwickeln Sie eine Transaktion in ABAP (auch ist denkbar, diese Transaktion ohne das RF-Framework zu entwickeln).
2. Fügen Sie zusätzliche Befehle in die XML-Properties der Dynpro-Elemente ein. Hier werden die Befehle bzw. die Kommandos hinterlegt, die der Voice-Browser zu interpretieren hat.
3. Erstellen Sie einen ITSmobile-Service, vergleichbar dem bei der Verwendung der ITSmobile-Technologie und mobiler Geräte.

4. Generieren Sie die ABAP Dynpros mit dem Voice-Generator in Voice HTMLB. Es entstehen HTMLB-Templates, die dann zur Laufzeit in VoiceXML umgewandelt werden.

5. Optional: Passen Sie die Voice Includes im ITSmobile-Service (Top-System Extension) an.

6. Erstellen Sie einen SICF-Service, um eine URL zu erhalten. Zusätzliche Parameter können dann diesem SICF-Service noch zugeordnet werden.

7. Speichern Sie die Start-URL auf dem mobilen Gerät, das mit einem VoiceXML-Browser ausgestattet ist.

8. Optimieren Sie gegebenenfalls die Lösung durch Trainieren des Voice-Browsers mit Sprachbefehlen.

Die Schritte, um eine Pick-by-Voice-Lösung zu implementieren, sind vergleichbar mit der einfacheren Integration mobiler Geräte. Die wichtigsten technischen Herausforderungen wurden im speziellen ITSmobile-Generator adressiert und gelöst.

Festzuhalten ist jedoch, dass der Voice-/Sprachdialog hinsichtlich der Performance gegebenenfalls optimiert werden muss. Im Retail-Umfeld, in dem sehr viele Lageraufgaben quittiert werden, muss die Performance optimiert werden. Anstatt jede Lageraufgabe einzeln zu quittieren, sollten auf einem Bild mehrere Lageraufgaben dargestellt werden. So stellen Sie sicher, dass die Kommunikation zum EWM-System minimiert und die Performance verbessert wird.

Mit SAP EWM 9.0 wurde Pick-by-Voice automatisch in das RF-Framework integriert. Sie können nun mithilfe der Transaktion /SCWM/RFUI_PBV die RF-Kommissioniertransaktion sprachgesteuert bedienen.

Die folgenden Schritte bzw. Stammdaten sind notwendig, damit Sie die RF-Transaktion mit Pick-by-Voice in Ihrem EWM-System starten können.

1. Pflege der Endgerätestammdaten (Transaktion: /SCWM/PRDVC)
   - Pflege der Datenerfassungsart; der Wert sollte auf »1« gesetzt werden.
   - Auswahl des Anzeigeprofils; der Wert sollte auf »*1« (Pick-by-Voice) gesetzt werden.
   - Das Feld TASTATURBEFEHL sollte nicht ausgewählt werden.

2. Pflege der Benutzerstammdaten (Transaktion: /SCWM/USER)
   - Pflege der Datenerfassungsart; der Wert sollte auf »1« gesetzt werden.
   - Auswahl des Personalisierungsprofils; der Wert sollte auf »*1« (Pick-by-Voice) gesetzt werden.

Mit diesen Einstellungen werden die RF-Transaktionen nicht mehr so ausgeführt, wie Sie es bisher gewohnt sind. Im Folgenden sind die Änderungen zusammengefasst:

▶ Das neue Personalisierungsprofil stellt sicher, dass dem Benutzer ein neues RF-Menü zugewiesen wird. Dieses Menü beinhaltet eine neue Kommissioniertransaktion, mit der Sie die Kommissionierung sprachgesteuert ausführen können.

▶ Das Message-Handling wurde angepasst, da die bisherigen Fehlermeldungen im Pick-by-Voice-Umfeld nicht zielführend sind.

▶ Die Handling-Unit-Verifikation wurde erweitert, da der Benutzer meist nur die letzten Stellen der Nummer nennt, anstatt die komplette Nummer durchzugeben. Die neue Logik finden Sie in der Methode BUILD_GRAMMAR_FOR_HU in der ABAP-Klasse /SCWM/CL_RF_BLL_SRVC.

▶ Lagerplätze werden aufgeteilt und verbessert ausgegeben. Sind also Lagerplatzdaten wie Gang, Säule und Ebene im System gepflegt, wird dem Lagermitarbeiter, wenn er mehrere Materialien von unterschiedlichen Plätzen kommissioniert, nur das Delta anstelle des vollen Platzes angesagt, wenn sich z. B. nur der Gang ändert. Der Benutzer kann auch die jeweilige Lagerplatzkomponente (Gang, Ebene, Säule) getrennt verifizieren, wie Sie in Abbildung 11.32 sehen.

Abbildung 11.32 Darstellung einer
Pick-by-Voice-Transaktion im SAP GUI

▶ Das neue Anzeigeprofil stellt sicher, dass die Funktionstasten nicht mehr zur Verfügung stehen, da die Eingabe der Befehle/Funktionen sprachgesteuert erfolgen soll.

▶ Alle Ausnahmecodes oder Funktionstasten werden auf dem Bildschirm direkt dargestellt, damit der Benutzer auf diese zugreifen kann, wie es in Abbildung 11.32 dargestellt ist.

Zusammenfassend ist festzuhalten, dass mit SAP EWM 9.0 die gängigen Pick-by-Voice-Herausforderungen im EWM-Standard gelöst worden sind. Das RF-Framework in EWM wurde so erweitert, dass Sie sehr einfach weitere Transaktionen erstellen und so Ihren Pick-by-Voice-Prozess optimieren können.

Mit der EWM-Pick-by-Voice-Integration haben Sie eine Möglichkeit kennengelernt, wie Sie mit EWM einen Prozess sprachgeführt steuern können. Die Pick-by-Voice-Technologie ist jedoch nicht nur in EWM nutzbar. Vor allem bestehende SAP-ERP-WM-Kunden können, wie beschrieben, eine sprachgeführte Steuerung mithilfe der ITSmobile-Technologie realisieren.

Weitere Erweiterungen im ITSmobile-Umfeld und im EWM-Umfeld sind denkbar, aber noch nicht final durch SAP abgestimmt. Da sich dieser Bereich derzeit stark im Umbruch befindet, sollten Sie regelmäßig nach Hinweisen Ausschau halten. Es sind zum einen Erweiterungen im ITSmobile-Umfeld und zum anderen weitere Erweiterungen im EWM-Umfeld denkbar, um den Kommissionier-Dialog zu verbessern.

11.3.10 RFID-Integration

Radio Frequency Identification (RFID) ist als Technologie schon seit mehreren Jahren bekannt, hat aber bis heute nur vereinzelt einen Durchbruch in der Logistik erzielen können. Einsatz findet RFID heutzutage nur bei speziellen Geschäftsanforderungen; diese sind in jedem Kundenprojekt speziell abzuwägen. In diesem Abschnitt beschreiben wir zunächst die technischen Rahmenbedingungen. Anschließend erklären wir, wie SAP den Einsatz der RIFD-Technologie mit den vorhandenen Standards in Einklang bringt.

Die RFID-Technologie unterscheidet sich von der einfachen Barcode-Technologie dadurch, dass Daten auf einem RFID-Tag gespeichert werden. Das Besondere dabei ist, dass dadurch jedes RFID-Objekt (d. h. heute meist Pakete oder Paletten, da auf Materialebene der Einsatz der RFID-Technologie aktuell noch zu teuer ist) in der Logistikkette serialisiert werden kann. Das bedeutet, dass jedes Objekt einen eigenen Lebenszyklus hat und es somit besser nachverfolgbar ist.

Jedes Paket könnte auch durch einen Barcode serialisiert werden, durch RFID kann jedoch der Lesevorgang beschleunigt werden, da ein Barcode immer sichtbar abgelesen werden muss. Falls RFID im Einsatz ist, wird meist ein 2-D-Barcode (also ein zweidimensionaler Barcode) verwendet, da dieser mehr Informationen aufbewahren kann. Anders als bei einem eindimensionalen Barcode, dem schon seit Jahren verwendeten Strichcode, werden beim 2-D-Barcode Daten, die aus unterschiedlich breiten Strichen oder Punkten und dazwischenliegenden Lücken bestehen, in einer quadratischen Fläche angeordnet.

Um den Arbeitsaufwand nicht zu vergrößern, ist das Serialisieren von Objekten nur mithilfe neuer Technologien zu meistern. Deshalb ist das Pulk-Lesen mit Einsatz der RFID-Technologie in der Logistik als Sonderstellungsmerkmal aufzuführen und als Hauptvorteil dieser Technologie zu nennen – ohne jedoch eine Leserate von nahezu 100% sicherstellen zu können, ist eine Sichtprüfung unabdingbar und entscheidend für den Erfolg einer RFID-Lösung. Andere Systeme, die 2-D-Barcodes fotografieren und dann die Serialisierungsinformationen daraus erkennen können, werden u. a. in der Pharmabranche verwendet. Diese haben in der (Lager-)Logistik jedoch, aufgrund der äußeren Bedingungen, bisher keinen Durchbruch erzielen können.

Hardwarekomponenten eines RFID-Systems sind mobile RFID-Geräte, RFID-Tore und RFID-Drucker. Deren technische Integration ist jedoch jeweils sehr unterschiedlich. Während ein RFID-Tor Daten sammelt und dann versucht, diese (im Hintergrund) an ein System zu versenden, ist das mobile RFID-Gerät zusätzlich mit einem Dialog (einer Bildfolge) ausgestattet. Der RFID-Drucker kann durch zusätzliche Treiber angesprochen werden – teilweise unterstützen Druckerhersteller ein offenes XML/PLM-Format (PML steht für *Physical Markup Language* und bezeichnet eine Abwandlung der XML-Struktur mit zusätzlichen physischen Informationen).

SAP bietet mit der ITSmobile-Technologie ein Framework an, um mobile RFID-Geräte optimal in ein SAP-System zu integrieren. Durch den Einsatz eines Browsers und einer sehr mächtigen Entwicklungsumgebung kann der Bildablauf sehr einfach kundenspezifisch beeinflusst werden. Dabei ist die Kommunikation zwischen der RFID-Antenne und der mobilen Applikation viel intensiver als bei einem Barcode-System. Spätestens beim Beschreiben von Tags ist es jedoch notwendig, die Daten, die auf dem Tag geschrieben werden sollen, der RFID-Antenne mitzuteilen. Das heißt, hier ist die Integration deutlich komplexer.

ITSmobile setzt voraus, dass ein Hardwarehersteller eine offene Schnittstelle zur Verfügung stellt, die wiederum in eine Browser-Umgebung integriert werden kann. Ein ActiveX ermöglicht es, mithilfe von JavaScript direkt mit der Hardware aus dem Browser zu interagieren. Derzeit bieten die Gerätehersteller Motorola und Intermec solche offenen Schnittstellen an.

Sind die technischen Voraussetzungen erfüllt, ist es notwendig, die betriebswirtschaftlichen Aspekte zu berücksichtigen. Vor allem die Standardisierung ist in diesem Umfeld nicht zu vernachlässigen. Durch die Flexibilität, auf ein Tag Daten schreiben zu können, wird es notwendig, zu spezifizieren, in welchem Format und in welchem Schema die Daten auf das Tag geschrieben werden sollen. Der *Electronic Product Code* (EPC) wird seitens EPCglobal reglementiert und definiert solche unternehmensweiten Eigenschaften. Ohne eine einheitliche Spezifikation ist der Einsatz der RFID-Technologie nur im eigenen Unternehmen möglich. Falls über Firmengrenzen unterschiedliche Schemata verwendet werden, nach denen Daten auf das Tag geschrieben werden, sind die Daten, die auf dem Tag gespeichert werden, nutzlos. Meist wird auf dem Tag eine eineindeutige Nummer gespeichert. Zusätzliche Daten werden und sollten immer auf einem IT-System abgelegt werden. Vor allem in der Logistik ist das Speichern zusätzlicher Daten auf einem Tag nicht zu empfehlen. Durch den Masseneinsatz von Tags kann es passieren, dass Tags mit den darauf gespeicherten Daten verloren gehen. Hinzuzufügen ist, dass das Bearbeiten der Daten auf einem System durch Softwareoperationen immer einfacher ist.

Das Abbilden der EPCglobal-Standards in einem System sowie das flexible Erweitern dieser Standards werden von der SAP Auto-ID Infrastructure (AII) ermöglicht. Zudem beinhaltet die SAP Auto-ID Infrastructure Werkzeuge, die für den Masseneinsatz der RFID-Technologie zwingend notwendig sind.

Die Grundfunktionen der SAP Auto-ID Infrastructure haben wir nachfolgend zusammengefasst:

▸ Integration und Verwalten von Hardware wie mobilen Geräten, RFID-Toren oder RFID-Druckern

▸ Test-Tools, um Hardware wie RFID-Tore zu simulieren und so die Prozesse vorab ohne Hardware besser testen zu können

▸ Auto-Id Rule Engine, um verschiedene Prozesse nutzen und einzelne Subschritte austauschen oder komplett ersetzen zu können. Zudem bietet die Auto-Id Rule Engine ein automatisches Log der Aktionen; damit wird die nachträgliche Analyse vereinfacht.

- Flexible Definition und das Erweitern von ID-Typen, um vorhandene Standards abzubilden. Dabei handelt es sich um die Definition, wie Daten auf dem Tag abgelegt werden sollen oder aus welchen Komponenten die ID besteht.

- Mobile Transaktionen, um Prozesse auf einem Gerät ausführen zu können. Die mobilen Transaktionen sind in ABAP Dynpro umgesetzt. Dies bedeutet, dass SAPConsole und ITSmobile zur Anzeige herangezogen werden können.

- dynamische Dokumentenverwaltung, um RFID-Objekte SAP-ERP- oder EWM-Dokumenten (Anlieferung oder Auslieferung) zuordnen zu können

- Monitor für die Anzeige von Dokumenten, Objekten und RFID-Ereignissen

- die Flexibilität, dem RFID-Objekt zusätzliche Felder zuordnen zu können, die prozessseitig in unterschiedlicher Ausprägung erforderlich sind

- Verarbeiten von Daten, die in den RFID-Prozessen entstehen. Dies geschieht im Hintergrund anhand von RFID-Toren oder im Vordergrund durch die Verwendung mobiler Geräte.

- RFID-Tore werden über eine offene XML-Schnittstelle integriert. Diese Schnittstelle erwartet von einem Subsystem (*Device Management System*) die Informationen in XML- bzw. PLM-Form.

- Die Integration mobiler Geräte in die SAP Auto-ID Infrastructure sieht in der neuesten Auto-ID-Version vor, die Technologie ITSmobile zu verwenden. Denkbar ist es auch, die SAPConsole zu nutzen, jedoch ist die Kommunikation mit der RFID-Antenne nur schwer zu realisieren.

Mithilfe der RFID-Technologie können folgende betriebswirtschaftliche Vorteile ermöglicht werden:

- **Sammelbearbeitung**
  Um zu verhindern, dass jedes Paket einzeln eingescannt werden muss, ist der Einsatz von RFID denkbar. Ebenso wie RFID-Tore können auch mobile Geräte ein Pulk-Lesen ermöglichen.

- **Validierung der Daten**
  Da das Lesen der RFID-Daten im Hintergrund geschieht und über den Prozess durch den Einsatz von RFID mehr Daten entstehen, können zusätzliche betriebswirtschaftliche Prüfungen ermöglicht werden. So wäre es möglich, eine Validierung durchzuführen, bevor ein Paket ein Lager verlässt. Die Prüfung könnte sicherstellen, dass nicht ein falsches Paket auf einen falschen Lkw verladen wird. Durch ein visuelles bzw. akustisches

Signal könnte der Mitarbeiter gewarnt werden, wenn er die Ware durch ein RFID-Tor befördert und eine Validierung fehlschlägt.

▶ **Automatische Verfolgung von Objekten**
Durch das Lesen von RFID-Objekten an bestimmten Punkten einer Logistikkette ist es möglich, eine Nachverfolgung zu gewährleisten. Die Daten können dann automatisch, z. B. in einem SAP Event Management, abgelegt werden.

Eine RFID-Integration in EWM erfordert zwingend den Einsatz der SAP Auto-ID Infrastructure, außer es werden im Projekt die oben genannten Funktionen der SAP Auto-ID Infrastructure vernachlässigt. Die Prozesse, die mit beiden Systemen unterstützt werden, erläutern wir im Folgenden.

Technisch kommunizieren beide Systeme, SAP Auto-ID Infrastructure und SAP EWM, über synchrone RFC-Funktionsbausteine miteinander. Die folgenden RFID-Prozesse werden von der SAP Auto-ID Infrastructure unterstützt:

▶ Entladen

▶ Beladen

▶ Quittieren von Lageraufgaben

▶ Verpacken

▶ der Tag-and-Ship-(oder Slap-and-Ship-)Prozess, der vorsieht, Tags vor dem Versenden auf Pakete zu kleben

Auch andere Prozesse sind denkbar, müssen aber kundenspezifisch im Projekt realisiert werden.

In Abbildung 11.33 ist der RFID-Wareneingangsprozess in EWM dargestellt. Der RFID-Prozess startet physisch mit dem Eintreffen des Lkws am Lager. Die Pakete werden physisch entladen und durch ein Tor geschleust, und damit wird der *Entladeprozess* abgeschlossen. ❶ Die Angabe, welche HUs zu entladen sind, wird vom Lieferanten vorab über ein Avis (oder ASN = Advance Shipping Notification) übermittelt. In EWM findet die *Wareneingangsbuchung* statt, und EWM sendet die Information an SAP ERP. Die Quittierung der HU-Lageraufgaben auf einem Übergabebereich oder Lagerplatz kann im Anschluss ebenso automatisch sichergestellt werden, wenn ein weiteres RFID-Tor die Pakete am Nach-Lagerplatz lesen kann ❷.

Das Drucken von RFID-Tags ist auch möglich und kann ähnlich wie im Warenausgangsprozess realisiert werden.

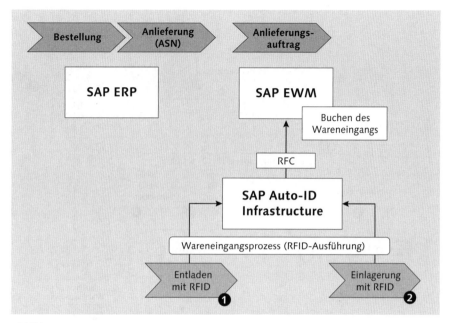

Abbildung 11.33 Wareneingangsprozess in SAP EWM mit RFID-Unterstützung

In Abbildung 11.34 sind die Schritte im Warenausgangsprozess skizziert, die mithilfe von EWM und der SAP Auto-ID Infrastructure unterstützt werden. Der Prozess beginnt mit dem Kundenauftrag ❶. Nachdem die Auslieferung von SAP ERP ❷ an EWM repliziert worden ist ❸, wird der Kommissionierprozess gestartet ❹. Der Kommissionierprozess wird in EWM (und in der SAP Auto-ID Infrastructure) derzeit nicht RFID-basiert unterstützt.

Durch das Drucken des RFID-Kommissionier-Labels werden über die Auto-ID RFID-Tags erstellt. Das Kommissionier-Label repräsentiert in diesem Fall das RFID-Tag. Das Erstellen des Tags, das sogenannte *Tag Commissioning*, wird abgeschlossen, nachdem das Label gedruckt ❺ und am Paket befestigt ❻ worden ist. Im Anschluss daran werden das Verpacken sowie das Beladen ❼ über die SAP Auto-ID Infrastructure durchgeführt. Werden die Pakete durch ein Tor in den *Warenausgangsprozess* geführt, wird der *Beladeprozess* abgeschlossen. Die Lieferung wird dann entweder automatisch über das PPF (siehe Kapitel 12, »Bereichsübergreifende Prozesse und Funktionen«) oder manuell warenausgangsgebucht, und die Daten werden an SAP ERP repliziert.

Hinzuzufügen ist, dass sowohl EWM als auch die SAP Auto-ID Infrastructure das Drucken von RFID-HU-Labels unterstützen.

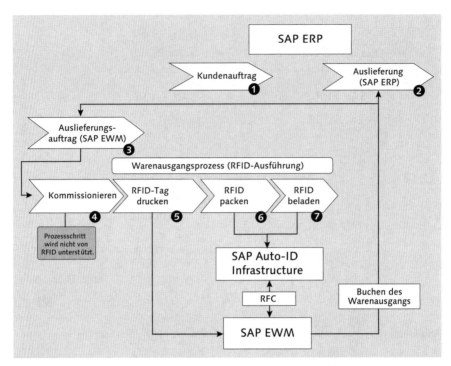

Abbildung 11.34 Warenausgangsprozess in EWM mit RFID-Unterstützung

Die RFID-Technologie birgt die Gefahr, dass der Prozess sehr stark automatisiert wird und viele Schritte im Hintergrund im System verbucht werden. Das bedeutet, nicht alle Prozesse können mithilfe der RFID-Technologie umgesetzt werden, hier muss geprüft werden, wann dies betriebswirtschaftlich Sinn macht. Auf Ausnahmen bzw. Fehler wird reagiert, indem an Toren Ampeln und Signalträger angebracht werden und dann dem Mitarbeiter mit einem visuellen und/oder akustischen Signal mitgeteilt wird, dass er die Ware nochmals zu überprüfen hat, bevor der Prozessschritt abgeschlossen werden kann.

SAP Auto-ID Infrastructure und SAP EWM

Die SAP-Hinweise 1320442 (Installation/Upgrade – AUTO-ID 7.1) und 2187878 (Installation von SAP Auto-ID Infrastructure auf SAP-SCM-Server) beschreiben, dass es möglich ist, Auto-ID Infrastructure auf einem SAP-EWM -System als Add-on zu installieren.

Dies bedeutet, dass nur noch ein SAP-Server/System angeschafft und betrieben werden muss und die RFID-Implementierung bzw. der Betrieb entscheidend weniger kostet.

Der Hinweis gibt nur die Installation der SAP Auto-ID auf ein SAP-SCM-System frei, d. h., SAP sichert den Support zu, wenn Sie SAP Auto-ID auf einem EWM-System installieren. Im Zuge der Freigabe wurden keine Entwicklungen realisiert, um Prozesse zu optimieren und z. B. den Materialstamm direkt vom SCM-/EWM-System zu lesen. Das heißt, um ein RFID-Projekt mit EWM zu realisieren, müssen Sie weiterhin Budget einplanen, da eine kundenspezifische Projektlösung unumgänglich ist.

11.3.11 Waagenanbindung mit SAP EWM 9.0

Seit SAP EWM 5.0 gibt es eine Waagenanbindung, wenn auf dem Packstationsdialog der Button WIEGEN angeklickt wird. Es handelt sich dabei um ein BAdI (/SCWM/EX_WRKC_UI_GET_WEIGHT), das in einem Projekt jeweils kundenspezifisch neu entwickelt werden muss. Zudem ist die Realisierung nicht einfach, da auf die Daten der Waage nicht so einfach zugegriffen werden kann. Die technische Herausforderung ist also sehr hoch, sodass nur Spezialisten eine Verbindung zur Waage bereitstellen können.

SAP EWM 9.0 bietet Ihnen nun mithilfe von SAP Plant Connectivity (PCO) eine verbesserte Integration von Waagen an. PCO wird auch verwendet, wenn die SPS über EWM-MFS gesteuert werden soll.

Die neue Verbindungsalternative in SAP EWM 9.0 setzt auf Standards wie OPC (OLE for Process Control), das von vielen Hardwareherstellern unterstützt wird und sich auf dem Markt durchgesetzt hat. Ziel ist es, eine Vereinheitlichung der Datenübergabe zu gewährleisten.

Jedoch kann SAP NetWeaver (in Form von EWM) nicht direkt auf einen OPC-Treiber zugreifen; deshalb agiert PCO zwischen EWM und der Waage mit dem OPC-Server und ermöglicht so die Datenkommunikation. Die Architektur der EWM-9.0-Waagenanbindung ist in Abbildung 11.35 dargestellt.

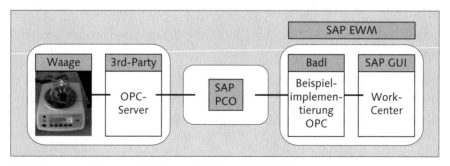

Abbildung 11.35 Waagenanbindungsarchitektur mit SAP PCO

Die folgenden Schritte müssen Sie durchführen, damit Sie die Waagenanbindung in SAP EWM 9.0 nutzen können.

1. Installation eines OPC-Servers. Manche Waagenhersteller empfehlen bzw. stellen einen OPC-Server automatisch gemeinsam mit der Waage zur Verfügung. Zudem erhalten Sie Informationen zu solch einem OPC-Server im Internet, da der OPC-Server auch an vielen anderen Orten (in Nicht-SAP-Systemen) eingesetzt wird.

2. Konfiguration des OPC-Servers auf Betriebssystemebene

3. Installation eines PCO-Servers bzw. einer PCO-Software. Die Konfiguration ist ähnlich wie beim Einsatz der Materialflusssteuerung (EWM-MFS).

4. Erstellen einer RFC-Verbindung (Transaktion SM59) in SAP EWM

5. Verbindungskonfiguration zwischen OPC-Server, PCO-Server und SAP-System (RFC-Verbindung). Mehr Information dazu finden Sie in SAP-Hinweis 1576651.

6. Konfiguration einer Waage im EWM-System

7. Waagen erstellen Sie in SAP EWM im SAP-Easy-Access-Menü über den Pfad EXTENDED WAREHOUSE MANAGEMENT • STAMMDATEN • ARBEITSPLATZ • WAAGEN DEFINIEREN oder mithilfe des Transaktionscodes /SCWM/SCALE.

8. Hinterlegen bzw. Verknüpfen der Waage mit einem Arbeitsplatz

9. Stammdaten zum Arbeitsplatz pflegen Sie in EWM im SAP-Easy-Access-Menü über den Pfad EXTENDED WAREHOUSE MANAGEMENT • STAMMDATEN • ARBEITSPLATZ • STAMMDATENATTRIBUTE DEFINIEREN oder mithilfe des Transaktionscodes /SCWM/TWORKST.

10. Kopieren und Aktivieren der BAdI-Beispielimplementierung und des ausgelieferten ABAP-Quellcodes in SAP EWM 9.0

Den Quellcode und die Beispielimplementierung finden Sie in der Klasse `/SCWM/CL_EI_SCALE_PCO` und der Methode `/SCWM/IF_EX_WRKC_UI_GET_WEIGHT~GET_WEIGHT_FROM_SCALE`. Fazit ist, dass es SAP EWM 9.0 mit der vorgestellten Waagenanbindung ermöglicht, die Waage standardisiert anzubinden.

Ein Vorteil dieser Erweiterung in SAP EWM 9.0 ist es, dass Sie jetzt mit der Beispielimplementierung viel mehr unterschiedliche Waagen von verschiedenen Herstellern mit SAP EWM integrieren können. Zudem senken sich die Implementierungskosten, da Sie die Beispielimplementierung nur bei Bedarf erweitern müssen und Sie sich alle technischen Aspekte auf Basis der Beispielimplementierung abschauen können.

Die Praxis zeigt, dass dadurch, dass der RFID-Prozess im Hintergrund ausgeführt wird, sichergestellt werden muss, dass ein detailliertes System-Monitoring stattfindet, da Fehler andernfalls meist erst spät im Prozess identifiziert werden.

Wird jedoch eine Ausnahme festgestellt bzw. kann das Problem nicht sofort gelöst werden, werden meist Folgeprozesse anhand von Ausnahmen angestoßen. Unabhängig von der RFID-Integration wird das Starten von Folgeprozessen mit Ausnahmecodes zumeist in einem Dialog an einem PC oder auf dem mobilen Gerät durchgeführt. EWM bietet dazu eine dynamisches Ausnahmebehandlung, die wir Ihnen im folgenden Abschnitt vorstellen möchten.

11.4   Ausnahmebehandlung

Um die Differenz zwischen realem Bestand und im System geführtem Bestand dauerhaft gering zu halten, müssen Inkonsistenzen, nachdem sie entdeckt wurden, so schnell wie möglich in das Lagerverwaltungssystem eingegeben werden. EWM bietet Funktionen, um innerhalb der Lagerungsprozesse auftretende *Ausnahmen* in Echtzeit zu erfassen und zu verarbeiten.

Wenn etwa einem Mitarbeiter eine Kommissionieraufgabe zugewiesen wurde, gibt ihm das System Auskunft über die zu entnehmende Menge und den Lagerplatz, dem die Ware entnommen werden soll. Am Lagerplatz kann es jedoch vorkommen, dass der Mitarbeiter keine Ware oder eine für seinen Auftrag zu geringe Menge vorfindet. Mit der EWM-Ausnahmebehandlung ist er nun in der Lage, das Problem mittels Eingabe eines Ausnahmecodes über mobilen Datenfunk im System zu erfassen. Das System kann dann, abhängig von der Konfiguration, reagieren – z. B. kann es den Lagerplatz für weitere Prozesse sperren, einen Inventurbeleg für ihn ausstellen, Nachschub auslösen oder den Mitarbeiter zu einem anderen Lagerplatz des gleichen Artikels führen.

Die Ausnahmebehandlung ist vollständig in EWM integriert. Die Eingabe von Ausnahmecodes ist im Rahmen jeder Warenbewegung und in nahezu jedem Prozessschritt möglich. SAP liefert im Rahmen der EWM-Standardeinstellungen rund 40 Ausnahmecodes und ermöglicht die unbegrenzte Generierung weiterer (innerhalb des durch die Anzahl von vier Ziffern vorgegebenen Kombinationsspielraums). Jeder Ausnahmecode hat eine eindeutig definierte Implikation – z. B. die Änderung einer Lageraufgabenmenge, die

Sperrung eines Lagerplatzes, die Änderung einer Liefermenge, die Ausstellung eines Inventurbelegs, das Anstoßen eines Workflows oder das Auslösen eines Alerts im SAP Alert Framework. Diese Implikationen sind individuell konfigurierbar.

In den folgenden Abschnitten beschreiben wir die Ausnahmebehandlung im Detail. Zunächst wird anhand eines Beispiels erklärt, wie ein Ausnahmecode konfiguriert wird. Anschließend erläutern wir, wie ein solcher Code innerhalb der Anwendung genutzt werden kann. Es werden Ausnahmen für Umbuchungen (Stock Transfer Orders = STO) beschrieben, und schließlich wird dargelegt, wie die Menge einer Einlagerungsaufgabe mittels Ausnahmecode geändert werden kann (sogar wenn diese bereits quittiert ist).

11.4.1 Ausnahmecodes konfigurieren

In diesem Abschnitt wird erläutert, wie Ausnahmecodes im Rahmen des Customizings definiert werden können. Zunächst erhalten Sie einige technische Hintergrundinformationen, um die Grundlagen der EWM-Ausnahmebehandlung besser nachvollziehen zu können. Anschließend wird erklärt, wie ein neuer Ausnahmecode erstellt werden kann, der die Liefermenge aufgrund einer entdeckten Mengenabweichung reduziert.

Technische Informationen über SAP-EWM-Ausnahmecodes

Im Rahmen von Ausnahmeprozessen gibt es mehrere Komponenten, die für das Verständnis der Diskussion wichtig sind. Diese werden im Folgenden genauer erklärt. Zu ihnen zählen interne Prozesscodes, der Business-Kontext, Ausführungsschritte und Ausführungscodeprofile.

Interne Prozesscodes

Um zu definieren, wie EWM während der Quittierung auf die Zuweisung eines Ausnahmecodes zu einer Lageraufgabe reagieren soll, kann ein interner Prozesscode genutzt werden.

Der Ausnahmecode kann frei definiert (im Rahmen einer 4-Ziffern-Kombination) und benannt werden (Freitextfeld). Damit das EWM-System bei Einsatz des Codes »weiß«, was es tun soll, muss dem Ausnahmecode jedoch ein interner Prozesscode zugewiesen werden. Beispiele einiger oft genutzter interner Prozesscodes finden Sie in Tabelle 11.2.

Interner Processcode	Beschreibung
CHBA	Charge ändern
CHDS	Destination ändern
DIFF	Buchen mit Differenz
LIST	Anzeige der gültigen Ausnahmen
SKFD	Überspringe aktuelles Validierungsfeld
SKVA	Überspringe komplette Validierung

Tabelle 11.2 Beispiele für interne Prozesscodes in SAP EWM

Business-Kontext und Ausführungsschritt

Ausnahmecodes und interne Prozesscodes sind einem oder mehreren Business-Kontexten und bestimmten Ausführungsschritten zugeordnet. Diese sind durch SAP definiert. Beispiele für einen Business-Kontext sind *Lageraufgaben quittieren (interne Warenbewegung/Umlagerung)*, *Lageraufgaben quittieren (Auslagerung)*, *Lageraufgaben quittieren (Einlagerung)*, *Inventur* oder *MFS-Kommunikationspunkt*. Folgende Ausführungsschritte (siehe Tabelle 11.3) für die Zuweisung zu Ausnahmecodes sind in EWM vorhanden und wurden von SAP spezifiziert.

Ausführungsschritt	Beschreibung
02	Desktop HU-Lageraufgabe
05	Desktop Prod.-Lageraufgabe
03	RF HU-Lageraufgabe Aktion auf Quelldaten
04	RF HU-Lageraufgabe Aktion auf Zieldaten
05	RF Prod-Lageraufg. Aktion auf Quelldaten
06	RF Prod.-Lageraufg. Aktion auf Zieldaten
15	Desktop Dekonsolidierg. am Arbeitsplatz
16	Desktop Differenzen am Arbeitsplatz
17	RF Verpacken
19	RF Dekonsolidierung
20	RF offene Lageraufgaben Dekonsonsolidg.
21	RF Detail Lageraufgaben Dekonsonsolidg.

Tabelle 11.3 Beispiele für Ausführungsschritte in der Ausnahmebehandlung in SAP EWM

Um den Business-Kontext und die Ausführungsschritte im EWM-Customizing zu pflegen, folgen Sie dem Pfad EXTENDED WAREHOUSE MANAGEMENT • PROZESSÜBERGREIFENDE EINSTELLUNGEN • AUSNAHMEBEHANDLUNG • DEFINITION VON AUSNAHME-CODES.

Ausnahmecodeprofil

Die Verfügbarkeit von Ausnahmecodes kann basierend auf dem ihnen zugeordneten Profil für bestimmte Nutzer beschränkt werden. So können bestimmte Ausnahmecodes mit einflussreichen Folgeaktionen für die Nutzung durch besonders qualifizierte Lagermitarbeiter reserviert werden. Indem der Benutzername mit dem Ausnahmecodeprofil verknüpft wird, können Sie sicherstellen, dass nur diese Personengruppe die festgelegten Ausnahmecodes ausführen kann. Um Benutzern im SAP-Easy-Access-Menü Ausnahmecodeprofile zuzuordnen, folgen Sie dem Pfad EXTENDED WAREHOUSE MANAGEMENT • EINSTELLUNGEN • ANWENDER ZU AUSNAHMECODEPROFIL ZUORDNEN oder führen die Transaktion /SCWM/EXCUSERID aus.

Neuen Ausnahmecode erstellen

Um einen neuen Ausnahmecode zu erstellen, folgen Sie dem Customizing-Pfad EXTENDED WAREHOUSE MANAGEMENT • PROZESSÜBERGREIFENDE EINSTELLUNGEN • AUSNAHMEBEHANDLUNG • DEFINITION VON AUSNAHME-CODES (siehe Abbildung 11.36).

Abbildung 11.36 Ausnahmecode im Customizing pflegen

Im abgebildeten Beispiel wird ein neuer Ausnahmecode zur Bearbeitung von Einlagerungsdifferenzen erstellt. Im Falle einer defekten Ware im Wareneingang müssen Sie bei der Einlagerung eine abweichende Menge bestätigen und die Anliefermenge reduzieren. Je nach Geschäftsfall und Vertragssituation mit dem Lieferanten wird die entstandene Mengendifferenz wertmäßig zulasten einer der beiden Parteien verbucht. Im abgebildeten Fall wird die Ware retourniert.

Um einen neuen Ausnahmecode zu erstellen, starten Sie die Aktivität Aus-NAHMECODE ANLEGEN durch einen Doppelklick auf den ersten Baumknoten. Geben Sie den Namen des Ausnahmecodes und eine Beschreibung ein (siehe Abbildung 11.37).

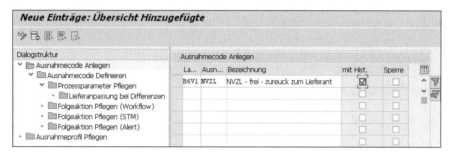

Abbildung 11.37 Neuen Ausnahmecode erstellen

Das Setzen des Kennzeichens MIT HISTORIE (Feld MIT HIST.) rechts neben der Beschreibung erlaubt die Nachverfolgung von Ausnahmen im Lagermonitor (Transaktion /SCWM/MON) anhand von Kriterien wie Business-Kontext, Ausführungsschritten und Datum (über die Knoten ALERT und AUSNAHMEN, siehe Abbildung 11.38).

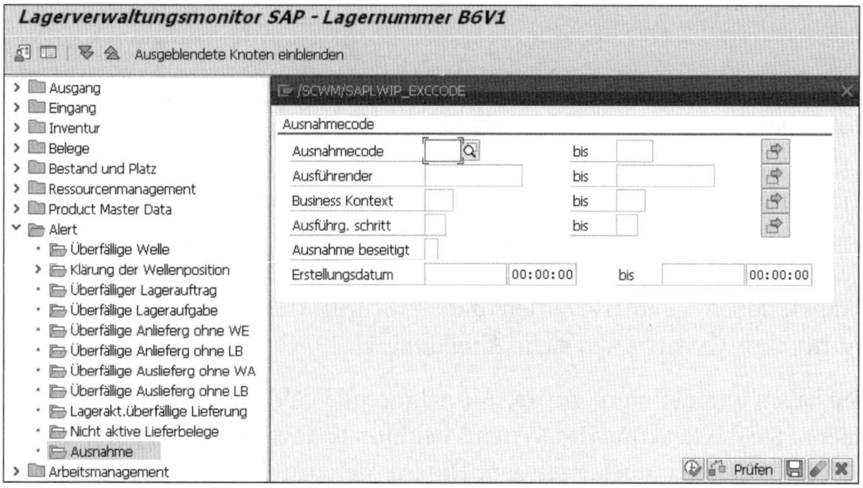

Abbildung 11.38 Ausnahmebehandlung im Lagermonitor überwachen

Um einen bereits verfügbaren Ausnahmecode im Customizing zu sehen, müssen Sie diesen in der Übersicht markieren. Dann klicken Sie den Knoten Ausnahmecode Definieren an, um zu definieren, in welchem Zusammenhang der neue Ausnahmecode gültig sein soll. Um einen neuen Eintrag vorzunehmen, wählen Sie die Schaltfläche Neue Einträge.

In unserem Beispiel haben wir den Business-Kontext TPT – Lageraufgabe Quittieren (Einlagerung) gewählt. Es öffnet sich ein Pop-up-Fenster im unteren rechten Bildbereich, das zeigt, welche Ausführungsschritte innerhalb dieses Business-Kontextes verfügbar sind. Für den ersten Eintrag wählen Sie Schritt 02 (Desktop Prod.-Lageraufgabe), um den Ausnahmecode auf einem normalen Arbeitsplatz-PC beim Quittieren einer Produkt-Lageraufgabe zu nutzen. Der Ausnahmecode ist nur dann verwendbar, wenn die Lageraufgabe in EWM-Transaktionen bearbeitet wird.

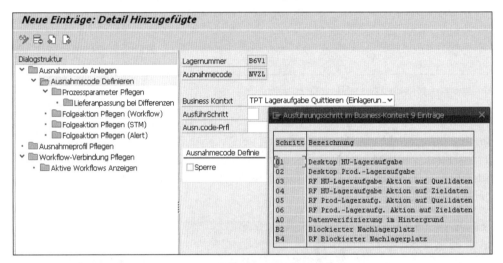

Abbildung 11.39 Business-Kontext und Ausführungsschritt zum Erstellen eines Ausnahmecodes pflegen

Sie können mehrere Business-Kontexte und Ausführungsschritte definieren (siehe Abbildung 11.40). In unserem Beispiel haben wir eingestellt, dass der Ausnahmecode nicht nur an normalen Arbeitsplatz-PCs, sondern auch in RF-Transaktionen genutzt werden darf – Schritt 05 (RF Prod-Lageraufg. Aktion auf Quelldaten, siehe Abbildung 11.39).

Sie haben nun definiert, wo der Ausnahmecode gültig ist. Als Nächstes definieren Sie die Reaktion des Systems bei Einsatz des Ausnahmecodes, indem Sie die Prozessparameter pflegen. Nutzen Sie dazu die nächste Aktivität in der Baumstruktur namens Prozessparameter pflegen. Diese Aktivität muss

für jede definierte Kombination von Business-Kontext und Ausführungsschritt ausgeführt werden. Markieren Sie dazu zunächst die relevante Zeile
(wie in unserem Beispiel TPT 02), und klicken Sie doppelt auf den Ordner
PROZESSPARAMETER PFLEGEN. Klicken Sie dann auf den Button NEUE EIN-
TRÄGE, und pflegen Sie den internen Prozesscode.

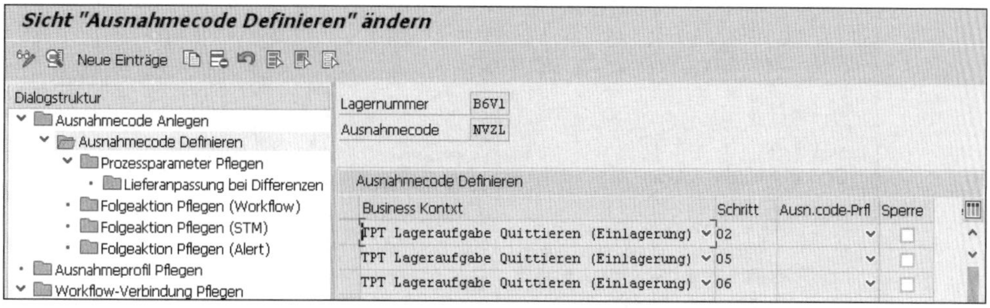

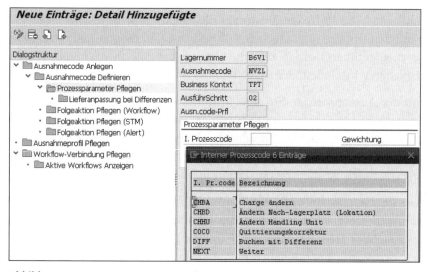

Abbildung 11.40 Ausnahmecode NVZL zu mehreren Ausführungsschritten zuordnen

Der *interne Prozesscode* beschreibt, welche Geschäftsfolge mit dem Ausnahmecode verbunden ist. Um die möglichen Eingaben zu prüfen, können Sie
die Betragshilfe (Wertehilfe) nutzen, um zu sehen, welche Eingänge erlaubt
sind. In Abbildung 11.41 sind die im Rahmen der SAP-Standardauslieferung
gelieferten möglichen Eingänge dargestellt. Der im Beispiel erstellte Ausnahmecode hat das Ziel, die Liefermenge zu reduzieren und die Lageraufgabe
mit Differenz zu bestätigen. Daher wählen wir hier den Code DIFF – BUCHEN
MIT DIFFERENZ.

Abbildung 11.41 Internen Prozesscode für den jeweiligen Ausführungsschritt pflegen

697

Nach der Auswahl des Codes drücken Sie ⏎. Weitere Prozessparameter können Sie nutzen, um mehr Details über den internen Prozesscode festzuhalten. Im dargestellten Fall, für den internen Prozesscode DIFF, muss eine andere Kategorie (Differenzkennzeichentyp) gepflegt werden (siehe Abbildung 11.42). Da die Liefermenge verändert werden muss, ordnen wir die Kategorie 3 – DIFFERENZ ZU LASTEN DER ANLIEFERUNG zu.

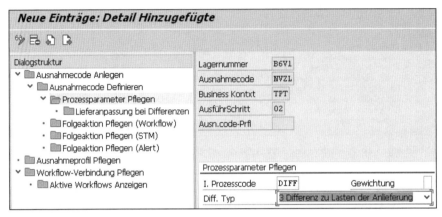

Abbildung 11.42 Differenzkennzeichentyp eines internen Prozesscodes pflegen

Wenn Sie die Liefermenge verändern möchten (wie in unserem Beispiel), ist es außerdem notwendig, die relevanten Parameter in der Aktivität der Dialogstruktur LIEFERANPASSUNG BEI DIFFERENZEN zu spezifizieren, wie in Abbildung 11.43 dargestellt. Wählen Sie den relevanten Eintrag im ausgewählten Knoten, und klicken Sie doppelt auf die Aktivität. Danach wählen Sie die Schaltfläche NEUE EINTRÄGE. Bei dieser Aktivität definieren Sie, wie das System mit den Differenzen umgehen soll. So kann z. B. für alle Lieferungspositionstypen definiert werden, dass die Lieferung auf die abweichende Menge angeglichen wird, indem der zugewiesene Prozesscode genutzt wird.

Wenn der Ausnahmecode für den Ausführungsschritt 05 (RF PROD-LAGERAUFG. AKTION AUF QUELLDATEN) erstellt ist, müssen Sie den Prozess für alle weiteren Ausführungsschritte wiederholen. Anschließend ist der Ausnahmecode einsatzfähig; in unserem Fall ist er sowohl auf einem normalen Arbeitsplatz-PC als auch für die RF-Transaktion nutzbar.

Indem Sie die verschiedenen Ausführungsschritte pflegen, können Sie definieren, wann ein Benutzer einen Ausnahmecode verwenden kann. Beim Einsatz mobiler Transaktionen im RF-Umfeld gibt es meist zwei Bildschirmfolgen: den *Von-Screen* mit dem *Von-Platz*, von dem der Bestand entnommen wird, und den *Nach-Screen*, auf den der Bestand beim Quittieren verbucht wird. Der Benutzer gibt ein, von wo er das Produkt entnimmt und wo er das Produkt wieder abstellt. Das heißt, mit der Pflege der Ausführungsschritte 05 und 06 ist es möglich, den Ausnahmecode auf beiden Bildschirmmasken zu verwenden.

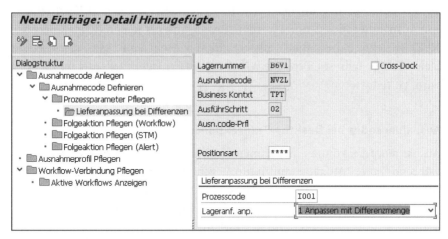

Abbildung 11.43 Lieferungsanpassungen bei Differenzen konfigurieren

Sie können auch Folgeaktionen, wie das Auslösen eines Workflows, die Bestimmung eines Status im SAP Status Management oder das Auslösen eines Alerts mittels des SAP Alert Managements, einstellen. Um die Folgeaktionen zu bestimmen, muss der Ausnahmecode innerhalb des Ordners AUSNAHMECODE DEFINIEREN ausgewählt und der passende Ordner für die Erzeugung einer Folgeaktion (z. B. Workflow, Status Management oder Alert) auf der nächsten Hierarchieebene in der Dialogstruktur bestimmt werden. Da dies für unseren Ausnahmecode NVZL nicht nötig ist, beenden wir an dieser Stelle die Konfiguration.

Im Rahmen der Konfiguration von Ausnahmecodes in EWM können die Ausnahmecodes im EWM-Customizing getestet werden. Folgen Sie dazu dem Pfad EXTENDED WAREHOUSE MANAGEMENT • PROZESSÜBERGREIFENDE EINSTELLUNGEN • AUSNAHMEBEHANDLUNG • KONFIGURATION DER AUSNAHMECODES TESTEN. Dieses Hilfsprogramm erlaubt es, die Durchführung der Folgeaktionen (Workflow oder Alert) mit Anwendungsdaten zu testen, ohne Testobjekte (z. B. offene Lageraufgaben, Inventurdokumente) erstellen zu müssen. Es erlaubt auch, alle Ausnahmecodes anzuzeigen, die für einen Business-Kontext oder Ausführungsschritt definiert wurden.

11.4.2 Ausnahmecodes einsetzen

Ausnahmecodes setzen Sie ein, um Aufgaben auf normalen Arbeitsplatz-PCs oder bei RF-Transaktionen nach festgelegten Bedingungen zu bestätigen. In diesem Abschnitt entwickeln wir das Beispiel des Ausnahmecodes NVZL, das Sie aus dem vorangegangenen Abschnitt kennen, weiter und beschreiben, wie Ausnahmecodes genutzt werden. Zweck unseres neuen Ausnahmecodes NVZL ist, eine Lageraufgabe mit veränderter Menge zu bestätigen und die Liefermenge, falls ein Produkt während des Einlagerns als defekt erkannt wird, zu reduzieren.

Ausnahmecodes bei Desktop-Transaktionen

Ausnahmecodes können im Rahmen von Tätigkeiten am Arbeitslatz-PC, z. B. während einer Aufgabenquittierung, genutzt werden. Abbildung 11.44 zeigt, dass der Lageraufgabe während des Quittierens der Transaktion /SCWM/TODLV im Vordergrund ein Ausnahmecode zugeordnet wurde. Im Beispiel wurde der Lagerauftrag gewählt, der eine Lageraufgabe mit der geplanten Einlagerungsmenge von 1 PAL enthält.

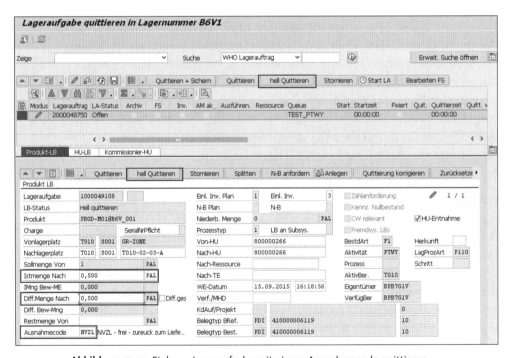

Abbildung 11.44 Einlager-Lageraufgabe mit einem Ausnahmecode quittieren

Um die Lageraufgabe mit einer Abweichung zu bestätigen, wählen wir QUIT-
TIEREN IM VORDERGRUND (= HELL QUITTIEREN), passen die Menge auf 0,5 PAL
an (IST.MENGE NACH), vermerken die Differenz von 0,5 PAL (DIFF.MENGE
NACH) (oder wir spezifizieren einen der Parameter und lassen das System den
Rest kalkulieren) und geben den Ausnahmecode NVZL ein. Nach dem Speichern ist die Liefermenge von vier auf drei Stück angepasst. Wenn der Wareneingang bereits gebucht wurde, wird dieser mittels einer Stornierung von
einem Stück korrigiert.

Ausnahmecodes im RF-Umfeld

Wenn Lagermitarbeiter mobile Geräte nutzen, können sie ihre Daten in
Echtzeit im Lagerverwaltungssystem eingeben, und das System reagiert
direkt. Auch erkannte Inkonsistenzen können in Echtzeit eingegeben und
verarbeitet werden. Wenn der Arbeiter etwa während einer Kommissionierung oder einer Einlagerung eine unvorhergesehene Situation feststellt,
kann er die EWM-Ausnahmebehandlung nutzen, um dem System mitzuteilen, welche Art von Ausnahme aufgetreten ist, und EWM die Möglichkeit
geben, auf bestmöglichem Wege auf die Situation zu reagieren.

Um dies zu illustrieren, beziehen wir uns erneut auf das Beispiel aus
Abschnitt 11.4.1, »Ausnahmecodes konfigurieren«. Darin stellen wir während des Einlagerns fest, dass 1 ST nicht nutzbar ist. Auf dem RF-Bild für die
Einlagerung per WHO sehen wir den Nach-Screen der ersten Lageraufgabe
(Lagerplatz, Produkt und Menge). Die gewünschte Menge ist 4 ST – und wir
wollen auf 3 ST reduzieren. Beim Versuch, die Menge ohne Eingabe eines
Ausnahmecodes zu reduzieren, erscheint eine Fehlermeldung (siehe Abbildung 11.45). Das System erinnert den Anwender daran, dass ein Ausnahmecode genutzt werden muss, um die Mengenabweichung zu erfassen.

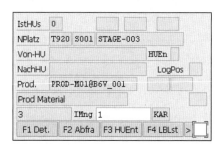

Abbildung 11.45 Ausnahmecodes im RF-Umfeld
beim Erfassen von Differenzen erfassen

Auf dem RF-Bild können Sie den Ausnahmecode, sofern er bekannt ist, direkt im Ausnahmecode-Feld in der rechten unteren Ecke des Bildes spezifizieren. Ist der Ausnahmecode nicht bekannt, können Sie sich mittels des Ausnahmecodes LIST eine Liste aller möglichen Ausnahmecodes abhängig vom Business-Kontext anzeigen lassen (der Ausnahmecode LIST bietet diese Funktion an).

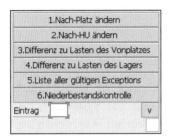

Abbildung 11.46 Liste der erlaubten Ausnahmecodes, Teil I

Unser Ausnahmecode *Nicht verwendbar – Zurücksenden an Lieferant* (NVZL – NICHT VERWB. LASTEN LIEFERANT) erscheint nicht auf dieser Seite, daher wählen wir die Schaltfläche NACH UNTEN oder nutzen die Pfeilschaltfläche auf der rechten Seite, um die weiteren Einträge zu sehen (siehe Abbildung 11.46). Der Ausnahmecode kann durch die Eingabe der am Anfang stehenden Zahl im Eingabefeld in die Auswahlliste übernommen werden. Die Texte der Ausnahmecodes werden über die Konfiguration definiert. Es ist sinnvoll, vor jeden Ausnahmecode den technischen Namen zu schreiben, wie in Abbildung 11.47 dargestellt (unter dem Menüpunkt 7), damit der Anwender sich den Ausnahmecode besser einprägen und ihn einfacher auswählen kann.

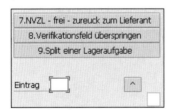

Abbildung 11.47 Liste der erlaubten Ausnahmecodes, Teil II

Unser Ausnahmecode NVZL erscheint auf Position 7 in der Liste. Diesen Ausnahmecode können Sie, wenn Sie ein mobiles Gerät mit Touchscreen nutzen, direkt anklicken oder die Positionsnummer in das Eingabefeld EINTRAG eingeben.

Freischalten des Ausnahmecodes LIST

Der Ausnahmecode muss außerdem beim Customizing der Ausnahmebehandlung definiert werden, wie im vorangegangenen Abschnitt beschrieben. Im standardmäßig ausgelieferten EWM-Customizing ist dies für die meisten RF-Business-Kontexte und Ausführungsschritte bereits eingerichtet. Wenn Sie eigene Business-Kontexte und Ausführungsschritte definieren, stellen Sie sicher, dass der Ausnahmecode LIST als erlaubte Eingabe hinzugefügt wird, andernfalls werden Mitarbeiter nicht in der Lage sein, ihn in diesem Zusammenhang einzusetzen.

Wenn Sie den Ausnahmecode aus der Liste ausgewählt haben, wird er in der RF-Transaktion ausgewählt, und die damit verbundene Mengenänderung kann fortgesetzt werden. Da der Ausnahmecode mit dem internen Prozesscode DIFF verbunden ist, weiß das System, dass wir eine Mengenänderung eingeben wollen. Es öffnet sich ein Fenster, in dem Sie die Menge eingeben können (siehe Abbildung 11.48). Anschließend speichern Sie mit der Taste F1 und kehren automatisch zur vorherigen Ansicht zurück. Wenn es sich um einen Artikel mit Seriennummer handelt, können Sie die Seriennummer des defekten Artikels eingeben, indem Sie die Schaltfläche F2 SNum wählen oder die Taste F2 drücken.

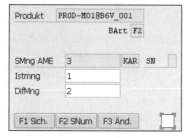

Abbildung 11.48 Ausnahmebehandlung in RF für das Erfassen der Differenzmenge beim Quittieren der Lageraufgaben

Nachdem Sie die Lageraufgabe bestätigt haben, sind der verwendete Ausnahmecode und die Mengenänderungen im Lieferungsmonitor (Transaktion /SCWM/PRDI) oder im Lagermonitor zu sehen. Um die Daten im Lagermonitor sehen zu können, wählen Sie die Transaktion /SCWM/MON, z. B. durch Anklicken der Knoten DOKUMENTE • LAGERAUFGABEN. Bei einer Liefermengenänderung ist die Liefermenge um die Differenzmenge reduziert, und der zugeordnete Prozesscode wird in der Lieferung angezeigt (siehe Abbildung 11.49).

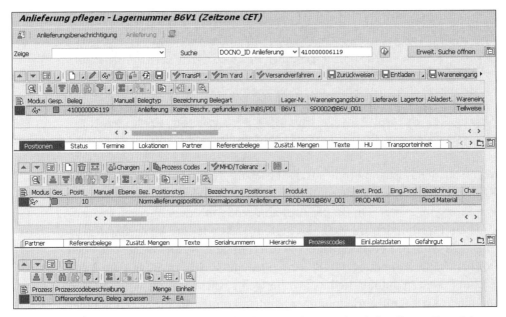

Abbildung 11.49 Lieferungsmenge durch Nutzen der Ausnahmebehandlung während der Einlagerung automatisch anpassen

Technische Hilfe beim Bestimmen der Ausnahmecodekonfiguration

Wenn Sie einen vorhandenen Ausnahmecode erweitern oder einen neuen erstellen möchten, jedoch nicht den Business-Kontext und den Ausführungsschritt kennen, können Sie mit Debugging-Kenntnissen die beiden notwendigen Parameter herausfinden. Zu Beginn setzen Sie einen Breakpoint in der Klasse /SCWM/CL_ EXCEPTION_APPL, und bei der Methode VERIFY_EXCEPTION_CODE (es gibt verschiedene Wege, dies zu tun) fahren Sie dann mit der Transaktion fort und geben einen Ausnahmecode ein. Sobald das System den Debugger am festgelegten Breakpoint startet, können Sie den aktuellen Business-Kontext in der Variablen IV_ BUSCON und den aktuellen Ausführungsschritt in der Variablen IV_EXECSTEP sehen.

Umlagerungsausnahmen verwalten

Eine *Umlagerung* ist ein Dokument im SAP-ERP-System, das genutzt wird, um Bestände von einem zu einem anderen Lager zuzuordnen und zu verschicken. Während die Bestände im ausliefernden und empfangenden Lager verarbeitet werden, können während des Transports Mengenfehler entstehen, oder es können Produkte zerstört werden oder verloren gehen. Die EWM-Ausnahmebehandlung bietet Funktionen, um die Mengendifferenzen in solchen Fällen zu verarbeiten.

Überblick über Umlagerungsaufträge

Wenn eine Umlagerung im SAP-ERP-System erstellt wurde, z. B. von Lager WH1 zu WH2, erstellt SAP ERP zuerst einen Auslieferungsauftrag für das ausliefernde Lager (WH1) und sendet diesen an das entsprechende EWM-System. In EWM wird die Auslieferung wie jede andere Auslieferung behandelt – der einzige Unterschied ist, dass der Empfänger kein Kunde, sondern ein eigenes Werk ist (auch wenn das Geschäftspartnerwerk so verbucht ist, dass es auf bestimmte Weise in EWM wie ein Kunde wirkt). Im einfachsten Szenario wird die Ware entnommen und der Warenausgang für den Auslieferungsauftrag in EWM gebucht. Basierend auf dem Warenausgang in EWM, wird die Auslieferung in SAP ERP übertragen, wo der Warenausgang für die Auslieferung gebucht wird. Abhängig von der Konfiguration in SAP ERP kann ein Anlieferungsauftrag für das empfangende Lager (WH2) automatisch erzeugt werden, wenn Sie die SPED-Output-Kondition auf dem Auslieferungsauftrag nutzen. Alternativ können Sie den Anlieferungsauftrag mit Bezug zum Umlagerungsauftrag manuell erstellen. Wird er automatisch erzeugt, kann der Anlieferungsauftrag alle Daten des Auslieferungsauftrags übernehmen, inklusive der HUs, der Serialnummern, der Chargen sowie der Bestands-ID etc. Der Anlieferungsauftrag wird an das zugewiesene EWM-System geschickt, wo der Wareneingang gebucht wird und die Einlagerung stattfindet. Während der Einlagerung im empfangenden Lager WH2 ist es möglich, dass der Lagermitarbeiter eine Mengendifferenz feststellt, die er mittels der Umlagerungsausnahmebehandlung melden und verarbeiten kann.

Umlagerungsdifferenzenverarbeitung konfigurieren

Wenn im empfangenden Lager die Ausnahme festgestellt wird, muss ermittelt werden, wer für die Diskrepanz verantwortlich ist: das entsendende Lager (Versender) oder der Transporteur (Spediteur). Dies wird in dem Ausnahmecode dargestellt, den der Mitarbeiter während der Bestätigung der Einlagerung eingibt. Im Standard bietet EWM zwei Ausnahmecodes für Mengendifferenzen während der Einlagerung bei Umlagerungsaufträgen an (siehe Tabelle 11.4).

In SAP ERP müssen die Ausnahmecodes für Differenzen bei Umlagerungsaufträgen mit einem Begründungsschlüssel verknüpft werden. Um die Ausnahmecodes innerhalb des SAP-ERP-Customizings zu verknüpfen, folgen Sie dem Pfad LOGISTICS EXECUTION • ERSATZTEILMANAGEMENT (SPM) • PROZESSÜBERGREIFENDE EINSTELLUNGEN (SPM) • LIEFEREMPFANGSBESTÄTIGUNG (SPM) • MAPPING FÜR LAGERAUSNAHMENCODES FESTLEGEN.

Ausnahmecode	SAP-Beschreibung	Processcode (für Lieferungsanpassungen)
DIFC	Diff. zu Lasten der Anlief. (Spediteur)	CARR
DIFE	Diff. zu Lasten der Anlief. (send.Lager)	SHIP

Tabelle 11.4 Ausnahmecodes für Umlagerungsmengenabweichungen mit Lieferungsanpassung

Der Ausnahmecode kann je nach verantwortlicher Partei mit dem entsprechenden Begründungsschlüssel für Unterlieferung (DFG1) oder Überlieferung (DFG2) verknüpft werden (siehe Abbildung 11.50).

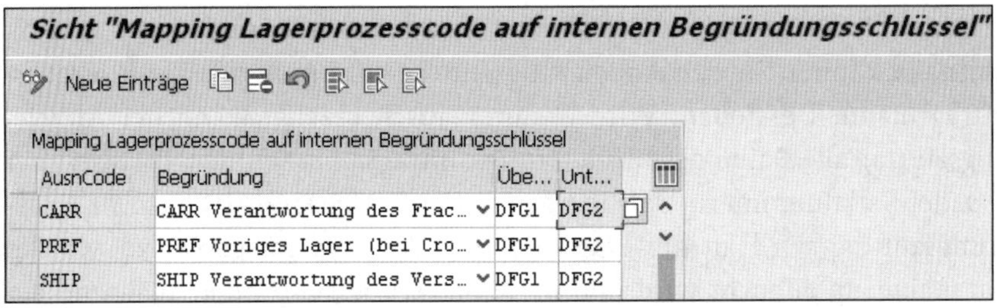

Abbildung 11.50 SAP-EWM-Ausnahmecodes mit den SAP-ERP-Begründungsschlüsseln verknüpfen

Die Pflege dieser Customizing-Tabelle wird vom SAP-ERP-System benötigt, um die Ausnahmesituation korrekt zu interpretieren. Beachten Sie, dass die Spalte AUSNAHMECODE (Spalte AUSNCODE) nicht den Ausnahmecode enthält, den der Benutzer in EWM eingibt, sondern den internen Prozesscode für die Justierung der Lieferung in SAP ERP.

Verantwortung des Spediteurs

Indem er Ausnahmecode DIFC auswählt, definiert der Mitarbeiter des empfangenden Lagers, dass der Spediteur für die Differenz verantwortlich ist. In diesem Fall wird das Versandlager nicht in den Prozess involviert.

Im Fall eines Transitbestands wird die Differenzmenge zuerst auf den Transitbestand des Empfangslagers gebucht. Der Transitbestand entsteht generell bei einer Umlagerung mittels einer Umlagerungsbestellung. Beim Transitbestand handelt es sich um einen Bestand, der aus dem abgebenden Werk entnommen bzw. gebucht wird, aber, da im empfangenden Werk noch nicht eingetroffen, nicht auf das empfangende Werk gebucht wird. Dies ist jedoch nur vorübergehend, da die Mengendifferenz vom Transitbestand auf Verbrauch umgebucht wird, wenn die Einlagerung abgeschlossen ist; d. h., diese Umbuchung erfolgt, wenn der Abschluss der Einlagerung von EWM angezeigt wird und die Lieferung wareneingangsgebucht wurde.

Um den Prozess bei Verantwortung des Spediteurs weiterzubearbeiten, müssen Sie eine manuelle Lastschrift oder Gutschrift erstellen, abhängig davon, ob Sie zu viel oder zu wenig Ware erhalten haben, und an den Spediteur übermitteln. Die Mengenanpassung und die folgende Finanzbuchung beeinflussen nur das Empfangslager sowie die Kombination aus Werk und Lagerort im SAP-ERP-System, da der Warenbesitz an den Spediteur übergeben wird.

Verantwortung des Versandlagers

Wenn das Versandlager für die Differenz verantwortlich ist, muss im Empfangslager der Ausnahmecode DIFE genutzt werden. Bei Abschluss der Anlieferung wird dann die Differenzmenge vom Transitbestand des Empfangslagers auf einen dafür vorgesehenen Lagerort des Versandlagers umgebucht. Im standardmäßig gelieferten SAP-Customizing heißt der Lagerort für diesen Prozess POD (Proof of Delivery).

In Abbildung 11.51 sehen Sie ein Beispiel für eine Organisationsstruktur der involvierten Parteien bei der Bearbeitung von Versanddifferenzen. Das Beispiel zeigt einen Umlagerungsauftrag von Lager A nach Lager B. Im SAP-ERP-System ist das Lager A dem Werk A mit den Lagerorten ROD und AFS zugeordnet. Um Umlagerungsmengenabweichungen abzuwickeln, ist der Lagerort POD auch Werk A zugeordnet. Dementsprechend ist das Lager B dem Werk B zugeordnet, ebenfalls mit den Lagerorten ROD und AFS. Falls auch Umlagerungen von Lager B nach Lager A stattfinden, sollte es einen weiteren Lagerort POD für Werk B geben, um potenzielle Abweichungen abwickeln zu können.

Um den Lagerort POD für Umlagerungsmengenabweichungen innerhalb des SAP-ERP-Customizings zu definieren (siehe Abbildung 11.52), folgen Sie dem Pfad LOGISTICS EXECUTION • ERSATZTEILMANAGEMENT (SPM) • PROZESS-ÜBERGREIFENDE EINSTELLUNGEN (SPM) • LIEFEREMPFANGSBESTÄTIGUNG (SPM) • LEB-LAGERORT FÜR VERSENDERDIFFERENZEN FESTLEGEN.

Zuordnung des POD-Lagerorts in SAP ERP

Der POD-Lagerort sollte nicht der EWM-Lagernummer in SAP ERP zugeordnet werden. Der Bestand verbleibt in der SAP-ERP-Bestandführung und wird nicht länger vom Lager verwaltet, solange er im POD-Lagerort bleibt.

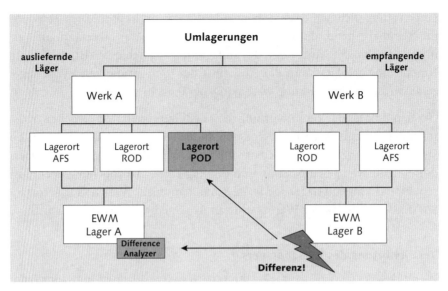

Abbildung 11.51 Organisationsstruktur für Umlagerungsabweichungen

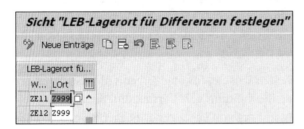

Abbildung 11.52 Verknüpfung zwischen dem POD-Lagerort und dem Werk

Korrekturlieferung für das ausliefernde Lager zum Differenzenausgleich

Wenn der Bestand vom Transitbestand auf den POD-Lagerort übergeben wird, wird gleichzeitig eine Korrekturlieferung seitens des Versandlagers erstellt. Diese Korrekturlieferung ist entweder eine Ein- oder eine Auslagerung, abhängig von der Art der Mengendifferenz (Überschuss oder Fehlbestand). Sobald die Korrekturlieferung in SAP ERP erstellt ist, wird sie an EWM übermittelt, wo sie vom zuständigen Mitarbeiter manuell bestätigt oder abgelehnt werden kann.

Wird die Korrekturlieferung abgelehnt, verbleibt die Differenzmenge im POD-Lagerort in SAP ERP und muss manuell ausgeglichen werden. Wird die Korrekturlieferung in EWM bestätigt, wird die Differenzmenge auf den *EWM Difference Analyzer* übertragen, wo sie bewertet und verbucht werden kann.

Automatisches Prozessieren von Korrekturlieferungen

Es ist möglich, das System so zu konfigurieren, dass eingehende Korrekturlieferungen in EWM automatisch akzeptiert werden, indem die entsprechenden PPF-Aktionen zum automatischen Wareneingangs- und Warenausgangsbuchen eingerichtet werden. Sie können die PPF-Aktion für den Warenausgang einrichten, indem Sie die Aktion /SCWM/PRD_OUT_POST_GI_ODIS für die Applikation /SCDL/DELIVERY und das Aktionsprofil /SCDL/PRD_OUT_ODIS aktivieren. Für den Wareneingang können Sie die Aktion /SCWM/PRD_IN_POST_GR_IDIS des Aktionsprofils /SCDL/PRD_IN_IDIS aktivieren.

Im EWM Difference Analyzer können Sie sich die Umlagerungsmengenabweichungen anzeigen lassen, indem Sie das Kennzeichen AUSZUGLEICHENDE FORDERUNGSMENGE in den Default-Werten der Transaktion einschalten (Abbildung 11.53).

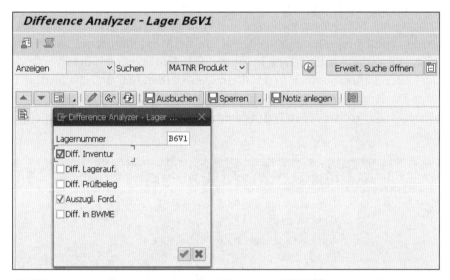

Abbildung 11.53 Umlagerungsmengenabweichungen im EWM Difference Analyzer

Wird der fehlende Bestand nach Ermittlungen im Versandlager gefunden, gibt es die Möglichkeit einer zweiten Eingabe im EWM Difference Analyzer, einer sogenannten *Inventurdifferenz* – dann mit anderem Vorzeichen (Wert). Wenn die Differenzen anschließend im SAP-ERP-System gegeneinander gebucht werden und der Inventureinfluss null ist, entstehen auch keine finanziellen Auswirkungen. Weitere Informationen zum Umgang mit Bestandsabweichungen im Difference Analyzer erhalten Sie in Kapitel 10, »Lagerinterne Prozesse«.

Automatisches Importieren der Konfiguration

Um die notwendigen Einstellungen für Korrekturlieferungen in EWM vorzunehmen (Dokumenttypen, Positionstypen etc.), können Sie das BC-Set /SCWM/DLV_CORRECTION über die Transaktion SCPR20 aktivieren, und die richtigen Einstellungen werden automatisch aktualisiert.

Ausnahmen beim Cross-Docking verwalten

Cross-Docking ist eine Methode, die genutzt wird, um Prozesse im Lager zu beschleunigen, indem Bestände direkt von der Wareneingangszone zur Warenausgangszone gebracht werden – ohne eine vorherige Einlagerung im Lager. Es gibt verschiedene Methoden des Cross-Dockings, die in Kapitel 15, »Cross-Docking«, detailliert erklärt werden.

Der Umgang mit Mengenabweichungen beim Cross-Docking ist gleich dem Umgang mit Mengenabweichungen bei Umlagerungen. Der Lagermitarbeiter des Empfangslagers entscheidet, wem die Mengendifferenz zugebucht wird. Die Verantwortung kann in diesem Fall dem Spediteur, dem Versandlager oder dem vorherigen Lager übertragen werden (das im Falle mehrerer Cross-Docking-Schritte vom Versandlager abweichen kann). In Tabelle 11.5 haben wir die vorhandenen Ausnahmecodes und Prozesscodes gegenübergestellt.

Ausnahmecode	SAP-Beschreibung	Prozesscode (für Lieferungsanpassungen)
DIFC	Diff. zu Lasten der Anlief. (Spediteur)	CARR
DIFE	Diff. zu Lasten der Anlief. (send.Lager)	SHIP
DIFP	D Diff. zu Lasten der Anlief. (CD/vr.Lg)	PREF

Tabelle 11.5 Ausnahmecodes für das Verwalten von Ausnahmen im Cross-Docking

Mengendifferenzen zulasten des Spediteurs oder des Versandlagers werden analog zu den bereits beschriebenen Vorgehensweisen bei Umlagerungen behandelt. Ist jedoch das vorherige Lager für die Diskrepanz verantwortlich, wird die Bestandsdifferenz dem POD-Lagerort des Werkes zugebucht, das dem vorherigen Lager zugeordnet ist, und der Bestand erscheint im EWM Difference Analyzer dieses vorherigen Lagers.

Wenn Sie für die Verarbeitung von Cross-Docking-Mengendifferenzen eigene Ausnahmecodes definieren, müssen Sie sicherstellen, dass Sie die folgenden Informationen über die Ausnahmeabwicklungen bei Cross-Docking beachten. EWM behandelt Cross-Dock-Bestände so, als gehörten sie gleichzeitig zu einer Ein- und einer Auslieferung. Daher müssen Sie, um mit einem Ausnahmecode gleichzeitig eine Ein- und eine Auslieferung anpassen zu können, das Customizing dementsprechend vornehmen, inklusive der folgenden Vorgaben für die Konfiguration:

▶ Definieren Sie einen Ausnahmecode mit dem internen Prozesscode DIFF.

▶ Ordnen Sie die Lieferungsanpassung bei Differenzen dem internen Prozesscode zu (wie in Abbildung 11.39).

▶ Ordnen Sie einen Prozesscode zum Einlieferungs- und Auslieferungspositionstyp zu.

▶ Aktivieren Sie das Kennzeichen CROSS-DOCK (siehe Abbildung 11.43 oben rechts im Bildschirm).

Das Kennzeichen CROSS-DOCK muss aktiviert werden, um der EWM-Ausnahmebehandlung zu erlauben, die Liefermengen zu aktualisieren, auch wenn die Ausnahme selbst im falschen Business-Kontext erfolgt. Sie bestätigen z. B. eine Kommissionieraufgabe für den Versand einer Cross-Docking-HU und stellen eine Ausnahme fest, die Sie dem Business-Kontext TPI – LAGERAUFGABE QUITTIEREN (KOMMISSIONIERUNG) zuordnen. Der Einlieferungspositionstyp gehört jedoch nicht zu diesem Business-Kontext, sondern zum Business-Kontext TPT – LAGERAUFGABE QUITTIEREN (EINLAGERUNG). Dennoch darf die Ausnahme dort verbucht werden, wenn das CROSS-DOCK-Kennzeichen für die Lieferanpassung aktiviert ist.

Quittierungskorrekturen

Normalerweise ist es nicht möglich, nach der Quittierung einer Lageraufgabe in EWM Änderungen an dieser Lageraufgabe vorzunehmen. Die Stornierung einer Lageraufgabe ist nur vor der Quittierung möglich, und Mengenänderungen können nur während der Quittierung der Lageraufgabe vorgenommen werden.

Es gibt jedoch eine Ausnahme dieser allgemeinen Regel: Sie können die Menge einer quittierten Einlager-Lageraufgabe in EWM mittels einer *Quittierungskorrektur* ändern. Diese kann genutzt werden, wenn der Lagermitarbeiter die Einlagerungsaufgabe bereits quittiert hat und anschließend feststellt, dass ein Defekt des Bestands vorliegt (z. B. ein Stück ist beschädigt oder fehlt). Mittels der Quittierungskorrektur kann die Lageraufgabe korrigiert und gleichzeitig die Menge der Einlieferungsposition und der Einlagerungsmenge korrigiert werden, um die fehlende Menge dem Lieferanten anzurechnen.

Quittierungskorrekturen können im Rahmen von Arbeitsplatztransaktionen sowie im RF-Umfeld vorgenommen werden. Wenn Sie die standardmäßig gelieferte SAP-Konfiguration für das RF-Menü nutzen, finden Sie die RF-Quittierungskorrekturen für RF-Transaktionen (Transaktionscode /SCWM/ RFUI) über den RF-Menüpfad 03 Wareneingangsprozesse • 03 Einlagerung • 04 Quittierungskorrektur • 02 Quittierungskorrektur nach LA, LB/BI und Platz. Die Arbeitsplatz-Bestätigungskorrekturen erreichen Sie, indem Sie auf die Schaltfläche Quittierung korrigieren auf der Registerkarte Produkt-LB innerhalb der Lageraufgabenquittierung (Transaktionscode /SCWM/TO_CONF) klicken.

Um die Quittierungskorrektur nutzen zu können, müssen folgende Voraussetzungen erfüllt sein:

▶ Die Einlagerungsaufgabe muss eine Produkt-Lageraufgabe sein.

▶ Die Einlagerungsaufgabe muss mit einer Einlieferungsposition verknüpft sein.

▶ Der Ziellagertyp für die Einlagerungsaufgabe muss der finale Lagertyp sein.

▶ Sie müssen im Customizing von EWM eine *Verzögerung für die Erledigung einer Anlieferung* über den Pfad Extended Warehouse Management • Wareneingangsprozess • Anlieferung • Verzögerung der Erledigung von Anlieferungen definieren definiert haben.

▶ Die Anlieferung muss eine Belegart und einen Positionstyp mit einem Statusprofil nutzen, für den der Status DWM im EWM-Customizing über den Pfad Extended Warehouse Management • Prozessübergreifende Einstellungen • Lieferabwicklung • Statusverwaltung • Statusprofile definieren aktiviert ist.

▶ Die Einlieferungsposition darf noch nicht beendet (Setzen des Abschlussindikators) sein.

▶ Sie müssen einen Ausnahmecode mit dem internen Prozesscode COCO – Quittierungskorrektur definiert und ihn dem Business-Kontext TPT – Lageraufgabe Quittieren (Einlagerung) und den beiden Schritten 06 – RF Prod.-Lageraufg. Aktion auf Zieldaten und 02 – Desktop Prod.-Lageraufgabe zugeordnet haben. Dazu folgen Sie im EWM-Customizing dem

Pfad Extended Warehouse Management • Prozessübergreifende Einstellungen • Ausnahmebehandlung • Definition von Ausnahme-Codes.

▸ Sie können mehrere Bestätigungskorrekturen der Einlagerungsaufgabe vornehmen, jedoch nur so lange, bis die Lieferungslaufzeit abgelaufen ist.

Quittierungsverzögerung im Wareneingangsprozess

Wenn die Verzögerung der Erledigung von Anlieferungen (Abschlussverzögerung) beendet ist, setzt EWM den DWM-Status der Lieferposition auf Abgeschlossen. Sind alle anderen Status auch Abgeschlossen, ermittelt EWM den übergreifenden Status DCO der Anlieferung, um sie abzuschließen. Dies hat zur Folge, dass der *Abschlussindikator* an das SAP-ERP-System versendet wird. Nachdem der Abschlussindikator an SAP ERP gesendet wurde, kann die Lieferung in keiner Weise mehr verändert werden.

Wenn Sie im Customizing keine Abschlussverzögerung für Anlieferungen spezifiziert haben, setzt EWM den DWM-Status zur Versendung des Abschlussindikators sofort auf Abgeschlossen, und Sie können keine Bestätigungskorrekturen mehr vornehmen.

Bei der Quittierung einer Einlagerung prüft EWM, ob die Lageraufgabe für Quittierungskorrekturen freigeschaltet ist. Ist dies der Fall, ermittelt EWM die genaue Zeit, nach der die Lieferung nicht mehr verändert werden darf, und bezieht sich dabei auf die im Customizing spezifizierte Quittierungsverzögerung. EWM legt dann einen Auftrag an, der zum besagten Zeitpunkt die Lieferung abschließt. Dieser Auftrag nutzt den Report `/SCWM/R_PRDI_SET_DWM`, und der erstellte Auftragsname folgt der Namenskonvention PRDI_SET_DWM_xxx (bei der xxx die Dokumentnummer der Anlieferung ist). Sie können die Aufträge auf dem Standardweg sehen, indem Sie den Hintergrund-Jobmonitor (Transaktion SM37) nutzen.

11.4.3 Erweiterte Funktionen der Ausnahmebehandlung

Das SAP Alert Framework, das SAP Status Management und der SAP Workflow sind Komponenten des SAP NetWeaver AS ABAP. Die EWM-Ausnahmeverwaltung ermöglicht eine Integration in diese Komponenten, um sie bei Ausnahmen einfacher zu verwenden. So können Ausnahmen leichter mithilfe der EWM-Konfiguration an das Alert Framework, das Status Management und den Workflow weitergeleitet werden.

Im Folgenden zeigen wir Ihnen in einem kurzen Überblick die Möglichkeiten für eine Integration von Alert Framework, Status Management und Workflow in die EWM-Ausnahmebehandlung. Weitere Informationen finden Sie in der SAP-Onlinehilfe unter *http://help.sap.com*.

SAP Alert Framework

Durch die Integration von EWM und Alert Framework ist es möglich, Alerts an die Alert-Framework-Komponente zu senden, wenn ein Lagermitarbeiter einen Ausnahmecode erfasst. Diese Alerts sind dann in einem Monitor sichtbar, und es kann zentral auf sie reagiert werden. Auch ist denkbar, weitere Kommunikationsmittel wie E-Mail, SMS oder Fax zu verwenden, um bei besonderen Ausnahmen schneller reagieren zu können.

SAP Status Management

Durch das Status Management ist es möglich, einen Status auf einem Objekt zentral und einheitlich zu verwalten. EWM verwendet dies vor allem für Lagerplätze. Führen Sie die Transaktion /SCWM/LS03 aus, um den Lagerplatzstatus zu sehen und um festzustellen, ob ein Platz für die Einlagerung oder für die Auslagerung gesperrt wurde (siehe Abbildung 11.54).

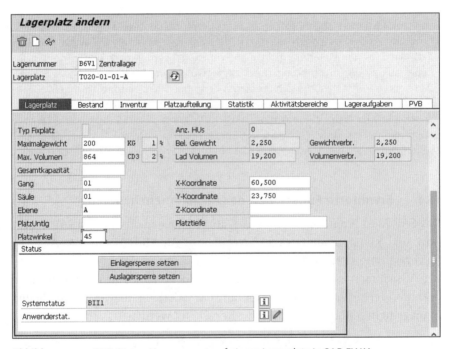

Abbildung 11.54 SAP-Status-Management auf einem Lagerplatz in SAP EWM

Ein Lagerplatz kann z. B. für Einlagerungen oder Auslagerungen gesperrt werden. Durch eine Lagerplatzsperre ist es nicht mehr möglich, Bestand von dem Platz zu entnehmen oder Bestand auf den Platz zu buchen.

SAP (Business) Workflow

Ein SAP-Workflow wird meist verwendet, um einen Prozess im System abzubilden, der u. a. einfache oder komplexe Freigabe- oder Genehmigungsverfahren erfordert. Meist wird ein Workflow für komplexe Prozesse verwendet, die nicht mit Standardobjekten abgebildet werden können oder die über eine Vielzahl von Bearbeitern abgeschlossen werden müssen. Denkbar wäre der Einsatz im Lager, wenn z. B. ein Stapler als defekt gemeldet und ein Beschaffungs- und Reparaturprozess gestartet werden muss.

Zu jedem Ausnahmecode ist es möglich, diverse vorher definierte Workflow-Elemente zuzuordnen, die bei Ausführen des Ausnahmecodes automatisch initialisiert werden. Die Workflow-Elemente beinhalten die unterschiedlichen Prozessschritte und geben Auskunft darüber, wer diese genehmigen muss.

11.5 Zusammenfassung

In diesem Kapitel haben wir die Methoden beschrieben, die in SAP EWM genutzt werden können, um die Prozesse im Lager zu optimieren. Hauptbestandteil war vor allem die Halbautomatisierung mit mobilen Geräten und dem integrierten Ressourcenmanagement. Wir haben Ihnen eine Übersicht der unterschiedlichen Technologien zur Verfügung gestellt sowie Themen wie Pick-by-Voice oder RFID vorgestellt. Zusätzlich haben wir die Ausnahmebehandlung von EWM beschrieben. In den folgenden Kapiteln werden wir Ihnen die bereichsübergreifenden Prozesse und Funktionen vorstellen, wie z. B. das Yard Management, die logistischen Zusatzleistungen, die Kit-Bildung und das Arbeitsmanagement. Wir werden zudem technische Themen wie den Formulardruck mithilfe des PPF oder das Archivierungs- und Berechtigungswesen beschreiben.

SAP EWM unterstützt verschiedene bereichsübergreifende Prozesse wie den Einsatz logistischer Zusatzleistungen, die Kit-Bildung, die Integration mit der erweiterten Retourenabwicklung, die Integration mit dem Transportmanagement, das Arbeitsmanagement, das Yard Management, das Post Processing Framework, die Archivierung und das Berechtigungswesen.

12 Bereichsübergreifende Prozesse und Funktionen

In diesem Kapitel befassen wir uns mit der Konfiguration und der Anwendung der folgenden bereichsübergreifenden Prozesse und Funktionen:

- erweiterte Retourenabwicklung
- logistische Zusatzleistungen
- Kit-Bildung
- Arbeitsmanagement
- Yard Management
- Formulardruck und Post Processing Framework
- Archivierung und Berechtigungswesen
- Rampenplanung (Dock Appointment Scheduling, DAS)
- Integration mit dem Transportmanagement
- SAP Fiori für EWM

Im ersten Abschnitt beginnen wir mit der erweiterten Retourenabwicklung.

12.1 Erweiterte Retourenabwicklung

Eine effiziente Retourenabwicklung über das Lagerverwaltungssystem ist heute in immer mehr Branchen ein wichtiger Bestandteil der Prozesse in der Lieferkette, denn eine funktionierende Retourenabwicklung kann die Kundenzufriedenheit und damit auch die Kundenloyalität wesentlich verbessern.

Wichtige Erfolgsfaktoren bei der Retourenabwicklung sind:

- volle Kontrolle über die Kosten der Retouren
- hohe Geschwindigkeit bei der Behandlung von Retouren
- effizientes Verwalten der Komplexität von Retouren
- enge Integration zwischen den beteiligten Softwarekomponenten, z. B. zwischen SAP ERP (FI/CO), SAP CRM und SAP EWM
- integrierte Sendungsverfolgung
- zentraler Retourenbelegfluss

Ab Erweiterungspaket 2 von Release SAP EWM 7.0 bietet das EWM Funktionen zur *erweiterten Retourenabwicklung* (ERA), die eine verbesserte Integration von SAP ERP und SAP EWM gewährleisten. In Release SAP EWM 7.02 sind folgende Funktionen hinzugekommen:

- Der Prozess kann in SAP ERP über einen ERA-spezifischen Retourenauftrag oder über eine Retourenumlagerung angestoßen werden. Für die An- und Auslieferungen des Retourenprozesses können mit neuen Initiatorcodes spezifische Belegtypen in EWM gefunden werden.
- Die ERP-Funktionen für die Gutschrift werden verwendet, um eine Umbuchung aus unbewertetem Kundenbestand auf bewerteten Eigenbestand vorzunehmen.

Es ist möglich, vor dem Wareneingang im Lager bereits eine Materialinspektion durchzuführen. Eine externe Identifikation wird in das EWM-System transferiert und als Bestandsmerkmal gesichert, somit ist es möglich, die EWM-Inspektion auszulassen. Die Inspektion im EWM-System, können Sie nach dem Wareneingang vornehmen.

Sie können die Folgeaktionen in EWM setzen und dann in SAP ERP ausführen (z. B. zurück an den Lieferanten als Vorschlag). Die Folgeaktion kann aus dem EWM-System remote im ERP-System ausgeführt werden. Überdies gibt es neue Berechtigungsobjekte für die Folgeaktionen. Die Folgeaktionen *Einlagern* und *Verschrotten* können weiterhin direkt in EWM ausgeführt werden

In den folgenden Abschnitten geben wir Ihnen einen Überblick über diese Funktionen, wobei der Fokus auf der Integration von ERA und EWM liegt.

12.1.1 Unterstützte Prozesse in ERA

ERA unterstützt die Prozesse sowohl von Kundenretouren als auch von Lieferantenretouren. Beide Prozesse beschreiben wir in den beiden nächsten Abschnitten im Detail.

Bei *Kundenretouren* sind Waren oder Produkte an Kunden ausgeliefert worden. Der Kunde ist nicht zufrieden mit dem Produkt und retourniert es wieder. Dieser Geschäftsprozess der Kundenretoure wird immer wichtiger. Denn in manchen Branchen würden Kunden heutzutage keine Produkte mehr kaufen, wenn sie nicht die Möglichkeit hätten, sie zurückzuschicken. In verschiedenen Ländern gibt es seit einigen Jahren, meist im Rahmen des Fernabsatzgeschäfts, einschlägige Verbraucherschutzvorschriften, die dem Kunden innerhalb von einer bestimmten Zeit nach dem Kauf eines Produkts den Widerruf des Vertrags gestatten. Im Versandhandel, der sich an den Endverbraucher richtet, hat diese Möglichkeit, zusammen mit einem immer größeren Qualitätsanspruch der Kunden, zu einem deutlichen Anstieg von Retouren geführt.

Der Kundenretourenprozess wird im SAP-System über einen *Retourenauftrag* gestartet. Der weitere Belegfluss basiert immer auf diesem Retourenauftrag. Abbildung 12.1 zeigt eine typische logistische Prozesskette für einen Kundenretourenprozess: Der Kunde retourniert bestimmte Produkte, die entweder in einem Geschäft abgegeben oder beim Kunden abgeholt werden. Die Produkte werden dann in ERA über einen Retourenauftrag in das Regionalretourenlager oder in ein zentrales Retourenlager vereinnahmt und geprüft. Im Regionallager können nun verschieden Folgeaktionen gewählt werden, z. B. das Produkt in den Ausschuss zu übernehmen oder es an ein zentrales Retourenlager weiterzuleiten. Im Retourenlager kann die Ware erneut geprüft werden, und es können weitere Folgeaktionen gewählt werden, z. B. eine interne Reparatur oder eine Retoure zum Lieferanten.

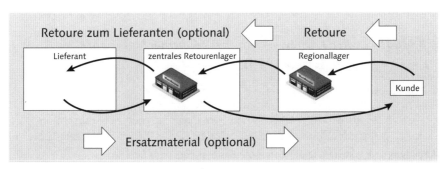

Abbildung 12.1 Überblick einer logistischen Kette für Retouren

Teil des Prozesses sind auch die finanziellen Aspekte der Retoure: Im SAP-System wird in ERA eine Gutschrift angelegt, und dem Kunden werden die Kosten erstattet. Falls die vom Kunden empfangenen Waren auch zum Lieferanten, von dem Ihr Unternehmen das Produkt bezogen hat, retourniert werden, können Sie von ihm eine Gutschrift oder ein Ersatzmaterial anfordern.

Lieferantenretouren betreffen Waren, die sich zum aktuellen Zeitpunkt im Lager befinden, z. B. in der Wareneingangszone. Bei der Überprüfung der Ware wird festgestellt, dass sie aus einem bestimmten Grund an den Lieferanten zurückgeschickt werden muss. In diesem Fall sind noch keine Produkte an den Kunden ausgeliefert worden, und es handelt sich um Retouren von im Lager liegenden Endprodukten bzw. von Komponenten oder Rohmaterialien. Es kann sich um eine Retoure an einen externen Lieferanten handeln, aber z. B. auch um Retouren von einer (Retail-)Geschäftsfiliale innerhalb der eigen logistischen Kette.

Der Lieferantenretourenprozess wird über eine Retourenbestellung oder eine Retourenumlagerung gestartet; der weitere Belegfluss bezieht sich auf diese Belege.

12.1.2 Konfiguration in SAP ERP

Bevor Sie die neuen Funktionen von ERA in SAP ERP verwenden können, müssen Sie zuerst im Switch Framework die Enterprise Business Functions OPS_ADVRETURNS_1 und OPS_ADVRETURNS_2 aktivieren.

Die Business Function OPS_ADVRETURNS_1 ist notwendig, um Basisszenarien für ERA konfigurieren zu können. Die Funktion OPS_ADVRETURNS_2 ist optional und liefert verschiedene zusätzliche Funktionen, um die Retourenprozesse zu verbessern oder zu optimieren. Die Business Functions können Sie im ERP-Customizing über den Pfad SAP NETWEAVER • APPLICATION SERVER • SYSTEMADMINISTRATION • SWITCH FRAMEWORK aktivieren (siehe Abbildung 12.2).

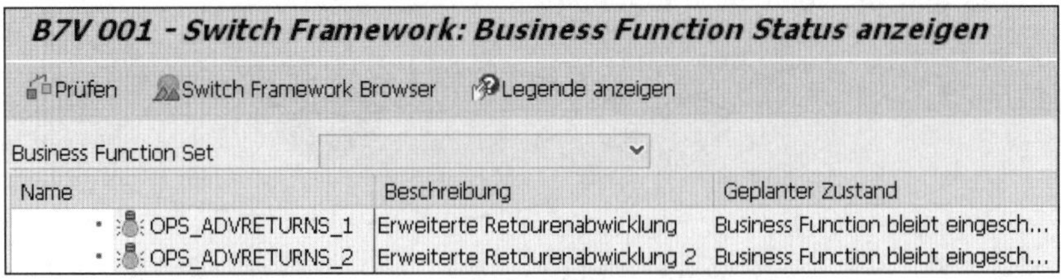

Abbildung 12.2 Aktivierung der Enterprise Business Functions für ERA

Nachdem Sie die Business Functions für ERA aktiviert haben, können Sie die Konfiguration für ERA in SAP ERP unter den beiden Customizing-Pfaden VERTRIEB • VERKAUF • ERWEITERTE RETOURENABWICKLUNG und MATERIALWIRTSCHAFT • EINKAUF • BESTELLUNG • RETOURENBESTELLUNG • ERWEITERTE RETOURENABWICKLUNG finden. Da die Retourenabwicklung prozessübergreifend ist, können Sie die Konfigurationseinstellungen auch unter dem zentralen

Customizing-Pfad Logistik Allgemein • Erweiterte Retourenabwicklung durchführen (siehe Abbildung 12.3).

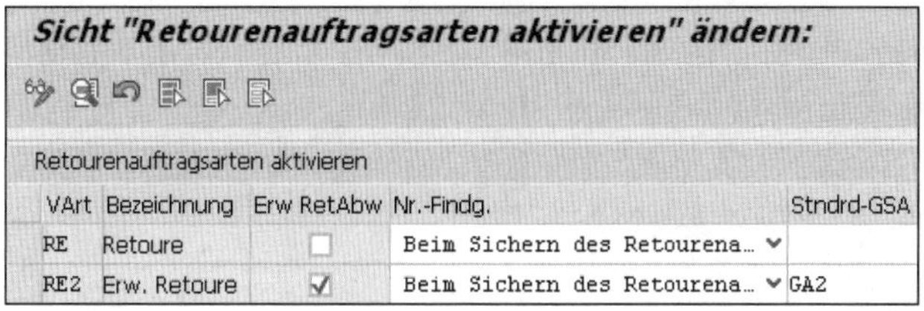

Abbildung 12.3 Auftragsarten aktivieren in ERP-ERA

Aus Platzgründen ist es uns in diesem Buch nicht möglich, einen vollständigen Überblick über die ERA-Konfiguration in SAP ERP zu geben. Die nächsten Abschnitte beschränken sich daher auf die relevanten Einstellungen für den Kundenretourenprozess sowie auf die notwendigen Einstellungen zum Aufsetzen der EWM-Integration.

Erweiterte Retourenabwicklung für Retourenauftragsarten aktivieren

Unter dem Customizing-Pfad Logistik Allgemein • Erweiterte Retourenabwicklung • Kundenretouren • Erweiterte Retourenabwicklung für Retourenauftragsarten aktivieren, können Sie die ERA-relevanten Auftragsarten aktivieren. Mit dieser Einstellung sehen Sie beim Anlegen der Retourenlieferung den ERA-Bildschirm (siehe Abbildung 12.4).

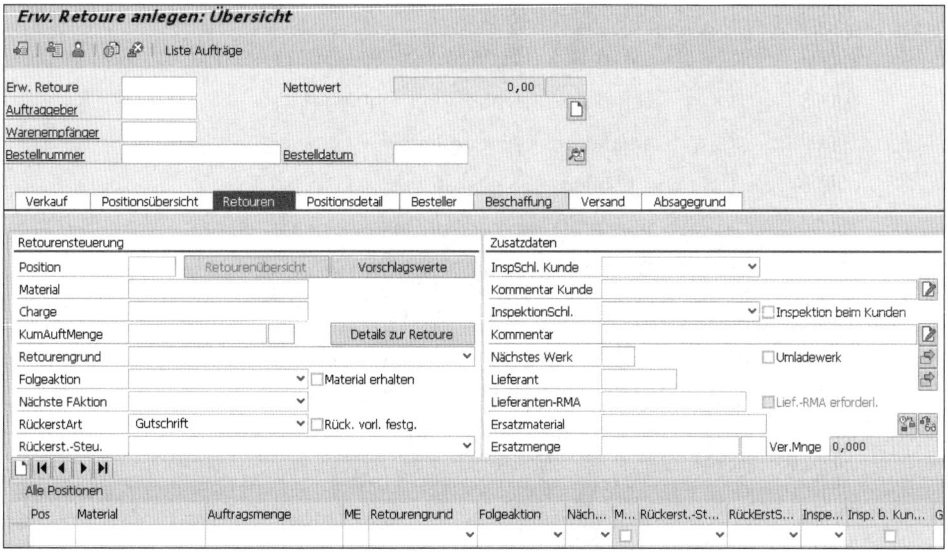

Abbildung 12.4 Transaktion VA01 – Retourenlieferung anlegen

Retourengründe

Unter dem Customizing-Pfad Logistik Allgemein • Erweiterte Retourenabwicklung • Kundenretouren • Retourengründe für Kundenretouren definieren, legen Sie Retourengründe an, die Sie beim Anlegen des Retourenauftrags verwenden können (siehe Abbildung 12.5).

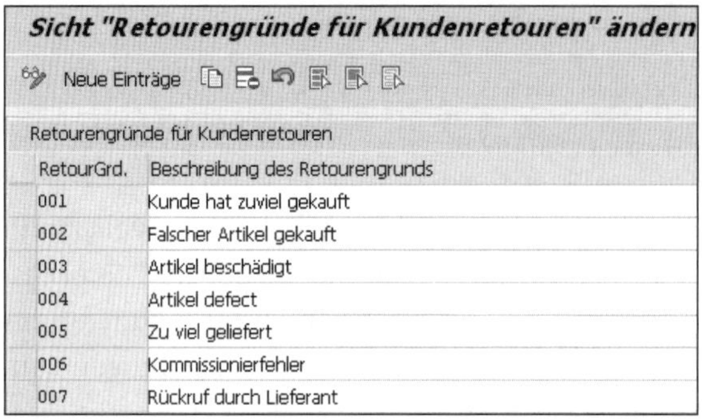

RetourGrd.	Beschreibung des Retourengrunds
001	Kunde hat zuviel gekauft
002	Falscher Artikel gekauft
003	Artikel beschädigt
004	Artikel defect
005	Zu viel geliefert
006	Kommissionierfehler
007	Rückruf durch Lieferant

Abbildung 12.5 Retourengründe für Kundenretouren definieren

Folgeaktionen aktivieren

In ERA gibt es eine Vielzahl von vordefinierten logistischen Folgeaktionen. Tabelle 12.1 zeigt die im EWM-Standard verfügbaren Folgeaktionen für Retouren:

Folgeaktion	Beschreibung der Aktion
0001	Eingang im Werk
0002	sofort in frei verfügbaren Bestand übernehmen
0003	sofort in Ausschuss übernehmen
0004	an anderes Werk ausliefern
0005	an Lieferanten ausliefern
0006	über anderes Werk an Lieferanten ausliefern
0007	Direktlieferung an Lieferanten
0008	Inspektion beim Kunden
0009	Lieferung an Werk – Material noch nicht bekannt
0011	in frei verfügbaren Bestand übernehmen
0012	in Ausschuss übernehmen
0013	Material verbleibt beim Kunden
0014	sofort in angegebenen Bestand übernehmen

Tabelle 12.1 Folgeaktionen in ERA

Folgeaktion	Beschreibung der Aktion
0015	in angegebenen Bestand übernehmen
0016	Werkstattreparatur
0017	externe Reparatur
0018	Übernahme in Ausschuss für Kunden
0021	an Kunden zurücksenden
0022	an letztes Werk zurücksenden
0031	keine weiteren Aktivitäten

Tabelle 12.1 Folgeaktionen in ERA (Forts.)

Sie können unter dem Customizing-Pfad LOGISTIK ALLGEMEIN • ERWEITERTE RETOURENABWICKLUNG • ALLGEMEINE EINSTELLUNGEN • FOLGEAKTIONEN AKTIVIEREN UND UMBENENNEN die Folgeaktionen einzeln aktivieren oder deaktivieren. Auf diese Weise werden dem Anwender nur die Aktionen angezeigt, mit denen er auch arbeiten kann. Standardmäßig sind alle Folgeaktionen aktiviert (siehe Abbildung 12.6).

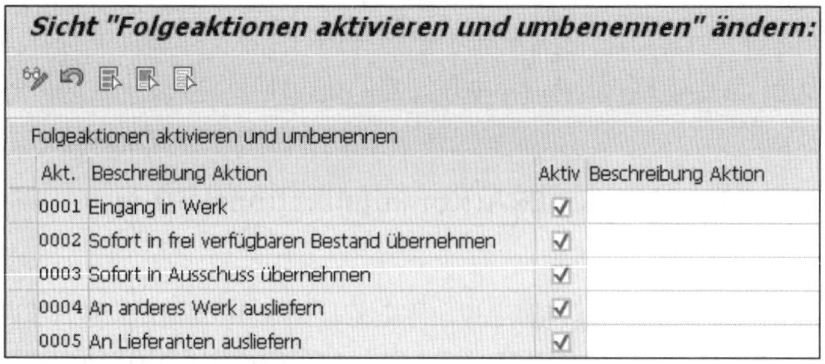

Abbildung 12.6 Folgeaktionen aktivieren in ERP-ERA

12.1.3 Konfiguration in SAP EWM

In diesem Abschnitt besprechen wir die Einstellungen, die für den Kundenretourenprozess in EWM relevant sind.

Folgeaktionen in SAP EWM definieren

Für die Konfiguration auf der EWM-Seite ist vor allem die Definition der im vorangehenden Abschnitt beschriebenen Folgeaktivitäten wichtig. Diese nehmen Sie im EWM-Customizing über den Pfad EXTENDED WAREHOUSE MANAGEMENT • PROZESSÜBERGREIFENDE EINSTELLUNGEN • QUALITÄTSMANAGEMENT • ERGEBNIS • FOLGEAKTIONEN PFLEGEN vor. Abbildung 12.7 zeigt den Dialog.

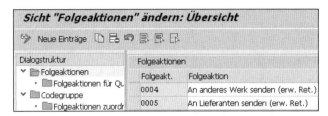

Abbildung 12.7 Folgeaktionen in SAP EWM definieren

In dieser Customizing-Funktion legen Sie die Folgeaktionen an, die auch in SAP ERP angelegt worden sind, z. B. die Folgeaktion 0004 – AN ANDERES WERK SENDEN (ERW. RET.) oder 0017 – EXTERNE REPARATUR (ERW. RET.). Für ERA-Folgeaktionen wählen Sie die interne Aktion 6 – EXTERN AUSZUFÜHREN (siehe Abbildung 12.8).

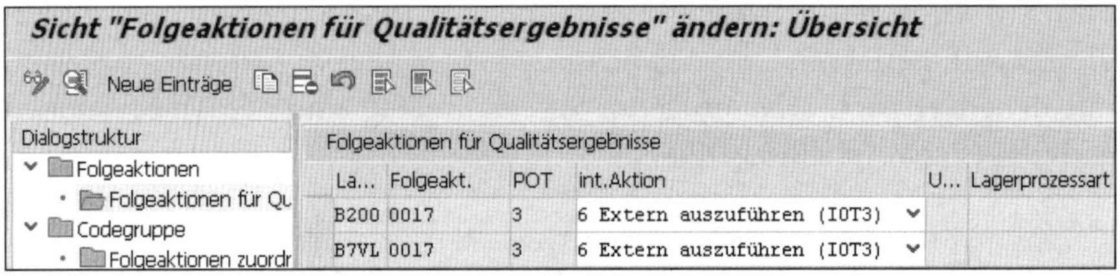

Abbildung 12.8 In SAP EWM interne Aktion für Folgeaktionen pflegen

Neue Initiatoren für das Mapping der ERA-Kommunikationsketten in SAP EWM

Um die ERA-Prozesse in EWM richtig abbilden zu können, gibt es seit Release SAP EWM 7.02 neue Initiatoren, um die Kommunikationsketten richtig zu identifizieren. Abbildung 12.9 zeigt diese Initiatoren.

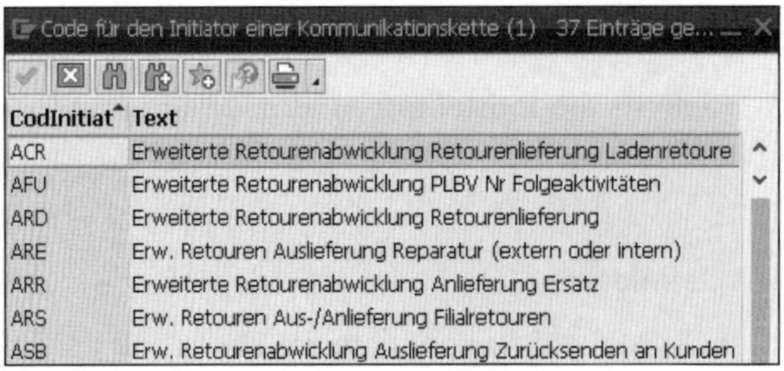

Abbildung 12.9 ERA-spezifischen Initiatoren

Folgen Sie im EWM-Customizing dem Pfad EXTENDED WAREHOUSE MANAGE-MENT • SCHNITTSTELLEN • ERP-INTEGRATION • LIEFERABWICKLUNG • BELEGARTEN

AUS DEM ERP-SYSTEM IN EWM ABBILDEN, um diese Initiatoren zu verwenden. Dort finden Sie die entsprechende EWM-Belegart. Zum Beispiel kann so für die Anlieferung eines Ersatzteils vom Lieferanten eine andere Belegart gefunden werden als für eine normale Anlieferung vom Lieferanten.

BAdI /SCWM/EX_QFU_SET_IN_EXTSYST implementieren

Für die Integration mit SAP ERP gibt es in SAP EWM die Möglichkeit, Folgeaktionen zu selektieren, die dann in die ERP-Inspektion übertragen werden. Alternativ können Sie die Folgeaktion auch direkt im EWM-Arbeitsplatz für die Qualitätsprüfung oder im EWM-Prüfbeleg in die ERP-Inspektion eingeben. In diesem Fall müssen Sie das BAdI /SCWM/EX_QFU_SET_IN_EXTSYST implementieren. Für dieses BAdI gibt es die Beispiel-Implementierungsklasse /SCWM/CL_QFU_IN_EXTSYST_EXAMPL (siehe Abbildung 12.10). Das BAdI gehört zum Enhancement Spot /SCWM/ES_QFU und kann in der Transaktion SE19 implementiert werden.

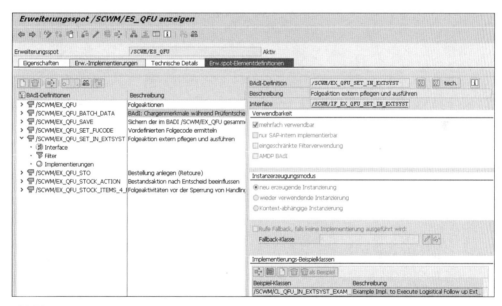

Abbildung 12.10 BAdI mit Beispielklasse implementieren

RFC-Destinationen den logischen Systemen zuordnen

Im letzten Schritt hinterlegen Sie im EWM-Customizing über den Pfad EXTENDED WAREHOUSE MANAGEMENT • PROZESSÜBERGREIFENDE EINSTELLUNGEN • QUALITÄTSMANAGEMENT • GRUNDLAGEN • RFC-DESTINATIONEN LOGISCHEN SYSTEMEN ZUORDNEN eine RFC-Destination. So stellen Sie sicher, dass die Folgeaktion und die Entscheidung über den RFC-Aufruf direkt in ERP auf der Inspektion gemacht werden kann.

Wenn diese Einstellung vorgenommen ist und das BAdI, wie im vorangehenden Abschnitt beschrieben, implementiert ist, sehen Sie die Zeichen »-+« in der Transaktion /SCWM/QINSP für die externe Ausführung der Folgeaktion in der ERP-Inspektion (siehe Abbildung 12.11).

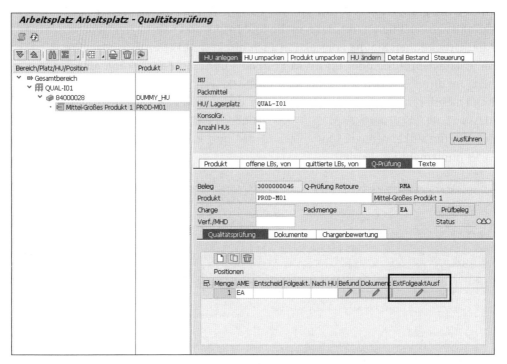

Abbildung 12.11 In SAP EWM Folgeaktionen extern in ERP-ERA ausführen

Der Wert im Feld RMA stellt die Referenz zur Materialinspektionsnummer in SAP ERP dar. Außerdem ist diese Funktion auf Prüfbelegebene und Elementebene in der Transaktion /SCWM/QIDPR verfügbar.

12.1.4 Beispielprozess: Kundenretourenprozess mit der Folgeaktion »Auslieferung zum Lieferanten«

In diesem Abschnitt beschreiben wir einen Beispielprozess für einen integrierten Kundenretourenprozess mit ERA. Die Produkte werden im EWM-Lager vereinnahmt und zu einem EWM-Qualitätsarbeitsplatz gebracht. In diesem Arbeitsplatz wird per tRFC die Folgeaktion RETOURE ZUM LIEFERAN-

TEN gewählt. Der Lieferant schickt ein Ersatzmaterial, das dann wiederum zurück zum Kunden geschickt wird (siehe Abbildung 12.12).

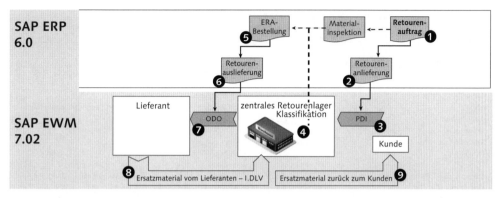

Abbildung 12.12 Beispiel für einen Kundenretourenprozess (Überblick)

Die dazugehörigen Prozessschritte in ERP-ERA und EWM werden in Abbildung 12.13 gezeigt.

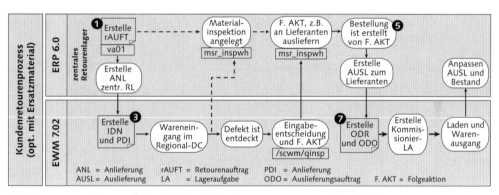

Abbildung 12.13 Prozessschritte im Beispiel-Kundenretourenprozess (Überblick)

Retourenauftrag

Der Prozess beginnt damit, dass der Kunde die Ware retourniert. Hierzu wird zunächst ein Retourenauftrag erstellt. Wie in Abbildung 12.14 gezeigt, werden die relevanten Daten wie Kunde, Material/Produkt, Retourengrund, Rückerstattungsart (in diesem Fall ein Ersatzmaterial) sowie Werk und Lagerort, denen das empfangende EWM-Lager zugeordnet ist, eingegeben.

Nachdem der Retourenauftrag angelegt worden ist, können Sie sich durch einen Klick auf den Button RETOURENÜBERSICHT den Belegfluss anzeigen lassen, um einen Überblick über den Status der Retoure zu erhalten.

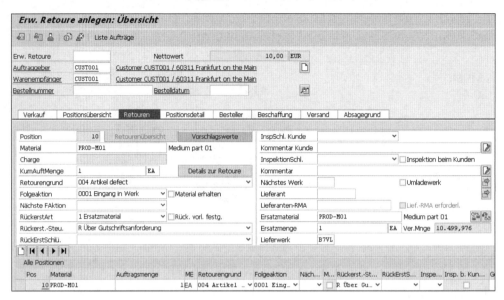

Abbildung 12.14 Retourenauftrag anlegen

Wie in Abbildung 12.15 gezeigt, wird zum Retourenauftrag eine Retouren-lieferung angelegt, die an EWM übertragen wird.

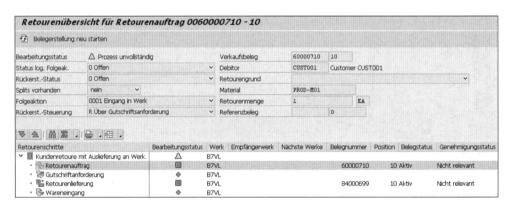

Abbildung 12.15 Retourenübersicht

Retourenbehandlung im EWM-Lager

Über die Retourenlieferung kann die Retoure jetzt im EWM-Wareneingang verbucht werden. Da die Rückerstattung noch nicht stattgefunden hat, wird die Ware zunächst als Kundenauftragsbestand (SOS-Bestand) empfangen. Auf diese Weise ist der Bestand im Lager eindeutig dem entsprechenden Kunden zugeordnet (siehe Abbildung 12.16).

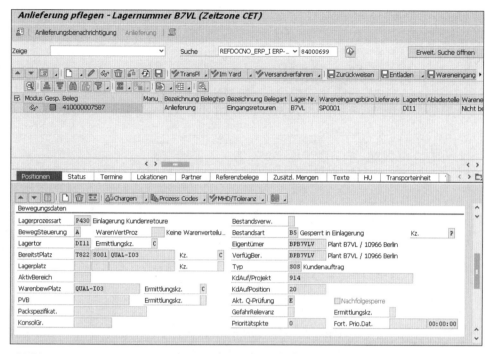

Abbildung 12.16 Retoure mit Kundenauftragsbestand in SAP EWM

Wenn der Kunde kein Ersatzmaterial wünscht, sondern eine Kostenerstattung, wird eine Gutschrift in SAP ERP erstellt. Der Bestand wird in einem solchen Fall wieder als eigener Bestand in EWM vereinnahmt.

Nachdem für die Retourenlieferung der Wareneingang gebucht worden ist, wird der Bestand mit einer Lageraufgabe zur Qualitätsstation gebracht. Dort können Sie über die Transaktion /SCWM/QINSP den Entscheid und die Folgeaktion AUSLIEFERUNG ZUM LIEFERANTEN (ERW. RET.) per tRFC vornehmen. Klicken Sie dazu im Arbeitsplatz für die Qualitätsprüfung auf der Materialinspektion in SAP ERP auf den Button EXTERNE FOLGEAKTION AUSFÜHREN. Die Folgeaktion stößt die Erstellung der Retourenbestellung zum Lieferanten an, wozu dann automatisch die Auslieferung angelegt wird. Der Bestand wird im EWM-Lager aus dem Qualitätsarbeitsplatz mit einer Lageraufgabe kommissioniert und der Warenausgang zur Lieferung gebucht.

Ersatzmaterial und Auslieferung zurück zum Kunden

Wenn der Lieferant das Material repariert hat oder ein Ersatzmaterial schickt, kann es mit Bezug zur Retourenlieferung wieder vereinnahmt werden. Rufen Sie hierzu die Transaktion MSR_VRM_GR auf (siehe Abbildung 12.17).

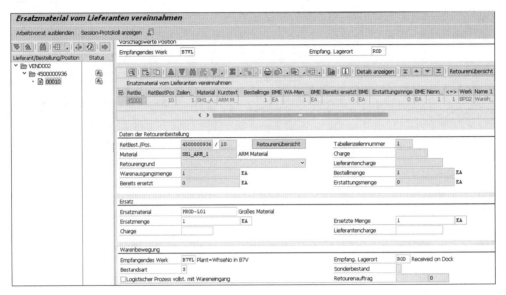

Abbildung 12.17 Ersatzmaterial vom Lieferanten vereinnahmen

Sie können entweder das gleiche Produkt oder ein ähnliches Produkt mit einer anderen Produktnummer empfangen, z. B. wenn das ursprüngliche Material durch eine neuere Version ersetzt worden ist.

Mit der Anlieferung vom Lieferanten werden die Produkte wieder im EWM-Lager vereinnahmt, das Material kann inspiziert werden und über die Transaktion MSR_VRM_LFU zum Kunden ausgelagert und an ihn ausgeliefert werden. Der Retourenüberblick mit allen dazugehörigen Belegen sieht am Ende des Prozesses aus, wie es in Abbildung 12.18 gezeigt wird.

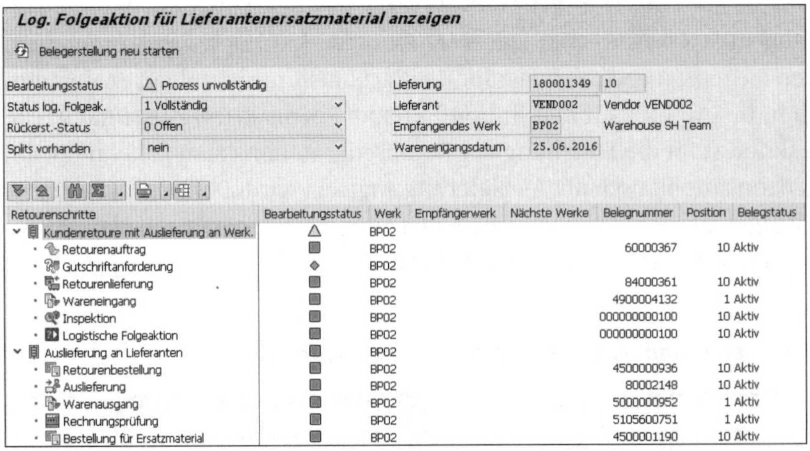

Log. Folgeaktion für Lieferantenersatzmaterial anzeigen							
Belegerstellung neu starten							
Bearbeitungsstatus	△ Prozess unvollständig		Lieferung	180001349	10		
Status log. Folgeak.	1 Vollständig		Lieferant	VEND002	Vendor VEND002		
Rückerst.-Status	0 Offen		Empfangendes Werk	BP02	Warehouse SH Team		
Splits vorhanden	nein		Wareneingangsdatum	25.06.2016			

Retourenschritte	Bearbeitungsstatus	Werk	Empfängerwerk	Nächste Werke	Belegnummer	Position	Belegstatus
∨ Kundenretoure mit Auslieferung an Werk.	△	BP02					
· Retourenauftrag	■	BP02			60000367	10	Aktiv
· Gutschriftanforderung	◆	BP02					
· Retourenlieferung	■	BP02			84000361	10	Aktiv
· Wareneingang	■	BP02			4900004132	1	Aktiv
· Inspektion	■	BP02			000000000100	10	Aktiv
· Logistische Folgeaktion	■	BP02			000000000100	10	Aktiv
∨ Auslieferung an Lieferanten	■	BP02					
· Retourenbestellung	■	BP02			4500000936	10	Aktiv
· Auslieferung	■	BP02			80002148	10	Aktiv
· Warenausgang	■	BP02			5000000952	1	Aktiv
· Rechnungsprüfung	■	BP02			5105600751	1	Aktiv
· Bestellung für Ersatzmaterial	■	BP02			4500001190	10	Aktiv

Abbildung 12.18 Retourenübersicht

12.2 Logistische Zusatzleistungen

In diesem Abschnitt wenden wir uns dem Thema *logistische Zusatzleistungen* (LZL) zu und erläutern, wie LZL für verschiedene Lagerprozesse konfiguriert und umgesetzt werden.

LZL sind Aktivitäten, die den Wert eines Produkts im Lager steigern. Sie werden in der Regel von Lageroperatoren an einem Arbeitsplatz im Lager ausgeführt. Beispiele für LZL sind Verpackung, Schmierung (oder andere Konservierungsmaßnahmen), Montage, Kitting, Kennzeichnung und Preisauszeichnung.

Eine LZL könnte z. B. darin bestehen, ein Material in einem bestimmten, vom Kunden verlangten Karton zu verpacken und mit einem Etikett zu versehen. In Abbildung 12.19 ist eine solche LZL-Aktivität dargestellt.

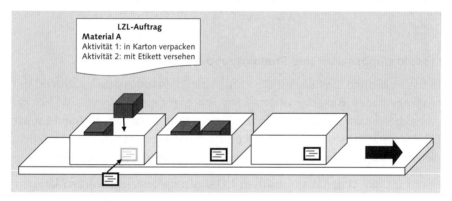

Abbildung 12.19 LZL-Aktivität – Verpacken und Etikettieren

LZL-Aktivitäten im Lager werden in EWM durch *LZL-Aufträge* verwaltet. LZL-Aufträge sind Belege in EWM, in denen die auszuführenden LZL-Aktivitäten sowie die zu verwendenden Hilfsprodukte angegeben sind. Außerdem dienen sie zur Verfolgung der Zeit, die für die LZL-Aktivität aufgewendet wird.

Mit dem Kunden kann vereinbart werden, dass ihm die ausgeführten LZL-Aktivitäten in Rechnung gestellt werden. Wenn der Kunde etwa wünscht, dass die Ware entsprechend einer bestimmten Konfiguration verpackt wird, kann dies als LZL-Aktivität angeboten werden, die ihm in Rechnung gestellt wird. Damit die Abrechnung möglich ist, müssen Zeit- und Materialaufwand der LZL erfasst werden.

In diesem Abschnitt geben wir Ihnen einen Überblick über die EWM-Funktionen für LZL. Zunächst betrachten wir die Konfiguration und die Stammdatenfestlegung für LZL. Anschließend erläutern wir den Einsatz des Arbeitsplatzes bei der LZL-Ausführung. Abschließend zeigen wir, wie die LZL-Aufträge zusammen mit den anderen Logistikprozessen im Lager ausgeführt werden können.

12.2.1 Konfiguration und Stammdaten für LZL

Es gibt mehrere Konfigurations- und Stammdatenelemente, die der Unterstützung von LZL dienen und die Sie kennen sollten, wenn Sie LZL in Ihrem Lager einrichten möchten. Im Folgenden befassen wir uns ausführlicher mit diesen Elementen.

In den folgenden Abschnitten erläutern wir zuerst die relevante Konfiguration zur Unterstützung von LZL in EWM.

Produktgruppenarten und Produktgruppen

In EWM können Sie LZL-Aufträge für Materialien *automatisch* während der Eingangs- oder Ausgangsverarbeitung oder *manuell* anlegen. Wenn bei einem bestimmten Material vor der Einlagerung oder dem Versand immer LZL-Aktivitäten erforderlich sind, können Sie das Customizing so einstellen, dass die entsprechenden LZL-Aufträge automatisch generiert werden.

Damit für ein Material automatisch LZL-Aufträge angelegt werden können, muss es einer LZL-spezifischen Produktgruppenart und Produktgruppe zugeordnet werden. Zum Anlegen der möglichen Gruppenarten (siehe Abbildung 12.20) wählen Sie im EWM-Customizing SCM-BASIS • STAMMDATEN • PRODUKT • PRODUKTGRUPPEN • PRODUKTGRUPPENARTEN DEFINIEREN.

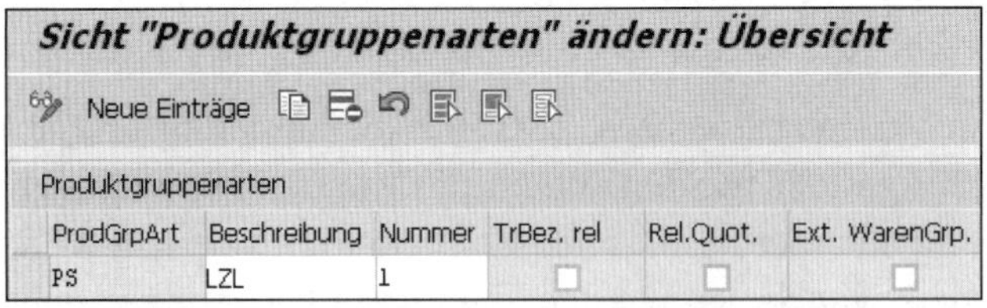

Sicht "Produktgruppenarten" ändern: Übersicht

Neue Einträge

Produktgruppenarten

ProdGrpArt	Beschreibung	Nummer	TrBez. rel	Rel.Quot.	Ext. WarenGrp.
PS	LZL	1	☐	☐	☐

Abbildung 12.20 Produktgruppenarten für LZL pflegen

In jeder Produktgruppenart können Sie eine oder mehrere Produktgruppen anlegen. Auf diese Weise können Sie z. B. angeben, dass ein Material nur für die Anlage von Eingangs-LZL-Aufträgen, nur für Ausgangs-LZL-Aufträge oder für beide Auftragsarten relevant ist. Zum Anlegen der Produktgruppen wählen Sie im EWM-Customizing SCM-BASIS • STAMMDATEN • PRODUKT • PRODUKTGRUPPEN • PRODUKTGRUPPEN DEFINIEREN (siehe Abbildung 12.21).

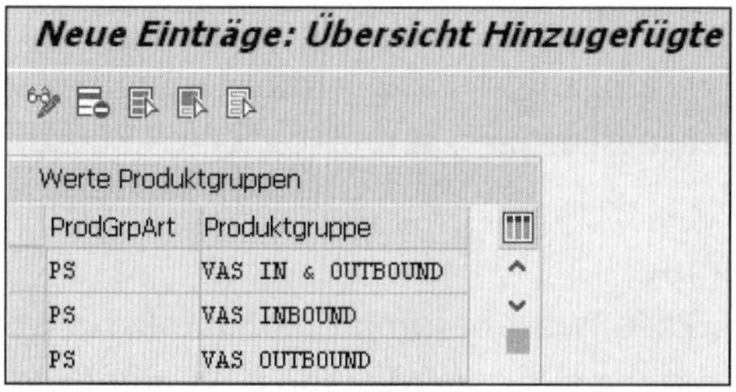

Abbildung 12.21 Produktgruppen für LZL pflegen

LZL-Relevanz pflegen

Zum Pflegen der *LZL-Relevanz* wählen Sie im EWM-Customizing EXTENDED WAREHOUSE MANAGEMENT • PROZESSÜBERGREIFENDE EINSTELLUNGEN • LOGISTISCHE ZUSATZLEISTUNGEN (LZL) • RELEVANZ FÜR LZL DEFINIEREN. Hier können Sie verwalten, für welche Beleg- und Positionsarten LZL relevant sein können. In Abbildung 12.22 sehen Sie die Festlegung, dass LZL für Auslieferungsauftragspositionen mit der Belegart ODIS, der Positionsart ODLV und einem Material mit der Produktgruppe VAS OUTBOUND relevant sind.

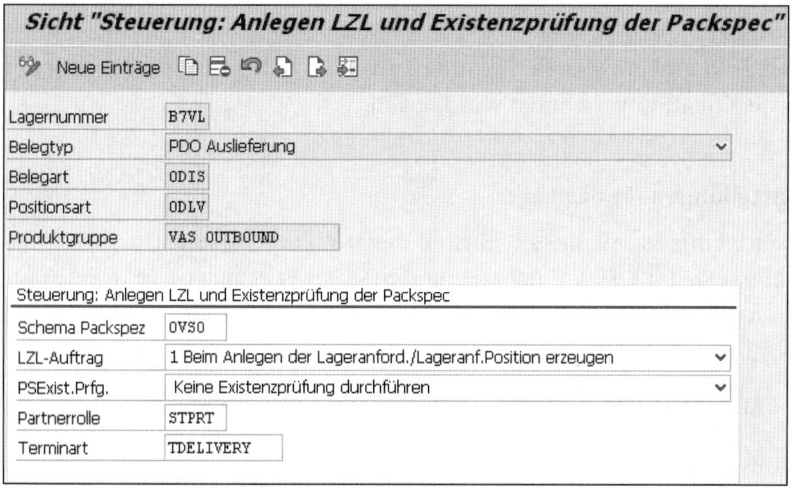

Abbildung 12.22 Steuerung der Relevanz für LZL

Die folgenden Felder in der VAS-Relevanz sind ebenfalls für die Steuerung des LZL-Prozesses wichtig:

▸ **Schema Packspez.**
Die Einstellung SCHEMA PACKSPEZ legt das Verfahren fest, mit dem die Packspezifikation ermittelt wird, die für die Anlage von LZL-Aufträgen erforderlich ist.

▸ **LZL-Auftrag**
Dieser Parameter legt fest, ob bei Eingang der Lageranforderung (Position), also bei Anlage des Auslieferungsauftrags, automatisch ein LZL-Auftrag angelegt werden kann.

▸ **Packspezifikation Existenzprüfung**
Anhand des Parameters PSEXIST. PRFG. wird bestimmt, ob eine Existenzprüfung für Packspezifikationen durchgeführt werden muss. Es gibt Fälle, in denen ein Auslieferungsauftrag zwar für LZL-Aufträge relevant ist, diese aber nur angelegt werden können, wenn die Packspezifikation bestimmt werden kann. Mit dieser Einstellung können Sie überprüfen lassen, ob die Packspezifikation existiert, und angeben, ob eine Warnung oder eine Fehlermeldung generiert werden soll, wenn keine Spezifikation gefunden wird.

▸ **Partnerrolle**
Die Partnerrolle aus dem Bedarfsbeleg wird verwendet, um die richtige Packspezifikation zu ermitteln. Im Beispiel wird zur Bestimmung der Packspezifikation die Partnerrolle STPRT (Warenempfänger) verwendet, da es sich um eine Ausgangsbelegart (Belegtyp PDO) handelt.

▸ **Terminart**
Dieses Feld gibt an, welche Terminart aus dem Beleg zur Bestimmung der Packspezifikation verwendet werden soll.

LZL-Einstellungen für das Lager

Es gibt auch einige spezielle LZL-Einstellungen auf Lagerebene. Um sie zu pflegen, wählen Sie im EWM-Customizing EXTENDED WAREHOUSE MANAGEMENT • PROZESSÜBERGREIFENDE EINSTELLUNGEN • LOGISTISCHE ZUSATZLEISTUNG (LZL) • LAGERNUMMERABHÄNGIGE LZL-EINSTELLUNGEN (siehe Abbildung 12.23).

In den LZL-Einstellungen für das Lager können Sie Folgendes festlegen:

▸ Nummernkreis für den LZL-Auftrag

▸ durchführende Entität des Lagers

▸ Produktgruppenart aus dem Produktstamm, die zur Bestimmung der LZL-Relevanz verwendet wird

▸ Bestandsart für die LZL-Verbrauchsbuchung von Hilfsprodukten

▸ Produktgruppenart, die zur Bestimmung der Planzeiten für LZL-Fixzeiten und die Prozessschrittdauer verwendet wird

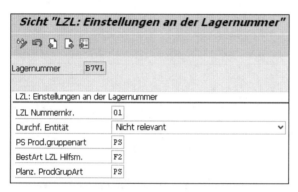

Abbildung 12.23 LZL-Einstellungen auf der Lagernummernebene

Packspezifikation für LZL anlegen

In Kapitel 5, »Bestandsverwaltung«, haben wir das Anlegen von *Packspezifikationen* bereits ausführlich erläutert. An dieser Stelle betrachten wir speziell die Anlage einer Packspezifikation für eine logistische Zusatzleistung. Zum Anlegen oder Pflegen einer Packspezifikation wählen Sie im SAP-Easy-Access-Menü EXTENDED WAREHOUSE MANAGEMENT • STAMMDATEN • PACKSPEZIFIKATION • PACKSPEZIFIKATION PFLEGEN, oder Sie verwenden die Transaktion /SCWM/PACKSPEC. Abbildung 12.24 zeigt den Pflegedialog.

Abbildung 12.24 Produktgruppe im Materialstamm pflegen

Damit die richtige Packspezifikation für die Anlage eines LZL-Auftrags bestimmt werden kann, muss ein Konditionssatz für das in der Konfiguration gepflegte Findungsschema (siehe Abbildung 12.25) gepflegt werden. Dieser Konditionssatz kann der Packspezifikation auf der Registerkarte FINDUNG zugeordnet werden.

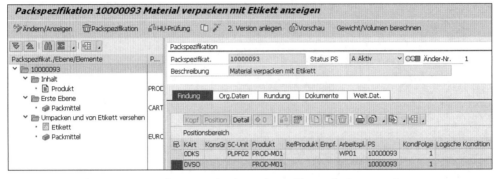

Abbildung 12.25 Konditionssatz für die Packspezifikationsfindung zuordnen

In Abbildung 12.26 sehen Sie die Details der Ebene der Packspezifikation. Eine Ebene der Packspezifikation entspricht einer oder mehreren Aktivitäten, die bei der LZL-Ausführung durchgeführt werden müssen. Bei der Anlage des LZL-Auftrags werden die Ebenen der Packspezifikation als Aktivitäten in den Auftrag übernommen. Bei der im Beispiel gezeigten Packspezifikation werden 2 Stück des Produkts PROD-M01 am LZL-Arbeitsplatz mit dem Packmittel CARTON_M verpackt. In einem weiteren Schritt wird der Karton mit einem Etikett versehen.

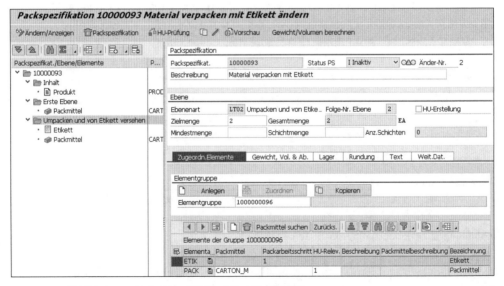

Abbildung 12.26 Packspezifikation für LZL-Aktivitäten

Auf der Registerkarte LAGER der Ebene müssen Sie einen externen Schritt zuordnen (siehe Abbildung 12.27. Dieser entspricht dem LZL-Prozessschritt, mit dem der Arbeitsplatz ermittelt wird, an dem die LZL-Aktivität für diese Packspezifikationsebene ausgeführt werden soll.

Abbildung 12.27 Registerkarte »Lager« der Packspezifikationsebene

12.2.2 LZL-Aufträge anlegen

Beim Anlegen des LZL-Auftrags werden die Ebenen der Packspezifikation als Aktivitäten in den Auftrag kopiert, und es werden die Mengen aus dem Referenzbeleg (z. B. Auslieferungsauftrag oder Anlieferung) übernommen.

In EWM können LZL-Aufträge automatisch oder manuell angelegt werden. Wenn Sie einen LZL-Auftrag manuell erstellen oder anzeigen, können Sie, je nachdem, welcher Quellbeleg für die Anlage des Auftrags verwendet wurde, die folgenden Transaktionen verwenden:

- ▶ /SCWM/VAS_I – LZL im Wareneingangsprozess
- ▶ /SCWM/VAS_O – LZL im Warenausgangsprozess
- ▶ /SCWM/VAS_KTS – LZL für Bausatzerstellung auf Bestand
- ▶ /SCWM/VAS_KTR – VAS für Bausatzzerlegung
- ▶ /SCWM/VAS_INT – LZL für lagerinterne Vorgänge

12.2.3 LZL-Integration in die Lagerprozesse

Die LZL-Funktionen von EWM sind eng in die Ein- und Auslagerungsprozesse integriert. Wenn für ein Material ermittelt wurde, dass vor Einlagerung oder

Versand LZL-Aktivitäten erforderlich sind, kann es über die prozessorientierte Lagerungssteuerung automatisch an einen LZL-Arbeitsplatz weitergeleitet werden. Am Arbeitsplatz können die LZL-Aktivitäten ausgeführt werden. Anschließend können Sie den Prozess fortsetzen, z. B. indem die Einlager-Lageraufgaben für den endgültigen Lagerplatz oder während des Warenausgangs eine Lageraufgabe zur Versandbereitstellungszone angelegt wird.

12.2.4 LZL während des Auslagerungsprozesses

LZL können während der Ausgangsverarbeitung eingesetzt werden. So könnte z. B. ein Material an einen Kunden zu liefern sein, der wünscht, dass das Material etikettiert und in einem bestimmten Karton verpackt wird. Ein integrierter Warenausgangsprozess mit LZL-Aktivität könnte die folgenden Schritte umfassen:

1. Der Auslieferungsauftrag für den Kunden geht ein, und das System ermittelt anhand der LZL-Relevanz und einer existierenden Packspezifikation, dass das Produkt für diesen Kunden eine LZL-Aktivität erfordert, und legt automatisch einen LZL-Auftrag an.

2. Der Kommissionierer entnimmt das Produkt aus dem Von-Lagerplatz, und dieses wird an den LZL-Arbeitsplatz weitergeleitet, an dem der Kommissionierer den Nach-Lagerplatz bestätigt.

3. Am Arbeitsplatz packt der Packer das Produkt um und etikettiert den Karton gemäß der Kundenspezifikation. Nach Abschluss aller LZL-Aktivitäten wird der LZL-Auftrag als abgeschlossen markiert, und die Hilfsprodukte werden verrechnet.

4. Nach der LZL-Ausführung wird der Outbound-Prozess normal mit der Anlage einer Lageraufgabe für den Versandbereitstellungsbereich fortgesetzt.

In Abbildung 12.28 sehen Sie die Konfiguration des Lagerungsprozesses für den oben beschriebenen Vorgang. Zum Aufrufen der Konfiguration für die prozessorientierte Weiterleitung wählen Sie im EWM-Customizing EXTENDED WAREHOUSE MANAGEMENT • PROZESSÜBERGREIFENDE EINSTELLUNGEN • LAGERAUFGABE • PROZESSORIENTIERTE LAGERUNGSSTEUERUNG DEFINIEREN. Der beschriebene Prozess enthält die Schritte Kommissionierung (OB01), LZL (VS02) und Bereitstellung (OB03).

Abbildung 12.29 zeigt den Auslieferungsauftrag für den beschriebenen Prozess. Auf der Registerkarte BELEGFLUSS für die Position sehen Sie den LZL-Auftrag 72 mit dem Belegtyp VAS.

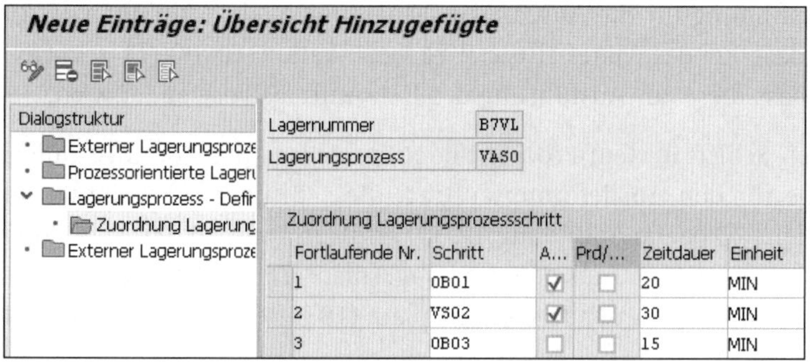

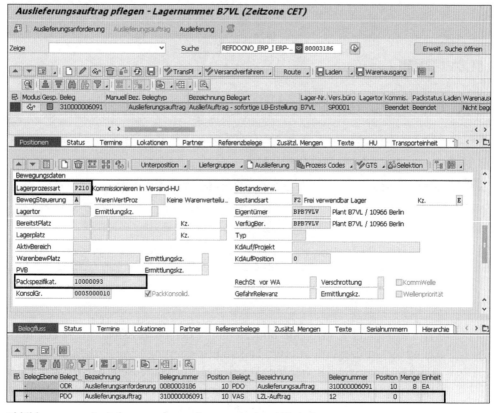

Abbildung 12.28 Ausgangslagerprozess mit LZL-Integration

Abbildung 12.29 Auslieferungsauftrag mit zugeordnetem LZL-Auftrag

In der Abbildung sehen Sie, dass die Lagerprozessart P210 ermittelt wurde, die den Lagerungsprozess bestimmt. In Abschnitt 7.4, »Lagerungssteuerung«, finden Sie Einzelheiten dazu, welche Rolle die Prozessart bei der Lagerungsprozessfindung für die Ausgangsverarbeitung spielt. Abbildung 12.29 zeigt auch, dass für das Material die Packspezifikation 10000093 ermittelt wurde und dass diese zur Ausführung des LZL-Auftrags verwendet wird.

Den nächsten Schritt in dem Prozess bildet die Anlage der Kommissionier-Lageraufgabe für den Auslieferungsauftrag, die z. B. über die Transaktion /SCWM/TODLV_O (siehe Abbildung 12.30) erfolgen kann. In der Abbildung sehen Sie, dass das Material aus dem Von-Lagerplatz (T010-01-01-A) entnommen wird und dass auch der Nach-Lagerplatz (T830-VAS-PACK1) ermittelt wurde.

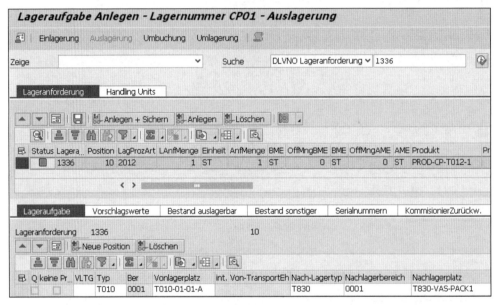

Abbildung 12.30 Kommissionier-Lageraufgabe anlegen (der Nach-Lagerplatz befindet sich am LZL-Arbeitsplatz)

Wie in Kapitel 7, »Objekte und Elemente der Prozesssteuerung«, erläutert, muss bei prozessorientierter Lagerungssteuerung eine *Pick-Handling-Unit* (Pick-HU) verwendet werden. Durch das Vorhandensein der HU kann der Lagerungsprozess während des Umpackens im Rahmen des LZL-Auftrags von einer HU an eine andere übergeben werden.

Nachdem die Kommissionieraufgabe bestätigt und das Produkt in der Pick-HU an den Arbeitsplatz geliefert worden ist, können Sie die LZL-Aktivität mit den Transaktionen für die Arbeitsplatzverarbeitung starten.

12.2.5 LZL-Arbeitsplatz und der LZL-Ausführung verwenden

Am Arbeitsplatz können die Arbeiten für den LZL-Auftrag ausgeführt werden. Zum Anzeigen des Arbeitsplatzes für die LZL-Ausführung wählen Sie im SAP-Easy-Access-Menü EXTENDED WAREHOUSE MANAGEMENT • AUSFÜHRUNG • RÜCKMELDUNG FÜR LZL ERFASSEN, oder Sie verwenden die Transaktion /SCWM/VASEXEC (siehe Abbildung 12.31).

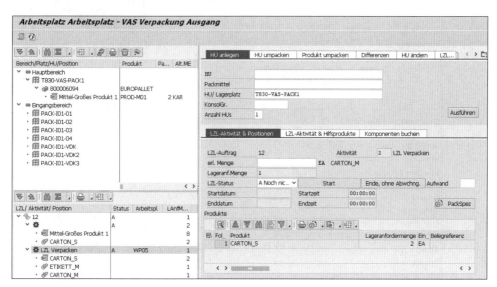

Abbildung 12.31 LZL-Auftrag am Arbeitsplatz verarbeiten

Wenn Sie die Schaltfläche PACKSPEZ im Arbeitsplatz wählen, können Sie die Packspezifikation anzeigen oder drucken, um Einzelheiten zu den Aktivitäten der auszuführenden LZL zu erhalten. In Abbildung 12.32 sehen Sie die Druckvorschau der Packspezifikation. Im Ausdruck ist zu sehen, dass 4 Stück des Produkts PROD-M01 im Packmittel CARTON_S verpackt und anschließend 12 Stück von CARTON_S in CARTON_M verpackt werden, auf dem wiederum ein Etikett angebracht werden soll.

Der nächste Abschnitt erklärt wie diese LZL-Aktivitäten am Arbeitsplatz ausgeführt werden können.

LZL-Ausführung

Zum Ausführen des LZL-Auftrags wählen Sie zunächst die Schaltfläche START auf der Registerkarte LZL-AKTIVITÄT & POSITIONEN des LZL-Auftrags. Dadurch werden Startdatum und -uhrzeit für den LZL-Auftrag mit dem aktuellen Tagesdatum und der aktuellen Uhrzeit ausgefüllt.

```
┌─────────────────────────────────────────────────────────────────┐
│                Packspezifikation   10000093                       │
│                                                                   │
│              Material  verpacken  mit  Etikett                    │
├─────────────────────────────────────────────────────────────────┤
│  PS-Gruppe:        PG02                                           │
│  Ebenen-Set:       LS02                                           │
│  Angelegt:         DALMT / 22.07.2015              SAP            │
│  Log. System:      B7VCLNT001                        (R)          │
├─────────────────────────────────────────────────────────────────┤
│  Findung:                                                         │
│  LOCID = PLPF02, MATID = PROD-M01                                 │
│  LOCID = PLPF02, MATID = PROD-M01, WORKCENTER = WP01              │
│  MATID = PROD-M01                                                 │
├─────────────────────────────────────────────────────────────────┤
│  Produkt: PROD-M01, 1 EA                                          │
│  Gewicht: 1  KG                                                   │
│  Länge: 2 DM,   Breite: 2 DM,   Höhe: 2 DM                        │
│  Volumen: 8  CD3                                                  │
│  Ebene-1: Erste Ebene LT01                                        │
│  Zielmenge:   4                                                   │
│  Schichtmenge:   0                                                │
│  Mindestmenge:   0                                                │
│  Gesamtmenge:    4 EA                                             │
│        PACK:  Packmittel: CARTON_S,  1  EA                        │
│  Ebene-2: Umpacken und von Etikett versehen LT02                  │
│  Zielmenge:   12                                                  │
│  Schichtmenge:   0                                                │
│  Mindestmenge:   0                                                │
│  Gesamtmenge:    48 EA                                            │
│        ETIK:  Packmittel: DM_PACK,  1  EA                         │
│           Arbeitsschritt:                                         │
│        PACK:  Packmittel: CARTON_M,  1  EA                        │
└─────────────────────────────────────────────────────────────────┘
```

Abbildung 12.32 Druckvorschau der Packspezifikation aus dem LZL-Arbeitsplatz

Sie können diese Angaben ändern. Danach werden die Aktivitäten des LZL-Auftrags ausgeführt, die durch die Packspezifikation vorgegeben sind, u. a.:

1. Anlegen der Handling Unit (HU) mit Packmittel CARTON_M (auf der Registerkarte PRODUKT UMPACKEN im Scannerbereich des Arbeitsplatzes)

2. Verpacken von 1 Stück von Material PROD-M01 im Karton (ebenfalls auf der Registerkarte PRODUKT UMPACKEN; nach der Eingabe der Daten wählen Sie die Schaltfläche AUSFÜHREN)

3. Anbringen eines Etiketts auf dem Karton, was in diesem Fall nur als Arbeitsschritt in der Packspezifikation erscheint

4. Nach Abschluss der LZL-Ausführung können Sie Enddatum und -uhrzeit eingeben und den Status des LZL-Auftrags auf MIT oder OHNE ABWEICHUN-

GEN ABGESCHLOSSEN setzen. Alternativ können Sie die Schaltfläche ENDE, OHNE ABWCHNG. wählen, um die Endzeit automatisch zu aktualisieren und den Auftrag ohne Abweichungen abzuschließen.

5. Bei größeren Mengen oder längeren Aktivitäten können Sie die abgeschlossenen Mengen auch während der laufenden Aktivität (z. B. zum Ende einer Schicht) und nicht erst bei Abschluss des gesamten LZL-Auftrags aktualisieren.

12.2.6 Aufwandscodes und Verrechnung von Hilfsprodukten

Bei der LZL-Verarbeitung können Sie auch zusätzliche Arbeiten oder Aufwand mithilfe von *Aufwandscodes* erfassen. Abbildung 12.33 zeigt den Aufwandscode, der im LZL-Arbeitsplatz gepflegt wird. In dem Beispiel sehen Sie, dass bei der LZL-Ausführung ein zusätzlicher Reinigungsaufwand erforderlich war und der Aufwandscode EF1A ausgewählt wurde. Der Aufwandscode wird im LZL-Auftrag erfasst und kann später ausgewertet werden, z. B. zu Abrechnungszwecken.

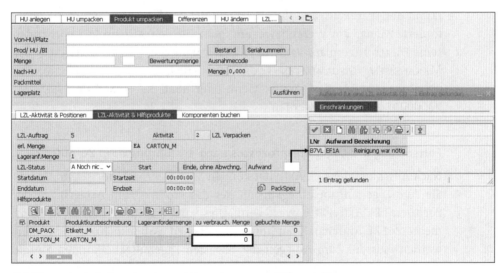

Abbildung 12.33 Aufwandscodes und Verrechnung von Hilfsprodukten

In Abbildung 12.34 sehen Sie die zu verrechnende Menge, die für das Packhilfsmittel SPE_BOX gepflegt werden kann. Wenn das Packhilfsmittel im Produktstamm als VERBRAUCHSREL. LZL (verbrauchsrelevant für LZL) angegeben ist, wird bei Abschluss des LZL-Auftrags automatisch der Warenausgang für die angegebene Menge gebucht.

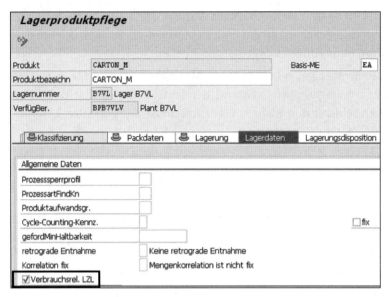

Abbildung 12.34 Verbrauchsrelevanz für LZL im Produktstamm des Packhilfsmittels

Damit der Warenausgang für die Hilfsmittel erfolgen kann, muss die angeforderte Menge am Warenbewegungsplatz für den Arbeitsplatz vorhanden sein. Dieser Lagerplatz kann über den Menüpfad EXTENDED WAREHOUSE MANAGEMENT • STAMMDATEN • LAGERPLÄTZE FÜR LZL-VERBRAUCHSBUCHUNGEN ZUORDNEN im SAP-Easy-Access-Menü oder über die Transaktion /SCWM/ 73000001 zugeordnet werden.

Fortsetzung des Lagerungsprozesses nach Ausführung des LZL-Auftrags

Nach Abschluss der LZL-Aktivität können Sie den Prozess fortsetzen, indem Sie eine Lageraufgabe anlegen, mit der das Produkt zum Arbeitsplatz der nächsten LZL-Aktivität bewegt wird. Dies kann z. B. dann zutreffen, wenn mehrere LZL-Aktivitäten an unterschiedlichen Arbeitsplätzen ausgeführt werden müssen. Zum Anlegen der nächsten Lageraufgabe können Sie die Schaltfläche LZL-LAGERAUFGABE ANLEGEN wählen (siehe Abbildung 12.35).

In unserem Beispiel müssen keine weiteren LZL-Aktivitäten ausgeführt werden. Deshalb kann einfach die Schaltfläche PROZESSSCHRITT FÜR HU ABSCHL. gewählt werden. Wie Sie aus Abbildung 12.35 ersehen, wird der HU-Schritt abgeschlossen und eine HU-Lageraufgabe für den nächsten Schritt im Lagerungsprozess angelegt. Im Beispiel dient die nächste Lageraufgabe dazu, eine Bewegung zum Versandbereitstellungsbereich auszuführen.

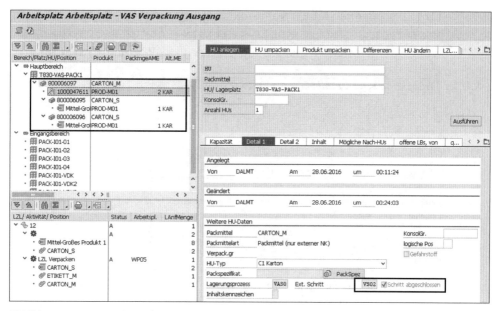

Abbildung 12.35 LZL-Arbeitsplatz und Prozessfortsetzung

12.2.7 LZL für Einlagerungsprozesse

Wie beim Auslagerungsprozess können auch beim Einlagerungsprozess LZL-Aufträge verwendet werden. Sie könnten z. B. eine Aktivität anlegen, in der ein Material umgepackt wird, bevor es am endgültigen Lagerplatz eingelagert wird. Das Umpacken würde gemäß der Packspezifikation erfolgen, die über das Findungsschema ermittelt wird, das in der Konfiguration für die LZL-Relevanz der Anlieferungsbelegart und -positionsart zugeordnet ist (weitere Informationen hierzu finden Sie im Abschnitt zur LZL-Konfiguration).

Ein Einlagerungsprozess mit LZL könnte z. B. die Schritte *Entladen*, *LZL* und *Einlagerung* umfassen. In diesem Fall prüft das System nach Abschluss des Entladeschritts, ob für die Anlieferposition ein LZL-Auftrag vorliegt. Ist dies der Fall, wird die HU automatisch an den LZL-Arbeitsplatz weitergeleitet. Wenn kein LZL-Auftrag für die Anlieferposition vorliegt, wird der LZL-Schritt übersprungen und direkt der Einlagerungsschritt für die HU ausgeführt.

12.2.8 LZL für lagerinterne Vorgänge

Sie können auch einen LZL-Auftrag für ein bestimmtes Material mit Referenz auf eine interne Lageranforderung anstelle einer Anlieferung oder Auslieferung anlegen. In diesem Fall müssen Sie zunächst eine Auftragsart für interne LZL definieren (siehe Abbildung 12.36). Zum Definieren von Auftragsarten für LZL wählen Sie im EWM-Customizing EXTENDED WAREHOUSE MANAGE-MENT • PROZESSÜBERGREIFENDE EINSTELLUNGEN • LOGISTISCHE ZUSATZLEISTUNG (LZL) • AUFTRAGSARTEN FÜR LZL FÜR LAGERINTERNE VORGÄNGE DEFINIEREN.

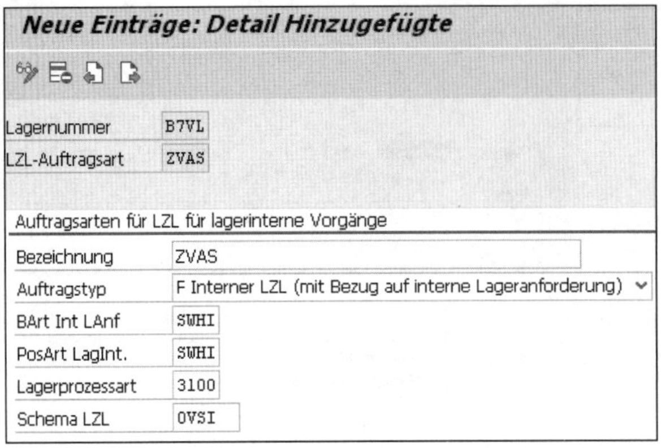

Abbildung 12.36 LZL für lagerinterne Vorgänge

Sie können die Beleg- und Positionsart angeben und außerdem festlegen, welche Lagerprozessart für die Kommissionieraufgabe und welches Findungsschema zur Ermittlung der Packspezifikation verwendet werden soll.

Zum Anlegen der LZL für lagerinterne Vorgänge wählen Sie im SAP-Easy-Access-Menü EXTENDED WAREHOUSE MANAGEMENT • ARBEITSVORBEREITUNG • LOGISTISCHE ZUSATZLEISTUNG (LZL) • LZL FÜR LAGERINTERNE VORGÄNGE oder verwenden die Transaktion /SCWM/VAS_INT.

Wenn Sie den LZL-Auftrag für interne Vorgänge anlegen, wird im Hintergrund die interne Lageranforderung angelegt. Zum Anzeigen der internen Lageranforderung wählen Sie im SAP-Easy-Access-Menü EXTENDED WAREHOUSE MANAGEMENT • ARBEITSVORBEREITUNG • INTERNE UMLAGERUNG PFLEGEN, oder Sie verwenden die Transaktion /SCWM/IM_ST. Im Belegfluss der angelegten Position können Sie den entsprechenden LZL-Auftrag sehen.

Nachdem wir uns in diesem Abschnitt mit der Funktionalität von LZL befasst haben, schauen wir uns als Nächstes die Kit-Funktionalität an.

12.3 Kit-Bildung

Ein *Kit* bezeichnet ein Set von Materialien, das durch eine Komponentenliste gebildet wird. Ein Kit wird im Lager aus den Komponenten zusammengesetzt und immer vollständig und montiert an den Kunden ausgeliefert. EWM unterstützt die Kit-Bildung sowohl auftragsbezogen als auch anonym für den Bestand sowie die Auflösung von bestehenden Kits in seine Komponenten. Die Kit-Bildung kann integriert mit anderen SAP-Systemen (SAP ERP und SAP CRM) oder auch EWM-intern durchgeführt werden. In diesem Abschnitt geben wir Ihnen eine Einführung in die Möglichkeiten der Kit-Bildung von EWM.

Die deutsche Übersetzung von Kit ist *Bausatz*. Im EWM-System und in der EWM-Dokumentation werden beide Begriffe synonym verwendet. Unser Eindruck ist, dass in der Praxis auch im deutschsprachigen Bereich häufiger der englische Begriff benutzt wird. Daher werden wir in diesem Abschnitt über Kits und Kit-Komponenten schreiben und nicht über Bausätze und Bausatzkomponenten.

EWM unterstützt die drei folgenden Prozesse für die Kit-Bildung:

- **Kit-to-Order**
  Beim Kit-to-Order-Prozess werden Kits individuell für Kundenaufträge erstellt. Wenn Sie also keinen Bestand eines Kits im Lager haben und der Kunde das Kit bestellt, können Sie den Kit-to-Order-Prozess nutzen, um das Kit *während* der Auslieferungsverarbeitung zu erstellen. Dies geschieht entweder an einem Arbeitsplatz (mit oder ohne Benutzung von Aufträgen für LZL) oder direkt während der Kommissionierung der Komponenten in eine Kommissionier-HU. EWM unterstützt sowohl Kit-to-Order-Prozesse, die aus dem SAP-ERP-System gestartet werden (SD-Kundenauftrag), als auch Prozesse mit Kundenaufträgen aus SAP CRM.

- **Kit-to-Stock**
  Mit dem Kit-to-Stock-Prozess können Sie Kits erstellen und diese anschließend in den Bestand überführen. Die Kits werden also nicht für einen bestimmten Kundenauftrag zusammengesetzt, sondern um sie zu bevorraten. Der Kit-to-Stock-Prozess kann entweder im SAP-ERP-System über einen Fertigungsauftrag gestartet werden oder alternativ direkt im EWM-System durch einen speziellen Auftrag für logistische Zusatzleistungen (LZL-Auftrag) für Kit-to-Stock.

- **Reverse Kitting**
  Mit dem Reverse-Kitting-Prozess können Sie bestehende Kits in ihre ursprünglichen Komponenten zerlegen. Sie starten den Prozess, indem Sie einen LZL-Auftrag für Reverse Kitting manuell anlegen. Sie können diesen Prozess nur im EWM-System starten.

Auf jeden dieser drei Kitting-Prozesse werden wir in diesem Abschnitt genauer eingehen. Vorab geben wir Ihnen einige allgemeine Informationen über Kits in EWM.

Ein Kit besteht aus den folgenden Ebenen:

- Kit-Kopf
- Kit-Komponente
- ersetzte Kit-Komponente (optional)

Der *Kit-Kopf* beinhaltet das Kopfmaterial, das der Kunde bestellt und das ausgeliefert und fakturiert wird. Die Kit-Komponenten sind die Bestandteile des Kits, also die Materialien, die benutzt werden, um das Kit zusammenzusetzen.

In Abbildung 12.37 zeigen wir eine typische Struktur eines Kits: Ein Bremsenbausatz besteht aus jeweils zwei Bremsscheiben und vier Bremsklötzen. Das Kopfmaterial des Kits ist hier also der Bremsenbausatz, und die Komponentenmaterialien sind Bremsscheibe und Bremsklötze.

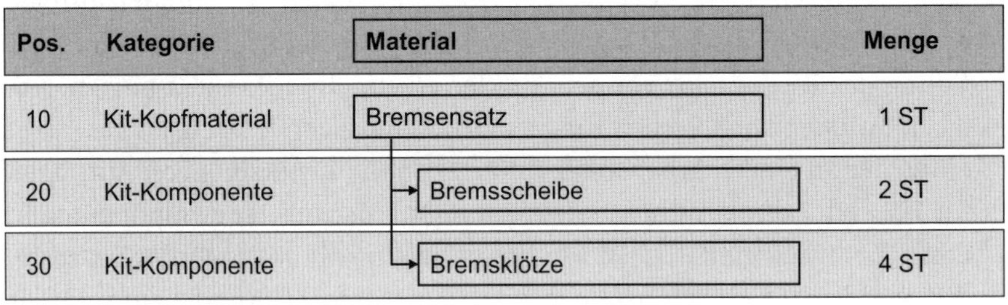

Pos.	Kategorie	Material	Menge
10	Kit-Kopfmaterial	Bremsensatz	1 ST
20	Kit-Komponente	→ Bremsscheibe	2 ST
30	Kit-Komponente	→ Bremsklötze	4 ST

Abbildung 12.37 Struktur eines Kits

EWM sichert Kits *nicht* als eigenes Stammdatum, sondern erhält die Information über die Struktur eines Kits ausschließlich als Teil von Lieferungen aus dem SAP-ERP-System.

Verschachtelte Kits

EWM unterstützt keine verschachtelten Kits, also Kits, die als Komponenten wiederum ein anderes Kit enthalten.

In den folgenden Abschnitten beschreiben wir die Prozesse im Detail:

- Kit-to-Order (mit SAP-ERP-Kundenaufträgen, mit Kitting-Packspezifikation und Kitting auf Arbeitsplätzen)
- Kit-to-Stock (mit und ohne SAP-ERP-Produktionsaufträge)
- Reverse Kitting (mit und ohne Stückliste)

12.3.1 Kit-to-Order mit SD-Kundenaufträgen

Der *Kit-to-Order-Prozess* ermöglicht es, Kits während der Auslieferungsverarbeitung aus sich im Lager befindlichen Komponenten zusammenzustellen, auszuliefern, und an den Kunden zu fakturieren.

In diesem Abschnitt fokussieren wir uns auf den Kit-to-Order-Prozess basierend auf *SD-Kundenaufträgen*, also Kundenaufträgen der Komponente für den Vertrieb in SAP ERP. EWM unterstützt auch Kit-to-Order im Zusammenhang mit CRM-Kundenaufträgen; im Hinblick auf das EWM-System unterscheiden sich die beiden Prozesse nicht wesentlich. Auf den Prozess beim Einsatz von SAP CRM gehen wir im nächsten Abschnitt genauer ein.

Beim Anlegen eines Kundenauftrags im SAP-ERP-System wird geprüft, ob für das eingegebene Material eine Vertriebsstückliste existiert. Wenn es eine Vertriebslücke gibt, führt das System die Stücklistenauflösung durch. Es erstellt für jede Position der Stückliste Unterpositionen unterhalb der eingegebenen Materialnummer. Wenn Sie bereits Bestand des Kits im Lager haben, kann dieser Bestand auch direkt kommissioniert werden. Das Kit wird in diesem Fall nicht in seine Komponenten aufgelöst.

Nach dem Speichern des Auftrags kann dieser beliefert werden. Beim Anlegen der Auslieferung werden die Positionen und Unterpositionen des Kundenauftrags übernommen. Die Auslieferung wird ins EWM-System übertragen, sofern Werk und Lagerort einer EWM-Lagernummer zugeordnet sind.

Basierend auf der SAP-ERP-Auslieferung werden in EWM eine Auslieferungsbenachrichtigung und ein Auslieferungsauftrag angelegt. Beide Belege beinhalten ebenfalls die Kit-Struktur in Form der Unterpositionen. In EWM sind nur die Unterpositionen kommissionierrelevant, das Kit selbst (das eingegebene Material) hingegen nicht. Die Kommissionierrelevanz wird aus den Positionsarten der EWM-Lieferung bestimmt, die wiederum mithilfe der Positionsarten der SAP-ERP-Auslieferung ermittelt worden sind. Bei der Erstellung der Kommissionier-Lageraufgaben in EWM werden somit nur Lageraufgaben für die Komponenten des Kits erstellt.

Das Zusammensetzen des Kits kann in EWM mit drei verschiedenen Methoden durchgeführt werden:

- an einem EWM-Arbeitsplatz mit LZL-Aufträgen
- an einem EWM-Arbeitsplatz ohne LZL-Aufträge
- während der Kommissionierung

In den folgenden Abschnitten möchten wir Ihnen diese drei Methoden der Kit-Zusammensetzung zeigen.

Das Lager versendet letztlich das komplette Kit an den Kunden. Die Fakturierung wird auf der Ebene des Kits durchgeführt, also nicht auf Basis der Preise der individuellen Komponenten.

Regeln für die Benutzung von Kits in SAP EWM

- Sie liefern ein Kit immer vollständig zum Kunden.
- Sie terminieren Kit und Kit-Komponenten immer auf dasselbe Datum.
- Alle Bestandteile eines Kits müssen aus demselben Lager stammen.
- Das System berechnet die Preise für Kits immer auf der Ebene des Kit-Kopfes.
- Kit-Kopf und Kit-Komponenten haben ein durch die Kit-Struktur definiertes Mengenverhältnis zueinander, das neu berechnet werden muss, sobald sich mengenmäßige Veränderungen auf der Ebene des Kopfes oder der Komponenten ergeben.

Kit-to-Order an Arbeitsplätzen mit LZL-Aufträgen

Im Kit-to-Order-Prozess an Arbeitsplätzen mit LZL-Aufträgen wird die Zusammensetzung des Kits an einem *Arbeitsplatz* mit einem Auftrag für logistische Zusatzleistungen (LZL-Auftrag) durchgeführt. Dadurch stehen Ihnen die folgenden Möglichkeiten zur Verfügung:

- Arbeiten an einem speziellen Kitting-Arbeitsplatz
- automatische Findung des Kitting-Arbeitsplatzes
- Dokumentation der Aufwände und Statusverfolgung für Kitting
- Integration der LZL-Abwicklung in die Lieferung

Wir zeigen nun die einzelnen Schritte eines Kit-to-Order-Prozesses, bis dann schließlich das Kitting am Arbeitsplatz durchgeführt wird.

Schritt 1: Kundenauftrag mit einer Kit-Struktur erstellen

Der erste Schritt im Kit-to-Order-Prozess ist die Anlage eines Kundenauftrags im SAP-ERP-System mit der Transaktion VA01. Nachdem Sie das Kit-Kopfmaterial eingegeben haben, prüft das System, ob eine Auftragsstückliste vorliegt, und löst die Stückliste auf, indem Unterpositionen für jede Komponente erzeugt werden. In Abbildung 12.38 sehen Sie ein Beispiel, in dem die Stückliste bereits aufgelöst wurde. Das Material PROD-L01 in Position 10 ist das vom Anwender eingegebene Kit-Kopfmaterial. Die Lieferposition hat die Positionsart KIT. Die Materialien PROD-M01 und PROD-S01 sind Komponenten der Stückliste und wurden zu Unterpositionen der Position 10.

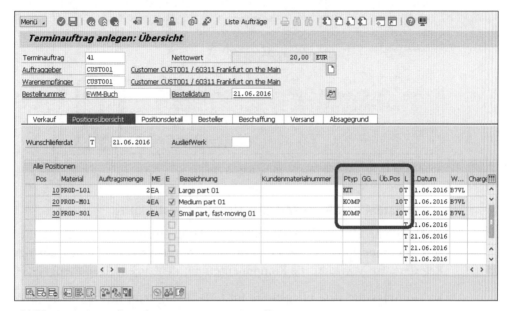

Abbildung 12.38 Kundenauftrag mit einer Kit-Hierarchie

In der Spalte ÜBERGEORDNETE POSITION sehen Sie, dass die beiden Positionen 20 und 30 Unterpositionen von Position 10 sind.

Änderungen der Kit-Struktur im Kundenauftrag
Während der Kundenauftragserstellung ist es möglich, die Kit-Struktur aus der Auftragsstückliste abzuändern. Wenn Sie die Kit-Struktur im Kundenauftrag ändern, betrifft dies alle folgenden Belege und Prozesse, u. a. die Zusammensetzung des Kits in EWM.
Wie schon erwähnt, gibt es im EWM-System kein eigenes Stammdatum für Kits. Es wird die Relation aus der Auslieferung (oder aus dem Kundenauftrag) übernommen.

Schritt 2: Auslieferung in SAP ERP anlegen

Nach dem Speichern des Kundenauftrags kann die Auslieferung angelegt werden. In Abbildung 12.39 sehen Sie, dass die Kit-Struktur aus dem Kundenauftrag in die Auslieferung übernommen worden ist.

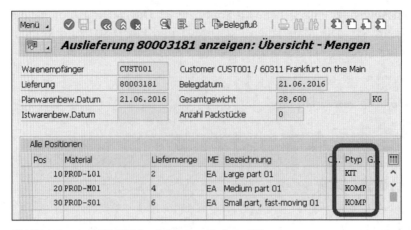

Abbildung 12.39 SAP-ERP-Auslieferung mit einem Kit

Stammdatum für Kits in SAP ERP: Die Auftragsstückliste

In Abbildung 12.40 sehen Sie die Stückliste, die unserem Kit-to-Order-Prozess zugrunde liegt. Sie sehen oben das Kopfmaterial und unten auf der Registerkarte MATERIAL die Komponenten mit den zugehörigen Mengen.

Die Auftragsstückliste pflegen Sie im SAP-ERP-System, indem Sie im SAP-Easy-Access-Menü dem Pfad LOGISTIK • VERTRIEB • STAMMDATEN • PRODUKTE • STÜCKLISTEN • STÜCKLISTE • MATERIALSTÜCKLISTE • ANLEGEN folgen.

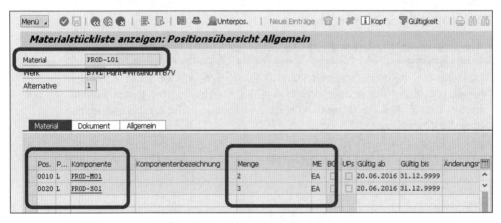

Abbildung 12.40 Stückliste für das Material PROD-L01

Schritt 3: SAP-ERP-Auslieferung ins SAP-EWM-System übertragen

Nach der Erzeugung der Auslieferung im SAP-ERP-System wird sie an das EWM-System verteilt. Dort werden zunächst eine Auslieferungsanforderung und dann der Auslieferungsauftrag erzeugt. Die Kit-Struktur wird aus SAP ERP in das EWM-System übernommen.

Da es im EWM-System keine eigenen Stammdaten für Kits gibt, werden für alle weiteren Verarbeitungsschritte die Kit-Struktur und die enthaltenen Mengenrelationen aus dem Auslieferungsauftrag benutzt. In unserem Beispiel aus Abbildung 12.40 beträgt die Mengenrelation zwischen Kit-Kopf und den Komponenten 1:1, d. h., jedes Kit besteht genau aus einem Stück der beiden Komponenten. EWM prüft ständig, ob diese Mengenrelation eingehalten wird, und verbietet bei Abweichungen das Buchen des Warenausgangs, z. B. wenn während der Kommissionierung eine Komponente nicht in voller Menge verfügbar war. In diesem Fall muss entweder die fehlende Menge nachkommissioniert werden, oder die Menge des Kopfmaterials muss reduziert und die zu viel kommissionierte Menge der anderen Komponente dekommissioniert werden (Transaktion /SCWM/CANCPICK).

In Abbildung 12.41 sehen Sie den Auslieferungsauftrag im EWM-System. Die Spalte EBENE zeigt die Ebene jeder Position an. Ein Pluszeichen (+) zeigt die Hierarchieebene der ersten Unterposition an.

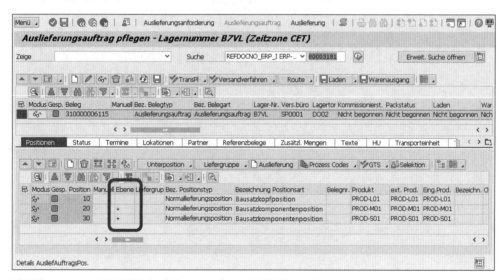

Abbildung 12.41 SAP-EWM-Auslieferungsauftrag mit Kit-Hierarchie

Wie bereits erwähnt, ist in diesem Fall nicht das Kit-Kopfmaterial kommissionierrelevant, sondern nur die beiden Kit-Komponenten.

Schritt 4: Anlegen des LZL-Auftrags für Kit-to-Order im Hintergrund

Während der Erstellung des Auslieferungsauftrags in EWM startet das System eine Aktion des *Post Processing Frameworks* (PPF) zum Anlegen von LZL-Aufträgen. Dabei sucht das System nach geeigneten *Packspezifikationen für Kitting*. Wenn es eine solche findet, erstellt es mithilfe der Packspezifikation einen LZL-Auftrag. Die Ebenen der Packspezifikation werden als LZL-Aktivitäten in den Auftrag übernommen. Der LZL-Auftrag wird mit Referenz zur Kit-Kopfposition des Auslieferungsauftrags angelegt, also zur übergeordneten Position.

Abbildung 12.42 zeigt einen solchen LZL-Auftrag für Kit-to-Order. Die diesem Auftrag zugrunde liegende Packspezifikation 20030 zeigen wir Ihnen im nächsten Schritt. Sie sehen jedoch schon, dass der LZL-Auftrag genau eine Aktivität hat, und zwar mit der Folgenummer 1 für die Zusammensetzung des Kits EWM-PAL00.

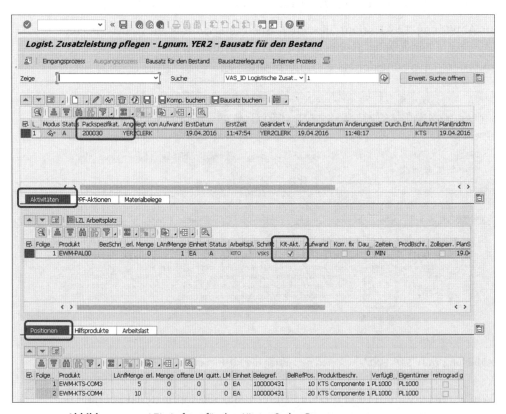

Abbildung 12.42 LZL-Auftrag für den Kit-to-Order-Prozess

Um das System so einzustellen, dass LZL für Kitting benutzt wird, müssen Sie die Positionsart des Auslieferungsauftrags für LZL relevant machen. Folgen Sie dafür im Customizing des EWM-Systems dem Pfad Extended Warehouse Management • Prozessübergreifende Einstellungen • Logistische Zusatzleistung (LZL) • Relevanz für LZL definieren, und pflegen Sie einen Eintrag für Ihre Lieferart, Positionsart und gegebenenfalls die Produktgruppe des Materialstamms. Dann weisen Sie ein Findungsschema für Packspezifikationen zu und setzen die LZL-Relevanz z. B. auf 1, sodass der LZL-Auftrag beim Anlegen des Auslieferungsauftrags angelegt werden soll. Das passiert übrigens im Hintergrund.

Ein LZL-Auftrag für Kitting hat einige Besonderheiten im Vergleich zu »normalen« LZL-Aufträgen, u. a., dass alle Aktivitäten *vor* der Kitting-Aktivität (die Aktivität, die das Kennzeichen Kit-Akt. gesetzt hat, siehe Abbildung 12.42) und die Kitting-Aktivität selbst die *Komponenten* des Kits als Positionen beinhalten. Erst Aktivitäten, die *nach* der Kitting-Aktivität folgen, werden ausschließlich für das Kit selbst durchgeführt. Anders ausgedrückt, steckt dahinter die Annahme, dass bis zur Durchführung der Kit-Zusammensetzung alle Aktivitäten auf den Komponenten durchgeführt werden müssen und danach nur noch auf dem Kit.

Packspezifikation als Stammdatum für den LZL-Auftrag

Die Packspezifikation ist das Stammdatum für LZL-Aufträge. Ohne eine gültige Packspezifikation kann das System keinen LZL-Auftrag anlegen. Während der Anlage der Auslieferungsanforderung sucht EWM mit dem im Customizing der LZL-Relevanz eingestellten Findungsschema nach geeigneten Packspezifikationen und legt dann mit der gefundenen Packspezifikation den LZL-Auftrag an. Die einzelnen *Ebenen* der Packspezifikation werden dann zu *Aktivitäten* des LZL-Auftrags.

Wenn Sie Packspezifikationen mit mehreren Ebenen einsetzen (z. B. *Ölen* als erste Ebene, *Kit-Zusammenstellung* als zweite und *Verpacken* als dritte Ebene), müssen Sie im Customizing der Ebenenart einstellen, welches die Kitting-Ebene ist. Das Kennzeichen Kit-Akt. aus dem LZL-Auftrag in Abbildung 12.42 kommt letztlich von dieser Einstellung. Folgen Sie im Customizing des EWM-Systems dem Pfad Extended Warehouse Management • Stammdaten • Packspezifikation • Struktur der Packspezifikation pflegen • Ebenenart definieren, und setzen Sie das Kennzeichen Kitting (siehe Abbildung 12.43).

Abbildung 12.43 Ebenenart für das Kitting definieren

Die Packspezifikation, die zur Erstellung des LZL-Auftrags benutzt wurde, sehen Sie in Abbildung 12.44. Die Packspezifikation hat (neben dem Inhalt) nur eine Ebene. Wie Sie sehen, hat die Ebene die Ebenenart KIT und die Bezeichnung BAUSATZERSTELLUNG.

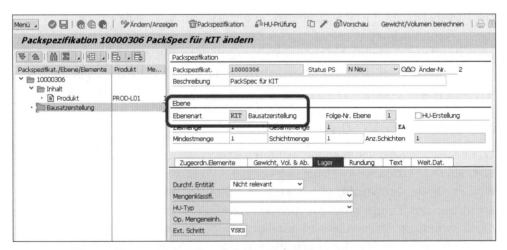

Abbildung 12.44 Packspezifikation für die Kit-Bildung

Im Feld EXT. SCHRITT auf der Registerkarte LAGER tragen Sie einen Schritt der prozessorientierten Lagerungssteuerung ein. Diesem Schritt muss im Customizing ein Lagerplatz zugewiesen sein. Auf diesem Lagerplatz legen Sie einen LZL-Arbeitsplatz an, auf dem dann das Kitting durchgeführt wird.

Schritt 5: Kit-Komponenten kommissionieren und Kits im Arbeitsplatz zusammensetzen

In den vorangegangenen vier Schritten haben wir Ihnen gezeigt, wie Sie einen Kundenauftrag für Kit-to-Order, die Auslieferung in SAP ERP und in EWM, die Stückliste in SAP ERP, die Packspezifikation in EWM und den LZL-Auftrag in EWM anlegen. Der nächste Schritt ist nun die Erstellung der Kommissionier-Lageraufgaben für den EWM-Auslieferungsauftrag. Dies führen Sie entweder direkt zur Auslieferung oder über eine Wellenfreigabe durch. Wie schon vorher erwähnt, sind bei Kit-to-Order nur die Komponenten des Kits kommissionierrelevant.

Im Kit-to-Order-Prozess *mit* Arbeitsplatz müssen Sie durch die Verwendung der prozessorientierten Lagerungssteuerung sicherstellen, dass die Komponenten zu einem Kit-to-Order-Arbeitsplatz gebracht werden. Am einfachsten benutzen Sie einen Lagerungsprozess mit regelbasiertem LZL-Schritt. Welcher Arbeitsplatz dann tatsächlich verwendet wird, wird durch das Feld Ext. Schritt der dem LZL-Auftrag zugrunde liegenden Packspezifikation bestimmt.

Um die Transaktion für die Zusammensetzung von Kits in einem Arbeitsplatz zu starten, folgen Sie im SAP-Easy-Access-Menü dem Pfad Extended Warehouse Management • Ausführung • Rückmeldung für LZL erfassen, oder Sie benutzen den Transaktionscode /SCWM/VASEXEC. Im Einstiegsbildschirm dieser Transaktion geben Sie den Namen des Arbeitsplatzes ein und führen die Selektion aus. Es erscheint der Bildschirm aus Abbildung 12.45.

Auf der linken Seite des Bildschirms sehen Sie die Kommissionier-HU mit den beiden kommissionierten Komponenten. Der LZL-Auftrag ist unten links zu sehen. Die Aktivitäten des LZL-Auftrags sehen Sie im Abschnitt unten rechts.

Oberhalb der Baumstruktur befindet sich eine Schaltfläche zur Kit-Erstellung. Wenn Sie diese Schaltfläche anklicken, bestätigen Sie, dass Sie das Kit zusammengestellt haben. Das System erstellt nun eine Position für das Kit-Kopfmaterial und berechnet dessen Menge, basierend auf den Positionsmengen. Die neu erstelle Position für das Kit-Kopfmaterial wird als Knoten zwischen der Kommissionier-HU und den Komponenten in den Baum eingefügt. Im Bild von Abbildung 12.45 wurde die Schaltfläche bereits angeklickt. Sie sehen daher das Kit-Kopfmaterial EWM-PAL00 links im Baum.

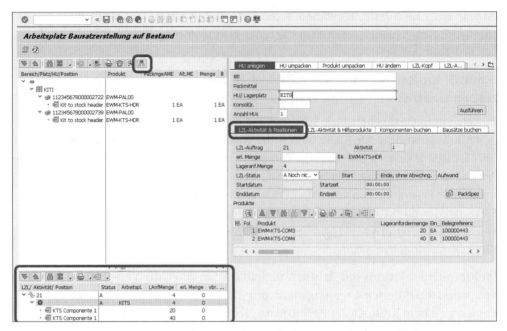

Abbildung 12.45 Zusammensetzung des Kits im Arbeitsplatz für Kit-to-Order

> **Virtuelle Bestandsposition bei Kit-to-Order**
>
> Die erzeugte Position für das Kit-Kopfmaterial ist technisch keine »echte« bestandsgeführte Position, sondern lediglich eine virtuelle oder eine »Dummy-Position«. Diese virtuelle Position wird in Transaktionen benutzt, indem das Kit angezeigt wird (um sehen zu können, dass das Kitting durchgeführt wurde), zur Prüfung der korrekten Mengenrelationen bei der Warenausgangsbuchung sowie zum Druck von Etiketten und anderen Dokumenten.

Mit dem LZL-Auftrag unten auf dem Bildschirm können Sie den Fortschritt des Kittings erfassen, z. B. die bereits abgearbeitete Menge, die Startzeit und Endzeit sowie Aufwände und eventuelle Mengenabweichungen. Sie können die dem LZL-Auftrag zugrunde liegende Packspezifikation anzeigen und ausdrucken, indem Sie die Schaltfläche Packspez. anklicken.

Sobald das Kit fertig zusammengestellt ist, geben Sie die HU frei. Dazu benutzen Sie (wie von anderen Arbeitsplätzen bekannt) die Schaltfläche Abschliessen des Prozessschrittes der HU. Das System erstellt dann gemäß der prozessorientierten Lagerungssteuerung die HU-Lageraufgabe für den nächsten Schritt.

Schritt 6: Warenausgang buchen

Schließlich führen Sie die Warenausgangsbuchung durch. Die Buchung wird ins SAP-ERP-System repliziert. Im SAP-ERP-System wird vor dem Buchen des Warenausgangs im Hintergrund zunächst ein Wareneingang für das Kit-Kopfmaterial gebucht. Hierzu müssen Sie im Customizing eine Bewegungsart einstellen. Folgen Sie dazu im Customizing des SAP-ERP-Systems dem Pfad LOGISTICS EXECUTION • ERSATZTEILMANAGEMENT (SPM) • WARENAUSGANGSPROZESS (SPM) • BAUSATZ FÜR DEN AUFTRAG • WARENEINGANGSBEWEGUNGSART FÜR BAUSATZKÖPFE EINSTELLEN (siehe Abbildung 12.46).

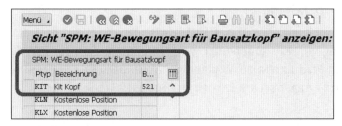

Abbildung 12.46 Bewegungsart für die WE-Buchung des Kit-Kopfes zuweisen

Wir haben Ihnen nun einen kompletten Kit-to-Order-Prozess mit Benutzung von LZL-Aufträgen in einem Arbeitsplatz beschrieben – von der Anlage des Kundenauftrags bis hin zur Warenausgangsbuchung der Auslieferung im SAP-ERP-System. In den folgenden beiden Abschnitten beschreiben wir Ihnen Kit-to-Order an Arbeitsplätzen *ohne* Benutzung von LZL-Aufträgen sowie Kit-to-Order während der Kommissionierung.

Kit-to-Order an Arbeitsplätzen ohne LZL-Aufträge

Mit diesem Prozess können Sie ein Kit *ohne* Benutzung von LZL-Aufträgen erstellen. Dafür lässt sich ein »normaler« Packarbeitsplatz so einstellen, dass dort die Rückmeldung erzeugter Bausätze möglich ist.

Dieser Prozess eignet sich also unter folgenden Bedingungen:

▸ Sie benötigen *keine* ausführliche Dokumentation des Kitting-Vorgangs in EWM.

▸ Sie führen Kitting nicht an einem *speziellen Kitting-Arbeitsplatz* durch, sondern an einem Arbeitsplatz, an dem Sie auch verpacken.

Die Informationen über das Kitting finden Sie nur in den Informationen des Bausatzes in der Auslieferung und in der Kitting-Anweisung, die als freier Text zur Auslieferposition vorliegen kann.

Aus Customizing-Sicht gibt es die folgenden Unterschiede zum Prozess *mit* Benutzung von LZL:

▸ Um die Erstellung von LZL-Aufträgen zu verhindern, deaktivieren Sie die LZL-Relevanz im Customizing unter dem Pfad EXTENDED WAREHOUSE MANAGEMENT • PROZESSÜBERGREIFENDE EINSTELLUNGEN • LOGISTISCHE ZUSATZLEISTUNG (LZL) • RELEVANZ FÜR LZL DEFINIEREN, oder Sie verwenden unterschiedliche Lieferarten, Positionsarten oder Materialien mit unterschiedlichen Produktgruppen, für die keine LZL-Relevanz eingestellt ist.

▸ Weisen Sie dem Lagerungsprozess der prozessorientierten Lagerungssteuerung einen *Verpacken-Schritt* zu.

▸ Stellen Sie das Arbeitsplatzlayout des Packarbeitsplatzes so ein, dass die Zusammensetzung von Kits unterstützt wird. Folgen Sie dazu im EWM-Customizing dem Pfad EXTENDED WAREHOUSE MANAGEMENT • STAMMDATEN • ARBEITSPLATZ • ARBEITSPLATZ-LAYOUT DEFINIEREN.

Kit-to-Order während der Kommissionierung

Wenn Sie die Zusammensetzung des Kits physisch *nicht* an einem Arbeitsplatz durchführen, können Sie dies auch *während der Kommissionierung* machen. In diesem Fall benötigen Sie auch keinen Verpacken- oder LZL-Schritt in der prozessorientierten Lagerungssteuerung. Sie haben dann aber auch keine Möglichkeit mehr, einen LZL-Auftrag zu benutzen, d. h., Sie können in EWM keine ausführliche Dokumentation des Kitting-Vorgangs erfassen.

Um Kit-to-Order während der Kommissionierung zu benutzen, müssen Sie einstellen, dass EWM automatisch eine Position in der HU mit dem Kit-Kopf generiert. Es handelt sich hier um dieselbe virtuelle Position, die wir zuvor beschrieben haben. Folgen Sie dazu im EWM-Customizing dem Pfad EXTENDED WAREHOUSE MANAGEMENT • WARENAUSGANGSPROZESS • AUSLIEFERUNG • MANUELLE EINSTELLUNGEN • POSITIONSARTEN FÜR AUSLIEFERUNGSPROZESS DEFINIEREN (siehe Abbildung 12.47).

Hier stellen Sie für jede Kombination von Belegtyp und Positionstyp ein, ob EWM während des Kommissionierens in eine Kommissionier-HU automatisch eine Kit-Kopfposition erzeugen soll. Es wird beim Sichern der Lageraufgabe eine Dummy-Position in der HU erzeugt, die dann z. B. im Verpackungsdialog angezeigt wird und auf den HU-Druckformularen ausgegeben werden kann. Darüber hinaus wird diese Position bei der Warenausgangsbuchung vom System verwendet, um zu prüfen, ob verpackte Bausätze vollständig sind und somit auch im Warenausgang gebucht werden können.

Abbildung 12.47 Bausatzpositionen automatisch erzeugen

Kit-to-Order in Verbindung mit SAP CRM

Kit-to-Order wird ebenfalls im Zusammenhang mit CRM-Kundenaufträgen unterstützt. Der Prozess ist dem beschriebenen Prozess mit SAP-ERP-Kundenaufträgen insgesamt sehr ähnlich. Im EWM-System selbst sind sogar alle Schritte identisch.

Hauptunterschied bei der Erfassung des Kundenauftrags im CRM-System ist, dass die Stückliste während des Global ATP-Checks aufgelöst wird und sie in der Komponente *Integriertes Produkt- und Prozess-Engineering* (iPPE) abgelegt ist.

Ein weiterer Unterschied ist die Behandlung des Kundenauftrags im SAP-ERP-System. Der CRM-Kundenauftrag wird in SAP ERP als *ungeprüfte Lieferung* übertragen (vorausgesetzt, Sie benutzen die direkte Lieferverteilungsmethode für die SAP-ERP-Integration, indem Sie die Systemkonfiguration für das Service Parts Management in SAP CRM aktivieren). Im SAP-ERP-System wird die ungeprüfte Lieferung mit der Transaktion VL10UC in eine *geprüfte Lieferung* umgesetzt. Die geprüfte Lieferung entspricht der »normalen« Auslieferung und ist relevant für die Verteilung nach EWM.

12.3.2 Kit-to-Stock

Sie können Kits auch unabhängig von Kundenaufträgen erstellen und anschließend in den Bestand überführen (*Kit-to-Stock*). Dies bietet Ihnen einen schlanken, einfachen Kitting-Prozess, der im Lager ausgeführt und dokumentiert wird.

Sie können Kit-to-Stock entweder im SAP-ERP-System auf der Basis eines Fertigungsauftrags oder direkt im EWM-System durch einen LZL-Auftrag manuell anstoßen. Beide Varianten beschreiben wir nun im Detail.

Kit-to-Stock, basierend auf SAP-ERP-Fertigungsaufträgen

Um Kit-to-Stock, basierend auf SAP ERP-Fertigungsaufträgen, zu benutzen, müssen Sie im Customizing des SAP-ERP-Systems im Fertigungssteuerschlüssel im Abschnitt TRANSPORT das Kennzeichen KIT-TO-STOCK IN EWM setzen. Folgen Sie dazu dem Pfad PRODUKTION • FERTIGUNGSSTEUERUNG • STAMMDATEN • FERTIGUNGSSTEUERUNGSPROFIL DEFINIEREN. Damit legen Sie fest, dass die Ausführung des Auftrags als Kit-to-Stock-Prozess in einem EWM-System erfolgen soll. Nach erfolgreicher Freigabe des Auftrags werden eine Auslieferung für die Komponenten und eine Anlieferung für die Auftragsposition erstellt und an das EWM-System verteilt. Der Auftrag selbst ist danach nicht mehr änderbar.

> **Weitere Voraussetzungen für Kit-to-Stock, basierend auf SAP-ERP-Fertigungsaufträgen**
>
> Weitere Informationen über die Voraussetzungen finden Sie in der Datenelementdokumentation des Kennzeichens KIT-TO-STOCK IN EWM des Fertigungssteuerschlüssels in SAP ERP unter dem Pfad PRODUKTION • FERTIGUNGSSTEUERUNG • STAMMDATEN • FERTIGUNGSSTEUERUNGSPROFIL DEFINIEREN.

Die erstellten Lieferungen werden ins EWM-System übertragen. Für die Anlieferung wird automatisch (via PPF-Aktion) ein LZL-Auftrag erstellt. Nach der Kommissionierung der Komponenten und der Rückmeldung des LZL-Auftrags werden der Warenausgang für die Auslieferung und der Wareneingang für die Anlieferung gebucht und in SAP ERP verteilt. Der Fertigungsauftrag in SAP ERP wird fortgeschrieben.

Sie können den Kit-to-Stock-Prozess komplett über den LZL-Auftrag oder über die Transaktion zur Bearbeitung des LZL-Auftrags für Kit-to-Stock bearbeiten. Folgen Sie dazu im SAP-Easy-Access-Menü dem Pfad EXTENDED WAREHOUSE MANAGEMENT • ARBEITSVORBEREITUNG • LOGISTISCHE ZUSATZLEISTUNG (LZL) • LZL FÜR BAUSATZERSTELLUNG AUF BESTAND, oder nutzen Sie den Transaktionscode /SCWM/VAS_KTS. In Abbildung 12.48 sehen Sie diese Transaktion mit einem entsprechenden LZL-Auftrag für Kit-to-Stock.

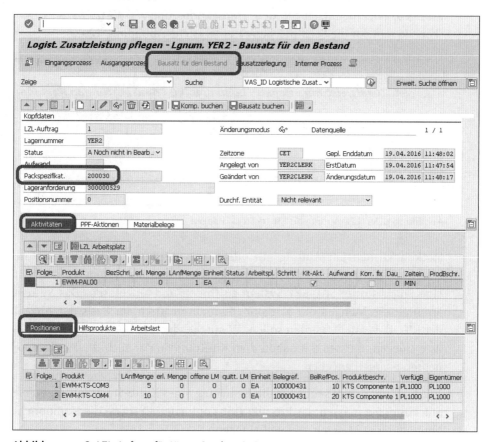

Abbildung 12.48 LZL-Auftrag für Kit-to-Stock in SAP EWM

Anstatt mit der Transaktion /SCWM/VAS_KTS zu arbeiten, können Sie alternativ auch direkt die Anlieferungs- und Auslieferungstransaktionen (/SCWM /PRDI und /SCWM/PRDO) benutzen. Diese bieten im Falle von Kit-to-Stock aber nur grundlegende Funktionalitäten an, wie z. B. Warenbewegungsbuchungen. Weitergehende Funktionen wie z. B. Laden/Entladen, Routenfindung, GTS-Prüfung, Zollabwicklung etc. können Sie nicht nutzen. Daher empfehlen wir Ihnen, immer über die Kit-to-Stock-Transaktion zu arbeiten.

Kit-to-Stock, manuell in SAP EWM mit LZL-Auftrag

Sie können Kit-to-Stock auch benutzen, wenn Sie nicht mit SAP-ERP-Fertigungsaufträgen arbeiten. In diesem Fall legen Sie einen LZL-Auftrag für Kit-to-Stock manuell in EWM an. Folgen Sie dazu im SAP-Easy-Access-Menü dem Pfad EXTENDED WAREHOUSE MANAGEMENT • ARBEITSVORBEREITUNG • LOGISTISCHE ZUSATZLEISTUNG (LZL) • LZL FÜR BAUSATZERSTELLUNG AUF BESTAND, oder benutzen Sie den Transaktionscode /SCWM/VAS_KTS. Klicken Sie nun auf die Schaltfläche ANLEGEN (siehe Abbildung 12.49).

Abbildung 12.49 LZL-Auftrag für Kit-to-Stock anlegen

Sie können den LZL-Auftrag mit oder ohne Stückliste anlegen. Wenn Sie einen LZL-Auftrag *mit* Stückliste anlegen, versucht das System, zu dem Kit eine Stückliste im SAP-ERP-System zu finden und aufzulösen. Das System ermittelt die Mengen der Komponenten automatisch auf Basis der Anzahl der Kits, die erstellt werden sollen. Wenn Sie einen LZL-Auftrag *ohne* Stückliste anlegen, müssen Sie neben dem Kit-Kopfmaterial auch die Kit-Komponenten manuell angeben.

In Abbildung 12.50 sehen Sie die Erstellung eines Kit-to-Stock-Auftrags *ohne* Stückliste. Sie müssen das Produkt (Kit-Kopfmaterial) sowie die Komponenten und deren Mengen manuell eingeben.

Um Kit-to-Stock benutzen zu können, müssen Sie eine spezielle LZL-Auftragsart anlegen. In Abbildung 12.51 sehen Sie die Auftragsart KTR, die wir im vorangegangenen Beispiel benutzt haben. Zur Pflege der Auftragsarten folgen Sie im Customizing dem Pfad EXTENDED WAREHOUSE MANAGEMENT • PROZESSÜBERGREIFENDE EINSTELLUNGEN • LOGISTISCHE ZUSATZLEISTUNG (LZL) • AUFTRAGSARTEN FÜR LZL FÜR BAUSATZERSTELLUNG FÜR DEN BESTAND DEFINIEREN.

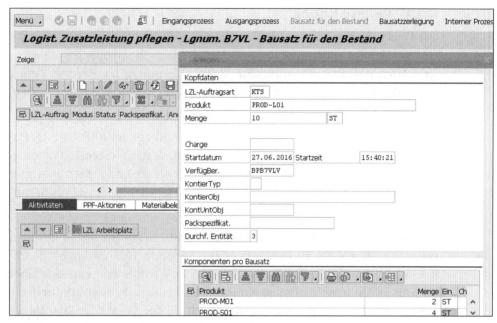

Abbildung 12.50 LZL-Auftrag für Kit-to-Stock mit zwei Komponenten ohne Benutzung der SAP-ERP-Stückliste anlegen

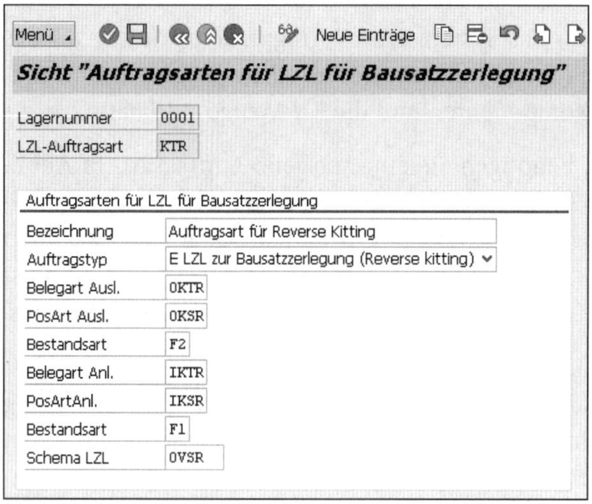

Abbildung 12.51 Auftragsart für Kit-to-Stock definieren

In der Auftragsart stellen Sie u. a. ein, welche Belegart das System für die erstellten An- und Auslieferungen benutzen soll und ob die Komponenten retrograd entnommen werden sollen oder nicht. Mit dem Feld SCHEMA LZL legen Sie fest, welche Konditionsart für die Suche nach Packspezifikationen benutzt wird.

12.3.3 Reverse Kitting

Mit *Reverse Kitting* können Sie Kits, die Sie nicht länger benötigen oder die Sie über Kundenretouren bekommen haben, in ihre Komponenten zerlegen. Sie starten den Prozess, indem Sie einen LZL-Auftrag für Reverse Kitting manuell anlegen. Sie können diesen Prozess nur im EWM-System starten, nicht aber aus SAP CRM oder SAP ERP heraus.

Folgen Sie zum Anlegen eines solchen LZL-Auftrags im SAP-Easy-Access-Menü dem Pfad EXTENDED WAREHOUSE MANAGEMENT • ARBEITSVORBEREITUNG • LOGISTISCHE ZUSATZLEISTUNG (LZL) • LZL FÜR BAUSATZZERLEGUNG, oder Sie benutzen die Transaktion /SCWM/VAS_KTR. Klicken Sie auf die Schaltfläche ANLEGEN.

Dort können Sie wählen, ob Sie mit oder ohne Stückliste arbeiten möchten (ganz ähnlich wie bei Kit-to-Stock). Wenn Sie einen LZL-Auftrag *mit* Stückliste anlegen, versucht das System, zu dem Kit-Kopfprodukt eine Stückliste im SAP-ERP-System zu finden und aufzulösen. Das System ermittelt die Mengen der Komponenten automatisch anhand der Anzahl der Kits, die Sie erstellen möchten. Wenn Sie einen LZL-Auftrag *ohne* Stückliste anlegen, müssen Sie neben dem Kit-Kopfprodukt auch die Komponenten manuell angeben.

Sie können einstellen, dass das System eine Verfügbarkeitsprüfung für das Kit durchführt. Wenn das System das Kit nicht voll bestätigen kann, reduziert es die Mengen der Komponenten und die Kit-Menge automatisch.

Auch für Reverse Kitting benötigen Sie eine spezielle Auftragsart. In Abbildung 12.52 sehen Sie die Auftragsart KTR, die im Standard hinterlegt ist. Folgen Sie zur Einstellung der Auftragsart im Customizing dem Pfad EXTENDED WAREHOUSE MANAGEMENT • PROZESSÜBERGREIFENDE EINSTELLUNGEN • LOGISTISCHE ZUSATZLEISTUNG (LZL) • AUFTRAGSARTEN FÜR LZL FÜR BAUSATZZERLEGUNG DEFINIEREN.

Nach dem Speichern des LZL-Auftrags erstellt das System eine Auslieferung für den Kit-Kopf sowie eine Anlieferung mit den Kit-Komponenten (mit den in der Auftragsart für Reverse Kitting eingestellten Beleg- und Positionsarten). Beide Lieferungen werden ins SAP-ERP-System repliziert, sobald Sie den Wareneingang oder Warenausgang buchen.

In diesem Abschnitt haben wir die Kitting-Funktionalitäten beschrieben, die von EWM unterstützt werden. Im nächsten Abschnitt stellen wir Ihnen das Arbeitsmanagement vor.

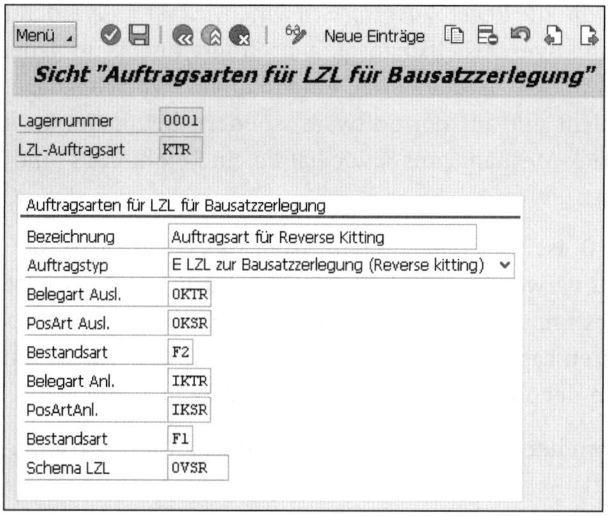

Abbildung 12.52 Auftragsart für Reverse Kitting

12.4 Arbeitsmanagement

Grundlage der meisten Lagerprozesse ist die Arbeitskraft der Lagermitarbeiter. Sie bringen Kraft und Energie auf und nehmen (mit Unterstützung manueller oder automatisierter Hilfsmittel) die meisten Lagerbewegungen vor. Die Arbeitskraft stellt deshalb in den meisten Lägern den größten Kostenfaktor dar: Bis zu 60% (manchmal sogar mehr) der Kosten entfallen auf Löhne und Gehälter (siehe Modern Materials Handling Online *www.mmh.com*, September 2005). Aus diesem Grund legen Lagerleiter häufig ein besonderes Augenmerk auf den Einfluss von Produktivität und Auslastung und somit auf die allgemeine Kostenstruktur.

Eines der wichtigsten Werkzeuge zu diesem Zweck ist eine *Arbeitsmanagementsoftware*, die dabei hilft, die Produktivität von Mitarbeitern zu erfassen, zu dokumentieren und mit etablierten Standards zu vergleichen. Diese Standards und Kennzahlen werden auf unterschiedliche Weise definiert und anhand von Best Practices neu und weiter spezifiziert.

Darüber hinaus leistet die *Personaleinsatzplanung* einen wichtigen Beitrag zur Verbesserung der Produktivität, indem sie hilft festzustellen, wie viele Mitarbeiter benötigt werden, um z. B. die schon avisierten Wareneingänge zu verarbeiten. Die Gegenüberstellung der produktiven und unproduktiven Zeit von Lagermitarbeitern ist eine gute Möglichkeit, um die verfügbaren Ressourcen langfristig optimal einplanen zu können. In der Praxis bestätigt das

767

Arbeitsmanagement oft die alte Regel *Was gemessen wird, wird verbessert*, denn die Einführung eines effektiven Arbeitsmanagement-Programms kann dabei helfen, Lagerkosten signifikant zu reduzieren. Ein effektives Arbeitsmanagement besteht jedoch nicht nur aus der Software, sondern beinhaltet auch einen effektiven Feedback-Mechanismus sowie häufig ein Belohnungs- und/ oder Bestrafungssystem.

Seit EWM-Release 5.10 ist es möglich, ein Arbeitsmanagement-System innerhalb von EWM zu verwenden. Sie können dabei auch standardisierte Vorgabezeiten (SVZ) bestimmen, um darauf basierend die Zeit für die Ausführung einer bestimmten Lagertätigkeit zu prognostizieren. Zusätzlich zum Hochladen und Ablegen der SVZ bietet EWM folgende Möglichkeiten:

▸ automatisches Erfassen der tatsächlichen Ausführungszeit direkter Aktivitäten (direkter Arbeit)

▸ Erfassen (mittels manueller Dateneingabe) indirekter Aktivitäten oder indirekter Arbeit/Aufgaben

▸ Kalkulation der geplanten Auslastung/Arbeitslast, basierend auf den standardisierten Vorgabezeiten

▸ Aufzeigen der Differenz zwischen kalkulierter/geplanter Arbeitslast (Auslastung) und tatsächlicher Arbeitslast (Auslastung)

▸ Ausführen einer operativen Planung, basierend auf der künftigen Arbeitslast

▸ Aufzeigen der Mitarbeiterleistung über eine bestimmte Zeitspanne, innerhalb von EWM oder mittels Datentransfer an SAP ERP Human Capital Management (HCM, ehemals SAP HR)

In diesem Abschnitt beschreiben wir, welche Methoden genutzt werden, um die genannten Aktivitäten durchzuführen, wie diese konfiguriert und eingerichtet werden, wie Messservices zur Kalkulation der operativen Planung von Mitarbeitern genutzt werden können und wie ein effektives Arbeitsmanagement durch eine Aufbereitung der Ergebnisse oder die Übertragung der Ergebnisse an HCM unterstützt werden kann.

Vor allem in Deutschland ist das Erfassen und Vergleichen der individuellen Mitarbeiterleistung aufgrund von Betriebsratsbeschränkungen in größeren Unternehmen sehr heikel. Die Möglichkeiten der Transparenz von EWM werden in der Praxis in Deutschland aus diesem Grund meist nicht ausgeschöpft. Wir fassen deshalb das Erfassen und Vergleichen der Mitarbeiterleistung sowie die Integration in HCM in diesem Abschnitt sehr kurz. Wir verweisen an dieser Stelle auf unser englisches EWM-Buch *SAP Extended Warehouse Management: Processes, Functionality, and Configuration* (Bauer et al. 2010).

12.4.1 Aktivierung des Arbeitsmanagements

Das EWM-Arbeitsmanagement ist nicht standardmäßig für jedes Lager oder jede Aktivität eingerichtet und aktiv. Sie können das Arbeitsmanagement in EWM flexibel und nur für bestimmte Teile und Aktivitäten aktivieren. Um das Arbeitsmanagement zu aktivieren, müssen Sie zuerst eine Aktivierung auf der Lagernummer durchführen. Danach müssen die relevanten internen Lagerprozessschritte (im Folgenden interne Prozessschritte genannt) aktiviert werden. Externe Lagerprozessschritte (im Folgenden externe Prozessschritte genannt), die nicht relevant sind, können deaktiviert werden (siehe Abschnitt 7.4, »Lagerungssteuerung«). Mit anderen Worten, Sie führen eine Deaktivierung der externen Prozessschritte für jeden aktivierten internen Prozessschritt durch.

Ein *interner Prozessschritt* wird in EWM verwendet, um die unterschiedlichen Lagerprozessschritte zu spezifizieren. Die Applikation nutzt diese Nomenklatur für interne Zwecke und beschreibt so jeden Lagerprozess (wie PAC = Verpacken, PICK = Auslagern, PUT = Einlagern und QIS = Qualitätsprüfung.)

Der *externe Prozessschritt* wird vom Lagermitarbeiter in den Transaktionen und Programmen verwendet. Diese Unterscheidung ermöglicht es, mehrere externe Prozessschritte zu dem gleichen internen Prozessschritt zu erstellen.

Um das Arbeitsmanagement für das Lager im EWM-Customizing zu aktivieren (siehe Abbildung 12.36), folgen Sie dem Menüpfad EXTENDED WAREHOUSE MANAGEMENT • ARBEITSMANAGEMENT • ARBEITSMANAGEMENT AKTIVIEREN und wählen den Knoten AM FÜR LAGERNUMMER AKTIVIEREN. Beim Aufrufen der Konfigurationstransaktion ist dieser bereits standardmäßig ausgewählt (siehe Abbildung 12.53).

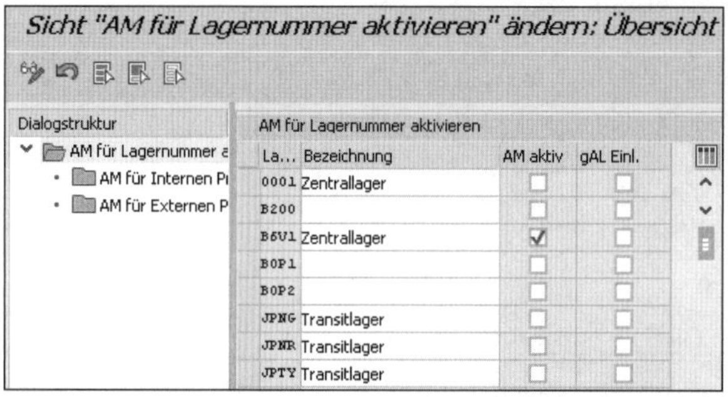

Abbildung 12.53 Arbeitsmanagement für eine Lagernummer aktivieren

Haben Sie das Arbeitsmanagement für das Lager eingerichtet und aktiviert, müssen Sie es auch für die jeweiligen (internen und externen) Prozessschritte aktivieren oder deaktivieren (siehe Abbildung 12.54). Um die internen Prozessschritte im EWM-Customizing zu aktivieren, folgen Sie dem schon oben genannten Menüpfad EXTENDED WAREHOUSE MANAGEMENT • ARBEITSMANAGEMENT • ARBEITSMANAGEMENT AKTIVIEREN und wählen den Knoten AM FÜR LAGERNUMMER AKTIVIEREN. Suchen Sie dann das Lager aus, für das Sie eine detaillierte Aktivierung durchführen möchten, und wählen Sie den Knoten AM FÜR INTERNEN PROZESSSCHRITT AKTIVIEREN aus.

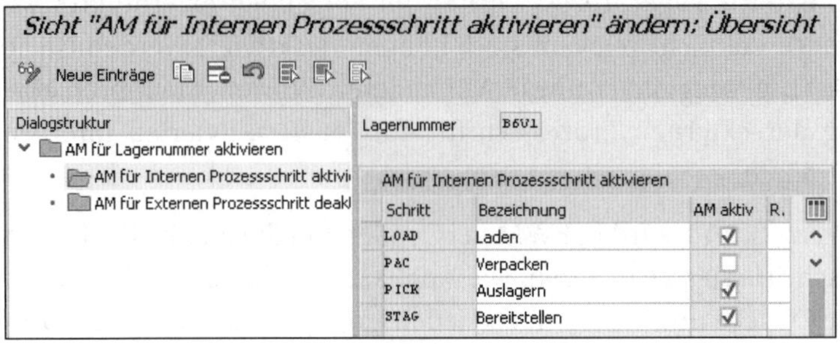

Abbildung 12.54 Arbeitsmanagement für interne Prozessschritte aktivieren

Zu jedem internen Prozessschritt kann es einen oder mehrere zugewiesene externe Prozessschritte geben (siehe Abbildung 12.55). Um die für einen internen Prozessschritt relevanten externen Prozessschritte im EWM-Customizing zu pflegen, folgen Sie dem Menüpfad EXTENDED WAREHOUSE MANAGEMENT • ARBEITSMANAGEMENT • EXTERNE PROZESSSCHRITTE DEFINIEREN.

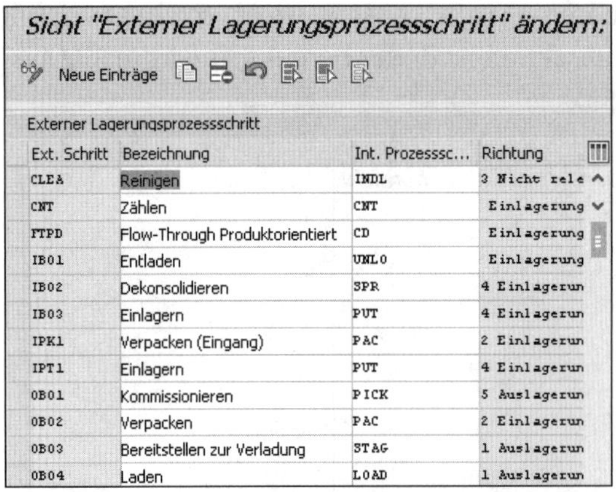

Abbildung 12.55 Externen Prozessschritt erstellen und Zuordnung zu den internen Prozessschritten pflegen

Sie können das Arbeitsmanagement für jeden externen Prozessschritt deaktivieren, der einem beliebigen internen und bereits aktivierten Prozessschritt zugeordnet ist. Wird ein externer Prozessschritt nicht explizit deaktiviert, ist er so lange mitaktiviert, wie der dazugehörige interne Prozessschritt für das Arbeitsmanagement aktiviert ist. Um die externen Prozessschritte für das Arbeitsmanagement zu deaktivieren (siehe Abbildung 12.56), folgen Sie dem Menüpfad EXTENDED WAREHOUSE MANAGEMENT • ARBEITSMANAGEMENT • ARBEITSMANAGEMENT AKTIVIEREN und wählen zuerst die Lagernummer und dann den Knoten AM FÜR EXTERNEN PROZESSSCHRITT DEAKTIVIEREN.

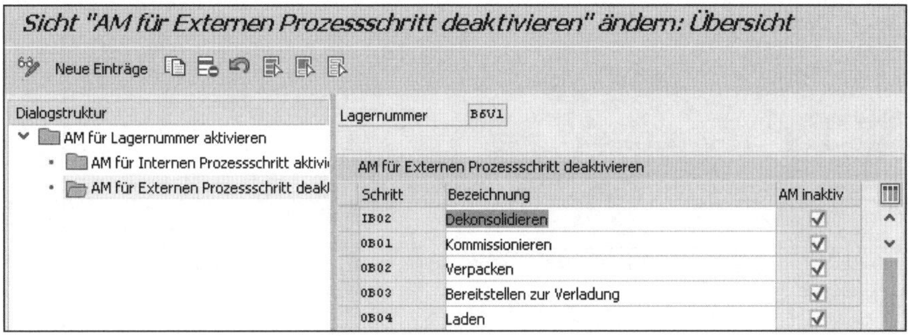

Abbildung 12.56 Explizierte Deaktivierung der externen Prozessschritte pro Lagernummer

12.4.2 Stammdaten des Arbeitsmanagements

Um das Arbeitsmanagement übergreifend für die vorher aktivierten Lagerprozesse zu verwenden, müssen bestimmte *Stammdaten* gepflegt werden. So wird der Ausführende vom Arbeitsmanagement verwendet, um diesem Aktivitäten zuordnen und nachträglich seine Tätigkeiten nachverfolgen zu können. Außerdem müssen Sie Formeln und Bedingungen erstellen, um eine Kalkulation und Aufbereitung im EWM-Arbeitsmanagement schnell und dynamisch steuern zu können. Nachfolgend erhalten Sie weitere Informationen zu einigen Stammdatenobjekten, die Sie pflegen müssen, um das Arbeitsmanagement verwenden zu können.

Ausführender

Ein *Ausführender* entspricht einem Arbeiter, der für die Umsetzung von Lagertätigkeiten verantwortlich und mit Lageraufträgen oder anderen Aktivitäten im Lager beauftragt ist (inklusive bestimmter indirekter Aktivitäten, die im späteren Verlauf dieses Kapitels beschrieben werden). Ein Ausführender wird im SAP-Easy-Access-Menü über den Menüpfad EXTENDED WAREHOUSE MANAGEMENT • STAMMDATEN • RESSOURCENMANAGEMENT • AUSFÜHRENDER • AUSFÜHRENDEN ANLEGEN oder mittels des Transaktionscodes /SCMB/PRR1 erstellt. Das Bearbeiten/ Ändern des Objekts ist durch Aufru-

fen der Transaktion /SCMB/PRR2 möglich. Auf der Registerkarte IDENTIFIKA-
TION ordnen Sie den Benutzernamen des Mitarbeiters zu. Sie verwenden
dafür den SAP-Benutzernamen, mit dem sich der Mitarbeiter am SAP-System
anmeldet und der über Systemgrenzen hinweg zentral verwaltet wird (siehe
Abbildung 12.57). Sie können dort zudem die Mitarbeiternummer zuweisen. Dies erlaubt, die Daten an HCM zu übermitteln (wie wir weiter hinten
in diesem Abschnitt kurz erörtern werden).

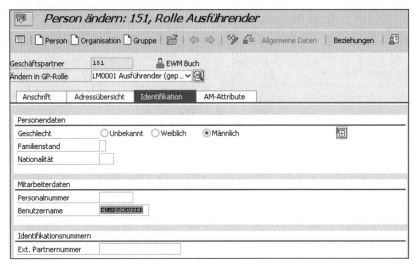

Abbildung 12.57 Pflege der Stammdaten für das Arbeitsmanagement – Ausführender
besitzt die BP-Rolle »Ausführender« und eine Zuweisung zum SAP-Benutzernamen

Formeln und Bedingungen

Formeln und *Bedingungen* werden im Arbeitsmanagement verwendet, um die
geplante (für den Planungsprozess) und ausgeführte Arbeitslast (für die Vorgabezeitbestimmung) zu berechnen und zu bestimmen.

Formeln werden im SAP-Easy-Access-Menü, über den Menüpfad EXTENDED
WAREHOUSE MANAGEMENT • EINSTELLUNGEN • ARBEITSMANAGEMENT • FOR-
MELEDITOR oder durch Ausführen des Transaktionscodes /SCWM/LM_FE
erstellt.

Die Formeln werden verwendet, um die Berechnung der jeweiligen Schritte
zu ermöglichen. Um auch eine komplexe Berechnung sicherzustellen, ist es
möglich, schon vorhandene Formeln oder die formelbasierten Kennzahlenservices, die meist nur zur Anzeige im *Easy Graphics Framework* (EGF) verwendet werden und die wir in Kapitel 13, »Monitoring und Reporting«,
beschreiben, einzubinden.

Bedingungen werden im SAP-Easy-Access-Menü, über den Menüpfad EXTEN-DED WAREHOUSE MANAGEMENT • EINSTELLUNGEN • ARBEITSMANAGEMENT • BEDINGUNGSEDITOR oder durch Ausführen des Transaktionscodes /SCWM/LM_CE erstellt.

Nachdem Formeln und Bedingungen erstellt worden sind, werden sie, wie nachfolgend beschrieben, einzelnen Prozessschritten zugeordnet.

12.4.3 Standardisierte Vorgabezeitbestimmung

Der Begriff *standardisierte Vorgabezeitbestimmung* wird in der Wirtschaft für die Vorgabezeit verwendet, die durch das Aufsummieren individueller Zeiten von Prozessschritten ermittelt wird. Wenn etwa eine Kommissionieraufgabe aus den einzelnen Prozessschritten *Aufsuchen des Lagerplatzes, Abschließen des Behältnisses, Entnahme der Ware aus dem Behältnis, Platzieren der Ware in die dafür vorgesehene HU* und *Bestätigung der Warenentnahme* besteht, kann die Vorgabezeit für diese Kommissionieraufgabe ermittelt werden, indem die Zeiten zur Erledigung der Schritte aufaddiert werden. Die Vorgabezeit kann aber auch eine festgelegte Zeitspanne meinen (z. B. die Gesamtzeit, die notwendig ist, um das Behältnis zu bestätigen, die Ware zu entnehmen, abzulegen und die Entnahme zu bestätigen), die unabhängig von der zu entnehmenden Menge konstant bleibt, sich jedoch abhängig von den Wareneinheiten verändert, da jede Einheit eine einzelne Entnahme darstellt und somit Zeit in Anspruch nimmt.

Zugleich kann die Vorgabezeit unter verschiedenen Bedingungen auf verschiedenen Wegen bestimmt werden. Wenn die Einheiten der zu entnehmenden Ware z. B. sehr klein sind, kann der Arbeiter mehrere Einheiten zusammen entnehmen. Daraus resultiert eine längere Dauer der Entnahme pro Einheit, jedoch eine kürzere Dauer der gesamten Warenentnahme. Wenn in einem anderen Fall eine Wareneinheit sehr groß oder schwer ist und der Arbeiter daher nur eine Einheit nach der anderen entnehmen kann, sinkt die Entnahmedauer pro Einheit, während die Gesamtdauer der Warenentnahme steigt. Daher kann es sinnvoll sein, Bedingungen festzulegen, nach denen die Ermittlung der Vorgabezeit auf dem einen oder anderen Weg erfolgt. Das heißt, Bedingungen werden immer dann verwendet, wenn sich die Vorgabezeit nicht proportional entwickelt.

EWM bietet Ihnen hierzu eine flexible Konfiguration an, um die standardisierte Vorgabezeit zu bestimmen.

Standardisierte Vorgabezeit festlegen

Um der Anforderung nachzukommen, die Vorgabezeit auf unterschiedliche Weise und flexibel zu berechnen, erlaubt es Ihnen EWM, eine *standardisierte Vorgabezeitbestimmung* zu erstellen, die aus vielen Schritten bestehen kann und eine Vielzahl an Bedingungen und Formeln anwendet, um die gesamte Arbeitsvorgabezeit der Aktivität zu ermitteln. Um die standardisierte Vorgabezeitbestimmung im EWM-Customizing zu erstellen, folgen Sie dem Menüpfad EXTENDED WAREHOUSE MANAGEMENT • ARBEITSMANAGEMENT • STANDARDISIERTE VORGABEZEITEN BESTIMMEN. Wie es in Abbildung 12.58 zu sehen ist, können Sie folgende Konfiguration hinterlegen:

▸ **Arbeitsschritt definieren**
Dieser Schritt entspricht einem bestimmten Schritt einer Tätigkeit eines Mitarbeiters im Lager.

▸ **Arbeitsschritt: Vorgabezeit festlegen**
Die Vorgabezeit kann fix vergeben werden oder als Wert über eine Formel (wie wir es schon beschrieben haben) berechnet werden. Zudem ist es möglich, durch das Verwenden von Bedingungen die Vorgabezeit dynamisch oder unterschiedlich abhängig von Parametern zu berechnen. Dies ist z. B. notwendig, wenn ein Anstieg der Vorgabezeit nicht proportional zur bewegten Menge im Lager verläuft.

▸ **Arbeitsschrittfolge festlegen**
Hier können Sie die Abfolge der Arbeitsschritte in einer definierten Reihenfolge festlegen.

▸ **Arbeitsschrittfolge zuordnen**
Die Arbeitsschrittfolgen werden einem externen Lagerprozessschritt zugeordnet – damit wird dieser granular für das Arbeitsmanagement definiert.

▸ **Direkte SVZ-Definition**
Für den Fall, dass Ihre Arbeitsschrittfolge nur einen Arbeitsschritt beinhaltet und nur in einer aktiven Zuordnung auftaucht, können Sie den Knoten DIREKTE SVZ DEFINITION nutzen, um dort direkt die *standardisierte Vorgabezeit* fix oder über eine Formel oder Kondition zu pflegen.

Wenn Sie den Arbeitsschritten Vorgabezeiten zuweisen, können Sie eine Formel festlegen. Diese Formel können Sie ansehen, indem Sie die betreffende Zeile auswählen und auf die Schaltfläche FORMEL auf der rechten Seite der Tabelle klicken. Auf ähnliche Weise können Sie sich auch Bedingungen durch das Anklicken der Schaltfläche BEDINGUNG anzeigen lassen.

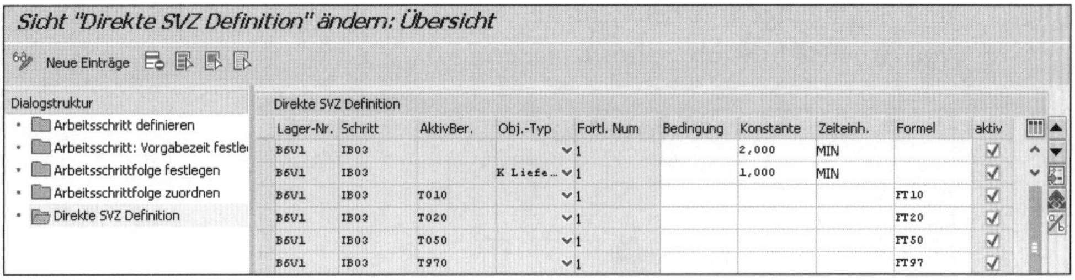

Abbildung 12.58 Direkte SVZ-Definition für die Bestimmung der Vorgabezeit auf Basis der externen Lagerprozessschritte verwenden

Da die Bedingungen und Formeln Stammdaten sind, die zugleich in der Konfigurationstabelle verwendet werden können, müssen Sie die Bedingungen und Formeln auch transportieren oder sie manuell erstellen, bevor die Verwendung über alle Systeme hinweg möglich ist. Das bedeutet, für den Fall, dass Sie die Konfigurationstabelle transportieren möchten, müssen Sie sicherstellen, dass die Bedingungen und Formeln im Zielsystem (Qualitäts- oder Produktivsystem) existieren.

Standardisierte Vorgabezeiten hochladen

Zusätzlich zu der Möglichkeit, die Vorgabezeit in der Konfigurationstabelle zu ermitteln, können Sie auch Vorgabezeiten von einem externen System hochladen.

Einige Beratungsunternehmen bieten im Bereich Industrieingenieurwesen Software oder Services an, um Unternehmen bei der Erstellung ihrer standardisierten Vorgabezeiten zu unterstützen. Wenn Sie sich von einer dieser Organisationen beraten lassen oder wenn Sie die Vorgabezeiten eigenhändig außerhalb des EWM-Systems erstellen, möchten Sie diese eventuell in das EWM-System hochladen, um den Aufwand einer manuellen Erstellung oder die Pflege der Vorgabezeiten zu reduzieren. Dies gilt insbesondere, da sich die Vorgabezeit im Allgemeinen abhängig von den Prozessen, den Produkten, die verkauft und gelagert werden, oder den Kenntnissen und Erfahrungen der Mitarbeiter mit der Zeit verändert.

Um Vorgabezeiten in das EWM-System hochzuladen, folgen Sie im SAP-Easy-Access-Menü dem Pfad Extended Warehouse Management • Einstellungen • Arbeitsmanagement • standardisierte Vorgabezeiten hochladen, oder Sie nutzen den Transaktionscode /SCWM/ELS_UPLOAD. Wie Sie aus Abbildung 12.59 ersehen können, haben Sie mit dieser Transaktion die Möglichkeit, nicht nur standardisierte Vorgabezeiten, sondern auch Formeln und Bedingungen, Arbeitsschritte, Arbeitsschrittfolgen und die Zuordnung von Arbeitsschrittfolgen hochzuladen.

Abbildung 12.59 Standardisierte Vorgabezeiten oder anderen Daten für die Berechnung der SVZ hochladen

Sie können die Datei von Ihrem PC mittels der Option Lokale Datei hochladen oder vom SAP NetWeaver Application Server hochladen. Letzteres ist ratsam, wenn Sie große Dateien hochladen möchten. Um die Datei auf den Applikationsserver zu transferieren, wenden Sie sich an Ihren Basis- oder SAP-NetWeaver-Administrator. Die Eingabedatei muss im CSV-Format (Comma Separated Values, zu Deutsch: kommaseparierte Werte) erstellt sein. Die erste Zeile der Datei wird ignoriert, da sie normalerweise die Spaltennamen enthält.

Die Struktur der Daten für jede Zeile der Eingabedatei hängt vom Datentyp ab (siehe Tabelle 12.2).

Datentyp	Struktur
Formeln und Bedingungen	/SCWM/S_ELS_UP_FRML
Arbeitsschritte	/SCWM/S_ELS_UP_ST
Ermitteln der Vorgabezeit zu den Arbeitsschritten	/SCWM/S_ELS_UP_STE
Arbeitsschrittfolge	/SCWM/S_ELS_UP_SEQ
direkte Vorgabezeitdefinition	/SCWM/S_ELS_UP_ASS

Tabelle 12.2 Notwendige Strukturen zum Hochladen der Daten, um die standardisierte Vorgabezeiten zu bestimmen

12.4.4 Direkte Arbeitsaktivitäten/direkte Arbeit

Direkte Arbeitsaktivitäten stellen im Allgemeinen eine wertsteigernde Arbeit des Lagers dar. Sie beinhalten das Kommissionieren, das Verpacken, das Einlagern, den Nachschub, die Inventur, die Anwendung von logistischen Zusatzleistungen, interne Lagerbewegungen und viele andere Tätigkeiten, die im Lager als Lagerprozesse verstanden werden können. Die Erfassung der Start- und Endzeit ist für die Kalkulation der direkten Arbeit notwendig. Nachfolgend zeigen wir Ihnen, wie Sie die Daten erfassen können bzw. wie das System diese Zeiten automatisch im Hintergrund speichert und wie Sie die Daten im Lagermonitor darstellen können.

Start- und Endzeiten erfassen

Wenn ein Arbeiter eine direkte Arbeitsaktivität ausführt, die relevant für das Arbeitsmanagement ist, sollten Sie Start und Ende der Aktivitätsausführung festhalten, um sie mit den für diese Aktivität ermittelten Vorgabezeiten vergleichen zu können. Führt der Arbeiter die Aktivitäten über Radio-Frequency-(RF-)Transaktionen auf einem mobilen Gerät aus, werden Start- und Endzeit automatisch erfasst. Werden Aktivitäten ohne die Unterstützung von mobilen Dateneingabetransaktionen ausgeführt und werden die Lageraktivitäten nachträglich mittels SAP-GUI-Transaktionen ins System eingegeben, muss der Arbeiter Start- und Endzeitpunkt nachträglich manuell erfassen und mit den Transaktionen ins SAP GUI eingeben (siehe Abbildung 12.60). Dies ist z. B. der Fall bei einer Kommissionier- oder Einlager-Lageraufgabe, die mittels eines gedruckten Formulars ausgeführt wird, oder bei einer physischen Inventurzählung, die auf Papier erfasst wird.

Diese nachträgliche Erfassung ist vor allem im papiergesteuerten Prozess notwendig, da der Benutzer die tatsächliche Arbeitszeit nicht parallel während der Ausführung der Tätigkeit im System erfassen kann (meist ist kein PC an dem Platz verfügbar). Das heißt, erst mit dem Einsatz von mobilen Geräten und dem Abschaffen papiergesteuerter Prozesse ist die Aufnahme der tatsächlichen Arbeitszeit, die für einen Prozessschritt anfällt, zeitaktuell mit der Vorgabezeit vergleichbar. Beachten Sie, dass in Abbildung 12.60 das Kennzeichen AM AKTIV (Arbeitsmanagement aktiv) aktiviert ist, was anzeigt, dass Start- und Endzeitpunkt eingegeben werden müssen. Wenn Sie die für das Arbeitsmanagement relevanten Lageraufgaben speichern, ohne dem System den Ausführenden und die Ausführungszeit übermittelt zu haben, erscheint eine Fehlermeldung, die den Mitarbeiter zwingt, die Daten einzugeben.

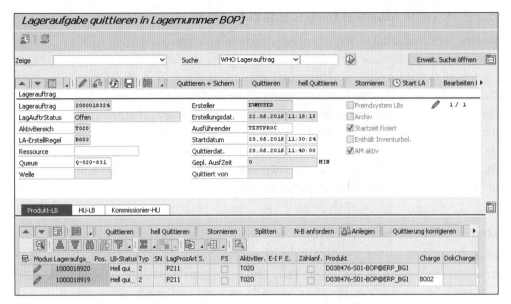

Abbildung 12.60 Start- und Endzeit im SAP GUI manuell eingeben

Wird eine für das Arbeitsmanagement relevante Aktivität im Lager ausgeführt, wird ein Arbeitslastbeleg erstellt, um die arbeitsmanagementrelevanten Informationen aufzunehmen. Diese ausgeführten Arbeitslastbelege können im Lagermonitor (Transaktion /SCWM/MON) über den Knoten ARBEITSMANAGEMENT • AUSGEFÜHRTE ARBEITSLAST dargestellt werden (siehe Abbildung 12.61).

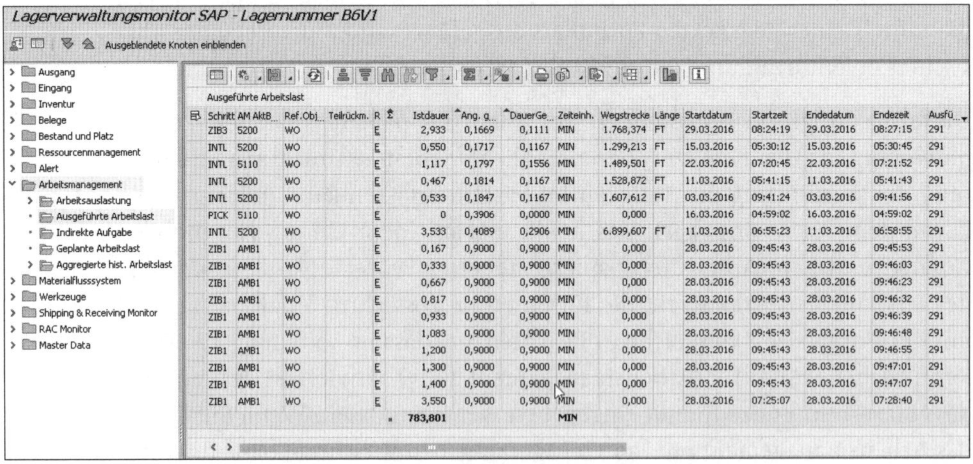

Abbildung 12.61 Ausgeführte Arbeitslastbelege im Lagermonitor

Wegstreckenentfernung und Fahrzeit

Die *Wegstreckenentfernung* für die komplette Berechnung der Ausführungs-zeit, die ein Arbeiter benötigt, um eine Lageraktivität abzuschließen, bein-haltet sowohl die Entfernung zwischen den der Aktivität zugeordneten Lagerplätzen als auch die Entfernung, die die Ressource zurücklegen muss, um von der vorangegangenen Aktivität zum Ausführungsort der neuen Akti-vität zu gelangen. In einem großen Lager oder an einem großen Aktivitätsbe-reich kann die Fahrtzeit einen signifikanten Teil der gesamten Ausführungs-zeit eines Lagerauftrags ausmachen. Daher schreibt EWM konstant den Aufenthaltsort der Ressource fort und ermittelt die absolute Wegstrecken-entfernung, die diese zurücklegt, um von einem Lagerort zum nächsten Lagerort zu gelangen (inklusive der Anfahrtsstrecke). Die zurückgelegte Stre-cke wird in dem *ausgeführten Arbeitslastbeleg* festgehalten, sodass sie zur Kal-kulation der Vorgabezeiten für den Mitarbeiter herangezogen werden kann.

Um die Fahrtzeit anhand der Wegstreckenentfernung zu ermitteln, wird die durchschnittliche Geschwindigkeit der zugehörigen Ressource genutzt (*Zeit = Entfernung/Geschwindigkeit*). Beschleunigung und Bremsen der Ressource sowie die durchschnittlichen Stoppzeiten im Lager werden nicht eingerech-net. Das müssen Sie berücksichtigen, wenn Sie die durchschnittliche Geschwindigkeit der Ressourcen ermitteln.

Um es dem EWM-System zu ermöglichen, die Wegstreckenentfernungen für die geplante und ausgeführte Arbeitslast zu ermitteln, müssen Sie die X-,Y- und Z-Koordinaten der Lagerplätze und die Einstellungen für die Wegstre-ckenberechnung im SAP-Easy-Access-Menü spezifizieren. Folgen Sie dazu dem Menüpfad EXTENDED WAREHOUSE MANAGEMENT • EINSTELLUNGEN • WEGSTRECKENBERECHNUNG • EINSTELLUNGEN FÜR DIE WEGSTRECKENBERECH-NUNG, oder führen Sie die Transaktion /SCWM/TDC_SETUP aus. Ziel dieser Konfiguration ist es, ein Netzwerk aufzubauen, das genau die Strecken zwi-schen den verschiedenen Punkten/Lagerplätzen (X-, Y- und Z-Koordinaten) definiert. Zusätzlich ist es möglich, Ressourcentypen von den Strecken aus-zuschließen. Es kann z. B. sein, dass ein kleines Hilfsmittel unter einem Hochregal durchfahren kann, während für eine andere Ressource diese Durchfahrt nicht möglich ist. Sie pflegen dieses globale Netzwerk pro Lager-typ, um eine bessere Wegstreckenkalkulation innerhalb des Lagertyps anhand von verschiedenen Anfahrtspunkten zu ermöglichen. Das Pflegen der Verbindungen zwischen den Lagertypen ermöglicht auch die Berech-nung der globalen Strecken.

Zusätzlich zu den Einstellungen, um das globale Netzwerk zu definieren, sollten Sie auch einen Default-Lagerplatz für die Ressourcen spezifizieren. Dies ist der Startlagerplatz für die Ermittlung der Wegstreckenentfernung, für den Fall, dass der vorangegangene Lagerplatz der Ressource nicht bekannt ist. Ist der letzte Lagerplatz der Ressource bekannt, wird er in der Ressourcentabelle abgespeichert und ist im Lagermonitor in der Ressourcenansicht sichtbar (Transaktion /SCWM/MON). Da die Einrichtung von Ressourcen, Netzwerken und Wegstreckenkalkulationen sehr komplex ist, werden wir diese nicht ausführlich beschreiben, da sonst der Umfang des Kapitels gesprengt würde. Sie finden genauere Informationen in der SAP-Online-Hilfe (*http://help.sap.com*).

Es gibt außerdem BAdIs zur Wegstreckenermittlung für den Fall, dass Sie die Methoden zur Kalkulation der Wegstrecke oder direkte Arbeitsaktivitäten erweitern müssen. Um die BAdIs im EWM-Customizing zu erreichen, folgen Sie dem Menüpfad EXTENDED WAREHOUSE MANAGEMENT • BUSINESS ADD-INS (BADIS) FÜR DAS EXTENDED WAREHOUSE MANAGEMENT • PROZESSÜBERGREIFENDE EINSTELLUNGEN • WEGSTRECKENBERECHNUNG.

12.4.5 Indirekte Arbeitsaktivitäten/indirekte Arbeit

Zusätzlich zu den direkten Aktivitäten des Lagers kann es auch verschiedene *indirekte Aktivitäten* geben, die Sie ebenfalls ermitteln und ausweisen möchten. Indirekte Aktivitäten können bestimmte administrative Tätigkeiten beinhalten, die jedoch nicht in direktem Zusammenhang mit den Produkten/der Ware stehen. Beispiele indirekter Aktivitäten sind administrative Aufgaben wie das Erstellen von Lageraufträgen oder das Verwalten von Aktivitäten der Lagermitarbeiter, die Reinigung des Lagers, präventive Pflege oder der Batterieaustausch eines Hilfsmittels, jegliche Art bezahlter Pausen, die Revision des Lagers etc. Um die Zeit, die für diese Aktivitäten aufgewendet wird, zu erfassen, bietet EWM Ihnen die Möglichkeit, verschiedene indirekte Aktivitätstypen zu erstellen und es Lagermitarbeitern so zu ermöglichen, ihre indirekten Aktivitäten über das SAP GUI oder über RF-Transaktionen zu erfassen. Nachfolgend führen wir aus, wie Sie indirekte Arbeit in EWM erfassen können und wie Sie weiter Aktivitätstypen erstellen können, damit Ihre Mitarbeiter verschiedene indirekte Arbeitsaktivitäten erfassen können.

Indirekte Aktivitätstypen erstellen

Um die indirekten Aktivitätstypen im EWM-Customizing zu erstellen, folgen Sie dem Menüpfad EXTENDED WAREHOUSE MANAGEMENT • ARBEITSMANAGE-

MENT • EXTERNE PROZESSSCHRITTE DEFINIEREN. Wie Sie aus Abbildung 12.62 ersehen können, werden die Aktivitätstypen in EWM technisch als externe Lagerungsprozessschritte abgebildet. Diese werden nicht explizit für eine Lagernummer erstellt, sodass Sie diese über Läger hinweg wiederverwenden können, um verschiedene Prozessschritte abzubilden. Beachten Sie auch, dass hier nicht nur die indirekten Aktivitätstypen erstellt werden, sondern auch andere externe Lagerungsprozessschritte. Seien Sie daher vorsichtig beim Verändern oder Löschen von bestehenden Prozessschritten. Die zugehörigen internen Prozessschritte sind in der mandantenunabhängigen Tabelle /SCWM/TIPROCS definiert, für die es keinen existierenden Konfigurationsknoten im Customizing gibt.

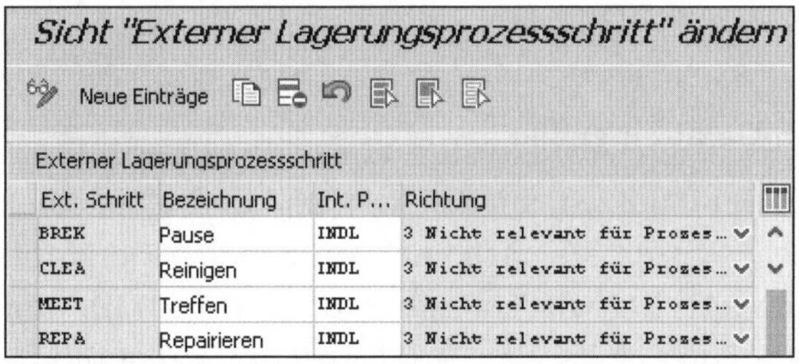

Abbildung 12.62 Erstellen von externen Prozessschritten – indirekte Aktivitätstypen

Sie erstellen indirekte Aktivitätstypen, indem Sie als internen Prozessschritt INDL verwenden; den Namen für den externen Schritt (der gleichzusetzen mit dem indirekten Aktivitätstyp wäre) können Sie frei vergeben (falls nicht schon ein externer Schritt mit dem gleichen Namen vorhanden ist).

Indirekte Arbeit im SAP GUI eingeben

Wenn ein Lagermitarbeiter eine indirekte Arbeitsaufgabe beginnt oder die Aufgabe beendet hat und bereit ist, die Start- und Endzeiten ins EWM-System einzupflegen (oder wenn ein Schichtführer/Lagerleiter beauftragt ist, die indirekte Arbeit für einen anderen Arbeiter einzugeben), kann er die angefallene Arbeitszeit über die indirekte Arbeit entweder im SAP GUI oder über ein mobiles Gerät eingeben. Um die indirekte Arbeit im SAP GUI aufzunehmen, folgen Sie dem Pfad EXTENDED WAREHOUSE MANAGEMENT • ARBEITSMANAGEMENT • INDIREKTE AUFGABE PFLEGEN im SAP-Easy-Access-Menü, oder Sie nutzen den Transaktionscode /SCWM/ILT. Sie können die Start- und Stopp-Schaltflächen am oberen Ende des Bildschirms verwenden, um die Zeiten automatisch zu erfassen, oder Sie können die Zeiten manuell eintragen (siehe Abbildung 12.63).

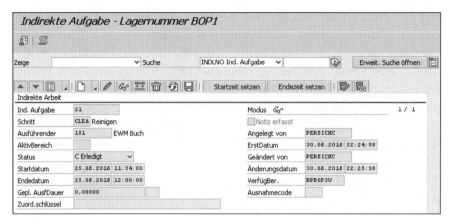

Abbildung 12.63 Indirekte Arbeit im SAP GUI eingeben

Indirekte Arbeit im mobilen Gerät eingeben

Sie können auch ein mobiles Gerät nutzen, um die Start- und Endzeiten einer indirekten Arbeit zu erfassen. Starten Sie dazu auf dem mobilen Gerät die mobile Anwendung (oder im SAP GUI via Transaktion /SCWM/RFUI), und folgen Sie dem Menüpfad 05 INTERNE PROZESSE • 08 ARBEITSMANAGEMENT • 01 ERFASSEN INDIREKTE ARBEIT (falls Sie das standardmäßig gelieferte Menü einsetzen).

Wie es in Abbildung 12.64 zu sehen ist, können Sie über die Schaltflächen F1 START und F2 BEEND die Erfassung der Arbeitszeit auf dem mobilem Gerät beginnen bzw. beenden. Darüber hinaus können Sie auch hier die Zeit manuell eingeben. Wenn ein Arbeiter ein RF-Gerät nutzt, kann er nur eine indirekte Arbeitsaufgabe für sich selbst erfassen. Das bedeutet, die Daten werden auf Basis der Zuordnung zum SAP-User (mit dem er angemeldet ist) und der Zuordnung zum Ausführenden, den Sie über den Transaktionscode /SCMB/PRR1 gepflegt haben, erfasst.

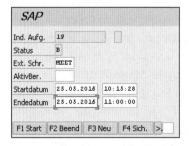

Abbildung 12.64 Indirekte Arbeit in der mobilen RF-Transaktion eingeben

Indirekte Arbeit für einen anderen Mitarbeiter/Ausführenden kann nicht in der mobilen Transaktion erfasst werden.

12.4.6 Geplante Arbeitslast berechnen

Bevor Aktivitäten im Lager ausgeführt werden, möchten Sie möglicherweise die Arbeitslast dieser Aktivitäten abschätzen, um die Arbeit für eine bestimmte Zeitperiode zu planen. Um diesen Planungsprozess zu beginnen, müssen Sie zunächst die *geplante Arbeitslast* einrichten, indem Sie den Planaktivitätsbereich bestimmen, für den die Arbeitslastberechnung durchgeführt werden soll. Die Idee ist, jedem Arbeitsplatz einen Aktivitätsbereich zuzuordnen, wenn vom System nicht automatisch bei der Erstellung der geplanten Arbeitslast ein Aktivitätsbereich zugeordnet wird.

Nachfolgend erhalten Sie weitere Information, um einen Aktivitätsbereich zu pflegen und die geplante Arbeitslast zu berechnen.

Planaktivitätsbereiche festlegen

Wenn die Zuordnung zum Planaktivitätsbereich fehlt, wird die geplante Arbeitslast ohne diesen Aktivitätsbereich ausgeführt. Um Arbeitsplätzen, Lagertypen oder Lagerbereichen die relevanten Planaktivitätsbereiche im EWM-Customizing zuzuordnen, folgen Sie dem Menüpfad EXTENDED WAREHOUSE MANAGEMENT • ARBEITSMANAGEMENT • PLANAKTIVITÄTSBEREICHE ZUORDNEN (siehe Abbildung 12.65). Die Regeln, wie ein Aktivitätsbereich einem Arbeitsplatz bei der Planung zugeordnet wird, sind in der Customizing-Hilfe für diesen Knoten ausführlich dokumentiert.

Abbildung 12.65 Planaktivitätsbereiche zu Lagertypen zuordnen

Geplante Arbeitslast kalkulieren

Die Berechnung der geplanten Arbeitslast wird anhand bereits erstellter Objekte (z. B. Lageraufträge) durchgeführt. Die Planung der geplanten

Arbeitslast wird anhand der externen Prozessschritte vorgenommen. Zusätzlich ist es möglich, eine Selektion auf der Basis von Aktivitätsbereichen (Planaktivitätsbereichen) vorzunehmen. Die geplante Arbeitslast können Sie im Planungsmonitor selektieren, den Sie über das SAP-Easy-Access-Menü über den Menüpfad EXTENDED WAREHOUSE MANAGEMENT • ARBEITSMANAGEMENT • PLANUNG • PLANUNG UND SIMULATION (oder durch Ausführen des Transaktionscodes /SCWM/PL) starten können.

Um die geplante Arbeitslast zu berechnen (siehe Abbildung 12.66), geben Sie einen externen Prozessschritt oder einen Aktivitätsbereich in das Feld SUCHE ein, oder Sie nutzen die Schaltfläche ERWEITERTE SUCHE. Nachdem die Objekte gefunden worden sind, wählen Sie ein Objekt aus dem oberen Ausschnitt aus und klicken auf die Schaltfläche PLANUNG. Die zur Ausführung der Aktivitäten benötigte Arbeitslast wird im oberen Ausschnitt angezeigt (wie in der Abbildung markiert), sobald die Planungsformel ausgewertet ist. In der Abbildung sehen Sie die benötigten Ressourcen im Ergebnisfeld, um die Einlagerung abzuschließen. Wenn Sie die Option ERWEITERTE SUCHE nutzen, können Sie auch die Auswahlbox AUTOMATISCHE PLANUNG wählen, was eine Selektion und das Ausführen der Planung in einem Schritt ermöglicht.

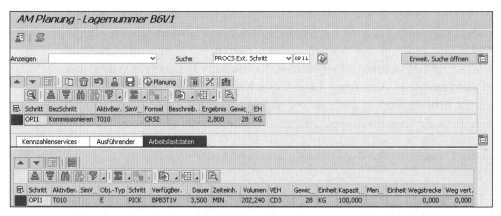

Abbildung 12.66 Geplante Arbeitslast berechnen

Ausführungsvorschau

Sie können auch die Planung und Simulation verwenden, um eine Planung auf der Basis von erwarteten Wareneingängen zu realisieren. Der Unterschied zur geplanten Arbeitslast ist, dass hierfür keine (Objekte) Lageraufträge generiert werden. Um Positionen für die Ausführungsvorschau zu bestimmen, nutzen Sie die Option ERWEITERTE SUCHE und wählen die Auswahlbox AUSFÜHRUNGSVORSCHAU VERWENDEN, um im System eine Evaluierung der unverarbeiteten Posten anzustoßen. Sie können auch einen Teil der Positionen definieren, die während der Auswertung in Betracht gezogen werden sollen, für den Fall, dass noch weitere Positionen erwartet werden (durch Definition einer Prozentzahl, die das System mit der selektierten Arbeitslast gleichsetzt und daraus eine tatsächliche Arbeitslast berechnet).

Bevor Sie die Planung und Simulation zur Ausführungsvorschau ausführen können, müssen Sie die Ausführungsvorschau im EWM-Customizing konfigurieren. Folgen Sie dazu dem Menüpfad WAREHOUSE MANAGEMENT • ARBEITSMANAGEMENT • AUSFÜHRUNGSVORSCHAU EINSTELLEN. Sie können auch Einstellungen mithilfe eines Konfigurationsassistenten vornehmen, indem Sie dem Menüpfad EXTENDED WAREHOUSE MANAGEMENT • ARBEITSMANAGEMENT • AUSFÜHRUNGSVORSCHAU MIT ASSISTENT folgen.

Geplante Arbeitslast im Lagermonitor anzeigen

Immer wenn Sie die geplante Arbeitslast generieren, werden diese Daten gespeichert, sodass Sie sie zu einem späteren Zeitpunkt erneut im Lagermonitor einsehen können.

Operative Planung

Die operative Planung kann ebenfalls innerhalb der Planungs- und Simulationstransaktion durchgeführt werden (Transaktionscode /SCWM/PL, siehe obiger Menüpfad). Die operative Planung ermöglicht eine Planung auf Basis der Kombination von geplanter Arbeitslast (basierend auf aktiven Dokumenten), Ausführungsvorschau sowie unter Berücksichtigung der verfügbaren Ausführenden und der verwendeten Kennzahlenservices. So können Sie die gesamte geplante Arbeitslast ermitteln und darstellen.

Das heißt, die operative Planung kombiniert die verschiedenen beschriebenen Planungsalternativen und ermöglicht eine globale Sicht der Arbeitslast. Haben Sie diese Quellen kombiniert und die totale Arbeitslast ermittelt, können Sie die Folgen von Veränderungen verschiedener Parameter im Lager sehen (siehe Abbildung 12.67). Durch das Erhöhen des Gewichts (für den Fall, dass wir doch mehr Waren angeliefert bekommen), haben wir einen höheren Bedarf an Ressourcen, die die Einlagerung sicherstellen müssen.

Der signifikante Vorteil dieser Funktion ist, dass sie es Ihnen ermöglicht, mögliche Konsequenzen verschiedener festgelegter Szenarien zu simulieren und zu planen.

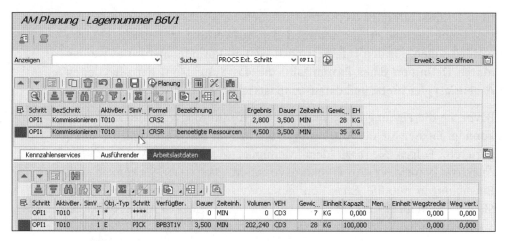

Abbildung 12.67 Operative Planung – Planungsbedarf durch Anpassung der Parameter anzeigen

Planungs- und Simulationsergebnisse laden

Sie können auch die Planungs- und Simulationsergebnisse in das EWM-System hochladen, für den Fall, dass sie in einem separaten System erstellt wurden. Um die Planungs- und Simulationsergebnisse aus dem SAP-Easy-Access-Menü zu laden, folgen Sie dem Menüpfad EXTENDED WAREHOUSE MANAGEMENT • ARBEITSMANAGEMENT • PLANUNG • PLANUNGS- UND SIMULATIONSERGEBNISSE LADEN, oder Sie nutzen Sie den Transaktionscode /SCWM/PL_LOAD.

12.4.7 Mitarbeiterleistung

Das Erfassen der individuellen *Mitarbeiterleistung* ist in Deutschland aus Sicht des Betriebsrats ein sensibles Thema. Wir möchten deshalb nur die Grundfunktionen zur Erfassung der Mitarbeiterleistung beschreiben.

Das Erstellen eines Leistungsdokuments für einen Ausführenden können Sie im SAP-Easy-Access-Menü über den Menüpfad EXTENDED WAREHOUSE MANAGEMENT • ARBEITSMANAGEMENT • MITARBEITERLEISTUNG • MITARBEITER LEISTUNGSÜBERSICHT oder durch Ausführen der Transaktion /SCWM/EPERF sicherstellen.

Nachdem ein Leistungsdokument erstellt und freigegeben worden ist, ist es möglich, dieses an HCM zu übermitteln. Dieses Replizieren der Informationen können Sie über das SAP-Easy-Access-Menü, über den Menüpfad EXTENDED WAREHOUSE MANAGEMENT • ARBEITSMANAGEMENT • MITARBEITERLEISTUNG • LEISTUNGSBELEG ANS HR WEITERLEITEN oder durch Ausführen der Transaktion /SCWM/EPD_TRANSFER starten.

Zweck der Erfassung der Mitarbeiterleistung ist es, die Auslastung und die Effizienz der Mitarbeiter im Lager nachzuverfolgen. Denkbar ist auch, die Performance der Mitarbeiter an den finanziellen Leistungsausgleich zu koppeln.

Die Kennzahlen der Leistungsermittlung sind die Effizienz und die Auslastung. Hierbei beschreibt die Effizienz, in welchem prozentualen Verhältnis die ausgeführte Arbeitslast zu der geplanten Arbeitslast des Mitarbeiters steht. Die Auslastung beschreibt die Zeit, die der Mitarbeiter für die direkte Arbeit (direkte Aktivitäten) aufgebracht hat.

Der Mitarbeiter kann diese Zahlen direkt auf dem mobilen Gerät durch Ausführen der RF-Transaktion und über den RF-Menüpfad 05 INTERNE PROZESSE • 08 ARBEITSMANAGEMENT • 02 ANZEIGE EMPLOYEE SELF SERVICE einsehen. Erweiterte Auswertungen stehen dem Lagerleiter im Lagermonitor (unter dem Monitorknoten ARBEITSMANAGEMENT und ARBEITSAUSLASTUNG) zur Verfügung.

12.4.8 Arbeitsbedarfsplanung

Mit SAP EWM 9.1 bietet EWM im Arbeitsmanagementumfeld eine Arbeitsbedarfsplanung an. Die Arbeitsbedarfsplanung arbeitet in der Regel mit historischen Arbeitslastdatensätzen, also mit Daten, die schon im EWM-System gespeichert worden sind. Die Arbeitsbedarfsplanung ist optional und kann zusätzlich über das EWM-Customizing über den Pfad ARBEITSMANAGEMENT • ARBEITSBEDARFSPLANUNG • ARBEITSBEDARFSPLANUNG AKTIVIEREN freigeschaltet werden.

Die Darstellung der Daten/Ergebnisse kann über einen Browser erfolgen, aber auch auf mobilen Geräten (hier sind keine RF-Geräte gemeint, sondern Tablets oder Smartphones). Sichergestellt wird dies durch die Verwendung von SAPUI5. Weitere Informationen finden Sie in SAP-Hinweis 1716423.

In Abbildung 12.68 sehen Sie eine beispielhafte Arbeitsbedarfsplanung – wie viele Mietarbeiter (FTE) für die unterschiedlichen Gruppen/Bereiche benötigt werden.

Sie können auf die Daten sowohl aus dem lokalen als auch aus dem externen Netzwerk zugreifen. Um den externen Zugriff sicherzustellen, muss zusätzlich eine Architektur (SAP Gateway und SAP Web Dispatcher) aufgebaut werden. SAP empfiehlt die Verwendung der Arbeitsbedarfsplanung in einem lokalen Netzwerk.

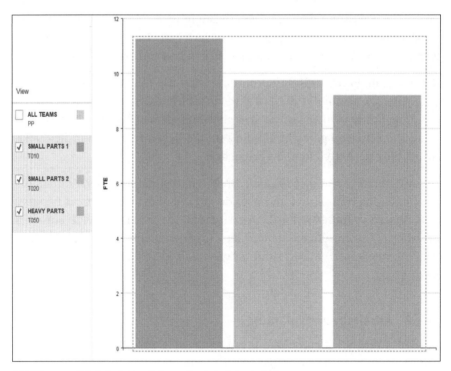

Abbildung 12.68 Beispieldarstellung der Arbeitsbedarfsplanung

Um die Arbeitsbedarfsplanung zu nutzen, müssen Sie deshalb zusätzlich die SAP HANA Predictive Analysis Library installieren und manuelle Schritte durchführen. Weitere technische Informationen zur Nutzung der Arbeitsbedarfsplanung sind sehr detailliert in SAP-Hinweis 1894045 zusammengefasst.

12.5   Yard Management

Das *Yard Management*, oft auch *Hofsteuerung* genannt, ist eine Anwendung zur Verwaltung von Yards. Ein Yard ist ein angeschlossener Bereich außerhalb eines Lagers, in dem Fahrzeuge (z. B. Sattelzug oder Gliederzug) und Transporteinheiten (z. B. Container oder Wechselbrücken) bearbeitet werden oder auf die Bearbeitung oder Abholung durch einen externen Frachtführer warten. Die Verwendung des Yard Managements in EWM ist optional, hat aber den entscheidenden Vorteil, dass bereits mit der Ankunft des Lkws in EWM der Bestand im Lager bekannt ist.

Wenn Sie das Yard Management nutzen möchten, müssen Sie es für Ihr Lager im EWM-Customizing unter dem Pfad PROZESSÜBERGREIFENDE EINSTELLUN-

GEN • WARENANNAHME UND VERSAND • YARD MANAGEMENT • YARD MANAGEMENT FÜR LAGER AKTIVIEREN einstellen. Das Yard Management in EWM wurde nicht als Add-on konzipiert, sondern ist vollständig in den Wareneingangs- und Warenausgangsprozess integriert. Daher haben Sie z. B. die Option, Lkws für die Entladung zu priorisieren, um dringend benötigten Bestand möglichst früh für die Erfüllung von Kundenaufträgen zur Verfügung zu stellen. Ein weiterer Vorteil sind die Abbildung und das Monitoring der End-to-End-Lagerprozesse. Dies beginnt mit der Ankunft des Lkws am Kontrollpunkt und geht über die Entladung und gegebenenfalls Dekonsolidierung der ankommenden HUs bis zur Einlagerung des Bestands auf dem finalen Einlagerplatz – oder im Warenausgang von der Wellenbildung für die relevanten Auslieferpositionen über die Kommissionierung, Verpackung und Beladung des Lkws und endet beim Verlassen des Lagers am Kontrollpunkt.

Die EWM-Komponente Yard Management untergliedert sich in drei Bereiche, die wir in den folgenden Abschnitten detailliert beschreiben:

▶ **Yard-Layout**
Mit den üblichen EWM-Stammdatenobjekten wie Lagertyp, Lagerbereich und Lagerplatz wird das Yard abgebildet und strukturiert.

▶ **Transporteinheiten, Fahrzeuge und Torzuordnungen**
Mit diesen Objekten werden z. B. Container oder Lkws im Yard abgebildet und Toren, sowohl manuell als auch automatisch, zugeordnet.

▶ **Yard-Prozesse und Bewegungen**
Über Lageraufgaben werden die physischen Bewegungen der Lkws gesteuert, die Transporteinheiten und Fahrzeuge innerhalb des Yards bewegt und somit die Prozesse im Yard abgebildet.

▶ **Yard-Monitoring**
Mit dem Lagermonitor (siehe Kapitel 13, »Monitoring und Reporting«) können die im Yard an einem bestimmten Standort befindlichen Transporteinheiten, der Bestand in den Transporteinheiten und Yard-Bewegungen angezeigt werden.

12.5.1 Yard-Layout

Das Yard-Layout basiert weitgehend auf den vorhandenen Lagerstrukturen. Dabei werden Parkplätze als Lagerplätze abgebildet. Sie haben die Möglichkeit, eine Gruppe von Parkplätzen, z. B. für Parkplätze für WE-Tore, als Lagerbereich darzustellen. Abbildung 12.69 zeigt ein Beispiel eines Yard-Layouts mit den verschiedenen Objekten, die wir im Folgenden erläutern. In diesem Beispiel ist der Yard-Typ YARD der Lagernummer 0001 zugeordnet.

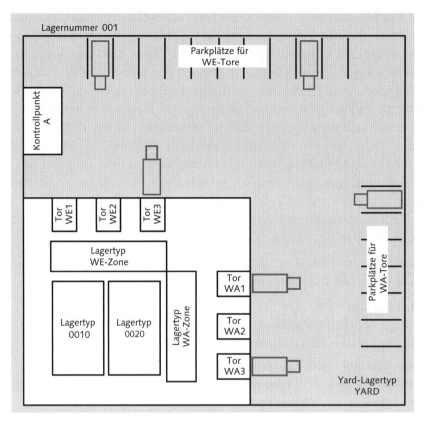

Abbildung 12.69 Beispiel eines Yard-Layouts

Die Objekte, die im Yard angelegt werden, sind:

- Yard-Nummer (optional)
- Yard-Typ
- Yard-Bereich (optional)
- Yard-Plätze
- Kontrollpunkte
- Tore

Im Folgenden beschreiben wir diese Objekte im Detail.

Yard-Nummer und Yard-Typ

Wenn Sie das Yard Management einsetzen möchten, müssen Sie mindestens einen eigenen Lagertyp einrichten. Diesen Lagertyp müssen Sie mit der Lagertyprolle *Yard* anlegen. Ein Lagertyp mit der Rolle *Yard* ist ausschließlich für die Bewegung von Transporteinheiten vorgesehen. Er kann aus Bestandssicht lediglich Transporteinheiten umfassen, die wiederum HUs und Produkte enthalten. Den Lagertyp mit der Lagertyprolle *Yard* können Sie entweder einer speziell für das Yard vorgesehenen Lagernummer (Yard-Nummer) oder einer bestehenden Lagernummer zuordnen. Die Abbildung des Yards als Lagernummer hat den Vorteil, dass Sie mehrere Lagernummern an das Yard anbinden können. Den Yard-Typ definieren Sie im EWM-Customizing unter dem Pfad STAMMDATEN • WARENANNAHME UND VERSAND • YARD MANAGEMENT • YARD ÜBER LAGERTYP DEFINIEREN.

Yard-Bereich

Mit den Lagerbereichen kann das Yard übersichtlich strukturiert werden. Dabei bietet es sich an, eine Gruppe von Parkplätzen, eine Gruppe von Toren oder eine Gruppe von Kontrollpunkten jeweils zu einem Lagerbereich zusammenzufassen. Dies erleichtert vor allem die Auswahl von Objekten, z. B. wenn Sie sich im Lagermonitor eine Übersicht der aktuellen Yard-Belegung anzeigen lassen möchten. Die Yard-Bereiche haben ansonsten jedoch keinen Einfluss auf die Prozesse und Belege im Lager. Die Strukturierung des Yards können Sie im oben genannten Pfad unter der Customizing-Aktivität YARD ÜBER LAGERBEREICHE STRUKTURIEREN vornehmen.

Yard-Plätze

Yard-Plätze können z. B. Parkplätze, Tore oder Kontrollpunkte sein. Yard-Plätze werden als Standardlagerplätze abgebildet. Yard-Plätze werden, wie »normale« Lagerplätze auch, im SAP-Easy-Access-Menü in EWM unter dem Pfad STAMMDATEN • LAGERPLATZ entweder mit der Transaktion /SCWM/LS01 oder mit der Transaktion /SCWM/LS10 angelegt.

Kontrollpunkte

Der Kontrollpunkt stellt meist eine Pforte dar, an der die Ankunft und die Abfahrt von Fahrzeugen registriert und alle erforderlichen Daten erfasst werden. Den Kontrollpunkt definieren Sie im EWM-Customizing unter dem Pfad STAMMDATEN • WARENANNAHME UND VERSAND • YARD MANAGEMENT • KONTROLLPUNKT DEFINIEREN. Anschließend werden dem Kontrollpunkt mit der Transaktion /SCWM/YM_CHKPT_BIN eine *Supply Chain Unit* (SCU) und ein Yard-Platz zugeordnet. Diese Transaktion finden Sie im SAP-Easy-Access-Menü unter dem Pfad STAMMDATEN • WARENANNAHME UND VERSAND • YARD MANAGEMENT. Die Platzzuordnung zum Kontrollpunkt ist notwendig, da vom Kontrollpunkt aus die Transporteinheit zu einem Parkplatz oder Tor über eine Lageraufgabe bewegt werden kann. Durch die Zuordnung des Kontrollpunkts zur SCU können so u. a. wichtige geografische Daten und Adressdaten hinterlegt werden. Weitere Informationen zur SCU finden Sie in Abschnitt 4.4, »Supply Chain Unit«.

Tore

Ein Tor ist der Ort im Lager, an dem Waren ankommen oder das Lager verlassen. Fahrzeuge und ihre Transporteinheiten kommen am Tor eines Lagers an, um dort Waren ein- oder auszuladen. Das Tor ist eine Organisationseinheit, die Sie der Lagernummer zuordnen. Tore definieren Sie im EWM-Customizing unter dem Pfad STAMMDATEN • LAGERTOR • LAGERTOR DEFINIEREN. Sie haben durch die Richtungsangabe die Möglichkeit, Tore speziell für den Wareneingang, den Warenausgang oder für beide Richtungen festzulegen. Neben weiteren Einstellungen können Sie dem Tor ein *Aktionsprofil* zuordnen. Im Aktionsprofil legen Sie alle maximal erlaubten Aktionen z. B. das Drucken für einen Beleg fest.

Das Tor ist die Verbindung zwischen Yard und Lager. Darüber hinaus ist es für die Bestandsbuchung und für Yard-Bewegungen relevant. Aus diesem Grund muss dem Tor ein Yard-Platz zugeordnet werden. Diese Zuordnung erfolgt mit der Transaktion /SCWM/YM_DOOR_BIN, die Sie im SAP-Easy-Access-Menü in EWM über den Pfad STAMMDATEN • WARENANNAHME UND VERSAND • YARD MANAGEMENT finden.

> **Kontrollpunkte und Tore Yard-Plätzen zuordnen**
>
> Um Kontrollpunkten und Toren Yard-Plätze zuordnen zu können, müssen Sie die Yard-Plätze vorher anlegen und dem Yard-Typ zuweisen. Über eine geeignete Namenskonvention der Yard-Plätze stellen Sie sicher, dass die Anwender wissen, wo sich die Plätze im Yard befinden, um so das Yard-Monitoring zu erleichtern.

12.5.2 Transporteinheiten, Fahrzeuge und Torzuordnungen

Um z. B. Lkws oder Container abzubilden und im Yard bewegen zu können, gibt es in EWM die Objekte *Transporteinheit* und *Fahrzeug*. Die Verwendung des Yard Managements in EWM ist optional, und die folgenden Objekte sind Bestandteil der EWM-Komponente *Warenannahme und Versand*. Das bedeutet, dass Sie diese Objekte zur Abbildung Ihrer Warenein- und Warenausgangsprozesse verwenden können, ohne die Yard-Management-Funktionalitäten zu nutzen. In diesem Abschnitt beschreiben wir die Objekte *Transporteinheit*, *Fahrzeug* und *Torzuordnung* genauer.

Transporteinheit und Transporteinheitsaktivität

Die Transporteinheit ist die kleinste beladbare Einheit eines Fahrzeugs, die zum Transportieren von Ware verwendet wird. In der Praxis kann die Transporteinheit z. B. einen Container oder eine Wechselbrücke darstellen. Wie bereits in Kapitel 8, »Wareneingangsprozess«, beschrieben, erstellen Sie die Transporteinheit entweder manuell im SAP-Easy-Access-Menü in EWM unter dem Pfad WARENANNAHME UND VERSAND • TRANSPORTEINHEIT BEARBEITEN, über die Transaktion /SCWM/TU oder automatisch über eine PPF-Aktion. Legen Sie eine Transporteinheit in EWM an, erstellen Sie neben der Transporteinheit eine *Warenannahme- und Versand(W/V)-Aktivität*. Die W/V-Aktivität definiert einen Zeitraum, in dem das Objekt in einem bestimmten Zusammenhang verwendet wird. Zum Beispiel ist die Transporteinheit TE-01 ein Container, der im Zeitraum vom 10.07.2010, 8:20 Uhr, bis zum 10.07.2010, 11:00 Uhr, entladen werden soll. Die W/V-Aktivität der Transporteinheit kann folgende W/V-Aktivitätsstatus annehmen:

▸ **Geplant**
Die Transporteinheitsaktivität (TE-Aktivität) ist angelegt, aber die Transporteinheit befindet sich noch nicht auf dem Yard; d. h., es wurde noch keine Ankunft am Kontrollpunkt gebucht; der WE- oder WA-Prozess hat noch nicht begonnen.

▸ **Aktiv**
Die Transporteinheit ist auf dem Yard; die Ankunft am Kontrollpunkt wurde gebucht; der WE- oder WA-Prozess läuft ab.

▸ **Abgeschlossen**
Die Transporteinheit hat das Yard verlassen; der Wareneingangs- oder Warenausgangsprozess ist abgeschlossen.

Bei der Anlage der W/V-Aktivität kann die Richtung des Prozesses vorgegeben werden, für den die TE-Aktivität vorgesehen ist:

▸ **Richtung nicht definiert**
Die Richtung wird erst bei der Zuordnung einer An- oder Auslieferung zur Transporteinheit definiert.

▸ **Eingang**
Diese Richtung ist für den Wareneingangsprozess relevant.

▸ **Ausgang**
Diese Richtung ist für den Warenausgangsprozess relevant.

Kommt nach Abschluss der W/V-Aktivität für die Transporteinheit die gleiche Transporteinheit nochmals an, haben Sie die Möglichkeit, mit der Transaktion

/SCWM/TU eine neue W/V-Aktivität für die gleiche externe Transportein-heitsnummer (TE-Nummer) anzulegen. Die EWM-interne TE-Nummer bleibt ebenfalls die gleiche. Ebenso werden das *Transportmittel* (TM) und das *Pack-mittel* (PKM) aus der eigentlichen Transporteinheit übernommen. Das TM sagt aus, um welche Art von Transporteinheit es sich handelt, z. B. Container oder Wechselbrücke. Das TM wird im Einführungsleitfaden unter dem Pfad STAMMDATEN • WARENANNAHME UND VERSAND • TRANSPORTMITTEL DEFINIEREN festgelegt. Das Packmittel wird als Produktstamm angelegt und definiert auf Basis der *Packmittelart*, welches Volumen und Gewicht die Transporteinheit maximal führen kann oder darf. Die Packmittelart wird im EWM-Customizing über den Pfad PROZESSÜBERGREIFENDE EINSTELLUNGEN • HANDLING UNITS • PACKMITTELARTEN DEFINIEREN vorgenommen. Hier selektieren Sie für den Packmitteltyp den Wert TRANSPORTMITTEL. HUs, deren Packmittel vom Typ TRANSPORTMITTEL sind, besitzen eine andere Statusverwaltung als HUs aus normalen Packmitteln.

Für Kombinationen aus Transportmittel und Packmittel können Sie im Sys-tem über die Transaktion /SCMW/PM_MTR Konstruktionsregeln hinterle-gen, die Sie im SAP-Easy-Access-Menü in EWM unter dem Pfad EINSTELLUN-GEN • WARENANNAHME UND VERSAND finden. Diese steuern, ob Sie bei der Anlage einer Transporteinheit ausschließlich eine Transporteinheit oder automatisch im Hintergrund ein Fahrzeug – gegebenenfalls mit weiteren gleichen Transporteinheiten – anlegen, die dann mit dem *Fahrzeug* ver-knüpft sind. Weitere Details zu Transporteinheiten und Konstruktionsregeln finden Sie im Abschnitt »Transporteinheiten anlegen«.

Fahrzeug und Fahrzeugaktivität

Fahrzeuge können manuell mit der Transaktion /SCWM/VEH angelegt wer-den, und Sie verknüpfen diese dann anschließend manuell mit den Transport-einheiten. Fahrzeuge können auch über die Konstruktionsregel bei der Anlage einer Transporteinheit automatisch angelegt werden. Bei der manuellen Erstellung des Fahrzeugs muss ebenfalls ein Transportmittel eingegeben wer-den. Mit diesem Transportmittel ermittelt EWM anhand der definierten Kon-struktionsregeln, ob zu dem Fahrzeug automatisch Transporteinheiten ange-legt werden sollen, und stellt sie auf der Registerkarte TRANSPORTEINHEIT gemäß Abbildung 12.70 dar.

Analog zur Transporteinheit legen Sie mit der externen Fahrzeugnummer ein Fahrzeug und eine W/V-Aktivität des Fahrzeugs mit entsprechender Richtung an. Parallel dazu erhält das Fahrzeug eine interne fortlaufende Nummer.

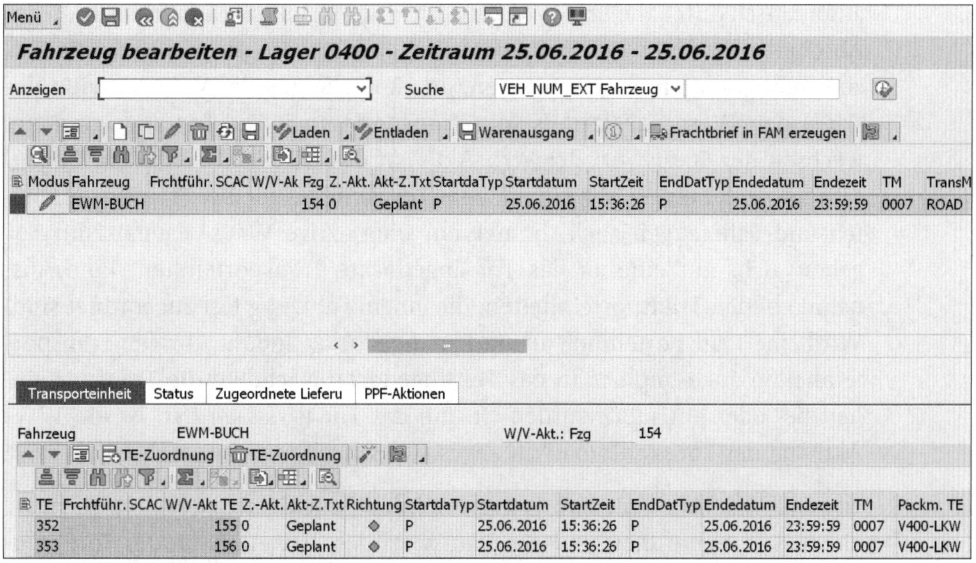

| Menü | ⊘ 🖫 ⊗ ⊗ ⊗ ⊗ 🖃 🖃 🖴 🖳 🖳 🖳 🖳 🖳 🖳 🖳 🖳 ⓘ 🖳 |

Fahrzeug bearbeiten - Lager 0400 - Zeitraum 25.06.2016 - 25.06.2016

| Anzeigen | [▼] | Suche | VEH_NUM_EXT Fahrzeug ▼ | | 🔄 |

▲ ▼ 🖃 🖫 🗋 🗅 ✏ 🗑 🖳 🖫 | ✔Laden ✔Entladen | 🖫Warenausgang | ⓘ | 🖳Frachtbrief in FAM erzeugen | 🖫

🖳 🖳 🖫 🖳 🖳 🖳 🖳 🖳 🖳 🖳 🖳 🖳 🖳 🖳

🖺	Modus	Fahrzeug	Frchtführ.	SCAC	W/V-Ak	Fzg	Z.-Akt.	Akt-Z.Txt	StartdaTyp	Startdatum	StartZeit	EndDatTyp	Endedatum	Endezeit	TM	TransM
■	✏	EWM-BUCH			154	0		Geplant	P	25.06.2016	15:36:26	P	25.06.2016	23:59:59	0007	ROAD

‹ ›

| **Transporteinheit** | Status | Zugeordnete Lieferu | PPF-Aktionen |

Fahrzeug   EWM-BUCH   W/V-Akt.: Fzg   154

▲ ▼ 🖃 🖫TE-Zuordnung 🗑TE-Zuordnung ✏ 🖫

🖳 🖳 🖫 🖳 🖳 🖳 🖳 🖳 🖳 🖳 🖳 🖳 🖳 🖳

🖺	TE	Frchtführ.	SCAC	W/V-Akt	TE	Z.-Akt.	Akt-Z.Txt	Richtung	StartdaTyp	Startdatum	StartZeit	EndDatTyp	Endedatum	Endezeit	TM	Packm. TE
	352			155	0		Geplant	◆	P	25.06.2016	15:36:26	P	25.06.2016	23:59:59	0007	V400-LKW
	353			156	0		Geplant	◆	P	25.06.2016	15:36:26	P	25.06.2016	23:59:59	0007	V400-LKW

Abbildung 12.70 Fahrzeug mit zwei Transporteinheiten entsprechend der Konstruktionsregel mit der Transaktion /SCWM/VEH anlegen

---

Fahrzeug- und TE-Aktivität verknüpfen

Soll eine Fahrzeugaktivität mit einer TE-Aktivität verknüpft werden, müssen die identischen Transportmittel bei der Anlage vergeben werden.

Über die zuvor erwähnte Konstruktionsregel können Sie steuern, ob Transporteinheiten eine feste Zuordnung zum Fahrzeug haben oder ob Transporteinheiten nacheinander verschiedenen Fahrzeugen zugeordnet und somit entkoppelt werden können. Wenn also Transporteinheiten einem Fahrzeug fest zugeordnet sind, stellt das Fahrzeug für den gesamten Yard-Prozess die Klammer um die Transporteinheiten dar.

Torzuordnung und Toraktivität

Transporteinheiten können Sie über Lageraufgaben zu Toren bewegen und damit Toren zuweisen. Einer Transporteinheit und der W/V-Aktivität einer Transporteinheit kann ein Tor zugeordnet werden, an dem die Transporteinheit entladen werden soll oder umgekehrt. Im eigentlichen Sinne wird, wie beim Fahrzeug und der Transporteinheit, eine W/V-Aktivität zum Tor angelegt. Die Torzuordnung kann entweder manuell über die Transaktionen /SCWM/TU oder /SCWM/DOOR erfolgen, die Sie im SAP-Easy-Access-Menü in EWM unter dem Knoten WARENANNAHME UND VERSAND finden, oder automatisch durch die im EWM-Customizing einstellbare Torfindung, die im Abschnitt »Torfindung in SAP EWM« in Kapitel 8 beschrieben ist. Ist die Tor-zuordnung vorgenommen worden, erhält der Status der W/V-Aktivität des Tores den Wert GEPLANT. Ist die Transporteinheit am Tor angekommen, wechselt der Statuswert der W/V-Aktivität des Tores auf AKTIV. Im Gegen-satz zur geplanten W/V-Aktivität zum Tor kann es, wie bei Transporteinhei-ten und Fahrzeugen auch, immer nur eine aktive W/V-Aktivität zum Tor geben, d. h. nur eine an das Tor angedockte Transporteinheit. Eine Aus-nahme bilden Transporteinheiten, die einem Fahrzeug fest zugeordnet sind. Wird eine Transporteinheit an ein Tor angedockt, sind die übrigen Transport-einheiten auch implizit an das Tor angedockt. Nachdem die Transportein-heit be- oder entladen worden ist und das Tor verlassen hat, ist die W/V-Aktivität des Tores automatisch abgeschlossen.

Ist eine W/V-Aktivität zur Transporteinheit mit dem Statuswert GEPLANT einem Tor zugeordnet, und der Statuswert der W/V-Aktivität des Tores lau-tet ebenfalls GEPLANT, kann die Transporteinheit auch weiteren Toren zuge-ordnet werden.

Aktivitätszeiten

Werden W/V-Aktivitäten zu Transporteinheit, Fahrzeug und Tor angelegt, müssen immer folgende geplante Zeitpunkte angegeben werden:

▸ Startdatum der W/V-Aktivität

▸ Startzeit der W/V-Aktivität

▸ Endedatum der W/V-Aktivität

▸ Endezeit der W/V-Aktivität

Diese Zeitpunkte werden über die Vorschlagswerte der jeweiligen Transakti-onen (/SCWM/TU für Transporteinheiten, /SCWM/VEH für Fahrzeuge bzw. /SCWM/DOOR für Tore) übernommen oder können manuell eingegeben werden (siehe Abbildung 12.71).

W/V-Aktivität von Transporteinheit, Fahrzeug und Tor verknüpfen

Bei der Verknüpfung der W/V-Aktivität der Transporteinheit mit einer W/V-Akti-vität des Fahrzeugs und anschließender W/V-Aktivität des Tores ist zu beachten, dass sich die Aktivitätszeiten jeweils überschneiden, d. h., dass das Endedatum einer Aktivität nicht vor dem Startdatum der anderen Aktivitäten liegt. Andernfalls kommt es zu Fehlermeldungen, und eine Zuordnung ist nicht möglich.

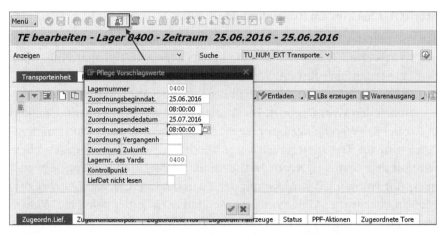

Abbildung 12.71 Definition von Vorschlagswerten am Beispiel der Transaktion /SCWM/TU

12.5.3 Yard-Prozesse und Bewegungen

Die Prozesse des Yard Managements sind direkt mit den Lagerprozessen *Wareneingang* und *Warenausgang* verknüpft. Der Prozess beginnt mit der Anmeldung der Transporteinheit oder des Fahrzeugs am Check-in, der Bewegung zum Tor mit anschließender Entladung und gegebenenfalls der Beladung und der Bewegung zum Kontrollpunkt zum Check-out. Der Prozessablauf im Yard gestaltet sich, wie es in Abbildung 12.72 dargestellt ist.

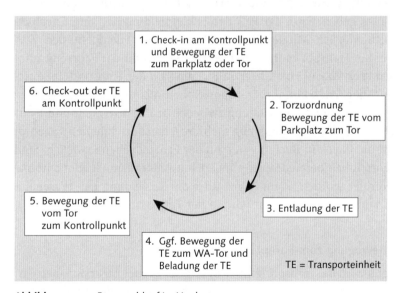

Abbildung 12.72 Prozessablauf im Yard

Die Schritte des Yard-Prozesses werden im Folgenden näher erläutert.

Schritt 1: Check-in am Kontrollpunkt

Mit Ankunft des Lkws wird die Transporteinheit im System erfasst oder bei bereits avisierten Transportdaten die bereits angelegte Transporteinheit mit den Lkw-Daten abgeglichen. Wurde die Transporteinheit auf der Basis avisierter Transportdaten erstellt, erhält der Status der W/V-Aktivität zur Transporteinheit den Wert GEPLANT. Die Avisierung von Transporten ist detailliert in Kapitel 8, »Wareneingangsprozess«, beschrieben. Je nach Konstruktionsregel wird zur Transporteinheit automatisch ein Fahrzeug angelegt – ebenfalls mit dem Status GEPLANT. Nachdem die Transporteinheit angelegt oder überprüft worden ist, wird sie mit der Transaktion /SCWM/CICO check-in-gebucht, die Sie im SAP-Easy-Access-Menü in EWM unter dem Pfad WAREN-ANNAHME UND VERSAND • YARD MANAGEMENT finden. Mit dieser Transaktion erfassen Sie u. a. Daten wie das Kfz-Kennzeichen, den Fahrernamen und die Sprache. Weitere Informationen zu dieser Transaktion finden Sie in Abschnitt 8.2, »Wareneingangsankündigung«. Wurde die Transporteinheit mit geplanten Ankunftsdaten avisiert, kann der Mitarbeiter am Kontrollpunkt erkennen, ob der geplante Ankunftszeitraum dem tatsächlichen Ankunftszeitraum entspricht. Liegt die Ankunft außerhalb des geplanten Zeitfensters, kann im EWM-Customizing unter dem Pfad PROZESSÜBERGREIFENDE EINSTELLUNGEN • WARENANNAHME UND VERSAND • ALLGEMEINE EINSTELLUNGEN • ALLGEMEINE EINSTELLUNGEN FÜR WARENANNAHME UND VERSAND eingestellt werden, ob eine Warn-, eine Fehlermeldung oder keine Meldung ausgegeben wird. Im Fall der Fehlermeldung ist eine Check-in-Buchung nicht möglich. Mit der Check-in-Buchung erhält der Status der W/V-Aktivität für die Transporteinheit und gegebenenfalls für das Fahrzeug automatisch den Wert AKTIV. Eine Check-in-Buchung auf der Transporteinheitsebene ist nur möglich, wenn die Transporteinheit nicht mit einem Fahrzeug verknüpft ist oder eine 1:1-Beziehung zwischen Transporteinheit und Fahrzeug besteht. Wenn einem Fahrzeug mehrere Transporteinheiten zugeordnet sind, ist die Check-in-Buchung nur auf der Fahrzeugebene möglich. Sind der Transporteinheit bereits Anlieferungen, entweder manuell oder automatisch zugeordnet worden, kann EWM über die Torfindung das Wareneingangstor bestimmen, und das Tor wird in der Transaktion angezeigt.

Schritt 2: Bewegung zum Parkplatz oder Tor

Anschließend wird die Transporteinheit systemseitig über Lageraufgaben entweder zu einem freien Parkplatz oder an ein Tor bewegt. Die Lageraufgaben können entweder mit der Desktop-Transaktion /SCWM/YMOVE oder über die entsprechende RF-Transaktion erstellt werden. Abbildung 12.73 zeigt die

Erstellung der Yard-Bewegung anhand der RF-Transaktion. Lageraufgaben für Yard-Bewegungen sind grundsätzlich HU-Lageraufgaben. Das System verwendet keine Produkt-Lageraufgaben, da bei Yard-Bewegungen keine Mengen berücksichtigt werden. Mit Quittierung der Yard-Lageraufgaben ans Tor erhält das Tor automatisch eine W/V-Aktivität mit dem Status AKTIV.

HU-Lageraufgabe zur Transporteinheit

Beim Bewegen einer Transporteinheit im Yard erstellen Sie eine HU- Lageraufgabe zur Transporteinheit. Technisch gesehen ist die Transporteinheit eine HU mit der Ausprägung E des virtuellen HU-Indikators (VHI).

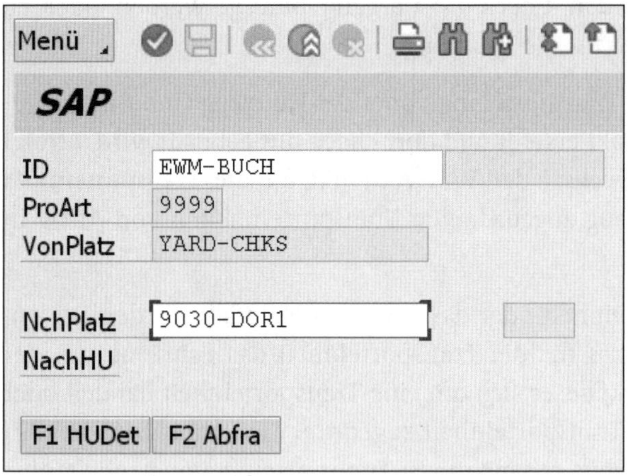

Abbildung 12.73 Anlegen einer Yard-Bewegung mit RF

Schritt 3: Entladung

Im nächsten Schritt erfolgt die Entladung. Hier gibt es in EWM zwei Möglichkeiten – entweder die *einfache* oder die *komplexe Entladung*. (Anmerkung: Der Prozessschritt *Beladung* entspricht zwar nicht dem Prozessablauf, es ist aber sinnvoll, die Logik an dieser Stelle zu erwähnen.)

Beim einfachen Ent- und Beladen werden durch einen manuellen Statuswechsel die Aus- oder Anlieferungen be- oder entladen.

Beim komplexen Ent- und Beladen legen Sie Lageraufgaben an und bewegen die HUs in oder aus dem Lager. Komplexe Ent- und Beladeprozesse basieren auf den Einstellungen der Lagerungssteuerung (siehe Kapitel 7, »Objekte und Elemente der Prozesssteuerung«), über die EWM den Nach-Lagerplatz einer Lageraufgabe ermittelt. Ent- oder Belade-Lageraufgaben können Sie, je nach Prozess, manuell mit den Transaktionen /SCWM/UNLOAD oder /SCWM/

LOAD erstellen oder über die entsprechende PPF-Aktion. Beim Entladeprozess verwenden Sie die PPF-Aktion /SCWM/PRD_IN_TO_CREATE, unter der Voraussetzung, dass der Prozessschritt *Entladung* im Lagerungsprozess definiert wurde. Beim Beladeprozess werden durch einen Statuswechsel mit Andocken der Transporteinheit am Tor über die PPF-Aktion /SCWM/SR_TU_ HU_TO_CREATE und die Einplanbedingung /SCWM/SR_TU_CHECK_STATUS automatisch Belade-Lageraufgaben erstellt.

Schritte 4 und 5: Beladung oder Bewegung vom Tor zum Kontrollpunkt

Nach dem Entladen kann die Transporteinheit oder das Fahrzeug entweder zum Kontrollpunkt für den Check-out-Vorgang bewegt werden oder zu einem Warenausgangstor für die Beladung.

Für den Fall, dass für die Transporteinheit oder das Fahrzeug eine Yard-Lageraufgabe zum Kontrollpunkt erstellt und dort check-out-gebucht wird, erfolgt automatisch ein Statuswechsel der W/V-Aktivität für die Transporteinheit oder für die dem Fahrzeug zugeordneten Transporteinheiten von AKTIV in ABGESCHLOSSEN.

Ist jedoch die Transporteinheit oder das Fahrzeug ebenfalls für den Warenausgang vorgesehen, muss für die Transporteinheit/das Fahrzeug mit der Transaktion /SCWM/TU (falls es sich um eine Transporteinheit handelt oder dem Fahrzeug nur eine Transporteinheit zugeordnet ist) oder /SCWM/VEH (falls es sich um ein Fahrzeug mit mehreren Transporteinheiten handelt) eine neue W/V-Aktivität mit der Richtung WARENAUSGANG angelegt werden. Mit der Aktivierung der W/V-Aktivität für den Warenausgang wird damit automatisch die W/V-Aktivität für den Wareneingang abgeschlossen (siehe Abbildung 12.74).

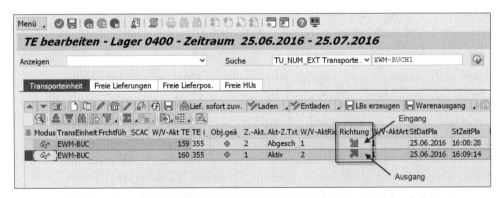

Abbildung 12.74 Abgeschlossene W/V-Aktivität für den Wareneingang und aktive W/V-Aktivität für den Warenausgang einer Transporteinheit

Mit dem Abschluss der W/V-Aktivität für die Transporteinheit wird ebenfalls automatisch die W/V-Aktivität für das der Transporteinheit zugewiesene Tor abgeschlossen.

Schritt 6: Check-out am Kontrollpunkt

Nach dem Beladen wird die Transporteinheit oder das Fahrzeug mit einer Yard-Lageraufgabe an den Kontrollpunkt für den Check-out bewegt. Mit dem Check-out der Transporteinheit oder des Fahrzeugs wird die W/V-Aktivität für den Warenausgang automatisch abgeschlossen.

Nachdem Sie die Möglichkeiten kennengelernt haben, die EWM bietet, um die Prozesse und Bewegungen im Yard abzubilden, wird im nächsten Abschnitt beschrieben, mit welchen Funktionalitäten Sie sich einen guten Überblick über die Situation im Yard verschaffen können.

12.5.4 Yard-Monitoring

Mit den bereits im EWM-Standard vordefinierten Reports für das *Yard-Monitoring* im Lagermonitor können Sie sich die Yard-Bewegungen von Transporteinheiten/Fahrzeugen für eine Yard-Lagernummer, einen oder mehrere Yard-Typen und einen oder mehrere Yard-Bereiche anzeigen lassen. Sie können im Yard, Yard-Typ oder Yard-Bereich Transporteinheiten nach verschiedensten Attributen, u. a. nach Frachtführer, Route, SCAC (Standard Carrier Alpha Code), Belegarten (z. B. Normal- oder Eillieferungen), zugeordneten Lieferungen oder bestimmten Produkten, selektieren und sich den Bestand der Transporteinheiten anzeigen lassen.

Darüber hinaus können Sie sich am Kontrollpunkt wartende Transporteinheiten/Fahrzeuge, unterteilt nach Warenein- und -ausgang, und schließlich die aktuelle und geplante Torbelegung anzeigen lassen. Abbildung 12.75 zeigt die Transporteinheiten im Yard, selektiert nach einem bestimmten Frachtführer.

Mit dem Framework des Lagermonitors haben Sie die Möglichkeit, modifikationsfrei eigene, auf Ihre Prozessanforderungen im Yard zugeschnittene Monitorknoten und Reports zu erstellen. Wie die Monitorerweiterungen vorgenommen werden können, ist detailliert in Kapitel 13, »Monitoring und Reporting«, beschrieben.

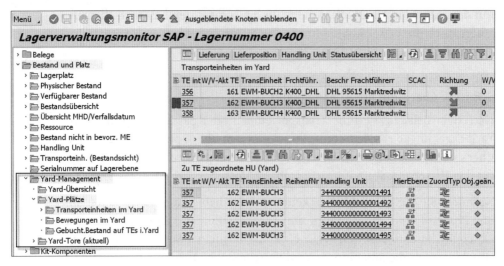

Abbildung 12.75 Anzeige von Transporteinheiten im Yard, selektiert nach einem bestimmten Frachtführer

Mit dem Lagercockpit, das ebenfalls in Kapitel 13 beschrieben ist, können Sie sich z. B. die Torbelegung auch grafisch anzeigen lassen (siehe Abbildung 12.76).

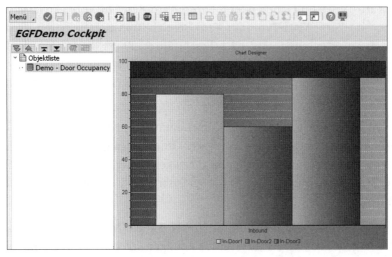

Abbildung 12.76 Grafische Darstellung der geplanten und aktuellen Torbelegung mit dem Lagercockpit

12.5.5 Zusammenfassung

Mit den EWM-Funktionalitäten des Yard Managements, die vollständig in die Lagerprozesse integriert sind, steuern und koordinieren Sie alle Bewegungen von Transporteinheiten und Fahrzeugen im Yard. Beladungseinheiten wie z. B. Container und Wechselbrücken werden als Transporteinheiten abgebildet. Lkws können als Fahrzeuge im System definiert werden, wobei Sie einem Fahrzeug 1–n Transporteinheiten zuordnen können. Sie bilden Bewegungen von Transporteinheiten und Fahrzeugen anhand von Lageraufgaben ab und überwachen das Yard mit bereits vordefinierten Reports des Lagermonitors. Ein Yard wird in der Lagerstruktur definiert und kann für ein oder mehrere Läger verwendet werden.

12.6 Rampenplanung mit Dock Appointment Scheduling

In diesem Abschnitt möchten wir Ihnen die seit EWM-Release 9.0 verfügbare Funktion der Rampenplanung mit *Dock Appointment Scheduling* (DAS) vorstellen, die zur Optimierung der Torbelegungsplanung in Ihrem Lager genutzt werden kann. Mit EWM-Release 9.1 sind Erweiterungen in der Zeitfensterplanung, der Terminverwaltung, den Ermittlungen von Ladeterminen und dem User Interface hinzugekommen. Zudem wurden die Betriebsszenarien um eine Integration mit dem EWM-Versandcockpit (siehe Kapitel 9, »Warenausgangsprozess«) erweitert.

Aufbauend auf das im vorangehenden Abschnitt beschriebene Yard Management in SAP EWM, das sich hauptsächlich mit der operativen Steuerung von Transporteinheiten innerhalb des Hofs beschäftigt, bietet Ihnen DAS als eigenständig betreibbare Systemkomponente (ohne EWM-Anbindung) Funktionen für eine kollaborative Planung und Pflege sowie zur Überwachung von Be- und Entladeterminen Ihres Lagerstandorts. Zur Minimierung von Wartezeiten und zur Optimierung Ihrer Torbelegungsplanung ermöglicht Ihnen DAS, eine an Ihren Lagerressourcen ausgerichtete und mit Ihren Spediteuren eng abgestimmte Planung von Ladeterminen zu erstellen. Zudem können Sie mit DAS auch große Mengen an täglich in Ihrem Lagerstandort zur Be- und Entladung vorgesehenen Transporteinheiten organisieren und überwachen.

DAS bietet ein grafisches Planungscockpit, das sowohl in einem SAP-Web-UI, als auch mit dem SAP Business Client (NWBC) betrieben werden kann. Das mit rollenabhängigen Pflegedialogen operierende DAS unterstützt mit Drag & Drop und Mouseover die sich automatisch vervollständigenden Eingabehilfen (z. B. Spediteursuche) und durch Farbcodierung eine intuitive Bedienung (siehe Abbildung 12.77). Alternativ zum Planungscockpit lassen sich Planungen von Ladeterminen auch mit einer textuellen/tabellarischen

Benutzeroberfläche erstellen und pflegen. Für den externen Zugriff auf DAS durch Ihre Spediteure, um z. B. Ladetermine zu erstellen oder zu überwachen, stehen Ihnen zudem ein abgestimmtes Anwendermanagement und eigene Transaktionen zur Verfügung.

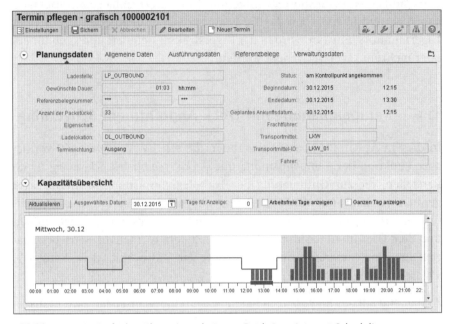

Abbildung 12.77 Grafisches Planungscockpit von Dock Appointment Scheduling

In den folgenden Abschnitten möchten wir Ihnen DAS näher vorstellen, indem wir zunächst auf Begriffe und Objekte dieser Komponente eingehen und Ihnen anschließend die ausgelieferten Betriebsszenarien aufzeigen.

12.6.1 Ladestelle, Zeitfenster und Ladetermine

Die Rampenplanung greift auf die Stammdaten *Ladestellen*, *Zeitfenster* und *Ladetermine* zurück, um die Torbelegungsplanung Ihres Lagerstandorts möglichst realitätsnah abbilden und organisieren zu können. In diesem Abschnitt möchten wir Ihnen diese Stamm- und Bewegungsdaten sowie deren Bezug zu den Objekten und Organisationseinheiten des Yard Managements vorstellen.

Ladestellen (Loading Points)

Die *Ladestelle* stellt das zentrale Stammdatenelement von DAS dar und repräsentiert eine Gruppierung gleichartiger Ladetore Ihres Lagerstandorts (z. B. Tore des Wareneingangs, Tore des Warenausgangs, Tore mit Seiten- oder

Heckbeladung etc.). Eine Ladestelle wird durch eine eindeutige Benennung, Adressdaten und deren kapazitiven Eigenschaften wie z. B. Zeitfenstergröße und Belegungseinheiten beschrieben. Zudem ist es möglich, Beplanungsrestriktionen pro Ladestelle zu hinterlegen, um die Planungsperioden der Ladetermine auszusteuern (z. B. müssen Ladetermine einen Tag im Voraus bis spätestens 16:00 Uhr avisiert werden). Ist eine Ladestelle als relevant für eine EWM-Integration markiert, wird bei deren Erstellung eine Supply Chain Unit (SCU) vom Typ 1200 (Ladestelle) mit der betriebswirtschaftlichen Eigenschaft LP (Ladestelle) im EWM-System erzeugt. Dieser Ladestelle werden anschließend im EWM-System die relevanten Tore zugeordnet. Eine Ladestelle kann ausschließlich Tore einer Lagernummer verwalten. Bei aktivem Yard Management ist zusätzlich die Zuordnung der Ladestelle zu einem Kontrollpunkt notwendig. Ladestellenzuordnungen für Tore und Kontrollpunkte müssen im EWM-System eindeutig sein. Ist eine Ladestelle relevant für die Integration mit SAP EWM, werden bei Buchungen von Ankunft und Abfahrt von Kontrollpunkten und Toren (qRFC-)Nachrichten zwischen DAS und EWM ausgetauscht, um z. B. Transporteinheitsaktivitäten zu erstellen oder Ladetermine zu aktualisieren (siehe Abschnitt 12.6.2, »Betriebsszenarien und Prozesse von DAS«).

Ladelokationen (Docking Location)

Ab EWM-Release 9.1 wurde das User Interface für die Überwachung und Bearbeitung von Terminen so optimiert, dass nun auch mehrere Ladestellen in einem Übersichtsbild angezeigt werden. Zu diesem Zweck wurde die Ladelokation als Gruppierung mehrerer Ladestellen eingeführt und in die Selektion von Ladeterminen aufgenommen. Mit dieser Erweiterung können Sie nun innerhalb eines Transaktionsaufrufs die Ladetermine einer Transporteinheit für verschiedene Tore (z. B. bei produktgruppenabhängigen Entladetoren) überwachen und planen. Die Verwendung von Ladelokationen ist optional.

Zeitfenster (Time Slots)

Zeitfenster stellen das mit *Ladeterminen* planbare Zeitintervall einer Ladestelle dar. Zeitfenster können manuell erstellt und mithilfe von Kopierfunktionen tage- oder wochenweise gepflegt werden. Bei der Erstellung von Zeitfenstern werden die Werk- und Feiertage des an der Ladestelle hinterlegten Kalenders automatisch berücksichtigt. Beispielsweise könnten pro Stunde von 06:00 bis 11:00 Uhr von Montag bis Freitag Zeitfenster mit jeweils zehn Belegungseinheiten für eine Ladestelle definiert werden. Da aufgrund von

Personalverfügbarkeiten in den Mittagszeiten zwischen 11:00 und 13:00 Uhr mit verminderter Be- und Entladeleistung gerechnet werden muss, werden für diese Zeitspannen nur sechs Belegungseinheiten definiert. Die Kapazität an Belegungseinheiten kann manuell pro Zeitfenster angepasst werden. Für jede Belegungseinheit kann im Rahmen der Planung von Be- und Entladeterminen ein Ladetermin erstellt werden. Zusammengenommen bietet die Zeitfensterplanung die Grundlage für die Vergabe von Ladeterminen (siehe Abbildung 12.78).

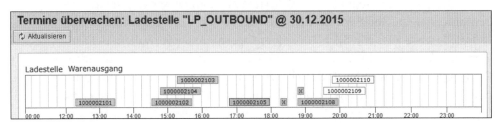

Abbildung 12.78 Zeitfensterplanung in Dock Appointment Scheduling

Ladetermine (DAS Appointments)

Für die im Vorfeld erstellten Ladestellen und deren Zeitfenster können nun durch die Hofsteuerung Ihres Lagerstandorts oder direkt durch den Spediteur *Ladetermine* erstellt werden. Ladetermine haben eindeutige Identifikationsnummern und repräsentieren geplante oder tatsächliche Belegungseinheiten einer Ladestelle innerhalb von definierten Zeitfenstern. Zur Erstellung eines Ladetermins müssen Spediteur und Zeitfenster hinterlegt werden. Bei der Ankunft der Transporteinheit am Hof können zudem die Transportmittel der Transporteinheit (z. B. Lkw, Container, Sattelauflieger) und die Transportmittelidentifikation am Ladetermin hinterlegt werden. Die Transportmittelidentifikation entspricht in einer direkten EWM-Integration der externen Transporteinheitsnummer. Die Erfassung einer Transportmittelidentifikation ist optional. Wird diese nicht explizit angegeben, verwendet EWM automatisch die Ladeterminidentifikation als externe Transporteinheitsidentifikation. Zudem können optional Fahrer, Referenzbelegnummern und Freitextkommentare am Ladetermin hinterlegt werden. Tatsächliche Ausführungszeiten für Ankunft und Abfahrt von Kontrollpunkt und Tor werden im Ladetermin bei der Ausführung der Buchungen im Geschäftsprozess festgehalten.

Mit EWM-Release 9.1 ist es möglich, Ladetermine entsprechend der Dauer der Be- und Entladeprozesse zu erstellen. Der Ladetermin kann dabei ein Vielfaches eines Zeitfensters, mindestens aber 15 Minuten andauern. Die Dauer des Ladetermins kann dabei manuell eingegeben werden oder automatisch, abhängig von der Anzahl der zu verladenden Handling Units und der Ladstelleneinstellung, ermittelt werden. Pflegen Sie die für die automatische Termindauerermittlung verwendeten fixen Offset-Zeitdauern am Tor (z. B. Rüstungs-/Rangierzeiten) und die variablen Dauern pro Packstück über den Customizing-Pfad EXTENDED WAREHOUSE MANAGEMENT • EINSTELLUNGEN • WARENANNAHME UND VERSAND • DOCK APPOINTMENT SCHEDULING • ERMITTLUNG DER TERMINDAUER KONFIGURIEREN, oder verwenden Sie die Transaktion /SCWM/DSCONFDUR.

Abhängig vom Bearbeitungsstatus können Ladetermine die folgenden, im Planungscockpit farblich unterschiedlich dargestellten Status annehmen (siehe Abbildung 12.79):

1. geplanter Ladetermin (blau)

2. Transporteinheit am Kontrollpunkt angekommen (orange)

3. Transporteinheit am Tor angekommen (grün)

4. Transporteinheit vom Tor abgefahren (orange umrandet/weiß)

5. Transporteinheit vom Kontrollpunkt abgefahren (blau umrandet/weiß)

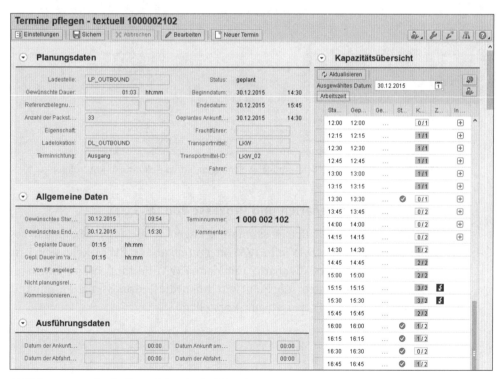

Abbildung 12.79 Bearbeitungsstatus der Ladetermine

Zusätzlich können Sie über Referenzbelege und die Ladelokation die Ladestelle ermitteln. Die Einstellung hierzu finden Sie über den Pfad des SAP-
Easy-Access-Menüs EXTENDED WAREHOUSE MANAGEMENT • EINSTELLUNGEN •
WARENANNAHME UND VERSAND • DOCK APPOINTMENT SCHEDULING • LADE-
STELLE ERMITTELN oder über die Transaktion /SCWM/DSDETLP. Für beide
Ermittlungen werden BAdI-Implementierungen benötigt. Die Standardauslieferung enthält Beispielimplementierungen, die die Anzahl der Packstücke
pro Bestellung und die Termineigenschaften in Abhängigkeit der Produkteigenschaften ermitteln. Sie können im Rahmen Ihres EWM-Projekts die
BAdI-Implementierungen gemäß Ihren eigenen Anforderungen anpassen.
Ebenfalls neu mit EWM-Release 9.1 sind Erweiterungen der Terminverwaltung. Sie finden nun die gesamten Termininformationen in der Terminliste,
und es werden Ihnen zusätzlich ermittelte Werte wie die Termindauer und
Abweichungen angezeigt. In der Terminüberwachung und Bearbeitung können Sie nun für eine verbesserte Planung auf Aggregationen, Filterfunktonen,
Gruppierungen und die Verwendung von Toleranzwerten zurückgreifen
(siehe Abbildung 12.80).

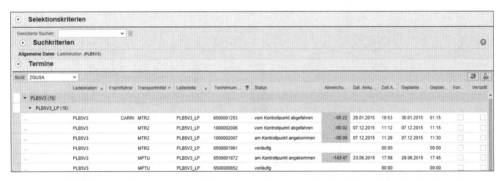

Abbildung 12.80 Anzeige der Terminabweichungen für die Ankunft am Kontrollpunkt

12.6.2 Betriebsszenarien und Prozesse von DAS

Für DAS werden drei Betriebsszenarien angeboten – das *DAS-Standalone-
Szenario*, das Szenario *DAS mit EWM-Integration* und ab EWM-Release 9.1 ist
zudem ein integratives Szenario mit dem EWM-Versandcockpit hinzugekommen. Im Folgenden möchten wir Ihnen diese drei Szenarien anhand
eines idealtypischen Prozessablaufs vorstellen.

Standalone-Betrieb von DAS

Für den eigenständigen Betrieb von DAS können die Funktionen der Zeit-fensterplanung sowie die Ladeterminerstellung und Pflege unabhängig vom EWM-System durchgeführt werden. Innerhalb der Planungsperiode wird durch den Hofsteuerungsplaner Ihres Lagerstandorts eine Zeitfensterpla-nung pro Ladestelle durchgeführt. Über das DAS-Web-UI kann der Spediteur eigenständig Ladetermine erstellen und bearbeiten.

Ein externer Frachtführer kann eigenständig Ladetermine über ein eigenes User Interface erstellen und bearbeiten. Mit EWM-Release 9.2 wurde eine neue, auf SAPUI5 basierende Benutzeroberfläche für die Erstellung und Bear-beitung von Ladeterminen für Frachtführer entwickelt (siehe Abbildung 12.81). Die Erweiterung DOCK APPOINTMENT SCHEDULING FÜR FRACHTFÜHRER ergänzt das vorhergehende, auf der Web-Dynpro-ABAP-Technologie basie-rende User Interface zur Erstellung von Ladeterminen. Die Transaktionen lau-fen auf einem eigenen SAP NetWeaver Application Server, unabhängig von Ih-rer bestehenden EWM-Installation. Der Vorteil dieses Betriebsszenarios ist die verbesserte Absicherung gegenüber externen Zugriffen auf Ihr EWM-System.

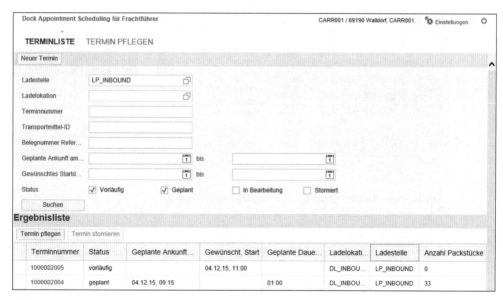

Abbildung 12.81 Externes Spediteur-UI von Dock Appointment Scheduling

Anschließend lassen sich diese Ladetermine bis zum Abschluss der Planungs-periode durch den Spediteur anpassen. Aufgrund einer eigenen Anwender-rolle kann der Spediteur nur eigene Ladetermine einsehen und hat nur ein-geschränkte Änderungsberechtigungen für bestehende Termine. Sollte für den Spediteur eine direkte Pflege nicht möglich sein, kann die kommunizierte Ladeterminplanung auch direkt durch die Hofsteuerung des Lagerstandorts manuell eingegeben werden.

Ist die Planungsperiode verstrichen, gelten die vom Spediteur erfassten oder avisierten Ladetermine als verbindlich fixiert und können nur noch durch die Hofsteuerung Ihres Lagerstandorts bearbeitet werden. Die Hofsteuerung kann Ladetermine bis zur Ankunft der Transporteinheiten am Kontrollpunkt mit Zusatzdaten und Informationen anreichern bzw. sie in der Zeitplanung anpassen (siehe Abbildung 12.82).

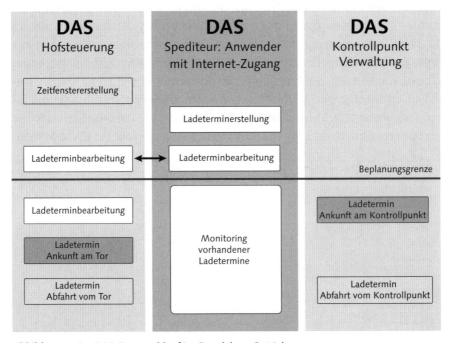

Abbildung 12.82 DAS-Prozessablauf im Standalone-Betrieb

Über den gesamten Prozess ist es möglich, geplante, bearbeitete und abgearbeitete Ladetermine durch die Spediteur- und die Hofsteuerungsmitarbeiter einzusehen und zu überwachen.

DAS mit EWM-Integration

Ist auf der Ebene der Ladestelle in DAS die EWM-Integration aktiviert worden, können (qRFC-)Nachrichten mit Aktualisierungen zwischen dem EWM-System und DAS versendet werden. Durch diese können Transporteinheitsaktivitäten auf der Basis von Ladeterminen in EWM erstellt werden oder Ladetermine aufgrund von Hofbewegungen mit Zeitstempeln für die Ankunft und Abfahrt von Lagertoren aktualisiert werden.

Sie können über den Pfad des SAP-Easy-Access-Menüs EXTENDED WAREHOUSE MANAGEMENT • SCHNITTSTELLEN • DOCK APPOINTMENT SCHEDULING • INTEGRATIONSEINSTELLUNG FÜR SAP EWM oder alternativ über die Transaktion /SCWM/SR_INDAS einstellen, ob Ladetermine bei der Erstellung von eingehenden und/oder ausgehenden Transporteinheiten in EWM in DAS erstellt werden sollen. Für den umgekehrten Fall können Sie über den Pfad des SAP-Easy-Access-Menüs EXTENDED WAREHOUSE MANAGEMENT • SCHNITTSTELLEN • DOCK APPOINTMENT SCHEDULING • INTEGRATIONSEINSTELLUNG FÜR DOCK APPOINTMENT SCHEDULING oder über die Transaktion /SCWM/SR_DSINT einstellen, ob Transporteinheiten für eingehende oder ausgehende Ladetermine in SAP EWM erstellt werden sollen.

Sobald in DAS für einen Ladetermin die Ankunft am Kontrollpunkt gebucht worden ist, wird basierend auf dem im Ladetermin angegebenen Spediteur sowie anhand des Transportmittels und der Transportmittelidentifikation eine Transporteinheit bzw. Transporteinheitsaktivität im EWM-System erstellt. Die Informationen über Ladestelle und Ladeterminnummer sind anschließend im EWM-System für die erstellten Transporteinheiten verfügbar, sodass auch explizit nach diesen selektiert werden kann.

Zudem besteht die Möglichkeit, bestehende Transporteinheitsaktivitäten mit den Ladetermininformationen bei der Buchung der Ankunft am Kontrollpunkt zu aktualisieren. Voraussetzung hierzu ist die korrekte Eingabe der externen Transporteinheitsnummer als Transportmittelidentifikation für den betreffenden Ladetermin.

Sobald eine Transporteinheit an ein Tor oder von diesem fortbewegt wird, erfolgt die Aktualisierung des entsprechenden Ladetermins mit dem Zeitstempel der Ausführung. Ebenso führt die Abfahrt vom Kontrollpunkt zu einer Aktualisierung des Ladetermins. Alternativ kann die Abfahrt der Transporteinheit vom Kontrollpunkt über das Yard Management oder über DAS gebucht werden (siehe Abbildung 12.83).

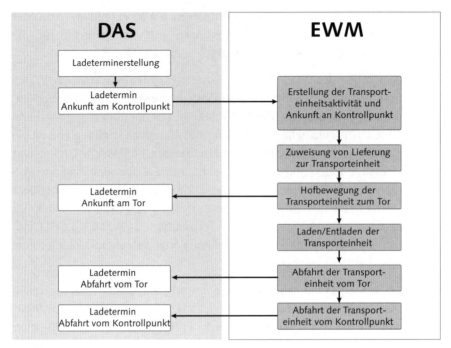

Abbildung 12.83 DAS-Prozessablauf mit EWM-Integration

Dock Appointment Scheduling (DAS) mit dem EWM-Versandcockpit

Ab EWM-Release 9.1 können Ladetermine aus dem EWM-Versandcockpit auf der Grundlage der dort erstellten Transporteinheiten angelegt und aktualisiert werden.

Ladetermine können direkt aus dem Versandcockpit, basierend auf Transporteinheiten mit zugewiesenen Lieferungen, erstellt und bei Änderungen an der Transporteinheit aktualisiert werden. Diese sind zunächst als vorläufige Ladetermine sowohl im Versandcockpit als auch in DAS sichtbar. Erfolgt in einem nächsten Schritt die explizite Planung des Ladetermins in DAS, werden die Transporteinheiten mit den Daten der Ladestelle und des zugewiesenen Zeitfensters aktualisiert. Der Ladetermin wechselt in den Status GEPLANT.

Ladetermine, die über das Versandcockpit erstellt wurden, führen bei Anpassungen in der Terminbearbeitung immer auch zu Aktualisierungen der dazugehörigen Transporteinheiten.

Werden im Folgenden aus der Ausführungssicht des Versandcockpits Ankunft und Abfahrt von Kontrollpunkt bzw. Tor gebucht, erfolgt eine Aktualisierung des Ladetermins mit den entsprechenden Statuswerten (siehe Abbildung 12.84).

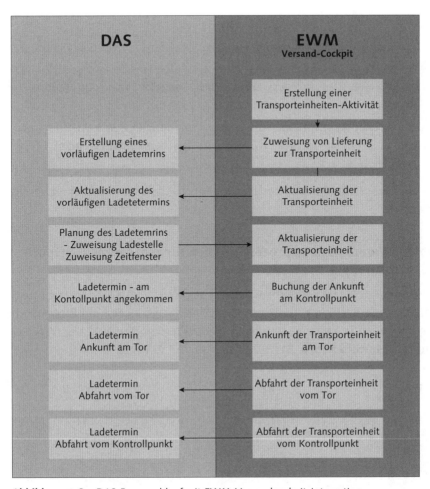

Abbildung 12.84 DAS-Prozessablauf mit EWM-Versandcockpit-Integration

12.7 Integration mit SAP Transportation Management (SAP TM)

SAP Transportation Management (SAP TM) 9.0 bietet Ihnen die Möglichkeit, eine Transportplanung, basierend auf Kundenaufträgen oder Auslieferungen, durchzuführen und somit die Transportkosten zu optimieren.

Release SAP EWM 9.0 ermöglicht es Ihnen, Ihre Transportplanung und Ihre lagerinternen Abläufe durch die Kombination von SAP EWM 9.0 und SAP TM 9.0 mithilfe einer Supply-Chain-Execution-Plattform aufeinander abzustimmen. Der folgende Abschnitt gibt Ihnen einen Überblick über die integrierten Prozesse, die seit EWM 9.0 zur Verfügung stehen.

Die Prozesse, die seit SAP EWM 9.0 und SAP TM 9.0 unterstützt werden, sind:

▸ Der Warenausgangsprozess mit lieferungsbasierter Transportplanung in SAP TM.

▸ Der Warenausgangsprozess mit auftragsbasierter Transportplanung in SAP TM.

▸ Der Warenausgangsprozess mit Transportplanung in EWM. An dieses Szenario können Sie in SAP TM ein Transportkostenmanagement (TCM) anschließen.

Die folgenden Abschnitte enthalten weitere Details zu diesen integrierten Prozessen.

12.7.1 Warenausgangsprozess mit lieferungsbasierter Transportplanung in SAP TM

Abbildung 12.85 stellt die Prozessschritte der lieferungsbasierten Transportplanung in SAP TM vor. In diesem Szenario werden zuerst ein Kundenauftrag und anschließend eine dazugehörige Auslieferung erstellt. Die Auslieferung wird sowohl an SAP EWM als auch an SAP TM verteilt.

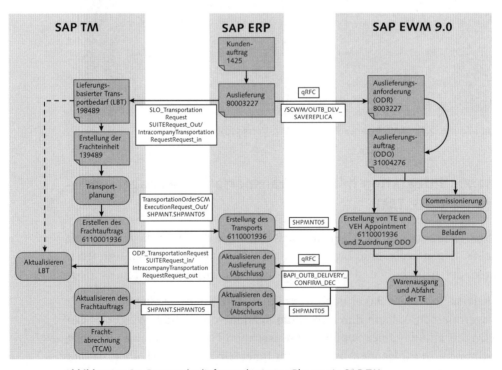

Abbildung 12.85 Prozess der lieferungsbasierten Planung in SAP TM

Dabei funktioniert die Verteilung folgendermaßen:

1. In EWM wird eine Auslieferungsanforderung (ODR) erzeugt. Aus der ODR wird ein Auslieferungsauftrag (ODO) mit der Belegart OTM generiert. Aus dem ERP-System wird auch das Kennzeichen TMS_PLAN_IND mitgeschickt, das in der Schnittstelle zur Erstellung der ODR dafür sorgt, dass die Transportplanungsart gefunden wird. In diesem Szenario ist dies die Transportplanungsart C (obligatorische externe Planung in SAP TM). Das Statusprofil des Auslieferungsauftrags sorgt dann dafür, dass der ODO gesperrt ist, bis die Transportplanung in SAP TM stattgefunden hat. Erst nach der Durchführung der Transportplanung wird der ODO zur Verarbeitung in EWM freigegeben.

2. In SAP TM wird ein lieferungsbasierter Transportbedarf (LBT) erzeugt. Die Verteilung der Lieferung an das TM-System findet über die Nachrichtensteuerung mit der Nachrichtenart TRD0 statt.

3. Mithilfe der Transaktion VL03N in SAP ERP können Sie in der Auslieferung über das Menu ZUSÄTZE • LIEFERNACHRICHTEN • KOPF prüfen, ob die Nachricht TRD0 ausgeführt worden ist (siehe Abbildung 12.86). Diese Nachricht löst aus, dass der LBT über die PI-Kommunikationsschicht in SAP TM angelegt wird.

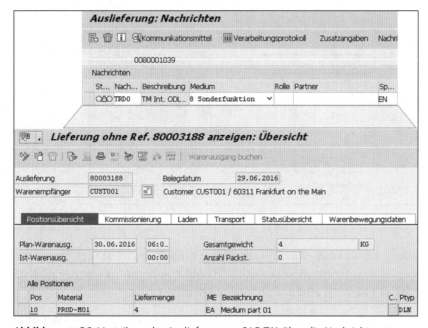

Abbildung 12.86 Verteilung der Auslieferung an SAP TM über die Nachrichtensteuerung

Nachdem in SAP TM der LBT angelegt worden ist, wird auf dessen Basis eine Frachteinheit angelegt, die für die weitere Transportplanung verwendet wird. Die Frachteinheit wird einem Fahrzeug zugeordnet und in einen Frachtauftrag aufgenommen. Dieser Frachtauftrag entspricht dem Transport in SAP ERP bzw. der Transporteinheit in SAP EWM.

Für den Frachtauftrag können Sie einen Container anlegen und die jeweiligen LBTs zuordnen. Abbildung 12.87 zeigt, wie Sie über den Button PRODUKT EIN-FÜGEN einen Container einfügen und anschließend in der Registerkarte CON-TAINERDETAILS weitere Informationen eingeben können, wie z. B. Equipment-gruppe, Equipmentart, oder eine Beschreibung des Containers. Außerdem können Sie für den Frachtauftrag eine Spediteurauswahl vornehmen.

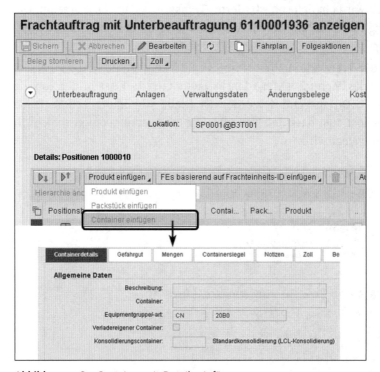

Abbildung 12.87 Container mit Details einfügen

Abbildung 12.88 zeigt einen Frachtauftrag nach abgeschlossener Transport-planung. Die Güter, in diesem Fall PROD-M02, gehören zu einer Frachtein-heit und zu LBTs, die einem Container zugeordnet sind.

Nachdem die Transportplanung in SAP TM stattgefunden hat, kann der ERP-Transport von SAP TM aus angelegt werden.

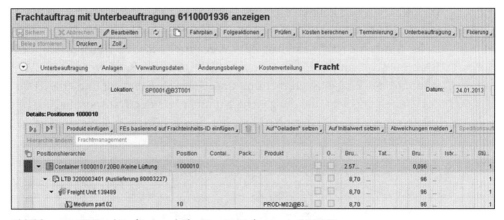

Abbildung 12.88 Frachtauftrag nach der Transportplanung in SAP TM

Abbildung 12.89 zeigt, wie dies manuell für den Frachtauftrag durchgeführt wird. Sie selektieren im Frachtauftrag über den Button FOLGEAKTIONEN die Aktion ERP-TRANSPORT ANLEGEN/ÄNDERN. Im TM-Startmenü können Sie den Frachtauftrag über den Menüpfad FRACHTAUFTRAGSMANAGEMENT • FRACHT-AUFTRAG BEARBEITEN selektieren und bearbeiten.

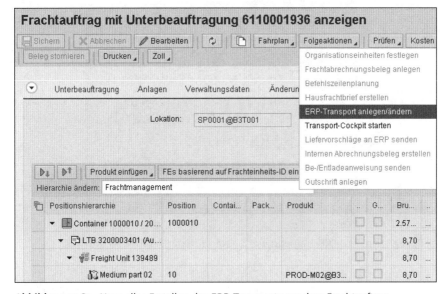

Abbildung 12.89 Manuelles Erstellen des ERP-Transports aus dem Frachtauftrag

Nachdem der Transport über SAP TM in SAP ERP angelegt worden ist, kann der Transport mithilfe der Transaktion VT03N angezeigt werden (siehe Abbildung 12.90).

Im ERP-Transport können über das Menü SPRINGEN • NACHRICHTEN die Nachrichten für den Transport angezeigt werden. Wie in Abbildung 12.90 dargestellt, wurde die Nachrichtenart ZEWM ermittelt, die den Transport mit dem IDoc SHPMNT05 an das EWM-System schickt. Anschließend werden in EWM während der Eingangsverarbeitung des IDocs ein Fahrzeug und eine Transporteinheit angelegt, die die gleiche Nummer wie der Transport haben. Des Weiteren wird der Transporteinheit der dazugehörige Auslieferungsauftrag zugeordnet.

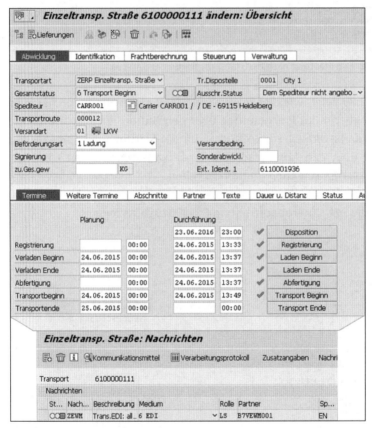

Abbildung 12.90 SAP-ERP-Transport und die Nachricht für das IDoc SHPMNT05 an das EWM-System

Nun wird der Auslieferungsauftrag zur weiteren Bearbeitung freigegeben. Nachdem der Auslieferungsauftrag zur Bearbeitung im EWM-System freigegeben worden ist, können die folgenden Lageraktivitäten ausgeführt werden:

▸ Kommissionieren
▸ Verpacken

- Beladen
- Warenausgangsbuchung

In Abbildung 12.91 sehen Sie den Auslieferungsauftrag in EWM nach der Transportplanung.

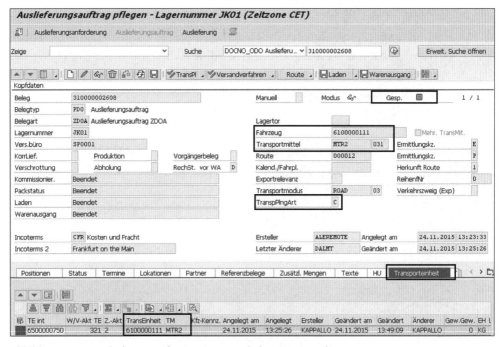

Abbildung 12.91 Auslieferungsauftrag in EWM nach der Transportplanung

Mit dem Buchen des Warenausgangs in EWM werden zwei Folgeaktionen in SAP ERP ausgelöst:

- Über qRFC wird das Erledigungskennzeichen in der Auslieferung aktualisiert.
- Über das IDoc wird der Transport aktualisiert (z. B. hinsichtlich der Durchführungstermine von Registrierung, Ladebeginn und -ende, Abfertigung und Transportbeginn). Gegebenenfalls werden noch von der Transportplanung abweichende Lieferpositionszuordnungen aktualisiert.

Durch den Abschluss der Auslieferung in SAP ERP wird die Aktualisierung des LBT in SAP TM angestoßen. Der Abschluss des Transports in SAP ERP löst wiederum die Aktualisierung des Frachtauftrags in SAP TM aus.

12.7.2 Warenausgangsprozess mit auftragsbasierter Transportplanung in SAP TM

Der Warenausgangsprozess mit auftragsbasierter Transportplanung ähnelt hinsichtlich der Lieferabwicklung dem lieferungsbasierten Transportprozess. Allerdings wird in diesem Szenario die Erstellung der Auslieferungen über SAP TM angestoßen.

Abbildung 12.92 zeigt den Anfang dieses Szenarios in detaillierter Form. Wenn der Kundenauftrag angelegt wird, löst dies sofort die Erstellung des auftragsbasierten Transportbedarfs (ABT) in SAP TM aus. Für den ABT wird eine Frachteinheit angelegt, die in der weiteren Transportplanung verwendet wird.

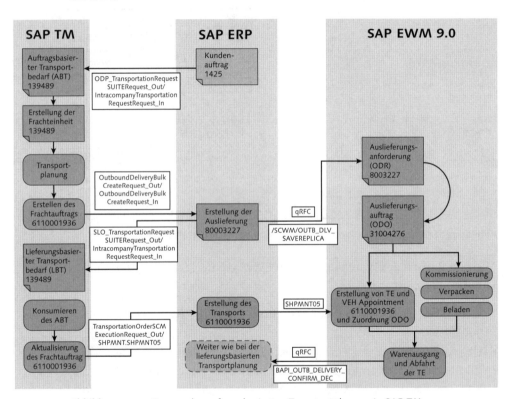

Abbildung 12.92 Prozess der auftragsbasierten Transportplanung in SAP TM

In der Transportplanung werden aus den Frachteinheiten die Frachtaufträge gebildet. Wenn die Transportplanung beendet ist, können die Lieferungsvorschläge über den Frachtauftrag an SAP ERP geschickt werden. Wenn man diesen Schritt manuell auslösen möchte, selektiert man in SAP TM zunächst den Frachtauftrag über den Menüpfad FRACHTAUFTRAGSMANAGEMENT • FRACHTAUF-

TRAG BEARBEITEN. Im Frachtauftrag selektieren Sie dann über den Button FOLGEAKTIONEN die Aktion LIEFERVORSCHLÄGE AN ERP SENDEN. Die Lieferungen werden somit in SAP ERP angelegt und anschließend direkt an EWM verteilt. Des Weiteren wird auch die Erstellung der LBTs in SAP TM angestoßen.

Der weitere Prozess und somit auch die Bearbeitung der Lieferungen in EWM ist identisch mit der lieferungsbasierten Planung.

12.7.3 Warenausgangsprozess mit Transportplanung in SAP EWM

Hauptmerkmal des Warenausgangsprozesses mit Transportplanung in EWM ist die Entscheidung in EWM, welche Auslieferungen einer TE zugeordnet werden. In Abbildung 12.93 erhalten Sie einen Überblick über den Warenausgangsprozess mit Transportplanung in SAP EWM.

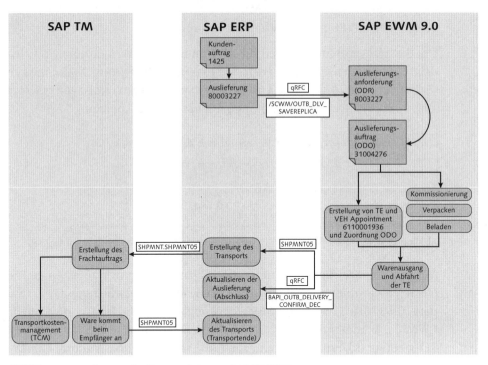

Abbildung 12.93 Prozess der Transportplanung in SAP EWM

Dies kann entweder eine manuelle Zuordnung über die Transaktion /SCWM/TU oder eine automatische Zuordnung durch Beladen mit RF sein.

Bei der Warenausgangsbuchung wird neben der Aktualisierung der Auslieferung auch das IDoc SHPMNT05 erstellt, das im ERP-System den Transport mit den dazugehörigen Lieferungen erzeugt.

Der neu erstellte Transport stößt dann die Erstellung des Frachtauftrags in SAP TM an. Der Grund hierfür ist, dass die Frachtkostenabrechnung jetzt in SAP TM durchgeführt werden kann. SAP TM schickt, nachdem die Ware beim Empfänger angekommen ist, den Transportendestatus zurück an das ERP-System.

12.7.4 Konfiguration in SAP EWM für die TM-Integration

SAP EWM 9.0 bietet verschiedene neue Konfigurationsoptionen für die zuvor beschriebenen integrierten Szenarien. Im Folgenden werden diese Optionen näher beschrieben.

Transportnummer und TE-Nummer zuordnen

In den beschriebenen TM-ERP-EWM-Integrationsszenarien sollten die Nummern der Frachtaufträge (SAP TM), der Transporte (SAP ERP) und der Transporteinheiten (TE) in SAP EWM übereinstimmen.

Um die Transportnummer und die TE-Nummer im EWM-Customizing eindeutig zuzuordnen, wählen Sie den Pfad EXTENDED WAREHOUSE MANAGEMENT • SCHNITTSTELLEN • ERP-INTEGRATION • TRANSPORT • EINSTELLUNGEN FÜR DIE VERARBEITUNG DES IDOC ZUR SENDUNG VORNEHMEN (siehe Abbildung 12.94).

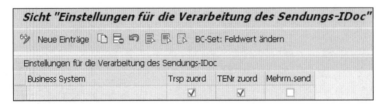

Abbildung 12.94 Einstellungen für die Verarbeitung des IDOCs zur Sendung vornehmen

Mit dem Kennzeichen TRSP ZUORD (ERP-Transportnummer zu externer TE-Nummer zuordnen) sorgen Sie dafür, dass bei der Verarbeitung des Transport-IDocs SHPMNT05, das von SAP ERP gesendet wird, die Transporteinheit in EWM die Nummer des Transports in SAP ERP erhält. Mit dem Kennzeichen TENR ZUORD (Externe TE-Nummer zu ERP-Transportnummer zuordnen) sorgen Sie dafür, dass im IDoc SHPMNT05 von SAP EWM an SAP ERP die externe Fahrzeugnummer in SAP EWM als Transportnummer in SAP ERP abgebildet wird. Wenn keine Fahrzeugnummer in EWM verwendet wird, wird stattdessen die externe Nummer der Transporteinheit für den Transport verwendet.

Ab Release SAP EWM 9.4 kann man mit dem Kennzeichen SENDUNGS-IDOC MEHRMALS SENDEN den Status für ANKUNFT AM KONTROLLPUNKT, BELADEN GESTARTET, BELADEN BEENDET UND ABFAHRT VOM KONTROLLPUNKT direkt per

IDoc an das ERP-System schicken, und nicht nur während der Warenausgangsbuchung. Voraussetzung ist, dass SAP-Hinweis 2174479 in das ERP-
System implementiert wird.

Vorschlagswerte für Ausgangs-IDoc definieren

Seit Release SAP EWM 9.0 können Sie auch verschiedene Vorschlagswerte
hinterlegen, die während der Erstellung des Ausgangs-IDocs für die LE-TRA-
Integration verwendet werden.

Um die Vorschlagswerte für das Transportausgangs-IDoc zu definieren, wäh-
len Sie im EWM-Customizing den Pfad EXTENDED WAREHOUSE MANAGEMENT
• SCHNITTSTELLEN • ERP-INTEGRATION • TRANSPORT • VORSCHLAGSWERTE FÜR
AUSGANGS-IDOC DEFINIEREN.

Abbildung 12.95 zeigt, wie sich die Vorschlagswerte auf den Transport in
SAP ERP auswirken. Die Transportart und die Transportdispositionsstelle
werden bei der Erstellung des Transports in SAP ERP verwendet. Zusätzlich
wird der Status TRANSPORTENDE offen gelassen, wenn das Kennzeichen
TRANSP. OFFEN LASSEN gesetzt ist. Dieses Feld ermöglicht es z. B., dass man
den Transport in SAP TM nachverfolgen kann und im Anschluss gegebenenfalls in SAP TM die Frachtkostenabrechnung durchführt. Der Status TRANS-
PORTENDE wird von SAP TM an das ERP-System geschickt, wenn die Ware
beim Empfänger angekommen ist.

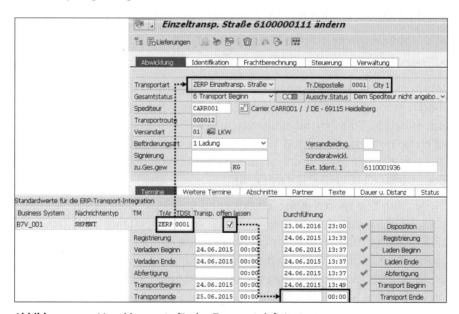

Abbildung 12.95 Vorschlagswerte für den Transport definieren

Transportplanungsart definieren (Ausgang) und manuelle Freigabe erlauben

Um die Transportplanungsart (TPA) zuzuordnen, wählen Sie im EWM-Customizing den Pfad EXTENDED WAREHOUSE MANAGEMENT • WARENAUS-GANGSPROZESS • AUSLIEFERUNG • INTEGRATION MIT TRANSPORT • TRANSPORTPLA-NUNGSART DEFINIEREN (AUSGANG), siehe Abbildung 12.96.

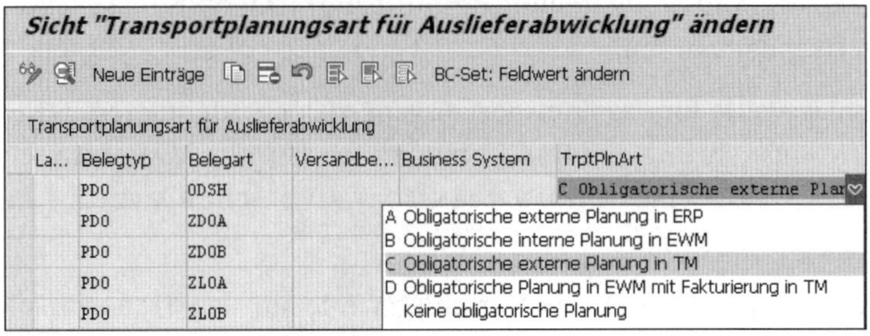

Abbildung 12.96 Transportplanungsart definieren

In Release SAP EWM 7.01 gab es für die Integration mit LE-TRA zwei Transportplanungsarten:

- A – obligatorische externe Planung in SAP ERP
- B – obligatorische interne Planung in SAP EWM

Mit Release SAP EWM 9.0 sind die folgenden beiden Transportplanungsarten für die Integration mit SAP TM hinzugekommen:

- C – obligatorische externe Planung in SAP TM
- D – obligatorische Planung in EWM mit Fakturierung in SAP TM

Wenn die Transportplanung in SAP TM erfolgt, wird auf der TE automatisch die Transportplanungsart C gesetzt. Außerdem wird angezeigt, welches das ursprüngliche Transportplanungssystem der TE war. Diese Information kann über die Transaktion /SCWM/TU angezeigt werden. In Abbildung 12.97 sind diese Felder der TE und das ursprüngliche Transportplanungssystem (hier beispielhaft C1TCLNT001) dargestellt.

Wenn eine Transportplanungsart mit einer obligatorischen externen Transportplanung zugeordnet ist, wenn also die Transportplanung in LE-TRA oder in SAP TM stattfindet, werden die Auslieferungen zuerst im gesperrten Status angelegt. Sofern eine Weiterverarbeitung der Lieferungen erlaubt ist, ohne dass die Transportplanung beendet ist, kann die Lieferung manuell entsperrt werden. Ist die Lieferung entsperrt, kann sie z. B. kommissioniert, verpackt und bereitgestellt werden.

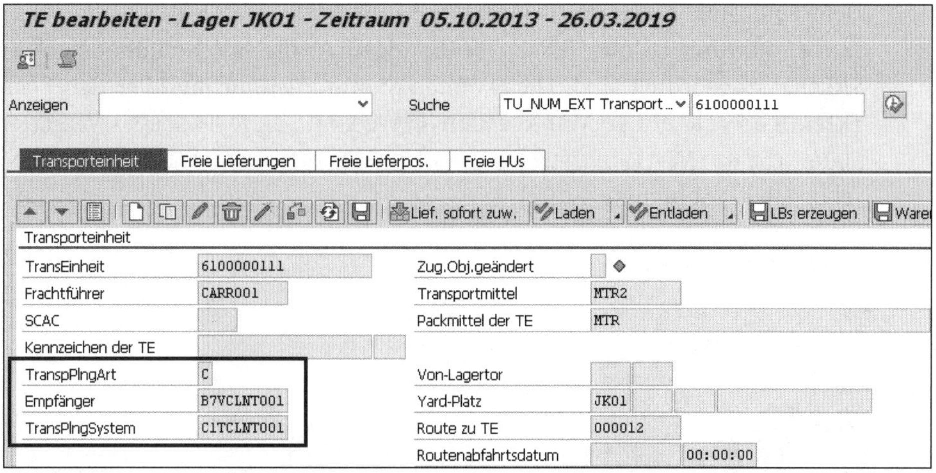

Abbildung 12.97 Transportplanungsfelder der TE

Um die EWM-Ausführung ohne Transportplanung zu erlauben, wählen Sie im EWM-Customizing den Pfad EXTENDED WAREHOUSE MANAGEMENT • WARENAUSGANGSPROZESS • AUSLIEFERUNG • INTEGRATION MIT TRANSPORT • EWM-AUSFÜHRUNG OHNE TRANSPORTPLANUNG ERLAUBEN (AUSGANG). Dort setzen Sie das Kennzeichen FREIGABE (siehe Abbildung 12.98).

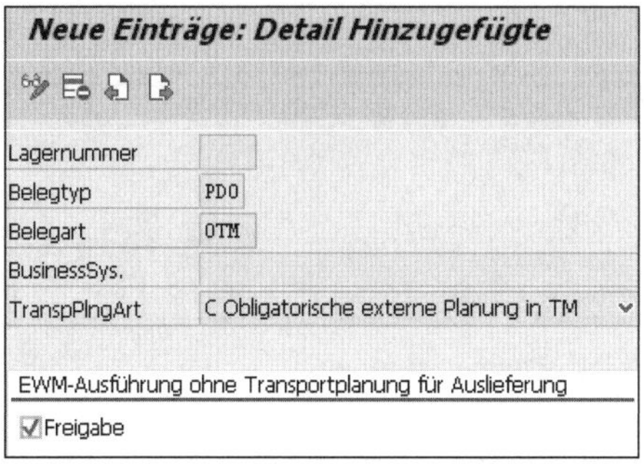

Abbildung 12.98 Freigabe der Auslieferung ohne Transportplanung erlauben

Wellenvorlagenfindung für TM-Integration

In SAP EWM 9.0 wird im Zusammenhang mit der TM-Integration auch ein neues Findungsschema für die Wellenvorlagenfindung angeboten. Der Grund hierfür ist, dass auch eine Wellenvorlage gefunden werden kann, wenn in EWM aufgrund der Transportplanung in SAP TM keine Routenfindung durchgeführt wird. In diesem Fall können die Felder TRANSPORTMITTEL und VERSANDBEDINGUNG für die Wellenvorlagenfindung genutzt werden.

Dem Feldkatalog sind die Felder TRANSPORTMITTEL (WME_MTR) und VER-SANDBEDINGUNG (WME_SERV_LEVEL) zugefügt, die der Konditionstabelle SAPODL zugeordnet sind. Dies können Sie im Customizing über den Pfad EXTENDED WAREHOUSE MANAGEMENT • WARENAUSGANGSPROZESS • WELLEN-MANAGEMENT • WELLENVORLAGENFINDUNG • KONDITIONSTABELLEN DEFINIEREN sehen (siehe Abbildung 12.99).

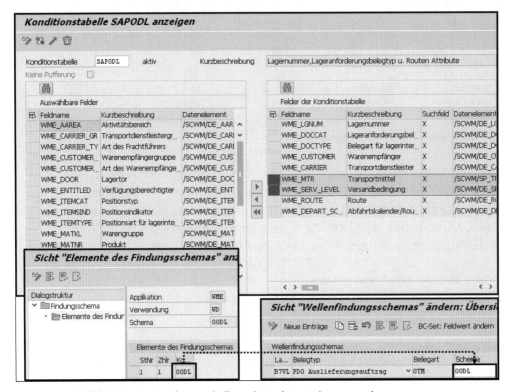

Abbildung 12.99 Konditionstabelle und Konditionsschema zuordnen

Die Konditionstabelle ist über die Konditionsart dem Findungsschema 0ODL zugeordnet. Das Findungsschema kann wiederum der Lieferbelegart zuge-ordnet werden.

Konsolidierungsgruppenbestimmung

In SAP EWM 9.0 wird für die Konsolidierungsgruppenbestimmung auch eine Erweiterungsimplementierung /SCWM/EI_CORE_CONS_TRANSPL angeboten. Im Zusammenhang mit der Transportplanung soll mit dieser Bei-spielimplementierung sichergestellt werden, dass keine lieferungsübergrei-fenden Handling Units gebildet werden, da diese in SAP TM nicht erlaubt sind, und dass Lieferpositionen, die schon unterschiedlichen TEs zugeordnet worden sind, nicht zusammen verpackt werden. Die Erweiterungsimplementierung /SCWM/EI_CORE_CONS_TRANSPL kann über die Transaktion SE19 angezeigt werden.

Frachtbrief aus SAP EWM drucken

In SAP EWM 9.0 wird auch eine PPF-Aktion mitausgeliefert, die zum Drucken eines Frachtbriefes verwendet werden kann. Sie können sich diese PPF-Aktion über die Transaktion SPPFCADM unter der Anwendung /SCWM/SHP_RCV und dem Aktionsprofil /SCWM/TU anzeigen lassen. Der Name der PPF-Aktion ist /SCWM/SR_PRINT_TU_WAYBILL. Abbildung 12.100 zeigt ein Beispiel eines Frachtbriefes.

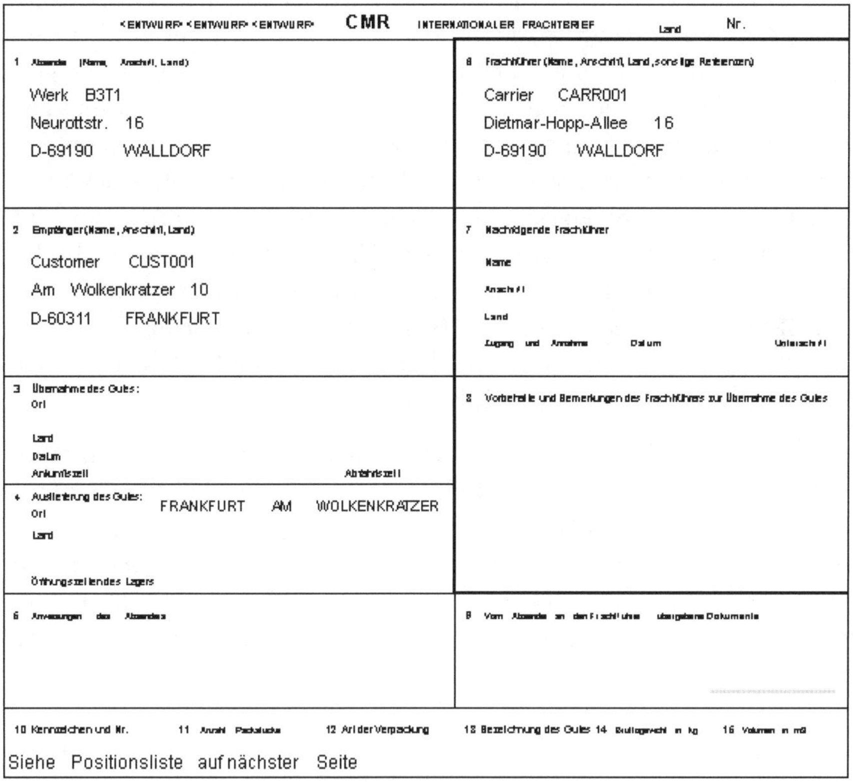

<ENTWURF> <ENTWURF> <ENTWURF> **CMR** INTERNATIONALER FRACHTBRIEF Land Nr.

1 Absender (Name, Anschrift, Land)
Werk B3T1
Neurottstr. 16
D-69190 WALLDORF

6 Frachtführer (Name, Anschrift, Land, sonstige Referenzen)
Carrier CARR001
Dietmar-Hopp-Allee 16
D-69190 WALLDORF

2 Empfänger (Name, Anschrift, Land)
Customer CUST001
Am Wolkenkratzer 10
D-60311 FRANKFURT

7 Nachfolgende Frachtführer
Name
Anschrift
Land
Zugang und Annahme Datum Unterschrift

3 Übernahme des Gutes:
Ort
Land
Datum
Ankunftszeit Abfahrtszeit

4 Auslieferung des Gutes: FRANKFURT AM WOLKENKRATZER
Ort
Land
Öffnungszeiten des Lagers

8 Vorbehalte und Bemerkungen des Frachtführers zur Übernahme des Gutes

6 Anweisungen des Absenders

9 Vom Absender an den Frachtführer übergebene Dokumente

10 Kennzeichen und Nr. 11 Anzahl Packstücke 12 Art der Verpackung 13 Bezeichnung des Gutes 14 Bruttogewicht in kg 15 Volumen in m3

Siehe Positionsliste auf nächster Seite

Abbildung 12.100 CMR Smart Form zum Drucken des Frachtbriefes

Das Formular kann als PDF-Formular oder als Smart-Forms-Formular gedruckt werden. Mehr Details zum Drucken von Formularen finden Sie im nächsten Abschnitt.

> **SAP-Hinweis 1736053: Frachtbriefe ausdrucken in Release SAP EWM 7.01 oder 7.02**
>
> Die Funktionalität, um Frachtbriefe per PPF-Aktion direkt für die TE oder das Fahrzeug auszudrucken, ist mit SAP-Hinweis 173653 auch für die Releases SAP EWM 7.01 oder 7.02 möglich.

Daneben wird mit EWM 9.3/9.4 die Transitlagerung unterstützt, die eine vereinfachte Lagerung darstellt.

12.7.5 Transitlagerung

Mit der Transitlagerung hält ab SAP EWM 9.3 eine neue Art vereinfachter Lagerung Einzug in das EWM-System. Sie kommt zum Einsatz, wenn ein Lager als Transitlager dient, Fracht also als Teil einer längeren Transportkette empfangen und versandt wird. Die Fracht an sich ist dabei nicht für das Lager bestimmt – sie wird nicht entpackt und auch nicht als Bestand eingelagert. Vielmehr wird die Fracht entgegengenommen, konsolidiert und zwischengelagert, bis sie für den Transport zum nächsten Zwischenstopp oder Empfänger benötigt wird. Dies erfolgt üblicherweise innerhalb eines Tages. Da das Transitlager die Fracht vieler Kunden bearbeitet, werden keine Produktstammdaten gepflegt. Stattdessen wird die Fracht an sich als HU abgebildet und Informationen zur Fracht (z. B. beschädigt oder hochwertig) in den jeweiligen Belegen gehalten. Die Hauptbelege sind Frachtaufträge und Frachtbuchungen, die im Hintergrund mit bestehenden EWM-Belegen, wie An- und Auslieferungen, TUs, Vehikeln und HUs, verknüpft sind.

Das SAP Extended Warehouse Management und das SAP Transportation Management agieren hierbei als Teil der Supply-Chain-Execution-Plattform von SAP. SAP TM ist zuständig für die Planung der Fracht, die u. a. die Routenermittlung und Kostenkalkulation umfasst. Statusabhängig werden relevante Frachtaufträge und Frachtbuchungen von SAP TM an EWM übertragen, sodass dort die benötigten Lagerprozesse ablaufen können. Zu Status und Fortschritt werden ereignisbasierte Nachrichten zwischen EWM und SAP TM ausgetauscht. Dieser Nachrichtenaustausch findet über Webservices statt, die entweder über SAP Process Integration (PI) oder mittels Punkt-zu-Punkt-Kommunikation ausgetauscht werden.

> **Informationen zur Punkt-zu-Punkt-Kommunikation**
>
> SAP-Hinweis 1978857 enthält einen Integrationsleitfaden zum Einrichten der Punkt-zu-Punkt-Kommunikation.

Die wesentlichen Unterscheidungsmerkmale der gewöhnlichen Lagerhaltung gegenüber der Transitlagerung zeigt Tabelle 12.3:

Standardlagerung	Transitlagerung
Der Bestand wird anhand von Produktmengen verwaltet. Bestandsattribute werden in den Stammdaten abgelegt und müssen dort gepflegt werden.	Die Fracht basiert auf HUs. EWM kennt deren genauen Inhalt nicht, sondern nur die Bestandsattribute der beteiligten Belege.
Die Produktstammsätze werden in SAP ERP angelegt und von dort an SAP EWM verteilt.	Die Produktstammdaten werden ausschließlich für Packmittel genutzt.
Die Versender werden als Lieferanten dargestellt. Produkte von Lieferanten gehen ein.	Die Versender werden als Kunden betrachtet. Es geht die Fracht von Kunden – nicht von Lieferanten – ein.
Es werden Benutzeroberflächen mit Bezug zu An- oder Auslieferungen verwendet, um Kernprozesse abzubilden.	Benutzeroberflächen, basierend auf Frachtaufträgen und -buchungen, kommen zum Einsatz.
An- und Auslieferungen werden in SAP ERP angelegt und an EWM verteilt.	Frachtaufträge und -buchungen werden auf der Grundlage von Nachrichten von SAP TM angelegt.
Lieferungen basieren auf Produktmengen, die verpackt werden können.	Frachtaufträge und -buchungen basieren auf einer Anzahl von HUs, deren konkreter Inhalt unbekannt ist. Daneben gibt es spezielle Luftfrachtcontainer und TE-Container.
Es können Produkt- und HU-Lageraufgaben verwendet werden.	Nur HU-Lageraufgaben kommen zum Einsatz.
Einlagerplätze werden anhand einer Reihe von Customizing-Tabellen ermittelt, die die Produktattribute berücksichtigen.	Die Ermittlung der Einlagerplätze basiert auf der Konditionstechnik, die die Attribute der Fracht berücksichtigt.

Tabelle 12.3 Unterschiede zwischen Standard- und Transitlagerung

Beispielprozess anhand eines Luftfrachtszenarios

Ein Beispielprozess für die Nutzung eines Transitlagers in Verbindung mit SAP TM kann folgendes Luftfrachtszenario sein, das grafisch in Abbildung 12.101 dargestellt ist. Die Klammer für den in SAP TM geplanten Prozess vom Versender zum Empfänger stellt einen Speditionsauftrag dar.

Abbildung 12.101 Beispielprozess »Speditionsauftrag Export/Import«

Im unserem Beispielprozess wird die Fracht unterschiedlicher Versender in einem ersten Hub entgegengenommen. Von dort aus wird die Fracht an ein weiteres Transitlager gesendet, das als Gateway agiert. Sobald die Fracht im Transitlager angekommen ist, wird sie in Luftfrachtcontainern in ein Flugzeug verladen. Bei den Luftfrachtcontainern handelt es sich um HU-Container. Da es sich in diesem Beispiel um ein Luftfrachtszenario handelt, sprechen wir hier speziell von Luftfrachtcontainern. In anderen Szenarien kann natürlich auch von HU-Containern die Rede sein, die geschachtelte HUs darstellen, die wiederum Fracht als innere HUs beinhalten. Am Zielflughafen angelangt wird die Fracht in den Luftfrachtcontainern zu einem zweiten Gateway gebracht. Dort werden die Luftfrachtcontainer entpackt und die Fracht auf dem Landweg zu einem anderen Transitlager überführt. Von dort aus wird die Fracht auf die Routen zu den jeweiligen Empfängern aufgeteilt und schließlich an diese zugestellt.

Abbildung 12.102 zeigt den Beispielprozess mehr aus Systemsicht. Dabei werden die wichtigsten beteiligten Objekte im System aufgeführt. Wie bereits erwähnt, stellt der TM-Speditionsauftrag die Klammer über den gesamten Prozess dar, anhand dessen die Prozesskette überwacht werden kann.

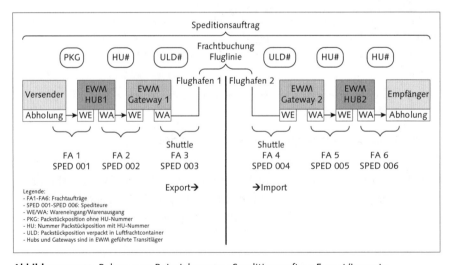

Abbildung 12.102 Belege zum Beispielprozess »Speditionsauftrag Export/Import«

Beim ersten EWM-Hub kommt die Fracht vom Versender als Packstückposition ohne HU-Nummer an. Erst mit der Vereinnahmung im EWM werden die HU-Nummern erfasst. Diese werden bei der nächsten Rückmeldung auch an SAP TM übermittelt. Aus Transitlagersicht hat ein Frachtauftrag eine Wareneingangs- und eine Warenausgangsseite – der Frachtauftrag 2 stellt aus der Sicht des EWM-Hubs 1 einen Warenausgang, aber für das EWM-Gateway 1 einen Wareneingang dar. Sobald die Fracht vom Versender über Hub 1 zu Gateway 1 geliefert wurde, werden die HUs für die Frachtbuchung, die hier eine Reservierung von Frachtraum eines konkreten Flugs darstellt, in Luftfrachtcontainer geladen. Mittels eines Shuttle-Frachtauftrags werden diese zum Flughafen gebracht. Am Zielflughafen angelangt, gibt es einen weiteren Shuttle-Frachtauftrag, der die Luftfrachtcontainer vom Flughafen zu Gateway 2 bringt. Dort angekommen werden die Luftfrachtcontainer entladen und fortan die HUs weiterbewegt. Frachtauftrag 5 stellt analog zu Frachtauftrag 2 eine Bewegung von Gateway 2 zu Hub 2 dar. Von dort findet eine Auslieferung an den Empfänger statt. Wie die jeweilige Einlagerung in den einzelnen Transitlagern stattfinden kann, erläutern wir im Abschnitt »Lagerlayout und Einlagerungsstrategie in der Transitlagerung«.

Analog zum Luftfrachtszenario sind auch Seefrachtszenarien, reine Straßenszenarien und gemischte Szenarien im EWM-System abbildbar.

Lagerlayout und Einlagerungsstrategie in der Transitlagerung

SAP bietet für die Transitlagerung ein Beispiellager, das aus den folgenden, in Abbildung 12.103 dargestellten Bereichen besteht:

- Tore mit angebundenen Bereitstellungszonen für den Warenein- und den Warenausgang. Diese sind in der Abbildung grau dargestellt.
- Bereich mit Lagerplätzen je Zielland (z. B. Österreich oder Schweiz)
- Bereich mit Lagerplätzen je Region (z. B. Süddeutschland)
- Bereich mit Lagerplätzen je Postleitzahlenbereich
- separate Bereiche für Gefahrgut oder hochwertige Güter enthaltende Fracht
- Bereich für das Be- bzw. Entladen von Luftfrachtcontainern
- Klärbereich
- separate Überlaufbereiche für den Fall, dass alle Plätze eines bestimmten Bereichs belegt sind

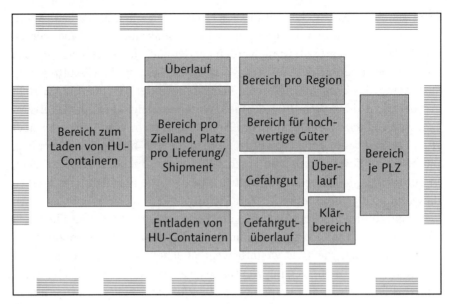

Abbildung 12.103 Beispiellayout eines Transitlagers

Wie bereits zuvor erwähnt, kommt im Transitlager, im Gegensatz zum Standardlager, für die Nach-Lagerplatzermittlung während der Einlagerung kein auf Produktattributen basierendes Customizing-Regelwerk zum Einsatz (siehe Abschnitt 8.6.6, »Einlagerung«). Stattdessen werden Konditionstechnik und mehrere Konditionstabellen zur Ermittlung des Nach-Platzes genutzt.

Anhand der Attribute der zu bewegenden HU, wie z. B. *Gefahrgut, hochwertiges Gut* oder *zu klären*, werden die in Abbildung 12.104 dargestellten Konditionstabellen nacheinander abgearbeitet. Sobald eine Kondition erfüllt ist, wird der hinterlegte konkrete Nach-Lagerplatz verwendet. Ist kein konkreter Nach-Lagerplatz hinterlegt, kann z. B. anhand des Frachtauftrags oder der Frachtbuchung ein dedizierter Platz über die Einlagerungsregel (hier Konsolidierungsgruppe) ermittelt werden. Der linke Bereich in Abbildung 12.104 zeigt die genutzten Konditionstabellen für normale HUs, wohingegen der rechte Bereich die Konditionstabellen für Luftfrachtcontainer aufführt.

Durch die Verwendung der Konditionstechnik können die Nach-Daten flexibel definiert werden. Nachfolgend sind exemplarische Beispiele aufgelistet:

▸ Die Nach-Platz-Ermittlung verwendet die Lokationsinformationen der nächsten Entladelokation oder des Endtransitlagers. Somit können Sie die Fracht anhand des Frachtziels trennen. Sie können also Fracht für verschiedene Länder oder Regionen, basierend auf der Lokation der nächsten Entladelokation oder des Endtransitlagers, trennen.

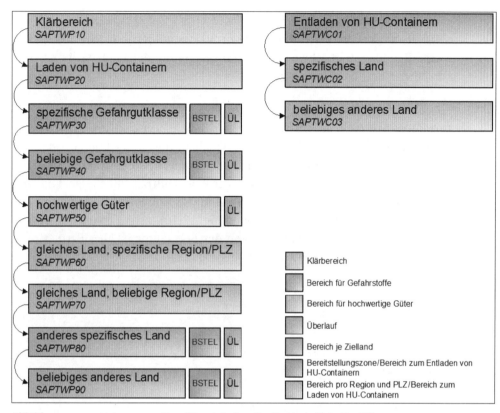

Abbildung 12.104 Nutzung von Konditionstabellen für die Nach-Platz-Ermittlung

▶ Die Nach-Platz-Ermittlung verwendet logische Konditionen, für die Sie zusätzliche logische Anweisungen wie Nummernkreise oder Wertebereiche definiert haben. Mit diesen Anweisungen kann das System anhand von logischen Ausdrücken Konditionssätze ermitteln. Damit können Sie z. B. verschiedene Nach-Plätze für verschiedene Postleitzahlenbereiche bestimmen, z. B. die Postleitzahl des letzten Transitlagers im Bereich 70000 bis 80000, und für diese denselben Lagerbereich oder Lagerplatz finden.

▶ Die Nach-Platz-Ermittlung basiert auf Gefahrgutdaten, die der Fracht zugeordnet sind. Somit können Sie bestimmte Lagerbereiche für Gefahrgut einrichten und dieses Gefahrgut untereinander und von anderer Fracht im Lager getrennt halten.

▶ Die Nach-Platz-Ermittlung ist auf Luftfrachtcontainer ausgerichtet. Abhängig davon, ob sie entladen werden sollen oder nicht, können die Container somit in verschiedene Bereiche bewegt werden.

Benutzeroberflächen im Transitlager

Für die konkreten Anwendungsfälle zur Bearbeitung von Fracht sind spezifische Benutzeroberflächen für die Transitlagerung entstanden, die nachfolgend erläutert werden.

Frachtauftrag bearbeiten

Zur Bearbeitung und Überprüfung von Frachtaufträgen im EWM-System können Sie einen Arbeitsvorrat an Frachtaufträgen selektieren oder mit einer einzelnen Frachtauftragsnummer einsteigen, sofern diese, basierend auf den Frachtpapieren, bekannt ist. Der Frachtauftrag enthält dabei die notwendigen Informationen, um ankommende und ausgehende Packpositionen im Lager zu bearbeiten. Wie Abbildung 12.105 zeigt, bietet das System umfangreiche Selektionskriterien von der Belegnummer über Partnerinformationen bis hin zu Datumseinschränkungen an.

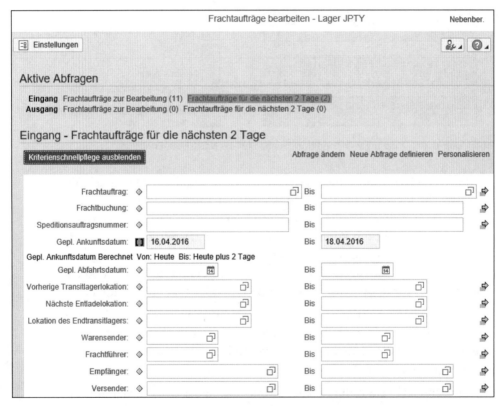

Abbildung 12.105 Selektionskriterien zum Bearbeiten von Frachtaufträgen

Als Resultat der Suche wird eine umfangreiche Ergebnisliste angezeigt, die u. a. Fortschritts- und Statusinformationen enthält und so einen guten Überblick bietet (siehe Abbildung 12.106). So kann schnell der richtige Frachtauftrag ausgewählt werden.

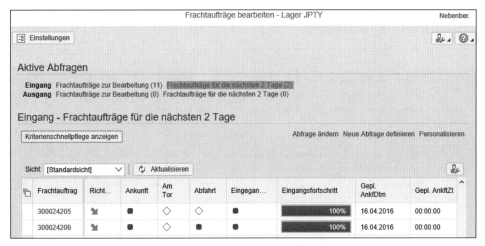

Abbildung 12.106 Ergebnisliste beim Bearbeiten von Frachtaufträgen

Die im Nachgang in Abbildung 12.107 angezeigten Kopfdaten bieten erneut einen Überblick zu Status und Fortschritt des Frachtauftrags.

Abbildung 12.107 Kopfdaten eines Frachtauftrags

Des Weiteren können Informationen zu Partner bzw. Lokation, zu Referenzen, Inhalten und zur Luftfrachtsicherheit eingesehen werden.

Selbstverständlich sind auch Detailinformationen zum Frachtauftrag verfügbar, wie es Abbildung 12.108 zeigt. Diese umfassen nicht nur Informationen zu den HUs und Luftfrachtcontainern, sondern auch zu den Transporteinheiten bzw. TE-Containern.

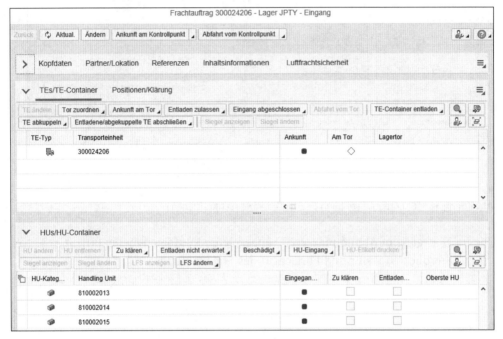

Abbildung 12.108 Details zum Frachtauftrag

Für die Bearbeitung des Frachtauftrags stehen folgende Aktionen zur Verfügung, die bereits in den vorangegangen Abbildungen gezeigt wurden:

▶ Statusaktualisierungen

– Ankunft/Abfahrt vom Tor

– Eingang abgeschlossen

– Entkoppeln der Transporteinheit

– Abschließen von Transporteinheiten

▶ Änderung von Informationen zum Inhalt (z. B. Zollware, hochpreisige Güter), zur Transporteinheit und zum Fahrzeug

- Pflege von Gefahrgutinformationen

- Empfang von HUs und Luftfrachtcontainern

- Setzen von Status zur Klärung, Beschädigung

- Hinzufügen und Ändern von HUs

- Nachdruck von HU-Etikett

- Anzeige und Änderung der Luftfrachtsicherheit

- Anzeigen und Hinterlegen von Siegelinformationen

Hilfsmittel zur Pflege von Konditionssätzen

SAP stellt folgende Hilfsmittel für die Pflege von Konditionssätzen für die Transitlagerung zur Verfügung:

- Zur Übertragung von Konditionssätzen aus einem anderen Lager oder System nutzen Sie im SAP-Easy-Access-Menü den Pfad EXTENDED WAREHOUSE MANAGEMENT • EINSTELLUNGEN • TRANSITLAGERUNG • KONDITIONSSÄTZE ÜBERNEHMEN oder die Transaktion /SCWM/PUT_TW_WT_COPY.

- Zum Testen, ob die Konditionssätze die erwünschten Ergebnisse liefern nutzen Sie im SAP-Easy-Access-Menü den Pfad EXTENDED WAREHOUSE MANAGEMENT • EINSTELLUNGEN • TRANSITLAGERUNG • NACHPLATZERMITTLUNG PRÜFEN oder die Transaktion /SCWM/PUT_TW_WT_TEST.

Laden oder Entladen vorbereiten

Auch zum Prüfen und Bearbeiten von Frachtbuchungen bzw. der Lade-/Entladevorbereitung steht in EWM eine Benutzeroberfläche zur Verfügung. Diese orientiert sich stark an der zuvor beschriebenen Bearbeitung von Frachtaufträgen. Es stehen umfangreiche Selektionskriterien zur Verfügung, wie es Abbildung 12.109 zeigt. Anhand dieser Kriterien können Sie einen Arbeitsvorrat auswählen.

Bereits in der Ergebnisliste ist der Arbeitsfortschritt des Ladens bzw. Entladens auf einen Blick ersichtlich, wie es Abbildung 12.110 zeigt. Anhand der Übersicht kann der Arbeiter konkrete Frachtbuchungen z. B. abhängig von der Dringlichkeit auswählen.

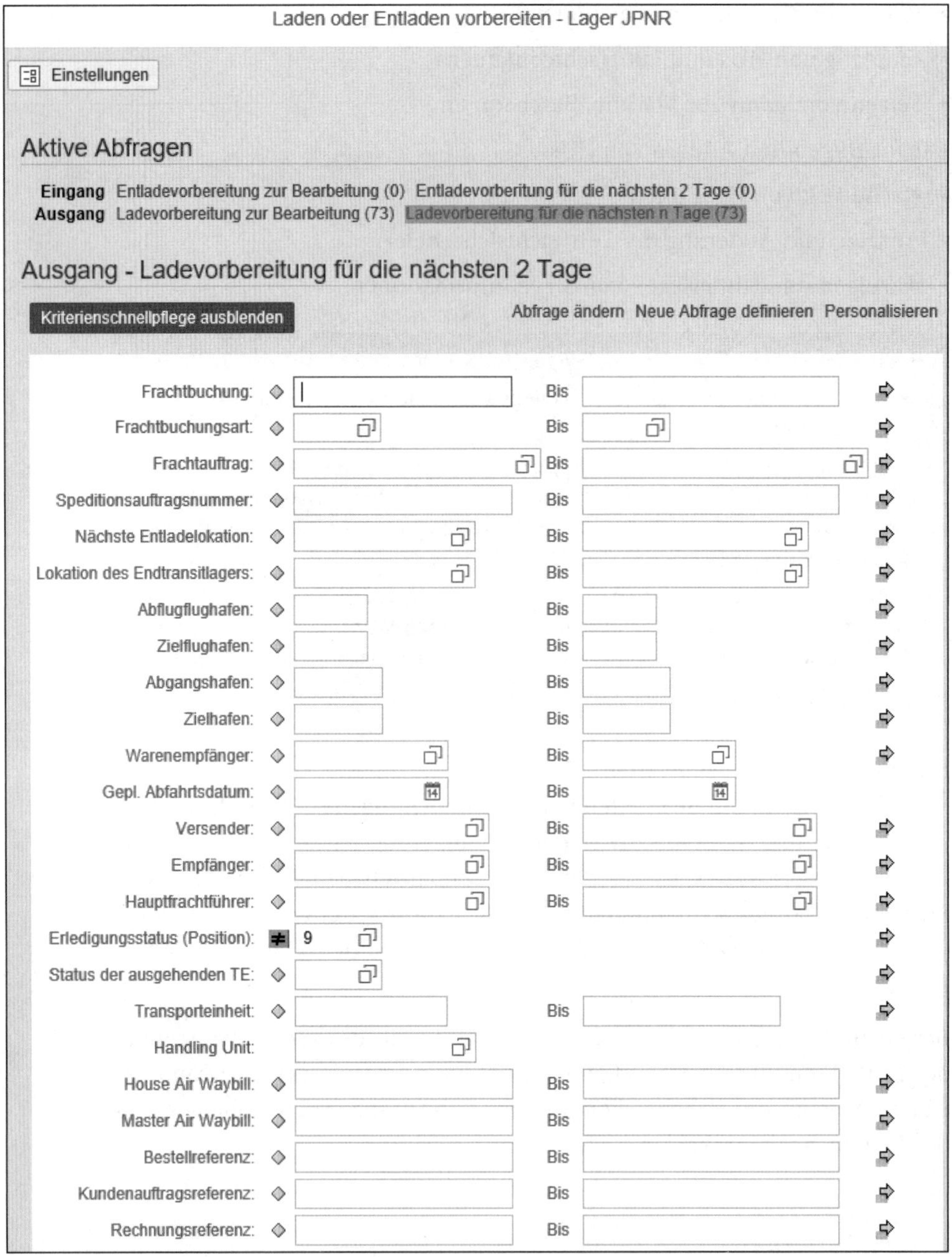

Laden oder Entladen vorbereiten - Lager JPNR

:-B: Einstellungen

Aktive Abfragen

Eingang Entladevorbereitung zur Bearbeitung (0) Entladevorbereitung für die nächsten 2 Tage (0)
Ausgang Ladevorbereitung zur Bearbeitung (73) Ladevorbereitung für die nächsten n Tage (73)

Ausgang - Ladevorbereitung für die nächsten 2 Tage

Kriterienschnellpflege ausblenden   Abfrage ändern   Neue Abfrage definieren   Personalisieren

Frachtbuchung: ◇		Bis	⇨
Frachtbuchungsart: ◇	⊡	Bis ⊡	⇨
Frachtauftrag: ◇	⊡	Bis ⊡	⇨
Speditionsauftragsnummer: ◇		Bis	⇨
Nächste Entladelokation: ◇	⊡	Bis ⊡	⇨
Lokation des Endtransitlagers: ◇	⊡	Bis ⊡	⇨
Abflugflughafen: ◇		Bis	⇨
Zielflughafen: ◇		Bis	⇨
Abgangshafen: ◇		Bis	⇨
Zielhafen: ◇		Bis	⇨
Warenempfänger: ◇	⊡	Bis ⊡	⇨
Gepl. Abfahrtdatum: ◇	🗓	Bis 🗓	
Versender: ◇	⊡	Bis ⊡	⇨
Empfänger: ◇	⊡	Bis ⊡	⇨
Hauptfrachtführer: ◇	⊡	Bis ⊡	⇨
Erledigungsstatus (Position): ≠	9 ⊡		⇨
Status der ausgehenden TE: ◇	⊡		⇨
Transporteinheit: ◇		Bis	⇨
Handling Unit:	⊡		
House Air Waybill: ◇		Bis	⇨
Master Air Waybill: ◇		Bis	⇨
Bestellreferenz: ◇		Bis	⇨
Kundenauftragsreferenz: ◇		Bis	⇨
Rechnungsreferenz: ◇		Bis	⇨

Abbildung 12.109 Dialog zum Vorbereiten von Laden und Entladen

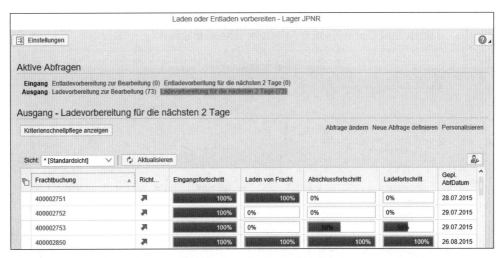

Abbildung 12.110 Ergebnisliste – Vorbereitung von Laden und Entladen

Wird eine konkrete Frachtbuchung bearbeitet, werden in den Kopfdaten auch Status und Fortschrittsinformationen aufbereitet, die exemplarisch in Abbildung 12.111 zu sehen sind. Neben den Kopfdaten können auf gleicher Ebene Informationen zu Partner bzw. Lokation, zu Referenzen, Inhalt und zur Luftfrachtsicherheit geprüft werden.

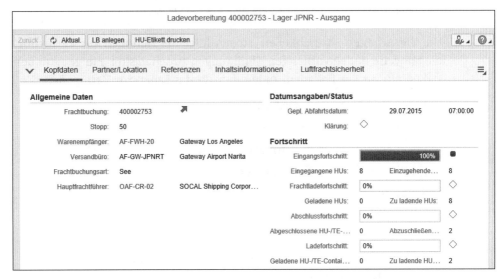

Abbildung 12.111 Kopfdaten – Vorbereitung Laden und Entladen

Die Details in Abbildung 12.112 zeigen Informationen zu TE-Containern und deren HUs. Für jedes dargestellte Objekt werden die jeweils relevanten

Status angezeigt. Dadurch kann sich der Arbeiter leicht ein Bild vom Fortschritt und den nächsten Arbeitsschritten machen.

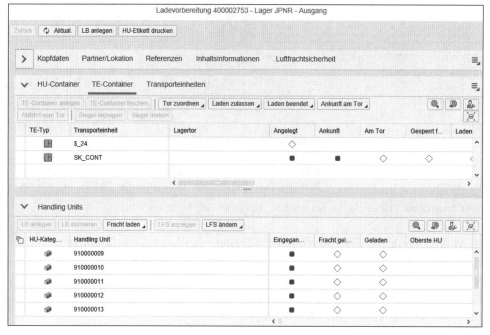

Abbildung 12.112 Details – Vorbereitung von Laden und Entladen

Um die Arbeiten abzuschließen, stehen folgende Aktionen zur Verfügung, die teilweise in den vorherigen Abbildungen zu sehen sind. Einige Aktionen stehen nur für das Entladen, andere nur für das Laden zur Verfügung:

▸ Laden/Entladen von Packstücken

▸ Finden unbekannter HUs/Verlieren von erwarteten HUs

▸ Erstellen/Löschen von Luftfrachtcontainern

▸ Erstellen/Löschen von TE-Containern

▸ Statusänderungen

  – Zuweisung eines Tors

  – Ankunft/Abfahrt von TE-Containern

  – den Status *Entladen* bzw. *Laden abgeschlossen* setzen

  – Entladen bzw. Laden blockieren/erlauben

▸ Anlage/Stornierung von Lageraufgaben zu HUs

▸ Ändern der Informationen zur Luftfrachtsicherheit

▸ Nachdruck von HU-Etikett

Handling-Unit-Bestandsliste

Die Handling-Unit-Bestandsliste deckt die folgenden Einsatzzwecke im Transitlager ab:

1. **Flächenprüfung**

   Wie zuvor erwähnt, ist die Erwartungshaltung in den Transitlägern, dass die große Mehrheit der HUs, die an einem Tag angeliefert werden, über den Tag weiterverteilt werden und das Lager verlassen sollen. Im Idealfall sollte das komplette Lager am Ende eines Arbeitstages leer sein.

   In Wirklichkeit läuft der Arbeitsalltag nicht derart reibungslos ab, sodass es zu Abweichungen kommen kann. Um diese Abweichungen ermitteln zu können, führen Lagerarbeiter regelmäßig eine Sichtkontrolle der Bereitstellungszonen durch. Ziel ist es, HUs zu ermitteln, die laut System geladen wurden, aber physisch noch im Lager sind oder umgekehrt.

2. **Klärung von HUs**

   HUs in Klärzonen können z. B. anhand des Klärlagertyps ermittelt werden. Nach einer physischen Prüfung können sie als GEKLÄRT oder BESCHÄDIGT gekennzeichnet werden. Anschließend können die HUs per Lageraufgabe aus dem Klärbereich bewegt werden. Falls zur Klärung weitere Informationen notwendig sind, können diese per Navigation zum Frachtauftrag ermittelt bzw. dort weitere Aktionen angestoßen werden.

3. **Ad-hoc-Suche**

   Anhand einer Vielzahl von Selektionskriterien, wie z. B. Frachtauftrag, Lagertyp oder Versender, können HUs gesucht werden – ein entsprechender Ausschnitt wird in Abbildung 12.113 dargestellt.

Abbildung 12.113 Ausschnitt der Selektionskriterien der Handling-Unit-Bestandsliste

Als Ergebnisliste der Suche wird ein Aggregat aus Informationen, basierend auf Lagerplätzen, Partnern, Referenzen, Datumsangaben, HU-Details und weiteren Informationen angezeigt. Abbildung 12.114 zeigt eine beispielhafte Ergebnisliste. Daraus ist ebenfalls ersichtlich, dass folgende Aktionen je HU ausgeführt werden können:

- Als GEKLÄRT/ZU KLÄREN kennzeichnen
- Als BESCHÄDIGT/UNBESCHÄDIGT kennzeichnen, optional inklusive Anlage einer Lageraufgabe
- LBs erstellen bzw. stornieren
- Nachdruck von HU-Etikett
- nur systemseitig vorhandene HU verlieren
- physisch vorhandene HU finden
- Informationen zur Luftfrachtsicherheit anzeigen/ändern
- Navigation zu Frachtbeleg, Partner, Lokation etc.

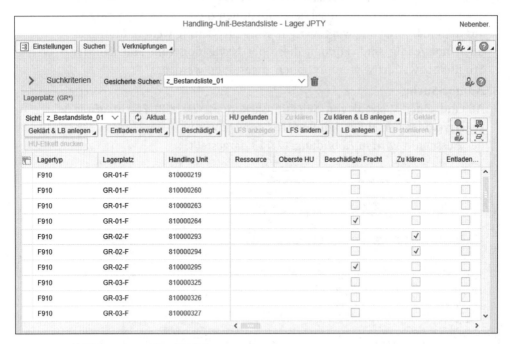

Abbildung 12.114 Ergebnisliste

Je HU können zudem die Informationen, wie es aus Abbildung 12.115 ersichtlich ist, aufbereitet angezeigt werden.

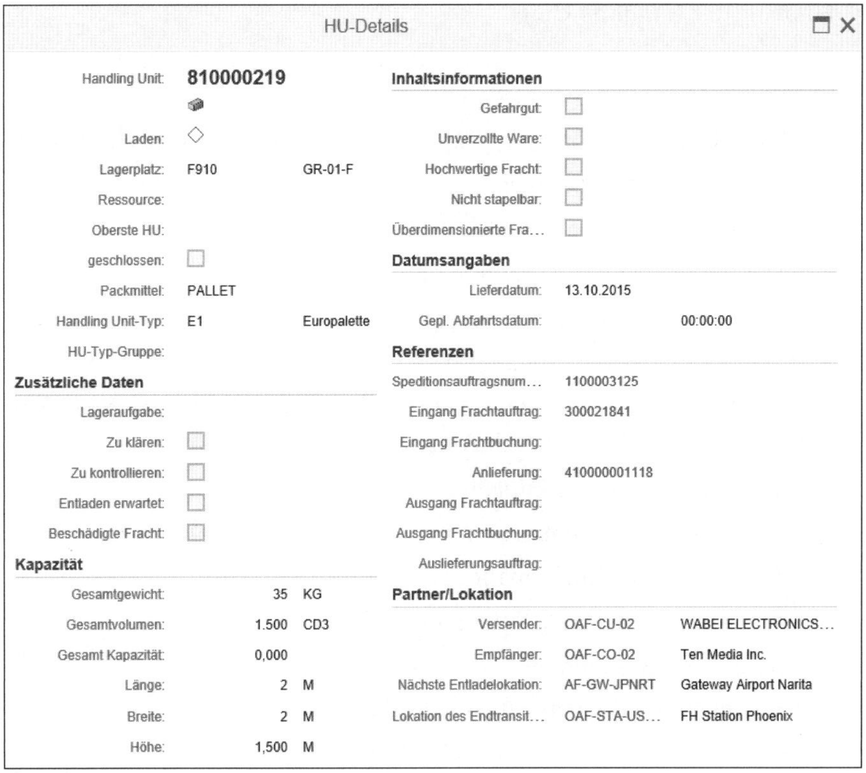

HU-Details				
Handling Unit:	**810000219**		**Inhaltsinformationen**	
			Gefahrgut: ☐	
Laden:	◇		Unverzollte Ware: ☐	
Lagerplatz:	F910	GR-01-F	Hochwertige Fracht: ☐	
Ressource:			Nicht stapelbar: ☐	
Oberste HU:			Überdimensionierte Fra… ☐	
geschlossen:	☐		**Datumsangaben**	
Packmittel:	PALLET		Lieferdatum:	13.10.2015
Handling Unit-Typ:	E1	Europalette	Gepl. Abfahrtsdatum:	00:00:00
HU-Typ-Gruppe:			**Referenzen**	
Zusätzliche Daten			Speditionsauftragsnum…	1100003125
Lagerauigabe:			Eingang Frachtauftrag:	300021841
Zu klären:	☐		Eingang Frachtbuchung:	
Zu kontrollieren:	☐		Anlieferung:	410000001118
Entladen erwartet:	☐		Ausgang Frachtauftrag:	
Beschädigte Fracht:	☐		Ausgang Frachtbuchung:	
Kapazität			Auslieferungsauftrag:	
Gesamtgewicht:	35	KG	**Partner/Lokation**	
Gesamtvolumen:	1.500	CD3	Versender:	OAF-CU-02 WABEI ELECTRONICS…
Gesamt Kapazität:	0,000		Empfänger:	OAF-CO-02 Ten Media Inc.
Länge:	2	M	Nächste Entladelokation:	AF-GW-JPNRT Gateway Airport Narita
Breite:	2	M	Lokation des Endtransit…	OAF-STA-US… FH Station Phoenix
Höhe:	1,500	M		

Abbildung 12.115 Details zur Handling Unit

Mobile Datenerfassung im Transitlager

Auch für die Transitlagerung bietet EWM ab Release 9.3 Transaktionen, um Frachtaufträge und Frachtbuchungen zu bearbeiten. Daneben werden auch eine Flächenprüfung und das Pflegen von HU-Attributen ermöglicht. Diese Transaktionen basieren auf dem in Abschnitt 11.2 erläuterten Radio-Frequency-Framework. Alle Transaktionen bereiten Teile der zuvor erläuterten Benutzeroberflächen vereinfacht auf, um sie mit mobilen Geräten bearbeitbar zu machen und dabei gleichzeitig durch Verifikationsfelder eine hohe Datenerfassungsqualität zu ermöglichen. Die der Transitlagerung zugehörigen Transaktionen sind in das bestehende RF-Menü eingearbeitet; sie finden Sie also in den jeweiligen Untermenüs der Prozesse (z. B. WARENEIN-GANGSPROZESSE • EMPFANG DER HANDLING UNITS zum Empfangen von HUs und Luftfrachtcontainern).

Nachfolgend listen wir eine Auswahl der wichtigsten Funktionen je Transaktion/Prozess auf:

▸ Empfang der Handling Units

- Frachtauftrag bzw. dessen erwartete HUs anhand des Scans der TE, des Tors oder Torplatzes ermitteln

- HUs und Luftfrachtcontainer empfangen und das Empfangen abschließen

- zusätzliche HUs empfangen

- Abrufen von Detailinformationen

- Ändern von Gewicht, Volumen und Abmessungen

- HUs zur Klärung senden

▸ Entladen von Luftfrachtcontainern

- Frachtbuchung bzw. die erwartete Fracht anhand des Scans von Frachtbuchung, HU oder Luftfrachtcontainer ermitteln

- HUs entladen und das Entladen abschließen

- zusätzliche HUs empfangen und entladen

- Abrufen von Detailinformationen

- Ändern von Gewicht, Volumen und Abmessungen

- HUs zur Klärung senden

▸ Laden von HUs und Luftfrachtcontainern

- Arbeitsvorrat anhand von TE oder Tor ermitteln

- für jede HU laden und den Ladevorgang abschließen

▸ Flächenprüfung

- Prüfen von HUs und deren Attributen (z. B. Quell- und Ziellagerplatz)

- Klärstatus setzen

▸ HU pflegen

- Pflegen von Gewicht, Volumen, Abmessungen und Inhaltsinformationen für HUs und Luftfrachtcontainer

- Nachdruck von HU-Etikett

Luftfrachtsicherheit

Bei der Abbildung von Luftfrachtszenarien sollten Sie auch auf die Luftfrachtsicherheit achten. Mit der Transitlagerung in EWM 9.3 und insbesondere 9.4 stehen hierzu umfangreiche Funktionen zur Verfügung. Wie Abbildung 12.116 zeigt, unterstützt EWM 9.3 nur Szenarien, in denen sich die Fluggesellschaft selbst um die Luftfrachtsicherheit kümmert. Da in der Realität auch derartige Tätigkeiten an autorisierte Partner ausgelagert werden, bietet EWM 9.4 zusätzliche Möglichkeiten. Dadurch kann die Luftfrachtsicherheit auch beim Spediteur oder dem Versender sichergestellt werden. Die Informationen zur Luftfrachtsicherheit werden dabei auf der HU-Ebene gehalten.

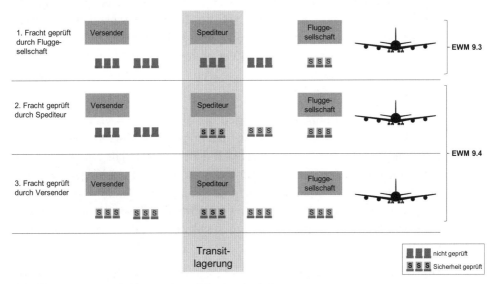

Abbildung 12.116 Möglichkeiten der Luftfrachtsicherheit

Um die Sicherheit im Transitlager zu gewährleisten, müssen die einzelnen Lagertypen hinsichtlich ihrer Sicherheit kategorisiert werden. Dies erfolgt im Customizing-Pfad STAMMDATEN • LAGERTYP DEFINIEREN. Dabei kann ein Lagertyp als NICHT SICHER, SICHER UND NICHT SICHER oder SICHER eingestellt werden. Somit ist es möglich, ein komplettes Lager als sicher zu deklarieren, eine strikte Trennung in sicher und unsicher je Lagertyp vorzunehmen oder in einzelnen Lagertypen eine Mischung zu erlauben. Anhand der Lagertyp-einstellungen und der geforderten Sicherheit der beteiligten Frachtbuchungen werden in EWM-Prozessen Warn- oder Fehlermeldungen ausgegeben. Wird z. B. auf Sicherheit geprüfte Fracht an ein als nicht sicher definiertes Tor angedockt, wird eine Warnung ausgegeben, dass die Einstufung der Luftfrachtsicherheit verloren geht. Beim Versuch, unsichere Fracht in einen gesicherten Lagertyp einzulagern, kommt es zu einer Fehlermeldung.

Wird im Transitlager die Sicherheit der Fracht geprüft, findet dies üblicherweise in einem speziellen Lagertyp statt, der sichere und nicht sichere Fracht erlaubt. Dort können mit der Handling-Unit-Bestandsliste länderspezifische Sicherheitsinformationen, unterschiedliche Prüfmethoden (z. B. Röntgen) und gegebenenfalls Ausnahmen (z. B. biomedizinische Proben oder Diplomatengepäck) erfasst werden.

12.8 SAP Fiori für SAP EWM

Wie in diesem Buch ausführlich beschrieben, liefert SAP mit EWM eine Lagerverwaltungssoftware mit großem Funktionsumfang, die komplexe Läger bedienen kann. Aber auch einfache Läger mit schlanken Prozessen werden abgedeckt. Durch die Nutzung des vorkonfigurierten Lagers (siehe Abschnitt 16.2, »Bereitstellung und Verbrauch«) können Implementierungsprojekte deutlich beschleunigt werden, wenn die vordefinierten Prozesse als Grundlage genutzt werden.

In die gleiche Richtung bewegen sich die ab EWM 9.4 verfügbaren SAP-Fiori-Apps für EWM. Diese Apps werden mit dem Produkt SAP Fiori 1.0 für EWM angeboten. Ihr Fokus richtet sich dabei auf einfache Nutzbarkeit mit einer ansprechenden Benutzeroberfläche. Somit sind die folgenden Apps bewusst vereinfacht und bieten nicht den kompletten Funktionsumfang der vergleichbaren SAP-GUI-Transaktionen. Durch die Vereinfachung und Nutzung von SAP Fiori können die Apps auch mobil, z. B. auf Tablets, genutzt werden.

Die Apps richten sich damit zum einen an kleinere Kunden und zum anderen an Großkunden, die in ihrem Distributionsnetz auch kleinere Läger nutzen. Ziel ist es, mit den angebotenen Apps einen Großteil des täglichen Arbeitsablaufs eines Lageristen in einfachen Lägern abzudecken und mit ihnen einen einfachen Einstieg in die Nutzung von EWM zu liefern. Abbildung 12.117 zeigt die mit EWM 9.4 angebotenen Apps als Kacheln auf der SAP-Fiori-Startseite.

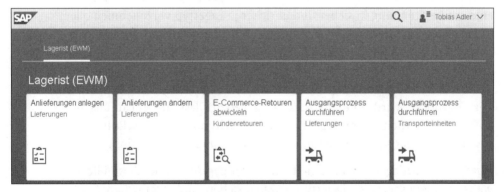

Abbildung 12.117 Übersicht der SAP-Fiori-Apps in EWM 9.4

> **Informationen zu SAP-Fiori-Apps in EWM 9.4**
>
> SAP-Hinweis 2315548 bietet hilfreiche Informationen zum Einstieg in die Nutzung von SAP-Fiori-Apps in EWM. Beachten Sie dort auch die verwendeten Hinweise.

12.8.1 Wareneingangsprozess

Im Wareneingang können mit der App *Anlieferung anlegen* auf der Grundlage von Bestellungen Anlieferungen angelegt werden. Die Bestellungen können dabei z. B. anhand des Lieferanten und des geplanten Lieferdatums eingeschränkt werden. Abbildung 12.118 zeigt eine mögliche Ergebnisliste.

Abbildung 12.118 Anlieferungen anlegen – Liste von Bestellungen

Nach der Auswahl von Bestellungen als Basis können Anlieferungen angelegt werden. Zuvor ist es zudem möglich, Mengen anzupassen, Chargen zu erfassen und gegebenenfalls Mengen auf mehrere Positionen aufzuteilen sowie Handling Units für die Positionen zu erfassen. Abbildung 12.119 zeigt ein mögliches Beispiel.

Nach dem Anlegen einer Anlieferung kann mit der App *Anlieferung ändern* mit deren Bearbeitung fortgefahren werden. Alternativ kann auch in dieser App über eine Selektion, wie es in Abbildung 12.120 zu sehen ist, eingestiegen werden, um eine Anlieferung auszuwählen.

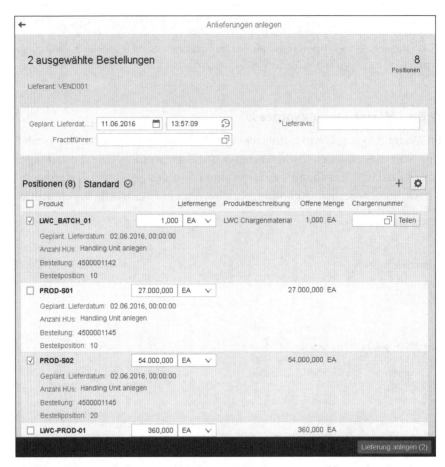

Abbildung 12.119 Anlieferungen anlegen – Bestellpositionen auswählen und anpassen

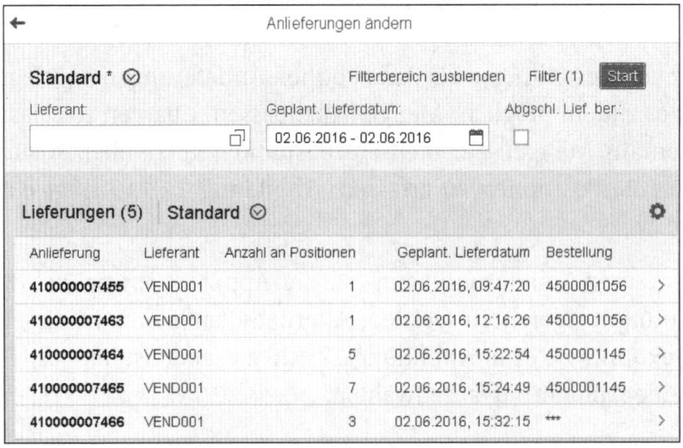

←   Anlieferungen ändern

Standard * ⊘   Filterbereich ausblenden   Filter (1) Start

Lieferant: Geplant. Lieferdatum: Abgschl. Lief. ber.:

                          02.06.2016 - 02.06.2016   □

Lieferungen (5) Standard ⊘

Anlieferung	Lieferant	Anzahl an Positionen	Geplant. Lieferdatum	Bestellung	
410000007455	VEND001	1	02.06.2016, 09:47:20	4500001056	>
410000007463	VEND001	1	02.06.2016, 12:16:26	4500001056	>
410000007464	VEND001	5	02.06.2016, 15:22:54	4500001145	>
410000007465	VEND001	7	02.06.2016, 15:24:49	4500001145	>
410000007466	VEND001	3	02.06.2016, 15:32:15	***	>

Abbildung 12.120 Anlieferungen ändern – Liste von Anlieferungen

Bei beiden Einstiegsarten wird als nächster Schritt die Anlieferung im Detail angezeigt. Wie es Abbildung 12.121 zeigt, können dort Wareneingang gebucht, Lageraufgaben angelegt und Details zu den Positionen und Handling Units angezeigt werden.

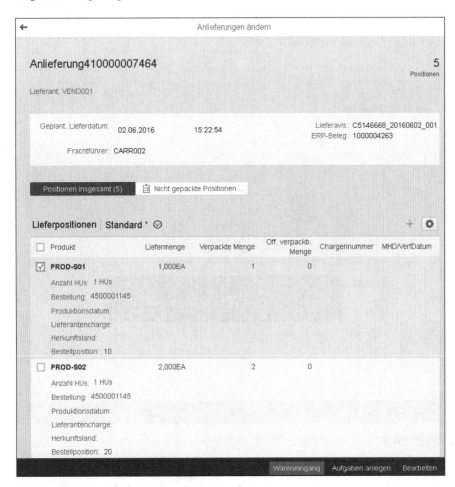

Abbildung 12.121 Anlieferungen ändern – Detailanzeige

Ebenfalls im Wareneingangsprozess – allerdings für Kundenretouren – findet sich die App *E-Commerce-Retouren abwickeln*. Mit ihr wird ein Arbeitsplatz zur Abwicklung von Kundenretouren einfach angebunden, der sich schnell, intuitiv und ohne große Einarbeitungszeit nutzen lässt. Als Einstieg wird zunächst der Rücksendeauftrag, die Rücklieferung oder die Retourengenehmigung (RMA) gescannt. Dadurch sind der Kontext der Referenzbelege, die Anzahl der erwarteten Positionen sowie Details zu den Positionen bekannt.

Anschließend wird das Paket der Kundenretoure geöffnet und die einzelnen Produkte gescannt. Abbildung 12.122 zeigt eine beispielhafte Darstellung nach dem Scan des betreffenden Produkts.

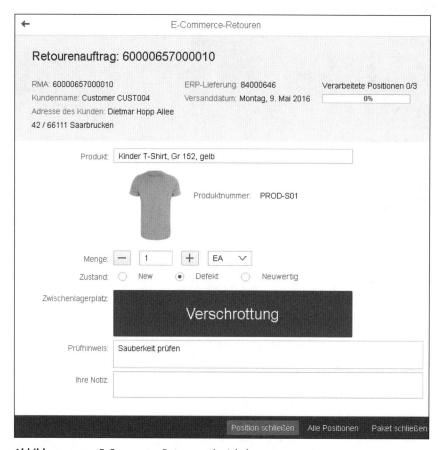

Abbildung 12.122 E-Commerce-Retouren abwickeln

Der Mitarbeiter führt sodann eine Prüfung des Produkts durch. Unterstützt durch den Prüfhinweis fällt er eine Entscheidung über dessen Zustand. Optional kann zusätzlich eine Prüfnotiz erfasst werden. Anhand des Zustands wird das Ziel des Produkts ermittelt. Im Beispiel wird das T-Shirt mittels einer Lageraufgabe zur Verschrottung bewegt.

Prozess und Details zu E-Commerce-Retouren abwickeln

SAP-Hinweis 2281828 bietet einen Leitfaden für diese SAP-Fiori-App; er beinhaltet Details zum angedachten Prozess. Des Weiteren geht er auf die notwendige Erweiterung für die Anbindung ungeplanter Retouren und die Einbindung von Produktbildern ein.

12.8.2 Warenausgangsprozess

Im Warenausgang können mithilfe der Apps *Ausgangsprozess durchführen – Lieferungen* bzw. *Ausgangsprozess durchführen – Transporteinheiten* anhand von Selektionskriterien, wie z. B. Frachtführer und geplantem Abfahrtsdatum, Auslieferungsaufträge bzw. Transporteinheiten selektiert werden. Abhängig vom Einstieg werden Auslieferungsaufträge oder Transporteinheiten in der Übersicht angezeigt. Die Übersicht in Abbildung 12.123 zeigt exemplarisch ein Ergebnis für die Transporteinheiten. Dort finden Sie u. a. Informationen zu Bereitstellungszone, Tor und Kommissionierfortschritt sowie die Positionsanzahl.

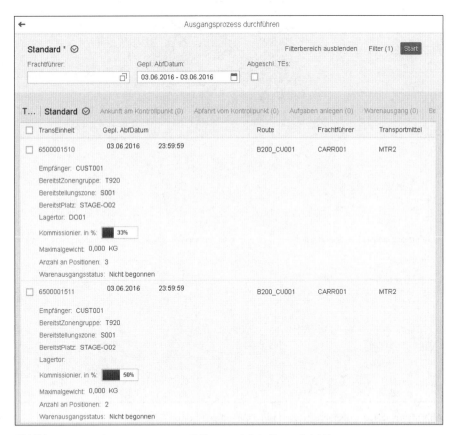

Abbildung 12.123 Ausgangsprozess mit Transporteinheiten – Selektion

Bereits in der Übersicht können die folgenden Folgeaktionen durchgeführt werden:

▸ Bearbeiten von geplantem Abfahrtsdatum und Tor

- ▶ Status aktualisieren
  - – Ankunft am Kontrollpunkt
  - – Abfahrt vom Kontrollpunkt
- ▶ Lageraufgaben zur Kommissionierung anlegen
- ▶ Warenausgang buchen

Durch die Auswahl einer Transporteinheit können auf dem Folgebild, wie es in Abbildung 12.124 zu sehen ist, Details zum Bearbeitungsfortschritt der Positionen geprüft werden.

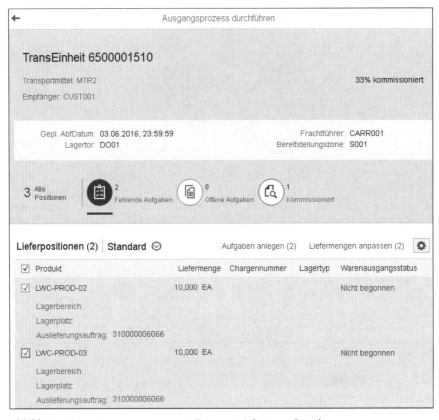

Abbildung 12.124 Ausgangsprozess mit Transporteinheiten – Details

Darüber hinaus können dort Lageraufgaben für die Kommissionierung angelegt und optional Liefermengen angepasst werden. Für bereits kommissionierte Positionen kann ein Warenausgang gebucht werden.

Die App *Ausgangsprozess durchführen – Lieferungen* zeigt vergleichbare Informationen und Aktionen auf der Grundlage von Auslieferungsaufträgen.

12.9 Post Processing Framework und Formulardruck

In diesem Abschnitt beschreiben wir die Verwendung des *Post Processing Frameworks* (PPF), das in EWM an verschiedenen Stellen genutzt wird. Das PPF ist eine Softwarekomponente, die unabhängig von EWM auch in anderen Systemen Anwendung findet. Das PPF wurde von SAP entwickelt, um verschiedene Nachrichtenarten zu unterstützen, wie das Drucken von Formularen oder den Versand von E-Mails und Fax-Nachrichten.

EWM nutzt das PPF auch, um Folgeaktionen anzustoßen, wie das Erstellen von Lageraufgaben oder das Buchen des Warenein- oder Warenausgangs. Das PPF sollten Sie immer dann verwenden, wenn Aktionen im Hintergrund gestartet und verbucht werden sollen oder müssen. Die Transaktion antwortet dadurch schneller, da die Logik, die auf das PPF ausgelagert wird, im Hintergrund gestartet und in einem anderen Prozess ausgeführt wird. Das heißt, für den Anwender verbessert sich die Antwortzeit (Performance) des Systems. Das PPF kann auch in Kundenprojekten vom Implementierungspartner verwendet werden, d. h., es können neue Aktionen kundenspezifisch hinterlegt werden. Historisch gesehen, ersetzt das PPF die SAP-ERP-Nachrichtensteuerung, die im Warehouse Management u. a. zum Drucken oder zur IDoc-Verarbeitung verwendet wurde.

Eine zentrale Funktion des PPFs ist das Starten von Aktionen oder Funktionen im Hintergrund (z. B. eines Workflows). Rund um diese Hintergrundverarbeitung bietet das PPF zusätzliche Funktionen, wie das Verwalten, Einplanen, Starten und Monitoring der Aktionen. Die Flexibilität des PPFs ist eine große Stärke von EWM, deshalb werden wir die unterschiedlichen Bereiche, in denen das PPF verwendet wird, im Detail erläutern.

Das PPF ist ein technisches Werkzeug für Entwickler und wird deshalb meist vom IT-Bereich konfiguriert und verwaltet. Endanwender aus dem Fachbereich haben im Arbeitsalltag nur selten mit dem PPF zu tun. Meist werden nur die Überwachungsoperationen zum Nachverfolgen der Aktionen ausgeführt.

12.9.1 Übersicht über das Post Processing Framework

In diesem Abschnitt möchten wir Ihnen die Grundbegriffe des PPFs erklären. Abbildung 12.125 gibt Ihnen eine Übersicht über die im Zusammenhang mit dem PPF verwendeten Objekte.

Eine Anwendung gruppiert alle Aktionen zusammen, die dann in dem jeweiligen Prozess ausgeführt werden können. Die Aktionen, wie das Erstellen von Lageraufgaben, sollten nur zu einem bestimmten Zeitpunkt stattfinden. Zum Beispiel sollten gegebenenfalls Lageraufgaben für die Einlagerung im Wareneingangsprozess nur zu dem Zeitpunkt stattfinden, an dem die Ware sich in der Wareneingangszone befindet und schon als Wareneingang gebucht wurde. Die Geschäftslogik sollte also nur zu einem bestimmten Zeitpunkt eingeplant und gestartet werden. Im PPF wird dies durch die Einplan- und Startbedingungen sichergestellt.

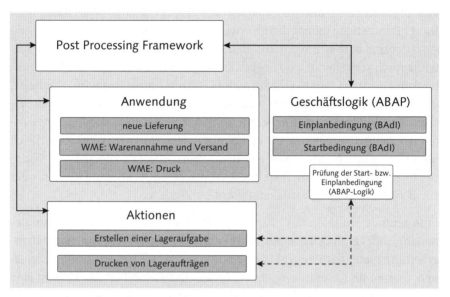

Abbildung 12.125 Übersicht über die für SAP EWM relevanten Objekte im PPF

Die verschiedenen Hintergrundoperationen sind im PPF bestimmten Bereichen zugeordnet. Um die Aktionen zu gruppieren, werden Anwendungen verwendet. Das heißt, das PPF fasst die Aktionen durch folgende Anwendungen/Bereiche zusammen:

▸ /SCDL/DELIVERY – neue Lieferung

▸ /SCWM/SHP_RCV – Warenannahme und Versand

▸ /SCWM/WME – Warehouse Management Engine

Jede dieser Anwendungen beinhaltet Aktionen, die anhand von verschiedenen Bedingungen eingeplant oder gestartet werden. Das Einplanen und/oder das Starten von Aktionen sind im PPF voneinander entkoppelt. Wird eine Aktion eingeplant, heißt dies nicht, dass sie automatisch gestartet wird. Das

Anstarten übernimmt eine weitere Regel (Bedingung) oder ein im Hintergrund einzuplanender Report. Dieser Report startet dann die Aktionen und stellt sicher, dass sie nicht mehrmals aufgerufen werden. Ohne eine Startbedingung kann der Zeitpunkt, zu dem eine Aktion ausgeführt wird, nur statisch oder durch den Report periodisch beeinflusst werden.

12.9.2 Administration des Post Processing Frameworks

Um die Administration des PPFs zu starten, führen Sie die Transaktion SPPF-CADM aus. Diese Transaktion beinhaltet sowohl das Pflegen von Stammdaten als auch das Erstellen von Konfigurationsdaten. Wie es in Abbildung 12.126 zu erkennen ist, sind die verschiedenen Bereiche in EWM als Anwendungen gruppiert.

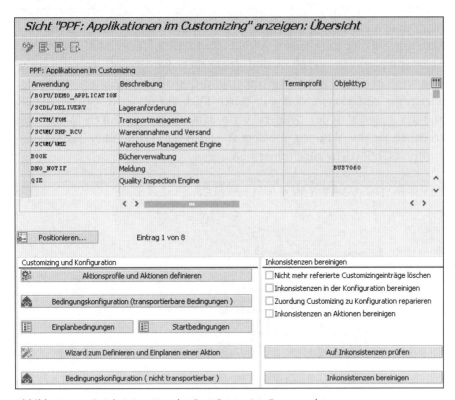

Abbildung 12.126 Administration des Post Processing Frameworks

Jede Anwendung enthält Aktionsprofile, die das Gruppieren von Aktionen und deren zusätzlichen Parametern ermöglichen. Das Aktionsprofil /SCDL/ PRD_IN der Anwendung NEUE LIEFERUNG beinhaltet alle Aktionen rund um das Anlieferungsdokument. Die Aktionsdefinition beschreibt die verschiedenen Aktionen und legt fest, wann diese eingeplant und gestartet werden dürfen. Um eine neue Aktion im PPF-Framework zu erstellen und die bestehenden Aktionen besser zu verstehen, beschreiben wir in den folgenden Abschnitten detailliert die Schritte zum Erstellen einer neuen Aktion.

Aktionsprofile und deren Aktionen definieren

Zum Definieren und Verwalten der PPF-Daten starten Sie die Transaktion SPPFCADM. Durch Auswählen der Zeile NEUE ANLIEFERUNG und durch Anklicken der Schaltfläche AKTIONSPROFILE UND AKTIONEN DEFINIEREN sehen Sie die Funktionen, die mit SAP EWM rund um die Lieferungsdokumente zur Verfügung stehen. Für jeden Lieferungsdokumententyp (wie z.B. die Anlieferungsbenachrichtigung, die Anlieferung, die Auslieferungsanforderung, den Auslieferungsauftrag und die Auslieferung) wurde ein eigenes Aktionsprofil definiert (siehe Abbildung 12.127). Jedes Mal, wenn eine Anlieferung erstellt, geändert und gespeichert wird, wird geprüft, ob die definierte Aktion Anwendung findet und deshalb eine Aktion eingeplant oder sogar gestartet werden soll. Durch Klick auf die Zeile /SCDL/PRD_IN und das Auswählen des Ordners AKTIONSDEFINITION im linken Menübaum erkennen Sie die Aktionen, die dem Objekt ANLIEFERUNG über das Aktionsprofil /SCDL/PRD_IN zugeordnet sind.

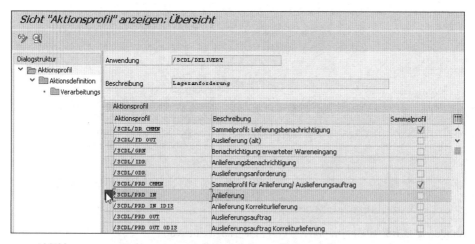

Abbildung 12.127 Lieferungsanwendung und deren Aktionsprofil

Die Aktionsdefinitionen beschreiben die Funktionen, die im Rahmen einer Anlieferung ausgeführt werden können (siehe Abbildung 12.128). Die automatische Erstellung von Lageraufgaben zum Einlagern der Ware wird mithilfe der Aktionsdefinition /SCWM/PRD_IN_TO_CREATE sichergestellt. Auch interessant ist die Aktionsdefinition /SCDL/MSG_PRD_IN_GR_SEND, die eine Nachricht an SAP ERP sendet, wenn eine Wareneingangsbuchung in EWM verbucht wurde.

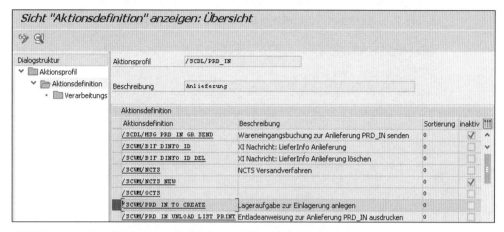

Abbildung 12.128 Anlieferungsprofil und dessen Aktionsdefinitionen

Falls eine Aktion zentral nicht benötigt wird, kann sie mittels des Kennzeichens INAKTIV deaktiviert werden. Das heißt, falls ein automatisches Erstellen von Lageraufgaben im Wareneingangsprozess nicht erforderlich ist oder nicht gewünscht wird, sollte die Aktion deaktiviert werden.

Löschen und Deaktivieren nicht genutzter PPF-Aktionen

Es ist empfehlenswert, alle PPF-Aktionen, die nicht benötigt werden, zu deaktivieren. SAP EWM wird mit einer Standardkonfiguration ausgeliefert – dies bedeutet aber nicht, dass alle PPF-Aktionen im Kundenprojekt erforderlich sind. Dies hängt von den Anforderungen an das Lagerverwaltungssystem ab. Werden Aktionen, wie z. B. das automatische Buchen des Wareneingangs, nicht benötigt, ist es sinnvoll, diese Aktionen zu deaktivieren, um Systemkapazitäten einzusparen und so die Performance zu verbessern.

Die Aktions- und Programmlogik, die für das Erstellen der Lageraufgabe verantwortlich ist, wird in der Unterstruktur VERARBEITUNGSARTEN definiert. Klicken Sie dazu auf die Aktionsdefinition /SCWM/PRD_IN_TO_CREATE in der Tabelle und im linken Menübaum auf den Ordner VERARBEITUNGSARTEN. Dort wird der Aktionsdefinition die Methode /SCWM/TO_CREATE zugeordnet (siehe Abbildung 12.129). Die Methode repräsentiert ein BAdI; d. h., dort können Sie die Logik einsehen, erweitern oder überschreiben.

Durch Anklicken der Wertehilfe neben dem Feld METHODE können Sie die PPF-Methoden in EWM einsehen, die Sie sehr flexibel wiederverwenden können. Eine neue Methode können Sie über die Schaltfläche ANLEGEN erstellen. Sie müssen dann in einem BAdI die notwendige ABAP-Logik auskoppeln. Der Vorteil dieser Vorgehensweise ist, dass Sie die Logik auch für andere PPF-Aktionen modular wiederverwenden können.

Abbildung 12.129 Aktionsdefinition zum Erstellen von Einlager-Lageraufgaben und deren Methoden

Wiederverwenden von PPF-Methodenaufrufen

Möchten Sie eine neue Regel im PPF erstellen, die das automatische Buchen eines Wareneingangs für Anlieferungen übernimmt, ist die Pflege einer neuen Aktionsdefinition mit der PPF-Methode /SCWM/GM_POSTING notwendig. Die Aktionsdefinition sollte in dem Aktionsprofil für Anlieferungen /SCDL/PRD_IN erstellt werden. Die PPF-Methode verweist wiederum auf ein BAdI, das die Verbuchung der Warenbewegung übernimmt.

Falls bereits eine bestehende Aktionsdefinition existiert, die es zu kopieren gilt, um dort z. B. die Einplanbedingung zu verändern, ist es auch möglich, die Aktion, wie in Abbildung 12.129 gezeigt, zu kopieren und mit anderen Parametern auszuprägen.

Bedingungskonfiguration des Post Processing Frameworks

Die Definition des Aktionsprofils stellt sicher, dass eine Aktion ausgeführt werden kann. Zu dieser Aktionsdefinition müssen Sie eine Bedingungskonfiguration erstellen, um den Zeitpunkt der Ausführung zu definieren. Die

Bedingungskonfiguration des PPFs gibt eine Gesamtübersicht über die PPF-Aktion, abhängig von der ausgewählten Anwendung. Mit Klick auf die Schaltfläche BEDINGUNGSKONFIGURATION (transportierbare Bedingungen) können Sie die Bedingungen konfigurieren.

Das Programm für die Pflege der Konfiguration unterteilt sich in drei Bereiche (siehe Abbildung 12.130). Im linken Bereich sehen Sie die Aktionsprofile, im rechten Bereich die Aktionsdefinition, d. h. die verschiedenen Aktionen, die dem Aktionsprofil zugeordnet sind. Im unteren Bereich können Sie die Aktionen konfigurieren. Dort können Sie nochmals definieren, wann die Aktion eingeplant oder wann sie gestartet und welche Methode tatsächlich ausgeführt werden soll. Die Methode führt dann tatsächlich die Logik aus und legt z. B. die Lageraufgaben oder ein Fahrzeug an.

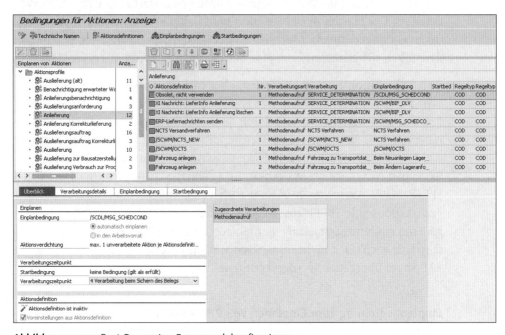

Abbildung 12.130 Post Processing Framework konfigurieren

Mit der Auswahl des Aktionsprofils im oberen Menübaum und dem Auswählen der Aktionsdefinition in der rechten Tabelle können erweiterte Einstellungen vorgenommen werden. Die Konfiguration ermöglicht es, für jede Aktion den Verarbeitungszeitpunkt oder die Einplan- und/oder Startbedingung zu definieren.

Verarbeitungszeitpunkt

Im Wareneingangsprozess werden die Lageraufgaben nicht automatisch erstellt. Sie werden durch die Standardkonfiguration zwar eingeplant, die Erstellung wird jedoch erst durchgeführt, wenn ein Selektionsreport die Erstellung anstößt. Unabhängig davon, dass eine PPF-Aktion eingeplant wurde, kann ein Mitarbeiter die Erstellung der Lageraufgabe trotzdem manuell über die Transaktion /SCWM/TODLV_I anstoßen.

Falls eine Erstellung der Lageraufgaben automatisch erwünscht ist, muss der Verarbeitungszeitpunkt von 1. VERARBEITUNG ÜBER SELEKTIONSREPORT auf 2. SOFORTIGE VERARBEITUNG umgestellt werden.

Das Einplanen der Aktion übernimmt die Einplanbedingung. Für das Erstellen der Lageraufgaben im Wareneingang wurde keine Startbedingung von EWM definiert. Das Starten der PPF-Aktion wird daher statisch über den Verarbeitungszeitpunkt definiert. Möchte man das Starten der eingeplanten PPF-Aktion dynamisch sicherstellen, kann eine Startbedingung konfiguriert werden.

Falls eine Aktion nur eingeplant ist, aber nicht gestartet wurde, ist es möglich, mit einem Selektionsreport (RSPPFPROCESS) das Starten der Aktionen manuell oder im Hintergrund durch das Einplanen und periodische Ausführen eines Jobs zu organisieren. Der Report kann aber auch manuell gestartet werden. Folgen Sie hierzu im SAP-Easy-Access-Menü in EWM dem Pfad EXTENDED WAREHOUSE MANAGEMENT • ARBEITSVORBEREITUNG • DRUCKEN • SPPFP – PPF-AKTIONEN ANZEIGEN UND VERARBEITEN, oder führen Sie den Transaktionscode SPPFP aus. Gegebenenfalls werden Sie den Report benötigen, um ein Reprozessieren einer fehlgeschlagenen PPF-Aktion anzustoßen – falls z. B. der Druck nicht erfolgreich war und die Druckdaten nicht an den SAP-Spool übergeben werden konnten.

Einplanbedingung zum Einplanen von PPF-Aktionen

Um das Einplanen einer Aktion dynamisch zu steuern, ist es möglich, eine Einplanbedingung zu konfigurieren. Die Logik, wann die Aktion tatsächlich eingeplant wird, wird über ein BAdI und die dazugehörige ABAP-Logik gesteuert. Zum Beispiel wird die Einplanbedingung /SCWM/WHR_IN_YARD verwendet, um die Aktion einzuplanen, die automatisch Lageraufgaben im Wareneingang erstellt.

Startbedingung zum Starten von PPF-Aktionen

Nachdem eine Aktion eingeplant worden ist, wird geprüft, ob sie auch gestartet werden soll. Startbedingungen werden verwendet, wenn das Starten der Aktion dynamisch gesteuert werden soll. Für das Erstellen von Lageraufgaben wird im EWM-Standard keine Startbedingung verwendet.

Weitere Informationen zum PPF

Weitere Informationen zum PPF finden Sie im SAP Developer Network (*http:// sdn.sap.com*). Dort finden Sie einen Implementierungsleitfaden, der weitere technische Informationen zum PPF enthält.

12.9.3 Drucken mit dem Post Processing Framework

Das PPF stößt an seine Grenzen, wenn es darum geht, die Anforderungen eines Lagers an das Drucken zu erfüllen: In einem Lager werden meist mehrere Drucker verwendet, weshalb eine Druckerfindung in Abhängigkeit von den einzelnen Bereichen sichergestellt sein muss. Darüber hinaus sind weitere Informationen in Form von zusätzlichen Druckparametern, wie der Anzahl der Ausdrucke, dem technischen Namen des Druckprogramms oder der Definition der Drucker-Queue, notwendig. All diese Parameter müssen ebenfalls im System verwaltet werden.

Daher wird der *Formulardruck* in EWM nicht allein über das PPF gesteuert. Das PPF sorgt zwar dafür, dass der Druck angestoßen wird, um aber die Vielzahl von zusätzlichen Parametern flexibel zu verwalten und so eine Druckerfindung sicherzustellen, wird in EWM zusätzlich die *SAP-Konditionstechnik* verwendet.

Die SAP-Konditionstechnik ist ein hochflexibles Werkzeug, um Parameter aus einem Feldkatalog zur Laufzeit zu vergleichen und um zu entscheiden, ob z. B. ein Druck gestartet werden soll. Zusätzlich können Sie mithilfe der Konditionstechnik Parameter pflegen, die von den EWM-Programmen zur Laufzeit verwendet werden, wie den Namen des Druckprogramms. Interessant bei der Konditionstechnik ist, dass Sie ohne Entwicklungsaufwand weitere Parameter spezifizieren können und diese dann zur Laufzeit berücksichtigt werden. Hierzu erstellt die Konditionstechnik automatisch und dynamisch im Hintergrund die notwendigen Objekte.

Das heißt, soll der Druck einer Kommissionierliste nicht nur abhängig vom Status des Lagerauftrags, des Aktivitätsbereichs oder der Lagerprozessart stattfinden, können Sie weitere Parameter aus dem Feldkatalog übernehmen und dann, abhängig von diesen, z. B. unterschiedliche Kommissionierlisten von EWM drucken lassen.

Generell können Spooldaten in EWM abhängig von einer Lagernummer hinterlegt werden. Das Pflegen dieser Daten können Sie durch Ausführen der Transaktion /SCWM/60000431 sicherstellen. Sie können die Pflege auch über das SAP-Easy-Access-Menü über den Pfad EXTENDED WAREHOUSE MANAGEMENT • ARBEITSVORBEREITUNG • DRUCKEN • EINSTELLUNGEN • LAGERABHÄNGIGE DRUCKPARAMETER PFLEGEN erreichen. Es ist möglich, unterschiedliche Spooldaten für die gleiche Lagernummer zu erstellen (siehe Abbildung 12.131). Sie können z. B. direkt ein Ausgabegerät definieren oder festhalten, ob der Druck direkt ausgeführt werden soll und wie viele Exemplare gedruckt werden sollen.

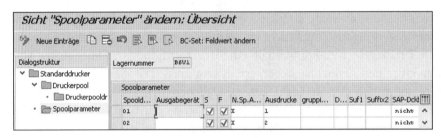

Abbildung 12.131 Lagerspezifische Spoolparameter pflegen

Wird der Druckprozess automatisiert, wie z. B. beim Verwenden von Materialflussanlagen, muss der Druck dynamisch durchgeführt werden. Das heißt, eine Rechnung muss automatisch immer der richtigen Lieferung oder sogar dem richtigen Paket zugeordnet werden. Der tatsächliche Druck wird dann zurückgehalten und vom Materialflusssystem angesteuert. Das Verwenden von Präfixen für den Spoolnamen des Druckauftrags erleichtert diesen Vorgang.

In EWM können Sie für verschiedene Objekte Dokumente drucken, z. B. für die HUs, die Lageraufträge, Inventurdokumente oder LZL-Aufträge. Damit in Abhängigkeit des Dokumententyps zusätzlich lokationsabhängige Parameter berücksichtigt werden können, muss eine Konditionsfindung konfiguriert werden. Dies bedeutet, dass Parameter, die im System hinterlegt werden, dynamisch in Abhängigkeit von den Bewegungsdaten gefunden und verwendet werden müssen.

Wir möchten in diesem Abschnitt anhand des Drucks einer Kommissionierliste die Konditionsfindung exemplarisch beschreiben. Die Kommissionierliste repräsentiert in unserem Beispiel einen Lagerauftrag mit mehreren Lageraufgaben.

Die Konditionsfindungsparameter oder Konditionssätze für Lageraufträge pflegen Sie im System mit der Transaktion /SCWM/PRWO6. Die Pflege erreichen Sie auch über das SAP-Easy-Access-Menü über den Pfad EXTENDED WAREHOUSE MANAGEMENT • ARBEITSVORBEREITUNG • DRUCKEN • EINSTELLUNGEN • KONDITIONSSÄTZE FÜR DRUCK ANLEGEN (LAGERAUFTRÄGE). Falls Sie andere Konditionssätze definieren möchten, können Sie auch die zentrale Transaktion /SAPCND/GCM starten. Diese wird dann *nicht* mit Default-Werten (wie durch die Transaktion /SCWM/PRWO6 mit Lagerauftragsparametern) vorbelegt.

Zum Pflegen von Konditionssätzen für den Druck von Lageraufträgen müssen Sie folgende Werte auf der ersten Bildschirmmaske pflegen, bevor Sie die Konditionssätze erfassen und in die Konditionspflege gelangen können:

▶ Applikation: PWO

▶ Pflegegruppe: PWO

▶ Pflegekontext: GCM

In Abbildung 12.132 sehen Sie, welche Felder Sie standardmäßig verwenden können, um das Drucken von Lageraufträgen zu beeinflussen. Die dynamische Konditionstechniktransaktion zeigt diese möglichen Felder in der Baumstruktur an. Durch Markieren des Feldes LAGERNUMMER und das Anklicken der Schaltfläche PAKET oberhalb des Menübaums ist es möglich, nach Konditionssätzen zu suchen, die der definierten Lagernummer entsprechen. Vorteil der Konditionstechnik ist, dass auch weitere Felder hinzugefügt werden können. Falls Sie weitere Parameter zur Konditionsfindung benötigen oder falls Sie dem Druckprogramm zusätzliche Parameter übergeben müssen, können Sie die Konditionstabelle im SAP-Customizing über den Menüpfad EXTENDED WAREHOUSE MANAGEMENT • PROZESSÜBERGREIFENDE EINSTELLUNGEN • KONDITIONSTECHNIK • FELDKATALOG ANLEGEN um weitere Felder erweitern. Notwendig ist es auch, Folgeschritte durchzuführen, die Sie in den benachbarten Customizing-Aktivitäten finden.

Reichen die standardmäßig konfigurierten Felder aus, ist die Pflege der richtigen Konditionssätze/-parameter der letzte Schritt, um den Druck einer Kommissionierliste anzustoßen.

Wie in Abbildung 12.132 dargestellt ist es möglich, abhängig von einer Lagernummer, einem Aktivitätsbereich, dem Status der Lageraufträge und einer Lagerprozessart, die Druckerfindung zu steuern. Die Findungsparameter ermöglichen es, den Konditionssatz dynamisch zu finden. Die zusätzlichen Parameter, wie das Druckprogramm oder das definierte Druckprofil, das wir vorab der Lagernummer zugeordnet haben (siehe Abbildung 12.131), ermöglichen es, den Druckprozess flexibel zu gestalten.

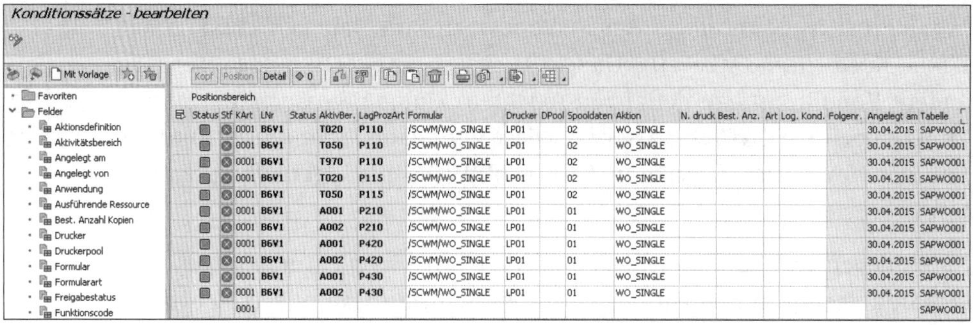

Konditionssätze - bearbeiten

	Status	Sf	KArt	LNr	Status	AktivBer.	LagProzArt	Formular	Drucker	DPool	Spooldaten	Aktion	N. druck	Best.	Anz.	Art	Log.	Kond.	Folgenr.	Angelegt am	Tabelle
		0001	B6V1		T020	P110	/SCWM/WO_SINGLE	LP01		02	WO_SINGLE									30.04.2015	SAPWO001
		0001	B6V1		T050	P110	/SCWM/WO_SINGLE	LP01		02	WO_SINGLE									30.04.2015	SAPWO001
		0001	B6V1		T970	P110	/SCWM/WO_SINGLE	LP01		02	WO_SINGLE									30.04.2015	SAPWO001
		0001	B6V1		T020	P115	/SCWM/WO_SINGLE	LP01		02	WO_SINGLE									30.04.2015	SAPWO001
		0001	B6V1		T050	P115	/SCWM/WO_SINGLE	LP01		02	WO_SINGLE									30.04.2015	SAPWO001
		0001	B6V1		A001	P210	/SCWM/WO_SINGLE	LP01		01	WO_SINGLE									30.04.2015	SAPWO001
		0001	B6V1		A002	P210	/SCWM/WO_SINGLE	LP01		01	WO_SINGLE									30.04.2015	SAPWO001
		0001	B6V1		A001	P420	/SCWM/WO_SINGLE	LP01		01	WO_SINGLE									30.04.2015	SAPWO001
		0001	B6V1		A002	P420	/SCWM/WO_SINGLE	LP01		01	WO_SINGLE									30.04.2015	SAPWO001
		0001	B6V1		A001	P430	/SCWM/WO_SINGLE	LP01		01	WO_SINGLE									30.04.2015	SAPWO001
		0001	B6V1		A002	P430	/SCWM/WO_SINGLE	LP01		01	WO_SINGLE									30.04.2015	SAPWO001
		0001																			SAPWO001

Felder: Favoriten, Felder — Aktionsdefinition, Aktivitätsbereich, Angelegt am, Angelegt von, Anwendung, Ausführende Ressource, Best. Anzahl Kopien, Drucker, Druckerpool, Formular, Formularart, Freigabestatus, Funktionscode

Abbildung 12.132 Einrichten der Konditionsparameter zum Drucken von Lageraufträgen

12.10 Berechtigungen

Durch eine wirksame Kontrolle der *Berechtigungen* und *Rollen* in EWM wird sichergestellt, dass die richtigen Personen die Aktivitäten, die sie durchführen müssen, um ihre Aufgaben im Lager zu erledigen, auch ausführen können.

Es gibt einige Konzepte in SAP EWM, die gleichermaßen auch in den anderen Bereichen in SAP SCM oder sogar in anderen Komponenten, wie SAP ERP und SAP CRM, eingesetzt werden können. Unter diese Konzepte fallen die Themen *Berechtigungen* und *Archivierung*. Die Archivierung beschreiben wir in Abschnitt 12.11. Diese Konzepte werden in EWM zwar unterschiedlich umgesetzt, unterscheiden sich aber nicht im Grundsatz. Aus diesem Grund richten wir unser Augenmerk in diesem und im nächsten Abschnitt auf die Themen, die EWM-spezifisch sind oder die Sie kennen sollten, um Entscheidungen während deren Umsetzung treffen zu können.

12.10.1 Berechtigungen und Rollen

Die Konzepte zur Steuerung von Berechtigungen und Rollen, die in SAP ERP, SAP SCM und anderen Komponenten gelten, werden auch in EWM genutzt. Das Berechtigungskonzept steuert nicht nur, auf welche Transaktionen der Anwender zugreifen kann, sondern auch die organisatorischen Ebenen, für die er eine spezifischen Tätigkeit ausführen darf. Diese Steuerung ermöglicht es Ihnen, sicherzustellen, dass jeder Einzelne in der Organisation Zugang zu den erforderlichen Tätigkeiten erhält, um seine Arbeit auszuführen, aber keine Berechtigung für Tätigkeiten, die nicht zu seiner Arbeit gehören. Berechtigungen ermöglichen es Ihnen auch, eine angemessene Trennung der Aufgaben in einer Organisation zu gewährleisten. Diese Funktionstrennung ist ein wichtiger Grundsatz im Finanz- und Rechnungswesen in den meisten Ländern.

12.10.2 Berechtigungskonzept

Das Berechtigungswesen wird in SAP-Systemen gesteuert mit:

- Benutzer
- Rollen (Einzelrollen oder Sammelrollen)
- Berechtigungsprofilen (die aus einer Rolle generiert werden können)
- Berechtigungen
- Berechtigungsobjekten
- Berechtigungsfeldern

Im Zusammenspiel bestimmen diese Objekte, welcher Benutzer welche Transaktionen mit welchen Organisationsdaten ausführen kann. Innerhalb einer Transaktion kann das Berechtigungswesen bestimmen, welche Aktivitäten ausgeführt werden dürfen. Diese Objekte können pro Mandant angelegt werden und auch über das Transportsystem von einem Mandanten in einen anderen Mandanten transportiert werden. Diese Objekte stellen wir Ihnen nun im Detail vor:

- **Benutzername und Benutzerdaten**
  Jedem Benutzer ist im SAP-System ein Benutzername zugeordnet; der Benutzer sollte sich mit seinem eigenen Benutzernamen am SAP-System einloggen, um seine Aktivitäten auszuführen. Der Benutzer bestimmt sein eigenes Passwort und einige andere Daten, die mit seinem Benutzernamen zusammenhängen. Der Systemadministrationsverantwortliche ordnet hingegen benutzerspezifische Daten wie Berechtigungen und Rollen zu.

- **Einzelrollen**
  Eine Rolle erlaubt die Zuweisung von Genehmigungen und Logon-Menüs für mehrere Benutzer, die ähnliche Profile haben. Die Einzelrollen können direkt einer Benutzer-ID zugeordnet werden oder zuerst in einer Sammelrolle vereint und dann dem Benutzer zugeordnet werden.

  Sie können einem Benutzer, der mehrere Tätigkeiten ausübt, auch verschiedene Einzelrollen zuordnen, wenn seine Berechtigung nicht mit anderen Benutzerprofilen übereinstimmt.

- **Sammelrollen**

  Eine Sammelrolle ist eine Bündelung von Einzelrollen und kann einem Benutzer zugeordnet werden. Mit Sammelrollen kann man auf einfache Weise mehrere Einzelrollen vielen Benutzern zuordnen. Auch können so z. B. einem Poweruser mehrere Sammelrollen zugeordnet werden.

- **Berechtigungsprofile**

  Berechtigungsprofile werden für Rollen generiert. Bis das Berechtigungsprofil generiert ist, sind die Rollen, die dem Benutzer zugeordnet sind, nicht wirksam.

- **Berechtigungen**

  Mit den Berechtigungen kann man bestimmte Aktivitäten im SAP-System ausführen, basierend auf den Werten der Berechtigungsfelder. Berechtigungen werden dem Anwender übertragen durch die Zuweisung von aktiven Rollen, deren Berechtigungsprofile generiert wurden.

- **Berechtigungsobjekte**

  Ein Berechtigungsobjekt ist eine Sammlung von Feldern, deren Werte gebraucht werden, um die Berechtigungen zu bilden. Berechtigungsobjekte werden benötigt, um, basierend auf einer Kombination aus verschiedenen Konditionen, komplexe Berechtigungen zu checken.

- **Berechtigungsfelder**

  Die Berechtigungsfelder sind die einzelnen Felder, deren Werte während einer Prüfung auf ein Berechtigungsobjekt verwendet werden.

12.10.3 Berechtigungssteuerung in SAP EWM

Der einfachste Weg, um Berechtigungen für Benutzer in EWM zu kontrollieren, wäre, den einzelnen Benutzern eine oder mehrere Einzelrollen zuzuordnen (im folgenden Abschnitt finden Sie eine Liste von EWM-Rollen, die im Standard mitgeliefert werden). Darüber hinaus ist es möglich, bestimmte Rollen zu Sammelrollen zusammenzufassen, um so individuelle Berechtigungsanforderungen für bestimmte Tätigkeiten in Ihrer Organisation abzudecken.

In diesem Fall sollten Sie am besten eine Standardrolle kopieren und diese anschließend abändern. Wenn Sie eine neue Rolle anlegen oder kopieren, können Sie die Berechtigung auf der Organisationsebene (z. B. auf der Ebene der Lagernummer) oder für bestimmte Werte wie die Lieferart definieren. Danach kann für die neue Berechtigung das Berechtigungsprofil der Rolle zugeordnet werden.

Zusammen mit dem Berechtigungsteam sollten Sie bestimmen, welche Rollen definiert werden sollten, welche Berechtigungen gecheckt werden müssen und an welche Benutzer welche Berechtigungen vergeben werden sollten.

12.10.4 Rollen im SAP-EWM-Standard

Es gibt verschiedene Standardrollen, die mit EWM ausgeliefert werden, die Sie direkt einsetzen oder als Vorlage kopieren können, um eigene Rollen zu erstellen, die den Anforderungen Ihrer Organisation entsprechen. Die in Tabelle 12.4 aufgeführten Rollen sind standardmäßig in EWM enthalten.

Rolle	Beschreibung
/SCWM/SUPERVISOR	EWM: Lagerleiter
/SCWM/EXPERT	EWM: Lagerexperte
/SCWM/INBD_SPECIALIST	EWM: Lagerfachkraft für Wareneingang
/SCWM/OUTBD_SPECIALIST	EWM: Lagerfachkraft für Warenausgang
/SCWM/YARD_SPECIALIST	EWM: Lagerfachkraft für Yard Management
/SCWM/WORKER	EWM: Lagermitarbeiter
/SCWM/INVENTORY_PLANNER	EWM: Inventurplaner
/SCWM/COUNTER	EWM: Inventurzähler
/SCWM/INFORMATION	EWM: Anzeige von Lagerinformationen
/SCWM/ERP_EWM_INTEGRATION	EWM: SAP-ERP-Integration
/SCWM/LM_PLANNER	EWM: Arbeitsplaner
/SCWM/LM_SPECIALIST	EWM: Lagerfachkraft für Arbeitsmanagement
/SCWM/ANALYST	EWM: Lageranalyst
/SCWM/IDM_EWM_INTEGRATION	EWM: Identity-Management-Integration

Tabelle 12.4 Rollen im SAP-EWM-Standard

Um zu überprüfen, welche Berechtigungen zu einer Rolle gehören, folgen Sie im SAP-Easy-Access-Menü dem Menüpfad WERKZEUGE • ADMINISTRATION • BENUTZERPFLEGE • ROLLENVERWALTUNG • ROLLEN, oder Sie verwenden Sie den Transaktionscode PFCG. Um zu sehen, welche Transaktionen für die Rolle erlaubt sind, wählen Sie den Rollennamen und dann die Registerkarte MENÜ (siehe Abbildung 12.133).

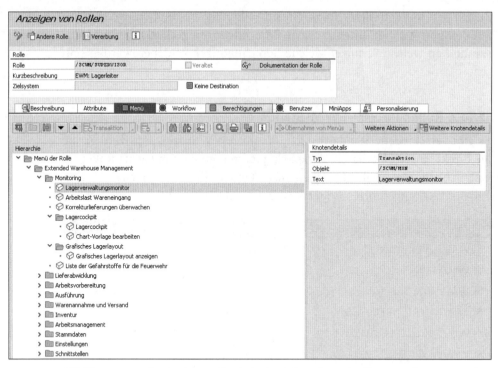

Abbildung 12.133 Registerkarte »Menü« in der Rollenpflege, die die zugeordneten Transaktionen zeigt

Um die vorhandenen Rollen zu sehen, können Sie entweder die Suchhilfe (Funktionstaste F4) im Feld ROLLE der Transaktion PFCG verwenden, oder Sie können die Reports im Informationssystem benutzen. Zum Beispiel können Sie im Informationssystem mit verschiedenen Selektionskriterien, z. B. den der Rolle zugewiesenen Transaktionen, Rollen suchen. Um zum Informationssystem zu gelangen, folgen Sie dem Menüpfad WERKZEUGE • ADMINISTRATION • BENUTZERPFLEGE • ROLLENVERWALTUNG • ROLLEN im SAP-Easy-Access-Menü, oder Sie verwenden den Transaktionscode S_BCE_68001425.

Um die detaillierten Berechtigungsdaten einer Rolle anzuzeigen, wählen Sie die Registerkarte BERECHTIGUNGEN und dort die Schaltfläche BERECHTIGUNGS-DATEN ANZEIGEN (siehe Abbildung 12.134). Beachten Sie, dass in den Standardrollen keine Zuordnungen von Feldern auf der Organisationsebene gemacht worden sind. Somit sollten Sie also zuerst eine Standardrolle kopieren, wenn Sie Berechtigungen auf der Organisationsebene, wie die Lagernummer, vergeben möchten.

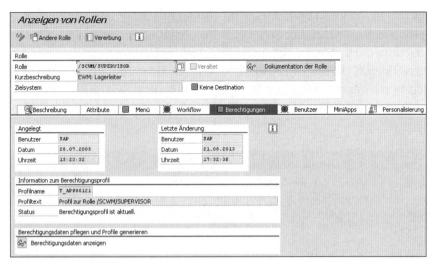

Abbildung 12.134 Registerkarte »Berechtigungen« in der Rollenpflege

12.11 Archivierung

Die *Archivierung* hilft Ihnen dabei, die Leistung eines Systems zu verbessern, indem alte Daten aus dem System entfernt werden und somit Ihr System mit voller Geschwindigkeit arbeiten kann.

Während der Datenarchivierung entfernen Sie Daten aus dem System, die dann von der Datenbank auf ein anderes Medium gespeichert werden, um einen späteren Zugriff zu ermöglichen. Um sicherzustellen, dass alle relevanten Daten aus den richtigen Tabellen weggeschrieben werden, bietet SAP NetWeaver Methoden zur Archivierung der Daten über *Archivierungsobjekte* an. Die Archivierungsobjekte stimmen mit den funktionalen Prozessen und Daten überein.

Zum Archivieren von Objekten müssen Sie drei Schritte ausführen:

1. Zuerst werden die Datenobjekte in einen Archivierungsbestand geschrieben.
2. Dann werden diese Daten aus der Datenbank entfernt.
3. Zuletzt wird die Archivdatei auf einem anderen Datenträger gespeichert, z. B. auf einem Archivierungssystem oder einem Band.

Unter Umständen müssen Sie für die individuellen Objekte vorbereitende Schritte ausführen: Es kann z. B. sein, dass ein Archivierungskennzeichen oder Löschkennzeichen auf das Objekt gesetzt werden muss. Diese Kennzeichen zeigen, welche Datenobjekte für die Archivierung relevant sind. Beispielsweise handelt es sich um Daten zu Lieferungen, deren Lieferdatum überschritten ist. Setzen Sie dazu das Archivierungskennzeichen in der Transaktion /SCDL/BO_ARCHIVE. Dort können Sie auch nach Belegtyp und Belegart selektieren. Sie können zu der Transaktion /SCDL/BO_ARCHIVE eine Variante anlegen und dann zur Vorbereitung einer Archivierung als Job einplanen.

Kopierte Daten archivieren

Daten, die kopiert oder über Schnittstellen in andere Systeme (z. B. nach SAP BW oder SAP ERP) übertragen wurden, werden nicht automatisch über die Archivierungsobjekte archiviert. Diese Daten müssen separat archiviert werden.

In EWM werden mehrere Standardarchivierungsobjekte angeboten. Dazu zählen vor allem Objekte, die üblicherweise für das größte Wachstum der Datenbanken verantwortlich sind, wie z. B. Lageraufträge, Lageraufgaben, Anlieferungsbenachrichtigungen, Auslieferungsanforderungen, Auslieferungsaufträge und LZL-Aufträge. Eine Liste der Standardobjekte finden Sie in der SAP-Online-Hilfe unter *http://help.sap.com* oder über die Suchhilfe im Feld ARCHIVIERUNGSOBJEKT in der Transaktion SARA (siehe Abbildung 12.135).

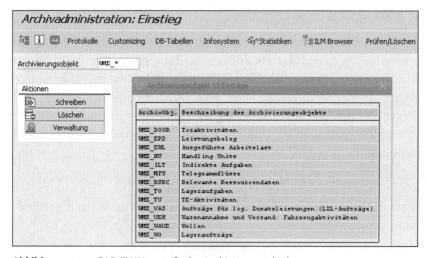

Abbildung 12.135 SAP-EWM-spezifische Archivierungsobjekte

Bei der Implementierung sollten Sie die Lebensdauer der Daten für die einzelnen Objekte bestimmen und auf dieser Basis Ihre Archivierungsstrategie entwickeln, um so eine gute Performance des Systems und eine sichere Ablage alter Daten zu gewährleisten.

12.12 Lagerleistungsabrechnung

Unzweifelhaft gibt es bei vielen Unternehmen in der Logistik den Trend, einen zunehmenden Teil von Logistikleistungen wie das Kommissionieren, Verpacken, logistische Zusatzleistungen oder das Verladen an Logistikdienstleister zu vergeben. Die Unternehmen versprechen sich durch den Einsatz von Logistikdienstleistern zahlreiche Vorteile, insbesondere eine höhere Flexibilität. Sie müssen kein eigenes Personal bereitstellen oder Know-how aufbauen, sind nicht an gegebenenfalls teure oder unflexible eigene Tarifverträge gebunden und können sich insgesamt besser auf ihr eigentliches Kerngeschäft fokussieren. Das Outsourcen von Logistikaktivitäten wird sehr unterschiedlich angegangen und geht von der Vergabe einzelner Tätigkeiten oder Bereiche hin bis zur kompletten Vergabe sämtlicher Lageraktivitäten an einen Dienstleister. Oftmals gehört dem Dienstleister auch das Lager, und er betreibt die Lagerverwaltungssoftware. So wird die gesamte Lagerhaltung zu einem Service, den Unternehmen flexibel kaufen können.

Dieser Trend zur Vergabe von Logistikdienstleistungen führt dazu, dass Sie Lagerverwaltungssoftware wie die SAP-EWM-Logistikleistungen *messen* und *abrechnen* können müssen. Zudem muss die Möglichkeit bestehen, entsprechende vertragliche Vereinbarungen zwischen externen Dienstleistern und deren Kunden im System abzulegen und fortzuschreiben.

In SAP EWM ist dies ab Release 9.3 mit der Funktionalität der Lagerleistungsabrechnung (engl. Warehouse Billing) möglich. Hierzu wird, vereinfacht gesagt, in EWM die Menge an Lagerleistungen erfasst, die abgerechnet werden soll. Die Verwaltung der Verträge und die Abrechnung selbst werden über SAP TM und SAP ERP durchgeführt.

Um die Lagerleistungsabrechnung greifbarer zu machen, behandeln wir in diesem Abschnitt beispielhaft das Umpacken von Lieferantenteilen von Gitterboxen in Kartons. Das Umpacken besteht aus den folgenden Schritten:

1. Entpacken einer Gitterbox vom Lieferanten

2. Umpacken der Teile in Versandkartons

3. Palettieren der Versandkartons auf eine Lagerpalette

Die Schritte 1–3 werden hier von einem Logistikdienstleister durchgeführt. Alle vorgelagerten Aktivitäten (z. B. Entladen des LKWs) oder nachgelagerten Aktivitäten (z. B. Einlagern, Kommissionieren, Verladen etc.) werden vom Kunden selbst durchgeführt.

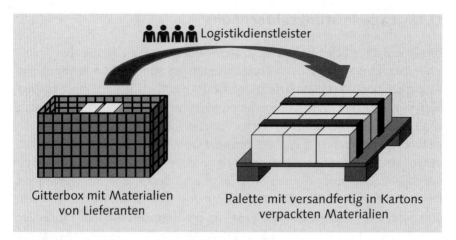

Abbildung 12.136 Beispiel – Umpacken von Materialien im Wareneingangsprozess durch einen Logistikdienstleister

In den folgenden Abschnitten beschreiben wir, wie die Lagerleistungsabrechnung in SAP konzeptionell umgesetzt wurde, wie Abrechnungsverträge in SAP TM verwaltet werden, wie die Ableitung und Messung von SAP-EWM-Leistungsdaten funktioniert und wie die Abrechnung dieser Daten über SAP TM und SAP ERP abgebildet werden kann.

12.12.1 Umsetzung der Lagerleistungsabrechnung in SAP

Abhängig davon, wer die abzurechnenden Leistungsdaten misst, lassen sich grundsätzlich zwei verschiedene Szenarien unterscheiden:

1. Der Logistikdienstleister misst selbst die Leistungsdaten und erstellt periodisch eine *Faktura/Rechnung* an seinen Kunden, die der Kunde dann begleicht.

2. Der Kunde misst die Leistungsdaten und erstellt periodisch eine *Gutschrift* an den Logistikdienstleister.

Die beiden zu unterscheidenden Szenarien sind also *Fakturaprozess* und *Gutschriftsprozess*, und das unterscheidende Kriterium ist, *wer* die Leistungen misst – und das hängt typischerweise letztendlich davon ab, wer die SAP-Systeme betreibt – der Kunde oder der Logistikdienstleister (siehe Abbildung 12.137).

Diese beiden Szenarien zur Abrechnung von Lagerdienstleistungen sind in ihrer Unterscheidung also völlig unabhängig davon, wer der Eigentümer des physischen Lagers ist. Es kommt nur darauf an, wer die SAP-Systeme betreibt.

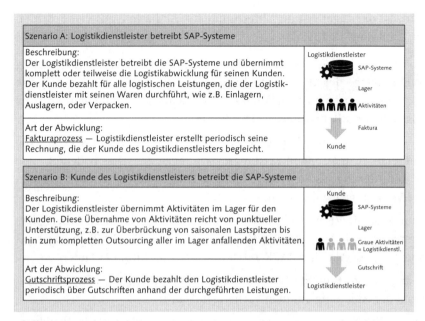

Abbildung 12.137 Gutschrifts- und Fakturaverfahren zur Begleichung der Aktivitäten des Logistikdienstleisters

Zusätzlich zu Lagerdienstleistungen wie Kommissionieren oder Verpacken können auch die Kosten für die Lagerhaltung über Warehouse Billing abgerechnet werden. Wenn der Logistikdienstleister auch *Eigentümer des Lagers* ist, bedeutet das nur eine Erweiterung der beiden Szenarien in der Form, dass die Lagerhaltungskosten, also z. B. die Kosten pro Lagerungsdauer und Gewicht, zusätzlich zu den Lagerleistungen abgerechnet werden (siehe Abbildung 12.138).

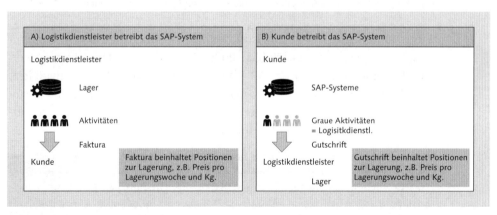

Abbildung 12.138 Typische Abrechnung von Lagerleistungen – Logistikdienstleister als Eigentümer des physischen Lagers

Der Prozess der Lagerleistungsabrechnung in SAP besteht aus vier Schritten (siehe Abbildung 12.139).

1. Zunächst wird ein Abrechnungsvertrag angelegt. Der Abrechnungsvertrag ist ein Beleg, der die abzurechnenden Leistungen und deren Preise beschreibt. Er ist somit ein Abbild des tatsächlichen rechtlichen Vertrags zwischen Logistikdienstleister und Kunde.

2. Im zweiten Schritt werden für die Positionen des Abrechnungsvertrags die konkreten zu messenden Leistungsdaten abgeleitet. Dies bedeutet, dass die Anforderung aus dem Abrechnungsvertrag in konkrete Messvorgaben für EWM umgewandelt wird.

   Wenn z. B. alle Verpackungsaktivitäten in einem bestimmten Arbeitsplatz abzurechnen sind, könnte die Messvorgabe für EWM »Produkt-Lagerauf-gaben mit der Aktivität PACK auf dem Lagerplatz ARBPL1« lauten.

3. Im dritten Schritt misst EWM im Hintergrund die Leistungsdaten entspre-chend der Ableitung aus dem vorherigen Schritt.

4. Abschließend werden für jede Abrechnungsperiode Gutschriften bzw. Fakturen erzeugt.

Abbildung 12.139 Prozessüberblick über die Abrechnung von Lagerleistungen mit SAP EWM

Wie schon eingangs erwähnt, läuft der Prozess über die Abrechnung von Lagerleistungen nicht ausschließlich im EWM-System, sondern ist ein system-übergreifender Prozess, der SAP EWM, SAP ERP und SAP TM involviert. Abbildung 12.140 zeigt die Umsetzung des Prozesses in diesen drei Syste-men und stellt dar, welche Belege Teil des Prozesses sind und wie diese mit-einander zusammenhängen (Kardinalität).

> **Hinweis zur Nutzung von SAP TM für die Lagerleistungsabrechnung**
>
> Für die Nutzung der zur Lagerleistungsabrechnung notwendigen SAP-TM-Funkti-onalitäten ist aktuell *keine separate SAP-TM-Lizenz* notwendig. Die einzelnen Belege aus Abbildung 12.140 beschreiben wir detailliert in den folgenden Abschnitten.

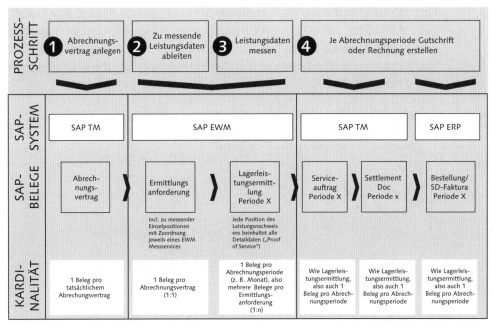

Abbildung 12.140 Belege in SAP TM, SAP EWM und SAP ERP zur Lagerleistungsabrechnung

12.12.2 Abrechnungsverträge verwalten

Der Abrechnungsvertrag ist der Vertrag zwischen Logistikdienstleister und Kunde, der die abzurechnenden Leistungen und deren Preise beinhaltet. In SAP wird der Abrechnungsvertrag durch den *Frachtvereinbarungsbeleg* (engl. Freight Agreement) in SAP TM abgebildet.

Der Frachtvereinbarungsbeleg enthält auf der Kopfebene u. a. den Dienstleister, die SAP Einkaufsorganisation, einen Gültigkeitszeitraum und eine Beschreibung. Er enthält eine oder mehrere Positionen, denen ein *Berechnungsschema* für die Berechnung von Leistungen für ein bestimmtes Lager zugeordnet ist. Das Berechnungsschema besteht wiederum aus einer oder mehreren Positionen, die die vereinbarten Preise/Kosten zwischen Dienstleister und Kunden abbilden, z. B.

- 0,06 EUR pro umgepacktes KG
- 1,20 EUR pro entpackte Europalette
- 9,90 EUR pro verpackte Europalette

Jede dieser Aktivitäten wird im SAP-Beleg also durch eine Berechnungsschemaposition abgebildet. Die wichtigsten Informationen einer Berechnungsschemaposition sind die *Beschreibung der Aktivität* (z. B. Anzahl entpackter

Europaletten) und die dafür vereinbarten *Preise* (z. B. 1,20 EUR pro Stück), siehe Abbildung 12.141. Die Aktivitätsbeschreibung sollte gut verständlich und nachvollziehbar formuliert sein. Sie wird für den nächsten Schritt auch ins EWM-System übertragen und stellt dort die Basis für die Leistungsdatenermittlung dar.

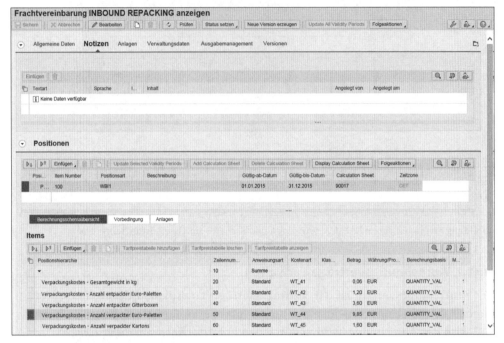

Abbildung 12.141 Frachtvereinbarung in SAP TM

Nach der Freigabe der Vereinbarung werden die Vereinbarungsdaten automatisch zur Lagerleistungsermittlung an das EWM-System übertragen. In EWM werden automatisch *Anforderungen der Lagerleistungsermittlung* angelegt. Hier kann dann ein Lagerexperte die Ermittlungsanmerkung einsehen und entscheiden, wie die Position konkret gemessen werden soll.

12.12.3 Leistungsdaten ableiten

Wie schon beschrieben, erstellt EWM aus den Vereinbarungsdaten in SAP TM automatisch eine *Anforderung der Lagerleistungsermittlung* (LLEA, engl. Measurement Request). Die LLEAs lassen sich im Lagerverwaltungsmonitor anzeigen. Folgen Sie dazu dem Pfad LAGERLEISTUNGSABRECHNUNG • ERMITTLUNGSANFORDERUNG (siehe Abbildung 12.142).

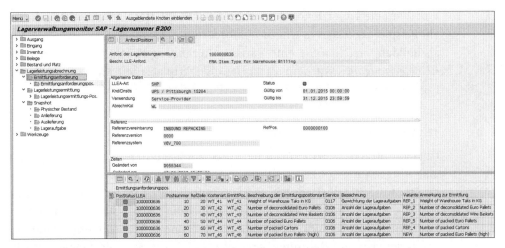

Abbildung 12.142 SAP-EWM-Ermittlungsanforderung mit Aufstellung der zu messenden Positionen

Für jede Position der LLEA weisen Sie im nächsten Schritt einen *Lagerleistungsermittlungsservice* zu. Es gibt 20 vordefinierte Services in EWM (siehe Abbildung 12.143).

Abbildung 12.143 Vordefinierte Lagerleistungsermittlungsservices in SAP EWM

Die Services sind allgemein gehalten, z. B. die Anzahl der Lageraufgaben. Durch die Nutzung einer *Variante* (siehe Spalte unten rechts in Abbildung 12.142) des Services kann aber die genaue Anforderung abgebildet werden.

Eine Variante ist letztendlich eine Art Selektion/Filter und am besten durch ein Beispiel zu erklären. Um die Anforderung *Anzahl der verpackten Kartons* abzubilden, erstellen Sie eine Variante *Anzahl Lageraufgaben* mit dem Typ *HU-Lageraufgabe*, mit dem Packplatz als Startplatz, mit einer bestimmten Lagerprozessart und dem HU-Typ E1 (Europalette).

12.12.4 Leistungsdaten messen

Über die in der LLEA enthaltene Abrechnungsperiode wird festgelegt, ob eine Abrechnung der Lagerleistungen z. B. täglich, wöchentlich oder monatlich stattfinden soll. Dadurch werden periodisch *Lagerleistungsermittlungen* (LLEs) erstellt, um die Menge der genutzten Lagerleistungen für einen bestimmten Abrechnungszeitraum zu berechnen. Mit den Informationen der Lagerleistungsermittlung berechnet SAP TM später die Kosten für die genutzten Lagerleistungen.

LLEs enthalten also die Menge der genutzten Lagerleistungen, basierend auf den Varianten der Lagerleistungsermittlungsservices in der LLAE-Position. Die zur LLEA aus Abbildung 12.142 gehörenden LLEs sind in Abbildung 12.144 oben rechts dargestellt. Wie man sieht, ist alle sieben Tage ein neuer LLE-Beleg angelegt worden. Die Abrechnungsperiode ist also *wöchentlich*. Unten rechts sehen Sie die LLE-Positionen, die die aggregierten gemessenen Daten beinhalten. In den sieben Tagen wurden 60 Europaletten verpackt, die 1820 Kartons beinhalten. Mit den vier Schaltflächen über dieser Tabelle (LEISTN., PHYS.B. etc.) lässt sich zudem in die Einzelbelege navigieren, in den sogenannten *Leistungsnachweis*. Durch den Leistungsnachweis ist eine exakte Aufschlüsselung möglich, sodass die Abrechnung letztendlich sehr transparent und nachvollziehbar erfolgen kann. Im Beispiel von Abbildung 12.144 kann also z. B. für die vorletzte Zeile eingeblendet werden, wie genau sich der Wert »60 verpackte Europaletten« aus der vorletzten Zeile zusammensetzt.

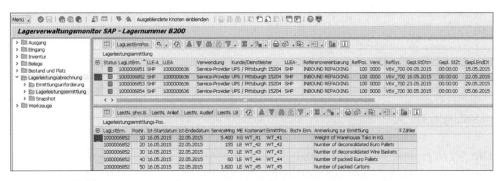

Abbildung 12.144 Lagerleistungsermittlungsbelege

Die Basis für die Messung der durchgeführten Aktivitäten im Lager sind die EWM-Belege für die Anlieferungen, Auslieferungen und Lageraufgaben sowie für die Bestände.

Für die Lagerleistungsabrechnung werden jedoch nicht die normalen, zu diesen Belegen gehörenden Datenbanktabellen als Datenbasis genommen, sondern *Snapshot-Tabellen*. Es gibt jeweils eine Snapshot-Tabelle für Anlieferungen, Auslieferungen, Lageraufgaben und Bestände. Für die Existenz von Snapshot-Tabellen gibt es die folgenden Gründe:

▶ Für Bestände ist der Grund offensichtlich: Bestände ändern sich fortlaufend, sodass Sie zu Abrechnungszwecken periodisch den aktuellen Stand in einem Snapshot einfrieren müssen.

▶ Die Belege wie Anlieferungen sowie die Bestandsinformationen bestehen in EWM aus sehr vielen miteinander verknüpften Datenbanktabellen mit sehr vielen Feldern. Viele der Tabellen und Felder sind für die Leistungsabrechnung nicht relevant, sodass ein direkter Zugriff auf diese Tabellen für die Lagerleistungsabrechnung keine optimale Performance bieten würde. Aus diesem Grunde haben die Snapshot-Tabellen eine »flache Struktur«, d.h., es handelt sich technisch um jeweils nur eine Datenbanktabelle mit einer überschaubaren Anzahl von Feldern. So lässt sich auch ohne die Nutzung der Echtzeitdatenbank SAP HANA performant selektieren.

Zum besseren Verständnis sind die Zusammenhänge von Belegen und Snapshots in Abbildung 12.145 dargestellt.

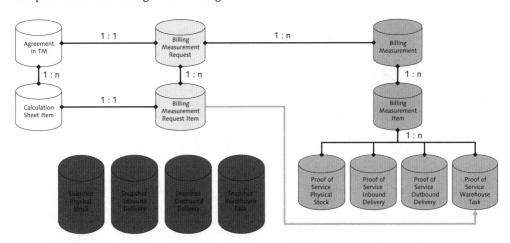

Abbildung 12.145 Zusammenhänge zwischen Belegen und Snapshots zur Lagerleistungsabrechnung

> **Erweiterungskonzept für die Lagerleistungsabrechnung**
>
> Die Messung von Lagerleistungen ist nicht auf die im SAP-Standard vorhandenen Strukturen beschränkt. In der Lagerleistungsabrechnung ist vielmehr ein Erweiterungskonzept vorgesehen, um z. B. zusätzliche (kundeneigene) Felder zu den Snapshot-Daten oder zu den Leistungsnachweisen hinzuzufügen, eigene Snapshot-Tabellen und Services zu erstellen, oder um andere, gegebenenfalls auch Nicht-SAP-Systeme für die Vertragsverwaltung oder für die Abrechnung anzuschließen.

12.12.5 Leistungsdaten abrechnen

Die Menge der in Anspruch genommenen Lagerleistungen in einer Abrechnungsperiode wird regelmäßig von EWM an das SAP-TM-System übertragen. In SAP TM wird dann für jede LLE ein Speditionsauftrag (Fakturaprozess) oder ein Serviceauftrag (Gutschriftsprozess) angelegt (siehe Abbildung 12.146). Basierend darauf, berechnet SAP TM die entsprechenden finanziellen Beträge und dokumentiert sie in einem Speditionsabrechnungsbeleg bzw. in einem Frachtabrechnungsbeleg. Auf deren Basis wird dann wiederum im SAP-ERP-System eine entsprechende Gutschrift oder Rechnung angelegt. Aus Platzgründen verzichten wir an dieser Stelle auf die genaue Beschreibung und verweisen auf die in diesem Teil ausführlichen SAP-Hilfeseiten sowie die verfügbaren How-to-Guides im SAP Service Marketplace.

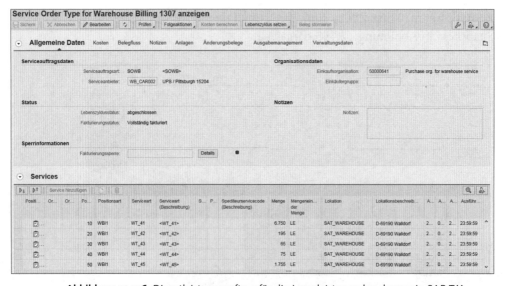

Abbildung 12.146 Dienstleistungsauftrag für die Lagerleistungsabrechnung in SAP TM

12.13   Zusammenfassung

In diesem Kapitel haben wir Ihnen die bereichsübergreifenden Prozesse und Funktionen in EWM vorgestellt. Hierzu haben wir die logistischen Zusatzleistungen, die Kit-Bildung, die Integration zur erweiterten Retourenabwicklung, die Rampenplanung, die Integration zum Transportmanagement, das Arbeitsmanagement und das Yard Management beschrieben. Technische Themen wie das Post Processing Framework, das Drucken in EWM, die Berechtigungspflege, die Archivierung von Dokumenten oder die Lagerleistungsabrechnung haben wir Ihnen ebenso vorgestellt.

In Kapitel 13, »Monitoring und Reporting«, zeigen wir Ihnen, wie Sie in EWM Ihre Prozesse überwachen können. Zudem führen wir aus, wie Sie grafische Lagercockpits erstellen können, damit Ihre Mitarbeiter auf Bildschirmen den Fortschritt und die aktuelle Arbeitslast im Lager schnell einsehen können. Mit dem grafischen Lagerlayout bekommen Sie zudem eine zweidimensionale Grafik des Lagerinneren.

EWM stellt für das Monitoring von Lageraktivitäten mit dem Lager-verwaltungsmonitor, dem Lagercockpit sowie dem grafischen Lager-layout verschiedene Werkzeuge zur Verfügung. Außerdem bietet EWM Extraktoren für das Reporting der Lageraktivitäten in SAP Business Warehouse.

13 Monitoring und Reporting

In EWM gibt es verschiedene Möglichkeiten, um sich einen kompletten und aktuellen Überblick über die Lageraktivitäten zu verschaffen:

▶ **Lagerverwaltungsmonitor**
Der Lagerverwaltungsmonitor (Lagermonitor) zeichnet sich durch eine Vielzahl vordefinierter Reports für verschiedene Prozesse und Belege als zentrales Steuer- und Kontrollinstrument aus, das darüber hinaus die Zuordnung, Initiierung und Steuerung von Arbeitsabläufen ermöglicht.

▶ **Lagercockpit**
Das Lagercockpit basiert auf dem *Easy Graphics Framework*, einem Werkzeug, das die Mittel bereitstellt, um auf einfache Weise Cockpits zu konfigurieren. Mit diesen Cockpits können Sie Lagerkennzahlen grafisch anzeigen und sie als Ergänzung zum textbasierten Lagermonitor verwenden.

▶ **Grafisches Lagerlayout**
Das grafische Lagerlayout stellt das Lagerinnere inklusive der Bestandssituation und Informationen zu den Lagerplätzen und den Ressourcen, die aktuell im Lager arbeiten, als zweidimensionale Grafik dar.

Sowohl das Lagercockpit als auch das grafische Lagerlayout bieten eine Auto-Refresh-Funktion, sodass stets aktuelle Informationen verfügbar sind.

Neben diesen Werkzeugen stellt EWM auch vordefinierte DataSources zur Verfügung, um Daten, z. B. ausgeführte Arbeitslast, logistische Zusatzleistungen, Lageraufträge etc., in SAP Business Warehouse (BW) zu extrahieren. In BW können Sie die übertragenen Daten analysieren, um auf Basis der Ergebnisse Geschäftsprognosen abzuleiten, die z. B. für eine Langzeitplanung Ihres benötigten Personals notwendig sind. In diesem Kapitel werden die verschiedenen Monitoring- und Reporting-Funktionen für EWM näher beschrieben.

13.1 Lagermonitor

Der *Lagerverwaltungsmonitor* (kurz: *Lagermonitor*) ist ein Werkzeug, mit dem Sie sich über die aktuelle Situation im Lager informieren können. Er liefert Informationen zu den verschiedenen Prozessschritten im Warenein- und -ausgang, zur Inventur, zum Ressourcen- und Arbeitsmanagement, zu Lagerbeständen sowie zu Lageraufträgen und -aufgaben. Der Lagermonitor verfügt zudem über Funktionen zur Alert-Überwachung, die aktuelle und potenziell problematische Situationen im Lager hervorheben, und bietet Methoden zur Durchführung von Korrekturmaßnahmen. Darüber hinaus lässt er sich flexibel personalisieren, indem eigene Layouts und Reports definiert werden können. In den folgenden Abschnitten stellen wir den Aufbau des Lagermonitors vor und beschreiben, welche Methoden zur Verfügung stehen, um den Lagermonitor entsprechend Ihren Geschäftsanforderungen zu personalisieren.

13.1.1 Überblick über den Lagermonitor

SAP liefert im Standard für verschiedene Geschäftsprozesse eine Vielzahl von Reports aus, z. B. stehen im Wareneingang je nach Prozessschritt Reports für die Entladung, die Dekonsolidierung, die Qualitätsprüfung und zur Einlagerung zur Verfügung. Für die Steuerung des Warenausgangsprozesses können Reports für die verschiedenen Prozessschritte inklusive der Kommissionierung, des Kittings, des Verpackens und Beladens genutzt werden. Neben der Selektion und der Darstellung von Prozess- und Belegdaten bietet der Lagermonitor durch *Methoden* (z. B. Quittierung von Lageraufgaben, Änderung der Queue-Zuordnung zu Ressourcen etc.) die Möglichkeit, zentral in den operativen Ablauf einzugreifen.

Der Lagermonitor basiert auf einem Framework, das es ermöglicht, modifikationsfreie Anpassungen und Erweiterungen einfach und flexibel am Standardmonitor vorzunehmen. Darüber hinaus haben Sie die Möglichkeit, auf Basis Ihrer Geschäftsanforderungen einen eigenen Monitor mit eigens für diesen programmierten Reports und Methoden anzulegen. In den folgenden Abschnitten werden wir detailliert auf die verschiedenen Anpassungs- und Erweiterungsmöglichkeiten eingehen.

Den Lagermonitor rufen Sie mit der Transaktion /SCWM/MON auf, die Sie im SAP-Easy-Access-Menü in EWM unter dem Punkt MONITORING finden. Abbildung 13.1 zeigt den Aufbau und die Struktur des Lagermonitors am Beispiel der Anzeige von Lageraufträgen.

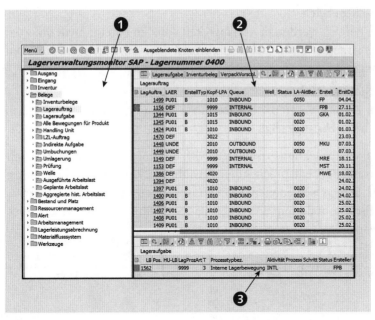

Abbildung 13.1 Aufbau und Struktur des Lagermonitors

Das Layout des Monitors besteht aus drei Teilbereichen, deren Größe flexibel angepasst werden kann:

❶ **Knotenhierarchiebaum**

Dieser Bereich dient ausschließlich der Navigation und enthält vordefinierte hierarchisch strukturierte Knoten, die grundsätzlich in prozess- oder belegorientierte Knoten klassifiziert bzw. gruppiert sind. Belegorientierte Knoten enthalten Knoten für verschiedene Objektklassen (Welle, Lagerauftrag, LZL-Auftrag, Route etc.), die Ihnen abhängig von den Selektionsparametern Detailinformationen zu den verschiedenen Objekten anzeigen, während prozessorientierte Knoten Detailinformationen zum Prozessschritt in Form von Kennzahlen (z. B. Anzahl Lageraufträge, Gesamtgewicht) bereitstellen. Die Knoten können in zwei Arten unterteilt werden:

– *Klassifizierungsknoten* (z. B. Ausgang) können beleg- oder prozessorientiert sein und gruppieren Unterknoten. Diese Unterknoten können ebenfalls Klassifizierungsknoten sein (z. B. Belege, Prozesse) oder Ausführungsknoten beinhalten.

– *Ausführungsknoten* (z. B. Welle) werden auf Basis entsprechender Selektionsparameter für die Auswahl von Objekten verwendet und sind als offener Order im Hierarchiebaum ersichtlich. Ausführungsknoten können beleg- oder prozessorientiert sein.

❷ Oberer Sichtbereich

In diesem Bereich werden in Abhängigkeit von den von Ihnen definierten Selektionsparametern die Objektinformationen zu einem bestimmten Knoten angezeigt.

❸ Unterer Sichtbereich

In diesem Bereich werden Detaildaten zu einem im oberen Sichtbereich markierten Objekt angezeigt.

Zur Eingabe von Selektionsparametern öffnen Sie das Selektionsbild mit Doppelklick auf den entsprechenden Ausführungsknoten. Die Selektionsmasken mit den verschiedenen Selektionsparametern sind knoten- bzw. objektspezifisch. Abbildung 13.2 zeigt das Selektionsbild für den Bereich LAGERAUFTRAG.

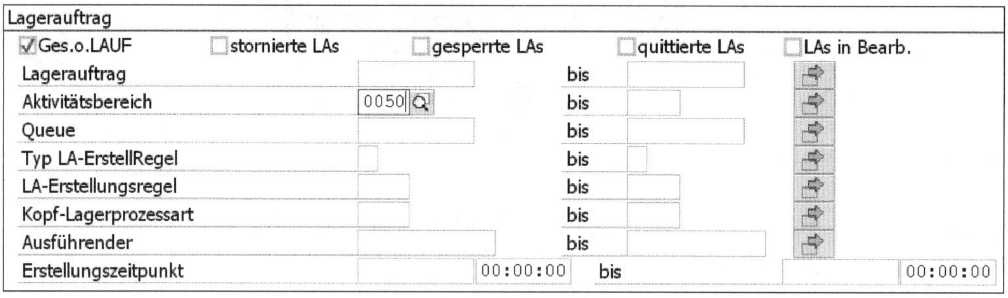

Abbildung 13.2 Selektionsbild für Lageraufträge

Auf Basis der in Abbildung 13.2 definierten Selektionsparameter (offene Lageraufträge in Aktivitätsbereich 0050) werden im oberen Sichtbereich alle entsprechenden Lageraufträge angezeigt. Detailinformationen zu den einzelnen Objekten (z. B. die Anzeige aller Lageraufgaben, die dem Lagerauftrag zugeordnet sind) werden im unteren Sichtbereich angezeigt. In beiden Bereichen ist es möglich, analog zu vielen EWM-Transaktionen zwischen der List- und Formularsicht zu wechseln. Je Monitorbereich haben Sie für die markierten Objekte verschiedene Interaktionsmöglichkeiten:

Sie können zum einen zu verschiedenen Transaktionen zur Anzeige von Detaildaten und zu verknüpften Belegen (z. B. Transaktion /SCWM/WAVE – Welle pflegen) für das markierte Objekt navigieren. Die Navigationsmöglichkeiten sind knoten- bzw. objektklassenspezifisch und bestehen nur für Belegknoten. In Abbildung 13.3 sehen Sie die verschiedenen Navigationsmöglichkeiten am Beispiel des Lagerauftrags. Über den Button 🖼 (NAVIGATION ZU) haben Sie folgende Möglichkeiten:

▸ **LA splitten**

Sie navigieren in der Transaktion /SCWM/TO_CONF zum Lagerauftrag, von dem gesplittet wurde.

▸ **Welle**

Sie navigieren in der Transaktion /SCWM/WAVE zur freigegebenen Welle.

▸ **Lagerauftrag**

Sie navigieren in der Transaktion /SCWM/TO_CONF zum Lagerauftrag.

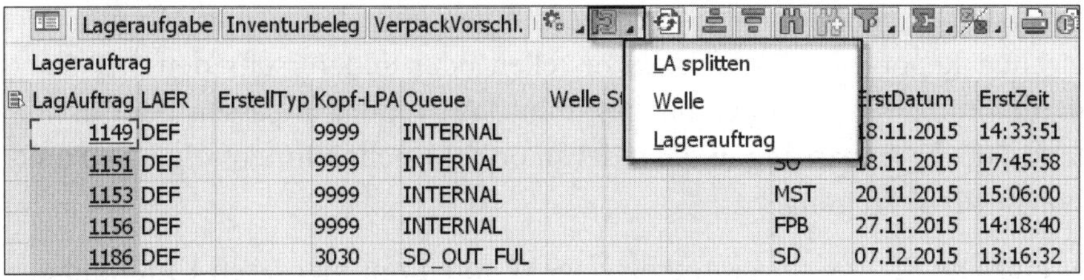

Abbildung 13.3 Navigationsmöglichkeiten für den Lagerauftrag

Zum anderen finden Sie Methoden zur Steuerung und Verwaltung der markierten Objekte. In Abbildung 13.4 sehen Sie verschiedene Methoden, die zur Verfügung stehen, um Lageraufträge zu bearbeiten, z. B. das Sperren oder Entsperren, das Stornieren oder Vereinigen von Lageraufträgen. Diese Methoden können Sie über den Button 📇 (WEITERE METHODEN) aufrufen.

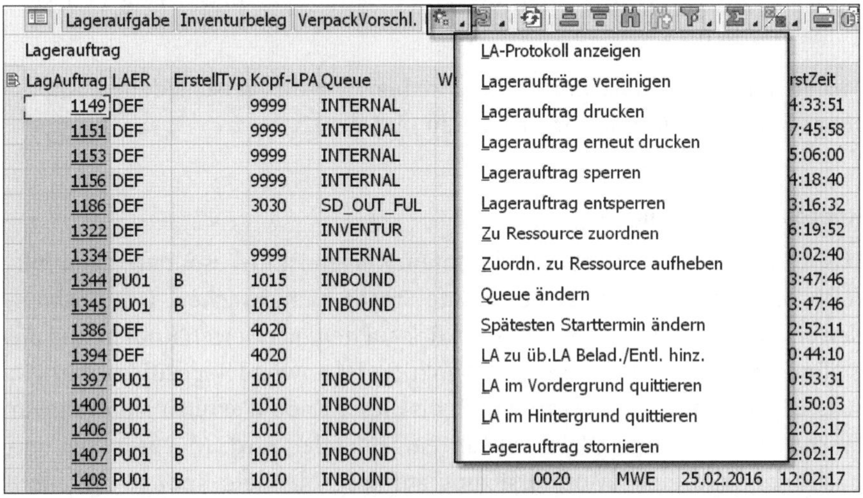

Abbildung 13.4 Beispiele verfügbarer Methoden für Lageraufträge

Darüber hinaus stehen Ihnen die SAP-List-Viewer-Methoden (ALV-Methoden), z. B. die Sortierung, das Filtern, die Layoutverwaltung und das Exportieren von Daten in Office-Anwendungen, zur Verfügung.

In den nächsten Abschnitten lernen Sie die verschiedenen Möglichkeiten zur Personalisierung des Lagermonitors kennen.

13.1.2 Anpassung und Erweiterung des Lagermonitors

Sie können den Lagermonitor flexibel an Ihre Geschäftsanforderungen anpassen. Dabei können Sie einerseits einen komplett neuen Monitor mit eigenen Reports und Methoden erstellen oder andererseits den SAP-Standardmonitor für alle oder für bestimmte Anwender anpassen oder erweitern. Für die Anpassung des Standardmonitors stehen Ihnen folgende Funktionen zur Verfügung:

▸ einzelne Knoten und Knotenzweige (Knoten mit mehreren Unterknoten) ausblenden

▸ eigene *Selektionsvarianten* erstellen

▸ *Variantenknoten* auf Basis von Standardknoten mit zugeordneter Selektionsvariante erstellen

▸ eigene Knoten für eigene Objektklassen oder *Standardobjektklassen* mit Zuordnung eigener Methoden bzw. Standardmethoden erstellen

▸ eigene Methoden mit Zuweisung zu Standardknoten bzw. zu eigenen Knoten erstellen

In den folgenden Abschnitten beschreiben wir die verschiedenen Anpassungs- und Erweiterungsmöglichkeiten im Detail.

Knoten ausblenden

Das Ausblenden von Knoten und Knotenzweigen ist insbesondere dann hilfreich, wenn Anwender nur bestimmte Prozesse überwachen. Das Ausblenden erfolgt über einen rechten Mausklick auf den markierten Knoten und die Option KNOTEN AUSBLENDEN. Die Funktion ist anwenderspezifisch und gilt so lange (auch sitzungsübergreifend), bis dieser Knoten explizit auf die zuvor beschriebene Art und Weise wieder eingeblendet wird. Möchten Sie dennoch innerhalb einer Monitorsitzung auf ausgeblendete Knoten zugreifen, klicken Sie auf den Button AUSGEBLENDETE KNOTEN EINBLENDEN (siehe Abbildung 13.5).

Abbildung 13.5 Monitorknoten ein- und ausblenden

Wenn Sie Knoten anwenderübergreifend ausblenden möchten, müssen Sie Einstellungen im Customizing vornehmen.

Selektionsvarianten erstellen

Die Arbeit mit Selektionsvarianten spart Zeit bei der Verwendung des Lagermonitors, insbesondere dann, wenn Sie für bestimmte Knoten häufig die gleichen Selektionsparameter verwenden. Die verschiedenen Schritte und Möglichkeiten zur Erstellung einer Selektionsvariante stellen wir anhand eines Beispiels dar: Es sollen alle offenen Lageraufträge für den Aktivitätsbereich 0050 angezeigt werden, die in den vergangenen fünf Arbeitstagen erstellt wurden.

Um für dieses Beispiel Selektionsvarianten zu erstellen, gehen Sie folgendermaßen vor:

1. Klicken Sie mit der rechten Maustaste auf den markierten Ausführungsknoten LAGERAUFTRAG, und wählen Sie die Option SELEKTIONSKRIT. EINST. (Selektionskriterien einstellen, siehe Abbildung 13.6).

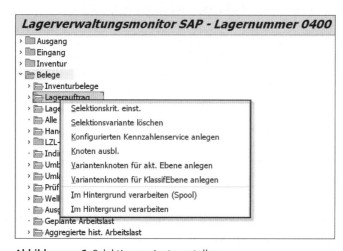

Abbildung 13.6 Selektionsvariante erstellen

2. In Abbildung 13.7 werden die Selektionsparameter GES.O.LAUF (Offene Lageraufträge) und AKTIVITÄTSBEREICH durch Eingabe der Werte entsprechend spezifiziert.

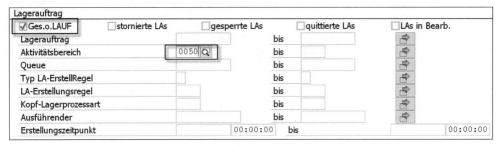

Abbildung 13.7 Selektionsparameter spezifizieren

3. Sichern Sie die Selektionsvariante. Es öffnet sich ein Fenster, in dem Sie den Variantennamen mit Kurzbeschreibung (Feld BEDEUTUNG) und optional dynamische Variantenattribute vergeben können. In unserem Beispiel sollen das ERSTELLUNGSDATUM VON (z. B. ab heute fünf Arbeitstage) und das ERSTELLUNGSDATUM BIS (z. B. das aktuelle Tagesdatum) dynamisch berechnet werden (siehe Abbildung 13.8).

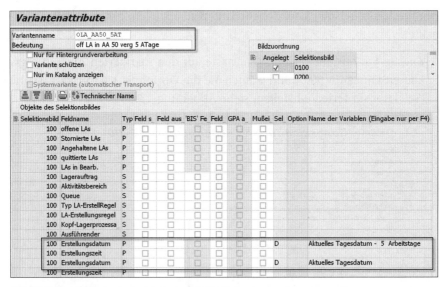

Abbildung 13.8 Dynamische Variantenattribute

Nachdem Sie die Selektionsvariante gesichert haben, können Sie auf diese Variante über den Button VARIANTE HOLEN zugreifen.

Variantenknoten erstellen

Die Funktion zum Erstellen von Variantenknoten nutzen Sie, wenn Sie für Ausführungsknoten nur eine Selektionsvariante verwenden. Wir erstellen nun einen exemplarischen Variantenknoten, indem wir den Ausführungsknoten LAGERAUFTRAG mit der rechten Maustaste markieren und das Kontextmenü aufrufen. Anschließend wählen Sie dort die Option VARIANTENKNOTEN FÜR AKTUELLE EBENE ANLEGEN, um den Variantenknoten auf der gleichen Ebene wie den Ausführungsknoten anzulegen. Die Option VARIANTENKNOTEN FÜR KLASSIFIZIERUNGSEBENE ANLEGEN wählen Sie, um den Variantenknoten auf Ebene des Klassifizierungsknotens (z. B. BELEGE) anzuzeigen. Danach ordnen Sie dem Variantenknoten über die rechte Maustaste (siehe Abbildung 13.9) eine Selektionsvariante zu.

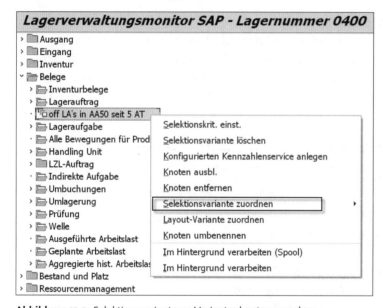

Abbildung 13.9 Selektionsvariante zu Variantenknoten zuordnen

Mit Doppelklick auf den Variantenknoten wird die Selektion auf Basis der Parameter der Selektionsvariante ausgeführt, und die Objekte werden angezeigt. Die Variantenknoten sind ebenfalls anwenderspezifisch.

Möchten Sie neue Knoten erstellen, die anwenderübergreifend sichtbar sein sollen, müssen Sie dazu Einstellungen im Customizing vornehmen. Diese werden im nächsten Abschnitt näher erläutert.

Eigene Knoten erstellen

Mit der Erstellung eigener Knoten haben Sie die Möglichkeit, Ihren eigenen Lagermonitor mit Ihrem eigenen Knotenhierarchiebaum entsprechend Ihren Prozessanforderungen zu konfigurieren. Die Definition eigener Knoten ist insbesondere dann sinnvoll, wenn Sie eigene Reports mit eigenen Selektionsmasken anlegen möchten. Sie können eigene Knoten aber auch auf Basis bestehender Knoten erstellen und so Ihren eigenen Knotenhierarchiebaum gestalten. In einem Beispiel soll der neue Knoten IDES auf oberster Hierarchieebene mit dem Knoten AUSLIEFERUNGSAUFTRAG als untergeordnetem Ausführungsknoten neu erstellt werden.

Die folgenden Schritte definieren Sie im EWM-Customizing unter dem Pfad MONITORING • LAGERVERWALTUNGSMONITOR • KNOTEN DEFINIEREN:

1. Objektklasse definieren
Die Objektklasse definiert Objekte (z. B. AUSLIEFERUNGSAUFTRAG wie in Abbildung 13.10), für die letztlich Knoten und Methoden erstellt werden. Wenn Sie, wie in unserem Beispiel, keine neuen Methoden zu einer im Standard ausgelieferten Objektklasse erstellen, können Sie die Objektklasse im Standard verwenden.

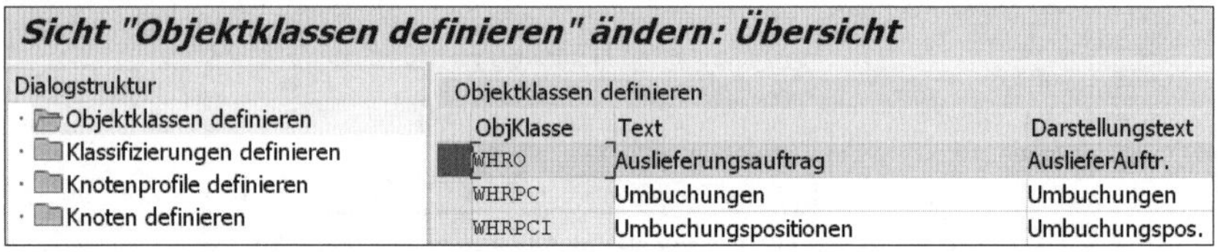

Abbildung 13.10 Objektklasse definieren

2. Klassifizierungen definieren
Mithilfe eines Klassifizierungsknotens werden andere Knoten gruppiert. Ein Klassifizierungsknoten hat kein Knotenprofil, und somit können ihm auch keine Selektionsmasken und Methoden zugeordnet werden. Gemäß unserem Beispiel erstellen wir den neuen Klassifizierungsknoten IDES (siehe Abbildung 13.11).

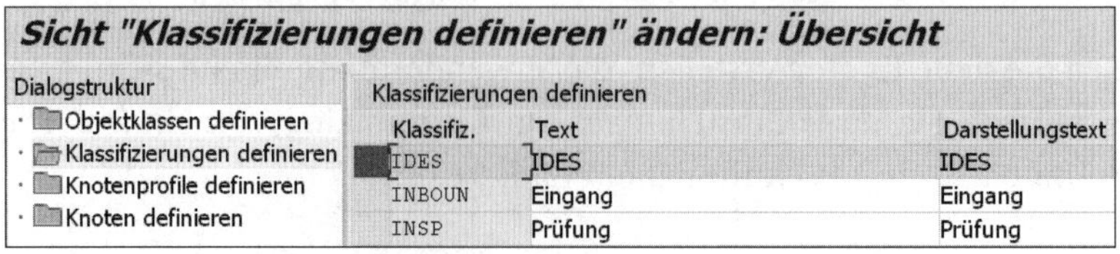

Abbildung 13.11 Klassifizierung definieren

3. Knotenprofil definieren

Das Knotenprofil legt Merkmale wie z. B. die Objektklasse, die Strukturen für die Tabellen- und Formularsicht eines Knotens oder den Knotentext fest. Neue Knotenprofile definieren Sie, wenn Sie neue Sichten und Strukturen oder einen anderen Knotentext anlegen möchten. Ein Beispiel für Ersteres wäre die Erweiterung der Tabellensicht um das Feld LIEFERPRIORITÄT für selektierte Auslieferungsaufträge. Abbildung 13.12 zeigt die entsprechende Beschreibung des Ausführungsknotens.

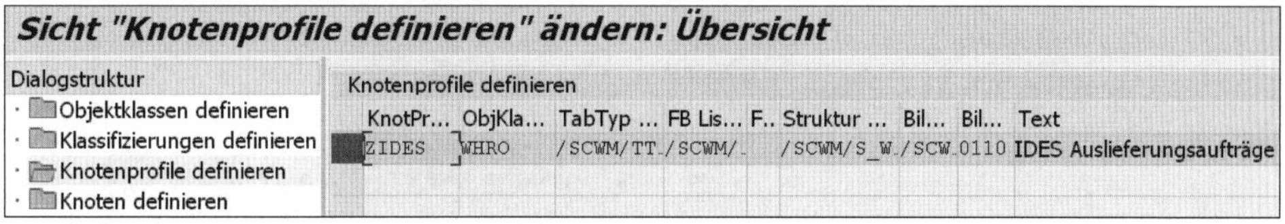

Abbildung 13.12 Beispieldefinition eines Knotenprofils

4. Knoten definieren

Der Knoten wird im Hierarchiebaum als Ordner dargestellt: Klassifizierungsknoten als geschlossene Ordner und Ausführungsknoten mit zugewiesenem Knotenprofil als offene Ordner. Wie Sie Abbildung 13.13 und Abbildung 13.14 entnehmen können, erstellen wir zwei Knoten: den *Klassifizierungsknoten* IDES AUSLIEFERUNGSAUFTRÄGE sowie den *Ausführungsknoten* mit dem zugeordnetem Knotenprofil ZIDES.

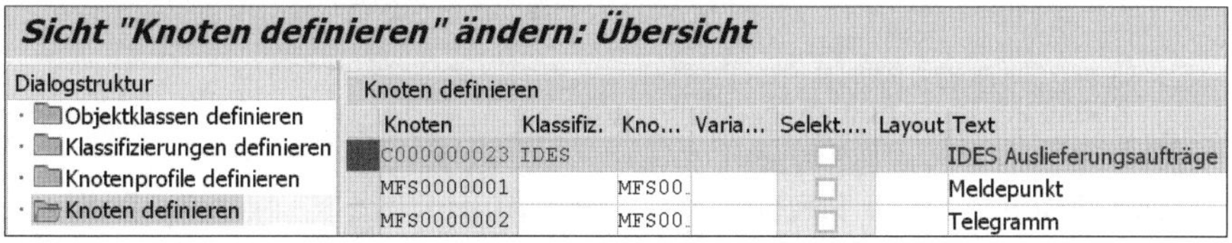

Abbildung 13.13 Beispieldefinition für Klassifizierungsknoten

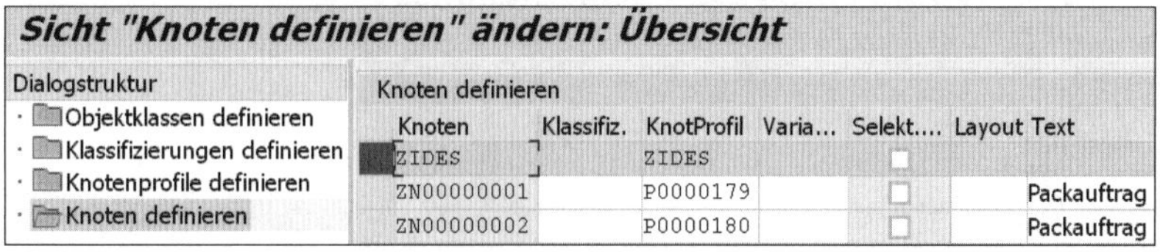

Abbildung 13.14 Beispieldefinition eines Ausführungsknotens

5. Knotenhierarchie definieren

Die hierarchische Anordnung der zuvor definierten Knoten definieren Sie nun im EWM-Customizing unter dem Pfad MONITORING • LAGERVERWAL-

TUNGSMONITOR • MONITOR DEFINIEREN. Hier haben Sie die Möglichkeit, für neue bzw. Standardknoten eigene Monitore anzulegen und die Knotenhierarchie auf Monitorebene festzulegen. In unserem Beispiel ergänzen wir den von SAP ausgelieferten Lagermonitor um die neuen Knoten, indem wir die Knotenhierarchie des Standardmonitors für die neuen Knoten erweitern.

Ordnen Sie dazu, wie in Abbildung 13.15 dargestellt, den Klassifizierungsknoten dem Knoten ROOT zu, der die oberste Hierarchieebene darstellt.

Abbildung 13.15 Beispielzuordnung des Klassifizierungsknotens

Danach erfolgt die Definition der Knotenhierarchie zwischen dem Klassifizierungs- und Ausführungsknoten als nächster Hierarchieebene (siehe Abbildung 13.16).

Abbildung 13.16 Ausführungsknoten zuordnen

Das Resultat sehen Sie beim erneuten Aufrufen des Lagermonitors (siehe Abbildung 13.17).

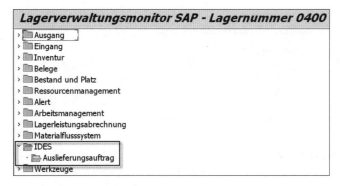

Abbildung 13.17 Beispiel für eine Erweiterung des von SAP ausgelieferten Lagermonitors

Eigene Methoden erstellen

Mit den *Methoden* des Lagermonitors können Sie Lagerobjekte und -prozesse verwalten und steuern. Sie haben über das Monitor-Framework die Möglichkeit, für Objektklassen eigene Methoden zu erstellen.

Implementieren Sie zunächst eine neue Methode in Form eines Funktionsbausteins. Daraufhin weisen Sie diese der entsprechenden Objektklasse im EWM-Customizing unter dem Pfad MONITORING • LAGERVERWALTUNGSMONITOR • OBJEKTKLASSENMETHODEN DEFINIEREN zu. In der Standardauslieferung sind u. a. die in Tabelle 13.1 vordefinierten Methoden enthalten.

Methode	Objektklasse	Beschreibung
Drucken	HU, Lagerauftrag (LA)	Ermöglicht Ihnen, HU- oder Lagerauftragsdetails zu drucken.
Ressource ▸ anmelden ▸ abmelden ▸ pflegen ▸ Nachricht senden ▸ im Hintergrund	Ressource	Ermöglicht Ihnen, eine selektierte Ressource an- bzw. abzumelden, zu pflegen (durch Aufruf der Transaktion /SCWM/RSRC) und für eine oder mehrere Ressourcen eine Nachricht auf das RF-Terminal zu senden.
Quittierung ▸ im Vordergrund	Lageraufgabe (LB), Lagerauftrag	Ermöglicht Ihnen, im Vordergrund eine(n) oder mehrere Lageraufgabe(n) oder Lageraufträge zu quittieren (durch Aufruf der Transaktion SCWM/TO_CONF). Quittiert im Hintergrund eine(n) oder mehrere selektierte Lageraufgabe(n) oder Lageraufträge.

Tabelle 13.1 Beispiele von Methoden im Lagermonitor

Methode	Objektklasse	Beschreibung
Wellen ▸ freigeben ▸ (ent-)sperren ▸ löschen ▸ vereinigen ▸ ändern ▸ Subsystem	Welle	▸ Freigabe einer oder mehrerer selektierter Wellen ▸ Status der selektierten Wellen auf INITIAL bzw. ANGEHALTEN setzen ▸ Löschen – Alle Zuordnungen von Wellenpositionen werden aufgehoben. ▸ Vereinigung selektierter Wellen zu einer Welle (die vereinigte Welle erbt ihre Attribute von der ersten Welle) ▸ Änderung von Attributen einer selektierten Welle ▸ Aktivierung der Lageraufträge und Lageraufgaben, die an ein Subsystem gesendet werden

Tabelle 13.1 Beispiele von Methoden im Lagermonitor (Forts.)

13.1.3 Nachrichten-Queue-Monitoring im Lagermonitor

Ab Release 9.1 haben Sie die Möglichkeit, queued-Remote-Function-Call-Meldungen (qRFC-Meldungen) in Nachrichten-Queues in EWM sowie qRFC-Meldungen in Nachrichten-Queues zwischen SAP EWM und SAP ERP anzeigen zu lassen. Dafür sowie zur Bearbeitung steht der Knoten NACHRICHTEN-QUEUES des Lagermonitors zur Verfügung. Die Nachrichten-Queues können lagernummernspezifisch oder aus unterschiedlichen Lagernummern ausgewählt und angezeigt werden. Auf diese Weise können Sie Nachrichten erkennen, die nicht wie erwartet verarbeitet wurden, und die nötigen Schritte durchführen, um das Problem zu beheben. Anschließend können Sie die Nachrichten-Queues im Lagermonitor neu starten.

Abbildung 13.18 stellt fehlerhafte qRFC-Meldungen und die im Standard vorhandenen Monitormethoden zur Bearbeitung dar.

SAP liefert die gebräuchlichsten Nachrichten-Queues mit dem Lagermonitor aus, Sie können jedoch auch eigene Nachrichten-Queue-Gruppen anlegen, um die für Ihr Lager benötigten Nachrichten-Queues zu überwachen. Dazu definieren Sie die entsprechenden Nachrichten-Queues im Customizing neu und ordnen diese gegebenenfalls einer kundenspezifischen Nachrichten-Queue-Gruppe zu.

Abbildung 13.18 qRFC-Meldungen im Lagermonitor anzeigen und bearbeiten

Im Wesentlichen gibt es zwei Anwendungsbeispiele für die Neudefinition von Nachrichten-Queues, die wir im Folgenden erläutern:

▶ die Beschreibung einer Nachrichten-Queue kundenspezifisch ändern

▶ kundenspezifische Nachrichten-Queues anlegen, die nicht in den von SAP ausgelieferten Nachrichten-Queues enthalten sind

Im ersten Anwendungsfall möchten Sie z. B. in der Queue-Beschreibung den Begriff *Anlieferungsbenachrichtigung* durch den Begriff *Anlieferprozess* ersetzen. Dazu kopieren Sie im Customizing die ursprüngliche Nachrichten-Queue-Definition (Transaktion /SCWM/DI01 – Anlieferungsbenachrichtigung) und legen eine eigene Queue-Monitoring-Definition fest (siehe Abbildung 13.19). Anschließend wählen Sie im Feld Beziehungstyp den Wert Neudefinition der Queue-Definition. Der Beziehungstyp legt die Beziehung zwischen zwei Nachrichten-Queue-Definitionen fest, also zwischen der Neudefinition und der originalen Nachrichten-Queue-Definition. Anschließend erfassen Sie eine eigene Beschreibung (z. B. Anlieferprozess) und weisen im Feld Original Queue-Definition die entsprechende originale Nachrichten-Queue-Definition (z. B. Transaktion /SCWM/D003 – Anlieferungsbenachrichtigung anlegen (aus ERP)) zu.

Im zweiten Anwendungsfall möchten Sie z. B. eine kundenspezifische qRFC-Nachricht zur Übertragung von Transporteinheitinformationen zwischen SAP EWM und einem externen Transportsystem im Lagermonitor überwachen.

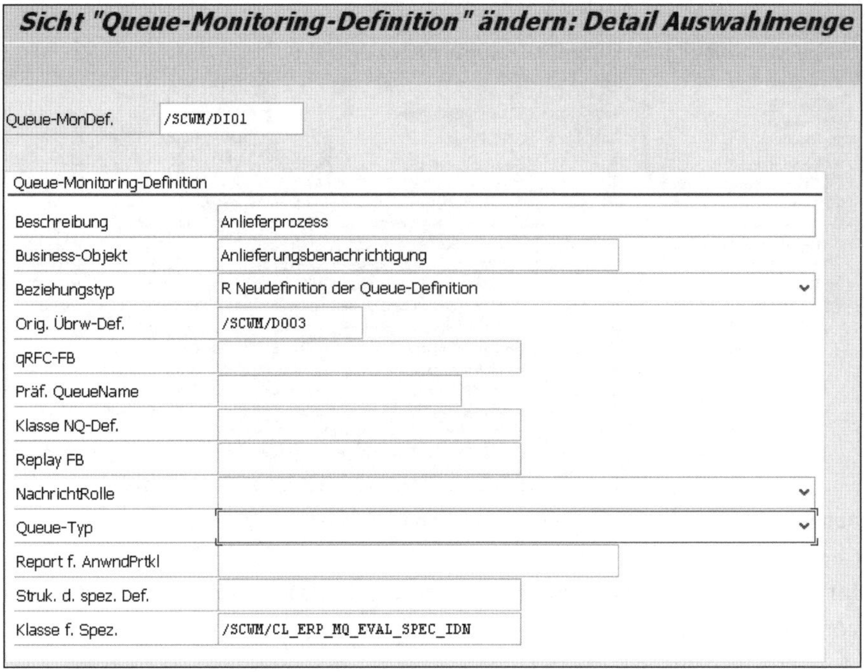

Sicht "Queue-Monitoring-Definition" ändern: Detail Auswahlmenge

Queue-MonDef.	/SCWM/DI01

Queue-Monitoring-Definition

Beschreibung	Anlieferprozess
Business-Objekt	Anlieferungsbenachrichtigung
Beziehungstyp	R Neudefinition der Queue-Definition ⌄
Orig. Übrw-Def.	/SCWM/D003
qRFC-FB	
Präf. QueueName	
Klasse NQ-Def.	
Replay FB	
NachrichtRolle	⌄
Queue-Typ	⌄
Report f. AnwndPrtkl	
Struk. d. spez. Def.	
Klasse f. Spez.	/SCWM/CL_ERP_MQ_EVAL_SPEC_IDN

Abbildung 13.19 Nachrichten-Queue-Definitionen festlegen

Dazu legen Sie im Customizing ebenfalls eine eigene Queue-Monitoring-Definition an. In diesem Fall lassen Sie jedoch das Feld BEZIEHUNGSTYP leer, da Sie keine andere Nachrichten-Queue zur Neudefinition benötigen. Anschließend tragen Sie den zuvor entwickelten qRFC-Funktionsbaustein, in dem der Geschäftsprozess ausgeführt wird, sowie die Klasse für die Nachrichten-Queue-Definition ein. In dieser Klasse wird der Inhalt der Nachrichten-Queue ausgewertet, und wesentliche Geschäftsdaten wie die Lagernummer und der Schlüsselwert des Business-Objekts (z. B. die TE-Nummer) werden ermittelt. Optional haben Sie die Möglichkeit, eine Spezialisierung für Ihre neue Nachrichten-Queue-Definition anzulegen. Dies ist dann sinnvoll, wenn die Nachrichten-Queue für eine Nachrichten-Queue-Definition unterschiedliche Business-Objekte enthält, z. B. TE-Aktivitäten mit den Richtungen Warenein- und Warenausgang. Durch Zuordnung einer bestimmten Klasse haben Sie dann die Möglichkeit, das Ergebnis der Nachrichten-Queue-Definition zu filtern, sodass nur TEs mit einer bestimmten Richtung im Lagermonitor angezeigt werden.

Anschließend ordnen Sie bei beiden Anwendungsfällen Ihre neu definierte Nachrichten-Queue im Customizing entweder einer bestehenden oder einer

eigenen Nachrichten-Queue-Gruppe zu, die Sie zuvor im Customizing angelegt haben. Über die Nachrichten-Queue-Gruppe haben Sie dann im Lagermonitor die Möglichkeit, nach eigenen Queues zu selektieren.

Wie bereits erwähnt, können Sie die Nachrichten-Queues im Lagermonitor
auch bearbeiten. Dazu stehen Ihnen im Standard drei Monitormethoden zur
Verfügung:

- **Anwendungsprotokoll**
  Mit der Methode *Anwendungsprotokoll* können Sie in die Transaktion
  SLG1 navigieren, sich dort für die markierten Queue-Einträge die Anwen-
  dungsprotokollierung anzeigen lassen und auf diese Weise den Verlauf
  von anwendungsspezifischen Ereignissen nachvollziehen.

- **qRFC-Monitor**
  Mit der Methode *qRFC-Monitor* haben Sie die Möglichkeit, in den qRFC-
  Monitor (Eingangsqueue bzw. Ausgangsqueue) zu navigieren, je nachdem, ob es sich bei der markierten Nachrichten-Queue um eine Eingangs-
  oder Ausgangsnachricht handelt. Im qRFC-Monitor können Sie die Queue
  für eine Verarbeitung dann z. B. sperren oder löschen.

- **Status zurücksetzen**
  Mit der Methode *Status zurücksetzen* besteht die Möglichkeit, nach Beseitigung der Fehlerursache den Queue-Status manuell von SYSFAIL auf
  READY zurückzusetzen. Nach dem Zurücksetzen des Queue-Status aktiviert der QOUT-Scheduler die betroffenen Ausgangsqueues erneut. Darüber hinaus haben Sie die Möglichkeit, die zurückgesetzten Queues auch
  manuell im Lagermonitor auszuführen.

Mit der Implementierung vorhandener BAdIs können bestimmte Attribute
der Nachrichten-Queue-Ergebnisse geändert werden, etwa welche Symbole
das Nachrichten-Queue-Monitoring verwendet. Zudem können Sie auswählen, welche Systeme verwendet werden, um auf die Queues zuzugreifen,
z. B. wenn ein EWM-System an zwei SAP-ERP-Systeme angebunden ist.

Während der Lagermonitor die Objekte in einer Listen- bzw. Formularsicht
darstellt, besteht oftmals die Anforderung, dem Mitarbeiter Kennzahlen von
Lagerprozessen grafisch darzustellen. Aus diesem Grund ist in EWM ein
Lagercockpit auf Basis des Easy Graphics Frameworks implementiert, das Sie
im nächsten Abschnitt kennenlernen werden.

13.2 Lagercockpit

Das Lagercockpit zeigt die von Ihnen definierten Lagerkennzahlen und Objekte anhand verschiedener Chart-Typen (z. B. Ampel, Balken- bzw. Säulendiagramme, Tachometer) grafisch an und basiert auf dem *Easy Graphics Framework* (EGF). EGF ist ein generisches Werkzeug, um auf einfache Weise Cockpits für Anwendungen, wie z. B. EWM, zu konfigurieren und Ihre Daten grafisch anzeigen zu lassen. Es bietet folgende Funktionen:

▶ Darstellung in Echtzeit mit konfigurierbarer Auto-Refresh-Funktion

▶ Navigation von der Grafik in andere Anwendungen durch die Definition von Folgeaktivitäten

▶ anwenderspezifische und -übergreifende Definition von Cockpitlayouts

▶ flexibles Berechtigungskonzept sowohl auf Objekt- als auch auf funktionaler Ebene

In Abbildung 13.20 sehen Sie ein Beispiel des Lagercockpits auf Basis vordefinierter Kennzahlen (z. B. hier: überfällige Lageraufgaben gruppiert nach Queue-Zuordnung und drei definierten Schwellenwerten).

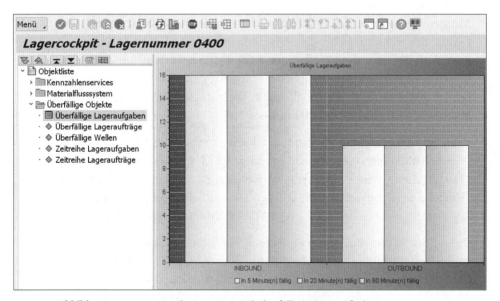

Abbildung 13.20 Lagercockpit am Beispiel überfälliger Lageraufgaben

Analog zum Lagermonitor haben Sie beim Lagercockpit entsprechend Ihren Geschäftsanforderungen verschiedene Möglichkeiten der Personalisierung, die wir im Folgenden detailliert beschreiben.

EGF bietet Ihnen zum einen die Möglichkeit, ein komplett neues Lagercockpit mit eigenen Objekten, Funktionen und Kennzahlen zu erstellen oder zum anderen das von SAP ausgelieferte Lagercockpit anzupassen bzw. zu erweitern. Für die Cockpiterstellung bzw. die Anpassung des Standardcockpits stehen Ihnen folgende Funktionen zur Verfügung:

- Definition von Lagerkennzahlen durch SAP-Standard-Basiskennzahlenservices

- Definition eigener EGF-Objekte

- Definition von Objekten mit eigener Datenbeschaffung

- Erstellung eines eigenen Lagercockpits

13.2.1 Eigene Lagerkennzahlen definieren

Zur Erstellung eigener Lagerkennzahlen bietet Ihnen EWM zwei sogenannte *Kennzahlenservices* (KS) an:

- **Konfigurierte Kennzahlenservices (KKS)**
  Die KKS basieren auf passenden *Basiskennzahlenservices* (BKS), d. h. auf einer Abfrage, die eine Kennzahl ermittelt. SAP liefert im Standard eine Vielzahl von BKS aus, z. B. Anzahl Lagerplätze, maximale Lagerkapazität, Anzahl bzw. Dauer von Lageraufträgen oder Wartezeit der Transporteinheiten im Yard.

- **Formelbasierte Kennzahlenservices (FKS)**
  Die FKS stellen letztlich mathematische Formeln zur Kennzahlenberechnung dar. Die Operanden können entweder eine oder mehrere KKS bzw. FKS sein. Je nach Objekt gibt es eine Fülle von Anwendungsbeispielen für die Erstellung formelbasierter Kennzahlen, etwa die Anzahl erledigter Lageraufgaben pro Ressource pro Schicht oder die Berechnung des Füllgrads für bestimmte Lagertypen.

Im Folgenden soll am Beispiel der Kennzahl *Füllgrad pro Lagertyp* die Erstellung eigener Kennzahlen als EGF-Objekt erläutert werden. Wir betrachten einen Mitarbeiter, der für verschiedene Lagertypen verantwortlich ist und sich im Lagercockpit den Füllgrad für diese Lagertypen anzeigen lassen möchte.

Wählen Sie im SAP-Easy-Access-Menü in EWM den Pfad EINSTELLUNGEN • KENNZAHLENSERVICES, und gehen Sie wie folgt vor. EWM bietet Ihnen dabei die Möglichkeit, die Tabelleneinträge für die verschiedenen Kennzahlenservices direkt oder durch die Verwendung von *Wizards* vorzunehmen.

1. **Konfigurierte Kennzahlenservices definieren**
Zur Berechnung des Füllgrads sind die Gesamtzahl der Lagerplätze und die Anzahl leerer Plätze für die verschiedenen Lagertypen erforderlich. Diese werden über die Definition der entsprechenden KKS ermittelt. Die jeweiligen Lagertypen sind in der kennzahlspezifischen Selektionsvariante (z. B. LP01) berücksichtigt. Abbildung 13.21 zeigt die Definition eines KKS zur Ermittlung leerer Lagerplätze.

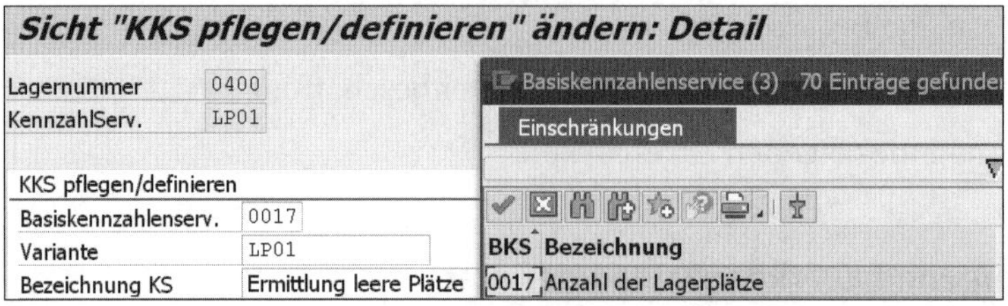

Sicht "KKS pflegen/definieren" ändern: Detail

Lagernummer	0400	Basiskennzahlenservice (3) 70 Einträge gefunden	
KennzahlServ.	LP01	Einschränkungen	
			▽
KKS pflegen/definieren		✓ ☒ 🔍 🔎 🔏 📊 🖨 . ✝	
Basiskennzahlenserv.	0017		
Variante	LP01	**BKS Bezeichnung**	
Bezeichnung KS	Ermittlung leere Plätze	0017 Anzahl der Lagerplätze	

Abbildung 13.21 Konfigurierten Kennzahlenservice anlegen

2. **Formelbasierte Kennzahlenservices definieren**
Nachdem Sie für die Ermittlung der Gesamtzahl und der leeren Plätze die beiden KKS definiert haben, wird der FKS über einen Wizard erstellt. Rufen Sie die Transaktion /SCWM/CLC_WIZARD auf, und der Assistent führt Sie durch die einzelnen Schritte, die zum Anlegen des FKS erforderlich sind. Nachdem Sie für den Schritt AKTION AUSWÄHLEN den Wert ANLEGEN ausgewählt haben, definieren Sie den FKS, wie aus Abbildung 13.22 ersichtlich, mit der entsprechenden Bezeichnung.

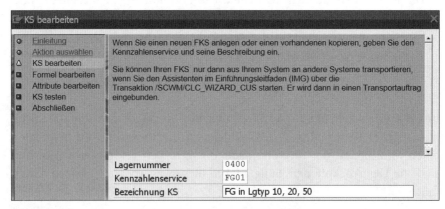

Abbildung 13.22 Formelbasierten Kennzahlenservice bearbeiten

Anschließend berechnen Sie, wie in Abbildung 13.23 dargestellt, im Schritt FORMEL BEARBEITEN mithilfe des Formeleditors den Füllgrad.

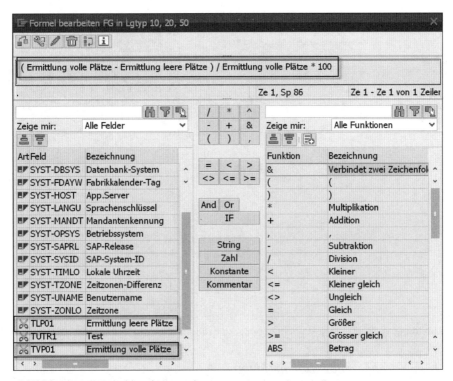

Abbildung 13.23 Formel bearbeiten

Danach definieren Sie Attribute für Ihren FSK. Dabei können Sie Schwellenwerte und Ausnahmen eingeben. Wenn der Schwellenwert überschritten wird, ändert die Grafik die Farbe, z. B. von Grün zu Rot. Mit Ausnahmecodes können Sie Folgeaktivitäten steuern, z. B. wenn der Schwellenwert überschritten wird, erhält der Lagerverantwortliche automatisch eine SAP-Mail.

Nachdem Sie den FSK getestet und abgeschlossen haben, erfolgt die Zuordnung des Kennzahlenservices zum Lagercockpit: Die Zuordnung nehmen Sie mit der Transaktion /SCWM/EGF_COCKPIT vor. Dabei haben Sie u. a. die Möglichkeit, den Chart-Typ, das Auto-Refresh-Intervall und die Berechtigungsgruppe festzulegen, um zu steuern, wer auf welche Objekte im Lagercockpit zugreifen darf. Abbildung 13.24 zeigt, welche Chart-Typen im Standard ausgeliefert werden.

Nun müssen Sie die Kennzahl zum Navigationsbaum des Lagercockpits zuordnen: Die Zuordnung des neuen Kennzahlenservices als EGF-Objekt ist aus Abbildung 13.25 ersichtlich und erfolgt über den Button AUSGEBLENDETE OBJEKTE EINBLENDEN.

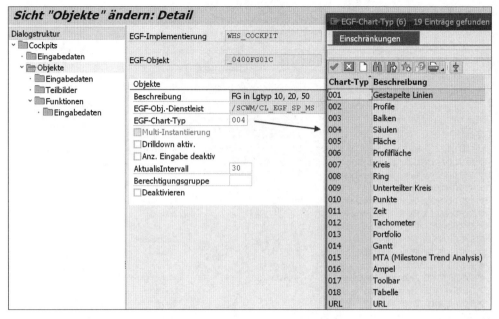

Abbildung 13.24 EGF-Objekte dem Lagercockpit zuordnen

Abbildung 13.25 EGF-Objekte dem Navigationsbaum des Lagercockpits zuordnen

Im Lagercockpit können Sie eine eigene Ordnerstruktur erstellen und im letzten Schritt das neu erstellte EGF-Objekt per Drag & Drop einbinden. Dieses Layout können Sie benutzerspezifisch oder -übergreifend speichern. Mit Doppelklick auf das EGF-Objekt oder per Drag & Drop in das jeweilige Fenster wird das EGF-Objekt instanziiert und, wie in unserem Fall, der Kennzahlenservice aufgerufen (siehe Abbildung 13.26).

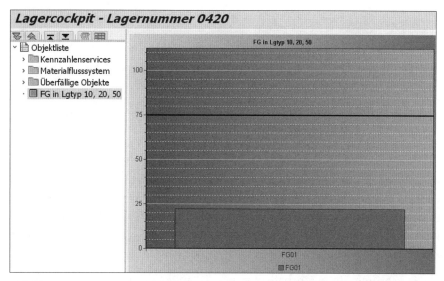

Abbildung 13.26 Darstellung des Kennzahlenservices »Füllgrad« im Lagercockpit

13.2.2 EGF-Objekte mit eigener Datenbeschaffung definieren

Die Datenbeschaffung für eigene EGF-Objekte kann direkt aus EWM oder systemübergreifend erfolgen. Für EGF-Objekte mit eigener Datenbeschaffung definieren Sie im ersten Schritt den *Objektdienstleister*. Dem Objektdienstleister wird zur Datenbeschaffung die Standardschnittstelle /SCWM/IF_EGF_SP zugeordnet. Diese Schnittstelle beinhaltet folgende Methoden:

▶ **Methode /SCWM/IF_EGF_SP~GET_DATA**
Diese Methode wird gerufen, wenn das EGF-Objekt instanziiert wird, und holt die Daten aus der Anwendung (z. B. Daten aus EWM).

▶ **Methode /SCWM/IF_EGF_SP~GET_URL**
Diese Methode implementieren Sie, wenn Ihr EGF-Objekt HTML-basiert ist (z. B. Aufruf des SAP-Portals im Lagercockpit, von dem aus auf die entsprechenden Anwendungen verschiedener Applikationen zugegriffen werden kann).

▶ **Methode /SCWM/IF_EGF_SP~HANDLE_FUNCTION**
Mit dieser Methode implementieren Sie Funktionen, die im Kontextmenü bei einem Klick mit der rechten Maustaste auf dem Objekt zur Verfügung stehen sollen (z. B. die direkte Navigation in das System zur Datenbeschaffung).

Abbildung 13.27 veranschaulicht noch einmal die Logik der Datenbeschaffung durch den *Objektdienstleister* (ODL).

Daten-
basis
Objekt-
dienstleister
Schnittstelle
EGF

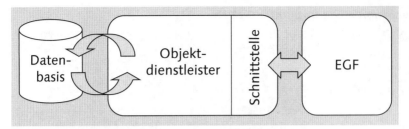

Abbildung 13.27 Datenbeschaffung mit dem Easy Graphics Framework

Im Folgenden erläutern wir anhand eines Beispiels die Erstellung eines EGF-Objekts mit externer Datenbeschaffung: Ein Lagermitarbeiter möchte in sein Cockpit neben verschiedenen Kennzahlen Microsoft Outlook integrieren, um so das Cockpit als zentrale Applikation für sein Tagesgeschäft nutzen zu können.

Zur Umsetzung dieses Vorhabens gehen Sie folgendermaßen vor:

1. **Klasse erstellen**
   Erstellen Sie mit der Transaktion SE24 eine Klasse, d. h., ordnen Sie den EGF-ODL und die Standardschnittstelle `/SCWM/IF_EGF_SP` zur Beschaffung der Objektdaten zu.

   Class Builder: Klasse Z_MY_OUTOOK anzeigen
   Klassenschnittstelle
   Z_MY_OUTOOK
   realisiert / aktiv
   Eigenschaften
   Interfaces
   Friends
   Attribute
   Methoden
   Ereignisse
   Typen
   Aliases
   Filter
   Interface
   Abstrakt
   Final
   Nur m...
   Beschreibung
   /SCWM/IF_EGF_SP
   EGF: Daten- und Funktionsinterface

   Abbildung 13.28 Schnittstelle zum EGF-Objekt zuordnen

   Durch die Zuordnung stehen die zuvor beschriebenen Schnittstellenmethoden zur Datenbeschaffung zur Verfügung. In unserem Beispiel soll per Web Access auf Outlook zugegriffen werden. Demzufolge wird die Methode `/SCWM/IF_EGF_SP~GET_URL` implementiert, die die entsprechende URL aus der Anwendung holt. Diese URL bildet den Link zu der Grafik, die EGF anzeigen soll. Abbildung 13.29 zeigt die Implementierung der Methode `/SCWM/IF_EGF_SP~GET_URL`.

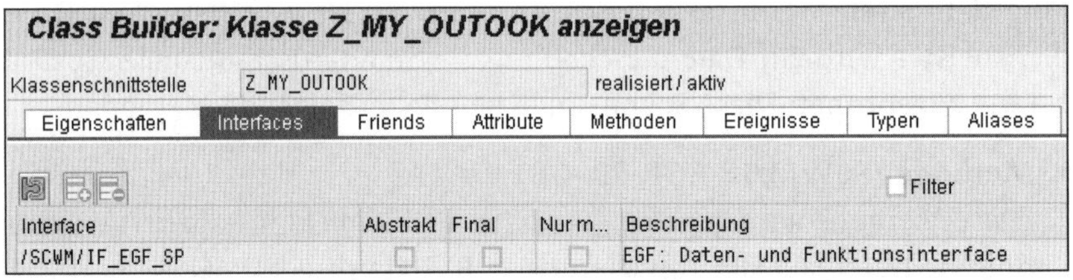

2. **EGF-Objekt erstellen**
   Nach Aktivierung der Klasse inklusive der implementierten Methode erstellen Sie im EWM-Customizing unter dem Pfad Monitoring • Easy Graphics Framework • Objekte definieren das EGF-Objekt (siehe Abbil-

dung 13.30) und ordnen es dem zuvor erstellten ODL zu. Über die zugeordnete Berechtigungsgruppe können Sie eine Berechtigungsprüfung für
EGF-Objekte oder EGF-Funktionen vornehmen.

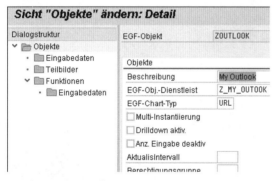

Class Builder: Klasse Z_MY_OUTOOK anzeigen

Art	Parameter	Typisierung	Beschreibung
▷▣	IV_OBJECT_ID	TYPE /SCWM/DE_EGF_OBJECT_ID	EGF Objekt
▷▣	IV_CELL_ID	TYPE /SCWM/DE_EGF_CELL_ID	Zellenidentifikator
▷▣	IV_CHART_TYPE	TYPE /SCWM/DE_EGF_CHART_TYPE	EGF-Chart-Typ
▷▣	IV_REFRESH	TYPE ABAP_BOOL	Flag: Aufruf durch Refresh
▷▣	IV_CHART_ONLY	TYPE ABAP_BOOL	Flag: nur Grafik auffrischen
▷▣	IV_HEIGHT	TYPE INT4	Höhe
▷▣	IV_WIDTH	TYPE INT4	Breite
▷▣	IT_COCKPIT_INPUT	TYPE /SCWM/TT_DS_SELOPT_TABLE OPTIONAL	Selektionsparameter
▷▣	IT_OBJECT_INPUT	TYPE /SCWM/TT_DS_SELOPT_TABLE OPTIONAL	Selektionsparameter
▣▷	EV_URL	TYPE W3URL	URL
▣▷	ET_MSG	TYPE /SCWM/TT_EGF_MESSAGES	EGF: Nachrichten

Methode	/SCWM/IF_EGF_SP~GET_URL	aktiv

```
1  ⊟method /SCWM/IF_EGF_SP~GET_URL.
2
3      ev_url = 'https://mail.sap.com'.
4
5   └ endmethod.
```

Abbildung 13.29 Methode GET_URL implementieren

Sicht "Objekte" ändern: Detail

Dialogstruktur
- ▾ 🗀 Objekte
  - • 🗀 Eingabedaten
  - • 🗀 Teilbilder
  - ▾ 🗀 Funktionen
    - • 🗀 Eingabedaten

EGF-Objekt	ZOUTLOOK

Objekte

Beschreibung	My Outlook
EGF-Obj.-Dienstleist	Z_MY_OUTOOK
EGF-Chart-Typ	URL

☐ Multi-Instantiierung
☐ Drilldown aktiv.
☐ Anz. Eingabe deaktiv
Aktualisintervall [   ]
Berechtigungsgruppe

Abbildung 13.30 EGF-Objekt definieren

3. EGF-Objekt dem Lagercockpit zuordnen

Nun ordnen Sie das neue EGF-Objekt Ihrem Lagercockpit zu. Neben der
Definition eigener Objekte bietet das EGF die Möglichkeit, eigene Lagercockpits zu definieren. Mit der Definition ordnen Sie die von Ihnen
gewünschten EGF-Objekte zu, die Sie dann später im Lagercockpit ausführen können.

Die Erstellung des Lagercockpits und die Objektzuordnung erledigen Sie
ebenfalls im EWM-Customizing unter dem Customizing-Pfad MONITO-

RING • EASY GRAPHICS FRAMEWORK • COCKPITS DEFINIEREN. Abbildung 13.31 zeigt die Zuordnung des EGF-Objekts ZOUTLOOK zum Lagercockpit WHS_COCKPIT.

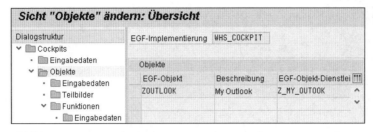

Abbildung 13.31 EGF-Objekt dem Lagercockpit zuordnen

4. EGF-Objekt ausführen

Anschließend wird das EGF-Objekt ZOUTLOOK wie zuvor beschrieben dem Navigationsbaum des Lagercockpits zugewiesen und ausgeführt. Abbildung 13.32 zeigt, wie Ihr eigenes Lagercockpit aussieht.

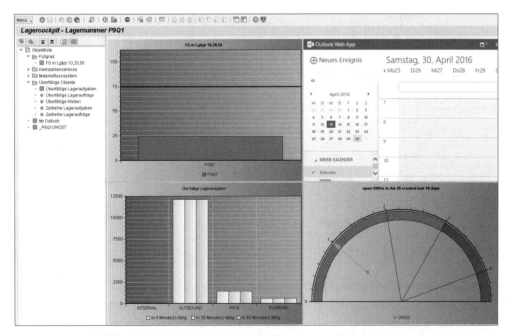

Abbildung 13.32 Lagercockpits mit Objekten aus verschiedenen Anwendungen

Dabei können Sie sich auf einen Blick alle notwendigen Lagerkennzahlen anzeigen lassen und es gleichzeitig – wie in unserem Beispiel – als zentrale Anwendung für Ihr tägliches Business verwenden.

13.3   Grafisches Lagerlayout

Das *grafische Lagerlayout* (GLL) stellt das Lagerinnere als zweidimensionale Grafik dar. Sie können das grafische Lagerlayout verwenden, um eine grafische Information über die Bestandssituation, die Platzauslastung, die im Lager arbeitenden Ressourcen sowie die Fördertechnik pro Lagernummer zu erhalten. Dabei entspricht die Längenangabe in der Grafik der Längeneinheit, die Sie im EWM-Customizing unter dem Pfad STAMMDATEN • LAGERNUMMERNSTEUERUNG DEFINIEREN • OBJEKTE DEFINIEREN als Grundeinheit festgelegt haben. Das GLL rufen Sie mit der Transaktion /SCWM/GWL auf, die Sie im Easy-Access-Menü in EWM unter dem Pfad MONITORING • GRAPHICAL WAREHOUSE LAYOUT finden. In Abbildung 13.33 sehen Sie ein Beispiel des GLL.

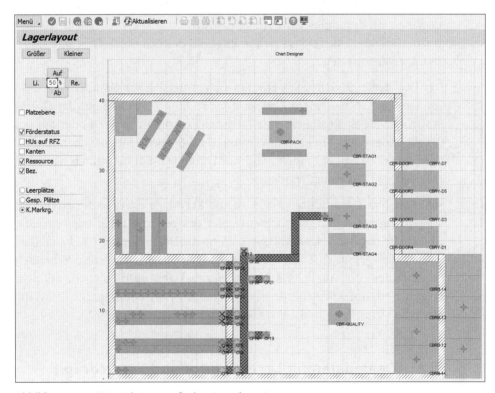

Abbildung 13.33 Beispiel eines grafischen Lagerlayouts

Um Ihr Lager maßstabsgerecht und der Realität entsprechend abzubilden, können Sie im EWM-Customizing unter dem Pfad MONITORING • GRAFISCHES LAGERLAYOUT • GLL-OBJEKT DEFINIEREN neben den bereits erwähnten Objekten Fördertechniksegmente, Wände und Büros als GLL-Objekte definieren. Unter diesem Pfad definieren Sie die X-, Y- und Z-Koordinaten, um die Position der Objekte im Layout zu fixieren. Bei den dargestellten Lagerplätzen werden die Abmessungen der Plätze im GLL auf Basis der Lagerplatztypdefinition und die Position des Lagerplatzes aus den X-, Y- und Z-Koordinaten des Lagerplatzstamms bestimmt.

In dem abgebildeten GLL-Beispiel werden die Ressourcen (dargestellt als violette Punkte), Lagerplätze nach selektiertem Produkt (markiert mit einem grünen Stern) und die Bezeichnungen der Objekte dargestellt. Im GLL können Sie sich alternativ Leer- bzw. gesperrte Plätze und Plätze für einen bestimmten Bestand anzeigen lassen, und Sie können den Status von Kontrollpunkten der Fördertechnik visualisieren. Kontrollpunkte mit dem Status OK werden als grüner Kreis und Kontrollpunkte mit Fehlerstatus werden als rotes Kreuz dargestellt.

Sie haben mit der Implementierung des BAdIs /SCWM/EX_GWLDISPLAY darüber hinaus die Möglichkeit, das Erscheinungsbild des GLL Ihren Geschäftsanforderungen anzupassen.

Das GLL bietet zudem die Funktion objektspezifischer Kontextmenüs. So können Sie z. B. bei einem Klick mit der rechten Maustaste auf das Objekt RESSOURCE dieser Ressource eine Nachricht zukommen lassen oder auf das Objekt LAGERPLATZ direkt in die Transaktion /SCWM/LS03 navigieren. Kundenspezifische Erweiterungen von Kontextmenüs können durch das BAdI /SCWM/EX_GWLCM erzeugt werden.

Sie können mit den Buttons GRÖSSER und KLEINER die Größe der grafischen Darstellung verändern, um sich entweder das gesamte Lager oder einzelne Objekte im Lager anzeigen zu lassen. Wenn die Darstellungsgröße keine Darstellung des gesamten Lagers erlaubt, können Sie mit den entsprechenden Schaltflächen AUF, AB, LI. und RE. navigieren. Dabei bestimmen Sie mit dem Prozentwert, um wie viel Prozent der aktuellen Darstellungsgröße EWM die grafische Darstellung in die jeweilige Richtung verändern soll.

13.4 Demodaten für Lagermonitor und Lagercockpit nutzen

In den letzten beiden Abschnitten haben Sie den Lagermonitor und das Lagercockpit kennengelernt, die dazu dienen, den aktuellen Stand in Realtime im Lager darzustellen, zu visualisieren und zu überwachen.

Mithilfe der *Demodatenfunktion* können Sie mit nur wenigen Klicks die bestehenden Lagerdaten aus dem Lagermonitor und dem Lagercockpit als

Demodaten aus einem System exportieren und in ein anderes System oder in einen anderen Mandanten importieren, z. B. von einem Qualitätstestsystem in ein Demosystem. Dort können Sie sich die Daten anzeigen lassen, selektieren, filtern und sie vielfältig auswerten – ganz ähnlich, als würden Sie direkt im Quellsystem arbeiten.

Die Demodatenfunktion lässt sich auf vielfältige Arten gewinnbringend einsetzen: Sie unterstützt Sie bei der Durchführung des Customizings sowie bei der Erstellung und beim Test von Erweiterungen der SAP-Standardfunktionen. Außerdem kann sie verwendet werden, um sinnvolle Layout- und Selektionsvarianten aufzubauen. Schließlich hilft die Demodatenfunktion aber natürlich auch – wie der Name schon sagt – beim Aufsetzen von Demos, z. B. während der EWM-Implementierungsphase, wenn die Monitoring- und Überwachungsfunktionen den Anwendern oder dem Projektteam vorgestellt werden sollen.

> **Hinweis: Anzeige von Demodaten in Produktivsystemen ist nicht möglich**
>
> In Produktivsystemen kann die Demodatenfunktion nicht ausgeführt werden, um Verwechslungen mit Echtdaten zu vermeiden.

Im Anzeigemodus stehen unter der Verwendung von Demodatensets einige Funktionen des Lagermonitors bzw. des Lagercockpits nicht mehr zur Verfügung. Zum Beispiel ist es nicht möglich, die Methoden der Monitorknoten auszuwählen oder per Hotspot auf einen Lagerplatz oder ein Produkt zu navigieren. Dies ist sinnvoll, da ja keineswegs immer gewährleistet ist, dass es im jeweiligen Zielsystem, in das das Datenset importiert worden ist, einen solchen Lagerplatz oder ein solches Material gibt. Selbst wenn es ein solches Material mit dem gleichen Namen gibt, kann EWM nicht »wissen«, ob es sich wirklich um ein Material mit den gleichen Eigenschaften oder z. B. um eine zufällige Namensgleichheit handelt. Auch Customizing-Daten, wie die Lagerprozessart, die in der Demo angezeigt werden, sind eventuell nicht im System vorhanden.

Bei der Verwendung von Demodaten im Lagermonitor stehen insbesondere die folgenden Funktionen nicht zur Verfügung:

- Hotspot-Navigation
- Methodenausführung

Bei der Verwendung von Demodaten im Lagercockpit sind insbesondere die folgenden Funktionen deaktiviert:

- ▶ Folgeaktivitäten

- ▶ Drilldown

- ▶ Aktualisierung anhalten, Timer für Objektaktualisierung einstellen oder Aktualisierungsintervall eines Objekts ändern

> **Hinweis: Verfügbarkeit der Demodatenfunktion und technische Voraussetzungen**
>
> Die Demodatenfunktion ist seit EHP 2 für SAP EWM 7.0 verfügbar. Um sie verwenden zu können, müssen Sie die Business Function EWM, Benutzungsfreundlichkeit und Implementierung 1 (technischer Name: SCM_EWM_USAB_IMPL_1) implementieren.

In den folgenden beiden Abschnitten beschreiben wir anhand eines Beispiels im Lagermonitor, wie Sie ein Demodatenset in einem (Quell-)System erstellen und es in ein anderes (Ziel-)System importieren und dort verwenden.

Die Nutzung des Demodatensets im Lagercockpit ist der Nutzung im Lagermonitor sehr ähnlich, daher gehen wir im Rahmen dieses Buches nicht näher darauf ein. Wenn Sie das Prinzip der Demodatensets im Lagermonitor verstanden haben, können Sie es auch im Lagercockpit ohne größere Probleme anwenden.

13.4.1 Demodatenset erstellen

Um ein neues Demodatenset für den Lagermonitor zu erstellen, muss dieser zunächst in einem speziellen Modus, dem sogenannten *Pflegemodus*, gestartet werden. Beim Starten des Lagermonitors haben Sie im Einstiegsbild die Möglichkeit, einen Demomodus auszuwählen und den Namen eines Demodatensets einzugeben (siehe Abbildung 13.34).

Das Einstiegsbild erscheint nur beim ersten Start des Lagermonitors. Wenn Sie den Lagermonitor bereits gestartet haben, erreichen Sie das Einstiegsbild auch durch einen Klick auf den Button VORSCHLAGSWERTE 🖳 oben links im gestarteten Lagermonitor.

Im Dialogfenster gibt es die Felder DEMO-MODUS und DEMO-DATEN-SET. Um in den Pflegemodus zu gelangen, wählen Sie im Feld DEMO-MODUS den Eintrag 2 – DEMO-DATEN-SET PFLEGEN und tragen im darunterliegenden Feld DEMO-DATEN-SET den gewünschten Namen des Datensets ein. Bestätigen Sie die Eingabe durch einen Klick auf die Schaltfläche AUSFÜHREN oder mit der Taste ⎵F8⎵.

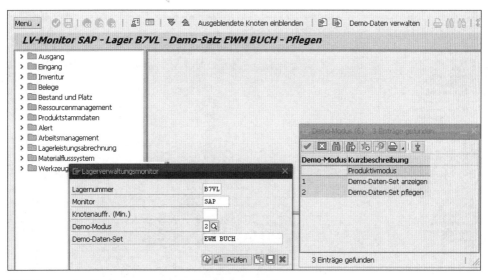

Abbildung 13.34 Den Lagermonitor im Pflegemodus starten

Wenn Sie das Feld DEMO-MODUS leer lassen, läuft der Lagermonitor im Standardmodus und greift wie gewohnt auf echte Daten zu. Sie erkennen anhand des Wortes PFLEGEN in der SAP-Titelleiste, dass Sie sich im Pflegemodus eines Demosets befinden.

Im Pflegemodus haben Sie die Möglichkeit, den Lagermonitor wie gewohnt zu bedienen. Die einzige augenscheinliche Veränderung ist, dass Sie eine neue Schaltfläche mit dem SPEICHERN-Symbol über den Anzeigebereichen finden (siehe Abbildung 13.35).

Mit diesem Button haben Sie die Möglichkeit, die gerade angezeigten Daten als Demodaten zu sichern. Dies kann auf zwei Arten geschehen: Zum einen können Sie die Daten als Demodaten im Demoset speichern (Option DEMO-DATEN SICHERN), und zum anderen können Sie sie als CSV-Datei speichern (Option DEMODATEN IN CSV-DAT. SICHERN).

Wenn Sie die Daten als CSV-Datei sichern, haben Sie die Möglichkeit, die Demodaten vor deren Anzeige manuell zu bearbeiten, z. B. in einem Tabellenverarbeitungsprogramm wie Microsoft Excel. Dies ist dann sinnvoll, wenn der Aufbau vollständiger Demodaten direkt im System ansonsten nur durch sehr viel manuellen Aufwand möglich wäre, z. B. nur durch das Ausführen vieler manueller Buchungen. Die exportierten CSV-Dateien können Sie später bei der Anzeige wieder hochladen (Rechtsklick auf den Monitorknoten).

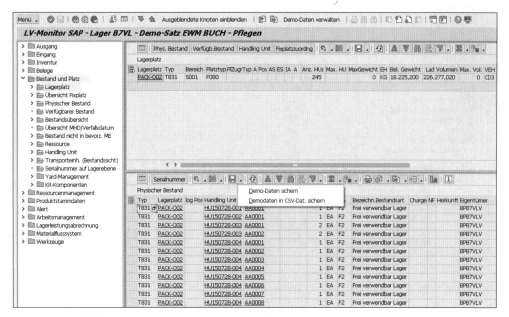

Abbildung 13.35 Eine Selektion als Demodaten speichern

In unserem Beispiel benutzen wir den Knoten BESTAND UND PLATZ • LAGER-PLATZ • PHYSISCHER BESTAND. Wir haben die Bestände des Lagerplatzes PACK-O02 selektiert und wollen diese Daten nun als Demodaten in unserem Demoset speichern. Beim Sichern müssen Sie eine Beschreibung vergeben (siehe Abbildung 13.36). Da wir in unserem Beispiel den physischen Bestand des Lagerplatzes PACK-O02 selektiert haben, vermerken wir dies so in der Beschreibung.

Wenn Sie später die Demodaten in einem anderen System nutzen, lässt sich deren Selektion zwar einschränken, jedoch nicht mehr ausweiten. Sie sollten also schon bei der Erstellung des Datensets darauf achten, genügend Daten zu selektieren und im Datensatz abzuspeichern. Nur die Daten, die während des Sicherns des Datensets angezeigt werden, werden auch gespeichert und stehen später beim Import in ein anderes System wieder zur Verfügung. In unserem Beispiel ist es also z. B. nicht möglich, die Bestände später auf anderen Lagerplätzen anzuzeigen.

Im nächsten Schritt prüfen wir, ob die Daten aus dem Monitorknoten wirklich im Datenset aufgenommen worden sind. Dazu steht im Lagermonitor beim Pflegemodus die neue Schaltfläche DEMO-DATEN VERWALTEN oben im Bild zur Verfügung (siehe Abbildung 13.37).

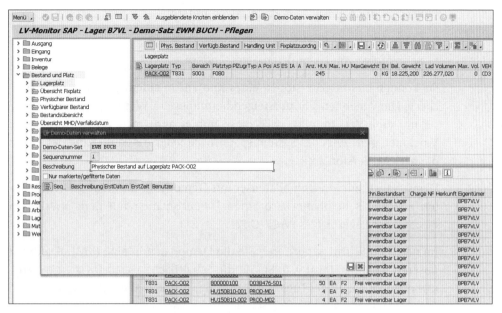

Abbildung 13.36 Namen für den Demodatensatz vergeben

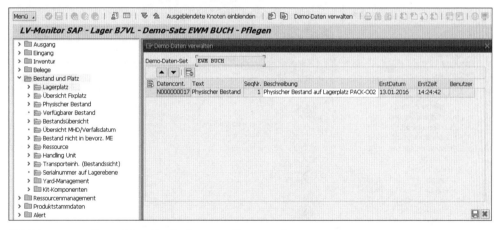

Abbildung 13.37 Demodatensätze im Lagermonitor verwalten

Im Dialogfenster DEMO-DATEN VERWALTEN listet Ihnen das System alle Demodaten des aktuellen Demodatensets auf. In der linken Spalte DATEN-CONT. sehen Sie die technischen Namen des jeweiligen Monitorknotens, zu dem die Daten gespeichert worden sind. In der Verwaltung der Demodaten können Sie die folgenden Aktionen durchführen:

▸ Beschreibung eines Demodatensatzes ändern

▸ Demodatensätze löschen

▸ Reihenfolge von Demodatensätzen ändern

Sie können mehrere Versionen eines Knotens in einem Demodatenset speichern. Die Versionen sind aufsteigend nummeriert. Wenn es im Demodatenset nur eine Version gibt, wird diese immer angezeigt. Wenn es mehrere Versionen gibt, zeigt das System später nach jeder Aktualisierung des Bildes die nächste Version an.

Damit haben wir ein Demodatenset mit Demodaten für einen Monitorknoten erstellt. Es beinhaltet also einen Datencontainer mit dem physischen Bestand des Lagerplatzes PACK-O02.

Im nächsten Schritt exportieren Sie die Demodaten in eine (XML-)Datei auf unseren Rechner. Dazu wählen Sie die Schaltfläche DEMO-DATEN EXPORTIEREN oben im Menü des Lagermonitors oder drücken alternativ die Taste [F7] (siehe Abbildung 13.38).

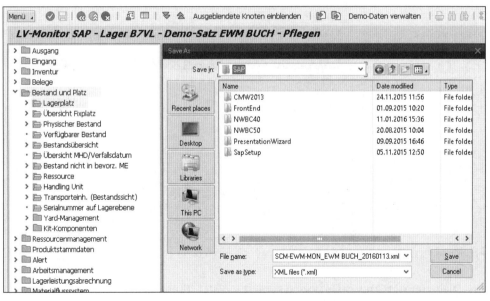

Abbildung 13.38 Demodaten aus dem aktuellen System als XML-Datei exportieren

13.4.2 Demodatenset nutzen

Nun wechseln wir in das Zielsystem, also in das System und den Mandanten, in den wir die gespeicherten Demodaten hochladen und nutzen möchten.

Im Zielsystem starten Sie den Lagermonitor zunächst erneut im Pflegemodus und importieren die Daten, indem Sie das Icon DEMO-DATEN IMPORTIEREN [image] auswählen. Das System fragt Sie nach einem Demodatenset, und Sie können die zuvor erstellte Datei hochladen.

Wenn es bereits ein Demodatenset unter demselben Namen im Zielsystem gibt, fragt Sie das System, ob die vorhandenen Demodaten zusammengeführt oder gelöscht werden sollen:

▸ **Zusammenführen**
Die vorhandenen Demodaten werden überschrieben und die neuen Demodaten aus der XML-Datei zum Zieldemodatenset hinzugefügt.

▸ **Löschen**
Das vorhandene Demodatenset wird noch vor dem Hochladen der neuen Daten gelöscht.

Die Demodaten sind jetzt im Zielsystem verfügbar. Wir starten den Lagermonitor nun im Demo-Modus 1 – DEMO-DATEN-SET ANZEIGEN (siehe Abbildung 13.39).

Abbildung 13.39 In den Anzeigemodus für Demodatensets wechseln

Die Demodaten finden Sie nun in demselben Monitorknoten, aus dem heraus die Daten gespeichert worden sind. In unserem Beispiel war dies der Knoten BESTAND UND PLATZ • LAGERPLATZ • PHYSISCHER BESTAND. Direkt rechts neben dem Knoten wird durch das Icon [image] dargestellt, dass zu diesem Knoten Demodaten verfügbar sind. Durch einen Doppelklick auf den Monitorknoten öffnet sich wie gewohnt das Selektionsbild – nur dass nun nicht auf den Daten des jeweiligen Systems selektiert wird, sondern auf den Demodaten.

Nach dem Ausführen der Selektion sind die Demodaten wieder sichtbar. Es ist sogar möglich, das Selektionsbild zu nutzen und die Demodaten auf diese Weise weiter einzuschränken. Hätten wir z. B. beim Speichern des Demosets im ersten Schritt alle Bestände aller Lagerplätze des Lagertyps T831 selektiert, könnten wir hier im Demomodus (in einem ganz anderen System!) Analysen über die Bestände durchführen, ohne dass die Performance des Quellsystems erneut beeinträchtigt würde.

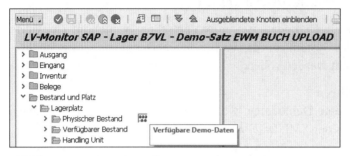

Abbildung 13.40 Demodaten über ein neues Icon markieren

Wenn Sie im Demodatenset mehrere Versionen des Knotens aufgenommen haben, zeigt das System nach jeder Aktualisierung des Bildes die nächste Version in der aufgezeichneten Reihenfolge an. Wenn Sie zum Ende der Reihenfolge kommen, zeigt das System wieder die erste Version an.

Wenn Sie versuchen, einen Hotspot oder eine Knotenmethode zu nutzen, erhalten Sie eine entsprechende Fehlermeldung (siehe Abbildung 13.41).

> ⚠ Die Hotspot-Navigation ist im Demo-Anzeigemodus nicht möglich

Abbildung 13.41 Hotspots funktionieren bei der Anzeige von Demodaten nicht.

Demodatensets und Crystal Reports nutzen

Sie können Crystal Reports verwenden, um die tabellenartigen Monitordaten grafisch aufzuarbeiten. Dies funktioniert auch mit Demodatensets.

13.5 SAP-EWM-spezifisches Reporting in SAP Business Warehouse

Zur Optimierung Ihrer Lageraktivitäten und zur längerfristigen Planung Ihres Lagerpersonals sind sowohl eine aggregierte als auch eine Detailsicht auf verschiedene Belege und Lagerkennzahlen wichtig. Zu diesem Zweck besteht in EWM die Möglichkeit, aktuelle und bereits ausgeführte Daten (z. B. quittierte Lageraufträge, abgeschlossene LZL-Aufträge) an SAP Net-Weaver zu übertragen, um diese Daten entsprechend den umfangreichen

Möglichkeiten, die SAP Business Warehouse bietet, zu analysieren. In den folgenden Abschnitten werden wir Ihnen einen Überblick über die EWM-BW-Integration geben, darstellen, welche Daten im Standard übertragen werden können, und kurz die verschieden Reporting-Tools vorstellen.

13.5.1 Überblick über die SAP-EWM-BW-Integration

Für die Integration und Übertragung von Daten zwischen EWM als Quellsystem und SAP Business Warehouse bietet SAP im Standard vordefinierte *Extraktoren* in EWM und entsprechenden Content (vorkonfigurierte Objekte, z. B. DataSources, Queries, Reports) in BW an. Um die Datenübertragung zu ermöglichen, müssen Sie im ersten Schritt die technische Verbindung zwischen beiden Systemen einrichten. Nach Konfiguration der Schnittstelle und Aktivierung des Reporting-Contents können die Daten von EWM nach BW hochgeladen werden. Mit dem ETL-Prozess (ETL = Extraktion, Transformation, Laden) werden die Quelldaten in BW harmonisiert und vereinheitlicht, um so die Strukturen der Reports verwenden zu können. Diese Harmonisierung und Standardisierung erfolgt während des Hochladens der extrahierten Daten von einem BW-spezifischen Arbeitsbereich, der *Persistent Staging Area* (PSA) zu *InfoProvidern* wie *DataStore-Objekten* (DSOs) und *InfoCubes*.

Ein DSO dient der Ablage von konsolidierten und bereinigten Daten (z. B. Bewegungsdaten oder Stammdaten) auf Belegebene. Im Gegensatz zu DSOs, in denen die Daten in flachen Datenbanktabellen abgelegt werden, besteht ein InfoCube aus einer Anzahl relationaler, multidimensional angeordneter Tabellen und bietet somit die Möglichkeit der multidimensionalen Modellierung. Welchen InfoProvider Sie wählen, hängt von der Granularität der Daten, dem Datenvolumen und Ihren Analyseanforderungen ab. In beiden Objekten werden die Daten persistent gehalten und bilden die Basis für Reports und Analysen.

Nachdem die aus EWM extrahierten Daten über die PSA in die verschiedenen Objekte des InfoProviders hochgeladen wurden, können *Queries* die Daten von dem entsprechenden InfoProvider anfordern, um diese über verschiedene Reporting-Tools (z. B. den SAP Business Explorer (BEx) oder SAP Crystal Reports) auf dem Frontend anzuzeigen. Abbildung 13.42 veranschaulicht den Datenfluss zwischen EWM und SAP Business Warehouse.

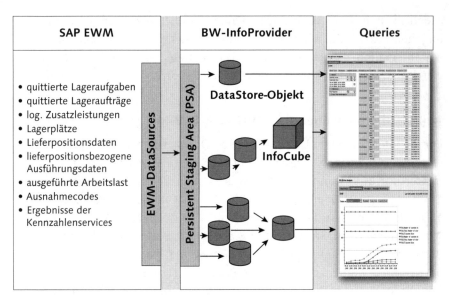

Abbildung 13.42 Datenfluss zwischen SAP EWM und SAP Business Warehouse

13.5.2 SAP-EWM-spezifischer Reporting-Content

Das Hochladen reporting-relevanter Daten aus EWM erfolgt über sogenannte *DataSources*, die in EWM definiert werden. Eine DataSource umfasst eine Menge von Feldern, die zur Datenübertragung in BW angeboten werden. Technisch basiert die DataSource auf den Feldern der Extraktstruktur. Bei der Definition einer DataSource können diese Felder sowohl erweitert als auch für die Datenübertragung ausgeblendet (also gefiltert) werden. Außerdem beschreibt die DataSource die Eigenschaften des dazugehörigen Extraktors bezüglich der Datenübertragung ins BW-System. Bei der Replikation werden die BW-relevanten Eigenschaften der DataSource in BW bekannt gemacht. In Tabelle 13.2 sind die von SAP ausgelieferten DataSources in EWM aufgelistet.

DataSource	Beschreibung
0WM_LGNUM_ATTR	Stellt die Attribute (Lagernummer, Zeitzone) des Lagers bereit.
0WM_LGNUM_TEXT	Stellt die Bezeichnungen der Lagernummern bereit.
0WM_MS_TEXT	Stellt die Bezeichnungen der Kennzahlenservices bereit.
0WM_MS_RESULT	Stellt die Ergebnisse der Kennzahlenservices bereit.
0WM_DLVI	Stellt die An- und Auslieferungspositionen bereit.

Tabelle 13.2 Verfügbare DataSources in SAP EWM

DataSource	Beschreibung
0WM_PL_DLVI	Stellt Lieferpositionen, angereichert mit Lageraufgaben-daten wie etwa der Lagerprozessart, bereit.
0WM_EXCCODES	Stellt die ausgelösten Ausnahmecodes bereit.
0WM_EWL	Stellt die ausgeführte Arbeitslast bereit.
0WM_BIN	Stellt die Lagerplatzattribute bereit.
0WM_VAS	Stellt logistische Zusatzleistungen (Kopf-, Aktivitäts- und Positionsdaten, Daten zu Hilfsprodukten) bereit.
0WM_WO	Stellt bestätigte und stornierte Lageraufträge bereit.
0WM_WT_WO	Stellt die quittierten und stornierten Lageraufgaben bereit. (Hinweis: Lageraufgaben werden erst dann extrahiert, wenn der dazugehörige Lagerauftrag quittiert wurde.)

Tabelle 13.2 Verfügbare DataSources in SAP EWM (Forts.)

13.5.3 Datenfluss und Datenablage in SAP Business Warehouse

Um den Datenfluss, die Erstellung von Reports und die Darstellung auf dem BW-Frontend nachvollziehbarer zu machen, geben wir Ihnen in diesem Abschnitt einen kurzen Überblick über die wichtigsten BW-Objekte. In Abbildung 13.43 sehen Sie den Datenfluss innerhalb von BW mit den wichtigsten beteiligten Objekten.

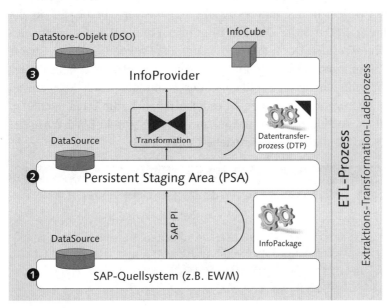

Abbildung 13.43 Architektur des Datenflusses und der Datenablage in SAP Business Warehouse

Wie aus Abbildung 13.43 hervorgeht, dient die mehrschichtige Architektur von BW der Integration von Daten aus unterschiedlichen Quellen ❶, der Transformation, Konsolidierung, Bereinigung und Ablage von Daten ❷ sowie der effizienten Bereitstellung der Daten zur Analyse und Interpretation ❸.

Wie bereits erwähnt, werden über die DataSource Daten einer betriebswirtschaftlichen Einheit aus dem Quellsystem (z. B. EWM) extrahiert und in die Eingangsschicht von BW, die PSA, übertragen oder zum direkten Zugriff für Queries zur Verfügung gestellt. Daten, die über DataSources in BW geladen wurden, werden mithilfe von *InfoPackages* in die PSA geladen, bevor sie in BW weiterverarbeitet werden können. Im InfoPackage werden Selektionsparameter für die Übertragung in die PSA festgelegt. In der PSA werden die angeforderten Daten unverändert zum Quellsystem in separaten Tabellen gespeichert, d. h., es erfolgen keinerlei Verdichtungen oder Transformationen, wie es bei InfoCubes der Fall ist. Diese Entkopplung des Ladevorgangs von der Weiterbearbeitung in BW trägt zu einer verbesserten Ladeperformance bei. Eine PSA-Tabelle wird zu jeder DataSource, die aktiviert wird, angelegt. Sie hat jeweils den gleichen Aufbau wie die zugehörige DataSource.

Im anschließenden *Datentransferprozess* (DTP) werden die Daten im Rahmen der *Transformation* aus einem Quellformat (z. B. DataSources) in ein Zielformat (z. B. InfoCubes) überführt. Die Aufgabe der Transformation ist es, die Daten zu konsolidieren, zu bereinigen und zu integrieren und von einem persistenten Objekt in ein anderes zu übertragen. Der Oberbegriff für die BW-Objekte (z. B. DataStore-Objekte, InfoCubes), in die Daten geladen werden, heißt *InfoProvider*. Der InfoProvider stellt die Daten für Analyse, Reporting und Planung zur Verfügung. Ein DSO dient der Ablage von konsolidierten und bereinigten Bewegungsdaten oder Stammdaten auf Belegebene. Neben der Aggregation der Daten ist es auch möglich, die Dateninhalte zu überschreiben. Analog zu den DataSources in EWM sind in BW EWM-relevante DSOs im Standard verfügbar (siehe Tabelle 13.3).

DSO	Beschreibung
0WM_DS01	DSO enthält die Ergebnisse der Kennzahlenservices.
0WM_DS02	DSO enthält alle aktiven, ausgeführten Arbeitslasten.
0WM_DS03	DSO enthält die aus EWM extrahierten Ausnahmen. Extrahiert werden u. a. folgende Informationen: Ausnahmecode, Ausführender, Business-Kontext, Ausführungsschritt.
0WM_DS04	Enthält Informationen zu Lageraufträgen.

Tabelle 13.3 Verfügbare SAP-EWM-relevante DataStore-Objekte in SAP Business Warehouse

DSO	Beschreibung
0WM_DS05	Enthält Informationen zu Lageraufgaben.
0WM_DS06	Enthält die abgeschlossenen Lieferpositionen.
0WM_DS07	Enthält u. a. folgende Daten der Lagerplätze, die aus EWM extrahiert wurden: Tragfähigkeit, Gewicht des Bestands auf dem Lagerplatz, Ladungs- und Nettovolumen, Gesamtkapazität und freie Kapazität.
0WM_DS08	Dieses DSO enthält die aus EWM extrahierten LZL-Aufträge. Aufgrund des zugrunde liegenden Datenmodells besteht dieses DSO aus mehreren Zeilen. Ein LZL-Auftrag kann 1 bis n Aktivitäten enthalten, und zu einer Aktivität kann es 1 bis n Positionen und 0 bis n Hilfsprodukte geben.
0WM_DS09	Dieses DSO enthält abgeschlossene Lieferpositionen mit organisatorischen Zusatzdaten, die anzeigen, wo bzw. mit welchen Lagerungsprozessen diese Lieferposition ausgeführt wurde. Zusatzinformationen sind u. a.: Lagertyp, Aktivitätsbereich, Lagerungsprozess, externer Prozessschritt und die Lagerprozessart.

Tabelle 13.3 Verfügbare SAP-EWM-relevante DataStore-Objekte in SAP Business Warehouse (Forts.)

Ein weiteres InfoProvider-Objekt zur Datenablage sind neben den DSOs die *InfoCubes*. Ein InfoCube ist eine mehrdimensionale Ablage von Daten, die es ermöglicht, Kennzahlen (z. B. Anzahl Lieferungen pro Mitarbeiter pro Zeitintervall) durch verschiedene Merkmale, die in Dimensionstabellen (z. B. Zeitmerkmale: Kalenderjahr/Monat; Belegmerkmale: Belegtyp, Belegart; Prozessmerkmale: externer Prozessschritt, Lagerprozessart) gespeichert sind, zu berechnen und in einer sogenannten *Faktentabelle* abzulegen. Bei Abfragen auf einen InfoCube durch Queries werden die Kennzahlen, wenn nötig, automatisch aggregiert (Summation, Minimum oder Maximum). In SAP Business Warehouse sind EWM-relevante InfoCubes im Standard verfügbar (siehe Tabelle 13.4).

InfoCube	Beschreibung
0WM_C01	Aggregiert die ausgeführten Arbeitslasten aus dem DSO 0WM_DS02 mit den Dimensionen Zeit (Kalenderjahr, -monat, -tag), Referenzobjekttyp (zum Referenzbeleg, der die Arbeitslast verursacht hat), externer Lagerungsprozessschritt, Aktivitätsbereich, Ausführender → Kennzahl: Summe ausgeführter Arbeitslast je Merkmalskombination.

Tabelle 13.4 Verfügbare SAP-EWM-relevante InfoCubes in SAP Business Warehouse

InfoCube	Beschreibung
0WM_C02	Aggregiert die Ausnahmen aus dem DSO 0WM_DS03 mit den Dimensionen; Zeit (Kalendertag, -woche, -monat, -jahr), Lagernummer, Ausnahmecode, Business-Kontext, Ausführender → Kennzahl: Anzahl Ausnahmen je Merkmalskombination.
0WM_C04	Enthält Informationen zu Lageraufträgen mit den Dimensionen Zeit (Kalendertag, -woche, -monat, -jahr), Lagernummer, AA und Prozess → Kennzahlen sind: Anzahl Lageraufgaben, Differenz zwischen geplanter und ausgeführter Dauer, Ausführungsdauer, geplanter Dauer.
0WM_C05	Enthält Informationen zu Lageraufgaben mit den Dimensionen Zeit (Kalendertag, -woche, -monat, -jahr), AA, Verfügungsberechtigter, Lagernummer, Eigentümer, Prozess, externer Prozessschritt → Kennzahlen sind u. a. Kapazität, Anzahl Lageraufgaben, geplante Ausführungsdauer, Mengendifferenz und Ist-Menge.
0WM_C06	Aggregiert die Lieferpositionen aus dem DSO 0WM_DS02.
0WM_C07	Ermöglicht Auswertungen zu den Lagerplätzen, wie z. B. Leerplatzstatistik oder Belegungsgrad.
0WM_C09	Aggregiert die Lieferpositionen des DSOs 0WM_DS09 auf die Daten Lagertyp, AA, Lagerungsprozess, externer Prozessschritt, Lagerprozessart und zeitlich auf Kalenderjahr und -monat. Die hier geladenen Daten bilden die historische Datenbasis, um eine strategische Planung durchführen zu können.
0WM_C10	In diesem InfoCube werden die Ergebnisse der strategischen Planung gespeichert.

Tabelle 13.4 Verfügbare SAP-EWM-relevante InfoCubes in SAP Business Warehouse (Forts.)

Neben den DSOs und InfoCubes ermöglicht BW auch die Verwendung von *MultiProvidern* als einem weiteren Typ eines InfoProviders. Ein MultiProvider führt Daten aus mehreren InfoProvidern zusammen, um diese Daten gemeinsam für die Datenanalyse zur Verfügung zu stellen. Der MultiProvider enthält selbst keine Daten. Seine Daten ergeben sich ausschließlich aus den zugrunde liegenden InfoProvidern. In BW sind EWM-relevante MultiProvider im Standard verfügbar (siehe Tabelle 13.5).

MultiProvider	Beschreibung
0WM_MP01	Ist dem DSO 0WM_DS01 (Ergebnisse Kennzahlenservices) zugeordnet.
0WM_MP02	Ist dem DSO 0WM_DS02 (Ausgeführte Arbeitslast) zugeordnet.

Tabelle 13.5 Verfügbare SAP-EWM-relevante MultiProvider in SAP Business Warehouse

MultiProvider	Beschreibung
0WM_MP03	Ist dem InfoCube 0WM_C01 (Ausgeführte Arbeitslast) zugeordnet.
0WM_MP04	Entspricht dem InfoCube 0WM_C02 (Aggregierte Ausnahmen).
0WM_MP05	Die Informationen der beiden InfoCubes 0WM_C04 (Lageraufträge) und 0WM_C05 (Lageraufgaben) werden hinsichtlich der gewählten Dimensionen des MultiProviders (Kombination der Dimensionen der zuvor genannten InfoCubes) aggregiert.
0WM_MP06	Ist dem InfoCube 0WM_C06 (Aggregierte Lieferpositionen) zugeordnet.
0WM_MP07	Ermöglicht die Auswertung von Lagerplätzen bezüglich der Gewichts-, Volumen- und Kapazitätsdaten.

Tabelle 13.5 Verfügbare SAP-EWM-relevante MultiProvider in SAP Business Warehouse (Forts.)

13.5.4 Extraktionsprozess

Zu den Data-Warehousing-Prozessen in SAP Business Warehouse gehört die Datenbereitstellung. BW stellt Mechanismen zur Bereitstellung von Daten (Stammdaten, Bewegungsdaten, Metadaten) aus verschiedenen Quellen (z. B. EWM) zur Verfügung. Der Extraktionsprozess ist in zwei Bereiche unterteilt – die *Initialextraktion* und die *Deltaextraktion*. Der Initialextraktionsprozess ist der erste Extraktionsprozess. Bei dieser Extraktion werden alle Daten initial durch Verwendung der entsprechenden DataSource zu einem bestimmten Zeitpunkt in BW extrahiert. Der Deltaextraktionsprozess wird periodisch eingeplant und extrahiert nur geänderte und hinzugekommene Applikationsdaten.

Es gibt zwei Arten von Datenübertragungen – die *Pull-Extraktion* und die *Push-Extraktion*. Der Unterschied besteht darin, auf welche Art und Weise die Deltadaten zwischen der Initial- und der Deltaextraktion bestimmt werden. In den folgenden beiden Abschnitten werden wir die verschiedenen Methoden unter folgenden Fragestellungen näher beschreiben:

▸ Woher werden die Daten extrahiert?
▸ Wie werden die Deltadaten bestimmt?

Pull-Extraktion

Während des *Online Transaction Processings* (OLTP) werden reporting-relevante Applikationsdaten in DB-Tabellen geschrieben. Diese DB-Tabellen sind die Basis für die Initial- und Deltaextraktion. Während bei der Initialextraktion alle Tabelleneinträge übertragen werden, berücksichtigt die Deltaextraktion nur die Daten, die noch nicht nach BW übertragen wurden. Extraktion und Übertragung der Daten erfolgen auf Anforderung von BW (Pull). Diese Datenanforderung wird per IDoc, das aus dem der DataSource entsprechenden InfoPackage getriggert wird, von BW an EWM gesendet. Die Extraktoren überprüfen daraufhin die DB-Tabellen in EWM nach Deltadaten, die in *BW-Delta-Queues* bereitgestellt werden. Folgende EWM-DataSources sind für die Pull-Extraktion vorkonfiguriert:

- DataSource 0WM_EWL (Ausgeführte Arbeitslast)
- DataSource 0WM_WT_WO (Lageraufträge und Lageraufgaben)

Push-Extraktion

Dabei werden die Extraktion und die Übertragung der Daten von EWM nach BW »gepusht«. Bei der Push-Extraktion weichen Initial- und Deltaextraktion deutlich voneinander ab. Bei der Initialextraktion werden die Daten nicht aus DB-Tabellen, sondern aus DataSource-spezifischen Tabellen gelesen, die mit Aktivierung der DataSource erzeugt werden. Das InfoPackage überträgt die Daten von den DataSource-Tabellen in BW. Die Bestimmung der Deltadaten erfolgt durch Update-Programme des Quellsystems, die bei Buchungsvorgängen online gerufen (z. B. mit Quittierung der Lageraufgabe) und in der BW-Delta-Queue bereitgestellt werden. Folgende EWM-DataSources sind für die Push-Extraktion vorkonfiguriert:

- Lagerplätze (DataSource 0WM_BIN)
- Lieferungspositionen (DataSource 0WM_DLVI)
- Logistische Zusatzleistungen (DataSource 0WM_VAS)
- Lageraufträge (DataSource 0WM_WO)
- Lageraufgaben (DataSource 0WM_WT_WO)

13.5.5 Reporting- und Analysewerkzeuge

SAP stellt verschiedene Reporting- und Analysewerkzeuge zur strategischen Analyse, zum operationalen Reporting und zur Entscheidungsunterstützung im Unternehmen zur Verfügung. Eine Möglichkeit dazu ist der SAP *Business Explorer* (BEx). Er besteht aus verschiedenen Anwendungen, die wir Ihnen im Folgenden vorstellen. Mithilfe des *BEx Query Designers* definieren Sie Queries zu InfoProvidern. In Tabelle 13.6 sind EWM-relevante Queries, die in SAP Business Warehouse im Standard ausgeliefert werden, aufgelistet.

Query	Beschreibung
0WM_A10_Q001/ 0WM_A10_Q002	Mit dieser Arbeitsmappe zur strategischen Planung können Sie mit Lieferpositionen aus der Vergangenheit eine Planung der benötigten Mitarbeiter pro Lager für die nächsten zwei Monate vornehmen. Die Beispielplanung wird auf der Ebene Version, Kalendermonat/-jahr und Lagernummer durchgeführt und berücksichtigt die Anzahl der Lieferungen. Bei dieser Beispielauslieferung werden als Vergangenheitsdaten die Anzahl der Lieferungen pro Lagernummer des letzten und des aktuellen Monats aus EWM extrahiert.
0WM_MP06_Q0002	Liefert Ihnen Informationen wie Bruttogewicht, Bruttovolumen und die WA- bzw. WE-gebuchte Menge der abgeschlossenen Lieferpositionen.
0WM_MP03_Q0002	Liefert Ihnen für die ausgeführte Arbeitslast Vergleichsdaten zwischen aktueller und geplanter Ausführungszeit, das dabei bewegte Gewicht bzw. Volumen und unterstützt Dashboard 0XC_WM_MP03_Q0002_01.
0WM_MP03_Q0003	Liefert Ihnen die zuvor beschriebenen Daten, erweitert um das Merkmal RESSOURCE, und unterstützt Dashboard 0XC_WM_MP03_Q0002_01.
0WM_MP01_Q0001	Liefert die Ergebnisse der Kennzahlenservices.
0WM_MP02_Q0001	Liefert Informationen zur ausgeführten Arbeitslast.
0WM_MP03_Q0001	Liefert auf Kalenderjahr/-monat aggregierte Informationen zur ausgeführten Arbeitslast.
0WM_MP04_Q0001	Liefert Auswertungen über die im Lager vorgefallenen Ausnahmen: ▸ Anzahl der Ausnahmecodes pro Ausführendem im gewählten Zeitraum ▸ Häufigkeit bestimmter Ausnahmecodes pro Ausführendem und Zeitraum ▸ Gesamtzahl Ausnahmecodes im gewählten Zeitraum ▸ Anzahl Ausnahmen in verschiedenen Business-Kontexten
0WM_MP05_Q0001	Liefert Informationen über das Volumen und Gewicht der erledigten Lageraufträge.
0WM_MP05_Q0002	Liefert Informationen über die Anzahl nicht erfüllter Lieferpositionen (*nicht erfüllt* bedeutet hier, dass die Anforderungsmenge größer ist als die Menge des Warenausgangs).
0WM_MP07_Q0001	Liefert Ihnen Informationen über die Tragfähigkeit, das maximal erlaubte Volumen und die Gesamtkapazität des Lagerplatzes.

Tabelle 13.6 Verfügbare SAP-EWM-relevante Queries in SAP Business Warehouse

Im *BEx Analyzer* können Sie ausgewählte InfoProvider-Daten durch Navigieren, über das Kontextmenü oder per Drag & Drop innerhalb von Queries, die im BEx Query Designer angelegt wurden, analysieren und zur Planung verwenden. Der BEx Analyzer ist in Microsoft Excel integriert. Mithilfe von *BEx Web* können die zuvor genannten BEx-Anwendungen webbasiert ausgeführt und die Ergebnisse in Form von HTML-Seiten z. B. in Ihrem Firmenportal dargestellt werden. Der BEx Report Designer ermöglicht Ihnen, für Präsentation und Druck optimierte Reports zu erstellen, die Sie über die angeschlossene PDF-Erzeugung in verschiedenen Formaten ausdrucken können.

Die Integration von SAP Business Warehouse mit *SAP BusinessObjects* ermöglicht Ihnen die Nutzung weiterer Reporting- und Analysewerkzeuge. Eine Möglichkeit ist die Nutzung von SAP *Crystal Reports*, um formularbasierte Berichte auf Grundlage von BW-Daten zu erzeugen und in verschiedenen Formaten, z. B. in Microsoft Word und Excel, als E-Mail oder HTML, darzustellen. Eine weitere Option, die SAP BusinessObjects bietet, ist die Verwendung von SAP Crystal Dashboard Design (ehemals *Xcelsius*), um BW-Daten in Form von Dashboards zu visualisieren. Abbildung 13.44 zeigt ein Dashboard-Beispiel mit Daten aus der EWM-Applikation Arbeitsmanagement.

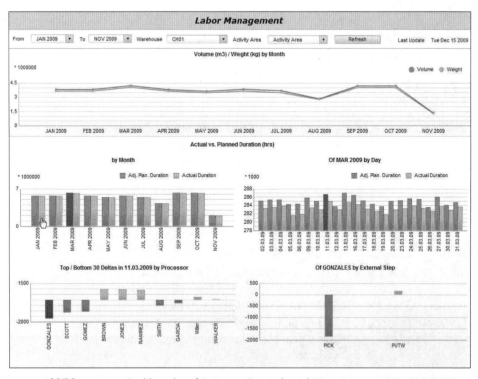

Abbildung 13.44 Dashboards auf Basis von Daten des Arbeitsmanagements in SAP EWM

13.6   Warehouse Performance Dashboard

In diesem Abschnitt möchten wir Ihnen einen Überblick über die Funktionen des *Warehouse Performance Dashboards* geben, das seit dem Release 9.0 von SAP EWM (SAP NetWeaver 7.3 BI Content Extension Add-on 7 SP2) zur Verfügung steht.

Das Warehouse Performance Dashboard bietet Ihnen die Möglichkeit, die wichtigsten Kennzahlen Ihrer Lagerstandorte im Blick zu behalten (siehe Abbildung 13.45). Auf der Basis von Auslieferungs- und Bestandsinformationen können Sie die Effizienz Ihrer Lagerstandorte entweder für das gesamte vergangene Jahr oder für die letzten zwölf Monate ermitteln und im direkten Vergleich gegenüberstellen. Durch Detailsichten, Drilldown-Funktionen und eine Auswahl an Visualisierungsoptionen (z. B. tabellarische Darstellung, Linien- und Balkendiagramme) lassen sich Ihre Kennzahlen aus verschiedenen Perspektiven flexibel und nutzerfreundlich im Dashboard darstellen.

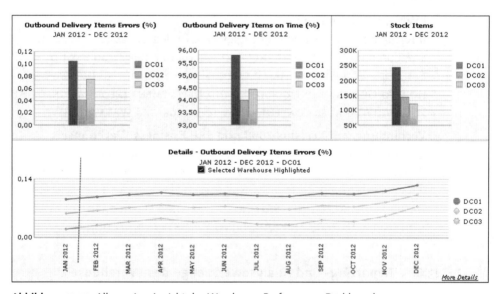

Abbildung 13.45 Allgemeine Ansicht des Warehouse Performance Dashboards

In der Standardauslieferung stehen Ihnen die folgenden Dashboard-Kennzahlen zur Verfügung:

- ▸ Auslieferungsinformationen
  - – Anzahl der Auslieferpositionen
  - – Anzahl der Auslieferpositionen pro MAK/Tag

> – Anzahl der termingerechten Auslieferungsauftragspositionen
>
> – Anzahl der Auslieferpositionen mit Fehlern

▸ Bestandsinformationen

> – Lagerkapazitätslevel
>
> – Anzahl der Bestandspositionen

Das Warehouse Performance Dashboard wird im Internetbrowser (z. B. Microsoft Internet Explorer inklusive Adobe Flash Player) betrieben und ist serverseitig auf einem BW-System installiert. Das in der Standardauslieferung verfügbare Dashboard kann mit *SAP BusinessObjects Dashboards* beliebig an kundenspezifische Anforderungen angepasst und erweitert werden. Zudem haben Sie die Möglichkeit, die Datenmodellierung im BW-System Ihren Reporting- und Analyseanforderungen anzupassen. Weitere Informationen zur Installation und Erweiterung der durch das Dashboard genutzten Systemkomponenten finden Sie im SAP Service Marketplace unter den folgenden Links:

▸ **EWM-BW-Integration**
Informationen zur EWM-BW-Integration finden Sie auf der Website des SAP Community Networks (*http://scn.sap.com/*) unter BUSINESS SUITE • SAP EXTENDED WAREHOUSE MANAGEMENT • 9.0 • ADDITIONAL INFORMATION • HOW-TO GUIDES • CONFIGURATION AND DEPLOYMENT INFORMATIONS • SAP SOLUTION MANAGER CONTENT • HOW TO INTEGRATE EWM WITH BW.

▸ **Verbindung von Xcelsius 2008 und SAP Business Warehouse**
Informationen zur Verbindung von Xcelsius 2008 und SAP Business Warehouse finden Sie auf der Website des SAP Community Networks (*http://scn.sap.com*) unter BUSINESS INTELLIGENCE • SAP BUSINESSOBJECTS DASHBOARDS (XCELSIUS) • SAP CRYSTAL REPORTS DASHBOARD DB CONNECTION • XCELSIUS 2008 AND SAP NETWEAVER BW CONNECTION.

13.6.1 Reporting- und Analysewerkzeuge des Warehouse Performance Dashboards

In diesem Abschnitt möchten wir Ihnen die im Betrieb des Warehouse Performance Dashboards genutzten und neu ausgelieferten BW-InfoProvider, BW Queries und Web Templates vorstellen. Voraussetzung für die Anwendung des Dashboards ist die Aktivierung der aufgeführten BW-Inhalte. Zudem müssen die Lagerdaten in das BW-System extrahiert worden sein, um dort über InfoProvider den für den jeweiligen Analysezweck vorgesehenen Queries zur Verfügung zu stehen. Optional kann auch im Rahmen der Dashboard-Entwicklung und -Erweiterung mit Demoinhalten gearbeitet werden (siehe den vorangegangenen Abschnitt 13.4).

In Tabelle 13.7 sind die für das Warehouse Performance Dashboard relevanten InfoProvider aufgelistet und beschrieben.

InfoProvider	Beschreibung
0WM_MP11	vollständiger Lagerplatz-Upload – ermöglicht eine Auswertung der Lagerkapazität für das Warehouse Performance Dashboard
0WM_MP12	Auslieferpositionen – ermöglicht eine Auswertung von Auslieferpositionen für das Warehouse Performance Dashboard
0WM_MP14	aggregierter Bestand – ermöglicht eine Auswertung von Bestandspositionen für das Warehouse Performance Dashboard
0WM_MP21	Liefereffizienz – ermöglicht eine Auswertung von Auslieferungen in Bezug auf die Liefereffizienz für das Warehouse Performance Dashboard

Tabelle 13.7 Verfügbare, für das Warehouse Performance Dashboard relevante InfoProvider in SAP BW

Die Daten für die im Warehouse Performance Dashboard visualisierten Kennzahlen werden mithilfe von BW Queries aus den InfoProvidern ermittelt und aufbereitet. Die Ergebnisse der Queries werden als Balkendiagramme im oberen und mittleren Bereich des Dashboards dargestellt. In Tabelle 13.8 sind die vom Warehouse Performance Dashboard genutzten und im Standard ausgelieferten Queries aufgeführt:

Query	Beschreibung
0WM_MP12_Q0001_DB	Trendanalyse über Auslieferpositionen zur Unterstützung der Auslastungsplanung Bewertungskriterien: ▸ Anzahl der Auslieferpositionen ▸ Gewicht und Volumen der Auslieferpositionen ▸ Wert der Auslieferpositionen Drilldown-Möglichkeiten: Lagernummer, Verfügungsberechtigter, Beleg- und Positionsart, Transportmittel, Route und Spediteur, Warenempfänger, Versandbedingung, Warenausgangsdatum

Tabelle 13.8 Verfügbare, für das Warehouse Performance Dashboard relevante Kennzahlen-Queries in SAP Business Warehouse

Query	Beschreibung
0WM_MP12_Q0002_DB	Trendanalyse der Auslieferfehler zur Identifikation von Mustern und Ursachen Bewertungskriterien: ▶ Anzahl der POD-relevanten Auslieferpositionen ▶ Anzahl der Auslieferfehler ▶ Prozentsatz der Auslieferfehler Drilldown-Möglichkeiten: Lagernummer, Verfügungs-berechtigter, Beleg- und Positionsart, Transportmittel, Route und Spediteur, Warenempfänger, Versandbe-dingung, Warenausgangsdatum
0WM_MP12_Q0003_DB	Trendanalyse zur Bewertung des Service-Levels zur Identifikation von Mustern und Ursachen Bewertungskriterien: ▶ Anzahl der Auslieferpositionen ▶ Anzahl der termingerechten Auslieferpositionen ▶ Service-Level in Prozent ▶ Drilldown-Möglichkeiten: ▶ Lagernummer ▶ Verfügungsberechtigter ▶ Beleg- und Positionsart ▶ Transportmittel ▶ Route und Spediteur ▶ Warenempfänger ▶ Versandbedingung ▶ Warenausgangsdatum
0WM_MP21_Q0001_DB	Trendanalyse der Lagerkosten und Effizienz für den Vergleich von verschiedenen Lagerstandorten und zur Unterstützung von Wachstumsstrategien Bewertungskriterien: ▶ Anzahl der täglichen Auslieferpositionen ▶ Anzahl der täglichen Mitarbeiterkapazität (MAK) ▶ Anzahl der täglichen Auslieferpositionen pro MAK ▶ tägliche Fixkosten ▶ tägliche Fixkosten pro MAK ▶ tägliche Gesamtkosten ▶ tägliche Gesamtkosten pro Auslieferposition

Tabelle 13.8 Verfügbare, für das Warehouse Performance Dashboard relevante Kennzahlen-Queries in SAP Business Warehouse (Forts.)

Query	Beschreibung
0WM_MP21_Q0001_DB (Forts.)	Drilldown-Möglichkeiten: ▸ Lagernummer ▸ Warenausgangsdatum
0WM_MP11_Q0001_DB	Trendanalyse der Lagerkapazität zur Unterstützung der Bestandskonsolidierung und Wachstumsstrategien Bewertungskriterien: ▸ Anzahl der Lagerplätze ▸ Anzahl der belegten Lagerplätze ▸ Prozentsatz der belegten Lagerplätze Drilldown-Möglichkeiten: ▸ Lagernummer ▸ Datum ▸ Lagertyp ▸ Lagerbereich ▸ Lagerplatz
0WM_MP14_Q0001_DB	Trendanalyse des Lagerbestands zur Ableitung von Aktionsplätzen Bewertungskriterien: ▸ Anzahl der Bestandspositionen ▸ Gewicht und Volumen der Bestandspositionen ▸ Bewertung der Bestandspositionen Drilldown-Möglichkeiten: ▸ Lagernummer ▸ Verfügungsberechtigter ▸ Datum ▸ Lagertyp und Lagerbereich ▸ Top-HU-Typ ▸ Bestandsart ▸ Materialgruppe ▸ Gefahrgutbewertung 1 und 2 ▸ alternative Mengeneinheit

Tabelle 13.8 Verfügbare, für das Warehouse Performance Dashboard relevante Kennzahlen-Queries in SAP Business Warehouse (Forts.)

Zur Darstellung der Detailsicht der Dashboard-Kennzahlen (z. B. Bestandspositionen, Auslieferpositionen etc.) auf der HTML-Oberfläche des Internetbrowsers werden BW-Web-Templates genutzt. In Tabelle 13.9 sind die durch das Warehouse Performance Dashboard verwendeten Web Templates aufgelistet.

Web Templates	Beschreibung
0TPL_0WM_MP12_Q0001	Gesamtgewicht, Volumen und Auslieferpositionen
0TPL_0WM_MP21_Q0001	Lagerkosten und Liefereffizienz pro MAK
0TPL_0WM_MP12_Q0003	Prozentsatz der termingerechten Auslieferpositionen
0TPL_0WM_MP12_Q0004	Prozentsatz der Auslieferfehler
0TPL_0WM_MP11_Q0001	Lagerkapazitätslevel – belegte Plätze
0TPL_0WM_MP14_Q0001	Gesamtgewicht, Volumen und Wert der Bestandspositionen

Tabelle 13.9 Verfügbare, für das Warehouse Performance Dashboard relevante Web Templates in SAP Business Warehouse

13.6.2 Layout und Navigation mit dem Warehouse Performance Dashboard

In diesem Abschnitt möchten wir Ihnen einen Überblick über Layout und Navigation des Warehouse Performance Dashboards geben. Die Oberfläche des Dashboards bietet Ihnen verschiedene Navigationsoptionen, um von einem ersten Überblick in eine detaillierte Auswertung Ihrer Performancekennzahlen zu gelangen. Im Folgenden möchten wir Ihnen diese Navigationsmöglichkeiten vorstellen:

Die *Drilldown-Funktion* bietet die Möglichkeit, für die ausgewählte Kennzahl einen Verlauf in Form eines Liniendiagramms über das zuvor gewählte Selektionsintervall zu visualisieren (siehe Abbildung 13.46). Durch die Auswahl des Kontrollkästchens SELEKTIERTE LAGERNUMMER HERVORHEBEN kann eine ausgewählte Lagernummer farblich abgesetzt von den Verläufen anderer Lagernummern angezeigt werden. Sie haben so die Möglichkeit, Vergleiche zwischen den Kennzahlen (z. B. Bestandspositionen oder Anzahl der Lieferpositionen) der verschiedenen Lagerstandorte sowie über deren zeitliche Entwicklung vorzunehmen.

Mithilfe der Funktion TABELLENANZEIGE können die als Balkendiagramm angezeigten Query-Ergebnisse tabellarisch dargestellt werden (siehe Abbildung 13.47). Diese Darstellung erlaubt es Ihnen in erster Linie, Sortierungen einzelner Kennzahlenparameter durchzuführen. Mithilfe dieser Funktion können Sie direkt einzelne Kennzahlen des Dashboards aus verschiedenen Lagern miteinander vergleichen, um so Rückschlüsse auf die Effizienz des Lagerbetriebs ziehen zu können.

Abbildung 13.46 Liniendiagramm einer selektierten Kennzahl des Warehouse Performance Dashboards

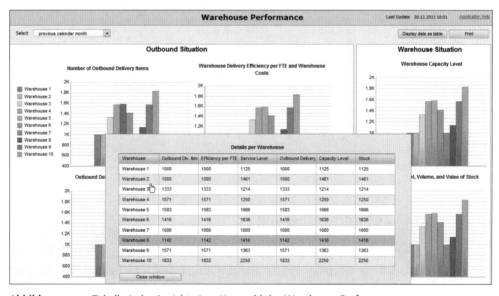

Abbildung 13.47 Tabellarische Ansicht einer Kennzahl des Warehouse Performance Dashboards

Jede Kennzahl bietet zudem die Möglichkeit einer *Detailsicht* bei Auswahl der entsprechenden Dashboard-Funktion (siehe Abbildung 13.48). Die Kennzahlen des über die Drilldown-Funktion dargestellten Liniendiagramms können

935

in der Detailsicht anhand der durch die jeweilige Query zur Verfügung gestellten Parameter umfassender analysiert werden. Die Detailsicht nutzt die im vorangegangenen Abschnitt aufgeführten Web Templates und ruft diese mit den im Liniendiagramm selektierten Daten auf. Die Detailsicht bietet Ihnen weitere Drilldown-Möglichkeiten ausgewählter Kennzahlen, um z.B. die Gesamtmenge der Auslieferpositionen Ihrer Lagerstandorte nach Filterkriterien wie Versandbedingung oder Beleg- und Positionsarten zu analysieren.

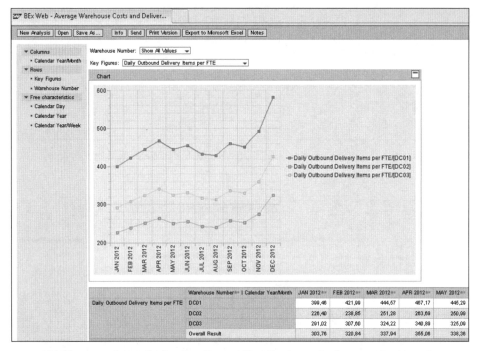

Abbildung 13.48 Detailsicht einer Kennzahl im Warehouse Performance Dashboard

13.7 Zusammenfassung

In diesem Kapitel haben wir mit dem Lagermonitor, dem Lagercockpit auf Basis des Easy Graphics Frameworks, dem grafischen Lagerlayout und den Kennzahlenservices die Monitoring-Funktionen in SAP EWM beschrieben. Darüber hinaus haben wir Ihnen im Rahmen des Reportings die in EWM verfügbaren DataSources, die Datenextraktion in SAP Business Warehouse, den Datenfluss innerhalb von BW und die im Standard-BW verfügbaren Queries als Basis der Reports vorgestellt. Sie haben damit einen Überblick über die Monitoring- und Reporting-Möglichkeiten in EWM in Kombination mit SAP Business Warehouse erhalten.

Es ist möglich, eine Materialflusssteuerung direkt an SAP EWM anzubinden. In diesem Kapitel vermitteln wir Ihnen die Grundbegriffe, den Aufbau und die Simulation einer Materialflusssteuerung mit EWM.

14 Anbindung einer Materialflusssteuerung

EWM bietet die Möglichkeit, automatische Läger direkt, also ohne einen zusätzlichen Lagersteuerrechner, anzubinden und abzubilden. Dies geschieht über das EWM-Materialflusssystem (EWM-MFS). Sie können in EWM-MFS ein automatisches Lager mit Meldepunkten, Fördersegmenten und Ressourcen abbilden.

Die speicherprogrammierbare Steuerung des Materialflusssystems kommuniziert über Telegramme mit EWM-MFS. Auf diese Weise können Informationen zwischen EWM-MFS und der speicherprogrammierbaren Steuerung ausgetauscht werden, z. B. um zu steuern, wie sich die Handling Units über das Materialflusssystem von Meldepunkt zu Meldepunkt bewegen sollen. Die Steuerentscheidungen darüber, wie sich Handling Units durch das Materialflusssystem bewegen, werden in EWM-MFS mithilfe der layoutorientierten Lagerungssteuerung abgebildet. EWM-MFS ermöglicht es darüber hinaus, verschiedene Ausnahmebehandlungen auszuführen, wie z. B. das Sperren eines Betriebsmittels. Im Lagerverwaltungsmonitor (kurz: Lagermonitor) können Sie den MFS-Prozess überwachen, auswerten und beeinflussen.

In diesem Kapitel befassen wir uns zunächst mit den Grundbegriffen und dem Aufbau sowie der Einrichtung und der Simulation eines Materialflusssystems. Als Nächstes widmen wir uns der Definition eines Lagerlayouts im MFS inklusive mehrfachtiefer Lagerung und behandeln anschließend die Telegrammkommunikation, das Routing und die Überwachung des Materialflusssystems. Darüber hinaus besprechen wir die Ausnahmebehandlungen im Materialflusssystem. Zuletzt wenden wir uns der Anbindung über die Lagersteuerrechner-Schnittstelle zu.

14.1 Grundbegriffe und Aufbau eines Materialflusssystems

Um die Grundbegriffe, das Lagerlayout und andere Aspekte von EWM-MFS zu besprechen, haben wir in diesem Kapitel ein einfaches Beispiellager vor Augen. Dieses sehen Sie in Abbildung 14.1.

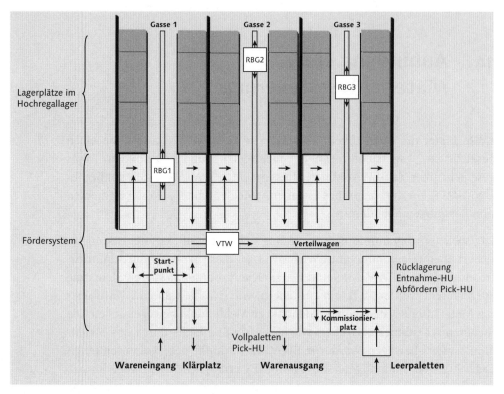

Abbildung 14.1 Beispiel eines Materialflusssystems mit Hochregallager

Das automatische Beispiellager in Abbildung 14.1 hat ein Hochregal und ein Fördersystem. Die Handling Units (HUs) können über das Materialflusssystem, an verschiedenen Meldepunkten vorbei, ins Hochregallager ein- und wieder aus dem Hochregallager zum Kommissionierpunkt oder direkt zur Bereitstellzone ausgelagert werden. Wir werden in diesem Kapitel immer wieder auf dieses Beispiellager zurückkommen.

Die Grundbegriffe, die wir in diesem Abschnitt besprechen werden, sind die speicherprogrammierbare Steuerung, der Kommunikationskanal, Meldepunkte und Fördersegmente. Wir werden diese Begriffe erläutern und die Konfiguration in EWM-MFS besprechen.

14.1.1 Speicherprogrammierbare Steuerung

Die *speicherprogrammierbare Steuerung* (SPS) ist ein unterlagertes Echtzeitsystem, das den physischen Transport von HUs auf Förderanlagen und deren Komponenten steuert. Die SPS wertet Signale der angeschlossenen Fördertechnik oder weiterer Steuerungen aus und aktiviert oder deaktiviert Motoren, Geräte, Sensoren, Leser etc.

Ab Release EWM 5.1 können Sie die Einstellungen zur SPS-Schnittstelle pro SPS treffen oder übergreifende Schnittstellentypen verwenden.

Verwendung von Schnittstellentypen

Schnittstellentypen empfehlen sich, sobald Sie mehrere SPS anbinden möchten, die über dieselbe Schnittstellendefinition (Telegrammtypen, Telegrammstruktur, Fehlercodes etc.) mit SAP EWM kommunizieren. In der Regel trifft das für Regalbediengeräte zu.

Schnittstellentypen

Über den Customizing-Pfad MATERIALFLUSSSYSTEM (MFS) • STAMMDATEN • SPS-SCHNITTSTELLENTYP DEFINIEREN können Sie die verschiedenen Schnittstellentypen definieren (siehe Abbildung 14.2).

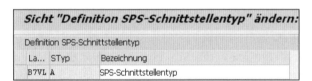

Abbildung 14.2 Schnittstellentypen definieren

Geben Sie im Customizing dann ein Kürzel und eine Beschreibung des Schnittstellentyps ein.

Speicherprogrammierbare Steuerung definieren

Jede Steuerung, mit der das EWM-System kommunizieren soll, müssen Sie als SPS definieren. In größeren Anlagen sind unter Umständen Kopfsteuerungen im Einsatz. Kopfsteuerungen sind speicherprogrammierbare Steuerungen, die ihrerseits andere speicherprogrammierbare Steuerungen vor Ort kontrollieren. Zum Beispiel könnte es sein, dass eine Kopfsteuerung zugleich ein Materialflusssystem und auch ein Regalbediengerät steuert. Das EWM-System kommuniziert in diesem Fall aber nur mit den Kopfsteuerungen, und deshalb definieren Sie auch nur diese Kopfsteuerungen als SPS.

Die SPS definieren Sie über den Customizing-Pfad MATERIALFLUSSSYSTEM (MFS) • STAMMDATEN • SPEICHERPROGRAMMIERBARE STEUERUNG (SPS) DEFINIEREN (siehe Abbildung 14.3).

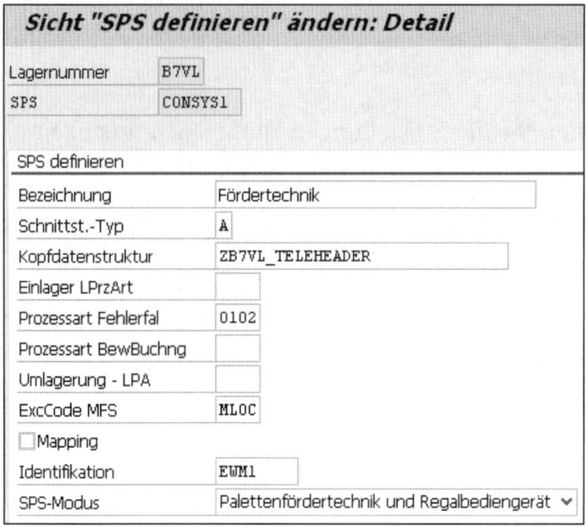

```
Sicht "SPS definieren" ändern: Detail

Lagernummer      B7VL
SPS              CONSYS1


SPS definieren

Bezeichnung          Fördertechnik
Schnittst.-Typ       A
Kopfdatenstruktur    ZB7VL_TELEHEADER
Einlager LPrzArt
Prozessart Fehlerfal 0102
Prozessart BewBuchng
Umlagerung - LPA
ExcCode MFS          MLOC
☐ Mapping
Identifikation       EWM1
SPS-Modus            Palettenfördertechnik und Regalbediengerät ⌄
```

Abbildung 14.3 Speicherprogammierbare Steuerung definieren

Außer der Bezeichnung der SPS müssen Sie zusätzlich folgende Felder pflegen:

► **Schnittstellentyp (Feld »Schnittst.-Typ«)**
Über das Feld SCHNITTST.-TYP kann die SPS einem bereits definierten Schnittstellentyp zugeordnet werden.

► **Kopfdatenstruktur**
Alle Telegramme, die an die SPS verschickt werden, verwenden dieselbe Kopfdatenstruktur, die hier hinterlegt werden muss. Zuerst definieren Sie die Telegrammkopfdatenstruktur im Data Dictionary.

► **Lagerprozessart für Einlagerungen mit Fördertechnik (Feld »Einlager LPrzArt«)**
Die Lagerprozessart EINLAGER LPRzART wird von Meldepunkten mit der Meldepunktart IP zum Anstoßen der Einlagerstrategie verwendet.

> **Lagerprozessart für Einlagerungen mit Fördertechnik**
>
> Das Feld EINLAGER LPRzART dient in der SPS-Konfiguration nur der Rückwärtskompatibilität zu Release SAP SCM 5.0. Ab SAP SCM 5.1 können Sie diese Prozessart direkt auf dem Meldepunkt hinterlegen.

▶ **Prozessart Fehlerfall (Feld »Prozessart Fehlerfal«)**
In diesem Feld kann eine Lagerprozessart hinterlegt werden, die das System bei HU-Fehlern dazu verwendet, die entsprechenden HUs zum Klärplatz auszuschleusen. EWM schleust HUs z. B. dann zum Klärplatz aus, wenn die SPS einen Konturenfehler meldet. Der Weg zum nächsten Klärplatz wird nicht über die layoutorientierte Lagerungssteuerung bestimmt, sondern durch Angabe des jeweils nächsten Zwischenziels in Richtung Klärplatz pro Meldepunkt. Auf diese Weise können Sie die Lagersteuerung für das Lager erheblich vereinfachen. Sie können die Lagerprozessart bei diesem Verfahren jedoch nicht in die layoutorientierte Lagersteuerung, sondern direkt in das Customizing der SPS eingeben.

> **Sofort-Quittieren im Fehlerfall**
>
> Definieren Sie für die Prozessart FEHLERFALL eine Lagerprozessart, mit der das Sofort-Quittieren erlaubt ist, um eine sofortige Umlagerung im Fehlerfall zu ermöglichen.

▶ **Prozessart BewBuchng**
In diesem Feld muss bei Verwendung der Behälterfördertechnik, die im späteren Verlauf des Kapitels erläutert wird, eine Lagerprozessart für Bewegungsbuchungen hinterlegt werden.

▶ **Umlagerung – LPA**
Das Feld UMLAGERUNG – LPA wird im Falle einer notwendigen Umlagerung bei verdeckten Handling Units im Kontext der mehrfachtiefen Lagerung verwendet, um die verdeckende HU auf einen anderen Platz zu bewegen.

▶ **Ausnahmecode (Feld »ExcCode MFS«)**
In dieses Feld geben Sie den Ausnahmecode für Nach-Lagerplatz-Änderung ein, der bei der Quittierung von Lageraufgaben im MFS gesetzt wird. Wenn die SPS eine HU an einem anderen Meldepunkt anmeldet als erwartet, bucht EWM die HU auf den neuen Punkt um. Für diese Fälle definieren Sie einen Ausnahmecode und legen mögliche Folgeaktionen (z. B. einen Alert) fest. Der Ausnahmecode (hier MLOC) muss auf den internen Prozesscode CHBD (Nach-Platz ändern) verweisen.

▶ **Mapping**
Dieses Feld legt fest, ob Objekte im Austausch zwischen EWM und der SPS umgeschlüsselt werden sollen. Dies ist nötig, falls Lagerplätze in EWM und der SPS verschiedene Identifikationen haben. Wenn das Kennzeichen MAPPING gesetzt ist, können Sie die Transaktion /SCWM/MFS_OBJMAP

benutzen, um zu jedem Lagerplatz einen von der SPS verwendeten Namen zu hinterlegen.

▶ **Identifikation**
Der in diesem Feld eingetragene Wert wird in Telegrammen an die SPS als Senderidentifikation mitgegeben.

Kennzeichen »Tele überprüfen«

Wenn Sie im Kommunikationskanal das Kennzeichen TELE ÜBERPRÜFEN setzen (siehe Abbildung 14.4), akzeptiert das EWM-System über diesen Kanal nur Telegramme, die diese Identifikation im Feld EMPFÄNGER enthalten.

14.1.2 Kommunikationskanal

Zu jeder SPS muss mindestens ein Kommunikationskanal definiert sein. Nachrichtenverbindungen zwischen MFS und einer SPS werden durch eine IP-Adresse und einen Port definiert. Um die Kommunikation zwischen MFS und einer SPS zu ermöglichen, müssen Sie einen Kommunikationskanal für diese SPS definieren. Sie legen dabei einige Eigenschaften fest, z. B. die Länge der Nachrichten und ob mit Telegrammbestätigungen gearbeitet wird. Im Anwendungsmenü stellen Sie außerdem IP-Adresse und Port ein, über die die SPS erreichbar ist.

Sie können zur Kommunikation mit derselben SPS mehrere Kanäle verwenden, die dann jeweils einen eigenen Port nutzen müssen. Darüber hinaus können Sie festlegen, dass bestimmte Telegramme über den einen Kanal und andere Telegramme über einen anderen Kanal kommuniziert werden sollen.

Telegramme eines Kommunikationskanals werden sequenziell an die SPS übermittelt, das heißt, EWM versendet Telegramm 2 erst dann, wenn für das zuvor versendete Telegramm 1 eine Empfangsbestätigung eingetroffen ist. In der Regel ist ein Kommunikationskanal pro Steuerung ausreichend. Über einen zweiten Kommunikationskanal (und gegebenenfalls weitere) kann die Kommunikation jedoch beschleunigt werden.

Nachrichten parallel versenden

Achten Sie darauf, dass Sie nur solche Nachrichten parallelisieren, die sich gegebenenfalls auch überholen dürfen. Es kann z. B. unerwünschte Folgen haben, wenn Transportquittungen und Anmeldetelegramme auf unterschiedliche Kanäle verteilt werden. Bei Störungen auf einem Kanal würden sie dann nicht mehr in der vorgesehenen Reihenfolge verarbeitet werden.

Über den Customizing-Pfad MATERIALFLUSSSYSTEM (MFS) • STAMMDATEN • KOMMUNIKATIONSKANAL • KOMMUNIKATIONSKANAL DEFINIEREN können Sie die Eigenschaften eines Kommunikationskanals definieren.

Um den Kommunikationskanal zu definieren, pflegen Sie, wie in Abbildung 14.4 gezeigt, die folgenden Felder:

► **TeleWiederholung**
Ein Wert zwischen 1 und 9; die Anzahl der Telegrammwiederholungen, die das System durchläuft, falls ein Telegramm nicht erfolgreich zur speicherprogrammierbaren Steuerung übertragen werden konnte. Danach wird der Ausnahmecode, der im Feld EXCCODE MFS eingetragen ist, ausgeführt.

► **Intervall TeleWied.**
In diesem Feld legen Sie fest, nach wie vielen Sekunden das Senden eines Telegramms wiederholt werden soll, wenn das System keine Empfangsbestätigung erhalten hat. Das System versucht nach Ablauf des Intervalls, das Telegramm erneut an die SPS zu senden, falls die Übertragung zuvor nicht bestätigt wurde.

► **Höchste Laufnummer Sender (Feld »höchste Lfnr S.«)**
Über dieses Feld definieren Sie die höchste erlaubte Laufnummer beim Versenden von Telegrammen. Das EWM-System versieht jedes Telegramm mit einer eindeutigen Laufnummer. Diese Nummer hilft dem Empfänger zu erkennen, ob er ein Telegramm bereits empfangen hat oder nicht. Nur beim ersten Erhalt wird das Telegramm verarbeitet, danach wird es nur noch bestätigt. Telegramme mit zu kleiner laufender Nummer werden verworfen.

► **Höchste Laufnummer Empfänger (Feld »höchste Lfnr E.«)**
Dieses Feld legt die höchste erlaubte Laufnummer beim Empfangen von Telegrammen fest.

► **Füllzeichen**
Dieses Feld steuert, durch welches Füllzeichen Leerzeichen in Telegrammen an die SPS gefüllt werden sollen. Zur besseren Lesbarkeit von Telegrammen (z. B. mit einem LAN-Tester oder mit Protokolldateien) bietet EWM die Option, ein spezielles Zeichen festzulegen, das anstelle von Leerzeichen verwendet wird. Das EWM-System füllt alle Felder ausgehender Telegramme mit diesem Zeichen. Im Gegenzug ersetzt es bei eingehenden Telegrammen alle Stellen, die dieses Zeichen enthalten, durch Leerzeichen.

► **Handshake-Bestätigung (Feld »HS Bestätigung«)**
Das Handshake-Zeichen für Bestätigungen legt fest, wie ein Telegramm als Bestätigung gekennzeichnet wird.

▶ **Handshake-Anforderung (Feld »HS Anforderung«)**

Das Handshake-Zeichen für Anforderungen legt fest, wie ein Telegramm als Anforderung gekennzeichnet wird.

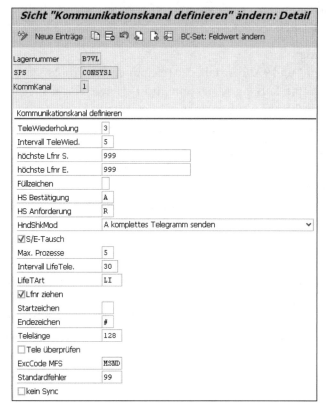

Abbildung 14.4 Kommunikationskanal definieren

▶ **Handshake-Modus (Feld »HndShkMod«)**

Über das Feld HNDSHKMOD legen Sie fest, wie der Handshake mit der SPS durchgeführt werden soll. Der Handshake-Modus bestimmt z. B., ob Telegramme bestätigt werden müssen und welche Informationen dann in der Bestätigung enthalten sind. Die Optionen für den Handshake-Modus sehen Sie in Abbildung 14.5.

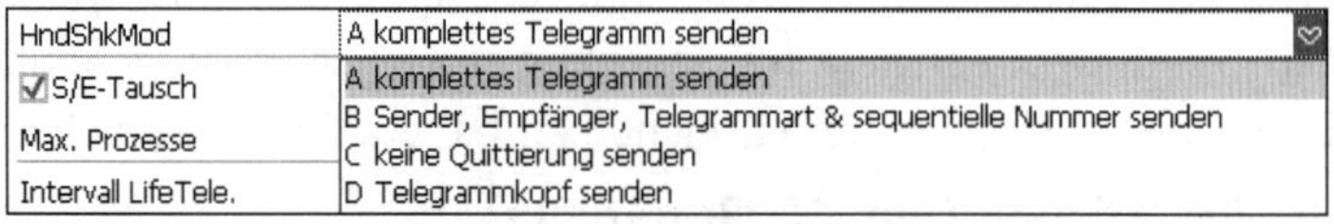

HndShkMod	A komplettes Telegramm senden
☑ S/E-Tausch	A komplettes Telegramm senden
Max. Prozesse	B Sender, Empfänger, Telegrammart & sequentielle Nummer senden
Intervall LifeTele.	C keine Quittierung senden
	D Telegrammkopf senden

Abbildung 14.5 Optionen für den Handshake-Modus

▸ **S/E-Tausch**

Dieses Feld legt fest, ob Sender und Empfänger bei der Telegrammbestätigung getauscht werden sollen.

▸ **Max. Prozesse**

Hier pflegen Sie, wie viele Workprozesse maximal verwendet werden dürfen, um Aktionsbausteine für eingehende Telegramme abzuarbeiten.

▸ **Intervall Life Tele.**

In diesem Feld wird das Intervall für Life-Telegramme in Sekunden festgelegt. Basierend auf diesem Intervall, übermittelt das System Life-Telegramme an die SPS, die die Verbindung zur SPS auf Funktionstüchtigkeit prüfen, wenn keine Nutztelegramme ausgetauscht werden.

▸ **Telegrammart Life-Telegramm (Feld »LifeTArt«)**

Das Feld LifeTArt legt die Telegrammart für das Life-Telegramm fest.

▸ **Laufnummer ziehen (Feld »Lfnr ziehen«)**

Dieses Feld legt fest, ob für Life-Telegramme eine Laufnummer gezogen wird.

▸ **Startzeichen**

Hier pflegen Sie Zeichen, die den Start eines Telegramms kennzeichnen.

▸ **Endezeichen**

Hier pflegen Sie Zeichen, die das Ende eines Telegramms kennzeichnen.

▸ **Telelänge**

In diesem Feld legen Sie die Telegrammlänge (in Zeichen) fest; sie entspricht der Anzahl von Zeichen, die ein Telegramm zum Austausch mit der speicherprogrammierbaren Steuerung umfasst.

▸ **Tele überprüfen**

Dieses Feld legt fest, ob das empfangene Telegramm auf semantische und syntaktische Korrektheit überprüft werden soll.

▸ **Ausnahmecode (Feld »ExcCode MFS«)**

Dieser Ausnahmecode wird ausgelöst, wenn bei der Kommunikation über den aktuellen Kommunikationskanal ein Fehler auftritt.

▸ **Standardfehler**

Dies ist der Standardfehler, der an die SPS übertragen wird, wenn das System bei einem eingehenden Anfragetelegramm einen Fehler festgestellt hat.

Wenn Sie eine feinere Fehlerauswertung nutzen möchten, können Sie dies im EWM-Customizing unter dem Pfad MATERIALFLUSSSYSTEM (MFS) • AUSNAHMEBEHANDLUNG • TELEGRAMMFEHLER ZU SPS-FEHLER ZUORDNEN einstellen.

▶ **Kein Sync**

Wenn Sie dieses Kennzeichen setzen, führt das System zu Beginn einer Telegrammkommunikation keine Synchronisierung durch.

Beispiel zur Definition von Kommunikatonskanälen

Sie legen fest, dass MFS mit den drei Regalbediengeräten Ihres Lagers über jeweils einen Kanal kommunizieren soll. Bezüglich der Lagervorzone erwartet Sie ein höheres Telegrammaufkommen. Für die dafür zuständige SPS definieren Sie deshalb zwei Kanäle (Port 1 und Port 2). Über Kanal 1 sollen alle HU-bezogenen Telegramme laufen, über Kanal 2 alle Statustelegramme (Störmeldungen für Meldepunkte und Segmente). Sie vereinbaren deshalb mit dem Zuständigen für die SPS, dass Statustelegramme über Port 2 gesendet werden sollen, und definieren in EWM, dass die Telegrammart STAR (Status-Request von EWM an das MFS) über Kanal 2 geschleust wird.

14.1.3 Meldepunkt

Ein *Meldepunkt* ist ein Punkt auf der Fördertechnik, an dem EWM und die SPS Informationen austauschen, wie z. B. Verfügbarkeitsstatus, Startpunkt einer Lageraufgabe, Zielpunkt einer Lageraufgabe oder Scannerpunkt. Ein Meldepunkt ist immer genau einer SPS zugeordnet.

In EWM bilden Sie einen Meldepunkt immer auch als Lagerplatz und innerhalb der layoutorientierten Steuerung (LOLS) als Lagerungsgruppe ab. Jeder Meldepunkt ist einer bestimmten Meldepunktart zugeordnet. So können Sie z. B. eine Meldepunktart für Identifikationspunkte (Punkte der Lagerplatzvergabe) oder für Scannermeldepunkte definieren. Die Meldepunktart zusammen mit der Telegrammart beeinflusst die MFS-Aktion, die das System bei diesem Meldepunkt auslöst.

Eine wesentliche Eigenschaft von Meldepunkten ist ihre Kapazität. Die Kapazität wird durch die Anzahl der HUs ausgedrückt, die gleichzeitig auf dem Meldepunkt zulässig sind. Das Programm berücksichtigt dabei auch ankommende oder abfahrende HUs.

Eine weitere wesentliche Eigenschaft ist der Verfügbarkeitsstatus. Sie können einen Meldepunkt entweder seitens der SPS oder – über den Lagermonitor – seitens des Lagerleitstands sperren.

Beispiel der Ablauflogik am Meldepunkt

Jede Meldepunktart kann ihre eigene Ablauflogik haben. Betrachten wir einen typischen Kommunikationsprozess:

▶ Die Förderanlage bewegt z. B. eine HU zu einem Scanner. Diesen Punkt haben Sie im MFS als Meldepunkt (z. B. CP01) mit der Meldepunktart IDENTIFIKATIONS-PUNKT definiert. Die SPS schickt nun die vom Scanner gelesenen Daten (HU-Nummer) zusammen mit dem Meldepunktnamen an EWM.

▶ EWM löst die für diese Telegrammart (Scannertelegramm) und diese Meldepunktart (Identifikationspunkt) eingestellte Aktion aus (Lagerplatzsuche), ermittelt das nächste Zwischenziel auf dem Weg zum finalen Lagerplatz und schickt dann ein entsprechendes Telegramm an die SPS (HU zum nächsten Meldepunkt CP02 transportieren).

▶ Die SPS veranlasst, dass die HU über die Förderanlage zum gewünschten Meldepunkt transportiert wird. Wenn die HU dort angekommen ist, schickt die SPS ein neues Telegramm (Anmeldung an CP02).

Für diesen Meldepunkt haben Sie die Meldepunktart EINFACHER MELDEPUNKT eingestellt. Sie haben außerdem festgelegt, dass bei Anmeldungen an einfachen Meldepunkten ein Funktionsbaustein aufgerufen werden soll, der die HU auf den neuen Punkt umbucht und das nächste Ziel auf dem Weg zum finalen Lagerplatz ermittelt. Falls der nächste Meldepunkt keine Kapazität hat oder an ihm eine Ausnahme gesetzt ist, hält EWM die Lageraufgabe für die SPS zurück.

14.1.4 Fördersegment

Ein *Fördersegment* ist eine Strecke zwischen zwei Meldepunkten. Fördersegmente transportieren HUs physisch von einem Meldepunkt zum nächsten. Die Ressourcentypen können Sie im Customizing über den Pfad EXTENDED WAREHOUSE MANAGEMENT • MATERIAL-FLUSSSYSTEM (MFS) • STAMMDATEN • FÖRDERSEGMENT DEFINIEREN (siehe Abbildung 14.6) anlegen.

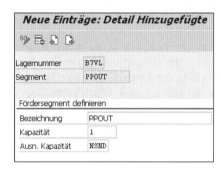

Abbildung 14.6 Fördersegmente definieren

Auch für Fördersegmente können Sie jeweils eine Kapazitätsgrenze einstellen. Die Kapazität bezieht sich wie bei Meldepunkten auf die Anzahl an HUs, die über das jeweilige Fördersegment gleichzeitig transportiert werden können. Wenn die Kapazität eines Fördersegments ausgelastet ist, hält EWM weitere Aufträge für dieses Segment zurück.

Sie ordnen Fördersegmente in der LOLS ihren Anfangs- und Endpunkten zu (siehe Abbildung 14.7).

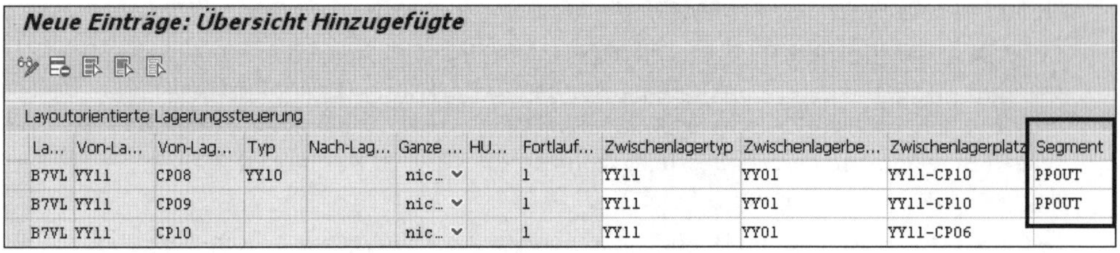

Neue Einträge: Übersicht Hinzugefügte											
`%` `昆` `昆` `昆` `昆`											
Layoutorientierte Lagerungssteuerung											
La...	Von-La...	Von-Lag...	Typ	Nach-Lag...	Ganze ...	HU...	Fortlauf...	Zwischenlagertyp	Zwischenlagerbe...	Zwischenlagerplatz	Segment
B7VL	YY11	CP08	YY10		nic... ∨		1	YY11	YY01	YY11-CP10	PPOUT
B7VL	YY11	CP09			nic... ∨		1	YY11	YY01	YY11-CP10	PPOUT
B7VL	YY11	CP10			nic... ∨		1	YY11	YY01	YY11-CP06	

Abbildung 14.7 Fördersegmente der layoutorientierten Lagerungssteuerung zuordnen

Sie können verschiedene Fördersegmente bezüglich einer Fördersegment-gruppenart (z. B. Status) zu einer Fördersegmentgruppe zusammenfassen. So können Sie z. B. bei einer SPS-Störmeldung anstelle einzelner Fördersegmente die ganze Fördersegmentgruppe mit einer Ausnahme versehen; das System hält dann Aufträge für diese Fördersegmente zurück.

Sie müssen Fördersegmente nur dann definieren, wenn Sie ihren Status (Bereitschaft, Kapazität) in EWM kontrollieren wollen. In vielen Fällen genügt es, Kapazität und Status auf Meldepunkten zu führen.

> **Beispiel für die Nutzung von Fördersegmenten**
>
> Sie haben für eine bestimmte Route im Lager die folgenden Strecken:
>
>   A → B → C → Ziel
>
> Für das Segment zwischen A und B erwarten Sie Statusmeldungen von der SPS. Ebenso für die Strecke zwischen B und C. Auf dieses Segment sollen außerdem nicht mehr als drei Aufträge gleichzeitig an die SPS geschickt werden. Sie definieren zwei Fördersegmente, AB und BC. Für BC tragen Sie Kapazität 3 ein. In der layoutorientierten Lagersteuerung definieren Sie für die Strecke von A zum Ziel das Zwischenziel B und ordnen diesem Eintrag das Segment AB zu. Für die Strecke von B zum Ziel legen Sie das Zwischenziel C fest und ordnen diesem Eintrag das Segment BC zu. MFS kann nun (zusätzlich zum Status der betroffenen Meldepunkte) eventuelle Störungen auf den Segmenten AB und BC berücksichtigen und die Kapazitätsgrenze auf dem Segment BC beachten.

14.2 Einrichtung und Simulation eines Materialflusssystems

In diesem Abschnitt beschreiben wir die grundlegenden Einstellungen, um ein MFS in EWM einzurichten. Folgende Schritte sind dafür erforderlich:

1. RFC-Verbindung einrichten

2. Stammdaten für die SPS pflegen

3. Stammdaten der Kommunikationskänale pflegen

Abbildung 14.8 zeigt, wie die Kommunikation zwischen EWM-MFS und einer externen SPS erfolgt, wenn diese Grundeinstellungen vorgenommen worden sind.

Im Beispiel wird zunächst eine Lageraufgabe erstellt, die eine HU von Meldepunkt CP01 nach Meldepunkt CP02 bewegen soll. Für diese Lageraufgabe wird die Queue CONSYS1 bestimmt, der die SPS CONSYS1 zugeordnet ist. EWM ermittelt aus den Stammdaten der SPS, dass diese die SAP-ABAP-Push-Channel-TCP-Kommunikationsschicht, die die technische Kommunikation über TCP/IP-Sockets übernimmt, und die RFC-Destination MFS_PLC_INTERFA-CE_WH20 verwendet. Die RFC-Destination MFS_PLC_INTERFACE_WH20 wird während des Starts einer Verbindung zur SPS genutzt, danach erfolgt der Austausch über ABAP Push Channel TCP.

Für das oben genannte Beispiel wird ein Telegramm mit den Daten der Lageraufgabe über den ABAP Push Channel TCP an die SPS geschickt.

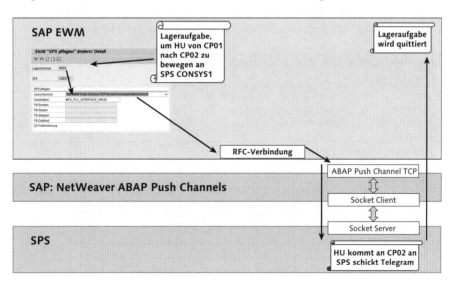

Abbildung 14.8 Datenfluss zwischen MFS und einer externen SPS

Im nächsten Abschnitt betrachten wir zunächst die grundlegenden Einstellungen zur Anbindung der SPS im Detail.

Hinweis zu ABAP Push Channel TCP

Bitte beachten Sie, dass die genannte ABAP-Push-Channel-TCP-Kommunikations-schicht erst ab Release 9.4 zur Verfügung steht.

Für ältere Releases oder für bestehende Projekte kann alternativ der RFC-Adapter *SAP Plant Connectivity* (PCo) genutzt werden. Die PCo-Software dient nur als Übersetzer der Telegramme in TCP/IP, sodass direkt mit der SPS kommuniziert werden kann.

Anschließend beschreiben wir die MFS-Simulation, mit der Sie MFS ohne SPS-Anbindung oder Emulation verwenden können. Mit der MFS-Simulation können Sie innerhalb von EWM z. B. die MFS-Konfiguration testen, ohne dass eine externe Kommunikation benötigt wird.

14.2.1 RFC-Verbindung einrichten

Das Einrichten der RFC-Verbindung erfolgt über die Transaktion SM59 (siehe Abbildung 14.9). Beim Anlegen der RFC-Verbindung wählen Sie den Eintrag ABAP-VERBINDUNG im Feld VERBINDUNGSTYP. Wir empfehlen Ihnen, auf der Registerkarte TECHNISCHE EINSTELLUNGEN mit Lastverteilung zu arbeiten. Bei einem Serverausfall kann so automatisch eine neue Verbindung unter Verwendung eines verbliebenen Servers der Gruppe hergestellt werden.

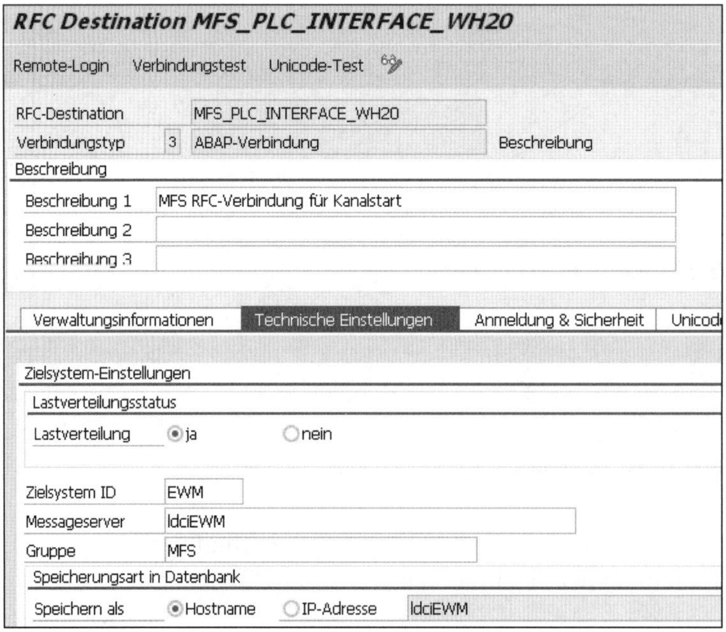

Abbildung 14.9 RFC-Verbindung anlegen

Die RFC-Verbindung kommt ausschließlich beim Start der Kommunikation mit der SPS zum Einsatz. Dies ist notwendig, damit eingehende Telegramme im Kontext des Benutzers ausgeführt werden, der in der RFC-Verbindung hinterlegt ist. Entsprechend muss unter ANMELDUNG & SICHERHEIT ein technischer Benutzer mit den notwendigen Berechtigungen hinterlegt werden. Die Verwendung eines dedizierten Benutzers vereinfacht die Überwachung von MFS-Prozessen.

14.2.2 Stammdaten für die speicherprogrammierbare Steuerung pflegen

Als Nächstes legen Sie die Stammdaten für die SPS im SAP-Easy-Access-Menü an. Verwenden Sie dazu den Pfad EXTENDED WAREHOUSE MANAGEMENT • STAMMDATEN • MATERIALFLUSSSYSTEM (MFS) • SPEICHERPROGRAMMIERBARE STEUERUNG PFLEGEN oder Transaktion /SCWM/MFS_PLC.

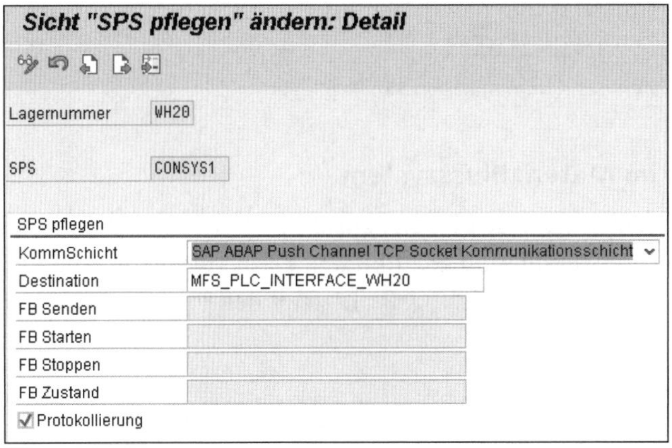

Abbildung 14.10 Stammdaten für die speicherprogrammierbare Steuerung pflegen

Um über EWM eine externe Kommunikation herzustellen, müssen Sie in den SPS-Stammdaten als Kommunikationsschicht den Eintrag SAP ABAP PUSH CHANNEL TCP SOCKET KOMMUNIKATIONSSCHICHT auswählen und im Feld DESTINATION die zuvor definierte RFC-Verbindung hinterlegen (siehe Abbildung 14.10). In unserem Fall heißt diese Verbindung MFS_PLC_INTERFACE_WH20.

14.2.3 Stammdaten für den Kommunikationskanal pflegen

Damit die Telegramme an das Subsystem geschickt werden können, müssen Sie für jede SPS mindestens einen *Kommunikationskanal* pflegen. Der Kommunikationskanal in EWM sorgt dafür, dass über die richtige Kombination aus IP-Adresse und Port kommuniziert wird.

Der Kommunikationskanal wird im SAP-Easy-Access-Menü über den Pfad EXTENDED WAREHOUSE MANAGEMENT • STAMMDATEN • MATERIALFLUSSSYSTEM (MFS) • KOMMUNIKATIONSKANAL PFLEGEN oder über die Transaktion /SCWM /MFS_CCH angelegt. Ein Beispiel für die Pflege des Kommunikationskanals zeigt Abbildung 14.11.

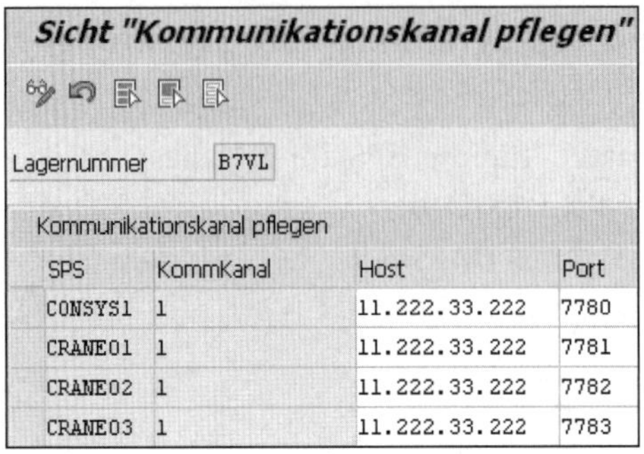

Sicht "Kommunikationskanal pflegen"

Lagernummer   B7VL

Kommunikationskanal pflegen

SPS	KommKanal	Host	Port
CONSYS1	1	11.222.33.222	7780
CRANE01	1	11.222.33.222	7781
CRANE02	1	11.222.33.222	7782
CRANE03	1	11.222.33.222	7783

Abbildung 14.11 Stammdaten des Kommunikationskanals pflegen

14.2.4 Simulation im Materialflusssystem

MFS bietet die Möglichkeit, die MFS-Konfiguration zu testen, ohne eine externe SPS oder eine MFS-Emulation anzubinden. Dazu verwenden Sie die EWM-interne MFS-Simulation. Abbildung 14.12 zeigt den Prozessablauf bei Verwendung der MFS-Simulation.

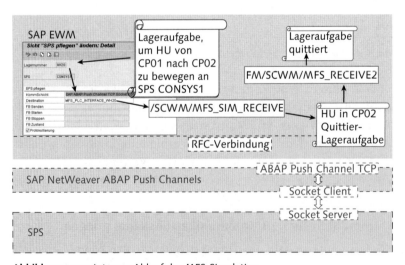

Abbildung 14.12 Interner Ablauf der MFS-Simulation

Erstellen Sie z. B. eine Lageraufgabe für eine Queue, die einer SPS zugeordnet ist, wird aus den SPS-Stammdaten die Kommunikationsschicht gelesen. Wenn die proprietäre Kommunikationsschicht eingestellt wurde, wird der Funktionsbaustein gelesen, der im Feld FB SENDEN gepflegt wurde. MFS bietet hier für die interne Simulation den Standardfunktionsbaustein /SCWM/ MFS_SIM_RECEIVE an. Dieser Funktionsbaustein bestätigt das zu sendende Telegramm und sendet auf dessen Basis die erwartete Antwort-Telegrammart. Das intern gesendete Antworttelegramm ruft den Funktionsbaustein /SCWM/MFS_RECEIVE2 auf, und das Telegramm wird verarbeitet.

Die Stammdaten der SPS pflegen Sie für die MFS-Simulation im SAP-Easy-Access-Menü EXTENDED WAREHOUSE MANAGEMENT • STAMMDATEN • MATERIALFLUSSSYSTEM (MFS) • SPEICHERPROGRAMMIERBARE STEUERUNG PFLEGEN oder über die Transaktion /SCWM/MFS_PLC (siehe Abbildung 14.13).

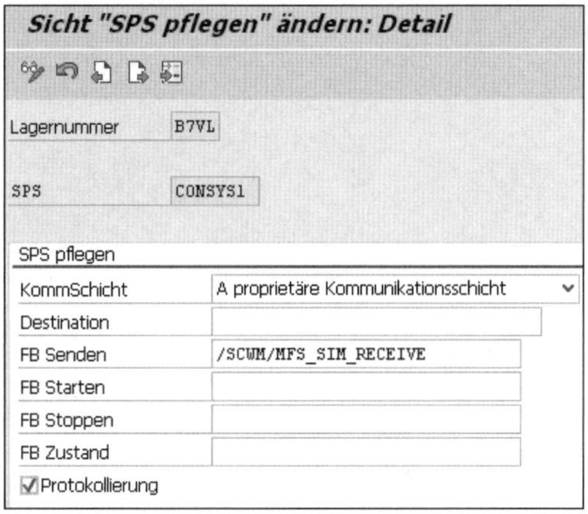

Abbildung 14.13 Stammdaten der SPS für die Simulation pflegen

14.3 Lagerlayout definieren

In diesem Abschnitt zeigen wir Ihnen, wie Sie in EWM das *Lagerlayout* für das MFS definieren. EWM verwendet für die Abbildung des physischen MFS viele der Organisationsobjekte, die auch in Lägern ohne MFS verwendet werden. Viele dieser Organisationsobjekte haben wir schon in den vorangegangenen Kapiteln besprochen, und wir werden uns deshalb an dieser Stelle nur die MFS-relevanten Aspekte genauer anschauen.

14.3.1 Lagertypen, Lagerplätze und Lagerungsgruppen

Das Layout eines MFS wird über Lagertypen und Lagerplätze in EWM abgebildet, wie es auch für Läger ohne MFS üblich ist. HUs, die sich auf einem MFS bewegen, befinden sich systemtechnisch immer auf einem Lagerplatz oder einer Ressource.

Während der Erstellung eines Lagerplatzes können Sie dem Platz eine Lagerungsgruppe zuordnen, die in der LOLS verwendet werden kann. Zum Beispiel lassen sich so alle Lagerplätze in einer Gasse eines Hochregallagers zu einer Lagerungsgruppe zusammenfassen.

Abbildung 14.14 zeigt das Anlegen eines Lagerplatzes, dem im Feld LGGRP Lagerungsgruppe A01 zugeordnet wird. Nutzen Sie dafür die Transaktion /SCWM/LS01. Die Lagerungsgruppe A01 sagt in diesem Fall aus, dass der Lagerplatz zu der Gasse 1 des Hochregallagers gehört.

Abbildung 14.14 Lagerplatz mit Lagerungsgruppe anlegen

Mehrfachtiefe Lagerung

Ab dem Release EWM 9.2 besteht für automatische Hochregallagerplätze, die durch MFS gesteuert werden, die Möglichkeit, mehrfachtiefe Lagerplätze abzubilden (siehe auch Abbildung 14.14). Dadurch kann im System modelliert werden, dass auf einem Platz mehrere HUs hintereinander gelagert werden können. Typischerweise werden bei der mehrfachtiefen Lagerung auf einem Lagerplatz dieselben Produkt-/Chargenkombinationen gelagert (siehe auch die Überschrift »Grobnachplatzermittlung« in Abschnitt 14.8.2, »Optimierungen bei der Telegrammverarbeitung«). In Abbildung 14.15 sehen Sie, dass HU-Typen, die eine unterschiedliche Platztiefe benötigen, auf einem mehrfachtiefen Platz gemischt gelagert werden können. Systemseitig wird die Position bzw. Tiefe einer HU auf dem Lagerplatz in Bestandsknoten im Lagermonitor angezeigt. Dazu wird das Feld LOGISCHE POSITION verwendet.

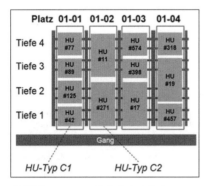

Abbildung 14.15 Mehrfachtiefe Lagerung

Für die Nutzung mehrfachtiefer Lagerplätze müssen folgende Voraussetzungen erfüllt sein:

1. Ein MFS-verwalteter Lagertyp muss als mehrfachtief gekennzeichnet werden.
2. Die maximale Platztiefe der Lagerplätze wird über den Lagerplatztyp spezifiziert.
3. Für die verwendeten HU-Typen sind die benötigten Platztiefen gepflegt.

Ein Lagertyp kann über den Customizing-Pfad STAMMDATEN • LAGERTYP DEFINIEREN als mehrfachtief gekennzeichnet werden. Abbildung 14.16 zeigt die Pflege der maximalen Platztiefe je Lagerplatztyp. Diese erreichen Sie über den Customizing-Pfad MATERIALFLUSSSYSTEM (MFS) • STAMMDATEN • MAXIMALE PLATZTIEFE FÜR LAGERPLATZTYPEN FESTLEGEN.

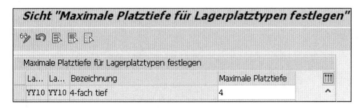

Abbildung 14.16 Maximale Platztiefe für Lagerplatztypen festlegen

Die Pflege der erforderlichen Platztiefe entsprechend dem HU-Typ ist in Abbildung 14.17 dargestellt. Nutzen Sie dafür den Customizing-Pfad Materialflusssystem (MFS) • Stammdaten • Erforderliche Platztiefe für Handling-Unit-Typen festlegen.

La...	HU-Typ	Beschreibung Handling-Unit-Typ	Erf. Tiefe
YY10	C1	Karton	1
YY10	C2	Karton	2

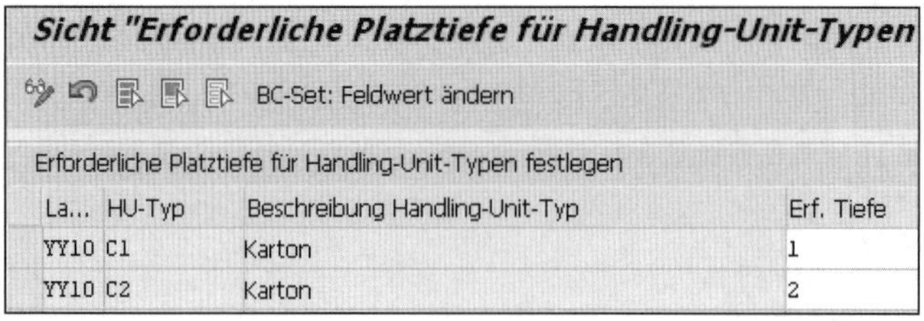

Abbildung 14.17 Erforderliche Platztiefe für Handling-Unit-Typen festlegen

Hinweis zur Bewegung mehrerer Handling Units

Wie in diesem Abschnitt erläutert wurde, ermöglicht es der Standard ab Release EWM 9.2, mehrfachtiefe Lagerplätze mit MFS zu definieren und zu nutzen. Beachten Sie jedoch, dass MFS-Ressourcen im Standard nur eine HU auf einmal bewegen können. Auf Projektbasis können MFS-Ressourcen, die mehrere HUs auf einmal bewegen, mithilfe von BAdIs angebunden werden.

14.3.2 Meldepunktarten und Meldepunkte definieren

Neben den Lagertypen und Lagerplätzen bilden Sie im MFS alle Meldepunkte ab, die einer SPS zugeordnet sind. Ein *Meldepunkt* bezeichnet die Stelle auf der Fördertechnik, an der EWM und SPS Informationen austauschen. Jeder Meldepunkt gehört zu einer bestimmten *Meldepunktart*. Meldepunktarten gruppieren Meldepunkte mit gleichen Eigenschaften und legen fest, wie Telegramme von diesen Meldepunkten verarbeitet werden. Ein Meldepunkt kann z. B. ein »normaler« Meldepunkt sein, an dem eine HU per Scanner gelesen wird, oder ein Identifikationspunkt, an dem die HU gelesen und zudem auch der finale Lagerplatz der HU bestimmt wird.

Bevor Sie die Meldepunkte anlegen, müssen Sie zuerst entsprechende Meldepunktarten definieren. Dies erfolgt über den Customizing-Pfad Materialflusssystem (MFS) • Stammdaten • Meldepunktarten definieren (siehe Abbildung 14.18).

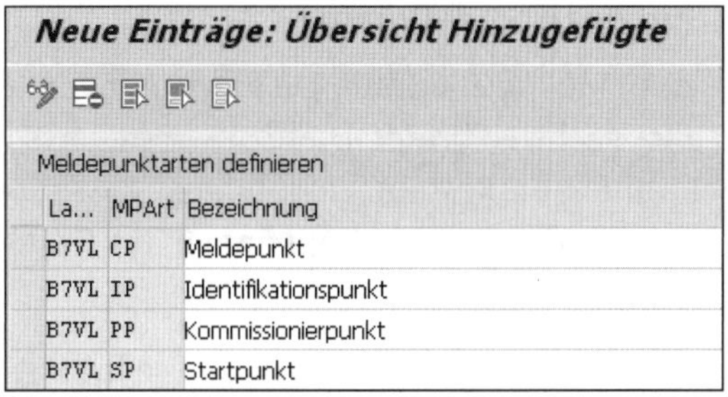

Neue Einträge: Übersicht Hinzugefügte

Meldepunktarten definieren

La...	MPArt	Bezeichnung
B7VL	CP	Meldepunkt
B7VL	IP	Identifikationspunkt
B7VL	PP	Kommissionierpunkt
B7VL	SP	Startpunkt

Abbildung 14.18 Meldepunktarten definieren

Einen Meldepunkt definieren Sie im Customizing über den Pfad MATERIALFLUSSSYSTEM (MFS) • STAMMDATEN • MELDEPUNKT DEFINIEREN. Abbildung 14.19 zeigt die Transaktion zum Definieren eines Meldepunktes in der Übersicht. Sie sehen, wie Sie den einzelnen Meldepunkten eine SPS und eine Meldepunktart zuordnen.

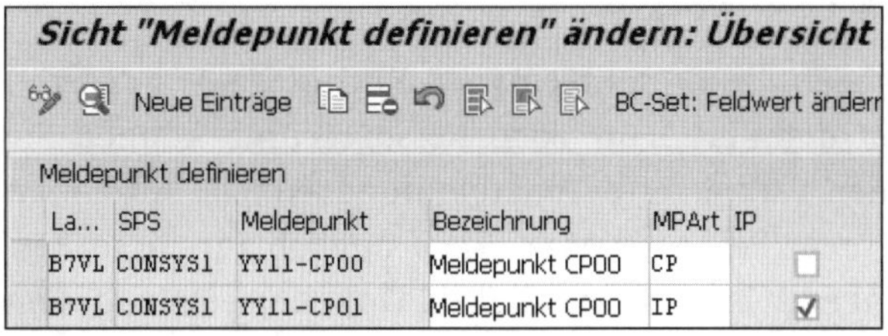

Sicht "Meldepunkt definieren" ändern: Übersicht

Meldepunkt definieren

La...	SPS	Meldepunkt	Bezeichnung	MPArt	IP
B7VL	CONSYS1	YY11-CP00	Meldepunkt CP00	CP	☐
B7VL	CONSYS1	YY11-CP01	Meldepunkt CP00	IP	☑

Abbildung 14.19 Meldepunkt definieren

Darüber hinaus können Sie im Customizing weitere Parameter, wie z. B. Kapazitäts- und Klärungsparameter, definieren.

Sobald der Meldepunkt angelegt ist, müssen Sie dem Meldepunkt einen Lagerplatz zuordnen. Verwenden Sie dazu das SAP-Easy-Access-Menü unter EXTENDED WAREHOUSE MANAGEMENT • STAMMDATEN • MATERIALFLUSSSYSTEM (MFS) • MELDEPUNKTE PFLEGEN oder die Transaktion /SCWM/MFS_CP.

Manueller Abgleich von Customizing- und Applikationsdaten

Die Applikationsdaten werden direkt beim Anlegen der Customizing-Aktivitäten generiert; z. B. sollten die Meldepunkte direkt nach der Definition im Customizing als Applikationsdaten zur Verfügung stehen. Stehen die Meldepunkte nicht automatisch als Applikationsdaten in der Transaktion /SCWM/MFS_CP bereit, besteht die Möglichkeit, mit der Transaktion /SCWM/MFS_GEN_APPDAT einen Abgleich zwischen den Customizing-Daten und den Applikationsdaten manuell anzustoßen.

14.3.3 Ressourcen und Ressourcenarten definieren

Eine *Ressource* ist ein Fahrzeug, das eine Lageraufgabe ausführt und somit eine HU von einem Meldepunkt zum nächsten bringt. Diese SPS-gesteuerten Fahrzeuge können Sie im MFS mithilfe von Ressourcen abbilden. Ressourcen und ihre Bewegungen, z. B. von Regalbediengeräten, können aus EWM heraus optimiert werden.

Im Gegensatz dazu müssen sogenannte *Fahrzeuge*, die von der SPS selbst mittels eines eigenen Auftragspuffers optimiert werden, in EWM nicht als Ressource eingerichtet werden. Dies wäre z. B. sinnvoll für einen Verteilwagen. In diesen Fällen genügt es, die vom Verteilwagen bedienten Meldepunkte zu definieren.

Um eine Ressource zu erstellen, definieren Sie zunächst Ressourcentypen, um gleichartige Ressourcen zu gruppieren. Die Ressourcentypen können Sie im Customizing über den Pfad MATERIALFLUSSSYSTEM (MFS) • STAMMDATEN • MFS-RESSOURCENART DEFINIEREN anlegen.

In Abbildung 14.20 sind z. B. die Ressourcentypen RBG (Regalbediengerät) und VTW (Verteilwagen) definiert. Für jeden Ressourcentyp können Sie anschließend die folgenden Parameter definieren: die maximale Anzahl an Telegrammen pro Ressource (Feld ANZ.MAX. TEL.) und ob für diese Ressource das Doppelspiel angewandt werden soll (Feld DOPPELSPIEL). In diesem Fall bekommt eine Ressource nach einer Einlageraufgabe sofort eine Auslagerungsaufgabe, um Leerlauf für die Ressource zu vermeiden. Das Doppelspiel ist in EWM nur für Ressourcen mit einem Lastaufnahmemittel einsetzbar. Darüber hinaus müssen sich die Ein- und Auslagerplätze am gleichen Gassenende befinden.

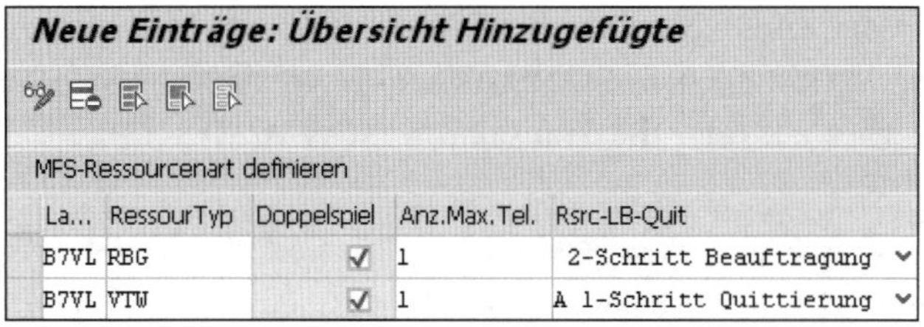

Neue Einträge: Übersicht Hinzugefügte				
🐝 🗐 🗐 🗐 🗐				
MFS-Ressourcenart definieren				
La...	RessourTyp	Doppelspiel	Anz.Max.Tel.	Rsrc-LB-Quit
B7VL	RBG	✓	1	2-Schritt Beauftragung ⌄
B7VL	VTW	✓	1	A 1-Schritt Quittierung ⌄

Abbildung 14.20 Ressourcentypen pflegen

Beim Doppelspiel betrachtet das System jeweils einen Pool von Aufträgen. Grundlage dafür ist der *späteste Starttermin* (SST). Aufträge, deren SST erreicht ist bzw. in einem einstellbaren Zeitraum erreicht sein wird, gelten bezüglich des Doppelspiels als gleichwertig. Die Zeitstrecke wird dabei gerastert, z. B. in volle Stunden. Ein entsprechendes Raster legen Sie im Customizing fest. Weitere Informationen finden Sie im EWM-Customizing unter RESSOURCENMANAGEMENT • MODI DEFINIEREN.

Mit dem Feld RESSOURCE LB-QUITTIERUNG (Feld RSRC-LB-QUIT) können Sie das Ressourcenverhalten bei der Quittierung von Lageraufgaben definieren. Dazu gibt es drei Optionen:

▸ **1-Schritt-Quittierung**
Ein Telegramm wird von der SPS an EWM geschickt, sobald die Ressource die HUs am Zielplatz abgelegt hat.

▸ **2-Schritt-Quittierung**
Ein Telegramm wird von der SPS an EWM geschickt, sobald die Ressource die HU vom Startplatz aufgenommen hat. Anschließend bestätigt ein zweites Telegramm, dass die Ressource die HU am Zielplatz abgelegt hat.

▸ **2-Schritt-Beauftragung**
EWM schickt ein Telegramm an die SPS, in dem nur der Von-Platz und die Ressource angegeben sind (kein Zielplatz). Die SPS antwortet mit einem Telegramm, sobald die HU von der Ressource aufgenommen wurde. Daraufhin wird die Lageraufgabe in EWM quittiert und ein zweites Telegramm an die SPS geschickt, das wieder die Ressource und jetzt den Nach-Platz enthält.

Sie können der Ressource sowohl eine Ressourcenart als auch eine MFS-Queue zuordnen. Wählen Sie dazu im SAP-Easy-Access-Menü den Pfad EXTENDED WAREHOUSE MANAGEMENT • STAMMDATEN • MATERIALFLUSSSYSTEM (MFS) • /SCWM/MFS_RSRC – MFS-RESSOURCE PFLEGEN. In MFS können Sie eine MFS-Queue immer nur einer Ressource zuordnen.

Queue-Findung

Die *Queue-Findung* stellen Sie im Customizing unter dem Pfad EXTENDED WAREHOUSE MANAGEMENT • PROZESSÜBERGREIFENDE EINSTELLUNGEN • RESSOURCENMANAGEMENT • QUEUES DEFINIEREN ein.

Abbildung 14.21 zeigt ein Beispiel einer Queue-Findung für eine Ressource. Eine HU, mit einem Ziellagerplatz in Gasse 1, steht auf Meldepunkt CP02. Über die LOLS wurde festgestellt, dass das nächste Zwischenziel auf dem Weg von CP02 nach Gasse 1 der Meldepunkt CP11 ist. Deshalb wird eine Lageraufgabe von CP02 nach CP11 erstellt. Meldepunkt CP11 ist von CP02 aus nur mit der Ressource VTW (Verteilwagen) erreichbar.

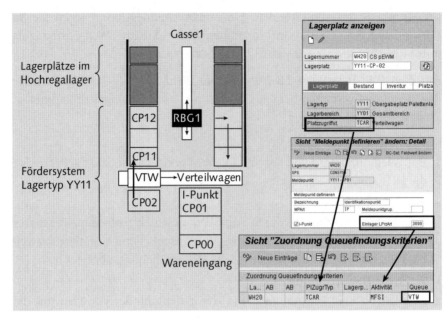

Abbildung 14.21 Queue-Findung für Ressourcen

Die Lageraufgabe hat die Einlagerprozessart 3090, die in der Definition des Meldepunktes spezifiziert wurde. Diese Prozessart 3090 ist der Aktivität MFSI zugeordnet. Dem Von-Lagerplatz YY11-CP02 wurde der Platzzugriffstyp TCAR zugeordnet. Im Customizing gibt es außerdem für die Queue-Findung eine Zugriffsfolge mit Platzzugriffsart und Aktivität.

Für die Queue-Findung bedeutet das, dass die Queue VTW gefunden wird. Diese Queue wurde der Ressource VTW (Verteilwagen) zugeordnet.

14.4 Verschicken von Telegrammen

Zur Kommunikation zwischen EWM-MFS und einer SPS benutzt EWM *Telegramme*. In EWM haben die Telegramme verschiedene Telegrammkategorien, z. B. eine Lageraufgabe, eine Stornoanfrage für eine Lageraufgabe und eine Quittierung der Lageraufgabe. Diese Telegrammkategorien können Sie zusammen mit einer Telegrammstruktur im Customizing einer *Telegrammart* unter dem Pfad EXTENDED WAREHOUSE MANAGEMENT • MATERIALFLUSSSYSTEM (MFS) • TELEGRAMMVERARBEITUNG • TELEGRAMMSTRUKTUR DEFINIEREN hinterlegen.

Die Telegrammart bestimmt also, was für ein Telegramm zur SPS geschickt wird, aber auch welche Felder zwischen SPS und EWM-MFS ausgetauscht werden.

Telegrammstrukturen

Im Standard wird intern die Telegrammstruktur mit dem Namen /SCWM/S_MFS_ TELETOTAL verwendet. Sie können sich diese Struktur in der Transaktion SE11 anzeigen lassen. Jede Telegrammstruktur braucht auf jeden Fall eine Kopfstruktur, die die erforderlichen Felder für die Kommunikation enthält. Diese wesentlichen Felder, wie z. B. SENDER, EMPFÄNGER, LAUFNUMMER und TELEGRAMMART, sind in der Struktur /SCWM/S_MFS_TELECORE zu sehen.

Weder diese Telegramm- noch Kopfstruktur entspricht im Normalfall den ausgetauschten Daten mit der SPS im jeweiligen Projekt. Darum muss im Projekt mit kundeneigenen Strukturen gearbeitet werden. In diesen Strukturen können nur die genutzten Felder verwendet werden. Dabei müssen Sie darauf achten, dass die Feldnamen identisch zu den oben genannten Standardstrukturen vergeben werden. Wenn Sie zusätzliche Felder in der Kommunikation brauchen, nehmen Sie diese in die kundeneigenen Strukturen auf. Darüber hinaus müssen sie in der Struktur /SCWM/INCL_EEW_MFSTELE angehängt werden.

14.4.1 Telegramme für Lageraufgaben von SAP EWM zur speicherprogrammierbaren Steuerung

Beim Verschicken der Telegramme von EWM-MFS an die SPS wird überprüft, ob eine Lageraufgabe einer MFS-Queue mit SPS zugeordnet ist. Wie die Queue-Findung in EWM-MFS durchgeführt wird, ist in Abschnitt 14.3.3, »Ressourcen und Ressourcenarten definieren«, unter der Überschrift »Queue-Findung« beschrieben.

Wenn für die Lageraufgabe eine MFS-Queue gefunden wird, schickt EWM-MFS ein Telegramm an die SPS, die dieser Queue zugeordnet ist.

14.4.2 Telegramme von der speicherprogrammierbaren Steuerung zu SAP EWM

EWM-MFS kann auch die Telegramme der SPS empfangen und in unterschiedlicher Weise verarbeiten. Abbildung 14.22 zeigt, wie ein Telegramm von der SPS in EWM verarbeitet wird.

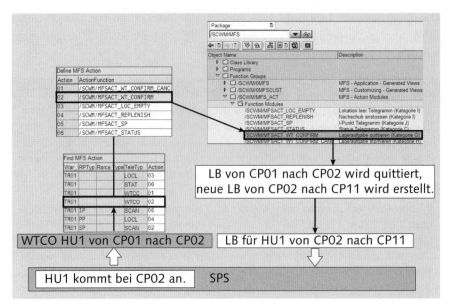

Abbildung 14.22 Telegrammverarbeitung in SAP EWM

Zum Beispiel kommt eine HU auf dem Materialflusssystem am Meldepunkt CP02 an; und ein Telegramm vom Telegrammtyp WTCO wird von der SPS an EWM geschickt. Dem Telegrammtyp ist im Customizing die Aktion 02 zugeordnet, die den Funktionsbaustein /SCWM/MFSACT_WT_CONFIRM ausführt. Diese Zuordnung der Funktionsbausteine können Sie im Customizing unter dem Pfad EXTENDED WAREHOUSE MANAGEMENT • MATERIALFLUSSSYSTEM (MFS) • TELEGRAMMVERARBEITUNG • MFS-AKTIONEN DEFINIEREN vornehmen.

Im Quellcode des Funktionsbausteins wird dann die Lageraufgabe von CP01 nach CP02 quittiert und anschließend die nächste Lageraufgabe für die HU von CP02 zum nächsten Meldepunkt CP11 erstellt. Das Telegramm für diese Lageraufgabe wird dann an die SPS geschickt, wenn sie einer MFS-Queue zugeordnet wird.

14.5 Routing im Materialflusssystem

Die Lagerprozesse des MFS werden über die layoutorientierte Lagerungssteuerung (LOLS) abgebildet. Mithilfe der LOLS werden die Steuerentscheidungen getroffen, wie die einzelnen Handling Units über das Materialflusssystem geroutet werden.

14.5.1 Layoutorientierte Lagerungssteuerung

In Abschnitt 7.4.5, »Layoutorientierte Lagerungssteuerung«, wurde schon das Basiskonzept der LOLS erklärt, deshalb erläutert der vorliegende Abschnitt die LOLS nur noch mit Bezug auf die Wareneingangs- und Warenausgangsprozesse im MFS.

Über den Customizing-Pfad MATERIALFLUSSSYSTEM (MFS) • LAGERUNGSSTEUERUNG • LAYOUTORIENTIERTE LAGERUNGSSTEUERUNG DEFINIEREN können Sie die LOLS definieren (siehe Abbildung 14.23).

Sicht "Layoutorientierte Lagerungssteuerung" ändern: Übersicht

Neue Einträge 📋 🖪 ⟲ 📑 📑 📑 BC-Set: Feldwert ändern

Layoutorientierte Lagerungssteuerung

La...	Vo...	Vo...	Typ	Na...	Ganze ...	HU...	Fortlauf...	Zwischenlagertyp	Zwischenlagerbe...	Zwischenlagerplatz	I-Punkt	K-Punkt	Segment
B7VL		YY10			nic.. ∨		1	YY11	YY01	YY11-CP01	☑	☐	
B7VL	YY10				A Te.. ∨		1	YY11	YY01	YY11-CP08	☐	☑	
B7VL	YY10	A01			A Te.. ∨		1	YY11	YY01	YY11-CP13	☐	☐	
B7VL	YY10	A02			A Te.. ∨		1	YY11	YY01	YY11-CP17	☐	☐	
B7VL	YY10	A03			A Te.. ∨		1	YY11	YY01	YY11-CP21	☐	☐	
B7VL	YY11	CP01			nic.. ∨		1	YY11	YY01	YY11-CP03	☐	☐	
B7VL	YY11	CP01	YY10		nic.. ∨		1	YY11	YY01	YY11-CP02	☐	☐	
B7VL	YY11	CP02			nic.. ∨		1	YY11	YY01	YY11-CP07	☐	☐	
B7VL	YY11	CP02	YY10	A01	nic.. ∨		1	YY11	YY01	YY11-CP11	☐	☐	
B7VL	YY11	CP02	YY10	A02	nic.. ∨		1	YY11	YY01	YY11-CP15	☐	☐	
B7VL	YY11	CP02	YY10	A03	nic.. ∨		1	YY11	YY01	YY11-CP19	☐	☐	
B7VL	YY11	CP03			nic.. ∨		1	YY11	YY01	YY11-CP04	☐	☐	
B7VL	YY11	CP05			nic.. ∨		1	YY11	YY01	YY11-CP06	☐	☐	
B7VL	YY11	CP07			nic.. ∨		1	YY11	YY01	YY11-CP08	☐	☐	
B7VL	YY11	CP08	YY10		nic.. ∨		1	YY11	YY01	YY11-CP10	☑	☐	PPOUT
B7VL	YY11	CP09			nic.. ∨		1	YY11	YY01	YY11-CP10	☐	☐	PPOUT

Abbildung 14.23 Layoutorientierte Lagerungssteuerung definieren

Das Routing von HUs kann sich, abhängig von bestimmten Kriterien, unterschiedlich verhalten, z. B.:

▶ Ist es ein Wareneingangsprozess oder ein Warenausgangsprozess, bzw. sind wir an einem Identifikationspunkt, oder gehen wir zu einem Kommissionierpunkt?

▶ Um welchen HU-Typ handelt es sich?

▶ Handelt es sich um eine Teilentnahme einer HU oder um eine ganze HU?

▶ Was ist der Von-Platz, und was ist der Nach-Platz für die HU?

Weil die LOLS sich im Wareneingangs- und im Warenausgangsprozess unterschiedlich verhält, behandeln wir diese Prozesse in den nächsten Abschnitten getrennt. So lässt sich verdeutlichen, wie die LOLS die Steuerentscheidungen für die Handling Units auf das Materialflusssystem trifft.

14.5.2 Wareneingangsprozess

Während des Wareneingangsprozesses soll eine neue HU im Hochregallager eingelagert werden. Die HU wird auf das Materialflusssystem gesetzt und so zum automatischen Hochregallager gesteuert, wo sie von einem Regalbediengerät eingelagert werden soll.

In Abbildung 14.24 wird ein Beispiel eines Wareneingangsprozesses mit den jeweiligen Einträgen im LOLS grafisch dargestellt. Im Wareneingangsprozess wird zunächst der Wareneingang gebucht und dann eine Lageraufgabe zur Einlagerung der HUs erstellt. Als finaler Einlagerplatz wird ein Lagerplatz in Lagertyp YY10 und Gasse 1 ermittelt.

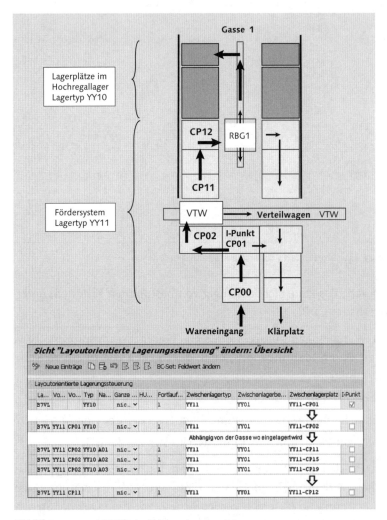

Abbildung 14.24 LOLS beim Wareneingangsprozess

Der erste Eintrag im LOLS bewirkt (zusammen mit dem Kennzeichen in der Spalte I-Punkt am finalen Lagertyp-Customizing), dass das Ziel der ersten Lageraufgabe verworfen und auf CP01 abgeändert wird. Es wird kein Platz im Hochregallager reserviert. Alle HUs gehen jetzt zuerst zum Identifikationspunkt (I-Punkt) CP01, wo die HU gescannt und erneut der finale Endlagerplatz bestimmt wird. Erst jetzt wird der Lagerplatz reserviert. In unserem Beispiel bleibt der finale Platz in Gasse 1 des Hochregallagers.

Der zweite Eintrag in der LOLS gibt an, dass jede HU, die von CP01 kommt und einen finalen Lagerplatz im Hochregallager YY10 hat, über den Meldepunkt CP02 befördert wird. Der nächste Eintrag in der Lagerungssteuerung wird abhängig von der Einlagergasse bestimmt. Die Lagerplätze der Gasse 1 sind der Lagerungsgruppe A01 zugeordnet. Dementsprechend wird für eine HU an CP02, die zur Lagerungsgruppe A01 im Hochregallager YY10 befördert werden soll, der Lagerplatz YY11-CP11 als nächstes Zwischenziel bestimmt. Wie in Abschnitt 14.3.3, »Ressourcen und Ressourcenarten definieren«, unter der Überschrift »Queue-Findung« erläutert, wird in diesem Fall für die Lageraufgabe von CP02 nach CP11 die Queue VTW gefunden und die Lageraufgabe an die SPS verschickt, sodass der Verteilwagen beauftragt wird und die HU zum Meldepunkt CP11 bringt.

Der letzte Eintrag im LOLS bestimmt abschließend, dass die HU zu CP12 bewegt werden muss, wonach die finale Einlager-Lageraufgabe aktiviert wird und der Queue für das Regalbediengerät 1 (RBG1) zugeordnet wird. Das RBG1 beendet den Einlagerungsprozess mit der Quittierung der Lageraufgabe zum finalen Lagerplatz.

Verschiedene Variationen dieses einfachen Einlagerungsprozesses sind natürlich auch in EWM-MFS abzubilden, z. B. können Sie vor der Einlagerung im Hochregallager zuerst eine Handling Unit zum Konturencheck routen. Nur wenn der Konturencheck erfolgreich war, wird dann die Handling Unit zum Hochregal gebracht.

14.5.3 Warenausgangsprozess

In diesem Abschnitt beschreiben wir ein Beispiel für die Lagerungssteuerung eines Warenausgangsprozesses. Wir schauen uns dazu zwei Fälle an:

▶ einen Warenausgang für eine Vollpalette
▶ einen Warenausgang für eine Teilentnahme aus einer HU

Warenausgangsprozess für Vollpaletten

Wenn aus dem Hochregallager eine Vollpalette entnommen werden muss, ist es nicht nötig, zu einem Kommissionierpunkt zu gehen. Die Palette kann stattdessen direkt zur Warenausgangszone gesteuert werden.

In Abbildung 14.25 sehen Sie ein Beispiel eines Warenausgangsprozesses für eine Vollpalette mit den jeweiligen Einträgen im LOLS.

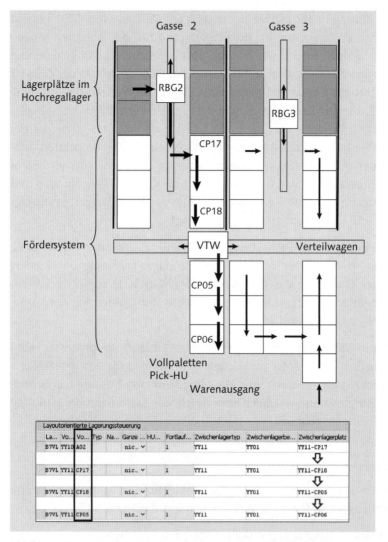

Abbildung 14.25 LOLS für Warenausgangsprozess mit Vollpaletten

Im Warenausgangsprozess wird eine Kommissionierwelle freigegeben, wodurch Kommissionier-Lageraufgaben erstellt werden. Zum Beispiel wird eine Lageraufgabe für eine Vollpalette erstellt, die sich in einem Lagerplatz in Gasse 2 des Hochregallagers befindet. Da dieser Von-Lagerplatz der Lagerungsgruppe A02 zugeordnet ist, findet die LOLS den Eintrag mit Zwischenlagerplatz YY11-CP17, der sich am Anfang der Gasse 2 befindet. Nach der Quittierung der HU auf diesen Lagerplatz sucht die LOLS den nächsten Zwischenlagerungsplatz, in diesem Fall YY11-CP18 (Meldepunkt CP18). Dort angekommen, wird anhand des dritten Eintrags eine Lageraufgabe nach YY11-CP05 erstellt. Diese Lageraufgabe wird der Queue VTW für den Verteilwagen zugeordnet. Der Verteilwagen bringt die HU zum Meldepunkt CP05, und nach der Quittierung wird die letzte Lageraufgabe zum MFS-Abgabepunkt CP06 gebracht. Von hier wird die Vollpalette ohne MFS im weiteren Prozess zum Warenausgangsbereich gebracht.

Warenausgangsprozess für eine Teilmengenentnahme

Wenn eine Palette für eine Teilentnahme aus dem Hochregallager genommen wird, wollen wir die Palette zuerst zu einem Kommissionierpunkt bringen. Nach der Teilentnahme von der Palette soll diese wieder zurück in das Hochregallager gesteuert werden.

In Abbildung 14.26 ist ein Beispiel eines Warenausgangsprozesses für so eine Teilmengenentnahme grafisch dargestellt.

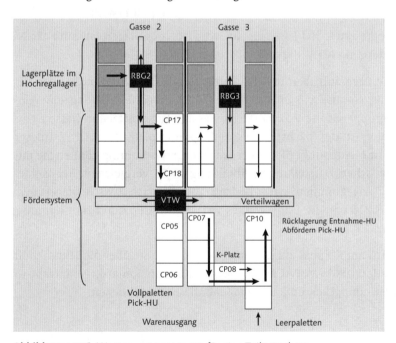

Abbildung 14.26 Warenausgangsprozess für eine Teilentnahme

Zum Beispiel wird während der Wellenfreigabe im Warenausgangsprozess eine Lageraufgabe für eine Teilentnahme erstellt. Der Lagerplatz, von dem die Teilmenge entnommen werden soll, befindet sich in Gasse 2 des Hochregallagers.

Während der Lageraufgabenerstellung wird, wie in Abbildung 14.27 gezeigt, im LOLS ein passender Eintrag gefunden.

Layoutorientierte Lagerungssteuerung													
La...	Vo...	Vo...	Typ	Na...	Ganze HU	HU...	Fortlauf...	Zwischenlagertyp	Zwischenlagerbe...	Zwischenlagerplatz	I-Punkt	K-Punkt
B7VL	YY10				A Teilentnahme... ⌄	1		YY11	YY01	YY11-CP08	☐	☑

Abbildung 14.27 Eintrag zum Kommissionierpunkt im LOLS

Dieser Eintrag gibt an, dass alle Lageraufgaben für Teilentnahmen aus dem Hochregallager über den *Kommissionierpunkt* (K-Punkt) CP08 geleitet werden. Dazu wird die Einstellung A TEILENTNAHME in der Spalte GANZE HU verwendet.

Wenn im LOLS ein Eintrag mit einem K-Punkt gefunden wird, werden die folgenden Lageraufgaben automatisch vom System erstellt:

▶ Die Kommissionier-Lageraufgabe (vom Hochregallagerplatz an die Bereitstellzone) wird inaktiv angelegt.

▶ Es wird eine inaktive HU-Lageraufgabe zum K-Punkt erstellt.

▶ Es wird eine aktive HU-Lageraufgabe vom Hochregallagerplatz zum nächsten Meldepunkt (CP17) erstellt.

Wenn diese Lageraufgaben erstellt worden sind, sieht das Routing der HU zum K-Punkt so aus, wie in Abbildung 14.28 dargestellt. Wenn die Von-Lagerungsgruppe (Spalte Vo...) A02 ist, was den Lagerplätzen in Gasse 2 entspricht, dann ist der nächste Zwischenlagerungsplatz YY11-CP17 (dieser Lagerplatz ist Meldepunkt CP17 zugeordnet). Dieses Routing können Sie mit der schematischen Darstellung in Abbildung 14.26 vergleichen. Bei Meldepunkt CP17 angekommen, wird die Lageraufgabe nach Zwischenlagerungsplatz YY11-CP18 erstellt. Dann geht es weiter nach CP07 und zum Kommissionierpunkt CP08.

Wenn die HU am K-Punkt angekommen ist, können Sie über die Transaktion der Packstation (/SCWM/PACK) die inaktive Kommissionier-Lageraufgabe in eine Pick-HU umpacken und anschließend die HU abschließen.

La...	Vo...	Vo...	Typ	Na...	Ganze ...	HU...	Fortlauf...	Zwischenlagertyp	Zwischenlagerbe...	Zwischenlagerplatz
B7VL	YY10	A02			nic... ⌄		1	YY11	YY01	YY11-CP17
										⇩
B7VL	YY11	CP17			nic... ⌄		1	YY11	YY01	YY11-CP18
										⇩
B7VL	YY11	CP18	YY12	CP08	nic... ⌄		1	YY11	YY01	YY11-CP07
										⇩
B7VL	YY11	CP07			nic... ⌄		1	YY11	YY01	YY11-CP08

(Layoutorientierte Lagerungssteuerung)

Abbildung 14.28 LOLS-Einträge für das Routing vom Hochregallager zum Kommissionierpunkt

Sobald die HU abgeschlossen wird, wird eine neue aktive HU-Lageraufgabe von CP08 nach CP10 angelegt. Nach Quittierung der Lageraufgabe wird die HU anschließend weiter von CP10 über CP05 nach CP06 gesteuert, an dem das Ende der MFS-Förderstrecke erreicht wurde und die Kommissionier-Lageraufgabe aktiviert wird.

An der Packstation des K-Punktes kann auch die Entnahme-HU abgeschlossen werden, wonach die HU wieder zurück in das Hochregallager transportiert werden soll. Der Eintrag im LOLS für die Rücklagerung ist in Abbildung 14.29 dargestellt.

La...	Vo...	Vo...	Typ	Na...	Ganze ...	HU...	Fortlauf...	Zwischen...	Zwische...	Zwischenlagerplatz	I-Punkt
B7VL	YY11	CP08	YY10		nic... ⌄		1	YY11	YY01	YY11-CP10	☑

(Layoutorientierte Lagerungssteuerung)

Abbildung 14.29 Routing zur Rücklagerung der Entnahme-HU ins Hochregallager

Die HU wird über das Routing von Meldepunkt CP08 zu Meldepunkt CP10, der wiederum ein I-Punkt ist, gesteuert. Da CP10 ein I-Punkt ist, wird dort also der neue Einlagerungsplatz im Hochregallager bestimmt.

14.6 Überwachung des Materialflusssystems

EWM-MFS bietet Ihnen die Möglichkeit, das Materialflusssystem im Lagermonitor zu überwachen, auszuwerten und zu beeinflussen.

Die folgenden Abschnitte beschreiben die EWM-MFS-Funktion im Lagermonitor und auch die Aktivitäten, die man dort für das Materialflusssystem ausführen kann.

14.6.1 Materialflusssystem im Lagermonitor

Der Lagermonitor bietet Ihnen folgende Möglichkeiten für den Einsatz eines MFS:

▶ Abrufen von Informationen über den Anlagenzustand, die anstehenden Lageraufgaben und die aktuelle Belegung von Meldepunkten und Ressourcen

▶ Auswerten und Nachverfolgen von Transporten und Telegrammverkehr

▶ Starten und Stoppen der Kommunikationskanäle

▶ gezieltes Eingreifen bei Störungen

Sie können folgende Objekte im Lagermonitor (siehe Abbildung 14.30) überwachen:

▶ **Kommunikationskanal**
In der Regel sind die Kommunikationskanäle gestartet. Im Lagermonitor können Sie einzelne Verbindungen gezielt stoppen oder neu starten.

▶ **Meldepunkt**
Sie können eine Liste der Meldepunkte mit aktuellem Status abrufen. Ihnen stehen dabei diverse Sortier- und Selektionsmöglichkeiten zur Verfügung (z. B. können Sie gestörte Meldepunkte anzeigen). Darüber hinaus können Sie Meldepunkte sperren.

▶ **Telegramm**
Sie können sich Protokolle von empfangenen und gesendeten SPS-Telegrammen anzeigen lassen. Auch hier stehen Ihnen diverse Selektionsmöglichkeiten zur Verfügung, z. B. nach der Sendezeit. Bei Störungen ist diese Übersicht ein wichtiges Analyseinstrument. Sie können von hier aus direkt zu den betroffenen Lageraufgaben verzweigen.

▶ **APC-TCP-Protokoll**
Sie können das technische Protokoll der ABAP-Push-Channel-TCP-Verbindungen prüfen. Zur Analyse von Störungen stehen Ihnen diverse Selektionskriterien zur Einschränkung zur Verfügung, z. B. der Zeitraum.

▶ **Lageraufgabe**
Sie können eine Liste der aktuellen Lageraufgaben und eine Lageraufgabenhistorie abrufen und bei Störungen Lageraufgaben stornieren oder manuell quittieren. Zudem ist es möglich, direkt zu den zugehörigen Telegrammen und zum Erstellungsprotokoll der Lageraufgabe zu verzweigen.

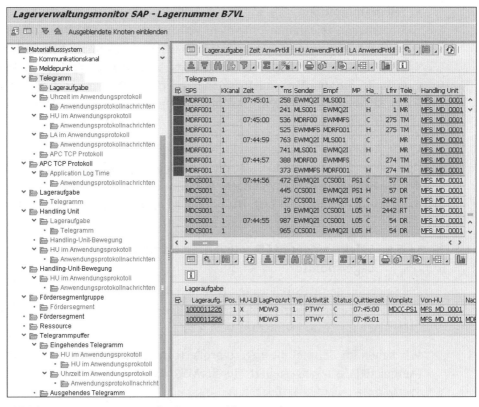

Abbildung 14.30 Lagermonitor für das Materialflusssystem

▸ **Handling Unit**

Sie können eine Liste der HUs, die sich aktuell auf der Fördertechnik befinden, abrufen. Sie sehen deren aktuelle Position, den Status der zugehörigen Lageraufgaben und die dazu gesendeten Telegramme. Darüber hinaus können Sie HUs im Fehlerfall ausschleusen.

▸ **Handling-Unit-Bewegungen**

Sie können eine Auflistung der Grobnachplätze für Einlager-HUs einsehen.

▸ **Fördersegment und Fördersegmentgruppe**

Sie können eine Übersicht über den Status der Fördersegmente bzw. Fördersegmentgruppen aufrufen. Zudem können Sie einzelne Fördersegmente oder ganze Fördersegmentgruppen manuell sperren.

▸ **Ressource**

Sie können eine Statusübersicht aufrufen oder die Ressource manuell sperren.

▸ **Telegrammpuffer**

Empfangene Telegramme, die nicht verarbeitet werden konnten, bleiben mit Fehlerkennung im Eingangspuffer stehen. Sie können diese gegebenenfalls manuell korrigieren und neu zur Verbuchung vermerken. Telegramme, die zum Versenden anstehen oder gesendet und noch nicht von der SPS bestätigt wurden, sind im Ausgangspuffer sichtbar. Die beiden Puffer sollten immer leer sein.

Wie in Abbildung 14.30 dargestellt, bieten einige Knoten Zugriff auf zugehörige Anwendungsprotokolle, die die Entscheidungsfindung erläutern oder bei der Fehleranalyse unterstützen. Dabei werden die selektierten Anwendungsprotokolle über die Zeit, HU oder den Lagerauftrag eingeschränkt.

14.6.2 Selektion der MFS-relevanten Handling Units im Lagermonitor

Die Selektion der MFS-relevanten HUs und der MFS-relevanten Lageraufgaben basiert auf der Lagertyprolle der betroffenen Lagertypen. Sie legen diese Lagertypen im Customizing für EWM fest.

Wir haben im Beispiel die Lagertyprolle H (Materialflusssteuerung) oder J (Automatiklager) (angesteuert durch MFS) im EWM-Customizing unter STAMMDATEN • LAGERTYP festgelegt.

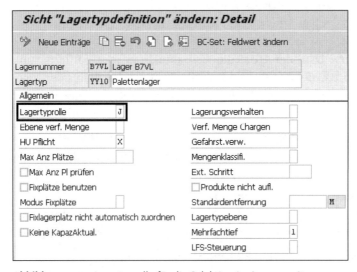

Abbildung 14.31 Lagertyprolle für die Selektion im Lagermonitor

14.6.3 Aktivitäten im Lagermonitor

Vom Lagermonitor aus können Sie je Knoten die in Tabelle 14.1 dargestellten Aktivitäten ausführen.

Knoten	Aktivitäten
Kommunikationskanal	▶ Kommunikationskanal starten oder anhalten ▶ Laufnummer für empfangene oder gesendete Telegramme zurücksetzen
Meldepunkt	▶ Ausnahme festlegen ▶ Status abfragen ▶ Bearbeitung anstoßen
Telegramm	▶ Telegrammwiederholung senden ▶ Telegramm simulieren
Lageraufgabe	▶ Lageraufgabe simulieren ▶ Lageraufgabenprotokoll anzeigen, von Lageraufgabe absplitten, Lageraufgabe zuordnen, Lageraufgabenzuordnung aufheben ▶ im Vordergrund quittieren; im Hintergrund quittieren ▶ Lageraufgabe neu drucken ▶ Lageraufgabe stornieren ▶ Ausnahme festlegen
HU	▶ MFS-Fehler setzen ▶ Bearbeitung anstoßen ▶ Lageraufgabe anlegen
Handling-Unit-Bewegungen	▶ Einträge löschen ▶ Lageraufgabe anlegen
Fördersegmentgruppe	▶ Ausnahme festlegen
Fördersegment	▶ Ausnahme festlegen
Ressource	▶ Ausnahme festlegen ▶ Status abfragen ▶ Bearbeitung anstoßen
Telegrammpuffer	▶ Telegramm bearbeiten ▶ Löschen oder Prozessieren

Tabelle 14.1 MFS-bezogene Aktivitäten im Lagermonitor

14.7 Ausnahmebehandlungen in SAP EWM-MFS

In MFS können Sie Ausnahmenbehandlungen für die Verwendung in verschiedenen Situationen konfigurieren, z. B. die folgenden:

▸ Ein Betriebsmittel ist oder soll gesperrt werden (z. B. ein Meldepunkt).

▸ Es sollen Ausnahmen für HUs festgelegt werden (z. B. wenn die HU ausgeschleust werden oder am Meldepunkt stehenbleiben soll).

▸ Es bestehen Kapazitätsengpässe.

▸ Es sollen Ausnahmen für Lagerplätze festgelegt werden (wenn z. B. ein Lagerplatz zum Picken leer oder ein Lagerplatz für eine Einlagerung voll ist).

▸ Telegramme sollen nicht an die SPS geschickt werden.

Dabei kann es sich im MFS um zwei verschiedene Ausführungsschritte der Ausnahmen handeln:

▸ Ausnahmen, die Sie manuell in EWM bzw. am Desktop vornehmen möchten (in der Konfiguration für Ausnahmen ist dies Ausführschritt A1)

▸ Ausnahmen, die von der SPS gesendet werden und auf die EWM in festgelegter Weise reagieren soll (in der Konfiguration für Ausnahmen ist dies Ausführschritt A0 – Verarbeitung im Hintergrund)

14.7.1 Ausnahmebehandlung am Desktop

Im nächsten Abschnitt beschreiben wir, wie Sie eine Ausnahmebehandlung am Desktop vornehmen können. Als Beispiel sperren wir einen Meldepunkt über den Lagermonitor. In der Transaktion /SCWM/MON können Sie ein Betriebsmittel sperren. Das Betriebsmittel kann ein Meldepunkt, eine Ressource oder ein Fördersegment sein. Abbildung 14.32 zeigt, wie im Lagermonitor ein Meldepunkt gesperrt wird. Über den Pfad MATERIALFLUSSSYSTEM • MELDEPUNKT können Sie per Doppelklick alle Meldepunkte anzeigen lassen. Für einen Meldepunkt können Sie dann die Methode AUSNAHME FESTLEGEN wählen und z. B. mit der Ausnahme MBLK den Meldepunkt blockieren.

Um die Ausnahme auswählen zu können, müssen Sie diese vorher unter folgendem Customizing-Pfad pflegen: EXTENDED WAREHOUSE MANAGEMENT • PROZESSÜBERGREIFENDE EINSTELLUNGEN AUSNAHMEBEHANDLUNG • DEFINITION VON AUSNAHME-CODES.

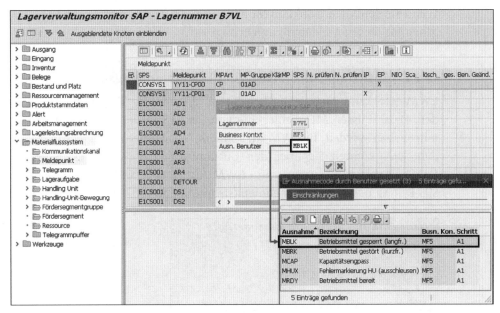

Abbildung 14.32 Ausnahmebehandlungen im Lagermonitor

Sie können in Abbildung 14.33 sehen, wie Sie die Ausnahme MBLK definieren können. Um die Ausnahme im Monitor selektieren zu können, müssen Sie die Ausnahme für den Business-Kontext MF5 und für den Ausführschritt A1 definieren. Der interne Prozesscode lautet STAY.

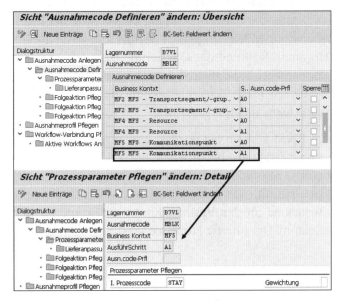

Abbildung 14.33 Ausnahmecode MBLK definieren

Wenn Sie den Meldepunkt im Monitor gesperrt haben, werden die Lageraufgaben für diesen Meldepunkt nicht angelegt.

14.7.2 Ausnahmebehandlung zum Telegrammeingang

EWM-MFS kann auch Fehler behandeln, die von der SPS übermittelt werden. Dazu müssen MFS-Fehler, die von der SPS in der Telegrammstruktur mitgegeben werden, in EWM-MFS einem Ausnahmecode zugeordnet werden. Dies können Sie über den Customizing-Pfad MATERIALFLUSSSYSTEM (MFS) • AUSNAHMEBEHANDLUNG • EWM-AUSNAHMEN • EWM-AUSNAHME ZU SPS-FEHLER DEFINIEREN vornehmen (siehe Abbildung 14.34).

Neue Einträge: Übersicht Hinzugefügte

EWM-Ausnahme zu SPS-Fehler definieren

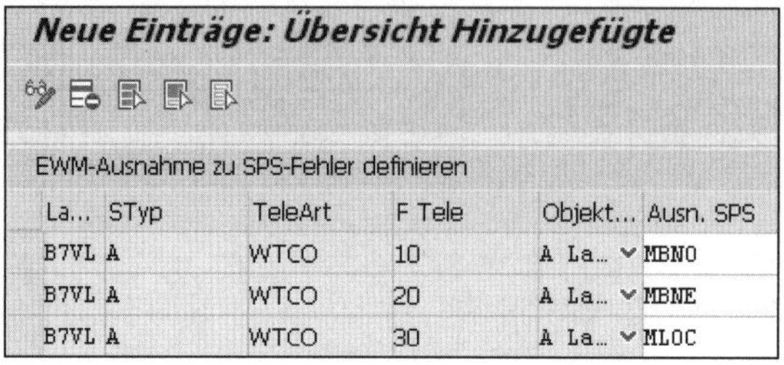

La...	STyp	TeleArt	F Tele	Objekt...	Ausn. SPS
B7VL	A	WTCO	10	A La... ∨	MBN0
B7VL	A	WTCO	20	A La... ∨	MBNE
B7VL	A	WTCO	30	A La... ∨	MLOC

Abbildung 14.34 SPS-Fehler definieren

Zum Beispiel wird während des Pickens im Hochregallager festgestellt, dass ein bestimmter Lagerplatz leer ist, die SPS schickt ein Telegramm von der Art WTCO und mit dem Fehlercode 20. Das Customizing unter EWM-AUSNAHME ZU SPS-FEHLER DEFINIEREN (siehe Abbildung 14.34) bedeutet dann, dass die Ausnahmebehandlung MBNE ausgeführt werden soll, wenn die SPS den Fehler 20 im Telegramm während der Quittierung einer Lageraufgabe (WTCO) meldet. Im Ausnahmecode können Sie verschiedene Aktionen definieren, wie z.B. das Sperren dieses Lagerplatzes und das Anlegen einer neuen Lageraufgabe von einem anderen Lagerplatz.

Den Ausnahmecode in EWM können Sie wieder, wie in Abschnitt 14.7.1, »Ausnahmebehandlung am Desktop«, beschrieben, unter dem Customizing-Pfad EXTENDED WAREHOUSE MANAGEMENT • PROZESSÜBERGREIFENDE EINSTELLUNGEN AUSNAHMEBEHANDLUNG • DEFINITION VON AUSNAHME-CODES pflegen. Sie sollten die Ausnahme für den Business-Kontext MF3 und für den Ausführschritt A0 definieren. Der interne Prozesscode ist BINE.

14.8 Anbindung von Behälterfördertechnik

Automatikanlagen zum effizienten Transport von Produkten mit kleinem Volumen werden oft mithilfe der *Behälterfördertechnik* realisiert. Die Ware wird dabei in standardisierten Kunststoffbehältern gelagert und über Band- oder Rollenförderstrecken transportiert. Moderne Behälteranlagen erreichen hohe Fördergeschwindigkeiten und erfordern daher sehr schnelle Antwortzeiten der angebundenen Lagersteuerrechner.

In diesem Abschnitt behandeln wir die Funktionen für die Anbindung einer Behälterfördertechnik, die größtenteils mit Release EWM 7.02 hinzugekommen sind. Darüber hinaus finden Sie am Ende von Abschnitt 14.8.2, »Optimierungen bei der Telegrammverarbeitung«, Informationen zur Grobplatzermittlung für Einlager-HUs, die ab Release EWM 9.2 zur Verfügung steht.

14.8.1 Überblick und Rahmenbedingungen

Grundlage für die Anbindung der Behälterfördertechnik ist eine Umlagerung von Handling Units (HUs) durch (HU-)Lageraufgaben. Auch hier wird das Meldepunktkonzept mit Telegrammaustausch – analog zur Komponente für die Materialflusssteuerung – genutzt.

Nehmen Sie also zunächst die Grundeinstellungen und Stammdateneinstellungen vor, wie sie in Abschnitt 14.2, »Einrichtung und Simulation eines Materialflusssystems«, und Abschnitt 14.3, »Lagerlayout definieren«, beschrieben wurden. Die Unterschiede beim Customizing bzw. die zusätzlichen notwendigen Einstellungen für ein Lager mit Behälterfördertechnik werden in diesem Abschnitt beschrieben. Als Beispiel für die folgenden Ausführungen verwenden wir einen Ausschnitt aus einer Behälterförderstrecke (siehe Abbildung 14.35).

Die automatische Förderstrecke bedient mehrere Kommissionierarbeitsplätze, an denen die Ware direkt in die Behälter kommissioniert wird. Ein Behälter wird als Versand-HU betrachtet und kann, falls erforderlich, mehrere Arbeitsplätze anfahren, bevor am Ende der Förderstecke die Ausschleusung in den Versandbereich erfolgt. Der Meldepunkt I ist hier als Entscheidungsmeldepunkt konfiguriert und kann über eine Ausschleusung des Behälters zum Arbeitsplatz entscheiden.

Zunächst behandeln wir nun die logischen Konzepte, die für eine optimierte Verarbeitung im Rahmen der Behälterfördertechnik eingeführt worden sind.

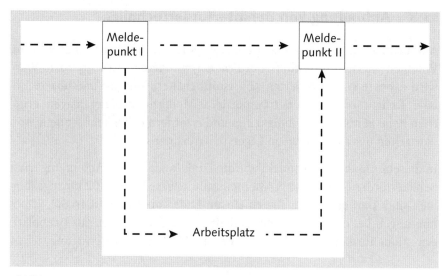

Abbildung 14.35 Beispielausschnitt aus einer Behälteranlage

14.8.2 Optimierungen bei der Telegrammverarbeitung

Um möglichst schnelle Antwortzeiten bei der Verarbeitung der SPS-Telegramme zu ermöglichen, hat SAP einen vereinfachten Prozessablauf für die Routenermittlung definiert, und es wurden weitere Meldepunktaktionsbausteine mit performanceoptimiertem Ablauf entwickelt.

Die Optimierungen wurden vor allem im Routing und bei der Verbuchungslogik der Funktionsbausteine zur Telegrammverarbeitung durchgeführt.

Routing

Als Voraussetzung, um ein SPS-Telegramm für eine HU-Bewegung im MFS zu erzeugen, müssen zuvor Lageraufgaben erstellt worden sein. Dies bedeutet, dass bei den Verarbeitungsroutinen der Meldepunktlogik für einen Entscheidungspunkt die benötigte Laufzeit auch die Erstellung und Quittierung von Lageraufgaben enthält, inklusive der damit verbundenen Ein- und Auslagerstrategien. Die sich daraus ergebenden Antwortzeiten können für die optimale Ausnutzung der Möglichkeiten der modernen Behälterfördertechnik zu hoch sein.

Daher hat SAP eine schlanke Logik mit neuen *Routing-Tabellen* entwickelt, die eine Richtungsentscheidung auf Basis der folgenden Informationen zur HU ermöglicht:

▶ **Aktueller Meldepunkt der HU**

Der aktuelle Meldepunkt der HU wird von der SPS im Eingangstelegramm gesendet. Über die Stammdaten zum Meldepunkt (Transaktion /SCWM/ MFS_CP) wird der EWM-Lagerplatz ermittelt.

▶ **Kontextinformationen zur HU**

Kontextinformationen zur HU können z. B. Attribute des aktuellen Lagerauftrags oder der Lageraufgabe sein. Da die Kontextdaten zur HU nur aus der Datenbank selektiert werden müssen, jedoch keine sofortige Verbuchung erfolgt, kann hier eine signifikante Laufzeiteinsparung erreicht werden.

▶ **Logische Destinationen für EWM**

Eine logische Destination für das EWM-System ist die Richtung, in die eine Handling Unit bewegt werden soll. Da an einem Meldepunkt verschiedene Fälle auftreten können, muss jeder logischen Destination auch ein logischer Destinationstyp zugeordnet werden. Die folgenden Fälle sind bereits als mögliche Werte im Customizing vordefiniert:

– OK

– Fehler

– leere HU ohne offene(n) Lagerauftrag/-aufgabe

– HU mit Inhalt ohne offene(n) Lagerauftrag/-aufgabe

– Vorschlagswert (für Default Routing)

– kundenspezifisch

Es wird empfohlen, zur Vereinfachung des Customizings mit dem *Vorschlagswert* zu arbeiten. Dieser Wert wird verwendet, wenn kein konkreter anderer Wert angegeben wurde. Für jeden Meldepunkt können Sie nur eine logische Destination mit demselben Typ definieren. Eine Ausnahme ist der logische Destinationstyp KUNDENSPEZIFISCH mit mehreren logischen Destinationen. Zu diesem Typ existiert im Standard keine Logik. Er kann mithilfe von BAdIs für kundenspezifische Entscheidungen verwendet werden.

Beispiel zur Verwendung logischer Destinationen

Am Ausgangspunkt prüft die SPS, ob die Werte der HU Fehler enthalten. Werden keine Fehler gefunden, wird die logische Destination OK und andernfalls die logische Destination FEHLER verwendet. An einem Meldepunkt wird eine (leere) HU von der SPS gemeldet, für die es in EWM keine offene Lageraufgabe gibt. Hier wird die logische Destination LEERE HU OHNE OFFENE(N) LAGERAUFTRAG/-AUFGABE verwendet.

► **Logische Destinationen für SPS**

Logische Destinationen für SPS sind das Ergebnis der Routenermittlung und können entweder eine logische Richtung oder ein Bereich sein, in den die HU bewegt werden soll. Der Wert wird im Antworttelegramm als Ziel an die SPS gesendet. Die logische Destination wird auf der Grundlage des im empfangenden Telegramm genannten Meldepunkts sowie des Aktivitätsbereichs der offenen Lageraufträge für die HU ermittelt.

Beispiel zur Kommunikationssequenz einer Behälterfördertechnik

Eine einfache Kommunikationssequenz einer Behälterfördertechnik mit SAP EWM läuft folgendermaßen ab:

► Der Behälter 4711 erreicht auf der Fördertechnik den Meldepunkt I.

► Die SPS sendet am Meldepunkt I ein Telegramm mit einer Routing-Anfrage für die HU 4711 an SAP EWM.

► In SAP EWM erfolgt eine schnelle Auswertung der Routing-Informationen mit dem Ergebnis *Ausschleusung zum Arbeitsplatz*.

► SAP EWM sendet ein Antworttelegramm mit der Routing-Entscheidung an die SPS.

► Die SPS schleust den Behälter zum Arbeitsplatz aus.

Bis zu diesem Zeitpunkt hat noch keine Verbuchung von Lageraufgaben zur Behälter-HU stattgefunden.

Verbuchung

SPS kann den physischen Behälter durch die schnelle Rücksendung des Antworttelegramms mit der Routing-Entscheidung in die richtige Richtung weitertransportieren. Um jedoch die Bewegungen innerhalb von EWM konsistent abbilden zu können, muss noch eine Verarbeitung der Lageraufgaben erfolgen. Dafür ist eine *asynchrone Verarbeitung* der Bewegungsbuchung möglich, das heißt, dass die physische Bewegung erst nachträglich im System verbucht wird.

Asynchrone Verarbeitung

Beim Aufruf von Funktionsbausteinen im SAP-System werden die synchrone und die asynchrone Verarbeitung unterschieden: Bei der synchronen Verarbeitung wird die Logik des Bausteins vollständig ausgeführt und erst dann die nachfolgende Programmlogik fortgesetzt. Der asynchrone Aufruf kann sofort oder zeitlich versetzt stattfinden. Es wird allerdings nicht auf die erfolgreiche Verarbeitung gewartet, sondern die nachfolgende Programmlogik wird sofort fortgesetzt. Die asynchrone Verarbeitung wird dann verwendet, wenn komplexe Verbuchungen stattfinden müssen und die Laufzeit eine besonders wichtige Rolle spielt.

Um die *nachträgliche Bewegungsbuchung* anzustoßen, haben Sie die beiden folgenden Optionen:

▸ Nach der Verarbeitung des Funktionsbausteins mit der Meldepunktlogik für den jeweiligen Meldepunkttyp wird ein zusätzlicher Verbuchungsbaustein asynchron aufgerufen.

▸ Die SPS sendet nach der Ausführung der Bewegung ein Bestätigungstelegramm mit der tatsächlichen Lokation der HU an das EWM-System.

In beiden Fällen wird eine sofort quittierte Lageraufgabe erstellt, die die Bewegung nachträglich in EWM bucht.

Wenn die SPS ein Bestätigungstelegramm sendet, das mitteilt, dass die HU an die logische Destination bewegt worden ist, wird die HU in EWM auf den dazugehörigen Nach-Lagerplatz gebucht, der dem Meldepunkt zugeordnet ist. Wenn Sie die zweite der soeben genannten Optionen verwenden, können die Routing-Entscheidungen in EWM und die tatsächliche Förderrichtung der SPS voneinander abweichen. In diesem Fall richtet sich EWM nach der Physik und verbucht die Lageraufgabe entsprechend auf dem tatsächlichen physischen Meldepunkt, den die SPS angefahren hat.

Hinweis zur Fehlerüberwachung im Lagermonitor

Da die asynchrone Buchung unabhängig von der ursprünglichen Telegrammverarbeitung durchgeführt wird, sind Fehler bei der Verbuchung nur in der Transaktion SLG1 für die Protokollierung und nicht im Knoten für die Telegramme im Lagermonitor sichtbar. Das Telegramm wird immer auf OK gesetzt, unabhängig davon, ob die spätere Verbuchung durchgeführt werden kann oder nicht. Außerdem wird die asynchrone Verarbeitung nur ein einziges Mal angestoßen.

Grobnachplatzermittlung für Einlager-HUs

Bei komplexen Automatiklägern können Identifikationspunkte und finale Lagerplätze für die Einlagerung weit auseinanderliegen. Dadurch kann zwischen den Entscheidungen am Identifikationspunkt und der tatsächlichen Einlagerung eine große Zeitspanne vergehen. Deshalb ist es nicht immer wünschenswert, bereits am Identifikationspunkt eine Lageraufgabe zu erstellen, die den Einlagerplatz reserviert. Dies trifft insbesondere bei mehrfachtiefen Lagerplätzen zu. Um dem Rechnung zu tragen, bietet EWM ab Release 9.2 eine spezielle Einlagerstrategie für MFS in Verbindung mit der Behälterfördertechnik.

Diese sogenannte *Grobnachplatzermittlung* bestimmt vorläufige Nachdaten ohne Erstellung einer Lageraufgabe oder Platzreservierung. Dabei finden folgende Punkte Beachtung:

▸ Bei mehrfachtiefen Plätzen werden Lagerplätze zur Zulagerung gesucht, auf denen die gleichen Produkt-/Chargenkombinationen vorliegen.

▸ Falls eine Zulagerung nicht möglich ist, wird ein leerer Lagerplatz gemäß Lagerplatzsortierung der Quereinlagerung gesucht.

▸ Erreichbare und verfügbare Gassen werden berücksichtigt.

▸ Potenzielle Ausnahmen an beteiligten Ressourcen oder Meldepunkten werden evaluiert.

▸ Die Auslastung erreichbarer Gassen und die optionale maximale Kapazität an Ressourcenaufnahmepunkten können beachtet werden.

Als Ergebnis wird ein HU-Bewegungseintrag erstellt, der bei Routing-Entscheidungen berücksichtigt wird und im Lagermonitor eingesehen werden kann. Entscheidend ist, dass das Ergebnis der Grobnachplatzermittlung nicht in Stein gemeißelt ist und es dementsprechend möglich ist, dass während der Bewegung der HU durch das Automatiklager weitere Neuermittlungen stattfinden. Somit ist der ursprünglich ermittelte Grobnachplatz nicht zwingend identisch mit dem tatsächlichen finalen Einlagerplatz.

Die Logik der Grobnachplatzermittlung wird an Meldepunkten durchlaufen, die eine Gangentscheidung anhand des Funktionsbausteins /SCWM/MFSACT_ CASE_AISLE_DET prozessieren. Daneben werden relevante Teile bei der Erstellung der Einlager-LB am Ressourcenaufnahmepunkt mithilfe des Funktionsbausteins /SCWM/MFSACT_CASE_RSRC_PP wiederverwendet. Die Grobnachplatzermittlung kann über BAdIs oder eigene Funktionsbausteine beeinflusst werden, z. B. auch um eine Mischbelegung im Hinblick auf Chargen oder Produkte zu erreichen.

14.8.3 Einstellungen der Behälterfördertechnik

In diesem Abschnitt skizzieren wir die wichtigsten Unterschiede in den Einstellungen der Anbindung der Behälterfördertechnik zu den Einstellungen des MFS. Beachten Sie, dass es sich bei den in den Screenshots gezeigten Einstellungen um Beispiele handelt, die keinen funktionsfähigen Prozess ergeben.

Speicherprogrammierbare Steuerung definieren

Über den Customizing-Pfad MATERIALFLUSSSYSTEM (MFS) • STAMMDATEN • SPEICHERPROGRAMMIERBARE STEUERUNG (SPS) DEFINIEREN können Sie die Einstellungen für die SPS vornehmen (siehe Abbildung 14.36).

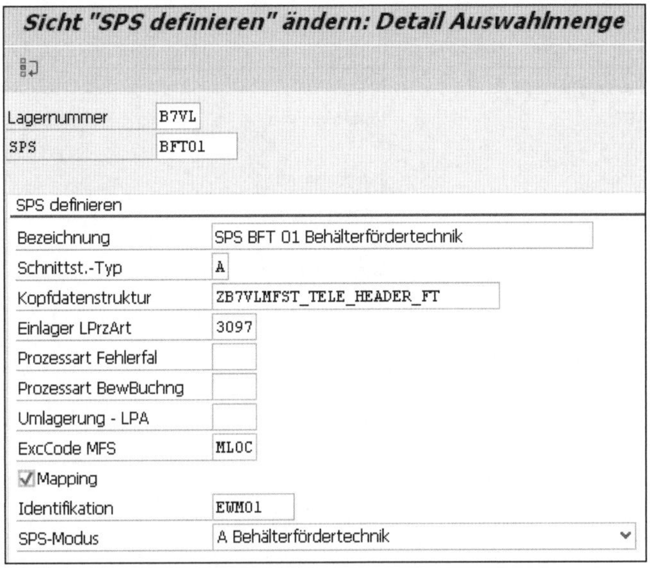

Abbildung 14.36 SPS für Behälterfördertechnik definieren

Um die neue Funktion gegenüber der alten Logik abzugrenzen, müssen Sie bei der Definition der SPS im Feld SPS-MODUS den Eintrag BEHÄLTERFÖRDERTECHNIK wählen. Falls eine SPS sowohl Regalbediengeräte als auch Fördertechnik nach Behälterlogik behandelt, wählen Sie den SPS-Modus BEHÄLTERFÖRDERTECHNIK UND REGALBEDIENGERÄT. Darüber hinaus können Sie im Feld PROZESSART BEWBUCHNG eine Lagerprozessart angeben, die bei der nachfolgenden Bewegungsbuchung verwendet wird.

Meldepunkt definieren

Über den Customizing-Pfad MATERIALFLUSSSYSTEM (MFS) • STAMMDATEN • MELDEPUNKT DEFINIEREN können Sie die Meldepunkte definieren (siehe Abbildung 14.37).

Pflegen Sie die Felder BEZEICHNUNG sowie MPART (Meldepunktart). Weitere Attribute pflegen Sie je nach Klassifikation des Meldepunkts (z. B. die Felder SCANNER, ENDE, FEHLER LÖSCHEN).

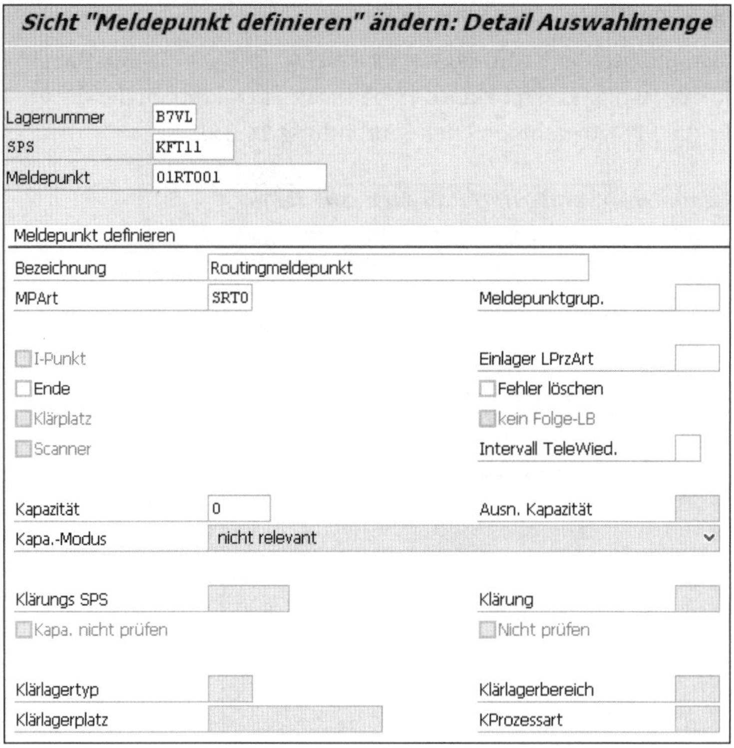

Abbildung 14.37 Meldepunkt für Behälterfördertechnik definieren

Die Kapazitäten und Ausnahmecodes auf der Meldepunktebene werden bei der Behälterfördertechnik im Unterschied zur normalen Materialflusssteuerung nicht mehr berücksichtigt. Die Klärziele werden nun nicht mehr auf den Meldepunkten hinterlegt, sondern müssen als logische Destination im neuen Knoten ROUTING FÜR BEHÄLTERFÖRDERTECHNIKEN gepflegt werden.

MFS-Queue definieren

Über den Customizing-Pfad MATERIALFLUSSSYSTEM (MFS) • STAMMDATEN • MFS-QUEUE DEFINIEREN können Sie die MFS-Queues definieren (siehe Abbildung 14.38).

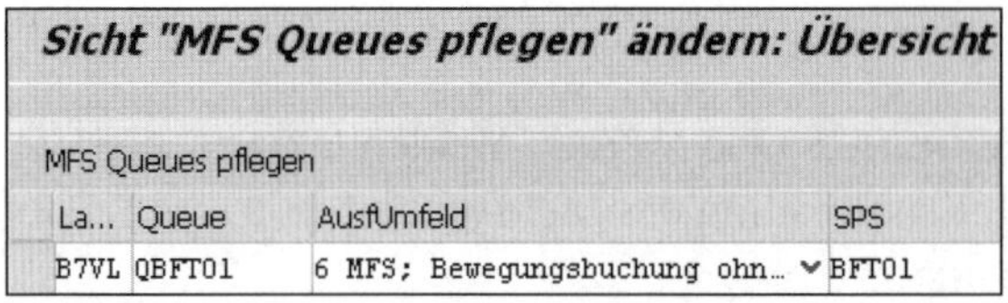

Abbildung 14.38 MFS-Queue für Behälterfördertechnik definieren

984

Pflegen Sie die benötigten Queues für die jeweilige SPS, und setzen Sie das Ausführungsumfeld (Feld AUSFUMFELD) für die Verwendung mit einer Behälterfördertechnik auf den Wert MFS; BEWEGUNGSBUCHUNG OHNE RESSOURCENMANAGEMENT.

Logische Destinationen für EWM definieren

Über den Customizing-Pfad MATERIALFLUSSSYSTEM (MFS) • ROUTING FÜR BEHÄLTERFÖRDERTECHNIKEN • LOGISCHE DESTINATIONEN FÜR EWM DEFINIEREN können Sie die logischen Destinationen für das EWM-System definieren (siehe Abbildung 14.39).

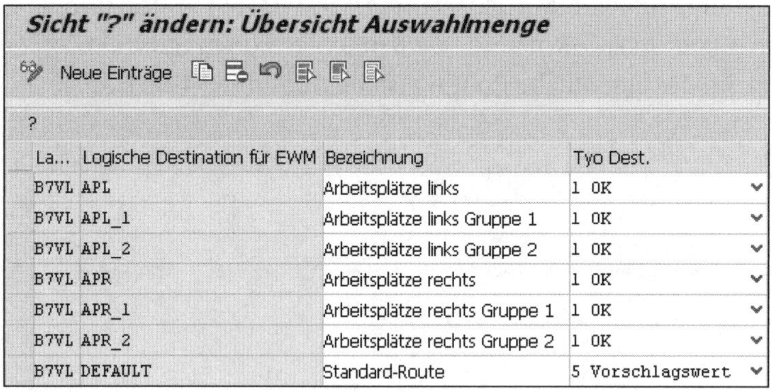

La...	Logische Destination für EWM	Bezeichnung	Tyo Dest.	
B7VL	APL	Arbeitsplätze links	1 OK	⌄
B7VL	APL_1	Arbeitsplätze links Gruppe 1	1 OK	⌄
B7VL	APL_2	Arbeitsplätze links Gruppe 2	1 OK	⌄
B7VL	APR	Arbeitsplätze rechts	1 OK	⌄
B7VL	APR_1	Arbeitsplätze rechts Gruppe 1	1 OK	⌄
B7VL	APR_2	Arbeitsplätze rechts Gruppe 2	1 OK	⌄
B7VL	DEFAULT	Standard-Route	5 Vorschlagswert	⌄

Sicht "?" ändern: Übersicht Auswahlmenge — Neue Einträge

Abbildung 14.39 Logische Destinationen für EWM definieren

Pflegen Sie nun die logische Destination für EWM. Die SPS benötigt Informationen darüber, wohin eine HU bewegt werden muss, und diese Information ist in der logischen Destination zu finden; sie bezieht sich in der Regel eher auf eine logische Richtung (z. B. Richtung Klärplatz im Fehlerfall) als auf einem physischen Standort. Geben Sie außerdem eine Bezeichnung für die logische Destination ein, und pflegen Sie das Feld TYO DEST. (Typ der logischen Destination für EWM). Dieses Feld klassifiziert die logische Destination nach dem Fall, der bei der Meldepunktverarbeitung auftritt.

Logische Destinationen für SPS definieren

Über den Customizing-Pfad MATERIALFLUSSSYSTEM (MFS) • ROUTING FÜR BEHÄLTERFÖRDERTECHNIKEN • LOGISCHE DESTINATIONEN FÜR SPS DEFINIEREN können Sie die logischen Destinationen für die SPS einstellen (siehe Abbildung 14.40).

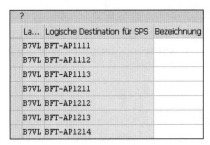

Abbildung 14.40 Logische Destinationen für SPS definieren

Routing für Behälterfördertechnik definieren

Über den Customizing-Pfad MATERIALFLUSSSYSTEM (MFS) • ROUTING FÜR BEHÄLTERFÖRDERTECHNIKEN • ROUTING FÜR BEHÄLTERFÖRDERTECHNIK DEFINIEREN definieren Sie das eigentliche Routing (siehe Abbildung 14.41).

Sicht "?" anzeigen: Übersicht

La...	SPS	Meldepunkt	Log. Dest. EWM	AktvBreich	Log. Dest. SPS	Dest-SPS	Nach-Meldepunkt
0330	BFT04	AP1214		KP0X	BFT-RP1204	BFT02	RP1204
0330	BFT04	AP1214		NI01	BFT-RP1204	BFT02	RP1204
0330	BFT04	AP1214		PB1X	BFT-RP1204	BFT02	RP1204
0330	KFT10	01RT010	APL1		KFT-01RT011	KFT10	01RT011
0330	KFT10	01RT010	APL2		KFT-06RT012	KFT60	06RT012
0330	KFT10	01RT010	APR2		KFT-06RT012	KFT60	06RT012
0330	KFT10	01RT010	DEFAULT		KFT-02RT012	KFT20	02RT012

Abbildung 14.41 Routing für Behälterfördertechnik definieren

Pflegen Sie die folgenden Felder:

- **SPS**
  Name der SPS

- **Meldepunkt**
  aktueller Meldepunkt, an dem das Routing durchgeführt wird

- **Logische Destination für EWM (Feld »Log. Dest. EWM«)**
  logische Richtung, in die die HU im EWM-System bewegt werden soll

- **Aktivitätsbereich (Feld »AktvBereich«)**
  Aktivitätsbereich aus dem Lagerauftrag zur HU, zu dem die HU bewegt werden soll

- **Logische Destination für SPS (Feld »Log. Dest. SPS«)**
  logische Richtung für die HU, die an die SPS gesendet wird

▸ **Destinations-SPS für Buchung der HU (Feld »Dest.-SPS«)**
SPS des Meldepunkts, zu dem die HU gebucht wird

▸ **Nach-Meldepunkt für HU-Buchung (Feld »Nach-Meldepunkt«)**
Meldepunkt, zu dem die HU gebucht wird

Erreichbare Gänge und Ebenen anhand von Meldepunkt festlegen

Über den Customizing-Pfad MATERIALFLUSSSYSTEM (MFS) • STAMMDATEN • ERREICHBARE GÄNGE UND EBENEN ANHAND VON MELDEPUNKT FESTLEGEN können Sie für die Grobnachplatzermittlung pro Gangentscheidungspunkt erreichbare Gänge und Ebenen festlegen (siehe Spalten LAGERPLATZGANG und LAGERPLATZEBENE in Abbildung 14.42).

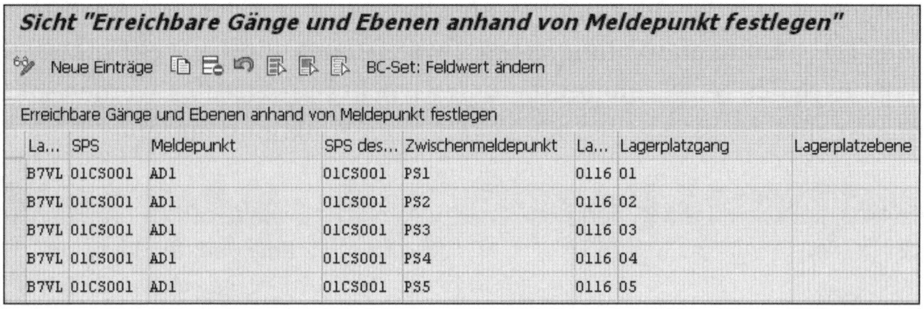

Sicht "Erreichbare Gänge und Ebenen anhand von Meldepunkt festlegen"

Neue Einträge   BC-Set: Feldwert ändern

Erreichbare Gänge und Ebenen anhand von Meldepunkt festlegen

La...	SPS	Meldepunkt	SPS des...	Zwischenmeldepunkt	La...	Lagerplatzgang	Lagerplatzebene
B7VL	01CS001	AD1	01CS001	PS1	0116	01	
B7VL	01CS001	AD1	01CS001	PS2	0116	02	
B7VL	01CS001	AD1	01CS001	PS3	0116	03	
B7VL	01CS001	AD1	01CS001	PS4	0116	04	
B7VL	01CS001	AD1	01CS001	PS5	0116	05	

Abbildung 14.42 Erreichbare Gänge und Ebenen anhand des Meldepunkts festlegen

Erreichbare Gänge und Ebenen für MFS-Ressourcen festlegen

Im SAP-Easy-Access-Menü unter EXTENDED WAREHOUSE MANAGEMENT • STAMMDATEN • MATERIALFLUSSSYSTEM (MFS) • GÄNGE UND EBENEN FÜR MFS-RESSOURCEN FESTLEGEN können Sie auch für die Grobnachplatzermittlung je Ressource erreichbare Gänge und Ebenen festlegen (siehe Spalten LAGERPLATZGANG und LAGERPLATZEBENE in Abbildung 14.43).

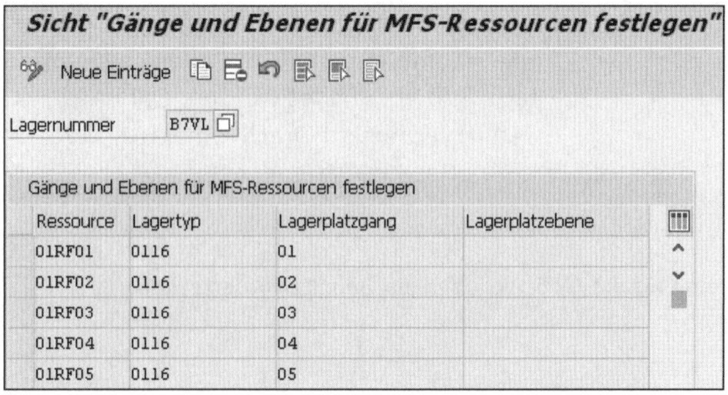

Sicht "Gänge und Ebenen für MFS-Ressourcen festlegen"

Neue Einträge

Lagernummer   B7VL

Gänge und Ebenen für MFS-Ressourcen festlegen

Ressource	Lagertyp	Lagerplatzgang	Lagerplatzebene	
01RF01	0116	01		
01RF02	0116	02		
01RF03	0116	03		
01RF04	0116	04		
01RF05	0116	05		

Abbildung 14.43 Gänge und Ebenen für MFS-Ressourcen festlegen

MFS-Aktionen definieren

Über den Customizing-Pfad MATERIALFLUSSSYSTEM (MFS) • TELEGRAMMVERARBEITUNG • MFS-AKTIONEN DEFINIEREN können Sie die Funktionsbausteine für die MFS-Aktionen definieren (siehe Abbildung 14.44).

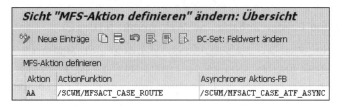

Abbildung 14.44 MFS-Aktionen für Behälterfördertechnik definieren

Sie können für die Behälterfördertechnik zusätzlich zum Funktionsbaustein für die Telegrammverarbeitung einen zweiten Funktionsbaustein hinterlegen, der nach der Telegrammbearbeitung asynchron aufgerufen werden soll. Verfügbar sind die in Tabelle 14.2 aufgeführten Funktionsbausteine:

Funktionsbaustein	Beschreibung
/SCWM/MFSACT_CASE_AISLE_DET	An Gangentscheidungspunkten kann ein Grobnachplatz für Einlager-HUs ermittelt werden.
/SCWM/MFSACT_CASE_AISLE_DET_AS	Die Grobnachplatzermittlung findet asynchron statt.
/SCWM/MFSACT_CASE_ATF	Die nachfolgende Bewegungsbuchung kann an jedem Entscheidungsmeldepunkt verwendet werden und verbucht die HU auf dem im Routing angegebenen Ziel.
/SCWM/MFSACT_CASE_ATF_ASYNC	Die nachfolgende Bewegungsbuchung wird asynchron ausgeführt.
/SCWM/MFSACT_CASE_DST_BIN	Die Neuermittlung des Ziels kann zur finalen Bestimmung des Ziellagerplatzes für eine HU mit einer existierenden Lageraufgabe (LA) verwendet werden. Die LA-Daten werden entsprechend aktualisiert.
/SCWM/MFSACT_CASE_DST_BIN_ASYN	Die Neuermittlung des Ziels verläuft asynchron.

Tabelle 14.2 Funktionsbausteine für die MFS-Aktionen zur Behälterfördertechnik

Funktionsbaustein	Beschreibung
/SCWM/MFSACT_CASE_ROUTE	Die Routing-Entscheidung kann an jedem Entscheidungsmeldepunkt verwendet werden und ermittelt die logische Destination auf Basis der Routing-Tabellen.
/SCWM/MFSACT_CASE_RSRC_PP	Bei Verwendung der Grobnachplatzermittlung dient dieser Funktionsbaustein an Ressourcenaufnahmepunkten der Erzeugung der Einlager-LB ins automatische Hochregallager.
/SCWM/MFSACT_CASE_SP	Die HU-Prüfung wird in der Regel aufgerufen, wenn die HU den ersten Meldepunkt auf der Behälterfördertechnik passiert.
/SCWM/MFSACT_CASE_WT_CREA	Die Zielermittlung kann verwendet werden, um eine Lagerauftragserstellung mit Nach-Lagerplatzermittlung durchzuführen.
/SCWM/MFSACT_CASE_WT_CREA_ASYN	Die Zielermittlung verläuft asynchron.

Tabelle 14.2 Funktionsbausteine für die MFS-Aktionen zur Behälterfördertechnik (Forts.)

Für die Bausteine wurden auch Business Add-ins (BAdIs) vorgesehen, um eine kundeneigene Logik implementieren zu können.

Die asynchronen Varianten der Funktionsbausteine können für Aktionen verwendet werden, die nach der Telegrammverarbeitung ausgeführt werden sollen. Die Ausführung wird nur einmal angestoßen, und bei Fehlern wird der Telegrammstatus nicht mehr aktualisiert.

Beispiel für asynchrone Funktionsbausteinaufrufe

Der Nach-Lagerplatz für eine HU soll aufgrund der Zeitdifferenz zwischen der Erzeugung des Lagerauftrags und der physischen Bewegung anfangs nur generisch ermittelt und zu einem späteren Zeitpunkt unter Berücksichtigung des aktuellen Lagerspiegels finalisiert werden. An einem der Meldepunkte wird der Baustein zur Neuermittlung des Ziels in der asynchronen Variante aufgerufen. Das Ergebnis muss der SPS nicht sofort im Antworttelegramm mitgeteilt werden, sondern kann an einem nachfolgenden Meldepunkt ausgewertet werden.

Weitere Einstellungen

Fördersegmente und Meldepunktabhängigkeiten müssen für die Behälterfördertechnik nicht definiert werden.

14.9 Anbindung über die Lagersteuerrechner-Schnittstelle

Außer der direkten Integration mithilfe von EWM-MFS ist es auch möglich, Lageruntersysteme über die Lagersteuerrechner-Schnittstelle zu integrieren. Zum Beispiel können Aufgaben an eine Lagerkontrolleinheit geschickt oder ein Pick-by-Voice-System integriert werden. Die Anbindung an Lageruntersysteme wird im Folgenden beschrieben.

Für die Integration mit *Lagerkontrolleinheiten* (LKEs) oder anderen Lageruntersystemen, die verantwortlich dafür sind, die Lageraufgaben in einem bestimmten Teil des Lagers zu bearbeiten, können Sie die IDoc-Technologie verwenden, z. B., um Lageraufgaben an die LKE zu schicken und andere Aktivitäten, etwa das Erstellen und Versenden einer Pick-HU, zu verrichten.

Folgende IDocs stehen für die Integration mit Lagerkontrolleinheiten zur Verfügung:

- Lageraufgabe erstellen
- Lageraufgabe quittieren
- HU-Bewegung erstellen
- Wellenfreigabe
- Erstellen und Versenden der Pick-HUs
- Stornieren eines Lagerauftrags
- Blockieren eines Lagerplatzes

Die Auslöser zum Versenden der IDocs sind in der Anwendung codiert. Um diese Auslöser im Quellcode zu finden, können Sie in der Funktionsgruppe `/SCWM/LSUB` über den Verwendungsnachweis die relevanten Funktionsbausteine suchen, die mit dem Namen `/SCWM/SUB_INITIATION_FOR_xxxx` anfangen. Inbound IDocs werden entsprechend den Einstellungen, die für den IDoc-Typ konfiguriert wurden, in der ALE-Schicht verarbeitet.

14.10 Zusammenfassung

In diesem Kapitel haben Sie einen Überblick über die EWM-MFS-Funktion erhalten. Wir haben besprochen, dass EWM-MFS eine direkte Anbindung von Materialflusssystemen ermöglicht, ohne dass ein zusätzlicher Lagersteuerrechner benötigt wird. Wir haben uns zuerst mit den Grundbegriffen und dem Aufbau eines Materialflusssystems, mit der Einrichtung und Simulation eines Materialflusssystems und dann mit der Definition eines Lagerlayouts in EWM-MFS befasst.

Es ist auch deutlich geworden, wie die layoutorientierte Lagerungssteuerung das Routing für Materialflussprozesse im Wareneingang und Warenausgang abbilden und ausführen kann. Darüber hinaus wurden die Telegrammkommunikation, Ausnahmebehandlungen und die Überwachung des Materialflusssystems besprochen. Daneben wurden die Änderungen und Optimierungen im Umfeld der Logik für Behälterfördertechnik dargestellt. Zuletzt haben wir uns noch kurz der Anbindung über die Lagersteuerrechner-Schnittstelle gewidmet.

SAP EWM unterstützt verschiedene Cross-Docking-Methoden, um den Warenfluss im Lager zu optimieren. In diesem Kapitel geben wir Ihnen einen Überblick über alle verfügbaren Cross-Docking-Methoden und zeigen, wie sie in die prozessorientierte Lagerungssteuerung von EWM eingebettet sind.

15   Cross-Docking

Cross-Docking, die Direktabfertigung von Waren, dient der Optimierung der Warenbearbeitung. Die im Lager eingegangene Ware wird versendet, ohne dass zuvor eine Einlagerung stattgefunden hat. Es wird also Bestand, der von einer Produktion oder einem Lieferanten kommt und sich noch im Wareneingangsprozess befindet, ohne Zwischenlagerung direkt in den Warenausgangsprozess übergeleitet. Daraus ergibt sich eine Vielzahl von Vorteilen für das Lager, u. a.:

▶ Durch weniger Arbeitsschritte in der Abwicklung können Bruch und Nacharbeitsaufwände reduziert werden.

▶ Durch einen erhöhten Lagerumschlag sind kürzere Lieferzeiten möglich.

▶ Da eine unnötige Reservierung von Lagerplätzen vermieden wird, können Lagerbelegung und Lagerungskosten verringert werden.

▶ Durch eine Konsolidierung von Lager- und Cross-Docking-Materialien in einem Transport können Transportkosten reduziert werden.

Dieses Kapitel beschreibt nach einer kurzen Einführung in das Cross-Docking mit EWM die fünf möglichen Cross-Docking-Methoden in EWM im Detail.

15.1   Grundlagen

Im Cross-Docking gibt es nur eine Lagerbewegung: von der Wareneingangszone zur Warenausgangszone. Einlagerungs- und Auslagerungsschritte zu finalen Lagerplätzen (etwa in ein Palettenlager oder ein Kleinteilelager) finden nicht statt. Abbildung 15.1 gibt Ihnen einen Überblick über das Cross-

Docking. Sie sehen, dass die Ware das Lager durchläuft und wieder auf direktem Weg verlässt.

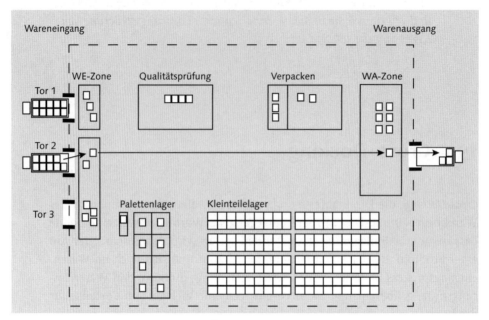

Abbildung 15.1 Cross-Docking im Überblick

Es gibt zwei grundsätzliche Arten von Cross-Docking:

- **Geplantes Cross-Docking**
  Die Entscheidung, ob für eine Ware Cross-Docking durchgeführt wird, ist getroffen worden, *bevor* die Ware das Lager erreicht, also physisch vereinnahmt wird.

- **Ungeplantes bzw. opportunistisches Cross-Docking**
  Die Entscheidung, ob Cross-Docking durchgeführt wird, wird erst dann getroffen, wenn die Ware bereits im Lager ist, also der Wareneingangsprozess bereits begonnen hat. Die Entscheidung für Cross-Docking hängt von den jeweiligen Umständen ab (»opportunistisch«).

EWM unterstützt sowohl das geplante als auch das opportunistische Cross-Docking bzw. geplante und oppurtunistische Cross-Docking-Methoden. Insgesamt gibt es fünf verschiedene Cross-Docking-Methoden für EWM, die wir in diesem Kapitel beschreiben:

- Transport-Cross-Docking (TCD)
- Warenverteilung

▸ opportunistisches Cross-Docking, das EWM anstößt (EWM-Opp.CD)

▸ Push Deployment (PD)

▸ Kommissionieren vom Wareneingang (PFGR)

Abbildung 15.2 zeigt diese fünf Methoden im Überblick. Das Transport-Cross-Docking (TCD) und die Warenverteilung gehören zu den geplanten Cross-Docking-Methoden; Push Deployment (PD), Kommissionieren vom Wareneingang (PFGR) sowie EWM-Opp.CD gehören zu den opportunistischen Cross-Docking-Methoden. Die Warenverteilung unterscheidet zudem noch zwischen Cross-Docking und *Flow-Through*. Mehr Details zur Warenverteilung finden Sie in Abschnitt 15.4.

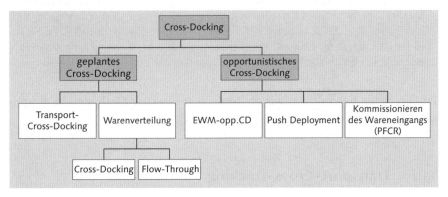

Abbildung 15.2 Cross-Docking-Methoden in SAP EWM

Lieferanten-Cross-Docking

Neben den fünf erwähnten Cross-Docking-Methoden unterstützt EWM auch das sogenannte *Lieferanten-Cross-Docking*. Das Lieferanten-Cross-Docking ist eine Variante des TCD, bei der die Waren, die vom Lieferanten kommen, nicht direkt zum empfangenden Lager geliefert werden, sondern zuvor über ein oder mehrere Cross-Docking-Läger transportiert werden. Dieses Vorgehen wird z. B. genutzt, um eine Vielzahl eingehender Lieferungen in gemeinsame Transporte zusammenzufassen. Voraussetzungen für den Einsatz des Lieferanten-Cross-Dockings sind ein SAP-ERP-System mit Releasestand 6.0 sowie die Aktivierung einiger Business-Add-ins (BAdIs). Nähere Informationen, wie Sie das Lieferanten-Cross-Docking implementieren können, erhalten Sie in SAP-Hinweis 859252, den Sie im Service Marketplace vorfinden.

Da das Lieferanten-Cross-Docking nur mit Ausprogrammierung von BAdIs funktioniert, gehen wir in diesem Kapitel nicht näher darauf ein.

Die Umsetzung der fünf Cross-Docking-Methoden in EWM ist sehr unterschiedlich. Die Unterschiede beginnen schon mit der Frage, welches System die Entscheidung trifft, ob Cross-Docking durchgeführt werden soll. Bei TCD basiert die Entscheidung auf der EWM-Routenfindung im EWM-System. Bei der Warenverteilung wird die Entscheidung dagegen im SAP-ERP-System getroffen. Bei EWM-Opp.CD fällt die Entscheidung im EWM-System während der Lageraufgabenerzeugung. Im Falle von PD oder PFGR trifft der Prozess *Event Driven Quantity Assignment* (EDQA) in SAP APO die Entscheidung (siehe auch Abschnitt 15.4.4, »Abnehmerorientiertes Flow-Through«).

Cross-Docking bringt nicht automatisch Vorteile!

Ob Sie in Ihrem Lager Cross-Docking nutzen können, hängt nicht nur von den Möglichkeiten des Lagerverwaltungssystems, sondern auch von vielen anderen Faktoren, wie z. B. dem Lagerlayout und Ihren Geschäftsanforderungen, ab. Viele Läger können kein Cross-Docking implementieren, weil sie Anforderungen wie *First-In/First-Out* (FIFO/strenges FIFO) oder *First-Expired/First-Out* (FEFO) einhalten müssen. Bevor Sie also mit der Umsetzung von Cross-Docking im EWM-System beginnen, sollten Sie sicherstellen, dass es Ihnen die erhofften Vorteile bringt.

Im Folgenden beschreiben wir die fünf Cross-Docking-Methoden im Einzelnen. Wir beginnen mit Transport-Cross-Docking.

15.2 Transport-Cross-Docking

Transport-Cross-Docking (TCD = *Transportation Cross-Docking*) ist eine der geplanten Cross-Docking-Methoden in EWM. Der TCD-Prozess beginnt im Warenausgangsprozess eines EWM-Lagers. Hier wird über die EWM-Routenfindung geplant, ob in einem Folgelager Cross-Docking durchgeführt werden soll.

Die EWM-Routenfindung, die für die Auslieferung gestartet wird, ermittelt, dass es günstiger ist, eine Lieferung nicht direkt an den Warenempfänger zu schicken, sondern sie über ein anderes Lager zu cross-docken. Die Routenfindung findet in diesem Fall eine *Cross-Docking-Route*. Beim Warenausgang einer Auslieferung mit einer Cross-Docking-Route laufen im SAP-ERP-System ganz andere Schritte ab als bei Warenausgangsbuchungen ohne Cross-Docking. Im Falle von TCD wird der Bestand im SAP-ERP-System nicht ausgebucht, sondern auf einen speziellen *TCD-Lagerort* gebucht. Außerdem wird für das Zwischenlager ein *TCD-Lieferpaar* (eine Anlieferung und die dazugehörige Auslieferung) erzeugt. In diesem Zwischenlager wird das Cross-Docking physisch durchgeführt. Erst beim Warenausgang der Auslieferung aus dem Zwischenlager wird der Bestand aus dem Werk ausgebucht.

TCD und Handling Units
TCD funktioniert nur im Zusammenhang mit Handling Units (HUs).

Mehr Informationen zu all diesen Schritten folgen in den nächsten Abschnitten: Zunächst beschreiben wir den TCD-Prozess im Detail. Danach zeigen wir Ihnen den *TCD-Monitor* im SAP-ERP-System und geben Ihnen eine Übersicht über die Cross-Docking-Routen. Schließlich beschreiben wir, wie Sie TCD-Lagerorte aufsetzen müssen und wie TCD in die EWM-Lagerprozesse integriert ist.

15.2.1 Transport-Cross-Docking im Detail

In diesem Abschnitt erläutern wir den TCD-Prozess anhand eines Beispiels im Detail. In unserem Beispielszenario liefern Sie Waren aus dem EWM-Lager EWM1 aus. Die Waren sind für den Kunden KUNDE01 bestimmt. Im Lager EWM1 wird durch die EWM-Routenfindung vorgeplant, dass im Lager EWM2 TCD durchgeführt werden soll.

Der Prozess startet im sendenden Lager, also in der Lagernummer EWM1. Sie haben im EWM-System eine Auslieferung, die aus SAP ERP kommt, z. B. mit der Nummer 80004416. Während die Auslieferung aus SAP ERP in SAP EWM verteilt wird, läuft die EWM-Routenfindung und ermittelt – basierend auf Lieferattributen wie Warenempfänger, Gewicht und Volumina – eine optimale Route. Diese Route kann eine normale Route sein, also eine *lineare Route* vom Lager EWM1 zu einem Kunden, oder eine *Cross-Docking-Route*. Eine Cross-Docking-Route ist eine spezielle Route. Sie wird nicht für (eine) bestimmte Strecke(n) angelegt, sondern für eine Cross-Docking-Lokation, also *für* ein Lager. In unserem Fall gibt es also eine Cross-Docking-Route mit dem Namen CD_EWM2, die für die Lokation EWM2 angelegt ist.

Die EWM-Routenfindung ist in unserem Beispiel so eingestellt, dass die Cross-Docking-Route CD_EWM2 für die Auslieferung im Lager EWM1 gefunden wird. Die Auslieferung, die vorher den Warenempfänger KUNDE01 hatte, bekommt nun den neuen Warenempfänger EWM2 – denn dorthin werden die Waren nun geliefert. KUNDE01 wird in die neue Partnerrolle *Finaler Warenempfänger* übernommen.

Der weitere Kommissionier- und Warenausgangsprozess im Lager EWM1 basiert nun auf der Cross-Docking-Route und auf dem Warenempfänger EWM2.

Wird für die Auslieferung der Warenausgang gebucht und die Buchung an das SAP-ERP-System übertragen, erkennt das SAP-ERP-System, dass es sich nicht um einen »normalen« Warenausgang handelt, sondern um einen Warenausgang für einen Cross-Docking-Prozess. Das SAP-ERP-System erstellt nun eine Anlieferung und eine Auslieferung (Lieferpaar) für das Cross-Docking-Lager EWM2. Der Bestand, der sich im SAP-ERP-System vorher im Lagerort AFS des abgebenden Werkes befunden hat, wird nun auf einen speziellen *Cross-Docking-Lagerort* desselben Werkes umgebucht. In diesem Lagerort bleibt der Bestand so lange, bis der Warenausgang zum Endkunden KUNDE01 gebucht wird.

Das erstellte Lieferpaar wird an das EWM-System der Lagernummer EWM2 übertragen. Die beiden Lieferungen »wissen«, dass sie Cross-Docking-Lieferungen sind (in der SAP-ERP-EWM-Schnittstelle können eigene Belegarten und Positionsarten für Cross-Docking gefunden werden), und die beiden Lieferungen »wissen« aufgrund derselben TCD-Vorgangsnummer auch, dass sie »zueinandergehören«. Die Auslieferung hat zudem eine *TCD-ERP-Anlieferungsreferenz*, die der Nummer der Anlieferung entspricht. Die TCD-Vorgangsnummer ist die Nummer der ursprünglichen Auslieferung, also in unserem Beispiel die 80004416. Durch diese Vorgangsnummer ist der Bestand der Anlieferung reserviert für die richtige Auslieferung. Es kann nicht aus Versehen der falsche Bestand kommissioniert werden.

Im Lager EWM2 wird nun für die Anlieferung der Wareneingang gebucht und die HU vom Lkw entladen. Die HU geht dann direkt vom Wareneingang in den Warenausgangsprozess über. Mit dem Buchen des Warenausgangs wird der Bestand im SAP-ERP-System aus dem Cross-Docking-Lagerort ausgebucht.

> **Mehrstufiges TCD**
>
> Es könnte nun durchaus der Fall sein, dass auch im Cross-Docking-Lager EWM2 erneut eine Cross-Docking-Route gefunden wird. In diesem Fall wird ein weiterer Cross-Docking-Schritt durchgeführt, z. B. in einem Lager EWM3, bevor die Ware letztlich beim Kunden eintrifft.

15.2.2 TCD-Monitor

SAP liefert im SAP-ERP-System einen sehr guten Monitor aus, um den TCD-Prozess zu überwachen. An diesem TCD-Monitor können wir nun einen TCD-Prozess veranschaulichen.

Folgen Sie im SAP-Easy-Access-Menü dem Pfad LOGISTIK • LOGISTICS EXECU-
TION • TRANSPORT-CROSS-DOCKING • TRANSPORT-CROSS-DOCKING-MONITOR,
öffnet sich ein Selektionsbild, in dem Sie nach verschiedenen Kriterien, u. a.
dem *TCD-Prozess*, selektieren können. Der TCD-Prozess ist übrigens dasselbe
wie die TCD-Vorgangsnummer, also die Nummer der ursprünglichen SAP-
ERP-Auslieferung. Nachdem Sie die Selektion ausgeführt haben, öffnet sich
das in Abbildung 15.3 dargestellte Bild.

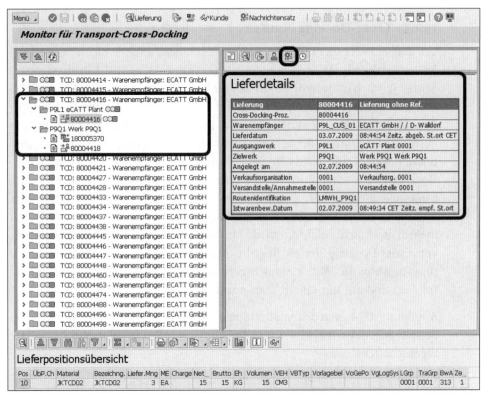

Abbildung 15.3 Der Transport-Cross-Docking-Monitor im SAP-ERP-System

Sie sehen auf der linken Seite die selektierten TCD-Prozesse. Jeder Knoten
auf der höchsten Ebene entspricht einem TCD-Prozess. Sie können die Knoten aufklappen und sehen auf der zweiten Ebene, welche Werke betroffen
sind. Im markierten Beispiel sind dies die Werke P9L1 (sendendes Lager)
und P9Q1 (Cross-Docking-Lager). Eine Ebene tiefer sehen Sie die zu den
Werken gehörenden Lieferungen. Die Lieferung, die dem Lager P9L1 zugeordnet ist, ist die Lieferung 80004416 (was übrigens, wie Sie sehen, auch mit
der Nummer des TCD-Prozesses übereinstimmt). Das Cross-Docking-Lieferpaar besteht aus der Anlieferung 180005370 und der Auslieferung

80004418 – beide sind dem Werk P9Q1 zugeordnet. Neben der ursprünglichen Auslieferung aus dem sendenden Werk (aus P9L1, also der Lieferung 80004416) und vor dem TCD-Prozess sehen Sie grüne Ampeln. Die Ampeln entsprechen dem Status der zur Lieferung gehörenden Kopfnachricht, die das Cross-Docking-Lieferpaar erzeugt. In diesem Fall ist die Ampel grün, das heißt, die Nachricht wurde prozessiert, und es wurde das Lieferpaar für das Werk P9Q1 angelegt.

15.2.3 Cross-Docking-Routen

Um den TCD-Prozess in EWM starten zu können, müssen Sie *Cross-Docking-Routen* anlegen. Wenn eine Auslieferung (EWM-Auslieferungsauftrag) erstellt wird, ermittelt die EWM-Routenfindung alle passenden Routen zwischen dem Start (Supply Chain Unit des Lagers) und der Destination (Supply Chain Unit des Warenempfängers). Das Ergebnis der Routenfindung ist dann entweder eine *direkte Route* (auch *lineare Route*) genannt, vom Start zur Destination oder eine Cross-Docking-Route. Die Verwendung einer Cross-Docking-Route kann Vorteile gegenüber einer linearen Route haben, z. B. kann die Lieferung über Cross-Docking schneller erfolgen, wenn die lineare Route nur selten und die Cross-Docking-Route dagegen täglich oder sogar mehrmals täglich befahren wird. Ein anderer Vorteil für die Verwendung von Cross-Docking-Routen liegt in den möglichen Transportkosteneinsparungen, wenn die Waren eines Lagers mit denen eines anderen Lagers konsolidiert und mit nur einem Transport ans Ziel gebracht werden.

Abbildung 15.4 zeigt schematisch, wie eine Cross-Docking-Route im EWM-System gebildet wird. Eine Cross-Docking-Route hat immer zwei besondere Eigenschaften:

- Sie wird immer *für eine bestimmte Lokation* angelegt.
- Ihr sind mindestens zwei lineare Routen zugewiesen, und zwar eine *eingehende Route* (die das CD-Lager als Ziellokation hat) und eine *abgehende Route* (die das CD-Lager als Von-Lokation hat).

Im Beispiel in Abbildung 15.4 wird die Cross-Docking-Route CD_SPU2 dargestellt, die für das Lager SPU2 angelegt ist. Sie beinhaltet zwei lineare Routen, und zwar die Route SPU1_SPU2, die vom ersten Lager mit der Lagernummer SPU1 kommt, sowie die Route SPU2_KUND, die vom CD-Lager zu einem Kunden geht.

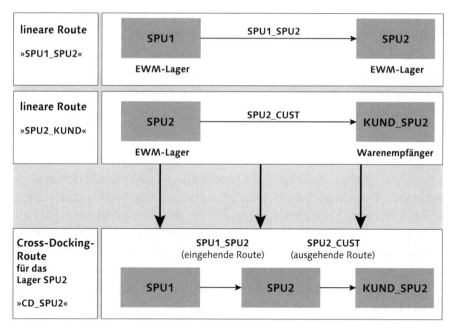

Abbildung 15.4 Lineare Routen als Bestandteil von Cross-Docking-Routen

Cross-Docking-Routen werden also anders gebildet als normale (lineare) Routen. Eine normale Route hat eine Startlokation und eine Endlokation und wird für eine Strecke angelegt. Eine Cross-Docking-Route wird genau für eine Lokation angelegt und kann eingehende und ausgehende lineare Routen beinhalten.

Abbildung 15.5 zeigt das Bild der EWM-Routenpflege, bei dem die Cross-Docking-Route CD_SPU2 selektiert wurde.

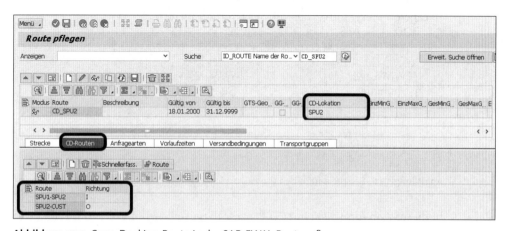

Abbildung 15.5 Cross-Docking-Route in der SAP-EWM-Routenpflege

Sie sehen, dass diese Route für die CD-Lokation PLSPU2 angelegt wurde. Die Lokation PLSPU2 ist die der Lagernummer SPU2 zugewiesene APO-Lokation. Unten auf der Registerkarte CD-ROUTEN sehen Sie die zugewiesenen linearen Routen. In der Spalte RICHTUNG sehen Sie, ob die lineare Route eingehend (in Richtung CD-Lokation, Buchstabe I) oder abgehend (von der CD-Lokation weg, Buchstabe O) ist.

15.2.4 TCD-Lagerorte

Wie schon eingangs beschrieben, bucht das SAP-ERP-System beim Warenausgang der ursprünglichen Auslieferung (vom abgebenden Lager) den Bestand in einen *Cross-Docking-Lagerort*. Cross-Docking-Lagerorte gehören in SAP ERP zum abgebenden Werk, nicht zum Werk des Cross-Docking-Lagers, und werden ausschließlich für TCD-Bestände benutzt. Dadurch wird erreicht, dass während des gesamten TCD-Prozesses der Bestand im Eigentum des sendenden Werkes bleibt. Dies gilt auch für den Fall, dass es mehrere TCD-Schritte gibt. Erst die finale Warenausgangsbuchung der Lieferung, die zur Endlokation geht, bucht die Cross-Docking-Waren aus dem Bestand aus, und zwar aus dem Bestand des TCD-Lagertes.

Abbildung 15.6 zeigt ein für TCD notwendiges organisatorisches Modell mit einem TCD-Lagerort.

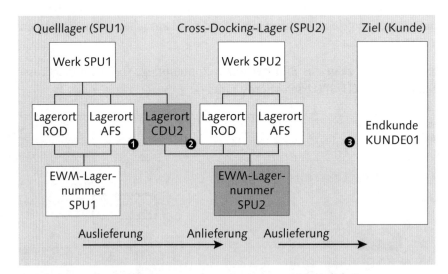

Abbildung 15.6 Beispiele für einen Cross-Docking-Lagerort (Werk CDU2)

In dieser Abbildung ist ein TCD-Prozess dargestellt, vom Werk SPU1 über das Werk SPU2 zu einem Endkunden. Es gibt zwei Werke und zwei EWM-Läger.

Jedes Werk hat zwei »normale« Lagerorte ROD und AFS. Das abgebende Werk (SPU1) hat einen zusätzlichen Lagerort CDU2 für den Cross-Docking-Bestand, der sich physisch in der EWM-Lagernummer SPU2 befindet. Wie Sie sehen, ist der Lagerort CDU2 dem Werk SPU1 und der Lagernummer SPU2 zugeordnet. Während des TCD-Prozesses, bei dem Bestand physisch vom Lager SPU1 über das Lager SPU2 zum Kunden KUNDE01 transportiert wird, befindet sich der Bestand buchhalterisch im SAP-ERP-System: zunächst im Lagerort AFS ❶, dann im Lagerort CDU2 ❷ und wird schließlich ausgebucht ❸.

Die TCD-Lagerorte stellen Sie im Customizing des SAP-ERP-Systems unter dem Pfad LOGISTICS EXECUTION • ERSATZTEILMANAGEMENT (SPM) • TRANSPORT-CROSS-DOCKING (SPM) • LAGERORTE UND VERSANDSTELLEN FÜR CD-LAGER BEARBEITEN ein (siehe Abbildung 15.7).

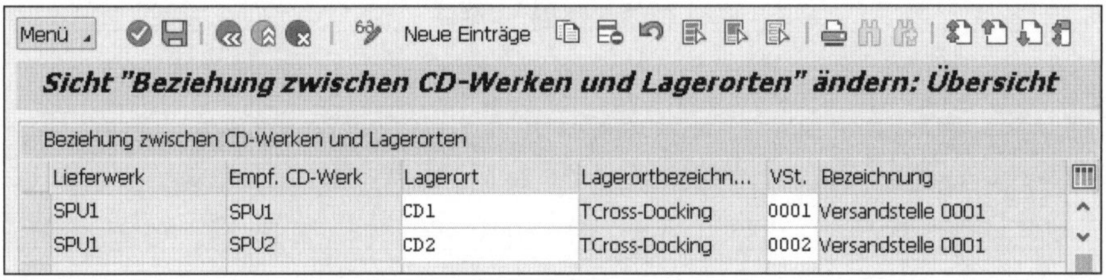

Abbildung 15.7 Cross-Docking-Lagerorte in SAP ERP definieren

Hier pflegen Sie für jede Kombination von LIEFERWERK und CD-WERK den TCD-LAGERORT sowie die Versandstelle (Spalte VST.), die für die Lieferungen verwendet werden soll.

Im EWM-System gibt es für Cross-Docking-Bestände im Lager eine eigene *Cross-Docking-Bestandsart* (siehe Kapitel 5, »Bestandsverwaltung«).

15.2.5 Integration von TCD in die SAP-EWM-Lagerprozesse

Sie können TCD in EWM sowohl mit als auch ohne die Benutzung der prozessorientierten Lagerungssteuerung (gesteuerte mehrschrittige Bewegungen von HUs in EWM) durchführen. Bevor wir im Einzelnen auf diese beiden Varianten eingehen, zunächst einige Bemerkungen über die TCD-Vorgangsnummer.

TCD-Vorgangsnummer als Link zwischen An- und Auslieferung

Die *TCD-Vorgangsnummer* (im SAP-ERP-System auch *TCD-Referenz* oder *TCD-Prozessnummer* genannt) ist die Nummer, die die An- und Auslieferung verlinkt und zusammenhält. Sie ist auf Kopfebene beider Lieferungen enthalten.

In Abbildung 15.8 sehen Sie eine Cross-Docking-Anlieferung im EWM-System. Auf der Registerkarte REFERENZBELEGE sehen Sie auf Kopfebene eine Zeile mit dem Referenzbelegtyp TCD (siehe Spalte REFBELTYP), die die TCD-Vorgangsnummer beinhaltet – in diesem Fall ist es die Nummer 80004416.

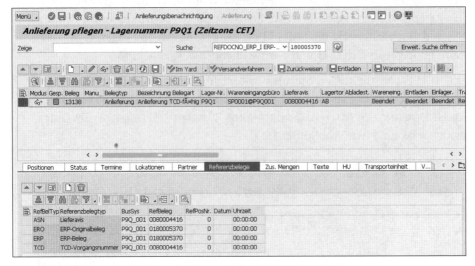

Abbildung 15.8 TCD-Vorgangsnummer in der SAP-EWM-Anlieferung

In Abbildung 15.9 sehen Sie den dazugehörigen EWM-Auslieferungsauftrag. Auch hier ist die TCD-Vorgangsnummer auf der Registerkarte REFERENZBELEGE zu finden.

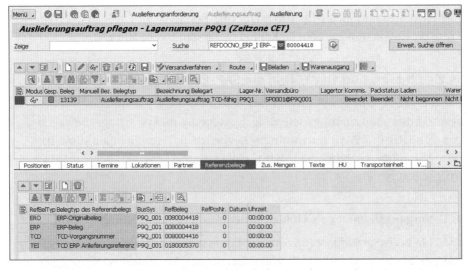

Abbildung 15.9 TCD-Vorgangsnummer und Anlieferungsreferenz in der SAP-EWM-Auslieferung

Zusätzlich gibt es noch eine weitere Referenz, und zwar auf die SAP-ERP-Anlieferung in Form des Referenzbelegtyps TEI (= *TCD-ERP-Anlieferungsreferenz*).

Transport-Cross-Docking ohne prozessorientierte Lagerungssteuerung

Wenn Sie TCD ohne die prozessorientierte Lagerungssteuerung einsetzen, erstellt EWM eine aktive *HU-Kommissionier-Lageraufgabe* für den Auslieferungsauftrag im Cross-Docking-Lager. Sie kommissionieren immer die vollständige TCD-HU in einem Schritt – ohne dass Sie sich mit dem Inhalt der HU auseinandersetzen müssen. Wenn Sie versuchen, eine Einlageraufgabe für die TCD-Anlieferung anzulegen, zeigt EWM eine Fehlermeldung an, da der Bestand nur für Cross-Docking vorgesehen ist. Daher darf in der untersten HU einer HU-Hierarchie im Falle von TCD auch nur TCD-Material enthalten sein. Eine Mischung von TCD-Materialien mit normalen Materialien ist nur auf einer höheren HU-Ebene erlaubt.

Bei der Erstellung der Kommissionier-Lageraufgabe ermittelt das System den Zielplatz der Lageraufgabe – im Falle von TCD ohne Lagerungssteuerung ist dies die Bereitstellzone im Warenausgang. Mit der Quittierung der TCD-Lageraufgabe aktualisiert das EWM-System sowohl die Anlieferung als auch den Auslieferungsauftrag.

Transport-Cross-Docking mit prozessorientierter Lagerungssteuerung

Wenn Sie TCD mit prozessorientierter Lagerungssteuerung verwenden, bestimmt EWM zunächst die Einlagerschritte für die Top-HU (höchste Hierarchieebene, also die äußere HU) der Anlieferung im Cross-Docking-Lager. Die Lieferung kann je nach Customizing des Lagerprozesses für den Entlade- und Dekonsolidierungsschritt relevant sein, basierend auf der Lagerprozessart der Anlieferposition.

Nach der Wareneingangsbuchung der Anlieferung können Sie für die TCD-HU die HU-Kommissionier-Lageraufgabe erzeugen. Dies ist entweder durch die Wellenfreigabe möglich (wenn Sie Wellen benutzen), oder – wenn Sie den Prd./HU-LB-Indikator im Customizing auf den Schritt der prozessorientierten Lagerungssteuerung gesetzt haben – EWM erstellt die HU-Lageraufgabe automatisch. Der Pfad im Customizing lautet Extended Warehouse Management • Prozessübergreifende Einstellungen • Lageraufgabe • Prozessorientierte Lagerungssteuerung definieren • Lagerungsprozess – Definition • Zuordnung Lagerungsprozessschritt.

Wenn sich die Top-HU bei der Anlage der TCD-HU-Kommissionier-Lageraufgabe noch im Wareneingangsprozess befindet (der Entlade- oder der Dekonsolidierungsschritt wurde z. B. noch nicht abgeschlossen), erstellt das System die HU-Kommissionier-Lageraufgabe inaktiv. Erst wenn die Einlagerschritte abgeschlossen sind, wird die HU-Kommissionier-Lageraufgabe automatisch aktiviert.

Mit der Quittierung der aktiven TCD-Lageraufgabe aktualisiert das EWM-System sowohl die Anlieferung als auch den Auslieferungsauftrag.

15.2.6 TCD für Vertragsverpacker

Ein *Vertragsverpacker* (*Contract Packager*) ist ein Unternehmen oder eine Organisation, die für das lagergerechte Verpacken von Materialien vor dem eigentlichen Wareneingangsprozess eines Lagers verantwortlich ist. Ein Vertragsverpacker nimmt Waren von Lieferanten oder einer Produktion an, verpackt und etikettiert sie und leitet sie an das eigentliche Lager weiter.

Vertragsverpacker sind integraler Bestandteil der SAP-Ersatzteilmanagement-Lösung (*Service Parts Management*, SPM) und können auf unterschiedliche Arten im System aufgesetzt werden. Eine mögliche Variante ist es, den Vertragsverpacker als eigenes (kleines) EWM-Lager aufzusetzen.

Wenn Sie Vertragsverpacker einsetzen und diese als eigenes EWM-Lager abbilden, das dem Werk zugewiesen ist, für das es Waren verpackt, müssen Sie im TCD-Customizing im SAP-ERP-System angeben, welches Werk dieses Vertragsverpacker-Lager physisch repräsentiert. Dies ist notwendig, da das Werk, zu dem das Vertragsverpacker-Lager zugewiesen ist, nicht notwendigerweise auch dessen geografische Lage repräsentiert.

Folgen Sie dazu im SAP-ERP-Customizing dem Pfad LOGISTICS EXECUTION • ERSATZTEILMANAGEMENT (SPM) • TRANSPORT-CROSS-DOCKING (SPM) • AUSGANGSWERKE FÜR VERPACKUNGSDIENSTLEISTER FÜR LAGERUNG DEFINIEREN.

15.2.7 Wichtige Zusatzinformationen zu TCD

Zusätzlich zu den Details des TCD-Prozesses, die wir in den vorangegangenen Abschnitten beschrieben haben, sollten Sie auch die folgenden Punkte kennen, wenn Sie TCD einsetzen möchten:

▶ SAP liefert im EWM-System das Business Configuration Set (BC-Set) /SCWM/DLV_TCD aus, das Einstellungen für das Customizing der Lieferung vornimmt. Die Deaktivierung von SAP Global Trade Services (SAP

GTS) für TCD-relevante Belegarten müssen Sie manuell vornehmen. Weitere Informationen finden Sie in der Dokumentation zum BC-Set.

▶ Innerhalb einer Lieferkette im TCD darf sich nur der endgültige Bestimmungsort im Ausland befinden.

▶ TCD unterstützt keine Retouren.

▶ Wenn Sie im TCD geschachtelte Mischpaletten verwenden, dürfen sich innerhalb einer untergeordneten HU entweder nur TCD-relevante oder nur nicht TCD-relevante Lieferpositionen befinden.

Einen sehr guten Überblick über die Customizing-Einstellungen, die für TCD notwendig sind, liefert zudem die Dokumentation zum Customizing-Knoten LOGISTICS EXECUTION • ERSATZTEILMANAGEMENT (SPM) • TRANSPORT-CROSS-DOCKING (SPM) • GRUNDEINSTELLUNGEN FÜR TRANSPORT-CROSS-DOCKING im SAP-ERP-System.

15.3 Opportunistisches Cross-Docking, das SAP EWM anstößt

Das *opportunistische Cross-Docking, das EWM anstößt* (EWM-Opp.CD), ist die einzige Cross-Docking-Methode, die ausschließlich im EWM-System stattfindet. Hier sind keine Planung und Integration in andere SAP-Systeme wie SAP ERP, SAP APO oder SAP CRM notwendig. Die englische Bezeichnung lautet *EWM-Triggered Opportunistic Cross-Docking*.

EWM-Opp.CD ist eine sogenannte *BAdI-Lösung*. Das heißt, dass sie nicht direkt im EWM-Standardauslieferzustand funktioniert, sondern dass Sie Business Add-Ins (BAdIs) aktivieren müssen. In diesem Fall stellt das aber kein großes Hindernis dar, denn es gibt für die beiden relevanten BAdIs eine Beispielimplementierung von SAP, die Sie übernehmen können.

Die BAdIs des EWM-Opp.CD laufen während der Erstellung von Einlageraufgaben und Kommissionier-Lageraufgaben und ermitteln, ob es im Wareneingangsprozess bzw. im Warenausgangsprozess Bestände bzw. Lieferungen gibt, die mit der aktuellen Lageraufgabe übereinstimmen. Wenn das der Fall ist, wird Cross-Docking ausgeführt.

Neben der Implementierung der BAdIs müssen Sie EWM-Opp.CD für jede Lagernummer und für jedes Produkt aktivieren. Die Aktivierung erfolgt über die Zuweisung von Produktgruppen aus dem Lagerproduktstamm. Nachdem Sie neue Produktgruppen für das Cross-Docking angelegt haben, können Sie diese der Lagernummer bzw. den Produkten zuweisen, für die Sie EWM-Opp.CD aktivieren und ausführen wollen.

In den folgenden Abschnitten beschreiben wir EWM-Opp.CD im Detail. Zunächst zeigen wir, welche Varianten des EWM-Opp.CD es gibt, anschließend erläutern wir, wie Sie EWM-Opp.CD aktivieren und welche Customizing-Einstellungen erforderlich sind.

15.3.1 Varianten des EWM-Opp.CD

EWM-Opp.CD kann entweder von der Anlieferung (über die Einlageraufgabe) oder von der Auslieferung (über die Kommissionier-Lageraufgabe) angestoßen werden. In den folgenden Abschnitten beschreiben wir diese beiden Szenarien im Detail.

EWM-Opp.CD im Anlieferungsprozess (CD von Einlager-Lageraufgabe angestoßen)

Wenn Sie Lageraufgaben für eine Anlieferung anlegen, sucht EWM aufgrund der BAdI-Implementierung von EWM-Opp.CD nach passenden Lieferpositionen in Auslieferungsaufträgen. EWM prüft, ob Lieferpositionen vorhanden sind, deren Eigenschaften im Hinblick auf Produkt, Charge und Menge passend sind. Wenn EWM keine derartigen Lieferpositionen ermitteln kann, fährt es mit dem Wareneingangsprozess fort und erzeugt kein Cross-Docking. Es werden also die »normalen« Einlageraufgaben angelegt.

Wenn EWM relevante Positionen in Auslieferungsaufträgen ermitteln kann, wird geprüft, ob für diese bereits Kommissionier-Lageraufgaben angelegt worden sind, die dem RF-Umfeld zugeordnet sind. Wenn derartige offene Kommissionier-Lageraufgaben vorhanden sind, storniert EWM diese, ohne das FIFO-Prinzip zu verletzen, und tauscht diese durch neue Cross-Docking-Lageraufgaben aus, indem es der Lieferposition im Warenausgang den Bestand zuordnet, den Sie einlagern wollen. Wenn noch keine Kommissionier-Lageraufgaben für die Lieferposition angelegt worden sind, legt EWM die Cross-Docking-Lageraufgabe direkt an.

Dadurch können Sie den Bestand aus dem Wareneingang kommissionieren und müssen keine Einlagerung durchführen. Wenn der Auslieferungsbestand, den EWM gefunden hat, kleiner ist als der angelieferte Bestand, erzeugt EWM für die restliche Liefermenge eine Lageraufgabe für die Einlagerung.

> **EWM-Opp.CD und papierbasierte Kommissionierung**
>
> Wenn EWM offene Kommissionier-Lageraufgaben ermittelt, die Sie nur auf Papier bearbeiten, verwendet EWM diese nicht und vermeidet dadurch Dateninkonsistenzen. Wenn Sie z. B. Kommissionier-Lageraufgaben ausdrucken und auf dem Ausdruck quittieren, sichern Sie diese Daten nicht zeitgleich in EWM. EWM liegen in diesem Fall keine aktuellen Daten für den Status der Kommissionier-Lageraufgabe vor, aufgrund derer es einen Cross-Docking-Prozess anstoßen kann.

EWM-Opp.CD im Auslieferungsprozess (CD von Kommissionier-Lageraufgabe angestoßen)

EWM-Opp.CD im Auslieferungsprozess funktioniert fast symmetrisch zum Anlieferungsprozess: Während der Erzeugung von Kommissionier-Lageraufgaben zum Auslieferungsauftrag prüft EWM aufgrund der EWM-Opp.CD-BAdI-Implementierung, ob es im Wareneingang Bestand gibt, der für die Erfüllung der Auslieferungsauftragsposition geeigneter ist als der Bestand im Lager.

Wenn EWM passenden Bestand im Wareneingang gefunden hat, wird geprüft, ob für die Anlieferungen dieses Bestands bereits Einlager-Lageraufgaben erzeugt worden sind, die dem Radio-Frequency-Umfeld zugeordnet sind. Wenn derartige offene Einlager-Lageraufgaben vorhanden sind, storniert EWM diese und erzeugt neue Kommissionier-Lageraufgaben. Das FIFO-Prinzip wird jedoch nicht verletzt. Diese (Cross-Docking-) Lageraufgaben ordnet EWM dem Bestand zu, den Sie einlagern wollen. Dadurch können Sie den Bestand direkt kommissionieren und müssen keine Einlagerung durchführen. Wenn der gefundene Bestand im Wareneingang kleiner ist als der benötigte Bestand, erzeugt EWM für die offene Menge zusätzliche Kommissionier-Lageraufgaben, die sich auf Bestand im Lager beziehen.

15.3.2 EWM-Opp.CD aktivieren und konfigurieren

Im Folgenden beschreiben wir im Detail, welche Schritte Sie ausführen müssen, um EWM-Opp.CD zu aktivieren:

1. BAdIs implementieren
2. Produktgruppenarten und Produktgruppen erstellen
3. EWM-Opp.CD auf Lagernummernebene aktivieren
4. EWM-Opp.CD für jedes Lagerprodukt aktivieren

5. Wareneingangszone in die Bestandsfindungsstrategien im Warenausgang aufnehmen

6. EWM-Bestandsfindung pflegen

7. Queue-Findung für Lageraufgaben aktivieren

BAdIs implementieren

Sie müssen zwei BAdIs aktivieren, um mit EWM-Opp.CD arbeiten zu können. Die beiden BAdIs beinhalten Beispielimplementierungen, die Sie direkt verwenden können.

Das BAdI für EWM-Opp.CD im Anlieferungsprozess können Sie unter dem folgenden Customizing-Pfad aktivieren: EXTENDED WAREHOUSE MANAGEMENT • BUSINESS ADD-INS (BADIS) FÜR DAS EXTENDED WAREHOUSE MANAGEMENT • PROZESSÜBERGREIFENDE EINSTELLUNGEN • CROSS-DOCKING (CD) • OPPORTUNISTISCHES CROSS-DOCKING • OPPORTUNISTISCHES CROSS-DOCKING, DAS EWM ANSTÖSST • OPPORTUNISTISCHES CROSS-DOCKING, DAS EWM ANSTÖSST (EINGANG) • BADI: VON DER ANLIEFERUNG ANGESTOSSENEN CD-PROZESS AKTIVIEREN UND ANPASSEN. Sie können die Beispielimplementierung aus der Klasse /SCWM/CL_EI_CD_OPP_INBOUND übernehmen.

Das BAdI für EWM-Opp.CD im Auslieferungsprozess aktivieren Sie unter dem Customizing-Pfad EXTENDED WAREHOUSE MANAGEMENT • BUSINESS ADD-INS (BADIS) FÜR DAS EXTENDED WAREHOUSE MANAGEMENT • PROZESSÜBERGREIFENDE EINSTELLUNGEN • CROSS-DOCKING (CD) • OPPORTUNISTISCHES CROSS-DOCKING • OPPORTUNISTISCHES CROSS-DOCKING, DAS EWM ANSTÖSST • OPPORTUNISTISCHES CROSS-DOCKING, DAS EWM ANSTÖSST (AUSGANG) • BADI: VON DER AUSLIEFERUNG ANGESTOSSENEN CD-PROZESS AKTIVIEREN UND ANPASSEN, die Klasse der Beispielimplementierung ist /SCWM/CL_EI_CD_OPP_OUTBOUND.

Produktgruppenarten und Produktgruppen erstellen

Um EWM-Opp.CD für Lagernummern und für Produkte ein- und ausschalten zu können, müssen Sie zunächst *Produktgruppenarten* und *Produktgruppen* anlegen. Folgen Sie zum Anlegen der Produktgruppenarten im Customizing des EWM-Systems dem Pfad SCM-BASIS • STAMMDATEN • PRODUKT • PRODUKTGRUPPEN • PRODUKTGRUPPENARTEN DEFINIEREN, und legen Sie eine neue Produktgruppe an, z. B. mit dem Namen CD.

Danach wählen Sie im Customizing den Pfad SCM-BASIS • STAMMDATEN • PRODUKT • PRODUKTGRUPPEN • PRODUKTGRUPPEN DEFINIEREN und legen Produktgruppen an (siehe Abbildung 15.10).

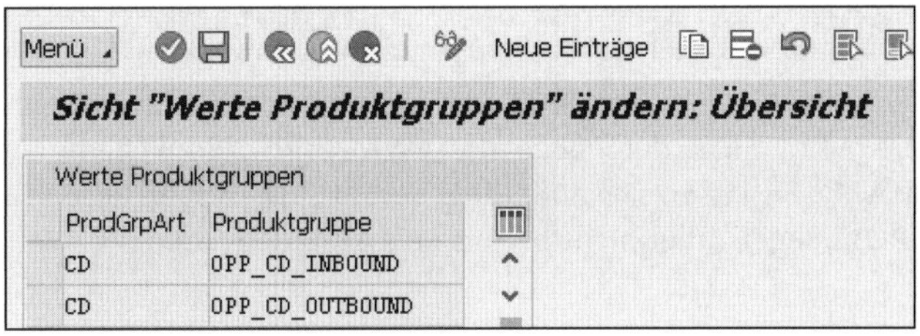

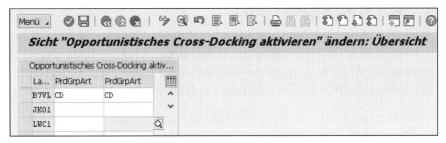

Abbildung 15.10 Produktgruppen für die Aktivierung von EWM-Opp.CD pflegen

EWM-Opp.CD auf Lagernummernebene aktivieren

Um EWM-Opp.CD auf Lagernummernebene zu aktivieren, müssen Sie die angelegte Produktgruppenart der Lagernummer zuweisen. Folgen Sie dazu im Customizing dem Pfad EXTENDED WAREHOUSE MANAGEMENT • PROZESS-ÜBERGREIFENDE EINSTELLUNGEN • CROSS-DOCKING (CD) • OPPORTUNISTISCHES CROSS-DOCKING • OPPORTUNISTISCHES CROSS-DOCKING, DAS EWM ANSTÖSST • OPPORTUNISTISCHES CROSS-DOCKING, DAS EWM ANSTÖSST, AKTIVIEREN (siehe Abbildung 15.11).

Abbildung 15.11 EWM-Opp.CD je Lagernummer aktivieren

EWM-Opp.CD für jedes Lagerprodukt aktivieren

Nachdem Sie die Produktgruppen angelegt haben, müssen Sie diese den Produkten zuweisen, für die Sie EWM-Opp.CD aktivieren wollen. Dazu starten Sie die Transaktion /SAPAPO/MAT1 oder wählen im SAP-Easy-Access-Menü den Pfad EXTENDED WAREHOUSE MANAGEMENT • STAMMDATEN • PRODUKT • PRODUKT PFLEGEN. Geben Sie im Einstiegsbild die Materialnummer ein, und wählen Sie das Kennzeichen GLOBALE DATEN im Bereich SICHT. Wechseln Sie nun auf die Registerkarte EIGENSCHAFTEN 2, und fügen Sie Ihre Produktgruppen hinzu.

Produktgruppen pflegen – nur in der APO-Transaktion!

Die Produktgruppen können Sie nur der APO-Materialstammpflege zuweisen (Transaktion /SAPAPO/MAT1), nicht der Pflege des EWM-Lagerproduktstamms (Transaktion /SCWM/MAT1). Sie lassen sich außerdem nur im SCM-System (also in SAP EWM oder SAP APO) pflegen, aber nicht bereits im SAP-ERP-System.

Wareneingangszone in die Bestandsfindungsstrategien im Warenausgang aufnehmen

Im Falle von EWM-Opp.CD soll für eine Auslieferung auch Bestand aus der Wareneingangszone kommissioniert werden. Das heißt, dass Sie die Lagertypen der Wareneingangszone in die Lagertypsuchreihenfolge zur Auslagerung mit aufnehmen müssen. Folgen Sie dazu im Customizing dem Pfad Extended Warehouse Management • Warenausgangsprozess • Strategien • Lagertyp-Suchreihenfolge für Auslagerung bestimmen, und fügen Sie die Lagertypen zur Lagertypsuchreihenfolge hinzu.

SAP-EWM-Bestandsfindung pflegen

Wenn Sie EWM-Opp.CD verwenden, wird für eine Auslieferung Bestand aus dem Wareneingang kommissioniert. Dieser Bestand hat die Bestandsart F1, während der Auslieferposition die Bestandsart F2 zugewiesen ist. Das heißt, Sie müssen die EWM-Bestandsfindung implementieren.

Zunächst müssen Sie eine *Bestandsfindungsgruppe* pflegen. Folgen Sie dazu dem Customizing-Pfad Extended Warehouse Management • Prozessübergreifende Einstellungen • Bestandsfindung • Bestandsfindungsgruppen pflegen, und legen Sie eine neue Bestandsfindungsgruppe an, wie z. B. die Bestandsfindungsgruppe C1 aus Abbildung 15.12. Wählen Sie das für Sie richtige WM-Handling aus (WM dominiert oder Bestandsführung dominiert).

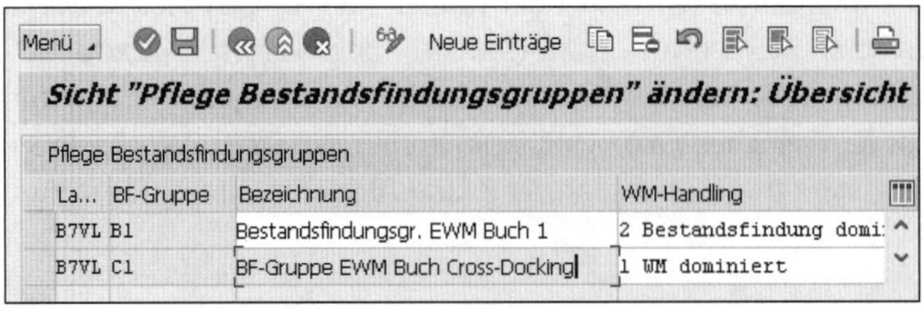

Abbildung 15.12 Bestandsfindungsgruppe für EWM-Opp.CD

Als Nächstes müssen Sie die Bestandsfindung einstellen. Folgen Sie dazu im Customizing dem Pfad EXTENDED WAREHOUSE MANAGEMENT • PROZESSÜBER-GREIFENDE EINSTELLUNGEN • BESTANDSFINDUNG • BESTANDSFINDUNG EINSTEL-LEN, und legen Sie einen Eintrag an, sodass Sie anstelle von F2-Bestand auch F1-Bestand kommissionieren können (siehe Abbildung 15.13).

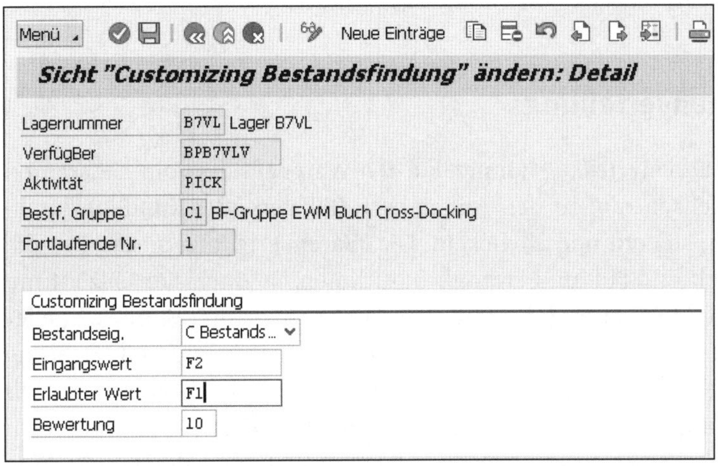

Abbildung 15.13 Bestandsfindung für Auslieferungen zur Unterstützung von EWM-Opp.CD

Die neue Bestandsfindungsgruppe weisen Sie nun Ihren Materialien im Lagerproduktstamm zu. Starten Sie dazu die Transaktion unter EXTENDED WAREHOUSE MANAGEMENT • STAMMDATEN • PRODUKT • LAGERPRODUKT PFLE-GEN (Transaktionscode /SCWM/MAT1) im SAP-Easy-Access-Menü. Wechseln Sie auf die Sicht LAGERDATEN, und weisen Sie im Abschnitt AUSLAGE-RUNG die neue Bestandsfindungsgruppe zu.

Mehr Informationen über die EWM-Bestandsfindung erhalten Sie in Kapitel 5, »Bestandsverwaltung«.

Queue-Findung für Lageraufgaben aktivieren

Offene Lageraufgaben werden als Teil der Funktionalität von EWM-Opp.CD storniert und durch Cross-Docking-Lageraufgaben ausgetauscht. Diese offenen Lageraufgaben werden aber nur storniert, wenn sie zusammen mit Radio Frequency ausgeführt werden. Wenn EWM offene Einlager-Lageraufgaben ermittelt, die Sie nur auf Papier bearbeiten, verwendet EWM diese nicht und vermeidet dadurch Dateninkonsistenzen.

Um Lageraufgaben mit Radio Frequency ausführen zu können, müssen Sie die Queue-Findung aktivieren. Folgen Sie dazu unter dem Customizing-Pfad EXTENDED WAREHOUSE MANAGEMENT • PROZESSÜBERGREIFENDE EINSTELLUNGEN • RESSOURCENMANAGEMENT • QUEUES DEFINIEREN den drei Aktivitäten QUEUES DEFINIEREN, QUEUE-FINDUNGSKRITERIEN DEFINIEREN und QUEUE-ZUGRIFFSFOLGEN DEFINIEREN.

15.4 Warenverteilung

Mithilfe der *Warenverteilung* können Sie den Warenenfluss vom Lieferanten über ein Verteilzentrum zu den Abnehmern (Filialen oder Kunden) durchgängig planen, steuern und abwickeln. Die Warenverteilung unterstützt die Verfahren Push und Pull und ermöglicht es Ihnen, in einem Verteilzentrum Cross-Docking durchzuführen. Dadurch können Sie die Ware schneller durchschleusen und so die Kosten für die Warenbearbeitung und -lagerung senken. Das Material kann dabei durch ein Verteilzentrum oder – im Fall einer mehrstufigen Verteilung – auch durch mehrere Verteilzentren fließen. Der Abnehmer des Materials steht bereits zum Zeitpunkt der Beschaffung fest.

Die Planung der Warenverteilung erfolgt entweder über einen *Aufteiler* (Push-Verfahren) oder über eine *Sammelbestellung* (Pull-Verfahren). Es lassen sich folgende Bearbeitungsverfahren unterscheiden:

▸ Warenverteilungs-Cross-Docking

▸ artikelorientiertes Flow-Through

▸ abnehmerorientiertes Flow-Through

Im SAP-ERP-System werden An- und Auslieferungen angelegt und ins EWM-System verteilt. Dort wird nun die Warenverteilung durchgeführt, was die Verarbeitung der Artikel innerhalb des Verteilzentrums beeinflusst.

Die Schnittstelle ins EWM-System beinhaltet auch, welche An- und Auslieferungen zusammengehören. Während des Wareneingangs ermittelt EWM die Beziehung zwischen An- und Auslieferungsaufträgen basierend auf der Bestellreferenz und dem Warenverteilungsprozess.

Nach dem Wareneingang wird die Ware verteilt. Dafür stehen verschiedene Methoden zur Verfügung. Basierend auf der Entscheidung im SAP-ERP-System, verwendet EWM entweder das *Warenverteilungs-Cross-Docking* oder führt die Warenverteilung mithilfe eines *Flow-Through-Prozesses* durch, der entweder produktorientiert oder abnehmerorientiert ist.

Im Falle von Warenverteilungs-Cross-Docking wird die Ware direkt von der Wareneingangszone zur Warenausgangszone gebracht, ohne dass sie umgepackt wird. Im Falle von Flow-Through werden die Waren von der Wareneingangszone zunächst zu einer Umpackzone (*Cross-Docking-Lagertyp*) gebracht und von dort in die Warenausgangszone. In beiden Fällen wird keine zwischenzeitliche Einlagerung durchgeführt. Der Umpackvorgang im Cross-Docking-Lagertyp als Extraschritt unterscheidet den Flow-Through-Prozess vom einfachen Warenverteilungs-Cross-Docking.

> **Systemvoraussetzungen für die Nutzung der Warenverteilung**
>
> Zur Nutzung der EWM-Warenverteilung müssen Sie SAP ERP 6.0 mit Enhancement Package 4 und der Business Function `Retail CD/FT_EWM Integration` einsetzen und Ihr System als SAP Retail ausprägen.

In den folgenden Abschnitten gehen wir näher auf die EWM-Warenverteilung ein.

15.4.1 Customizing in SAP ERP und SAP EWM

Um die Warenverteilung in SAP ERP zu verwenden, müssen Sie Sammelbestellungen oder Aufteiler erzeugen und die Warenverteilungsdaten einschließlich der Prozessmethode zur Warenverteilung fortschreiben. Das SAP-ERP-System muss die zugehörigen An- und Auslieferungsbelege erzeugen und an das EWM-System verteilen. Außerdem müssen Sie die notwendigen Customizing-Einstellungen für die Warenverteilung im SAP-ERP-System vornehmen, u. a. über die Pfade:

▶ Logistik Allgemein • Warenverteilung

▶ Integration mit anderen SAP Komponenten • Extended Warehouse Management • Zusätzliche Materialattribute • Attributwerte für zusätzliche Materialstammfelder • Anpassungsprofil definieren.

In EWM nehmen Sie Customizing-Einstellungen für die Warenverteilung u. a. über den Pfad Extended Warehouse Management • Prozessübergreifende Einstellungen • Cross-Docking (CD) • Geplantes Cross-Docking • Warenverteilung Grundeinstellungen für die Warenverteilung vor.

15.4.2 Warenverteilungs-Cross-Docking

Das Warenverteilungs-Cross-Docking besteht aus den folgenden Prozessschritten:

1. Im SAP-ERP-System wird ein Push- oder Pull-Verfahren angestoßen.

   Pull-Verfahren: Wenn SAP ERP aufgrund von Umlagerungsbestellungen oder Kundenaufträgen Sammelbestellungen erzeugt, schreibt es die Warenverteilungsdaten fort.

   Push-Verfahren: Wenn SAP ERP mit einem Aufteiler Lieferanten- sowie Umlagerungsbestellungen oder Kundenaufträge erzeugt, schreibt es ebenfalls die Warenverteilungsdaten fort.

   Wenn Sie mit Waren arbeiten, die für einzelne endgültige Warenempfänger bereits in HUs vorverpackt sind, und die Daten in SAP ERP gesichert sind, kann SAP ERP sowohl die HUs als auch die Zuordnung zwischen der HU und dem endgültigen Warenempfänger an das EWM-System senden.

2. Das SAP-ERP-System erzeugt die An- und (geplanten) Auslieferungsbelege und verteilt diese an EWM.

3. Wenn Sie ohne HUs arbeiten, buchen Sie den Wareneingang zur Anlieferung und erzeugen manuell die notwendigen Kommissionier-Lageraufgaben für die Auslieferungsanforderung.

4. Wenn Sie mit HUs arbeiten (verpackte Ware), können Sie die prozessorientierte Lagerungssteuerung verwenden. Wenn EWM die Information zum Endkunden aus dem SAP-ERP-System erhalten hat, wird geprüft, ob der endgültige Warenempfänger der HU mit dem des Auslieferungsauftrags übereinstimmt. Wenn EWM einen Auslieferungsauftrag findet, erzeugt es die Entlade-Lageraufgaben. Sie entladen die HUs und erzeugen zugehörige Kommissionier-Lageraufgaben.

5. In beiden Fällen (mit und ohne HUs) bringen Sie die Ware direkt vom Wareneingang zum Warenausgang und buchen den Warenausgang.

Zusätzliche Hinweise für Warenverteilungs-Cross-Docking

- Die Anlieferung ist immer verpackt und enthält den finalen Warenempfänger (Partnerrolle UC = Ultimate Consignee) auf Kopfebene.
- Es ist im EWM-System nicht möglich, von Cross-Docking auf Flow-Through umzustellen.
- Für Cross-Docking ist keine Mengenanpassung möglich.

15.4.3 Produktorientiertes Flow-Through

Im produktorientierten Flow-Through verteilen Sie den Inhalt der angelieferten HUs auf kundenspezifische Kommissionier-HUs. Als Kommissionierer nehmen Sie die angelieferte HU auf und gehen damit nacheinander die Kommissionier-HUs ab, in die Sie Produkte verteilen müssen. Sie führen also eine Dekonsolidierung durch, indem Sie die Kommissionier-HUs befüllen. Anschließend führen Sie die Kommissionierung durch und bringen die komplett gepackten Kommissionier-HUs zum Warenausgang.

Das produktorientierte Flow-Through besteht aus den folgenden Schritten:

1. SAP ERP stößt ein Push- oder Pull-Verfahren an und sendet alle relevanten An- und Auslieferungsbelege an EWM.

2. Sie erhalten eine Anlieferung mit HUs, die alle jeweils nur ein Produkt enthalten, und buchen den Wareneingang. Nachdem der Wareneingang abgeschlossen ist, können Sie die Mengenanpassung der Auslieferungsaufträge vornehmen. Verwenden Sie dafür die Transaktion unter dem Pfad EXTENDED WAREHOUSE MANAGEMENT • LIEFERABWICKLUNG • ANLIEFERUNG • WARENVERTEILUNG: MENGENANPASSUNG PFLEGEN (FLOW-THROUGH) im SAP-Easy-Access-Menü.

3. Wenn Sie den Entladen-Schritt der prozessorientierten Lagerungssteuerung verwenden, erzeugen Sie zunächst Entlade-Lageraufgaben und quittieren diese. EWM erzeugt daraufhin (gemäß Einlagerungsstrategie) im nächsten Schritt Handling-Unit-Lageraufgaben zum Cross-Docking-Lagertyp, in dem sich die *Kommissionierpunkt-Arbeitsstation* (*Cross-Docking-Arbeitsplatz*) befindet. Sie quittieren die HU-Lageraufgaben. Wenn Sie noch Mengenanpassungen vornehmen möchten, machen Sie es jetzt, bevor die Kommissionier-Lageraufgaben erstellt werden.

4. Sie legen die Kommissionier-Lageraufgaben an, z. B. durch eine Wellenfreigabe, und dekonsolidieren die Produkte. Dafür nehmen Sie die Produkte aus den angelieferten HUs und verteilen sie in bereitstehende Kommissionier-HUs für jeweils einen Kunden (produktorientiertes Flow-Through).

5. Sie kommissionieren die Artikel in die Kommissionier-HUs.

6. Wenn Sie die Kommissionier-HUs abschließen, erzeugt EWM neue Lageraufgaben für die Bereitstellung zum Warenausgang.

7. Sie bewegen die HUs zur Warenausgangszone.

8. Sie verladen die HUs und buchen den Warenausgang.

15.4.4 Abnehmerorientiertes Flow-Through

Wenn Sie Ware erhalten, die Sie nicht komplett zu einem endgültigen Warenempfänger schicken können, können Sie das Warenverteilungs-Cross-
Docking nicht verwenden. Stattdessen können Sie die Ware nach dem Wareneingang auf einen Cross-Docking-Lagertyp bewegen, den Sie als Umpackbe-
reich verwenden. Dort können Sie dann abnehmerorientiert bzw. produktorientiert umpacken.

Die Schritte des abnehmerorientierten Flow-Through-Prozesses sind wie
folgt:

1. Wie schon beim Warenverteilungs-Cross-Docking beschrieben, stößt das
   SAP-ERP-System ein Push- oder Pull-Verfahren an und sendet alle relevanten An- und Auslieferungsbelege an EWM.

2. Sie erhalten eine Anlieferung mit HUs, die unterschiedliche Produkte ent-
   halten, und buchen den Wareneingang. Nach dem Wareneingang können
   Sie die Mengenanpassung der Auslieferungsaufträge durchführen. Benut-
   zen Sie dafür die Transaktion unter dem Pfad EXTENDED WAREHOUSE
   MANAGEMENT • LIEFERABWICKLUNG • ANLIEFERUNG • WARENVERTEILUNG:
   MENGENANPASSUNG PFLEGEN (FLOW-THROUGH) im SAP-Easy-Access-Menü.

3. Wenn Sie den Entladen-Schritt der prozessorientierten Lagerungssteuerung (siehe Abschnitt 7.4) nutzen, erzeugen Sie zunächst Entlade-Lageraufgaben und quittieren diese. EWM erzeugt daraufhin (gemäß Einlagerungsstrategie) HU-Lageraufgaben zum Cross-Docking-Lagertyp. Diese
   quittieren Sie.
   Wenn Sie noch Mengenanpassungen vornehmen möchten, machen Sie es
   jetzt, bevor die Kommissionier-Lageraufgaben erstellt werden.

4. Sie legen die Kommissionier-Lageraufgaben an, z. B. durch eine Wellenfreigabe. Bei der Lagerauftragserstellung können Sie einstellen, dass das
   System nur Lageraufträge für jeweils einen Kunden (für eine Konsolidierungsgruppe) anlegt, sodass die Kommissionierung kundenspezifisch
   durchgeführt werden kann (abnehmerorientiertes Flow-Through).

5. Sie kommissionieren die Artikel in kundenspezifische HUs und bewegen
   sie zur Warenausgangszone.

6. Sie verladen die HUs und buchen den Warenausgang.

> **Mengenanpassung**
>
> Die Mengenanpassung kann nur durchgeführt werden, solange noch keine Kom-
> missionieraufträge existieren.

15.5 Push Deployment und Kommissionieren vom Wareneingang

Push Deployment (PD) und *Kommissionieren vom Wareneingang* (PFGR = *Pick from Goods Receipt*) sind opportunistische Cross-Docking-Prozesse. Die Prozesse beginnen jeweils mit normalen Anlieferungen und dem normalen Wareneingangsprozess.

Bei der Buchung des Wareneingangs im EWM-System wird diese Buchung zunächst über die Standardschnittstelle ins SAP-ERP- und dann ins APO-System übertragen. Der EDQA-Prozess in SAP APO prüft, ob es ungedeckte Bedarfe gibt, für die die nun wareneingangsgebuchte verwendet werden kann, was Cross-Docking im Lager zur Folge haben würde.

Das EWM-System prüft in der Zwischenzeit, ob die Lagerprozessart und die Bestandsart der Lieferposition für die *Einlagerungsverzögerung* relevant sind. Durch die Einlagerungsverzögerung verzögert EWM die über PPF (Post Processing Framework) initiierte, automatische Erzeugung der Lageraufgaben zur Einlagerung. Wenn die Lagerprozessart und die Bestandsart *nicht* relevant sind, erzeugt EWM automatisch und ohne Verzögerung die Einlageraufgaben. EWM führt also kein PD oder PFGR durch.

Währenddessen prüft der EDQA-Prozess, ob die Anlieferung PD- oder PFGR-relevant ist, indem er im Falle von PD die prognostizierten Bedarfe anderer Lokationen und im Falle von PFGR rückständige Kundenaufträge (Backorders) im CRM-System sowie rückständige Umlagerungsbestellungen prüft. Das heißt, SAP APO bestimmt die Cross-Docking-Relevanz nach der Wareneingangsbuchung.

Wenn das APO-System relevante Backorders oder Umlagerungsbestellungen findet oder, im Falle von PD, anhand einer Prognose relevante Bedarfe anderer Lokationen ermittelt, initiiert es die Anlage einer entsprechenden Auslieferung im SAP-ERP-System. Diese Anlage wird dann ins EWM-System verteilt und initiiert das Cross-Docking. Der gerade WE-gebuchte Bestand aus der Wareneingangszone wird also kommissioniert.

Abbildung 15.14 zeigt den kompletten EDQA-Prozess in einer Übersicht. Die hellen Bereiche zeigen die Schritte, die im EDQA-Prozess stattfinden.

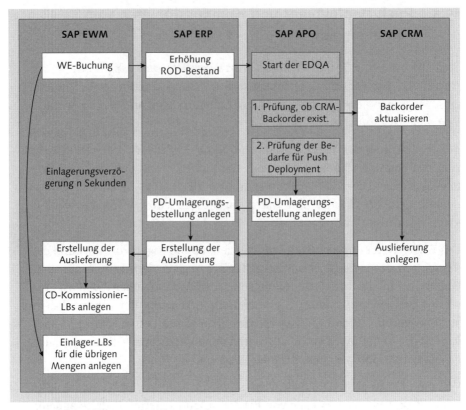

Abbildung 15.14 Übersicht über den Prozess »Event Driven Quantity Assignment«

Zusätzliche Hinweise

Um PD oder PFGR zu benutzen, benötigen Sie eine Systemlandschaft mit SAP EWM, SAP APO, SAP ERP und SAP CRM.

Es werden immer als Erstes die rückständigen Kundenaufträge und dann die rückständigen Umlagerungsbestellungen berücksichtigt. Nur wenn danach noch Mengen der Anlieferung zur Verfügung stehen, startet der PD-Prozess.

In den folgenden Abschnitten zeigen wir, wie Sie die Einlagerungsverzögerung in EWM einstellen und wie PD und PFGR in die EWM-Lagerprozesssteuerung eingebunden sind.

15.5.1 Einlagerungsverzögerung nach Wareneingang in SAP EWM

Bei der Wareneingangsbuchung in EWM prüft das System, ob die Lieferposition für die *Einlagerungsverzögerung* relevant ist. Die Einlagerungsverzögerung ist eine Zeitspanne in Sekunden, die Sie im Customizing definieren können. Folgen Sie dazu dem Pfad EXTENDED WAREHOUSE MANAGEMENT • PROZESSÜBERGREIFENDE EINSTELLUNGEN • LAGERAUFGABE • EINLAGERUNGSVERZÖGERUNG DEFINIEREN (siehe Abbildung 15.15).

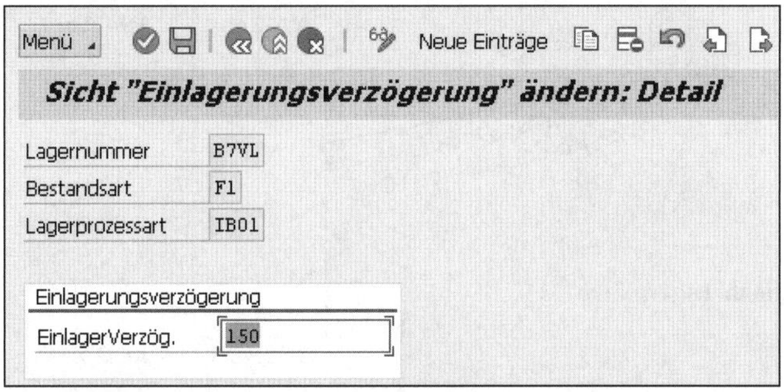

Abbildung 15.15 Einlagerungsverzögerungszeit definieren

Für jede Bestandsart und Lagerprozessart können Sie eine Einlagerungsverzögerungszeit definieren. Wenn das System eine solche findet, werden die Einlageraufgaben zu dieser Anlieferposition nicht direkt (über die PPF-Aktion) angelegt, sondern um die eingestellte Anzahl von Sekunden verzögert. Das EWM-System plant dazu im Hintergrund einen Job, der zu dem entsprechenden Zeitpunkt startet (WE-Zeit + Einlagerungsverzögerungszeit). Wenn Sie in der Zwischenzeit manuell versuchen, für die Lieferung Einlageraufgaben anzulegen, wird eine Warnmeldung ausgegeben. Diese Warnmeldung können Sie ignorieren, wenn Sie möchten, und die Lageraufgaben trotz laufender Einlagerungsverzögerung anlegen. Dann ist jedoch auch kein Cross-Docking mehr möglich.

Sie sollten die Dauer der Einlagerungsverzögerung so lang wählen, dass sie ausreichend ist, um die Rückmeldung des EDQA-Prozesses im APO-System abzuwarten. Wenn Sie die Einlagerungsverzögerung zu kurz wählen, kann es sein, dass EWM bereits Einlageraufgaben angelegt hat, obwohl APO PD oder PFGR anstößt. In diesem Fall kann kein Cross-Docking ausgeführt werden, es sei denn, Sie stornieren die offenen Einlageraufgaben und legen dann doch noch (manuell) die Cross-Docking-Lageraufgaben an.

15.5.2 Integration von PD und PFGR in die SAP-EWM-Lagerungssteuerung

PD und PFGR sind vollständig in die prozessorientierte Lagerungssteuerung von EWM integriert. Wie das genau funktioniert, lässt sich am einfachsten an einem Beispiel erläutern (siehe Abbildung 15.16).

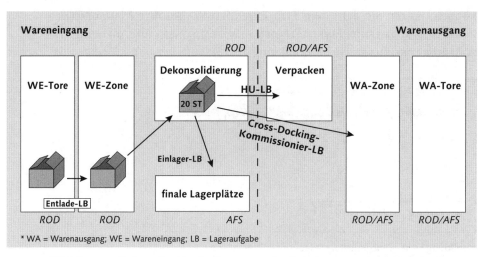

Abbildung 15.16 Cross-Docking in die prozessorientierte Lagerungssteuerung integrieren

Sie empfangen eine Lieferung mit drei Produkten, die in eine HU verpackt sind (Misch-HU), und buchen den Wareneingang. In EWM wird aufgrund von Bestandsart und LPA (die für alle drei Lieferpositionen gleich sind) die Einlagerung um 150 Sekunden verzögert. Währenddessen prüft der EDQA-Prozess in APO, ob PFGR oder PD erforderlich sind. Für eines der drei Produkte soll PD durchgeführt werden. SAP APO legt eine Umlagerungsbestellung an, die ins SAP-ERP-System verteilt wird. Zur Umlagerungsbestellung in SAP ERP wird die Auslieferung angelegt. Diese Auslieferung wird ins EWM-System verteilt und bekommt eine eigene Lieferart, eine eigene Positionsart und die Bestandsart F1 (Bestand im Wareneingangsprozess). Die Auslieferung wird automatisch zu einer Welle zugeordnet, die die Freigabemethode AUTOMATISCH hat, das heißt, die Kommissionier-Lageraufgaben werden sofort erstellt – in diesem Fall wird der Bestand aus der Wareneingangszone kommissioniert.

> **Keine Referenz zwischen An- und Auslieferung**
>
> Im Gegensatz zu TCD und der Warenverteilung gibt es bei PD und PFGR keinen direkten Link (keine Referenz) zwischen An- und Auslieferung. Die Cross-Docking-Auslieferung muss also nicht unbedingt genau den wareneingangsgebuchten Bestand finden – sondern einfach nur »irgendeinen« Bestand dieses Produkts, der sich in der Wareneingangszone befindet.

Für die HU mit den drei Produkten gibt es also letztlich drei Produkt-Lageraufgaben: eine Cross-Docking-Lageraufgabe und zwei Einlageraufgaben. Diese Lageraufgaben sind zunächst inaktiv, da die HU der prozessorientierten Lagerungssteuerung unterliegt und zunächst entladen werden muss. Wenn Sie die Entlade-Lageraufgabe quittieren, wird die Folge-HU-Lageraufgabe erstellt, in diesem Fall zu einem Dekonsolidierungsarbeitsplatz. Hier muss gemäß den Dekonsolidierungsgruppen der Inhalt der Misch-HU aufgeteilt werden. Die beiden Produkte, die eingelagert werden sollen, haben ihre Dekonsolidierungsgruppe aus dem Aktivitätsbereich der Einlagerplätze bekommen, während das Cross-Docking-Produkt die Dekonsolidierungsgruppe aus der Konsolidierungsgruppe der Auslieferung (abhängig von Warenempfänger, Route und Lieferpriorität) bekommt. Das Cross-Docking-Produkt wird also von den anderen beiden Produkten separiert und in eine neue HU gepackt.

Nach der Freigabe der neuen HU wird die Cross-Docking-Lageraufgabe aktiviert, und die HU kann in den Warenausgangsprozess übernommen werden, wo die entsprechenden Schritte (z. B. Verpacken, Bereitstellen und Verladen) durchgeführt werden. Schließlich wird für die Cross-Docking-Lieferung der Warenausgang gebucht.

Die andere HU mit den beiden einzulagernden Produkten wird ebenfalls freigegeben, was die inaktiven Einlageraufgaben aktiviert. Der komplette Prozess ist abgeschlossen, wenn die Einlageraufgaben quittiert worden sind.

15.5.3 Wichtige Zusatzinformationen zu PD und PFGR

Weitere Informationen über PD finden Sie in der SAP-Bibliothek für SAP Supply Chain Management (SAP SCM) unter dem Pfad SAP SUPPLY CHAIN MANAGEMENT (SAP SCM) • SAP ADVANCED PLANNING AND OPTIMIZATION (SAP APO) • ERSATZTEILPLANUNG (SPP) • DEPLOYMENT sowie im SAP Help Portal für SAP ERP Central Component unter dem Pfad SAP ERP CENTRAL COMPONENT • LOGISTIK • LOGISTIK ALLGEMEIN (LO) • ERSATZTEILMANAGEMENT (LO-SPM) • TRANSPORT-CROSS-DOCKING • PUSH-DEPLOYMENT.

Weitere Informationen zu PFGR im Rahmen der globalen Verfügbarkeitsprüfung (Available-to-Promise, ATP) finden Sie in der SAP-Bibliothek für SAP SCM unter KOMMISSIONIEREN VOM WARENEINGANG.

Weitere Informationen über das durchzuführende Customizing im EWM-System für PD und PFGR, z. B. um gegebenenfalls eigene Belegarten für die Auslieferung und eigene Lagerprozessarten zu definieren, finden Sie im Customizing unter dem Pfad EXTENDED WAREHOUSE MANAGEMENT • PROZESSÜBERGREIFENDE EINSTELLUNGEN • CROSS-DOCKING (CD) • OPPORTUNISTISCHES CROSS-DOCKING • GRUNDEINSTELLUNGEN FÜR PD UND KOMMISSIONIEREN VOM WE.

15.6 Zusammenfassung

In diesem Kapitel haben wir die verschiedenen Cross-Docking-Methoden beschrieben, die SAP EWM unterstützt. Sie sollten nun ein gutes Verständnis davon haben, wie TCD, Warenverteilung, EWM-Opp.CD, PD und PFGR funktionieren und welche SAP-Systeme Sie jeweils benötigen. Für alle Methoden haben wir den Fokus darauf gelegt, Ihnen zu zeigen, wie das Cross-Docking in die prozessorientierte Lagerungssteuerung Ihres EWM-Lagers eingebunden werden kann.

Die Integration von Produktionsprozessen in die Lagerhaltung stellt für viele Industriezweige eine zentrale Anforderung an moderne Lagerhaltungssysteme dar. Mit der erweiterten Produktionsintegration können Sie mit SAP EWM neben Wareneingangs- und Warenausgangsprozessen auch komplexe und automatisierte Produktionsversorgungs- und Produktionszugangsprozesse flexibel und effizient abbilden.

16 Produktionsintegration

Im Rahmen der Produktionsintegration werden Komponenten aus dem Lager auf Basis des Bedarfs in der Produktion kommissioniert und bereitgestellt. Über Verbrauchsbuchungen werden diese Lagerkomponenten aus dem Lagerbestand ausgebucht und in den Produktionsprozess eingesteuert. Anschließend erfolgen der Zugang von fertigen oder halb fertigen Produkten aus der Produktion und das Einlagern vereinnahmter Paletten auf den dafür vorgesehenen Lagerungsplätzen.

EWM hilft Ihnen bei der effizienten Abbildung und Ausführung dieser Prozesse: einerseits durch eine enge Integration von Produktions- und Lagerprozessen und andererseits durch Anbindung externer Fertigungssysteme (MES, Manufacturing Execution System). Die Produktionsintegration basiert dabei direkt auf ERP-Produktionsaufträgen für die diskrete Fertigung oder auf den Prozessaufträgen der Prozessfertigung.

Die wesentlichen Funktionen und Merkmale von EWM für die Produktionsintegration sind folgende:

▶ vollständige Produktionsanbindung und Integration in die Bearbeitung des ERP-Produktions- bzw. Prozessauftrags

▶ Anbindungsmöglichkeit externer Fertigungssysteme (MES) über Standardschnittstellen (API, Application Programming Interfaces)

▶ rollenoptimierte Benutzeroberflächen für Arbeitsplätze in Lager, Produktion und Prozesssteuerung

- optimale Nutzung der Produktionsbereitstellungsbereiche durch Berücksichtigung von Kapazitäts- und Produktionsverbrauch

- flexible Konfiguration und Erweiterbarkeit von Produktionsversorgungs- und Produktionszugangsprozessen durch Nutzung bekannter EWM-Techniken (z. B. PPF-Aktionen zur automatischen Ansteuerung von Folgeprozessen, funktionale Erweiterung mit den im Standard ausgelieferten BAdIs)

- erhöhte Prozesseffizienz in der Produktionszugangsbuchung durch automatisierte Anlieferungserstellung, Verpackung und Wareneingangsbuchung

- automatisierte Erstellung von Lageraufgaben zur Produktionsbereitstellung

- zentrales Monitoring des Produktionsprozesses und der Effizienz operativer Prozesse

Bevor wir in den nächsten Abschnitten näher auf die Prozessschritte und Funktionen der erweiterten Produktionsintegration eingehen, möchten wir eine kurze Gegenüberstellung und Abgrenzung zu den wichtigsten Aspekten der bereits seit dem EWM-Release 7.0 verfügbaren lieferbezogenen Produktionsversorgung vornehmen:

- Die Bereitstellungsprozesse unterscheiden sich hauptsächlich dadurch, dass die Integration der Produktionsversorgung (PP) mit EWM 7.0 auf Auslieferungen und Umbuchungen basiert, während für die erweiterte Produktionsintegration in EWM 9.2 ein neuer Systembeleg – die Produktionsmaterialanforderung – entwickelt wurde.

- Die erweiterte Produktionsintegration bietet ein verbessertes Management von Beständen in der Bereitstellung. Die Bereitstellung kann auftragsbezogen oder, basierend auf Nachschubmengen, auftragsunspezifisch durchgeführt werden. Bereitgestellte Bestände sind für Produktionsmaterialanforderungen, die auf Basis von Produktions- bzw. Prozessaufträgen erstellt wurden, reserviert, können aber optional für andere Aufträge freigegeben werden. Bestände, die über Auslieferungen bereitgestellt werden, können hingegen von jedem beliebigen Auftrag verbraucht werden.

- Durch die Verwendung eines eigenen Belegs – der Produktionsmaterialanforderung – können Sie für die Produktion benötigte Materialien auch über mehrere Produktionsaufträge gleichzeitig bereitstellen, ohne die Referenzen zu Produktionsaufträgen zu verlieren.

- Die Produktionsbereitstellung nach der Kanban-Methode wird durch die erweiterte Produktionsintegration nicht unterstützt.

▶ In der Integration der Produktionsversorgung (PP) mit EWM 7.0 erfolgt die Verbrauchsbuchung durch die Erstellung einer nicht kommissionierrelevanten Auslieferung auf Basis des Produktionsauftrags. Die erweiterte Produktionsintegration in EWM 9.2 nutzt die ebenfalls auf Basis eines Produktionsauftrags erstellte Produktionsmaterialanforderung für die Warenausgangsbuchung und kommuniziert die Warenbewegungsnachricht als geplanten Warenausgang inklusive der Aktualisierung der Reservierungsposition im ERP-System.

▶ Während die Integration der Produktionsversorgung mit EWM 7.0 die Fertigungsaufträge, Prozessaufträge, Kanban und Serienfertigung unterstützt, können Sie die Funktionen der erweiterten Produktionsintegration ausschließlich für Fertigungs- und Prozessaufträge verwenden.

▶ Die erweiterte Produktionsintegration basiert auf der Grundlage, dass die operativen Prozesse der Bereitstellung, des Verbrauchs und des Zugangs aus Produktion aus dem EWM-System heraus gesteuert werden. Die relevanten Lagerorte sollten aus diesem Grund EWM-verwaltet werden. Die Integration der Produktionsversorgung (PP) mit EWM 7.0 unterstützt Szenarien, bei denen nicht EWM-verwaltete Lagerorte für die Verbrauchsbuchung verwendet werden, um diese ausschließlich aus dem ERP-System heraus steuern zu können.

Zusammenfassend bieten die Funktionen der erweiterten Produktionsintegration eine enge, durch das EWM-System geführte Steuerung, Planung, Überwachung und Ausführung von Produktionsprozessen an. Die bereits mit EWM 7.0 ausgelieferten Funktionen der Produktionsintegration auf Basis von Lieferbelegen bieten hingegen eine größere Flexibilität bei der Organisation Ihrer ERP-Lagerorte (z. B. die Nutzung eigenständiger, nicht EWM-verwalteter Produktionslagerorte oder *EWM-lagernummernübergreifende Bereitstellungsprozesse*).

In diesem Kapitel geben wir Ihnen zunächst einen Überblick über den betriebswirtschaftlichen Prozess der EWM-Produktionsintegration. Anschließend stellen wir Ihnen in weiteren Abschnitten Bereitstellung und Verbrauch von Produktionskomponenten sowie den Zugang von Fertig- und Halbfertigproduktionen aus der Produktion vor. Der Schwerpunkt liegt dabei auf der Vorstellung und Konfiguration der wichtigsten EWM-Funktionen. Zudem gehen wir auf Prozessvarianten und Implementierungsaspekte ein.

Abschließend möchten wir in einem gesonderten Abschnitt auf die Anbindung externer Fertigungssysteme (MES), die im Umfeld der Produktionsintegration eine wichtige Rolle spielen, eingehen.

16.1   Einführung in den Produktionsprozess

In diesem Abschnitt beschreiben wir die einzelnen Prozessschritte und EWM-Funktionen, die im Produktionsprozess von der Erstellung bis zum Abschluss des Produktionsauftrags unterstützt werden. Wir fokussieren uns dabei auf die EWM-Funktionen, die mit EWM-Release 9.2 ausgeliefert wurden, um Ihnen für die folgenden Abschnitte dieses Kapitels einen Überblick über die vollständige Prozesskette zu geben.

Im Folgenden möchten wir die einzelnen Prozessschritte näher beschreiben:

1. **Erstellung des Produktionsauftrags und der Produktionsmaterialanforderung**
   Der Produktionsprozess beginnt im ERP-System mit der Erstellung und Freigabe des Produktions- bzw. Prozessauftrags. Die für die Produktion eines Fertig- oder Halbfertigerzeugnisses benötigten Komponenten liegen bestandsseitig in einem EWM-verwalteten Lagerort. Damit die Kommissionierung, Bereitstellung und der spätere Verbrauch aus dem EWM-System heraus gebucht werden können, wird eine Produktionsmaterialanforderung (PMA) nach dem Vorbild der Lieferintegration basierend auf dem Produktions- bzw. Prozessauftrag erstellt.

   Die Produktionsmaterialanforderung enthält Informationen wie etwa Produkt, Charge, Bestandsinformationen (Werk, Lagerort), Arbeitsplatz, Produktionsversorgungsbereich (PVB) sowie die Referenz zum Auftrag. In EWM mit warenbewegungssteuernden Informationen wie etwa Lagerprozessart, Warenbewegungsplatz und Bereitstellungsmethode angereichert, bildet die Produktionsmaterialanforderung den zentralen Beleg für Kommissionierung, Bereitstellung und Verbrauchsbuchung.

2. **Kommissionierung und Bereitstellung**
   Im nächsten Schritt werden die Komponenten gemäß den verfügbaren Beständen aus dem Lagerplatz zu den vorgesehenen Produktionsversorgungsbereichen (PVB) transportiert. Die dafür benötigten Lageraufträge und Lageraufgaben können automatisch oder manuell bzw. abhängig von der Bereitstellungsmethode auftragsspezifisch, auftragsübergreifend oder als Kistenteilnachschub erstellt werden.

3. **Verbrauchsbuchung und Abschluss des Produktionsauftrags**
   Abschließend werden die bereitgestellten Bestände über eine aus dem EWM-System angestoßene Verbrauchsbuchung für die Produktion ausgebucht. Der Produktionsauftrag kann anschließend im ERP-System abgeschlossen werden. Über die Auseinandersteuerung von technischem

Abschluss und Abschluss des Produktionsauftrags kann zudem die Kontrolle über weitere Verbrauchsbuchungen und Komponentenbereitstellung im EWM-System gesteuert werden.

4. **Wareneingangsbuchung aus der Produktion**

Nachdem der Produktionsprozess abgeschlossen ist, werden die Fertig- oder Halbfertigprodukte in das EWM-verwaltete Lager bestandsseitig eingebucht. Zu diesem Zweck werden basierend auf Produktions- bzw. Prozessaufträgen erwartete Wareneingänge (EGR) inklusive Kuppel- und Nebenprodukten im EWM-System erstellt.

Während der physischen Vereinnahmungen erstellt der Anwender auf Basis der erwarteten Wareneingänge Anlieferungen (PDI) und Handling Units und bucht die Wareneingänge für die produzierten Artikel.

5. **Einlagerung produzierter Artikel/Produkte**

Vom Produktionseingangsbereich werden die Fertigprodukte im letzten Schritt auf den finalen Lagerplatz verbracht. In Ausnahmefällen können zu diesem Zeitpunkt Korrekturbuchungen über Teil- oder Vollmengen ausgeführt werden.

Nachdem Sie in diesem Abschnitt einen Überblick über den betriebswirtschaftlichen Prozess der EWM-Produktionsintegration erhalten haben, stellen wir Ihnen im folgenden Abschnitt Funktionen, Konfiguration und Implementierungsaspekte der Bereitstellung und des Verbrauchs für die Produktion vor.

Voraussetzungen für die Nutzung der erweiterten Produktionsintegration

Damit Sie die erweiterte Produktionsintegration nutzen können, benötigen Sie neben SAP-EWM-Release 9.2 SAP EHP 7 für SAP ERP 6.0 SP06, SAP EHP 6 für SAP ERP 6.0 (SAP HANA) SP08 oder SAP EHP 6 für SAP ERP 6.0 SP14.

Aktivieren Sie die ERP Business Functions LOG_LE_INTEGRATION, LOG_PP_EWM_ MAN und LOG_PP_EWM_MAN_2, um die Funktionen der erweiterten Produktionsintegration in Ihrem ERP-System verfügbar zu haben.

16.2 Bereitstellung und Verbrauch

In diesem Abschnitt erläutern wir Ihnen die EWM-Funktionen und Implementierungsaspekte der Prozesse *Bereitstellung* und *Verbrauch* der Produktionsintegration. Bevor wir dabei in chronologischer Reihenfolge auf die Erstellung und Freigabe des Produktionsauftrags über die Bereitstellung und den Verbrauch bis hin zur Räumung des Produktionsbereitstellungsbereichs eingehen (siehe Abbildung 16.1), möchten wir Ihnen zunächst jedoch die vorgelagerten Einstellungen für das Aufsetzen der Prozesse vorstellen.

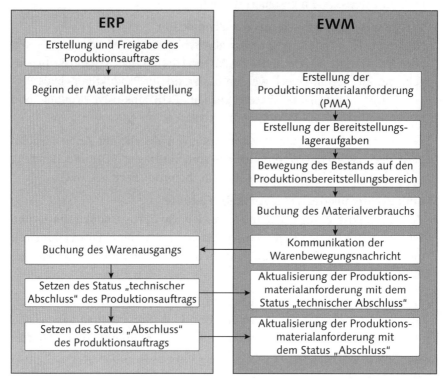

Abbildung 16.1 Prozessschritte in Bereitstellung und Verbrauch

16.2.1 Vorgelagerte Einstellungen

In diesem Abschnitt stellen wir Ihnen vorgelagerte Einstellungen für die Implementierung der erweiterten Produktionsintegration vor. Der Fokus liegt dabei auf den Organisationsdaten sowie der Einstellung der Systemkommunikation. Allgemeingültige Konfigurationen wie die Erstellung und Definition von Lagerplätzen, Queues, Aktivitätsbereichen, Ressourcen oder Material-, Chargen- und Stücklistenstammdaten möchten wir in diesem Abschnitt nicht näher erläutern. Diese werden zwar auch von der erweiterten Produktionsintegration benötigt und genutzt, jedoch analog zu den Prozessen des Wareneingangs und -ausgangs bzw. der Produktionsteuerung konfiguriert.

Organisationsdaten

Abgänge und Zugänge aus der Produktion erfolgen über die Produktionsversorgungsbereiche (PBV). Diese können Sie im ERP-System über das SAP-

Easy-Access-Menü LOGISTIK • LOGISTICS EXECUTION • STAMMDATEN • LAGER • PRODUKTIONSVERSORGUNG • PRODUKTIONSVERSORGUNGSBEREICH • ANLEGEN oder über die Transaktion PK05 erstellen. Im EWM-System werden die in ERP erstellten Produktionsversorgungsbereiche pro logischem System, Werk und Lagerort zu EWM-Produktionsversorgungsbereichen zugeordnet. Die entsprechende Einstellungstabelle finden Sie über das EWM-Easy-Access-Menü EXTENDED WAREHOUSE MANAGEMENT • SCHNITTSTELLEN • ERP-INTEGRATION • PRODUKTIONSVERSORGUNGSBEREICH (PVB) ABBILDEN oder über die Transaktion /SCWM/PSAMAP. Anschließend weisen Sie die Produkte einzelnen Produktionsversorgungsbereichen über den Pfad des EWM-Easy-Access-Menüs EXTENDED WAREHOUSE MANAGEMENT • STAMMDATEN • PRODUKTIONSVERSORGUNGSBEREICH (PVB) • PVB DEFINIEREN oder über Transaktion /SCWM/PSA zu.

Die Komponentenbereitstellung wird im SAP-ERP-System über Regelkreise gesteuert. Über den Regelkreis definieren Sie pro Material die Bereitstellungsmethode, Quell- und Ziellagerort sowie Werk und Lagernummern. Wählen Sie für die Integration mit SAP EWM das Bereitstellungskennzeichen 5 – EWM-BEREITSTELLUNG, um die EWM-Integration bei der Bereitstellungsanforderung über den Produktions- bzw. Prozessauftrag auszulösen. Sie erreichen die Einstellung zum Regelkreis über das ERP-Easy-Access-Menü LOGISTIK • LOGISTICS EXECUTION • STAMMDATEN • LAGER • PRODUKTIONSVERSORGUNG • REGELKREIS PRODUKTIONSVERSORGUNG • ANLEGEN oder alternativ über die Transaktion LPK1. Die genaue Definition der Bereitstellungsmethode erfolgt in EWM.

Für die Prozessbeschreibung der erweiterten Produktionsintegration gehen wir im Folgenden von einem Szenario aus, bei dem die Roh- und Halbfertigteile in einem EWM-verwalteten Lagerort liegen. Auch der Zugang aus der Produktion erfolgt bei den beschriebenen Prozessen direkt aus der Produktion auf einen EWM-verwalteten Lagerort.

Sie haben bei der Einrichtung der Organisationseinheiten die Möglichkeit, den Lagerort für Produktionsbereitstellung und -verbrauch sowie für den Produktionszugang als separaten Lagerort oder in einem bestehenden AFS-Lagerort integriert abzubilden. Die dafür notwendigen Einstellungen sind die bekannten Einstellungen der Zuordnung von Verfügbarkeitsgruppe und Lagertyp sowie der Zuordnung von Produktionsversorgungsbereich und Lagertyp. Sie können zudem für die Quell- und Ziellagertypen der Bereitstellung unterschiedliche Lagerorte und Bestandsarten definieren, um auf ERP-Seite Transparenz über die jeweiligen Bestände zu schaffen.

Systemkommunikation

Um diese Systemkommunikation für die erweiterte Produktionsintegration zu ermöglichen, muss im Vorfeld ein Verteilungsmodell für Produktionsmaterialanforderungen erstellt werden. Sie erreichen dieses über den ERP-Customizing-Pfad LOGISTICS EXECUTION • SAP EWM-INTEGRATION • GRUNDKONFIGURATION DER ANBINDUNG • VERTEILUNGSMODELL VON SAP ERP AN SAP EWM GENERIEREN. Wenn Sie die Verfügbarkeit der Bestände für Prozessaufträge deaktivieren wollen, erledigen Sie dies über den ERP-Customizing-Pfad PRODUKTIONSPLANUNG PROZESSINDUSTRIE • PROZESSAUFTRAG • VORGÄNGE • VERFÜGBARKEITSPRÜFUNG • PRÜFUNGSSTEUERUNG DEFINIEREN. Die Einstellung kann in der EWM-Produktionsintegration sinnvoll sein, wenn im Lagerhaltungssystem die Materialbereitstellung bedarfsbezogen erfolgen soll.

Die EWM-Standardauslieferung bietet Ihnen ein direkt verwendbares Customizing für die Nutzung der erweiterten Produktionsintegrationsprozesse von Bereitstellung und Verbrauch. Um dieses für die Einrichtung Ihrer Prozesse zu nutzen, aktivieren Sie die in Tabelle 16.1 aufgeführten BC-Sets über das SAP-Easy-Access-Menü WERKZEUGE • CUSTOMIZING • BUSINESS CONFIGURATION SETS • AKTIVIERUNG VON BC-SETS oder alternativ über die Transaktion SCPR20.

BC-Set	Bezeichnung
/SCWM/PMR_CROSS_ORDER	Produktionsmaterialanforderung für auftragsübergreifende Teile
/SCWM/PMR_SINGLE_ORDER	Produktionsmaterialanforderung für auftragsspezifische Teile
/SCWM/PRC_PRODINT_10	Erweiterte Produktionsintegration – Schritt 1
/SCWM/PRC_PRODINT_15	Erweiterte Produktionsintegration – Schritt 2
/SCWM/PRC_MFG_STORTYPE_T060	Manufacturing: Lagertyp für Bereitstellung & Verbrauch
/SCWM/PRC_MFG_STAGING	LPAs für Bereitstellung & Verbrauch
/SCWM/PRC_PRODUCT_GROUP_PS	Produktgruppe für die Produktionsversorgung

Tabelle 16.1 Verfügbare BC-Sets mit vorkonfigurierten Einstellungen für Produktionsbereitstellung und Verbrauch

16.2.2 Erstellung und Freigabe des Produktionsauftrags

In diesem Abschnitt stellen wir Ihnen die wichtigsten Einstellungen und Implementierungsoptionen für die Prozesse der Erstellung und Freigabe von Produktionsaufträgen vor.

Der Prozess der Produktionsversorgung beginnt in der Regel mit der Erstellung des Produktions- oder Prozessauftrags in ERP. Sie erreichen die Transaktion zur Erstellung des Prozessauftrags über das ERP-Easy-Access-Menü LOGISTIK • PRODUKTION PROZESS • PROZESSAUFTRAG • PROZESSAUFTRAG • ANLEGEN • MIT MATERIAL oder alternativ über die Transaktion COR1. In der Auftragserfassung geben Sie das zu produzierende Fertigerzeugnis und die Produktionsmenge an. Die für das Fertigerzeugnis benötigten Komponenten und Komponentenmengen werden in der diskreten Fertigung über die Stückliste aus dem Materialstamm des Fertig- oder Halbfertigprodukts ermittelt. Zudem erfassen Sie die Auftragsart sowie organisatorische Daten wie Werk und Lagerort für den Zugang aus der Produktion.

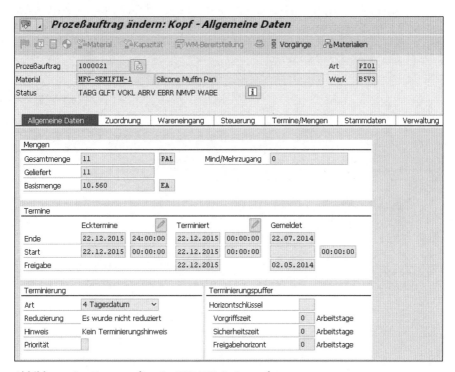

Abbildung 16.2 Prozessauftrag im SAP-ERP-System erfassen

Sobald der Prozess- oder Produktionsauftrag vollständig erfasst ist, lösen Sie die Materialbereitstellung entweder über die explizite Auswahl der Funktion oder implizit über die Freigabe des Auftrags aus. Dies ist der Auslöser für die Erstellung der Produktionsmaterialanforderung (PMA) im EWM-System, die auf Basis der Auftragsinformationen über die qRFC-Schnittstelle angelegt wird.

Der Beleg der EWM-Produktionsmaterialanforderung ist vergleichbar mit einer um lagerhaltungsrelevante Informationen angereicherten Reservierung und ist über das Easy-Access-Menü EXTENDED WAREHOUSE MANAGEMENT • AUSFÜHRUNG • VERBRAUCH DURCH DIE PRODUKTION • PRODUKTIONSMATERIAL-ANFORDERUNG PFLEGEN oder alternativ über die Transaktion /SCWM/PMR erreichbar. In der EWM-Eingangsverarbeitung werden Informationen aus Produktionsauftrag und Stückliste auf EWM-Parameter gemappt und um prozesssteuernde Daten angereichert. Die Customizing-Einstellung für das Mapping der Produktions- bzw. Prozessauftragsart auf eine EWM-Beleg- und -Positionsart finden Sie über den Customizing-Pfad EXTENDED WAREHOUSE MANAGEMENT • SCHNITTSTELLEN • ERP-INTEGRATION • PRODUKTION • SAP-ERP-AUFTRAGSART AUF SAP-EWM-BELEGART ABBILDEN und SAP-ERP-AUFTRAGSART AUF SAP-EWM-POSITIONSART ABBILDEN.

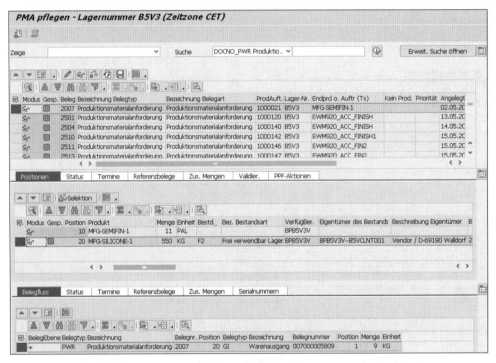

Abbildung 16.3 Ansicht und Bearbeitung der Produktionsmaterialanforderung

Sie finden die steuernden Einstellungen (z. B. Statusprofile, Verwendung von Mengeneinheiten) für Belegarten und Positionsarten analog zu den Lieferseinstellungen über den Customizing-Pfad EXTENDED WAREHOUSE MANAGEMENT • WARENAUSGANG • PRODUKTIONSMATERIALANFORDERUNG. Wie bei der Lieferverarbeitung und in den gleichen Customizing-Tabellen finden

Sie die Ermittlung der Lagerprozessart basierend auf Beleg- und Positionsart sowie Prozessartenfindungskennzeichen und Lieferpriorität.

Einzelbelege, Bearbeitungsfortschritt und Plan-Termine von Produktionsmaterialanforderungen können über den Lagerverwaltungsmonitor überwacht werden. Sie erreichen diesen über das EWM-Easy-Access-Menü Extended Warehouse Management • Monitoring • Lagerverwaltungsmonitor oder alternativ über Transaktion /SCWM/MON. Dort wählen Sie den Pfad Ausgang • Belege • Produktionsmaterialanforderung, um sich die Produktionsmaterialanforderungen sowie deren Abarbeitungsstatus anzeigen zu lassen.

16.2.3 Kommissionierung und Bereitstellung

Nachdem wir im vorangegangenen Abschnitt auf die Erstellung des Produktionsauftrags und der Produktionsmaterialanforderung eingegangen sind, stellen wir Ihnen in diesem Abschnitt den Prozess der Kommissionierung und Bereitstellung von Produktionskomponenten auf deren Basis vor.

Nach der Erstellung der Produktionsmaterialanforderung (PMA) können im EWM-System die Bestandsfindung und die Kommissionierung der zur Produktion benötigten Komponenten ausgeführt werden. Die erweiterte Produktionsintegration baut dabei auf der Bestandsfindung des EWM-Warenausgangsprozesses auf (siehe auch Kapitel 9). Lageraufgaben können manuell oder über einen Hintergrundjob des Reports /SCWM/R_MFG_STAGING auf Basis von Produktionsmaterialanforderungen erstellt werden. Sie können diesen auch über das SAP-Easy-Access-Menü Extended Warehouse Management • Arbeitsvorbereitung • Bereitstellung für die Produktion • Bereitstellung für die Produktion einplanen oder alternativ über die Transaktion /SCWM/STAGE erreichen. Auf der Ebene von Produktionsversorgungsbereich, Produktgruppe und Produkt können Sie die Bereitstellungsmethode, mit der die Komponenten aus dem Lager kommissioniert werden, konfigurieren. Zudem können Sie die Nachschubmenge, den Ziellagerplatz und die für die Bereitstellung verwendete Lagerprozessart definieren. Die Einstellung finden Sie im SAP-Easy-Access-Menü Extended Warehouse Management • Stammdaten • Produktionsversorgungsbereich (PVB) • Platz PVB/Produkt/Verfügungsberechtigtem in Lagernummer zuordnen oder alternativ über die Transaktion /SCWM/PSASTAGE. Es stehen Ihnen die folgenden Bereitstellungsmethoden zur Verfügung:

- **Nicht relevant für die Bereitstellung**
  Bei dieser Ausprägung der Bereitstellungsmethode erfolgt keine Bereitstellung, da die zur Fertigung benötigten Komponenten/Materialien bereits im Produktionsversorgungsbereich gelagert werden.

- **Kistenteil-Nachschub**
  Mit dem Kistenteil-Nachschub sichern Sie eine kontinuierliche Verfügbarkeit der für die Produktion benötigten Komponenten ab. Der Nachschub wird über Nachschubsteuerung (Transaktion /SCWM/REPL) gesteuert.

- **Auftragsspezifische Bereitstellung**
  Lageraufträge und Lageraufgaben werden für einzelne Produktionsmaterialanforderungen erstellt. Die Bereitstellung für die Produktion können Sie über die Transaktion /SCWM/STAGE einplanen.

- **Auftragsübergreifende Bereitstellung**
  Lageraufträge und Lageraufgaben werden pro Produkt über mehrere Produktionsmaterialanforderungen übergreifend erstellt (analog zur ERP-Abrufteil-Bereitstellung). Die Bereitstellung für die Produktion können Sie über die Transaktion /SCWM/STAGE einplanen.

Die Steuerung der Bereitstellung über die Produktionsmaterialanforderung hat den Vorteil, dass, solange der Beleg im EWM-System vorhanden ist und offene Positionsmengen existieren, die betreffenden Teile für die Bereitstellung berücksichtigt werden. Die Bereitstellungsmenge kann dabei abhängig von einer aus Lagerhaltungssicht sinnvollen Menge (z. B. eine Vollpalette) mit den Auslagersteuerungsregeln des Warenausgangsprozesses konfiguriert werden. Diese Form der Materialbereitstellung bietet sich vor allem für die Produktionsbereitstellung über einen längeren Zeitraum an.

Zur Steuerung des Bereitstellungsprozesses steht Ihnen eine Web-Dynpro-Transaktion zur Überwachung der Bestände der Produktionsbereitstellungsbereiche und offener Produktionsmaterialanforderungen zur Verfügung. Sie können über diese Anwendungsoberfläche Belege bearbeiten, Lageraufgaben erstellen und nicht mehr benötigte Bestände zum Aufräumen der Bereitstellungsbereiche wieder einlagern. Sie erreichen die Bereitstellungstransaktion über das Easy-Access-Menü Extended Warehouse Management • Arbeitsvorbereitung • Bereitstellung für die Produktion • Bereitstellung für die Produktion (siehe Abbildung 16.4).

Die Quittierung der Lageraufgaben kann analog zum regulären Kommissionierungsprozess über RF- oder Desktop-Transaktionen sowie über den Lagerverwaltungsmonitor erfolgen. Die Produktionskomponenten werden dann von den Quelllagerplätzen auf die Produktionsversorgungsbereiche transportiert.

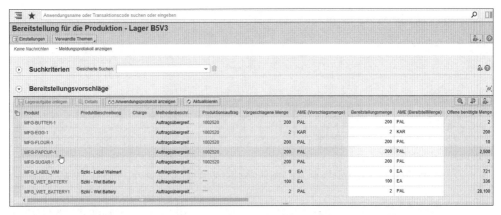

Abbildung 16.4 Report und Transaktion zur Einplanung der Produktionsbereitstellung

16.2.4 Verbrauchsbuchung und Abschluss des Produktionsauftrags

Im letzten Schritt werden die bereitgestellten Materialien für die Produktion ausgebucht. Die Bestände, die nicht für die Produktion benötigt werden, können anschließend zum Produktionsbereitstellungsbereich zurückgebracht werden.

Um eine möglichst enge Integration und eine flexible Steuerung der Verbrauchsbuchung zu ermöglichen, unterscheidet die erweiterte Produktionsintegration zwischen dem technischen Abschluss und dem Abschluss des ERP-Produktionsauftrags. Während der gesamten Verbrauchsbuchung behält der ERP-Produktionsauftrag die Steuerungshoheit über Bereitstellung und Verbrauchsbuchung.

Für die Buchung des Verbrauchs sowie den Storno von Verbrauchsbuchungen steht Ihnen eine neue EWM-Transaktion zur Verfügung. Über die Web-Dynpro-Transaktion können Sie den Verbrauch mehrerer verpackter und unverpackter Bestände gleichzeitig buchen. Alternativ können die gleichen Buchungen über eine neue RF-Transaktion an mobilen Endgeräten ausgeführt werden. Sie erreichen die Transaktion über das Easy-Access-Menü EXTENDED WAREHOUSE MANAGEMENT • AUSFÜHRUNG • VERBRAUCH DURCH DIE PRODUKTION • VERBRAUCH DURCH DIE PRODUKTION (siehe Abbildung 16.5).

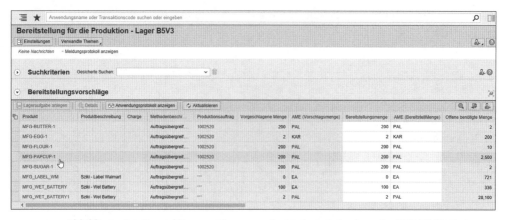

Abbildung 16.5 Transaktion zur Steuerung der Verbrauchsbuchung im SAP-EWM-System

Durch die Verbrauchsbuchung wird eine direkte Bestandsaktualisierung über den Materialbeleg von EWM an das ERP-System gesendet. Die asynchrone qRFC-Nachricht wird als geplante Warenausgangsbuchung über den Produktionsbereitstellungsauftrag an das ERP-System gesendet und aktualisiert dort den Produktionsauftrag. Im ERP-System wird der Status des Produktionsauftrags auf TECH. ABGESCHL. gesetzt, was wiederum zur Aktualisierung des EWM-Produktionsbereitstellungsauftrags führt. Bis zu diesem Zeitpunkt kann die Verbrauchsbuchung aus dem EWM-System heraus storniert werden. Der Beleg ist jedoch nicht mehr relevant für die Bereitstellung.

Beim finalen Abschluss des Produktionsauftrags wird eine Aktualisierungsnachricht an das EWM-System gesendet, durch die eine Aktualisierung des Produktionsbereitstellungsauftrags erfolgt. Der Produktionsbereitstellungsauftrag wird nun auf den Status des Produktionsauftrags (DMC) 9 – ABGESCHLOSSEN gesetzt. Eine Stornierung der Verbrauchsbuchung aus dem EWM-System ist nun nicht mehr möglich. Auf ERP-Seite kann jedoch der Abschluss des Produktionsauftrags zurückgenommen werden.

Sonderfall: Retrograde Entnahme

Bei der retrograden Entnahme wird der Verbrauch von Komponenten zum Zeitpunkt des Eingangs aus der Produktion gebucht. Wenn ein Material des Produktions- bzw. Prozessauftrags relevant für die retrograde Entnahme ist oder diese im Auftrag selbst hinterlegt ist, erfolgt die Steuerung der Warenausgangsbuchung wie bei der lieferungsbasierten Produktionsversorgung über die Erstellung einer Auslieferung. Sie können die Produktionsmaterialanforderung mit der Warenausgangsbuchung der Auslieferung fortschreiben lassen.

16.3 Eingang aus der Produktion

In diesem Abschnitt erläutern wir Ihnen Prozesse, Funktionen und Implementierungsaspekte des Eingangs aus der Produktion. Wir gehen auf die Prozessschritte der Vorbereitung des Eingangs aus der Produktion, der Vereinnahmung von Produktionserzeugnissen und abschließend auf die Einlagerung aus der Produktion ein. In Abbildung 16.6 sehen Sie diese Schritte in ihrer logischen Reihenfolge und die durchgeführten Systemoperationen im ERP- und EWM-System.

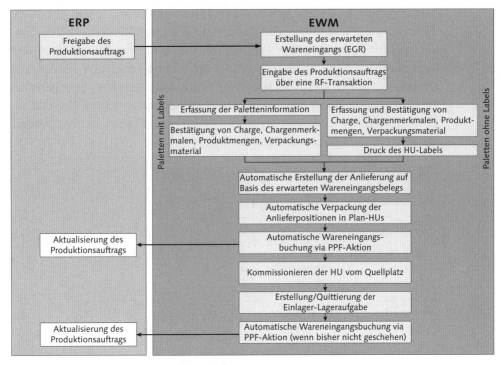

Abbildung 16.6 Prozessschritte des Eingangs aus der Produktion

16.3.1 Vorbereitung des Eingangs aus der Produktion

In diesem Abschnitt stellen wir Ihnen die wichtigsten Einstellungen und Implementierungsaspekte des ersten Teilprozesses im Eingang aus der Produktion vor.

Die Vorbereitung des Eingangs aus der Produktion beginnt mit der Erstellung und Freigabe des Produktions- bzw. Prozessauftrags. Sobald dieser im ERP-System freigegeben wurde, erfolgt die Erstellung eines *erwarteten Wareneingangsbelegs* (EGR) im EWM-System. Der *erwartete Wareneingangsbeleg*

(EGR) enthält Informationen über Fertig- und Nebenprodukte sowie die Referenz auf den Produktions- bzw. Prozessauftrag. Auf Positionsebene wird zudem die Referenz auf die Reservierung zur Behandlung von Produktionsnebenprodukten gehalten.

Basierend auf dem erwarteten Wareneingang, wird während der Vereinnahmung (siehe auch Abschnitt 16.3.2, »Vereinnahmung von Produktionserzeugnissen«) eine Anlieferung erstellt. Zur optimierten Systemkommunikation wird mit der erweiterten Produktionsintegration ein *Kommunikationsindikator* eingeführt. Dieser unterbindet die Replikation der Anlieferung aus Produktion bei deren Erstellung und kommuniziert die Wareneingangsbuchung direkt über die Warenbewegungsschnittstelle in das ERP-System. Der Kommunikationsindikator ist im Prozessprofil der Anlieferung hinterlegt und kann nur für den Wareneingang aus der Produktion verwendet werden. Die Einstellung zum Prozessprofil finden Sie im EWM-Customizing über den Pfad EXTENDED WAREHOUSE MANAGEMENT • PROZESSÜBERGREIFENDE EINSTELLUNGEN • LIEFERUNG – LAGERANFORDERUNG • PROZESSSTEUERUNG • PROZESSPROFIL FÜR BELEGKOPF DEFINIEREN (siehe Abbildung 16.7).

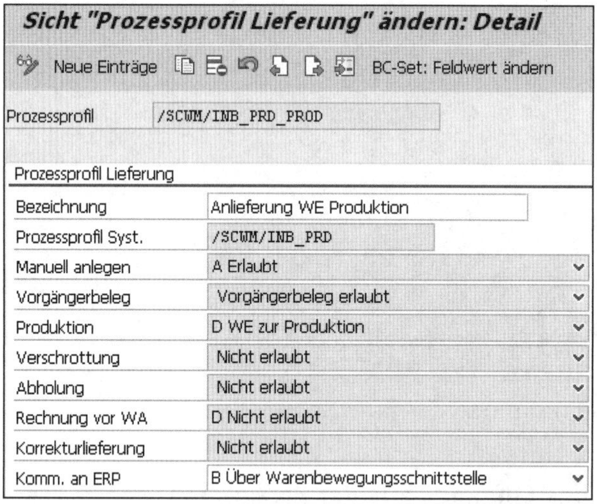

Abbildung 16.7 Einstellung zur ERP-Kommunikation im Prozessprofil der Anlieferung

Die Wareneingangsbuchung erfolgt ohne die Kommunikation von Handling-Unit-Informationen. Sollten diese benötigt werden, können Sie das BAdI `/SCWM/EX_ERP_GOODSMVT_EXT` implementieren.

Die Kommunikation zwischen ERP- und EWM-System basiert auf der qRFC-Schnittstelle, ebenso wie die Kommunikation bei der Lieferverarbeitung und der Warenbewegungsschnittstelle anderer Prozesse.

16.3.2 Vereinnahmung von Produktionserzeugnissen

In einem nächsten Schritt werden die aus der Produktion kommenden Handling Units vereinnahmt. Die erweiterte Produktionsintegration bietet dazu eine Prozessvariante für die Vereinnahmung über eine EWM-RF-Transaktion sowie die Vereinnahmung über ein externes Produktionssystem an. Auf die zweite Variante werden wir in Abschnitt 16.4, »APIs zur Anbindung von Manufacturing Execution Systems«, näher eingehen.

Für die Vereinnahmung aus der Produktion muss sich der Produktionslinienbearbeiter zunächst an einem Arbeitsplatz anmelden. Für die spätere Anlieferungserstellung sowie die Wareneingangsbuchung wird der zugeordnete Lagerplatz als Warenbewegungsplatz verwendet. Die Zuordnung von Lagerplatz und Arbeitsplatz erfolgt über das Easy-Access-Menü EXTENDED WAREHOUSE MANAGEMENT • STAMMDATEN • ARBEITSPLATZ • STAMMDATEN-ATTRIBUTE DEFINIEREN oder alternativ über die Transaktion /SCWM/TWORKST.

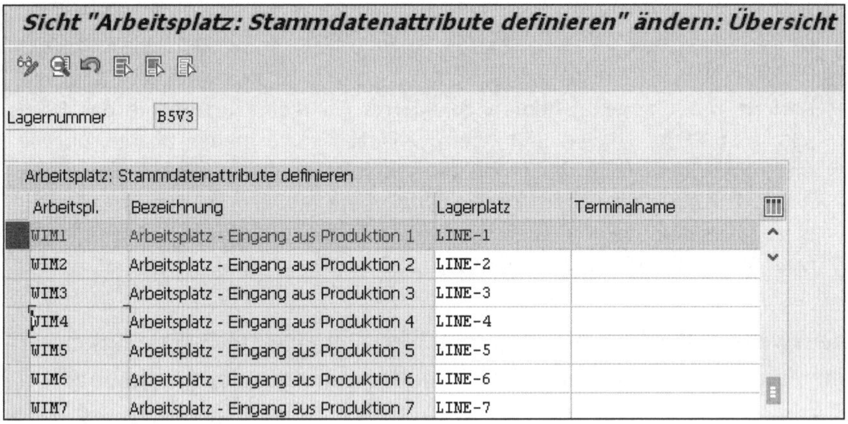

Abbildung 16.8 Lagerplatz für den Arbeitsplatz pflegen

Handling Units können pro Produktionsauftrag vereinnahmt werden. Sie erfassen und bestätigen dabei Chargen, Chargenattribute, Produktmenge sowie Packmaterial der Handling Unit. Als automatische Folgeaktion wird eine EWM-Anlieferung pro Handling Unit basierend auf dem erweiterten

Wareneingangsbeleg erstellt. Ebenfalls automatisch erfolgt die Verpackung der Anlieferpositionen in Plan-Handling-Units.

Das Verpackungsmaterial der vereinnahmten Handling Units wird entweder aus einer Packspezifikation oder aus dem Standardverpackungsmaterial des Arbeitsplatzes vorgeschlagen. Die Mengeneinheit der Produkte kann ebenfalls entweder aus der Packspezifikation, dem erwarteten Wareneingangsbeleg oder den Stammdaten (größte Mengeneinheit) ermittelt werden. Für die Vereinnahmung aus der Produktion steht Ihnen eine neue Konditionsart ORCV zur Verfügung, die Verpackungsmaterial, Handling-Unit-Typ und Mengeneinheit des Produkts vorschlagen kann.

> **Chargen in der Vereinnahmung aus der Produktion**
>
> In der erweiterten Produktionsintegration können Sie existierende Chargen in den Vereinnahmungstransaktionen erfassen. Zudem haben Sie die Möglichkeit, neue Chargen zu erstellen und Chargenmerkmale, sollten diese bisher nicht erfasst worden sein, zu erfassen.
>
> Zudem können Sie über kundenspezifische Erweiterungen Chargen und Chargenmerkmale automatisch vorschlagen lassen. Zu diesem Zweck stehen Ihnen die folgenden BAdIs zur Verfügung:
>
> ▶ Vorschlag von empfangenden Positionsdaten: Mit dem BAdI /SCWM/EX_RF_ MFG_RCV_PROP_DT haben Sie die Möglichkeit, bei Auswahl des Produkts oder nach Vereinnahmung der Handling Unit automatisch eine Charge vorzuschlagen. Diese könnte sich z. B. aus Datum und Uhrzeit der Vereinnahmung ergeben (z. B. A021215-1200).
>
> ▶ Ändern von Chargenattributen geänderter Chargen: Nutzen Sie das BAdI /SCWM/EX_RF_MFG_RCV_CHG_BT bei der Eingabe einer neuen Charge, um die Chargenattribute (z. B. das Produktionsdatum) aus dem Chargennamen (z. B. A021215-1200) abzuleiten. Zudem können Sie mit dem BAdI beim Löschen einer Charge eine neue Charge mit den gleichen Attributen vorschlagen lassen (z. B. B021215-1200 anstelle von A021215-1200).

Die erweiterte Produktionsintegration bietet Ihnen vier RF-Transaktionsvarianten für die Vereinnahmung von Handling Units aus der Produktion:

▶ **Vereinnahmung mehrerer HUs des gleichen Produkts und Produktionsauftrags**
Sie erfassen zunächst den Produktionsauftrag und geben anschließend das Produkt und die Handling-Unit-Daten ein (optional können Sie auch ein standardisiertes Barcode-Label aus der Produktion/MES verwenden). Über einen Button können Sie die Anzahl der Handling Units ändern, um z. B. mehrere Handling Units auf einmal zu erfassen. Anschließend werden

Anlieferungen und Handling Units erstellt, und Sie können mit der weiteren Erfassung von Handling Units aus der Produktion fortfahren.

▸ **Vereinnahmung mehrerer HUs des gleichen Produktionsauftrags mit verschiedenen Produkten**
Sie erfassen den Produktionsauftrag und geben anschließend das Produkt und die Handling-Unit-Daten ein. Anschließend werden Anlieferung und Handling Unit erstellt, und Sie haben die Möglichkeit, ein weiteres Fertigungsprodukt des gleichen Produktionsauftrags zu erfassen. Der Transaktionsfluss fährt dann mit der Erfassung der Handling Unit zu diesem Produkt fort.

▸ **Vereinnahmung einer HU für einen Produktionsauftrag inklusive Rückkehr zur Produktionsauftragsselektion**
Sie erfassen den Produktionsauftrag und geben das Produkt und die Handling-Unit-Daten ein. Anschließend werden Anlieferung und Handling Unit erstellt. Im nächsten Schritt können Sie den nächsten Produktionsauftrag sowie für diesen das Produkt und die Handling-Unit-Daten erfassen.

▸ **Vereinnahmung einer HU für einen Produktionsauftrag mit direkter Einlagerung**
In dieser Transaktionsvariante springen Sie direkt nach der automatischen Anlieferungs- und Handling-Unit-Erstellung in den Einlagerungsschritt. Sobald dieser abgeschlossen ist, beginnen Sie erneut mit der Eingabe des Produktionsauftrags.

Sie können abhängig von Ihren Prozessanforderungen entscheiden, ob Sie direkt und automatisiert den Wareneingang buchen möchten. Der Wareneingang kann in diesem Fall bei Anlieferungserstellung über eine PPF-Aktion gebucht werden. Durch diese Option erreichen Sie eine schnellstmögliche Rückmeldung im ERP-Produktions- bzw. Prozessauftrag.

Zur automatisierten Wareneingangsbuchung steht Ihnen die PPF-Aktion /SCWM/PDI_02_GR_POST im Aktionsprofil /SCWM/PDI_02 zur Verfügung. Die Einplanung der PPF-Aktionen können Sie über das Easy-Access-Menü Extended Warehouse Management • Lieferabwicklung • Aktionen • Konditionssätze für PPF-Einplanbedingungen pflegen oder alternativ über die Transaktion /SCWM/DLVPPFC vornehmen. Definieren Sie die Einplanung der PPF-Aktion abhängig von der Belegart der Anlieferung und dem Warenbewegungsplatz.

Zudem können Sie mit der PPF-Aktion /SCWM/PDI_02_WT_CREATE des Aktionsprofils /SCWM/PDI_02 eine automatische Erstellung der Einlager-

Lageraufgabe einrichten. Die Einplanung erfolgt wie bei der oben genannten PPF-Aktion (/SCWM/PDI_02_GR_POST).

Abhängig von Ihrem konkreten Produktionszugangsprozess können unterschiedliche Kombinationen aus automatischer Wareneingangsbuchung und Lageraufgabenerstellung sinnvoll sein. In Tabelle 16.2 finden Sie die möglichen Szenarien sowie deren Anwendungsfälle.

Anwendungsfall	Automatische Wareneingangsbuchung	Automatische Lageraufgabenerstellung
▶ Vereinnahmung über RF-Transaktion ▶ keine systemgeführte Einlagerung notwendig	X	
▶ Wareneingangsinformation wird durch externes Produktionssystem (MES) gesendet. ▶ systemgeführte Einlagerung notwendig		X
▶ Vereinnahmung über RF-Transaktion ▶ systemgeführte Einlagerung notwendig	X	X
▶ Wareneingangsinformation wird durch externes Produktionssystem (MES) gesendet. ▶ keine systemgeführte Einlagerung notwendig		

Tabelle 16.2 Szenarien und Anwendungsfälle für die automatische Wareneingangsbuchung und Lageraufgabenerstellung

16.3.3 Einlagerung aus der Produktion

Im letzten Schritt erfolgt die Einlagerung der produzierten Erzeugnisse. In diesem Prozessschritt werden die Handling Units von der Produktionslinie in die finalen Lagerplätze bewegt. Ein wichtiger Aspekt dieses Schritts ist es, nicht zu früh Lagerplätze für die Einlagerung zu blockieren, da zwischen der Vereinnahmung aus der Produktion und der Einlagerung einige Zeit vergehen kann. Zudem kann bei der Anbindung externer Produktionssysteme (MES) die Rückmeldung von Handling Units aus der Produktion vor deren physischer Ankunft erfolgen.

Deshalb kann es sinnvoll sein, die Erstellung der Einlager-Lageraufgaben erst zu Beginn des Einlagerungsprozesses, bei der Aufnahme der Handling Units, auszulösen. Sie erreichen dies, indem Sie für die Lagerprozessart die Option LB-ERSTELLUNG IN RF-EINLAG. ZULASSEN aktivieren. Das Customizing der Lagerprozessarten finden Sie über den EWM-Customizing-Pfad EXTENDED WAREHOUSE MANAGEMENT • PROZESSÜBERGREIFENDE EINSTELLUNGEN • LAGER-AUFGABEN • LAGERPROZESSART DEFINIEREN (siehe Abbildung 16.9). Die Einlagerung selbst kann wie beim Standardprozess über die RF-Transaktionen *Einlagerung pro HU* oder *Einlagerung pro HU (gesammelt)* ausgeführt werden.

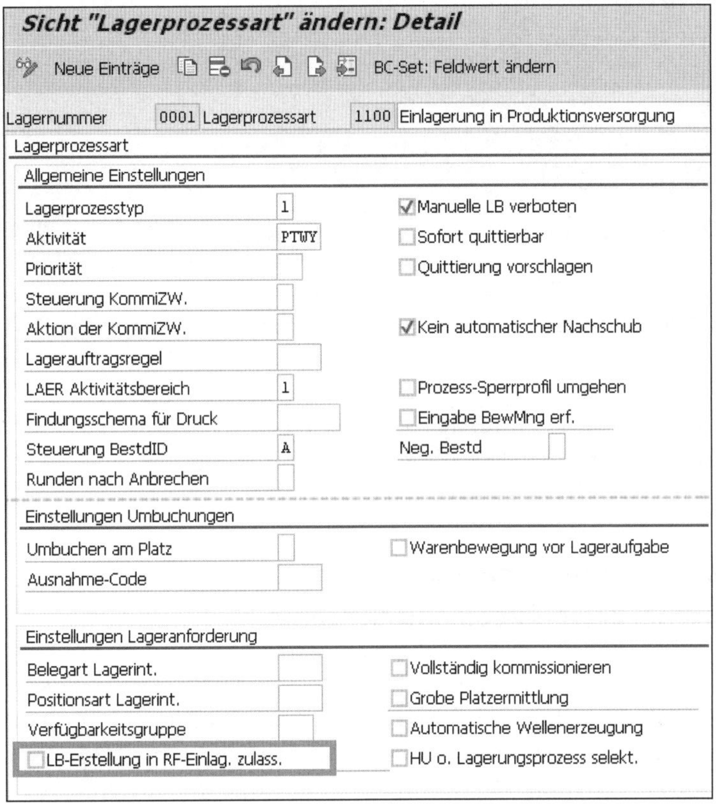

Abbildung 16.9 Customizing-Einstellung für die Lageraufgabenerstellung während der RF-Einlagerung

Zur Korrektur von Erfassungs- und Rückmeldungsfehlern aus der Produktionsvereinnahmung stehen Ihnen Funktionen in der mobilen Datenerfassung, aus dem Lagerverwaltungsmonitor sowie Korrektur-Reports zur Verfügung. Voll- und Teilmengen für einzelne HUs können direkt über Funktionen aus den RF-Transaktionen der Produktionsvereinnahmung korrigiert werden. Ganze Handling Units können Sie zudem aus dem Lagerverwaltungsmonitor stornieren. Navigieren Sie über den Pfad EINGANG • PROZESSE • PRODUKTIONSÜBERSICHT, und wählen Sie für einen oder mehrere Produktionsaufträge aus der Ansicht HU IN BEARBEITUNG die Monitorfunktion HU STORNIEREN.

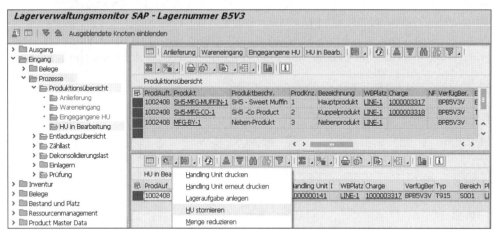

Abbildung 16.10 Fehlerhaft erfasste Handling Units aus der Produktion über den Lagerverwaltungsmonitor stornieren

Um unbearbeitete und überschüssige Anlieferungen zu stornieren, steht Ihnen der Report /SCWM/R_MFG_PDI_COMPLETE zur Verfügung.

16.4   APIs zur Anbindung von Manufacturing Execution Systems

Zur Anbindung externer Produktionssysteme (auch Manufacturing Execution Systems (MES)) bietet Ihnen die erweiterte Produktionsintegration standardisierte Schnittstellen, um Prozesse zu Produktionsbereitstellung, Verbrauch und Zugang auszuführen. Die Application Programming Interfaces (APIs), die Sie mit kundeneigenem Coding zur Anbindung von externen MES erweitern und aufrufen können, stellen wir Ihnen in diesem Abschnitt vor. Mit EWM-Release 9.3 sind die in diesem Abschnitt aufgeführten APIs nur EWM-intern aufrufbar (nicht RFC-fähig). Ab EWM-Release 9.4 sind die APIs RFC-fähig. Die folgenden APIs stehen Ihnen für die Produktionsbereitstellung und den Verbrauch zur Verfügung:

▶ **/SCWM/IF_API_MFG_STAGE – API for Production Staging**
Die API bietet Ihnen eine Methode, um den Verbrauch für eine Produktionsauftragsposition buchen zu können. Zusätzlich bietet die Klasse eine Methode, um den Verbrauch pro Produktionsauftragsposition zu stornieren.

▶ **/SCWM/IF_API_MFG_CONSUMPTION – Consumption of Goods from Production**
Diese API bietet Ihnen Methoden für das Nachlesen von Bereitstellungsinformationen, das Erstellen von Bereitstellungsvorschlägen und Bereitstellungslageraufgaben sowie für das Erstellen von Vorschlägen für die Räumung des Produktionsversorgungsbereichs und der dazu benötigten Lageraufgaben.

Die API bietet Ihnen ebenso Methoden für die Freigabe von Beständen, die über Produktionsmaterialanforderungspositionen reserviert sind.

Die folgende API steht Ihnen für den Eingang aus der Produktion zur Verfügung:

▶ **/SCWM/IF_API_MFG_RECEIVING – Receiving Goods from Production**
Die Schnittstellenklasse enthält eine Methode für den Empfang von verpackten Produkten aus der Produktion, die direkt neue Anlieferungen inklusive Handling Units erstellt.

Zudem bietet Ihnen die API eine Methode für die (vollständige oder teilweise) Stornierung von Handling Units, die aus der Produktion eingegangen sind.

Alle APIs enthalten zudem die Methoden, um vorgenommene Änderungen an den jeweiligen Objekten (z. B. Anlieferung, Handling Units etc.) konsistent zu sichern.

Detaillierte Informationen inklusive Implementierungsbeispielen, Implementierungsaspekten, Import- und Exportparametern sowie Ausnahmenbehandlung finden Sie in der Schnittstellendokumentation der aufgeführten APIs über die Transaktion SE24.

16.5 Zusammenfassung

In diesem Kapitel haben Sie einen Überblick über den Produktionsprozess mit seinen Teilschritten Bereitstellung, Verbrauch und Eingang aus der Produktion bekommen. Wir sind in chronologischer Reihenfolge auf die Funktionen und Objekte der einzelnen Prozessschritte, deren Implementierungsaspekte und die wichtigsten Einstellungen – etwa die Produktionsmaterialanforderung, Bereitstellungsmethoden, Vereinnahmungsvarianten, Prozessautomatisierung und Systemschnittstellen – eingegangen, um Ihnen einen Einstieg in die Implementierung der Produktionsintegration mit SAP EWM zu bieten.

SAP EWM stellt verschiedene Werkzeuge zur Verfügung, um die Integration in SAP ERP und die Migration aus der ERP-Komponente WM zu vereinfachen und zu beschleunigen. Zudem bietet SAP EWM die Option, vorkonfigurierte Prozesse in ein neues Lager einzuspielen.

17 Werkzeuge zur effizienten Implementierung von SAP EWM

In EWM stehen verschiedene Werkzeuge zur Verfügung, um die Implementierungskosten (Total Cost of Implementation, TCI) eines EWM-Projekts zu reduzieren und das Projekt zu vereinfachen und zu beschleunigen.

Mit der sogenannten *toolbasierten ERP-Integration* können Sie die Systemverbindung zwischen SAP ERP und SAP EWM sowie eine Lagerintegration auf einfache Weise herstellen. Als zusätzliche Option in der toolbasierten ERP-Integration bietet EWM die Möglichkeit, über das sogenannte *vorkonfigurierte Standardlager* verschiedene vorkonfigurierte Prozesse einzuspielen.

Ab Release 7.02 enthält EWM außerdem verschiedene Werkzeuge für eine beschleunigte Migration von Stammdaten und Beständen aus dem Warehouse Management (WM) von SAP ERP in ein mit EWM verwaltetes Lager. Dieses Kapitel stellt Ihnen nun die verschiedenen Werkzeuge vor.

17.1 Toolbasierte ERP-Integration

Die toolbasierte ERP-Integration dient dazu, eine Systemverbindung zwischen SAP ERP und SAP EWM herzustellen. Um die toolbasierte ERP-Integration in EWM verwenden zu können, müssen Sie zunächst im Switch Framework die Business Function SCM_EWM_USAB_IMPL_1 aktivieren. Folgen Sie dazu im ERP-Customizing dem Pfad SAP NETWEAVER • APPLICATION SERVER • SYSTEMADMINISTRATION • SWITCH FRAMEWORK.

Anschließend können Sie die toolbasierten ERP-Integrationswerkzeuge im EWM-Customizing über den Pfad EXTENDED WAREHOUSE MANAGEMENT • SCHNITTSTELLEN • ERP INTEGRATION • TOOLBASIERTE ERP-INTEGRATION aufrufen. Dort finden Sie ein Implementierungswerkzeug für die Systemverbindung sowie ein Werkzeug für die Lagerintegration. Nun müssen Sie nur noch eine RFC-Verbindung zwischen SAP ERP und SAP EWM aufsetzen.

Im Folgenden beschreiben wir die einzelnen Schritte zur Nutzung der beiden Integrationswerkzeuge im Detail.

17.1.1 Systemverbindung herstellen

Das Implementierungswerkzeug für die Systemverbindung finden Sie im EWM-Customizing über den Pfad EXTENDED WAREHOUSE MANAGEMENT • SCHNITTSTELLEN • ERP INTEGRATION • TOOLBASIERTE ERP-INTEGRATION. Nach dem Ausführen dieser Customizing-Transaktion gelangen Sie zu dem in Abbildung 17.1 gezeigten Startbild.

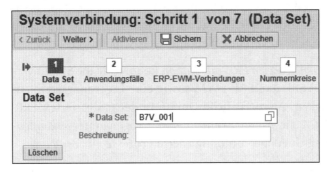

Abbildung 17.1 Implementierungswerkzeug für die Systemverbindung

Anschließend werden Sie durch die einzelnen Schritte des Implementierungswerkzeugs geführt:

1. Im Implementierungswerkzeug legen Sie zuerst ein Dataset an, in dem wiederum die weiteren Einstellungen abgelegt werden.

2. Im Schritt ANWENDUNGSFÄLLE selektieren Sie, ob Sie das aktuelle EWM-System mit SAP ERP verbinden oder generell die Systemlandschaft pflegen möchten.

3. Als Nächstes nehmen Sie die Einstellungen für die ERP-EWM-Verbindung vor (siehe Abbildung 17.2).

4. Im vierten Schritt selektieren Sie, ob auch die Nummernkreise angelegt werden sollen oder ob dieser Schritt übersprungen werden soll. Zudem können Sie festlegen, dass auch die Nummernkreise für die ERP-Lieferung angelegt werden.

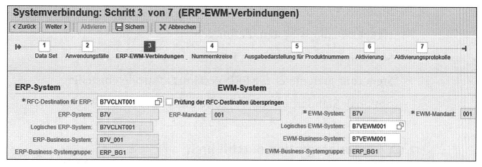

Abbildung 17.2 Selektionen zur ERP-EWM-Verbindung

5. Als Nächstes definieren Sie, ob Sie eine spezifische Ausgabedarstellung für Produktnummern verwenden wollen. Zum Beispiel legen Sie hier die Länge der Produktnummer fest und bestimmen, ob Sie führende Nullen verwenden. Mehr Informationen dazu finden Sie in der Dokumentation der Customizing-Aktivität über den Pfad SCM Basis • Stammdaten • Produkt • Ausgabedarstellung der Produktnummer festlegen.

6. Im sechsten Schritt wird das Dataset aktiviert, und die folgenden Einstellungen werden durchgeführt:

Allgemeine Einstellungen für den Aufbau der Systemlandschaft und die qRFC-Kommunikation und Einstellungen für die Stammdatenintegration (mehr Informationen zu den folgenden Einstellungen finden Sie in der Dokumentation der jeweiligen Customizing-Aktivitäten über den Pfad SCM Basis • Integration • Grundeinstellungen für den Aufbau der Systemlandschaft):

– logische Systeme benennen

– logische Systeme einem Mandanten zuordnen

– RFC-Destinationen für Methodenaufrufe festlegen

– QOUT-Scheduler und QIN-Scheduler einstellen

– QRFC-Administration für CIF-Queue-Display einrichten

– betriebswirtschaftliche Systemverbindungen pflegen

– logisches System und Queue-Typ zuordnen

– optional: Ausgabedarstellung der Produktnummer festlegen

Einstellungen für die Anwendungsintegration (mehr Informationen zu den folgenden Einstellungen finden Sie in der Dokumentation der jeweiligen Customizing-Aktivitäten über den Pfad Extended Warehouse Management • Schnittstellen • ERP-Integration • Allgemeine Einstellungen.)

- Business-System definieren

- eigenes Business-System definieren

- Steuerung der RFC-Queues festlegen

- Steuerungsparameter für ERP-Versionskontrolle einstellen

- optional: Standardnummernkreise anlegen

17.1.2 Lagerintegration durchführen

Das Implementierungswerkzeug für die Lagerintegration finden Sie im EWM-Customizing über den Pfad EXTENDED WAREHOUSE MANAGEMENT • SCHNITTSTELLEN • ERP INTEGRATION • TOOLBASIERTE ERP-INTEGRATION. Nachdem Sie die Customizing-Transaktion ausgeführt haben, erscheint das Startbild (siehe Abbildung 17.3).

Abbildung 17.3 Implementierungswerkzeug für die Lagerintegration

Das Implementierungswerkzeug führt Sie durch die folgenden Schritte, bei denen Sie verschiedene Optionen für die Lagerintegration selektieren können:

1. Ebenso wie beim Implementierungswerkzeug für die Systemintegration legen Sie im ersten Schritt ein Dataset an (siehe Abschnitt 17.1.1, »Systemverbindung herstellen«).

2. Als Nächstes bestimmen Sie, ob Sie ein eigenes Lager anlegen oder die Konfiguration des Standardlagers mit vordefinierten Prozessen übernehmen möchten (siehe Abbildung 17.4).

3. Im dritten Schritt (LAGERDEFINITION) definieren Sie, welches EWM-Lager mit welchem ERP-WM-Lager integriert werden soll.

4. Im vierten Schritt (ORGANISATIONSEINHEITEN) ordnen Sie die Supply Chain Units, die für das Lager, das Versandbüro und das Wareneingangsbüro verwendet werden sollen, dem EWM-Lager zu. In diesem Schritt findet auch die Zuordnung der Business-Partner statt, die als Besitzer und als Standardverfügungsberechtigter verwendet werden sollen.

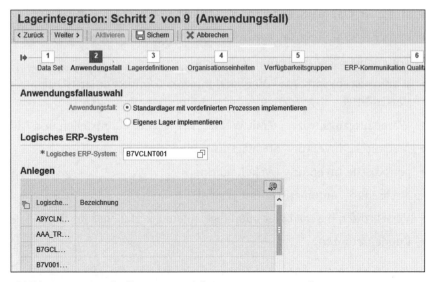

Abbildung 17.4 Standardlager mit vordefinierten Prozessen implementieren

5. Im fünften Schritt (VERFÜGBARKEITSGRUPPEN) ordnen Sie die Verfügbarkeitsgruppen dem ERP-Lagerort und den EWM-Bestandsarten zu.

6. Im sechsten Schritt findet die Aktivierung des Datasets statt, und es wird die Integration zwischen SAP ERP und SAP EWM hergestellt. Die Aktivierung erfolgt im Hintergrund und dauert nur wenige Minuten. Nach Abschluss des Aktivierungsvorgangs stehen Ihnen die Aktivierungsprotokolle zur Verfügung.

Im nächsten Abschnitt beschreiben wir das vorkonfigurierte Standardlager im Detail.

17.2 Das vorkonfigurierte Standardlager

EWM bietet im Rahmen des Implementierungswerkzeugs für die Lagerintegration die Möglichkeit, ein vorkonfiguriertes Standardlager aufzusetzen. Wählen Sie dazu im zweiten Schritt ANWENDUNGSFÄLLE die Option STANDARDLAGER MIT VORDEFINIERTEN PROZESSEN IMPLEMENTIEREN. Dies wurde bereits im vorangegangenen Abschnitt beschrieben.

17.2.1 Prozesse des vorkonfiguriertes Standardlagers

Die folgenden Prozesse werden vorkonfiguriert geliefert und im weiteren Verlauf dieses Abschnitts näher beschrieben:

- einfacher Wareneingangsprozess – Wareneingang, manuell
- einfacher Wareneingangsprozess – Lageraufgabe, manuell
- Wareneingangsprozess mit Verpacken
- Warenausgangsprozess – Verwendung von Kommissionier-HU als Versand-HU
- Warenausgangsprozess – mit Wellen, Verpacken, Bereitstellen und Laden
- periodische Inventur – Stichtagsinventur
- periodische Inventur – Cycle-Counting
- Nachschub – automatisch und geplant
- Verschrotten beschädigter oder abgelaufener/verfallener Bestände
- Kundenretouren

Einfacher Wareneingangsprozess mit manuellem Wareneingang

In diesem einfachen Wareneingangsprozess werden Waren von einem externen Lieferanten angeliefert: Eine Transporteinheit (z. B. ein Lkw) kommt beim Lager an, und der Fahrer bringt den Lieferschein in das Wareneingangsbüro. Wenn der Lieferant ein elektronisches Lieferavis geschickt hat, findet der Wareneingangsbearbeiter die dazugehörige Anlieferung bereits im EWM-System vor. Gibt es noch keine Anlieferung, wird in EWM eine Anlieferung mit oder ohne Bezug zu einer Bestellung angelegt. Der Lkw erhält nun eine Torzuweisung und wird entladen. Anschließend überprüft der Wareneingangsbearbeiter die Ware und bucht den Wareneingang. Aufgrund der Wareneingangsbuchung wird im EWM-System ein Lagerauftrag mit Referenz zur Anlieferung erstellt und ausgedruckt. Die Ware kann nun eingelagert werden, und der Lkw verlässt das Lager.

Abhängig vom Material wird die Ware im Lagertyp für Klein- oder Großteile eingelagert. Im Kleinteile-Lagertyp gibt es zwei Lagerbereiche: einen Lagerbereich für Langsamdreher und einen Lagerbereich für Schnelldreher. In Letzterem wird der »nächste leere Platz« gefunden; im Lagertyp für Großteile werden hingegen Fixplätze verwendet.

Wenn die Produkte noch nicht kategorisiert sind oder wenn Großteilen noch kein Fixplatz zugewiesen worden ist, werden die betreffenden Produkte zunächst in eine Klärungszone gebracht.

Nachdem die Produkte am Lagerplatz eingelagert worden sind, quittiert der Bearbeiter schließlich den Lagerauftrag.

Einfacher Wareneingangsprozess mit manueller Lageraufgabenerstellung

Dieser einfache Wareneingangsprozess ähnelt dem einfachen Wareneingangsprozess mit manuellem Wareneingang. Der Unterschied der beiden Szenarien besteht darin, dass der Wareneingangsbearbeiter nur die Lageraufgaben für die Einlagerung erstellt und noch nicht den Wareneingang bucht. Erst wenn die Waren im Lagerplatz eingelagert sind und die Lageraufgabe quittiert worden ist, wird der Wareneingang automatisch gebucht.

Wareneingangsprozess vom Lieferanten – mit Verpacken

In diesem komplexeren Wareneingangsprozess werden Waren von externen Lieferanten empfangen und zunächst in einer Packstation in Handling Units (HUs) verpackt. Nach dem Verpacken wird die Einlagerung am finalen Lagerplatz durchgeführt.

Der Lkw kommt also zunächst beim Lager an, und der Fahrer bringt den Lieferschein in das Wareneingangsbüro. Wenn der Lieferant ein elektronisches Lieferavis geschickt hat, findet der Wareneingangsbearbeiter die dazugehörige Anlieferung im EWM-System. Gibt es hingegen keine Anlieferung, wird in EWM eine Anlieferung mit oder ohne Bezug zu einer Bestellung angelegt. Der Lkw erhält nun eine Torzuweisung und wird entladen. Der Wareneingangsbearbeiter zählt die HUs, die entladen worden sind, und notiert die Anzahl auf der Lieferscheinkopie. Am Arbeitsplatz legt er dann über die entsprechende Option eine gleiche Anzahl von HUs mit unbekanntem Inhalt an. Dies erfolgt z. B. in der Transaktion /SCWM/GR (siehe Abbildung 17.5).

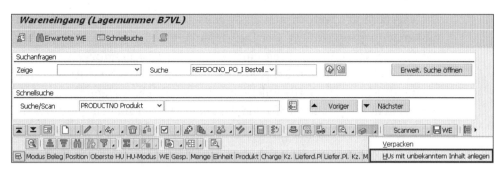

Abbildung 17.5 HUs mit unbekanntem Inhalt anlegen

Beim Erstellen der HUs werden die Etiketten gedruckt. Zusammen mit den HUs mit unbekanntem Inhalt wird außerdem eine kollektive HU angelegt, die den gesamten Inhalt des Wareneingangs umfasst. Dann wird der Wareneingang gebucht und die kollektive HU per Lageraufgabe direkt von der Wareneingangszone in die Umpackstation gebucht.

Ein Gabelstapler kann nun in der RF-Umgebung (Transaktion SCWM/RFUI, erreichbar über den Pfad 02 MAN. SELEKTION • 02 SELEKTION NACH HU) die Paletten von der Wareneingangszone zur Umpackstation bringen. Er scannt dabei eines der ausgedruckten HU-Etiketten und bringt es auf der HU an. Wenn alle HUs in der Umpackstation stehen, werden die Waren in den richtigen Mengen von der kollektiven HU auf die gelabelten HUs umgepackt. Wenn eine HU vollständig umgepackt ist, kann sie geschlossen und die Einlager-Lageraufgaben können angelegt werden. Nun kann der Gabelstapler die Paletten am finalen Lagerplatz einlagern.

Warenausgangsprozess mit Kommissionier-HU

In diesem einfachen Warenausgangsprozess werden Produkte an Kunden ausgeliefert. Es werden dabei Wellen verwendet, um die Auslieferungen zu gruppieren und letztlich die Kommissionierung zu optimieren. Der Prozess besteht nur aus einem Kommissionierschritt, der papierbasiert ausgeführt wird.

Abhängig vom geplanten Lieferdatum werden die Auslieferungsaufträge automatisch Routen zugeordnet. Nachdem eine Route festgelegt worden ist, wird der Auslieferungsauftrag der entsprechenden Welle zugeordnet. Mit der automatischen Freigabe der Welle werden die Lageraufgaben und Lageraufträge erstellt, und die Lageraktivitäten können beginnen.

Die Lageraufträge werden nun als Arbeitsliste für die papierbasierte Kommissionierung ausgedruckt. Der Lagermitarbeiter bereitet eine Pick-HU vor, die für die Kommissionierung eines bestimmten Lagerauftrags verwendet werden soll, und nimmt den Ausdruck des Lagerauftrags an sich. Darüber hinaus druckt er zwei HU-Etiketten mit der gleichen Nummer aus, von denen er ein Etikett auf der HU und das andere Etikett auf dem Ausdruck des Lagerauftrags anbringt.

Der Lagermitarbeiter kommissioniert die Ware nun in die Pick-HU und bringt sie anschließend zur Bereitstellzone. Nach diesem Schritt werden die Ausdrucke für die Lageraufträge an den Verantwortlichen für die Quittierung der Lageraufgaben übergeben. Die Quittierung wird entweder in einem Büro ausgeführt oder durch den Kommissionierer auf einem PC in der Bereitstellzone. Mit der Bestätigung der Lageraufträge werden die Kommissionier-HUs im System angelegt.

Nachdem der Lkw eingetroffen ist, wird er einem Tor zugewiesen. Bevor die HUs geladen werden, erzeugt der Lagermitarbeiter eine Auslieferung (Final Delivery) für die HUs, die er laden möchte. Dies löst wiederum den Ausdruck eines Lieferscheins aus, der in die HU gelegt wird. Anschließend wird die HU verschlossen und geladen.

Nachdem alle HUs, die für eine bestimmte Route vorgesehen sind, verladen worden sind, wird der Warenausgang gebucht. Der Warenausgangsbearbeiter druckt nun noch die Transportpapiere und übergibt sie dem Fahrer. Danach verlässt der Lkw das Lager.

Warenausgangsprozess mit Wellen, Kommissionier-HU, Verpacken, Bereitstellen und Laden

In diesem komplexen Warenausgangsprozess senden Sie bestellte Ware an externe Kunden. Es werden auch hier Wellen verwendet, um die Auslieferungen zu gruppieren und die Ware effizient zu kommissionieren; die Kommissionierung wird über eine RF-Transaktion durchgeführt. Die Waren werden zunächst in eine Pick-HU kommissioniert, die anschließend an eine Packstation befördert wird. An der Packstation werden die Waren für einen Kunden in eine Versand-HU konsolidiert, und es wird ein Versandetikett auf der HU angebracht. Nun wird die Ware bereitgestellt und in den Lkw geladen, wonach der Warenausgang erfolgt.

Die Auslieferungsaufträge werden den geplanten Lieferterminen automatisch routenabhängig zugeordnet. Nachdem die jeweilige Route bestimmt worden ist, wird der Auslieferungsauftrag der entsprechenden Welle zugeordnet. Mit der automatischen Freigabe der Welle werden die Lageraufgaben und Lageraufträge erstellt, und die Lageraktivitäten können beginnen.

Wenn der Lkw eintrifft, wird ihm ein Tor zugewiesen, und anschließend werden die Versand-HUs verladen. Nachdem alle HUs, die für eine bestimmte Route vorgesehen sind, verladen worden sind, wird der Warenausgang gebucht. Der Warenausgangsbearbeiter druckt die Transportpapiere und übergibt sie dem Fahrer. Danach verlässt der Lkw Tor und Lager.

Periodische Inventur – Stichtagsinventur und Cycle-Counting

Eine periodische Inventur ist im Lager erforderlich, sowohl für eine akkurate Bestandsverwaltung als auch aufgrund gesetzlicher Vorschriften. Eine periodische Inventur führen Sie regelmäßig (z. B. täglich oder wöchentlich) für eine ausgewählte Anzahl von Lagerplätzen oder Produkten im Lager aus. So verteilen Sie den Aufwand für die Inventur über das Jahr und vermeiden Unterbrechungen in den anderen Lagerprozessen.

Um bestimmen zu können, welche Lagerplätze oder Produkte in einem bestimmten Zeitraum gezählt werden müssen, prüft ein Lagermitarbeiter vor dem Erstellen der Inventurbelege den Fortschritt der Inventur im Lager. Anschließend erzeugt der Lagermitarbeiter dann die Inventurbelege für diese Lagerplätze oder Produkte. Das System erstellt nun automatisch ein oder mehrere Lageraufträge zur Zählung.

Wenn Sie eine RF-unterstützte Inventur nutzen, werden die Lageraufträge einer inventurspezifischen RF-Queue zugeordnet. Wenn Sie eine papierbasierte Inventur einsetzen, werden Lageraufträge verwendet, um die Inventurbelege auszudrucken.

Der Lagermitarbeiter wird über ein RF-Gerät oder über das Papierdokument an einen Lagerplatz geschickt, an dem das zu zählende Produkt liegt. Bei der Ankunft am Lagerplatz wird das Produkt gezählt, gewogen, gemessen oder geschätzt, und die Gesamtmenge wird im RF-Dialog eingetragen oder für den späteren Eintrag in das System zu Papier gebracht. Bei der papiergetriebenen Inventur bringt der Arbeiter die Dokumente mit seinen Anmerkungen zurück ins Büro, und ein Lagermitarbeiter gibt die Zählergebnisse in das System ein.

EWM erstellt automatisch ein Nachzählungsdokument, wenn die Unterschiede zwischen Zählergebnissen und Buchbestand die vorgegebenen Toleranzen überschreiten. In diesem Fall wird ein neuer Inventurbeleg für die Elemente erstellt.

Am Ende des Zählvorgangs bucht der Lagermitarbeiter die Differenzen für die Lageraufträge, um den Buchbestand in EWM anzupassen. Die Differenzen können ebenfalls über den Difference Analyzer im ERP-System verbucht werden.

Automatischer Nachschub

Der automatische Nachschub dient dazu, Bestand aus dem Nachschubbereich in den Kommissionierbereich umzulagern, abhängig von der Nachfrage des Produkts. Beim automatischen Nachschub wird der Nachschub gestartet und berechnet, wenn ein Kommissionierer eine Lageraufgabe quittiert hat.

Wenn die Kommissionier-Lageraufgabe quittiert wird, löst sie im Hintergrund automatisch einen Nachschubvorgang für einen bestimmten Lagerplatz aus. Während Sie eine Lageraufgabe quittieren und die am Von-Lager-platz vorhandene Menge unter die für den Lagertyp oder Lagerplatz festgelegte Minimalmenge fällt, wird beim automatischen Nachschub die Nachschubmenge anhand der Maximal- und der Minimalmenge im Materialstamm berechnet, und eine Nachschub-Lageraufgabe wird angelegt (siehe auch Abschnitt 10.1, »Nachschub«).

Im vorkonfigurierten Prozess wird die Lageraufgabe einer Queue mit hoher Priorität zugeordnet, sodass der Lagermitarbeiter die benötigte Menge aus dem Reservebereich in den Kommissionierbereich bringen kann.

Verschrottung

Bei der Verschrottung wird regelmäßig basisevaluiert, ob der Bestand im Lager sein Verfallsdatum erreicht hat. Wenn dies der Fall ist, wird der entsprechende Bestand in einem Ausschusscontainer in die Verschrottungszone gebracht. Von dort aus wird der Warenausgang für diesen Bestand gebucht.

Der Lagermitarbeiter selektiert den Bestand anhand des Verfallsdatums im Lagerverwaltungsmonitor. Er bucht den Bestand von der Bestandsart FREI VERFÜGBAR auf die Bestandsart AUSSCHUSS. Während der Umbuchung wird auch eine Lageraufgabe zur Verschrottungszone erstellt.

Die Lageraufgaben werden einer RF-Queue zugeordnet, damit der Prozess mit mobilen Endgeräten ausgeführt werden kann. In einem papierbasierten Lager werden die Lageraufträge automatisch gedruckt. Der Lagermitarbeiter wird per RF oder über den gedruckten Lagerauftrag an den Lagerplatz des zu verschrottenden Bestandes geführt und bringt das Material in die Verschrottungszone, in der er in einer RF-Transaktion oder am Desktop die Lageraufgabe quittiert.

Ein im Hintergrund laufender Job bucht regelmäßig den Bestand in der Verschrottungszone aus dem Lager aus (Warenausgangsbuchung). Wenn ein Lkw verfügbar ist, um die Bestände wegzuführen, sind keine weiteren Schritte im System nötig.

Kundenretouren mit Qualitätsprüfung

In diesem vorkonfigurierten Prozess werden Waren vom Kunden retourniert. Für diese Retouren wird eine 100%-Prüfung mithilfe der Quality Inspection Engine (QIE) durchgeführt. Abhängig vom Prüfentscheid wird das Material z. B. eingelagert oder verschrottet.

Der Kunde informiert den Vertriebsmitarbeiter über die Waren, die retourniert werden, und der Vertriebsmitarbeiter legt anschließend mit Referenz zur Faktura des ursprünglichen Kundenauftrags einen Retourenauftrag an. Zum Retourenauftrag wird dann in SAP ERP die Retourenanlieferung angelegt, die automatisch in EWM verteilt wird. Zuletzt legt der Vertriebsmitarbeiter einen Rücklieferschein an, der dem Kunden zugeschickt und von diesem wiederum den zurückzuschickenden Waren beigelegt wird.

Der Lkw erreicht das Lager, und der Fahrer bringt den Rücklieferschein zum Wareneingangsbüro. Der Wareneingangsbearbeiter sucht nun die dazugehörige Retourenanlieferung im EWM-System heraus, der Fahrer fährt den Lkw an das ihm zugewiesene Tor, und die Retouren werden entladen. Ein Wareneingangsbearbeiter validiert die Waren gegen den Rücklieferschein, den er mit eventuellen Anmerkungen in das Wareneingangsbüro bringt, und der Lkw verlässt das Lager.

Der Lagermitarbeiter verpackt anschließend die Retouren und bucht den Wareneingang, was wiederum den Ausdruck der Lageraufträge anstößt. Daraufhin werden die Retouren an den Qualitätsarbeitsplatz gebracht, und der Prüfbeleg wird angelegt.

Am Qualitätsarbeitsplatz wird die Ware geprüft, und ein Prüfentscheid (OK oder NICHT OK) und eine Folgeaktivität (z. B. EINLAGERN oder VERSCHROTTEN) werden ausgewählt. Im vorkonfigurierten Prozess wird automatisch beim Prüfentscheid OK die Folgeaktivität EINLAGERN selektiert, und bei NICHT OK die Folgeaktivität VERSCHROTTEN. Optional können noch weitere Befunde und Angaben hinterlegt werden. Nachdem die Prüfergebnisse gesichert worden sind, werden die Lageraufgaben zur Einlagerung oder zur Verschrottungszone automatisch angelegt. Optional kann der Lagermitarbeiter die Materialien noch umpacken, bevor sie zum nächsten Schritt transportiert werden. Danach werden die Lageraufgaben quittiert.

17.2.2 Stammdaten für das vorkonfigurierte Standardlager

Für die Prozesse des vorkonfigurierten Standardlagers müssen Sie sowohl im ERP- als auch im EWM-System Stammdaten anlegen.

Zuerst sollten Sie die folgenden Stammdaten in SAP ERP anlegen:

► Produkte/Materialien
► Packmaterialien
► Kunden

▶ Lieferanten inklusive Frachtführer

▶ Einkaufsinfosätze

Sie können dazu die Batch-Input-Aufzeichnungen aus dem SAP-Hinweis 1633933 benutzen, die Sie mithilfe der Transaktion SHDB abspielen.

In einem weiteren Schritt können Sie den SAP-Hinweis 1634564 einspielen und danach die Stammdaten in EWM über die Transaktion /SCWM/PRC_MD (Create Preconfigured Master Data) anlegen (siehe Abbildung 17.6).

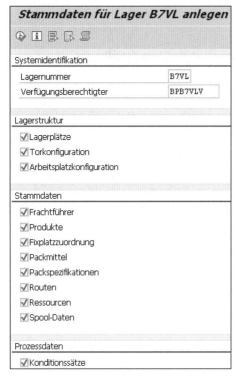

Abbildung 17.6 Stammdaten für das vorkonfigurierte Standardlager in SAP EWM anlegen

Mithilfe der Transaktion /SCWM/PRC_MD legen Sie die folgenden Stammdaten an:

▶ Lagerplätze

▶ Torkonfiguration

▶ Arbeitsplatzkonfiguration

▶ Frachtführer

- ▶ Produkte
- ▶ Fixplatzzuordnung
- ▶ Packmittel
- ▶ Packspezifikationen
- ▶ Routen
- ▶ Ressourcen
- ▶ Spooldaten
- ▶ Konditionssätze

17.2.3 Lagerlayout des vorkonfigurierten Standardlagers

Nachdem das vorkonfigurierte Standardlager und die dazugehörigen Stammdaten eingespielt sind, steht Ihnen das in Abbildung 17.7 gezeigte Lagerlayout zur Verfügung. Zum Anzeigen des Lagerlayouts können Sie die Transaktion /SCWM/GWL verwenden.

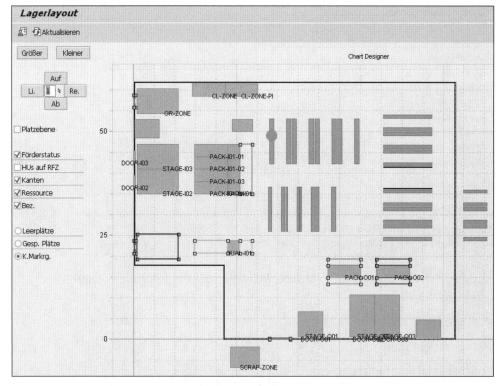

Abbildung 17.7 Lagerlayout für das vorkonfigurierte Standardlager

17.3   Migration aus LE-WM

Zur Migration aus WM in SAP ERP (WM ist Teil von SAP Logistics Execution System, LES) bietet EWM ab Release 7.02 verschiedene neue Werkzeuge an. Dabei handelt es sich um Werkzeuge für die Migration des Customizings und Werkzeuge für die Migration von Stammdaten. In den folgenden Abschnitten beschreiben wir diese Werkzeuge detaillierter.

Weitere Informationen zur Migration aus WM finden Sie im SAP Service Marketplace im SAP EWM Migration Guide. Um die entsprechenden Informationen aufzurufen, folgen Sie im SAP Service Marketplace dem Pfad PRODUCTS • SAP SUPPLY CHAIN MANAGEMENT • SAP SCM IN DETAIL • WAREHOUSING. Im Kasten DETAILED INFORMATION selektieren Sie den Link INFORMATION ON EXTENDED WAREHOUSE MANAGEMENT IN SAP SCM, und im sich anschließend öffnenden Fenster wählen Sie den Eintrag 03_HOW-TO GUIDES.

17.3.1   Migrationswerkzeuge für das Customizing

Die Werkzeuge für die Übernahme aus dem WM-Customizing finden Sie im EWM-Customizing über den Pfad EXTENDED WAREHOUSE MANAGEMENT • SCHNITTSTELLEN • MIGRATION AUS LE-WM. Dort stehen Ihnen verschiedene Möglichkeiten zur Verfügung:

▶ Sie können verschiedene Abbildungsregeln definieren.

▶ Sie können den LE-WM-Lagertyp dem EWM-Lagertyp zuordnen.

▶ Sie können den Lagertyp dem Lagerplatz zuordnen.

Außerdem sind dort die drei im Folgenden aufgeführten Migrationswerkzeuge zu finden:

1. Lagerlayouteinstellungen migrieren
2. prozessübergreifende Einstellungen migrieren
3. Strategieeinstellungen migrieren

Beachten Sie die Reihenfolge bei der Verwendung dieser Werkzeuge. Es ist sinnvoll, zunächst die Lagertypen zu migrieren, bevor Sie die Ein- und Auslagerungsstrategien migrieren.

Auch innerhalb eines Migrationswerkzeugs können Sie verschiedene Objekte gleichzeitig oder nacheinander migrieren. (Mit dem Werkzeug für die Lagerlayouteinstellungen können Sie z. B. Objekte wie Lagertypen, Lagerbereiche, Tore/Bereitstellungszonen, Kommissionierbereiche und Platz-/LE-Typen migrieren. Wenn Sie die einzelnen Objekte nacheinander migrieren, ist auch dabei die Reihenfolge wichtig. Da der Lagertyp ein Schlüsselfeld in der Lagerbereichstabelle ist, sollte der Lagertyp z. B. vor dem Lagerbereich migriert werden.

Abbildung 17.8 gibt Ihnen einen Überblick über die Migrationswerkzeuge für Lagertypen.

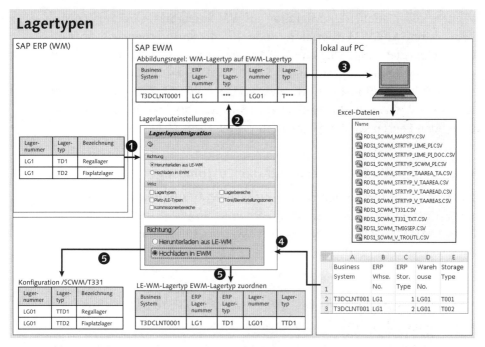

Abbildung 17.8 Übersicht über die Migration von Lagertypen von WM nach EWM

Die Migration der Lagertypen aus WM beschreiben wir im Folgenden etwas genauer: Als Erstes pflegen Sie im EWM-Customizing über den Pfad EXTENDED WAREHOUSE MANAGEMENT • SCHNITTSTELLEN • MIGRATION AUS LE-WM • ABBILDUNGSREGEL DEFINIEREN: WM-LAGERTYP AUF EWM-LAGERTYP eine Abbildungsregel. Sie definiert, wie der dreistellige LE-WM-Lagertyp auf dem vierstelligen EWM-Lagertyp abgebildet werden soll. Im Beispiel aus Abbildung 17.8 sehen Sie eine Abbildungsregel, die vor allen ERP-Lagertypnamen ein T einfügt.

Anschließend können Sie im EWM-Customizing über den Pfad EXTENDED WAREHOUSE MANAGEMENT • SCHNITTSTELLEN • MIGRATION AUS LE-WM • LAGERLAYOUTEINSTELLUNGEN MIGRIEREN die Lagertypen aus LE-WM herunterladen (siehe Abbildung 17.8 und Abbildung 17.9).

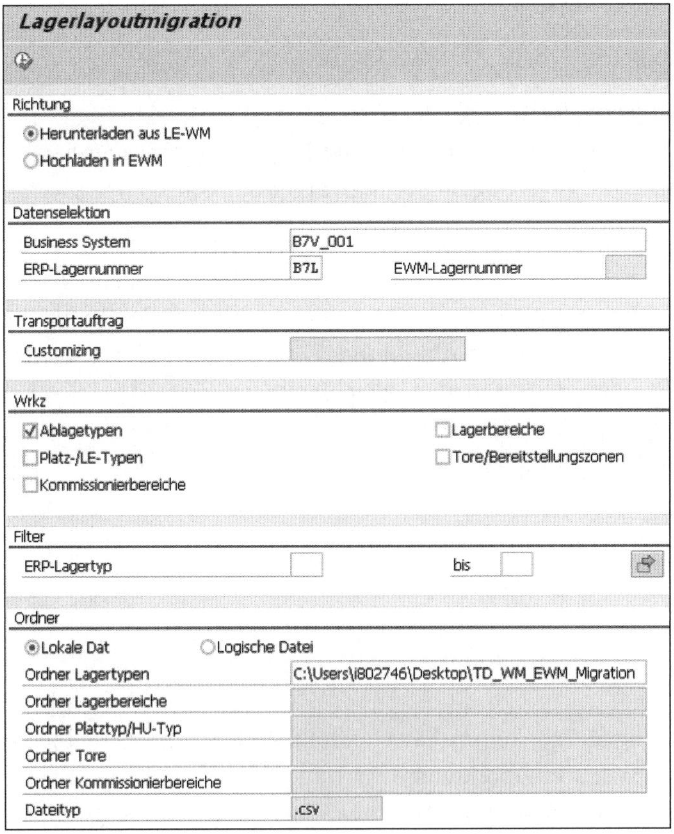

Abbildung 17.9 Lagerlayout migrieren

Zuerst selektieren Sie nun die Richtung, aus der die Lagertypen geladen werden sollen (in Abbildung 17.9 wurde die Option HERUNTERLADEN AUS LE-WM gewählt). Geben Sie dazu das Business-System und die ERP-Lagernummer ein, und selektieren Sie anschließend das Objekt, in diesem Fall den Indikator vor der Bezeichnung LAGERTYPEN. Es öffnet sich nun das Feld ORDNER LAGERTYPEN (siehe Abbildung 17.9), in das Sie einen Ordner eingeben können, der lokal auf Ihrem PC angelegt wird. Sobald Sie in der Transaktion auf AUSFÜHREN klicken, werden die Lagertypen aus Tabelle T331 in WM extrahiert (siehe ❶ in Abbildung 17.8). Anhand der zuvor definierten Abbildungsregel werden die WM-Lagertypnamen in die EWM-Lagertypnamen übersetzt ❷. Diese Informationen werden dann in Excel-Dateien im lokalen Ordner gespeichert ❸. Jede Datei beinhaltet die Daten für eine EWM-Tabelle, und im Falle der Lagertypen handelt es sich nicht nur um eine Datei für die Lagertyptabelle /SCWM/T331, sondern um eine Reihe zusätzlicher Tabellen, die in EWM gefüllt werden. So werden z. B.:

- ▶ die Konfiguration für Aktivitätsbereiche zu den Lagertypen angelegt
- ▶ die Lagertyp-Mapping-Tabelle /SCWM/TMIGMAPSTY gefüllt
- ▶ ein Inventurbereich pro Lagertyp angelegt
- ▶ die benötigten Einträge für die I- und K-Punkt-Logik auf dem Lagerplatz in der layoutorientierten Lagerungssteuerung vorgenommen

Nachdem die Excel-Dateien über das Migrationswerkzeug heruntergeladen worden sind, können Sie sie validieren und dann mit EWM 9.0 wieder hochladen ➍. Zum Hochladen müssen Sie im Migrationswerkzeug den Indikator zum Hochladen selektieren (siehe Abbildung 17.10). Alle anderen Felder sollten, ebenso wie beim Herunterladen, gleichbleiben.

Abbildung 17.10 Dateien wieder in das EWM-System hochladen

Nun sind die jeweiligen Tabellen in EWM gefüllt ➎. Die anderen Objekte (siehe den Bereich Wrkz in Abbildung 17.9 und Abbildung 17.11) in der Lagerlayoutmigration können auf ähnliche Weise wie die Lagertypen migriert werden.

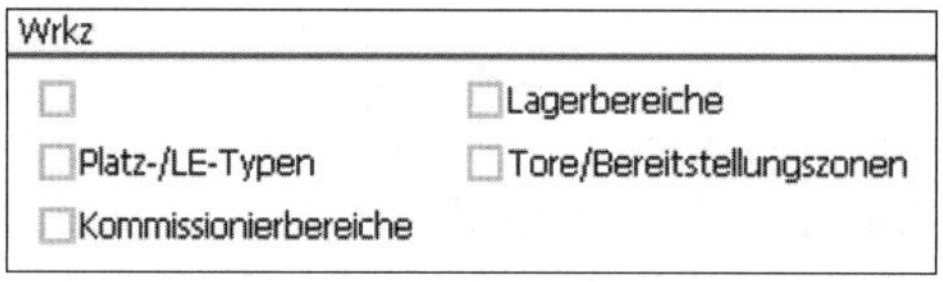

Wrkz	
☐	☐ Lagerbereiche
☐ Platz-/LE-Typen	☐ Tore/Bereitstellungszonen
☐ Kommissionierbereiche	

Abbildung 17.11 Werkzeuge/Objekte der Lagerlayoutmigration

Darüber hinaus können Sie über das Migrationswerkzeug *Prozessübergreifende Einstellungen* im EWM-Customizing über den Pfad EXTENDED WAREHOUSE MANAGEMENT • SCHNITTSTELLEN • MIGRATION AUS LE-WM • PROZESSÜBERGREIFENDE EINSTELLUNGEN MIGRIEREN Queues und Bewegungsarten migrieren.

Mithilfe des Migrationswerkzeugs *Strategiemigration* können Sie im EWM-Customizing über den Pfad EXTENDED WAREHOUSE MANAGEMENT • SCHNITTSTELLEN • MIGRATION AUS LE-WM • STRATEGIEEINSTELLUNGEN MIGRIEREN die Einlagerungsstrategie, die Auslagerungsstrategie und die Nachschubstrategie migrieren.

17.3.2 Migrationswerkzeuge für Stammdaten

Nachdem die Customizing-Einstellungen aus WM übernommen worden sind, können die Stammdaten migriert werden. Die Werkzeuge zur Übernahme von Stammdaten aus WM finden Sie in EWM über das SAP-Easy-Access-Menü über den Pfad EXTENDED WAREHOUSE MANAGEMENT • SCHNITTSTELLEN • MIGRATION AUS LE-WM.

Die folgenden Stammdaten können migriert werden:

1. Lagerplätze

2. Lagerproduktinformationen

3. Bestände

4. Inventurvollständigkeit

Gehen Sie bei der Migration der Stammdaten am besten in der gerade beschriebenen Reihenfolge vor. So benötigen Sie z. B. zuerst die Lagerplätze, um sie den Produkten während der Lagerproduktmigration als Fixplätze zuweisen zu können. Zum Zeitpunkt der Bestandsübernahme müssen außerdem die Lagerplätze und Lagerprodukte angelegt sein.

Lagerplätze migrieren

Abbildung 17.12 zeigt, wie die Lagerplätze aus WM nach EWM übernommen werden können. Als Erstes sollten die Konfigurationseinstellungen für die Lagertypzuordnung erfolgen (siehe Abschnitt 17.3.1, »Migrationswerkzeuge für das Customizing«, zur Lagertypenmigration). Diese Konfiguration wurde eventuell schon vorgenommen, wenn Sie zuvor die Lagertypen migriert und die Lagertyp-/Lagerplatzzuordnung vorgenommen haben. Das Customizing finden Sie über den Pfad EXTENDED WAREHOUSE MANAGEMENT • SCHNITTSTELLEN • MIGRATION AUS LE-WM. In der Lagertyp-/Lagerplatzzuordnung können Sie definieren, ob während der Lagerplatzmigration der Lagertyp als Präfix mitgegeben werden soll.

Nachdem Sie das Customizing eingestellt haben, können Sie zunächst über die Transaktion /SCWM/MIG_BIN die Lagerplätze aus LE-WM in eine lokale Datei herunterladen. Während des Ladevorgangs werden die Lagerplätze aus dem LE-WM-Lager anhand der Konfigurationseinstellungen in die EWM-Lagerplätze übersetzt. Das Beispiel aus Abbildung 17.12 zeigt, wie der WM-Lagerplatz FIXPLATZ-1 ❶ in EWM mit dem Lagertyppräfix als N005-FIX-PLATZ-1 umgesetzt wird. Außerdem wird der Lagerplatz im EWM-zugeordneten Lagertyp N005 und nicht im WM-Lagertyp 005 angelegt ❷.

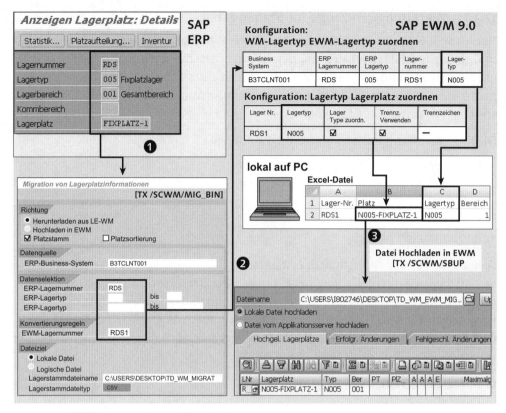

Abbildung 17.12 Lagerplätze migrieren

Die lokale Datei kann in EWM über die Transaktion /SCWM/SBUP hochgeladen werden ❸. Über die Funktion HOCHLADEN in der Transaktion /SCWM/MIG_BIN gelangen Sie auch automatisch in die Transaktion /SCWM/SBUP.

Lagerproduktinformationen migrieren

Eine Voraussetzung für die Migration der Lagerproduktinformationen ist, dass die globalen Produktstammdaten schon über das Core Interface (CIF) an SAP EWM übertragen worden sind. Für die Migration der Lagerproduktinformationen können Sie dann die Transaktion /SCWM/MIG_PRODUCT verwenden. Abbildung 17.13 zeigt, wie z. B. die Produktstammdaten Lagerbereichskennzeichen, Auslagertypkennzeichen und Einlagertypkennzeichen migriert werden.

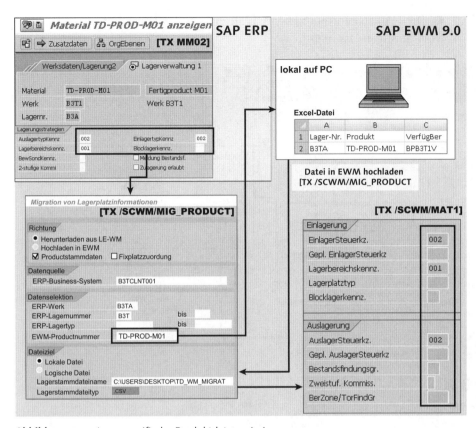

Abbildung 17.13 Lagerspezifische Produktdaten migrieren

Nachdem die globalen Daten des Materialstamms per CIF an das EWM-System übertragen worden sind, können Sie in EWM in der Transaktion /SCWM/MIG_PRODUCT die Materialien selektieren, die migriert werden sollen. Ähnlich wie bei den Werkzeugen für die Customizing-Migration in Abschnitt 17.3.1, »Migrationswerkzeuge für das Customizing«, können Sie dann die Materialien und die Werte aus den LE-WM-Tabellen MLGN und MLGT in eine lokale Datei herunterladen. Anschließend können Sie die Datei wieder hochladen, und die Werte werden in den EWM-Produktstamm eingetragen. Darüber hinaus können in der Transaktion /SCWM/MIG_PRODUCT Fixplatzzuordnungen migriert werden. Abbildung 17.14 zeigt den Vorgang für die Migration von Fixplatzzuordnungen ❶.

Für die Migration von Fixplatzzuordnungen selektieren Sie in der Transaktion /SCWM/MIG_PRODUCT das Kennzeichen Fixplatzzuordnung ❷. Der Migrationsprozess verläuft ähnlich wie bei der Migration der Lagerprodukte, nur beim Hochladen wird in diesem Fall die Tabelle /SCWM/BINMAT gefüllt

❸. Die Fixplatzzuordnung können Sie sich in der Transaktion /SCWM/BIN-MAT anzeigen lassen ❹.

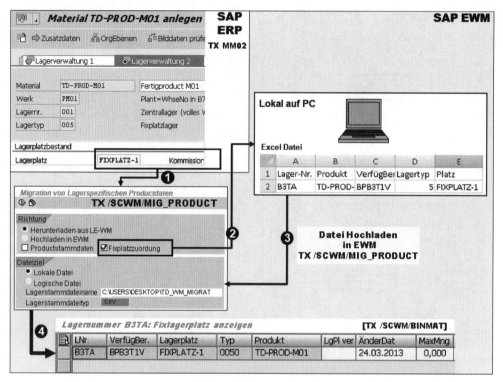

Abbildung 17.14 Fixplatzzuordnungen migrieren

Wenn z. B. auch die Ladehilfsmittelmengen aus dem WM-Materialstamm in EWM übernommen werden müssen, kann dazu eine Packspezifikation angelegt werden. Dazu müssten Sie aber zuerst den Lagereinheitentyp auf einem Packmittel abbilden (Transaktion /SCWM/MIG_MAP_SUT). Danach können Sie in der Transaktion /SCWM/MIG_PRODUCT den Indikator Packspezifikationspalettierung wählen und die Daten aus WM in eine lokale Datei herunterladen und sie anschließend wieder hochladen. Nun werden für die Ladehilfsmittelmengen eine Packspezifikation und ein Konditionssatz angelegt. Dies sorgt dafür, dass auch in EWM während der Lageraufgabenerstellung die richtige Palettierung erfolgt.

Auch die Lagerverwaltungsmengeneinheit des Materials kann in die Packspezifikation übernommen werden. Dazu müssten Sie allerdings auch die Lagerverwaltungsmengeneinheit auf einem Packmittel abbilden (Transaktion /SCWM/MIG_MAP_ALTUOM).

Abbildung 17.15 zeigt, wie die WM-Mengeneinheit aus dem WM-Material-stamm durch die Abbildung der Lagerverwaltungsmengeneinheit auf einem Packmittel in EWM als operative Mengeneinheit in die Packspezifikation übernommen wird.

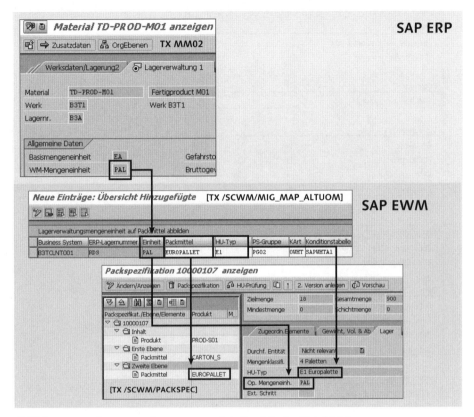

Abbildung 17.15 Lagerverwaltungsmengeneinheit auf Packmittel abbilden

Bestände migrieren

Nachdem die Lagerplätze und lagerspezifischen Produktdaten migriert wor-den sind, können auch die Bestände aus LE-WM übernommen werden. Dies können Sie mithilfe der Transaktion /SCWM/MIG_STOCK erreichen (siehe Abbildung 17.16).

Voraussetzung für das Herunterladen der Bestandsinformationen ist, dass die Werke und Lagerorte im Customizing einem EWM-Lager und einer Ver-fügbarkeitsgruppe zugeordnet sind. Sie können dieses Mapping im EWM-Customizing über den Pfad EXTENDED WAREHOUSE MANAGEMENT • SCHNITT-

STELLEN • ERP-INTEGRATION • WARENBEWEGUNGEN • LAGERORTE AUS DEM ERP-SYSTEM IN EWM ABBILDEN vornehmen.

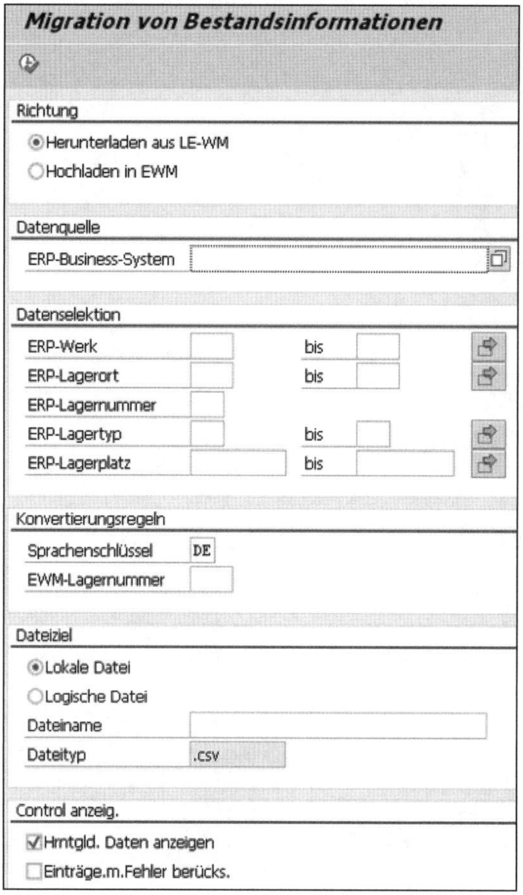

Abbildung 17.16 Bestandsinformationen migrieren

Außerdem muss für Bestände in den Lagereinheiten die entsprechende Mapping-Tabelle mithilfe der Transaktion /SCWM/MIG_MAP_SUT gepflegt werden. Für die Bestände in den Lagereinheiten wird in EWM eine HU, die der LE-Nummer entspricht, angelegt, und ohne die Mapping-Tabelle kann das richtige Verpackungsmaterial, um die HU zu bilden, nicht gefunden werden.

Ähnlich wie bei der lagerplatz- und lagerspezifischen Produktdatenmigration wird auch beim Herunterladen der Bestände eine lokale Datei angelegt, die alle Bestandsinformationen enthält. In SAP ERP wird beim Herunterladen der Bestände die Tabelle LQUA gelesen, und Sie haben die Option, über die Datenselektion nur bestimmte Bestände aus SAP ERP zu selektieren.

Nachdem die Bestände heruntergeladen worden sind, können Sie die Datei mithilfe der Transaktion /SCWM/ISU in das EWM-System hochladen.

Inventurvollständigkeit migrieren

Wenn Sie die Bestände aus SAP ERP migriert haben und ein Inventurdokument anlegen möchten, sind alle Produkte inventurrelevant. Denn der Inventurfortschritt wird nicht mitmigriert; dies können Sie aber mithilfe des Reports für die Migration der Inventurvollständigkeit erreichen.

Mit der Inventurvollständigkeitsmigration kann das letzte Inventurdatum aus der Tabelle LQUA aus SAP ERP übernommen werden.

Ähnlich wie zuvor bei den Stammdaten wird bei der Inventurvollständigkeit zunächst das Inventurdatum aus dem ERP-System heruntergeladen und in einer lokalen Datei gespeichert. Beim Herunterladen werden Einträge in dem Format, das für die EWM-Tabelle /LIME/PI_ADMI benötigt wird, erzeugt. Beim Hochladen wird dann die Tabelle /LIME/PI_ADMI gefüllt.

17.4 Zero-Downtime-Option für SAP EWM

In der heutigen globalisierten Handelswelt erwarten sowohl Endkunden als auch Geschäftspartner zügige Lieferketten ohne Ausfälle oder Verzögerungen. Große Onlinehändler beweisen, wie zügig eine Auslieferung nach einer Bestellung im Onlineshop erfolgen kann. Dies schürt Erwartungen.

Konträr dazu entwickeln sich die Wünsche zu aktuellen Produktversionen von Fachabteilungen an die IT-Abteilungen, die für die Administration und Wartung von Systemen verantwortlich sind. Das Verlangen nach zügigem Wechsel auf aktuelle Produktversionen, um neueste Funktionen nutzen zu können, steigt stetig. Die Erwartung der Fachabteilungen ist dabei aber eindeutig eine möglichst kleine Systemausfallzeit. Schließlich ist unstrittig, dass Stillstand in einem Warenlager schnell Kundenbeziehungen belastet, eine zu versorgende Produktion in Bedrängnis bringt und hohe Folgekosten nach sich zieht.

Um diese beiden Anforderungen in Einklang zu bringen, bietet SAP für EWM eine Zero-Downtime-Option (ZDO) an. Konkret zielt dies auf die Vermeidung einer technischen Ausfallzeit, kombiniert mit einer möglichst kurzen betriebswirtschaftlichen Ausfallzeit. Im Endeffekt soll dies ermöglichen, Upgrades zu beliebigen Zeiten und so oft wie nötig durchführen zu können.

Die Zero-Downtime-Option ist dabei in den bestehenden Software Update Manager integriert, den Systemadministratoren schon heute nutzen.

Anstatt wie bisher bei Upgrades mit kompletten Systemkopien oder -klonen zu arbeiten, verfolgt die Zero-Downtime-Option einen anderen Ansatz. Dieser basiert darauf, dass nur ein kleiner Teil der gesamten Datenmenge von einem Konflikt aufgrund des Upgrades betroffen ist. Entsprechend werden gezielt nur die betroffenen Datenbanktabellen repliziert und nicht das komplette System. Damit hat der Endanwender durch Nutzung einer »Umfahrung« weiterhin Zugriff auf die Originaldaten, während das Upgrade ausgeführt wird (siehe Abbildung 17.17).

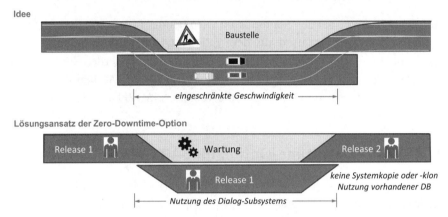

Abbildung 17.17 Idee der Zero-Downtime-Option

Aus technischer Sicht wird mit zwei virtuellen Subsystemen gearbeitet (siehe Abbildung 17.18):

▶ Dialog-Subsystem, das auf dem Stand von Release 1 während des laufenden Upgrades von den Anwendern weitergenutzt werden kann

▶ Upgrade-Subsystem, das parallel dazu von Release 1 auf Release 2 gebracht wird

Dabei finden alle Aktionen innerhalb einer Datenbank statt. Tabellen werden zwischen den Subsystemen geteilt. Für beide Subsysteme liegen unterschiedliche Sichten und Strukturen für Datenbanktabellen vor. Für den Endanwender laufen die Aktionen möglichst im Hintergrund ab. Lediglich nach dem erfolgreichen Upgrade des Systems ist ein erneutes Anmelden der Benutzer notwendig. Die betriebswirtschaftliche Ausfallzeit entsteht durch die notwendige Validierung des Systems nach erfolgreichem Upgrade.

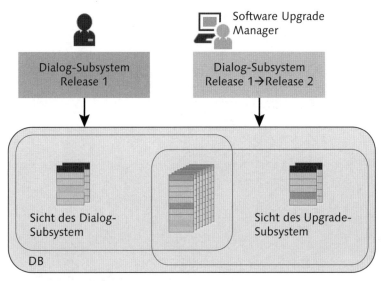

Abbildung 17.18 ZDO-Subsysteme

Die Vorteile der Zero-Downtime-Option auf einen Blick:

▶ Sie ermöglicht schnellere und häufigere Upgrades mit minimaler betriebswirtschaftlicher Ausfallzeit.

▶ Während des technischen Upgrades können Endanwender auf dem Stand
von Release 1 weiterarbeiten.

▶ Das Upgrade bleibt Endanwendern weitestgehend verborgen.

Rahmenbedingungen für ZDO
Die SAP-Hinweise 2163060 und 2251678 (sowie deren verwandte Hinweise) lis-ten vorhandene Rahmenbedingungen und unterstütze Releases von SAP EWM auf, die in Verbindung mit der Zero-Downtime-Option genutzt werden können.

17.5 Zusammenfassung

In diesem Kapitel haben wir die Tools für eine beschleunigte, toolbasierte
ERP-Integration vorgestellt und Ihnen einen Überblick über das vorkonfigurierte Standardlager gegeben. Zudem haben wir die Werkzeuge für eine
Migration von einem WM-Lager in ein EWM-Lager beschrieben. Für die
Migration wurden sowohl die Migrationswerkzeuge für die Konfiguration
als auch die Werkzeuge für die Stammdaten besprochen. Zuletzt wurde in
diesem Kapitel die Zero-Downtime-Funktion beschrieben.

Als SAP-Lagerverwaltungssoftware kann SAP EWM selbstverständlich in Verbindung mit SAP S/4HANA verwendet werden. Auch hier bietet SAP EWM höchste Flexibilität und kann als Satellitensystem oder direkt in SAP S/4HANA genutzt werden.

18 Integration mit SAP S/4HANA

In den vorangehenden Kapiteln konnten Sie sich vom vielfältigen Funktionsumfang von SAP Extended Warehouse Management überzeugen. Die Funktionsbreite zeigt, dass EWM die SAP-Lagerverwaltungssoftware von heute und morgen ist. Als solche ist sie auch eng verzahnt mit anderen SAP-Produkten. Dies wurde beispielsweise in Kapitel 3, »Organisationsstruktur in SAP EWM und SAP ERP«, Kapitel 6, »Lieferabwicklung«, und Kapitel 12, »Bereichsübergreifende Prozesse und Funktionen«, ausführlich erörtert. Nur konsequent ist folglich eine ebenso enge Anbindung an die Business Suite der nächsten Generation – *SAP S/4HANA Enterprise Management*. Dabei kann EWM nicht nur als dezentrale Lagerverwaltungssoftware an SAP S/4HANA angebunden werden, sondern auch als integraler Bestandteil von SAP S/4HANA in einem zentralen System laufen. In Abschnitt 18.2 liefern wir Ihnen klare Argumente für die Nutzung von EWM in SAP S/4HANA, die auf Vereinfachungen, Optimierungen und Veränderungen in diesem Kontext basieren.

Dabei gilt es anzumerken, dass ein dezentrales EWM-System, verbunden mit SAP S/4HANA oder SAP ERP, nach wie vor eine valide Installationsoption darstellt. Abhängig von den Rahmenbedingungen kann es gute Gründe dafür geben, EWM weiterhin dezentral zu betreiben. Dies können u. a. sein:

▸ Notwendigkeit von regionalen EWM-Systemen anstelle einer zentralen SAP-S/4HANA-Instanz

▸ Risikominimierung der Ausfallsicherheit einzelner Systeme

▸ abweichende geplante Ausfallzeiten der Systeme

▸ sehr hohe Performanceanforderungen, z. B. von großen Distributionszentren mit hohen Durchsatzzahlen, oder Nutzung von EWM-MFS, verbunden mit der Notwendigkeit schneller Reaktionszeiten

- unterschiedliche Releasezyklen des dezentralen EWM-Systems und von SAP S/4HANA
- Notwendigkeit der Verbindung zu unterschiedlichen Business-Suite-Systemen

---

Installationsoptionen für SAP EWM

EWM bietet vielfältige Installationsoptionen, die abhängig vom jeweiligen Einsatzgebiet gemeinsam mit SAP-Beratern sorgfältig evaluiert werden sollten. SAP-Hinweis 1606493 kann hierbei als Hilfestellung herangezogen werden.

Des Weiteren basieren das dezentrale EWM-System und EWM in SAP S/4HANA auf einem gemeinsamen Kern. Dies bedeutet, dass zentrale Teile in beiden Optionen aus Programmcodesicht identisch sind. Dieser Kern kann über die Zeit durch SAP um weitere Funktionen erweitert werden, von denen beide Varianten profitieren. Das heißt, neue Funktionalität kann in beiden Produkten zur Verfügung gestellt werden. Zusätzlich wurden bestimmte Teilstücke für den jeweiligen Einsatzzweck optimiert bzw. verschlankt. Details zu diesem Thema finden Sie in Abschnitt 18.2.

Dies bedeutet, dass mit beiden Optionen die gleichen betriebswirtschaftlichen Prozesse abgebildet werden können. So kann es z. B. für Großkonzerne sinnvoll sein, an unterschiedlichen Standorten mit beiden Varianten zu arbeiten: mit einem dezentralen EWM-System an Standorten mit Hochdurchsatzlägern und mit EWM in SAP S/4HANA an kleineren Standorten, die zentral verwaltet werden. Zwischen den Varianten überwiegen die Gleichteile – somit können beide Systeme von den gleichen Personen einer IT-Abteilung betreut werden. Im Detail kann es zu Abweichungen kommen, die entweder in zukünftigen Versionen gleichgezogen oder absichtlich aus Vereinfachungsgesichtspunkten beibehalten werden (siehe Abschnitt 18.2.8, »Vereinfachungen in SAP EWM in SAP S/4HANA«).

WM und SAP S/4HANA

Neben EWM ist auch das Vorgängerprodukt WM technisch in SAP S/4HANA enthalten. Allerdings wird WM gemäß SAP-Hinweis 2269324 nur für einen beschränkten Zeitraum zur Verfügung gestellt. Aus diesem Grunde lautet die klare Empfehlung, EWM in SAP S/4 HANA zu nutzen.

SAP Extended Warehouse Management ist die strategische Lösung für die Lagerverwaltung von SAP.

18.1   An SAP S/4HANA angebundenes dezentrales SAP EWM

Beginnend mit EWM 9.3 kann EWM seit November 2015 neben dem klassischen SAP-ERP-System auch an SAP S/4HANA 1511 und nachfolgende Versionen angebunden werden, um als dezentrale Lagerverwaltungssoftware genutzt zu werden.

Das EWM-System kann dabei, wie in Abbildung 18.1 gezeigt, in einer separaten SAP-NetWeaver-Systeminstanz, in der nur das EWM-System und keine andere Anwendung aktiv genutzt wird, oder als Teil einer SAP-SCM-Serverinstanz zum Einsatz kommen. Dabei kann EWM mit mehreren SAP-S/4HANA-Instanzen verbunden werden.

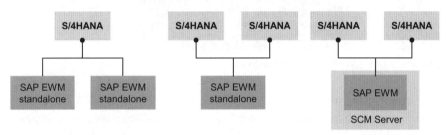

Abbildung 18.1 Dezentrales SAP EWM, angebunden an SAP S/4HANA

Die Integration ist mit der klassischen SAP-ERP-Integration vergleichbar. Dies bedeutet, dass die in den vorangehenden Kapiteln ausgeführten Schnittstellen von und zum SAP-ERP-System weiterhin zur Anwendung kommen. Beispielsweise werden bei dieser Anbindung auch in Verbindung mit SAP S/4HANA die Materialstämme von dort mittels Core Interface (CIF) an das dezentrale EWM-System verteilt.

Beachten Sie, dass es auch möglich ist, ein dezentrales EWM-System zeitgleich an SAP S/4HANA und ein klassisches SAP-ERP-System anzubinden. Dadurch kann z. B. ein schrittweiser Umstieg auf SAP S/4HANA gewährleistet werden.

> **Rahmenbedingungen**
>
> Wir empfehlen Ihnen, die Informationen in SAP-Hinweis 2241931 und verwandten Hinweisen zu prüfen, um ein dezentrales EWM-System an SAP S/4HANA anzubinden.

18.2 SAP EWM als Bestandteil von SAP S/4HANA

EWM in SAP S/4HANA ist ein Teil der Standardauslieferung ab SAP S/4HANA 1610. Es ist also integraler Bestandteil des Software-Stacks. Dort fügt es sich neben anderen Komponenten wie LE, QM, MM und FI nahtlos ein, wie es Abbildung 18.2 zeigt. Dabei kann es sich auch mit externen Systemen, beispielsweise mit SAP GTS verbinden.

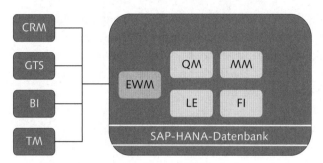

Abbildung 18.2 SAP EWM in SAP S/4HANA

Wie zuvor erwähnt, verfügt EWM als Teil von SAP S/4HANA 1610 über einen vergleichbaren Funktionsumfang wie ein dezentrales EWM-System. Darüber hinaus gibt es an einigen Stellen Verbesserungen, die sich grob in folgende Kategorien aufteilen lassen:

- Nutzung zentraler Objekte
- reduzierte Datenredundanz
- Vereinfachung

Folgende Vorteile ergeben sich u. a. aus diesen Verbesserungen:

- reduzierte Gesamtbetriebskosten durch die Vermeidung von Replikation und damit verbundenem Monitoring
- vereinfachter Systemaufbau, weniger Schnittstellen/Datenaustausch
- Zugriff auf aktuelle Daten
- weniger Objekte führen zu weniger Speicherbedarf in der Datenbank
- keine Doppelpflege von Daten (z. B. Customizing)

Abbildung 18.3 zeigt einen Auszug der Verbesserungen im Vergleich zum dezentralen EWM-System in einer Übersicht.

In den folgenden Abschnitten gehen wir auf einzelne Punkte näher ein.

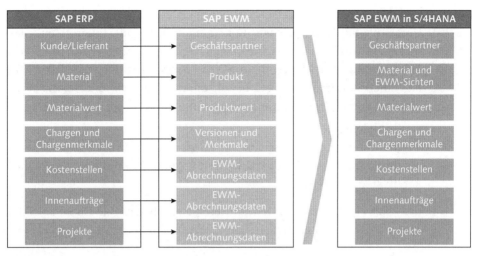

Abbildung 18.3 Nutzung zentraler Objekte

18.2.1 Stammdaten

Wie in Kapitel 4, »Stammdaten«, erläutert, stellt das Core Interface (CIF) eine zentrale Rolle im Rahmen der Integration mit SAP ERP dar. Es ist für eine initiale Datenübernahme und die Replikation von Änderungen der Stammdaten an EWM verantwortlich. Sobald EWM als integraler Bestandteil von SAP S/4HANA agiert, ist das CIF allerdings nicht mehr notwendig, denn hier wird das Ineinandergreifen von EWM- und SAP-ERP-Prozessen sowie der Systemaufbau signifikant vereinfacht. Konkret bedeutet dies, dass kein CIF-Verteilungsmodell mehr benötigt wird. Vielmehr greift EWM direkt auf die im System vorhandenen SAP-ERP-Daten zu. Abbildung 18.3 führt die Nutzung zentraler Objekte auf:

▶ **Geschäftspartner**
Anstatt Kunden und Lieferanten an das EWM-System zu verteilen und dort mit einer Kopie zu arbeiten, wird direkt der in SAP S/4HANA verwendete Geschäftspartner von EWM genutzt. Dadurch werden auch potenzielle Nummernkonflikte zwischen Kunde und Lieferant umgangen.

▶ **Material**
EWM greift direkt auf den SAP-ERP-Materialstamm zu. Zusätzliche EWM-Daten sind in dedizierten EWM-Sichten weiterhin vorhanden. Dies umfasst beispielsweise lagertypspezifische Daten.

▶ **Chargen und Chargenmerkmale**
Anstatt mit Kopien der SAP-ERP-Chargen und Chargenmerkmale wird direkt mit den Originaldaten aus SAP ERP gearbeitet. Dadurch werden

auch keine speziellen Klassentypen verwendet. Ein weiterer Vorteil ist die Unterstützung von gleichen Chargennummern mit unterschiedlichen Merkmalswerten in unterschiedlichen Werken. Zusätzlich ist es möglich, Chargen ohne Klassifizierung in EWM-Prozessen zu nutzen. Intern wird mit einer Standardklasse gearbeitet, deren Merkmale dynamisch basierend auf den Chargenstammfeldern gefüllt werden.

► **Produktsicherheit**
Gefahrstoff- und Gefahrgutstammdaten werden direkt aus SAP-ERP-Tabellen der Komponente Produktsicherheit gelesen. Es erfolgt keine separate Replikation von Daten.

In der Folge ergeben sich ein reduzierter Speicherbedarf und Daten auf aktuellem Stand – ohne potenziellen Zeitverzug, bedingt durch Replikation.

18.2.2 Vermeidung redundanter Belege

Kapitel 6, »Lieferabwicklung«, gibt einen ausführlichen Überblick über die Lieferabwicklung im EWM-System und die zugehörige Lieferschnittstelle. Dort werden auch die Anlieferungs- und Auslieferungsbenachrichtigung erwähnt. Beide Belege stellen letztlich ein Replikat der SAP-ERP-An- bzw. -Auslieferung dar. Da in EWM in SAP S/4HANA direkt auf die SAP-ERP-Lieferbelege zugegriffen werden kann, besteht für die vorgenannten Benachrichtigungsobjekte keine Notwendigkeit mehr. Entsprechend wird bei der Verteilung der Lieferungen an die EWM-Logik direkt die Anlieferung bzw. der Auslieferungsauftrag angelegt. Abbildung 18.4 zeigt dies beispielhaft für den Auslieferungsprozess.

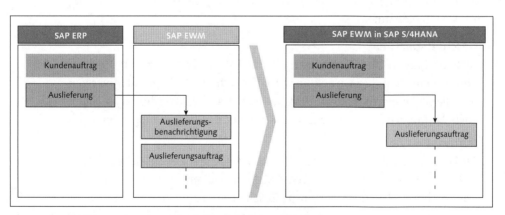

Abbildung 18.4 Vermeidung der Auslieferbenachrichtigung

Eine EWM-Anlieferung (bzw. ein EWM-Auslieferungsauftrag) wird dennoch benötigt, da diese Belege die Ausführungsobjekte in EWM darstellen und detaillierte Informationen u. a. zum Bearbeitungsfortschritt, zu den Folgebelegen, Mengen etc. beinhalten.

Verteilung von Lieferobjekten

Beachten Sie, dass aus Performance-, Sperr- und Parallelisierungsgründen SAP-ERP-Lieferungen nach wie vor mittels qRFC von und an EWM-Bausteine verteilt werden. Die gilt sowohl für den Weg von SAP ERP an EWM als auch umgekehrt. Um Details zu erfahren, lesen Sie bitte Abschnitt 6.3, »Lieferschnittstelle«.

In Kapitel 8, »Wareneingangsprozess«, wurde für die Verwendung des erwarteten Wareneingangs die Notwendigkeit der Verteilung von SAP-ERP-Bestelldaten ins EWM-System in den Beleg *Benachrichtigung* über den erwarteten Wareneingang (GRN) erläutert. Da EWM in SAP S/4HANA direkten Zugriff auf die Bestelldaten hat, kann dort eine Replikation, wie sie in Abbildung 18.5 zu sehen ist, entfallen. Ebenso entfällt die Reorganisation nicht mehr benötigter Belege.

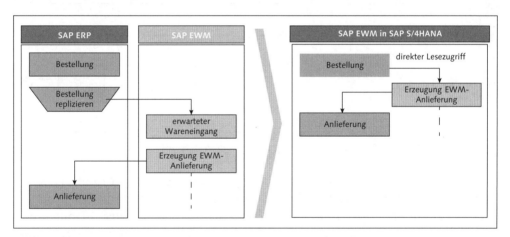

Abbildung 18.5 Direkter Zugriff auf Bestellungen in SAP EWM in SAP S/4HANA

18.2.3 Qualitätsprüfung

In EWM in SAP S/4HANA liegt der Fokus bei der Qualitätsprüfung auf der Vereinfachung der Prüfsteuerung und dem Wareneingangsprozess für die komplette Menge von Anlieferpositionen. Dabei gibt es entscheidende Veränderungen gegenüber der in Abschnitt 8.8, »Qualitätsprüfung«, dargestellten Qualitätsprüfung im dezentralen EWM-System. Insbesondere verwendet

EWM in SAP S/4HANA nicht mehr die Quality Inspection Engine (QIE), sondern greift direkt auf das SAP-S/4HANA-Qualitätsmanagement zurück.

Nach wie vor kommt die Prüfregel zum Einsatz, die allerdings spürbar vereinfacht wurde. Sie ist in EWM in SAP S/4HANA führend und Teil des SAP-S/4HANA-Qualitätsmanagements. Teil der Vereinfachung ist die Tatsache, dass die Prüfregel nun auch die Prüfsteuerung umfassen kann. Letztere kann also direkt in der Prüfregel gepflegt werden. Dennoch ist es alternativ möglich, die bekannte Prüfsteuerung im Materialstamm (Tabelle QMAT) weiterzuverwenden. Des Weiteren zeigt die Prüfregel vererbte Attribute und deren Ursprung direkt an. Durch direktes Überschreiben von Attributen kann die Vererbung unterbrochen werden.

Abbildung 18.6 zeigt den Prüfprozess für eine Anlieferung, der im Zuge der Wareneingangsbuchung für den Prüfobjekttyp 4 durchlaufen wird.

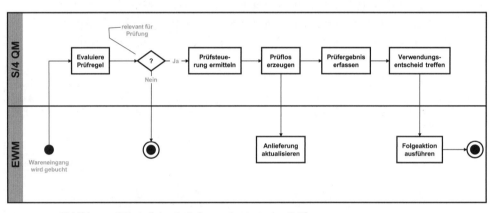

Abbildung 18.6 Auf der Anlieferung basierender Prüfprozess

Zunächst wird evaluiert, ob es eine passende Prüfregel zur Anlieferposition gibt. Wenn nicht, ist der Prozess beendet. Ansonsten wird die Prüfsteuerung aus der Prüfregel verwendet oder alternativ aus dem Materialstamm ermittelt. Basierend darauf wird ein Prüflos im SAP-S/4HANA-Qualitätsmanagement mit der Herkunft 17 angelegt. In der Folge verursacht dies eine Aktualisierung der EWM-Anlieferung. Dabei wird das Prüflos in den Belegfluss der Anlieferposition übernommen und der Bestand in den Prüfbestand gebucht. Mit der Prüflosnummer im Belegfluss können Sie in SAP S/4HANA direkt zum Prüflos navigieren und weitere Details einsehen. Anschließend wird im SAP-S/4HANA-QM das Prüfergebnis erfasst und die Entscheidung über die weitere Verwendung getroffen (z. B. Verschrotten). Basierend darauf werden in EWM Folgeaktionen angestoßen (z. B. Anlegen einer Lageraufgabe zur Verschrottung oder Umbuchung in den frei verfügbaren Bestand). Zusätzlich kann zur Wareneingangskontrolle mit einer Lieferantensperre bzw. direkt über ein entsprechendes Steuerfeld an der Prüfregel gearbeitet werden.

Weitere Qualitätsprüfprozesse, die u. a. in Abschnitt 8.8 erwähnt werden, sind nicht Teil des Funktionsumfangs der ersten Version von EWM in SAP S/4HANA. Weitere Details dazu finden Sie in Abschnitt 18.2.8, »Vereinfachungen in SAP EWM in SAP S/4HANA«.

18.2.4 Abrechnungsdaten

In Abschnitt 5.14.2 und Abschnitt 5.15 sind wir bereits auf die Themen *Bestandsbewertung* und *Sonderbestände* eingegangen. Für beide Funktionalitäten sind im dezentralen EWM-System Datenreplikationen aus dem SAP-ERP-System notwendig. In EWM in SAP S/4HANA wird hingegen an diesen Stellen direkt auf die SAP-ERP-Daten zugegriffen (z. B. Tabelle MBEW für die Materialbewertung). Als Konsequenz ist das periodische Abgleichen zwischen den beteiligten Systemen nicht mehr notwendig, weil die Datengrundlage stets aktuell ist.

18.2.5 Customizing

Da EWM Bestandteil von SAP S/4HANA ist, sind einige Customizing-Tabellen, die im dezentralen EWM notwendig sind, überflüssig. Darum werden redundante Customizing-Tabellen in EWM in SAP S/4HANA nicht mehr genutzt. Stattdessen wird direkt auf die entsprechende SAP-ERP-Tabelle zugegriffen. Diese Vereinfachung trifft für die folgenden Objekte zu:

- ▶ Catch-Weight-Toleranzgruppen und -profile
- ▶ Lieferprioritäten, Versandbedingungen und Incoterms
- ▶ Handhabungskennzeichen, Lagerproduktgruppe, Lagerraumbedingung
- ▶ HU-Typen und Verpackungsgruppen
- ▶ Serialnummernprofile
- ▶ Transportgruppen
- ▶ Qualitätsprüfgruppe

Dadurch müssen die Tabelleninhalte auch nicht mehr zwischen EWM und SAP ERP synchron gehalten werden. Die entsprechenden EWM-Customizing-Aktivitäten sind nicht mehr verfügbar oder verweisen auf die zugehörige SAP-ERP-Customizing-Aktivität. Hingegen sind die Datenbanktabellen noch vorhanden, da sie im dezentralen EWM-System nach wie vor notwendig sind.

18.2.6 Änderung an Standardverhalten

Durch den Einzug von EWM in SAP S/4HANA wurden einige Standardein-stellungen von EWM auf den aktuellen Stand gebracht. Dies bedeutet, dass veraltete Einstellungsmöglichkeiten entfernt und durch ihre verbesserten Nachfolger ersetzt wurden. Beispielsweise kann nur noch der vereinfachte Belegfluss der Lieferung genutzt werden. Außerdem gibt es keine Einstel-lungsmöglichkeit zur Erzeugung von Chargenunterpositionen im Auslie-ferungsauftrag aufgrund der Kommissionierung mehr. Das System legt nur noch Chargenunterpositionen an, wenn sie zwingend notwendig sind. Wei-terhin gibt es kein Customizing mehr, das Prozesse in Abhängigkeit von der genutzten SAP-ERP-Version beeinflusst (SAP-ERP-Versionskontrolle).

18.2.7 User Interface

In EWM in SAP S/4HANA stellt die SAP-Fiori-Startseite den Einstiegspunkt für Endanwender dar. Nur von dort aus kann auf EWM-Transaktionen, unabhängig von der verwendeten UI-Technologie (UI = User Interface), zugegriffen werden. Dabei kann die SAP-Fiori-Startseite im Internetbrowser oder SAP Business Client angezeigt werden. Die Startseite zeigt verfügbare Transaktionen als Kacheln an (siehe Abbildung 18.7).

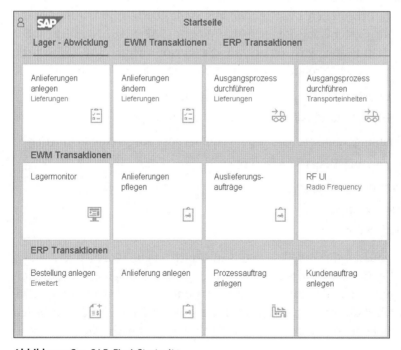

Abbildung 18.7 SAP-Fiori-Startseite

Die Benutzer können ihre Startseite an ihre Bedürfnisse anpassen. Über den Kachelkatalog, der verfügbare Transaktionen umfasst, können weitere Kacheln gesucht, aufgenommen und auch gruppiert werden. Abbildung 18.7 zeigt eine beispielhafte Startseite.

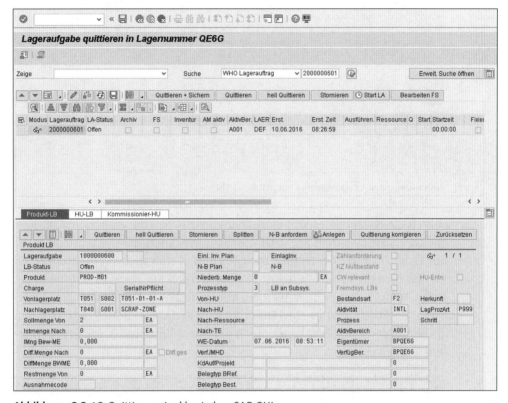

Abbildung 18.8 LB-Quittierung im klassischen SAP GUI

Durch den Aufruf über die SAP-Fiori-Startseite werden alle aufgerufenen Transaktion mit einem SAP-Fiori-Theme aufbereitet, sodass sie sich optisch und in der Handhabung angleichen – unabhängig von der tatsächlich genutzten UI-Technologie. Dies vereinfacht die Benutzung für den Endanwender erheblich. Exemplarisch zeigen Abbildung 18.8 und Abbildung 18.9 den Vergleich zwischen dem SAP GUI und SAP Fiori anhand der Transaktion zum Quittieren von Lageraufgaben.

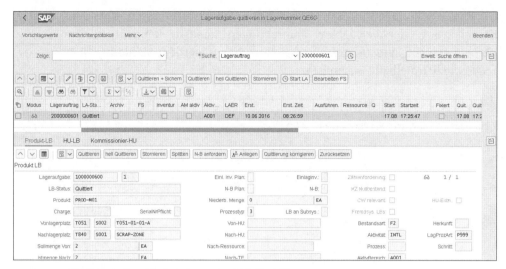

Abbildung 18.9 LB-Quittierung im SAP-Fiori-Theme

Durch die Nutzung des SAP-Fiori-Themes stellt sich die Transaktion im Vergleich zum klassischen SAP GUI durchaus verändert dar – offensichtlich ist die farblich andere Gestaltung. Daneben gibt es aber auch Veränderungen im Detail. Anstelle von Icons in der Toolbar werden die Texte als Buttons angezeigt, und Feldbezeichner werden nun grundsätzlich rechtsbündig dargestellt. Zusätzlich gibt es eine Fußzeile, die spezielle Aktionen, wie z. B. den Sicherungsvorgang, beinhaltet. Auch die Darstellungsweise der Registerkarten wurde verändert.

Informationen zum User Interface

SAP-Hinweis 2348923 bietet weiterführende Informationen zum User Interface in SAP S/4HANA.

18.2.8 Vereinfachungen in SAP EWM in SAP S/4HANA

Im Zuge der Entwicklung von EWM in SAP S/4HANA wurden gewisse Annahmen zur Vereinfachung von Prozessen und Objekten getroffen. Einige davon wurden bereits in den vorangehenden Abschnitten erwähnt. Zusätzlich gibt es weitere Optionen, die aus den folgenden Gründen nicht mehr angeboten werden:

▶ In EWM in SAP S/4HANA wird ein Nachfolgeobjekt genutzt.

▶ Objekte sind überflüssig, da sie anderweitig abgedeckt werden.

- Veraltete Objekte wurden herausgenommen.

- Ein Teilprozess wird in EWM in SAP S/4HANA (noch) nicht unterstützt.

Nachfolgend finden Sie einen Auszug der nicht angebotenen Prozesse:

- Frachtauftragsmanagement (FOM)

- SAP-SCM-Routing-Guide und damit verbundene Prozesse wie Transport-Cross-Docking und Gefahrgutprüfungen, basierend auf der SAP-SCM-Route

- Qualitätsprüfungsprozesse, die auf der QIE (siehe Abschnitt 8.8, »Qualitätsprüfung«) aufbauen

- SAP-Fiori-App für die Retourenabwicklung (siehe Abschnitt 12.8)

- Arbeitsbedarfsplanung (siehe Abschnitt 12.4.8)

- SAP HANA Live und SAP Smart Business für SAP Extended Warehouse Management

---

Detaillierte Liste der Vereinfachungen

Für detaillierte Informationen prüfen Sie u. a. die aktuelle Version von SAP-Hinweis 2347770.

18.3   Zusammenfassung

In diesem Kapitel haben wir die Zusammenarbeit von EWM und SAP S/4HANA dargestellt. Dabei kann sowohl das bekannte dezentrale EWM-System an ein zentrales SAP-S/4HANA-System angebunden als auch EWM in SAP S/4HANA genutzt werden. Beide Varianten bieten Ihnen individuelle Vorteile, die Sie abhängig vom Einsatzzweck betrachten müssen, um eine für Ihre Anforderungen am besten geeignete Systemlandschaft zu erhalten.

Anhang

A   Abkürzungsverzeichnis

Abkürzung	Beschreibung
AA	Activity Area
AB	Aktivitätsbereich
ABT	Auftragsbasierter Transportbedarf
ABAP	Advanced Business Application Programming
AFS	Available for Sales
AII	Auto-ID Infrastructure
ALV	SAP List Viewer
AME	Alternativmengeneinheit
APO	Advanced Planning and Optimization
ASK	Auslagerungssteuerkennzeichen
ASN	Advanced Shipping Notification
ATP	Available to Promise
B2B	Business-to-Business
BAdI	Business Add-in
BAPI	Business Application Programming Interface
BC-Set	Business Configuration Set
BF-Gruppe	Bestandsfindungsgruppe
BI	Business Intelligence
BKS	Basiskennzahlenservices
BME	Basismengeneinheit
BOPF	Business Object Process Framework
BP	Business Partner
BW	Business Warehouse (SAP BW)
CC	Cycle-Counting
CCI	Cycle-Counting Indicator
CD	Cross-Docking
CICO	Check-In/Check-Out
CIF	Core Interface
CMS	Calculated Measurement Service
CO	Controlling

Abkürzung	Beschreibung
CPU	Central Process Unit
CRM	Customer Relationship Management
CSV	Comma Separated Values
CUI	Chargen-Update-Indikator
CWM	Catch Weight Management
DAS	Dock Appointment Scheduling
DIAG	Dynamic Information and Action Gateway
DSO	Data Store Object
EA	Each (Stück)
EAN	European Article Number
ECC	ERP Central Component
EDI	Electronic Data Interchange
EDQA	Event Driven Quantity Assignment
EGF	Easy Graphics Framework
EGR	Expected Goods Receipt (erwarteter Wareneingang)
EH&S	Environment Health and Safety
ELS	Engineered Labor Standards
EM	Event Management
EPC	Electronic Product Code
ERA	Erweiterte Retourenabwicklung
ERP	Enterprise Resource Planning
ESK	Einlagerungssteuerkennzeichen
ETL	Extract Transform Load
EWM	Extended Warehouse Management
FDO	Final Delivery Outbound
FEFO	First-Expired/First-Out
FI	Finance
FIFO	First-In/First-Out
FKS	Fondbasierte Kennzahlenservices
GI	Goods Issue
GR	Goods Receipt
GRN	Goods Receipt Notification (Benachrichtigung erwarteter Wareneingang)

Abkürzung	Beschreibung
GTIN	Global Trade Item Number
GTS	Global Trade Service
GUI	Graphical User Interface
GWL	Graphical Warehouse Layout
HCM	Human Capital Management
HTML	Hypertext Markup Language
HU	Handling Unit
HUM	Handling Unit Management
IBGI	Invoice Before Goods Issue
ID	Inbound Delivery (EWM)
ID	Identification
IDN	Inbound Delivery Notification
IDoc	Intermediate Document
ILN	International Location Number
IM	Inventory Management
IMG	Implementation Guide
IOT	Inspection Object Type
iPPE	Integrated Product and Process Engineering
I-Punkt	Identifikationspunkt
ITS	Internet Transaction Server
KAR	Karton
KG	Kilogramm
KKF	Konfigurierte Kennzahlenservices
KPI	Key Performance Indicator
K-Punkt	Kommissionierpunkt
KTO	Kit-to-Order
KTR	Reverse Kitting
KTS	Kit-to-Stock
LA	Lagerauftrag
LAER	Lagerauftragserstellungsregel
LB	Lageraufgabe
LBK	Lagerbereichskennzeichen
LEB	Lieferempfangsbestätigung

Abkürzung	Beschreibung
LE-TRA	Logistic Execution Transport
LIFO	Last-In/First-Out
LIME	Logistics Inventory Management Engine
LKE	Lagerkontrolleinheit
Lkw	Lastkraftwagen
LM	Labor Management
LOLS	Layoutorientierte Lagerungssteuerung
LOSC	Layout-Oriented Storage Control
LPA	Lagerprozessart
LSMW	Legacy System Migration Workbench
LZL	Logistische Zusatzleistungen
MFS	Materialflusssystem
MHD	Mindesthaltbarkeitsdatum
MM	Materials Management
MRP	Material Requirements Planning
OD	(Final) Outbound Delivery (EWM)
ODL	Objektdienstleister
ODO	Outbound Delivery Order
ODR	Outbound Delivery Request
OPC	OLE for Process Control
PACI	Putaway Control Indicator
PAL	Palette
PC	Posting Change
PCO	Plant Connectivity
PCR	Posting Change Request
PD	Push Deployment
PDI	Processing Document Inbound (Anlieferungsbeleg)
PDO	Processing Document Outbound (Auslieferungsauftrag)
PFGR	Pick from Goods Receipt (Kommissionieren aus der Wareneingangszone)
PGI	Post Goods Issue
PI	Process Integration (ehemals XI)
PJS	Project System

Abkürzung	Beschreibung
PKM	Packmittel
PLM	Product Lifecycle Management
PML	Physical Markup Language
PO	Purchase Order
POD	Proof of Delivery
POLS	Prozessorientierte Lagerungssteuerung
POR	Posting Change Request
POSC	Process-Oriented Storage Control
POT	Prüfobjekttyp
PP/DS	Production Planning/Detailed Scheduling
PPF	Post Processing Framework
PS	Packspezifikation
PS	Project System
PSA	Production Supply Area
PSA	Persistent Staging Area
PSP	Projektstrukturplan
PVB	Produktionsversorgungsbereich
PVHU	Plan-Versand-HUs
QI	Quality Inspection
QIE	Quality Inspection Engine
QM	Quality Management
qRFC	queued Remote Function Call
tRFC	transaktionaler Remote Function Call
RAC	Ressourcenausführungs-Constraint
RAM	Random Access Memory
RDS	Rapid-Deployment Solution
RF	Radio Frequency
RFC	Remote Function Call
RFID	Radio Frequency Identification
RFUI	Radio Frequency User Interface
RGE	Routing Guide Engine
ROC	Reassignment of Order Confirmations
ROD	Received on Dock

Abkürzung	Beschreibung
S&R	Shipping and Receiving
SCAC	Standard Carrier Alpha Code
SCM	Supply Chain Management
SCU	Supply Chain Unit
SDP	Supplier Demand Planning
SLED	Shelf-Life Expiration Date
SN	Serialnummer
SNC	Supplier Network Collaboration
SOBKZ	Sonderbestandskennzeichen
SOS	Sales Order Stock
SPC	Stock Processing Code
SPM	Service Parts Management
SPP	Service Parts Planning
SPS	Speicherprogrammierbare Steuerung
SSCC	Serial Shipping Container Codes
SST	Spätester Starttermin
ST	Stück
STO	Stock Transport Order
SVZ	Standardisierte Vorgabezeiten
TA	Terminauftrag
TCD	Transportation Cross-Docking
TCO	Total Costs of Ownership
TE	Transporteinheit
TLB	Transport Load Builder
TM	Transportmittel
TMS	Tailored Measurement Service
TRM	Task and Resource Management
TU	Transportation Unit
UB	Umlagerungsbestellung
UCC	Unified Communications & Collaborations
UI	User Interface
UPC	Universal Product Code
URL	Uniform Resource Locator

Abkürzung	Beschreibung
UTF	Unicode Transformation Format
VAS	Value-Added Service
W3C	World Wide Web Consortium
WA	Warenausgang
WBS	Work Breakdown Structure
WE	Wareneingang
WHO	Warehouse Order
WLAN	Wireless Local Area Network
WM	Warehouse Management
WME	Warehouse Management Engine
WMR	Warehouse Management Request
WO	Warehouse Order
WOCR	Warehouse Order Creation Rule
WR	Warehouse Request
WT	Warehouse Task
WTS	Windows Terminal Server
XML	Extensible Markup Language
XSI	eXpress Ship Interface
YM	Yard Management

B   Literaturverzeichnis

B.1   Literatur

Ballou, R.: *Business Logistics Management*. 3. Auflage. New Jersey: Prentice-Hall 1992.

Carter, M. B.; Lange, J.; Bauer F.; Persich, C.; Dalm, T.: *SAP Extended Warehouse Management: Processes, Functionality and Configuration*. Boston: SAP PRESS 2010.

Dittrich, M.: *Lagerlogistik*. München: Carl Hanser Verlag 2000.

Gudehus, T.: *Logistik*. Berlin: Springer Verlag 1999.

Götz, T.: *SAP-Logistikprozesse mit RFID und Barcodes*. Bonn: SAP PRESS 2010.

Hirsch, T.: *Auslieferungstouren in der strategischen Distributionsplanung*. Wiesbaden: Gabler 1998.

Hellberg, T.: *Praxishandbuch Einkauf mit SAP ERP*. Bonn: SAP PRESS 2012.

Hoppe, M.: *Bestandsoptimierung*. Bonn: SAP PRESS 2012.

Ihde, G. B.: *Transport, Verkehr, Logistik*. München: Verlag Vahlen 2001.

Jones, N.; Clark, W.: *Choosing Between the Six Mobile Application Architecture Styles*, 2006, *http://www.gartner.com* (Zuletzt aufgerufen am 28.09.2010, kostenpflichtig)

Jünemann, R.; Schmidt, T.: *Materialflusssysteme*. Berlin: Springer Verlag 1999.

Jünemann, R.: *Materialfluß und Logistik*. Berlin: Springer Verlag 1998.

Käber, A.: *Warehouse Management mit SAP*. 3. Auflage. Bonn: SAP PRESS 2013.

Knollmayer, G.; Mertens, P.; Zeier, A.: *Supply Chain Management auf Basis von SAP-Systemen*. Berlin: Springer Verlag 2000.

Martin, H.: *Transport- und Lagerlogistik*, 6. Auflage. Wiesbaden: Vieweg 2006.

Modern Materials Handling Online, *www.mmh.com*

Raschke, E.: *Bestandsaufnahme und -bewertung*, 2. Auflage. Wiesbaden Gabler 1992.

SAP-Dokumentation für SAP Auto-ID Infrastructure als Teil der SAP Business Suite unter *http://help.sap.com*. Version AII AII 7.1.

SAP-Dokumentation für SAP ERP Central Component als Teil der SAP Business Suite unter *http://help.sap.com*. Version SAP ERP-ECC 6.0.

SAP-Dokumentation für SAP NetWeaver als Teil der SAP-Technologie-Plattform unter *http://help.sap.com*. Version SAP NetWeaver 7.x.

SAP-Dokumentation für SAP Extended Warehouse Management als Teil der SAP Business Suite unter *http://help.sap.com*. Version SAP EWM 9.0.

SAP-Dokumentation für SAP Supply Chain Management als Teil der SAP Business Suite unter *http://help.sap.com*. Version SAP SCM 7.0.

SAP White Paper: *SAP Warehouse Management. Funktionen im Detail*. Ausgabe 2005.

Scheibler, J.: *Praxishandbuch Vertrieb mit SAP*. 4. Auflage. Bonn: SAP PRESS 2013.

Schulte, C.: *Logistik – Wege zur Optimierung des Material- und Informationsflusses*, 2. Auflage. München: Verlag Vahlen 1995.

Schulte, G.: *Material- und Logistikmanagement*, 2. Auflage. München: Oldenbourg 2001.

Tempelmeier, H.: *Materiallogistik*. Berlin: Springer Verlag 2003.

Thaler, K.: *Supply Chain Management*. Fortis Verlag 2001.

Vahrenkamp, R.: *Produktions- und Logistikmanagement*. München: Oldenbourg 1996.

B.2 Weiterführende Quellen

Wir möchten Ihnen als weiterführende Informationsquellen zum Thema *SAP Extended Warehouse Management* die folgenden Internetseiten besonders empfehlen:

▸ Im SAP Help Portal (*http://help.sap.com*) finden Sie unter dem Pfad SAP BUSINESS SUITE • SAP EXTENDED WAREHOUSE MANAGEMENT Informationen über Release Notes, Installation und Upgrade, über Konfigurations- und Betriebsdokumentationen sowie Applikationshilfen.

▶ Im SAP Community Network (*http://scn.sap.com/welcome*) finden Sie über den Pfad SOLUTIONS • SUPPLY CHAIN MANAGEMENT • SAP EXTENDED WAREHOUSE MANAGEMENT Blogs, Präsentationen, Diskussionsforen und How-to Guides rund um das Thema *SAP EWM*.

▶ Zum Thema vorkonfigurierte Lagerprozesse finden Sie Informationen im SAP Solution Manager Content (Transaktion SOLAR02), Business Process Repository. Folgen Sie dem Pfad SAPEWM • WAREHOUSE MANAGEMENT WITH PRECONFIGURED PROCESSES.

▶ In der Hilfe zu SAP EWM 9.4 (*http://help.sap.com/ewm94*) finden Sie viele weitergehende Informationen.

C   Die Autoren

Jörg Lange ist seit 2004 in der SAP Deutschland SE & Co. KG für die Lösung SAP Extended Warehouse Management zuständig. Als Projektleiter, Solution Architect und Berater unterstützte er viele Jahre lang Kunden weltweit bei Einführungs-, Template- und Rolloutprojekten mit SAP EWM. Aktuell gestaltet Herr Lange als Service Offering Manager federführend die Serviceaktivitäten im Thema »Internet of Things« (IoT) bei SAP Digital Business Services. Herr Lange studierte Wirtschaftsingenieurwesen an der Universität Paderborn und erwarb einen »Bachelor of Electric and Electronic Engineering« an der Nottingham Trent University. Er lebt heute mit seiner Frau Rebecca und den beiden Kindern Jonas und Judith in Ratingen. Sollten Sie Fragen zu EWM haben, können Sie sich gerne an die EWM-Gruppe auf der Online-Platform XING wenden, die von Herrn Lange moderiert wird. Alternativ steht Ihnen der Autor für Feedback und Fragen natürlich auch direkt unter der Mailadresse *joerg.lange@sap.com* zur Verfügung.

Frank-Peter Bauer arbeitet seit 2002 mit SAP EWM, zunächst als Entwickler im EWM-Entwicklungsteam und später als Solution Manager für die SAP-Ersatzteil-management-Lösung SAP Service Parts Management (SAP SPM) mit dem Schwerpunkt auf SAP EWM. Ab 2007 war er bei SAP Consulting als Principal Consultant, Projektleiter und Business Development Manager für SAP EWM tätig. Zurzeit ist Frank-Peter Bauer bei der IGZ Logistics + IT GmbH, dem führenden SAP-Projekthaus für Logistik und Produktion und offiziellen SAP Special Expertise Partner als Projektleiter im Bereich SAP EWM beschäftigt. Frank-Peter Bauer verfügt über vierzehn Jahre Beratungserfahrung in der Lagerlogistik – sowohl in der Planung und Realisierung von Logistikzentren als auch in der IT-seitigen Konzeption und Umsetzung mit SAP EWM, insbesondere für Großkunden. Für Feedback oder Fragen steht Ihnen der Autor gerne unter *www.igz.com* oder telefonisch unter (+49 96 37) 92 92-0 zur Verfügung.

Christoph Persich ist seit 2003 bei SAP beschäftigt: Von 2006 bis 2010 war er bei der SAP Deutschland AG und Co. KG als Solution Consultant im Bereich der Logistic Execution speziell für SAP EWM zuständig. Seine Schwerpunkte lagen dabei vor allem im Mobile Business und in der Integration von mobilen Geräten in das SAP-System. Zudem verantwortet er die Objekt-serialisierung, u. a. mit der RFID-Technologie, und hat in diesem Umfeld bereits mehrere erfolgreiche Einführungen der RFID-Plattform *Auto-ID Infrastructure* realisiert. Während seiner Tätigkeit für SAP Deutschland lebte Christoph Persich in Hockenheim, wechselte aber mit dem Erscheinen der Erstauflage dieses Buches in die Vereinigten Arabischen Emirate. Für SAP MENA unterstützt er seither von Dubai aus Kunden in der Region rund um die Themen Lagerlogistik und Distributionslogistik. Für Feedback oder Fragen steht Ihnen der Autor gerne unter *christoph.persich@googlemail.com* zur Verfügung.

Tim Dalm ist Principal Consultant bei der SAP Nederland BV und arbeitet im Global EWM Field Services Hub. Er verfügt über mehr als zehn Jahre Erfahrung in den Bereichen SAP-Logistik- und Lagerverwaltungslösungen und hat an mehreren EWM-Projekten, sowohl in den USA als auch in Europa, mitgearbeitet sowie eine Vielzahl von Projekten weltweit unterstützt. Sein derzeitiger Wohnsitz befindet sich in den Niederlanden.

Gunther Sanchez ist seit Beendigung seines Studiums des Wirtschaftsingenieurwesens an der Fachhochschule Mannheim als Consultant für die SAP Deutschland AG & Co. KG tätig. Dort liegt seit 2008 sein fachlicher Schwerpunkt auf der Abbildung von Geschäftsprozessen der Lagerungs- und Distributionslogistik mit SAP EWM. Gunther Sanchez hat bereits an verschiedenen EWM-Projekten der Automobil-, Konsumgüter- und Einzelhandelsindustrie mitgewirkt. Für Feedback oder Fragen steht Ihnen der Autor gerne unter *gunther.sanchez@sap.com* zur Verfügung.

M. Brian Carter arbeitet seit 1997 mit Fokus auf die Lager- und Distributionslogistik für SAP. Er war in diversen Rollen in der Beratung und im Solution Management tätig und ist derzeit als Consulting Manager verantwortlich für die EWM Practice in Nordamerika. Vor seiner Zeit bei SAP arbeitete M. Brian Carter im operativen Bereich eines Logistikdienstleisters in den USA. M. Brian Carter lebt mit seiner Frau Teresa und seinen beiden Kindern Evan und Meredith in der Region Philadelphia, PA.

Tobias Adler arbeitet seit Beendigung seines Studiums der Wirtschaftsinformatik an der Dualen Hochschule Baden-Würtemberg in Mannheim bei der SAP SE. Seit 2002 ist er dort in der Standardentwicklung für EWM tätig. Als Development Architect liegt sein fachlicher Schwerpunkt u. a. auf der Materialflusssteuerung, im Monitoring und der Lagerauftragserstellung. Für Feedback oder Fragen steht Ihnen der Autor gerne unter *tobias.adler@sap.com* zur Verfügung.

Index

M

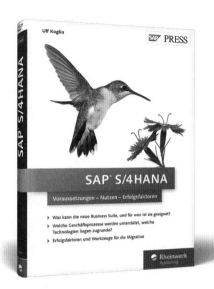
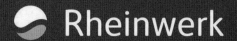

Wie hat Ihnen dieses Buch gefallen?
Bitte teilen Sie uns mit, ob Sie zufrieden waren,
und bewerten Sie das Buch auf:
www.rheinwerk-verlag.de/feedback

Ausführliche Informationen zu unserem aktuellen
Programm samt Leseproben finden Sie ebenfalls
auf unserer Website. Besuchen Sie uns!

www.rheinwerk-verlag.de